Gerstenberger
Markt und Gewalt

THEORIE UND GESCHICHTE

DER BÜRGERLICHEN GESELLSCHAFT

Herausgegeben von Heide Gerstenberger und Hans-Günter Thien

Band 25

Heide Gerstenberger, Prof. Dr.disc.pol., lehrte von 1974 bis 2005 als Professorin für „Theorie des bürgerlichen Staates und der Gesellschaft" an der Universität Bremen. Sie veröffentlichte u. a. *Staatsgewalten* (2023) und *Die subjektlose Gewalt* (1990/2006). Mit Ulrich Welcke veröffentlichte sie *Auf den Wogen von Meeren und Mächten* (2022) und *Arbeit auf See* (2004/2008) und zusammen mit Dorothea Schmidt (Hrsg.) *Normalität oder Normalisierung. Geschichtswerkstätten und Faschismusanalyse* (1987). Zudem publizierte sie zahlreiche gesellschaftstheoretische und historisch-soziologische Beiträge in Fachzeitschriften.

Die englischsprachige Ausgabe *Market and Violence. The Functioning of Capitalism in History*. Leiden 2022, wurde mit dem *Isaac and Tamara Deutscher Memorial Prize 2023* ausgezeichnet.

Heide Gerstenberger

Markt und Gewalt

Die Funktionsweise des historischen Kapitalismus

WESTFÄLISCHES DAMPFBOOT

Friedrich Gerstenberger
1941 – 2015

Bibliografische Information der Deutschen Bibliothek
Die Deutsche Bibliothek verzeichnet diese Publikation in der Deutschen Nationalbibliografie; detaillierte bibliografische Daten sind im Internet über http://dnb.ddb.de abrufbar.

3. Auflage Münster 2026 (Nachdruck der 2., korrigierten Auflage Münster 2018)

Umschlag: Lütke Fahle Seifert AGD, Münster
Druck: Druckhaus Bechstein GmbH, Wetzlar
Gedruckt auf FSC-zertifiziertem Papier
ISBN 978-3-89691-125-4

Inhalt

Vorbemerkungen zu Markt und Gewalt

Viele hatten und haben guten Gründe, Kapitalismus für eine Plage zu halten, für einen Irrweg auf der Suche nach einer besseren Welt. Und doch war Kapitalismus eine der großen Hoffnungen der Menschheitsgeschichte. Weil kapitalistische Aneignung[1] durch Konkurrenz auf Märkten organisiert ist, galt und gilt sie als ein historisch fortschrittliches Gegenmodell zu Wirtschaftsformen, die auf direkter Herrschaft über Arbeitskräfte und auf räuberischer Aneignung basieren. An deren Stelle tritt im Kapitalismus der Vertrag, somit eine versachlichte Beziehung zwischen Rechtssubjekten. Eine oberflächliche Betrachtung der historischen Entwicklung kapitalistischer Gesellschaften legt die Annahme nahe, dass die innere Dynamik kapitalistischer Ökonomie dazu drängt, direkte Gewalt aus dem „Marktgeschehen" zu verdrängen. Wo diese dennoch unübersehbar war – und ist – wird sie als Ausdruck einer niedrigeren Entwicklungsstufe kapitalistischer Entwicklung oder aber als Abweichung verstanden.

Das Ergebnis der im Folgenden zu berichtenden Analysen des historisch konkreten Kapitalismus widerspricht dieser Annahme. Es lässt sich in der These zusammenfassen, dass es keine dem Kapitalismus eigene Entwicklungstendenz gibt, welche die Versachlichung wirtschaftlicher Beziehungen vorantreibt. Wo immer eine derartige Entwicklung eintrat, ist sie politisch durchgesetzt worden. Das ist nur konsequent, denn was Kapitalismus konkret bedeutet, wurde und wird politisch entschieden. Die Auseinandersetzung mit der historischen Realität des Kapitalismus zwingt uns dazu, das analytische Konzept der politischen Ökonomie tatsächlich ernst zu nehmen.

In dieser Untersuchung findet sich nichts über die Geschichte der Banken, nichts über Unternehmensformen, Konzentrationsprozesse und Krisen, es gibt nur knappe Hinweise auf Finanzmärkte und auf die Relevanz technischer Entwicklungen. Außen vor bleiben auch die politischen Dominanzstrukturen auf internationalen Märkten, die aufholende wirtschaftliche Entwicklung in manchen Staaten und die Stagnation in anderen. Und gesondert diskutiert werden auch weder die weltweite Verteilung äußerster Armut noch die Schäden, die den ökologischen Voraussetzungen des Lebens zugefügt werden. Damit ist bereits deutlich: die im Untertitel benutzte Formulierung „Historischer Kapitalismus" soll nicht etwa den Versuch ankündigen, eine Gesamtdarstellung der Strukturen, Entwicklungsbedingungen und Ausprägungen „des" Kapitalismus vorzulegen. Annonciert wird stattdessen wissenschaftliche Polemik, die Behauptung nämlich, dass sich die konkreten historischen Ausprägungen kapitalistischer Gesellschaften nicht an die Eigenschaften hielten, die ihnen dominante Geistesströmungen und wissenschaftliche

1 Der Terminus „Aneignung" wird in dieser Untersuchung in einer lediglich alltagspraktischen Bedeutung benutzt. Er umfaßt höchst unterschiedliche Methoden, sich etwas „zu eigen zu machen", und klammert auch aus, ob das Resultat von Aneignung konsumiert oder investiert werden soll.

Analysen zugeschrieben haben. Das ließe sich in vielen Hinsichten diskutieren.[2] Die hier vorgelegte Untersuchung beschränkt sich auf eine einzige: sie kritisiert die Annahme, dass die Praxis direkter Gewalt gegen Personen im Kapitalismus sehr viel seltener praktiziert wird als in historisch vorhergehenden Wirtschaftsweisen, *weil* sie ökonomisch kontraproduktiv ist.[3] Bestritten wird hier also nicht, dass sich direkte Gewalt gegen Personen unter vielen konkreten Bedingungen als ökonomisch kontraproduktiv erwiesen hat und weiterhin erweist. Gegenstand der in dieser Untersuchung mit umfangreichem Material erläuterten Kritik sind weder betriebswirtschaftliche Lehrsätze noch Erkenntnisse der Technik des Personalmangements, sondern die sowohl in populären Geistesströmungen als auch in wissenschaftlichen Analysen verborgene Gewissheit, dass es die Funktionsgesetze kapitalistischer Ökonomien selbst sind, die zum Verzicht auf Gewalt drängen. Genau genommen sind Gegenstand der Kritik somit die geschichtsphilosophischen Elemente, welche in marxistischen ganz ebenso wie in liberalen Theorien des Kapitalismus tradiert wurden.

Hinweise zur Auswahl des historischen Materials sowie zur Zitierweise

Die vorliegende Untersuchung zielt darauf, die Funktionsweise des historisch realen Kapitalismus zu erhellen. Dafür ist keine Vollständigkeit erforderlich, wohl aber eine begründete Auswahl der exemplarisch erläuterten Verhältnisse. Weil der Hinweis auf den Einsatz direkter Gewalt zum Zwecke der Aneignung in postsowjetischen Gesellschaften sowie in China und anderen post-sozialistischen Gesellschaften mit gutem Grund als Nachwirkung vorheriger Verhältnisse interpretiert werden kann, bleiben diese Gesellschaften, von einigen Halbsätzen abgesehen, außerhalb der Debatte.

Auch für den „asiatischen Kapitalismus" ist vielfach eine Prägung durch die spezifische, insbesondere religiöse, Vorgeschichte hervorgehoben worden. Weil es folglich nahe läge, die für diese Gesellschaften nachweisbaren Gewaltpraktiken auf kulturelle Besonderheiten zurück zu führen, stehen auch sie im Folgenden nicht zur Diskussion.

---

2 Eine davon wäre die sowohl in liberalen als auch in marxistischen Analysen lange dominante Auffassung, die historische Entwicklung kapitalistischer Gesellschaften tendiere notwendigerweise zur Durchsetzung parlamentarisch verfasster Staaten. Die historisch andere Erfahrung ist in der resümierenden Feststellung von Jürgen Kocka enthalten. Wenn er allerdings feststellt, Kapitalismus könne in verschiedenen politischen Systemen florieren, so gibt er die frühere Gewissheit nicht vollständig auf. Denn er fügt hinzu, Kapitalismus könne selbst unter diktatorischer Herrschaft („jedenfalls auf Zeit)" bestehen. (2013: 128) Zu vermuten steht, dass er damit die ausführliche Diskussion über die grundsätzliche Krisenhaftigkeit des im Nationalsozialismus etablierten spezifisch kapitalistischen Regimes zusammenfasst. Als solches ist die Aussage überzeugend, als generelle Behauptung ist sie historisch jedoch nicht ausreichend belegt.

3 Zumindest für die Phase der Globalisierung argumentiert Philippe Engelhard ganz ähnlich, wenn er feststellt: « Si on laisse la logique économique actuelle se développer, incivilité, criminalité et pauvreté ne risques pas de décroître dans la décennie qui vient. » (2001: 331)

Im Fokus stehen stattdessen zunächst kapitalistische Gesellschaften, in denen sich früh eine Konzeption von Rechten durchsetzte, die allen Menschen zu eigen sein sollten. Anders gesagt, die Argumentation konzentriert sich auf Prozesse der Durchsetzung und der Entwicklung des Kapitalismus, die aus der Sicht optimistischer geschichtsphilosophischer Konzeptionen als Vorreiter in der erhofften welthistorischen Verbreitung von „Zivilisation" gewertet werden. Als Horte dieser Entwicklung gelten insbesondere die historisch ersten kapitalistischen Gesellschaften, lange Zeit wurden dazu freilich auch die von Europäern beherrschten Kolonien gerechnet.

Innerhalb dieser aus systematischen Gründen begrenzten Auswahl erklärt sich die Entscheidung für die im einzelnen zur Erläuterung herangezogenen Verhältnisse zwar einerseits aus ihrer besonderen Relevanz für die theoretische Argumentation, andererseits aber auch aus dem jeweils vorhandenen Fundus an Forschungen, die von Kolleginnen und Kollegen sowie von Journalistinnen und Journalisten zu konkreten Verhältnissen durchgeführt worden sind, und schließlich – ganz unsystematisch – auch aus der Tatsache, dass manche fremdsprachlichen Veröffentlichungen der Autorin leichter zugänglich sind als andere. Es steht zu hoffen, dass die im Verlauf dieser Untersuchung dargelegten konkreten Entwicklungen nicht als absonderlich abgelehnt, sondern als exemplarisch akzeptiert werden. Weil es um die Strukturwirkung von Praktiken geht, werden die Hinweise auf Geschädigte und Tote nur sehr selten mit Zahlenangaben unterstrichen. Zum einen können Statistiken über moderne Sklaverei oder über zu Tode gekommene Migrantinnen und Migranten mit der Realität gar nicht Schritt halten, zum anderen basiert der Skandal gewaltförmiger Ausbeutung nicht auf Statistiken. Für die Forderung politischer Maßnahmen sind Bemühungen um möglichst genaue Statistiken unerlässlich, systematische Analyse muss eher bestrebt sein, zu verdeutlichen, welche Bedeutung bestimmte Verhältnisse für jede und jeden einzelnen haben können. Ganz unausweichlich wird es sein, dass Spezialistinnen und Spezialisten für bestimmte Problemkomplexe einzelne Hinweise vermissen und andere Erscheinungen abweichend interpretieren.

Sofern fremdsprachige Textstellen in Übersetzung zitiert sind, ist dies durch den Hinweis „Übers." kenntlich gemacht.

Kapitel I:
Von direkter Gewalt in unbarmherzigen Verhältnissen

Wenn Marx schreibt, anders als in der dominanten Theorie des Kapitalismus, in der von jeher die Idylle geherrscht habe, hätten in der wirklichen Geschichte „Eroberung, Unterjochung, Raubmord, kurz Gewalt die große Rolle" gespielt, so bezieht er sich dabei auf die „ursprüngliche Akkumulation", also auf die Durchsetzung kapitalistischer Verhältnisse. (MEW 23, 742) Damit wird nicht ausgeschlossen, dass in der Ausbreitung und Entwicklung des Kapitalismus weiterhin direkte Gewalt gegen Menschen zur Anwendung kommt, doch wird der Praxis direkter Gewalt keine eigene Strukturbedeutung zugesprochen.[1] Im Zusammenhang der von Marx begründeten Kritik der politischen Ökonomie ist diese Argumentation nahezu unausweichlich, weil direkte Gewalt immer von Personen ausgeübt, angeordnet oder bewusst in Kauf genommen wird.

In Veröffentlichungen zu konkreten historischen Entwicklungen hat Marx die Akteure kapitalistischer Ausbeutung samt politischer Herrschaft ausgiebig und mit drastischen Formulierungen kritisiert, für den Zweck der Strukturanalyse hat er aber einen gewissermaßen gesetzeskonformen Kapitalismus unterstellt. Damit der Zwang, der aus sozialen Verhältnissen resultiert, deutlich herausgestellt werden kann, unterstellt Marx, dass das staatliche Monopol auf die Anwendung von Gewalt gegen Personen historisch durchgesetzt ist.

Auf der Basis von Gesetzen und Gerichtsurteilen kann Staat die Bewegungsfreiheit von Menschen beschränken und ihnen womöglich sogar ihr Leben nehmen, sie über Jahre hinaus ins Militär oder in ein Armenhaus zwingen, dies alles notfalls mit der von Polizisten oder Soldaten ausgeübten körperlichen Gewalt oder mit der gerichtlichen Androhung weiterer Strafmaßnahmen durchsetzend. Privaten sind derartige Maßnahmen untersagt. Eben dies: die Monopolisierung des Rechts auf die Anwendung direkter, also körperlicher Gewalt gegen Personen ist eines der Gründungselemente moderner Staatlichkeit.[2] Zu Lebzeiten von Marx gab es von diesem Prinzip noch zahlreiche Ausnah-

---

1 So auch Etienne Balibar in seinem Artikel *"Violence"* für das *Historical-Critical Dictionary of Marxism.* Er fügte hinzu, ein weiterer Grund für die mangelnde Auseinandersetzung mit anderen Formen der Gewalt als jener, die in den gesellschaftlichen Verhältnissen enthalten ist, sei der anthropologische Optimismus einer Konzeption von Fortschritt, welcher als Entwicklung der menschlichen Produktivkräfte gedacht wurde. (2009: 99)

2 Für England und Frankreich hat Gerstenberger (1990/2006) die historischen Prozesse, die zur Durchsetzung des staatlichen Gewaltmonopols führten, dargestellt.

men. Manche davon waren rechtlich geregelt, andere basierten auf weithin anerkannten Gewohnheitsrechten.[3] Für seine Analyse der Strukturgewalt des Kapitalismus hat Marx von solchen Ausnahmen abgesehen.

Darin sind ihm kritische Theoretiker des Kapitalismus gefolgt. Besonders deutlich Max Weber. Auf ihn geht die besonders plastische Formulierung von der Marktwirtschaft als einer „herrenlose[n] Sklaverei" zurück. (1976: 709). Nicht einem Herren, sondern den Gesetzen von Märkten seien Wirtschaftssubjekte unterworfen. Ihnen allen, den Herrschenden wie den Beherrschten, sei ihr persönliches Verhalten „bei Strafe des …ökonomischen Untergangs in allem wesentlichen durch objektive Situationen vorgeschrieben." (Ebenda) Auch für Bourdieu, um ein weiteres Beispiel zu nennen, ist Herrschaft in der Epoche des Kapitalismus nicht mehr darauf angewiesen, dass sie „Tag für Tag handgreiflich" ausgeübt wird. Weil sie inzwischen institutionalisiert wurde, reproduziere sie sich von alleine. Die Herrschenden können sich darauf beschränken, das System laufen zu lassen. (1972/1979: 366f.)

Statt von „System" wird in solchen Zusammenhängen neuerdings vielfach von „struktureller Gewalt" gesprochen. Anders als vielfach unterstellt, stammt der Terminus nicht von Marx, sondern von Johan Galtung.[4] Vermutlich verdankt sich seine weite Verbreitung der Verbindung zweier Elemente, die völlig unterschiedlichen Bereichen anzugehören scheinen. Denn für die Wirkungsweise von „Gewalt" wird in der Regel (ganz ebenso wie für das englische oder französische *violence*) Intention unterstellt,[5] folglich Akteure, die solche Intention entwickeln. „Strukturen" aber wirken schädigend, vernichtend, begünstigend oder erhaltend, aus dem einfachen Grund, dass es sie gibt. An

---

3 Zur Anwendung körperlicher Gewalt waren neben Sklavenhaltern von Gesetzes wegen auch Ehemänner, Väter, Lehrer und Lehrherren, Kapitäne und Dienstherren berechtigt. Als deren Ausnahmeberechtigungen abgeschafft oder doch zumindest beschnitten wurden, hat diese viele vor den Grausamkeiten bewahrt, zu denen sich Zwangsberechtigte hatten hinreißen lassen.

4 Vgl. Galtung (in: Senghaas, Hg. 1973). Inzwischen haben sich Konzept und Terminus aber von dessen Formulierungen gelöst. Der heutige Gebrauch des Terminus „strukturelle Gewalt" entspricht am ehesten jenem sehr breiten Verständnis, welches Lars Dencik 1970 formulierte, als er das Forschungsprogramm der neuen (radikalen) Friedensforschung erläuterte. Wer – anders als die bisherige Friedensforschung – seine Forschung auf objektive und strukturelle Bedingungen richte, komme zum Ergebnis, dass offen gewaltsames Verhalten weder die alleinige, noch die wichtigste Ursache für physische Verletzungen der Menschheit sei, „sondern dass die Verletzungen, die aus den Bedingungen resultieren, unter denen Menschen leben … sogar größeren Schaden anrichten können." (1970: 87f.) Von „stiller Gewalt" (*silent violence*) spricht Dencik, wenn er diese potentielle Wirkung dominanter Verhältnisse charakterisiert. Markus Schroer (2004) nutzt den Terminus in seinem Plädoyer für die Wiederaufnahme der Galtung'schen Konzeption, wobei es ihm vor allem um eine Kritik jener Ansätze geht, welche Gewalt auf die körperliche Gewalt von Person zu Person beschränken wollen.

5 Jan Philipp Reemtsma hat auf Ausnahmen von dieser Regel hingewiesen. So hat beispielsweise Hannah Arendt in der Tradition von Hobbes argumentierend, Macht und Gewalt gleichgesetzt. (2001: 141-142)

Herren zu appellieren, war und ist meistens wirkungslos, aber nicht ohne alle Aussicht. Strukturen aber sind unbarmherzig.[6]

Der für kapitalistische Gesellschaften entscheidende Funktionsmechanismus ist derjenige der Konkurrenz. Dass ihre Wirkungsweise die sozialen Verhältnisse nur in Nuancen verändert, liegt an historisch durchgesetzten fundamentalen Ungleichheiten. Zu vielen Zeiten und an vielen Orten bewirkten Strategien gewaltsamer Enteignung sowie Konkurrenzverhältnisse auf Märkten, dass Menschen ihre Gesundheit und ihr Leben verloren, weil ihnen die Mittel fehlten, um sich auf Märkten mit Nahrung, sauberem Wasser, einem festen Dach über dem Kopf oder notwendiger Medizin zu versorgen. Und ihr Unglück ist um nichts geringer, wenn sich als sein Urheber lediglich die Verhältnisse und nicht etwa einzelne Personen oder Personengruppen ausmachen lassen, die ihnen schaden wollten oder ihren Schaden bewusst in Kauf genommen haben. Gerät einer oder eine in die Lage, seine oder ihre Arbeitskraft als Ware feilbieten zu müssen, so erhalten er oder sie manchmal die Chance, bisherige Lebensumstände beträchtlich zu verbessern, andere mussten und müssen den Verlust der Möglichkeiten bisheriger Versorgung bewältigen, ohne neue Versorgungschancen zu finden. Viele arbeiten unter Bedingungen, die ihnen selbst und anderen als eines Menschen nicht würdig gelten. Alle verbringen ihre Arbeitstage unter der Herrschaft jener, die sich das Recht erkauft haben, ihre Arbeitskraft während einer bestimmten Zeit zu ihrem eigenen Profit zu vernutzen.

Die Herrschaft über den Einsatz der Arbeitskraft einer oder eines anderen kann sehr weit reichen, sowohl was die Dauer der täglich ausgeübten Anforderungen als auch, was die Art und Weise dieser Anforderungen betrifft. Arbeitsverhältnisse als Herrschaftsverhältnisse zu bezeichnen, schließt die Möglichkeit der Zustimmung mit ein, und damit die Befriedigung über die ausgeführte Tätigkeit, den Stolz auf die Mitwirkung an einer bestimmten Produktion und die Identifikation mit einem Unternehmen nicht aus. Dass im Kapitalismus die Organisation von Arbeit in Herrschaftsverhältnissen erfolgt, deren Basis Verträge zwischen den Eignern von Produktionsmitteln auf der einen und Eignern von Arbeitskraft auf der anderen Seite sind, ist notwendiger Gegenstand jeder theoretischen Kapitalismuskritik. Dass sie berechtigt ist, wird im Folgenden nicht erneut

---

6 In gewisser Weise ist der inzwischen popularisierte Inhalt des analytischen Konzepts *strukturelle Gewalt* bereits in einem Ausspruch enthalten, den Bertold Brecht dem verurteilten Mackie Messer in der 9. Szene der „Dreigroschenoper“ in den Mund gelegt hat. Unterm Galgen stehend bezeichnet sich dieser als einen jener „kleinen bürgerlichen Handwerker“, „die mit dem biederen Brecheisen an den Nickelkassen der kleinen Ladenbesitzer arbeiten“. Solche Arbeit ist, Macky Messer will das gar nicht bestreiten, Raub im Sinne des Gesetzes. Doch nutzt er die letzten Worte, die Verurteilten traditionsgemäß zugestanden wurden, um das zahlreich erschienene Publikum vor die Frage zu stellen: „Was ist ein Dietrich gegen eine Aktie? Was ist ein Einbruch in eine Bank gegen die Gründung einer Bank?“ (1967: 482) Die Fortsetzung des Zitats ist von der populären Überlieferung zensiert worden. „Was ist die Ermordung eines Mannes gegen die Anstellung eines Mannes?“ Dass sie nur selten zitiert wird, ist vermutlich der Erkenntnis geschuldet, dass sich viele eine wie immer geartete Anstellung als die einzige Möglichkeit des Überlebens erhoffen müssen.

nachgewiesen. Statt dessen gilt die hier vorzutragende Kritik der Annahme, dass die ökonomische Nützlichkeit sachlicher Beziehungen zwischen Wirtschaftssubjekten derart offensichtlich sei, dass auf den Einsatz direkter Gewalt gegen Personen aus Gründen der ökonomischen Rationalität verzichtet werde – wenn nicht von Anfang an, so doch im Zuge der Entwicklung kapitalistischer Verhältnisse. Was in dieser Untersuchung als direkte Gewalt verstanden werden soll, sind also Praktiken, die Kapitalismustheoretikern zumindest für entwickelte Gesellschaften als unnötig, wenn nicht sogar als hinderlich gelten.[7] Und doch ist dieses „unnötige" Element auch nach der vollständigen Etablierung kapitalistischer Verhältnisse hartnäckig präsent. Warum das so war und immer noch ist, wird in den folgenden Kapiteln diskutiert.

Zunächst ist zu bestimmen, was unter „direkter Gewalt" zu verstehen ist.

Jan Philipp Reemstma verzichtet auf den Zusatz „direkt", betont aber, dass Gewalt auf den Köper der Gewalt Erleidenden zielt, psychische Gewalt, doch von ihr ist in der hier vorgelegten Untersuchung nicht die Rede, ist dann die Drohung, auf den Körper reduziert zu werden. (2008: 124;129) Reemtsmas Untersuchung handelt davon, dass die „Moderne" auf dem Vertrauen in die grundlegenden Elemente ihrer Funktionsweise basiert. Es dauere fort, obwohl doch deutlich geworden ist, dass Moderne mit extremer Gewalt koexistieren kann. (2008: 21und passim) Dass direkte Gewalt auf die Körper der Gewalt Erleidenden zielt, ist auch für die folgenden Darlegungen unterstellt, anders als eine Analyse „der Moderne" verlangt die Analyse der Funktionsweise des Kapitalismus jedoch, direkte Gewalt als historisch veränderlich zu bestimmen.[8]

Im Zusammenhang dieser Untersuchung wird unter Gewalt vor allem „entgrenzte Ausbeutung" verstanden.[9] Der Terminus ist theoretische Aussage. Ausbeutung wird als grundlegendes Merkmal des Kapitalismus verstanden. „Entgrenzte" Ausbeutung ist dehalb eine Praxis, die den in kapitalistischen Gesellschaften durchgesetzten Normen widerspricht. Sie kann, diese Gewißheit liegt der vorliegenden Untersuchung zugrunde, auch in fortdauernd kapitalistischen Verhältnissen erfolgreich bekämpft werden. Entgrenzte Ausbeutung ist nicht nur ein pejorativer, sondern auch durch und durch normativer Begriff. Ein Teil seiner Inhalte ist in Strafgesetzen, Arbeitsgesetzen und

7 Diese Bestimmung ist nicht immer identisch mit derjenigen, die durch staatliche Behörden festgesetzt wird. Heinz-Gerhard Haupt hat exemplarisch vorgeführt, wie sich deren jeweilige Breite auf die Rechtsprechung und die Strafverfolgung in einem Staat auswirkt. (2012: 23 und passim)

8 Zwar könnte auch für die vorliegende Analyse zwischen loszierender, raptiver und autotelischer Gewalt unterschieden werden. (Reemtsma 2008: 104-140) Weil dann aber im Zusammenhang einer Analyse der Entwicklung des Kapitalismus für jede einzelne dieser Gewaltformen ihr historisch wandelbarer Inhalt diskutiert werden müsste, wird diese Unterscheidung hier nicht übernommen.

9 Die Formulierung impliziert, dass damit keine allgemeingültige Bestimmung von „Gewalt" beansprucht wird. Hinweise über derzeit gängige Diskussionen zu dieser Thematik finden sich in: Wimmer (2009: Einleitung).

Arbeitsschutzgesetzen niedergelegt. Derartige Fixierungen von Grenzen der Ausbeutung, sei es das Verbot der Sklaverei oder der Kinderarbeit, sei es die Garantie des Rechts auf Versammlungsfreiheit oder auf das Recht der Kündigung, waren das Resultat der theoretischen und praktischen Kritik an den jeweils aktuellen Praktiken der Ausbeutung. Und es ist die aktuelle theoretische und praktische Kritik an Praktiken der Ausbeutung, welche die weiteren Inhalte des Terminus „entgrenzte Ausbeutung" bestimmen. Sie sind nationaler und internationaler öffentlicher Kritik entnommen.

Die Forderung, Grenzen der Ausbeutung festzusetzen und die Einhaltung bereits durchgesetzter Grenzen zu kontrollieren, richtet sich regelmäßig an Staatsgewalt. Wo aber Staatsgewalt bestehende Verhältnisse schützt, stehen nachdrücklich vorgetragene Forderungen ihrer Veränderung immer in der Gefahr, als Gesetzwidrigkeit, wenn nicht als Aufstand beurteilt und verfolgt zu werden. Ist die Forderung einer Reform aber erfolgreich, so ruft dies sehr häufig Praktiken hervor, die darauf gerichtet sind, ihre Wirkung zu umgehen oder doch abzuschwächen.

„Entgrenzte Ausbeutung" und damit „direkte Gewalt" wird im Folgenden vor allem in Arbeitsverhältnissen aufgezeigt, die historisch dominant gewordenen Vorstellungen von „*decent work*"[10] widersprechen, genau genommen also dem historisch als berechtigt durchgesetzten Maß an Ausbeutung in kapitalistischen Verhältnissen. Gewalt ist zudem überall präsent, wo – unter Kenntnis der Risiken – Menschen gefährlichen Stoffen ausgesetzt werden, sei dies an ihren Arbeitsstätten[11] oder auch in ihrer unmittelbaren Lebensumwelt. An Beispielen der Schädigung durch Gifte wird dieser Zusammenhang diskutiert.

Als „direkte Gewalt" werden aber auch all jene Praktiken bezeichnet, die Kapitaleigner praktizierten und praktizieren, um sich in den Besitz von Land zu bringen. Insoweit sie dabei von Regierungen unterstützt wurden und werden, kamen nicht nur Polizei und Militär zum Einsatz, sondern vielfach auch die zwangsweise Einführung der Rechtsfigur des absoluten Privateigentums.Und schließlich werden als Formen direkter Gewalt auch Praktiken des Raubs angeführt, für welche sich ein Zusammenhang mit internationalen kapitalistischen Märkten aufzeigen lässt.

In keiner Phase der Entwicklung des Kapitalismus ist direkte Gewalt gegen Personen ausschließlich im unmittelbaren Kontakt der von gewalttätiger Praxis Profitierenden mit den durch solche Praxis Beschädigten ausgeübt worden. Immer gab es Ausführende, welche die Interessen der Profiteure umsetzten, nicht selten mit eigenen Zugaben an

---

10 Der Terminus, darauf wird im Verlauf der Untersuchung noch einzugehen sein, fasst die Normen zusammen, die von der Internationalen Arbeitsorganisation als global durchzusetzende vertreten werden.

11 Joe Sim & Steve Tombs haben darauf hingewiesen, dass die in sozialwissenschaftlichen Analysen vorherrschende Definition von „Gewalt" als intentional und interpersonal dazu führt, dass ein Großteil der Verletzungen am Arbeitsplatz nicht als Resultate von Gewalt wahrgenommen werden, obwohl sie doch durch die von Unternehmern begangenen Übertretungen von Arbeitsschutzgesetzen zustande kommen. (2008: 93-94)

Gewalt. Für die Phase des globalisierten Kapitalismus ist zudem zu bedenken, dass Gewaltverhältnisse auch zwischen sehr weit voneinander entfernten Beteiligten bestehen können. Die Beschränkung des analytischen Konzepts der direkten Gewalt auf den Nahbereich ist deshalb nicht zulässig.

Aus diesen Erläuterungen der Reichweite des Konzepts direkte Gewalt geht bereits hervor, dass die folgende Analyse viele Praktiken der Gewalt ausschließt. Zwar lässt sich in kapitalistischen Gesellschaften für jede Art der Gewaltpraxis ein Zusammenhang mit dem Produktionssystem nachweisen, dargestellt und diskutiert werden aber ausschließlich Praktiken, denen sich Menschen in bestimmten Zusammenhängen kapitalistischer Aneignung ausgesetzt sehen. Individuelle Grausamkeit kommt in Betracht, wenn sie für bestimmte Zusammenhänge typisch ist.

In den Kapiteln II–V wird zunächst erläutert, durch welche Strategien der Aneignung und des Protests Verhältnisse geschaffen wurden, in denen sich Kapitalismus entwickelte.

Kapitel II: Bewaffneter Welthandel

Mit dem von Europa ausgehenden Welthandel wurde die Praxis direkter Gewalt zu einem systematischen Element der Aneignung. Diese Praxis gehört zur unmittelbaren Vorgeschichte des Kapitalismus.

Welthandel gibt es nicht erst seit sich europäische Kaufmannskrieger in ferne Länder aufmachten. Es gab ihn auch schon im 13. und im 14. Jahrhundert.

Regelmäßige Reisen von Kaufleuten verbanden Handelszentren in Arabien, an der Ostküste von Afrika, in Indien und im „fernen Osten" miteinander. Und auch für dieses kommerzielle Weltsystem lassen sich viele der Merkmale nachweisen, die zumeist als Anzeichen für einen sich entwickelten kapitalistischen Weltmarkt angesehen werden: Die bereits weit entwickelte Kunst der Seefahrt und des Schiffbaus, Techniken des Geldverkehrs und des Austauschs sowie die Gründung von Gesellschaften, in denen Geldgeber und Kaufleute zusammenwirkten.

An diesem weltweiten Handel waren auch europäische Kaufleute beteiligt. Obwohl sie insgesamt eine eher randständige Rolle spielten, nutzten Kaufleute aus Flandern und der Champagne, aus Venedig und der Lombardei diese Verbindungen. Sie importierten Gewürze, Textilien, Juwelen, Ebenholz und manchmal auch Sklaven. Ihrerseits hatten sie vergleichsweise wenig anzubieten. Schon damals war die Handelsbilanz mit den Handelspartnern im fernen Osten insgesamt eher negativ und bewirkte einen Abfluss von Silber.

Die Welt war auch damals beileibe kein friedlicher Ort. Aber die „Wächter" der Handelswege sicherten – gegen Abgaben – den Fluss der Waren. War dieser regional dennoch zeitweise gefährdet, so ließ sich an Land von der südlichen auf die nördliche „Seidenstraße" ausweichen – und umgekehrt. (Abu-Lughod 1989: 361) Und auch zur See wurde Indien entweder vom Persischen Golf oder vom Roten Meer aus erreicht. Solange Nachfrage und Angebot in den drei Subsystemen dieses Handelssystems erhalten blieben, funktionierte der Welthandel. Nicht kommerzielle und technologische Rückständigkeit oder ein später oft vermutetes Desinteresse lokaler Herrscher am Handel[1] haben den Niedergang dieses Welthandelssystems bewirkt. Weil es sich aber vorzugsweise um Verbindungen zwischen Städten handelte, erschütterte der Rückgang der Urbanisie-

1 Zum Irrtum dieser Unterstellung vgl. Arasaratnam (1986: 221).

rung in der Folge des großen Sterbens im 14. Jahrhundert die etablierten Beziehungen gründlich und nachhaltig.[2]

In manchen Regionen knüpfte der seit dem 16. Jahrhundert von Europa ausgehende Welthandel an frühere Handelsbeziehungen an.[3] Insgesamt aber handelte es sich um ein neues System. Denn nicht länger gestanden sich Kaufleute unterschiedlicher Herkunft gegenseitig zu, die Infrastrukturen der Handelswege in ihrer Region ungehindert zu nutzen, von jetzt an ging es um Monopole, folglich um bewaffnete Konkurrenz. (So auch Braudel 1979/1986) Sie wurde in Seeschlachten und in Überfällen auf Handelsstützpunkte ausgetragen. Und es ist diese Praxis bewaffneter Konkurrenz um Handelsmonopole, welche den Welthandel, der sich seit dem Ende des 15. Jahrhunderts von Europa aus entwickelte, von dem Welthandel des 13. und des 14. Jahrhunderts unterschied.

Auch zuvor hatte es Übergriffe auf das Eigentum und womöglich sogar auf das Leben von Händlern gegeben, aber die Ära des bewaffneten Handels setzte systematisch dennoch erst ein, als europäische Kaufmannskrieger die Weltmeere befuhren. Kirti N. Chaudhuri zufolge – er hat die Entwicklung von Handel und Kultur im Bereich des Indischen Ozeans bis 1750 untersucht – ist es weniger die neue Entwicklung von Fernhandelsbeziehungen, die der Erklärung bedarf, als die Entwicklung des durchweg bewaffneten Handels. (1985: 14)

Sie ergab sich aus der Herrschaftspraxis in den Herkunftsländern der Kaufmannskrieger, wo in der frühen Neuzeit ein europäischer Herrscher nach dem anderen eine Praxis der Verleihung von Privilegien entwickelte. Handelsgesellschaften erhofften sich vom Erwerb eines Privilegs die herrschaftliche Unterstützung bei der Ausschaltung von Konkurrenz und sei dies auch nur insoweit möglich, als ein Fürst seinen Anspruch auf ein Handelsmonopol in einer bestimmten Region der Welt bekannt gab. Die Fürsten ihrerseits ließen sich Privilegien bezahlen und Anteile an den erwarteten Profiten zusichern. Auch wenn solche Profite dann nicht immer eintrafen, war die Aneignung durch Handel auf diese Weise doch eng mit fürstlicher Aneignung verschränkt, folglich mit dem Einsatz von Gewalt.

Mit zunehmender europäischer Präsenz ging es dann allerdings immer weniger um langfristige Austauschbeziehungen zwischen Handelspartnern. Stattdessen wurde vielfach Gewalt eingesetzt, um kurzfristigen, oft räuberischen Gewinn zu erzielen. Folglich zielten kaufmännische Praktiken auf die Errichtung von bewaffnet durchgesetzten und bewaffnet verteidigten Handelsstützpunkten. Die Praxis des internationalen Handels

2 Diese Feststellung gilt auch für China. Dort wirkte sich allerdings der Zusammenbruch des Mongolenreichs im frühen 14. Jahrhundert zusätzlich verstärkend aus. Vgl. Abu-Lughod (1989: 345).

3 Das gilt in Asien, auf das sich das Interesse europäischer Händler vor allem richtete, gilt aber auch in Afrika. So hat David Northrup beispielsweise gezeigt, dass sich portugiesische Kaufleute in Nigeria in die dort bereits bestehenden Handelsbeziehungen integrierten. (Northrup 1978: 22-23; 215)

hat sich somit verändert, als sich zunehmend europäische Kaufmannskrieger daran beteiligten.[4]

Raub und Regeln

Während die allermeisten der in Übersee agierenden Kaufleute in ihren Herkunftsländern bestrebt waren, als Angehörige der vornehmen und schließlich womöglich sogar adligen Stände akzeptiert zu werden, machten sie sich in Übersee keine derartigen Mühen. Wo immer sich die Chance ergab, eigneten sie sich die Reichtümer der Völker in Übersee ohne kommerzielle Umstände an.

Ein frühes Beispiel dieser Praxis lieferten die ersten iberischen Abenteurer in Südamerika. Als sie feststellen mussten, dass Indios nicht über die Art von Handelsgütern verfügten, die sie sich erhofft hatten, plünderten sie, was immer ihnen des Plünderns wert erschien. Vor allem aber stürzten sie sich auf Gold. „Wie hungrige Schweine waren sie gierig nach Gold" sollen Azteken von ihnen gesagt haben.[5]

In der Frühphase des von Europa ausgehenden „Weltmarktes" plünderten europäische Kaufmannskrieger aber nicht nur, was sie bei Menschen in Übersee entdeckten. Wo immer ihnen dies möglich erschien, kürzten sie den Prozess der Aneignung dadurch ab, dass sie die beladenen Schiffe europäischer Konkurrenten überfielen. Historische Darstellungen lesen sich wie Berichte über Auseinandersetzungen zwischen Räuberbanden.[6] Und das waren sie auch.[7]

Weil die Ausrüstung von Schiffen aber kostspielig war und weil Fürsten in Europa auf einen Anteil an den Überfällen erpicht waren, handelten viele derjenigen, die sich im 16. und im 17. am großen Raub auf See beteiligten, im Auftrag oder doch mit dem Einverständnis der Fürsten ihrer Herkunftsländer. Mochten diese stillen oder auch

4 Immanuel Wallerstein und andere Vertreter der Theorie des kapitalistischen Weltsystems konstatieren die gewaltsame Durchsetzung einer Hierarchie der Ausbeutung von den Metropolländer über die Semiperipherien zu den Peripherien. An diesem Prozess seien europäische Staaten maßgeblich beteiligt gewesen: sie hätten die Expansion betrieben und sich dadurch zugleich selbst als moderne Staaten konstituiert. Die damals konstituierten Strukturen des „ungleichen Tausches" seien dauerhaft prägend geblieben. (Wallerstein: Bd. I 1974, Bd. II, 1980) Für eine ausführlichere Kritik dieser Theorie der Konstitution moderner Staaten vgl. Gerstenberger (1990/2006: Teil I, 3).

5 Der Franziskaner Bernardino de Sahagun hat aztekische Mythen, Traditionen und Augenzeugenberichte im sogenannten Codex Florentinum zusammen gestellt, hier zitiert nach: Wendt (2007: 60).

6 Das gilt insbesondere für die umfassende Darstellung von Furber (1976).

7 Auch im Mittelmeer gab es Seeleute, die, ausgerüstet mit Kaperbriefen, Schiffe aus Nordafrika überfielen, auf diese Weise die Entwicklung eines eigenen Handels dieser Regionen verhindernd und deren Entwicklung zu den sogenannten Barbareskenstaaten fördernd. Korsaren und/oder Piraten aus Frankreich, Griechenland und Venedig überfielen sich aber auch gegenseitig. (Bono 2004/2009: 102-121)

offiziellen Teilhaber an Raubzügen zur See den gewaltsamen Erwerb von Reichtum in jedem Teil der Welt auch für besonders wünschenswert erachten, so waren dennoch die möglicherweise negativen Auswirkungen auf ihre Herrschaft zu bedenken. Anders gesagt: gegenüber europäischen Konkurrenten erforderte Raub einen Anschein von Legitimität. Ganz ähnlich wie an Land wurde dieser vom ausgehenden 15. bis ins 19. Jahrhundert auch auf den Weltmeeren durch den Anspruch auf bestimmte Herrschaftsbereiche hergestellt. Dass sich Hoheitsansprüche über bestimmte Regionen des Meeres nie wirklich erfolgreich verteidigen ließen, sollte später als eines der Argument angeführt werden, um die Abschaffung solcher Ansprüche zu fordern, aber darauf kam es in der ganzen Zeit ihrer Geltung auch nicht wirklich an.

Denn wer Herrschaft über ein bestimmtes Seegebiet beanspruchte, erteilte sich selbst damit das Recht, alle Schiffe, die ohne Genehmigung der Hoheitsmacht in diesem Gebiet angetroffen wurden, aufbringen zu lassen, ihre Ladung wegzunehmen und die Mannschaften als Piraten abzuurteilen. Ein Gericht, vor dem solche Rechtmäßigkeit hätte erstritten werden können, gab es nicht, vielmehr war mit der Veröffentlichung des Anspruchs auf die Hoheit über ein bestimmtes Gebiet der Weltmeere zugleich der Anspruch verbunden, in diesem Gebiet den Unterschied zwischen Recht und Unrecht zu definieren.

Folgen wir also zunächst, wenn auch nur in sehr groben Zügen, der Entwicklung einer Aufteilung der Weltmeere in Herrschaftsbereiche bis zu ihrem schließlichen Ende. Ihren Anfang nahm diese Entwicklung im Jahre 1493, also in dem Jahr, in dem Columbus und seine Mannschaft von ihrer ersten großen Reise zurück kehrten. Das große Rennen auf Reichtum in Übersee war damit eröffnet. Vorläufig waren nur die Kronen von Spanien und Portugal in der Lage, sich daran mit einiger Aussicht auf Erfolg zu beteiligen. Um ihre Herrschaft in Europa nicht zu destabilisieren, wandten sich beide Mächte an den Papst, damit er die Neue Welt für sie aufteile. Dass die damals beschlossene Teilungslinie im Jahr darauf noch einmal verändert wurde, macht deutlich, dass dem Abschluss des Vertrages schwierige Verhandlungen vorausgingen.[8] Jedenfalls wurde die außereuropäische „Welt" am 7. Juni 1494 unter der Federführung von Papst Alexander VI im Vertrag von Tordesillas zwischen Spanien und Portugal aufgeteilt. Was sich weiter als 370 Seemeilen westlich der Kapverdischen Inseln befand, sollte dem spanischen Königreich zufallen, die Welt östlich dieser gedachten Linie dagegen dem portugiesischen Königreich. Seit dem ausgehenden 15. Jahrhundert war die hohe See zwischen Europa und den Amerikas somit formell in Hoheitsgebiete unterteilt.[9] Genau genommen bestimmte der Papst

---

8 Diese Veränderung ist die Ursache dafür, dass in Brasilien heute Portugiesisch (in einer spezifischen Variante) gesprochen wird, während in fast allen anderen südamerikanischen Gebieten Spanisch die Herrschaftssprache wurde. Karte zu den Teilungslinien von 1493 und 1494 bei: Reinhardt Wendt (2007: 35).

9 Es handelte sich nicht um die erste „Schlichtung" durch einen Papst. Schon 1452, 1456 und 1479 hatten Päpste zwischen Spanien und Portugal vermittelt. Im Resultat erhielt Portugal die Vormacht entlang der Ostküste von Afrika und damit einen einfacheren Zugang zu den

nicht, welchen Teil der neuen Welt sich die beiden Königreiche rechtmäßig aneignen durften, sondern er verteilte die Gebiete, in denen sie missionieren durften.[10] Faktisch spielte diese Präzisierung freilich keine Rolle.

Den ersten Teilungslinien folgten weitere. 1526 wurde im Vertrag von Saragossa beschlossen, den Pazifischen Ozean aufzuteilen. Die sogenannte „Molukkenlinie" verlief entlang dem heutigen 135. Meridian. Mag sein, dass diese Linien portugiesische und spanische Schiffe davon abhielten, in die ihnen vertraglich verwehrten Hoheitsgebiete vorzudringen, für die seit dem 16. Jahrhundert auf Beutefahrt gehenden französischen Korsaren und englischen „Entdecker" markierten die Verträge aber nur das Ausmaß ihres Risikos im Falle einer Niederlage auf See.

Um dieses Risiko zu mindern und damit zugleich die Chance auf Anteile an etwaiger Beute zu erhöhen, bestritten die Herrscher der neuen Seemächte die Legitimität der Linien und forderten, dass ihre Untertanen das Recht haben sollten, auch die von Portugal und Spanien beanspruchten Seeregionen zu durchfahren.[11] 1559 wurde in Câteau-Cambrésis über einen Frieden zwischen Spanien und Frankreich verhandelt.[12] Zu dem veröffentlichten Vertrag soll mündlich eine zusätzliche Verabredung getroffen worden sein. Sie habe, so wird immer wieder berichtet, den Friedensschluss auf Europa begrenzt und bestimmt, dass bewaffnete Auseinandersetzungen jenseits einer „Freundschaftslinie" nicht als Verletzungen dieses Friedens gewertet werden sollten. Obwohl bis heute umstritten ist, ob es einen derartigen Zusatz zu dem offiziellen Friedensvertrag tatsächlich gab,[13] hat er in der wissenschaftlichen Debatte der letzten Jahrzehnte eine beträchtliche Rolle gespielt. Veranlasst wurde dies durch eine Veröffentlichung von Carl Schmitt aus dem Jahre 1950, für die er sich seinerseits auf eine Arbeit von Gustav Adolf Rein aus dem Jahre 1930 gestützt hatte. Schmitt zufolge diente „die Ausgrenzung einer außereuropäischen Kampfzone ... der Hegung des europäischen Krieges." (1950: 66)[14]

Handelsregionen des ferneren Ostens, während Spanien die westliche Route zufiel. Als 1547 Bartolomeo Dias die Südspitze Afrikas umsegelte, eröffnete sich auch für Spanien ein Seeweg nach Osten. Vgl. Wendt (2007: 32f.).

10 So Carl Schmitt im Anschluss an Julius Goebel: Schmitt (1950: 53-110, hier v.a. 59).

11 Wilhelm D. Grewe hat allerdings darauf hingewiesen, dass ein kolonialer Kompromiss bereits im 1544 geschlossenen Friedensvertrag von Crépy-en-Laonnois enthalten war. Der französische König habe zwar nicht den Vertrag von Tordesillas anerkannt, wohl aber versprochen, den Kolonialbesitz von Spanien und Portugal zu respektieren, wenn seinen Untertanen dafür zumindest das Recht zugestanden werde, Handelsreisen nach Indien zu unternehmen. Schon zwölf Jahre später wurde französischen Kaufleuten auch dieses Recht abgesprochen. Aber bereits drei Jahre später soll es dann zu der bereits erwähnten Absprache im Frieden von Cateau-Cambrésis gekommen sein, der zufolge Gewalttaten jenseits einer Freundschaftslinie nicht als Verletzungen der in Europa geschlossenen Friedensverträge gelten sollten. (Grewe 1982/1988: 184f.)

12 Zunächst war ein Friedensabkommen zwischen England und Frankreich geschlossen worden.

13 Vor allem Jörg Fisch hat die Auffassung vertreten, die Verabredungen von Freundschaftslinien in Friedensverträgen seien nicht wirklich belegt. (1984: 146-152)

14 Der explizit marxistisch argumentierende China Miéville hat sich dieser Interpretation nicht nur angeschlossen, sondern sie weiter radikalisiert. Miéville zufolge entstand das

Neuere Forschungen zu den Verhandlungen haben ergeben, dass Spanien angeboten hatte, den bislang auf der Basis von Tordesillas beanspruchten Hoheitsbereich zu verkleinern. Aufgegeben hat Spanien diesen Anspruch allerdings nicht. (Kempe 2010: 57) Das blieb für alle diejenigen relevant, die weiterhin Gefahr liefen, als Piraten angegriffen zu werden, wenn sie die von Spanien beanspruchte Seehoheit verletzten.

An Land aber sahen sich Spanien und Portugal mit den Ansprüchen aufstrebender Seemächte konfrontiert. Wilhelm G. Grewe zufolge bedienten sie sich in der Zeit zwischen dem Frieden von Cateau-Cambrésis und dem Westfälischen Frieden einer Sprache, die das Recht des Stärkeren jenseits der Linie proklamierte. (1982/1984: 192) So sehr dies den tatsächlichen Entwicklungen entsprach, so konnten sich europäische Fürsten doch nicht ganz der Anforderung entziehen, Strategien der Aneignung in Übersee zu legitimieren. Als Methode nutzten sie die Entwicklung neuer Rechtspositionen. Wobei diese den jeweiligen Zwecken dienten und je nach eigener Machtposition und Zwecksetzung auch wieder geändert wurden. Nachdem Francis Drake in den Jahren 1577–1589 eine Reise an die Westküste Amerikas unternommen hatte, verkündete Elisabeth I auf der Basis eines Rechtsgutachtens : *"The Pope had no right to partition the world and to give and to take kingdoms to whomever he pleased."* (zit. Grewe 1982/1988: 288) Konsequenterweise sollte Spanien auch nicht das Recht haben, in irgendwelchen Regionen der Welt die Schifffahrt anderer Nationen zu verbieten. Die englische Krone verlangte eine Öffnung der Weltmeere. Ende des 16. Jahrhunderts wurde sie zur „lautstärksten Befürworterin der offenen See." (Tuck 1999: 111) Das sollte nicht lange vorhalten.

Tatsächlich hat die spanische Krone im 16. Jahrhundert ihre Ansprüche nicht mehr nur mit dem Vertrag von Tordesillas begründet, sondern auch mit der Entdeckung bestimmter Regionen der neuen Welt. Die jüngeren Seemächte haben diese Legitimationsstrategie ihrerseits übernommen, sie aber präzisiert. Als der Gesandte der spanischen Krone 1580 bei der englischen Königin vorstellig wurde, um darauf hin zu weisen, dass Francis Drake mit seinem Vorstoß in den Pazifik gegen den spanischen Rechtstitel verstoßen habe, weil Spanien diese Region entdeckt habe, wurde ihm bedeutet, „dass die Spanier hier und da eine Küste berührt hätten, sei so bedeutungslos, dass es ihnen in keinster Weise ein Recht auf andere Gebiete als jene zu verleihen vermöge, in denen sie sich tatsächlich angesiedelt hätten und in denen sie wohnen blieben."[15] Anders gesagt: Als Rechtstitel für überseeische Gebiete sollte gegenüber anderen europäischen Mächten lediglich eine Entdeckung gelten, die tatsächliche Okkupation zur Folge hatte.

"proto-international law" aus dem Verhältnis der Aneignung, das von Europa aus gegenüber Amerika entwickelt wurde. (2005: 169) Das ist aber selbst dann überzogen, wenn den von Schmitt und anderen postulierten Freundschaftslinien historische Realität zugeschrieben wird. Denn in keiner der dafür angeführten Verabredungen sind die Opfer der europäischen Expansion als potentielle Gegner zur Kenntnis genommen worden.

15 Camden's Annals. Year 1580 (Pearce Higgins, International Law and the Outer World 1450–1648, Cambridge History of the British Empire, Bd. I, Kap. VII, 1929, S. 185) hier: zitiert nach: Grewe (1982/1988: 292).

Dass diese Rechtsposition dominant werden und bis ins 20. Jahrhundert hinein dominant bleiben sollte, ergab sich aus der Konkurrenz unter den europäischen Staaten. Zwar beschränkten sich die bewaffneten Kaufleute in Übersee zunächst vielfach darauf, befestigte Handelsstützpunkte an den Küsten zu errichten und von dort aus jene Praxis zu entwickeln, die Walter Raleigh an der Wende vom 16. zum 17. Jahrhundert treffend als *forcible trade* bezeichnete, (zit. Andrews 1984: 9)[16] andere aber, darunter sowohl die kastilischen Konquistadoren in Südamerika im 16. Jahrhundert als auch die Siedler in der Kolonie „Virginia", beanspruchten nicht nur ein lokales Handelsmonopol gegenüber anderen europäischen Mächten, sondern auch Gebietshoheit gegenüber den dort lebenden Einheimischen.

Schon im Vertrag von Tordesillas war die Herrschaft über Einheimische mit der Verpflichtung zur Missionierung gerechtfertigt worden. Und diese Verpflichtung findet sich auch in der 1606 ausgefertigten Urkunde, welche die Virginia Company ermächtigte, in Nordamerika eine Kolonie zu gründen. Sie wurde beauftragt, unter den dort noch „in Dunkelheit" lebenden Menschen, die christliche Religion bekannt zu machen. Worum es tatsächlich ging, hatte Richard Hakluyt bereits einige Jahre zuvor formuliert, als er ausführte, dass die Aneignung von Gütern in Übersee auf Dauer die tatsächliche Eroberung von Territorien erforderlich mache. Und das sei auch möglich, denn *"we armed and they naked"*.[17] Für die Veröffentlichung von Politik war eine derart deutliche Position in Europa allerdings kaum hinreichend. Folglich erteilte die Krone 1609 den Auftrag zur Missionierung.

Die Anfänge der Kolonisierung bedeuteten jedoch noch nicht das Ende des Seeraubs. Ganz im Gegenteil wurde Seeraub im 16. und 17. Jh. weltweit praktiziert. (Kempe 2010: 38) Und vielfach betätigten sich ein und dieselben Personen je nach Gelegenheit als Kapitäne, Schmuggler, Piraten, Entdecker und/oder Kaufleute. Um den durch Seeraub erlittenen materiellen Schaden zu sühnen, konnten die Geschädigten ihren eigenen Fürsten um einen sogenannten Repressalienbrief ersuchen.[18] Damit wurden sie als Privatpersonen ermächtigt, andere Untertanen jenes Staates zu schädigen, aus dem derjenige stammte, der sie selbst geschädigt hatte. An Land war die Praxis seit dem ausgehenden Mittelalter bekannt, im 16. und 17. Jahrhundert wurde sie auf die Weltmeere ausgedehnt, wobei sich die Beutekrieger einen Repressalienbrief – auch als Markebrief (*lettre de marque*) bezeichnet – manchmal auch erst ausstellen ließen, nachdem sie die rächende Repressalie bereits ausgeführt hatten. (Kempe 2010: 67) Und ab Ende des 16. Jahrhunderts scheint in England jeder einen Repressalienbrief erhalten zu haben, der darum ersuchte und bereit

16 Raleigh war Ende des 16. Jahrhunderts an der Unterwerfung Irlands sowie an der Gründung der Kolonie Virginia beteiligt.

17 Die Formulierung entstammt dem 1585 entstandenen "Discourse of Western Planting", publiziert in: The Original Writings & Correspondence of the Two Richard Hakluyts, 2. Aufl., hrsg. von E.G.R. Taylor (1935: 324); hier zit. nach: Tuck (1999: 110).

18 Internationalem Brauch zufolge allerdings nur, nachdem sie zunächst den Fürsten desjenigen um Hilfe ersucht hatten, der sie geschädigt hatte.

war, eine geringe Gebühr zu entrichten. Ein Zehntel der bei einer Repressalie geraubten Beute beanspruchte der Lord Admiral. Das Admiralitätsgericht habe sich in dieser Zeit zu einem regelrechten „Franchise-Unternehmen“ für Beuteexpeditionen im Atlantik entwickelt, schreibt Kempe (op. cit.: 67) im Anschluss an Kenneth Andrews (1959: 2-5).

Dass die Repressalienbriefe zunehmende Bedeutung erlangten, ergab sich aus den Verhältnissen auf der Hohen See. Beispielsweise kaperten Portugiesen 1618 ungeachtet des Friedens zwischen England und Portugal das Schiff des Kommandeurs einer Flotte der Englischen Ost Indien Gesellschaft. Brian Inglis schreibt, im 17. Jahrhundert wäre es schwierig gewesen, einen Unterschied zwischen den „Handelspraktiken“ der Portugiesen in China und Piraterie festzustellen. (1976/1979: 16) Die „jüngeren Seemächte“ setzten diese Traditionen fort. Als sich bewaffnete englische Kaufleute daran machten, den iberischen Konkurrenten in Südamerika einen Batzen des überseeischen Reichtums abzujagen, waren sie Kenneth R. Andrews zufolge alles andere als zurückhaltend in der Wahl ihrer Mittel. (1984: 356)

Raub und Handel gingen auch andernorts mehr oder minder nahtlos ineinander über. So kaperte etwa Henry Middleton von der *East India Company* im Jahre 1610 mehrere indische Schiffe und zwang die Besatzungen, die geladenen Güter gegen die von ihm selbst beförderten zu tauschen. Anschließend verlangte er Lösegeld von den Eignern der Schiffe. Entsprechend verfuhr die Niederländische Ostindienkompanie (VOC) mit chinesischen Dschunken, als sie bestrebt war, sich Zugang zum chinesischen Handel zu verschaffen. (Furber 1984: 40) Holden Furber vermutet, dass in den Jahren 1618 bis 1624 die Zuständigen in der englischen ebenso wie in der Niederländischen Ostindienkompanie der Ansicht waren, die Kaperung indischer Schiffe sei ein besonders lukratives Geschäft – und dies, obwohl durchaus mit Reaktionen der lokalen Behörden zu rechnen war.[19] Die Praktiken hielten sich über Jahrhunderte. Als 1782 zwei Schiffe der *East India Company* Opium nach China schmuggelten, wurde eines der beiden unterwegs von Portugiesen gekapert. (Hanes III & Sanello 2002/2003: 21)[20]

Auch nachdem europäische Herrscher privaten Handelskompanien Privilegien verliehen hatten, die sie berechtigten, in Übersee selbständig Handel zu treiben und befestigte Handelsstützpunkte zu errichten, war die Zeit des gegenseitigen Raubs europäischer Seefahrer keineswegs zu Ende. Einerseits gab es weiterhin Piratencrews, die Handelsschiffe überfielen, sich manchmal nur mit Nachschub versorgten, vielfach aber auch gründlich plünderten. Schon Ende des 17. Jahrhunderts war die Straße von Malakka, die Ende des 20. Jahrhunderts ein Gebiet häufiger Piratenüberfälle werden sollte, eine Seestraße, in der Piraten Schiffe überfielen, die von und nach China und Indien und

---

19 Danach erhielten englische Kaufleute das Recht, im gesamten Reich des Moguls zu handeln, sagten aber zu, keine einheimischen Schiffe mehr ohne formelle Genehmigung zu betreten. (Furber 1976: 47)

20 Allerdings konnten auch die erfolgreich geschmuggelten Kisten nur mit Verlust abgesetzt werden, weil die chinesischen Behörden zuvor drakonische Strafen gegen den Handel mit Opium beschlossen hatten.

von und nach den Philippinen unterwegs waren. (Grey/Nachdr. 1933: 136-138) Jetzt wurde dieser aber seltener auf eigene Faust betrieben, sondern wurde zum Bestandteil einer Strategie der Verteidigung und Erweiterung von Handelsmonopolen. Weil sich Handelskompanien in Übersee – wir werden darauf zurück kommen – vielfach als Staatsgewalt etablierten, verlieh dies Raubzügen, die in ihrem Auftrag und mit ihren Mitteln erfolgten, den Charakter von Kriegen.

Rückblickend gesehen war der Vorwurf der jeweils durch Seeraub Geschädigten durchaus zutreffend: Der weltweit betriebene Seeraub europäischer Seefahrer fiel unter die seit der Antike gebräuchliche Definition der Piraterie. Um den möglichen Folgen einer solchen Einordnung im Falle der Aufbringung zu entgehen, gab es zwei Möglichkeiten: den bereits erwähnten Erwerb eines Repressalienbriefes oder aber den Erwerb eines Kaperbriefes.

Kaperfahrten waren Raubzüge, für die Herrscher an Land Lizenzen ausgaben: sogenannte Kaperbriefe. Zunächst erwarteten sie, an etwaigen Ergebnissen beteiligt zu werden, später ging es eher um die Schädigung des Gegners. In den Kriegen zwischen europäischen Seemächten entwickelte sich Kaperei insofern zu einer mehr oder minder regelhaften Verbindung staatlicher Machtpolitik mit privatem Raub, als die militärischen Gegner aufgebrachte Kaperer meist nicht als gemeine Piraten behandelten. Allerdings wurden Kaperbriefe, die im 17. Jahrhundert von Kolonialgouverneuren in der Karibik ausgegeben wurden, von den Spaniern, deren Küstensiedlungen von den Bukanieren angegriffen wurden, nicht anerkannt. (Grey 1933: 27) Und mit dem *"Cruisers and Convoys Act"* von 1708 leitete die englische Krone eine neue Entwicklung ein. In Zukunft wollte sie auf materielle Beteiligung an Prisen verzichten.

Diese Veränderung wurde möglich, weil die Krone durch den Aufbau einer Kriegsflotte nicht mehr in eben demselben Maße wie zuvor auf Kaperer angewiesen war. Das Beispiel machte Schule. Seit Mitte des 17. Jahrhunderts war Kaperei nicht mehr die wichtigste Form des Seekrieges zwischen europäischen Mächten. Vielmehr wurden Kaperer jetzt nur noch zusätzlich zu staatlichen Kriegsmarinen genutzt. „In anderen Worten, das Kaperwesen entwickelte sich von einem billigen Militärwerkzeug in ein Gelegenheitsgeschäft, das schiffsbesitzenden Kaufleuten und Seefahrern die Möglichkeit zur Profitspekulation bot, wenn sie dem Handel des Feindes Schaden zufügten." (Starkey & Payne 2002: 25) Diesem Charakter der Kaperei entsprechend, florierte sie insbesondere in Zeiten militärischer Auseinandersetzungen. So rief etwa der Eintritt Hollands in den amerikanischen Unabhängigkeitskrieg 1781 eine wahre „Kapermanie" hervor. 19.000 Männer sollen damals an Kaperei beteiligt gewesen sein. (op. cit.: 31) Im 19. Jahrhundert setzte sich dann allerdings zunehmend die Auffassung durch, dass der Einsatz von Privatseekriegern gegen allgemeine moralische Grundsätze verstoße. So erklärten zu Beginn des Krimkrieges im Jahre 1854 die Regierungen von Schweden und Dänemark nicht nur ihre Neutralität, sondern zugleich, dass sie Kaperer auf keinen Fall in ihre Häfen einfahren lassen wollten. (Belege bei Lemnitzer 2008: 89) Und weil die Regierung von England befürchtete, dass US-amerikanische Kaperer in russischen

Diensten der britischen Seemacht gefährlich werden könnten, drohte sie an, im Falle von US-amerikanischen Kaper-Aktivitäten zu der früher üblichen, inzwischen aber allgemein verurteilten Praxis einer Bombardierung unbefestigter Küstenansiedlungen zurück zu kehren. Im 1856 geschlossenen Vertrag von Paris wurde die Kaperei für abgeschafft erklärt. Ihr tatsächliches Ende wurde eingeleitet, weil die Signatarstaaten ihre Häfen für Piraten schlossen. Als Kaperer ihre Prisen nicht mehr einbringen konnten, blieb ihnen nur, diese zu versenken, nachdem sie leicht transportierbare Ladung auf ihr eigenes Schiff geholt hatten. In den 1860er Jahren verlegten sich frühere Kaperer der Konföderierten Staaten in Nordamerika auf Schmuggel. (Lemnitzer 2008: 90)

Neben Räubern zur See, die – mit oder ohne fürstliche Ermächtigung – von Europa aus zu Raubzügen aufbrachen, gab es auch Beutefahrer, die in Übersee lebten und agierten. Auch sie agierten vielfach nicht nur im eigenen, sondern auch im Interesse der engagierten Großmächte. Bekannt geworden sind neben den Filibustern[21] vor allem die Bukaniere. Beide Bezeichnungen beziehen sich auf Freibeuter, die in der Karibik aktiv waren. Oben wurde bereits erwähnt, dass Spanien im 17. Jahrhundert Kaperbriefe, die Kolonialgouverneure in der Karibik an Bukaniere ausgegeben hatten, nicht anerkannte. Darin kommt nicht nur zum Ausdruck, dass Bukaniere nicht nur als gemeine Piraten angesehen werden sollten, sondern auch als Instrumente im Dienste von Spaniens Gegnern gewertet wurden.[22]

---

21 Die Bezeichnung soll sich aus einer verballhornten Aussprache des niederländischen „vrijbuter“ herleiten.

22 Die Gegnerschaft zu Spanien und Portugal war auch eine zentrale Motivation jener jüdischen Piraten, deren Familien vor der Inquisition in die Neue Welt geflohen waren, um dann feststellen zu müssen, dass ihnen die Inquisition auch dorthin folgte. Einige der jüdischen Kaufleute finanzierten Piratenfahrten, einzelne betätigten sich selbst als Seeräuber. Einer von ihnen, Moses Cohen Henriques, machte so reiche Beute, dass er sich 1623 eine Insel (Recife) kaufen konnte. (1636 verkaufte er sie wieder.) Als die Inquisition in Brasilien und in den spanischen Besitzungen nach Scheinkonvertierten zu suchen begann, flohen viele jüdische Familien nach Jamaika. Auf dieser Insel, die damals noch im Besitz der Familie Columbus war, konnten sie religiöse Toleranz erwarten. Als Engländer 1654 diese Insel eroberten, wurden sie von dort ansässigen Juden unterstützt. Von dem Gespräch zwischen einem Beauftragten des Gouverneurs und dem Kommandeur der englischen Truppen wird berichtet, dass der erstere den Eroberer gefragt habe, mit welchem Recht er eingefallen sei. Die Insel habe 140 Jahre lang den Spaniern gehört und sei ihnen von Papst Alexander zugesprochen worden. Ihm wurde entgegnet: *"It is ours by the right of might. Just as the Spaniards had taken Jamaika from the Indians, so we English have come to take it from them. As for the Pope, he could neither grant lands to others nor delegate the right to conquer them."* (Kritzler 2008: 191, nach Taylor 1969: 61) Und dann soll er noch angefügt haben: *"Henry VIII offered England to any who chose to take possession, but none deigned to accept that gift."* (Ebenda). Ob dieser höhnische Zusatz nun auf einen tatsächlichen Ausspruch von Heinrich VIII zurück geht oder nicht, er macht deutlich, dass die Beteiligten an den Eroberungszügen Machtpolitik inzwischen als zureichende Legitimation erachteten. Recht wurde jetzt durch die Anwendung von Gewalt geschaffen. Nach der Eroberung durch die Engländer wurde Juden Siedlungsrecht auf Jamaika zugestanden. Um die Insel und damit ihre eigene Position zu verteidigen, luden die Siedler die Bukaniere ein, Port Royal als sicheren Hafen zu nutzen. In den 1660er Jahren gab es in diesem Hafen den meisten Schiffsverkehr der

Wie leicht zu ermessen, wurde das gefährliche, aber eben häufig auch sehr lukrative Geschäft des Seeraubs nicht schon deshalb aufgegeben, weil führende Seemächte sich gegenseitig zusicherten, alle bisherigen Repressalienbriefe aufzuheben und die gegenseitigen Besitzungen und das jeweilige Handelsmonopol in bestimmten Regionen anzuerkennen. Eben dies war im Jahre 1670 in London zwischen England und Spanien vereinbart worden. Zunächst aber ließen die beiden Vertragsparteien die Seeräuber in Westindien, die sie als aktuelle und vor allem als potentielle Hilfskräfte gegen die konkurrierende Seemacht betrachteten, durchaus weiter gewähren (Kempe 2010: 143f.) Dass der Frieden von London schließlich doch – wenn auch erst nach mehr als einem Jahrzehnt – mehr oder minder eingehalten wurde, ist Michael Kempe zufolge der Einsicht geschuldet, „dass aus der Endlosschlaufe des Gewalthandels auf lange Sicht keine Gewinner, sondern nur Verlierer hervorgehen konnten". (2010: 145)

Nichtsdestotrotz eröffneten die fortdauernden Auseinandersetzungen der Seemächte um die Hoheit auf See und damit über den Handel mit den Besitzungen in Übersee neue Chancen der Aneignung für private Beutefahrer. Seit Mitte des 17. Jahrhunderts waren diese Auseinandersetzungen von der Konkurrenz zwischen den Niederlanden und England dominiert worden. Nachdem 1647 die spanische Krone gezwungen worden war, das Embargo gegen die Niederlande aufzuheben, entwickelte sich Amsterdam rasch zum Zentrum internationalen Handels. Um dem entgegen zu wirken, beschloss das Englische Parlament zwei Jahre nach der Absetzung und Hinrichtung des Königs den ersten der sogenannten *Navigation Acts*. (1733 sollte ein weiterer folgen) Anders als beim Vertrag von Tordesillas bezog sich der Anspruch des Monopols jetzt nicht mehr auf Gebiete des Meeres, sondern direkt auf den tatsächlichen Zweck der Regulierung: das Monopol auf die Chance, vom überseeischen Handel zu profitieren. Fortan sollten zum Handel mit englischen Handelsstützpunkten nur englische Schiffe berechtigt sein, und Handel zwischen solchen Stützpunkten oder mit anderen Staaten nur mit einem Zwischenlager in England betrieben werden dürfen.[23]

So sehr mit den *Navigation Acts* eine Richtlinie für die nach der Revolution einzuleitende Politik im Interesse kommerzieller Interessen veröffentlicht wurde, so handelte es sich dennoch nicht um eine völlig neue Strategie. Denn die oben beschriebene Opposition der englischen Krone gegen die in Tordesillas beschlossenen Hoheitsgebiete und die daraus abgeleitete Forderung, das Meer für die Kaufleute aller Nationen zu öffnen, hatte die englische Krone für sich selbst bereits Anfang des 17. Jahrhunderts aufgegeben. Gegenüber Spanien verlangte zwar auch noch Cromwell 1654 Freiheit des Handels in der Neuen Welt, andererseits aber hatte bereits 1604 der englische König, Jakob I, Hoheit über die Küstengewässer rund um sein Königreich beansprucht und alle kriegerischen

Neuen Welt. Weil sich viele Beutefahrer zeitweise in dieser Hafenstadt aufhielten oder dauerhaft niederließen, waren Löhne dort dreimal so hoch wie in London und Mieten extrem teuer. (Kritzler 2008: 229)

23 Ab 1660 wurden diese Regelungen präzisiert.

Aktivitäten in diesen – als *the king's chambers* bezeichneten – Seegebieten untersagt. Politisch, militärisch und theoretisch wurde jetzt die Strategie des *mare clausum* verfolgt.

Zunächst bezog sich diese Strategie des „geschlossenen Meeres" nur auf die Gewässer vor den Küsten Englands, im Laufe der nächsten Jahrzehnte wurde sie dann aber auch auf Handel und Schifffahrt in weit entfernten Regionen ausgedehnt. Wäre die von Hugo Grotius publizierte Schrift de *mare libero*, die dieser im Auftrag der Niederländischen Ostindien Compagnie (VOC) gegen Spanien verfasste, einige Jahre früher erschienen, so wäre sie auch von den Beratern der englischen Krone als Begründung der von den Niederlanden und England gemeinsam gegen Spanien verfolgten Politik gewertet worden. Als sie 1609 publiziert wurde, handelte es sich aber bereits um ein Manifest des politischen Gegners. Um es zu entkräften, bestellte der König bei John Selden eine Rechtfertigung des *mare clausum*.[24]

Mit dem 1651 beschlossenen *Navigation Act* knüpfte das Parlament an die von der englischen Krone seit Beginn des 17. Jahrhunderts entwickelte Position des „geschlossenen Meeres" an. Da dieses Gesetz nicht nur bestimmte, dass Waren aus englischen Besitzungen nur in englischen Schiffen transportiert werden durften, sondern auch, dass jeder Handel mit einer englischen Kolonie England als Zwischenhandelsplatz zu nutzen hatte, war auch den Siedlern in Übersee direkter Handel mit anderen Mächten untersagt. Das erschwerte den Export von Gütern aus den Kolonien und verteuerte Importe in die anglo-amerikanischen Besitzungen. Somit eröffneten sich Chancen für illegalen Handel. An diesem beteiligten sich Siedler. Zusätzlich nutzten sie die Angebote von Piraten, die sich die anzubietenden Waren auf Raubzügen im Roten Meer und im Indischen Ozean beschafften. (Kempe 2010: 200)

In gewisser Weise provozierte der Anspruch, die Handelsströme zu kontrollieren, die in der von England entwickelten, dann aber auch von anderen Seemächten übernommenen Position des „geschlossenen Meeres" zum Ausdruck kam, die Entwicklung von Aneignungsstrategien, die sich solcher Regulierung entzogen. Je wirksamer die neuen Seemächte die Kontrolle über die von ihnen beanspruchten Handelsmonopole durchzusetzen suchten, umso mehr provozierten sie Schmuggel und Piraterie. An der Wende vom 17. zum 18. Jahrhundert wurden ein und dieselben Piraten in allen „sieben Meeren" aktiv. Sie nutzten Schlupfwinkel in den unterschiedlichsten Gegenden, ohne sich je als Untertanen der dort Herrschenden zu verstehen. Sie waren, wie Gabriel Kuhn das formulierte, Nomaden der See. (2010: 4) Mit ihren Fahrten versorgten sie Abnehmer in weit voneinander entfernten Teilen der Erde mit Waren, die legal nur teuer oder gar nicht zu erhalten waren.

Schließlich provozierten Maßnahmen regionaler Herrschaft gegen die Piraterie, die sich als eine Gefährdung des gesamten Ostindienhandels auswirkten, das Eingreifen der englischen Admiralität. Zur Eindämmung des nicht-lizensierten Seeraubs wurden in den

24 Endgültig publiziert wurde Seldens Schrift *Mare clausum seu de dominio maris libri duo* allerdings erst 1635.

englischen Kolonien Vize-Admiralitätsgerichte eingerichtet. Während Piraten zuvor nur in London hatten verurteilt werden können, war dies nun auch in Übersee möglich. Diese räumliche Ausweitung der Staatsmacht erlaubte es, die nicht-staatliche Gewalt auf See stärker zu kontrollieren. (Starkey & Payne 2002: 30) Mit Gefangenen wurde sehr kurzer Prozess gemacht. Zu Beginn des 18. Jahrhunderts wurden Massenhinrichtungen von Piraten in englischen Besitzungen zu einer nahezu regelmäßigen Veranstaltung. Markus Rediker hat einige der überlieferten letzten Worte zitiert und daraus geschlossen, viele der Verurteilten hätten ihre Taten als Aufstand gegen die Ausbeutung von Seeleuten und als Verachtung staatlicher Autorität verstanden. Seiner Ansicht nach fand der Terror des Staates gegen den Terror der Piraterie 1626 ein Ende. (2004: 127)[25]

Handelsmonopole in Übersee

Während Aneignung auf See nahezu ausnahmslos gewaltsam erfolgte, bemühten sich europäische Kaufleute an Land zunächst vielfach um das Einverständnis lokaler Herren. Ganz ähnlich wie die in den Hansen organisierten Kaufleute in England oder Russland, erwarben sich portugiesische, spanische und später holländische, französische sowie englische Handelskompanien die Berechtigung zum Handel immer dann durch Abgaben, wenn regionale Herrschaft stark genug war, um den kurzen Prozess der Aneignung zu verhindern.[26]

Europäische Kaufleute verhandelten also mit lokalen Herrschern, leisteten Zahlungen für die Genehmigung zum Handel und waren vereinzelt sogar bereit, sich als Vasallen der lokalen Herrscher einstufen zu lassen. Vielfach kam es auch zu Kooperationen mit etablierten einheimischen Kaufleuten. Indische Händler ließen ihre Waren auf portugiesischen Schiffen transportieren. Und als sich englische Kaufleute zunehmend in den asiatischen Küstenhandel einbrachten, geschah auch dies zunächst häufig in Kooperation mit indischen Kaufleuten. Tatsächlich – so die These von Leonard Blussé – konnten sich europäische Kaufleute im 18. Jahrhundert vor allem deshalb in Asien festsetzen, weil sie sich den innerasiatischen Prozessen der Staatsbildung anpassten und diese ausnutzten.[27]

25 Wie die anderen Bücher von Marcus Rediker ist auch "Villains of all nations" (2004) ein sehr gut geschriebenes Buch, ein feines Stück Literatur. Wie für seine anderen Bücher über Seeleute und Seefahrt stützt sich Rediker auch für diese Arbeit auf einen vergleichsweise begrenzten Ausschnitt des – im Falle der Piraterie ohnehin sehr begrenzten – historischen Materials. Auf dieser Basis entwickelt er dann seine beeindruckenden, aus der Sicht von Schifffahrtshistorikerinnen und Schifffahrtshistorikern aber sehr gewagten Thesen.

26 So zahlte etwa die VOC (Vereinigte Ostindische Kompanie) dem Sultan von Mataram Tribut, um auch im Inneren Javas ihren Geschäften nachgehen zu können. (Wendt 2007, 157)

27 Auch P.J. Marshall vertritt die These, dass die englischen und französischen Handelsgesellschaften im 18. Jahrhundert Elemente der „indischen politischen Welt" waren. Wenn sie sich an Kriegen beteiligten, so geschah dies aus eigenem Interesse, ohne dass dies notwendigerweise mit den Interessen des Herkunftsstaates in eins gefallen wäre. Marshall (2005: 119-120).

Die Vorherrschaft von Europäern in Südasien basierte nicht nur auf dem Einsatz von Gewalt, sondern lange Zeit auch auf der Zusammenarbeit mit einzelnen indischen Herrschern. Blussé zufolge – und darin ist ihm zuzustimmen – widersprechen diese Forschungsergebnisse den Annahmen, die der Theorie eines (von Anfang an) europäisch dominierten „Modernen Weltsystems" zugrunde liegen. (1989: 212)

Seit nicht mehr nur die Herrscher von Portugal und Spanien Handelsstützpunkte in Übersee gründen ließen, sondern zunehmend auch die jüngeren Seemächte bemüht waren, Handelsmonopole zu errichten, setzte sich eine neue Organisationsform durch. Anstatt selbst die Verantwortung für die Risiken und die konkreten Strategien der Aneignung in Übersee zu übernehmen, gründeten und privilegierten die neuen Seemächte private Handelskompanien. Welche Vorteile damit verbunden waren, erläuterten die Berater dem englischen König James I zu Beginn des 17. Jahrhunderts, als an seinem Hof die Gründung einer Handelsniederlassung in Nordamerika zur Debatte stand. Falls die Spanier sich beklagen sollten, dass ihr Gebiet okkupiert worden sei, so könne er die Verantwortung dafür der Londoner Handelsgesellschaft zuschreiben. (Thomson 1994/1996: 43)[28] Die Praxis machte Schule. Anders als die Herrscher Portugals und Spaniens traten die Regierungen der Niederlande und Englands – und auch noch die Regierung des Deutschen Reiches am Ende des 19. Jahrhunderts[29] – nicht selbst als Herren des überseeischen Handels in Erscheinung. Stattdessen verliehen sie privaten Handelsgesellschaften Privilegien.[30]

Vermutlich war die Nutzung privater Handels- und Verwaltungskompetenz sowie privaten Gewaltpotentials in allererster Linie ebenso fiskalisch begründet wie die in der damaligen Zeit übliche Ermächtigung der auf eigene Faust agierenden Kaperer. Rückblickend wirkt sie dennoch wie ein politischer Geniestreich. Denn anders als die portugiesische und die kastilische (später: spanische) Krone mussten sich die jüngeren Kolonialmächte die Gewaltpraxis der Eroberer nicht selbst zuschreiben lassen.[31] Was

---

28 Thomson ihrerseits zitiert: Wertenbaker (1914).

29 Vgl. dazu und zu der Vergabe von „Schutzbriefen", einer Vorstufe zur offiziellen deutschen Kolonialherrschaft: Speitkamp (2005: 21-26).

30 Dagegen handelte es sich bei den französischen Handelsgesellschaften um Organisationen der Krone.

31 Eine besonders eindrucksvolle Kritik dieser Praxis stammt von dem Dominikaner Bartolomé de Las Casas, der seit 1502 in Spanisch Hispanolo lebte, auch an der Eroberung Kubas teilnahm und selbst sowohl eine Goldmine als auch Sklaven erworben hatte. Später gab er seinen Besitz auf, gründete eine – nur kurze Zeit bestehende – Modellkolonie und veranlasste, dass 1542 Gesetze erlassen wurden, welche die Folterung und Tötung von Indianern verboten. 1544 wurde er zum Bischof von Chiapas geweiht. Vgl. Bartolomé de Las Casas (1552/2003) Bekannt geworden – und lange diskutiert – wurden auch die 1534–1535 erschienenen *Relectio de Domino* des Dominikaners Domingo de Soto, welcher der spanischen Herrschaft die Berechtigung zur Errichtung eines Imperiums in Übersee absprach. Daran ändere auch die Ermächtigung des Papstes nichts, denn dieser besitze weder eine direkte noch eine indirekte Autorität über die Welt. Vgl. hierzu: Tuck (1999: 72-76).

die Handelsgesellschaften anlangt, so rechtfertigten sie ihre Praxis ausschließlich durch die Tatsache, dass sie Dividenden für ihre Aktionäre „erwirtschafteten".

Dass europäische Kaufleute die ihnen zugestandenen Handelsstützpunkte mit Genehmigung der Fürsten in ihren Herkunftsländern befestigten, richtete sich gegen potentielle Angriffe von Einheimischen – denen die Europäer zuvor oft selbst Waffen verkauft hatten – mindestens ebenso sehr aber auch gegen potentielle Angriffe europäischer Konkurrenten. (vgl. auch Braudel 1979/1986, passim) Denn nahezu ohne Unterlass gab es bewaffnete Auseinandersetzungen um Handelsplätze. Und dabei wurde kaum je Rücksicht darauf genommen, ob sich die Herkunftsländer der Kaufleute in Europa im Krieg miteinander befanden oder nicht.[32]

Faktisch nutzten die Handelsgesellschaften Waffengewalt dann freilich nicht nur zur Verteidigung ihrer Stützpunkte, sondern auch zur Störung des Handels ihrer Konkurrenten. Was die Niederländische Westindien Kompanie anlangt, so war ihr derartige Praxis sogar explizit aufgetragen worden. Sie war nämlich nicht gegründet worden, um Handel zu treiben, sondern um spanische Schiffe zu erbeuten. (Vlekke, 1945: 177, zit. in: J.E. Thomson 1994/1996: 36)

Die Unterschiede sind freilich minimal, denn generell zielte Konkurrenz auf die Vertreibung der Konkurrenten aus einem Handelsmonopol. Bevor die Englische sowie die Holländische Ostindienkompanie reguläre Handelsbeziehungen in Indien entwickeln konnten, hatten sie erst die Portugiesen gewaltsam aus dem dortigen Handel vertrieben. Im Verlauf des 17. Jahrhunderts gelang es dann der *East India Company* (EIC), den Handel französischer und holländischer Kaufleute in Indien zu beschränken. Erstere konzentrierten sich zunehmend auf Handel in Pondicherry, letztere etablierten sich auf Java und Ceylon.[33] 1639 versuchte Josiah Child, einer der führenden Direktoren der britischen Kompanie, die Vertreibung der Konkurrenten dadurch zu beschleunigen, dass er den Hafen von Bombay blockieren ließ und sowohl indische als auch nicht-britische europäische Schiffe kaperte. Diese Demonstration der Macht sollte den Großmogul Aurangzeb dazu bewegen, die Handelsprivilegien der europäischen Konkurrenten aufzuheben. Das schlug fehl. In Bombay und in Bengalen wurden britische Waren konfisziert. Die Kompanie ersuchte um Frieden und um die Berechtigung zur Wiederaufnahme des Handels. Beides wurde gewährt, doch waren zuvor erhebliche Entschädigungszahlungen zu entrichten. (Stein 1988: 197-198) Auch der 1686 begonnene Krieg gegen den Großmogul schlug fehl, weil sich die militärische Dominanz auf See nicht aufs Festland übertragen ließ.

32 So kam es etwa 1682 in Nordamerika zu militärischen Konflikten zwischen der Französischen Montreal Gesellschaft und der englischen Hudson Bay Company, obwohl sich England und Frankreich „im tiefsten Frieden" befanden.

33 Als es beim Ausbruch des 4. Englisch-Holländischen Krieges auch zu bewaffneten Auseinandersetzungen zwischen der EIC und der VOC kam, verlor die Holländische Kompanie alle ihre Handelsstützpunkte in Indien.

Die bewaffnete Konkurrenz zwischen europäischen Kaufleuten aber setzte sich fort. Wenn es der Englischen Kompanie nicht möglich war, Konkurrenten ganz zu vertreiben, wie dies etwa bei den Dänen der Fall war, die von Tranquebar aus Handel trieben, so gelang es doch den von der Kompanie unabhängigen Händlern, ihren dänischen Konkurrenten nahezu allen Handel zwischen Tranquebar und den Malaysischen Häfen weg zu schnappen. (Furber 1976: 293)

Als 1839 britische Schiffe vor den Küsten Chinas die Ära der „Kanonenbootdiplomatie" einleiteten, um die Öffnung zusätzlicher chinesischer Häfen für Handelsgeschäfte (genau genommen für die Einfuhr von Opium) zu erzwingen, boten französische Vertreter der chinesischen Regierung an, sie würden „einen Vorwand finden", um die Engländer zu bekämpfen. Misstrauisch gegenüber diesem Angebot, zögerten die Behörden in Shanghai zunächst. Als die französischen Schiffe dann schließlich landeten, war der „Friede" mit den Engländern einem chinesischen Historiker zufolge bereits geschlossen. (Parker, Hg. 1888/2010: 74-75) Damit ist angedeutet, dass Mitte des 19. Jahrhunderts immerhin ein Vorwand für den Einsatz von Waffengewalt gegen einen europäischen Konkurrenten für erforderlich gehalten wurde. Und damit wäre dann der „historische Fortschritt" benannt, welcher das 19. Jahrhundert von der Selbstverständlichkeit bewaffneter Konkurrenz im 16. Jahrhundert trennte.

Eine Ware unter anderen

Sklaverei und Sklavenhandel gab es in Afrika lange bevor sich Europäer in dieses Geschäft einmischten. Vor dem 17. Jahrhundert waren Sklaven in Afrika zumeist in Kriegen gefangen und dann entweder in die Stämme integriert worden, deren Krieger sie mit sich führten, oder aber auf lokalen Märkten verkauft worden.[34] Daneben gab es aber auch schon lange arabische Kaufleute, die auf den Handel mit Sklaven spezialisiert waren. Diese Händler agierten in Afrika selbst, sie exportierten ihre „Waren" aber auch nach Europa und in den Orient. Wie umfangreich der regionale Handel gewesen sein muss, lässt sich unter anderem daran ablesen, dass das Sokoto Kalifat, aus welchem im Jahre 1900 das britische Protektorat Nord Nigeria werden sollte, der zweitgrößte Sklavenstaat in der Neuzeit war. (Hogendorn & Lovejoy 1992/2007: 49)[35]

34 Über Veränderungen des Sklavenerwerbes im Kongo während des 17. Jahrhunderts vgl. Heywood (2009: 19).

35 Aber auch in Ostafrika wurden zahlreiche Sklaven als Soldaten, als Seeleute, als Haussklavinnen und Haussklaven in Städten sowie als Perlentaucher im Golf eingesetzt, im 19. Jahrhundert dann auch als Arbeitskräfte in der Landwirtschaft und für den Bau und die Aufrechterhaltung der Bewässerungssysteme. In diesem regionalen Sklavenhandel gab es Spezialisten für einen geographisch begrenzten Handel und Spezialisten für einen *long-distance* Handel. (Ricks 1996: 283-285)

Als Europäer im 16. Jahrhundert in den afrikanischen Sklavenhandel einstiegen, ging es von Anfang an nur um Exporte nach Westindien und in die beiden Amerikas. Und dieser Export wuchs ständig. Durch eine Veröffentlichung im Jahre 1969 hat Philip D. Curtin eine umfassende, bis heute andauernde Diskussion über das zahlenmäßige Ausmaß des transatlantischen Sklavenhandels ausgelöst. Deren Einzelheiten müssen uns hier nicht beschäftigen. (Zusammenfassung von Forschungsergebnissen bei Lovejoy 1996: 42) Im Ergebnis stimmen die meisten an diesen Diskussionen beteiligten Forscherinnen und Forscher inzwischen darin überein, dass insgesamt zwischen 11 und 12 Millionen Frauen, Männer und Kinder von Afrika aus über den Atlantik verschifft wurden,[36] die allermeisten von ihnen im 18. Jahrhundert. Seinen Höhepunkt erlebte der transatlantische Sklavenhandel um 1780. Nachdem der Sklavenhandel zuerst von England im Jahre 1809 und dann von weiteren Regierungen verboten worden war, sanken allmählich die direkten Exporte von Sklaven aus Afrika. Aber erst im letzten Drittel des 19. Jahrhunderts kam der transatlantische Handel mit Menschen zu einem Ende.

Was sich aus solchen Daten nicht ergibt, ist die Antwort auf die Frage nach den Ursachen für die Ausweitung des Sklavenhandels. Zweifelsohne gab es in der Neuen Welt eine Nachfrage nach Arbeitskräften. Damit ist aber noch nicht geklärt, ob diese Nachfrage nicht etwa entstanden und gewachsen ist, weil das Angebot an Sklaven aus Afrika die Suche nach Arbeitskräften in eine bestimmte Richtung lenkte, woraufhin sich die Praxis, mit Sklaven zu produzieren, zunehmend verfestigte. Vor allem für Brasilien ist diese Frage diskutiert und dabei zugleich bestritten worden, dass es nicht möglich gewesen wäre, Einheimische zu versklaven. Zwar hatte es Sklavenimporte gegeben, bevor der Sklavenhandel von Regierungs wegen als Zulieferer für die brasilianische Landwirtschaft genutzt wurde, aber die Regulierung dieses Handels durch die portugiesischen Regierungen trug dazu bei, dass ein regulärer Nachschub an Sklaven in diese Kolonie geliefert wurde. Um die 40% aller über den Atlantik verschifften Sklaven wurden in Brasilien angelandet. Immer häufiger wird deshalb heute in Bezug auf Brasilien festgestellt, dass es nicht die Sklavenwirtschaft war, die den Sklavenhandel wachsen ließ, sondern dass es umgekehrt der Sklavenhandel war, der eine dauerhafte Verquickung von Brasiliens Landwirtschaft und Brasiliens Bevölkerung mit Afrika schuf. (de Alencastro 1996 : 108) Für die französischen Besitzungen gibt Frédéric Régent an, dass die zunächst praktizierte Versklavung von amerikanischen Indianern abgenommen habe, als das Angebot an afrikanischen Sklaven gewachsen sei. Die Pflanzer hätten dieses Angebot vorgezogen, weil afrikanische Sklaven als weniger anfällig gegen Krankheiten galten und weil sie weniger Chancen zur Flucht hatten. Außerdem hätten sich Indianer häufig gegen landwirtschaftliche Arbeit gesperrt, weil diese unter ihnen als Weibersache gegolten habe.

---

36 Auf der Basis neuester Forschungen über die einzelnen Reisen kommen Eltis & Richardson für die Periode von 1501–1867 zu einer Gesamtzahl von 12.521.334 exportierten Sklaven. (2007: Tabelle 1.6: 40-41)

Und dann habe sich auch der immense Bevölkerungsrückgang ausgewirkt, der durch eingeschleppte Krankheiten, Massaker und Kriege verursacht worden sei. (2007: 38-40)

Das Wachstum des Sklavenhandels ist aber nicht nur durch die Nachfrage in Übersee zu erklären, sondern auch durch die Ausweitung des Angebots afrikanischer Händler an ihre europäischen Handelspartner. In der ersten Phase der Handelsbeziehungen zwischen afrikanischen Häuptlingen und europäischen Kaufleuten hatten Afrikaner vorwiegend Elfenbein, Farbstoffe und Wachs geliefert, um dafür die Waren zu erhalten, die sie für sich und ihre Gefolgsleute zu erwerben suchten. Elfenbein war schwieriger zu beschaffen, als sich überlebende Elefanten weiter ins Innere zurück zogen,[37] auch die anderen Güter waren mengenmäßig begrenzt, weil ihre Gewinnung nicht organisiert wurde. Um ihre Position dennoch durch den Erwerb weiterer europäischer Produkte zu festigen, kauften beispielsweise Häuptlinge in Angola vielfach auf Kredit. Angeboten wurden diese Kredite von Kaufleuten aus Portugal, getilgt wurden sie durch die Lieferung von Sklaven. (Miller 1996: 234) Auch am anderen Ende des Sklaventransportes spielte Kredit eine erhebliche Rolle. In Brasilien wurden Sklaven auf Kredit gekauft. Abgelöst wurden diese Kredite durch die Lieferung von Produkten der Sklavenwirtschaft in Europa. (Miller 1996: 237) Auf beiden Seiten des Atlantischen Ozeans förderte Sklavenhandel die Ausbreitung von Geldverhältnissen. Zunehmende Monetarisierung bewirkte aber nicht ökonomisches Wachstum. Vielmehr erlaubte Sklavenhandel auch solchen Gruppen die randständige Beteiligung am internationalen Handel, denen das notwendige Geldkapital für die Beteiligung an anderen Formen des weltweiten Handels fehlte, von Investitionen in Produktion gar nicht zu reden.[38]

Der Handel mit Menschen war nur eine Branche im weltweiten Handel der Neuzeit. Damit gilt alles, was oben zu Handelsmonopolen in Übersee ausgeführt wurde, auch für diesen Handelszweig. Europäische und amerikanische Sklavenhändler konkurrierten gegeneinander, versuchten im Herkunftsland und in den Absatzgebieten Monopole zu erringen, indem sie neue Bereiche erschlossen oder auch bisherige Konkurrenten verdrängten.[39]

---

37 Als Portugal 1836 das Monopol auf den Handel mit Elfenbein aufhob und in Europa die Nachfrage nach Elfenbein anstieg, war die Schutzfunktion dieses Rückzugs beendet. Die Preise für Elfenbein stiegen in kurzer Zeit um 300 %, in Ostafrika sogar um 400 %: Dennoch wuchs auch der Export um nahezu 80 %. Für die Transporte des Elfenbeins wurden dieselben Routen benutzt, auf denen in der ersten Hälfte des 19. Jahrhunderts noch Sklaven hatten zur Küste gehen müssen. (Harms 1981: 40) In der zweiten Hälfte des 19. Jahrhunderts verdrängten europäische Händler zunehmend die Einheimischen aus dem Handel mit Elfenbein. (Ebenda: 220)

38 Auch nachdem portugiesische Kaufleute aus den lukrativen Zentren des weltweiten Handels verdrängt worden waren, konnten sie mittels Kauf und Verkauf von Menschenware weiter international aktiv sein. (Miller 1996: 237)

39 Einige wenige Beispiele: Portugiesische Aufkäufer beschränkten sich für ihre Aufkäufe in Westafrika ganz überwiegend auf die Bucht von Luanda. Portugal hat es nie gewagt, nördlich des Zaires einen Handelsstützpunkt zu etablieren, weil in diesem Gebiet Engländer und Franzosen den Handel dominierten. Als diese beiden Staaten in den amerikanischen Unabhängigkeitskrieg verwickelt waren, wagte Portugal 1783 einen Vorstoß nach Norden. Er scheiterte.

Ebenso wie andere Branchen des weltweiten Handels der Neuzeit wurde auch der Sklavenhandel offiziell gefördert.[40] Die jüngeren Kolonialmächte nutzten dafür die oben bereits beschriebene Privilegierung von Handelskompanien, die dann ihrerseits weitgehend selbständig über ihre Strategien entscheiden konnten.[41] Weil sich aber viele Profite durch den Handel mit Menschen versprachen, versuchten sich auch Kaufleute und Kapitäne in diesem Geschäft, die nicht Mitglied in einer privilegierten Handelskompanie waren. Die *Royal African Company* litt besonders unter der Konkurrenz solcher *interlopers*, also Händlern, die auf eigene Faust tätig waren und sich deshalb auch nicht an den Kosten für den Unterhalt der Faktoreien an der afrikanischen Küste beteiligten. Zu den Privilegien der Kompanie gehörte die Befugnis, solche Schiffe, wenn sie in Übersee einliefen, zu beschlagnahmen. Allerdings hatten sie kaum Chancen, vor Gerichten in Kolonien Unterstützung zu finden. Ganz im Gegenteil, sprachen diese manchmal den Eignern der beschlagnahmten Schiffe Schadensersatz zu. Denn nicht nur die Aufkäufer in den Kolonien, sondern auch dortige Offizielle hatten durchaus ein Interesse, weiterhin die notwendigerweise sehr preisgünstigen Angebote der illegalen Lieferungen zu erhalten. Auch an der westafrikanischen Küste war der Erfolg der Agenten begrenzt. Zum einen war die Küste sehr lang und die Handelsposten waren sehr zahlreich, zum anderen verkauften auch manche Mitarbeiter der Kompanie ihrerseits unter der Hand an die nicht privilegierten Aufkäufer. (Galenson 2001/2009: 197)

Ganz anders verhielt es sich in Frankreich. Zwar war unter Ludwig XIV 1664 eine Handelskompagnie mit dem ausschließlichen Privileg für den transatlantischen Sklavenhandel gegründet worden, als sich jedoch herausstellte, dass diese nicht in der Lage war, der Nachfrage in Übersee zu entsprechen, forderte die Krone private Schiffseigner auf, sich am Sklavenhandel zu beteiligen und erließ ihnen dafür auch die Gebühr, die Mitglieder der privilegierten Kompanie zu entrichten hatten. Außerdem wurde eine Prämie in Höhe von 10 *livres* für jeden in die Kolonien importierten Sklaven zugesagt. In der Folgezeit wurden neue Kompanien gegründet. Als deutlich geworden war, dass auch

---

Dagegen waren englische und französische Händler in der zweiten Hälfte des 18. Jahrhunderts zunehmend auch südlich des Zaires aktiv. Wie alle anderen europäischen Sklavenaufkäufer versuchten sie, ihre Konkurrenten dadurch auszuschalten, dass sie Sklavenkarawanen abfingen und zu ihren eigenen Stützpunkten umdirigierten. Dem oben dargestellten gegenseitigen Raub zur See entsprach auch ein gegenseitiger Raub zu Lande. Nach dem Sklavenaufstand in Haiti zogen sich die französischen Händler 1791 von der Loango-Küste zurück. Ihr früheres Betätigungsfeld wurde schnell von US-amerikanischen Sklavenhändlern besetzt.

40 Für die Entwicklung des spanischen und portugiesischen Sklavenhandels vgl. de Almaida Mendes (2008). In der ersten Phase wurden *asientos* (Berechtigungsscheine) für einzelne Schiffe durch die Krone verkauft. Zunächst wurden die Sklaven überwiegend nach Europa importiert, 1510 erließ die spanische Krone ein Dekret, welches den direkten Handel zwischen Afrika und Westindien erlaubte. (Ebenda: 70-71) Für die Funktionsweise des *asiento*-Systems vgl. S. 72.

41 Manchmal gab es auch Veränderungen in der privilegierten Zuständigkeit. Im 17. Jahrhundert hatte es im französischen Königreich mehrere derartige Veränderungen gegeben, bevor Colbert, Minister Ludwigs XIV, im Jahre 1664 die «Compagnie française des Indes Occidentales» gründete. (Régent 2007: 41-42)

diese nicht so viele Sklaven liefern konnten, wie von französischen Siedlern in der Neuen Welt gewünscht, ließ die Krone 1716 verkünden, dass zusätzlich zu den fortbestehenden und neu gegründeten Kompanien alle Kaufleute aus Le Havre, La Rochelle, Nantes und Bordeaux auf eigene Faust legal Sklavenhandel betreiben durften. Die Angesprochenen kamen dieser Aufforderung nach. Vor allem Nantes wurde in der Folgezeit zu einer Stadt der Sklavenhändler. 1.427 Fahrten sollen von dieser Stadt aus im 18. Jahrhundert zum Zwecke des Sklavenhandels unternommen worden sein. (Régent 2007: 40-44) Auch nachdem im 19. Jahrhundert der Sklavenhandel illegal geworden war, blieben Kaufleute aus Nantes in diesem Geschäft aktiv. (Daget 1997: 97-98; zit. nach Régent 2007: 44)

Während sich französische Kaufleute bereits am Sklavenhandel beteiligt hatten, bevor es überhaupt französische Kolonien in der neuen Welt gab, (Régent 2007: 57) stiegen niederländische Kaufleute erst allmählich in diesen Handel mit ein.[42]

Im Vergleich zum portugiesischen, französischen und vor allem zum englischen Sklavenhandel blieb der niederländische dennoch durchgängig vergleichsweise begrenzt. Im 18. Jahrhundert sollen niederländische Schiffe annähernd 351.000 Sklaven in die Neue Welt transportiert haben, englische dagegen mehr als zweieinhalb Millionen. (Zahlen bei Lovejoy 1996: 47)

Dennoch: Am Sklavenhandel waren alle beteiligt, die eine Chance dafür sahen. Angefangen von Alfonso V von Portugal, der sich 1472 weigerte, den Weitertransport von nach Portugal importierten Sklaven nach Übersee zu verbieten (Alencastro 1996: 99), über jene deutschen Sklavenhändler, die in der Brandenburgisch-Afrikanischen Kompanie organisiert waren, (Lovejoy 1996: 48) bis zu den angesehenen Bürgern in den Hafenstädten Neu-Englands lassen sich zahlreiche Beispiele dafür finden, dass die verantwortlichen Akteure des Sklavenhandels im 16., 17., 18. und vielfach auch noch

---

42 In den ersten Jahrzehnten des 17. Jahrhunderts wurden Sklaven in niederländischen Schiffen noch eher als Beifracht geladen. Die vielfach zitierte Landung eines niederländischen Schiffes mit "twenty and odd" Sklaven an Bord in Jamestown Virginia, die lange Zeit als erste Einfuhr von Sklaven in die englischen Kolonien Nordamerikas angeführt worden ist (Rodriguez 2007: 1), scheint nur dazu gedient zu haben, Lebensmittel zu erwerben. Ansonsten beschränkte sich die Beteiligung niederländischer Schiffe am Sklavengeschäft in den ersten Jahrzehnten des 17. Jahrhunderts mehr oder minder darauf, bei Gelegenheit ein fremdes Schiff mit Sklavenfracht zu überfallen. Das änderte sich, als die Niederlande 1630 eine Kolonie im Norden von Brasilien gründeten. Jetzt stiegen auch niederländische Kaufleute in größerem Umfang in den Sklavenhandel ein. Bereits um 1640 hatten sie Portugiesen aus Handelsstützpunkten in Westafrika vertrieben. Und nachdem die Niederländische Westindienkompanie (WIC) beschlossen hatte, die Siedler in der niederländischen Kolonie in Nordamerika mit so vielen Sklaven wie möglich zu versorgen, erreichten es ihre im Sklavenhandel engagierten Mitglieder, dass es um die Mitte des 17. Jahrhunderts in den Siedlungen rund um Neu-Amsterdam mehr Sklaven gab als in den englischen Kolonien in Nordamerika. (Deyle 1996: 109)
1660 erhielten niederländische Kaufleute von Spanien die Genehmigung, sich am *assiento*-Handel zu beteiligen, will sagen: Sklaven in spanische Kolonien zu importieren. Nachdem sie diese Beteiligung Ende des 17. Jahrhunderts wieder einbüßten, konzentrierten sie sich auf die Erweiterung der Siedlungskolonien an der Küste von Guyana. Im 18. Jahrhundert wurde Surinam zu einem der wichtigsten Umschlagsplätze für den Sklavenhandel.

im 19. Jahrhundert mit potentiellen Profiten oder Verlusten rechneten, nicht aber mit dem Verlust ihres Seelenheils.

Für Kaufleute in den englischen Kolonien Nordamerikas wurde der Einstieg in dieses Geschäft legal möglich, nachdem im Zuge der politischen Revolution in England die meisten Privilegien aufgehoben worden waren.[43] Nach wie vor aber waren die meisten Schiffe, die für den Sklavenhandel genutzt wurden, im Besitz von Engländern. Allein im 18. Jahrhundert sollen mehr als zweieinhalb Tausend Schiffe für diese Transporte genutzt worden sein. Dennoch war der amerikanische Kongress gut beraten, als er aus dem von Thomas Jefferson vorgelegten Entwurf der Unabhängigkeitserklärung den Vorwurf strich, der englische König habe afrikanische Menschen geraubt und damit die heiligsten Rechte der Menschheit verletzt (Jefferson 1787/2002: 51). Denn bereits zur Zeit der englischen Kolonialherrschaft waren auch nordamerikanische Siedler sehr aktiv am Sklavenhandel beteiligt. Schon 1638 waren Kaufleute aus Massachusetts in den Sklavenhandel eingestiegen. Wenig später folgten Kaufleute aus Rhode Island. Ihre Schiffe waren vergleichsweise klein und konnten kaum mehr als zwanzig Sklaven befördern. Der direkte Import aus Afrika erfolgte weiterhin zumeist auf großen englischen Schiffen, aber die neu-englischen Schiffseigner dominierten den regionalen Markt und transportierten zwei Drittel der Sklaven, die von Westindien aus nach Nordamerika weiter exportiert wurden.

Nach der Unabhängigkeit sollen allein von Rhode Island aus 934 Schiffe Sklavenhandel betrieben haben. Ganz überwiegend agierten sie im regionalen Sklavenhandel in Westindien, aber immerhin ein Drittel ihrer dortigen Aufkäufe lieferten sie auch nach Nordamerika. Der Sklavenhandel, schreibt Steven Deyle, wurde zu einem „zentralen Aspekt" der Wirtschaft Neu-Englands (1996: 200). Und die Beteiligten mussten nicht etwa bemüht sein, diese Seite ihrer kommerziellen Aktivitäten vor der Öffentlichkeit zu verbergen. Zwar gab es Kritik von Quäkern, ansonsten aber wurde der Handel mit der Ware Mensch auch in Neu-England ganz ebenso betrachtet wie der Handel mit anderen Waren. Der soziale Status von Kaufleuten und Schiffseignern ergab sich aus ihrem Wohlstand. Sklavenhändler fungierten als Richter, als Mitglieder in Stadträten, als Bürgermeister, Gouverneure und später als Abgeordnete im Kongress und als Senatoren. (Deyle 1996: 119) In gewisser Weise mag die soziale Anerkennung führender Sklavenhändler mit dazu beigetragen haben, dass Sklavenhandel lange als eine ehrenwerte Beschäftigung galt. Wenn die Beteiligung der Sklavenhändler Neu-Englands dennoch durchgängig hinter derjenigen englischer Sklavenhändler zurückblieb, so ist dies, wie auch Ronald Bailey betont, nicht auf moralische Bedenken zurück zu führen, sondern auf die ökonomische und politische Dominanz der Konkurrenten. Den Neu-Engländern

43 Entgegen dieser Beschlüsse der Revolution wurde 1672 die *Royal African Company* errichtet. Zwar verlor diese Kompanie 1698 ihr Privileg für den Afrikahandel, doch behielt sie das Eigentum an ihren Handelsstützpunkten und konnte fortan Gebühren von jenen nicht in der Kompanie organisierten – Kaufleuten verlangen, die dort ihre Schiffe festmachten und Sklaven vor der Einschiffung unterbrachten.

blieben die weniger lukrativen Routen und der Aufkauf von Sklaven in Westindien, die dann in die südlichen Kolonien verbracht wurden. (1992/2007: 211)

Ebenso wie die englischen Händler organisierten auch viele der neu-englischen Sklavenhändler ihre Reisen nach dem Muster des sog. Dreieckshandels. Vom Dreieckshandel sprachen Historikerinnen und Historiker, um die Funktionsweise des Sklavenhandels zu erklären. Als erster Schenkel des Dreiecks galten Fahrten von Europa nach Afrika, die vor allem Glasperlen und andere billige Produkte transportierten, um dort Sklaven einzukaufen. Der zweite Dreiecksschenkel war die sog. *middle passage*, der Transport von Sklaven über den Atlantik, vor allem nach Westindien. Dort angekommen, wurden für den Erlös aus den Sklavenverkäufen Produkte eingekauft, die – wie etwa Molasse – von Sklaven produziert worden waren. Das Dreieck wurde dann geschlossen, wenn diese Schiffe mit den Kolonialprodukten in ihre Heimathäfen zurückkehrten. Nachdem der Dreieckshandel zeitweise als Schimäre abgetan worden ist, hat sich inzwischen die Auffassung durchgesetzt, dass zwar nicht alle, aber doch sehr viele Schiffe genau solche Fahrten machten.[44] Darunter auch die Sklavenhändler aus Rhode Island, die ihre Fahrten in nordamerikanischen Hafenstädten antraten und in Westindien zumindest einen Teil ihrer Erlöse aus den Sklavenverkäufen in Gewürzen, Rum und Molasse anlegten, bevor sie nach Rhode Island zurück kehrten. (Coughty 1981: 6-7; zit. nach Bailey 1992/2007: 210)

Obwohl sich europäische Sklavenhändler in Afrika manchmal selbst auf Menschenraub begaben, entstand zunehmend eine reguläre Beteiligung einheimischer Sklavenhändler. Für den Dreieckshandel war dies nicht nur nützlich, weil dadurch lange Liegezeiten in Afrika vermieden werden konnten, sondern auch, weil die Überfahrt von Afrika nach Westindien nach Möglichkeit zu einer Zeit der günstigeren Passatwinde (ab Dezember) angetreten werden sollte. Für den zeitgerechten Nachschub an Fracht verließen sich die europäischen und amerikanischen Händler deshalb auf einheimische Lieferanten.

Nach der Mitte des 17. Jahrhunderts gingen diese zunehmend dazu über, nicht mehr nur Gefangene anzubieten, die in Kriegen gegen andere afrikanische Herrscher gemacht worden waren, sondern auch eigene Stammesgenossen zu fangen. (Heywood, 2000) David Northrup, der die Organisation dieses Handels im Gebiet von Südost-Nigeria eingehend untersucht hat, kommt zum Ergebnis, dass die Ankunft der europäischen Händler zwar keinen grundlegenden Wandel der ökonomischen Strukturen bewirkte, wohl aber eine Ausweitung des Handels mit Menschen. Denn nur mit einem beträchtlichen Angebot an Sklaven konnten die zunehmend professionellen einheimischen Händler in den Besitz jener Waren kommen, die sie gewinnbringend losschlagen konnten. Inzwischen ist die früher gängige Auffassung, dass lediglich wertloser Plunder an

44 Ronald Bailey zufolge haben viele die kritische Diskussion des Dreieckshandels genutzt, um die Beteiligung europäischer und US-amerikanischer Kaufleute am Sklavenhandel zu bestreiten: Kein Dreieckshandel, folglich auch keine europäische und US-amerikanische Beteiligung am Sklavenhandel. (1992/2007: 235, Fn 1)

afrikanische Lieferanten „bezahlt“ wurde, aufgegeben worden. (So bereits Northrup 1978: 226) Es gab sehr konkrete Forderungen nach Eisenstäben, Werkzeugen, Stoffen, und vor allem nach Waffen. Gegen Ende des 18. Jahrhunderts sollen allein englische Sklavenhändler jährlich 300.000 Feuerwaffen nach Afrika gebracht haben. (Blackburn 1997: 385)

Nicht nur Europäer und Amerikaner, sondern auch Afrikaner betrieben den Handel mit Menschen kaum anders als den mit irgendeinem anderen wertvollen Handelsgut. Northrup zufolge bestand der Unterschied lediglich in der gewaltsamen Aneignung des Handelsgutes zu Beginn der Transaktion. Viele spätere Sklaven seien im Zuge bewaffneter Auseinandersetzungen gefangen genommen, andere aber seien auch ohne Anlass geraubt und entführt, wieder andere aufgrund von Schulden in die Sklaverei verkauft worden. Einmal gefangen, seien sie in den lange etablierten Strukturen des afrikanischen Handels transportiert, verkauft und weiter verkauft worden. Der Verkauf an fremde Händler erforderte erhebliche Organisation. Um Sklaven zu den Landestellen europäischer Schiffe zu transportieren, bedurfte es der Vorsorge für ihre Ernährung, Unterbringung und Bewachung. Die konkrete Organisation sei regional unterschiedlich gewesen, schreibt Patrick Manning, insgesamt aber habe der Sklavenhandel die „ökonomische Landschaft“ Afrikas verändert. (1996: 74) Obwohl die einheimischen Lieferanten durchaus ein Interesse daran haben mussten, ihre Waren möglichst unbeschadet abzuliefern, trieben sie die Gefangenen gnadenlos zu den Sammelstellen an der Küste.[45] Viele starben bereits, bevor sie auf die Schiffe verladen wurden. Sie alle sind in der inzwischen ermittelten Gesamtzahl von 11-12 Millionen nicht enthalten. Zumeist wird heute geschätzt, dass 10-15 % der Gefangenen diese Phase ihres Daseins als eine menschliche Ware nicht überlebten.[46]

---

45 Jean-Marc Masseaut hat darauf hingewiesen, dass das Wissen um diese Praktiken auch im kollektiven Gedächtnis afrikanischer Gesellschaften seine Spuren hinterlassen hat. (2002: 45)

46 Da unter jenen, die Wochen später in Übersee ausgeschifft wurden, viele an Skorbut litten, ist zu vermuten, dass die Ernährung der Gefangenen nicht erst an Bord, sondern bereits während ihres Marsches zur Küste und des Aufenthaltes in den Sammelstellen unzureichend war. Denn Skorbut entwickelt sich erst, wenn Menschen mindestens vier Monate lang zu wenig Vitamin C zu sich genommen haben. (Kiple & Higgins 1992/2007: 329)
Was die Rate der Todesfälle während der Überfahrt angeht, so schwanken die Schätzungen auf der Basis vereinzelter Daten zwischen 50 % und 5 %. Heute wird zumeist angenommen, dass auch für diese Phase des Sklavenlebens aufs Ganze gesehen von einer Todesrate von 15 % auszugehen ist, wobei es je nach Dauer der Überfahrt und dem Alter der Gefangenen große Unterschiede gab. (Manning 1992/2007: 120. In einer späteren Veröffentlichung hat Manning diese Zahlen auf annähernd zwei Millionen erhöht: 1996: 291) Anders gesagt: mehr als eine Million Menschen hat den Transport über den Atlantik nicht überlebt. Die meisten sind wohl an Dehydrierung gestorben. Kenneth F. Kiple und Briand T. Higgins haben zeitgenössische Quellen ausgewertet, die darauf hindeuten, dass die Gefangenen auf der Reise – abgesehen von der Flüssigkeit, die sie erhielten, wenn sie Suppe zu essen bekamen –, täglich nur etwa einen halben Liter Wasser erhielten. (1992/2007: 322) Unter den Bedingungen der Überfahrt war das lebensgefährlich wenig, wobei sich die Symptome der Dehydrierung noch verschärften, wenn

Für das 18. Jahrhundert wird geschätzt, dass 10-12 % der Gefangenen die Überfahrt nicht überlebt haben. Diese Mortalitätsrate liegt unter derjenigen der Seeleute, die auf Sklavenschiffen dienten. Von den Besatzungen der Sklavenschiffe, die zwischen 1644 und 1789 von Nantes aus ihre Reisen unternahmen, sollen zwischen 17 % und 18 % der Seeleute diese Reisen nicht überlebt haben. Das erklärt sich dadurch, dass die Sklaven nach einigen Monaten „ausgeladen" wurden, während die Seeleute weitere Monate an Bord zu verbringen hatten. Allein zwischen 1690 und 1807 sollen etwa 50.000 englische Seeleute, die auf Sklavenschiffen dienten, ums Leben gekommen sein. (Etemad 2007: 83, Anm. 41 & 42) Jean-Marc Masseaut zufolge hatten nicht wenige der Seeleute, die auf französischen Sklavenschiffen dienten, selbst Erfahrungen als Gefangene hinter sich. An Bord erfuhren sie harsche Disziplin, wenig Annehmlichkeit und sehr schlechtes Essen. Gesten der Solidarität mit der menschlichen „Ladung" seien nicht überliefert. Die Angst vor einer Revolte der Gefangenen habe Barmherzigkeit ausgeschlossen. Sowohl für die Gefangenen als auch für die Seeleute sei die Fahrt über den Atlantik traumatisch gewesen. (Masseaut 2002: 63f.)

Nach dem Verbot des Sklavenhandels scheinen noch mehr Gefangene auf die Schiffe gepfercht worden sein als zuvor. Zeitgenössischen Berichten zufolge wurden jetzt oft 500 oder sogar 900 Gefangene auf ein Schiff gepackt. (Behanzin 2002: 113) Auch entschieden sich Sklavenhändler jetzt vielfach für den Aufkauf von Jugendlichen, weil diese weniger Platz einnahmen als Erwachsene. In seinen 1854 veröffentlichten Memoiren hat Théodore Canot die von ihm benutzte Methode der „Befrachtung" beschrieben. Die Sklaven "auf der rechten Seite des Schiffes werden nach vorn gedreht, so dass jeder seinem Nachbarn den Rücken zuwendet, während diejenigen auf der linken Seite mit

---

nicht genug Salz zugeführt wurde, weil Salz zur Regulierung des Wasserhaushaltes im Körper erforderlich ist.

Besonders gefährlich war die erste Zeit auf See. Da die Händler befürchteten, dass Gefangene in der Nähe der Küste versuchen würden, zu revoltieren oder über Bord zu springen, wurden sie zu Beginn der Seereise regelmäßig unter Deck eingesperrt. Im 18. Jahrhundert wurden 155 Revolten auf französischen Sklavenschiffen gemeldet. 75 davon sollen zu einer erfolgreichen Flucht geführt haben. (Régent 2007: 176) Dort aber konnte die Temperatur annähernd 50 Grad Celsius erreichen. (Kiple & Higgins, 1992/2007: 324) Und wenn die eine oder der andere seekrank wurde, bewirkten die Hitze und der Gestank des Erbrochenen, dass unter Deck kaum jemand von dieser Qual verschont blieb. Damit verstärkte sich der Verlust an Flüssigkeit. Aber all diese Entbehrungen müssen für jede Einzelne und jeden Einzelnen mit der Verzweiflung multipliziert werden, die sie – alleine und gemeinsam – gewisslich auf jedem der vielen hundert Schiffe ergriffen hat, die ein Angebot an menschlicher Arbeitskraft übers Meer transportierten. Nach den ersten Tagen wurden die Gefangenen zumeist einmal am Tag an Deck gelassen, wo sie sich mit Meerwasser waschen konnten. Richard Drake, ein Sklavenhändler, hat beschrieben, dass er am achten Tag einer Reise seine Runde an Deck mit einem Säckchen Kampfer zwischen den Zähnen machte, weil der Gestank anders nicht auszuhalten war. (Lémane Coco 2008: 53; zit. nach Huggins 1979) Da möglichst viele Sklaven transportiert werden sollten, wurde in den Laderäumen oft ein weiterer Boden eingezogen. Für die Menschen, die aneinander gekettet dort schlafen und wachen sollten, waren dann vielfach Laderäume von etwa 90 cm Höhe vorgesehen. An Bord konnten sie nur gebückt gehen, kriechend schon, bevor sie ihr neues Leben erfuhren.

ihrer rechten Seite dem Heck zugewandt gelagert sind ... Auf diese Weise liegen alle auf der rechten Seite des Körpers ..." Man nimmt an, dass dies günstig für die gute Funktionsweise des Herzens ist. (T.C. 75-76, zit. nach Behanzin 2002: 112, Übers.) Auch wenn sich vermutlich nicht alle illegal agierenden Sklavenhändler solcher Systematik bedienten, so stieg doch der Anteil der Gefangenen, welche die Überfahrt nicht überlebten. Im 19. Jahrhundert soll er 25 % betragen haben. (Behanzin 2002: 113) Derartige Statistiken sind immer mit Unsicherheit verbunden. Für uns reicht die Feststellung, dass womöglich noch mehr Gefangene als früher den Transport nicht überlebten.

In der ersten Zeit nach der Ausladung der menschlichen Fracht traten dann noch einmal sehr viele Todesfälle ein, weil Kinder, Frauen und Männer die Praktiken nicht überlebten, die angewandt wurden, um sie an ein Dasein als Sklaven „anzupassen". Im Englischen wird für diese Praktiken der Terminus *"seasoning"* gebraucht, und es ist wohl kein Zufall, dass dieses Wort auch benutzt wird, wenn vom Einrauchen einer Pfeife die Rede ist.

Auch wenn die zeitweise üblichen Erläuterungen des Dreieckshandels eher einem wirtschaftswissenschaftlichen Modell als eingehender empirischer Untersuchung geschuldet waren, so bleibt doch festzuhalten, dass profitabler Sklavenhandel irgend eine Art von Handel voraussetzte, durch den nicht nur Schiffsfracht für die Hin- , sondern auch für die Rückreisen beschafft wurde. Da sich niederländische Sklavenhändler in der zweiten Hälfte des 18. Jahrhunderts oft gezwungen sahen, die Rückreise in Ballast anzutreten, machten sie höchstens 5 -10 % Profit, fuhren nicht selten aber auch Verluste ein. (Blackburn 1997: 389) Profite im Sklavenhandel waren nicht unbedingt abhängig vom Dreieckshandel, wohl aber von Schiffsfracht für alle Teilstrecken einer Reise. Konkreter: sie waren abhängig von den Preisen, die afrikanischen Lieferanten von Sklaven gezahlt werden mussten und von den Preisen, die in Übersee für die lebend angelandeten Sklaven verlangt werden konnten. Für letztere war die erwartete Möglichkeit des Absatzes von Kolonialprodukten in den Metropolländern entscheidend. Auf die Frage, welche Bedeutung den Profiten im Kolonialhandel für die Entwicklung des Industriekapitalismus in den Metropolländern zukam, werden wir unten zurückkommen. Zunächst ist nur festzuhalten, dass der transatlantische Handel mit Menschen die Voraussetzungen für die Ausbeutung von Sklavenarbeit in den Kolonien schuf und damit für die möglichen Profite der Sklavenhalter und der Sklavenhändler.

Was die fortdauernde Nachfrage nach Sklavenimporten – auch nach den gesetzlichen Verboten des Sklavenhandels – anlangt, so war sie von drei Faktoren abhängig: Von der Ausweitung der Produktion, für die Sklaven eingesetzt wurden, von der Nachfrage nach Kolonialprodukten in Europa sowie in anderen Kolonien und von der biologischen Reproduktion der bereits importierten Sklaven.[47]

---

47 In Bezug auf die biologische Reproduktion hat die *"New Transatlantic Slave Trade Data Base"* (Eltis & Richardson, Hg. 2008), die auf der Auswertung von Schiffsreisen mit Sklavenfracht basiert, einige Schlussfolgerungen nahe gelegt, welche zuvor gängige Annahmen über das

1807 untersagte die englische Regierung den Sklavenhandel.[48] Ein Jahr später folgte die Regierung der Vereinigten Staaten diesem Beispiel.[49] Auf Betreiben der englischen Regierung wurde auf dem Wiener Kongress 1815 ein allgemeines Verbot beschlossen. In den folgenden Jahren wurde die britische Kriegsmarine eingesetzt, um die Einhaltung dieses Verbots zu erreichen. Das setzte freilich voraus, dass der Staat, dessen Flagge ein Schiff führte, sein Einverständnis zu solchen Kontrollmaßnahmen erteilt hatte. 1841 wurde dieses Einverständnis zwischen England, Frankreich, Preußen, Österreich und Russland im sog. Quintuple Vertrag besiegelt. Bereits 1835 hatte ein Vertrag zwischen Spanien und England die Beförderung von Sklaven auf Schiffen unter der spanischen Flagge illegal gemacht. Spanische Schiffseigner, die diesen Handel nicht aufgeben wollten, nutzten deshalb eine *"flag of convenience"*, in diesem Fall also die Flagge eines Staates, der wie die USA und Portugal englischen Kontrollen nicht zugestimmt hatte. (Eltis & Richardson 2008: 37) Ohne Zweifel ist der militärische und diplomatische Einsatz Englands durch die Jahrzehnte lang immer aufs Neue wiederholten Forderungen von Abolitionisten, den Verfechtern einer Abschaffung der Sklaverei, angestoßen worden, aber ganz ohne Zweifel wurde er auch dazu genutzt, die Machtposition Englands auf den Weltmeeren, vor allem auf dem Atlantik zu stärken. Der Kampf gegen den Sklavenhandel erlaubte England, sich als Seepolizei zu etablieren. (Bülck 1953: 20f.)

Wachstum der Sklavenbevölkerung in Westindien, in Nordamerika und auf dem südamerikanischen Festland weniger eindeutig erscheinen lassen. Wird berücksichtigt, dass viele der in Westindien angelandeten Sklaven weiter transportiert wurden, so bleibt die Überlebensrate in der ständig von Seuchen heimgesuchten, besonders ungesunden Umgebung für die Sklaven auf den Zuckerplantagen trotzdem noch niedriger als in Nordamerika und auch als auf dem Festland, aber der Unterschied ist etwas geringer als früher angenommen. In ihrer Zusammenfassung des aktuellen Forschungsstandes kommen David Eltis und Paul Lachance zum Ergebnis, dass die Sklavenbevölkerung im 17. Jahrhundert in der Karibik aufgrund der Überschüsse von Todesfällen über Geburten zwischen 5 % und 6 % im Jahr sank, im 18. Jahrhundert im Durchschnitt um 2 % und im 19. Jahrhundert im Durchschnitt um 1 %. (2008: 343) In den USA dagegen hatten bereits im 18. Jahrhundert die Geburten in der Sklavenbevölkerung die Todesfälle übertroffen. Obwohl dieses rasche Wachstum bereits zu Lebzeiten von Marx und Engels bekannt war, haben sie behauptet, profitable Sklavenwirtschaft setze den Verschleiß des Lebens von Sklaven in nur wenigen Jahren voraus. Deshalb sei entweder ständiger Import oder aber systematische Sklavenzucht erforderlich. Zur Diskussion dieser Behauptungen und ihrer Verbindung mit der Marx'schen Theorie vgl. Backhaus (1974, Kap. 1 und passim).

48 Wie sich leicht denken lässt, war in der Sklavenhandelshochburg Liverpool heftig gegen die Forderung der Abolitionisten agitiert worden. Ebenso wie in Rhode Island war Sklavenhandel auch in Liverpool nicht nur ein einträgliches, sondern auch ein angesehenes Gewerbe gewesen. Als dann aber das gesetzliche Verbot eine neue Orientierung der wirtschaftlichen Elite der Stadt erzwungen hatte, war sie 1814 plötzlich damit konfrontiert, dass der Englisch-Französische Friedensvertrag eine Klausel enthielt, welche französischen Sklavenhandel für die Dauer von fünf Jahren als zulässig erklärte. Nun kamen in Liverpoool 30.000 Unterschriften für eine Petition zustande, welche die strikte Fortsetzung des Abolitionismus forderte. (Drescher 1996: 345)

49 Bereits 1792 war ein entsprechendes Verbot in Dänemark beschlossen worden. 1803 trat es in Kraft.

Solcher Kontrollen zum Trotz wurden in den Jahren 1821–1830 mehr Sklaven von Afrika aus verschifft als zu irgendeinem Zeitpunkt vor 1780. (Eltis 2001/2009: 199; Eltis & Richardson 2008: Tab. 1.6, 40-41). Dafür war zunächst das Angebot verantwortlich. Denn trotz der Entwicklung eines neuen Exportgutes in Form von Palmöl blieb es im 19. Jahrhundert auch in Afrika beim Sklavenhandel. Das gilt insbesondere für Südost-Nigeria, einer der wichtigsten Herkunftsregionen für den atlantischen Sklavenhandel. Lediglich an der Goldküste und im Senegal war der Rückgang, der in den 1780er Jahren eingesetzt hatte, dauerhaft geblieben. (Eltis 2001/2009: 200f.)

Verbote und Kontrollmaßnahmen haben den transatlantischen Sklavenhandel nicht unterbunden, sie haben ihn aber riskanter gemacht und damit trotz hoher Preise in Westindien und den USA auch die Profitmargen bedroht.[50]

Europäische Mächte haben zwar den transatlantischen Sklavenhandel bekämpft, über den innerafrikanischen Handel und die Exporte in den Orient haben die ersten Beauftragten der Kolonialmächte aber hinweg gesehen. Und nicht nur dies. Da alle Kolonialmächte Formen der Zwangsarbeit einführten und sich die notwendigen Arbeitskräfte von Häuptlingen liefern ließen, verstärkten sie den Fortbestand der Sklaverei in Afrika. Erst im 20. Jahrhundert, und dann zunächst auch nur in Westafrika, wurde der Sklavenhandel in Afrika weniger bedeutsam. (Coquery-Vidrovitch 2002: 25)

50 Adu Boahen zufolge hat das Verbot des Handels in Afrika selbst aber immerhin bewirkt, dass die zeitweise sehr regelmäßig gewordenen Menschenraubzüge der einheimischen Herrscher nachließen. In Afrika habe das Verbot des Sklavenhandels zweierlei zur Folge gehabt: den Beginn einer Zeit des Friedens und der Stabilität und eine sehr viel gleichmäßigere Verteilung ökomischen Reichtums. Denn im Unterschied zur „Produktion" von Sklaven, die nur durch die einheimische Aristokratie und mächtige Mittelsmännern habe bewerkstelligt werden können, hätten die im 19. Jahrhundert wichtiger werdenden Exportgüter entweder gesammelt oder durch Jagd beschafft werden können. (Boahen1987: 4) Leider ist diese Aussage nicht haltbar. Zunächst einmal ist festzuhalten, dass die Ausfuhr von Sklaven nach Westindien und nach den beiden Amerikas erst ab den 1830er Jahren weniger wurde, und dass erst nach 1860 andere Exportwaren zunehmend wichtiger wurden. Aber auch der Export von Gummi, Palmöl und Mandeln, von Gold oder Kola Nüssen blieb weitgehend ein Monopol der Mächtigen. (Cocquery-Vidrovitch 2002: 20) Vor allem aber: afrikanische Sklavenlieferanten, die sich an die Einnahmequelle des transatlantischen Handels gewöhnt hatten, verringerten keineswegs den Umfang ihres Angebots. Dieses richtete sich jetzt an innerafrikanische Abnehmer und an die Nachfrage im Osten. Und weil angesichts des großen Angebots die Preise fielen, erweiterten die Anbieter aus den „militärisch-negroiden Staaten" Westafrikas, Zentralafrikas und Ostafrikas den Umfang ihres Angebots (Coquery-Vidrovitch 2002: 13; Manning 1992/2007: 118).

Erste theoretische Zwischenbemerkung: von Kaufleuten und Kapitalisten

Fernand Braudel, Henri Pirenne, Immanuel Wallerstein, Walter Sweezy und vielen anderen galten und gelten die Kaufleute, die seit dem 15. Jahrhundert einen von Europa ausgehenden Welthandel entwickelten, als Geburtshelfer des Kapitalismus.[51] Für Braudel kam dieser „Kapitalismus von gestern" zustande, als einzelne Kaufleute den Rahmen der „geregelten Handelsvorgänge" sprengten, wie sie sich im Europa der frühen Neuzeit für zahlreiche Güter entwickelt hatten. (1979/1986; Handel: 501)[52] Anders gesagt: das Profitstreben von Kaufleuten, eine psychische Disposition also, gilt hier als Beginn des Kapitalismus.

Berichte über einzelne Handelshäuser legen das Vorhandensein derartiger Dispositionen nahe. Das macht die Akteure des Welthandels aber nicht zu Kapitalisten. Denn ihre Chancen auf Gewinn basierten auf Privilegien, die ihnen von Fürsten verliehen wurden. Handelsgesellschaften ersuchten um das Privileg, in einer bestimmten Region der Welt Handel zu treiben – und zwar frei von Konkurrenz. Dafür bezahlten sie vorab und/oder mit der Zusage einer Beteiligung am zu erwartenden Gewinn.[53] Weil sich das eigene Privileg aber nur mit Waffengewalt gegen die von anderen Fürsten verliehenen Privilegien durchsetzen ließ, übertrug sich die Herrschaftskonkurrenz zwischen europäischen Fürsten auf die Weltmeere. Europäische Fernhändler waren Kaufmannskrieger.

Privilegien waren der institutionelle Ausdruck einer Konvergenz der Interessen von Kaufleuten und Fürsten. Sie verankerten privilegierte Fernhandelskaufleute fest in den Strukturen des *Ancien Régime.* Weil Monopole auf ausschließlichen Han-

---

51 Dass sie von manchen Zeitgenossen als „Kapitalisten" bezeichnet wurden, wie Braudel betont, kann diese Interpretation nicht bestätigen. Der zeitgenössische Terminus bezog sich lediglich auf die Praxis des Zugewinns von Geld durch den Einsatz von Kapital.

52 Wenn Chris Wickham von der erheblichen Überbewertung des Fernhandels für die ökonomische Entwicklung in Europa spricht, bezieht er sich zwar überwiegend auf das frühe Mittelalter, aber seine Vermutung, dass diese Interpretation auch der Tatsache geschuldet ist, dass es zum Fernhandel, anders als zu lokalen Entwicklungen, sehr viel mehr schriftliche Überlieferungen gibt, trifft auch die spätere Zeit. Entsprechendes gilt für seine Vermutung, dass diese Interpretation auch damit zusammen hängt, dass die bekannten Wirtschaftshistoriker des letzten Jahrhunderts fast alle aus Ländern stammen, die in Fernhandelsbeziehungen integriert waren. Vgl. Wickham (2005: 822)

53 Voraussetzung für die Erlangung eines Privilegs waren aber auch Beziehungen. Fürsten riskierten Konflikte, wenn sie Privilegien verliehen, ohne die gerade herrschenden Patronagestrukturen am Hof in Rechnung zu stellen. Auseinandersetzungen um die Vergabe von Monopolen an Günstlinge waren eine der Ursachen für (vorrevolutionäre) Diskussionen über die zulässige Reichweitevon Prärogativen der englischen Krone. Zu den bleibenden Ergebnissen der Revolution von 1649 zählt die Aufhebung des Rechts der Krone, Privilegien zu verleihen. (vgl. Gerstenberger 1990/2006: 120-123; 145-147) Zur Beseitigung von Privilegien ausführlich: Ebenda: III.4); vgl. auch: Sewell, Jr. (1980: Kap. 4).

del in bestimmten Weltgegenden von ein und demselben europäischen Herrscher ja nicht zwei- oder dreimal verliehen werden konnten, war die Anzahl fürstlich verliehener Privilegien begrenzt. Angesichts der geringen Aussichten, ihrerseits von Privilegierung zu profitieren, forderten manche Neulinge die vollständige Beseitigung des Systems. 1649 wurde diese Forderung in England realisiert, 1789 in Frankreich.

Tatsächlich zerbrach das *Ancien Régime* des europäischen Fernhandels aber auch an seinen eigenen Widersprüchen. Weil die Kosten der bewaffneten Konkurrenz mit anderen Handelsgesellschaften sowie die Kosten der Gewaltpraxis in den überseeischen Regionen die Profite erheblich schmälerten, gingen im Laufe der Zeit nahezu alle Handelsgesellschaften, die sich auf Aneignung in Übersee spezialisiert hatten, bankrott.

Das hinderte freilich nicht, dass einzelne Kaufleute sowie Angestellte der Handelsgesellschaften in Übersee immensen Reichtum ansammelten. Soweit sie diesen nicht konsumierten,[54] investierten sie ganz überwiegend in sozialen Aufstieg, mithin vor allem in Landbesitz. Bereits 1971 konstatierte Paul Bairoch, dass Kaufleute (bei ihm: *« l'ancienne classe capitaliste »*) nur einen minimalen Einfluss auf die Entwicklung der Industrialisierung hatten. (1971/1992: 69) In der Folgezeit wurde diese Auffassung auch von anderen Autoren vertreten. (z.B. Kindleberger 1975: 613-654)

54 In diesem Zusammenhang ist auch auf die Geschichte des *Commercial Empire of Zanzibar* zu verweisen. Werner Biermann zufolge war dieses über Jahrhunderte hinweg Bestandteil eines außerhalb von Europa funktionierenden „Weltmarktes". Ende des 19. Jahrhunderts brach dieses Handelsreich zusammen. Den wichtigsten Grund für diese Entwicklung sieht Biermann in der Tatsache, dass die Plantagenbesitzer in Sansibar ihre Gewinne nahezu vollständig in Konsum umsetzten und nicht etwa in eine Verbilligung der Produktion. Als ihnen schließlich Konkurrenten in Indien und Arabien erwuchsen, verlegten sie sich auf Kostenreduktion mittels Sklavenwirtschaft. Auch dadurch ließ sich der frühere Lebensstandard jedoch nicht aufrecht erhalten. Um ihren früheren Konsumstandard aufrecht zu erhalten, verschuldeten sich die Plantagenbesitzer in Sansibar bei den indischen Kaufleuten. Vielfach „bezahlten" sie diese nun mit Sklaven. Als die britische Kolonialmacht die Sklaverei schließlich in allen ihren Besitzungen verbot, entfiel diese Möglichkeit. Fortan kontrollierten indische Gläubiger die Nelkenproduktion in Sansibar. Biermann zufolge war in dieser Entwicklung auch die Politik der *East India Company* bedeutsam, dennoch sieht er den wichtigsten Grund für den Niedergang in der Tatsache, dass Profite in Luxus investiert wurden. Vgl. Biermann (1999: 163-178).

Kapitel III: Historische Voraussetzungen kapitalistischer Akkumulation in den Metropolländern

Die Freisetzung der Konkurrenz

Kapitalismus setzt Produktionsmittel voraus, also „Kapital“, sowie Arbeitskräfte, die den Anweisungen der Eigentümer von Produktionsmitteln bzw. ihrer Beauftragten Folge leisten. Lohnarbeitsverhältnisse gab es jedoch auch früher, und Kapitalismus kam nicht allein dadurch in die Welt, dass ihre Anzahl ein zuvor unbekanntes Ausmaß angenommen hat. Denn Kapitalismus ist ein Wirtschaftssystem, dessen besondere Dynamik auf Konkurrenz basiert. Konkurrenz zwischen Produzenten zwingt diese – bei Gefahr des Verlustes ihrer ökonomischen Position –, Möglichkeiten der Verbilligung und/oder Verbesserung ihrer Produktion zu nutzen, seien diese technologischer oder organisatorischer Natur oder aber mittels verschärfter Ausnutzung von lebendiger Arbeitskraft erzielt.

Konkurrenz ist die Funktionsweise kapitalistischer Märkte. Auch Märkte gab es lange vor und außerhalb kapitalistischer Strukturen, in vieler Hinsicht aber war Konkurrenz auf Märkten dadurch beschränkt, das lokale oder überlokale Obrigkeiten Märkte regulierten und zwar sowohl durch die Verleihung von Handelsprivilegien als auch durch die Sanktionierung von Produktionsbeschränkungen. Viele Regulierungen wurden von Obrigkeiten nur sanktioniert, während deren tatsächliche Bestimmung obrigkeitlich privilegierten Korporationen überlassen blieb, Handelsgesellschaften und Zünften vor allem. Reguliert wurde die Zulassung zu bestimmten Branchen des Handels und des Handwerks, dazuhin der zulässige Umfang handwerklicher Produktion. Was die Arbeitskräfte betrifft, so wurden nicht nur ihre Löhne reguliert, sondern sie wurden auch obrigkeitlicher Herrschaft unterstellt, der unmittelbaren Herrschaft ihrer Dienstherren sowie der (polizeilichen) Aufsicht lokaler Obrigkeiten.

In der Durchsetzung des Kapitalismus wurden derartige Regulierungen bekämpft und schließlich beseitigt. Karl Polanyi hat vorgeschlagen diese Entwicklung in Bezug auf Arbeitsverhältnisse als Herauslösung der Wirtschaft aus Herrschaft zu bezeichnen, als „disembedding“. (1944/1995) Im Folgenden ist allgemein von „Freisetzung der Konkurrenz“ die Rede. Anders als von Karl Polanyi nahelegt, hatte die Entwicklung des Industriekapitalismus zwar die Herstellung von Gewerbefreiheit zur Voraussetzung, nicht aber die Herauslösung von Arbeitsverhältnissen aus herrschaftlichen Regulierungen. „Freie Lohnarbeit“ – dies ist eine der zentralen Thesen dieser Untersuchung – war und ist keine Voraussetzung kapitalistischer Produktion. Dass sie inzwischen weltweit dominiert, ist Resultat politischer Auseinandersetzungen. Im zweiten Teil dieses Kapitels wird erläutert, auf welche Art und Weise „freie Lohnarbeit“ in England, Frankreich und Deutschland zustande kam. Im dritten Teil dieses Kapitels wird sodann dargelegt, inwiefern die Entwicklung von Arbeitsverhältnissen in den USA der Gleichsetzung von Kapitalismus und freier Lohnarbeit widerspricht.

Die Freisetzung der Konkurrenz auf dem festen Lande

Ebenso wie Produzenten, die keinen Zugang zu einer Zunft gefunden oder die Genehmigung zum Betreiben einer Manufaktur erhalten hatten, forderten auch Kaufleute, die nicht Mitglieder privilegierter Handelsgesellschaft waren, gewerbliche Freiheit. In jenen revolutionären politischen Prozessen, die insofern zu Recht als bürgerliche Revolutionen bezeichnet werden, als in ihrem Verlauf den Forderungen wohlhabender und weniger wohlhabender Bürger entsprochen wurde, wurden sie ihnen zugesprochen.[1]

Mit dem Wegfall herrschaftlich verliehener Privilegien (Monopole) wurden (fast) alle Gewerbetreibenden der Konkurrenz ausgesetzt. Gewerbefreiheit, anders gesagt: die Herauslösung des Marktes aus Herrschaft – und damit immer auch aus Gewaltverhältnissen – schuf rechtliche Voraussetzungen für die Entwicklung des Kapitalismus. Unabhängig davon, in wieweit die damit geschaffenen Möglichkeiten tatsächlich genutzt wurden, bewirkte Gewerbefreiheit einen Bedeutungswandel des Terminus „Monopol“. Fortan handelte es sich nicht mehr um eine von einem Fürsten verliehene rechtliche Position, sondern um das Resultat von Marktprozessen. Diesen waren jetzt alle unterworfen, welche die rechtlichen Voraussetzungen erfüllten, ein Gewerbe auszuüben. Nach wie vor gab es für den Zugang zu manchen Gewerben Voraussetzungen, mit der Abschaffung von Zünften und privilegierten Handelsgesellschaften hatten aber nicht mehr nur Korporationen, sondern auch Einzelne legalen Zugang zum Markt. Sie alle wurden damit der Konkurrenz durch andere Marktteilnehmer ausgesetzt, jener „herrenlose(n) Sklaverei“ , von welcher Max Weber geschrieben hat. (1922/1976: 709) Konkurrenz zwingt zur Vorbeugung gegen die Verschlechterung von Marktchancen aufgrund von bereits praktizierten und in Zukunft womöglich entwickelten Strategien der Konkurrenten, folglich zu Maßnahmen für eine Verbesserung der eigenen Marktchancen. Eine derartige Maßnahme war und ist die verschärfte Ausbeutung von Arbeitskraft, sei es durch Intensivierung der Arbeit, sei es durch die Senkung von Löhnen.

Einmal in Gang gesetzt, bewirkt Kapitalismus sowohl die Einbeziehung immer neuer Bereiche in Marktprozesse als auch die mengenmäßige Ausweitung von Produktion.

---

1 In England wurde die Gewerbefreiheit 1760 eingeführt, in Frankreich 1789, in Preußen 1810, in Österreich 1859, im Norddeutschen Bund 1869.

Daraus folgt die Notwendigkeit zur Erweiterung von bestehenden und zur Erschließung von neuen Märkten. Letzteres verlangt Transport, und zwar nicht nur billigen,[2] sondern auch möglichst gefahrlosen Transport. Die Entwicklung kapitalistischer Produktion geht mit dem Bestreben einher, Transportwege zu befrieden. In dieser sehr speziellen Hinsicht ist die Entwicklung des Kapitalismus tatsächlich mit einem Rückgang der Praxis direkter Gewalt zum Zwecke der Aneignung verbunden.

Die Freisetzung der Konkurrenz auf der Hohen See

Bis weit ins 17. Jahrhundert prägte die Praxis bewaffneter Gewalt den Warentransport auf See- und dies auf doppelte Weise. Zum einen praktizierten europäische Fernhandelskaufleute Beutefahrten gegen Konkurrenten, zum anderen waren europäische Fürsten bestrebt, die Untertanen anderer Herrscher vom Handel mit ihren überseeischen Besitzungen auszuschließen. Zu diesem Zweck beanspruchten sie die Hoheit über bestimmte Regionen der Weltmeere. Für diesen Anspruch setzte sich die Bezeichnung „*mare clausum*“ durch. Auch wenn er immer nur sehr begrenzt realisiert werden konnte, so musste doch, wer den Hoheitsanspruch verletzte, gewärtigen, als Schmuggler aufgebracht zu werden und nicht nur die gesamte Ladung, sondern womöglich auch sein Schiff zu verlieren. Schmuggel gab es dennoch.

Seit dem 17. Jahrhundert wurde das Prinzip des *mare clausum* dann allerdings nicht nur durch Schmuggel ausgehöhlt, sondern auch mittels bilateraler Handelsverträge durchbrochen. Seit der Unabhängigkeit der englischen Kolonien in Nordamerika ließ es sich dann aber endgültig nicht mehr durchsetzen. Auch wenn die Freiheit der Meere formal erst 1982 in dem von der UNO beschlossenen *"Law of the Ocean"* zwischen souveränen Staaten vereinbart wurde, galt sie faktisch bereits seit dem Ende des 18. Jahrhunderts.[3]

Schmuggel hatte die offiziellen Handelswege sowohl in Kriegs- als auch in Friedenszeiten ergänzt und insoweit an Land eine gewisse Konkurrenz zwischen den regulär und den irregulär angelieferten Waren geschaffen, aber Schmuggel hatte noch keine Konkurrenz des Seetransports geschaffen. Sie konnte sich erst entwickeln, als Schiffseigner mit preisgünstigem – und später: schnellem – Transport gegeneinander konkurrieren konnten.

Das faktische Ende des *mare clausum* bedeutete aber zum Beispiel, dass ein Schiff unter der Flagge Preußens nach London fahren, dort legal Fracht suchen und diese legal

---

2 Es ist kein Zufall, dass David Ricardo, als er erläuterte, warum es sinnvoll ist, sich in England auf die Produktion von Tuch und in Portugal auf die Produktion von Wein zu konzentrieren, keine Transportkosten in Rechnung stellte. Sie waren schon zu seiner Zeit sehr niedrig und wurden im Folgenden ständig niedriger.

3 Was das damals bedeutete, lässt sich nicht zuletzt daran ablesen, dass deutsche Kaufleute, nachdem sie annähernd zwei Jahrhunderte vom überseeischen Handel ausgeschlossen waren, sofort daran gingen, Schiffe nach Übersee zu destinieren.

nach Nord- oder Südamerika transportieren konnte. Und weil Seeleute auf preußischen Schiffen besonders schlecht entlohnt wurden, setzten sich preußische Schiffseigner immer häufiger gegen die etablierte Konkurrenz durch.

Allerdings galt das Recht zur freien Nutzung des Meeres nur in Friedenszeiten. Im Kriege bestritten sich die gegnerischen Parteien dieses Recht. Davon profitierten Handel und Seefahrt neutraler Staaten. Nicht selten wurde dieser Vorteil auch von Schiffseignern aus kriegsbeteiligten Staaten genutzt, indem sie ihre Schiffe für die Dauer des Krieges unter einer neutralen Flagge fahren ließen. Zwar verlangten die jeweiligen Behörden, dass Schiffer das Bürgerrecht erwarben, aber schon im 17., 18. und 19. Jahrhundert wurden Ansiedlungen gelegentlich fingiert.

Dennoch schützte auch die neutrale Flagge nicht immer zuverlässig. Zwar setzte sich am Ende des 18. Jahrhunderts zunehmend das Prinzip „frei Schiff, frei Gut" durch, was bedeutete, dass die neutrale Flagge alle nicht- militärischen Waren an Bord schützte, unabhängig davon, ob deren Eigentümer Untertanen einer neutralen oder feindlichen Macht waren. Doch bestand England nach wie vor darauf, dass Privateigentum an Bord neutraler Schiffe, sofern es Eigentum von Feinden war, als rechtmäßige Prise zu gelten habe, ja, mehr noch, sofern sich feindliche Ladung an Bord befand, sollte das ganze Schiff als Prise genommen werden können. Diese Rechtsauffassung, Rechtshistorikern ist sie unter der Bezeichnung *consolat el mar* bekannt, bedeutete, dass sich auch Schiffe unter neutraler Flagge regelmäßig Durchsuchungen ausgesetzt sahen, und sie bedeutete auch, dass mit jedem Ausbruch eines Krieges die Versicherungsbeiträge für neutrale Schiffe in die Höhe schnellten. Im übrigen war den Kaufmannsreedern in schwachen Staaten mit der *consolat el mar* nur bedingt geholfen, mussten sie doch damit rechnen, zumindest vorübergehend von einer der kriegführenden Mächte besetzt zu werden. [4]

---

4 Es war deshalb ökonomisch durchaus folgerichtig gedacht, wenn die bremische Handelskammer 1859 das Ziel verfolgte, es solle international anerkannt werden, dass alles Gut, dessen Eigner nicht Untertan eines der kriegführenden Staaten war, unabhängig von der Flagge des Schiffes, auf dem es transportiert wurde, als geschützt gelten solle. Am 10. Dezember des Jahres bemerkte die *Londoner Times* dazu: *"A few burghers in a little Hanseatic town have just undertaken to promulgate, for the benefit of the world, a new code of Maritime International Law."* (Lemnitzer 2004: 87) Die Einschätzung war korrekt. Die Handelskammer erstrebte tatsächlich nicht mehr und nicht weniger als die Anerkennung der Neutralität von Ladungen neutraler Eigentümer auch auf Schiffen unter feindlicher Flagge. Das hätte die Waren auf bremischen Schiffen auch dann geschützt, wenn die Neutralität der bremischen Flagge nicht anerkannt worden wäre, weil sich der Deutsche Bund im Krieg befand. Tatsächlich war der Vorstoß gar nicht so aussichtslos wie der ironische Artikel in der *Times* vermuten ließ. Denn das Schreiben der Handelskammer an entsprechende Institutionen im Ausland stieß auf positive Resonanz. Die Handelskammern von Marseille, Manchester, Liverpool und New York schlossen sich der Forderung an. Es gelang sogar, die Zustimmung der niederländischen Regierung zu gewinnen. Der Vorstoß versickerte dann aber, als deutlich wurde, dass der internationale Kongress, der für 1859 geplant gewesen war, nicht zustande kommen würde. Der Versuch, privates Eigentum auf See auch im Kriegsfalle gegen Wegnahme zu schützen, war damit gescheitert. Jan Martin Lemnitzer zufolge wurde die Forderung der absoluten Immunität privaten Eigentums auf See als ein Partikularinteresse von Reedern betrachtet, die sich die Kosten für die in Kriegszeiten höheren

Seit etwa 1830 wandelte sich die Praxis europäischer Seeschifffahrt. Waren Schiffe zuvor zumeist von ihrem Heimathafen zu einem Zielhafen destiniert worden, um dann – entweder direkt oder nach einem Zwischenhafen – wieder zurück zu fahren, so passte sich die internationale Seeschifffahrt danach zunehmend internationalen Konjunkturen an. Schiffe wurden – mit Fracht oder Ballast – oft für lange Jahre auf Trampschifffahrt geschickt.[5] Um dieselbe Zeit entwickelte sich im Seetransport internationale Konkurrenz. Konkurriert wurde mit Preisen, vor allem aber – und dies auch bereits in der Zeit der Segelschifffahrt – mit Geschwindigkeit.[6] Erst nach der Durchsetzung des *mare librum* und der seither möglichen internationalen Konkurrenz um Fracht, konnte Seeschifffahrt zu einem Element kapitalistischer Wirtschaft werden.

Versicherungen ersparen wollten. Denn anders als Plünderungen an Land erfolgte die Aufbringung von Prisen auf See nach festen gewohnheitsrechtlichen Regeln. Schiffseigner konnten vor Prisengerichten protestieren und hatten im Falle krasser Verletzungen des Seerechts die Chance, ihr Eigentum zurück zu erhalten. Als allerdings 1909 – im sog. Londoner Seerechtsabkommen – versucht wurde, die bisherigen Prisenrechte zu vereinheitlichen, um einem neu zu gründenden internationalen Prisengerichtshof eine Grundlage zu geben, lehnte England die Ratifizierung dieses Abkommens ab.(Lemnitzer 2004: 94f.) Als „Prise" bezeichnete man die Beute, die auf Kaperfahrt oder während eines Seekrieges gemacht wurde. In der Regel war das ein Schiff samt Ladung.

5 Was bedeutete, dass Kapitäne in eigener Regie Ladung suchten und sie dorthin verbrachten, wohin sie von den Befrachtern destiniert worden war.

6 Vgl. hierzu: Gerstenberger & Welke (1996: Kap. II).

Die Befriedung von Transportwegen

Mit der Ausweitung der Warenproduktion und des internationalen Handels stieg das Erfordernis, privates Eigentum während seines Transports gegen Raub zu schützen.

Die Bekämpfung des Straßenraubs

Bis ins 19. Jahrhundert hinein hatte es in den später dominanten kapitalistischen Regionen vielerorts Räuber gegeben, die sich geordnetem Handelsverkehr „in den Weg stellten". Zwar waren in manchen Gegenden, so etwa im Süden Frankreichs und in England, große Räuberbanden eher selten, aber in Mitteleuropa gab es sie im 17. und im 18. Jahrhundert vergleichsweise häufig. Die meisten dieser Räuber – so vor allem auch die berühmt-berüchtigte „große niederländische Bande" – konzentrierten sich auf Einbrüche, wobei sie sich mit Brecheisen oder auch mit Rammböcken Zugang zu den zuvor „ausbaldowerten" Objekten verschafften. Uns interessiert hier vor allem der Straßenraub. Er war eine Spezialität der „Großen Siechenbande", die im ersten Jahrzehnt des 18. Jahrhunderts aktiv war und so genannt wurde, weil ihre Mitglieder nahezu ausnahmslos den Leprosenhäusern um Düsseldorf entstammten. (Finzsch 1990: 244) Auch Banden, deren Mitglieder im ausgehenden 18. und beginnenden 19. Jahrhundert in den Niederlanden, sowie in französischen und preußischen Besitzungen auf Raubzüge aus waren, überfielen gelegentlich Reisende. Berichten zufolge war die Beute oft eher schmal, und die Hehler, auf die Straßenräuber immer angewiesen waren, verlangten ihrerseits Anteile.[7]

In unserem Zusammenhang geht es lediglich um die potentielle Bedrohung von Transporten und damit von Handelsgeschäften, deshalb weder um die soziale Herkunft der Räuber,[8] noch um die Idealisierung „edler Räuber",[9] welche bereits zur Zeit der großen

7 Ausnahmsweise große Beute erbrachte jener Überfall, den Mitglieder einer Unterorganisation (oder vielleicht auch schon einer Nachfolgeorganisation) der großen Niederländischen Bande am 28. Oktober 1799 auf die Postkutsche von Elberfeld verübten. Sie soll 40.000 Francs betragen haben. (Finzsch 1990: 259)

8 Von den bereits erwähnten Siechen über Juden, Vaganten, Deserteuren bis zu materiell besser gestellten Bürgern oder Adligen waren Angehörige nahezu aller Stände und Religionszugehörigkeiten beteiligt (Lange 2007: 17).

9 Diese Diskussion – und damit eine ganze Forschungsrichtung – ist durch Eric Hobsbawm angestoßen worden. In seiner (zuerst 1959) veröffentlichten Arbeit über *„primitive Rebels"* vertrat er die These, Sozialbanditen seien in agrarischen Gesellschaften aufgetreten, bevor tatsächliche soziale Oppositionsbewegungen entstanden. Später hat er diese These weiter entwickelt und im Lichte von Kritik an seiner Arbeit diskutiert. Durchgängig besteht er darauf, dass nicht nur in der Zeit der Romantik (literarisch) zwischen guten und kriminellen Banditen (Briganten) unterschieden worden sei, manche Banditen vielmehr schon zu ihren eigenen Lebzeiten legendär geworden seien, weil besonders arme Menschen auf dem Land ihre Hoffnungen auf sie richteten. Vgl. Hobsbawm (1959: 171 und passim).

Raubzüge verbreitet war.[10] In Süditalien endete die Phase, in der Großfamilien ihren verwandtschaftlichen Zusammenhang nutzten, um sich durch Raub ein Auskommen zu verschaffen, erst an der Wende zum 20. Jahrhundert, im Rheinland dagegen bereits in den ersten Jahren des 19. Jahrhunderts. Den meisten gilt die Zerschlagung der Bande des Schinderhannes im Jahre 1803 als Ende der großen Banden im Rheinland. Zwar gab es weiterhin räuberische Überfälle von kleineren Gruppen, (Finzsch 1990: 279) aber mit der Entwicklung der Polizeikräfte, dem Einsatz von Militär und Spezialgerichtshöfen sowie mit der Zusammenarbeit von französischen und preußischen Behörden wurden die Straßen im Rheinland vergleichsweise sicher.[11]

Anders als in den rheinischen Gebieten unter französischer Verwaltung ging die Stärkung der Staatsgewalt sowohl in anderen Regionen Frankreichs als etwa auch in den USA im 19. Jahrhundert eher langsam vor sich. In manchen Regionen der USA waren Reisende im Laufe der Zeit vor allem deshalb weniger dem Überfall von Räuberbanden ausgesetzt, weil sich diese zunehmend auf den potentiell lohnenderen Bankraub bzw. auf den Überfall auf Geldtransporte spezialisierten.

Zwar wurden Überfälle manchmal als Raub an den Reichen verstanden und insgeheim entschuldigt, dennoch endete die Idealisierung von Banditen Eric Hobsbawm zufolge – von Ausnahmen abgesehen – mit der kapitalistischen Durchdringung der Agrarwirtschaft. (2007/2000: 198-200)

Die Bekämpfung der Piraterie

Auf See war Raub lange Zeit eher weiter verbreitet als auf dem festen Land. Dies nicht zuletzt, weil europäische Regierungen vielfach an den Resultaten von Seeraub beteiligt waren.[12] Das änderte sich mit dem Kampf gegen nordafrikanische Piraten. Mit Wissen und zum ökonomischen Nutzen ihrer Herren machten Seeleute aus Nordafrika im Mittelmeer Jagd auf Handelsschiffe. Dabei ging es weniger um die Ladung als um die Schiffsbesatzungen. Sie wurden gefangen genommen und versklavt. Gegen Lösegeld

---

10 Im Falle des Schinderhannes ist zu vermuten, dass seine Idealisierung auch darauf zurück zu führen war, dass er vorzugsweise jüdische Händler ausraubte. Das mag sich freilich auch dadurch erklären, dass jüdische Viehhändler – im Unterschied zu Bauern – eher größere Summen Geldes bei sich hatten. (Anrich 1975: 23); zur Verklärung vgl. auch: Lange (2007: 13). Den größten „Boom“ erlebte die Idealisierung von Räubern aber erst in der literarischen Produktion von Legenden, die nach der Zerschlagung der großen Banden im 19. Jahrhundert einsetzte.

11 Finzsch zufolge spielte Anton Keil, Staatsanwalt am Kölner Standgericht für diese Entwicklung eine besonders bedeutsame Rolle. Nicht nur, dass er die Verfolgung und rasche Verurteilung der Bandenmitglieder sicher stellte, er organisierte auch die überstaatliche Zusammenarbeit. (261 und passim); vgl. hierzu auch: Becker (1804: 186), der darauf hinweist, dass nach der Gründung französischer Departments und ihrer Zusammenfassung die Räuber „einen harten Stand“ hatten, weil sie nun nicht mehr von einem benachbarten Ländchen in das andere flüchten konnten.

12 Im Abschnitt „Raub und Regeln“ ist dies ausgeführt.

wurden sie freigelassen. (Bono 2004/2009: 249) Zwar zielten deren Überfälle eher auf die Gefangennahme von Seeleuten als auf den Raub von Waren, doch schädigten sie damit gleichzeitig den Warentransport.

Wollten europäische Diplomaten gefangene Seeleute freikaufen, so sahen sie sich gezwungen, mit den Regenten, in deren Interesse die Piraterie betrieben wurde, zu verhandeln. Auch mussten sie Tributzahlungen zustimmen. Im Laufe der Jahre wurden zwischen nordafrikanischen Regenten und einzelnen europäischen Konsuln Friedensschlüsse und Nichtangriffsvereinbarungen ausgehandelt.[13] Das kam einer faktischen Anerkennung der nordafrikanischen Regenten (*Deys*) als Gebieter über jene staatsähnlichen Gebilde gleich, für die sich in Europa seit dem 17. Jahrhundert die Bezeichnung „Barbareskenstaaten" eingebürgert hatte. Ihre Regenten agierten offiziell im Auftrag des osmanischen Reiches, faktisch aber weitgehend selbständig.

In der zweiten Hälfte des 18. Jahrhunderts sank die Zahl der Überfälle im Mittelmeer beträchtlich, um dann allerdings in der Zeit zwischen der Französischen Revolution und dem Ende der Herrschaft Napoleons erneut aufzuflackern. (Bono 2004/2009: 99) Die erneute Ausweitung der Sklavenjagden führt Michael Kempe darauf zurück, dass in den sich verstärkenden kommerziellen Beziehungen zwischen Europa und Nordafrika die ökonomische Unterlegenheit der Regentschaften schnell deutlich wurde. (2010: 281) Folglich gaben die Deys (Regenten), insbesondere der Dey von Algier, erneut Überfälle in Auftrag. Allerdings wurde damals auch von Griechenland aus Piraterie betrieben.

Seit Gründung der USA trafen solche Überfälle auch US-amerikanische Handelsschiffe, die bei den Anrainern des Mittelmeers Waren aufkaufen wollten. Zwar passte sich die US Regierung zunächst der inzwischen ausgebildeten Praxis der Vereinbarung gegenseitiger Schutzbriefe samt der Zustimmung zu Tributzahlungen an, gleichzeitig nahm sie die Überfälle der Barbaresken aber zum Anlass, den Aufbau einer eigenen Kriegsmarine zu forcieren. Diese zunächst noch äußerst rudimentäre US-amerikanische Kriegsflotte wurde beauftragt, den Angriffen auf nationale Handelsschiffe ein Ende zu setzen. Ihr erster Einsatz gegen die Barbaresken im Jahre 1801 endete mit einer Niederlage für die USA. 1805 aber landeten US-amerikanische Streitkräfte in Tripolis, und im Jahre 1819 genügte bereits die Anwesenheit von Kriegsschiffen vor Algier, um die Freilassung versklavter amerikanischer Seeleute zu erreichen.

Von Verhandlungen zwischen Staaten war jetzt nicht mehr die Rede, denn seit auf dem Wiener Kongress der Jahre 1814/15 das Ende der weißen Sklaverei gefordert worden war, wurde die Unterwerfung der nordafrikanischen Regentschaften offen angestrebt. Mit der Begründung, den Sklavenhandel zu bekämpfen, wurde nun auch die *Royal Navy* ins Mittelmeer entsandt.[14] Als Frankreich 1830 Algerien eroberte, wurde die Seeräuberei

13 Wie etwa die 1751 getroffene Vereinbarung, welche der Stadt Hamburg zusicherte, dass in Zukunft keine Hamburger Seeleute mehr versklavt werden sollten (Kempe 2010: 259 im Anschluß an: Tonnies 1826: 124).

14 Tom Pocock zufolge diente der Kampf gegen die weiße Sklaverei auch den Karrierewünschen einzelner Angehöriger der *Royal Navy*. Heftiger Lobbyismus während des Wiener Kongresses

der Barbaresken als eine wichtige Begründung angeführt. Tatsächlich allerdings war diese bereits um 1815 weitgehend aufgegeben worden.

Der weltweite Einsatz staatlicher Seestreitkräfte auf den wichtigsten Routen des Warentransports hat räuberische Aneignung auf See eingeschränkt. Im Verlauf des 19. Jahrhunderts sollte dieses staatliche Monopol zusätzlich durch die Entwicklung von Dampfschiffen gefestigt werden, die unabhängig von Windrichtungen Piraten verfolgen und suchen konnten. Ebenso wie im Falle der Räuberbanden zu Lande schuf diese Eindämmung der Piraterie die Voraussetzung für Legenden und Idealisierungen.

---

sollte die Berechtigung für den Einsatz und damit auch für die Schaffung eigener Aufstiegschancen sichern. (Pocock 2006: Kap. 1)

Das Kapital des Industriekapitalismus

Industriekapitalismus hatte die Sklavenwirtschaft in Übersee nicht zur Voraussetzung. Dennoch gingen von der Sklavenwirtschaft Einflüsse auf Produktion und Konsum in den kapitalistischen Metropolländern aus. Dadurch ist die gegen versklavte Menschen praktizierte Gewalt auch in den Metropolländern des Kapitalismus gegenwärtig.

Die in Übersee erzielten Gewinne waren keine Voraussetzung für die Entwicklung des Industriekapitalismus in Europa. Ebenso wie viele andere irrte auch Karl Marx, wenn er feststellte, dass der außerhalb Europas „direkt durch Plünderung, Versklavung und Raubmord erbeutete Schatz" ins Mutterland zugeflossen sei und sich hier in Kapital verwandelt habe. (MEW, Bd. 23: 781) Eine spätere und lange verteidigte Version dieser Auffassung stammt von Eric Williams.[15] In seinem 1944 veröffentlichten Buch „Capitalism & Slavery" hat er vertreten, dass die Industrialisierung in England maßgeblich mit Gewinnen finanziert wurde, die im Sklavenhandel sowie in der in britischen Kolonien betriebenen Sklavenwirtschaft gemacht worden waren.[16] Williams zufolge, gab es in England ein Interesse an der Fortsetzung der Sklaverei in Westindien, solange die Wirtschaft auf die Gewinne aus dem Import des westindischen Zuckers angewiesen war. Einmal in Gang gekommen, sei die weitere Entwicklung der Industrialisierung dann aber nicht mehr auf diese Importe angewiesen gewesen. Folglich hätten interessierte Kreise in England die Privilegien der Zuckerproduzenten abgeschafft. Danach hätten sich dann auch die Abolitionisten mit ihrer Forderung nach dem Ende des Sklavenhandels und schließlich auch der Sklaverei durchsetzen können. (1944/1994: 169)[17]

In den 1960er Jahren argumentierten Eric Hobsbawm und Christopher Hill in ihren Arbeiten zur Entwicklung des Kapitalismus entsprechend. In den folgenden beiden Jahrzehnten setzte sich dann aber zunehmend die Position durch, dass Profite aus Skla-

---

15 Von 1962 bis 1981 amtierte er als Premierminister von Trinidad und Tobago.

16 Williams legte Wert auf die Feststellung, dass sein Buch zwar ausschließlich den Zusammenhang zwischen Sklaverei und Kapitalismus in England behandelte, dieser Zusammenhang aber für die gesamte kapitalistische Entwicklung in den Metropolländer, so insbesondere für Frankreich, bestehe. (1944/1994: 209)

17 Nachdem diese Chronologie zeitweise heftig bestritten wurde, ist sie durch neuere Forschungen zumindest im Hinblick auf den Niedergang der westindischen Zuckerproduktion und die politischen Erfolge von Gegnern des Sklavenhandels in England rehabilitiert worden. In einer sehr gründlichen empirischen Analyse hat insbesondere Selwyn H.H. Carrington gezeigt, dass das strikte Verbot des Handels mit den um ihre Unabhängigkeit kämpfenden Kolonien in Nordamerika den Anfang vom Ende der lukrativen Zuckerproduktion in Westindien einleitete. Und dies nicht nur, weil dadurch die Möglichkeiten des Exports beschnitten wurden, sondern vor allem auch, weil weniger Lebensmittel aus Nordamerika nach Westindien kamen. Da dort kaum eigene Nahrungsmittel produziert wurden, starben während und nach dem Unabhängigkeitskrieg Tausende von Sklaven in Westindien an Unterernährung. (2002: 285) Zucker wurde weiter produziert, aber die Profitabilität der Produktion blieb prekär. Auch die Einführung neuer Techniken und die Praxis der Anmietung von Sklaven konnten daran nichts ändern. Viele der Pflanzer, die an ihre Herrenexistenz gewöhnt waren, verschuldeten sich.

venhandel und Kolonialwirtschaft keine entscheidende Rolle für die Entwicklung der Wirtschaft in der ersten kapitalistischen Gesellschaft gespielt haben. Zunehmend wurden die Voraussetzungen für die industrielle Revolution in den Metropolländer selbst, vor allem in England ausgemacht.[18]

Schon Bairoch hatte die Agrarrevolution als deren wichtigste bezeichnet. Während sich diese Rolle für ihn aber aus der Tatsache ergab, dass Investitionen in industrielle Produktion vor allem von Agrariern getätigt wurden, hat sich Robert Brenner nicht mehr auf die Frage der für die Industrieproduktion notwendigen Kapitalien konzentriert, sondern auf die mit der Agrarevolution verbundene Proletarisierung von Arbeitskräften. (1977: 25-93) Damit wurde die Ebene der Berechnung von Profiten, die im Welthandel und in der Sklavenwirtschaft erzielt wurden, verlassen.

Unterstützt wurde diese Veränderung der Fragestellung durch die – insbesondere von Kenneth Pommeranz betonte – Feststellung, dass die Investitionen, welche den Übergang zur industriellen Produktion möglich machten, zunächst nicht außergewöhnlich hoch waren. Auch konnte die Dampfmaschine später vor allem deshalb eine so große Bedeutung für die englische Industrie gewinnen, weil zuvor der Abbau von Kohle in England intensiviert worden war. (2000: 207)

Dass die Ursachen für die Entwicklung des Industriekapitalismus in Europa selbst zu suchen sind, ist inzwischen dominante Ansicht.[19] Von Ausnahmen abgesehen[20] beziehen sich Forschungen heute allerdings nicht mehr auf das Ausmaß der Akkumulation von Geldkapital durch Sklavenhandel und Plantagenwirtschaft, sondern auf konkrete Entwicklungen, welche durch die Außenbeziehungen angestoßen und gefördert wurden. Anstöße für den Schiffbau und die Hafenwirtschaft liegen auf der Hand. Die vielen Ketten und Halseisen, die in Liverpool produziert wurden, wären ohne den Sklavenhandel nicht nachgefragt worden. Auch die Nutzung von Kupfer für Schiffsrümpfe, um diese gegen den raschen Zerfall aufgrund von Muschelbesatz[21] zu schützen, wurde im Zuge des Sklavenhandels üblich, um so eine längere Lebensdauer von Schiffen zu garantieren und auf diese Weise die Kosten des Handels zu senken. Und dann hat der illegal gewordene Sklavenhandel im 19. Jahrhundert auch die Revolutionierung des Schiffsbaus mit

18 In "Rethinking the Industrial Revolution. Five Centuries of Transition from Agrarian to Industrial Capitalism in England" hat Michael Andrew Žmolek die Frage der Kapitalansammlung durch den Außenhandel als eine möglicherweise notwendige Voraussetzung der Industrialisierung gar nicht mehr zur Debatte gestellt. (2013)

19 Dennoch stellt die neuere Forschung den kausalen Zusammenhang zwischen der Industrialisierung in Europa und den Profiten aus Überseehandel, Sklaverei und Plantagenwirtschaft auch nicht durchweg in Frage, wie dies Reinhardt Wendt zusammenfassend konstatiert hat. (2007: 173)

20 Zu diesen zählt William Darity, der noch einmal auf exemplarische Kapitalflüsse hingewiesen hat: Sklavenhändler deponierten einen Teil ihrer Profite in Banken, die dann ihrerseits Kredite an Industrielle gaben. (1992/2007: 257)

21 Man spricht von Attacken der Toredo Würmer, obwohl es sich dabei nicht um Würmer, sondern um Muscheln handelt.

befördert. Denn nicht nur der Transport von Tee zwischen Ostindien und England, sondern auch der Transport von Sklaven zwischen Afrika und Westindien hat dazu beigetragen, dass Schiffe gebaut wurden, die besonders schnell gesegelt werden konnten. Dienten diese neuen, von vielen bewunderten Schiffsbauten im Ostindienhandel der Konkurrenz mittels Geschwindigkeit, so wurden sie im Westindienhandel genutzt, weil Sklavenhändler daran interessiert sein mussten, kontrollierenden Kriegsschiffen zu entkommen. (Behanzin 2002: 113)

In den letzten Jahrzehnten hat sich die Forschung zunehmend auf die Ermittlung von Zusammenhängen zwischen Produktion und Nachfrage einzelner Produkte sowie auf den Handel mit Sklaven konzentriert. An der Produktion von Textilien für den Sklavenhandel und am Konsum des von Sklaven produzierten westindischen Zuckers sollen diese Fragestellungen im Folgenden verdeutlicht werden:

In der zweiten Hälfte des 18. Jahrhunderts, also in der Hochzeit des Sklavenhandels, wuchs in England die Produktion von *"cotton ckecks"*, bunt karierten Baumwollstoffen, die überwiegend als Zahlungsmittel für den Kauf von Sklaven in Afrika eingesetzt wurden. Diese Stoffe imitierten die karierten Stoffe aus Indien, die bereits seit längerem für den westafrikanischen Markt produziert worden waren. In den Jahren von 1760 bis 1780 schwankte die Menge an Baumwollstoffen, die nach Westafrika exportiert wurden, was sich jedoch kaum veränderte, war der Anteil der karierten Stoffe an diesen Exporten. Er betrug durchweg um die 90 % und mehr. Erst in den darauffolgenden Jahren sank dieser Anteil. (Statistik bei Inikori 1992/2007: 173f.) Die Anfänge der englischen Textilproduktion als einer Exportbranche, so Joseph E. Inikori, (1992/2007: 156f.) entstanden mit der Produktion dieser *„checks"*, waren also direkt durch den Sklavenhandel beeinflusst. Und Inikori zufolge waren es auch die *check* Produzenten, die als erste jene Erfindungen nutzten, die in der Folge die englische Textilproduktion revolutionieren sollten. (Ebenda: 163f.) Es sei das Wachstum dieses Exportsektors gewesen, welches die vorherige Stagnation der Textilproduktion in England überwunden und über die zunehmende Beschäftigungswirkung auch zum Wachstum des Binnenmarktes beigetragen habe. (Ebenda: 169)[22]

Auch Ralph A. Austen und Woodruff D. Smith (1996/2007) haben den früher dominanten Fokus auf Profitmargen verlassen. Stattdessen konzentrieren sie sich auf die Veränderung von Mustern des Konsums als einer wichtigen Voraussetzung für die Entwicklung der Binnenmärkte in Industriegesellschaften. Ihrer Ansicht zufolge hat die Einfuhr großer Mengen von Zucker und von den eng damit verbundenen Getränken Kakao, Kaffee und Tee aber nicht nur die Muster des Konsums verändert, sondern auch die Organisation und die Bedeutung des Konsums. Diese Veränderungen, so stellen sie fest, lassen sich an den Mengen und der Verteilung des Konsums von Zucker, an den

---

22 Nach dem Verbot des Sklavenhandels sanken direkte Exporte nach Afrika, aber die Stoffe, die nach Brasilien und Kuba exportiert wurden, dienten dortigen Sklavenhändlern weiterhin zum Ankauf von Sklaven in Westafrika. (Blackburn 1997: 523)

ökonomischen und sozialen Institutionen, die mit diesem Konsum verbunden war sowie an der gesellschaftlichen Beurteilung dieser ganz unerwarteten Erfahrungen ablesen. (1996/2007: 185f.) Zunächst zeigen sie auf, dass der pro-Kopf Verbrauch von Zucker im 18. Jahrhundert, vor allem in dessen zweiter Hälfte, sehr stark anwuchs, stärker noch als in Frankreich.[23] Diese Entwicklung hänge nicht zuletzt damit zusammen, dass es – anders als in den Herkunftsregionen von Tee – in England zunehmend üblich wurde, Tee mit Zucker zu trinken.[24] Während der Konsum von Kaffee im ausgehenden 17. Jahrhundert durch die neue Institution der Kaffeehäuser gefördert worden sei, habe sich der aus Indien importierte Tee als Getränk für häusliche Rituale etabliert. Als Ende des 18. Jahrhunderts die Teepreise zu fallen begannen, hätten sich auch Angehörige niedrigerer Einkommensgruppen Tee leisten können. Sein Konsum – zusammen mit Zucker – sei zu einem Ausweis von Respektabilität geworden. (Ebenda: 193) Auch wenn man nicht der Argumentation von Williams folge, dass die Kapitalakkumulation, die auf der Basis der Sklavenwirtschaft in Westindien möglich gewesen sei, die Industrialisierung gefördert habe, so seien die Produktion und der Handel mit Zucker für diese Entwicklung doch bedeutsam. Denn durch den Import von Zucker seien die Grundlagen für eine Konsumgesellschaft gelegt worden und insofern für eine langfristige Entwicklung industrieller Produktion. (Ebenda: 197) David Richardson hat darauf hingewiesen, dass sich die Berichte über veränderte Konsummuster vor allem auf Entwicklungen in der Hauptstadt bezogen, allgemeine Aussagen über die Entwicklung einer englischen Konsumgesellschaft deshalb mit Vorsicht zu genießen seien. Dafür unterstreicht er aber die immense wirtschaftliche Bedeutung der wachsenden Nachfrage nach Zucker. (1996: 305) Obwohl die Preise für Sklaven angestiegen waren, stieg die Nachfrage der westindischen Plantagenbesitzer nach Sklaven, weil ihr Einkommen aus der Produktion von Tabak, Reis, Indigo und vor allem von Zucker wuchs. (1996: 308) Englische Sklavenhändler lieferten zwar auch nach Nordamerika, die meisten Sklaven jedoch lieferten sie nach Westindien.[25] Mit steigenden Einkommen aus dem Export von Zucker stieg aber nicht nur die Bereitschaft, verstorbene Sklaven durch neue zu ersetzen und womöglich zusätzliche zu kaufen, sondern auch die Nachfrage westindischer Plantagenbesitzer nach englischen Produkten. Und tatsächlich wuchs der Anteil von Manufakturprodukten an den englischen Exporten seit Mitte des 18. Jahrhunderts

23 *"The English people came to view sugar as essential; supplying them with it became as much a political as an economic obligation."* (Mintz 1985: 157)

24 Die Ursachen für diese Entwicklung können Austen und Smith zufolge nur vermutet werden. Womöglich sei zunehmend empfohlen worden, Zucker nicht alleine, sondern zusammen mit Tee zu konsumieren, weil die negativen Auswirkungen von Zucker auf Zähne bereits bekannt waren. (1996/2007: 191)

25 Richardson konnte zeigen, dass die Nachfrage nach Sklaven in Westindien ziemlich genau den Einkünften entsprach, die Plantagenbesitzer zwölf Monate zuvor durch den Verkauf von Zucker erzielt hatten. (1996: 310) Und zwischen neun und zwölf Monaten dauerte die Reise eines Sklavenschiffes vom englischen Heimathafen über Afrika nach Westindien. (1996: 310)

beträchtlich. Richardson kommt deshalb zu dem Ergebnis, dass die Industrialisierung in England nicht nur durch Nachfrage auf dem Binnenmarkt, sondern in erheblichem Maße auch durch die Nachfrage der Plantagenbesitzer in Westindien gefördert wurde, die von der Arbeit ihrer Sklaven profitierten. (1996: 320-322)[26] Ab Mitte des 18. Jahrhunderts hätten englische Exporte nach Afrika, nach Ostindien und in die Neue Welt zu 95 % aus Manufakturprodukten bestanden. (1996: 331) Folglich könne dem wachsenden Verzehr von Zucker in England durchaus eine erhebliche Rolle für die Entwicklung der Industrialisierung zugemessen werden.

Zusammenfassend lässt sich konstatieren dass der Zusammenhang zwischen bewaffnetem Fernhandel und der Entwicklung des Industriekapitalismus nicht in der Ansammlung des für Investitionen erforderlichen Kapitals bestand. Die Gewaltpraktiken des europäischen Fernhandels waren keine unabdingbare Voraussetzung für die Entstehung des Industriekapitalismus. Dessen weitere Entwicklung profitierte aber von der Zerstörung jener regionalen Wirtschaftspraktiken, die sich in Übersee unabhängig von europäischem Einfluss entwickelt hatten.

Vom Kaufmannskapital zum Handelskapital des Industriekapitalismus

Die wichtigste Voraussetzung für den Strukturwandel des Handels war dessen Herauslösung aus den Herrschaftsstrukturen des Ancien Régimes.

In den 1730er Jahren verscherzte sich Karl I von England durch die Praxis seiner Privilegienpolitik die Zustimmung von Großkaufleuten und Manufakturbesitzern. Dass er für die 1640 einsetzenden heftigen Auseinandersetzungen mit dem Parlament keine Kreditgeber finden konnte, verstärkte die Krise der monarchischen Herrschaft, die zur Revolution von 1649 führte.[27] Mit der revolutionären Beseitigung der Monarchie erlosch auch das Recht, Monopole zu verleihen.

Zusammen mit der Restauration der Königsherrschaft wurde auch das Recht der Krone, Monopole (Patente) zu verleihen, restauriert. Das langfristig bedeutsamste dieser Privilegien, das Handelsmonopol der *British East India Company* über Indien, konnte die Kompanie nicht nur über die politische Revolution hinweg verteidigen, vielmehr erhielt sie 1661 sogar die Zivilgerichtsbarkeit und die Militärhoheit über Indien. Sie wurde damit zu einer Art privatem Kolonialstaat. Mit der *India Bill* von 1784 wurde dieser Status formalisiert. 1813 endete das Monopol der Gesellschaft auf den Handel

---

26 An dieser Aussage müsse auch nichts geändert werden, wenn man berücksichtige, dass westindische Plantagenbesitzer auch zahlreiche Produkte in den englischen Kolonien in Nordamerika und in Irland orderten.

27 Ausführlicher zu diesem Zusammenhang: Gerstenberger 1990/2006: 112f.

mit Indien. Damit wurde die für alle anderen britischen Besitzungen bereits 1760 für Untertanen der englischen Krone eingeführte Freiheit, in britischen Besitzungen Handel zu treiben, auch auf Indien ausgedehnt.

Bereits zuvor aber hatte sich auch für den Handel mit Indien eine faktische Konkurrenz unter britischen Kaufleuten entwickelt. Formal wurde solche Konkurrenz überall freigesetzt, als Gewerbefreiheit eingeführt wurde. Das allein machte aus Kaufmannskapital aber noch kein kapitalistisches Handelskapital. Dieser Strukturwandel erfolgte erst, als es nicht mehr unausweichlich war, dass der Absatz von Produkten und die Beschaffung von Rohstoffen von dafür spezialisierten Unternehmen durchgeführt wurde. Denn Kaufleute waren nicht nur herrschaftlich privilegiert gewesen, sie hatten auch dadurch eine begünstigte Position verteidigen können, dass sie allein über die Methoden und die Beziehungen verfügten, um Handelsgeschäfte abwickeln zu können. Produzenten, die ihre Erzeugnisse nicht nur im engsten geographischen Umfeld vertreiben wollten, waren deshalb auf Handelsunternehmen angewiesen. Aus diesem Grund – darauf hat Marx in einem quasi beiseite geschriebenen kleinen Kapitel hingewiesen –, lag der Gewinn von Kaufleuten der Tendenz nach immer erheblich über demjenigen von Handwerkern. (MEW 25: 335-349) Seit Industrieunternehmen potentiell in der Lage sind, ihre Zulieferung und ihren Absatz selbst zu organisieren, konkurrieren die Preise von Handelsunternehmen mit den Kosten, die Industrieunternehmen für die eventuell selbst organisierten Handelstätigkeiten kalkulieren. Diese Konkurrenz machte aus Handelskapital ein Kapital unter anderen Kapitalen.

Die Freisetzung von Arbeitsverhältnissen aus politischer Zwangsgewalt

In kapitalistischer Produktion kommt Arbeitskraft unter Konkurrenzbedingungen zum Einsatz. In den zuerst kapitalistisch produzierenden europäischen Staaten wurde dies in größerem Umfang möglich, als sich viele Menschen gezwungen sahen, die Lebensmittel für sich selbst und ihre Familien mit Lohnarbeit zu beschaffen. Waren sie rechtlich frei, so konnten sie ihre Arbeitskraft Arbeit„gebern" anbieten. Anders als vielfach unterstellt, bedeutete dies nicht gleichzeitig eine Herauslösung von Arbeitsverhältnissen aus obrigkeitlicher Kontrolle. Diese Freisetzung musste politisch erkämpft werden. Sie ist kein Gründungsmerkmal des Kapitalismus.

Seit Jahrhunderten war Arbeit in Europa personaler Herrschaft unterworfen gewesen. Die Formen variierten von Fürstentum zu Fürstentum, von Kloster zu Kloster, von Stadt zu Stadt und auch im Verlauf der Zeit, dennoch lässt sich verallgemeinern: Wer nicht Kaufmann oder Meister, Scholar, Geistlicher oder Gelehrter war, der war mit großer Wahrscheinlichkeit entweder Herr oder Herrin, Knecht, Magd, Geselle oder Lehrling. Selbst die Diener am Hof eines Fürsten, und seien sie auch berühmte Musiker, unterwarfen sich mit dem Antritt ihres Dienstes einem Herrschaftsverhältnis. Anders gesagt: sie mussten nicht nur leisten, was sie zugesagt hatten, sondern sich auch weitreichenden Vorschriften für ihr Verhalten gefallen lassen.

Gegenüber ihren Arbeitskräften waren Fürsten, Bauern, Handwerksmeister oder Stadtbürger Hausherren. Damit konnten – und sollten – sie über alle, die für sie arbeiteten, ganz ebenso gebieten wie über ihre Ehefrau, ihre Töchter und ihre unmündigen Söhne. Hausherrschaft war personale Herrschaft, zugleich war sie aber auch kontrollierende Gewalt, die dazu beitragen sollte, die soziale Ordnung aufrecht zu erhalten. (Steindl 1984: 85) Sie umfasste das Recht der Züchtigung.

Wenn sich an der Wende vom 18. zum 19. Jahrhundert „ländliche Arbeiter in Preußen widerstandslos schlagen, prügeln und verprügeln lassen mussten – und auch ließen", so handelte es sich zwar eindeutig um die Hinnahme von Brutalität, der sie sich nicht entziehen konnten, aber das Recht zur „mäßigen" körperlichen Züchtigung war ihren Herren im 1794 erlassenen „Allgemeinen Landrecht" von Staats wegen noch einmal zugestanden worden.[28] In Frankreich besaßen zwar keineswegs alle, aber doch sehr viele Grundherren, die niedere Gerichtsbarkeit über die ihnen untertanen unfreien Bauern, manche von ihnen sogar die Blutsgerichtsbarkeit, also das Recht, über Leben und Tod zu entscheiden. In England waren Bauern seit Jahrhunderten rechtlich frei. Doch arbeiteten die meisten von ihnen als Tagelöhner oder als Pächter von anderer Herren Land. Die einzelnen Gutsbesitzer verfügten nicht über legale Ordnungsgewalt. Stattdessen lag die Praxis der niederen Gerichtsbarkeit in den Händen der Friedensrichter. Zu Friedensrich-

28 Reinhart Koselleck weist darauf hin, dass dieses Recht zwar nicht ausdrücklich, wohl aber *e silentio* bestätigt wurde, weil in § 736 II, 20 seine Anwendung auf Schwangere untersagt wurde. (1975: Exkurs I, S. 641f.)

tern ernannte die Krone wohlhabende und lokal angesehene Gutsbesitzer. Sie hatten das Recht nicht studiert, sondern praktizierten Recht, wie sie und ihre „Nachbarn“ es für angemessen hielten. (Gerstenberger 1990/2006: 234-237) Auch hier allerdings konnte es vorkommen, dass ein Friedensrichter einen seiner eigenen Arbeiter, dessen Betragen er missbilligte, sowohl zu Gefängnis als auch zur Auspeitschung verurteilte.[29]

Erste kapitalistische Entwicklungen entstanden somit im Rahmen der fest verankerten kulturellen Selbstverständlichkeit, dass es sich bei jeglichem Verhältnis zwischen „Herr und Knecht“ um eines der Herrschaft handelte. Zum Zwecke seiner Aufrechterhaltung konnte sowohl hausherrschaftliche als auch staatliche Zwangsgewalt genutzt werden. Gängige Interpretationen des Kapitalismus legen die Vermutung nahe, dass diese herrschaftlichen Regulierungen abhängiger Arbeit zuerst dort ins Wanken kamen, wo zunehmend Kapital in Manufakturen und dann auch in regelrechte Fabriken investiert wurde, und sich dort am längsten erhielt, wo sich derartige Entwicklungen erst spärlich andeuteten und statt dessen abhängige Arbeit weiterhin ganz überwiegend in der Landwirtschaft geleistet wurde.[30] Folgen wir also dieser Annahme und beginnen unsere exemplarische Diskussion mit einer Betrachtung der Entwicklung abhängiger Arbeit im ökonomisch vergleichsweise rückständigen Preußen.

Lohnarbeit in Deutschland, vor allem in Preußen

In Preußen wurden 1807 alle Untertanen rechtlich frei. Als Bürger sollten sie deshalb aber nicht gelten. Mit der Gesindeordnung von 1810 wurde Gutsherren weiterhin das Recht der Züchtigung ihres Gesindes zugestanden. Zwar sollte dieses Recht gegenüber Bauern nicht länger gelten, doch verloren in den auf die rechtliche Emanzipation folgenden Jahren viele Bauern ihre Selbständigkeit, weil sie die geforderten Summen für die Ablösung der bisherigen („feudalen“) Verpflichtungen nicht aufbringen konnten.[31] Nach kurzer Zeit und dann bis zur Revolution von 1848 stand jeder 13. Einwohner Preußens im Gesindedienst. In der Gesindeordnung für die preußischen Rheinprovinzen wurde – gegen sehr heftigen Widerstand – das Züchtigungsrecht der Hausherren abgeschafft und dem Gesinde im Falle seiner widerrechtlichen Anwendung das Recht der fristlosen Kündigung zugestanden. (Koselleck 1975: 652) In Altpreußen dagegen blieb dem Gesinde das Recht der eigenmächtigen Kündigung weiterhin unter allen Umständen versagt. Verließen Knechte oder Mägde eine Arbeitsstelle vor der vereinbarten Zeit, drohten ihnen Gefängnisstrafen oder Geldbußen. Beides wurde von den Eignern

29 Der von Douglas Hay berichtete Vorfall ereignete sich 1747. (2000: 245f.)

30 So etwa auch die einflussreich gewordene Interpretation von Wolfram Fischer (1972: hier v.a. II).

31 Auch eine ausführliche Darlegung der Auseinandersetzung zwischen Reformern, die das Züchtigungsrecht gegenüber dem Gesinde auf die Landräte übertragen wollten und den Gutsbesitzern findet sich bei : Reinhart Koselleck (1975: Exkurs I, 646-652)

der Gutsgerichtsbarkeit verfügt, entweder also von den direkten Arbeit„gebern" oder aber, wenn es sich dabei um einen Gutsbesitzer ohne Gerichtskompetenz handelte, von einem ihrer Nachbarn. Wollten Arbeitskräfte ihrerseits ihren Herren verklagen, so hatten sie, anders als Arbeitskräfte in Frankreich oder in England, nicht das Recht, sich auszusuchen, an welches Gericht sie sich wenden wollten. (Wienfort 2000: 77)[32] Die Gutgerichtsbarkeit wurde 1849 abgeschafft, die Gesindeordnungen aber dauerten fort.

Doch galt die Verweigerung des Rechts auf Kündigung eines Arbeitsverhältnisses für alle Arbeitskräfte. „Kontraktbruch" stand unter Strafe. Damit war staatliche Strafgewalt weiterhin ein integraler Bestandteil der Verhältnisse zwischen Arbeit„gebern" und abhängigen Arbeitskräften. Das galt auch für andere deutsche Staaten. Bis in die Welt der Arbeit drang die Gleichheit vor dem Gesetz auch dann noch nicht vor, als es zunehmend zur Beschäftigung abhängiger Arbeitskräfte durch Industrielle kam. Anders gesagt: Arbeitsverhältnisse blieben in Herrschaft „eingebettet".[33] Konkret bedeutete dies, dass mit einer Geldbuße bis zu 20 Talern oder Gefängnis bis zu 14 Tagen bestraft werden sollte, wer seinen Arbeitskontrakt eigenmächtig vor der vereinbarten Zeit beendete.

In den Auseinandersetzungen um die 1869 schließlich erlassene deutsche Gewerbeordnung setzten sich dann allerdings Reformer durch.[34] Die Gewerbeordnung erklärte „die Festsetzung der Verhältnisse zwischen den selbständig Gewerbetreibenden und ihren Gesellen, Arbeitern und Lehrlingen für den Gegenstand freier Uebereinkunft" (§ 105). Anders gesagt: der Staat setzte die Arbeitsverhältnisse frei.[35] Ein Gegner dieser Entwicklung schrieb 1876, diese Gesetzgebung habe „die Freiheit mit vollen Händen ausgeteilt." (Wiss 1876: 10)

Die Privatisierung der Arbeitsverhältnisse bedeutete die Entkriminalisierung des Kontraktbruches. Wollten sich Arbeitgeber nach einem Kontraktbruch entschädigen lassen, so waren sie von da an „auf das gemeine bürgerliche Recht angewiesen".[36] Für die ländlichen Arbeiter in Alt-Preußen blieb die strafrechtliche Ahndung des Kontraktbruches allerdings bestehen. Und in Sachsen galt weiterhin ein im Februar 1838 erlassenes

---

32 Bei Monika Wienfort finden sich auch eine ausführliche Diskussion zu regionalen Unterschieden sowie Hinweise auf den früheren Untergang der Gutsgerichtsbarkeit in anderen deutschen Staaten.

33 Die Übernahme des von Polanyi geprägten Begriffes „embedded" für Arbeitsverhältnisse hat Marc J. Steinberg vorgeschlagen. (2003: 1 und passim)

34 Der Gewerbeordnung lag kein eindeutiger Begriff des Gewerbes zugrunde. Da ausdrücklich ausgeführt wurde, dass sich diese Ordnung weder auf die Fischerei, noch auf Apotheken, noch auf die Erziehung von Kindern gegen Geld sowie auf Advokaten und andere bezog, ist zu schließen, dass sie für alle nicht ausdrücklich genannten Ausnahmen gelten sollte. Vgl. Art. Gewerbeordnung, Lexikon 88 – Meyers, Bd. 7, S. 7.296 [www.peter-hug.lexikon/Gewerbeordnung].

35 Für Preußen war dies bereits mit der Gewerbeordnung von 1845 erfolgt, für Sachsen 1861.

36 So die Formulierung von F. Kowalzig, (1875: 1) Für arbeitsrechtliche Streitigkeiten wurden in den preußischen Rheinprovinzen Gewerbegerichte zuständig, in Altpreußen die Fabrik-Deputationen der ordentlichen Gerichte, in den übrigen Staaten Gemeindebehörden. (Ebenda, S. 2) Allerdings galt diese neue Regelung noch nicht für Gesinde, ländliche Dienstleute und Arbeiter in Altpreußen. Auf die Ausnahmebestimmungen für Seeleute werden wir zurückkommen.

Gesetz, welches Gefängniszwang bis zu sechs Monaten vorsah, wenn sich eine Arbeitskraft weigerte, den Vertrag zu erfüllen. Carl Roscher zufolge war dies rechtens, weil es sich nicht um eine Strafe, sondern um einen Exekutionszwang handelte, der jederzeit beendet werden konnte, wenn sich der Beklagte bereit erklärte, seiner Verpflichtung nachzukommen. (1874: 40)

Zusätzlich folgte aus der Privatisierung, dass die früher geforderten Arbeitsbücher, die auf Verlangen nicht nur einem neuen Arbeitgeber, sondern auch der Polizei vorgelegt werden mussten, nur noch für Jugendliche beibehalten wurden. Damit stand Polizeigewalt nicht mehr zur Verfügung, um die Botmäßigkeit von Arbeitskräften im Produktionsprozess durchzusetzen. Folglich wurde die Unterordnung der Arbeitskräfte unter die Direktionsgewalt der Unternehmer bzw. ihrer Beauftragten zur rein betriebsinternen Angelegenheit.[37] Anders gesagt: für den Bereich der Arbeitsbeziehungen wurde die Idee von der Freiheit der Vertragsgestaltung zur Herrschaftsideologie. (Becker 1955: 52)

Diese Freiheit ermächtigte Arbeit„geber" zum Erlass eines privaten Gesetzes in Form der sogenannten Fabrikordnung. Zugleich behielt der Arbeitsvertrag den Charakter eines allgemeinen Schuldvertrages. Wie F. Kowalzig fünf Jahre nach Erlass der Gewerbeordnung schrieb, haben diese Bestimmungen den „allgemeinen Beifall nicht gefunden". Vielmehr hatten sie nahezu sofort eine leidenschaftliche Agitation der Arbeit„geber" hervorgerufen. Die Reichsregierung sah sich deshalb 1874 veranlasst, den Entwurf eines „Kontraktbruch-Gesetzes" vorzulegen. Es wurde behauptet, der „gemeingefährliche dolose [d.h. absichtliche, H.G.] Kontraktbruch [sei] ein durch Entwicklung unserer Industrie häufiger gewordenes ... Vergehen." (Wiss 1876: 28) Weil damit aber eine Gefahr für den Volkswohlstand verbunden sei, handle es sich um einen rechtlich gesondert zu regelnden Fall. (Kowalzig 1875: 37f.) Hier müsse man sich auf den Grundsatz der Strafgesetzgebung besinnen, „dass wenn der Verpflichtete seine Verpflichtung nicht mit seinem Vermögen zu strafen verwag [sic], der Staat ihn an seinem Leibe straft, in allen den Fällen, wo die Nichterfüllung der Verpflichtung gemeinschädliche Folgen mit sich führt." (Wiss 1876: 29) Während sich die meisten Befürworter von einer Wiedereinführung strafrechtlicher Maßnahmen gegen den Bruch von Arbeitsverträgen wohl vor allem eine wirksame Maßnahme gegen Streikende erhofften, beschworen sie öffentlich den allgemeinen Schaden sowie den „Geist der Zuchtlosigkeit und Ungebundenheit", welcher durch die Straflosigkeit ausgelöst worden sei. (Brentano 1874: 141; zit. Schmidt 1993: 165)

Anders als Grundbesitzer hatten Industrieunternehmer vor 1871 allerdings nur selten Interesse an längeren Verträgen gehabt und auch von der vierzehntägigen Kündigungsfrist, die in der Gewerbeordnung als Regelfall vorgesehenen war, hatten die meisten keinen Gebrauch gemacht. Als in der Hochkonjunktur Mitte der 1870er Jahre aber

37 Wie Jürgen Kocka ausgeführt hat, war sie dies sowohl in den Staatsbetrieben des 18. Jahrhunderts als auch in manchen der damals durch Privileg eingerichteten Manufakturen ebenfalls gewesen. Zu den Privilegien der Unternehmer zählte damals vielfach die niedere Gerichtsbarkeit über ihre Arbeitskräfte. In dieser Hinsicht waren sie also Grundherren mit Gerichtskompetenzen gleichgestellt. Vgl. Kocka (1990b: 156).

ausnahmsweise Arbeitskräfte vom Wechsel profitieren konnten, wurde schnell der Ruf nach Wiedereinführung der früheren Strafbestimmungen laut. Mit der Depression der 1890er Jahre, als Arbeitskräfte weniger Chancen hatten, ihre Situation durch Wechsel des Arbeitsplatzes zu verbessern, endete das Bestreben, Arbeitskräfte mit Hilfe der Staatsgewalt länger an Verträge zu binden. (Schmidt 1993: 229) Dennoch galt der Arbeitsvertrag im deutschen Rechtssystem weiterhin als ein Schuldvertrag. Wie Rolf Knieper betont, wurde er in dieser Form auch in das 1896 vom Reichstag angenommene „Bürgerliche Gesetzbuch" integriert. (1996: 119ff.; 133 und passim) Arbeitsverträge sind „gesetzliche Schuldverhältnisse mit Einschluß des Delikts",[38] anders gesagt: Vertragsverletzungen konnten weiterhin von Staats wegen bestraft werden.

Strategien richteten sich inzwischen allerdings seltener gegen die einzelnen Arbeitskräfte. Vielmehr galten sie gewerkschaftlichen Bestrebungen, bessere Arbeitsbedingungen durchzusetzen. Einen Höhepunkt fanden diese Strategien 1899 in der Vorlage eines Gesetzentwurfs durch die Reichsregierung. Wer andere zum Streik oder zum Eintritt in eine Gewerkschaft aufrief, sollte mit Gefängnis oder Zuchthaus bestraft werden. Streikpostenstehen sollte als kriminelles Delikt geahndet werden. Nachdem die „Zuchthausvorlage" im Reichstag gescheitert war, griffen Regierungen auf eine Praxis zurück, die der Oberpräsident von Westfalen bereits 1891 entwickelt hatte. In einer Polizeiverordnung wurde jedem eine Geldstrafe bis zu 60 Mark angedroht, der sich in der Nähe einer Betriebsstätte oder auf Zugangswegen zu derselben aufhielt und einer polizeilichen Aufforderung, sich zu entfernen, nicht Folge leistete. In den folgenden Jahren wurde die Polizeiverkehrsordnung vielerorts genutzt, um Streikposten zu vertreiben und zu bestrafen. (Saul 1974: 227ff.) „Der deutsche Arbeiter hat das Koalitionsrecht, wenn er aber davon Gebrauch macht, wird er eingesperrt" schrieb Lujo Brentano. (1918: 27; zit. Becker 1955: 101)

Wollten sich Unternehmer in Deutschland gegen Organisatoren und Beteiligte an Streiks wehren, so stand ihnen zu Beginn des 20. Jahrhunderts repressive Staatsgewalt ausgiebig, und sogar in zunehmendem Maße zur Verfügung, (Saul 1974: Kap. IV) dagegen war die Disziplinierung einzelner Arbeitskräfte gegen Ende des 19. Jahrhunderts zunehmend zu einer Privatangelegenheit geworden. Sie erfolgte mittels Fabrikordnungen,[39] Kündigungen, schwarzen Listen und rigiden Leitungspraktiken. Diese Art der Herrschaft über die Arbeitskraft und damit über die Personen, die sie zur Verfügung gestellt hatten, galt aber damals und gilt bis heute als „freie Lohnarbeit".

Seeleute, die auf deutschen Handelsschiffen dienten, blieben von der Privatisierung der Arbeitsverhältnisse ausgenommen. Stattdessen wurden sie im Verlauf des 19. Jahrhunderts – in einem deutschen Staat nach dem anderen – einem gesonderten

38 Vgl. dazu auch die Hinweise auf die zeitgenössische Debatte und die Analyse von: Martin Becker (1955: 231f.).

39 Jürgen Kocka hat darauf hingewiesen, dass sich die bürokratisch-militärischen Traditionen, die zuvor in den Staatsbetrieben geherrscht hatten, beim Übergang zur Leitung durch Privatunternehmer bruchlos fortsetzten. Jetzt in der Form von Arbeitsordnungen. (1990b: 409)

Strafrecht unterworfen. Nicht nur wurde Kontraktbruch jetzt zu einem kriminellen Delikt – militärischem Vorbild folgend wurde es als „Desertion" bezeichnet –, in der zweiten Hälfte des 19. Jahrhunderts wurde auch jede sog. Disziplinlosigkeit an Bord als Angriff auf den Kapitän und damit auf die Staatsgewalt interpretiert. Entgegen weit verbreiteter Ansicht handelt es sich bei diesem harschen Regime nicht etwa um den Fortbestand alter Seefahrtstraditionen, sondern um Neuerungen, die erst dann ihren Anfang nahmen, als deutsche Schiffseigner daran gingen, sich an der internationalen Konkurrenz um Seetransporte zu beteiligen.[40] Das geschah überwiegend durch die Anweisung zu sogenannten Trampfahrten, Reisen, die zunächst zu einem bestimmten Zielhafen unternommen wurden, dann aber nicht, wie seit Jahrhunderten üblich, wieder zum Heimathafen zurückführten. Stattdessen wurden Schiffer[41] beauftragt, unterwegs als Kaufleute zu agieren, neue Fracht zu suchen, zu kaufen und in irgendeinem anderen Hafen zu verkaufen. Hatten sich Seeleute in deutschen Staaten früher für eine Reise zu einem anderen Hafen und zurück verheuert, so mussten sie sich jetzt auf unbestimmte Zeit verpflichten und hatten kein Recht, unterwegs abzuheuern. Früher hatte das sog. „Entlaufen vom Schiff" nur dann als ein krimineller Akt gegolten, wenn einer das Handgeld erhalten, aber nicht zur Abfahrt des Schiffes erschienen oder aber „entlaufen" war, bevor er das Handgeld verdient hatte. Jetzt aber verlor all seinen Verdienst, wer sich dem Schiffsdienst entzog, bevor die Reise – und sei es nach fünf oder nach sieben Jahren – zu Ende war. (Welke 1997, Kap. V.3) Die Gefängnisstrafe, die auf „Desertion" stand, konnte freilich nur verhängt werden, wenn ein Seemann nach Hause kam. Immer wieder baten deshalb Matrosen, die als Schiffsjungen vor einem gewalttätigen Schiffer geflüchtet waren, um Gnade, damit sie zuhause eine Ausbildung als Steuermann antreten konnten. Manchmal mit Erfolg.

Die Entwicklung eines gesonderten Strafrechts für Seeleute begann in den 1820er Jahren in Bremen und setzte sich im Laufe der folgenden Jahrzehnte in allen seefahrenden deutschen Staaten durch. In Preußen trafen Schiffseigner allerdings auf eine Verwaltung, in welcher das Prinzip einer Allgemeinheit der Gesetze viele Anhänger hatte. Zwar gab es nach wie vor ein Sondergesetz für Gesinde, aber einer Zuordnung der Seeleute zum Gesinde widersprach die Tatsache, dass Matrosen die „Kunst der Seefahrt" beherrschen und zudem über einige nautische Kenntnisse verfügen mussten. Auch stieß sich die Übertragung des Rechts zur „mäßigen" körperlichen Züchtigung auf Schiffer an der Tatsache, dass viele Seeleute auf preußischen Schiffen zuvor im Heer gedient hatten. Sie durften für den Rest ihres Menschenlebens in Preußen von Gesetzes wegen nicht mehr körperlich gezüchtigt werden. Bei diesem Grundsatz blieb es auch in der Folgezeit. Das gewissermaßen hausherrschaftliche Züchtigungsrecht des Schiffers

40 Wie oben bereits vermerkt, wurde ihnen das möglich, seit durch den erfolgreichen Unabhängigkeitskampf englischer Kolonien in Nordamerika die Navigationsgesetze faktisch ihre Geltung verloren hatten.

41 Die Bezeichnung „Kapitän" setzte sich erst mit der Dampfschifffahrt durch.

blieb eingeschränkt. Dafür strafte der Staat. 1841 wurde dann aber schließlich auch in Preußen ein Gesetz erlassen, welches jede Verletzung des Gehorsams gegenüber dem Schiffer mit Gefängnis bedrohte. Rechtlich wurde damit argumentiert, dass der Schiffer von dem Moment an, da das Schiff segelfertig im Hafen lag, dem Schiffsvolk (d.h. der Besatzung) gegenüber als Obrigkeit gelten solle, weshalb denn auch jedes Vergehen gegen seine Disziplinargewalt einem „Verbrechen gegen die Obrigkeit" gleichzustellen war. Während Seefahrt in Staaten, die nicht über eine nennenswerte Kriegsmarine verfügt hatten, zuvor nach dem Brauch geregelt worden war und sich Seeleute gegebenenfalls auch bei den lokalen Schiffergesellschaften über ihre Schiffer hatten beklagen können, verloren sie jetzt derartige Rechte. Vor allem aber verloren sie das Recht, einem Schiffer selbst dann zu widersprechen, wenn sie aufgrund ihrer – unter Umständen langen Erfahrung – der Überzeugung waren, dass ein Befehl, der ihr eigenes Leben oder das von anderen Besatzungsmitgliedern unmittelbar in Gefahr brachte, seemännisch unsinnig war. Nicht etwa im ausgehenden Mittelalter und in der frühen Neuzeit, sondern erst in der Mitte des 19. Jahrhunderts wurde der Kapitän auf deutschen Handelsschiffen zum „*Master next God*". Mit dem Seemannsgesetz von 1872 wurde Seeleuten die Möglichkeit zugestanden, ihre Kapitäne wegen Brutalität zu verklagen und sich gegen eine Anklage wegen Meuterei zu wehren, indem sie von einen Konsul verlangen konnten, dass durch eine Kommission überprüft werde, ob ein Schiff, tatsächlich seetüchtig war. Praktisch konnten Seeleute von solchem Recht kaum je Gebrauch machen.

Die vollständige Unterordnung unter die Disziplinargewalt des Kapitäns wurde für erforderlich gehalten, weil die dramatische Beschleunigung und die Verlängerung der Reisen als unerlässliche Voraussetzungen für eine erfolgreiche Beteiligung an der neuerdings international gewordenen Konkurrenz um Seetransporte verstanden wurden. Während an Land die Durchsetzung industrialisierter Arbeitsverhältnisse – und damit die strikte Subordination der Arbeitskräfte unter die Direktionsgewalt des Eigentümers oder seines Vertreters – in einer sozial und räumlich neuen Umgebung erfolgte, war dies auf Schiffen nicht der Fall. Auf Schiffen mußte die völlige Unterordnung unter die Direktionsgewalt der Schiffsleitung gegen Arbeitskräfte durchgesetzt werden, die weiterhin gemeinsam über die „Kunst der Seefahrt" verfügten und deren Arbeit und Leben an Bord bislang vor allem nach altem Schiffsbrauch geregelt gewesen war.

Lohnarbeit in Frankreich

Industrielle Formen der Produktion wurden in Frankreich noch später als in den meisten deutschen Staaten dominant.[42] Die erfolgreiche Verteidigung bäuerlichen Kleineigen-

42 Ganz im Gegensatz zu der Auffassung – sie wurde lange von marxistisch argumentierenden Historikern und Historikerinnen vertreten – dass die Französische Revolution historisch „notwendig" geworden sei, weil die neuen – kapitalistischen – Produktivkräfte den bestehenden Produktionsverhältnissen entgegen standen, ist inzwischen allgemein anerkannt, dass die

tums in den Jahren der Revolution und die fortdauernde Orientierung vieler Kapitalbesitzer auf Staatsanleihen verhinderten zwar keine kapitalistische Produktion, prägten aber sowohl vorherrschende Investitionsmuster als auch den Arbeitsmarkt. Träfe die Annahme zu, die soziale Organisation kapitalistischer Arbeitsbeziehungen in der Form eines Vertrages zwischen rechtlich freien und rechtlich gleichen Vertragspartnern erwachse aus den Anforderungen kapitalistischer Produktion, so wäre diese soziale Form in Frankreich erst in den letzten Jahrzehnten des 19. Jahrhunderts dominant geworden. Tatsächlich aber war sie eines der Ergebnisse der Französischen Revolution.

Denn im Zuge der revolutionären Kämpfe gegen das *Ancien Régime* personaler Herrschaft wurden in Frankreich alle personalen Herrschaftskompetenzen und Vereinigungen abgeschafft, welche der direkten Beziehung zwischen Staatsbürgern und Staat hätten im Wege stehen können. Seit 1789 gilt in Frankreich die Gleichheit vor dem Gesetz für alle erwachsenen – und nicht von offizieller Stelle als irre deklarierten – männlichen Bürger. Abgeschafft wurde (1791) folglich auch die polizeiliche Aufsicht über Arbeitskräfte, deren Mittel und Symbol das *livret* gewesen war, ein Arbeitsbuch, in dem der ordnungsgemäße Antritt und Austritt aus jedem Arbeitsverhältnis bescheinigt werden musste und das (ebenso wie in Österreich und in deutschen Staaten) zugleich dazu diente, einen wandernden Gesellen oder Arbeiter von einem „Vagabunden" zu unterscheiden. Damit entfiel auch das Mittel, etwaigen Kontraktbruch polizeilich zu kontrollieren. Viele Jahrzehnte vor der Durchsetzung des Industriekapitalismus wurden Arbeitsverhältnisse in Frankreich also zu vertraglich geregelten privaten Beziehungen.

Diese Entwicklung entsprach der Logik der Selbstverständigung der neuen politischen Ordnung. Sklaven wurden von diesen natürlichen Rechten ausgenommen. In ihrem Fall triumphierte das Recht auf den staatlichen Schutz des Eigentums über das natürliche Recht aller Menschen. Einige Jahrzehnte später sollte dieser Widerspruch mit der rassistischen Begründung fundamentaler menschlicher Unterschiede gerechtfertigt werden.

Der Wegfall aller zuvor gültigen zünftigen und obrigkeitlichen Regulierungen von Arbeitsverhältnissen hat die rechtliche Situation von Arbeitskräften in Frankreich insoweit dramatisch verschlechtert,[43] als zusammen mit den Zunftordnungen auch die darin zum Schutz von Lehrlingen und Gesellen enthaltenen Regulierungen beseitigt wurden. Andererseits hatten sich Unternehmer Alain Cottereau zufolge nun allerdings mit jenem Geist der Freiheit unter Arbeitskräften auseinanderzusetzen, den die Revolution geweckt hatte. An vielen Orten kam es zu Auseinandersetzungen und Verhandlungen über die Bezahlung und über das Recht von Arbeitskräften, Arbeitsverhältnisse zu beenden. (2000: 207) Um diesen Geist zu bändigen, verlangten Unternehmer die Unterstützung der Obrigkeiten durch eine Wiedereinführung alter Regulierungen. (Ebenda)

Revolution kapitalistische Verhältnisse zwar begünstigte, aber weder durch diese bedingt wurde, noch sie unmittelbar gefördert hat. Eine Zusammenfassung des Forschungsstandes findet sich in Haupt, (1989); vgl. auch: Bouvier (1987); Gerstenberger (1990/2006: 400-413).

43 Jean Rivero und Jean Savatier sprechen von einer *«expérience catastrophique»* und von einer *«incroyable misère de la classe ouvrière»* (1956: 30f.).

Daraufhin wurde 1803 erneut gesetzlich geregelt, dass Arbeiter ein Arbeitsbuch vorzulegen hatten. Nachdem sie sich gerade angewöhnt hatten, „republikanisch" zu denken, mussten sie jetzt wieder auf der Polizeipräfektur vorstellig werden, um sich ein *livret* ausstellen zu lassen.[44] So lästig diese Pflicht vielen wohl war, die Privatisierung von Arbeitsverhältnissen hat sie nicht zurückgenommen. Stattdessen bewirkte die Vorschrift jetzt eher eine Verschriftlichung von Arbeitsverträgen. Das Versäumnis, ein *livret* zu beantragen, wurde nun nicht mehr mit Bußen oder Gefängnisstrafen geahndet. Auch wurde eine Arbeitskraft, die keine Zustimmung zur Beendigung eines Arbeitsverhältnisses durch den Arbeitgeber vorlegen konnte, nicht mehr gezwungen, in dieses Arbeitsverhältnis zurück zu kehren. (Cotterau 2000: 210) Stattdessen wurde das *livret* nun vielfach genutzt, um Vorschüsse auf zukünftigen Lohn oder sogar die Gewährung eines regelrechten Kredits einzutragen. Fehlte im *livret* der Vermerk über die Rückzahlung des Kredits, gab es keine strafrechtlichen Folgen, wohl aber war es danach kaum noch möglich, erneuten Vorschuss oder Kredit zu erhalten. (Cotterau 2000: 211) Allen Bestrebungen von Arbeit„gebern" zum Trotz verweigerten staatliche Stellen die Rückkehr zur Nutzung von Arbeitsbüchern für die polizeiliche Kontrolle von Arbeitskräften. Unternehmern standen sie dennoch weiterhin zur Verfügung, wenn sie sich über die Erfüllung von Vertragspflichten durch einen Arbeitssuchenden informieren wollten. Erst 1883 wurde die Pflicht zur Beantragung und Vorlage eines *livret* abgeschafft.

Obwohl im Verlauf der Französischen Revolution radikaldemokratische Forderungen gescheitert waren und sowohl unter Napoleon als auch unter den nachfolgenden Regierungen polizeiliche und juristische Instrumente zur Kontrolle der „gefährlichen Klassen" entwickelt wurden, blieb die revolutionäre Umwälzung der Arbeitsbeziehungen auch in den Jahrzehnten nach der Revolution präsent. Dies lässt sich unter anderem daran ablesen, dass sich Arbeitskräfte im Falle von Streitigkeiten mit ihren Arbeit„gebern" sehr häufig – und manchmal durchaus mit Erfolg – an die *conseil de prud'hommes* wandten.[45]

Diese Schlichtungsstellen waren in Frankreich bereits vor Jahrhunderten eingerichtet worden, um Streitigkeiten zwischen Handeltreibenden beizulegen. Weil anders als in England in Frankreich in den ersten Jahrzehnten des 19. Jahrhunderts vielfach noch Arbeitsverhältnisse vorherrschten, die handwerklich arbeitende Arbeitskräfte verpflichteten, eine bestimmte Leistung zu erbringen, (Sewell 1980: Kap. VII) lag die Ausgestaltung von Rechtsbeziehungen nach dem Muster von Handelspartnern nahe. Denn diejenigen

---

44 François Léon wurde festgesetzt, weil er im Mai 1804 zwar erschien, um sich ein Arbeitsbuch aushändigen zu lassen, sich aber nicht aller kritischen Kommentare enthalten konnte: „Ich bin sehr republikanisch. Man sagt, wir seien frei, aber niemand ist es wirklich. Die Arbeiter will man zwingen, sich *livrets* geben zu lassen, dabei ist man doch ganz gut ohne sie zurecht gekommen." Zit. nach: Sibalis (1982: 94-98).

45 Jean Pélissier & Alain Supiot & Antoine Jeammeaud (2008); Alain Cotterau betont nachdrücklich, dass Unternehmer bis 1848 in diesen Schiedsstellen nicht über eine Majorität verfügten, und dass sie in der Regel auf einen Ausgleich der Interessen bedacht waren. (2000: 221;226)

Arbeitskräfte, für die damals noch die Bezeichnung „Arbeiter" (*ouvrier*) reserviert war, offerierten Arbeit (*ouvrage*) und nicht etwa, einem Tagelöhner (*journalier*) gleich, einen „Dienst" (*service*).[46]

Erst im Verlauf des 19. Jahrhunderts wurden auch in Frankreich jene kapitalistischen Arbeitsbeziehungen dominant, in denen Arbeitskraft unter der unmittelbaren Direktionsgewalt des Arbeitgebers eingesetzt wird. Cottereau zufolge wurde diese Konzeption abhängiger Arbeit zuerst von den großen Eisenbahngesellschaften in die Praxis umgesetzt, dann aber rasch auch von der Industrie übernommen (2000: 220) Mit dem – seit den 1860er Jahren zunehmend auch rechtlich präzisierten – Konzept eines „Dienstes" in der Industrie wurde der zunehmenden Industrialisierung der Produktion Rechnung getragen. Jenes handwerkliche Konzept der Selbständigkeit, das im Begriff des *ouvriers* zunächst noch tradiert worden war, ließ sich gegenüber dem Diktat maschineller Produktion nicht mehr aufrecht erhalten. Hatte die Revolution zunächst auch für die Arbeitswelt Gleichheit vor dem Gesetz verheißen, so setzte sich gegen Ende des 19. Jahrhunderts faktisch wie rechtlich die Unterordnung der Arbeitskräfte unter die Direktionsgewalt der Kapitalbesitzer durch.

Lohnarbeit in England

Der Ursprung jener gesetzlichen Regelungen, mit denen in England versucht wurde, kapitalistische Lohnarbeit bestehenden sozialen und politischen Verhältnissen einzupassen, geht bis in die Zeit der großen Pest zurück, also in die Mitte des 14. Jahrhunderts. Mitte des 16. Jahrhunderts wurden diese Gesetze zwar entrümpelt, aber nicht grundsätzlich verändert. Nach wie vor galt ein Arbeitsverhältnis als ein staatlich sanktioniertes Herrschaftsverhältnis. 1823, also bereits mitten in der Entwicklung industrieller kapitalistischer Produktion, wurden einzelne (Straf-)Bestimmungen des *Master and Servant Act* dann sogar noch erheblich verschärft. (Steinfeld 2001: 47f.)[47]

Die englische Arbeitsgesetzgebung definierte vier große Gruppen: Da waren zunächst die sogenannten *apprenticeships*. Über Jahrhunderte hinweg hatten bessergestellte Eltern für Söhne Ausbildungsverträge ausgehandelt, die auch Lehrherren Verpflichtungen auferlegten.[48] In den ersten Jahrzehnten des 19. Jahrhunderts wurde die früher sehr häufige Form des *apprenticeship* dann allerdings zunehmend seltener. Eine weitere – rechtlich

---

46 Dass auch Hilfskräfte in der Industrie noch als *journaliers* (Tagelöhner) bezeichnet wurden, markiert den geringen Grad maschineller Entwicklung.

47 Steinfeld weist überdies darauf hin, dass einzelne Arbeitskräfte auch im 19. Jahrhundert noch auf der Basis der Gesetze des 17. Jahrhunderts verurteilt wurden. (2001: Anm. 27)

48 Anders verhielt es sich mit jenen männlichen (und manchmal weiblichen) Waisen, die von Armenpflegern in die Lehre gegeben wurden. Sie hatten sehr viel weniger Rechte auf Ausbildung und Versorgung. Auch mussten sie bis 1814 damit rechnen, eingesperrt zu werden, wenn sie davon gelaufen und aufgegriffen worden waren.

definierte – Gruppe von Arbeitskräften waren die Knechte und Mägde (*servants*) in der Landwirtschaft. (Die Hausherrschaft über städtisches und ländliches Hausgesinde fiel dagegen nicht unter die Bestimmungen des *Master and Servant Act.*) Sie wurden zumeist für ein Jahr geheuert. So auch Handwerker und Arbeiter (*artificers* und *workmen)* Manchmal wurden diese aber auch für einen davon abweichenden Zeitraum verpflichtet. Bei den sog. *covenant servants*, also vertraglich gebundenen Dienstkräften, handelte es sich in der Regel um besonders qualifizierte Arbeitskräfte, die sich jeweils für einen bestimmten Zeitraum verpflichteten, wobei dieser mehr als ein Jahr umfassen konnte. Sowohl in der handwerklichen Produktion als auch in der Landwirtschaft wurden zeitweise auch Tagelöhner beschäftigt. (Hay & Craven, Hg. 2004: Intr. 7)

Festzuhalten bleibt: Abgesehen von den *apprenticeships,* die Waisen auferlegt wurden, handelte es sich durchweg um Arbeitsverhältnisse, die freiwillig eingegangen wurden. Das legt womöglich nahe, sie als Verträge zwischen rechtlich gleichgestellten Vertragspartnern zu sehen. Über lange historische Phasen hinweg war dies jedoch keineswegs der Fall. Da Arbeitsverträge, seien sie nun einer Tradition folgend mündlich abgeschlossen oder aber schriftlich dokumentiert worden, der großen Gruppe der Schuldverträge zugerechnet wurden, waren diejenigen, die ökonomisch nicht in der Lage waren, nach einem Vertragsbruch eine finanzielle Entschädigung zu zahlen, prinzipiell schlechter gestellt. Tatsächlich wurden sie behandelt, wie man früher Schuldner behandelte, nur, dass sie nicht in den „Schuldturm" gesteckt, sondern zu harter Arbeit verurteilt wurden. Auf diese Weise wurde zwar nicht der Vertragspartner entschädigt, wohl aber der Schuldner bestraft.

Die besondere Struktur des Schuldverhältnisses zwischen Arbeit„geber" und Arbeitskraft ist damit allerdings noch nicht vollständig beschrieben. Denn nicht nur die ökonomische Realität, sondern auch der Staat gestand der einen Seite einen sehr viel größeren Gestaltungsspielraum zu. Konkret bedeutete dies, dass Arbeit„geber" bestimmen konnten, ob ein Vertrag ein Jahr oder aber zum Beispiel vier oder sieben Jahre dauern sollte, und dass die einmal akzeptierte Verpflichtung mit staatlicher Repressionsgewalt durchgesetzt werden konnte. Anders gesagt: Die Freiheit der Lohnarbeit bezog sich lediglich auf die Freiheit des Vertragsabschlusses. Einmal abgeschlossen, war Lohnarbeit nicht notwendig frei von staatlicher Repression. Robert Steinfeld hat deshalb durchgängig betont, dass sich die Unterscheidung zwischen freier und unfreier Arbeit nicht quasi „natürlich" und von selbst ergibt, sondern dass diese Unterscheidung historisch durch Konventionen und Gesetze definiert wurde und wird. (2001: 14 und passim)

Was das englische (und britische) Arbeitsrecht anlangt, so folgte es über Jahrhunderte hinweg – und bis weit in die Zeit der Industrialisierung hinein – drei grundlegenden Konzeptionen: Zum einen galt der Arbeitsvertrag als ein privater Vertrag. Seine Ausgestaltung oblag deshalb den Vertragspartnern. Zum zweiten unterlagen diese privat geschlossenen Verträge der Sanktionsgewalt des Staates (konkret zumeist den – nicht-professionellen – Friedensrichtern). Schließlich galt die Bestrafung von Arbeitskräften, die ihre Vertragspflichten nicht erfüllten, als selbstverständlich. Sie konnten ausgepeitscht, zu Gefängnis oder zu Zwangsarbeit verurteilt werden, zu einer Geldbuße und zum Verlust aller zuvor erarbeiteten Ansprüche auf Lohn. (Hay & Craven, Hg. 2004: 1ff.)

Trotz erheblicher regionaler und lokaler Unterschiede in der konkreten Ausgestaltung rechtlicher Bestimmungen sowie in der Rechtspraxis und trotz der Tatsache, dass eine systematische Dokumentation arbeitsrechtlicher Verfahren erst Mitte des 19. Jahrhunderts einsetzte,[49] lassen sich einige allgemeine Entwicklungen konstatieren. Während Gefängnisstrafen zu Beginn des 18. Jahrhunderts selten für einen längeren Zeitraum als zwei Wochen verhängt wurden, drohte vielen Verurteilten – zumal in London – am Ende einer derartigen Strafe schon damals eine Auspeitschung. In gesetzlichen Regelungen von 1747 und 1792 wurde die „Erziehung" von unbotmäßigen Arbeitskräften durch den Einsatz der Peitsche dann auch ausdrücklich vorgesehen. In manchen Regionen wurde diese Strafe auch tatsächlich angewandt. (Hay 2000: 244ff.)

Für unseren Zusammenhang sind die Veränderungen der Gesetzeslage sowie der Rechtspraxis im Zeitalter der Industrialisierung relevant. Aus einer Arbeitsgesetzgebung, die, so sehr sie der Disziplinierung von Arbeitskräften galt, immerhin auch Herren untersagt hatte, eine(n) Beschäftigte(n) ohne richterliche Zustimmung zu entlassen und *Servants* die Chance geboten hatte, einen Friedensrichter anzurufen, damit dieser ihren *Master* zur Zahlung des vereinbarten Lohnes verpflichte, wurde im 19. Jahrhundert ein Strafrecht gegen Arbeitskräfte.[50] Dagegen unterlagen Arbeit„geber" im Falle eines Vertragsbruchs lediglich der Zivilgerichtsbarkeit.

In der Neufassung des *Master and Servant Act* von 1823 wurde die Dauer der disziplinierenden Strafe im Zuchthaus auf drei Monate verlängert. Tatsächlich wurde diese Rechtslage nicht nur ausgenutzt, sondern in den Zuchthäusern kam nun zunehmend auch die Tretmühle zum Einsatz: eine Maschine zur Disziplinierung von Arbeitskräften.

Eine der Ursachen für diese Entwicklung sieht Douglas Hay in dem Umstand, dass bei der Ernennung von Richtern für die niederen Gerichte seit etwa 1820 seltener auf wohlhabende Landbesitzer und zunehmend häufiger auf Vertreter des städtischen Mittelstandes zurück gegriffen wurde. Hatten sich die ersteren, wenn auch beileibe nicht durchgängig, von einem gewissen Paternalismus und von den ihrer Ansicht nach notwendigen Erfordernissen für lokalen Frieden leiten lassen, so war vielen neuen Richtern dieses Gedankengut fremd. Und mit der Regelung der niederen Gerichtsbarkeit in vielen neuen städtischen Gebieten wurden immer mehr Richter für Arbeitskonflikte zuständig, die Konkurrenten oder auch Freunde jener Kläger waren, die ihre Arbeitskräfte bestraft

49 Für die Zeit davor gibt es lediglich die eher zufälligen Eintragungen in den Notizbüchern der Friedensrichter.

50 Das 1824 amtierende *Select Committee on Artisans and Machinery* dokumentierte den Fall des Baumwollspinners William Temple, der seinen Arbeitsplatz verlassen hatte, nachdem er diese Aktion für den Fall der Verweigerung einer Lohnerhöhung angekündigt hatte. Unbeschadet der Tatsache, dass er alleine gehandelt hatte, wurde er wegen „Vereinigung und Verschwörung" angeklagt und zu 12 Monaten Gefängnis verurteilt. (Auszug aus dem Bericht des Komitees in: Hollis, Hg. 1973: 110f.)

wissen wollten. Ab 1840, so Willibald Steinmetz, wurden dann immer mehr Eigner von Kohlebergwerken sowie Eisen- und Textilfabrikanten zu Richtern ernannt, die auch Klagen gegen Arbeitskräfte zu entscheiden hatten. (2000: 270)

Insgesamt wurden Arbeitskräfte in der ersten Hälfte des 19. Jahrhunderts in England „ungleicher" vor dem Gesetz als sie es zuvor schon gewesen waren. Dem entsprachen Diskurse und Verfahrensweisen. Angeklagte wurden jetzt zumeist „verhaftet". Und den Richtern wurden sie als „Gefangene" vorgeführt. Seit 1847 handelte es sich, so Douglas Hay, faktisch um Strafgerichte. Arbeitskräfte sprachen von „Polizeigerichten". (2004: 105-107) In den Jahren 1854 und 1855 wurden in England, Irland und Wales insgesamt 5.560 Arbeitskräfte zu Gefängnisstrafen wegen Verstößen gegen Arbeitsverträge verurteilt. Das war zwar ein geringer Prozentsatz, aber doch eine Zahl, welche die fortdauernde Einbettung von Arbeitsverhältnissen in staatliche Repressionsgewalt deutlich macht.

Die Frage nach den politischen und kulturellen Ursachen dieses Arbeitsrechts im Zeitalter der Industrialisierung ist schnell beantwortet. Es handelte sich um tradierte und nach wie vor dominante kulturelle Selbstverständlichkeiten. Sie wirkten nicht nur in England, weshalb denn auch der Verweis auf die bis ins 17. Jahrhundert und in gewisser Weise sogar bis ins Mittelalter zurückreichende Geschichte des britischen Arbeitsrechts nicht als Hinweis auf die Ursache der bis ins 19. Jahrhundert gültigen Verhältnisse zu werten ist, sondern lediglich als Hinweis auf eine spezifische historische Entwicklung.

Generell ist festzuhalten, dass sich keine unmittelbar ökonomischen Ursachen für die Beseitigung der strafrechtlichen Sanktionen von Arbeitsverträgen ausmachen lassen. Zwar sind etwa in Schottland manche Bergwerksbesitzer nach Streiks in den 1820er Jahren zu sog. *minute contracts* übergegangen, Arbeitsverhältnissen, die von beiden Seiten täglich aufgekündigt werden konnten und folglich keine strafrechtliche Sanktion des Kontraktbruches möglich machten, aber andernorts in England nutzten sowohl Bergwerksunternehmer als auch Industrielle weiterhin die Möglichkeiten des Strafrechts. So wurde etwa William Baker im März 1857 zu einer Strafe im Zuchthaus von Staffordshire verurteilt. Obwohl für ein Jahr verpflichtet, hatte Baker nach einem Konflikt über die Lohnzahlung seinen Arbeitsplatz bereits nach vier Tagen verlassen. Als er sich nach Ablauf seiner Strafe weigerte, an seinen Arbeitsplatz zurück zu kehren, ließ ihn sein Arbeit„geber" erneut verhaften. Wiederum wurde er zu einem Monat Strafarbeit verurteilt. Dieses Mal allerdings brachten Rechtsanwälte seinen Fall vor das königliche Gericht. Sie argumentierten, der ursprüngliche Vertrag sei durch die Verurteilung und den Aufenthalt im Zuchthaus beendet worden. Lange etablierter Praxis folgend, entschieden die Richter, dass Bakers „Pflicht zu arbeiten" (*to perform*) nach wie vor bestehe. Als William Bakers Anwälte den Fall sodann vor das königliche Finanzgericht brachten, bestritt Richter Pollok zwar keineswegs die Rechtmäßigkeit einer Inhaftierung wegen Kontraktbruches, wohl aber deren wiederholte Anwendung in ein und derselben Angelegenheit. Seiner Ansicht nach war die Tretmühle das wohl ungeeignetste Instrument zur Durchsetzung von Verträgen. Tatsächlich, so seine Rechnung, könnte es dazu kommen, dass ein Mann wegen der Verletzung eines Arbeitsvertrages über ein Jahr insgesamt bis zu fünfzehn Monate im Gefängnis verbrachte. (Hay 2004: 59f.)

Für die weitere Entwicklung wurde nicht nur diese Rechtsauslegung maßgebend, sondern auch die Tatsache, dass sich in den 1850er Jahren allmählich eine Praxis der kürzeren Verträge entwickelte. Der *Master and Servant Act* war damit allerdings noch nicht *ad acta* gelegt. Auch Industrielle nutzten weiterhin die ihnen damit angebotenen Möglichkeiten. (Steinfeld 2001: 218)

1867 kam es zu einer Reform. Formal wurden jetzt beide Seiten mit Bußen bis zu 20 Pfund bzw. – im Falle der Nichtbezahlung – mit Gefängnis bis zu drei Monaten belegt. Zu Gefängnis konnte auch verurteilt werden, wer sich eine schwere Verletzung der Vertragspflichten hatte zuschulden kommen lassen. Zwischen 1868 und 1871 wurden in England und Wales tatsächlich sechs Arbeitgeber verurteilt, allesamt zu sieben Tagen Gefängnis. Zwischen 1873 und 1874 wurde ein Arbeitgeber zu einem Monat Gefängnis verurteilt. Allerdings wurden in der ersten Periode 495 und in der zweiten 141 Arbeitskräfte verurteilt. (Steinmetz 2001: 277) Obwohl 1867 die formale Ungleichheit beseitigt wurde, bewirkte nicht nur die Gerichtspraxis eine nahezu unveränderte Fortsetzung der bisherigen Situation. Wie Willibald Steinmetz betont, war diese auch im Gesetzestext angelegt. Denn Richter hatten die Wahl zwischen einer Annullierung des Arbeitsvertrages, Abzügen vom Lohn, der Verhängung einer Buße oder einer Gefängnisstrafe. (2001: 277) Faktisch wurden in der ersten Hälfte der 1870er Jahre mehr Arbeitskräfte wegen Vertragsbruchs und Unbotmäßigkeit verurteilt als jemals zuvor. (Hay 2000: 109) Erst seit dem *Employers and Workmen Act* von 1875 sind Arbeitsverträge in England aus staatlicher Sanktionsgewalt freigesetzt. Die Realisierung dieser gesetzlichen Veränderung wurde von Lohnarbeitskräften auch dadurch durchgesetzt, dass viele von ihnen nur noch Arbeitsverträge akzeptierten, die ihnen zugestanden, sie nach wenigen Tagen aufkündigen zu dürfen. Das eröffnete ihnen die Chance, die Möglichkeiten auszunutzen, die ihnen Arbeitsmärkte boten. (Deakin 2001: 27)

Bleibt die Frage nach der ökonomischen Funktionalität des *Master and Servant Act*. Sie lässt sich nicht schlüssig beantworten. Zum einen wurde die rigorosere Praxis des Arbeitsrechtes, die sich in den 1820er und 1830er Jahren durchsetzte, sowohl in eher ländlichen Gebieten als auch in Gebieten mit erheblicher Industrie entwickelt, (Hay 2000: 257f.) zum anderen hatte die lange vertragliche Bindung von Arbeitskräften zwei Seiten: Wohl hatten viele Produzenten ein Interesse daran, qualifizierte Arbeitskräfte – zumindest in Zeiten guter Absatzmöglichkeiten – längerfristig an sich zu binden, doch blieb diese Bindung eben auch in Situationen ökonomischer Schwierigkeiten bestehen. Zudem untersagte das geltende Arbeitsrecht Konkurrenten die Abwerbung von Arbeitskräften. Das wirkte sich beispielsweise auch aus, wenn ein Unternehmer versuchte, Streikbrecher anzuheuern.[51] Trotz derartiger Beschwernisse und ungeachtet

---

51 1824 war das rigorose Verbot von Vereinigungen aufgehoben worden. Seither waren Streiks, sofern sie sich auf eng definierte „Arbeitsbedingungen" bezogen, legal.

unterschiedlicher regionaler und lokaler Nutzung des Strafrechts gegen Arbeitskräfte, ist abschließend festzuhalten, dass der *Master and Servant Act* zwar lange vor der Durchsetzung kapitalistischer Produktionsverhältnisse verkündet und angewandt worden war, dass er im 19. Jahrhundert aber nicht etwa fortbestand, weil in England aus der Zeit vor dem Kapitalismus stammende Traditionen fortwirkten. Vielmehr handelte es sich um ein Gesetz, das die Unterordnung von Arbeitskräften unter die Direktionsgewalt der Arbeitgeber sichern sollte. Heutzutage gilt die „Politik der Produktion", wie Michael Burawoy (1990) die Strategien zur Durchsetzung kapitalistischer Herrschaft in der Produktion bezeichnet, als eine private Angelegenheit. In England war diese private Politik aber fast das ganze 19. Jahrhundert über noch mit staatlicher Politik verschränkt. Die Erklärung ist einfach: britische Unternehmer nutzten eine vorhandene Möglichkeit, um ihrer Direktionsgewalt mit Hilfe einer staatlich sanktionierten Disziplinargewalt Nachdruck zu verleihen. (Deakin 2001: 27)

Knechtschaft, Sklaverei, freie und unfreie Lohnarbeit in den USA

Als sich die unabhängig gewordenen Kolonien in Nordamerika zu einer Union zusammenschlossen, gab es dort *indenture*, eine auf Vertrag basierende zeitlich begrenzte Knechtschaft, es gab Sklaverei, und es gab Lohnarbeit. Kurze Zeit später sollte sog. Kuli-Arbeit hinzukommen. Die Bezeichnung „Kuli" hat sich für Vertragsarbeiter eingebürgert, die aus Asien kamen.[52] Ganz ebenso wie andere *indentured servants* waren sie durch – wie immer zustande gekommene – Verträge an ihre Arbeit„geber" gebunden. Um sie für die Dauer ihres Vertrages an ihrem Arbeitsplatz zu halten und der Herrschaft derjenigen zu unterwerfen, die den jeweiligen Vertrag gekauft hatten, wurde Vertragsbruch kriminalisiert. Nach der Abschaffung der Sklaverei wurden neue Mittel und Wege ersonnen, um emanzipierte Sklavinnen und Sklaven daran zu hindern, ihre Arbeitsstellen zu verlassen. Alle diese Arbeitsverhältnisse, samt der Arbeit abhängiger Familienmitglieder auf kleinen Farmen, in Handwerks- und Kaufmannsbetrieben sowie der selbständigen Tätigkeit von Trappern und Jägern waren gegenwärtig, während in den nordamerikanischen Kolonien und dann vor allem in den unabhängig gewordenen

52 Moon-Ho Jung zufolge stammt der Terminus aus der Zeit der ersten europäischen Expansion in Asien. Er sei von portugiesischen Seeleuten und Kaufleuten seit dem 16. Jahrhundert benutzt worden. Im 18. Jahrhundert seien mit diesem Terminus asiatische Arbeitskräfte bezeichnet worden, die entweder lokal angeheuert oder ins Ausland verschickt wurden. Im 19. Jahrhundert habe das Wort eine neue Bedeutung angenommen, weil nach dem Ende der Sklaverei sehr viele vertraglich längerfristig gebundene Arbeitskräfte ins Ausland geschickt wurden, vor allem in die Karibik.1848 wurde das Wort *Coolie* aus dem Anhang von Noah Webster's Amerikanischem Wörterbuch in den Hauptteil übernommen. (Jung 2006: 13f.) Dort ist es bis heute verblieben. In der Ausgabe dieses Wörterbuchs von 1989 heißt es unter *Coolie*: "*(in India, China etc.) 1. an unskilled native laborer. 2. an unskilled laborer employed cheaply, esp. one brought from the Orient.*" Ergänzend wird hinzugefügt, in Urdu und Tamil bedeute kūli *hire, hireling*

Staaten Waren für einen internationalen Markt produziert wurden – und dies immer häufiger in Verhältnissen, die es angebracht erscheinen lassen, sie als kapitalistisch zu bezeichnen.

Lange Zeit war die Arbeitswelt in den nordamerikanischen englischen Kolonien[53] durch einen dezidierten Mangel an abhängigen Arbeitskräften gekennzeichnet. Erst im 19. Jahrhundert kam es durch das rasche Wachstum der bereits eingewanderten und der zwangsweise eingeführten Bevölkerung sowie durch eine zahlenmäßig umfangreiche Immigration aus Europa lokal und regional zu Verhältnissen, in denen viele mittellose Menschen um Arbeitsplätze konkurrierten.

Indenture (Knechtschaft auf Zeit)

Um 1830 verschwand faktisch, wenn auch noch nicht rechtlich, die *indenture*, jene Form der Unfreiheit, die bereits um 1620 von der *Virginia Company* eingeführt worden war.[54] Unter der Bedingung, dass die Käufer für den Unterhalt der Knechte und Mägde aufkamen und auch selbst dafür sorgten, dass diese nicht aus ihrer Knechtschaft entwichen, hatte die Kompanie aus Europa importierte Arbeitskräfte in eine Knechtschaft auf Zeit an Siedler verkauft. Nach dem Ende der Handelsgesellschaft war dieses System der *indenture* von privaten Unternehmern fortgesetzt worden. Es handelte sich nicht um eine neue Erfindung. Eine Knechtschaft auf Zeit war zur damaligen Zeit auch in England gebräuchlich. Für Waisen bedeutete die Lehrzeit (*apprenticeship*), in welche sie durch Obrigkeiten bis zu ihrer Volljährigkeit oder ihrer Verheiratung vermittelt wurden, einen derartigen Status.[55]

Sofern es sich nicht darum handelte, dass einer oder eine, die bereits im Land ansässig waren, von einem Gericht in den Kolonien wegen Schulden oder eines Vergehens zur Knechtschaft auf Zeit verurteilt worden waren, handelte es sich bei *indentured servants* um neu ins Land gekommene Männer, Frauen und Kinder. Manche von ihnen waren durch englische Gerichte zur Deportation in die Knechtschaft auf Zeit verurteilt worden. Die Dauer ihrer *indenture* konnte dann bis zu 14 Jahren betragen. Auch manche deutsche Leibeigene waren aus ihrer bisherigen Knechtschaft in eine *indenture* in Übersee verkauft worden. Und nach der Eroberung Irlands durch englische Truppen unter Oliver Cromwell in den Jahren 1649–1650 wurden viele tausend Männer, Frauen und Kinder von der Insel in die Knechtschaft in Übersee geschickt.

---

53 In diesem Abschnitt geht es ausschließlich um jene dreizehn Kolonien, die 1776 ihre Unabhängigkeit von der Englischen Krone erklärten und erkämpften. Im Weiteren wird auf diese Präzisierung verzichtet.

54 Eine Auswertung der Forschungen und eine ausführliche kommentierte Bibliographie findet sich in: Morgan (2000).

55 Insgesamt scheint die strikte soziale Kontrolle in den Siedlergemeinden jene Missbräuche weitgehend verhindert zu haben, die in England notorisch waren. Vgl. die Beiträge in: Herndon & Murray, Hg. 2009, insbes. Ruth Wallis Herndon, S. 39-51.

Im Laufe der Zeit stieg jedoch der Anteil der sogenannten *freewillers*. Dabei handelte es sich um auswanderungsbereite Arbeitskräfte, deren Knechtschaft auf Zeit durch einen Vertrag begründet wurde. Im 18. Jahrhundert kamen sie ganz überwiegend aus bestimmten Gegenden von Irland und Deutschland. Die Praktiken der vertraglichen Bindung unterschieden sich. In Irland und England schlossen Auswanderungswillige in der Regel entweder einen Vertrag mit dem Kapitän eines Schiffes oder aber mit einem der Kaufleute ab, die Schiffe befrachteten. Nicht immer, aber doch sehr häufig, wurden diese Verträge von einem Friedensrichter, also einer lokalen Amtsperson, beglaubigt. Durch ihre vertragliche Bindung wurden die Auswanderungswilligen zur Fracht, die in Übersee ganz ebenso an den Mann gebracht werden musste,[56] wie andere Frachten. Und ebenso wie im Falle anderer Frachten konnten dabei Gewinne oder Verluste gemacht werden. Weil sich der Handel mit Arbeitskraft aber zumeist als sehr lohnend erwies, entwickelten Händler ausgefeilte Praktiken der „Anwerbung". Viele Immigranten wurden über die tatsächlichen Bedingungen der *indenture* getäuscht, viele wurden auch regelrecht verschleppt.[57] In England wurden die Alkohol und Gewalt anwendenden Anwerber zukünftiger *indentured servants* ganz ebenso als *crimps* bezeichnet wie diejenigen, die junge Männer unfreiwillig zu Seeleuten auf Schiffen der königlichen Marine machten.[58] Dennoch: die meisten der *indentured servants* kamen als sog. *freewillers*. Nach der Unabhängigkeit gab es keine Immigranten mehr, die diesem Status nicht zuvor zugestimmt hätten.

Während sich in früheren Veröffentlichungen die Feststellung findet, bis zu 80 % aller aus Europa stammenden Immigrantinnen und Immigranten seien als unfreie Arbeitskräfte auf Zeit in die amerikanischen Kolonien gekommen,[59] haben genauere Forschungen ein anderes und zudem regional sehr unterschiedliches Bild ergeben. Zwar gab es in allen amerikanischen Kolonien *indentured servants*, doch nur sehr wenige von ihnen lebten im 17. Jahrhundert in Neu England. Dagegen waren sie vom 17. bis zum ausgehenden 18. Jahrhundert in Virginia, Maryland, Pennsylvania und New Jersey sehr zahlreich. (Tomlins 2010: 32)

Zunächst einmal ist festzuhalten, dass es durchgängig unterschiedliche *indentured servants* unter den Immigranten gab. Manchmal kamen ganze Familien. Die meisten

---

56 Es gibt keine Hinweise darauf, dass Frauen selbständig *Servants* kauften.

57 Aus dem Jahre 1775 wird berichtet, dass am 5. August ein Schiff in New York angekommen sei, dessen *Cargo* (Fracht) aus weißen *indentured servants* bestanden habe. Diese hätten bei der Ankunft gegen ihre *indenture* protestiert und ausgeführt, dass sie allesamt in Irland gekiddnappt worden und während der Überfahrt schlecht behandelt worden seien. Die Stadtväter hätten daraufhin die *indentured servants* befreit. Für den Kapitän bedeutete diese Entscheidung einen immensen Verlust. Richard B. Morris zufolge hat er sich später dadurch gerächt, dass er sich als *provost marshall* (Kommandeur der Militärpolizei) der englischen Truppen als notorisch grausam gegen gefangen genommene Amerikaner erwiesen habe. Morris (1983: 1).

58 In Deutschland wurden sie „Neulander" geheißen.

59 Eine Zusammenstellung der relevanten Literatur, in der diese These vertreten wurde, findet sich in: Tomlins (2010: Fn 23).

indentured servants aber waren unverheiratete junge Männer. Richard S. Dunn zufolge heuerten Mitte des 18. Jahrhunderts die reichsten Kaufleute in Philadelphia überwiegend freie Lohnarbeiter. Handwerker kauften *indentured servants* und Sklaven, wobei sie ersteren aber den Vorzug gaben. (1984/2003: 39)

Während der Kolonialzeit war die *indenture* eine kolonialpolitische Maßnahme ersten Ranges. Denn um die Kolonien dauerhaft und erfolgreich zu besiedeln, bedurfte es der kontrollierten Arbeit. Der Einsatz staatlicher Strafgewalt zum Zwecke der Aufrechterhaltung einmal eingegangener Arbeitsverträge war keine kolonialpolitische Besonderheit. Sie war – das ist oben bereits ausgeführt worden – auch im Mutterland üblich. Aber *indenture* transformierte die Knechte und Mägde selbst in eine Ware. Nicht nur ihre Arbeitskraft, sondern auch ihre Person, wurde auf dem Markt feilgeboten. Dennoch lockten die Aussichten in Übersee, weshalb denn auch die Emigration von *skilled workers*, also ausgebildeten Handwerkern, aus England bereits 1765 per Gesetz verboten wurde. Das hat deren Auswanderung zwar nicht verhindert, wohl aber erschwert.

Nach der Unabhängigkeit wurde zunehmend von *redemption* Gebrauch gemacht. An die Stelle der Ausreise auf der Basis eines im Herkunftsland (oder Einschiffungshafen) geschlossenen *indenture* Vertrages trat jetzt die Überfahrt auf Kredit. Auswanderungswillige gingen also an Bord, ohne für ihre Überfahrt bezahlen zu können und ohne zu wissen, unter welchen Bedingungen sie diese Schuld würden tilgen können.[60] Nach der Ankunft in den Kolonien mussten sie dann die Kosten für die Überfahrt beibringen. Das geschah entweder dadurch, dass Verwandte für die Überfahrt aufkamen oder aber durch Verhandlungen mit Interessenten an ihrer Arbeitskraft. Verhandelt wurde über die Dauer der Verpflichtung, über die zu erwartenden Leistungen am Ende der Dienstzeit, gelegentlich auch über eine Art Lohn und manchmal über das Recht eines Jugendlichen, die Schule zu besuchen. Anders als bei einer Verhandlung vor einer Ausreise, hatten die mit großen Schulden neu Angekommenen so gut wie keinen Verhandlungsspielraum. Gottlieb Mittelberger zufolge – er hat diesen „Menschenhandel" mit Immigranten aus Deutschland Mitte des 18. Jahrhunderts beobachtet – kamen täglich Käufer von weit her an Bord der neu eingetroffenen Schiffe, um für die Passagiere zu bieten. Sie hätten die Gesunden ausgesucht und mit diesen über die Dauer ihrer Verpflichtung verhandelt. Es seien Verträge über drei, vier, fünf oder sechs Jahre aufgesetzt worden. Aber Kinder, die noch nicht fünfzehn Jahre alt waren, hätten sich auf jeden Fall bis zu ihrem einundzwanzigsten Lebensjahr verpflichten müssen. Wenn Eltern ihre Kinder erfolgreich verkauften, hätten sie selbst als Freie von Bord gehen können. (Mittelberger 1756/1997: 82) Wer die Kosten für die Überfahrt nicht innerhalb einer bestimmten Frist (etwa zwei Wochen) durch Verhandlungen mit einem Interessenten beibringen konnte, wurde meistbietend verkauft.

---

60 *To redempt*= tilgen, ablösen.

Anders als unfreie Arbeitskräfte, die in Afrika oder auf einer der westindischen Inseln erworben worden waren, konnten *indentured servants* ein Ende ihrer Knechtschaft absehen. Allerdings erwiesen sich zahlreiche Aufkäufer unfreier Arbeitskraft als höchst erfindungsreich, wenn es darum ging, die Zeit der *indenture* eines Knechtes oder einer Magd auszudehnen. Wurde eine Gerätschaft zerbrochen, bediente sich jemand an Vorräten, sah sich einer oder eine zu Widerstand veranlasst, so konnten die zeitweiligen Besitzer der Arbeitskraft das zuständige Gericht anrufen, um die Dauer der Verpflichtung zu verlängern.

In jeder der Kolonien wurde die *indenture* gesetzlich geregelt. Diese Gesetze bestätigten den Status der *servants* als Waren (*commodities*).[61] Ab Mitte des 17. Jahrhunderts entwickelten Gerichte eine rassische Differenzierung. Wer schwarzer Hautfarbe war, galt als Sklave bis zum Ende des Lebens, während die Knechtschaft der von Europa kommenden Arbeitskräfte als zeitlich begrenzt galt. Der rechtlich präzisierte Unterschied zwischen *indentured servants* und Sklaven bezog sich weder auf die Arbeitsbedingungen noch auf das Recht der Herren, sein menschliches Eigentum zu züchtigen. Aber die Herrschaft der Eigentümer über ihre Mägde und Knechte war gesetzlich gesondert definiert. Überall gab es Gesetze, in denen die zusätzliche Zeit der Knechtschaft im Falle eines Fluchtversuches bestimmt wurde. Überall gab es Ausführungen zu den Arten der Strafen, mit denen *indentured servants* im Falle von „Ungehorsam" zu rechnen hatten. In den sogenannten „Tabak-Kolonien" waren sie besonders hart. Zusätzlich zu körperlicher Züchtigung waren auch Gefängnisstrafen vorgesehen, im Falle eines schweren Vergehens konnte auch die Todesstrafe verhängt werden. Anders als Sklaven konnten *servants* aber auch ihrerseits Gerichte anrufen und Zeugen benennen. Und tatsächlich machten *indentured servants* von dieser Möglichkeit Gebrauch. In einigen Kolonien befreiten lokale Gerichte (manchmal) *servants* aus ihrer Knechtschaft, wenn diese hatten nachweisen können, dass sie unzureichend versorgt und schlecht behandelt worden waren. (Morgan 2001: 60) Trotzdem riskierten *indentured servants* immer wieder die Flucht.

Einen Hinweis auf die bislang wenig erforschten Schicksale der frei gewordenen früheren *indentured servants* können wir jener Rebellion des Jahres 1676 in Virginia entnehmen, an der sich sowohl Sklaven als auch vor Kurzem aus der *indenture* Entlassene beteiligt hatten. Über die Letzteren heißt es in dem 1677 von königlichen Beauftragten verfaßten Untersuchungsbericht sie seien „freie Männer, die erst kürzlich aus dem Status der Knechtschaft heraus gekrochen sind".[62] Der Aufstand – Anlass und Verlauf müssen uns hier nicht beschäftigen – war rasch niedergeschlagen worden, hatte aber dennoch weitreichende Folgen. Um eine Wiederholung der Vereinigung von Geknechteten unterschiedlicher Rassenzugehörigkeit in Zukunft zu verhindern, wurde der *Slave Code* in Virginia verschärft. Weißen Knechten wurde versprochen, dass sie nach dem Ende

61 Belege bei Mary Bilder, hier zit. nach: Tomlins 2010: 81.

62 *"Free men that had but lately crept out of the condition of Servants."* Hier zit. nach: Morgan (2000: 90).

ihrer *indenture* Land erhalten sollten. (Jefferson 1787/2002: Intr.: 4) Die eigentliche Ursache der Gemeinsamkeit konnte damit freilich nicht beseitigt werden. Denn auch weiterhin wurden Knechte und Mägde, deren *indenture* beendet war, mit der Tatsache konfrontiert, dass sich ihre Hoffnungen auf Landbesitz und selbständige materielle Existenz nur schwerlich würden realisieren lassen. Damit wurden jene Hoffnungen enttäuscht, die sie während der Dauer ihrer Knechtschaft womöglich daran gehindert hatten, mit Sklaven gemeinsam zu rebellieren.

Formal abgeschafft wurde das Knechtschaftsverhältnis der *indenture* zusammen mit der Sklaverei im Jahre 1867. Faktisch war es aber seit den 1830er Jahren nicht mehr gebräuchlich. (Steinfeld 2001: 254) Zwar kam es auch danach noch zum Import vertraglich gebundener Arbeitskräfte, doch wurde den *redemptioners* jetzt Lohn gezahlt. Von diesem wurde dann der Betrag für die vorgeschossenen Kosten der Überfahrt in Raten abgezogen. Ebenso wie sonstige freie Lohnarbeitskräfte unterlagen die *redemptioners* den strafrechtlichen Bestimmungen des *Master and Servant Act*, auf dessen Bedeutung für die USA noch einzugehen sein wird.

Weder für Sklaverei noch für *indenture* ließen die Verfechter der Unabhängigkeit jene naturrechtlichen Prinzipien gelten, auf die sie sich selbst beriefen. Während die rechtliche Definition von versklavten Menschen im Verlauf des 18. Jahrhunderts zunehmend mit grundlegenden rassischen Differenzen begründet worden war, ließ sich eine entsprechende Unterscheidung für die vertraglich gebundenen unfreien Arbeitskräfte nicht entwickeln. Dennoch dauerten *indenture* und *redemption* zunächst fort. In allen der jetzt neu konstituierten Staaten gab es Menschen, die ein dringendes Interesse an der Fortdauer einer Knechtschaft auf Zeit hatten. Gegenüber dem Argument des Interesses musste das Naturrecht im Gründungsprozess der USA durchgängig zurück stehen.

Seit der Wende zum 19. Jahrhundert bestritten Robert Steinfeld zufolge Gegner der Sklaverei die Berechtigung von *indenture*. Während zuvor die Auffassung dominiert habe, dass mit dem Abschluss einer *indenture* nicht nur das Recht zur Nutzung der Arbeitskraft eines anderen, sondern tatsächlich ein Eigentum auf Zeit an dieser Arbeitskraft erworben worden sei, habe die Kritik an der Sklaverei dieser Auffassung zunehmend die Legitimation entzogen. Zum Ende der *indenture* hätten dann aber vor allem die Kampagnen zur Erweiterung des Wahlrechts beigetragen. Denn all jene, die für sich das Recht beanspruchten, an Wahlen teilzunehmen, beanspruchten damit zugleich ein fundamentales Eigentum an ihrer eigenen Person. (Steinfeld 2001: 319) Diese Kampagnen galten den Rechten der bislang Ausgeschlossenen, sie lagen aber auch im Interesse all jener, die sich durch den Stimmengewinn unter neuen Wählern mehr Einfluss auf die nationale Politik erhofften.

Zusätzliche Anstöße für das Ende von *indenture* beziehungsweise *redemption* bewirkten immer wieder Hafenarbeiter, die in US-amerikanischen Hafen gegen die Fortsetzung dieser Knechtschaft auf Zeit protestierten. Manchmal soll durch ihre Proteste die Realisierung der eingegangenen Knechtschaftsverträge verhindert worden sein. (Steinfeld 1991: 167f.) Die historische Bedeutung derartiger Proteste und Kampagnen wird nicht dadurch geschmälert, dass sich Ursachen für den Niedergang der Institution *indenture* auch an Statistiken ablesen lassen. Tatsächlich hatte die Zahl der *indentured servants* und ihr Anteil an der Gesamtbevölkerung nämlich in jenen Gebieten, in denen Sklaven eingesetzt wurden, schon im 17. und im 18. Jahrhundert in dem Maße abgenommen, in dem die Zahl und der Anteil von Sklaven an der Arbeitsbevölkerung gewachsen waren. In den nicht-sklavenhaltenden Staaten sanken Zahl und Anteil von *indentured servants* im 19. Jahrhundert in den einzelnen Staaten entsprechend des Wachstums der bereits seit Längerem dort anwesenden Bevölkerung. (Tomlins 2010: passim)

Sklaverei

Entgegen dominanten Interpretationen war Sklaverei kein Hindernis für die Entwicklung des Kapitalismus in den USA.

Die Sklaverei in den Südstaaten der USA war ein Herrschaftssystem. Zu seinen besonderen Merkmalen zählt die nahezu unbegrenzte Macht, die Privaten über die Menschen eingeräumt war, von deren Arbeit sie lebten. Die Versklavung eines Menschen basierte auf direkter brutaler Gewalt. In Nordamerika angekommen, wurde aus diesem Kriegszustand ein Rechtszustand: aus Raubgut und Fracht wurde sachliches Eigentum (*chattel*). Eine wahrlich „seltsame Institution" *(peculiar institution)*.[63] Ihre konkrete Ausprägung unterschied sich nicht nur von Kolonie zu Kolonie, sondern auch je nach der Herrschaftspraxis von Sklavenhaltern und ihren Frauen. Trotz solcher Unterschiede war Zeitgenossen spätestens im 18. Jahrhundert bewusst, dass Sklaverei nicht nur das Leben von Sklavinnen und Sklaven, sondern auch dasjenige der Sklavenhalter auf eine sehr spezifische Weise prägte, hat sie diesen doch eine Identität angeboten, die aus ihrer nahezu unbegrenzten Macht über Sklavinnen und Sklaven erwuchs.

In den letzten Jahrzehnten sind zahlreiche Forschungen veröffentlicht worden, die nicht nur dieses Macht- und Gewaltverhältnis hervorgehoben, sondern auch dem gegenseitigen kulturellen Einfluss von Herrinnen und Herren auf der einen und Sklavinnen und Sklaven auf der anderen Seite nachgespürt haben. Dreihundert Jahre einer gemeinsamen Geschichte konnten nicht ohne Einfluss geblieben sein. Aller einzelnen Erfahrungen eines Austauschs zum Trotz bleibt die eigentliche Basis dieser gemeinsamen Geschichte aber wohl jenes spezifische „Angebot", von dem Christopher Tomlins gesprochen hat. Sklavinnen und Sklaven wurden vor die Wahl gestellt, sich für die Sklaverei oder für den Tod zu entscheiden. (2010: 507) Am Leben zu bleiben, wurde ihnen nur zugestanden, wenn und solange sie bereit waren, sich beherrschen zu lassen, gegebenenfalls zu jeder Tages- und Nachtzeit.

63 Der Terminus *"peculiar institution"* war (und ist) ein in den USA gängiger Euphemismus für Sklaverei. Er hebt ab auf den Widerspruch zwischen den Rechten aller Menschen, wie sie in der Unabhängigkeitserklärung konstatiert wurden, und der Existenz von Sklaverei.

Drei Faktoren haben die Entwicklung der Sklavenwirtschaft in jenen Kolonien, aus denen später die USA hervorgehen sollte, begünstigt:

Da waren zum einen die Rechte, die Untertanen der englischen Krone in den Kolonien zugestanden wurden. Sie schlossen die Freiheit zur Versklavung Anderer mit ein. Während sich in europäischen Gesellschaften durchgesetzt hatte, dass es zutiefst unmoralisch sei, andere Europäer zu versklaven, ist diese moralische (und rechtliche) Verurteilung der Sklaverei nicht mitgenommen worden, als Europäer daran gingen, Kolonien zu erobern, zu besiedeln, zu bebauen und zu verteidigen.

Da war zum Zweiten die Nachfrage nach den Produkten der Plantagenökonomie in Europa. Kaffee, Tabak und Zucker waren zunächst sehr teure Genussmittel. Mit einer Verbesserung der Lebensbedingungen zumindest einiger der Arbeitskräfte im Vereinigten Königreich wurden aber auch sie zumindest zu gelegentlichen Konsumenten dieser Produkte. Die Stabilisierung der Sklavenwirtschaft in den Südstaaten der USA basierte aber vor allem auf der wachsenden Nachfrage nach Baumwolle. In der ersten Hälfte des 19. Jahrhunderts sollte ihre Produktion zu einem führenden Zweig der Weltwirtschaft werden.

Und da war zum Dritten das Angebot an Sklaven durch Sklavenhändler. Schon zu Beginn der Kolonisierung waren die ersten geraubten Afrikaner in Virginia angelandet worden.[64] Der Handel entwickelte sich rasch. Bereits in der ersten Hälfte des 17. Jahrhunderts erwarb ein Kapitän aus Salem Massachusetts in Westindien regelmäßig Arbeitskräfte aus Afrika im Tausch für Pequots Indianer, die in Nordamerika gefangen genommen worden waren. (Rodriguez, Hg. 2007: 1f.)

Während in der ersten Zeit der Kolonialherrschaft sehr viele Bewohner der Kolonien, seien sie frei oder unfrei, einheimisch oder neu ins Land gekommen, Krankheiten zum Opfer fielen, besserten sich die Lebensbedingungen im Verlauf des 17. und dann vor allem des 18. Jahrhunderts immerhin derart, dass das Wachstum der Bevölkerung, dasjenige der versklavten Bevölkerung eingeschlossen, weniger auf freiwilliger und erzwungener neuer Immigration basierte als auf der Nachkommenschaft bereits im Lande befindlicher Menschen. Tatsächlich war bereits um 1700 die Hälfte der Sklavenbevölkerung in den Kolonien geboren, um 1800 betrug dieser Anteil um die 80 %. (Fogel & Engerman 1974/1989: 23) Obwohl weiterhin Menschen aus Afrika und aus Westindien zwangsweise ins Land gebracht wurden, waren die meisten Sklaven bereits Nachkommen von Sklaven in der ersten, zweiten oder womöglich sogar schon dritten oder vierten Generation. Als die Union der unabhängig gewordenen Staaten gegründet wurde, waren die allermeisten Sklavinnen und Sklaven mindestens ebenso Einheimische wie die meisten ihrer Eigentümer. Anders gesagt: Obwohl nach wie vor geraubte Menschen ins Land

64 Immer wieder wurde angeführt,1620 habe erstmals ein niederländisches Schiff "20 and Odd" Afrikaner in Virginia angelandet. Neuere Forschungen haben dies widerlegt. Die ersten Sklaven waren bereits zuvor – und zwar auf englischen Schiffen – in die Kolonie gebracht worden. (Literaturhinweise bei Tomlins 2010: 414, Anm. 52)

gebracht wurden, war der Bestand der Sklaverei damals bereits nicht mehr auf eine Fortsetzung des Sklavenhandels angewiesen.[65]

Während die aus Afrika importierten Arbeitskräfte zunächst ebenso als Mägde und Knechte gegolten hatten wie die aus Europa stammenden *indentured servants*, wurde die Dauer der *indenture* für Afrikaner später auf ihre gesamte Lebenszeit ausgedehnt. Ab Mitte des 17. Jahrhunderts wurde in einer Kolonie nach der anderen Sklaverei (von gefangenen Indianern wie von zwangsweise importieren afrikanischen Arbeitskräften) als ein von der *indenture* gesonderter rechtlicher Status etabliert. Mit einem Gesetz nach dem anderen wurden die Grundlagen für eine durch und durch rassistische Gesellschaft geschaffen. Sklaverei wurde erblich, die Taufe befreite nicht länger aus der Sklaverei, und 1667 wurde in Virginia offiziell festgestellt, dass es nicht als ein Verbrechen gelten solle, wenn ein Sklave infolge einer Züchtigung starb. 1669 wurde als Begründung nachgeschoben, dass man ja nicht annehmen könne, dass ein Mensch sein eigenes Eigentum habe zerstören wollen. (Rodriguez, Hg. 2007: 6) Später wurde diese Freiheit der „Behandlung" menschlichen Eigentums –zumindest formal – eingeschränkt. Aber noch im Jahre 1846 wurde in Mississippi beschlossen, dass die Hälfte des Wertes eines zum Tode verurteilten und hingerichteten Sklaven aus der Staatskasse an dessen Eigner zu zahlen sei. (Clarke 1998: 21)

Rassismus prägte die Kolonisierung Nordamerikas. Denn es waren ausschließlich Nicht-Europäer, die in der Neuen Welt zu Sklaven gemacht wurden. Wie David Eltis festgestellt hat, versagt gegenüber diesem Sachverhalt das Argument des Kostenvorteils für die Beschaffung von Arbeitskräften. Der Transport versklavter Arbeitskräfte aus Europa hätte sich kostengünstiger bewerkstelligen lassen als der Kauf und Transport von in Afrika gefangenen Männern, Frauen und Kindern. (1999: 48) *Indentured servants* sind oft wie Sklaven feilgeboten und gekauft worden, sie haben vielfach mit Sklaven und Sklavinnen zusammen gearbeitet und gelitten und manchmal auch gemeinsam mit diesen rebelliert. Aber wie drakonisch sie auch betraft worden sein mögen, nie wurde der eine oder die andere vor dem Gesetz zum Sklaven oder zur Sklavin gemacht. Sklaven waren immer schwarz. (Und das galt selbst dann noch, wenn man ihnen dies aufgrund

65 Damit erklärt sich womöglich auch, warum Thomas Jefferson, als er den Entwurf für die Erklärung der Unabhängigkeit verfasste, bei der Aufzählung der Vorwürfe gegenüber dem Englischen König den Raub afrikanischer Menschen, als eine Verletzung der heiligsten Rechte der Menschheit anführen konnte. (Jefferson 1787/2002: 51) In der vom Kongress schließlich beschlossenen Unabhängigkeitserklärung ist der gegen den König erhobene Vorwurf des Sklavenhandels nicht mehr enthalten. Ansonsten aber folgten die Mitglieder des Kongresses Jeffersons Entwurf. Sie erklärten nun auch ihrerseits, dass der Schöpfer alle Menschen gleich geschaffen und sie mit gewissen unveräußerlichen Rechten ausgestattet habe: mit dem Recht auf Leben, auf Freiheit und auf den Verfolg des Glücks. Jefferson hat die demoralisierende Wirkung der Sklaverei auf die Gesellschaft deutlich gesehen, hat nach einem gescheiterten Gesetzesvorhaben in der Kolonie Virginia später aber keinen Versuch mehr unternommen, die Sklaverei abzuschaffen. Auch seine eigenen Sklavinnen und Sklaven hat er nicht befreit.

ihrer Vorfahren aus unterschiedlichen sozialen Welten nicht mehr ansehen konnte.) Angesichts dieser Unterscheidung muss jede rein ökonometrische Analyse versagen.

Das Sklavenhalterregime des Südens richtete sich gegen die Sklaven, es duldete aber auch keine Abweichler aus den eigenen Reihen. Bereits 1691 war in Virginia beschlossen worden, dass kein Sklavenhalter berechtigt sein solle, einer oder einem Sklaven die Freiheit zu schenken, es sei denn, er bezahle die Kosten für deren Transport in eine andere Kolonie. Das Beispiel machte Schule.1723 wurde die Restriktion in Virginia verschärft: nur im Falle eines ganz außergewöhnlichen Dienstes sollte die Freisetzung berechtigt sein. (Wilson 1965: 15) 1782 wurde den Gründen für die Erlaubnis zur *manumission* die Beteiligung eines Sklaven an den Kämpfen um die Unabhängigkeit hinzugefügt, aber 1777 war in North Carolina ein aus der Kolonialzeit stammendes Gesetz erneut beschlossen worden, welches die „üble und schädliche Praxis der Freisetzung von Sklaven" erschweren sollte. (Rodriguez, Hg. 2007: 23) Und um 1830 verlangten fast alle Staaten des Südens eine staatliche Genehmigung für die Freilassung eines Sklaven oder einer Sklavin. (Berlin 1974/1976: 138)[66] Seit 1800 nahm die Zahl der Freilassungen im Süden ab. Seit den 1820er Jahren wurde die Propaganda der Abolitionisten (Verfechter der Abschaffung, i.e. *abolition*) zunehmend erschwert. Und um 1850 hatte sich Ira Berlin zufolge in den Südstaaten die Auffassung durchgesetzt, dass es sich bei der Freilassung einer Sklavin oder eines Sklaven nicht einfach um den Akt eines zu weichherzigen Herren handelte, sondern um regelrechten Verrat an der Gesellschaft. (op. cit.: 367)

Der rechtliche Grundpfeiler dieses Regimes war mit den mehrfach erneuerten *Fugitive Slave Acts* geschaffen worden. Das erste derartige Gesetz wurde 1692 in Virginia beschlossen. Es erklärte die Tötung eines entflohenen Sklaven für rechtens. Der Eigner konnte sich für den Verlust seines Eigentums vom Kolonialstaat mit 4.000 Pfund Tabak entschädigen lassen. (Rodriguez 2007: 8)

Man hätte meinen können, der Kampf um die Unabhängigkeit[67] hätte die politische Basis des Sklavenregimes erschüttert. Auf Sklavinnen und Sklaven sollte die „offensichtliche Wahrheit" von der Gleichheit aller Menschen, auf die in der Unabhängigkeitserklärung Bezug genommen wurde, aber auch nach der Revolution nicht zutreffen. In den unabhängig gewordenen Kolonien des Südens war die Sklavenwirtschaft so fest etabliert, dass die Union nur zustande kommen konnte, wenn das private Eigentum an Menschen von dem neuen Staat ebenso garantiert wurde wie das Eigentum an „anderen" Sachen. Die Union war ein Kompromiss zwischen Staaten, in denen Nicht-Sklaven-

66 Da die meisten Staaten Sicherheiten des Sklavenhalters verlangten, wenn er jemand die Freiheit geben wollte, umgingen manche diese Schwierigkeit, indem sie die Sklavinnen und Sklaven, die sie freisetzen wollten, entweder formal vermieteten oder verkauften und von den Empfängern verlangten, dass sie diese behandelten wie freie Lohnarbeitskräfte, ihnen Lohn bezahlten und ihr Eigentum respektierten. (Berlin 1974/1976: 144)

67 Aus der Unabhängigkeitserklärung, vom Kongress beschlossen am 4. Juli 1776: *"We hold these truths to be self-evident, that all men are created equal, that they are endowed by their Creator with certain unalienable Rights, that among these are Life, Liberty and the pursuit of Happiness".*

halter dominierten und Staaten, in denen Sklavenhalter – wenn auch nicht überall zahlenmäßig, so doch politisch – dominierten. Und nirgends wurde dies deutlicher als in dem berüchtigten 3/5 Kompromiss, mit dem während der Verhandlungen um die Gründung der Union das Dilemma zwischen Prinzip und Interesse im Hinblick auf die Repräsentanz im Kongress gelöst wurde. Zwar galt es als ausgemacht, dass die Anzahl der Vertreter eines Staates im Kongress entsprechend der Bevölkerungszahl im jeweiligen Staat zu bestimmen sei, doch hätte dies den Nordstaaten ein erdrückendes Übergewicht beschert. Hätten die Südstaaten jedoch vorgeschlagen, zum Zwecke der Repräsentanz im Kongress alle Sklaven zu zählen, so hätte sich ihre Steuerlast beträchtlich erhöht. Schließlich wurde beschlossen, von den „Sachen" (*chattel*), als welche Sklaven in Südstaaten per Gesetz definiert waren, zum Zwecke der besseren Repräsentanz von Interessen ihrer Herren jeweils drei von fünfen als Einwohner zu zählen. (Gerstenberger 1974: Abschn. 6.4)[68]

Wer eine Rechtfertigung für diesen Sieg der Interessen über das Naturrecht suchte, fand sie in der Behauptung grundlegender rassischer Differenzen. Thomas Jefferson, erster Präsident der Union, hat diese Legitimation vorbuchstabiert. Was die Indianer betraf, so ging er davon aus, dass die weißen Siedler friedlich mit ihnen zusammen leben könnten, weil ihre Andersartigkeit und ihre – aus Sicht der Siedler – Rückständigkeit durch ihre Lebensumstände geprägt worden seien. Mit deren Änderung werde sich herausstellen, dass Indianer „in Körper und Geist nach demselben Muster geformt sind wie der '*Homo sapiens Europaeus*'" (Jefferson 1787/2002: 123, Query VI, Übers.) Dagegen sei die soziale und politische Integration der bereits jetzt und in Zukunft befreiten Sklaven wenig aussichtsreich. Dem stünden sowohl die tiefsitzenden Vorurteile der Weißen als auch die Erinnerung der Schwarzen an die ihnen zugefügten Verletzungen entgegen. Neben diesen politischen Hindernissen, gebe es aber auch physische und moralische. Ganz im Stile von Buffon, den er in seinen "*Notes on the State of Virginia*" mehrfach zitiert, beschreibt Jefferson „rassische Merkmale" der aus Afrika importierten Menschen. Entsprechend der ästhetischen Kriterien, die man ja auch im Falle von Pferden, Hunden und anderen Haustieren zur Anwendung bringe (op. cit.: 176, Query XIV), seien Schwarze eben nicht von großer Schönheit. Sie hätten aber auch eine unterschiedliche Natur, schieden weniger über die Nieren aus als über die Haut, bräuchten weniger Schlaf. Nach einem Tag harter Arbeit seien sie bereit, bis Mitternacht auf zu bleiben, wenn sich auch nur die geringste Unterhaltung böte. Auch wenn man die Lebensumstände in Betracht ziehe, bleibe die Tatsache bestehen, dass es keine wirklichen Poeten, keine wirklichen Künstler unter ihnen gebe. Sie seien ohne Zweifel musikalisch, aber damit sei noch nicht gesagt, dass sie auch längere Melodien und kompliziertere Harmonien komponieren könnten, und so weiter, und so weiter. Jefferson hielt die Sklaverei für ein Übel, hat aber

68 Dieser Kompromiss begründete zugleich das Prinzip des Pluralismus. Jedes von einer relevanten Gruppe vertretene Interesse gilt als berechtigt. Auf die Kritik solcher Interessen nach Maßstäben der Menschenrechte oder Wahrheit wird verzichtet.

nicht nur selbst sein Eigentum an diesen „Sachen" aus Fleisch und Blut aufrecht erhalten, sondern hat auch eine rassentheoretische Argumentation entwickelt, die als Erklärung für die *peculiar institution* der Sklaverei genutzt werden konnte. Über die wirtschaftliche Bedeutung der Sklaverei findet sich in Jeffersons berühmt gewordener Veröffentlichung aus dem Jahre 1787 nur die lakonische Feststellung, dass der Wert „unseres Landes und unserer Sklaven" sich in etwa zwanzig Jahren regelmäßig verdopple. Die Ursache dafür sei die „Vermehrung unserer Sklaven, die Ausweitung unserer Landwirtschaft und die steigende Nachfrage nach Land." (op. cit.: 206, Query XXIII, Übers.)

Den Gesetzen der USA zufolge blieben versklavte Männer und Frauen und ihre in die Sklaverei hinein geborenen Kinder auch nach der Unabhängigkeit sachliches Eigentum. Dennoch hat der Kampf um die Unabhängigkeit die weitere Entwicklung der Sklaverei beeinflusst.[69] Zwar waren die englischen Generäle, die Sklaven die Freiheit versprachen, wenn sie sich einfänden, um gegen ihre früheren Herren zu kämpfen, nicht unbedingt bereit gewesen, ihr Versprechen zu halten, haben schließlich dann aber doch Tausende befreit und ihnen die Flucht aus den unabhängig gewordenen Staaten ermöglicht. Schätzungen zufolge sollen während des Unabhängigkeitskrieges insgesamt an die 80.000 Sklaven das Land verlassen haben. (Morgan, 2000/2001: 107) Andere sind in solche Staaten des Nordens geflohen, in denen die Sklaverei abgeschafft war.

Entgegen einer immer wieder geäußerten Auffassung hat das Klima der Revolutionsjahre die Sklaverei aber noch keineswegs in ihren Grundfesten erschüttert. Nach wie vor gab es auch im Norden Sklaven, und 1793 wurde – dieses Mal für die gesamte Union – ein Gesetz beschlossen, welches Sklavenhaltern die Unterstützung der Vereinigten Staaten bei der Wiedergewinnung entflohenen Eigentums zusicherte und zudem alle weißen Mitbürger verpflichtete, die Verfolgung entflohener Sklaven zu unterstützen. Wer Sklaven bei ihrer Flucht half, musste mit einer hohen Geldstrafe rechnen, wer sie einfing, konnte dagegen eine Belohnung beanspruchen.

In diesen Regelungen kommt der staatlich garantierte Schutz des Privateigentums zum Ausdruck. Dieser Grundpfeiler der Verfassung sollte zunächst auch nicht verletzt werden, als sich in den Nordstaaten die Kritik an der Sklaverei verbreitete. Zwar wurde in keinem der Staaten nördlich der sog. Mason-Dixon-Linie[70] eine Entschädigung für den Verlust an Sklaveneigentum beschlossen, wie dies andernorts in der Welt durchaus üblich war, doch wurden die Wirkungen der staatlich beschlossenen Enteignung dadurch gemildert, dass die Emanzipation nicht sofort greifen sollte, sondern erst nach einer für die einzelnen Gattungen genau festgelegten Zahl von Jahren. Auf diese Weise konnte die Investition in Kauf und/oder Aufzucht noch ausgenutzt werden. Nachdem die Zahl

69 Zunächst waren amerikanische Militärs strikt gegen eine Beteiligung von Schwarzen. Ende 1775 war George Washington dann aber bereit, freie Schwarze zu rekrutieren, und 1777 wurden dann auch Sklaven zu einigen Regimentern zugelassen. (Morgan 2000/2001: 106)

70 Diese Linie regelte zunächst nur die Grenze zwischen Maryland und Virginia, später trennte sie Sklavenstaaten von Nicht-Sklavenstaaten, also „den Norden" vom nicht nur geographischen, sondern auch politischen „Süden" der USA.

der Sklaven nach der Revolution auch in den Nordstaaten zunächst noch zugenommen hatte, beschlossen Ende des 18. Jahrhunderts Pennsylvania, New Jersey, und New York eine graduelle Emanzipation. Nach 1804 folgten alle anderen Staaten nördlich der Mason-Dixon Linie diesem Beispiel. Solche Maßnahmen waren dadurch erleichtert, dass Sklaven in den Nordstaaten in aller Regel nicht zur Produktion von Waren für den Weltmarkt eingesetzt worden waren. Wurden viele Arbeitskräfte benötigt, wie etwa für den Bau von Eisenbahnlinien, so wurden zwar Sklaven angemietet, daneben aber auch chinesische Kulis und freie Lohnarbeitskräfte.

Kaum je wurden versklavte Arbeitskräfte in den Nordstaaten unmittelbar befreit. Wenn dies doch geschah, so wurden sie regelmäßig sofort in Arbeitsverhältnisse gezwungen, die sie nicht aus eigenem Beschluss aufgeben konnten, ohne sich strafbar zu machen. (Tomlins 2010: 411) Überwiegend wurde nach dem Prinzip des *free womb* verfahren. Kinder, die von einer Sklavin geboren wurden, sollten entweder von Geburt an oder doch nach ihrem 18. Geburtstag freie Menschen sein. Oft allerdings wurden sie durch die Obrigkeiten in eine Lehre, also in eine jahrelang unbezahlte Arbeit gegeben. Die graduelle Emanzipation von Sklaven im Norden macht deutlich, dass der Schutz einmal erworbenen Eigentums auch in den Nordstaaten lange Zeit das Eigentum an Menschen mit umfasste.

Als die Union gegründet wurde, war auch die Einfuhr von Sklaven noch überwiegend legal. Zwar hatte das Repräsentantenhaus von Virginia 1774 beschlossen, dass keine Sklavenimporte mehr zugelassen werden sollten, doch war diese Maßnahme nicht durch eine prinzipielle Ablehnung des Sklavenhandels motiviert, sondern durch die „gegenwärtigen Schwierigkeiten" veranlasst. Anders in Rhode Island und Connecticut. Als dort 1774 der Sklavenimport verboten wurde, sollte dies auf Dauer gelten. Jeder dennoch importierte Sklave sollte unmittelbar emanzipiert werden. Auf die bereits in der Kolonie anwesenden Sklaven bezog sich dieser Beschluss jedoch nicht. (Rodriguez, Hg. 2007: 21)

Diesen Beschlüssen lagen zweierlei Motive zugrunde. Gegner der Sklaverei waren international der Ansicht, es sei aussichtsreicher, zunächst zumindest den Sklavenhandel zu unterbinden und dann erst die tatsächliche Abschaffung der Sklaverei zu verlangen. In den britischen Kolonien in Amerika ging es bei dem Verbot weiterer Einfuhren aber auch darum, den Wert des Eigentums an Sklaven durch ein Verbot weiterer Importe zu schützen. In Virginia lag dies besonders nahe, weil die Plantagenbesitzer dort damals Schwierigkeiten hatten, ihre Betriebe rentabel zu bewirtschaften und deshalb ein dringendes Interesse an der Abwendung eines Überangebots an Sklaven hatten. Es hätte ihre Aussichten auf günstige Verkäufe eigener Sklaven gemildert. (Berlin 1974/1976: 87)

1808 folgte die Regierung der USA dem Beispiel Englands und verbot den Sklavenhandel auf Dauer. Dennoch wurden weiterhin Sklaven importiert. Zwischen 1808 und 1860 sollen 500.000 ins Land geschmuggelt worden sein, häufig auf Schiffen unter fremder Flagge, denn nicht alle Staaten stimmten in den folgenden Jahren zu, dass die Kriegsschiffe Englands das Recht haben sollten, ihre Schiffe zu untersuchen, um Sklaventransporte zu verhindern. (Loth 1981: 230-231)[71] Soweit Staaten dieses Verfahren akzeptiert hatten, stimmten sie dadurch nicht nur mit der Englischen Krone darin überein, dass der Sklavenhandel unterbunden werden sollte, sie ließen auch zu, dass sich England das Recht heraus nahm, auf dem Hohen Meer als Polizeimacht zu agieren.

Mit dem Verbot des Sklavenhandels stiegen die Preise für Sklaven. Folglich boomte das Geschäft des Sklavenfangs. Und diejenigen, die dieses Geschäft betrieben, erweiterten ihre Geschäftspraxis nicht selten auch auf schwarze Menschen, die keine Sklaven waren. Freie Schwarze in den Südstaaten standen jetzt ständig in der Gefahr, gekidnappt zu werden. Und immer wieder wurden auch in den Nordstaaten freie schwarze Frauen und Männer gefangen, in den Süden entführt und dort verkauft.[72] Da Schwarze nicht das Recht hatten, ein Gericht anzurufen, hatten sie keine Möglichkeit, ihren Status überprüfen zu lassen.

Obwohl der Preis von Sklaven je nach Alter, Geschlecht, Ausbildung, vermuteter Arbeitsfähigkeit und regionalen sowie überregionalen Konjunkturen auf den Sklavenmärkten schwankte, sind Schätzungen über das in Sklaveneigentum gebundene Kapital nicht völlig aussichtslos. James L. Huston hat sich darum bemüht, den Anteil des Sklaveneigentums am gesamten um die Mitte des 19. Jahrhunderts in den USA vorhandenen Eigentum zu ermitteln. Auf der Basis verschiedener Schätzungen kommt er zu dem Ergebnis, dass der allergrößte Teil des Reichtums in Land gebunden war, dass das Eigentum an Sklaven aber mindestens 18 % allen Reichtums ausmachte. Noch 1860 habe das von Unternehmern aus den Nordstaaten in Eisenbahnbauten und in industrielle Produktion investierte Kapital nicht im Entferntesten an das in Sklaveneigentum gebundene Kapital herangereicht. (Huston 2003: 27f.)

Angesichts der wirtschaftlichen Bedeutung des Eigentums an Sklaven ist erklärlich, dass der Kongress im Jahre 1850 noch einmal ein Gesetz über entflohene Sklaven beschloss.[73] Es wies sämtliche Polizeikräfte an, alle zu verhaften, die möglicherweise Sklaven

---

71 Für spanische Sklavenhändler wurde die Situation erst nach dem Englisch-Spanischen Vertrag von 1835 schwieriger. Sie nutzten jetzt unterschiedliche *flags of convenience*, vor allem die Flaggen Portugals und der USA. Vgl. Eltis & Richardson (2008: 37).

72 Einer von ihnen war Solomon Northup. Nachdem er geraubt und verkauft worden war, blieb er zwölf Jahre lang Sklave. In seinem Fall hat der Gouverneur von New York seine Freilassung durchgesetzt. In Northups später über seine Zeit in der Sklaverei verfasstem Bericht finden sich sehr genaue Schilderungen der Arbeits- und Lebensbedingungen. Vgl. Salomon Northup (1853) Twelve Years as a Slave: Narrative of Solomon Northup, Auburn N.Y. Reprint (o.O., o.J.) Ein Auszug aus diesem Bericht findet sich auch in: Mintz, Hg. (1993/1996: 71f.).

73 Obwohl Sklaverei in Kalifornien ungesetzlich war, wurde dort 1852 ein *Fugitive Slave Act* beschlossen. Dieses Gesetz blieb bis 1855 in Geltung. Zu Beginn des *Gold Rush* waren Sklavenhalter aus den Südstaaten mit eigenen oder geliehenen Sklaven nach Kalifornien gezogen. Manche schürften mit diesen zusammen Gold, viele aber verheuerten ihre Sklaven. Für einen Koch konnte man bis zu $ 10 pro Woche erzielen. Oft wohnten Sklavenhalter nahe beieinander und schufen so eine Art Sklavenhaltergemeinschaft. Weil aber die Möglichkeiten der Flucht größer waren, veränderte sich Sklaverei in Kalifornien. Viele der Sklaven forderten und erhielten die Möglichkeit, an Sonntagen und in ihrer Freizeit auf eigenen *claims* zu schürfen.

waren. Im Falle der Unterlassung sollten sie ebenso wie alle Helferinnen und Helfer von Entflohenen 1000 Dollar Strafe zahlen. Als aber noch im selben Jahr das oberste Gericht von Vermont erklärte, dass Staatsangestellte verpflichtet seien, entflohenen Sklaven zu helfen, wiesen im Süden erste Stimmen darauf hin, dass die Nichtigkeitserklärung des *Fugitive Slave Act* dazu führen könnte, dass sich der Süden vom Norden trennen werde. Diese Situation rückte näher, als 1854 das Oberste Gericht von Wisconsin den *Fugitive Slave Act* für verfassungswidrig erklärte. Die Eigner von Sklaven mussten befürchten, dass der staatliche Schutz ihres speziellen Eigentums immer weniger gesichert sein würde.

Von Seiten des Präsidenten wurde der Krieg nicht geführt, um die Sklaven zu befreien, sondern um die Staaten des Südens, die eine Sezession beschlossen hatten, erneut in die Union zu zwingen. Lincoln selbst hat konstatiert, dass er die Frage der Sklaverei als verhandelbar ansah. Wenn die Union nur wiederhergestellt werden könne, würde er auch einer Beibehaltung der Sklaverei zustimmen.[74] Und nicht nur die Weißen in den abgefallenen Staaten, sondern auch viele im Norden, den Präsidenten eingeschlossen, waren in Sorge über die Auswirkungen einer plötzlichen Befreiung vieler Tausend Sklaven. Immerhin aber verweigerten die Militärs des Nordens von Anfang an die Rücksendung entflohener Sklaven. Viele der Geflohenen wurden rekrutiert, andere aber auch noch während des Krieges im Süden zu freien Lohnarbeitskräften gemacht. Die Armee der Union zwang Plantagenbesitzer, frühere Sklaven in einem Vertragsverhältnis zu beschäftigen und ihnen Lohn zu bezahlen. (Belege bei Stanley 1998: 35)

Nicht nur die Sklaverei, sondern auch ihr Verbot widersprach den Grundlagen der amerikanischen Verfassung. Denn diese war – darauf ist oben verwiesen worden – nur zustande gekommen, weil die Gründerväter übereingekommen waren, auch das Privateigentum an Menschen als rechtmäßig zu akzeptieren. Folglich war die Union bis zum Bürgerkrieg nicht nur im Hinblick auf dominante Wirtschaftsweisen und gesellschaftliche Konventionen, sondern auch im Hinblick auf grundlegendes Recht zweigeteilt gewesen. (Hochgeschwender 2010: Kap. 1) Mit den Beschlüssen über die Zulassung oder das Verbot von Sklaverei in neu hinzugekommenen Staaten war lange versucht worden, den Verfassungskompromiss auf Dauer zu stellen. Warum dies um die Mitte des 19. Jahrhunderts dann nicht länger möglich war, ist eine vielfach debattierte

---

Sklaveneigentümer boten die Freiheit an, wenn zuvor eine bestimmte Zeit für sie gearbeitet oder eine bestimmte Summe für sie verdient worden war. Mit der Verbreitung einer Pro-Sklaverei-Stimmung unter Richtern gelang es dann aber häufig, bereits befreite Sklaven als Flüchtlinge vor Gericht zu bringen und sie deportieren zu lassen. (Smith 2011: 28-63)

74 Die entsprechende Formulierung findet sich in einem Brief Lincolns, den er im August 1862 an den Zeitungsherausgeber Horace Greeley schrieb: *"My paramount object in this struggle is to save the Union … If I could save the Union without freeing any slave I would do it, and if I could save it by freeing all the slaves, I would do it; and if I could save it by freeing some and leaving others alone, I would also do that. What I do about slavery and the colored race, I do because it helps save the Union."* (R.P. Basler, ed., Abraham Lincoln. His Speeches and Writings, World Publishing, Cleveland Ohio 1946: 652; hier zit. nach: Clarke (1998: 54)

Frage.[75] Sie muss uns hier nicht beschäftigen. Im Resultat wurde zunächst die Sklaverei in jenen Staaten abgeschafft, die von der Union abgefallen waren und später auch in allen anderen Staaten der Union.

Lebens- und Arbeitsbedingungen von Sklavinnen und Sklaven

Ob in der Stadt oder auf dem Land, auf einer großen Plantage oder einer kleinen Farm, in einem Handwerksbetrieb oder auf einem Schiff, unter einem grausamen Aufseher oder einer fürsorglichen Herrin, eine Sklavin blieb immer eine Sklavin und ein Sklave blieb immer ein Sklave. Sie gehörten sich nicht und waren der Situation ausgesetzt, in die sie hinein geboren, hinein verkauft oder hinein vermietet worden waren. Sie konnten versuchen, ihr Leben durch möglichst unauffällige Formen des Widerstandes oder durch demonstrative Unterwürfigkeit zu erleichtern, aber wenn sie vergewaltigt, geschlagen, gequält oder verkauft wurden, konnten sie weder auf den Schutz des Gesetzes noch auf die Empörung der lokalen Gesellschaft hoffen. Die Peitsche war ständig in Gebrauch. Als Frederick Law Olmstedt, der 1854 den Süden bereiste, einen Aufseher fragte, ob es nicht sehr unangenehm sei, ständig so viel bestrafen zu müssen, meinte dieser, das würde wohl auf jemand zutreffen, der das nicht gewöhnt sei. Für ihn sei es eine Aufgabe, über die er sich keine Gedanken mache. (zit. bei: Clarke 1998: 29) Ob Bennet H. Barrow, der zehn Jahre lang genau Buch führte, wen unter seinen Sklavinnen und Sklaven er wann, warum und wie bestrafte, ein besonders harscher oder eher milder Sklavenhalter war, ist unter Historiker/innen umstritten, in jedem Fall bestätigen die Eintragungen die Formulierung des Aufsehers: grausame Strafen – auch wegen nichtiger „Vergehen" – waren für den Buchhalter der Disziplinierung eine Selbstverständlichkeit. (Zitate bei Clarke 1998: 27-29) Zweifelsohne gab es für manche Sklavin und manchen Sklaven gewisse Privilegien, materielle Anreize oder Belohnungen, aber keine und keiner war dauerhaft davor geschützt, körperliche Gewalt erdulden zu müssen.

Nichtsdestotrotz gab es in den konkreten Lebens- und Arbeitsbedingungen große Unterschiede. Je nach der Art der Produktion, für die sie eingesetzt wurden, je nach der Größe einer Plantage sowie der Bedeutung, die Verwaltern und Aufsehern zukam, wenn die Eigner nicht vor Ort waren, konnten die Arbeit und das Leben mehr oder minder erträglich sein. Sie unterschieden sich aber auch je nach der konkreten Einstellung eines Eigentümers. Das galt vor allem für die Plantagenwirtschaft des Südens. Denn in ihr kam beides zusammen: Die relative geographische Besonderung und das private Hoheitsrecht über jede Form des sachlichen Eigentums, somit auch über Sklaven. Für die Bestrafung von Sklaven waren ausschließlich ihre eigenen Herren zuständig. 1829 schrieb Richter Thomas Ruffin vom Obersten Gericht North Carolinas: „Damit der Sklave ein Sklave bleibt, muss ihm bewusst sein, dass es für ihn keine Möglichkeit gibt,

75 Eine ausführliche Debatte der parteipolitischen Konflikte in der ersten Hälfte des 19. Jahrhunderts findet sich in: Post (2011: Kap. 5).

eine Entscheidung seines Herren anzufechten." (J. Brown, 1855/1972, zit. in: Clarke 1998: 23, Übers.) Nur wenn sich Sklaven an Weißen oder an Eigentum außerhalb der Plantage „vergangen" hatten, stellte sich staatliche Gerichtshoheit über private Strafgewalt. Frederick Douglas zufolge hatte jede Plantage – „eine eigene Sprache, eigene Regeln, Vorschriften und Bräuche. Allem Anschein nach haben die Gesetze und Institutionen des Staates [Maryland] hier keine Bedeutung. Die Schwierigkeiten, die hier auftreten, werden nicht durch die Staatsmacht geregelt. Im Allgemeinen ist der Aufseher Ankläger, Richter, Gericht und Strafgewalt in einer Person. Der Kriminelle ist immer tumb. Der Aufseher ist für alle Aspekte des Falles zuständig. Es gibt keine Eigentumsrechte, die miteinander in Konflikt stehen, denn alle Menschen gehören einem Mann, und sie selbst können kein Eigentum haben. Auch Religion und Politik spielen keine Rolle ... In ihrer Isolation, Abgeschlossenheit und Autonomie ähnelt Col. Lloyd's Plantage einer der Baronien im europäischen Mittelalter. Sie sind hart, kalt und unerreichbar für alle guten Einflüsse von außerhalb; ganze dreihundert Jahre hinter dem Zeitalter zurück, das Humanität und Moral für sich erkannt hat." (1855/1969: 64, Übers.)[76] Der Autor war zuvor selbst Sklave gewesen.

Den Herren über Sklavinnen und Sklaven wurden keine Vorschriften im Hinblick auf ihre Strafpraxis gemacht, aber in den Gesetzen des Südens waren gewisse Anhaltspunkte enthalten. Sie sahen vor, dass Entflohene oder anderweitig Aufständische gebrandmarkt werden konnten, dass ihnen Gliedmaßen abgehackt und sie ausgepeitscht, „wie ein Schinken" für Stunden oder Tage aufgehängt[77] oder unmittelbar hingerichtet werden konnten. Flucht galt als Diebstahl der eigenen Arbeitskraft und wurde drakonisch bestraft. Dass Herren und Aufseher dabei auch sadistische Neigungen auslebten, macht die Schilderung eines der Opfer deutlich. „Ein Eisen wird ... um den Hals gelegt. Ein anderer Ring aus Eisen wird eng um die Krone des Kopfes gelegt. Die beiden Ringe werden durch drei Eisenstreben zusammen gehalten. Diese Streben, oder Hörner, stehen oben hervor. An jeder ist eine Glocke angebracht. Zusammen wiegen sie mindestens zwölf bis vierzehn Pfund. Als Stephens diesen Schmuck auf meinem Kopf befestigt hatte, band er mich los und sagte, jetzt könne ich davon laufen, wenn ich wolle." Drei Monate lang trug John Brown diese Glocken und Hörner bei Tag und bei Nacht. (zit. Mintz 1993/1996: 120, Übers.)

Solche und andere grausame Strafen haben viele erduldet. Widerstand konnten sie nicht verhindern. Es gab die kleinen Widerstände im täglichen Arbeitsleben, vor allem aber gab es die Flucht, die wichtigste, gewaltfreie und dennoch lebensgefährliche Art des Widerstands gegen ein Leben in der Sklaverei. (Mintz; in: Engerman & Drescher & Paquette, Hg. 2001/2009: 345) Auch John Brown hat es noch mehrfach versucht. Schließlich ist es ihm gelungen.

---

76 Der Auszug wird hier zitiert nach: Stanley Engerman, Seymour Drescher & Robert Paquette, Hg. (2009) Slavery (Oxford Univ. Press) 2001/2009: 240.

77 Als "hamstringing" wurde diese besondere Art der Strafe bezeichnet.

Trotz ihrer unablässigen grausamen Disziplinierungspraktiken fühlten sich Sklavenhalter in den Südstaaten ständig bedroht. Mochten sie auch noch so sehr von der Berechtigung ihrer Verhaltensweisen überzeugt sein, mochten sie noch so oft davon sprechen, dass Sklaven wie Kinder seien, die der nachdrücklichen Erziehung bedurften, ihre eigene Erfahrung strafte sie immer wieder Lügen. Rebellionen wurden zwar rasch und drakonisch – und mit der selbstverständlichen Unterstützung durch die Staatsgewalt und durch Mitbürger – niedergeschlagen, aber die Erfahrung eines Aufstandes blieb.[78] Manchmal entwickelte sich eine regelrecht hysterische Angst unter den Weißen, eine Situation, die einzelne dazu brachte, brutale außerlegale Gewalt anzuwenden. (Rodriguez, Hg. 2007: 120) Der Aufstand, den Nat Turner im August 1829 auslöste und führte, bewirkte nicht nur blutige Rache, er prägte auch die letzten Jahrzehnte des Sklavenregimes. „Allmählich wurde der ganze weiße Süden ein bewaffnetes Lager, das sich selbst die Aufgabe gestellt hatte, die Negersklaverei zu erhalten und schwarze Rebellen zu töten." (du Bois 1935/1962: 12; zit. nach: Clarke 1998: 31, Übers.)[79]

Sklaverei und Profit

Dass Sklaven auch noch importiert wurden, als dies nicht mehr legal war und als Preise für Sklaven anstiegen, belegt, dass es unter den gegebenen Bedingungen eine beträchtliche Nachfrage nach diesen Arbeitskräften gab. Und damit sind wir bei der Thematik, die in den letzten Jahrzehnten die Diskussion über die Sklavenwirtschaft in den USA dominiert hat: die Frage nach der Profitabilität der Sklavenwirtschaft. Während laut Fox-Genovese & Genovese die Aufrechterhaltung der Sklaverei keineswegs als Beleg für ihre Rentabilität gelten kann, weil die Sklavenhalter eine Herrenidentität ausgebildet hatten, die sich jeder Gewinn- und Verlustrechnungen gegenüber als widerständig erwies, (1983: 41) wird inzwischen nahezu einhellig anerkannt, dass die Sklavenwirtschaft in den Südstaaten – wie im Übrigen auch in Kuba, Brasilien und den Westindischen Inseln – profitabel war (zusammenfassend Kolchin 1993/1999: 178f.). Vor dem Bürgerkrieg sollen Plantagenbesitzer in den USA Profite zwischen 6 und 12 Prozent erzielt haben. (Rodriguez, Hg. 2007: 112). Sofern die verbliebenen Kritiker der These von der Profitabilität der Sklavenwirtschaft die zeitweilige Erzielung von Profiten anerkennen, verweisen sie darauf, dass es in der ersten Hälfte des 19. Jahrhunderts eine immense Nachfrage nach Baumwolle gab. Dadurch sei die Aufrechterhaltung einer prinzipiell unrentablen Produktionsweise noch eine Zeit lang möglich gewesen.

Tatsächlich schuf die Nachfrage nach Baumwolle ein Investititionsklima, welches Überproduktion und 1837 eine Krise zur Folge hatte. Weil aber das Kapital der Pflanzer in Land und Sklaven gebunden war, konnten sie ihre ökonomischen Schwierigkeiten

78 Hinweise auf Widerstand und Rebellionen in: Morgan/2000: Kap. 5.

79 Da das Zitat sehr frei übersetzt ist, anbei der Text im Original. „*Gradually the whole white South became an armed and commissioned camp to keep Negroes in slavery and to kill the black rebel.*"

nur durch die Produktion von noch mehr Baumwolle überwinden. Diese Bedingungen führten Walter Johnson zufolge dazu, dass auf die Produktion eigener Lebensmittel verzichtet wurde, um noch mehr Baumwolle produzieren zu können. Die Menge der angekauften Lebensmittel wurde aber so gering gehalten, dass Sklaven auf den großen Baumwollplantagen Walter Johnson zufolge ständig Hunger litten.[80] Trotzdem konnten manche der Pflanzer aufgenommene Kredite nicht zurückzahlen. Um deren Eintreibung durch Gerichte zu vermeiden sind manche – so Walter Johnson – mitsamt ihren Sklavinnen und Sklaven nach Texas emigriert. (2013: 282)

Krisen, Pleiten und Verlagerungen waren Merkmale des *slave-racial-capitalism* (Johnson). Sie widerlegen nicht die zunächst vor allem durch Robert William Fogel und Stanley L. Engermann vertretene These von der möglichen Profitabilität von Sklavenarbeit. [81] Ihre Veröffentlichung "Time on the Cross" (1974/1989) hat heftige Kritik hervorgerufen, wobei sich Vertreter/innen der dominanten Theorie des Kapitalismus und Vertreter/innen einer marxistischen Kritik des Kapitalismus in ihrer Ablehnung einig sind. Manche machen es sich einfach und zitierten die Gründungsväter der jeweiligen ökonomischen Schulen, die beide der Ansicht waren, es könne niemals „Sklaverei im Kapitalismus" heißen, sondern nur „Sklaverei oder Kapitalismus".[82] Nun hatten sich allerdings weder Adam Smith noch Karl Marx eingehend mit den spezifischen Ausprägungen moderner Sklavenwirtschaft befasst. Die von ihnen gleichermaßen vertretene Auffassung, Sklavenwirtschaft und Kapitalismus seien unvereinbar, weil Sklaven nicht motiviert werden könnten, produktiv zu arbeiten, werden dennoch bis heute immer wieder als gesicherte Tatsache zitiert. Auch ihre Gleichsetzung von antiker und moderner Sklaverei ist nach wie vor gängig.[83]

---

80 Johnson hat dafür ausgiebig Belege gesammelt. (2013: Kap. 7)

81 Als ich selbst 1972 resümierte, die Sklavenwirtschaft der Südstaaten sei in den kapitalistischen Entwicklungsprozess integriert und sie sei profitabel gewesen (1974: 74 und passim), war "Time on the Cross" noch nicht publiziert, wohl aber eine frühere Arbeit von Fogel und Engerman (1971) sowie Arbeiten von Conrad & Meyer (1964), von Starobin (1970), Franklin (1950) und einigen anderen, die zu ähnlichen Ergebnissen gekommen waren.

82 Auch Sigrid Meuschel beharrte darauf, dass es sich bei Sklaverei und Kapitalismus um zwei verschiedene Produktionsweisen handle. (1981: 29-35)

83 So verweist etwa Henry Heller im Zusammenhang der Diskussion moderner Sklaverei auf Geoffrey E.M. de St. Croix. Dieser habe in seinem Buch "The Class Struggle in the Ancient Greek World" (1981) die klassische Analyse der Sklaverei vorgelegt. (2011: 169) De St. Croix wäre wohl zurückhaltender. In seiner Diskussion theoretischer Kategorien betont er sehr nachdrücklich, dass es keine objektiv richtigen theoretischen Kategorien gibt. Vielmehr entscheide sich ihre Berechtigung danach, ob sie sich für die historische und soziologische Analyse als nützlich erweisen. (1981: 43) Was die Marx'sche Analyse der modernen Sklaverei anlangt, so basierte sie in erheblichen Teilen auf der Veröffentlichung des englischen Abolitionisten John Elliott Cairnes (1863/1968). Marxens These, dass ein ständiger Nachschub an Sklaven notwendig sei, weil Sklaven in den Südstaaten früh zu Tode geschunden würden, ist durch das beträchtliche Wachstum der versklavten Bevölkerung des Südens widerlegt. Dasselbe gilt für die auf gleiche Weise begründete Überbewertung einer systematischen Sklavenzucht. Wilhelm Backhaus hat die These vertreten, dass Marx die Unvereinbarkeit von Sklavenwirtschaft und Kapitalismus

Im Kern der Auseinandersetzung steht inzwischen die Frage, ob die Sklavenwirtschaft auch ohne den Bürgerkrieg untergegangen wäre, wobei sich die Anhänger dieser These auch nicht davon überzeugen lassen, dass Sklaverei nirgends aufgrund ökonomischer Rationalität abgeschafft wurde. Abgesehen von Haiti, wo sich Sklaven erfolgreich gegen ihr Schicksal zur Wehr setzten, bedurfte es überall eines staatlichen Verbots, in den USA sogar eines Krieges, um der Sklavenwirtschaft ein zumindest formales Ende zu setzen.

Für die These von einer strukturellen Grenze der Sklaverei werden verschiedene Argumente angeführt. Zwar wird in Bezug auf die USA heute nicht mehr die – noch von Marx angenommene – Notwendigkeit eines ständigen Nachkaufs wegen des raschen „Verbrauchs" der Sklavenarbeit durch extreme Ausbeutung behauptet, wohl aber wird konstatiert, die soziale Form der Produktion habe die Auslaugung der Böden beschleunigt. Weil dadurch die ständige Erschließung neuen Landes notwendig gewesen sei, habe die Sklavenwirtschaft eine gewissermaßen natürliche Grenze gehabt. Auch wenn die Sklavenwirtschaft profitabel gewesen sei, wenn sie für die Produktion von Baumwolle genutzt wurde, so sei der für diese Produktion notwendige ständige Zuwachs an Land doch bereits um 1860 an seine politisch-geographischen Grenzen gelangt gewesen. Fogel und Engerman zufolge hat sich aber in der Zeit von 1860 bis 1890 das für den Anbau von Baumwolle genutzte Land noch einmal fast verdoppelt, um dann bis 1925 erneut um das Doppelte zu wachsen. (1974/1989: 96f.) Andere führen den von ihnen unterstellten wirtschaftlichen Niedergang auf die Abwesenheit vieler Eigentümer von ihren Plantagen und deren häufige chronische Verschuldung zurück. All dies aber, darauf hat Seymour Drescher in seiner Kritik der These vom Niedergang nach 1775 hingewiesen, gab es seit Beginn der Sklavenwirtschaft in der Neuen Welt. (1999: 97) Es hat nicht dazu geführt, dass weniger Sklaven nachgefragt worden wären. Unzweifelhaft lässt sich für manche Regionen ein Nachlassen der Profite auf Exporte zeigen, für andere dagegen blieben die Profite hoch – und zwar bis zum politisch – und im Falle der USA sogar militärisch – herbeigeführten Ende der Sklavenwirtschaft.

Im Zentrum der These von der strukturellen ökonomischen Grenze der Sklavenwirtschaft steht das Argument, dass sie die Entwicklung industrialisierter Produktion – und damit einer für den Kapitalismus zentralen Form der Produktion – hinderte. Dafür werden vier Begründungen angeführt:

In den USA sei die für eine industrialisierte Produktion unerlässliche Voraussetzung der Agrarrevolution ausgeblieben; Versklavte Arbeitskräfte seien nicht mobil. Folglich habe sich kein Arbeitsmarkt und kein Einsatz von Arbeitskraft entsprechend der jeweiligen Produktivität eines Betriebes entwickeln können; Versklavten Arbeitskräften fehlte die Motivation für den produktiven Einsatz ihrer Arbeitskraft; Die Sklavenwirtschaft

---

vor allem seiner Revolutionstheorie wegen behaupten musste. Solange die Sklavenarbeit bestehe, sei eine erfolgreiche Entwicklung der amerikanischen Arbeiterklasse unmöglich, weil es dadurch der Bourgeoisie möglich sei, den einen Teil der Arbeiterklasse dem anderen gegenüber zu stellen. (1974: 67f.).

habe den technischen Fortschritt und damit ein zentrales Merkmal kapitalistischer Wirtschaft verhindert.

Angesichts der inzwischen vorliegenden empirischen Analysen lässt sich keine dieser Begründungen aufrechterhalten. Das ist im Folgenden kurz zu erläutern.

Vor allem Elizabeth Fox-Genovese und Eugene D. Genovese haben darauf verwiesen, dass dem *take off* industrieller Produktion überall eine Revolution der Agrarproduktion voraufging. (1983: 158) Sie vermerken freilich nicht, dass diese Revolution agrarischer Produktion insofern zur Voraussetzung der Industrialisierung wurde, als deren Entwicklung zweierlei verlangte: zum ersten ein Reservoir an Arbeitskräften, welches auf Beschäftigung in der Industrie entweder existentiell angewiesen war oder sich doch eine Besserung der eigenen materiellen Lage versprach, zum zweiten eine Reorganisation der Agrarproduktion, die es möglich machte, die wachsende Zahl nicht in der Landwirtschaft tätiger Menschen zumindest einigermaßen zu sichern. Beides, Arbeitskräfte und Lebensmittel waren in der Sklavenwirtschaft der USA vorhanden, können also nicht als strukturelle Hindernisse für Industrialisierung angeführt werden.[84]

Die zweite Begründung bezieht sich auf das Fehlen der für eine industrielle Entwicklung unerlässlichen Arbeitsmärkte. Betriebswirtschaftlich gesehen handelte es sich bei Kauf und Aufzucht von Sklaven um eine Erweiterung des sachlichen privaten Eigentums und damit eben nicht um Ausgaben für den Produktionsfaktor Arbeit, der je nach Bedarf kurzfristig erhöht oder gesenkt werden konnte, indem Arbeitskräfte neu eingestellt oder entlassen wurden. Im Vergleich zu freier Lohnarbeit ist Sklavenarbeit sehr viel stärker lokal gebunden, weshalb sie denn auch über längere Zeit in unproduktiven Betrieben gehalten werden konnte. Dennoch war Sklavenarbeit nicht völlig immobil und Märkte für die Arbeitskraft von Sklaven waren nicht völlig abwesend. Auf ihnen agierten nicht die Eigentümer der Arbeitskraft, sondern die Eigentümer der Personen. Zwar erfolgte der Transfer von versklavten Arbeitskräften an neue Orte im 19. Jahrhundert ganz überwiegend dadurch, dass einzelne Plantagen- und Sklavenbesitzer aus Maryland, Virginia und den Carolinas sich von der Tabakproduktion auf die Baumwollproduktion verlegten und zu diesem Zweck ihre Produktion nach Georgia, Alabama, Mississippi, Louisiana oder Texas verlagerten, wobei sie ihre Sklavinnen und Sklaven, nicht immer aber auch deren jüngere Kinder, mit sich nahmen. Robert William Fogel und Stanley L. Engermann zufolge hat es sich bei der Verlagerungen von Sklavenarbeit aus dem „Alten Süden" in die neu hinzugekommenen Staaten im Westen in 84 % aller Fälle um derartigen Ortswechsel gehandelt, (1974/1989: 48) andere halten diesen Prozentsatz für zu hoch gegriffen. Eine neuere Kalkulation des – im Übrigen auch nach dem Verbot des Sklavenimports nie gesetzlich untersagten – Binnenhandels mit Sklaven geht eher von

84 Die früher vor allem von Douglas North (1961) angenommene Wirkung der Produktivitätssteigerung in der Landwirtschaft des Nordens spielte Charles Post zufolge für die Entwicklung des Südens keine Rolle, weil die verbesserte Infrastruktur nahezu ausschließlich Transporte von Weizen und anderen Agrarprodukten vom Westen in den Osten, nicht aber vom Westen in den Süden begünstigte. (2011: 98)

60-70 % solcher Verlagerungen ganzer Plantagen aus, weist also dem von Sklavinnen und Sklaven so sehr gefürchteten Verkauf eine größere Bedeutung zu. (Kolchin 1993/1999: 96-97)[85]

Und damit sind wir bei der zweiten Form der geographischen Mobilisierung von Sklavenarbeit: dem Binnenhandel mit Sklavinnen und Sklaven. Während der Import von Sklavinnen und Sklaven seit 1808 verboten, wenn damit auch keineswegs völlig unterbunden war, blieb der Binnenhandel bis zur Abschaffung der Sklaverei legal. Durchgeführt wurde er von Händlern, die sich auf diesen Handelszweig spezialisiert hatten. Bis zu 2.000 Dollar sollen sie in den Jahrzehnten vor dem Bürgerkrieg für einen „disziplinierten" kräftigen jungen Schwarzen erzielt haben. (Clarke 1998: 18) Bis 1840 sollen Profite in dieser Handelssparte mehr als 30 % betragen haben, danach immerhin noch zwischen 15 % und 30 %. (Kolchin 1993/1999: 98) Die exorbitanten Profite, die im Handel mit Sklaven erzielt wurden, belegen, dass die Produktion mit Sklaven unter den gegebenen Bedingungen so wirtschaftlich war, dass die Nachfrage nach Sklaven die Preise in die Höhe trieb.

Viele Sklavinnen und Sklaven fürchteten Verkäufe vor allem, weil dadurch ihre Familien auseinandergerissen wurden. Damit aber nicht genug. Denn wenn die allgemeinen Merkmale der Sklaverei auch überall gleich waren, so war dem früheren Sklaven Charles Ball zufolge die „allergrößte Härte des Systems doch nur in den Baumwollplantagen von Georgia und Carolina oder den Reisfeldern in Maryland und Virginia anzutreffen, die an die Sümpfe der Flüsse im Süden grenzen". (zit. in: Mintz, Hg. 1993/1996: 74)[86] Es machte einen großen Unterschied, ob man auf einer Farm arbeitete, auf der es allerhöchstens 20 bis 30 Sklaven gab und die Familie des Eigentümers ständig anwesend war oder auf einer der riesigen Plantagen, die einen Verwalter und mehrere Aufseher hatte. Trotz aller Versuche, Sklavinnen und Sklaven von Informationen abzuschneiden, waren ihnen regional unterschiedliche Organisationsformen der Arbeit und regional dominante Herrschaftspraktiken durchaus bekannt. Und deshalb wurde im „Alten Süden" in den Jahrzehnten vor dem Bürgerkrieg die Androhung eines Verkaufs „in den Süden" zu einer vielfach eingesetzten Maßnahme der Disziplinierung. Josiah Henderson erinnerte sich später an die unter Sklaven verbreitete „panische Angst, in den Süden geschickt zu werden". Er selbst hatte als Kind die ganzen Schrecken derartiger Verkäufe erleben müssen. Nachdem sein Vater einen Aufseher niedergeschlagen hatte, weil dieser versucht hatte, seine Mutter zu vergewaltigen, war der Vater, dem es nur kurzzeitig gelungen war, sich zu verstecken, von der Obrigkeit zu fünfzig Peitschenhieben verurteilt worden. Danach wurde eines seiner Ohren an den Prügelpfahl genagelt und ihm abgerissen. Und dann wurde er nach Alabama verkauft und blieb für seine Familie auf immer verschollen. Nach

85 Walter Johnson zufolge wurden in den Jahrzehnten vor dem Bürgerkrieg in 50 % aller Sklavenverkäufe Familien auseinander gerissen. (2013: 14)

86 Charles Ball war Sklave in Maryland, South Carolina und Georgia. Zweimal ist ihm die Flucht gelungen. Mintz zitiert aus: Charles Ball (1858) Fifty Years in Chains: or the Life of an Amerian Slave, New York.

dem Tod des Eigentümers wurden dann aber auch alle anderen Sklavinnen und Sklaven der Plantage verkauft, und Josiah Henson, damals „fünf oder sechs Jahre alt“, hat seine Mutter niemals wieder gesehen. (zit. in: Mintz, Hg. 1993/1996: 99-102)

Eine weitere Form der Mobilisierung von Sklavenarbeit bestand in deren Auslagerung. Versklavte Handwerker, die dazu von ihren Eigentümern berechtigt wurden, konnten ihre Arbeitskraft mehr oder minder frei in Städten anbieten (um dann den größten Teil ihres Verdienstes abzuliefern). Vielfach wurden Sklaven auch vermietet. In diesem Fall verhandelten die Eigentümer über Löhne, was dazu führte, dass die Bezahlung vergleichsweise hoch war. (Huston 2003: 93) Von den Mietern wurden nicht nur Einkünfte für die Eigner verlangt, sondern auch ausreichende Ernährung und zureichende Unterbringung der Sklaven. Das Interesse der Eigentümer am Erhalt der Arbeitskraft ihrer Sklaven bewirkte zwar nicht immer, aber doch vielfach, eine Sicherung existentieller Lebensnotwendigkeiten. Zusätzlich zu direkten Geschäftsbeziehungen zwischen Eigentümern und Mietern von Sklaven gab es auch Agenturen, welche die zeitweise Miete von Sklaven vermittelten. Auf diese Weise kamen Sklaven auch zu Beschäftigungen in Industriebetrieben.

Denn trotz der eindeutigen Dominanz agrarischer Produktion hatte sich auch in den Südstaaten verarbeitende Industrie entwickelt. Bereits seit 1790 gab es Baumwollspinnereien, zunehmend wurden Zuckerraffinerien gegründet. Sklaven produzierten Eisen und Terpentin. Ab den 1820er Jahren stieg die Zahl der verarbeitenden Betriebe im Süden. (Starobin 1970/1975: 230) Robert S. Starobin zufolge waren in den 1850ger Jahren 5 % der Sklaven in den Südstaaten in der Industrie beschäftigt (1970/1975: 11), wobei zu „Industrie“ alles gerechnet wird, was nicht im engeren Sinne als Landwirtschaft zu verstehen ist, also beispielsweise auch Bergwerke, Flößereien, Eisenbahn- und Kanalbau. Manche Industrielle kauften Sklaven, viele aber mieteten Sklaven für einen bestimmten Zeitraum. Vor allem in Zeiten, in denen auf den Plantagen weniger Arbeitseinsatz erforderlich war, nutzten Sklavenhalter diese Nachfrage. In manchen Betrieben arbeiteten ausschließlich Sklaven unter weißen Vorarbeitern, in manchen waren sowohl freie weiße als auch versklavte schwarze Arbeitskräfte beschäftigt. Es gibt Berichte über Vorurteile und Konflikte. Letztere wurden nicht zuletzt auch dadurch verursacht, dass freie Lohnarbeiter Sklaven als Konkurrenten um Arbeitsplätze erlebten. Es gibt aber auch Berichte über gelungene Zusammenarbeit. (Starobin 1970/1975: 237) Vielfach waren die Arbeitstage in Industriebetrieben länger als auf den Plantagen. Oft wurden sechzehn Stunden am Tag gearbeitet, und nicht immer gab es einen arbeitsfreien Sonntag. In vielen Betrieben war die Arbeit sehr gefährlich und Unfälle waren an der Tagesordnung. Nach der Anschaffung von Dampfmaschinen stieg die Zahl der tödlichen Unfälle. Immer wieder entflohen Sklaven diesen Bedingungen. Sie wurden gejagt, oft mit Bluthunden. Manche der Entflohenen meldeten sich auf der Plantage ihres Eigentümers. So auch der Sklave Ned im Jahre 1853, über den sein Eigentümer dem Mieter schrieb, Ned habe gesagt, er mache dem *Master*, in diesem Falles also dem Mieter, keinen Vorwurf, aber die Produktion von Terpentin sei so hart, dass sie ihn Stück für Stück umgebracht hätte.

Lieber habe er sofort sterben wollen. Der Eigner schickte den Sklaven zurück, empfahl aber dem Mieter, diesen nicht wieder für die Produktion von Terpentin einzusetzen. „Er wird davon laufen oder Ihnen mehr Ärger als Profit bringen." (Grist papers, Box 3, zit: Vollmers 2003: 379f., Übers.) Ned war nicht der einzige, der dieser Produktion entfloh. Doch zeigt die Tatsache, dass das Fehlen einzelner Arbeitskräfte unter Umständen erst am Ende der Woche bemerkt wurde, dass sie die Woche über alleine und ohne Aufsicht in einem bestimmten Waldstück damit beschäftigt waren, das Harz für die Produktion von Terpentin aus den Pinien zu gewinnen. (Vollmers 2003: 373)

Ganz besondere Erfahrungen sammelten Sklaven, die von ihren Eignern auf Handelsschiffe oder aber für Lotsendienste an Hafenverwaltungen vermietet wurden. Bei manchen der „Schwarzen", „Afrikaner", „Neger" oder „Farbigen", die in den Jahrzehnten vor Ausbruch des Bürgerkrieges in den Mannschaftslisten US-amerikanischer Handelsschiffe verzeichnet wurden, handelte es sich um freie Männer, andere aber waren durch ihre Eigner verheuert, also vermietet, worden. Regional betrug der Anteil freier und versklavter schwarzer Seeleute zeitweise um die 20 % der Mannschaften. Die besonderen Erfahrungen, die sie alle, vor allem aber die Sklaven unter ihnen, machten, ergaben sich aus den Anforderungen des Schiffsbetriebes. Selbst Schwarze, die als Köche geheuert worden waren, erhielten damit jene Handlungsspielräume, die Köchen auf allen Segelschiffen der Handelsmarine zufielen. Es gab aber nicht nur Köche und Stewards und nicht nur Schwarze, die als Schiffsjungen dienten, vielmehr gab es an Bord US-amerikanischer (und westindischer) Handelsschiffe auch Sklaven als *able-bodied seamen*, als Matrosen also, mehrfach auch als Steuerleute und vereinzelt sogar als Kapitäne. Rassistische Vorurteile blieben bestehen, aber die Organisation des Schiffsbetriebs erforderte Zusammenarbeit. Segelschiffe, vor allem die modernen Segelschiffe des 19. Jahrhunderts, verlangten von Seeleuten beträchtliche Fertigkeiten (*skills*) und eine minutiöse Zusammenarbeit. (Gerstenberger & Welke, 1996: 55-69) Um letztere auch unter schwierigen Wetterbedingungen bei Arbeiten in der Takelage herzustellen, mussten persönliche Abneigungen in den Hintergrund treten, ob es sich nun um aktuelle Konflikte oder um rassistisch begründete Vorbehalte handelte. Die erfolgreiche Bedienung der Segelmaschine machte es unumgänglich, dass an Bord die Hierarchie der Fähigkeiten unter den Matrosen über die von so vielen unterstellte natürliche Hierarchie der Rassen dominierte. Es steht zu vermuten, dass schwarze Schiffsjungen ein größeres Maß an erzieherischen Maßnahmen zugeteilt erhielten als ihre weißen Kollegen, aber von den derben Flüchen samt Püffen und den mannigfachen Schikanen, die aus einem grünen Jungen einen Seemann machen sollten, konnten alle berichten, die unerfahren an Bord kamen. Erwiesen sich die schwarzen Schiffsjungen aber als fähig, so verblieben sie nicht immer in dieser Position, sondern erfuhren einen Aufstieg in der Schiffshierarchie. Und dann konnte es auch vorkommen, dass ein versklavter Seemann einem neuen Schiffsjungen, der womöglich der Sohn eines Sklavenhalters war, Befehle erteilte. Kamen schwarze Seeleute an Bord, und handelte es sich auch um versklavte Schwarze, so wurden deswegen nicht die Traditionen der Seefahrt geändert. Seeleute, die zusammen „Wache gingen", verteilten traditionell selbständig die verschiedenen Arbeiten untereinander, und bei dieser Autonomie der Arbeitsorganisation beließen es Kapitäne auch nach der Ankunft von Sklaven. Auch die Zuweisung der Kojen im Logis erfolgte eher nach Arbeitsrang als nach rassischen Gesichtspunkten. Seefahrt produzierte keine egalitären Gruppen, aber wenn Matrosen an Land gingen, so trugen sie gleichartige Hosen und Hemden und hatten gleichartige Tücher umgebunden. Und manch einer lernte an Bord nicht nur Seefahrt, sondern bekam auch Lesen und Schreiben beigebracht, ein Sachverhalt, für den der freundliche „Lehrer" an Land mit einer drastischen Strafe hätte rechnen müssen.[87]

Als dritte Begründung für die Behauptung, Sklavenwirtschaft habe die industrielle Entwicklung im Süden verhindert oder doch gebremst, wird angeführt, Sklaven habe die Motivation zu produktiver Tätigkeit gefehlt. Es ist dies zugleich die in allgemeinen Analysen nach wie vor am häufigsten angeführte Begründung für die Unvereinbarkeit von Kapitalismus und Sklaverei. Seit Adam Smith wiederholen Theoretikerinnen und Theoretiker diesen Einwand, und seit Adam Smith hätten ihnen freie Arbeitskräfte entgegenhalten können, dass sie sich in Industriebetrieben selbst wie Sklaven fühlten, kaum genug zum Leben verdienten, kaum je auf Aufstieg hoffen konnten und dennoch die ihnen aufgetragenen Tätigkeiten sogfältig ausführten – und manchmal sogar mit Interesse. Wenn sie aber das Ergebnis ihres Arbeitsprozesses wenig interessierte und sie kein Interesse am produktiveren Einsatz ihrer Arbeitskraft hatten, so hat dies die Einführung neuer Technologie nicht gehindert. (Post 2011: 219) Und entsprechendes gilt für versklavte Arbeitskraft. Dass ihre Unfreiheit sie zu besonders widerspenstigen Arbeitskräften gemacht habe, lässt sich historisch nicht belegen. (op. cit.: 217) Tatsächlich – Robert S. Starobin hat das gut belegt (1970/1975: 14) – gibt es keine empirischen Belege für die Annahme, dass industrielle Produktion mit versklavten Arbeitskräften weniger effizient gewesen wäre als mit freien Lohnarbeitskräften. Für alle versklavten Arbeitskräfte war brutale Gewalt – zumindest potentiell – stets gegenwärtig. Darin unterschied sich ihre Lage von der Lage freier Lohnarbeitskräfte. Nichtsdestotrotz gab es auch Übereinstimmungen. Das galt insbesondere für die tagtäglichen Konflikte zwischen Arbeit„gebern" und Arbeitskräften. Sie betrafen die konkrete Arbeitsorganisation, die Dauer der Arbeitstage sowie die Arbeitsteilung, und sie galten auch für die Strategien, die von Arbeitskräften angewandt wurden: vorgebliches Unverständnis von Anordnungen, Verlangsamung des Arbeitsprozesses, Ruin von Werkzeugen, Verlassen des Arbeitsplatzes

87 W. Jeffrey Bolster, auf dessen wunderbares Buch ich mich mit den obigen Ausführungen bezogen habe, weist darauf hin, dass versklavte Seeleute, und vor allem versklavte Lotsen und Kapitäne das leichteste Leben aller Sklaven hatten. Sowohl an Bord als auch während ihrer beruflichen Aufenthalte an Land hatten sie ein Maß an Freiheit, wie es kaum ein anderer Sklave kannte. Aber so stolz viele auch darauf waren, dass ihnen Schiffe und manchmal auch große Summen anvertraut wurden, so waren sie doch nicht zufrieden mit ihrem Los. Bolster vermerkt, dass uns dies daran erinnern sollte, dass Sklaverei eben nicht zureichend erfasst ist, wenn auf materielle Lebensumstände und harte Arbeit verwiesen wird. Manch einer unterstützte andere Sklaven bei ihrer Flucht, viele trugen zur Entwicklung von Selbstbewusstsein unter Schwarzen bei. (Bolster 1997: 140 und passim)

und notfalls auch direkte offene Konfrontation. (Post 2011: 218 im Anschluss an: Berlin 1998: 11) Umgekehrt nutzten Produzenten auch versklavten Arbeitskräften gegenüber vielfach ökonomische Anreize. Nicht nur in der Plantagenökonomie, sondern auch in der verarbeitenden Industrie konnten Sklaven zu eigenem Geld kommen. Während Sklavinnen und Sklaven auf Plantagen oft gestattet wurde, Produkte, die sie auf den ihnen zugeteilten Böden erzeugt hatten, zu verkaufen, bekamen Sklaven in der Industrie vielfach Prämien bezahlt. Gloria Vollmers hat mit Recht darauf hingewiesen, dass solche Prämien nicht als Vorboten eines Übergangs zu freier Lohnarbeit verstanden werden sollten. Bereits in der Kolonialzeit war von derartigen Anreizen Gebrauch gemacht worden. (Kay & Cary 1995: 37; zit. Vollmers 2003: 370)

Während Charles Post die inzwischen zunehmend akzeptierte Auffassung von der ökonomischen Effizienz der Sklavenarbeit in industrieller Produktion teilt, sieht er für deren Entwicklung dennoch eine in der Sklavenwirtschaft angelegte Grenze. Seiner Ansicht nach habe diese den technischen Fortschritt verhindert, denn Sklaveneigner bzw. Sklavenmieter seien nicht darauf angewiesen gewesen, der Konkurrenz durch die Erzielung von „relativem Mehrwert" zu begegnen. (Post 2011: 150-153) Marx bezeichnete als absoluten Mehrwert die Steigerung der Produktion mittels Verlängerung des Arbeitstages und/oder Senkung von Löhnen. Als die Erzeugung eines relativen Mehrwerts galt ihm die Steigerung der Produktivität mittels der besseren Unterordnung der Arbeit unter das Kapital – insbesondere durch die Einführung von Technologie, die Arbeitskraft zum „Anhängsel der Maschine" macht, aber auch durch die Technologie der Organisation, die eine bessere Ausnutzung der Arbeitskraft ermöglicht. Dass Kapitaleigner ständig nach der Erzielung relativen Mehrwerts streben, erklärt sich für Marx aus Konkurrenz. Sie ist der Motor der technischen Entwicklung und damit das Zentrum der ökonomischen Dynamik. Eine entsprechende Argumentation finden sich bei Joseph Schumpeter, demzufolge die Konkurrenz Unternehmer ständig zwingt, Pionierprofite zu erzielen. Es handelt sich um Gewinne, die erzielt werden können, wenn mittels neuer Technologie billiger produziert werden kann. Der zusätzliche Gewinn kommt zustande, weil die Produkte billiger als diejenigen der Konkurrenten angeboten werden können. Mit der Verbreitung einer technischen Neuerung verschwindet dieser Extraprofit. Unternehmer müssen sich auf die Suche nach neuen Voraussetzungen für Pioniergewinne machen. Plantagenökonomie, so wurde immer wieder betont, sei diesem für den Kapitalismus zentralen Entwicklungsmodus nicht integriert gewesen. Produktionssteigerungen seien überwiegend durch Ausweitung der Anbaufläche erzielt worden, technische Neuerungen seien nur sporadisch und eher selten eingeführt worden. (Post 2011: 110-116) Das Argument unterstellt, dass Konkurrenzstrategien im Kapitalismus auf die Erzielung von Extraprofit begrenzt sind. Auch außerhalb der Plantagenökonomie und bis in unsere Tage gibt es aber Konkurrenzstrategien, die auf die Eröffnung und Stabilisierung von Absatzmärkten abzielen, oder die auf die längerfristige Sicherung einer Marktposition – sogar unter Akzeptanz augenblicklicher Verluste – abzielen, weiterhin auf eine bessere Verwertung der Produktion mittels Werbung und immer wieder auch auf die Erlangung von zusätzlichen Profiten durch die Senkung von Löhnen. Genaue historische Betrachtung belegt zwar immer wieder aufs Neue, dass die Konkurrenz technischen Fortschritt motiviert, sie belegt aber auch, dass dieser über lange Zeitspannen oft genauso sporadisch erfolgt wie dies für die Plantagenökonomie und die Industrie des Südens unterstellt wird.[88]

Nichtsdestotrotz: Der industriellen Entwicklung des Südens waren Grenzen gesetzt. Da war zum einen die strukturell begrenzte kaufkräftige Nachfrage im Süden. Da war aber vor allem auch die Tatsache, dass Industrie in den ersten Jahrzehnten des 19. Jahrhunderts ganz überwiegend in Städten angesiedelt war. Und während Sklaverei und Industrie ökonomisch durchaus harmonierten, war dies bei Urbanisierung und Sklaverei weniger der Fall. Wohl gab es in Städten zahlreiche Sklavinnen und Sklaven, die in Haushalten arbeiteten, viele von ihnen Frauen. Es gab auch Hafenarbeiter und Handwerker, aber das Regime der Herrschaft über menschliches Eigentum, das in den ländlichen Gebieten errichtet worden war, ließ sich nicht einfach in ein städtisches Umfeld übertragen. In Städten war die Mobilität und waren die Verhaltensweisen von Sklaven sehr viel schwerer zu kontrollieren als auf dem Land. Dass der Anteil der Sklaven in größeren Städten des Südens nach 1840 generell abnahm, (Kolchin 1993/1999: 178) mag auch auf den durch freiwillige Immigration gewachsenen Anteil an armen Weißen zurück zu führen sein, zusätzlich aber sicherlich auch auf die Erfahrung mit den Problemen der Disziplinierung von Arbeitskräften außerhalb der Arbeitszeiten samt der besseren Möglichkeiten, sich dem Sklavenleben durch Flucht zu entziehen. 1860 sollen in Städten des Südens mit mehr als 2 500 Einwohnern nicht mehr als 5 % der Bevölkerung Sklaven gewesen sein. (Kolchin 1993/1999: 178)[89]

Auf der Basis neuerer Forschungen zur Industrialisierung sind die Hinweise, die Starobin in seinem bis heute maßgeblichen Werk über „Industrial Slavery in the Old South" (1970/1975) verarbeitet hat, zu ergänzen. Bei Starobin geht es um Baumwollspinnereien, um Zuckerraffinerien, um den Eisenbahnbau oder um Bergbau, mit anderen Worten, um Betriebe, die auch in klassischen Konzepten der Industrialisierungsforschung zur „Industrie" gerechnet wurden. Neuerdings sind diese Konzepte aber gründlich infrage gestellt worden. Dass es Fabriken ohne Mechanisierung gab, ist oben bereits als eines

88 Dass die – inzwischen globalisierte Konkurrenz – keine Garantie für „kontinuierlichen" technischen Fortschritt darstellt, wurde nicht zuletzt durch das rasche Anwachsen der Finanzmärkte im letzten Drittel des 20. Jahrhunderts deutlich. Die Anfang der 1970er Jahre vorliegende Basistechnologie war produktionstechnisch weitgehend ausgereizt. Die sich bietenden Chancen Kapital außerhalb von Produktionsprozessen zu investieren, wurden deshalb sehr schnell in großem Umfang ausgenutzt.

89 Claudia W. Goldin hat darauf hingewiesen, dass Verallgemeinerungen schwierig sind. Allgemein lässt sich feststellen, dass in Städten etwa gleich viel männliche wie weibliche Sklaven lebten und dass die ersteren zumeist besondere Kenntnisse und Fähigkeiten (*skills*) besaßen. Die meisten versklavten Arbeitskräfte – und die wenigsten Immigranten aus Europa – gab es in Richmond, dagegen nahm der Anteil versklavter Arbeitskräfte in Charleston – vermutlich wegen der sinkenden Bedeutung des Hafens – ab. (in: Fogel & Engerman, Hg. 1992: 123)

der Ergebnisse der neueren Industrialisierungsforschung zitiert worden.[90] Sie hat auch eine genauere Bestimmung industrialisierter Arbeitsprozesse hervorgebracht. Als deren wichtigstes Merkmal gilt heute, dass Arbeitskräften jenes Maß an Selbstorganisation genommen wurde, das ihnen sowohl in handwerklicher als auch in traditioneller agrarischer Produktion zukam und vielfach bis heute zukommt. In Marx'schen Termini: die Arbeitskräfte sind nicht nur „formal" dem Kapital subsumiert, sie sind also nicht nur aus existentieller materieller Notwendigkeit (oder wegen zugrundeliegender Gewaltverhältnisse) gezwungen, sich zu einer bestimmten Arbeit bereit zu finden, sondern es wird auch die konkrete Ausführung dieser Arbeit vorgegeben. Diese – in der Terminologie von Marx –„ reelle Subsumtion" der Arbeitskraft unter das Kapital kann durch den Takt von Maschinen vorgegeben werden, aber auch durch Arbeitsteilung und kommandierte gleichartige Arbeitsschritte. Tatsächlich ist die erste wissenschaftliche Theorie der Organisation industrialisierter Produktion von einer durch Arbeitsteilung und Kommando und nicht etwa durch Mechanisierung gesteigerten Produktivität ausgegangen. Erst Henry Ford, nicht aber bereits Frederick Winslow Taylor hat die Produktion am Fließband konzipiert. Bei Taylor, der später zum Namensgeber einer ganzen Epoche der Industrialisierung erhoben werden sollte, handelte es sich darum, die autonomen und für die Produktion unnötigen Bewegungsabläufe der Arbeitskräfte zu unterbinden. (Taylor 1911/1919)

Als Taylor um 1910 Arbeitsprozesse beobachtete, nutzte er eine Stoppuhr, um die Vergeudung menschlicher Arbeitskraft zu messen und sowohl dem absichtlichen als auch dem unabsichtlichen „Sich-Drücken-vor -der Arbeit" auf die Spur zu kommen. Auf dieser Basis hat er Vorschläge für die sparsamste Ausnutzung der Arbeitskraft unterbreitet. Sie zielten nicht auf Mechanisierung, sondern auf wissenschaftliche Betriebsführung. (op. cit. Kap. 1) Hundert Jahre früher hätte er zwar nicht seine Terminologie, wohl aber eine vorweggenommene Realisierung seiner Vorschläge auf den größeren Zuckerplantagen in Westindien und auf den größeren Plantagen in den Südstaaten der USA finden können.[91] Dort wurde die Arbeit in *gangs* (Kohorten) organisiert. Sowohl Männer als auch Frauen arbeiteten in *gangs*, die zumeist zwischen zehn und zwanzig Arbeitskräfte umfassten. Zunächst wurden die Einzelnen ihrer Fähigkeiten entsprechend einer *gang* für eine jeweils spezifische Aufgabe zugewiesen. Danach konnte dass Pflanzen von Baumwolle dann so vor sich gehen, dass zunächst eine *gang* voran ging, um in regelmäßigen Abstän-

90 Dorothea Schmidt, die ihrerseits lange gängige Industrialisierungskonzepte am Beispiel einer Analyse des Stammwerks von Siemens kritisierte, hat die kritische Literatur zur Industrialisierung zusammengefasst. Vgl. Dorothea Schmidt (1994: Kap. 7); Heide Gerstenberger und Ulrich Welke haben gezeigt, dass Segelschiffe sowohl mit handwerklicher als auch mit industrialisierter Arbeit betrieben werden konnten. (1996: Nachwort zur Theorie der Industrialisierung)

91 Als Gustav Winter 1920 ein Handbuch des Taylorismus veröffentlichte, wies er darauf hin, dass von einer Taylorisierung der Landwirtschaft in den USA nicht die Rede sei – und tatsächlich war diese seit dem Ende der Sklaverei ja auch nur noch in Strafkolonien fortgesetzt worden. Er selbst aber war der Ansicht, dass sich die neue wissenschaftliche Betriebsführung durchaus auch für die Landwirtschaft eigne. (1920: 156-160)

den kleine Löcher zu machen, in die dann die zweite *gang* 4-5 Baumwollsamen legte. Die dritte *gang* folgte mit Rechen, um die Samenlöcher zu bedecken. Auch während der Wachstumsperiode wurde in *gangs* gearbeitet. Die eine jätete Unkraut mittels Hacken, während die andere die Erde neben den Pflanzen pflügte und diese gelockerte Erde dann an die Pflanzen warf. Die schnelle, gleichartige, an militärischen Drill gemahnende Arbeit wurde durch die ständige Anwesenheit eines Antreibers oder Aufsehers zustande gebracht, der sich der Peitsche bediente, wenn der Rhythmus ins Stocken kam. Dass es sich nicht nur um einen unter Zwang, aber autonom entwickelten Bewegungsrhythmus handelte, sondern ab den 1830er Jahren auf den Plantagen des Südens auch das Diktat der mechanischen Zeitmessung eingeführt wurde, hat Mark M. Smith mit vielen Beispielen belegt. Dadurch produzierten sie, wie Smith schreibt, einen auf Zeitmanagement basierten Kapitalismus. (1996: 143) Da sich die Ernte der Baumwolle weniger gut für diese Art der Arbeitsorganisation eignete, wurde vielfach mit materiellen Belohnungen für die besten Pflückerinnen und Pflücker gearbeitet, die entweder am Ende eines Arbeitstages oder am Ende einer Arbeitswoche ermittelt wurden. (Fogel 1989: 25-29)

Gavin Wright ist der Ansicht, die immense Steigerung der Baumwollproduktion[92] sei nicht etwa durch die Nutzung von *gang labor* zustande gekommen, wie dies etwa Fogel & Engerman behaupteten, (1980: 688) sondern durch das zahlenmäßige Wachstum der Sklavenbevölkerung samt der Ausweitung des für diese Produktion genutzten Bodens. Letztere war sowohl durch den Wechsel von der Zucker- Tabak- und Weizenproduktion zur Baumwollproduktion im „Alten Süden" bedingt, als auch durch die Erweiterung der Anbaufläche infolge der Erweiterung der USA um neue Sklavenstaaten. (2006: 88f.)[93] Auf einen Beweis dieser These verzichtet er. Tatsächlich wäre die *gang labor* aber selbst dann funktional gewesen, wenn sie keine Produktionssteigerung bewirkt hätte. Denn sie war auch, Arbeitskräfte an Fließbändern haben dies seither millionenfach erfahren, eine höchst ausgeklügelte Methode der Kontrolle von Arbeitskräften. Es steht nicht zu vermuten, dass freien Arbeitskräften in den USA damals solche Organisationsformen hätten aufgezwungen werden können. Auch wenn *gangs* keineswegs auf allen Plantagen genutzt wurden, so waren sie im 19. Jahrhundert doch ein sowohl realer als auch symbolischer Ausdruck von Sklavenarbeit, ganz ebenso wie *gang labour* in den USA inzwischen zu einem realen und symbolischen Ausdruck von Sträflingsarbeit geworden ist.

Im übrigen betont auch Wright, dass unter den gegebenen Bedingungen Sklavenarbeit für die Produktion von Baumwolle besonders geeignet war. Denn für diese Produktion

---

92 Bereits zwischen 1790 und 1810 stieg die jährliche Produktion von Baumwolle von 3.000 Ballen auf 178.000 Ballen. Vor Ausbruch des Bürgerkrieges waren daraus 4 Millionen Ballen geworden.

93 Er hätte noch hinzufügen können, dass seit 1830 Eisenbahnnetze und Kanäle gebaut wurden. Sie machten aus der zuvor nur auf beschränkte Regionalmärkte und den Außenhandelt bezogenen Plantagenproduktion das Element eines im Entstehen begriffenen nationalen Binnenmarktes – mit entsprechenden Wirkungen auf Nachfrage und Absatz.

war im Frühjahr und zur Erntezeit ein besonders hoher Arbeitseinsatz erforderlich. Es bestand kaum Aussicht, für derartige Zeiten kurzfristig – und vorübergehend – genügend freie Arbeitskräfte einstellen zu können. Sklavinnen und Sklaven aber waren vorhanden und konnten jederzeit zu spezifischen Arbeiten verpflichtet werden. Das galt auch für Frauen. In der Zeit dazwischen waren diese Arbeitskräfte nicht etwa ein ökonomisch nutzloser Kostenfaktor, vielmehr wurden sie zur Produktion der Lebensmittel für die Plantage einschließlich der Viehzucht und für handwerkliche Tätigkeiten eingesetzt. (Wright 2006: 86) Außerdem produzierten Sklavenfamilien viele der Nahrungsmittel für ihre eigene Versorgung auf den kleinen Stücken Land, die ihnen zugewiesen waren. Eine der Ursachen für die Wirtschaftlichkeit der meisten Plantagen lag in deren weitreichender Autarkie, was die Versorgung mit grundlegenden Nahrungsmitteln anlangte. Das senkte die Höhe der Abzüge von den Profiten, die für den Unterhalt der eigenen Sklaven erforderlich waren.

Zusammenfassend lässt sich also feststellen, dass sich die These von der Wirtschaftlichkeit der Sklavenwirtschaft, die in den Südstaaten der USA vor dem Bürgerkrieg betrieben wurde, bestätigt hat. Dennoch muss jede Analyse unzulänglich bleiben, die Sklavenwirtschaft vor allem als eine Arbeitsorganisation betrachtet – und das war lange Zeit sowohl bei den meisten *mainstream* Theoretikern als auch bei Theoretikern, die sich auf Marx beziehen, der Fall. Denn die Erklärung für die Unausweichlichkeit einer politisch- militärisch erzwungenen Abschaffung ergibt sich nur aus der genaueren Betrachtung des Status von Sklaven. Sie waren Arbeitskräfte, Sexualobjekte, gelegentlich wohl auch Spielkameraden und Geliebte. Und im Verfassungskompromiss, der die Union ermöglichte, wurden sie zu drei Fünfteln als Einwohner von Sklavenstaaten gerechnet. In allererster Linie aber waren sie Eigentum.[94]

Nach ihrer Emanzipation mussten viele der Befreiten erleben, dass sich ihre Hoffnungen nicht erfüllten, sehr viele erfuhren sogar eine Verschlechterung ihrer materiellen Lage. An dem Jubel über das Ende des Auktionspodestes hat dies nichts geändert. Viele Jahre später erinnerte sich der frühere Sklave Jason Strayer an ein Lied, das er am Tag der Proklamation gehört hatte: *"Old master gone away, and the Negroes all at home, There must be now the kingdom come and the year of jubilee."* (Hamilton 1993/1996: 140)

Unfreie Lohnarbeit im Süden

In den USA galt das Recht zum Abschluss von Verträgen um die Mitte des 19. Jahrhunderts (und auch noch lange danach) als zentraler Inhalt von „Freiheit", ja sogar als deren regelrechtes Synonym. Dass es dabei nicht so sehr darauf ankam, dass ein Vertrag freiwillig eingegangen und freiwillig gekündigt werden konnte, haben viele emanzipierte

94 Engerman hat zwar später über die Bedeutung von *Property Rights* in der Entwicklung der Arbeitsbevölkerung geschrieben, doch blieb die besondere Bedeutung der Tatsache, dass Sklaven sachliches Eigentum waren, weiterhin unterbelichtet. (1992)

Sklaven schnell erfahren. Für mindestens ein halbes Jahrhundert war dieser Tatbestand aber kein Thema in den politischen Debatten radikaler Liberaler. Sie kritisierten, dass den frei Gewordenen ihre zunächst zugestandenen bürgerlichen Rechte bereits nach wenigen Monaten wieder genommen wurden: dass sie ihr Wahlrecht verloren,[95] nicht mehr als Schöffen an Gerichtsverfahren mitwirken und ihre Kinder nicht auf öffentliche Schulen schicken durften. Dass an die Stelle der Sklaverei sehr schnell neue Formen erzwungener Arbeit traten und dass diese Formen einer „Ersatzsklaverei"[96] viele Jahrzehnte andauerten, kritisierten sie nicht. (Novak 1978: 19; 84f.)[97]

Als in den dreißiger Jahren des 20. Jahrhunderts frühere Sklavinnen und Sklaven gebeten wurden, von ihrem Leben zu berichten, sagte die inzwischen 86 Jahre alte Alice Sewell: *"I never did hear nothing about what de niggers 'specked from the white folks. We was so glad to get loose, we didn't 'speck nothing but to get out of bondage."* (Yetman, Hg., 1970: 263)[98] Auch wenn sich Alice Sewell nicht erinnerte, sehr viele der Befreiten hofften auf die Zuteilung von Land, um auf dem Boden „der getränkt ist mit dem Schweiß von unseren Stirnen und dem Blut von unseren Rücken" als selbständige Bauern leben zu können. (Ein Kirchenältester von St. Helena, zit. Saville; in: Holt & Brown, Hg. 2000: 400, Übers.) Abgesehen von dem Armeebefehl, den General Sherman im Winter 1864/65 erließ, um Ländereien, die in South Carolina von Steuerverweigerern konfisziert worden waren, in Stücken zu 40 *acres* unter den etwa 15.000 Flüchtlingen aus Georgia zu verteilen, gab es kaum Ansätze einer Landreform. Sherman hatte zwar nur eine vorübergehende Ansiedlung von Sklaven als Lösung des Flüchtlingsproblems im Sinn gehabt, doch ließen sich die 20.000 früheren Sklaven, die sich auf konfisziertem Land angesiedelt hatten, nicht wieder vertreiben. (Clarke 1998: 63f.) Als sich herausgestellt hatte, dass die Hoffnung auf „40 *acres* und ein Maulesel" nicht erfüllt werden würde, hofften manche noch darauf, Land käuflich erwerben zu können. Zum einen fanden sie jedoch kaum Landeigentümer, die bereit waren, dem sozialen Druck ihrer Nachbarn zu

95 Während der kurzen Zeit, in der die Freigewordenen das aktive und passive Wahlrecht besaßen, waren bis zur Hälfte der Abgeordneten in mehreren Parlamenten des Südens Schwarze (Novak 1978: 85).

96 Den Terminus « *ersatz d'esclavage* » benutzt Yves Bénot für alle Formen erzwungener Arbeit, in denen es zwar kein gesetzlich sanktioniertes Eigentum an Arbeitskräften gibt, die Herren aber dieselben ökonomischen Vorteile genießen. (Bénot 2003: 247)

97 In seinem Vorwort zu der 1978 erschienenen Arbeit von Daniel A. Novak verweist Bayard Rustin darauf, dass im Jahr 1977 in North Carolina und Florida noch Fälle von *"peonage"* (Schuldsklaverei) vor Gericht gekommen waren. (Novak 1978: XI)

98 In den 1930er Jahren wurden zahlreiche autobiographische Berichte früherer Sklavinnen und Sklaven aufgenommen. Ihre Niederschrift ist von unterschiedlicher Qualität, weil für diese Tätigkeit arbeitslos gewordene Angestellte eingesetzt wurden, die keine Vorbildung als Historikerinnen und Historiker hatten. Die transkribierten Interviews, insgesamt 10.000 Seiten, waren schlecht zugänglich, wurden aber auch deshalb kaum genutzt, weil der Wert von *"oral history"* Quellen erst in den letzten Jahrzehnten von professionellen Historikerinnen und Historikern erkannt wurde. Das Zitat von Alice Sewell stammt aus einer von Norman R. Yetman besorgten Auswahl. (1970)

widerstehen und ihnen Land zu verkaufen, zum anderen verweigerten ihnen Banken den notwendigen Kredit. Einige Veteranen des Krieges konnten mit ihrem ausbezahlten Sold kleine Landstücke erwerben.[99] Die meisten blieben landlos. Da man ihnen vielfach auch den Zugang zu anderen Beschäftigungen verwehrte, wurden frühere Sklaven manchmal Pächter, meist aber Landarbeiter und Landarbeiterinnen. Dass sie sich den Regionen ihrer Leiden nicht durch Migration in den Norden zu entziehen suchten, war auch dadurch begründet, dass sie vor allem anderen bestrebt waren, die Mitglieder ihrer Familie wieder zu finden, die verkauft worden waren. Damit waren frühere Sklaven genau das, was sich ihre einstigen Herren erhofft hatten: sehr kostengünstige Arbeitskräfte für die landwirtschaftliche Produktion.

Politisch erklärt sich das Ausbleiben einer Agrarreform vor allem durch das Bestreben der Rekonstruktion. Als solche wird die Politik des Präsidenten zur Wiederherstellung der Union bezeichnet. Sehr schnell wurden Amnestien für die Anführer der Sezession ausgesprochen und wurden Enteignungen rückgängig gemacht, manchmal auch die zwischenzeitliche Ansiedlung früherer Sklaven. Nach 1865 nutzte ein Staat des Südens nach dem anderen die den zuvor abgefallenen Staaten wieder zugesprochenen einzelstaatlichen Rechte, um einen sogenannten *Black Code* zu beschließen. Jedes dieser Gesetze schuf ein nur für Schwarze und Mulatten geltendes Strafrecht. In einzelnen dieser Regelungen, so etwa im *Black Code* von Mississippi, wurde Schwarzen jede bezahlte Beschäftigung außerhalb der Landwirtschaft untersagt. Die Regierungen garantierten die Durchsetzung privat getroffener Regelungen über die Arbeitszeit und die Dauer von Verträgen. Während für Weiße der Bruch eines Arbeitsvertrages zivilrechtlich geregelt werden sollte, wurde Schwarzen angedroht, dass sie ausgepeitscht, an den Pranger gestellt oder zu unbezahlter Arbeit (bis zu einem Jahr) verurteilt würden. (Clarke 1998: 68) Im Zentrum der *Black Codes* stand das Verbot der Landstreicherei und damit faktisch jede Mobilität im Staat, deren Berechtigung nicht durch schriftlichen Bescheid eines Weißen nachgewiesen werden konnte.

Die *Black Codes* trafen nicht nur Befreite, sondern alle Schwarzen, folglich auch Menschen schwarzer Hautfarbe, die schon seit Jahrzehnten als Freie gelebt hatten.[100] Bereits Anfang des 19. Jahrhunderts hatte es in den Südstaaten an die 100.000 freie Schwarze gegeben. Inzwischen war ihre Zahl durch weitere Freilassungen, aber auch durch ihre eigenen Kinder und Kindeskinder angewachsen. (Berlin 1974/1976: 15f.; 49) Manche Freigelassenen hatten es auch in den Staaten des „alten Südens“ zu Besitz gebracht. Mit steigenden Landpreisen in den Städten hatten ihre ursprünglich kostengünstig gekauften kleinen Landstücke erheblich an Wert gewonnen, so dass Einzelne zu Hausbesitzern

99 Bereits 1865 sandten Freigewordene auf der Insel Edisto in South Carolina eine Petition an den Präsidenten, in der sie beklagten, dass sie nun nicht einmal das Recht haben sollten, Land zu kaufen. (Holt & Brown, Hg. 2000: 372)

100 Nach der Revolution waren ihnen in manchen Staaten zunächst auch Bürgerrechte zugestanden worden. Mit dem Anwachsen der „Kaste“ freier Schwarzer wurden ihnen diese aber überall wieder genommen. (Berlin 1974/1976: 91)

und Vermietern hatten werden können. (Berlin 1974: 62) Die Emanzipation hat sie nicht enteignet, sie hat aber den Unterschied zwischen Freien und Sklaven eingeebnet und alle zu Angehörigen einer rechtlich diskriminierten „Kaste“ (Ira Berlin) gemacht.

Als Pächter und Landarbeiter erfuhren die neu Freigelassenen vielfach eine Verschlechterung ihrer materiellen Situation. Denn mit der Emanzipation verloren sie nicht nur jenes Maß an Versorgung, das ihnen das Interesse ihrer Herren am Erhalt ihres Eigentums hatte zukommen lassen, vor allem verloren sie das Land, das ihnen von Sklavenhaltern zugewiesen worden war, das Recht an dem Vieh, das sie aufgezogen hatten. Mit ihrer eigenen Produktion hatten sie ja nicht nur die Autarkie der Farmen und Plantagen gesichert, sondern sich selbst auch ein gewisses monetäres Einkommen verschaffen können. Um falschen Hoffnungen vorzubeugen, hielt *Captain* Charles Soule von der Nordstaatenarmee im Jahre 1865 eine Ansprache an befreite Sklaven. Er erläuterte ihnen, dass sie und ihre Kinder nun zwar nicht mehr verkauft werden konnten, dass sie für diese Freiheit aber den Preis sehr harter Arbeit zahlen müssten. Die Plantage auf der sie lebten, sei nicht die ihre, auch das Vieh nicht, welches sie aufgezogen und die Früchte, die sie gesät hätten. Sie sollten keinen freien Sonnabend fordern. Freie Menschen arbeiteten überall am Samstag. Wenn ihnen ihr Herr einen freien Samstag gewähre, so sei dies reine Freundlichkeit. Sie müssten hart für ihn arbeiten. Auch freie Arbeitskräfte müssten Anordnungen folgen. Und sie sollten immer daran denken, dass die gesamte Arbeitszeit dem Eigentümer gehöre. Ohne seine Genehmigung dürften sie ihren Arbeitsplatz nie verlassen. Und ganz zum Schluss … „Auch wenn es Euch schlecht geht, so denkt immer daran, dass Euch niemand kaufen oder verkaufen kann …“. (zit: Holt & Brown 2000: 374f., Übers.)[101]

Die meisten der neuen Freien sahen sich gezwungen, ihre bisherige Tätigkeit fortzusetzen. Trotz dieses materiellen Zwangs weigerten sie sich, als Freie in *gangs* zu arbeiten. Wollten Agrarunternehmer diese Form der Arbeitsorganisation beibehalten, mussten sie sich nach anderen Arbeitskräften umsehen. Die großen Plantagen des Südens waren deshalb frühe Einsatzorte für *Kulis* aus China.[102] Verließen Befreite die Plantagen, Farmen und Haushalte, in denen sie gearbeitet hatten, so mussten sie gewärtigen, dass staatliche Macht sie zwingen würde, einen – wie immer gearteten – Vertrag abzuschließen.

Da frühere Sklavenhalter darauf bedacht waren, die jetzt freie Arbeitskraft voll auszunutzen, waren manche nur bereit, frühere Sklaven als Arbeitskräfte zu akzeptieren, nicht aber als Pächter. (Saville 1994: 114) In einigen Regionen verboten Landbesitzer ihren Pächtern den Anbau von „Mais, Bohnen, Kartoffeln und anderen Pflanzen, die zur Ernährung der Arbeitskräfte dienen konnten.“ (Saville 1994: 115) Andere verboten

---

101 Sven Beckert zitiert den Arbeitsvertrag, den der Pflanzer Alonzo T. Mial aus Wake County, North Carolina Anfang 1866 mit 27 Freigelassenen schloss. Er verpflichtete sie, auch sonntags auf der Plantage zu bleiben. Bei Krankheit oder anderen Ausfällen sollte ihnen kein Lohn bezahlt werden. (2015: 265)

102 Zur Erläuterung des Terminus vgl. Fußnote 52. Zur Kuli-Arbeit den Abschnitt „Vertragsknechtschaft (Kuli-Arbeit)“ in Kap. IV.

das Halten eigenen Viehs, sogar von Hühnern, und auch das Säen eigenen Getreides oder Gemüses. Mancherorts war die Viehhaltung zwar genehmigt, aber die früher zulässige Nutzung allgemeinen Weidelandes wurde jetzt untersagt. Von den Pächtern, die sich verpflichteten, einen zuvor festgelegten Teil ihrer Ernte abzuliefern, unterschieden sich die *sharecropper*, denen von den Gerichten des Südens jegliches Eigentum an der von ihnen selbst produzierten Ernte abgesprochen wurde. Sie mussten ihre gesamte Produktion abliefern, um dann einen Anteil an den erzielten Geldbeträgen zu erhalten. Sofern sie es wagten, Forderungen zu erheben, so richteten sich diese darauf, ihre Produkte selbst verkaufen oder deren Verkauf zumindest beaufsichtigen zu dürfen. Vielerorts organisierten sich Freigewordene, um ihre Forderungen gemeinsam durchzusetzen. Und als Landbesitzer zunehmend dazu übergingen, sehr konkrete und restriktive Pachtverträge zu formulieren, kamen manche der Freigewordenen zusammen, um sich im Hinblick auf die Pachtverträge des nächsten Jahres gegenseitig zu beraten. (Saville 1994: 147)

Trotz aller Gegenwehr: Aus vielen, die sich zunächst als Pächter verstanden hatten, wurden landlose Arbeitskräfte. Das vor allem, weil sie als Nicht-Eigentümer ihrer Ernte keine Kredite aufnehmen konnten. Folglich brauchten sie einen Vorschuss vom Eigentümer ihres Landes. Jeder derartige Vorschuss galt als Pfand (*lien*). Konnte er nicht bzw. nicht rechtzeitig und mit Zinsen zurückgezahlt werden, griffen die strafrechtlichen Bestimmungen gegen Schuldner.

In den Jahrzehnten nach der Abschaffung der Sklaverei entstand in den Südstaaten ein Regime, welches darauf abzielte, Schwarze zur Arbeit zu zwingen. Sie waren jetzt frei, und wenn auf dem Arbeitsmarkt genügend kostengünstige Arbeitskraft angeboten wurde, so hinderte sie niemand, eine Arbeitsstelle zu verlassen und womöglich in den Norden abzuwandern. War die Situation auf dem Arbeitsmarkt aber angespannt oder wurden – wie etwa während der Zeit der Ernte – kurzfristig mehr Arbeitskräfte benötigt, so machten Landeigentümer ausgiebig von den gesetzlich geschaffenen Möglichkeiten zur Verhinderung der Mobilität schwarzer Arbeitskräfte Gebrauch.[103] In Einzelheiten unterschieden sich die Gesetze von Staat zu Staat, aber nahezu überall wurden Gesetze gegen Landstreicherei erlassen, wurden die Abwerbung (*enticement*) von Arbeitskräften sowie die versäumte Zurückzahlung eines Vorschusses kriminalisiert. Außerdem wurden sog. Bürgschaftsregelungen benutzt, um Menschen, die wegen Bagatelldelikten verurteilt worden waren, in zeitweise Knechtschaft zu zwingen.

Wer aufgegriffen wurde, ohne eine Bescheinigung über die kurz zuvor eingetretene ordnungsgemäße Entlassung oder über eine angeordnete Reise vorweisen zu können, musste Verhaftung wegen Landstreicherei gewärtigen. In Mississippi konnten Polizeioffiziere, die eine Verhaftung durchführten, eine Belohnung beanspruchen. In Georgia

103 Larian Angelo zufolge wurde der Preis der Arbeitskraft im Süden nicht durch Marktkräfte bestimmt. (1997: 175) Dem ist generell zuzustimmen – anders wären auch die langfristig besonders niedrigen Löhne im Süden nicht zu erklären. In Phasen der ökonomischen Krise verzichteten Landeigentümer aber auf die Nutzung der gesetzlichen Möglichkeiten zur Bindung von Arbeitskräften.

konnte ein „Landstreicher“ (*vagrant*) zu $ 1000 Strafe, sechs Monaten Zwangsarbeit für den Staat oder 12 Monaten Zwangsarbeit für das *County* verurteilt werden. Diese Gesetze blieben bis in die 1960er Jahre in Kraft. (Cohen 1976: 48f.)

Kinder, die von ihren Eltern angeblich oder tatsächlich nicht versorgt werden konnten, sollten von Amts wegen zwangsweise in ein Lehrverhältnis gegeben werden. Erwachsenen Schwarzen wurde eine Kopfsteuer abverlangt. Wer sie nicht bezahlen konnte, wurde von Gerichts wegen für einen Vagabunden erachtet. Und die Gerichte wurden ermächtigt, derart verurteilte Steuersäumige zwangsweise in Arbeitsverhältnisse zu geben. (Novak 1978: 2-3) Manche Pflanzer spekulierten auf einen Nachschub an diesen besonders billigen Arbeitskräften. Als 1865 der *Black Code* in Lousiana aufgehoben wurde, blieben die Strafbestimmungen gegen Landstreicherei bestehen. Wer eine Plantage verließ, sollte als Vagabund behandelt und zwangsweise in einen Arbeitsvertrag vermittelt werden. Einzelne Agenten des *Freedman Bureau* hielten eine Vorschrift über Mindestlöhne für erforderlich. Sie fanden keine Unterstützung. Stattdessen wurden die Gesetze gegen Landstreicherei benutzt, um Befreite zwangsweise in Arbeitsstellen zu vermitteln. Faktisch – so Clarke – konnte jeder schwarze Mann, der keine Hacke in der Hand hatte und keinen Weißen fand, der sich für ihn einsetzte, als Vagabund verhaftet und zu einer Geldbuße verurteilt werden. Weil kaum einer diese Buße bezahlen konnte, landeten sie im Gefängnis. (1998: 68)

Dass Arbeit„geber“ ihre Arbeitskräfte nach wie vor als Eigentum betrachteten, kam in den gesetzlichen Verboten der Abwerbung (*enticement*) zum Ausdruck. In fast allen Staaten, die sich zuvor von der Union losgesagt hatten, wurde Abwerbung – etwa durch das Angebot eines höheren Lohnes – kriminalisiert. In Tennessee war zunächst auf eine solche Strafbestimmung verzichtet worden. 1875 wurde deren Einführung nachgeholt. Nach der Jahrhundertwende wurde berufsmäßige Arbeitsvermittlung, für die nicht zuvor eine –sehr teure – staatliche Lizenz erworben worden war, unter strenge Strafen gestellt. In der Zeit der Großen Depression wurden derartige Strafbestimmungen nicht angewandt. Aufgehoben wurden sie in manchen Einzelstaaten aber erst während des Zweiten Weltkrieges. (Cohen 1976: 35-40)

Weil sich kaum jemand unter den politisch Einflussreichen in den Südstaaten vorstellen konnten, dass gleiches Recht für alle gelten sollte, formulierten die meisten Südstaaten ihre Vertragsgesetze offen rassistisch, einzelne behielten zunächst sogar Regelungen aus der Zeit der Sklaverei bei. Im Zuge einer Abkehr von der allzu bedingungslosen Restauration der nationalen Einheit,[104] verlangte der Kongress dann allerdings, dass die Staaten,

104 In der US-amerikanischen Historiographie wird zwischen der Rekonstruktion und der Restauration nationaler Einheit unterschieden. Erstere bezeichnet die vor allem vom Präsidenten verfolgte Politik der Amnestierung von Anführern und Beteiligten der Sedition, ihrer weitgehenden Wiedereinsetzung in ihren früheren Landbesitz und – dies vor allem – das erneute Zugeständnis weitreichender einzelstaatlicher Entscheidungshoheit. Als Restauration wird die Politik in den Südstaaten bezeichnet, die darauf abzielte, die früheren Verhältnisse so weit als möglich unter den neuen Bedingungen wieder herzustellen. Ab Ende 1866 versuchte die

die erneut der Union beitreten wollten, ihre 1865 und 1866 erlassenen *Black Codes* für ungültig erklärten. Bis Ende 1866 waren sie aufgehoben. Ihre Zielsetzung jedoch nicht.

Es ging um Arbeitszwang, um die Verhinderung von gemischtrassigen Sexualbeziehungen und um den Kampf gegen die organisierte Interessenvertretung von Schwarzen. Bereits ab 1866 gab es gewaltsame Ausschreitungen gegen einzelne Schwarze. Das staatliche *"Freedmen's Bureau"* dokumentierte Morde, die gewissermaßen *en passant* verübt wurden, wenn einer nicht aus dem Weg ging, nicht unterwürfig genug antwortete oder sich eine andere „Ungeheuerlichkeit" zu Schulden kommen ließ. Die lokalen Behörden nahmen keine Notiz von diesen Morden, weshalb es denn auch kaum verwundert, dass es bald zu regelrechten Massakern kam. (Clarke 1998: 78f.) In dieser Praxis extralegaler Gewalt nahm der bereits 1865 gegründete Klu-Klux-Klan eine zunehmend zentrale Position ein. (Hochgeschwender 2010: 116f.) Die vom Klan verübte Lynchjustiz zielte zwar in besonderem Maße auf öffentlich bekannte Schwarze, war aber dennoch eher durch rassistische Hysterie als durch ökonomisches Interessenkalkül motiviert.

Die Durchsetzung ökonomischer Interessen war jedoch nicht auf die *Klansmen* angewiesen. Gesetze gegen Vagabunden mit der Androhung von Zwangsarbeit konnten aufrechterhalten bleiben, sobald gestrichen wurde, dass sie sich ausschließlich gegen Schwarze richteten. Entsprechendes galt für die Interpretation von Arbeitsverhältnissen als Schuldverhältnissen.

Unter den Regelungen, die nach 1870 vorzugsweise zur Anwendung gebracht wurden, wenn es darum ging, Arbeitskräfte zu kontrollieren, zu disziplinieren und in unerwünschte Verträge zu zwingen, waren Bestimmungen über Schuldverhältnisse besonders bedeutsam. Im Anschluss an eine in Mexiko gebräuchliche Terminologie setzte sich für die Wirkungen dieser Gesetze die Bezeichnung *peonage* durch. Im engeren Sinne wurde und wird unter *peonage* Schuldsklaverei verstanden. In den USA wurden auch weitere Formen erzwungener Arbeit unter diese Bezeichnung subsumiert. Pfandgesetze waren nicht neu, erhielten nach dem Bürgerkrieg aber oft eine neue Fassung und eine neue Bedeutung. Zunächst begünstigten sie vor allem Kaufleute. Wenn diese einen Vorschuss gewährten, damit Samen und Anderes erworben werden konnten, mussten die Schuldner die Ernte verpfänden und konnten etwaige weiter erforderliche Käufe dann nur noch gegen Bargeld und zu erhöhten Preisen tätigen. Wenn der eigene Ertrag nicht ausreichte, um den Vorschuss zurück zu zahlen, wurde verlangt – und auf Antrag gerichtlich bestätigt –, dass dieser abgearbeitet werde.

Die Pfandgesetze waren allgemein formuliert, doch wurden sie nur sehr selten auf Weiße angewandt. War dies doch einmal der Fall, so wagten es die Betroffenen eher, sich wegen des auferlegten Arbeitszwangs an Gerichte zu wenden. Meist fanden sie dort auch eher verständige Richter und wurden im Falle eines nicht zurückbezahlten und

---

Mehrheit des Kongresses, die schlimmsten Auswüchse dieser Politik zu verbieten. Michael Hochgeschwender unterscheidet zwischen einer frühen Phase der Rekonstruktionspolitik (1865–1866) und der radikalen Rekonstruktion (1866–1877), (2010; Kapitel IV).

nicht abgearbeiteten Vorschusses seltener zu Gefängnis verurteilt als Schwarze. (Novak 1978: 30f.).

Als der Kongress der USA 1867 ein Verbot jeglicher Zwangsarbeit – mit Ausnahme der gerichtlich angeordneten Zwangsarbeit – beschloss, sollte dies auch die bisherigen *peonage* Gesetze außer Kraft setzen. Dennoch gab es am Ende des 19. Jahrhunderts in nahezu allen Staaten des amerikanischen Südens derartige Gesetze. Inzwischen bezogen sie sich faktisch vor allem auf die eigenmächtige Beendigung eines Arbeitsvertrages. Das gesetzliche Verbot von erzwungener Arbeit wurde dadurch umgangen, dass nicht der Bruch des Vertrags kriminalisiert wurde, sondern die Absicht (*intent*) eines solchen Vertragsbruches. Wer sie in die Tat umsetzte, sollte als ein Schwindler verurteilt werden. Als Beweis für die schädliche Absicht sollte gelten, dass ein erhaltener Vorschuss nicht mit Zinsen zurückbezahlt worden war, dass eine vereinbarte Arbeit nicht ausgeführt oder dass dem Arbeit„geber" (*hirer*) ein Schaden zugefügt worden war. (Novak 1978: 57; Daniel 1972: 66) Beispielsweise legte der Gesetzgeber von Alabama 1903 fest, dass die Nichtzurückzahlung eines Vorschusses „prima facie" als Beleg für die Intention gelten solle, den Arbeitgeber zu schädigen oder zu betrügen. Entsprechende Formulierungen wurden 1903 auch in Florida und 1907 in Georgia beschlossen. Die (in Alabama und ähnlich anderswo festgelegte) gesetzliche Folge war zunächst eine Verurteilung zur Zahlung einer Buße in der doppelten Höhe des Vorschusses, konnte diese nicht geleistet werden, erfolgte eine Verurteilung zu *hard labor*. (Daniel 1972: 67) Erst als 1911 fortschrittliche Kräfte in Alabama dafür sorgten, dass Alonzo Bailey Berufung gegen seine Verurteilung wegen eines nicht vollständig abgearbeiteten Vorschusses einlegen konnte, kam es zu einem Beschluss des *United States Supreme Court*, in dem festgehalten wurde, dass es unzulässig sei, aus der bloßen Tatsache der unvollständigen Abarbeitung eines Vorschusses auf die betrügerische Absicht zu schließen. (Ausführlich zum Fall Bailey: Daniel 1972: Kap. IV) Denn dies komme einer Kriminalisierung der freiwilligen Beendigung eines Arbeitsverhältnisses gleich. (Novak 1978: 57f.) Damit waren zwar jene *peonage* Gesetze für verfassungswidrig erklärt worden, in denen die Klausel der betrügerischen Absicht enthalten war, nicht aber alle *peonage* Gesetze. Und tatsächlich gab es in den USA bis 1932 zahlreiche Gerichtsverfahren, in denen Arbeitskräfte verurteilt wurden, die von sich aus einen Arbeitsvertrag beendigt hatten. Selbst in der zweiten Hälfte des 20. Jahrhunderts wurde der Bruch eines Arbeitsvertrages vereinzelt noch als kriminelles Delikt behandelt.

Die gesetzliche Interpretation von Arbeitsverhältnissen als Schuldverhältnisse mit der Kriminalisierung ihrer Nichterfüllung ist uns bereits bei der Betrachtung von Arbeitsverhältnissen in Preußen begegnet, und die Kriminalisierung des Vertragsbruches war in England bis in die zweite Hälfte des 19. Jahrhunderts nicht nur in Geltung geblieben, sondern sie ist auch angewandt worden. Die gesetzliche Basis derartiger Verurteilungen, der *Master and Servant Act*, galt auch in englischen Kolonien. Man könnte meinen, mit der Unabhängigkeit wäre dieses Gesetz in den USA aufgehoben worden. Aber der historische Wagemut, den die politisch einflussreichen unter den Siedlern bei der

Formulierung einer neuen Verfassung an den Tag legten, erstreckte sich nicht auf das Arbeitsrecht. Der *Master and Servant Act* blieb in Geltung.[105]

Seine konkrete Bedeutung wurde in Gerichtsverfahren ausgearbeitet. Die Doktrin der *entirety* (Vollständigkeit) von Verträgen, die von Gerichten angewandt wurde, hat Robert J. Steinfeld anhand eines Beispiels erklärt. Wenn ein Arbeiter zusagte, für $ 20 Dollar im Monat bzw. $ 240 im Jahr ein Jahr lang für einen Farmer zu arbeiten und seinen Arbeitsplatz bereits nach zehn Monaten verließ, hatte er den Vertrag nicht vollständig erfüllt und konnte auch für die bereits verstrichenen zehn Monate keinen Lohn verlangen. (2001: 292) Vor einer derartigen Interpretation waren Landarbeiter nur geschützt, wenn ausdrücklich monatliche Zahlungen vereinbart worden waren. Andernfalls verloren sie nicht nur den bereits erarbeiteten Lohn, sondern mussten auch noch Strafen wegen Vertragsbruchs gewärtigen. (Fink 1999: 120) Im Laufe der Zeit untersuchten Gerichte allerdings häufiger, ob eine Arbeitskraft bewusst zur vorzeitigen Beendigung eines Vertrags getrieben worden war und auch, ob es einen „guten Grund" für die nicht vollständige Erfüllung des Kontraktes gegeben hatte.

Es gab Unterschiede in der Interpretation der Vertragsgesetze. Überwiegend urteilten Gerichte aber nach Maßgabe der Zielsetzung, dass die bestehenden Vertragsgesetze dazu dienen sollten, die Einhaltung von Arbeitsverträgen zu erzwingen. (Steinfeld 2001: 300) Die eigentliche Bedeutung der gerichtlichen Interpretation von Arbeitsverträgen hat Oliver Wendell Holmes Jr. 1881 formuliert: „Wenn ein Mann, der versprochen hat, für einen anderen zu arbeiten, vom Gesetz gezwungen wird, dieses Versprechen zu erfüllen, dann mag man das mit einigem Recht als eine *ad hoc* Knechtschaft (*servitude*) bezeichnen. Aber eine solche Bezeichnung wird im Recht niemals benutzt werden.[106] (zit. Steinfeld 2001: 316, Übers.)

Zur Illustration für das Vorhandensein von *ad hoc* Knechtschaft hätten zahlreiche sogenannte Bürgschaftsfälle herangezogen werden können. Wann immer jemand wegen des Bruchs eines Arbeitsvertrages zu einer Geldstrafe verurteilt wurde, konnten er oder sie zwischen der Abarbeitung der Strafe im Gefängnis oder aber im Dienst desjenigen wählen, der bereit war, die *surety* (Bürgschaft) zu bezahlen. Nicht immer, aber doch

105 Karen Orren (2000) sieht darin ein Indiz für die Fortdauer des Feudalismus in den USA. Dabei will sie „Feudalismus" als ein Herrschaftssystem verstanden wissen, in welchem vor allem Richtern und nicht etwa Parlamenten die Kompetenz zustand, regulierende Entscheidungen zu treffen. Tatsächlich kann sie aufzeigen, dass die Entwicklung des Arbeitsrechts in den USA lange durch richterliche Entscheidungen geprägt wurde. Doch nutzten Richter dabei ein Gesetz, das – obwohl seine Ursprünge bis ins späte Mittelalter zurück reichen – sowohl in England als auch in den USA im 19. Jahrhundert durch mehrfache Revisionen den Bedingungen kapitalistischer Arbeitsverhältnisse angepasst wurde. Mit Feudalismus hat dies schon deshalb nichts zu tun, weil es sich bei der Dominanz der Judikative über die Legislative um eine spezifische Form der Regierung, nicht aber um ein Gesellschaftssystem handelt.

106 Weil ich den Text sehr frei übersetzt habe, hier das Original: *"If, when a man promised to labor for another, the law made him do it, his relation to his promise might be called a servitude ad hoc with some truth. But that is what the law never does."*

meistens, wählten Verurteilte – mehr oder minder freiwillig – die zweite Lösung. Weil sich die Sträflingsarbeit als so rentabel erwies, dass die Nachfrage stieg, wurde – beispielsweise in Georgia in den 1870er Jahren – auch aufgrund eines Diebstahls (zum Beispiel von einem Schwein) – zu Strafarbeit verurteilt. 1914 erklärte der Supreme Court der USA derartige Regelungen für verfassungswidrig, weil sie dem 13. Verfassungszusatz widersprachen, in welchem jegliche Zwangsarbeit als ungesetzlich bestimmt worden war.[107] 1921 wurde die begrenzte Wirkung dieses Urteils offenbar. Als John S. William erfuhr, dass eine staatliche Untersuchungskommission überprüfen sollte, ob das Verbot der Schuldsklaverei eingehalten wurde, ließ er zehn der für ihn arbeitenden Sträflinge ermorden und mordete selbst einen weiteren. (Cohen 1976: 54; ausführlich: Daniel 1972: Kap. VI) Von den Überlebenden erfuhren die Untersuchungsbeamten später die nahezu grenzenlose Brutalität, die auf dieser Farm geherrscht hatte.[108] Wie andere, die sich die Sträflingsarbeit qua Bürgschaft zu Nutze machten, hatte der Farmer Williams nach der Devise gehandelt: „wenn einer stirbt, fordere ich den nächsten an".[109]

Weiterhin legal blieben gerichtlich angeordnete Zwangsarbeit und die Vermietung solcher Verurteilter sowohl an öffentliche Institutionen als auch an Private. In einer ganzen Reihe der Staaten des Südens wurde es zudem legal, auch Menschen, die wegen eines kleineren Deliktes verurteilt worden waren, die ihnen auferlegte Geldstrafe aber nicht bezahlen konnten, an Private zu vermieten, ohne die für eine *surety* Regelung notwendige Zustimmung der Betroffenen einzuholen. Rücksicht auf die ökonomischen Interessen privater Arbeit„geber" sorgte für eine hohe Zahl schwarzer „Krimineller" in den Südstaaten. (Clarke 1998: 127)

Die Mieter von Sträflingen machten ein gutes Geschäft. Sie bezahlten für die Möglichkeit, den Verurteilten ein Maximum an Arbeit abzupressen. Dafür ersparten sie dem Staat Kosten für die Versorgung und für die Aufsicht über die Verurteilten. Letztere sicherten die Mieter mittels Ketten, Hunden, Peitschen und Waffen. (Cohen 1976: 55) Die Hölle, die sie auf diese Weise schufen, unterschied sich kaum von den schlimmsten Formen der Sklaverei. Die allermeisten dieser Sträflinge waren Schwarze. Formen von Sträflingsarbeit gab es Ende des 19. Jahrhunderts in der gesamten Union, aber Berichte

---

107 In dem Fall, der diese Entscheidung veranlasst hat, war Ed Rivers wegen eines kleinen Delikts zu einem Strafgeld von $ 15 und zusätzlichen Gerichtskosten von $ 43,75 verurteilt worden. Vor die Wahl gestellt, diesen Betrag im Verlauf von 68 Tagen abzuarbeiten oder aber im Dienst eines privaten Bürgschaft Zahlers im Verlauf von neun Monaten und vierundzwanzig Tagen, wählte Rivers die Abarbeitung außerhalb des Gefängnisses. Vor dem Ende seiner Verpflichtung floh Rivers. Er wurde erneut aufgegriffen und jetzt zu einem Strafgeld von $ 87.75 bzw. vierzehn Monaten in privatem Dienst verurteilt. Bei einer erneuten Flucht und Verurteilung wäre die Höhe des Strafgeldes jeweils erneut gestiegen. (Cohen 1976: 54; Nowak 1978: 60-62)

108 Für die Morde wurde schließlich lediglich der schwarze Vormann verurteilt, der dazu gezwungen worden war. (Daniel 1972: Kap. VI)

109 "*One dies, get another*" ist ein Zitat aus der Aussage eines Sträflingshalters. (Zimmermann 1947: 93, hier zit. nach Clarke 1998: 115)

über besondere Grausamkeit und eine besonders hohe Rate an Todesfällen beziehen sich vor allem auf Staaten, in denen die Traditionen der Sklavenwirtschaft fortwirkten.

Weil Sträflingsarbeit und *peonage* während annähernd hundert Jahren legal blieben, prägte dies den gesamten Arbeitsmarkt im Süden. Nicht nur Schwarze, die nicht verurteilt waren, sondern auch Weiße, waren kaum in der Lage, bessere Arbeitsbedingungen zu fordern, so lange sie mit der mehr oder minder kostenlosen Sträflingsarbeit konkurrieren mussten. Auf diese Weise förderte das rassistische Regime der Lohnarbeit im Süden der USA zugleich die Entwicklung des für diese Region besonders typischen Phänomens der „armen Weißen". Viele von ihnen waren Pächter, manche auch Lohnarbeitskräfte.

Als in den 1940er Jahren Traktoren und mechanische Pflückmaschinen für Baumwolle zum Einsatz kamen, sank die Zahl der – insbesondere in der Erntezeit erforderlichen – sehr billigen Arbeitskräfte. Daraufhin halbierte sich in wenigen Jahren die Zahl der Familien, die unter den Bedingungen des *sharecropping* lebten, um die Hälfte. Inzwischen gab es im Süden keine Unternehmer mehr, die ihre Mobilität zu verhindern suchten. Weil die Fortsetzung der Plantagenökonomie mit billiger Arbeitskraft aber die Entwicklung von Industrie im Süden gebremst hatte, gab es kaum Nachfrage nach Arbeitskraft außerhalb der Landwirtschaft und häuslichen Dienstleistungen. Viele frühere Sklaven wurden besonders billige Lohnarbeitskräfte.

Angesichts der Schuldsklaverei und anderer Formen erzwungener Arbeit im Süden waren bereits kritische Zeitgenossen zu der Auffassung gelangt, dass die Sklaverei weder durch den Krieg noch durch die Verfassungsgrundsätze beseitigt worden sei.[110] In wesentlichen Zügen dauerte sie lange fort. Berichte über Arbeitskräfte, die Anfang des 20. Jahrhunderts freiwillig angeheuert hatten, dann aber selbst für einen Schluck Wasser ihre durch den Lohnvorschuss entstandene Schuld um jeweils 15 Dollar erhöht bekamen, mit vorgehaltener Waffe zur Arbeit gezwungen und im Falle ihrer Flucht mit Bluthunden gejagt wurden, (Belege bei Clarke 1972: 84-85) müssten auch denjenigen zu denken geben, die der Überzeugung sind, Sklaverei sei niemals eine kapitalistische Form der Arbeitsorganisation gewesen. In der Regel bekräftigen sie diese Auffassung mit dem Hinweis auf die nicht-kapitalistischen Verhältnisse im Süden der USA vor dem Bürgerkrieg.[111] Vermutlich würden sie nicht bestreiten, dass an der Wende zum 20. Jahrhundert in den USA landesweit kapitalistische Produktionsformen herrschten. Aber „Ersatzsklaverei" eben auch. Seit Beginn des 20. Jahrhunderts traf *peonage* zunehmend auch Immigrantinnen und Immigranten und manchmal auch bereits länger im Land lebende weiße Arbeitskräfte.

---

110 Seit 1867 war *peonage* zwar verboten, doch war dieses Gesetz so eng formuliert, dass weder *kidnapping*, noch der Arbeitszwang, den Kontraktoren ausübten, darunter fielen. Ein 1911 gestarteter Versuch des Generalstaatsanwalts, ein Gesetz gegen Sklaverei zu erreichen, scheiterte.

111 Auch in Charles Post's Buch "The American Road to Capitalism" sucht man Hinweise auf die *peonage* und andere Formen unfreier Arbeit nach dem Bürgerkrieg vergeblich. Für ihn ist die Frage der Nichtvereinbarkeit von Sklaverei und Kapitalismus durch die These entschieden, dass es sich im *ante-bellum South* um nicht-kapitalistische Verhältnisse gehandelt habe. (2011: 3 und passim)

Noch 1969 war in einem Regierungspamphlet von entsprechenden Praktiken die Rede. Sie wurden als *"semi-feudal conditions"* bezeichnet. (Clarke 1972: 190)

Freie Lohnarbeit jenseits der früheren Sklavenstaaten

Machten sich frühere Sklaven auf in den Norden, um dort ihr Glück zu suchen, so entflohen sie den Regionen, in denen Schwarze besonders häufig von Schuldsklaverei bedroht waren. Aber auch jenseits der Mason- Dixon-Linie waren unselbständig Arbeitende der disziplinierenden Gewalt des Staates unterworfen. Überdies gerieten sie jetzt in eine Welt, in welcher rigider Rassismus seit langem nicht nur das Alltagsleben, sondern auch gesetzliche Regelungen prägte. Seit vielen Jahrzehnten waren freie Schwarze in den Nordstaaten von fast allen Bürgerrechten ausgeschlossen gewesen. Von der Ausübung bestimmter Berufe (beispielsweise auch von einer Anstellung bei der Post) waren sie ebenso förmlich ausgeschlossen wie von einer Mitgliedschaft in der Miliz. Viele andere Betätigungen blieben ihnen aufgrund rassischer Diskriminierung verschlossen. Schon seit den 1830ern hatten freie Schwarze kaum noch Zugang zur Beschäftigung als Hafenarbeiter gehabt, sie waren kaum noch in der Produktion von Ziegelsteinen, in Bergwerken, beim Bau von Kanälen oder von Straßen beschäftigt worden. Mehr und mehr hatten sie sich mit den niedrigsten und am schlechtesten bezahlten Tätigkeiten zufrieden geben müssen. (Litwack 1961: 162) Die gesetzlichen Regelungen in den einzelnen Staaten nördlich der Mason-Dixon-Linie variierten, aber die nicht nur faktische, sondern auch gesetzlich geregelte Definition als Einwohner, die weder die Rechte von Bürgern noch von freien Fremden für sich beanspruchen konnten, war allgemein. Manche Reisenden hatten den Eindruck, die rassistischen Vorurteile seien im Norden noch stärker ausgeprägt als im Süden. (Litwack 1961: Kap. 2 und 3) Weil aber angesichts einer Knappheit an qualifizierten Arbeitskräften sowohl Handwerker als auch Unternehmer und Konsumenten immer wieder ihre rassistischen Vorbehalte überwinden und schwarze Arbeitskräfte einstellen oder bei schwarzen Handwerkern kaufen mussten, konnten manche von diesen zu einem gewissen Wohlstand kommen. (Berlin 1974: 62)

Als in den mittleren Jahrzehnten des 19. Jahrhunderts vermehrt Immigranten aus Europa Beschäftigung suchten, kam es zur Konkurrenz mit freien Schwarzen. Vor allem irische Immigranten, ihrerseits mit vielen Vorurteilen konfrontiert, wandten sich gegen „Neger". Nach dem Bürgerkrieg verschärften sich derartige Diskriminierungen eher noch, weil jetzt eine wachsende Zahl von (vor allem irischen) Arbeitskräften mit den zahlreich in die Nordstaaten abgewanderten früheren Sklaven konkurrierte. Die allgemeine Verbreitung rassischer Diskriminierung bewirkte auch, dass am Ende des 19. und zu Beginn des 20. Jahrhunderts Schwarze nur noch als Köche und Stewards für Schiffe der amerikanischen Handelsmarine geheuert wurden. (Bolster 1997: 216)

Nachdem sich 1848 die Nachricht von Goldfunden in Kalifornien verbreitet hatte, waren nicht nur einzelne Sklavenbesitzer aus dem Süden mitsamt ihren Sklaven in den Westen gezogen, es gab auch eine umfangreiche Migration freier Schwarzer in den amerikanischen Westen. An die 3.000 freie schwarze Arbeitskräfte sollen damals nach Kalifornien gegangen sein. Dort angekommen, konkurrierten sie zunächst nicht nur mit freien weißen Arbeitskräften, sondern auch mit Immigranten aus Hawaii und anderen pazifischen Inseln, die schon seit Jahrzehnten an der Westküste arbeiteten, aber nicht als Einheimische anerkannt, sondern zunehmend diskriminiert und von immer mehr Betätigungen ausgeschlossen worden waren. (Lamar 2003: 51f.)

Seit den 1860er Jahren wurden dann zunehmend Vertragsarbeiter aus China in den amerikanischen Westen geholt. Diese Arbeitskräfte, für die sich rasch die Bezeichnung *Kuli* einbürgerte, schlossen in ihrer Heimat einen Vertrag über ein zeitlich begrenztes Arbeitsverhältnis im Ausland ab. Da die Agenten Vorschüsse und die Überfahrt bezahlten, waren die Vertragsarbeiter ihre Schuldner und *Kuli-Arbeit* war eine Form der Schuldsklaverei. Die Bürgen waren zwar die Arbeitsmigranten, als Faustpfänder dienten chinesischen Agenten aber die Verwandten der Vertragsarbeiter in der Heimat. Insgesamt 200.000 chinesische Kulis sollen im 19. Jahrhundert in die USA gekommen, etwa die Hälfte von ihnen soll vertragsgemäß wieder nach China zurückgekehrt sein. Seit den 1860ern gab es in Kalifornien auch Vertragsarbeiter aus Italien und aus Mexiko. Die Arbeitsbedingungen beim Bau und beim Unterhalt von Eisenbahnstrecken waren hart, Todesfälle waren häufig.

Das Ausmaß der Kontraktarbeit in Kalifornien sowie insgesamt im US-amerikanischen Westen lässt sich als eine Maßnahme zur Beschaffung ausreichender und kostengünstiger Arbeitskraft erklären. Sobald aber neu eingewanderte Arbeitskräfte außerhalb der strikten Vertragsbedingungen selbständig um Arbeitsplätze konkurrierten, waren Praktiken der rassistischen und ethnischen Diskriminierung gegenwärtig. Yann Moulier Boutang hat ausführlich beschrieben, wie diese Konkurrenz mittels rassischer Diskriminierung in Kalifornien institutionalisiert wurde. Bereits 1854 wurde Chinesen das Recht abgesprochen, vor Gericht gegen einen Weißen auszusagen.1855 forderten Minenarbeiter ein Gesetz, welches Chinesen die Arbeit in Bergwerken untersagen sollte. Als dieses ausblieb, terrorisierten sie chinesische Arbeiter mit Brand, Mord und Raub. (J.W. Caughey 1960, zit. Moulier-Boutang 1998: 532) Die Stadtverwaltung von San Francisco verbot ihre Beschäftigung im Rahmen öffentlicher Arbeiten. Als das Parlament des Staates eine Verordnung beschloss, derzufolge Bußgelder erhoben werden sollten, wenn Wohnbehausungen nicht ein Minimum an Luft garantierten, waren die Chinaviertel der amtlichen Zerstörung preisgegeben. Zusammengenommen zielten die Maßnahmen darauf, Chinesen legale Beschäftigung außerhalb der Landwirtschaft zu verwehren. Dass Chinesen per Gesetz untersagt wurde, ihren traditionellen Zopf zu tragen, offenbart den rassistischen Charakter all dieser Reglungen. 1882 gipfelten sie im Gesetz des *Chinese Exclusion Act.* Chinesen, die bereits im Land waren, wurde die „Naturalisierung" als Staatsbürger der USA verwehrt. (Moulier- Boutang 1998: 533) Dieses Gesetz war aufgrund gewerkschaftlicher Forderungen zustande gekommen. (D'Eramo 1995/1996: 161)

1885 wurde dann allerdings nicht nur die Arbeitsimmigration aus China untersagt, sondern jegliche Immigration, die auf einem im Herkunftsland abgeschlossenen Arbeitsvertrag basierte. Ein entsprechendes Gesetz war zwar bereits 1868 beschlossen worden, für den Eisenbahnbau und andere staatliche Großbauprojekte im Westen wurde davon aber noch einmal abgewichen. Dann aber setzte sich das Interesse durch, Konflikte mit den allmählich entstehenden Organisationen einheimischer Arbeitskräfte zu verhindern. Sie verurteilten die zeitlich begrenzte Arbeitsimmigration als eine organisierte Form der Lohndrückerei. Fortan sollte nur noch Immigration mit dem Ziel eines dauerhaften Aufenthaltes zulässig sein.

Obwohl inzwischen gesetzlich untersagt, kamen faktisch auch nach 1868 Arbeitsmigranten, die bereits in ihren europäischen Herkunftsländern einen Arbeitsvertrag abgeschlossen hatten. Sie trafen in den USA auf rassistische Abwehr. Von Italienern an der Ostküste war als von „den Chinesen des Ostens" die Rede, gegen die ein Verbot der Einwanderung mindestens ebenso angebracht sei wie gegen Chinesen. Marco D'Eramo hat darauf hingewiesen, dass die praktischen Maßnahmen gegen Immigration vor allem von bereits ansässigen Arbeitskräften gefordert und durchgeführt wurden, von deren Organisationen ebenso wie von spontan entstandenen Gruppen.[112] Andererseits waren auch rassistisch eingestellte Unternehmer häufig willens, sowohl befreite Sklaven als auch Immigranten aus Irland, Deutschland und Italien einzustellen, weil diese bereit waren, fast alle Arbeitsbedingungen zu akzeptieren. (D'Eramo 1995/1996: 160-163)

In allen kapitalistischen Metropolländern – und so auch in den USA – wurde staatliche Gewalt lange gegen Streikende und gegen die organisierte Forderung besserer Arbeitsbedingungen eingesetzt.[113] Regelmäßig wurden Streikbrecher, die aus entfernteren Gegenden angekarrt wurden, durch die Nationalgarde gegen den Zorn der Streikenden geschützt. Doch hat sich in der zweiten Hälfte des 19. Jahrhunderts auch ein spezielles Charakteristikum des US-amerikanischen Kapitalismus herausgebildet und verfestigt. Denn Gewalt und Rassismus haben nicht nur die gesellschaftliche Entwicklung in den USA insgesamt geprägt, sie waren auch ein besonders ausgeprägtes Charakteristikum der US-amerikanischen Arbeiterbewegung. Die Verweigerung der Solidarität mit Frauen und Schwarzen, wie sie etwa 1921 in der Verweigerung der Zulassung weiblicher und schwarzer Delegierter zum Kongress der *American Federation of Labor* zum Ausdruck kam, offerierte US-amerikanischen Kapitaleignern einen besonders weiten Spielraum für materielle Diskriminierung. Auf demselben Kongress scheiterte ein Antrag, den Klu-Klux-Klan zu verurteilen. (Foner 1991: 323) Die vereinigten Arbeiterorganisationen verzichteten darauf, sich von der Geschichte rassistischer Gewalt in den USA zu distanzieren.

---

112 „1864 griff eine Menge von 500 Iren im Hafen zwölf Schwarze an, die beim Löschen der Holzfrachter arbeiteten." (Pierce 1937: 26, zit. nach D'Eramo 1995/1996: 163)

113 Besonders dramatische Beispiele waren der Militäreinsatz gegen den Streik von Beschäftigten der Eisenbahn, der 1877 durch Lohnkürzungen ausgelöst worden war, sowie der Einsatz bewaffneter Polizei gegen eine Versammlung auf dem Haymarket in Chicago im Jahre 1866. Vgl. dazu die Dokumente und Beiträge in: Boris & Lichtenstein, Hg. (2003).

Zweite theoretische Zwischenbemerkung: die politische Ökonomie kapitalistischer Arbeitsverhältnisse

Zwar sind Formen der Zwangsarbeit auch in kapitalistischen Metropolländern nie vollständig beseitigt worden, seit Ende des 19. Jahrhunderts ist eine auf Vertrag basierende „freie Lohnarbeit" aber normativ dominant. Historisch kam dies nicht zustande, weil sich Arbeit„gebern" das rein private, vertraglich geregelte Verhältnis zu ihren Arbeitskräften als eine ökonomisch profitablere Organisation aufgedrängt hätte. Vielmehr wurde diese Entwicklung durch den Widerstand rechtlich unfreier und rechtlich freier Arbeitskräfte vorangetrieben. Manche Politiker, Rechtsanwälte und Richter haben das Ihre zur rechtlichen Bestimmung kapitalistischer Lohnarbeit als einer Übereinkunft zwischen freien autonomen Individuen beigetragen. Ihnen war es darum zu tun, die von ihnen vertretenen rechtlichen und moralischen Prinzipien zu verallgemeinern. Und tatsächlich leistet das heute dominante normative Konzept der Lohnarbeit eine grandiose Legitimation des Kapitalismus.

Im Kapitalismus ist ein historisch nie zuvor da gewesenes Potential an Produktivität angelegt. Es erwächst aus der systematischen Organisation von Arbeitsteilung sowie aus der Kombination von lebendiger Arbeitskraft mit Technologie. Das Produktivitätspotential solcherart organisierter Produktion kann aber nur voll ausgeschöpft werden, wenn die Eigentümer der Produktionsmittel beziehungsweise ihre Beauftragten Kommandogewalt über die eingesetzte Arbeitskraft besitzen. Präziser formuliert: Kapitalistische Produktion erfordert abhängige Arbeitskräfte. Dass diese „frei" seien, in ihrem eigenen Namen (oder auch in dem ihrer Frauen und Kinder) einen Arbeitsvertrag abzuschließen und diesen auch wieder zu beenden, ist dagegen kein ökonomisches Erfordernis für den profitablen Einsatz von Kapital. (so auch: Moulier-Boutang 1998: 247; 656 und passim)

Die Entwicklung in den zuerst kapitalistisch produzierenden Gesellschaften scheint dem zu widersprechen. So konnte Werner Sombart durchaus mit Zustimmung rechnen, als er ausführte, es seien zwar im Vorkapitalismus die Arbeitskräfte noch eine „bunt zusammengesetzte Schar der verschiedenartigsten Wesen"[114] gewesen, dann aber habe sich das „rationale(n) Schema des kapitalistisch-proletarischen Arbeitsverhältnisses" zunehmend durchgesetzt. (Sombart 1902/1969, 2. Hbbd.: 811ff.) Der Fehlschluss – und dieser fand und findet sich bei Autoren ganz unterschiedlicher theoretischer Ausrichtung – steckt in der Annahme, diese

114 Beispielsweise seien in schwedischen, schottischen und oberschlesischen Bergwerken während des ganzen 18. Jahrhunderts noch Unfreie und Leibeigene anzutreffen gewesen. Daneben habe es Anstaltsinsassen gegeben, die zur Arbeit gezwungen wurden, verarmte Handwerker, denen noch ein Teil ihrer Produktionsmittel gehörte, sowie Landbesitzer, die nicht mehr von der Landwirtschaft alleine leben konnten. (Sombart 1902/1969: 2. Hbbd., 813f.)

Entwicklung sei dem ökonomischen Grundgesetz des Kapitalismus geschuldet und deshalb gewissermaßen ein Beiprodukt der wirtschaftlichen Entwicklung.[115]

Wie wir gesehen haben, ist die Unterordnung der Arbeit unter die Anordnungen der Kapitaleigner sehr viel weniger von der Art ihrer formellen (legal geregelten) Unterordnung abhängig als gemeinhin angenommen wird. Sklaven konnten ebenso zu industrieller Produktion angeleitet und angewiesen werden wie freie Arbeitskräfte.[116] Während sich Sklaverei von allen anderen Formen abhängiger Arbeit dadurch fundamental unterscheidet, dass sich Sklavinnen und Sklaven ihr Recht auf Leben nur durch die Unterordnung ihrer gesamten Existenz unter die Herrschaft ihrer Eigentümer erkaufen können, gab und gibt es für alle anderen Formen abhängiger Arbeit keine eindeutigen Unterschiede. Wie vor allem Robert J. Steinfeld nachdrücklich betont hat, ist „freie Lohnarbeit" nicht etwa das unabweisliche und deshalb quasi von selbst eingetretene Ergebnis ökonomischer Entwicklung, sondern Resultat spezifischer staatlicher Regulierung. (2001: 315)

Die Analyse des historischen Kapitalismus widerlegt nicht, dass direkter Zwang gegen Arbeitskräfte ganz überwiegend in bestimmten Phasen kapitalistischer Entwicklung und in bestimmten Regionen eingesetzt wurde, sie macht aber deutlich, dass die Überwindung solcher Verhältnisse nicht ökonomischer Rationalität folgte.

Wie oben gezeigt wurde, ist in den frühen kapitalistischen Zentren selbst in der Epoche industrialisierter Produktion vielfach weiterhin von außer- ökonomischer Gewalt Gebrauch gemacht worden. Sie wurde eingesetzt, um Arbeitskräfte der Direktionsgewalt von Plantagenbesitzern, Farmern und Unternehmern zu unterwerfen. Die Zwangsmittel des Staates wurden zwar nicht von allen, aber doch von vielen Unternehmern genutzt.

Was heute unter freier Lohnarbeit verstanden wird, also vor allem die Freiheit, einen Arbeitsvertrag einzugehen und diesen auch nach eigenem Willen wieder zu kündigen, ist das Ergebnis staatlicher Vertragspolitik. Erst infolge langer und oft heftiger politischer Auseinandersetzungen fanden sich Regierungen bereit, die Freiheit der Arbeit„geber" zur Formulierung von Vertragsbedingungen zu begrenzen, die ihnen dazu gedient hatten, Arbeitskräfte gegen ihren Willen zur Fortsetzung von Arbeitsverhältnissen zu zwingen.

---

115 Ganz ähnlich folgert Götz Rohwer: „rechtliche und politische Selbständigkeit der Arbeiter in kapitalistischen Verhältnissen resultiert nicht aus 'systemimmanenten' Gründen." (1991: 182-186)

116 In der populären wirtschaftswissenschaftlichen Literatur wird die gegenteilige These dagegen nach wie vor unhinterfragt vertreten. Vgl. zum Beispiel: Thomas Straubhaar, Direktor des Hamburgischen Weltwirtschaftsinstituts: „Das süße Gift der Sklaverei" in: Frankfurter Allgemeine Sonntagszeitung, Nr. 15, 18. April 2010, S. 46, abrufbar auch unter: http://hwwi.net/HWWI_Standpunkt_Einz.5767.0.html?&L=0&tx_wilpubdb_pi1%5Bs,,,; abgerufen am 24.07.2010

„Freie Lohnarbeit" im heute gängigen Verständnis setzte die Abschaffung des Sonderstatus von Arbeitsverträgen voraus. Während für Verträge und Vertragsverletzungen außerhalb der Arbeitswelt längst Zivilgerichte zuständig waren, erhielt sich in vielen kapitalistisch produzierenden Staaten die Zuständigkeit von Strafgerichten für Vertragsverletzungen durch Arbeitskräfte.[117] Solange und soweit dies der Fall war, blieben Arbeitsverhältnisse Schuldverhältnisse. Insofern waren sie von der oben beschriebenen *peonage* (Schuldsklaverei) bestenfalls graduell geschieden.

Staaten, in denen Sklavenwirtschaft legal war, akzeptierten damit direkte Herrschaft von Privaten über Menschen, insofern also eine Verletzung des staatlichen Gewaltmonopols. Während aber das Recht von Eltern, ihre Kinder zu züchtigen, das Recht von Ehemännern, „Ehepflichten" auch gewaltsam einzufordern, das Recht von Lehrern, eine „mäßige" körperliche Züchtigung vorzunehmen mit dem Erfordernis der Erziehung oder dem ganz besonderen Charakter eines Ehevertrags begründet wurden, basierte das Recht zur Anwendung von Gewalt gegen versklavte Menschen auf dem Privateigentum, das ein Herr an seiner oder ihrer Person erworben hatte. Anders gesagt: weil versklavte Menschen von Staats wegen als sachliches Eigentum definiert wurden, galt die private Herrschaft über das Leben von Sklavinnen und Sklaven nicht als eine Verletzung des staatlichen Gewaltmonopols.

Für die Durchsetzung von Produktionsverhältnissen, deren Konstitution und Aufrechterhaltung dem Zwang der Verhältnisse, nicht aber direkter privater Gewalt und staatlicher Zwangsgewalt geschuldet ist, gab es ökonomische Voraussetzungen: das Vorhandensein eines Reservoirs an Arbeitskräften, die sich anders nicht oder nur sehr schlecht erhalten konnten, und technische Entwicklungen, welche die Produktivität der einzelnen Arbeitskraft steigerten und damit die für eine bestimmte Produktion notwendige Anzahl an Arbeitskräften reduzierten. (Moulier-Boutang 1998: 679) Dass freie Arbeitskraft in diesen Gesellschaften dominant wurde, war dennoch nirgends ein rein ökonomischer Prozess. (siehe auch: van der Linden 2008: 55) Überall waren politische Kämpfe und politische Entscheidungen erforderlich, um jene Form der Arbeitsverhältnisse durchzusetzen, die uns heute als der kapitalistischen Produktionsweise adäquat gelten. Die Betrachtung der historischen Entwicklung kapitalistischer Arbeitsverhältnisse mahnt uns, Kapitalismus nicht als bloßes Wirtschaftssystem, sondern als politisch-ökonomisches System zu analysieren.

---

117 Eine Ausnahme stellt Frankreich dar. Lange vor der Dominanz industrieller Produktion ist in der politischen Revolution des ausgehenden 18. Jahrhunderts eine weitgehende Gleichheit vor dem Gesetz durchgesetzt worden. Wie oben beschrieben, hat sich die Rechtslage für Arbeitskräfte im 19. Jahrhundert wieder verschlechtert, die Grundprinzipien blieben jedoch erhalten. Im napoleonischen *Code Civil* wurden sie bestätigt.

Kapitel IV:
Aneignung in Übersee

Erzwungener Handel

Die räuberische Aneignung von Handelswaren in Übersee war dauerhaftes Merkmal der „ökonomischen Beziehungen" zwischen europäischen Kaufleuten und Gesellschaften in Übersee. Weder die Gewinne aus Raub noch aus dem Handel mit Produkten, deren Anbau erzwungen wurde, waren finanzielle Voraussetzungen für die Industrialisierung in metropolkapitalistischen Ländern. Doch hat dieser erzwungene Handel vielerorts die zuvor gewachsene Wirtschaftsstruktur zerstört. Ein direkter Zusammenhang zur Industrialisierung in metropolkapitalistischen Gesellschaften entstand mit der gewaltförmigen Durchsetzung von Absatzmöglichkeiten für industriell produzierte Produkte.

In späteren Phasen des Sklavenhandels mussten sich europäische Händler kaum um den Nachschub ihrer Waren sorgen. Anders verhielt es sich, wenn die gewünschte Ware produziert und zugunsten dieser Produktion auf den Anbau anderer Produkte verzichtet werden musste. In solchen Fällen nutzten europäische Aufkäufer häufig Zwang, um das von ihnen gewünschte Angebot zu schaffen. Vom Zwang zur Produktion von Zucker in Brasilien oder von Indigo in Indien bis zur erzwungenen Ablieferung von Kautschuk in Belgisch-Kongo am Ende des 19. Jahrhunderts gibt es unzählige Beispiele. In Afrika hatte der Zwang zur Konzentration der bäuerlichen Produktion auf ein oder zwei weltmarktfähige Produkte nicht selten zur Folge, dass Nahrungsmittel für die eigene Bevölkerung eingeführt werden mussten. In Guinea etwa führte der Zwang zur Ablieferung von Kautschuk 1911 dazu, dass Reis importiert werden musste. In Ägypten waren seit Jahrhunderten Getreide und andere regional verbrauchte Lebensmittel angebaut worden. Durch die erzwungene Konzentration auf die Produktion von Baumwolle war die Versorgung der Bevölkerung nicht mehr gesichert. Seit Beginn des 20. Jahrhunderts wurden Mais und Weizen eingeführt. In Gambia musste die traditionelle Produktion von Reis der Produktion von Erdnüssen weichen. In all diesen Fällen mussten die eingeführten Lebensmittel mit dem Lohn, der für erzwungene Arbeit gezahlt wurde, erstanden werden. (Boahen 1985: 793)

Die folgenden Ausführungen sind auf Entwicklungen in Asien beschränkt, weil sich dort das Problem des kommerziellen Ungleichgewichts zwischen Europa und den Gebieten der Aneignung in Übersee besonders dramatisch stellte. Europäische Händler wollten Gewürze, Seide und vor allem Tee einkaufen, andererseits gab es für europäische

Produkte in Asien lange so gut wie keine Nachfrage. Folglich musste mit Silber bezahlt werden, eine Situation, die asiatische Produkte verteuerte und europäische Schatullen leerte. Eine zumindest teilweise Lösung bot eine Praxis, die als „Landhandel" bekannt geworden ist.

Sie war zunächst von portugiesischen Kaufleuten entwickelt worden. Beim sogenannten „Landhandel" ging es darum, in der Region Profite zu erwirtschaften, die dann zum Kauf von Gewürzen und anderem in Indien genutzt werden konnten. Obwohl diese Praxis den direkten Handel zwischen Portugal und Indien lediglich ergänzte und auch nur für kurze Zeit wirklich erfolgreich war, ist sie für unseren Zusammenhang aufschlussreich und deshalb kurz zu skizzieren.[1] Von Europa aus wurde Edelmetall nach Asien transportiert. In Indien wurde damit Kattun gekauft, welcher dann in Malakka und auf den Gewürzinseln gegen Gewürze eingetauscht wurde. Ein erheblicher Teil dieser Gewürze wurde dann zusammen mit Edelmetall eingesetzt, um in China (Macao) Seide zu kaufen. Diese wurde in Japan (Nagasaki) gegen Silber verkauft. Letzteres wurde nach China gebracht, wo Gold und Seide gekauft wurden, um dann in Malakka und Indien losgeschlagen zu werden. Die Profite, die auf diese Weise erzielt wurden, reichten zeitweise aus, um alle Waren zu bezahlen, die von Indien aus nach Europa gebracht werden sollten. Der „Landhandel" milderte das grundsätzliche Problem des Handelsdefizits, dem europäische Kaufleute vor der industriellen Revolution in Asien ausgesetzt waren, weil europäische Güter dort entweder keine Nachfrage fanden oder aber – das galt vor allem für Baumwollstoffe – vergleichsweise teurer waren als die in der Region produzierten. (Blussé 1989: 200f.) In der nachportugiesischen Zeit wurde als „Landhandel" vor allem die private Handelstätigkeit von Europäern bezeichnet. Vielfach geschah sie mit stillschweigender Billigung der jeweiligen Handelsgesellschaften.

Wo immer europäische Handelsgesellschaften Abgaben einfordern konnten, bedeutete dies faktisch, dass die Herstellung jener Produkte forciert wurde, an deren Erwerb die Fremden interessiert waren. Vielfach hatten Produzenten wenig Alternativen, weil sie nur durch die Orientierung ihrer Arbeit auf die Produktion der gewünschten Waren in der Lage waren, die von den fremden Herren geforderten Steuern zu bezahlen. Besonders deutlich ist dies in der Produktion von Opium.

Um die Mitte des 18. Jahrhunderts waren Angestellte der englischen und holländischen Handelsgesellschaften als Privatpersonen tätig geworden, um (mittels Kontraktoren) Opium besonders günstig bei Bauern aufzukaufen, dieses dann an andere (wiederum als Privatpersonen agierende) europäische oder indische Händler weiter zu verkaufen, welche das Opium dann ihrerseits nach Indonesien oder China exportierten. Viele dieser auf eigene Rechnung arbeitenden Angestellten, konnten schon nach wenigen Jahren mit großen Vermögen nach England zurückkehren. Die Position solcher Privathändler

1 Genau genommen wäre von regionalem Küstenhandel zu reden. Der Terminus „Landhandel" blieb aber im Gebrauch. So wurden etwa auch die Schiffe der Schwarzhändler, die im 19. Jh. auf eigene Rechnung Opium von Indien nach China schmuggelten, als „*Country Ships*" bezeichnet.

veränderte sich, nachdem die *East India Company* (EIC) im Jahre 1773 beschloss, den Handel mit Opium selbst zu organisieren und privaten Handel zu untersagen. Das war umso einfacher möglich, als sie durch ihren im Jahre 1757 errungenen Sieg über den *Nawab* von Bengalen in die Lage versetzt worden war, sich die Steuerhoheit in Bengalen anzueignen. Ab 1765 machte sie von dieser Möglichkeit Gebrauch. Weil Bauern Geld brauchten, um ihre Abgaben zu bezahlen, ließ sich über die Steuerhoheit auch die Produktion von Opium steuern. (Hanes III & Sanello 2002/2003; Inglis (1976/1979; Beeching (1975) Bauern erhielten Vorschüsse auf ihre Produktion. Sie waren dann gezwungen, ihre gesamte Ernte an die Gesellschaft zu dem von dieser festgesetzten Preis zu verkaufen. Nutzte ein Bauer nicht all sein zuvor angegebenes Land zum Anbau von Opium, musste er den Vorschuss in dreifacher Höhe zurück erstatten. Wurde er beim Verkauf an andere Nachfrager ertappt, verlor er sein Land und musste eine beträchtliche Strafe bezahlen. Hatte ein Bauer einmal zugestimmt, für die Gesellschaft zu produzieren, war er gebunden. Formal konnte er dieser Situation entgehen, faktisch war dies kaum je möglich. (Prakash 1989: 78f.) Die *East India Company* wertete die Einkünfte aus dem Opiumhandel als Steuern. Viele Angestellte der Gesellschaft, aber auch indische Kontraktoren und Zwischenhändler machten ihrerseits große private Gewinne. Die englischen Angestellten der EIC erhöhten sie, indem sie chinesischen Tee kauften, der in England teuer verkauft werden konnte. Oft kehrten sie bereits nach wenigen Jahren in die Heimat zurück, wo es ihnen ihr Reichtum erlaubte, Land zu erwerben und als Landedelleute zu leben.

Verlässliche statistische Daten gibt es nicht. Dennoch ist die rasche Steigerung der Produktion von Opium in Bengalen zweifelsfrei nachgewiesen. Auch die Bedeutung des Systems für die einzelne Bauernfamilie ist kaum eindeutig zu klären. Angesichts der Tatsache, dass die Produktion fünf Monate harter Arbeit erforderte, war der Verdienst, dessen Höhe die Gesellschaft bestimmte, nicht hoch. Immerhin aber gab es eine Abnahmegarantie und die Sicherheit, genügend Geld für die Bezahlung der geforderten Abgaben zu erlangen.[2] Sicher ist allerdings, dass diese Praktiken die Strukturen der Agrarproduktion in Bengalen erschütterten.

Für Zucker, Indigo und Kaffee, Erzeugnisse, deren Produktion die (niederländische) Vereinigte Ostindienkompanie (VOC) auf Java erzwang, gab es Abnehmer in Europa. Opium wurde dagegen zunächst vor allem genutzt, um das strukturelle Handelsungleichgewicht mit China zu mildern. Denn in China hatte sich keine Nachfrage nach europäischen Produkten schaffen lassen. Nachdem 1793 ein englisches Schiff mit möglichen Handelsgütern gelandet war, sandte der Kaiser einen Brief an den englischen König, in dem er ihn wissen ließ, dass ihn fremde und teure Dinge nicht interessierten. Sein Botschafter habe ja sehen können, dass „wir alles besitzen." (zit. bei Hanes III &

2 Rolf Bauer vertritt in seiner Dissertation die Auffassung, dass die Verträge den Bauern „negativen Nutzen" brachten. Erste Ergebnisse seiner Forschungen hat er auf der ITH-Konferenz im Oktober 2016 vorgetragen.

Sanello 2002/2003: 57, Übers.) Folglich musste Tee, an dessen Verkauf die chinesische Regierung weiterhin interessiert war, entweder mit in Asien erzielten Handelsprofiten oder aber mit spanischem Silber bezahlt werden. Tatsächlich stieg der von Europäern betriebene private Handel zwischen Kalkutta und dem ferneren Osten in den 1790er Jahren immens. Ein Drittel des Wertes dieser Exporte kam durch den Opiumhandel zustande, es wurden aber auch Getreide, Salpeter, Waffen, Seide und andere Stückgüter von Indien aus nach China geliefert. An der Wende zum 18. Jahrhundert übertraf der von Indien ausgehende Export „nach Osten" denjenigen nach „Westen". Hinzu kam die Förderung des „Landhandels" entlang der Koromandel-Küste. Weil die Nachfrage in Indien begrenzt war, legten die privaten Händler ihre Gewinne nicht in Waren an, die sie nach Indien importierten, sondern investierten sie in *bills of exchange,* Wechsel, die in Europa einzulösen waren. (Furber 1976: 296f.)

Im Laufe der Zeit wurde der Handel mit Opium dann aber immer wichtiger. Zwar war Opium bereits seit mehr als hundert Jahren nach China exportiert worden, doch handelte es sich dabei um vergleichsweise geringe Mengen. Ihr Import war ebenso besteuert worden wie der Import anderer Drogen. Die Preise waren hoch, der Konsum folglich nicht sehr weit verbreitet. Daran änderte sich zunächst auch noch nicht viel, als die EIC 1793 daran ging, den Opiumhandel selbst zu organisieren. Sie verkaufte (das damals noch überwiegend in Bihar produzierte) Opium in Kalkutta an selbständige britische und indische Kaufleute. Damit monopolisierte sie zwar den Ankauf von Opium, übernahm aber nicht auch die Verantwortung für den Weiterverkauf. (Prakasch 1988: 75-76) Tatsächlich legte sie Wert darauf, dass kein Opium nach Kanton geschmuggelt wurde, dem einzigen legalen Handelsstützpunkt der Gesellschaft in China. Sehr schnell allerdings wurde deutlich, dass die Profite, die mit Schmuggel erzielt werden konnten, sehr hoch waren. Immer größere Mengen wurden verkauft, und trotz der inzwischen mehrfach wiederholten und verschärften chinesischen Importverbote beseitigte der Opiumhandel im ersten Jahrzehnt des 19. Jahrhunderts das strukturelle Handelsungleichgewicht zwischen der EIC und China. Die Gesellschaft behauptete weiterhin, dass sie kein Opium nach China liefere. Und vermutlich landeten britische Schiffe tatsächlich nicht direkt in chinesischen Hafenstädten, sondern trafen vor der Küste auf chinesische Händler, die dann den Weitertransport und den Verkauf übernahmen. (Inglis 1975/1979: 190)

Produziert wurde Opium in Bengalen. Im 18. Jahrhundert sollen noch 11% der einheimischen Arbeitskraft in Bengalen in der Textilproduktion beschäftigt gewesen sein. (Wendt 2007: 155) Als es für indische Textilproduzenten zunehmend schwieriger wurde, ihre Stoffe in England abzusetzen, wuchs in Bengalen die Produktion von Opium. Während der napoleonischen Kriege erschwerte die französische Blockade den Import indischer Waren in das Vereinigte Königreich. In den Kriegsjahren nutzten aber auch die dortigen Produzenten ihre bereits zuvor entwickelten Methoden der mechanisierten Produktion, um preiswerte Stoffe für Uniformen zu produzieren. Nach dem Krieg zielten sie auf den Erhalt und die Erweiterung ihrer Absatzgebiete für den zwischenzeitlich vergrößerten Ausstoß. Folglich drängten sie auf die Beschränkung des Imports fertiger

Textilien aus Indien sowie auf die Ausweitung des Imports der dort erzeugten Baumwolle. Gleichzeitig erhöhten sie den Export ihrer eigenen Stoffe nach Indien, wo sie nun auch tatsächlich erfolgreich mit einheimischer Produktion konkurrieren konnten. Die Situation verschärfte sich, als es der Einsatz von Dampfmaschinen britischen Unternehmern ermöglichte, konkurrenzlos billige Massenware zu produzieren. Burton Stein hat den dadurch in Indien ausgelösten Prozess als „Deindustrialisierung" bezeichnet. (1988: 220) Das ist jedoch nicht korrekt. Denn in Indien war zuvor nicht industriell, sondern handwerklich produziert worden. Und es war eben diese handwerkliche Produktionsweise, die dazu führte, dass der Preis indischer Baumwollprodukte nicht länger mit dem Preis industriell gefertigter Produkte aus England konkurrieren konnte.

Um die importierten Stoffe erwerben zu können, benötigten indische Händler Bargeld. Unter den Bedingungen der Zeit war dieses am ehesten durch den Verkauf von Opium zu erlangen. Das dadurch vermehrte Angebot an Opium erschwerte den in China ohnehin illegalen Absatz. Verhandlungen, die dazu führen sollten, dass außer dem für den Teehandel geöffneten Hafen Kanton (am Perlfluss) weitere chinesische Häfen für internationalen Austausch geöffnet würden, scheiterten. Folglich wuchs der Schmuggel. Und dessen Umfang stieg dramatisch, nachdem im Jahre 1833 das britische Parlament das Handelsmonopol der *East India Company* aufhob. Fortan konnte jeder in Ostasien Handel treiben. Die Kritik der „politischen Ökonomen" an den traditionellen Beschränkungen der Konkurrenz hatte sich durchgesetzt. Die unmittelbare Wirkung der Liberalisierung gab ihnen Recht. Im Jahr darauf wurde viermal so viel Tee eingeführt als zuvor. (Hanes III & Sanello 2002/2003: 26ff.)

Die Einzelheiten der diplomatischen Verwicklungen, Konfiskationen von Opium, bewaffneten Provokationen und Auseinandersetzungen über das Recht chinesischer Behörden zur Bestrafung von Ausländern müssen uns hier nicht beschäftigen. Im November 1839 feuerten britische Schiffe auf chinesische Kriegsschiffe im Hafen von Chuanbi und versenkten sie. Diese Aktion war sowohl unter den europäischen Kaufleuten in Asien als auch in England umstritten. Während der amtierende *Foreign Secretary* Palmerston davon ausging, dass sich das „chinesische Problem" mit geringem militärischem Aufwand rasch erledigen lasse, stellte der junge William Gladstone im Parlament fest, durch die militärischen Aktionen gegen die berechtigten Proteste der chinesischen Regierung sei die britische Flagge zu einer Piratenflagge geworden. Unter diesem Banner werde jetzt ein unrühmlicher Handel geschützt. (Hanes III & Sanello 2002/2003: 78-79) Das Gegenargument bedurfte keiner rhetorischen Kunst. Denn bereits Mitte der 1830er Jahre waren die Einkünfte aus dem Opiumschmuggel höher gewesen als die Ausgaben für chinesischen Tee. Damit war nicht nur das traditionelle Ungleichgewicht im Handel mit China behoben, sondern es fand sich in Indien auch genügend Geld, um die zunehmenden Importe an britischen Textilien finanzieren zu können. (Inglis 1976/1979: 121) Nicht zuletzt daraus erklärt sich die Note, die der britische Premier Palmerston 1837 dem Inspektor für den Handel in Indien, George Best Robinson, zukommen ließ. Darin heißt es, er solle alles vermeiden, was von den chinesischen Behörden als Angriff gewertet werden könne, gleichzeitig solle er aber sehr sorgfältig darauf achten, sich keine größere Autorität über englische Untertanen anzumaßen als ihm tatsächlich zustehe. (Inglis 1976/1979: 122)[3]

Obwohl der Ausbruch der Kriege durch die Drogenschmuggler provoziert worden war, hätte er durch die Regierung in London oder durch den Verwaltungsrat der EIC in Kalkutta durchaus verhindert werden können. Aber die Kompanie stellte fest, sie sei für den Schmuggel nicht verantwortlich, und die britische Regierung beharrte auf dem Schutz der ökonomischen Freiheit ihrer Staatsbürger in Übersee. Tatsächlich wurde das Opium in Kalkutta an Bieter versteigert, die zusagen mussten, die Droge nach China zu exportieren. Das geschah in Kisten der Kompanie, weil die chinesischen Schmuggler sicher sein wollten, dass es sich wirklich um das Opium der Kompanie handelte.

Mitte des 19. Jahrhunderts ging es nicht mehr nur um die Möglichkeit, chinesischen Tee zu bezahlen. Denn die faktische Herrschaft der EIC über große Teile von Indien verschlang riesige Summen. Ein immenser Verwaltungs- und Militärapparat musste aufrechterhalten werden, und dies alles mit dem Ziel, den Aktionären der Kompanie Dividenden zahlen zu können. Indien war nicht reich, und die Herrschaft einer Aktiengesellschaft war nicht dazu angetan, diese Situation zu verbessern. In dieser Situation wurde die EIC ebenso sehr vom Opium abhängig wie diejenigen, die der Droge selbst verfallen waren.

Chinesischen Maßnahmen zur Unterbindung dieser Einfuhren wurde zunächst mit systematischem Schmuggel und mit der Bestechung chinesischer Beamter begegnet, dann aber mit militärischer Gewalt. Zur Sicherung europäischer Handelsinteressen wurde die chinesische Regierung im ersten Opiumkrieg 1842 gezwungen, mehrere Häfen für den internationalen Handel zu öffnen und Hongkong abzutreten. Im zweiten Opiumkrieg musste sie 1858 einem „Vertrag" zustimmen, der weitere Hafenstädte öffnete, die Errichtung europäischer Botschaften und Ausländern den Erwerb von Eigentum erlaubte. Der Opiumhandel galt fortan als legal, folglich auch die Zerstörung der physischen und mentalen Gesundheit einer großen Zahl von Menschen durch die systematische Förderung des Opiumverbrauchs.[4]

Obwohl europäische Truppen sogar Peking eroberten, blieb China politisch weiterhin unabhängig, ökonomisch aber war das Land mittels „Kanonenbootpolitik" langfristig europäischen Interessen unterworfen worden. In den Jahren 1839–1842 sowie 1856–

---

3 Kurze Zeit später, die Nachrichten über die Auswirkungen dieser Politik in China waren längst in England angekommen, verfasste Edmund Burke eine flammende Rechtfertigung des Freihandels, wobei er auch ausführte, dass der Kampf gegen den Konsum von „Wein, Bier, Opium, Brandy oder Tabak" zwar gut gemeint sei, nichtsdestoweniger „ökonomisch, finanziell, kommerziell, medizinisch und in einem gewissen Maße auch moralisch" als wenig durchdacht zu betrachten sei. (1859/1966: 40-41, Übers.)

4 Diese Förderung wurde nicht nur in China betrieben, sondern auch in England. Mitte des 19. Jahrhunderts wuchs die Zahl der Opiumsüchtigen unter der britischen Arbeiterschaft.

1860 wurde China mit Waffengewalt dazu gebracht, mehr Häfen für britischen Handel zu öffnen. Außer Drogen hatte dieser Handel aber kaum etwas zu bieten.[5]

Der Zwang zur Produktion von Opium und die mit Waffengewalt erzwungene Legalisierung des Handels in China entsprachen Strategien, wie sie von europäischen Kaufleuten bereits seit langem in Übersee praktiziert worden waren. Und doch markiert die Durchsetzung des Opiumhandels in der Mitte des 19. Jahrhunderts bereits den Einbruch kapitalistischer Entwicklungen in die Aneignung in Übersee. Denn der Opiumschmuggel wurde forciert, als britische Unternehmer in die Lage gekommen waren, mit ihren industriell verfertigten Textilprodukten erfolgreich gegen einheimische Produktion in Indien zu konkurrieren. Die Opiumkriege waren Schnittpunkte zwischen gewaltförmiger Konkurrenz um Monopole und wirtschaftlicher Konkurrenz um Absatzmärkte. Es sollten nicht die einzigen bleiben.

---

5 1888 erschien ein Bericht über den Opiumkrieg, den der chinesische Autor Wei Yüan verfasst hatte. Seiner Ansicht nach war es zu den verheerenden Entwicklungen gekommen, weil die chinesischen Behörden ihre eigenen politischen und militärischen Möglichkeiten überschätzt hatten. Vor allem aber hätten sie es versäumt, sich mit anderen europäischen und mit nordamerikanischen Kaufleuten gegen die Opiumschmuggler zu verbinden. Statt der vielen Millionen, die China dann an Kriegsreparationen zahlen musste – denn die Sieger hatten es ja geschafft, dass die Besiegten nachträglich den Krieg selbst zu finanzieren hatten – wäre es Wei Yüan zufolge möglich und nötig gewesen, ausländische Schiffe und Kanonen zu kaufen, Seeleute und Kanoniere auszubilden und insgesamt „ihre Künste und Einrichtungen zu *unseren* Künsten und Einrichtungen zu machen und auf diese Weise, gleichzeitig den Staat zu bereichern und unsere Waffen zu stärken". (Hg., Parker 2010)

Territorialherrschaft

Territorialherrschaft bedeutete, dass für Unterdrückung und Ausbeutung regelhafte Praktiken entwickelt wurden. Ihre Durchsetzung musste finanziert werden. Insofern handelte es sich bei Kolonien um Steuerstaaten. Durchgängig aber wurde der Großteil der abgepressten Abgaben außer Landes gebracht. In der Art und Weise der fiskalischen Aneignung gab es große Unterschiede zwischen den einzelnen Kolonien. Dagegen ähnelten sich die gewaltförmigen Praktiken der Landnahme in Siedlungskolonien. Dass koloniale Staatsgewalt auf Dauer angelegt wurde, wird daran deutlich, dass sie eingesetzt wurde, um Einheimische in den rassistisch bestimmten rechtlichen Status „Eingeborene(r)" zu zwingen. In diesem Zwang manifestierte sich der zentrale Inhalt aller Kolonialherrschaft.

Die Entwicklung von Territorialherrschaft in Übersee folgt keiner allgemeinen Chronologie. Unzweifelhaft wurde in Südamerika von Anfang an koloniale Staatsgewalt etabliert. Sowohl die portugiesische als auch die kastilische Krone waren bestrebt, die eroberten Gebiete in Übersee ihrem „Reich" zu integrieren. Dagegen wurden die Regierungen späterer Kolonialmächte zunächst meist nicht direkt in Übersee aktiv, sondern überließen nicht nur die Errichtung von Handelsstützpunkten, sondern auch von Territorialherrschaft ganz überwiegend privaten Handelskompanien. Ihnen wurden sehr weitreichende Hoheitsrechte übertragen. Es gab Handelskompanien, die das Recht hatten, eine Land- oder Seestreitmacht aufzustellen, Festungen zu errichten, Krieg zu führen, ihre eigene Währung auszugeben und von ihren Angestellten zu verlangen, dass sie einen Loyalitätseid auf die Gesellschaft ablegten. Rückblickend legt die Verleihung von Hoheitsrechten an private Gesellschaften nahe, dass diese in Übersee dadurch realisiert wurden, dass Staatsgewalt in Privatbesitz etabliert wurde.

Solange Handelsgesellschaften vorzugsweise bestrebt waren, eine dominante Position in den Außenhandelsbeziehungen einer bestimmten Region zu erwerben und zu sichern, galten Gewaltmaßnahmen weniger der Ausbeutung von Einheimischen als der Ausschaltung europäischer Konkurrenz. Insbesondere in Asien waren Handelskompanien zunächst bestrebt, ihre Position durch die Herstellung geregelter Beziehungen zu den vor Ort Mächtigen zu sichern. Während in der Konkurrenz zwischen Fernhandelskaufleuten unterschiedlicher europäischer Herrschaftsbereiche prinzipiell Gewalt zum Einsatz kam, war dies bei der Etablierung von Beziehungen zu den jeweils Mächtigen nicht generell der Fall. Weil ihre Gewaltmittel begrenzt waren, wurden Handelsgesellschaften in Übersee, auch dies wurde oben erläutert, in manchen Regionen zunächst eine Macht unter anderen. Am Beispiel der Opiumkriege ist bereits verdeutlicht worden, dass die Ausbeutung und – im konkreten Fall – der gesundheitliche Ruin vieler tausend Menschen keineswegs die Errichtung einer formellen Kolonialherrschaft voraussetzte. Vielerorts reichten der Einsatz oder auch nur die Androhung militärischer Gewalt aus, um einheimische Herrscher zu Erfüllungsgehilfen ausländischer Interessen zu machen.[6]

6 Jürgen Osterhammel zählt auf, welche Methoden vorherrschend waren: Schutz ausländischer Staatsangehöriger vor einheimischen Gesetzen, Festlegung niedriger Importzölle bei fehlender

Und tatsächlich sind sowohl die militärische Absicherung von Handelsmonopolen als auch die spätere Institutionalisierung eines staatlichen Gewaltapparates durchgängig von Kritik begleitet worden. Sie war ökonomisch motiviert. *"To maintayn a garrison will eate the Profitt ... A warr and trafique are incompatible"*,[7] hieß es schon zu Beginn des 17. Jahrhunderts in einer englischen Veröffentlichung. Aus eben diesen Gründen haben Anteilseigner der *East India Company* später die Eroberung Bengalens kritisiert. Territorialherrschaft eröffnete aber Möglichkeiten der Aneignung, die bloßer Handelsdominanz verschlossen blieben. Die fiskalische Ausbeutung von Einheimischen, die Vertreibung von Einheimischen aus ihren traditionellen Lebensbereichen, ihre Verpflichtung zu Arbeiten, von denen die Fremden zu profitieren gedachten, sowie die Aneignung von Bodenschätzen – dies alles setzte den Einsatz von Gewalt voraus, legte folglich die Institutionalisierung eines Gewaltapparates nahe. An diesen Zielsetzungen änderte sich nichts, als anstelle der früheren Handelsgesellschaften im 19. Jahrhundert Konzessionsgesellschaften Hoheitsrechte in Übersee übertragen bekamen.

Auch wenn es bereits im 19. Jahrhundert Staaten gab, die sich aus formaler Kolonialherrschaft befreit hatten und fortan mehr oder minder ausschließlich ökonomischer Dominanz unterlagen, so blieb doch die Etablierung von kolonialer Staatsgewalt vom 16. bis zum 20. Jahrhundert eine dominante Strategie für die Aneignung in Übersee.[8]

Sie offerierte Einzelnen die Chance zu immenser Bereicherung, erwies sich insgesamt aber sowohl für Handelskompanien als auch für die späteren Konzessionsgesellschaften zumeist als ökonomisch prekär. Obwohl Einheimische durch Besteuerung gezwungen wurden, den Gewaltapparat für ihre Unterdrückung selbst zu finanzieren, schmälerten die Kosten, die seine Aufrechterhaltung mit sich brachte, die wirtschaftlichen Erträge kolonialer Ausbeutung. Immer wieder gingen Handelsgesellschaften trotz der wirtschaftlichen Nutzung von Hoheitsrechten bankrott. In diesen Fällen, vereinzelt aber auch aufgrund heftiger öffentlicher Kritik an der Herrschaftspraxis von privaten Gesellschaften, sahen sich die Regierungen von Metropolstaaten seit Mitte des 19. Jahrhunderts zunehmend gezwungen, in Kolonien direkte politische Verantwortung zu übernehmen, anders gesagt: die privaten Inhaber von Staatsgewalt wurden – mit oder ohne Entschädigung – enteignet und die Gewaltapparate auch formal der Staatsgewalt des Metropolstaates eingegliedert.

Zollhoheit, das Recht zur Stationierung ausländischer Truppen , die „Beratung" der einheimischen Herrscher durch Konsuln, Diplomaten, „Residenten" usw. (1995/2009: 24 -26)

7 The Embassy of Sir Thomas Roe to the Court of the Great Mogul, 1615–1619, 2 Bde., hrsg. W. Foster (1899: 344); zit nach: Andrews (1984: 277)

8 Es gibt Versuche, Stufenmodelle der dominanten Praktiken zu entwickeln. Wendt (2007: 57f.) zitiert das von Urs Bitterli (1986) entwickelte „Grundmuster europäisch-außereuropäischer Kulturbegegnungen"; Jürgen Osterhammel (1995/2009: 47) gibt das von Donald W. Meining (1986) entwickelte Strukturmodell von acht historischen Phasen des Kolonialismus wieder, wobei er anfügt, dass dieses Modell der historischen Entwicklung am ehesten auf Brasilien, Nordamerika, Teile der Karibik und manche Südseeinseln zugetroffen habe, nicht aber auf Asien und große Bereiche Afrikas. (Ebenda, 47)

In Abweichung von diesem Entwicklungstrend hat die portugiesische Regierung aus Mangel an eigenen finanziellen Möglichkeiten die neu gegründete Mozambique-Gesellschaft 1891 für die Dauer von 49 Jahren als „Souverän" über 160.000 km^2 und die in diesem Gebiet lebenden Menschen eingesetzt. (Coquery-Vidrovitch 1985: 361) An dieser und einer entsprechend für Angola verfügten Regelung wurde auch festgehalten als diese Gebiete 1926 als überseeische Provinzen in den portugiesischen Staat eingegliedert wurden. Erst 1951 wurden den Konzessionsgesellschaften ihre bisherigen Hoheitsrechte entzogen. Dagegen scheiterte die Regierung des Deutschen Reiches in den 1880er Jahren mit dem Versuch, noch einmal das herkömmliche Modell in Anwendung zu bringen und Kolonialgesellschaften „eine dem Deutschen Reich lehnbar bleibende, unter seiner Protektion stehende kaufmännische Souveränität" zu übertragen.[9] Stattdessen kreierte sie deutsche „Schutzgebiete". Faktisch handelte es sich um Kolonien.[10]

Im Folgenden werden die verschiedenen Praktiken der Aneignung mittels Territorialherrschaft anhand von Beispielen erläutert. Soweit es die Handelnden oder ihre Auftraggeber für erforderlich erachteten, solche Praktiken – sei es gegenüber Konkurrenten, sei es gegenüber der politischen Öffentlichkeit in den Mutterländern – zu rechtfertigen, werden auch die zentralen Argumente solcher Rechtfertigungen erwähnt. Dabei bleibt zu bedenken, dass koloniale Ausbeutung gegenüber den Betroffenen kaum je gerechtfertigt wurde, bestenfalls posierten Kolonisatoren als Erzieher für den Eintritt in die Zivilisation. Was das heißen sollte, wurde selten genau ausgeführt. Bemerkenswert ist, dass sich am Ende des 19. Jahrhunderts ein Verständnis von Zivilisation durchsetzte, in dem Technologie eine zentrale Rolle spielte. Als in den USA gerechtfertigt werden sollte, warum die Philippinen keine Selbstverwaltung bekommen könnten, hieß es ganz explizit, sie hätten keine produktive Industrie und kein Buchwissen. (Hartwell 1899; zit. Thompson 2010: 142 und passim)

Dennoch trat Aneignung nicht durchgängig gewaltsam in Erscheinung. Neben der Tatsache, dass die Verfestigung kolonialstaatlicher Herrschaft einen zeitweisen Verzicht auf direkte Gewalt ermöglichte, offerierten Kolonialstaaten willigen Einheimischen auch eine Beteiligung am Nießnutz der Fremdherrschaft, sei es in der Form materieller Gewinne, sei es in der Form des Statusgewinns. Dieser Aspekt der Kolonialherrschaft bleibt im Folgenden außer Betracht, geht es in unserem Zusammenhang doch nicht um eine umfassende Analyse der überseeischen Gesellschaften in der Zeit der Kolonialherrschaft, sondern um den Einsatz direkter Gewalt zum Zwecke der Aneignung.

---

9 Die Formulierung stammt aus der Begründung des Reichskanzlers Bismarck für dieses Programm. Reichstagsverhandlungen, 5. LP, Sn2 (Bd. 83), S. 1059 (1062) hier zit. nach Wagner 2002: 11-12)

10 Sie unterschieden sich insoweit von den umliegenden Siedlungskolonien, als in Deutsch-Südwestafrika die Errichtung kolonialstaatlicher Strukturen der Konstitution von Siedlerinteressen gewissermaßen voraufging. Dadurch waren die staatlichen Strukturen in dieser Kolonie besonders deutlich durch diejenigen des Metropollandes geprägt. (Bley 1968: 15)

Fiskalische Ausbeutung

Alle Formen fiskalischer Ausbeutung setzten ein gewisses Maß an Territorialherrschaft voraus. Ihre Formen reichten von Tributforderungen an Dörfer bis zu individuell auferlegten Steuern, die einer faktischen Verpflichtung zur Zwangsarbeit gleichkamen. Hinweise auf die Eroberung der Finanzhoheit in Bengalen sollen den Wandel von der Aneignung durch Handel zu Aneignungspraktiken verdeutlichen, die territoriale Herrschaft voraussetzten. Metropolstaaten waren bestrebt, die Kosten für Kolonialstaaten vor Ort einzutreiben. Das beschränkte den Umfang kolonialstaatlicher Administration. Das Ausmaß fiskalischer Ausbeutung liefert kein eindeutiges Indiz für den Grad der Monetarisierung einer kolonial beherrschten Gesellschaft.

Tribut- bzw. Steuerforderungen waren ein allgemeines Merkmal kolonialherrschaftlicher Aneignung. Für die portugiesische und die spanische Krone standen sie im Zentrum ihrer Aneignungsstrategien in Übersee. (Kamen 1982: 144-150; Israel 1982: 150-156) In den von ihnen beanspruchten Territorien machten sie alle „freien Vasallen", genau genommen also Dörfer und Städte, tributpflichtig.[11] Im Unterschied zu Portugal und Spanien etablierten die jüngeren Kolonialmächte zunächst keine Territorialherrschaft in Übersee, sondern beschränkten sich auf die Errichtung und Verteidigung von Handelsmonopolen. Wo sich Handelsgesellschaften auch Tribute aneignen und Steuerhoheit errichten wollten, mussten sie diejenigen entmachten, die bislang Tribute eingefordert hatten. An der Durchsetzung fiskalischer Abpressung in Indien ist dieser Prozess besonders deutlich zu verfolgen.

Zum Exempel: Die Eroberung von Finanzhoheit in Indien

Als im 18. Jahrhundert die Herrscher in den Nachfolgestaaten des großen Mugdalreiches um die Vorherrschaft in Indien kämpften, knüpften sie Allianzen mit europäischen Handelskompanien. Weil diese rasch erkannten, dass sich niedrige oder ausbleibende Handelsprofite durch den Handel mit Gewaltkompetenz ausgleichen ließen, bauten sie

11 Alle „freien Vasallen" zwischen achtzehn und fünfzig mussten der Kastilischen Krone Tribut leisten. Zunächst verlieh die Krone das Recht auf Tributforderungen als Entschädigung für ihre Dienste an einzelne Spanier. Sie ließen sich in Waren, Silber oder Arbeit bezahlen. (Montero 2011: 303) Später regulierte der Kolonialstaat die Höhe der Tribute. Sie bezogen sich jeweils auf Städte beziehungsweise Dörfer. Zwar forderten die entsprechenden Regelungen, dass jeweils eine bestimmte Anzahl der Einwohner pro Jahr sich für Arbeiten in den Bergwerken zu einem Lohn zur Verfügung stellte, der unter dem Lohn für „freie Arbeitskräfte" lag, dennoch stand im Zentrum der Ausbeutungsstrategien nicht die Regelung von Zwangsarbeit, sondern die fiskalische Aneignung. Sahen sich Dörfer außerstande, die geforderte Summe aufzubringen, so akzeptierten sie vielfach das Angebot von Hazienda-Besitzern, diese Zahlungen zu übernehmen. Auf diese Weise wurden sie faktisch an die Hazienda gebunden. Die meisten Haziendas waren nicht profitabel, wechselten deshalb des Öfteren den Besitzer. Weil die Kirche kaufkräftig war, ging im Laufe der Zeit immer mehr Land in das Eigentum der Kirche über. Zusammen mit dem Christentum predigten ihre Diener deshalb unweigerlich Privateigentum. Die militärische Sicherung spanischer Besitzungen verschärfte die fiskalische Ausbeutung. Im 17. Jahrhundert wurden nicht mehr nur Steuern auf Silber, sondern auf alle Verkäufe erhoben.

ihre eigene Militärmacht aus, offerierten ihre Streitkräfte einheimischen Herrschern und ließen sich diese Dienste durch die Übertragung der Steuereinkünfte in einer bestimmten Region entgelten. In Südindien offerierten sowohl französische als auch englische Handelsgesellschaften bewaffnete Einheiten. In Bengalen setzte die Englische Ost-Indien- Kompanie relativ schnell ein Monopol auf dieses Angebot durch. (Marshall 2005, 121-123) Nach der regelrechten Eroberung Bengalens durch die Kompanie im Jahre 1774 waren dann keine speziellen Abkommen mehr erforderlich. (Stein 1998: 206f.)[12] Zwar verlangten die Finanziers in London immer wieder, dass die Gesellschaft auf militärische Eroberungen verzichte, weil sie damit die Möglichkeit der Dividendenzahlung gefährde, da die Exporte aber zu wenig Gewinn abwarfen, war die Kompanie weiterhin bestrebt, die Fiskalität des entwickelten indischen Marktsystems abzuschöpfen. Zu diesem Zweck mussten sie sich die Besteuerungshoheit einheimischer Herrscher aneignen, diese folglich absetzen bzw. nur noch als Repräsentationsfiguren herrschen lassen. Noch vor der endgültigen Eroberung Bengalens hatte sich die EIC mit dem Sieg in der Schlacht von Plassey im Jahre 1757 als indische Territorialgewalt etabliert.[13]

Dennoch blieb sie noch weitere Jahrzehnte lang lediglich eines der Elemente in dem System der ständig wechselnden Allianzen indischer Mächte. Nicht nur indische Fürsten, sondern auch indische Soldaten wechselten sehr häufig ihre beruflichen und damit politischen Bindungen. Anders als in Europa war es in Indien keinem Fürsten möglich, Berufssoldaten dauerhaft an sich zu binden und mit ihrer Hilfe die anderen Fürstenherrschaften zu entmilitarisieren. Anstelle einer zunehmenden Konzentration militärischer Macht wirkten in Indien Marktverhältnisse – mit wechselnden Ergebnissen. Ein hochentwickelter Arbeitsmarkt für Soldaten ebenso wie für Offiziere machte deren jeweilige Zugehörigkeit instabil. Auch der *East India Company* liefen Soldaten davon, wenn sie andernorts bessere Bedingungen erwarteten, beispielsweise alleine 600 im Jahre 1805 aus einem in Poona stationierten Bataillon von zunächst 1.000 Mann. (Kolff 1989: 27)

Das zweite Charakteristikum der militärischen Situation in Indien war eine weitgehend ebenbürtige Ausstattung mit Waffen. Und schließlich hatten indische Fürsten seit Mitte des 18. Jahrhunderts zahlreiche englische und französische Offiziere angeheuert, um ihre Truppen entsprechend den in Europa üblich werdenden Praktiken zu drillen. Diese Entwicklung war durch die Siege angestoßen worden, welche die französische Handelskompagnie 1746 in Südindien erzielt hatte. Sie hatte indische Soldaten einem strikten Drill unterworfen und dadurch erreicht, dass diese sehr schnell feuern und

12 Auch die englische Krone nutzte die private Armee der Gesellschaft. So waren in Indien angeheuerte und von europäischen Offizieren ausgebildete Soldaten beispielsweise während des Siebenjährigen Krieges (1756–1763) an der Eroberung Manilas beteiligt und in den Jahren 1810 und 1811 an der Eroberung von Java, Reunion und Mauritius.

13 Und auch dies war nur möglich gewesen, weil die entscheidende Schlacht – sie wurde am 23. Juni 1757 bei Plassey geschlagen – schon vorab dadurch entschieden worden war, dass der britische General Robert Clive den Stabschef seines Gegners, der sich selbst Hoffnungen auf den Thron machte, und viele Soldaten des Nawabs hatte bestechen können.

laden konnten, auf diese Weise die sehr viel zahlreicheren Truppen ihrer einheimischen Gegner besiegend. In diesem Drill wurde der „*Sepoy*“ geschaffen, ein indischer Soldat in europäischer Militäreinheit. In der zweiten Hälfte des 18. Jahrhunderts, und insbesondere nach dem Sieg der Engländer in Bengalen, gingen einzelne indische Fürsten zudem dazu über, ihre Infanterie von Europäern drillen zu lassen. Im Zuge der Modernisierung legten sie zunehmenden Wert auf Artillerie und Infanterie. Während Militärhistoriker früher angenommen haben, dass indische Fürsten im Zuge dieser Modernisierung auf die Vorteile ihrer höchst mobilen Kavallerie verzichteten, zeigen neuere Arbeiten, dass dies nicht der Fall war, wohl aber, dass die *East India Companie* ihrerseits zunehmend auf Kavallerie setzte und auf die Abwerbung indischer Kavalleristen. (Kolff 2008: 35)

Warum also, wenn sich indische Armeen unter Mitwirkung europäischer Offiziere im Prozess einer raschen Modernisierung befanden und die *East India Company* sich ihrerseits den Bedingungen des militärischen Arbeitsmarktes in Indien anpassen musste, war die EIC an der Wende vom 18. zum 19. Jahrhundert in der Lage, ihre Oberherrschaft in Indien zu etablieren? Zum einen konnte die Gesellschaft in dem von ihr bereits eroberten Gebiet die Funktionsweise des militärischen Arbeitsmarktes so regulieren, dass sie eine verbesserte Chance auf stabile Truppenstärken hatte. Sodann forderte die Gesellschaft Anfang des 19. Jahrhunderts die in indischen Diensten stehenden europäischen Offiziere auf, stattdessen in ihren Dienst zu treten – mit durchschlagendem Erfolg. Sofern wir Dirk Kolffs Interpretation folgen, lässt sich die Entwicklung nur unzureichend aus der militärischen Lage erklären. Seiner Ansicht nach war das *Ancien Régime* Indiens durch eine Vielzahl von Herrschaften mit wechselnden Allianzen gekennzeichnet. Kriege hatten begrenzte Ziele und schlossen zukünftige andere Konstellation keinesfalls aus. Es gab also keine Konzentration militärischer und politischer Macht, die andere Mächte hätte entmilitarisieren können, folglich auch keine langfristig bestehenden militärischen Einheiten. Demgegenüber verfolgte die Kompanie seit der Wende zum 19. Jahrhundert Kriegsziele, die in Anlehnung an spätere Entwicklungen als imperialistisch bezeichnet werden können. (Kolff 1989: 45) Als diese Ziele im Jahre1818 weitgehend erreicht waren, fügten sich immer mehr indische Fürsten der neuen Oberherrschaft und erlaubten dieser dadurch die weitgehende Monopolisierung militärischer Gewalt sowie die fiskalische Ausbeutung des Landes. Abgesehen vom Panjab, dessen gewaltsame Integration in den Kolonialstaat erst 1849 gelang, hatte sich die EIC 1818 die Souveränität über Indien angeeignet. Anders gesagt: sie war zur Staatsmacht geworden.

Während die Gesellschaft zunächst behauptet hatte, 1757 sei sie Eigentümerin des gesamten Landes geworden, akzeptierte sie mit dem *“Permanent Settlement of Bengal“* des Jahres 1793 die Eigentumsstrukturen, die vor der Eroberung bestanden hatten und machte sie damit zu Privateigentum im europäischen Sinne. (Dazu später mehr) Dass diese Regelung nicht zu der erwarteten Produktivitätssteigerung in der Landwirtschaft führte, lag auch an der Steuerpolitik des Kolonialstaates. Die wichtigste Abgabe (*jumma)* orientierte sich an der Größe des Landeigentums, für die geförderte Höhe der Abgabe wurde unterstellt, dass Ackerbau betrieben wurde. Auch wenn Einheimische einen

Teil oder alles Land als Weideland nutzten, wurden sie entsprechend der Größe ihres Besitzes besteuert. Hermann Kulke und Dietmar Rothermund führen die massenhafte Beteiligung von Jats an der „großen Meuterei" Mitte des 19. Jahrhunderts darauf zurück, dass diese in ihrer Herkunftsregion besonders unter einer derartigen Besteuerung hatten leiden müssen. (1998/2006: 315)

Tatsächlich wurde die Besteuerung der indischen Bevölkerung seit den 1830er Jahren erheblich verschärft. Das galt auch für die Methoden ihrer Eintreibung. 1855 soll die *Madras Torture Commission* einen ganzen Katalog von Foltertechniken enthüllt haben, die zu diesem Zweck angewandt wurden. (Arnold 2012: 392) Mit den Steuereinnahmen finanzierte die *East India Company* (EIC) nicht nur die Dividenden ihrer Anteilseigner, sondern auch die Zinsen für Kredite, welche die Kompanie in England aufnahm, um ihre Eroberungskriege zu finanzieren. Als Indien dann formell zu einem Bestandteil des britischen Imperiums wurde, erhielten indische Steuerpflichtige zusätzlich sämtliche Kosten für ihre eigene Unterdrückung aufgebürdet. Das ging so weit, dass sie auch für die Löhne der Putzfrauen zu zahlen hatten, die in den Gängen des *India Office* in London arbeiteten. (Charlesworth 1982: 82f.)[14]

Tribute, Kopfsteuern, Arbeitsdienste

Mit der Errichtung von Territorialherrschaft ging die Besteuerung von Einheimischen einher. Die Erträge wurden genutzt, um die Dividenden an die Anteilseigner der Handelskompanien, darunter meist auch die Regierung des Heimatlandes, zu bezahlen. Vor allem aber wurden sie eingesetzt, um in jeder einzelnen der Kolonien den Gewaltapparat zu finanzieren, der die Aneignung von Europäern sicherstellen sollte. Weil Kolonialbeamte vergleichsweise gut bezahlt wurden, beschränkte dieses Interesse der Metropolstaaten das Ausmaß der vor Ort entwickelten staatlichen Bürokratie.[15] Zu den Nutznießern fiskalischer Ausbeutung zählten auch alle, die als Hilfskräfte des Kolonialstaates fungierten, darunter die entmachteten, aber ausgehaltenen Moguln und Häuptlinge, dazuhin Soldaten, Beauftragte, die für die Zwangsrekrutierung von Arbeitskräften zuständig waren, Steuereintreiber und sonstiges Verwaltungspersonal.

Blieb die Frage der Steuerform. Indirekte Steuern und Zölle konnten nur dann zur Finanzierung des Kolonialstaates genutzt werden, wenn die wirtschaftliche Tätigkeit von Einheimischen bereits einen erheblichen Kommerzialisierungsgrad erreicht hatte. Unter allen anderen Bedingungen – im „Deutschen Kolonial-Lexikon" von 1920 ist dies zutreffend ausgeführt – empfahlen sich direkte Steuern. (Schnee, Hg.1920: 515)

---

14 In Bezug auf britische Kolonien in Afrika vertritt Leigh A. Gardner die These, dass nichts die Realität der Kolonialherrschaft deutlicher prägte als die Strategie, die Metropole nicht mit den Kosten für imperiale Herrschaft zu belasten, sondern diese vor Ort zu finanzieren. (Gardner 2012: 2)

15 Gardner hat dies für britische Kolonien belegt, es gilt jedoch allgemein. (2012: 9)

Sie konnten auch genutzt werden, um eine Anpassung an die vom Metropolstaat ausgehende Nachfrage zu fördern.[16] In Indien sahen sich Bauern veranlasst, Lebensmittel wie Reis und Weizen zu verkaufen, um Steuern und Schulden bezahlen zu können. Andere wurden gezwungen, Jute und Zuckerrohr anzubauen, die nicht zu ihrer Ernährung beitragen konnten. Zumeist war die verstärkte Kommerzialisierung der Landwirtschaft ein Resultat konkreter Strategien von Kolonialstaaten.[17] Eine solche Strategie praktizierte die niederländische *Vereenigte Oostindische Compagnie* (VOC) im 18. Jahrhundert auf Java. Im Rahmen des sogenannten Anbausystems wurden Dörfer gezwungen, einen von der VOC vorgeschriebenen Anteil ihres Landes (in der Regel etwa ein Fünftel) für den Anbau von Exportprodukten wie Zucker, Indigo oder Kaffee zu reservieren. Der ihnen bezahlte Preis wurde den jeweils von ihnen geforderten Beträgen an Abgaben angepasst.[18] Aus der kommerziellen Dominanz wurde auf diese Weise territoriale Herrschaft. (Wendt 2007: 155) 1870 wurde diese Strategie beendet. Von jetzt an wurde die Entwicklung der Privatinitiative von Pflanzern überlassen.

In französischen Kolonien wurden bis nach dem zweiten Weltkrieg neben anderen Abgaben auch Naturalsteuern für lokale öffentliche Arbeiten erhoben. Während Kritiker darauf verwiesen, dass für deren Produktion Arbeit zu leisten war, für deren Ergebnisse kein Verdienst erzielt werden konnte, betonten französische Regierungen, dass diese Abgaben ja durch Geldzahlungen ersetzt werden konnten, es sich also schlicht um eine spezifische Form der Steuer handle. (Gonidec & Kirsch & Durand 1958: 30)

In afrikanischen Kolonien dominierte die Kopfsteuer. (Potts 1988: 141) Wer sie nicht entrichten konnte, hatte mit einer Verurteilung zu unbezahlter Arbeit zu rechnen. Kurz vor dem Datum der Fälligkeit konnte es bei abgelegenen Missionsstationen in Deutsch-Ostafrika vorkommen, dass sich mehr Arbeitswillige meldeten, als sie beschäftigen konnten. Auch für öffentliche Arbeiten meldeten sich in solchen Zeiten Einheimische, um das Geld zu verdienen, das sie für die Begleichung ihrer Steuerschuld benötigten. Diese spezifisch geprägte „saisonale" Arbeit wurde als Steuerarbeit bezeichnet. (Koponen 1995: 347)

Steuern waren jedoch nicht überall in Geldform beizubringen. In Uganda wurde bis 1938 verlangt, dass die Kopfsteuer in Form eines einmonatigen Arbeitseinsatzes entrichtet wurde. Erst danach wurden Geldzahlungen akzeptiert. In portugiesischen Kolonien musste die Kopfsteuer in der Form eines unbezahlten dreimonatigen Arbeits-

16 Vielerorts kam es auch ohne solchen Zwang zur Anpassung an die neue Nachfrage. Weil indische Produzenten von Stoffen damals noch erfolgreich gegen europäische Produkte konkurrieren konnten, produzierten in Bengalen im 18. Jahrhundert immer mehr Arbeitskräfte Textilien für europäische Abnehmer. Und in China gingen Bauern um dieselbe Zeit dazu über, Tee statt Baumwolle zu pflanzen. (Wendt 207: 155)

17 Im Ergebnis kam es zu einer Differenzierung der materiellen Situation von Bauern. Manche profitierten, andere gerieten noch tiefer ins Elend. (Das Gupta 1994: 90)

18 Dem stehen Hinweise auf die Zunahme des Geldverkehrs auf Java sowie auf ein Wachstum des internen Handels auf Java nicht entgegen. (Vgl. Prakash 1989: 82f.)

einsatzes aufgebracht werden (Coquery-Vidrovitsch 1985: 367) Obwohl die Kopfsteuer in allen afrikanischen Kolonien im Laufe der Zeit erhöht wurde, reichten ihre Ergebnisse nicht hin, um neben der Bezahlung von Hilfskräften und von Anteilseignern die Infrastrukturinvestitionen zu finanzieren, die für eine bessere Ausbeutung unerlässlich waren.[19] Sie reichten aber hin, um Land einziehen und Einheimische, die nicht in der Lage gewesen waren, die ihnen auferlegten Steuern zu entrichten, zur Arbeit zwingen zu können. Oft wurden solche „Steuersäumigen" zur unbezahlten Mitwirkung am Bau von Straßen und von Bahnstrecken verurteilt, aber auch zu Träger- und Ruderdiensten für den Kolonialstaat. Manchmal wurden sie aber auch Privaten zur Verfügung gestellt. In Französisch West- und Äquatorialafrika (darauf wird zurück zu kommen sein) wurde eine derartige Arbeitssteuer (*« prestation »*) von allen erwachsenen Männern eingefordert – und zwar bis 1944.

Neben den Kopfsteuern wurden in Afrika – insbesondere in britischen Kolonien – auch Hüttensteuern erhoben.[20] Als in deutschen Kolonien, britischem Beispiel folgend, eine sog. Hüttensteuer eingeführt wurde, hatte dies – so jedenfalls die Ausführungen im Deutschen Koloniallexikon von 1920 – „die finanziell und gesundheitlich bedenkliche Folge, dass die steuerpflichtige Bevölkerung sich übermäßig in den Hütten zusammendrängt" (Schnee, Hg. 1920, Bd. 1: 516), will sagen, mehrere Familien zwängten sich in einer einzigen Hütte zusammen. Die Strategie war nur begrenzt wirksam, denn sie konnte nichts daran ändern, dass die in barem Geld zu entrichtende Steuer nicht im Rahmen der bestehenden Wirtschaftsformen erwirtschaftet werden konnte, sondern durch Lohnarbeit verdient werden musste. Wenn weder die Konfiszierung von Ziegen noch von Land ausreichte, um die geforderte Summe zu begleichen, wurden Steuerpflichtige in den deutschen „Schutzgebieten" gezwungen, einen Arbeitskontrakt zu unterschreiben, genau genommen wurden sie zu Zwangsarbeitern gemacht.[21]

Dass Kopfsteuern dazu genutzt wurden, nicht bezahlte Arbeit zu erzwingen, ist uns bereits bei der Diskussion der Post- Sklaverei in den Südstaaten der USA begegnet (Novak 1978: 2-3). Die Praxis ist weltweit immer wieder neu erfunden worden.[22] Noch 1937 wurden auf São Thomé Kopfsteuern erhoben, um auf diese Weise zu Arbeitskräften in Plantagen zu kommen.

---

19 Beispielsweise stieg der Ertrag aus direkten Steuern in Deutsch-Ostafrika von 244.000 im Jahre 1898 auf 1.274.000 Mark im Jahre 1905. (Koponen 1995: 178)

20 In Basutoland wurde sie 1880 eingeführt, in Sierra Leone 1898, in Kenia 1901 und in Natal 1908 (Gardner 2012: 54f.)

21 In Afrika stellten britische Kolonialbeamte fest, dass die Hüttensteuer immer in der Gefahr stand, Unruhen herauf zu beschwören. Sie musste also niedrig genug sein, um bezahlt werden zu können, andererseits aber auch hoch genug, um zumindest die Kosten für die Eintreibung der Steuer finanzieren zu können. Sehr häufig wurde die Steuer zu hoch angesetzt, weil Verwaltungsbeamte fälschlicherweise erwartet hatten, dass einheimische Bauern durch die Vermarktung ihrer Produkte zu genügend Geld kommen würden. (Gardner 2012: 53)

22 Ein Beispiel für viele: die Beschaffung von Arbeitskräften in Rhodesien mittels Landraub und Besteuerung. (Biermann 1976: 11)

Wie erfindungsreich Kolonialbeamte sein konnten, wenn es um die Entwicklung von Steuersystemen ging, wurde insbesondere in Algerien deutlich, wo Landwirtschaft und Vermarktung zur Zeit der Eroberung so weit entwickelt waren, dass die Kolonialmacht indirekte Steuern erheben konnte. Zwar wurden auch Siedler besteuert, doch hatten die „Araber" den allergrößten Teil der Steuern aufzubringen. Obwohl dieses einheimische Steueraufkommen durch die Korruption der Steuereintreiber geschmälert wurde, war es durchgängig sehr hoch. Besteuert wurde ein bestimmter Prozentsatz des jeweiligen Ernteergebnisses, besteuert wurde aber auch der Besitz von Kamelen, Ochsen, Schafen und Ziegen. 1865 wurden zusätzlich kommunale Steuern eingeführt. Damit Einheimische sie zahlen mussten, wurden bestimmte Stämme den von Europäern gegründeten Gemeinden zugerechnet. Schon 1860 hatte der Präfekt von Algier festgestellt: „Die arabischen Bevölkerungen, die Kabylen und die Bewohner der Sahara bezahlen die Steuer, und die europäische Bevölkerung [gemeint ist: von Algerien] konsumiert sie." (zit. in: Djebari 1995: 332 und passim, Übers.) Während der gesamten Kolonialzeit blieb die steuerliche Belastung von Einheimischen so hoch, dass sie das Ausmaß der Armut unter einem großen Teil der Bevölkerung verschärfte.

Eine spezielle Praxis wurde im Freistaat Kongo verfolgt. Weil hier die Erhebung einer Naturalsteuer zum zentralen Instrument gewaltsamer Unterdrückung gemacht wurde, sollen diese Praxis, ihre Vorgeschichte und ihre Wirkung, etwas ausgiebiger geschildert werden

Zum Exempel: Kautschuk statt Geld

Als sich 1884–1885 die Vertreter europäischer Staaten in Berlin trafen, um auszuhandeln, wer in welchem Gebiet nach Vorherrschaft streben solle,[23] ersuchte der belgische König Leopold II um die Zustimmung der anderen Kolonialmächte zur Gründung des „Freistaat Kongo" und zur diplomatischen Anerkennung dieser Kolonie als eines unabhängigen, sich nichtsdestoweniger im privaten Eigentum des Königs befindlichen Staates. Begründet wurde dieser Schritt mit dem Engagement des Königs für die Abschaffung der Sklaverei und die Förderung der christlichen Zivilisation in Afrika.[24] Leopold II war nicht selbst Berlin. Er ließ sein Anliegen durch Henry Morton Stanley

23 Anders als oft formuliert, handelte es sich nicht um eine regelrechte Verteilung von Afrika, sondern um die Absteckung von Gebieten, in denen das Streben nach Territorialherrschaft von den übrigen Kolonialmächten geduldet werden sollte.

24 Peter Singleton-Gates und Maurice Girodias vertreten die Ansicht, dass Frankreich, England und Deutschland um die Jahrhundertwende bedauerten, Leopold den Kongo überlassen zu haben. Jeder diese Staaten habe 1885 der Gründung des Freistaates Kongo in der Überzeugung zugestimmt, dass der König dieses riesige Gebiet nicht lange für sich behalten könne und sie deshalb damit rechnen konnten, selbst in den Besitz von Teilen der Kolonie zu kommen. (1959: 82)

vertreten,[25] der als gründlicher Kenner Afrikas galt. Als solcher hatte er bereits 1881 in einem Brief nach Brüssel wissen lassen: „Die beste Strafe sind Eisen, weil sie ohne den Körper zu verwunden, zu verunstalten oder zu peinigen, Scham und Unbehagen bereiten." (Brief an Strauch, zit. Hochschild 1998/2000: 97) Nichts davon in Berlin und auf der 1889 in Brüssel durchgeführten Konferenz, welche die endgültige Beseitigung des Sklavenhandels vorbereiten sollte.

Mit der wirtschaftlichen Ausbeutung des Kongo wurden Konzessionsgesellschaften beauftragt. Adam Hochschild zufolge hielt der Freistaat Kongo, genau genommen also der König, bei diesen Gesellschaften in der Regel 50 % der Anteile. Der „Besitzer" des Kongo verschaffte sich auf diese Weise das Kapital für die Erschließung des Landes. Er profitierte von den Steuern und Gebühren, die von den Anteilseignern aufgebracht werden mussten, sowie von den Erlösen, die erzielt werden konnten. (Hochschild 1998/2000: 168)

Zunächst waren die Konzessionsgesellschaften bestrebt, so viel Elfenbein wie möglich einsammeln zu lassen. Zwischen 1888 und 1900 bestand mehr als die Hälfte der Ausfuhren aus dem Kongo aus Elfenbein. (Gann & Duignan 1979: 118) Da der belgische Elfenbeinhandel mit lange etablierten einheimischen Handels- und Ausfuhrpraktiken konkurrierte, führten die belgischen Konzessionsunternehmen regelrechte Kriege, um ihr vom König zugesagtes Monopol zu realisieren. Für die Gewinnung von Elfenbein waren sie freilich auf afrikanische Elefantenjäger angewiesen, hoch qualifizierte Spezialisten, deren Einsatz nicht durch Gewaltmittel zu sichern war. Folglich veranlassten sie Häuptlinge zur Zusammenarbeit. Diese erhielten Waren und sorgten für den Einsatz von Jägern. So viel Gewalt auch eingesetzt wurde, aufs Ganze gesehen blieben die Profite begrenzt. (Gann & Duignan 1979: 119 & 121)

Insoweit kam der Ende des 19. Jahrhunderts einsetzende internationale Nachfrageboom nach Kautschuk den Konzessionsunternehmen sehr gelegen. Kautschuk versprach nicht nur größeren Gewinn, sondern auch vereinfachte Gewinnungsmethoden. Denn anders als die Gewinnung von Elfenbein verlangte das Einsammeln von wildem Kautschuk keine spezialisierten Fähigkeiten. Damit eignete sich Kautschuk für die Entwicklung jener Zwangsverhältnisse, die zum Markenzeichen des Kolonialprojektes im Kongo werden sollten. Zunächst allerdings sahen sich die belgischen Beauftragten auch im Falle des Kautschukexports veranlasst, den bereits gut entwickelten einheimischen Handel zu zerstören und ein Monopol der königlich privilegierten Unternehmen zu etablieren. Gegen den Widerstand Einheimischer wurde Militär eingesetzt. In den Gebieten, die den Konzessionsunternehmen zugesprochen worden waren, hausten auch deren private Sicherheitskräfte.

25 Als der Schweizer Max Büchler, der als Justizbeamter einige Jahre im Freistaat Kongo verbracht hatte, 1912 sein zweibändiges Werk über den Kongostaat Leopolds II veröffentlichte, vertrat er noch immer die Auffassung, es seien anscheinend in erster Linie „humanitäre, zivilisatorische Erwägungen" gewesen, welche „des Königs Eingreifen in innerafrikanische Verhältnisse bedingten." (1912, Bd. I: 37)

Um die Ernte von wildem Kautschuk in großem Stil zu organisieren, bedurfte es nicht nur der Durchsetzung eines Handels- und Ausbeutungsmonopols, sondern auch ausreichender Arbeitskräfte. Diese waren kaum zu gewinnen, solange der im Norden und im Osten des Freistaates von mächtigen arabischen Herrschern praktizierte Sklavenhandel nicht eingedämmt war. Ökonomisches Interesse verlangte also tatsächlich, dass der Kolonialstaat Sklavenhandel bekämpfte. Den arabischen, wohlgemerkt. (Stenmans 1949: 130)

Bei der Annexion des Ostkongo wurde der offiziellen Darstellung des Freistaates als Anti-Sklavenhalterstaat Rechnung getragen. Als die Bewaffneten des Freistaats 1894 die Sansibaris im Osten des Kongo besiegt hatten, kaufte das Militär Sklaven auf, um sie zu befreien. Innerhalb weniger Jahre sollen 2.000 Sklaven befreit worden sein. Zur selben Zeit wurden allerdings zahlreiche widerständige Sansibaris gefangen genommen und zur Arbeit für lokale Häuptlinge und Privatpersonen verpflichtet. Innerhalb von drei Jahren sollen auf diese Weise 5.000 Zwangsarbeiter gewonnen worden sein. 1894–1895 ließ der Befehlshaber des Tanganjika Distrikts einige Sklavenhändler hängen. Die im Zusammenhang dieser Maßnahme „befreiten Sklaven" wurden in die Militäreinheiten des Kolonialstaates oder zur Produktion von Nahrungsmitteln für Verwaltungsposten gezwungen. (Northrup 2007: 115f.)

Die wichtigste Maßnahme zur Gewinnung von Kautschuk war allerdings nicht die Rekrutierung von Zwangsarbeitern, sondern die Einführung einer Steuer. Den afrikanischen Untertanen Leopolds II war der Besitz von Geld untersagt. Ihre Steuern sollten sie durch unbezahlte Arbeit entrichten. Einzelnen – bzw. gesamten Dörfern – wurden bestimmte, regional unterschiedliche – Quoten für die Menge an Kautschuk auferlegt, die sie abzuliefern hatten. 1903 – die Zustände im Kongo waren inzwischen international bekannt geworden – wurde die Steuer auf 40 Stunden unbezahlter Arbeit im Monat festgelegt. Faktisch blieb diese Norm ohne Bedeutung. Größere Mengen wurden weiterhin gewaltsam eingefordert. (Resümee des Berichtes der vom König eingesetzten Enquête Kommission; in: Stenmans 1949: 299f.) Die Eintreibung der Steuern oblag den Unternehmen, die vom Staat nicht nur Konzessionen für die Ausbeutung des Landes erhalten hatten, sondern auch das Recht, Steuern einzutreiben. Zusammen mit den Angestellten des Staates interpretierten sie die Höhe der in einem Distrikt jeweils zu entrichtenden Abgaben und auch die Art und Weise, in der sie abzuleisten waren. Je nach Vorgabe der Behörden waren sie entweder in Naturalien, in der Form von Trägerdiensten, von Ruderdiensten oder Holzfällerarbeiten, durch den Anbau von bestimmten Pflanzen (wie etwa Mandeln) oder durch Bauarbeiten zu entrichten. (Enquête-Kommission; in: Stenmans 1949: 299)

Die Staatsbediensteten hatten nicht nur administrative, sondern auch kommerzielle Aufgaben, letztere, so Stenmans, (1949: 209) vertrugen sich schlecht mit den ersteren. Die Beamten erließen Dekrete und Verordnungen und verfassten Rundschreiben, in denen aufs Genaueste ausgeführt wurde, was angebaut werden und wie verpackt und transportiert werden sollte, welche Tätigkeiten ausgeführt werden mussten, wobei Frauen und

Kinder nicht ausgenommen wurden. Vor allem aber ergänzten sie ihre vergleichsweise niedrigen Gehälter durch die Gratifikationen, die ihnen die Konzessionsunternehmen zahlten, wenn sie diesen die von Einheimischen geernteten landwirtschaftlichen Produkte verkauften. Die Einheimischen entlohnten sie nicht in Geld, sondern mit billig erworbenen Waren. (Stenmans 1949: 209f.) Zusätzlich berechtigte der Kolonialstaat seine Bediensteten, einen Teil der eingezogenen Naturalsteuern als Kommission einzubehalten. (Singleton-Gates & Girodias 1959: 89) Die Wirkung dieser Regelung bedarf keiner Erläuterung.

Das System der Zwangsarbeit wurde militärisch durchgesetzt und militärisch abgesichert. Auch wenn manche entlegenen Regionen faktisch kaum unterworfen werden konnten, auch wenn manche Einheimischen weiterhin mit Palmöl und Kaffee handelten und nicht alle Einheimischen ständig unter dem Gewaltregime litten, solange der Freistaat Kongo dem belgischen König zu eigen war, herrschte dort faktisch andauernd Belagerungszustand. Er wurde vom Militär, der sog. *force publique,* aufrechterhalten, zusätzlich von den Bewaffneten, die sich die Konzessionsunternehmen hielten. Zunächst wurden für die *force publique* Söldner angeworben. Doch erwies sich diese Form der Rekrutierung schnell als zu kostspielig, weshalb denn zum Mittel der zwangsweisen Rekrutierung Einheimischer gegriffen wurde. In dem Offenen Brief an Leopold II, den George Washington Williams verfasste – und auf den zurück zu kommen sein wird –, heißt es, der König dulde nicht nur Sklavenhandel, sondern betreibe ihn auch selbst. Denn an die Offiziere der *force publique* würden drei Pfund für jeden gesunden Erwachsenen ausbezahlt, den sie für den Militärdienst „rekrutierten". (An Open Letter ...; in: Franklin 1985: Appendix I) Manche Soldaten wurden verschleppt, andere lange etablierten Sklavenhändlern abgekauft. (Hochschild 1998/2000: 186f.) 1903 berichteten Dorfbewohner Roger Casement, dass viele, die zum Militärdienst gezwungen worden waren, bereits seit einem Jahr keine Bezahlung erhalten hatten. Weit entfernt von ihren Dörfern hätten sie Schwierigkeiten, Nahrung zu finden. (The Congo Report; in: Singleton-Gates & Girodias 1959: 102f.) Nach wenigen Jahren bestand die Armee des Freistaates Kongo aus 16.000 Mann und einer großen Reserve. Sie wurde von 350 europäischen Offizieren kommandiert. (Singleton-Gates & Girodias 1959: 87) Letztere kamen nicht nur aus Belgien, sondern auch aus Italien und aus den skandinavischen Ländern.

Was den Export von Kautschuk anlangt, so „funktionierte" die vom Kolonialstaat etablierte Kriegsökonomie. Von (offiziell dokumentierten) dreißigtausend Kilo im Jahre 1887 stieg der Export von Kautschuk auf annähernd dreieinhalb Millionen Kilo im Jahre 1909. Im selben Zeitraum stieg der Preis des Kautschuks von 3.70 Francs auf 11 Francs. (Büchler 1912, Bd. 1: 219) Weil Arbeitskräfte kaum bezahlt wurden und auch die Versorgung des Militärs ganz überwiegend diesem selbst überlassen blieb, stiegen auch die Profite.

Um wilden Kautschuk zu ernten, begaben sich Dorfbewohner in den Urwald und suchten dort nach Kautschukbäumen. Für die Nächte im Urwald bauten sie sich grobe Unterstände. Um Kautschuk zu ernten, wurde die Rinde der Kautschukbäume angeritzt.

Der dadurch freigesetzte Milchsaft wurde in Behältern aufgefangen Zwar erschöpfen sich Kautschukbäume nach etwa fünfundzwanzig Jahren, doch können sie nur über einen so langen Zeitraum abgeerntet werden, wenn die Rinde zuvor nicht völlig zerstört wird. Im Kongo sahen sich Sammler oft gezwungen, von einem bereits angeritzten Baum noch einmal Milchsaft zu gewinnen. In diesem Fall mussten die Sammler höher in die Bäume klettern, wo sie dann blieben, bis kein Milchsaft mehr austrat, oft den ganzen Tag über. (Burrows 1903: 78f.) Die rabiate Auspressung der Arbeitskraft bewirkte Sammelmethoden, welche die Latexproduktion von Kautschukbäumen dramatisch verkürzte. Folglich sahen sich die Konzessionsgesellschaften veranlasst, immer weiter ins Landesinnere vorzudringen. Oft praktizierten Einheimische diese Ausweitung auch auf eigene Faust. War ihr eigener „Busch“ erschöpft, ohne dass sie die geforderten Mengen an Kautschuk hatten ernten können, so drangen sie auch in Gebiete benachbarter Dörfer vor. Da diese ihrerseits unter dem Zwang zur Abgabe von Kautschuk litten, kam es zu Krieg, Mord und – Edgar Canisius zufolge – auch zu Kannibalismus. (in: Burrows 1903: 79)[26] Diese geographische Erweiterung provozierte aber auch Widerstand gegen die Kolonialmacht. Um ihn zu brechen, wurde Militär eingesetzt.

L.H. Gann & Peter Duignan sind der Ansicht, dass es auch möglich gewesen wäre, Kautschuk im Wege des Tausches gegen Importwaren zu gewinnen (1979: 122) Ob dem so war, lässt sich nachträglich nicht ermitteln. Faktisch wurde das Exportgut Kautschuk im Freistaat Kongo durch grausam erzwungene Arbeit gewonnen. Dorfbewohner berichteten Casement, sie seien nie bezahlt worden. Der Häuptling habe ein Stück Stoff und etwas Salz für jeden vollen Korb erhalten. An sie habe er aber nichts weiter gegeben. (The Congo Report; in: Singleton-Gates & Girodias 1959, 112)

Guy Burrows – er war als Staatsbediensteter im Freistaat gewesen – benutzte in seinem 1903 verfassten Bericht nie das Wort „Sklaverei“, wohl aber stellte er fest, der zufällige Beobachter müsse zu dem Schluss kommen, dass für das „Arbeitssystem“ im Freistaat Kongo eine andere Bezeichnung angebracht gewesen wäre. Fast alle Arbeitskräfte seien im Zuge von Strafexpeditionen gefangen genommen worden. Das seien kleinere militärische Feldzüge, die angeordnet würden, wenn der Älteste eines Dorfes nicht genug Kautschuk oder Ebenholz abgeliefert hatte. Von den Truppen würde das „störrische“ Dorf jeweils eingekesselt. Männer und Frauen, die zu fliehen versuchten, würden erschossen, die Gefangenen würden dann zu verschiedenen Militärposten gebracht. Danach werde das Dorf dem Erdboden gleichgemacht, alle Spuren ausgelöscht. (1903: 35) G. Andrews Jones, Kapitän eines (staatlichen) Dampfers im Freistaat Kongo, wies darauf hin, dass die Bewohner eines derart heimgesuchten Dorfes in der Region Luluabourg die geforderte Menge nicht geliefert hätten, weil sie sie gar nicht hatten liefern können. Die Militärs hätten das wissen müssen und hätten dennoch Bewaffnete entsandt. Diese hätten dann

26 John G. Leigh, der die Schrift von Guy Burrows herausgegeben hat, fügte in diese Ausgabe auch die Schrift von Edgar Canisius ein, die den Titel trägt: “A Campaign amongst Cannibals”. Sie umfasst das Kapitel 5 der Veröffentlichung von Burrows 1903.

Dorf für Dorf niedergebrannt, die jüngeren Frauen vergewaltigt. (in: Burrows 1903, Anhang I)

Nicht überall wurde nach diesem Muster der „Brandrodung" verfahren. So schilderte 1899 ein Beamter des Kolonialstaates in der Ubangi Region einem britischen Konsularbeamten, wie die Kautschukgewinnung in dieser Region funktionierte. Üblicherweise komme man in Kanus in ein Dorf. Dessen Bewohner liefen dann ganz regelmäßig davon. Nach der Landung fange das Militär alle Hühner ein und hole sich alles Getreide aus den Hütten. Dann griffen sie die Eingeborenen an, um deren Frauen zu fangen. Diese würden als Geiseln gehalten, bis der Häuptling die geforderte Menge an Kautschuk abliefere. Danach würden die Frauen an ihre Eigentümer zurück verkauft, für zwei Ziegen das Stück. Und auf diese Weise werde von Dorf zu Dorf verfahren, bis die erforderliche Menge an Kautschuk beisammen sei. (zit. Anstey 1966: 6) 1896 berichtete Alfred Parminter in einem Interview mit Reuters, nachdem er eines Abends mit Leutnant Blochter diniert habe, sei er mit diesem rauchend auf einer Bank gesessen, als eine Gruppe Soldaten von dem Einsatz zurück gekommen sei, zu dem sie Blochter des morgens ausgeschickt hatte. Der Sergeant habe triumphierend eine Reihe Ohren hochgehalten, die auf einer Schnur aufgereiht gewesen seien. Die Soldaten seien gelobt worden, und dann sei ihnen befohlen worden, am nächsten Tag zurück zu gehen und den Häuptling zu bringen. (zit. Anstey 1966: 6) Ebenso wie bei den eingelieferten Händen handelte es sich Anstey zufolge bei den Ohren um ein primitives System der Buchhaltung. Casement wurde von Dorfbewohnern berichtet, im Zuge der Strafexpeditionen seien nicht nur Hände und Ohren, sondern manchmal auch Penisse abgehackt wurden. Auf diese Weise hätten die Bewaffneten nachgewiesen, dass sie nicht nur Frauen getötet hätten. (The Congo Report; in: Singelton-Gates & Maurice Girodias 1959: 114) Die Abscheulichkeiten, von denen Missionare immer wieder, zunächst aber erfolglos, berichteten, wurden von einheimischen Bewaffneten ausgeführt, befohlen aber wurden sie von weißen Vorgesetzten, und manche von diesen wurden auch selbst tätig. In den Archiven der Baptisten Mission finden sich Berichte von A.E. Scrivener, in denen dieser beispielsweise beschreibt, dass in den Jahren 1898-1900 einer der Weißen, Einheimische, die nicht die geforderte Menge an Kautschuk abgeliefert hatten, an Ort und Stelle erschoss. Und von ihm, den die Einheimischen „Malu Malu" nannten, wurde noch lange nachher berichtet, er habe einmal Männern befohlen, sich in einer Reihe aufzustellen, um sie alle mit einer einzigen Kugel erschießen zu können. (BMS Archives, zit. Anstey 1966: 7) Manche der weißen Offiziere führten Tagebuch, notierten präzise, dass sie Dörfer niederbrannten und gefangene Dorfbewohner zu Tode peinigten.

Nach all diesen Berichten bleibt die Frage, die Roger Casement den Einheimischen stellte, die weite Wege gemacht hatten, um einem nicht involvierten Europäer von ihren Leiden zu berichten: die Frage nach dem Nutzen dieser Militäraktionen. Denn wenn die Bewaffneten Dorfbewohner töteten, konnten sie deshalb ja nicht mehr Kautschuk abliefern. Daraufhin einer der Befragten: *"Oh, as to that, we do not understand it. These are the facts."* (The Kongo Report, in: Singelton-Gates & Maurice Girodias 1959: 118)

Gehorsam und Disziplin, europäische Werte also, wurden Einheimischen vor allem durch den Einsatz der *chicotte* vermittelt. Es handelte sich um „eine Peitsche aus ungegerbter, an der Sonne getrockneter Nilpferdhaut, die zu einem langen, scharfkantigen, korkenzieherartig gewundenen Streifen geschnitten war. In der Regel erhielt das Opfer die ihm zugedachten Schläge auf das blanke Gesäß." (Hochschild 1998/2000: 173)[27] Kaum einer überlebte die manchmal ausgeteilten 100 oder mehr Hiebe. Kapitän Jones – von seinem Bericht war oben bereits die Rede – gibt an, ihm selbst sei einmal von einem königlichen Offizier befohlen worden, einen Mann auszupeitschen. Auf die Frage nach dem Grund, sei ihm gesagt worden, das sei ein schlechter Mann, zumindest habe er die Miene eines schlechten Mannes. Dass er gezwungen worden sei, den Befehl auszuführen, sei einer der Gründe gewesen, warum er sich geweigert habe, die volle Zeit seines Dienstes im Freistaat Kongo abzuleisten. (in Burrows 1903: Anhang II) Berichte über Prügelexzesse mit der *chicotte* gelangten auch durch Stanislas Lefranc, einen in den Kongo entsandten Staatsanwalt, nach England, wo sie dann von Morel veröffentlicht wurden.

Adam Hochschild zufolge unterschieden sich die Gräuel, die Menschen in der Privatkolonie des belgischen Königs Leopolds II zugefügt wurden, nicht grundlegend von jenen in den anderen europäischen Kolonien, in denen wilder Kautschuk geerntet wurde. Zehn Jahre nach der Etablierung eines Regimes der Zwangsarbeit im Kongo seien in den französischen Gebieten westlich und nördlich des Kongo, im portugiesisch beherrschten Angola und in Kamerun ganz ähnliche Systeme eingeführt worden. (1998/2000: Kap. XVIII) Und Jean Suret-Canale berichtet, dass sich die Konzessionsgesellschaften in Kamerun nach eigenem Bekunden an den Unternehmungen der Konzessionsgesellschaften im Kongo-Freistaat orientierten, weil die von diesen erwirtschafteten Dividenden in Börsenkreisen allgemeine Bewunderung erregt hätten. (1964/1971: 21) Hochschild führt die besondere Aufmerksamkeit auf den Freistaat Kongo darauf zurück, dass das Gebiet, in dem Kautschuk gesammelt wurde, hier besonders groß war. (Ebenda) Auf die Praxis der Zwangsarbeit im Kongo werden wir zurückkommen, hier ist zunächst hervorzuheben, dass sie durch die Einforderung einer Steuer in Naturalien beziehungsweise Arbeitsdiensten erzwungen wurde, weil Einheimischen verwehrt war, ihre Steuern in Geld zu entrichten. Nicht nur das, ihnen war der Gebrauch von Geld prinzipiell untersagt. Die Produktion von Rohstoff für den kapitalistischen Weltmarkt erfolgte hier also außerhalb von Marktstrukturen. Sie wurde durch militärische Belagerung erzwungen.

---

27 In dem biographischen Roman, den Mario Vargas Llosa über Casement geschrieben hat, heißt es zur *chicotte:* „Es hieß, ihr Erfinder sei ein mit den ersten Soldaten eingetroffener Hauptmann der *Force Publique* gewesen, Chicot mit Namen, ein in jeder Hinsicht pragmatischer und einfallsreicher Belgier mit scharfer Beobachtungsgabe, dank der er rascher als jeder andere erkannte, dass man aus der äußerst harten Haut des Flußpferdes eine robustere und verletzendere Peitsche anfertigen konnte als aus dem Gedärm von Huf- und Raubtieren, einen sehnigen Strang, der schmerzvoller war und tiefere Wunden verursachte als jede andere Peitsche, dabei gleichzeitig leicht und wegen des kleinen Handgriffs gut zu handhaben war, so dass Aufseher, Kasernenverwalter, Wächter, Gefängniswärter und Expeditionsleiter sie am Gürtel oder über die Schulter hängend tragen konnten, ohne ihr Gewicht zu spüren." (2010/2011: 49f.)

Grenzen der Besteuerung

Vor allem in den dünnbesiedelten Regionen Ostafrikas blieb Einheimischen für einige Zeit noch die Möglichkeit, sich durch Wanderung den Steuereintreibern zu entziehen.[28] Als die Kolonialmächte jedoch ihren Verwaltungs-und Zwangsapparat organisatorisch erweiterten und in bislang weniger kontrollierte Gebiete vorstießen, wurden sowohl Steuerflucht als auch Steueraufstände sehr viel schwieriger. (Coquery-Vidrovitch 1985: 366) Dennoch provozierten Steuerforderungen weiterhin Aufstände. So beispielsweise 1898 in Ägypten. Wie Juhani Koponen mit Blick auf den großen Aufstand in Deutsch-Ostafrika, der unter dem Namen Maji Maji bekannt geworden ist, betonte, gab es im Jahre 1905 viele Ursachen für Proteste. (1995: 230-240) Sie reichten vom Zwang zum Anbau von Baumwolle über die Brutalität, mit der die Ablieferung von Kautschuk erzwungen wurde, bis zur Einforderung von Arbeitsdiensten sowie zu immer neuen Abgaben und Steuern. Der Aufstand , an dem sich mehrere Stämme beteiligten, brach in einer der am härtesten besteuerten Regionen aus

Um die Härte der fiskalischen Aneignung zu erahnen, muss im Gedächtnis behalten werden, dass Einheimische den allergrößten Teil ihres Landes verloren hatten, dass viele von ihnen in Reservate getrieben worden waren, in denen sie wenig produzieren konnten, und dass die Handelsgesellschaften, denen sie eventuelle Produkte verkauften, sehr niedrige Preise boten. Vielfach wurden diese noch von den Agenten herabgesetzt, die vor Ort tätig wurden. (Nzula et al. 1929/1979: 47f.)

Besiedlung und Vertreibung

Siedlungskolonien sind überall gewaltförmig etabliert und gegen den Widerstand der ihrer Versorgungsmöglichkeiten beraubten Einheimischen verteidigt worden. Zeitgenössische Theoretiker mühten sich um die Integration solcher Praxis in naturrechtliche Diskurse. Vor Ort entwickelte sich aber eher eine Dynamik von Gewalt, Widerstand und Rache. Rechtfertigungen erwuchsen aus Rassismus und schließlich aus der Integration von Landnahme in die rechtlichen Strukturen der Kolonialherrschaft. Übereinstimmungen und Besonderheiten werden mit Hinweisen auf Entwicklungen in Australien, in den englischen Kolonien in Nordamerika sowie Algerien verdeutlicht. Von besonderer theoretischer Relevanz ist die Integration der kolonialherrschaftlichen Gewaltpraxis in die bürgerlichen Rechtsstrukturen der post-kolonialen Gesellschaft in den USA.

In allen Kolonien wurde direkte Gewalt eingesetzt, wenn es darum ging, die Herrschaft der Fremden zu sichern, aber in jenen Kolonien, in denen Aneignung Landraub in großem Maßstab voraussetzte, war direkte Gewalt endemisch. Sicherung und Entwicklung von

28 Den Akten des Reichskolonialamtes zufolge hat Staatssekretär Dernburg im Februar 1908 vor der Haushaltskommission des Reichstages erklärt, dass in Ostafrika auch nach zwanzigjähriger deutscher Herrschaft nur 18 % des Hüttenzolls tatsächlich eingezogen werden konnten. (Zit. nach Müller 1962: 30, Anm. 2)

Siedlungskolonien waren nicht möglich, ohne dass Einheimische ihrer Möglichkeiten des Sammelns, ihrer Jagd- oder Weidegründe und ihres Ackerlandes beraubt worden wären. Zeitweise haben sich mancherorts Praktiken des Zusammenlebens entwickelt, aber wann und wo immer europäische Siedler bestrebt waren, sich zu Herren einer Region zu machen, versetzten sie diese in einen dauerhaften Kriegszustand. Denn die Ausweitung von Siedlungsgebieten, sei es zum Zwecke des Ackerbaus, sei es zum Zwecke der Weidewirtschaft, konkurrierte unweigerlich mit Formen der Nutzung des Landes durch Einheimische. Diese kannten kein Eigentum im römisch-rechtlichen Sinne, wohl aber kannten sie konkrete Rechte der Nutzung von Land. Sie betrafen das Recht der Jagd, der Viehzucht und der Bebauung des Landes. Sie waren nicht Individuen (oder Familien), sondern Gruppen zu eigen: einem Dorf oder einem Stamm. Fremde hatten keine Nutzungsrechte, aber Gastfreundschaft verschaffte ihnen Anteile an deren Resultaten. Bräuche regelten die unterschiedliche Nutzung von Land. Wenn also einer das Recht hatte, ein bestimmtes Land zu bebauen, so konnte doch ein anderer das Recht haben, auf diesem Land (in der Dürrezeit) Vieh grasen zu lassen, und wiederum ein anderer das Recht, Brennholz zu sammeln. Derartige Eigentumsverhältnisse hatte es lange auch in Europa gegeben,[29] dann aber wurde zunehmend die Form des „absoluten Privateigentums" durchgesetzt. Es schließt Nutzungsrechte aller Nicht-Eigentümer aus. Wenn die Vertreter deutscher Firmen in Afrika „Kaufverträge" mit Häuptlingen abschlossen, so nutzten sie nicht nur taktische Kniffe, Alkohol und gefälschte Unterschriften (zu Letzterem: Olusoga & Erichsen 2010: 127), um die Zustimmung ihrer „Verhandlungspartner" zu erreichen, (Speitkamp 2005: 28f.) sondern verfuhren auch, als ob dort Privateigentum bereits durchgesetzt worden, Land also eine Handelsware geworden sei, über deren Verkauf Häuptlinge hätten entscheiden können.

Für die Gewaltbasis aller Siedlungskolonien war die rechtliche Form der Aneignung des Landes unerheblich. Denn ob sich eine europäische Regierung zum Eigentümer von Land in Übersee erklärte – wie etwa die englische Krone in Nordamerika –, ob Kolonialgesellschaften, Missionsgesellschaften oder Privatpersonen Land in Besitz nahmen, immer waren die Einheimischen einer Nutzung durch Siedler im Wege. Besiedlung durch Europäer und Vertreibung der Einheimischen waren deshalb unausweichlich miteinander verbunden. Und in allen größeren Siedlungskolonien, in Algerien, Angola und Mozambique, in Südafrika, Rhodesien, Deutsch-Südwestafrika und schließlich auch in Kenia, kam es im Laufe der Zeit zu kriegerischen Auseinandersetzungen. So sehr sich diese im Einzelnen voneinander unterschieden, sie waren alle extrem brutal

Aneignung von Land konnte allerdings auch erfolgen, wenn (noch) gar keine konkreten Besiedlungspläne vorlagen, Kolonialgesellschaften aber auf zukünftige Nutzung spekulierten. In Ostafrika und Kamerun ließen deutsche Kolonialgesellschaften sowohl „herrenloses" Land besetzen als sich auch große Landstücke auf der Basis fragwürdiger

29 Über das Ende dieser Gewohnheitsrechte berichtete Karl Marx in seinen Ausführungen zu den „Debatten über das Holzdiebstahlgesetz" (Marx-Engels-Werke Bd. 1: 109-147).

Verträge durch Einheimische übereignen. In den 1880er Jahren begonnen, entwickelte sich die Spekulation auf zukünftige Besiedlung in den Folgejahren zu einem riesigen Geschäft. Auch Missionsgesellschaften waren daran beteiligt. Als Leander Starr Jameson, damals Chef der Verwaltung von Rhodesien, versuchte, die Europäer in Fort Victoria zur Teilnahme an einem Eroberungszug ins Matabeleland zu gewinnen, sagte er 1893 (im sog. *Victoria Agreement*) jedem Teilnehmer dreitausend Morgen des noch nicht eroberten Landes zu. (Das von den Ndebele zu erobernde Vieh sollte zur Hälfte an die *British South Africa Company* und zur Hälfte an die Offiziere und Teilnehmer des Feldzuges gehen.) Nach dem Feldzug hatten die Ndebele faktisch all ihr Land verloren. Manche der neuen Eigentümer gründeten Farmen, andere aber verzichteten auf die Bewirtschaftung des ihnen zugeteilten Landes, so dass es – gegen Abgaben – zunächst weiterhin von früheren Eigentümern genutzt werden konnte. 1894 versuchte eine Regierungskommission die Situation der Einheimischen im Matabeleland zu regulieren. Während diese Kommission die Errichtung zweier Reservate als eine zumindest vorläufig befriedigende Lösung erachtete, wurden diese von Einheimischen als „Friedhöfe" bezeichnet. (Palmer 1972/2001: 90) Ähnlich verhielt es sich im Mashonaland. Dass viele der neuen Eigentümer ihr Land nicht bewirtschafteten, machte es auch Angehörigen des Shona Stammes möglich, zunächst weiterhin in ihrer Region zu bleiben. Ab 1895 aber wurde von den Shona eine Steuer erhoben, und viele von ihnen wurden zu Arbeiten in Minen gezwungen. Nachdem sich die Shona 1896 gegen die Fremdherrschaft zur Wehr gesetzt hatten und 1897 mit äußerster Brutalität besiegt worden waren, hielt auch in ihrem Fall die Regierungskommission die Schaffung von Reservaten für eine befriedigende Lösung. (Palmer 1972/2001: 98-103)[30]

Exkurs: Rechtfertigungen

Als Richard Hakluyt Ende des 16. Jahrhunderts die Ansicht vertrat, auf Dauer erfordere die Aneignung von Gütern in Übersee die tatsächliche Eroberung von Territorien, da formulierte er die Berechtigung zu einer solchen Strategie mit dem unübertroffen deutlichen Hinweis: *"we armed and they naked"*.[31] Für die Veröffentlichung von Politik war das allerdings schon damals kaum hinreichend. Und so heißt es denn auch in dem Schriftstück, mit dem im Jahre1606 die *Virginia Company* ermächtigt wurde, in

30 Robin H. Palmer hat darauf hingewiesen, dass einzelne der *Native Commissioners* ernsthaft bestrebt waren, die Lage der Einheimischen zu bessern. Gegen die Tatsache, dass Siedler Fakten schufen, kamen sie aber nicht an. (1972/2001: 98-99)

31 Die Formulierung entstammt dem "Discourse of Western Planting" aus dem Jahre 1585, publiziert in: The Original Writings & Correspondence of the Two Richard Hakluyts, 2.Ed. hrsg. von E.G.R. Taylor, (Hakluyt Society Series II) London (1935: 324); hier zit. nach: Tuck (1999: 110)

Nordamerika eine Kolonie zu gründen, diese solle unter den dort noch „in Dunkelheit" lebenden Menschen die christliche Religion bekannt machen.

Wie oben bereits ausgeführt, hat die englische Krone nicht nur den Auftrag zur Missionierung, sondern auch die Berechtigung zur Herrschaft über Land und Leute in „Virginia" einer privaten Handelsgesellschaft übertragen. Obwohl sie damit Verantwortung bestreiten konnte, zeigt die Missionsverpflichtung, und sei sie noch so kosmetisch, dass eine Verpflichtung, die eigene Politik in Übersee gegenüber anderen europäischen Mächten zu rechtfertigen, weiterhin anerkannt wurde. Der Missionierungssauftrag war in diesem Zusammenhang gängig, wenn auch kaum sehr überzeugend.

Vor Ort galt die Berechtigung zur Vertreibung und Vernichtung manchen als unzulässig, den meisten jedoch als unerlässlich und berechtigt. Vereinzelt wurden auch Argumente aus Debatten angeführt, die sich in den europäischen Ausgangsländern entwickelt hatten. (Kiernan (2007/2009: passim) Einige Argumente tauchen regelmäßig auf, andere nur im Zusammenhang mit der Anwendung von Gewalt gegen Einheimische in bestimmten Regionen. Während bei den portugiesischen und kastilischen Unternehmungen immer wieder angeführt wurde, gegen Menschen, die Kannibalismus praktizierten, sei man zur Repressalie (also einer Strafaktion) berechtigt, dominierte im 17., im 18. und teilweise auch noch im 19. Jahrhundert andernorts das Argument, dass die Welt zwar allen Menschen gemeinsam zu eigen sei, Eigentum an konkreten Ländereien aber nur von jenen beansprucht werden könne, die sie auch bebauen.

Nirgends ist diese Position je deutlicher ausgeführt worden als in den „Zwei Abhandlungen über die Regierung", die John Locke 1690 veröffentlichte. Mitte des 17. Jahrhunderts war in England ein König hingerichtet worden und hatten radikale Aufständische die „Gleichmachung" von Eigentum gefordert. Es handelte sich um politische und soziale Auseinandersetzungen, aber auch um eine Krise herkömmlicher Begründungen von Herrschaft und Eigentum. Vielen erschien es jetzt notwendig, Herrschaft und Eigentum auf eine Art und Weise zu begründen, die mit der „natürlichen Vernunft" der Menschen in Einklang stand. Wenn also anzunehmen war, dass Gott nicht von Anfang an eine Ungleichheit des Wohlstands hatte schaffen wollen, sondern die Welt den Menschen gemeinsam gegeben hatte, so Locke zufolge doch ganz sicher nicht mit dem Ziel, „dass sie immer Gemeingut und unkultiviert bleiben sollte." Vielmehr sollte die Arbeit der Fleißigen (samt derjenigen ihrer „Diener") einen Rechtsanspruch auf private Anteile an der Welt begründen. (1690/1977: 220, § 34) Soweit es sich um Erzeugnisse der Jagd und der Arbeit handle, solle das Recht auf Eigentum dadurch begrenzt sein, dass nicht mehr angeeignet werden dürfe, als selbst verbraucht werden konnte. Weil aber der Hauptgegenstand inzwischen „nicht mehr die Früchte der Erde sind und die Tiere, die auf ihr leben, sondern die Erde selbst" geht es darum, das Ausmaß berechtigter Aneignung von Land zu bestimmen. Für Locke war die Antwort offensichtlich: Kultivierung begründet Eigentum. Denn ohne Kultivierung hat die Erde keinen Wert, weshalb denn auch „die verschiedenen Völker Amerikas ... reich an Land und doch arm an allen Bequemlichkeiten des Lebens sind." (1690/1966: Kap. V, Abs. 32-34 sowie II. Abh. 3 Abs. 41: 225)

Lockes naturrechtliche Begründung des Privateigentums (einschließlich des Eigentums an den Resultaten der Arbeit „meines Knechtes") legitimierte zugleich die Landnahme in Übersee.[32]

Wie viele Akteure in den Kolonien von diesen Abhandlungen wussten, ist unerheblich, weil die Argumentation Lockes Ende des 17. Jahrhunderts gewissermaßen in der Luft lag. Jedenfalls treffen wir in allen Siedlungskolonien das Argument, dass Bodeneigentum nur durch eine systematische wirtschaftliche Nutzung des Landes begründet werden könne. Das Sammeln von Früchten und Kräutern wurde ebenso wenig als eigentumsbegründend anerkannt wie die Jagd. Richard Tuck hat darauf verwiesen, dass die naturrechtliche Begründungen der Landnahme völlig außer Acht ließ, dass der Verlust von Jagdgründen katastrofische Auswirkungen haben musste, sofern sich Menschen überwiegend von der Jagd ernährten. Auch hätte die Tatsache, dass manche Indianerstämme in Nordamerika Landwirtschaft praktizierten, den theoretischen Rechtfertigungen widersprechen müssen. (1999: 233)[33] Und Stuart Banner hat nachgewiesen, dass Locke von diesen Praktiken wusste. (2005: 47f.)

Bäuerliche Lebensformen hatte es vor der Ankunft der Siedler in vielen Teilen der Welt gegeben. Sie sind durch Einwanderer erschüttert worden. In Kenia sahen sich Einheimische gezwungen, in die Berge zurückzuweichen, in Ostafrika hatten Einheimische zuvor Viehzucht und Ackerbau betrieben, und in Algerien, doch dazu wird später Genaueres auszuführen sein, war seit vielen Jahrhunderten Ackerbau und Viehzucht betrieben worden. Sofern Siedler irgendeine Rechtfertigung für notwendig erachteten, verwiesen sie auf die – tatsächliche oder behauptete – höhere Produktivität ihrer eigenen Methoden.

Faktisch setzte die Landnahme einen Ratschlag um, den Thomas Hobbes bereits 1651 formuliert hatte. Um das Problem der Armut in Europa zu bewältigen, solle man die armen, aber kräftigen Menschen in jene Gebiete transportieren, die nicht ausreichend bewohnt seien. Diejenigen, die sie dort finden, sollen sie nicht umbringen, sie aber doch zwingen, enger zusammen zu rücken, *„to inhabit closer together"*. (1651/1999: 239) Dazu sind sie vielerorts, wenn auch nicht immer und überall mit direkter Gewalt gezwungen worden.

Weil viele der ersten Siedler in Nordamerika durchaus anerkannten, dass Indianer Eigentümer des Landes waren, auf dem sie lebten, bezahlten sie für Land. Und weil ihre Erben ein Interesse daran haben mussten, dass ihr Eigentum als legal anerkannt wurde, wurde in der Zeit der englischen Kolonialherrschaft in Nordamerika eine Rechtsauffassung dominant, der zufolge Eigentum an Land durch rechtmäßigen Kauf von Indianern

32 Hier und im Folgenden bezieht sich der Terminus „Landnahme" ganz konkret auf die Wegnahme von Land, steht also nicht im Zusammenhang mit aktuellen theoretischen Diskussionen, welche die Ausweitung kapitalistischer Aneignung auf bisher nicht-kapitalistische Sphären (Harvey) oder – allgemeiner – die Ausweitung der Marktverhältnisse thematisieren.

33 Allerdings sei diese Praxis von den europäischen Siedlern in Nordamerika gar nicht wahrgenommen worden. Weil der Ackerbau einzelner indianischer Stämme von Frauen betrieben wurde, hätten ihn die Siedler für *gardening* gehalten. (Tuck 1999: 233)

erworben werden konnte. Später änderten sich sowohl die dominante Rechtsposition als auch die dominante Praxis.

Ebenso wie in der Zeit der englischen Kolonialherrschaft basierte die Aneignung des Landes von Einheimischen auch in den USA auf gesetzlichen Grundlagen, anders als in der Zeit der englischen Kolonialherrschaft entstanden diese Gesetze jetzt aber unter der Voraussetzung einer ungleich größeren Gewaltkompetenz auf Seiten der Regierung. Ihre Anwendung wurde nun mit den Interessen der „Nation" und dem Angebot der Zivilisierung gerechtfertigt. Ebenso wie in anderen Siedlungskolonien ist auch die Kolonisierung Nordamerikas durch die souveräne Regierung der USA eine Geschichte der Gewalt.

Weil sich Einheimische zu wehren und zu rächen suchten, gab es in allen Siedlungskolonien auch Opfer unter jenen, die ins Land kamen. Daraufhin wurde Vernichtung als Rache und als notwendige Verteidigung gerechtfertigt. Hinzu kamen aber überall – und zunehmend – rassistische Begründungen. Sie unterschieden sich. Während Einheimische in Australien als „Affen"[34] oder „Hunde"[35] bezeichnet wurden, die man ohne weiteres abschießen könne, waren rassistische Begründungen in Nordamerika mit der Tatsache konfrontiert, dass sich der Kolonialstaat mit einigen der *nations* (Stämmen) gegen andere Kolonialmächte verbündete. Zumeist wurden Indianer deshalb als „Wilde" bezeichnet, wobei außer Betracht blieb, dass einige von ihnen in der Frühzeit der Kolonialherrschaft nicht nur Ackerbau betrieben, sondern auch Schulen gegründet, die Bibel gelesen, vereinzelt an „weißen" Universitäten studiert und sich mit Beschwerden an die Institutionen des Staates gewandt hatten.

Zunächst wurde mancherorts versucht, den Übertritt zum Christentum drakonisch zu erzwingen,[36] später wurden Christentum und Zivilisation Einheimischen in vielen Teilen der Welt als vollwertiger Ersatz dafür angeboten, dass ihnen die Grundlagen ihrer Lebensweise genommen wurden. Im Verlauf des 19. Jahrhunderts wurde das Argument der Zivilisierung so dominant, dass sich auch Missionsgesellschaften zunehmend als pädagogische Instanzen mit zivilisatorischem Auftrag darstellten und verstanden.

Belege für die hier in Ausschnitten angeführten Rechtfertigungsdiskurse gibt es zu Hauf. Und sie haben lange nachgewirkt. Hier soll nur darauf verwiesen werden, dass im Jahr 2005 in Frankreich ein Gesetz beschlossen werden konnte, in welchem der Dank der Nation für das Werk ausgesprochen wurde, das von Frauen und Männern in den früheren französischen Departments Algerien, Marokko, Tunesien und Indochina sowie in den anderen Regionen vollbracht wurde. (Nr. 2005-158, Art. 1).

Auch in Nordamerika musste das Argument einer Erziehung zur Zivilisation als Rechtfertigung herhalten, während ein Indianerstamm nach dem anderen in eine Reser-

---

34 Leserbrief an den „Australien" im Jahr 1838, Zitat bei Elder (1988/1998: 83).

35 Reverend William Yate, 1835, Zitate bei Elder (1988/1998: Kap. 1).

36 Im ausgehenden 17. Jahrhundert galt holländischen Siedlern die Weigerung, zum Christentum überzutreten, als ausreichende Begründung für die Hinrichtung von Einheimischen. Die englischen Nachfolger der holländischen Herren setzten diese Argumentation und diese Praxis fort. Belege bei Kiernan (2007/2009: 312).

vation gezwungen wurde. Aber diese Vertreibung aus den Siedlungsgebieten der Weißen, konnte ohne derartige Rechtfertigung ausgekommen, nachdem in einem Gerichtsurteil im Jahre 1823 dargelegt worden war, dass das Eigentum an allem Land denen zugefallen war, die es entdeckt hatten. Einheimischen wurde fortan nur noch gestattet, sich auf diesem Land aufzuhalten. Es war ihnen aber nicht mehr zu eigen. Zeitgenössische Kritiker hoben mit Recht hervor, dass die Rechtsposition eines Eigentums qua Entdeckung historisch bis dahin nur zwischen den europäischen Mächten gegolten habe, nicht aber im Verhältnis zu Einheimischen.[37]

In allen Siedlerkolonien gab es einzelne, die sich um gute Kontakte mühten, es gab auch einzelne Angestellte von Kolonialverwaltungen, die nach Möglichkeiten für ein friedliches Zusammenleben suchten, insgesamt aber entwickelte sich zusammen mit der Hegemonie europäischer Siedler über Einheimische ein kulturelles Selbstverständnis der rassischen Überlegenheit. Andreas Eckert hat sehr deutlich heraus gearbeitet, dass europäische Siedler in Kolonien mit einer Siedlerhegemonie einerseits von der Angst getrieben waren, von der Fremde verschlungen zu werden – eine Angst, die vor allem in der beständigen Furcht zum Ausdruck kam, die männlichen Kolonisierten würden jede sich bietende Gelegenheit nutzen, um weiße Frauen zu vergewaltigen – andererseits aber die Vorstellung entwickelten, sich alles untertan machen zu können. (2004: 234) War aber Rassismus erst einmal zur dominanten Kultur einer Siedlergesellschaft geworden, so wurden Morde oft nicht einmal mehr als Maßnahmen der Verteidigung oder Rache gerechtfertigt.[38] Und sobald Militär eingesetzt wurde, so wurde damit auch zugestanden, dass die Beurteilung einer Situation militärischer Logik folgte. Vielfach trat dann sogar in den Hintergrund, dass es sich bei den Angegriffenen auch um potentielle Arbeitskräfte hätte handeln können.

Praktiken der Besiedlung

Weltweit kam es in europäischen Siedlerkolonien zu Kriegen und Massakern, in vielen Teilen der Welt wurden Einheimische in „Reservate" gedrängt und gefangen. Vor allem in den *Offshots* der europäischen Staaten (A. Maddison) sind Tausende an eingeschleppten Seuchen gestorben. Viele sind durch den Verlust ihrer Nahrungsgrundlagen zugrunde gegangen, sehr viele aber auch direkter Gewalt zum Opfer gefallen. Exzessive Gewalt war allen Siedlerkolonien inhärent. Nur wenige Ausschnitte aus dieser Gewaltpraxis können im Folgenden anhand von Beispielen etwas näher erläutert werden.

37 Am Ende des 19. Jahrhunderts wurde dann sogar diese Tradition einer gegenseitigen Anerkennung geraubten Landes durch europäische Kolonialmächte noch über Bord geworfen.

38 In Ben Kiernans Darstellung der genozidalen Gewalt in Australien finden sich unzählige Belege für diese Feststellung. (2007/2009: 328-406)

Spanisch-Amerika

Weder die portugiesische noch die spanische Krone planten in Südamerika Siedlungskolonien. Zunächst ging es, das wurde oben bereits ausgeführt, vor allem um herrschaftlich gelenkte Plünderung, um die Suche nach Edelmetall und anderen Schätzen. Die Kaufmannskrieger vor Ort träumten aber durchaus von einer Herrenexistenz, die ihnen zuhause nicht möglich gewesen wäre. Solche Träume lockten auch weitere Einwanderer. Bereits im 16. Jahrhundert sollen mehr als 200 000 Spanier ausgewandert sein, bis Mitte des 17. Jahrhunderts etwa doppelt so viele.[39] Um zu verhindern, dass in Neu-Spanien eine unabhängige Herrenschicht entstand, die sich an den Tributzahlungen der Einheimischen bereicherte und Indianer zur Arbeit auf ihren Ländereien zwangen, untersagte die kastilische Krone die private Aneignung von Land. Stattdessen wurde Land nur für eine bestimmte Zeit in „Treuhandschaft" vergeben. Da die Krone das dekretierte System des Landeigentums aber nicht wirksam kontrollieren konnte, entwickelten sich aus den *Encomiendas,* den treuhänderisch überlassenen Ländereien, im Laufe der Zeit *Haziendas,* auf denen abhängige Bauern für die Eigentümer des Landes arbeiteten. Aus dem königlichen Privileg der Landnutzung war faktisch eine private Aneignung von Land geworden. Die meisten Arbeitskräfte waren Einheimische. Manche sahen sich zur Arbeit auf einer *Hazienda* gezwungen, weil ihnen ihr Land genommen worden war, andere, weil die immensen Tributforderungen der fremden Herren ihr Dorf ins Elend gestürzt hatte und sie darauf hoffen konnten, dass der *Hazienda*-Eigner ihre Tributzahlungen übernehmen würden.

Australien

So widersinnig es wäre, zwischen brutalen und noch brutaleren Gewalttaten gegenüber Einheimischen unterscheiden zu wollen, wer sich auf Berichte über Gewalt gegen Einheimische in Australien einlässt, sieht sich einem Abgrund an Menschenverachtung gegenüber, den man sich schlimmer kaum ausmalen kann. Die Einheimischen, in Australien als Aborigines bezeichnet, wurden nicht nur ihrer Lebensmöglichkeiten beraubt, sie starben auch nicht nur an Seuchen und Hunger. Mehr als hundert Jahre lang wurden sie abgeschossen und abgeschlachtet, als Zielscheiben benutzt oder mit Strychnin vergiftet.[40] Angus Maddison zufolge lebten in Australien um 1700 vermutlich

39 Zahlen hier nach Reinhardt Wendt (2007: 55f.). Dort auch die Angabe der Veröffentlichungen, aus denen der Autor diese Schätzungen bezogen hat.

40 Als letzter Mord mit Strychnin gilt das „Bedford-Downs-Massaker" von 1924. Da es keine Dokumente gibt, – wie soll es auch – ist der Realitätsgehalt der mündlichen Überlieferung von Aborigines bezweifelt worden. Unbezweifelt ist aber die Austeilung von *"death pudding"*, wie sowohl Einheimische als auch Siedler die Vermischung von Mehl mit Strychnin oder Arsen zu bezeichnen pflegten. Vom Kilroy Massaker, das 1842 auf dem Land des schottischen Barons Sir Evan Mackenzie stattfand, berichteten manche, es habe 30 Tote gegeben, darunter Frauen und Kinder, andere von fünfzig oder sechzig. Bruce Elder schätzt, dass zwischen 1842 und 1900

450.000 Eingeborene (und keine Europäer), 1870 dagegen 1.500.000 Europäer und 155.000 Eingeborene. (2003: *Table of Contents*)

Auf van Diemen's Land, jener Insel südlich des australischen Festlandes, die später als Tasmanien bezeichnet wurde, kam es bereits in den ersten Jahrzehnten des 19. Jahrhunderts zu zahlreichen Gräueltaten. Einheimische wehrten sich mit Überfällen, Siedler reagierten mit ungezügelter Brutalität. Auf dieser Insel litten viele Europäer, die wegen sehr geringfügiger Delikte in England in diese Strafkolonie verbannt worden waren. Ihre Erfahrungen einer brutalen Unterdrückung nahmen sie mit sich, wenn sie freigelassen wurden oder ihnen die Flucht gelang. Auf die Insel kamen auch Seeleute, die von Schiffen entlaufen waren und nun auf eigene Faust Fischfang und Walfang betrieben. Massaker wurden zum Alltag. Dass niemand vor Gericht gestellt wurde, wirkte wie eine offizielle Duldung der Praxis.

1828 schlug der damalige Gouverneur von Tasmanien vor, die Aborigines in einem Reservat gefangen zu halten, aus dem sie sich nur mit seiner Genehmigung kurzzeitig sollten entfernen dürfen. (Elder 1988/1998: 38) Dieser Plan wurde nicht realisiert. 1830 setzte der Kolonialstaat Belohnungen für die Einlieferung gefangener Aborigines aus: 5 Pfund für einen Mann oder eine Frau, 2 Pfund für ein Kind. Manche sollen in den zwei Jahren, die dieses Angebot galt, ein Vermögen gemacht haben. Und Belohnungen scheinen nicht nur für lebend eingelieferte Aborigines gezahlt worden zu sein. In der Zeitung *"Colonial Times"* hieß es: „nahezu alle Siedler und ihre Knechte beteiligten sich an der Praxis. Waren Ureinwohner in der Nähe, so galten ihnen die Männer als wilde Tiere, für deren Verfolgung und Vernichtung man Lob erwarten durfte, und was die Frauen anlangt, so waren sie der Ansicht, man könne sie nur für die schlimmsten Zwecke nutzen. Schwarze abzuschießen wird allgemein als eine eher nebensächliche Handlung angesehen." (zit. Elder 1988/1998: 41, Übers.)[41] Zeitgleich mit dem Angebot an Belohnungen organisierte Gouverneur Arthur 1830 eine Art Treibjagd, die als *Black Line* in die Geschichte eingegangen ist. 1000 bewaffnete Sträflinge, 550 britische Soldaten, zudem Polizisten und Siedler bildeten quer über die Insel eine Postenkette, um Einheimische vor sich her zu treiben und zu fangen. (Kiernan 2007/2009: 366f.) Ben Kiernan zitiert den Bericht eines Fähnrichs, der an der *Black Line*" beteiligt war: W.J. Darling nannte die Weißen „zivilisierte Wilde" und schrieb, man habe die Schwarzen „niedergeschossen wie Hunde, während sie um ihre Lagerfeuer schliefen; ihre Frauen wurden ihnen weggenommen, um die Wollust weißer Männer zu befriedigen, in alle Richtungen gejagt und verfolgt und sogar als wilde Tiere des Waldes angesehen, deren man sich entledigen musste, ganz gleich wie." (2007/2009: 367, Übers.) Als zwei Jahre später das 1830 verhängte Kriegsrecht wieder aufgehoben wurde, hatten nur 100 Ge-

---

Tausende von Aborigines vergiftet wurden. Die Schätzungen müssen wir nicht diskutieren, auch wenn es „nur" zehn oder zwanzig Opfer gegeben hätte, wäre dies Aussage genug. (Elder 1988/1998: 120)

41 Im Text heißt es, das Abschießen werde als *"levity"* (Leichtfertigkeit) angesehen.

fangene die *Black Line* und die darauf folgenden Transitlager überlebt. Sie wurden nach Flinders Island gebracht.

Siedler in Australien mussten sich keine Bücher schicken lassen, um von sozialdarwinistischem Gedankengut zu erfahren. Sie haben das Vorrecht des Stärkeren gewissermaßen selbst erfunden, indem sie Einheimische den Tieren gleichsetzten, ihre Vernichtung zusätzlich dadurch rechtfertigend, dass sie ihnen dämonische Eigenschaften zuschrieben.

Von einem Massaker, das 1838 am Myall Creek (in Neu Südwales) stattgefunden hat, gibt es Berichte, weil ein Aufseher bestrebt war, das Verschwinden einer ganzen Gruppe von Aborigines aufzudecken. Schließlich erfuhr er, dass einem ihm bekannten alten Mann alle Gliedmaßen abgehackt worden waren. Ihm wurde auch von Kinderleichen berichtet, deren abgehackte Köpfe in die Gegend geworfen worden waren. Er zählte achtundzwanzig Leichen. Die Täter behaupteten, es habe sich um Viehdiebe gehandelt, doch waren weder Knochen noch Häute von Vieh zu finden. Schließlich informierte er die Polizei. Und tatsächlich – es handelte sich um einen erstmaligen Fall – wurde das Massaker untersucht, und obwohl am Tatort inzwischen alle Spuren beseitigt worden waren, wurden zwölf Männer angeklagt. Sie wurden alle freigesprochen. Der „öffentlichen Meinung" in Neusüdwales zufolge sollte kein Weißer für den Mord an einem Schwarzen verurteilt werden. In diesem Fall allerdings kam es zu einem zweiten Prozess. Sieben der Angeklagten wurden zum Tod verurteilt. Vor ihrer Hinrichtung legten sie ein Geständnis ab und verteidigten ihre Tat mit dem Hinweis, dass sie nicht gewusst hätten, dass die Tötung von Aborigines illegal sei. Schließlich handle es sich um einen im Grenzland verbreiteten Sport. (Elder 1988/1998: 93f.)

Wer versucht sein mag, die Massaker auf van Diemen's Land und in Neusüdwales ausschließlich der besonderen sozialen Struktur der Strafkolonien zuzuschreiben, wird durch die Vorgänge im Westen Australiens eines Besseren belehrt. Ungeachtet der Tatsache, dass die britische Regierung bis 1898 für die Lebensbedingungen der Aborigines in Westaustralien verantwortlich war, kam es auch dort immer wieder zu Massakern. (Kiernan 2007/2009: 405)

Für das ganze 19. und auch noch für das beginnende 20. Jahrhundert und für alle Regionen Australiens gibt es Berichte über blutrünstige Verbrechen an Einheimischen. Manchmal hielten die Täter ihre Morde für gerechtfertigt, weil sich Einheimische gegen ihre Vertreibung gewehrt oder weil sie ein Stück Vieh oder andere Nahrungsmittel von den Eindringlichen gestohlen hatten, die jetzt auf ihrem Land lebten. Vielfach agierten die Mörder ihren rassistischen Vernichtungswahn ohne irgendeinen Anlass aus. Nachdem in ersten Verurteilungen deutlich gemacht worden war, dass englischem Recht zufolge der Mord an einem Schwarzen tatsächlich genauso gesühnt werden sollte, wie der an einem Weißen, wurden die Massaker zwar nicht weniger, sie wurden jetzt aber eher vertuscht. (Es ist dies die Zeit, aus der die ersten Morde mit Gift überliefert sind.) An der Vertuschung soll die Mitte des19. Jahrhunderts gegründete *"Native Police"* maßgeblich beteiligt gewesen sein. (Elder 1988/1998: Kap. 10)

Tatsächlich wurde Vertuschung aber auch durch das Prozessrecht begünstigt. Da Aborigines keine Christen waren, konnten sie ihre Aussagen vor Gericht nicht beschwören. Folglich galten diese nicht als gerichtsverwertbar. Erst nach 1876 wurden Zeugenaussagen von Aborigines von Gerichten in Neusüdwales akzeptiert. Manchmal versuchte der eine oder andere Kolonialbeamte, dem Töten Einhalt zu gebieten. Erfolg war ihnen kaum beschieden. Wie wäre das auch möglich gewesen, wo doch die Kolonie materiell auf Landraub basierte?

Freie Siedler erhielten Land „geschenkt", wobei es anfangs sowohl zur Zuteilung kleinerer Flächen als auch zur Schenkung sehr großer Flächen an Vieh- und Schafzüchter kam. (Kiernan 2007/2009: 353ff.) Zwar wurden den ersten freien Siedlern in Neusüdwales zusammen mit Land noch jeweils zwei Sträflinge zugeteilt, doch blieb das Angebot an Arbeitskräften begrenzt. Mit zunehmender Einwanderung verschärfte sich diese Situation, was eine Ausweitung der Weidewirtschaft nach sich zog – und damit unweigerlich einen immer ausgedehnteren Landraub. Damit wurden dann auch große Landschenkungen die Regel. Wer immer eigenes Kapital vorweisen konnte, erhielt umfangreiche Ländereien zugesprochen.

Die Kolonialregierung erwartete, dass die Schafzüchter rasch Gewinne einfahren würden und sich somit die Kolonie in absehbarer Zeit finanziell selbst würde tragen können. Dann aber stellten Entwicklungen im Mutterland diese Strategie in Frage. Zu Beginn der 1830er Jahre war unabweisbar deutlich geworden, dass kapitalistische Agrarproduktion auch Armut produzierte. Um zu verhindern, dass weiterhin und womöglich noch in verstärktem Maße *"paupers"* in die Städte Britanniens strömten und dort womöglich die Zahl jener verstärkten, die neuerdings drastische Reformen forderten, sollten Kanada und Australien zu *outlets* für jene Armen werden, die ohne bezahlte Arbeit in den Dörfern des Mutterlandes lebten. (Burroughs: 1967: 43) Angeregt durch theoretische Debatten im Lande, insbesondere durch Diskussionen über die Schriften von Edward Gibbon Wakefield,[42] setzte sich damals eine Kehrtwende in der bisher in Australien verfolgten Bodenpolitik durch. Von jetzt an bemühte sich die Regierung in London, auch solche englische Arme außer Landes zu bringen, die keinerlei Handhabe geboten hatten, sie per Gerichtsbeschluss nach Übersee zu deportieren. Diese Strategie der „freien Emigration" setzte die sehr billige Vergabe von Kronländereien an arme britische Dorfbewohner voraus, die willens waren, in Australien[43] Bauern zu werden.

---

42 Vgl. einige Titel der Schriften von Edward Gibbon Wakefield: (1829) Sketch of a Proposal for Colonizing Australasia, London; derselbe, (1831) Plan of a Company to be established for the purpose of founding a colony in South Australia, London; derselbe (1833) England and America: The Social and Political State of Both Nations, 2 Bde., London (Diese Schrift wurde zu einer wichtigen Basis für die Argumentation von Karl Marx im 1. Band von „Das Kapital", MEW 23, 25. Kapitel, „Die moderne Kolonisationstheorie"); (1849) A view of the art of colonization, London.

43 Obwohl es in den politischen Debatten konkret um Neusüdwales ging, wurde zumeist unterstellt, die dortigen Strategien könnten sich ohne weiteres auf Gesamtaustralien übertragen lassen. Vgl. Burroughs (1967: 7).

Die Einzelheiten der Regelungen müssen uns hier nicht interessieren, wohl aber die Tatsache, dass es in den gesamten Debatten keinerlei Rolle spielte, dass es in Australien ja auch Menschen gab, die dort schon sehr lange vor den neuerdings dort eintreffenden Untertanen der britischen Krone gelebt hatten. Aber nicht nur Mitte des 19. Jahrhunderts wurde darauf verzichtet, die Aneignung von Land auf die eine oder andere Weise zu rechtfertigen. Auch in der sehr kenntnisreichen Arbeit, die Peter Burroughs 1967 über die mit den Kronländereien verfolgten Kolonialstrategien veröffentlichte, fehlt jeglicher Hinweis auf die Tatsache, dass diese Praxis die Überlebensmöglichkeiten der Ureinwohner Australiens einschränkte.

Über die Zahl der Einheimischen, die direkter Gewalt zum Opfer fielen, gibt es unterschiedliche Schätzungen. Heute gehen viele von insgesamt 20 000 Opfern unter den Einheimischen und 3000 Opfern unter den Zugewanderten aus. Das sind sicherlich weniger als durch Seuchen und Hunger, durch brutale Behandlung in den Strafkolonien und an Arbeitsplätzen ihr Leben verloren. Doch so sehr jede und jeder Einzelne ein Opfer war, das gezählt zu werden verdiente, hier geht es nicht in erster Linie um Zahlen, sondern um eine Praxis der Aneignung, die sich nicht ohne direkte Gewalt gegen Menschen durchführen ließ. Ökonomische Rationalität deckt nicht den Blutrausch, von dem viele Berichte zeugen, wohl aber entsprach ihr die Etablierung einer Gewaltherrschaft über Fremde.

Nordamerika, USA

Als im 16. Jahrhundert baskische Walfänger nach Labrador segelten, bauten sie sich dort Hütten, wo sie ihren Fang verarbeiteten, bevor sie wieder nach Europa zurück segelten. Auch bretonische Fischer lebten in Nova Scotia zeitweise an Land. Am Ende des 16. Jahrhunderts suchten sich dann auch englische Fischer Stützpunkte an Land, um von dort aus Fischzüge zu unternehmen.[44] Als die englische Krone erstmals Herrschaft über die „Provinz Kanada", beanspruchte, richtete sich das vordringliche Interesse nicht etwa auf Besiedlung, sondern auf Fischfang.

1597 ersuchte dann allerdings eine Gruppe religiöser Abweichler um die Genehmigung, in Kanada zu siedeln, um so, wie sie erklärten, der Königin und dem Land gute Dienste zu erweisen. Eine erste Gruppe dieser *Dissenters* wurde zu den Magdalenen-Inseln gebracht. Sie zerstritten sich und fuhren kurze Zeit später wieder nach London zurück, um dann nach Amsterdam zu fliehen. Für die beteiligten Seeleute war die Fahrt dennoch nicht ganz erfolglos. Zeitgenössischer Praxis folgend, hatten sie sich unterwegs als Piraten betätigt. (Andrews 1984: 306) So kurzzeitig dieser Siedlungsversuch auch war, so hatte er dennoch Einfluss auf die Entwicklung in Kanada. Denn infolge der englischen Unternehmung sah sich die französische Krone veranlasst, ihre Position

44 Zunächst betätigte sich einer von ihnen als Pirat. Er raubte bretonischen Fischern eine ganze Schiffsladung an Walöl, Walzähnen und Häuten. (Andrews 1984: 305)

am St. Lorenz Strom zu festigen. In der Folge konzentrierten sich englische Unternehmungen auf Neufundland und Neu-England, nach wie vor ging es aber vor allem um Stützpunkte für die Fischerei.

Die offizielle Landnahme in Nordamerika begann 1606, als sowohl der Virginia Gesellschaft als auch der Plymouth Gesellschaft das Recht verliehen wurde, Siedlungen in Regionen zu errichten, die „derzeit nicht im Besitz eines christlichen Prinzen oder Volkes sind". (zit. Andrews 1984: 311, Übers.) Genau genommen wurden diesen Gesellschaften damit eher Herrschaftsrechte zuerkannt als konkretes Eigentum an Land. Wie Stuart Banner in seiner umfassenden, viele bisherigen Interpretationen in Frage stellenden Untersuchung gezeigt hat, gab es unter den ersten Siedlern durchaus unterschiedliche Auffassungen über den rechtmäßigen Erwerb von Eigentum. Dominant wurde zunächst dann allerdings eine Rechtsauffassung, welche das Eigentum der Einheimischen an ihrem Land anerkannte und folglich davon ausging, dass Siedler solches Eigentum durch Kauf erwerben konnten – und sollten. (2005: Kap. 1 & 2)[45] Banner zeigt auch, dass – anders als oft unterstellt – unter Indianern durchaus Eigentumskonzeptionen vorhanden waren und in Ackerbau treibenden Stämmen eine Aufteilung von Ackerland praktiziert wurde. Weil Stämme aber oft weiter zogen, handelte es sich nicht um dauerhaftes Eigentum. Und es mag deshalb wohl sein, dass viele indianische Verkäufer von Land unterstellten, dass ein „Kauf" lediglich zu zeitlich begrenzter Nutzung berechtige.[46]

Zunächst sollten die Einheimischen nicht gewaltsam vertrieben werden. Viele der Siedler, so jedenfalls die Schlussfolgerungen von T.R. Fehrenbach (1974/1975: 266) glaubten zunächst, Einheimische und Siedler würden in Frieden „nebeneinander" leben können.[47] Diese Auffassung mag dadurch gefestigt worden sein, dass die ersten Einwanderer kaum hätten überleben können, wenn ihnen nicht Indianer gezeigt hätten, wie sie der Wildnis Nahrung abgewinnen konnten. Als Einheimische dann allerdings feststellen mussten, dass von ihnen nicht Gastfreundschaft, sondern dauerhafter Verzicht erwartet wurde, und dass die Fremden immer weiter in ihre Jagdgründe vordrangen, begannen sie, sich zu wehren, indem sie Siedler überfielen und regelrechte Kriege provozierten. Die

---

45 Wie Thomas Cyrus in seiner Einleitung zu der von Charles C. Royce besorgten Zusammenstellung von indianischen „Landabtretungen" vermerkt, hat etwa Charles II dieses verliehene Eigentumsrecht auch gegen sich selbst gelten lassen. Als die Eigentümer des Landprivilegs über das Gebiet von Maine dieses an Massachusetts verkauften, akzeptierte der König diese Transaktion, obwohl er selbst Maine hatte erwerben wollen. (Cyrus in: Royce, 1900: 530)

46 Banner zufolge konnten im 17. Jahrhundert nicht nur viele Indianer lesen und schreiben, sondern sie übereigneten – und vererbten – sich auch untereinander Land, wobei die entsprechenden Transaktionen eben nicht nur durch mündliche Absprache erfolgten, sondern auch schriftlich festgelegt wurden. (2005: 61-62) Auch für die Behauptung, dass Indianern der Verkauf eines kleinen Stückchen Lands zunächst weder jedes Mal aufgezwungen noch durch Tricks schmackhaft gemacht werden musste, hat Banner Belege gefunden. Tatsächlich konnten Einheimische ein legitimes Interesse daran haben, Waren von Einwanderern gegen den Verkauf eines kleinen Teils aus dem weiten Land zu erwerben.

47 Dass dies in Neuengland auch noch Mitte des 18. Jahrhunderts der Fall sein konnte, geht aus dem Reisebericht des Alexander Hamilton hervor. Vgl. Carl Bridenbaugh, Hg. (1948).

blutigsten Indianerkriege in Nordamerika seien im 17. Jahrhundert an der Atlantikküste geführt worden, nicht etwa in späteren Zeiten in den Weiten des Westens, schreibt Fehrenbach (1974/1975: 269). Und in den Grenzregionen, zu Beginn der Besiedlung also im gesamten Siedlungsgebiet, setzte sich zunehmend die Auffassung durch, dass Indianer grausame Wilde seien. Ebenso wie für den Pelz von Wölfen wurde für die Ablieferung des Haarschmucks eines Indianers im 17. Jahrhundert in Massachusetts eine Prämie bezahlt.

Was Einheimische vor Augen hatten, waren einzelne Familien oder aber Gruppen von Siedlern. Was sie kaum je zu sehen bekamen, waren jene Individuen und Gruppen, welche die Dynamik der Landnahme bestimmten. Im Verlauf des 18. Jahrhunderts wuchs der Einfluss von Spekulanten. Zunehmend „kauften" Privatpersonen, vielfach vereinigten sie sich zu Handelsgesellschaften, große Landstriche von Häuptlingen. Mit jedem derartigen Kauf wuchs die Gefahr bewaffneter Konflikte. Als die englische Krone am Ende des Siebenjährigen Krieges (bezogen auf Nordamerika wird er als Indianisch-Französischer Krieg bezeichnet) riesige Gebiete in Nordamerika zugesprochen bekam, versuchte die Regierung Georgs III, diese neu eroberten Gebiete dadurch zu stabilisieren, dass jenseits einer bestimmten Grenze – vielfach wurde und wird sie als *Proclamation Line* bezeichnet – der Kauf von Indianerland durch Privatpersonen untersagt wurde. Die Gouverneure wurden strikt angewiesen, nur Landkäufe in jenen Gebieten zu gestatten, für deren Regierung sie eingesetzt worden waren. Alles Land, das außerhalb dieser *Countries* in Besitz genommen wurde, stehe weiterhin den Indianern zu. Auch in jenen Gebieten, die von der Krone zur Besiedlung freigegeben wurden, seien Landkäufe von Indianern nur noch der Regierung gestattet.

Indem die Proklamation von 1763 vorsah, dass entlassenen Offizieren – ihrem jeweiligen Rang entsprechend – kostenlos Land übereignet wurde, bekräftigte sie die Aneignung von Indianerland, indem sie diese Aneignung regional begrenzte, zielte sie darauf ab, Konflikte mit indianischen Stämmen zu verhindern. In den ihnen (vorläufig) zugesprochenen Regionen sollten diese nicht "belästigt oder gestört werden".[48] Dem Wortlaut zufolge stellte die Proklamation die Indianerstämme unter den Schutz der Krone. Weil aber bestimmt wurde, dass Indianer Land nur an die Beauftragten der Kolonialregierung „verkaufen" konnten, wurde ihre Rechtsfähigkeit eingeschränkt. Tatsächlich traten an die Stelle der früheren Kaufverhandlungen jetzt Verhandlungen um einen Staatsvertrag (*Treaty*) über die „Abtretung" von Land. Und weil die Macht der Fremden wuchs und die Macht der Einheimischen im Vergleich dazu im Schwinden war, konnte sich jetzt die Auffassung durchsetzen, dass derartige Verträge nur geschlossen wurden, um die Indianer zu besänftigen, und dass sie für ihr Land nicht eigentlich bezahlt wurden, sondern ihnen lediglich Geschenke für eine Abtretung überreicht wurden, die sie kaum ablehnen konnten. (Banner 2005: 109)

---

48 Text: http://avalon.law.yale.edu/18th_century/proc1763.asp

Im ersten Jahrzehnt nach dem Ende des Unabhängigkeitskrieges wurden nicht nur „Abkommen" mit indianischen Vertragspartnern abgeschlossen, ohne dass auf deren Legitimation geachtet wurde, vor allem wurden in dieser Zeit große Landstriche auch schlichtweg konfisziert. Begründet wurden diese Konfiskationen mit dem Argument, dass viele Indianerstämme auf Seiten der englischen Kolonialmacht gekämpft hatten. Ab 1790 verzichtete die Union wieder auf den Einsatz direkter Gewalt. Aber weiterhin durften Indianer nur Land an die Regierung „verkaufen". Insoweit wurden sie rechtlich zu Mündeln der Regierung.[49] Dabei sollte es ein weiteres Jahrhundert bleiben. Denn in Bezug auf das Eigentum an Land erklärten sich die konföderierten und später „vereinigten" Staaten als Nachfolger der englischen Krone. Und das ist ganz wörtlich zu nehmen, denn tatsächlich konstituierten sich die neuen Staaten und konstituierte sich die Union den Einheimischen gegenüber als Kolonialmacht.

Die Rechtslage wurde in einer bis heute vielfach zitierten Entscheidung des Obersten Gerichtshofes aus dem Jahre 1823 präzisiert. (Johnson & Graham's Lessee v. Mcintosch, 21. U.S. 543) Wie in den meisten Rechtstreitigkeiten, in denen es im 19. Jahrhundert in den USA um Eigentum an Land ging, standen die Rechte von Einheimischen gar nicht zur Debatte. In dem berühmt gewordenen Rechtsstreit von 1823 ging es vielmehr darum, ob die riesigen Ländereien, die zwei Landhandelsgesellschaften 1775 von Indianern gekauft hatten, ihnen zu eigen sein sollten, obwohl der Kauf aufgrund der Proklamation von 1763 als illegal gegolten hatte und dieselben Landstriche später auch durch den Beauftragten der Kolonialregierung erworben worden waren.[50] Die Argumentation der *Illinois and Wabash Companies*, dass die Proklamation der früheren Kolonialregierung von vornherein nicht rechtens gewesen und inzwischen keinesfalls mehr gegen sie sie verwandt werden könne, wurde nicht akzeptiert. Für die weitere Entwicklung der Rechtspositionen kam es aber nicht auf die Entscheidung selbst, sondern

49 In gewisser Weise schützte dies Indianer auch vor dem Landraub durch jene Händler, die ihnen Kredite zum Kauf von Waren gewährten, für welchen der Erlös aus dem Verkauf von Fellen nicht ausreichte. Konnte der Kredit später nicht abgelöst werden, eigneten sich die Händler das Land an, das die indianischen Käufer als Sicherheit verpfändet hatten. Banner zufolge sind am Ende der Kolonialzeit viele in den Handel mit Indianern eingestiegen, weil sie von vornherein mit dieser Möglichkeit des Landerwerbs kalkuliert hatten. (Banner 2005: 55)

50 Die Vorgeschichte dieses Rechtsstreites ist von Lindsay G. Robertson (2005) erforscht worden. Sofort nach der Unabhängigkeit hatten die Illinois und die Wabash Landgesellschaften versucht, durch Petitionen an den Congress und das Angebot, einen Teil des in Frage stehenden riesigen Gebietes kostenlos der Union zu übereignen, eine Änderung der Rechtslage herbei zu führen. Mit der Wahl Thomas Jeffersons zum Präsidenten zerschlugen sich die Hoffnungen auf eine für sie günstige Entscheidung des Kongresses. Fortan richteten sich die Strategien auf den obersten Gerichtshof. Dieser war in einer berüchtigten letzten Maßnahme des scheidenden Präsidenten mit Richtern besetzt worden, die *„föderalistische"* Positionen vertraten. In wenigen Jahren gelang es dem obersten Richter John Marshal, den *Supreme Court* zur Kontrollinstanz für Entscheidungen des Kongresses aufzuwerten. Da Streitigkeiten über Landeigentum in den USA nur von lokalen Gerichten entschieden werden durften, waren erhebliche rechtliche Winkelzüge notwendig, um einen Fall zu konstruieren, für den der *Supreme Court* zuständig war. Robertson beschreibt sie ausführlich.

auf deren ausführliche Begründung durch *Chief Justice* John Marshall an. Sie setzte eine Entwicklung der Rechtslage in Gang, die bereits wenige Jahre später zur Rechtfertigung der Vertreibung von Indianern genutzt wurde. Denn Marshall entwickelte darin die Theorie eines Rechtsanspruchs qua Entdeckung.

Die Potentaten der Alten Welt, heißt es in der Begründung des Urteils, hätten gegenseitig anerkannt, dass „Entdeckung" zur Regierung berechtigte. Indem ihnen Zivilisation und Christentum gebracht wurde, seien die Einwohner dieser Länder ausgiebig entschädigt worden. (Johnson & Graham's v. Lessee v. McIntosh, 21. U.S. 543 (1823)[51] Indem sich die europäischen Mächte gegenseitig das Recht zugestanden, ihre Beziehung zu den Eingeborenen zu regeln, seien deren Rechte zwar verletzt [*impaired*], aber keineswegs vollständig missachtet worden. Es sei ihnen zwar das Eigentum an Land genommen worden, doch bleibe ihnen Aufenthalt und Nutzung, gestattet. Verkaufen durften sie dieses Recht aber nur an die Vertreter jener Regierung, die das Land durch Entdeckung erworben hatte. Mit dieser Rechtsauffassung erklärte der *Supreme Court* die Vereinigten Staaten in Sachen Indianerland zum Rechtsnachfolger der englischen Krone.[52] Ebenso wie diese seien die jetzt unabhängig gewordenen Staaten deshalb auch berechtigt, kostenlos Land von Indianern an die Angehörigen der Miliz zu vergeben.

Der Gewaltcharakter der Besiedlung wurde in der Begründung des Urteils von 1823 somit ohne Umschweife konstatiert. *"The title by conquest is acquired and maintained by force."* (589) Nach anderen Eroberungen sei vielfach ein Prozess in Gang gesetzt worden, welcher zur Integration der eroberten in die siegreiche Bevölkerung geführt habe, in den USA sei eine solche Entwicklung aber nicht möglich, weil es sich bei den indianischen Stämmen um „grausame Wilde" handle. Weder sei eine Vermischung von Eroberern und Eroberten möglich gewesen, noch die Regierung der Letzteren als eine gesonderte Gesellschaft oder ihr Verbleib in der Nachbarschaft. Als die weiße Bevölkerung vorgerückt sei, habe sich die indianische notwendigerweise zurückziehen müssen. Weil das Wild aus der Nachbarschaft der Siedler geflohen sei, hätten sich auch die Indianer entfernen müssen. Sie seien dem Wild nachgezogen. In der Folge sei das von ihnen verlassene Land, das ursprünglich der Krone unterstanden habe, aufgeteilt und an Private vergeben worden.

Anders als die vielfach eingesetzte und im populären Diskurs verankerte Rechtfertigung von Eigentumsrechten aufgrund einer agrarischen Nutzung von Land, musste sich der Rechtsanspruch qua Entdeckung nicht mit der Tatsache auseinandersetzen, dass es auf dem Gebiet der Vereinigten Staaten auch Indianerstämme gab, deren Frauen

51 Die im Text angegebenen Fundstellen sind der Internetveröffentlichung des Urteils entnommen. Vgl. http://supreme.justia.com/Us/21/543/case.html: 21, U.S. 543 (1823).

52 Der Rechtsbeistand der Landgesellschaften bestritt die Rechtmäßigkeit der Proklamation von 1763. Der König sei nicht berechtigt gewesen, mittel Proklamation zu regieren. Die Frage des Landeigentums hätte eine Entscheidung des Parlamentes erfordert. (Robertson 2005: 71) Folglich seien die Indianer rechtmäßige Eigentümer ihres Landes gewesen und hätten dieses an die Vertreter der Landgesellschaften verkaufen können.

seit langem Ackerbau betrieben und denen, weil sie sich vielfach den Kleidungsmustern und sonstigen Bräuchen der Siedler angepasst und auch Schulen gegründet hatten, kaum nachgesagt werden konnte, dass sie sich nicht auf dem Weg der Integration in die dominante Siedlergesellschaft befanden. Diese – zeitgenössisch und später oft als „zivilisiert" bezeichneten – Stämme haben denn auch vergeblich versucht, ihr Eigentum einzuklagen.

Die Entdeckungstheorie wurde rasch aufgegriffen. Zwar hat Richter Marshall kurz vor seinem Tod noch zu verhindern versucht, dass diese Rechtsposition auch zukünftige Entscheidungen in der Frage des Indianerlandes bestimmen würde, doch ist er damit gescheitert. Insoweit setzte er – womöglich gegen seine eigene Intention – eine Entwicklung in Gang, die Lindsay G. Robertson zutreffend als *"Conquest bei Law"* bezeichnet hat. Diese Formulierung ist auch dann zutreffend, wenn man sich der Interpretation Stuart Banners anschließt, dass die Aneignung von Indianerland in Nordamerika keiner durchgängig gleichartigen Logik folgte.

Banner zufolge war zwar die Aneignung von Land durch die Einwanderer ein durchgängiger Prozess, doch sei dieser nicht durchgängig gewaltsam verlaufen. Und dabei bezieht Banner sich nicht etwa auf die formale Freiwilligkeit, die bis in die Mitte des 19. Jahrhunderts bei Verträgen zwischen der Regierung der Vereinigten Staaten und den Stämmen zumeist gewahrt wurde. Seinen Forschungen zufolge waren zwar viele der ersten Siedler der Ansicht, eine königliche Charta sei völlig ausreichend, um ihre Aneignung von Indianerland zu rechtfertigen, viele andere aber – Banners Forschungen zufolge waren das die meisten – hätten sich nicht als „Eroberer" bzw. als Nutznießer einer Eroberung verstanden, (2005: 6) sondern als Einwanderer, die Teile des dünn besiedelten und in manchen Landstrichen (der eingeschleppten Seuchen wegen) sogar fast menschenleeren Landes rechtmäßig durch Kauf erwarben. Je mehr Siedler Land von Indianern gekauft hätten, umso größer sei die Zahl derer gewesen, die das Eigentum von Indianern an ihrem Land anerkannt hätten. Denn nur wenn dieses galt, war auch ihr Kauf rechtmäßig, und konnten sie selbst und ihre Erben sicher sein, ihrerseits ein rechtmäßiges Eigentum erworben zu haben. Am Ende des 17. Jahrhunderts habe die Eroberungstheorie in den Kolonien deshalb keine Rolle mehr gespielt. (2005: 17) Mit dem Urteil von 1823 ist sie dann aber nicht nur aufgegriffen, sondern fortan auch zur Rechtfertigung von Gewaltmaßnahmen der Aneignung genutzt worden.

Diese gingen freilich auch ohne Rechtfertigung vor sich. Bereits in der Kolonialzeit hatten Regierungsstellen vereinzelt Land an Siedler verkauft, das sie nicht zuvor erworben hatten, und immer wieder waren einzelne Siedler bzw. Gruppen von Siedlern in jene Gebiete vorgedrungen, die Indianern vorbehalten sein sollten. Damit sparten sie sich die Kosten für den Kauf von Land, riskierten aber, dass sie selbst und ihre Familienmitglieder überfallen und ermordet oder entführt wurden.

Im zweiten Jahrzehnt des 19. Jahrhunderts provozierten die Regierungen von Georgia und Alabama eine neue Gesetzeslage. Beide waren bestrebt, die Stämme der Cherokees und der Creeks zum Verzicht von Landstrichen im Bereich ihrer Staaten und zur Annahme einer Entschädigung durch die Zuweisung von Land jenseits des Mississippi zu bewegen. Als 1828 auf Cherokee Land in Georgia Gold entdeckt wurde, sanken die Chancen des Stammes, sein Land zu behalten.[53] 1830 erklärte die Regierung von Georgia, dass in einem halben Jahr alle Indianer – einschließlich der Cherokee, die über vertraglich zugesichertes Landeigentum in diesem Staat verfügten – den Gesetzen dieses Staates unterstellt würden. Diese Erklärung bedeutete, dass der Staat Georgia von der bisherigen politischen Linie abweichen würde, die Indianerstämme als politische Einheiten mit eigener Souveränität zu akzeptieren. Eben deshalb waren ja bislang alle „Abtretungen" von Land formal von beiden Seiten freiwillig zustande gekommen und in Staatsverträgen [*Treaties*] besiegelt worden. Bei einer Unterstellung von Indianern unter das Recht von Georgia wären solche Verträge entfallen, und Indianer hätten zwangsweise enteignet werden können. In dieser Situation wurde eine nationale Lösung dringlich.

Wie sie aussehen würde, war deutlich, als Andrew Jackson zum Präsidenten gewählt wurde. Denn dieser hatte seinen Wahlkampf mit zwei sehr deutlichen strategischen Angeboten geführt: Beibehaltung der Sklaverei und „Entfernung" der Indianer. (Kehoe 1981/1992: 199) Kritische Stimmen fanden kein Gehör.[54] Im Mai 1830 unterzeichnete der neue Präsident den *Removal Act*.[55] Damit hatte die nationale Regierung die Strategie der Umsiedlung bestätigt, zugleich aber auch den Einzelstaaten eine eigene Politik untersagt. Weil sich die Regierung der USA die Kompetenz der Außenpolitik vorbehielt und weil die Stämme der Indianer US-amerikanischem Recht zufolge „Nationen" waren, blieb das Recht der Verhandlung mit den Stämmen der Unionsregierung vorbehalten.[56]

53 Die Einzelheiten – der Verkauf wurde lediglich von einer Minderheit der Cherokees und nicht etwa von deren Häuptling – besiegelt, die vergeblichen Versuche, Hilfe vom Präsidenten zu erlangen und vieles mehr – sind bei Banner (2005: 224ff.) dargestellt.

54 Senator Theodore Frelinghusen aus New Jersey betonte, ein durch Entdeckung erworbenes Recht gelte nur im Verhältnis zwischen den europäischen Eroberern, nicht etwa im Verhältnis zu den Indianern. (zit. Robertson 2005: 127)

55 Indianer sollten für die Verbesserungen entschädigt werden, die sie auf dem Land in den Staaten unternommen hatten und ihnen sollte freigestellt werden, sich als Bürger der Staaten registrieren zu lassen und auf ihren Farmen verbleiben zu können. Tatsächlich sind derartige Anträge eingegangen (ein Drittel der Choctaws, die am Dancing Rabbit Creek lebten, sollen sich für den Verbleib entschieden haben), aber nur sehr wenige von ihnen sind akzeptiert worden. (Kehoe, 1981/1992: 200)

56 Diese Rechtsposition ist in einer berühmt gewordenen Entscheidung des Obersten Gerichts ausführlich dargelegt. Wiederum waren Indianer keine Prozessbeteiligten. Konkret ging es um die Verurteilung eines Missionars zu Zwangsarbeit, die ein Gericht in Georgia ausgesprochen hatte, weil er sich ohne Genehmigung des Staates Georgia in Indianerland aufgehalten hatte. In der sehr langen Begründung des Urteils, wird die Doktrin der Stammessouveränität ausführlich dargelegt. (Der Text ist nachzulesen unter: http://supreme.justia.com/us/31/515/case,html Worcester V. Georgia, 31 U. 515 (1832). In der Begründung des Urteils heißt es unter anderem: *"The Indian nations had always been considered as distinct, independent political communities retaining their original natural rights as undisputed possessors of the soil from time immemorial"* ... Ihre Rechte seien nur insofern begrenzt, als sie lediglich mit demjenigen Europäischen Potentaten in Beziehung treten dürften, der das Recht der Entdeckung für sich beansprucht hat. (Ebenda: 519)

Mit dem *Removal Act* veränderten sich die Verhandlungen. Von Verkäufen war nicht mehr die Rede. Indianerland wurde jetzt nur noch „abgetreten“. Als Entschädigung erhielten die Stämme Land westlich des Mississippi zugewiesen.[57]

Die USA ließen sich die Entfernung der Indianer etwas kosten. Zunächst wurde ein Stamm, dessen „Umsiedlung“ beschlossen worden war, in einem Lager konzentriert.[58] Unter den schlechten hygienischen Verhältnissen und der mangelhaften Versorgung in diesen Lagern verschlechterte sich der Gesundheitszustand vieler. Die Regierung stellte einige Ochsenkarren für Alte und Kinder. Wer ein Pferd besaß, konnte reiten, Vieh konnte mitgetrieben werden. Die meisten gingen zu Fuß und konnten nur mitnehmen, was sie tragen konnten. Die Armeeoffiziere, die den Treck begleiteten und beaufsichtigten, waren beauftragt, unterwegs Lebensmittel zu kaufen. Viele Anbieter zogen enormen Gewinn aus dem Elend. Einige wenige Indianer konnten sich der „Umsiedlung“ entziehen, wurden damit aber zu armseligen Vagabunden. Alice B. Kehoe, Verfasserin eines umfassenden Berichts über die Geschichte nordamerikanischer Indianer, schreibt über das Schicksal der Stämme des Südostens: „Sie waren Schachfiguren auf dem Feld der nationalen Politik, jagdbares Wild für Spekulanten, und Opfer einer Nation, deren Regierung auf jenen prekären Kompromissen beruhte, die unter dem Einfluss von Besitzenden [*monied interests*] zustande gekommen waren.“ (Kehoe 1981/1992: 201, Übers.)

Die nächste Phase der Landnahme wurde durch die in den 1840er Jahren rasch anwachsende Zahl der Einwanderer[59] provoziert. Die unermesslichen Weiten im Westen der USA waren nun längst nicht mehr so unermesslich wie zuvor, und die Zuweisung von Land an Indianer wurde zunehmend als vorläufig angesehen. Die weitere Entwicklung lässt sich in der im Jahre 1900 erschienen Zusammenstellung von Charles C. Royce in allen Einzelheiten verfolgen. Stämme wurden umgesiedelt, das ihnen zugewiesene Land wurde verkleinert, und in der Spalte *“when and how concluded”* häufen sich die Vermerke: *“Executive Order”* bzw. *“President’s Proclamation”*.

Schließlich die vorletzte Phase in dem langen Prozess der Enteignung: die Schaffung von Reservaten. Einerseits handelte es sich dabei um das Eingeständnis einer Schwäche. Da inzwischen mehr als deutlich geworden war, dass die Regierung der USA nicht in der Lage war, bewaffnete Konflikte im Westen zu verhindern, sollten sich Indianer nur noch in eng umgrenzten Gebieten aufhalten und diese nur mit Genehmigung verlassen

57 Im Jahr 1900 ist eine von Charles C. Royce besorgte Zusammenfassung der Verträge, Gesetze und Verordnungen erschienen, in denen festgelegt worden war, welches Land Indianerstämme den USA „abtraten“ und welches Gebiet im Westen ihnen statt dessen zugewiesen wurde. Es ist eine trostlose Lektüre.

58 Der Terminus ist mit Bedacht gewählt, denn vielfach wurden und werden diese Lager als „Konzentrationslager“ bezeichnet.

59 Der offiziellen Einwanderungsstatistik zufolge kamen in den 1830er Jahren etwas mehr als 23.000 Einwanderer, in den 1840er Jahren aber annähernd 300.000, die meisten aus Deutschland und Irland. Und die Emigration aus diesen Ländern sollte auch in den nächsten Jahrzehnten anhalten. Vgl. Migration Policy Institut: http://www.dhs.gov/files/statistics/publications/yearbook.shtm.

dürfen. Sofern die Ansiedlung in einem Reservat „vereinbart" wurde, geschah dies nun häufig unter unverhülltem Zwang. Vielfach wurde auch darauf verzichtet, eine formale Zustimmung zu erlangen. Kriege, Hunger und Waffengewalt zwangen schließlich auch Stämme, die sich lange gewehrt hatten, in die ihnen zugewiesene Reservation, um dort dann nicht selten auf die Angehörigen eines Stammes zu treffen, die sie als ihre Feinde betrachteten. Von indianischem Widerstand ist vielfach berichtet worden. Er wurde gewaltsam gebrochen.[60] Verließen Indianer das Reservat, galten sie als Schädlinge, die sich unberechtigt auf amerikanischem Boden aufhielten. T.R. Fehrenbach argumentiert, dass eine Nation, deren offizielles Selbstverständnis darauf gründete, dass allen Staatsbürgern unveräußerliche gleiche Rechte zustanden, diejenigen, denen sie solche Rechte verweigerten, als Nicht-Menschen deklarieren musste, als sachliches Eigentum wie im Falle von Sklaven, als schädliche Tiere im Falle von Indianern. (1974/1975: 275)

Trotzdem, oder auch gerade deswegen, wollten viele – darunter auch Menschen, die sich als Freunde der Indianer verstanden – in den Reservaten pädagogische Institutionen sehen.[61] Sie sollten dazu dienen, Indianer die dominante Kultur zu „lehren". Für die ihres Landes beraubten Indianer in den Reservationen übernahm der Staat die erzieherische Fürsorge.[62] Nicht nur die Kinder, die in Schulen gezwungen wurden, in denen sie ihre eigene Sprache und ihre Bräuche verlernen sollten, sondern alle Indianer, wurden von Gesetzes wegen zu Mündeln des Staates gemacht. An die Stelle der Hoffnung auf ein friedliches Nebeneinander war eine Strategie erzwungener Assimilation getreten.

Vor allem aber beschleunigte die Einrichtung von Reservaten die Landnahme in einem vorher nicht gekannten Ausmaß. In nur vierzig Jahren eigneten sich die Weißen nahezu den gesamten Westen der USA an. Es war die große Zeit des Eisenbahnbaus – und der Spekulation in Land. Und immer wieder erreichten es die dabei engagierten Interessenten, dass Reservate verkleinert und verlegt wurden. Angesichts dieser Erfahrungen verzichteten im Laufe der Zeit immer mehr der in Reservaten lebenden Indianer auf den Versuch, Land urbar zu machen und zu bebauen.

Im Verlauf der Aneignung von Indianerland gewannen zwei Praktiken zunehmend an Bedeutung: der Einsatz direkter Gewalt und der Einsatz zwangsweiser Erziehungsmaßnahmen. Diese Kombination hat immer wieder zu bewaffneten Auseinandersetzungen geführt. Es gab Indianerhäuptlinge, die sich eine Besserung für ihr Volk schließlich nur

---

60 Robert L. Whitner hat die politischen Strategien beschrieben, die nach dem Bürgerkrieg gegenüber Indianern praktiziert wurden. Übereinstimmung bestand hinsichtlich der Ansiedlung in Reservationen und dem Bestreben, Indianer „zu zivilisieren". Während die von Präsidenten Grant verfolgte Strategie, zwar Frieden mit den Stämmen anstrebte, aber auch die Anwendung von Gewalt nicht ausschloss, verlangten religiöse Gruppierungen den Kampf gegen Korruption im *Indian Bureau*. (in: R.N. Ellis 1972/73: 50-62)

61 Robert L. Whitner verweist in diesem Zusammenhang vor allem auf Quäker. (in: Ellis, Hg. 1972: 50-62)

62 Landwirtschaft allerdings sollten sie vielfach in Landstrichen „lernen", die für Landwirtschaft völlig ungeeignet waren. (Ellis in Ellis 1972: 74)

noch von der Assimilation erhofften, und es gab auch Weiße, die meinten, sie wüssten, was gut für Indianer sei. Der sog. Dawes Plan, mit dem das vorläufig letzte Kapitel der Landnahme eingeleitet wurde, war ebenfalls von derartigen Meinungsverschiedenheiten begleitet.

Mit dem 1887 beschlossenen Dawes-Plan sollte die endgültige Assimilation der Stammesmitglieder in die dominante Gesellschaft ermöglicht bzw. erzwungen werden. In einem umständlichen Verfahren wurde jedem Stammesmitglied in einem für diesen Prozess freigegebenen Reservat ein – je nach Alter und Familienstand – unterschiedliches Stück Land als privates Eigentum (*allotment*) zugewiesen.[63] Während der nächsten 25 Jahre sollten diese Ländereien noch in Treuhandschaft von der Regierung – konkret: dem *Office of Indian Affairs* – verwaltet, danach jedoch als absolutes Eigentum dem jeweiligen Stammesmitglied übereignet werden. Offizieller Zweck: Gewöhnung an Landwirtschaft. Faktisch handelte es sich um den letzten Akt der Enteignung. Das nach den Zuteilungen „überflüssige" Land der Reservationen konnten Regierungsstellen sofort an nicht-indianische Interessenten verkaufen.[64] Viele Stämme opponierten, und eine ganze Reihe von Politikern, darunter Senator Dawes selbst, verwiesen auf die vorauszusehenden negativen Wirkungen einer zwangsweisen Durchsetzung der Aufteilung von Stammesland. Sowohl die einen als auch die anderen waren erfolglos. Ende der 1880er Jahre hatte sich die Auffassung durchgesetzt, dass das neue Landrecht zwangsweise durchgesetzt werden solle – z.Bs. durch die Androhung, traditionelle Privilegien, wie das Recht zur Jagd, aufzuheben. (Priest; in: Ellis 1972/1973: 127-133) Schnell wurde deutlich, dass viel von dem zugeteilten Land sowohl für Ackerbau als auch für Viehzucht absolut ungeeignet war. Folglich gingen viele Indianer dazu über, ihr Land zu verpachten. (McDonnell 1991: 1-70) Formal war dafür die Zustimmung der zuständigen Verwaltung erforderlich, faktisch erfolgten Verpachtungen oft inoffiziell und zu Pachten, die unter den im Markt üblichen Sätzen lagen. (Carlson 1981: 37) Offiziell sollte die Aufteilung von Stammesland die Voraussetzungen schaffen, um Indianer an die privatwirtschaftliche Praxis der Landwirtschaft heranzuführen, die Einrichtung der Treuhandschaft sollte ihnen Schutz bieten. Leonard A. Carlson hat darauf hingewiesen, dass diese offizielle Position der Tatsache widerspricht, dass die Einleitung eines Prozesses der Aufgliederung nicht etwa vom jeweiligen Entwicklungsstand eines Stammes abhängig gemacht wurde, sondern einem ganz anderen Muster folgte. Reservate mit brauchbarem Land wurden zuerst aufgeteilt. Mehrere Gruppen drängten darauf, eine solche Aufteilung vorzunehmen: da waren zunächst die Interessenten am Kauf „überflüssigen" Landes in den Reservaten, aber auch Interessenten, die individuell zugeteiltes Land pachten oder kaufen wollten. (Was nach Ablauf der Treuhandfrist auch legal möglich war.) Und dann

63 Cheyenne und Arapahos behielten die gemeinsame Verwaltung des individuell zugeteilten Landes bei. Aber nur wenige der männlichen Indianer waren bereit, Farmer zu werden.

64 Insgesamt wurden 38.000 *acres* Land, das nach der Zuteilung „übrig" war, von der Regierung übernommen. 20.000 *acres* wurden sofort an Nicht-Indianer verkauft. (McDonnell 1931: 121)

gab es auch Kaufleute, die Interesse daran hatten, dass Indianer Bargeld in die Hand bekamen. (Carlson 1981: Kap. 2) Ab 1893 wurden auch jene fünf Stämme, die über eine lange Tradition des Ackerbaus verfügten und zunächst von der Anwendung des Dawes-Planes ausgenommen worden waren, unter die Bedingungen der neuen Regelung gezwungen. Mit anderen Worten: mit der zwangsweisen Einführung von Privateigentum wurde auch ihnen die materielle Basis der Selbstregierung zerschlagen.[65] Mit dem *Curtis Act* von 1898 wurde das Ende der bisherigen Anerkennung von Stämmen als selbständigen politischen Einheiten besiegelt. Dieses Gesetz wurde ohne die Zustimmung der Nationen in Kraft gesetzt. (Debo 1940/1972: 33)

Als es zu der letzten großen Enteignung von Indianerland kam, konnten die Stämme keine Waffengewalt mehr aufbieten. Folglich waren jetzt politische, bürokratische und strafrechtliche Zwangsmittel ausreichend, um sie unter die neuen Verhältnisse zu zwingen. Andererseits hatten sie kaum eine Chance, diejenigen zur Rechenschaft zu ziehen, die ihnen keine oder eine viel zu niedrige Pacht zahlten. Und schließlich gab es inzwischen auch Indianer, die bereit waren, die Regierungsstellen zu unterstützen. Ebenso wie sehr viele der Kommissionsmitglieder, die mit der Durchsetzung der Privatisierung beauftragt worden waren, konnten auch sie der Versuchung kaum widerstehen, sich an der Spekulation mit Land zu beteiligen. (Debo 1940/1972: 92)

Nicht alle, aber sehr viele der zugeteilten Landstücke wurden 1908 aus der Treuhand entlassen, konnten nun also auch verkauft werden. Viele Eigentümer waren dazu gerne bereit, hatten sie doch kaum erfolgreich wirtschaften können, viele andere aber wurden mit Alkohol und Tricks dazu „überredet", in einzelnen Fällen soll es auch zu direkter Gewalt und zu Morden gekommen sein. (Debo 1940/1972: 181)[66] Häufig waren die Preise lächerlich niedrig. In seinem Bericht für das Jahr 1910 schrieb der Regierungsbeauftragte für Indianerangelegenheiten Valentine. „Es ist die gleiche alte Geschichte des Raubs von Indianerland und der dreckigen Praktiken, die damit zusammenhängen."[67] Von jenen, die ihr Land behalten hatten, konnten viele ihre Vermögenssteuer nicht zahlen. Daraufhin verloren sie ihr Land durch Konfiskation.

In den 1920er Jahren wuchs die Kritik am sozialen Resultat der Eigentumspolitik. 1934 wurde die bisherige Strategie beendet. Ihre Resultate blieben. Von den 138.000 *acres*, auf denen die Stämme 1887 – nach einem langen Prozess der Enteignung – noch gelebt hatten, waren 1934 nur noch 52.000 *acres* in indianischem Besitz. (McDonnell 1991: 221) Als Indianern 1924 die Rechte von Staatsbürgern der Vereinigten Staaten zugestanden wurden, waren die allermeisten von ihnen landlose Arme.

---

65 Die Einzelheiten dieses Prozesses sind in der zu Recht berühmt gewordenen Untersuchung von Angie Debo (1940/1970) ausgeführt.

66 Besonders erschreckend sind die „Verdienste", die sich diejenigen zuwiesen, die von Amts wegen zu Vormündern für nicht volljährige oder aus anderen Gründen nicht voll rechtsfähige Landbesitzer bestellt worden waren. Zahlen bei Debo (1940/1972, Kap. 9)

67 *"It is the same old story of the robbery of Indian lands and the dirty work that goes with it." (Annual Report of the Commissioner of Indian Affairs* 1910, zit. nach Carlson (1981: 38)

Algerien

Die Schulbuchlegende der Eroberung geht so: Am 30. April 1827 haute der Dey von Algier, Statthalter der Osmanischen Herrschaft, den französischen Konsul mit einer Fliegenklatsche ins Gesicht. Im Mai 1830, also drei Jahre später, entsandte die französische Regierung 500 Schiffe und 37.000 Mann, um diese Beleidigung zu rächen. Zwei Wochen später landete die französische Streitmacht an der nordafrikanischen Küste und wurde von türkischen Truppen, verstärkt durch einheimische Bewaffnete,[68] angegriffen. Nach blutigen Kämpfen musste der Dey bereits am 5. Juli Verhandlungen zustimmen. Er selbst und alle anderen höheren türkischen Beamten verließen das Land.

Die Szene mit der Fliegenklatsche war schlicht zu exotisch, um auf ihre Verwendung zu verzichten, als es darum ging, den Angriff auf einen von mehreren europäischen Staaten und den USA diplomatisch anerkannten Staat zu rechtfertigen.[69] Selbstverständlich war dieser diplomatische Affront nicht die Ursache für den Eroberungsfeldzug. Wichtiger war, dass die französische Regierung einen außenpolitischen Erfolg für notwendig erachtete, um die anstehenden Wahlen zu gewinnen. Zwar behauptete die französische Regierung auch, die Piraten, die im Auftrag des Dey im Mittelmeer agierten, seien neuerdings wieder aktiv geworden, tatsächlich aber wurden wohl weniger die damals kaum noch aktiven Piraten als der wachsende Einfluss englischer Handelshäuser gefürchtet. Bereits 1807 (also nach der Niederlage von Trafalgar im Jahre 1805) hatte der

68 Diese Verstärkungen durch Bewaffnete, die von Stämmen gestellt wurden, widerlegen die Behauptung der französischen Regierung, man habe die Algerier vom Joch der türkischen Herrschaft befreit. Tatsächlich war die türkische Herrschaft aber auch gar nicht in der Lage gewesen, sich die – als Beys bezeichneten – Herren von Médéa, Constantine und Oran und die – als Sheiks bezeichneten – Anführer der Stämme untertan zu machen. (Gordon 1966: 13)

69 Entstanden war sie, weil Algerien, das seit langem gute Beziehungen zu Frankreich hatte, der französischen Regierung in der Zeit des sog. Direktoriums (1795–1799) eine große Menge Weizen geliefert hatte. Sie war aber nur teilweise bezahlt worden. Die nachfolgenden Regierungen hatten sich alle geweigert, den noch ausstehenden Rest der Bezahlung für diese Lieferung zu leisten. Die ursprüngliche Transaktion war von einem algerischen Handelshaus abgewickelt worden. Weil der Dey zu dessen Hauptgläubigern zählte, schrieb er selbst an den französischen König. Die Antwort auf diesen Brief ging nicht an den Dey, sondern an den französischen Konsul Deval. Dieser berichtete, aus Empörung darüber, dass ihm nicht direkt geantwortet worden sei, habe ihn der Dey dreimal mit einer Fliegenklatsche ins Gesicht geschlagen. Der Dey dagegen berichtete, nachdem er sich darüber beklagt hatte, dass die Übermittlung der Antwort durch den Konsul die diplomatische *usance* verletzt habe, sei ihm *vom* Konsul gesagt worden, „Der König hat sehr viel anderes zu tun, als einem Mann wie Dir zu schreiben". Daraufhin habe er dem Konsul befohlen, zu gehen, als dieser geblieben sei, habe er, um ihm seine Verachtung auszudrücken, diesem mit seiner Fliegenklatsche ins Gesicht geschlagen. So die Darstellung von Pierre Serval (1965: 41-43, Übers.); Selbstverständlich sind die Einzelheiten des Vorfalls umstritten. Für unseren Zusammenhang ist lediglich relevant, dass er als Anlass für die Eroberung von Algier herhalten musste. Als solcher wird er in allen Arbeiten zur Geschichte der Kolonialherrschaft in Algerien angeführt. So zum Beispiel auch von Schmid (2006: 9) Sein schmaler Band gibt einen guten Überblick über die Kolonialherrschaft in Algerien. Leider befleißigt sich der Autor eines unsäglich flapsigen Stils. Vgl. auch Stora (1991: 15f.)

Dey die bisher Frankreich zugestandenen Handelsprivilegien an England vergeben.[70] Einflussreiche Politiker und Militärs hielten es für unerlässlich, einer möglichen Landung der Engländer in Algier zuvor zu kommen. Immerhin hatten sie bereits Gibraltar und Malta eingenommen. (Serval 1965: 24)

Es gibt keine Belege, die darauf hinweisen, dass die 1829 von Karl X eingesetzte Regierung unter dem ultrarechten Polignac längerfristige Pläne für die Beherrschung des Landes entwickelt hatte, das seit 1555 Teil des osmanischen Reiches gewesen und deshalb als „Regentschaft von Algerien" bezeichnet worden war.[71] Auch unter dem 1830 gewählten König Louis-Philippe gab es zunächst keine konkreten Pläne. Aber die Zuständigkeit für Algerien wurde dem Kriegsministerium übertragen, und im August 1831 entsandte Louis- Philippe die neu gegründete Fremdenlegion in das Land.[72] Zunächst zerstörte die Legion die Umgebung von Algier, verwüstete Gärten und Bewässerungsanlagen und verheizte das Holz von Bäumen aus Obstplantagen.[73] Bereits in den ersten drei Jahren flohen mehr als 20.000 Menschen aus der Umgebung von Algier in weiter entfernte Gebiete. (Chabane 2010: 2)

Nahezu zeitgleich mit der Fremdenlegion kamen die ersten Abenteurer ins Land. Sie „kauften" riesige Gebiete von Einheimischen und träumten davon, Baronien und Fürstentümer zu errichten. Dafür hätten sie aber Leibeigene oder doch abhängige Bauern gebraucht. Algerische Fellachen waren nicht bereit, sich für diese Aufgabe zur Verfügung zu stellen. Stattdessen „verkauften" manche von ihnen dieselben Ländereien an mehrere. Die Situation war so chaotisch, dass sich die Besatzungsmacht schließlich veranlasst sah, Regelungen zu treffen. Zunächst wurde in der Provinz *Constantine* jeglicher Kauf von Land verboten. Gleichzeitig begann die Strategie der Aneignung von Land durch die Kolonialmacht.

Obwohl in der ersten Zeit nach der Eroberung von Algier politisch keineswegs ausgemacht war, was längerfristig mit dem besetzten Gebiet anzufangen sei, wurde bereits im September aller Grundbesitz des Dey, der Beys und der des Landes verwiesenen

---

70 Woraufhin Napoleon eine militärische Strafaktion gegen Algerien plante. Die in seinem Auftrag damals durchgeführten Erkundungen dienten später zur Planung der Landung und Eroberung.

71 In seinem sehr stark national orientierten „Blick auf die Geschichte Algeriens" (*Regard sur l'Histoire de l'Algérie*) betont Zahir Ihaddaden (o.J.: 9-10), dass der Hinweis auf die Abhängigkeit Algeriens vom osmanischen Reich als Rechtfertigung der Kolonisierung genutzt wurde. In Wirklichkeit habe es sich um eine Verbindung « *association* » zwischen türkischen Seeleuten, Berufssoldaten und der algerischen Bevölkerung gehandelt. Die letztere sei nach dem Ende der Königreichs der Zyaniden sich selbst überlassen gewesen. „Die türkische Periode ist nichts anderes als eine algerische Periode." (Übers.) Ageron (1969: 9)

72 Die Gründung hatte eine doppelte Zielsetzung: die Beschäftigung und Versorgung der nach Frankreich zurückgekehrten Emigranten sollte einen potentiellen politischen Unruheherd außer Landes befördern, der Einsatz in Algerien sollte die Besetzung des Lands stabilisieren und ausweiten.

73 Am 28. April 1834 bemerkte der Marquis de Sade in der Abgeordnetenkammer polemisch, das sei bisher die einzige Maßnahme, neues Land urbar zu machen. (Sari, ca. 1975: 12)

sonstigen Beamten der vorherigen Regierung den Staatsländereien Frankreichs (der „Domäne“) zugeschlagen. (Khalfoune 2006: 5) Dieser Prozess der « *domanialisation* » wurde in den folgenden Jahrzehnten fortgesetzt. Zuwächse an Staatsländereien gab es vor allem, weil nach jedem tatsächlichen oder behaupteten Aufstand einheimischer Stämme Stammesland konfisziert wurde.

Die Eroberung Algeriens begann 1830. Sie dauerte bis 1890. Ab 1840 wurde sie in großem Umfang und mit brutaler Konsequenz durchgeführt.[74] Während viele Bewohner der größeren Städte vor den Eroberern flohen, versuchten Landbewohner, sich zu wehren.[75] Um ihren Widerstand zu brechen, ließen Offiziere der Legion Getreide verbrennen und Vieh abschlachten. Sie duldeten Vergewaltigungen und Tortur und befahlen Massenhinrichtungen. Und wieder begegnen wir einer Argumentation, die wir bereits in den USA angetroffen haben: Ist erst einmal beschlossen, dass die einheimische Bevölkerung von ihrem Land vertrieben werden soll, so gelten diejenigen, die sich dagegen wehren, als Aggressoren. Folglich ist jedes Mittel recht. 1845 wurde in Frankreich bekannt, dass Colonel Pelissier die Mitglieder eines ganzen Stammes hatte umbringen lassen. Am Eingang der Grotte, in die sich der Stamm geflüchtet hatte, wurden große Feuer angezündet. Der Stamm wurde „ausgeräuchert“. Sowohl General Bugeaud, damals Gouverneur von Algerien, als auch der französische Kriegsminister äußerten Verständnis für diese Methode.[76] Es gab Kritik, politisch dominant aber blieb die Auffassung, die « *enfumades* » (Ausräucherungen) seien „grausame Notwendigkeit“. Ebenfalls 1845 nutzte auch der spätere Kriegsminister Ganrobert im Zuge einer Strafaktion gegen Stämme, die europäische Siedler getötet hatten, diese Technik des Massenmordes. Olivier Le Cour Grandmaison weist mit Recht darauf hin, dass es sich bei den « *enfumades* » nicht etwa um plötzlich entstandene Grausamkeit im Zuge von Gefechten gehandelt habe, sondern um sorgfältig vorab geplante Gewaltmaßnahmen, die sich gegen Zivilisten richteten, um Techniken des Terrors. (2006: 141f.)

Diese Praxis gnadenloser Brutalität gedieh in einer Situation, in der Außenseiter der europäischen Gesellschaften gegen eine ihnen fremde Bevölkerung – und nicht etwa gegen ein Heer – eingesetzt wurden. Sie hatte aber auch einen unmittelbar ökonomisch funktionalen Aspekt. Denn „die ländlichen Gemeinschaften hatten eine sehr starke Bindung an ihr Land“. (Sari, ca. 1975: 7, Übers.) Um ihnen dieses Land zu entreißen, wurden sie einer militärischen Gewaltherrschaft unterworfen.

---

74 Von 1832 bis 1847 gelang es Abdelkader immer wieder, einen bewaffneten Widerstand gegen die fremde Herrschaft zu organisieren. Zeitweise wurde er als Herrscher eines arabischen Staates im Westen von Algerien anerkannt.

75 Zu Einzelheiten der Organisation, insbesondere zum Versuch einer Staatsgründung durch Abdelkader vgl. Schmid (2006: 16f.)

76 Pelissier wurde später Marschall, im zweiten Kaiserreich Vizepräsident des Senats, Botschafter in London. 1860 wurde er zum Generalgouverneur von Algerien ernannt. (Le Cour Grandmaison, 2005: 138, Fn 1)

Raub, Zerstörungen und Razzias[77] schufen die Voraussetzungen für die „gewaltfreie" Eroberung mittels Recht. Es waren Militärs, die zunächst das Projekt der Ansiedlung entwickelten. Und schon bald sollte der Kern der französischen Kolonialpolitik gegenüber Algerien darin zum Ausdruck kommen, dass die weißen Siedler als *« colon »* bezeichnet wurden. Enteignung und Vertreibung, ja sogar Vernichtung einheimischer Bauern waren Voraussetzung für die Etablierung dieser „Siedler". Manchen Zeitgenossen war dieser Zusammenhang durchaus bewusst. So wies etwa der Abgeordnete Desjobert 1848 darauf hin, dass eine Ausweitung des Krieges zum Zwecke der weiteren Besiedlung die Vernichtung der Einheimischen notwendig mache.[78] Als diese Debatte geführt wurde, hatten bereits viele algerische Bauern ihr Leben und viele andere ihr Land verloren.

Ebenso wie um die gleiche Zeit in den USA war es auch in Algerien der Kolonialstaat, der die Landnahme militärisch und rechtlich durchsetzte, anders als in den USA wurden die Strategien der Kolonisierung zunächst vor allem von Militärs bestimmt. Und ganz anders als in den USA musste die Ansiedlung von Ausländern gegen Großfamilien und Stämme durchgesetzt werden, die seit vielen Jahrhunderten Weidewirtschaft und Landwirtschaft betrieben hatten. Das von Kolonialmächten weltweit zur Rechtfertigung des Landraubs gebrauchte Argument, dass die produktive Nutzung des Landes die Aneignung rechtfertige, konnte in Algerien folglich nicht verfangen – dies umso weniger, als es lokalem Recht zufolge zulässig war, sich nicht-genutztes Land in der Nähe größerer Siedlungen durch tatsächliche Nutzung anzueignen. Der Bau eines Brunnens, die Trockenlegung eines Sumpfes, die Planierung von Land und weitere derartige Maßnahmen konnten ein derartiges Recht begründen. (Djebari 1994: 31)

Die nach Algerien entsandten Offiziere leiteten dort nicht nur die Eroberung des Landes, sondern auch dessen Administration, und sie machten sich zu „Kennern" der Einheimischen. Selten ist der Zusammenhang zwischen der Entwicklung der wissenschaftlichen Disziplin „Ethnologie" und der Praxis der Kolonialherrschaft so handgreiflich deutlich geworden wie in Algerien.

Auch die Landpolitik des Kolonialstaates ist zunächst durch die Vorstellung der in Algerien einflussreichen Militärs bestimmt worden. Sie stellten sich vor, dass Algerien eine Bauernkolonie werden würde. Und tatsächlich sind in den ersten zehn Jahren Einwanderern Konzessionen für verhältnismäßig kleine Stücke zur Verfügung gestellt worden. Diese Konzessionen schufen bedingtes Eigentum. Wer nicht tatsächlich siedelte und nicht tatsächlich Landwirtschaft betrieb, musste den Verlust der Konzession gewärtigen.

---

77 Es ist kein Zufall, dass diese inzwischen international gebrauchte Bezeichnung für eine plötzliche polizeiliche Maßnahme gegenüber Zivilpersonen aus dem Arabischem stammt, wo sie plötzliche Raubüberfälle benannte.

78 Er argumentierte gegen die Ausweitung des Krieges und der Besiedlungspolitik:*« c'est nécessairement et radicalement l'extermination des indigènes qu'il faut »*. Le Moniteur Universel, 11. Juni 1846, zit.: Le Cour Grandmaison 2005: 97)

Zunächst kamen nur wenige Siedler. Die meisten von ihnen scheiterten am Klima, an ihrer mangelhaften Vorbereitung auf die konkreten Bedingungen und am Widerstand der Einheimischen. 1837 produzierten dennoch bereits 7.000 Siedler in der küstennahen Ebene Mitidja Futtergetreide für die Legion. (Sari, ca. 1975: 10). Um diese Produktion möglich zu machen, waren einheimische Bauern vertrieben worden.

Für die Kolonisierung wurden aber auch Soldaten abgestellt. Sie sollten Straßen und Brücken bauen, Land urbar machen und Häuser für Siedler errichten. Da das Militär allerdings häufig abgezogen werden musste, um Aufstände nieder zu schlagen, wurden zunehmend militärische Strafgefangene für diese Tätigkeiten eingesetzt. General Bugeaud, ab 1840 Gouverneur von Algerien, befürwortete die Errichtung befestigter Dörfer, um auf diese Weise Siedler vor Überfällen zu schützen, er entwickelte ein Programm der Agrarproduktion durch Soldaten, die kaserniert lebten und für den Ablauf ihres täglichen Lebens einschließlich ihrer bäuerlichen Tätigkeit militärischer Befehlsgewalt unterstanden. Zusätzlich projektierte er die Ansiedlung von Veteranen und ließ zu diesem Zweck eine kurzfristige Reise nach Toulon und eine Massenhochzeit mit den dort für die zukünftigen Siedler ausgewählten Frauen organisieren. (Demontès 1930: 46-50) Obwohl diese Projekte entweder rasch scheiterten oder aber kaum Erfolg hatten, gab es um 1850 bereits mehr als 110.000 Siedler. (Sari, ca. 1975: 14) Dazu zählten französische Arbeiter, die nach der Revolution von 1848 nach Algerien deportiert worden waren, aber auch Arme aus Paris, die nach Algerien verschickt wurden, damit ihnen dort Unterstützung qua Arbeit zu Teil werde. (Ein ähnlicher Versuch war in Paris selbst mit den sog. „Nationalen Werkstätten" gestartet worden.)

Zunächst waren die Konzessionen auf Landbesitz kostenfrei vergeben worden. Bereits 1845 wurde dann allerdings beschlossen, dass die Landbesitzer auf ewig eine Pacht an den Staat zu zahlen hatten. 1847 wurde diese zunächst auf 3 Francs pro Hektar festgelegt und einige Jahre später auf 1 Franc pro Hektar reduziert. (Demontès 1930: 53 & 131) So gering diese Pacht auch war, wenn sie von der Erträgen entrichtet werden musste, die wenig geeignete Bauern auf wenig geeigneten Feldern erwirtschafteten, wurden sie dennoch als Belastung erfahren. Seit Mitte des 19. Jahrhunderts richtete sich die Politik eher auf die tatsächliche Bewirtschaftung des vom Kolonialstaat angeeigneten Landes als auf die Schaffung einer Kolonie für die Ansiedlung französischer Bauern. Ab 1851 wurde den Inhabern einer Konzession erlaubt, eine Hypothek auf ihr Land aufzunehmen. „Wirtschaftlich gesehen war dies ein Fortschritt" schreibt der Befürworter der Kolonisierung Victor Demontès in seiner sehr gründlichen Untersuchung der wirtschaftlichen Entwicklung Algeriens (1830: 11, Übers.) Ab 1860 konnten Immigranten Land auch käuflich vom Kolonialstaat erwerben. Nach 1871 wurden auch wieder kostenlose Konzessionen vergeben.

Die – per Gesetz durchgesetzte – Transformation bisheriger Stammes- und Familienländereien in Waren machte es Einwanderern in der zweiten Hälfte des 19. Jahrhunderts zunehmend möglich, Land nicht nur durch den Staat zu erwerben, sondern es auch direkt von Einheimischen zu kaufen. Diese Käufer hatten folglich weder Pacht zu zahlen, noch waren sie gezwungen, die Bedingung der tatsächlichen Bewirtschaftung zu erfüllen, denen die Konzessionäre unterlagen. Folglich konnten diese „freien Siedler" ihre Ländereien durch einheimische Pächter bewirtschaften lassen oder sie auch schlicht als Spekulationsobjekte halten, bis sich günstige Möglichkeiten des Verkaufs boten. (Demontès 1930: 111)

Nach 1852 waren am Hof von Napoleon III Berater einflussreich geworden, die eine Entwicklung Algeriens durch große Landgesellschaften befürworteten. Drei großen Schweizer Landgesellschaften wurden Ländereien übereignet.[79] Da die Siedler ausblieben, funktionierten sie faktisch als Organisationen der Spekulation. 1911 wurde die letzte dieser Gesellschaften aufgelöst.[80]

Nicht also durch die Politik der Landgesellschaften, wohl aber durch den Verlust von Elsass-Lothringen und durch die von einem großflächigen Reblausbefall verursachte Krise des französischen Weinbaus kamen gegen Ende des 19. Jahrhunderts zahlreiche neue Siedler ins Land. Viele von ihnen wandten sich auch in Algerien dem Weinbau zu. Als 1880 die Bank von Algier die Genehmigung erhielt, Kredite an Private zu vergeben, konnten sie in den Aufbau einer Weinindustrie investieren.[81] Als sehr schlecht bezahlte Arbeitskräfte wurden Fellachen eingestellt, die ihr Land verloren hatten. Das Produkt wurde ganz überwiegend exportiert, die Hafenwirtschaft gedieh. Die Winzer organisierten sich und stellten politische Forderungen. „Der Triumph der Siedler" (*« Le Triomphe des Colons »*) hat Charles-Robert Ageron in seiner Geschichte des neuzeitlichen Algerien den ersten Teil seiner Ausführungen über die Zeit von 1870-1930 überschrieben.[82] Denn nach dem Sieg über die aufständischen Berber wurde auf Drängen der Siedler die Militärverwaltung abgeschafft und eine Zivilverwaltung eingeführt. Den Militärs, die zumin-

---

79 1853 erhielt die *« Société Genevoise »* die Konzession für die Entwicklung von 2.000 ha Land in der Umgebung der Stadt Sétif. Sie versuchte, diese zu je 2.000 ha weiter zu veräußern. Nach anfänglichen Schwierigkeiten wurde der Gesellschaft die Konzession kostenlos zur Verfügung gestellt, und der Kolonialstaat investierte in Gebäude und Infrastruktur. Zwar nutzten Spanier, Italiener und Malteser das Angebot (und veränderten damit die bisher ausschließlich auf französische Siedler zielende Kolonisierungspolitik), dennoch kamen nicht ausreichend Siedler. Folglich sah sich die Gesellschaft gezwungen, die Ländereien durch die früheren einheimischen Eigentümer bearbeiten zu lassen. Bereits 1862 war deutlich geworden, dass dieses Unternehmen gescheitert war, 1877 wurde die Genfer Gesellschaft schließlich mit der sog. Algerischen vereinigt. Diese hatte Konzessionen für ungleich größere Gebiete erhalten. (85.000 ha im Hochland, weitere 18.000 in der Umgebung von Constantine).

80 Djilali Sari hat die Einzelheiten dieser Entwicklungsstrategie und ihres Scheiterns bis ins Einzelne untersucht. (ca. 1975: 17-19)

81 Bei Amin lässt sich die Entwicklung des Exports von Wein nachlesen. In der Zeit von 1880 bis 1910 hat sich ihr Wert mehr als verdoppelt. (Amin 1966: 69)

82 Bourdieu hat darauf verwiesen, dass in Algerien auf die Zeit der Spekulanten und die Agrarunternehmer die Ära der Erben gefolgt sei. Sie seien in einer von ihren Vätern geprägten Welt aufgewachsen und entschlossen gewesen, ihre Privilegien zu verteidigen. Dabei hätten sie sich immer weiter von den Einheimischen entfernt, diese immer weniger gekannt. Auf der Basis des unterschiedlichen Lebensstandards habe sich eine „faktische Segregation" entwickelt. (Bourdieu 1958/2010)

dest vereinzelt auch eine Entwicklung der „Muselmanen" angestrebt und zeitweise mit Stammesführern zusammen gearbeitet hatten, wurde jeder institutionalisierte Einfluss entzogen. Algerien wurde zu einer kleinen französischen Republik (Ageron 1968: 45). Zwar wurde deren Politik formell in Paris bestimmt, faktisch aber setzten sich die unter den Siedlern dominanten Interessen ungehindert durch. Die Einheimischen verloren weiter an Rechten und weiter an Land. Sie erhielten keine Bürgerrechte in der Republik.

Die Landnahme, die eine Politik der Besiedlung ermöglichen sollte, geschah mittels Krieg, Gesetz und Terror. Mit dem „Recht des Eroberers" hatte sich die Kolonialmacht bereits 1830 die Domänenländereien der früheren Regierung (*beylik*) ebenso wie die Ländereien, die als Basis für die Versorgung des türkischen Militärs gedient hatten (*makhzen*) angeeignet.[83] Und dieses Recht wurde auch weiterhin geltend gemacht. Nach jedem tatsächlichen oder angeblichen Aufstand wurden Ländereien konfisziert. Einem Gesetz von 1845 zufolge konnten Konfiskationen aber auch durchgeführt werden, wenn Land nicht genutzt wurde, oder wenn sich Einheimische ohne Genehmigung der Kolonialmacht länger als drei Monate von ihrem Land entfernten (etwa, weil sie vor der Armee geflohen waren). 1874 wurde den bisherigen Gründen für Konfiskationen noch das Legen von Bränden hinzugefügt. Denn Brände, so die Begründung, gingen oft einer Erhebung voraus. (Zu Beginn des Aufstandes von 1871 war dies tatsächlich der Fall gewesen.) Mit dieser Ergänzung der rechtlichen Begründungen für Konfiskationen wurde die Beurteilung der „Rechtslage" vollends ins Belieben des Kolonialstaates gestellt. (Djebari 1994: 80) Das geschah zu einem Zeitpunkt, zu dem Siedlern aus dem jetzt nicht mehr französischen Elsass-Lothringen Land in Algerien angeboten werden sollte.

Auch wenn Konfiskationen nach 1845 auf gesetzlicher Grundlage erfolgten, so handelte es sich doch um nichts anderes als Kriegsrecht. Nie ist diese Strafmaßnahme wütender und drastischer angewandt worden als nach dem Aufständen des Jahres 1871. „Den Aufständischen müssen ihre Ländereien, ihr Vieh und alle ihre anderen Besitztümer genommen werden" hieß es in der Zeitung *« l'Algérie française »* vom 21. Mai 1871 (zit. Ageron 1972: 228, Übers.) Und am 17. Juni desselben Jahres war in der Zeitung *« La Seybouse »* zu lesen: „Der Terror muss über die Zufluchtsstätten dieser Mörder und Brandstifter kommen. Die Repression muss derart sein, dass sie in allen Stämmen zu einer so schreckliche Legende wird, dass eine wirkliche Sicherheit für die Immigranten garantiert ist." (Ebenda) Neben den immensen Summen an Kriegsentschädigung, die den Stämmen auferlegt wurden, verloren sie mehr als 400.000 ha Land. (Ageron 1972: 228) Zusätzlich wurden 324.000 ha Gemeinbesitz und 250.000 ha individueller Landbesitz beschlagnahmt. (Djebari 1994: 80) Nachdem in dem besonders trockenen Jahr 1881 an mehreren Stellen Feuer ausgebrochen waren, wurde unterstellt, sie seien von Einheimischen – zwecks Vorbereitung eines weiteren Aufstandes – gelegt worden. Zur Strafe wurden weitere 169.000 ha beschlagnahmt. (Ebenda) Zusätzlich wurden Strafgelder auferlegt, die nur aufgebracht werden konnten, wenn Land verkauft wurde. Formal

83 Die genauen Charakterisierungen sind nachzulesen bei: Khalfoune (2006: 3f.).

bedeutete Beschlagnahme zunächst keine vollständige Enteignung, aber die Kolonialverwaltung hat die beschlagnahmten Ländereien an Siedler verpachtet. Einheimische konnten nur durch Rückkauf wieder in ihren Besitz kommen. Aufschlussreich ist die Formulierung der Verwaltungsanordnung, derzufolge Bauern, deren Land beschlagnahmt wurde, Pflug und der Ochsen nicht weggenommen werden sollten, damit sie sich als Pächter auf ihrem eigenen Land verdingen konnten. (Sari, ca. 1975: 41) Solche Pächter (*Khammes*) durften lediglich 1/5 des Ernteertrages für sich behalten.

Für die Aneignung von Boden qua Gesetz ließ der Kolonialstaat im Verlauf des 19. Jahrhunderts einen „Platzregen" an Gesetzen, Ordonnanzen und Maßnahmen auf die Einheimischen niedergehen. (Luxemburg 1913) Dabei nutzten die Regierenden die Kenntnisse über Bräuche und Rechtsvorstellungen der unterdrückten Bevölkerung, die bereits in den ersten Jahren nach der Eroberung von Militärs gesammelt worden waren. Entsprechend der wichtigsten Formen von Gemeineigentum in Algerien wurden unterschiedliche Regelungen getroffen.[84]

1846 wurde verfügt, dass alle Ländereien ohne Eigentümer – genauer: ohne von der Kolonialmacht anerkannte Eigentümer – den Staatsländereien zufallen sollten, und 1851 wurde die Unverletzlichkeit des Eigentums in allen Fällen, in denen es sich um europäische Eigentümer handelte, per Gesetz beschlossen. (Khalfoune 2006: 5f.) Eine weitere Praxis des staatlich organisierten Landraubs war die Zuordnung von großen Teilen des traditionellen Familieneigentums (*melk*) zu den Ländereien des Staates, die der Kolonialstaat inzwischen aus Gründen des „Allgemeininteresses" (*pour cause utilité publique)* beanspruchte[85]. Denn zu den Ländereien der Großfamilien zählten nicht nur die direkt bewirtschafteten Ländereien, sondern auch Gebiete, die als Weideland genutzt wurden. Als 1851 alle Forsten (einschließlich der Gebiete, die mit Gestrüpp bewachsen waren) zu Staatseigentum erklärt wurden, verloren viele einheimische Bauern die Möglichkeit der Viehhaltung. Zusätzlich zu all diesen Einschränkungen sahen sich die Bewohner der Bergregionen mit großflächigen Abholzungsmaßnahmen der Kolonialmacht konfrontiert. Allein zwischen 1840 und 1848 ließ die Militärverwaltung 300.000 m^3 abholzen. Das Holz wurde zum Bau von Befestigungen genutzt, aber auch

84 Anders als immer wieder zu lesen ist, gab es in Algerien in vorkolonialer Zeit kein Privateigentum. Wohl aber gab es neben dem Eigentum von Stämmen (*arch*), deren Angehörige das Land „auf ewig" nutzen, aber weder verkaufen noch nach eigenem Gutdünken vererben konnten, das gemeinsame Eigentum von Großfamilien (*melk)*. Außerdem gab es das Landeigentum religiöser Gemeinschaften (*habou,)* dessen Erträge für die Aufrechterhaltung von Bildungseinrichtungen und für die Versorgung von Armen genutzt werden sollten. Auch dieses Land durfte nicht verkauft werden.
1844 wurde die Unverkäuflichkeit der Ländereien vom Typ *habou* aufgehoben, wenn es sich bei den Käufern um Immigranten handelte. Weil aus den Erträgen dieser Ländereien die Bildungseinrichtungen des Landes finanziert worden waren, gefährdete diese Maßnahme die Fortsetzung traditioneller kultureller Strukturen.

85 Die „Enteignung im Allgemeininteresse" war im französischen Recht vorgesehen. Ihre Anwendung in Algerien wurde allerdings spätestens zu dem Zeitpunkt illegal, da die enteigneten Ländereien an Siedler vergeben wurden. (Khalfoune 2006: 9)

in den städtischen Zentren der Kolonisation als Heizmaterial verbraucht. Spanische Einwanderer produzierten Holzkohle. (Sari, ca. 1975: 24f.)

Und dann kam das « *cantonnement* ». Dabei ging es um weiteren Landraub, es ging aber auch um die Verfestigung der Herrschaft über die einheimische Bevölkerung. Wie Charles Richard in seiner Untersuchung über den Aufstand in Dahra 1845–1846 schrieb, war es dringend notwendig, „dieses Volk zu gruppieren, das überall ist und nirgends. Für uns kommt es darauf an, dieser Bevölkerung habhaft zu werden." (zit. Bourdieu & Sayad 1964: 16, Übers.)[86] Nomaden sollten gezwungen werden, sesshaft zu werden und fortan in Dörfern auf jenem Land zu leben, das ihnen noch gelassen worden war.[87] Ähnlich wie in den USA einige Jahrzehnte zuvor kam es durch diese Praxis des « *cantonnement* » zu Vertreibungen und zwangsweisen Umsiedlungen.

In einem Senatsbeschluss des Jahres 1863 wurde zwar anerkannt, dass es in Algerien die Form des Stammeseigentums gab, doch wurde dieses Eigentum fortan dem Kolonialstaat zugeschlagen. Stämme erhielten lediglich in gewissen Bereichen ihres früheren Gemeineigentums Nutzungsrechte zugestanden- jetzt allerdings als reversibles Zugeständnis und nicht mehr als traditionelles Recht. Die größten Teile des früheren Stammeseigentums wurden Siedlern zugesprochen. Schließlich wurde der größte Teil des zunächst anerkannten Stammeseigentums *(arch)* in Einheiten aufgeteilt, die von einer Kommission des Kolonialstaates bestimmt wurde. In diesen Einheiten wurde Individuen Eigentum zuerkannt. Anders als vom Kolonialstaat erwartet, behielten jedoch fast alle ihre bisherige gemeinschaftliche Produktion bei. Dennoch bedeutete diese Parzellierung nicht nur einen Angriff auf die bisher dominante Wirtschaftsweise, sondern auch auf die bisher dominanten Sozialstrukturen. 1870 wurde die zwangsweise Aufteilung von Stammesländereien in « *douars* » aufgegeben, 1887 aber wieder aufgenommen.

Obwohl Algerien bereits in der französischen Verfassung von 1848 den französischen Gesetzen unterworfen worden war, wurde die Durchsetzung des Privateigentums an Boden erst durch Gesetze von 1873, 1887, 1897 und 1926 formalisiert. Die Einzelheiten müssen uns hier nicht interessieren. Im Resultat hob die französische Gesetzgebung alle in Traditionen und im islamischen Recht verankerten Verbote des Verkaufs von Land auf und machte Land zu einer Ware. Zwar machte es dies auch Einheimischen möglich, Land zu kaufen, Fellachen waren dazu aber nicht in der Lage. Wohl aber machten Einheimische, die es durch ihre Mitwirkung an der Praxis von Kolonialherrschaft – samt zusätzlicher Korruption und Spekulation – zu Vermögen gebracht hatten, von dieser Möglichkeit Gebrauch. (Djebari 1994: 109) Insgesamt überstiegen die Landkäufe von

---

86 Das Zitat ist etwas frei übersetzt, deshalb hier der Originaltext: « *L'essentiel est, en effet, de grouper ce peuple qui est partout et qui n'est nulle part, l'essentiel est de nous le rendre saissisable.* » Aus: « Étude sur l'insurrection du Dahra » (1845–1846).

87 Pierre Bourdieu und Abdelmalek Sayad haben darauf hingewiesen, dass sich die postkoloniale Regierung Algeriens hundert Jahre später ganz ähnlicher Strategien einer erzwungenen „Umgruppierung" bediente. (1964: Kap. 1)

Einwanderern diejenigen von Einheimischen dennoch um ein Vielfaches. (Djebari 1994: 105-107)

Zum Verkauf von Land sahen sich Einheimische nicht zuletzt wegen der oben bereits angeführten fiskalischen Belastung ihres Eigentums gezwungen. Bereits seit 1845 mussten Steuern monetär beglichen worden, Mit der Aufteilung des Gemeineigentums wuchs die Steuerlast, die individuellem Bodeneigentum auferlegt wurde. Nach einer erneuten Erhöhung der Steuer im Jahre 1887 betrug sie für Fellachen pro Jahr oft bis zu 30 % des Wertes, der beim Verkauf eines Hektar Landes erzielt werden konnte. (Djebari 1994: 96) Zwischen 1885 und 1889 wurden 1086 Verkäufe von Stammesland registriert, 666 Fälle von Enteignung und schließlich 343 Fälle, in denen nach Bestimmungen des französischen Zivilrechts (Code Civil, Art. 822) per Gericht eine Aufteilung von Land verfügt wurde. (Chabane, 2010: 3f.)

Im Zuge von Konfiskationen, Vertreibungen, administrativ verfügter Parzellierung und fiskalischer Belastung wurden sehr viele der früheren algerischen Bauern zu Pächtern auf Ländereien, deren Eigentümer ihre Vorfahren gewesen waren, viele andere wurden zu Landarbeitern. Familien, denen es gelungen war, ihre Selbständigkeit zu erhalten, hatten selten mehr als 3 ha zur Verfügung. (Stora 1991: 26) Sie lebten deshalb nicht nur in Armut, sondern in beständigem Elend.

Resümee der kolonialpolitischen Landnahme

In jeder Siedlungskolonie gab es eine eigene Geschichte des Landraubs und des Widerstands.[88] Dennoch glichen sich die Strategien und Praktiken, die zum Einsatz kamen, wenn ein Land, das nicht „leer" gewesen war, durch Fremde in Besitz genommen wurde.[89] Das jeweilige Gewicht von Terror, Recht und Unterdrückung variierte von Kolonie zu Kolonie und im Verlauf der Zeit, aber nicht nur in Algerien, den USA oder Australien,

---

88 Nicht überall verfuhren die neuen Herren so drastisch wie Leopold II, der zugleich mit der formellen Gründung des Kongo-Freistaates im April 1885 verkünden ließ, dass fortan alles „unbebaute" Land in der Kolonie ihm persönlich zu eigen sei, wobei sogleich deutlich gemacht wurde, dass nichts an Boden, Pflanzen oder Tieren weiterhin Eigentum der Einheimischen bleiben werde. Auf der zu Recht berüchtigten Berliner Afrika-Konferenz erschlich sich Leopold II die Zustimmung der anderen Beutestaaten durch die Zusage, dass der Kongo ein riesiges Freihandelsgebietes werden und folglich allen nutzen solle. Ein Jahr später nutzte er die Anti-Sklavenhandelskonferenz, um auf die Kosten seines (behaupteten) Engagements gegen den Sklavenhandel hinzuweisen und dafür das Einverständnis zur Erhebung eines Zolles auf Einfuhren in seine Kolonie zu fordern – und zu erhalten. (Hochschild 1998/2000: 133) Tatsächlich bewirtschaftet werden sollte das riesige Gebiet durch private Gesellschaften, denen Konzessionen verlauft wurden.

89 In historischen Darstellungen der Kolonialzeit werden oft die Unterschiede zwischen der direkten Herrschaft mittels neu etablierter Institutionen und der Nutzung traditioneller Führungskräfte zu einer sog. indirekten Herrschaft hervorgehoben. Bei genauer Betrachtung sind aber die Unterschiede zwischen Siedlungskolonien und Nicht-Siedlungskolonien größer- und zwar unabhängig von der formalen Herrschaftsorganisation, die von den verschiedenen Metropolregierungen jeweils bevorzugt wurde.

sondern auch in Rhodesien (heute Simbabwe), oder in Deutsch-Südwestafrika (heute Namibia) und in anderen Kolonien wurde die eingeborene Bevölkerung der Basis ihrer traditionellen Lebensweise beraubt. (Biermann 1976; Zimmerer 2000)

Häufig erfolgte Landraub in der Form einer Strafmaßnahme wegen tatsächlicher oder behaupteter Aufstände, so auch in der Kap-Kolonie Ende des 19. Jahrhunderts. (Comaroff 1997: 181) Vielfach wurde die einheimische Bevölkerung „umgruppiert", (Speitkamp 2006: 112f.) viele wurden in mehr oder minder abgegrenzte Reservate gezwungen. Überall war der Kolonialstaat daran beteiligt, die Aneignung von Boden auf eine dauerhafte Basis zu stellen. Fast überall, vor allem aber in Nord- und Ostafrika, verschafften Kolonialverwaltungen Siedlern absolutes Eigentum an Land und bestritten damit zugleich die Rechtmäßigkeit jener partiellen Nutzungsrechte, die in lokalen Traditionen verankert waren. (Wesseling 2004: 51; Speitkamp 2006: 75)[90]

Sofern sich Einheimische wehrten, nahmen Kolonialstaaten dies als Rechtfertigung, weitere Enteignung zu praktizieren und den Überlebenden einen auf Dauer angelegten, oft auch per Gesetz in Einzelheiten festgelegten, Untertanenstatus aufzuerlegen.

Eine Lektion erteilen

Die Etablierung kolonialer Ausbeutungsstrukturen, die auf Dauer angelegt waren, setzte die Unterordnung von Einheimischen voraus. Als „Pazifizierung" wurde der Einsatz von Waffengewalt gegen Einheimische bezeichnet, die sich dagegen wehrten, zu Untertanen gemacht zu werden. Über die Art und Weise der Strafgewalt wurde von Experten für kolonialherrschaftliche Gewaltexzesse entschieden – vor Ort. Allerdings bedurften diese Fachleute für Unterdrückung eines Gewaltapparates – und insofern auch der Mitwirkung Einheimischer.

Solange es in Afrika vor allem darum gegangen war, Handelsmonopole gegen europäische und einheimische Konkurrenten zu sichern, war es vielfach möglich gewesen, die politischen und ökonomischen Ziele durch die bloße Demonstration von Waffengewalt zu erreichen. Vor den Küsten Afrikas hatte während langer historischer Perioden die *Royal Navy* derartige Demonstration praktiziert, gelegentliche Beschießungen von

90 Als 1903 Konzessionsgesellschaften große Landstriche in Französisch Kongo übereignet erhielten, wurde festgelegt, dass den Einheimischen bestimmte Ländereien und außerdem Gebiete vorbehalten bleiben sollten, in denen sie fischen und jagen konnten. Um ihnen dieses Eigentum zu sichern, wurde ihnen untersagt, das entsprechende Land zu verkaufen. Wörtlich allerdings hieß es in dem Dekret, dass die Eingeborenen einen Anspruch auf die Gebiete haben sollten, die für ihre Ernährung notwendig sind. Sie sollten auch berechtigt sein, in den Staatswäldern so viel Holz zu schlagen wie zum Bau von Häusern und für Heizung notwendig war, aber sie sollten nicht berechtigt sein, mit ihren Agrarprodukten oder mit Holz zu handeln. Genau genommen konnte der Gouverneur entscheiden, wie viel Land für die „lebensnotwendige Versorgung" erforderlich war. Die Wahrscheinlichkeit, dass er zu dem Schluss kam, das Eigentum der Konzessionsgesellschaften zu beschränken, war gering. (Cuvillier-Fleury 1907: 251f.)

Siedlungen an der Küste mit eingeschlossen. Diese Situation änderte sich, als europäische Mächte verstärkt um Territorialhoheit konkurrierten, eine Entwicklung, die sich mit dem Eintritt des belgischen Königs sowie der deutschen und italienischen Regierungen in diese Konkurrenz dramatisch verschärfte. Der ökonomische Profit, der durch Territorialbesitz gesichert werden sollte, war zumeist begrenzt, die Hoffnungen auf zukünftige Profite waren es nicht. Die populäre Begeisterung für imperialistische Strategien, wörtlich also: für die Errichtung von Imperien, basierte jedoch weniger auf ökonomischem Kalkül, als auf dem Bedürfnis, an der weltweiten Demonstration rassischer und nationaler Überlegenheit beteiligt zu sein. Der aggressive Nationalismus, für den im Vereinigten Königreich der Terminus *jingoism* erfunden wurde, erweiterte die Basis für die Rekrutierung europäischer Freiwilliger für den Einsatz in Kolonien und förderte die Bereitschaft der politischen und wirtschaftlichen Eliten, drakonische Maßnahmen der „Pazifizierung" zu akzeptieren.

Dass manche Historiker bis heute von „Pazifizierung" reden, wo es sich um die brutale Unterdrückung einheimischen Widerstands handelte, bringt die ganze Ungeheuerlichkeit der Kolonialpolitik ungeschminkt zum Ausdruck. Dagegen hat C.E. Callwell, den man als den Clausewitz der Kolonialkriege bezeichnet hat (Porch in Callwell 1896/1996: XII) in seinem 1896 erstmals veröffentlichten Handbuch für Kolonialkriege alle bewaffneten Unternehmungen gegen Einheimische als *"small wars"* bezeichnet, und zwar unabhängig davon, ob sich reguläre Truppen gegenüberstanden oder aber Guerilla-Kämpfer angegriffen und Rebellionen niedergeschlagen wurden. Callwell betonte, der Terminus *"small"* beziehe sich nicht auf den jeweiligen Umfang des Militäreinsatzes, sondern auf Kämpfe zwischen regulären und – vergleichsweise[91] – irregulären Truppen. (1896/1996: 21)

Wer statt von Krieg von Pazifizierung[92] spricht, unterstellt damit, durch die Errichtung kolonialer Staatsgewalt sei „Frieden" geschaffen worden. In einer sehr spezifischen Weise ist dies auch tatsächlich geschehen. Denn mit der erfolgreichen Etablierung kolonialer Staatsgewalt reduzierte sich nicht nur die Zahl der Kriege zwischen einheimischen Herrschern, ständige Strafexpeditionen beförderten in vielen Kolonien auch eine Ruhe des Friedhofs. Sie entstand gerade deshalb, weil die Eroberungskriege nicht in Friedensverhandlungen endeten. Koloniale Kriege waren keine totalen Kriege, aber das Ziel der Sieger war die dauerhafte und vollständige Unterdrückung der Bevölkerung. Mit anderen Worten: die Herbeiführung eines dauerhaften Friedens. (Wesseling 1989:

---

91 Dass sie als *comparatively irregular troops* bezeichnet werden, verdeutlicht die Arroganz des britischen Militärangehörigen, denn um „irreguläre Truppen" handelte es sich es weder bei den Berufssoldaten indischer Herrscher, noch bei den gründlich ausgebildeten Truppen des Zulu-Königs.

92 Michael Crowder periodisiert für Westafrika: 1885–1900: Phase der Eroberung und Okkupation, 1900–1919: Periode der Pazifizierung und der Entwicklung von Verwaltungen; 1919–1939: die Periode der eigentlichen Kolonialherrschaft (1968/1970: 19)

3)[93]In diesen Eroberungsstaaten galt dennoch auftretender bewaffneter Widerstand als ein polizeilich zu lösendes ordnungspolitisches Problem.[94] Selten wurde diese Strategie eindeutiger formuliert als durch den Arzt Ludwig Külz:

> „Erst muß er [der Afrikaner] gefühlt haben, dass der Weiße der Stärkere ist, sonst wird er niemals gehorchen. [...] hat er aber einmal die Rute gefühlt, so braucht er sie keineswegs immer, nur muß er wissen, dass sie für ihn nötigenfalls bereitliegt [...] ... Sämtliche Stämme [in Togo] haben erst einmal 'verhauen' werden müssen ... (Külz 1906: 210, zit. bei: Sebald 2013: 51f.)

In allen Kolonialstaaten blieb die Anwendung physischer Gewalt allgemeines Mittel der Politik, nicht etwa deren *ultima ratio.* (Walter 2006: 24) Das machte den Einsatz von Militär im Innern einer Kolonie zur Selbstverständlichkeit und jede Kolonialarmee zu einer Art aufgerüsteter Polizeieinheit. Wo immer die Kolonialherrschaft noch nicht fest etabliert und Einheimische erfolgreich zur Mitwirkung an der Herrschaftspraxis veranlasst worden waren, blieb Krieg präsent. Marc Michel zufolge war Krieg in Afrika während der beiden letzten Jahrzehnte des 19. Jahrhunderts die dominante Methode der Beziehungen zwischen Afrikanern und Europäern. (2009: 209)

Zwar wurden in einzelnen Kolonien im Laufe der Zeit auch gesonderte Polizeiorganisationen geschaffen, denen die Überwachung administrativer Regulierungen wie etwa Passgesetzen, Steuer- oder Arbeitspflichten aufgetragen war, dennoch wurde nirgends strikt zwischen zivilen und militärischen Institutionen getrennt.[95] Faktisch handelte es sich bei den „ordnungspolitischen" Maßnahmen, seien sie nun als Strafexpeditionen, „Befriedungsmaßnahmen" oder Polizeimaßnahmen zur Erzwingung bestimmter Verhaltensweisen deklariert worden, um Kriege zur Sicherung kolonialer Herrschaft. Von diesen *savage wars of peace* schrieb Rudyard Kipling 1899 in seiner Hymne auf die zivilisierende Wirkung der Kolonisierung, dem Gedicht *"The White Man's Burden"*.[96] Sofern in solchen Kriegen überhaupt Gefangene gemacht wurden, so stand ihre Behandlung entsprechend der 1864 beschlossenen Genfer Konventionen noch nicht einmal theoretisch zur Debatte.[97] Auch sonst galten Verhaltensregeln, die in

93 Oben ist ausgeführt worden, dass diese Feststellung für Indien erst ab 1818 zutrifft.

94 Die politische Intention solcher Redeweise war von Anfang an deutlich. Als die Regierung der USA beschlossen hatte, die frühere spanische Kolonie der Philippinen zu einer amerikanischen Besitzung zu machen, bezeichnete sie die Kämpfe der Einheimischen um ihre Unabhängigkeit von Anfang an als *"Philippine insurrection"*. Vgl. May (1999: 439) Auch wenn er sich nur auf die Geschichte der USA bezog, hat Max Boot für all diese Kriege eine sehr treffende Formulierung gefunden, als er seinem Buch den Titel gab: "The Savage Wars of Peace". (2002)

95 So wurde etwa in Deutsch-Südwestafrika 1905 eine Kaiserliche Landespolizei gegründet. Ihr Personal bestand aus 500 von der Schutztruppe übernommenen Unteroffizieren und 370 afrikanischen „Polizeidienern". (Zollmann 2008: 18)

96 Das Gedicht entstand aus Anlass der Annexion der Philippinen durch die USA. Der Wortlaut findet sich auf der Internet Seite der Fordham University. (www.fordham.edu/halsall/mod/kipling.asp)

97 Nachdem 1896 im Deutschen Reichstag kritisiert worden war, dass in Deutsch-Südwestafrika bei Kampfhandlungen selten Gefangene gemacht wurden, stellte der damalige Landeshauptmann

europäischen Kriegen zwar missachtet, aber nicht grundsätzlich bestritten wurden, als nicht anwendbar. Mit großer Selbstverständlichkeit wurden Dum Dum Geschosse eingesetzt, Nichtkombattanden beschossen, Verwundete auf dem Schlachtfeld und eventuelle Gefangene ermordet. Sklaven wurden nicht etwa freigelassen, sondern anderer Nutzung zugeführt. Und auch Callwell hielt Übergriffe auf das Eigentum und insbesondere den Viehbestand von Einheimischen für ein notwendiges Mittel im Kampf gegen Guerillas, (1896/1996: 145) damit nachträglich noch die von General Bougeaud in den 1840er Jahren in Algerien befohlenen *Razzien* zu einer für die „kleinen Kriege" adäquaten Strategie erklärend. Als Militär sei man eben mit dem sehr schwierigen Problem (*"a very awkward problem"*) konfrontiert, mit einem Gegner umzugehen, der seinen Widerstand auch dann nicht aufgibt, wenn reguläre Truppen Dörfer zerstört, Vieh davon getrieben und Ernten niedergetrampelt hatten. (1896/1996: 148)

Dennoch: So sehr die Gewaltstrategien der Pazifizierung das Leben von Einheimischen veränderten, so weitreichend vielen die Möglichkeiten des Überlebens beschnitten und sogar ganz und gar genommen wurden, so ließen sich doch die Beherrschung des Raums und die administrative Regulierung des Alltags bestenfalls als Anspruch herstellen. (Zollmann 2008: 39)[98] Oben wurde bereits erwähnt, dass sich die japanische Kolonialherrschaft in Korea in dieser Hinsicht von europäischer Kolonialherrschaft unterschied, und dass sich diese Tatsache vor allem aus dem zahlenmäßig ungleich größeren Umfang des fremden Herrschaftspersonals ergab. Eben weil das Personal der Fremdherrschaft in europäischen Kolonien zahlenmäßig vergleichsweise begrenzt blieb und sich tatsächliche Herrschaft nur unvollkommen durchsetzen ließ, war die Anwendung brutaler Gewalt gegenüber tatsächlichem oder auch nur vermutetem Widerstand die zentrale Form kolonialer Herrschaft. Allein für Britisch Ostafrika ist für die Zeit von 1894 bis 1914 die gewaltsame Niederschlagung von fünfzig Konflikten belegt. (Eckert 2006: 70)

Und immer wieder mündete die polizeiliche Strategie, den Unbotmäßigen „eine Lektion zu erteilen", in die wütende Zerstörung von Vieh und von Feldern, von Häusern und von Menschen. Bei solchen Massakern handelte es sich nicht etwa um Abweichungen von der typischen Praxis kolonialer Herrschaft. Bei der „Pazifizierung" ländlicher Gesellschaften in Übersee waren Massaker die Regel. (v. Trotha 1999: 425 und passim)[99]

Leutwein fest, dass sich während der langen Märsche kaum sicheres Gewahrsam einrichten ließ und folglich die Gefangenen schnell wieder zu Kämpfenden würden. Das würde die Sicherheit der Siedler gefährden. Würde die Genfer Konvention in SWA eingehalten, würde die Humanität gegen die eigenen Landsleute außer Kraft gesetzt. Vgl. Bley (1968: 101).

98 Jakob Zollmann zeigt auch deutlich, dass die Gebiete außerhalb der sogenannten „Polizeizone" in Deutsch-Südwestafrika, darunter vor allem also Ovamboland, „unpolizierbar" waren. Vgl. Zollmann (2010: 306-340)

99 In den letzten Jahren wollten einige Historiker in der Vernichtungsstrategie gegen die Hereros einen Vorboten der nationalsozialistischen Vernichtungspolitik sehen. (insbes. Zimmerer 2003/2004: 45-63) Angesichts der auch in diesem Essay angeführten Beispiele für Vernichtungsstrategien in anderen Ländern erstaunt diese These. Denn „Kriegsführung ohne

Ebenso wie in den Kolonialkriegen in den USA für Skalps, wurden in Neuseeland in den 1860ern Prämien für die Ablieferung von Rebellenköpfen angeboten. Es sollen Säcke voller Skalps abgeliefert worden sein. (V.G. Kiernan 1982/1998: 155) Sofern Aufständische Verhandlungen anboten, wurde dies typischerweise nicht zur Kenntnis genommen. Die in der britischen Armee in Indien verbreitete Redensart *"to butcher and bolt"* (Boot 2002: 38) enthält eine ganze Analyse des Kolonialstaates. Denn es war in Indien, wo die Methode der indirekten Kolonialherrschaft, also die materielle Integration führender einheimischer Kreise in die Fremdherrschaft und deren Verwendung zum Zwecke dieser Herrschaft besonders entwickelt worden war. Dennoch blieb auch hier, der Slang der Kolonialarmee ist in dieser Hinsicht recht aufschlussreich, Terror die eigentliche Basis des Kolonialstaates. Diejenigen, die ihn ausübten, taten gut daran, sich danach schnell „vom Acker zu machen." Zuvor hatten sie dafür gesorgt, dass sich der Terror in das Gedächtnis der Überlebenden als eine Erfahrung einbrannte, die ihre existentielle Unterwerfung besiegelte. Was Cecil Rhodes in der Situation eines Aufstandes gegen die *British South Africa Company* 1896 als Empfehlung formulierte, ist auch andernorts getreulich ausgeführt worden: *"Kill all if you can. It serves as a lesson to them when they talk things over at night."* (Flint 1976: 205; zit.in: James 1985: 57) Nachdem Lugard zum Hochkommissar des neu geschaffenen Protektorats Nord Nigeria ernannt worden war, unternahm er sofort Vorbereitungen zur Ausweitung dieses Territoriums durch den Bau einer Telegraphenlinie. Da die dort lebenden Tiv die Kommandos für Angreifer erachteten, suchten sie sich zu wehren, indem sie vergiftete Pfeile abschossen. Um sie „zu erziehen" entsandte Lugard eine Kompanie mit schweren Waffen, darunter fünf Maschinengewehren. Als er dem Kolonialministerium von dieser Maßnahme einer „Züchtigung" berichtete, bedauerte er, dass sehr viele von den „unwissenden Wilden" ihr Leben hatten verlieren müssen und zahlreiche Dörfer samt ihrer Nahrungsmittel hatten verbrannt werden müssen. (Kiernan 1982/1998: 100) Jahre später untersagte

---

hemmende Kulturschranke", so der Titel eines Aufsatzes von Susanne Kuß, (2006) gab es auch in den Kolonien anderer Metropolländer. Die These basiert einerseits auf Chronologie: Auschwitz kam nach der weitgehenden Vernichtung der Herero und Nama, und Rassismus war in beiden Fällen virulent. Aber Chronologie ist keine Ursachenanalyse. In anderen deutschen Kolonien setzte sich zeitgleich die ökonomische Logik der Ausbeutung gegen die militärische Logik der Vernichtung durch. (v. Trotha 1999: passim) In vielen Kolonien sahen sich einheimische Völker im 19. Jahrhundert mit Vernichtungsstrategien konfrontiert. Immer wieder wurde in Kolonialkonflikten die Zielsetzung „weg mit" dominant. Vgl. dazu z.Bs.: Le Cour Grandmaison (2005 passim) Zweifelsohne gibt es einen Zusammenhang zwischen den rassistischen Vernichtungsstrategien, die in europäischen Metropolländern diskutiert und in europäischen Kolonien ausagiert wurden, sowie der Gedankenwelt, die es vernünftig erscheinen ließ, Osteuropa für Deutschland kolonisieren zu wollen (so die Argumentation von Olusoga & Erichsen 2010: Kap. 18), das macht aber den Vernichtungsbefehl von Trothas nicht zu einem ursächlichen Vorläufer von Auschwitz.(so auch Olusoga & Erichsen 2010: 361)

Mit Recht hat Susanne Kuß betont, dass die Entstehung extremer Gewalt im Krieg an den Kriegsschauplatz gebunden ist. (2010: 31) Zur Debatte über die These des „Totalen Krieges" in Kolonien vergleiche die Beiträge in Boemeke & Chickering & Förster (1999).

das Ministerium Expeditionen, die dazu dienen sollten, Eingeborene die Effektivität der Maxim (dem damals bekanntesten Maschinengewehr) zu lehren. (Ikime 1977: 176; zit. nach: Kiernan 1982/1989: 100)

Auch aus dem Krieg gegen die Unabhängigkeitsbewegung in den Philippinen sind derartige Anweisungen von führenden Militärs überliefert. Während in der ersten Phase dieses Krieges (1899–1900) eine fremde Armee einer einheimischen gegenüberstand und ihr überlegen war, erwies sich konventionelle Kriegsführung als erfolglos, nachdem sich die militärisch zunächst unterlegenen philippinischen Kämpfer auf Guerilla-Taktik verlegten. Dafür waren sie auf die Unterstützung der lokalen Bevölkerung angewiesen. Es war in dieser Phase des Krieges, dass Brigadegeneral Jakob H. Smith dem Offizier, den er mit der Niederschlagung „des Aufstandes" auf der Insel Samar beauftragte, mit auf den Weg gab: *"I want no prisoners. I wish you to kill and burn. I want all persons killed who are capable of bearing arms in actual hostilities against the United States."* Auf Nachfrage erläuterte er, dass seiner Ansicht nach jeder, der älter war als zehn Jahre als potentieller Gegner anzusehen sei. Und einen Tag später erneut: *"Kill and burn"* (May 1999: 455)[100]

Entscheidungen vor Ort

Was die Veranlassung von Terror anlangt, so gibt es unterschiedliche Auffassungen und vermutlich auch unterschiedliche Wirklichkeiten. Olivier Le Cour Grandmaison hat betont, dass es sich bei den *« enfumades »* in Algerien, von denen oben die Rede war, nicht etwa um plötzlich entstandene Grausamkeit im Zuge von Gefechten gehandelt hat, sondern um sorgfältig vorab geplante Gewaltmaßnahmen, die sich gegen Zivilisten richteten. (2005: 141f.) Sie wurden von der Regierung in Paris nicht angeordnet, wohl aber nachträglich zustimmend zur Kenntnis genommen. „Ausräucherungen" gab es auch andernorts. Während der Strafexpedition gegen aufständische Shonas in den Jahren 1896–1897 wurde im Shonaland (Rhodesien) Dynamit in Höhlen geworfen, in die sich Angehörige des Stammes geflüchtet hatten. (Palmer 1972/2001: 95) Auch die Vernichtungsstrategie, die General von Trotha in Deutsch-Südwestafrika verfolgte, war nicht angeordnet worden. Sie wurde nachträglich aber vom deutschen Kaiser gebilligt. Und erst danach wurde gefragt, warum die Einheimischen eigentlich rebelliert hatten. (v. Trotha 1999: 430)

Zwischen 1891 und 1897 gab es in Deutsch-Ostafrika mehr als sechzig Strafexpeditionen gegen Aufständische, wobei mit dieser Zahl nur die großen, offiziell an den Gouverneur gemeldeten Expeditionen angesprochen sind. Im Krieg gegen die Maji in Deutsch-Ostafrika (1905–1908) – selbstverständlich war auch hier nur von Aufstands-

---

100 Später wurden die Offiziere, die diese Befehle vor Ort ausführten, vor ein Militärgericht gebracht. Da sie nachweisen konnten, dass sie Befehle ausgeführt hatten, wurden sie nicht verurteilt. (May 1999: 446)

bekämpfung die Rede[101] – sollen nach vorsichtigen Schätzungen mindestens 180.000 Menschen umgekommen sein. (Kuß 2010: 111) Anders als in Deutsch-Südwestafrika gab es keinen formellen Vernichtungsbefehl, aber auch die Strategie der verbrannten Erde erhöhte die Zahl der Frauen und Kinder, die in den Kriegsjahren ums Leben kamen. Von Hauptmann von Wangenheim wird berichtet, er hätte am liebsten auch noch verhindert, dass Einheimische irgendetwas anpflanzten. Durch Hunger sollte ihnen der Widerstand ausgetrieben werden. (Zirkel 1999: 97; v. Trotha 1999: 429) In den oben angeführten Berichten von Strafexpeditionen des Militärs im Freistaat Kongo war nicht nur von grenzenloser Grausamkeit die Rede, sondern auch von der Tatsache, dass für die Art und Weise solcher Einsätze vielfach niedere Dienstgrade zuständig waren.

Der nachträglich abgefasste Bericht eines jungen Leutnants über seine Zeit in den Kolonien gibt einen Einblick in deren Entscheidungssituationen.

> „Hier sind wir, 3 Weiße im Herzen Afrikas, mit 20 Nigger Soldaten, 50 Nigger Polizisten, 68 Meilen entfernt von Ärzten und Verstärkungen, damit beauftragt, einen Distrikt mit einer halben Million gut bewaffneter Wilder, die erst vor Kurzem in Kontakt mit dem weißen Mann gekommen sind, zu kontrollieren." (zit. James 1985: 185, Übers.)

Nachdem ein europäischer Siedler ermordet worden war, empfahl Meinertzhagen, alle Bewohner des Dorfes der Täter ohne Gnade zu ermorden. „Jede Seele wurde erschossen oder mit dem Bajonett niedergemacht. Zum Glück waren keine Kinder in dem Dorf. Zusammen mit den jüngeren Frauen waren sie im Wald in Sicherheit gebracht worden. Wir brannten alle Hütten nieder und zerstörten die Bananenplantagen." (Ebenda)

Entsprechende Berichte gibt es von „Polizeiaktionen" gegen Einheimische in Australien. In Deutsch-Südwestafrika prägte die Eigenmächtigkeit der Militärs vor Ort die Entwicklung bereits Jahre vor dem großen Aufstand. 1889 ließ Curt von François ohne Weisung des damals in Südwestafrika noch amtierenden Reichskommissars Heinrich Göring eine befestigte Station am Swakop errichten, um den Handel von Hereros und Namas zu „kontrollieren", genauer: zu stören. „Gelernt" hatte von François im Freistaat Kongo, wo er, ständig Gewehr und Nilpferdpeitsche mit sich führend, Dörfer niederbrennen ließ und sich am Sklavenhandel beteiligte. (Olusoga & Erichsen 2010: 56) 1892 kommandierte er einen Überfall auf die Siedlung des Nama Häuptlings Hendrik Witbooi. 1893 wurde er zum Landeshauptmann (also Gouverneur) von Deutsch-Südwestafrika ernannt. Er war nicht der Einzige, der sich vor Ort seinen eigenen kleinen Krieg organisierte. In den Jahren 1899 bis 1904 unternahm Oberleutnant Volkmann mehrere Strafexpeditionen gegen die Kavengo, deren erste, weil er den Eindruck gehabt hatte, dass seine Autorität von ihrem Häuptling nicht ausreichend respektiert worden war. (Eckl 2004, passim)

Aus derartigen Vorkommnissen hat der Militärhistoriker Douglas Porch geschlossen, Imperialismus sei vor allem ein „militärisches Phänomen" gewesen. Er sei nicht auf

101 Eine gute Diskussion möglicher Ursachen des Aufstandes sowie seiner Bedeutung findet sich bei Koponen. (1995: 229-241)

Grund des kommerziellen und politischen Drucks aus den Metropolländern zustande gekommen, sondern weil Männer an der Peripherie, viele von ihnen Soldaten, bestrebt gewesen seien, die Weltreiche zu vergrößern. Und dies vielfach ohne und sogar gegen ausdrückliche Befehle. (Vorwort zu Callwell 1996: V) Für diese These hätte er sich auch auf den britischen Premierminister Gladstone berufen können, der den Ausbruch des Krieges gegen die Buren darauf zurückführte, dass es „aufgeblasene Pro-Konsuln" nach einem Kampf gelüstete (James 1985: 35, Übers.). Auch von der Britischen Armee in Indien ist inzwischen bekannt, dass sie faktisch weitgehend autonom agierte, eventuelle Planungen des Ministeriums in London missachtend. (Kiernan 1982/1989: 18) Um zu belegen, dass sich weder der Ausbruch der *"savage wars of peace"* noch die in solchen Kriegen verfolgte Strategie und Taktik auf direkte politische Entscheidungen zurückführen lässt, ließen sich zahlreiche weitere Beispiele anführen. Sie belegen aber nur, dass die Eigenmächtigkeit des Militärs vor Ort als generelles Merkmal der Kolonialherrschaft anzusehen ist.[102]

Obwohl sie in einer bestimmten Phase kolonialer Eroberung und „Pazifizierung" besonders stark ausgeprägt war, tut man gut daran, sie nicht auf die Schwierigkeiten der Kommunikation mit den Regierungen im Metropolland zurück zu führen. Ihre wichtigste Basis waren die allgemein verbreiteten Vorurteile über die mindere Wertigkeit der Einheimischen. Auch wenn an den Vernichtungsorgien vielfach einheimische Bewaffnete beteiligt waren, so waren sie doch der sichtbarste, wirksamste und tiefgreifendste Ausdruck der Herrschaft von Fremden, die sich zur Vernichtung von Einheimischen berechtigt wussten. Europäische Offiziere suchten in Übersee Chancen auf Abenteuer, sie erwarteten finanzielle Vorteile und schnellen Fortschritt ihrer Karriere. Nicht selten bot eine Meldung für den Dienst in Übersee auch die Chance, nach einem Dienstvergehen oder einem gravierenden gesellschaftlichen Fehlverhalten, weiterhin kommandieren zu können. Aber was immer sie im Einzelnen in die Kolonien gebracht hatte, von sehr wenigen Ausnahmen abgesehen, erwarben sie dort die Gewissheit ihrer rassischen Überlegenheit, eine Gewissheit, die sie sich mit jedem Massaker aufs Neue selbst bestätigten.

Eine weitere Ursache für die Entscheidungen vor Ort ergab sich aus der Art der Kriegführung, der sich europäische und US-amerikanische Offiziere ausgesetzt sahen. Wo immer sich widerständige Einheimische Guerilla-Taktiken zu eigen machten, erhielten die *men on the spot* notwendigerweise ein hohes Maß an Entscheidungskompetenz. Und weil Guerillas immer auf die Unterstützung der lokalen Bevölkerung angewiesen waren, verwischten sich in den Augen der Kommandanten die ohnehin nur selten anerkannten Unterschiede zwischen Kämpfern und friedlichen Dorfbewohnern noch weiter – mit der Folge, dass sich Terror gegen alle und jeden richtete.

---

102 Für das britische Empire hat John Darwin ausgeführt, dass es nie möglich gewesen sei, eine einheitliche Strategie für dessen Beherrschung durchzusetzen. Die vielen Beteiligten hätten unterschiedliche Strategien verfolgt: *"A whole mass of hands tugged the wheel [of the the great ship] this way and that in a series of zigzags or even U-turns."* (2012/2013: 191)

Erst gegen Ende des 19. Jahrhunderts bewirkten kritische Berichte über Gräueltaten, dass zumindest britische und niederländische Regierungen bestrebt waren, gegenüber Militärs in Übersee politische Richtlinienkompetenz durchzusetzen. Gabriel Angoulant aber, Gouverneur der Goldküste seit 1908, konnte noch ungeniert veröffentlichen, dass die Tötung einiger Eingeborener ganz unvermeidlich sei, wenn die Goldküste faktisch beherrscht werden solle. Tatsächlich sei sie sogar wünschenswert, denn nur in diesem Falle werde der Kampf eine dauerhafte Wirkung zeitigen. Ein Dorf zu zerstören, sei ohne Bedeutung, denn diese Wohnstätten würden sehr schnell wieder aufgebaut. Dagegen solle man Material nur zerstören, wenn es unerlässlich sei. Solche Zerstörung könne zwar die Ernte betreffen, aber Bäume, die langsam wachsen, sollten davon ausgenommen bleiben. (Angoulvant 1916: 194)

Internationale Spezialisten des Pazifizierungsgewerbes

Von den 30 US-Generälen, die zwischen 1898 und 1902 in den Philippinen an der Unterdrückung von Unabhängigkeitskämpfen beteiligt waren, hatten 26 zuvor Erfahrungen in Kämpfen gegen die Indianer Nordamerikas gesammelt. (Boot 2002: 127) Auch unter den Mannschaftsdienstgraden waren viele, die an diesen Kämpfen beteiligt gewesen waren. Einer von ihnen sagte einem Reporter *"This country won't be pacified until the niggers are killed off like the Indians"*. Kaum anders äußerte sich ein Brigadegeneral:

> "The people are by no means civilized ... They are in identically the same position as the Indians of our country have been for many years, and in my opinion must be subdued in much the same way, by such convincing conquest as shall make them realize the futility of armed resistance." (May 1999: 441)

Indians, Niggers und *Natives* oder Philippinen, den Experten der Pazifizierung war dies alles eins.

Die französische Fremdenlegion war ausdrücklich für den Einsatz in allen überseeischen Besitzungen Frankreichs gegründet worden, aber auch England nutzte die indische Kolonialarmee als eine Art „Feuerwehr" gegen Aufstände in China und Afrika. (Killingray 1999: 4) Für den Krieg gegen die Hereros und Namas in Deutsch-Südwestafrika wurden nicht nur Freiwillige in Deutschland angeworben, sondern auch Einheiten aus Deutsch-Ostafrika entsandt.

Zusätzlich gab es jene internationale Expertise der Kommandeure, von welcher für US Generäle im Philippinisch-Amerikanischen Krieg bereits die Rede war. Curt von François hatte Leopold II im Freistaat Kongo gedient. Paul von Lettow-Vorbeck war an der Niederschlagung des Boxer Aufstandes in China beteiligt gewesen und war in Deutsch- Südwestafrika, in Kamerun und Deutsch-Ostafrika zum Einsatz gekommen. Von den 697 namentlich erfassten deutschen Offizieren, die im Boxerkrieg in China gekämpft hatten, wurden 225 später in Afrika eingesetzt. (Kuß 2010: 137) General Charles George Gordon hat 1860 die Niederschlagung der Taiping Revolte in China befehligt und nach 1880 den Kampf gegen den Aufstand des Mahdi. Winston Churchill war 1895 als eine Art privater Militärbeobachter in Kuba, 1897 gehörte er zu der Reiterei, die in Malakaland in Britisch Indien eingesetzt wurde, und 1898 kämpfte er in der Schlacht von Omdurman im Sudan. Lord Wolsely diente in Burma und auf der Krim. Er war an der Niederschlagung „der Meuterei“ (damit ist immer die Meuterei in Indien gemeint) beteiligt und am zweiten chinesischen Krieg. Er diente in Westafrika, in Ägypten und in Südafrika. (Kiernan 1982/1998: 19) Der expansionslüsterne Sir Bartle Frere war Gouverneur von Bombay bevor er zum Gouverneur der Kapkolonie ernannt wurde. Die Beispiele ließen sich fortsetzen.

In staatlichen Armeen versprach der Dienst in den Kolonien Auszeichnungen. Britische Offiziere empörten sich über die Trägheit des *War Office*, wenn es an die Verleihung von Auszeichnungen ging. Sie wollten nicht länger mit kahler Brust auftreten müssen. Dass auf der Medaille, die für den Einsatz gegen die Matabele im Jahr 1886 verliehen wurde, ein wilder Löwe abgebildet war, der über Speere und Schilde rennt, (James 1985: 249) symbolisiert die Gewissheit eigener ruhmreicher Überlegenheit.

Und immer wieder hofften Offiziere auf einen Vorwand, um sich beweisen zu können. So äußerte etwa Francis Clery (damals noch Major, später General) im Jahre 1878, also ein Jahr vor der großen Schlacht gegen die Krieger des Zulureiches, dieser Stamm sei schon seit einiger Zeit ziemlich frech (*cheeky)*, und wenn sie sich jetzt nicht dreinfügten, werde es Zeit, es mit ihnen auszufechten. Und Leutnant John North Crelock, der militärische Sekretär des Kommandierenden Generals meinte, es sei nun an der Zeit, den Zulus beizubringen, *“that the white man was the better man”*. (Gardiner 1836: 144; hier zit. nach Edgerton 1988: 19) In ihrem Streben nach Ruhm und Kampf unterschieden sich die Offiziere staatlicher Armeen nicht von denen in privaten Diensten. Manchmal war es nur der Mangel an ausreichenden finanziellen Mitteln für die Beteiligung an den in der Armee üblichen Geselligkeiten, der Militärs bewog, sich für eine der privaten Armeen verpflichten zu lassen, oft aber auch die Hoffnung auf Einsätze und auf Ruhm. In der *Royal Niger Company*, der *British South African Company* oder der *British Imperial East African Company* war dies ebenso wie im Freistaat Kongo und in den zunächst formal privaten deutschen Kolonien ohne weiteres möglich.

Sicherlich hat der Einsatz von Offizieren in höchst unterschiedlichen Kolonien mit dazu beigetragen, dass sich militärische Einsätze gegen Einheimische nicht nach lokalen Gegebenheiten richteten, sondern einem internationalen Muster kolonialherrschaftlicher „Pazifizierung“ folgten. So übertrugen etwa die Kommandeure der indischen Truppen, die 1886 gegen die Matabele eingesetzt wurden, ihre in den Grenzgebieten von Indien gesammelten Erfahrungen auf das Matabeleland (heute Simbabwe) und 1903 auf Somaliland. Sie befahlen die Zerstörung der Ernte und des Viehs mit dem Ziel und der Folge einer Hungersnot. (James 1985: 184) Aber auf derartige Taktiken sind auch andere gekommen. In den Kolonialkriegen gegen Indianer in den USA waren sie Gang und Gäbe. Und auch auf den Philippinen wurde US-amerikanische Truppen in den Jahren 1899–1902 befohlen, Hütten und Ernten niederzubrennen, Gefangene zu foltern und sie hinzurichten. (May 1999: 441)

Es waren aber nicht nur die Kommandeure, die weltweit eingesetzt wurden. Die Kolonialmächte verlegten auch ganze Einheiten in die jeweiligen Brennpunkte ihrer Herrschaftsgebiete. Das gilt zum einen innerhalb der einzelnen Kolonien und Kontinente, wo Angehörige unterschiedlicher Stämme gegeneinander gehetzt wurden, so etwa die sudanesischen Askaris gegen Aufständische in Ostafrika. (James 1985: 147f.) Um die Stämme an der Grenze von Burma zu „pazifizieren", wurden 1890 nicht nur zweiunddreißigtausend Soldaten aus der gesamten Kolonie zusammen gezogen, sondern auch 8 500 Polizeikräfte aus Indien herbeigeschafft. (Kiernan 1982: 55) Für die Niederschlagung des Aufstandes in Indien wurden Truppen aus anderen britischen Kolonien nach Indien verlegt. Auch wurden bereits seit den 1860er Jahren Soldaten aus jeweils anderen Weltteilen für Pazifizierungszwecke genutzt. So wurden etwa Einheiten aus Westindien an der Gold Küste (heute Ghana) und in Lagos eingesetzt, (James 1985: 117) in den 1890er Jahren dann Sikh Soldaten gegen Steueraufstände in Ägypten und 1898 gegen meuternde Soldaten im Sudan. (James 1985: 150f.)

Die Beschleunigung des Transports über See und Land erleichterte den Einsatz kolonialen Militärs an unterschiedlichen Brennpunkten eines Kolonialreiches. Im Ersten Weltkrieg wurden diese Möglichkeiten intensiver genutzt als jemals zuvor. Allein 600.000 Angehörige der indischen Kolonialarmee wurden in Ostafrika, in Mesopotanien und an der Westfront eingesetzt. Die französische Regierung ließ damals zur Unterstützung der eigenen Truppen insgesamt 215 000 Angehörige von Kolonialarmeen aus Nord- und Westafrika, Madagaskar und Indo-China nach Frankreich bringen. (Killingray 1999: 11)

Rekrutierungsmuster

In allen Siedlungskolonien beteiligten sich Siedler an der Vertreibung und Ermordung widerständiger Einheimischer, manchmal in der organisierten Form von Milizen, oft aber auch in spontanen Zusammenrottungen.[103]

Um private Waffengewalt handelte es sich aber auch überall dort, wo Territorialhoheit von Handelskompanien erobert wurde. Die größte dieser privaten Kolonialarmeen hatte sich die englische *East India Company* in Indien geschaffen. Als deren Territorialbesitz und damit auch die Kolonialarmee 1858 verstaatlicht wurden, war die Zeit der privaten Armeen in Übersee aber noch keineswegs beendet. Im Freistaat Kongo dienten Söldner in einer Privatarmee. Und auch im südlichen Afrika wurden in den 1890er Jahren Eroberungen von einer Armee der *British South Africa Company* unternommen. Zwar hatte sich Cecil Rhodes 1889 verpflichtet, bei der Eroberung von Territorialherrschaft den Direktiven des *Colonial Office* zu folgen, faktisch agierte die Gesellschaft vor Ort aber selbständig. Ein Eroberungszug nach dem anderen erweiterte ihren territorialen Einfluss. Weil er einen Offensivkrieg gegen die Matabele führen wollte, versprach L.

---

103 In Kentucky beispielsweise dauerten die privaten Vertreibungskriege von Siedlern gegen Indianer eine ganze Dekade. (Fehrenbach 1975: 273)

Starr Jameson, einer der Administratoren der Gesellschaft, jedem potentiellen europäischen Freiwilligen sechstausend *acres* eines erst noch zu erobernden Territoriums. (James 1985: 55)

Bereits vor der Verstaatlichung von Territorialherrschaft konnten britische Handelskompanien darauf rechnen, dass ihnen gegebenenfalls die *Royal Navy* zur Hilfe kam. Als 1886 ein Depot der *Royal Niger Company* von Bewohnern umliegender Dörfer angegriffen wurde, wandte sich die Gesellschaft an den zuständigen Generalgouverneur in Calabar. Er erbat und erreichte, dass die vor der Küste patrouillierenden Schiffe der *Royal Navy* die Dörfer an der Küste beschossen und entsandte dann Truppen, damit sie die Hütten, die Ernte und die Kanus zerstörten. Über ermordete Kinder, Frauen und Männer ist nichts berichtet. (James 1985: 125) Auch wenn die *Royal Navy* gelegentlich am Erwerb von Wissen über ferne Meere und ferne Landstriche beteiligt war, so blieb ihre zentrale Rolle doch durchgängig diejenige eines Handlangers der Expansion – und dies vielfach im direkten Interesse privater Handelskompanien.[104]

Auch bei der Truppe, die 1889 in Deutsch-Ostafrika eingesetzt wurden, handelte es sich, ganz ebenso wie bei der Truppe, die 1889 von Curt von François in Deutsch-Südwestafrika befehligt wurde, und bei den Sklaven, die Karl Freiherr von Gravenreuth 1885 für den Militärdienst in Kamerun ankaufte,[105] um Bewaffnete in privaten Diensten. Ab 1891 wurden diese Privatarmeen dem Kommando der Kaiserlichen Marine unterstellt,[106] 1896 wurden die Schutztruppen zu selbständigen Einheiten unter staatlichem Kommando. (Tiebel 2008: 149) Die Entwicklung folgte einem allgemeinen Trend. Von Ausnahmen abgesehen, handelte es sich bei den Streitkräften, die Ende des

104 Die Formulierung richtet sich gegen die gegenteilige Auffassung von Julia Angster (2012 passim, dezidiert formuliert auf S. 85) Einer derzeit dominanten Konjunktur der Kulturgeschichte folgend, betont sie – neben der Bekämpfung von Piraten – die Bedeutung der *Royal Navy* für die Entwicklung von Seekarten, die Sammlung naturwissenschaftlicher Fakten und den Import von Erdbeerpflanzen. Nichts davon ist zu bestreiten, aber die *Royal Navy* hat nicht nur Piraten bekämpft, sondern alle, die sich gegen Fremdherrschaft wehrten und von See aus zu erreichen waren. Für die Betroffenen war es sicherlich unerheblich, ob sie von den Bewaffneten einer privaten Handelsgesellschaft oder eines fernen Staates unterworfen wurden, aber für die historische Analyse wäre es schon von Belang gewesen, die Tatsache zu erwähnen, dass es sich bei der *East India Company* um eine private Handelsgesellschaft gehandelt hat. Wenn als Untertitel von „Erdbeeren und Piraten" formuliert wird: „Die Royal Navy und die Ordnung der Welt 1770–1860" so greift der Hinweis auf Kartographie, Ethnologie und Geographie trotz des Ausfluges in die Bekämpfung von Piraterie doch etwas sehr kurz.

105 Durch den militärischen Dienst sollten sie sich freikaufen und danach in Kamerun ansiedeln können.

106 Theodor Leutwein zufolge bestand die Schutztruppe zunächst aus nicht mehr als „30 bis 50 Köpfe(n)". Deshalb seien aus dem Privatverhältnis zunächst auch keine Unzuträglichkeiten entstanden. In der Zeit von 1891 bis 1893 habe die Truppe „ein friedliches Stilleben" geführt, „mehr durch ihr Dasein als durch kriegerische Tätigkeit wirkend". Mit der „Notwendigkeit eines Einschreitens gegen Kapitän Witboi" habe sich das geändert. Im Resultat sei es zu einer mehr oder weniger ausgeprägten Militärverwaltung gekommen. (1906/1997: 209f.)

19. Jahrhunderts in Kolonien der kapitalistischen Metropolländer eingesetzt wurden, um staatliche Einheiten.

Die Praktiken der Rekrutierung für Kolonialarmeen variierten. Sie reichen von Einheiten, für die – außer Fährtenlesern – keine Einheimischen angeworben wurden, bis zu Armeen, die nahezu ausschließlich aus einheimischen Soldaten bestanden, die von europäischen Offizieren kommandiert wurden. Letzteres war insbesondere für französische Kolonien typisch, wo seit 1874 auch Einheimische in Offiziersränge aufsteigen konnten. Und 1912 führte die französische Kolonialregierung für Westafrika sogar eine allgemeine Wehrpflicht ein, um auf diese Weise eine umfangreiche *force noire* zu schaffen. (Killingray 1989: 155) Dazwischen gab es Mischformen, so etwa in Holländisch Ost-Indien, wo ein Drittel der Truppen aus Europa kam. Beispiele für die ausschließliche Rekrutierung von Weißen waren zum einen die Armeen, die in den USA gegen Indianer eingesetzt wurden,[107] dazuhin auch das 1836 in Texas gegründete Bataillon jener 600 *gun-men*, die später als *Texas Rangers* bekannt werden sollten.[108]

Auch für die Schutztruppe in Deutsch-Südwestafrika wurde auf die Rekrutierung einheimischer Söldner verzichtet. In ihr dienten ausschließlich Angehörige deutscher Heereskontingente, die sich freiwillig gemeldet hatten. Allerdings waren sowohl Hereros als auch Namas durch die ihnen aufgezwungenen „Schutzverträge" verpflichtet, im Falle von militärischen Auseinandersetzungen „Heeresfolge" zu leisten. Der Häuptling der Nama, Hendrik Witbooi, hatte sich lange gewehrt, auch noch nachdem ihm der damalige Landeshauptmann Leutwein am 7. Mai 1894 geschrieben hatte: „Ich wiederhole: Friede ohne ausdrückliche Unterwerfung unter die deutsche Schutzherrschaft gibt's für Dich und Dein Volk nicht mehr. Das ist mein letztes Wort in dieser Sache." (Witbooi, Hg. Reinhard 1982: 182) Im September 1894 unterwarf sich Witbooi schließlich dieser Forderung und auch der Verpflichtung, die in einem Zusatzartikel (§ 9) zu dem „Schutz- und Freundschaftsvertrag" – enthalten war. Darin heißt es:

> „Der Kapitän [d.h. Häuptling, H.G.] Hendrik Witbooi verspricht für sich und seine Nachfolger Seiner Majestät dem Deutschen Kaiser und der Regierung Desselben gegen alle äußeren und inneren Feinde des deutschen Schutzgebietes, auf den Ruf des von seiner Majestät dem Deutschen Kaiser eingesetzten Landeshauptmanns hin mit allen waffenfähigen Männern unbedingt und unverzüglich Heeresfolge zu leisten ..." (Witbooi, Hg. Reinhard 1982: 208)

Diese Verpflichtung griff 1896, 1898, 1901, 1903, und sie griff auch, als die Schutztruppe 1904 gegen die aufständischen Hereros eingesetzt wurde. (Bley 1968: 54)

---

107 Oben wurde ausgeführt, dass sie in dieser Funktion als Kolonialarmeen agierten.

108 Da sie kaum je Sold erhielten, stahlen sich die *Rangers* ihren Unterhalt zumeist zusammen. Die Ranger stammten aus unterschiedlichen Schichten der Siedler, sie waren diszipliniert und bald auch kampfgeübt – und seit ihnen (nach 1840 zunehmend) Colts zur Verfügung standen, hatten sie einen dauerhaften militärischen Vorteil gegen die Bogenschützen der Indianer. Nicht von ungefähr sollte das erste wirklich funktionierende Modell des Colts „Texas" genannt werden. (Fehrenbach 1975: 288-304) Anfänglich wählten sich die Ranger ihre Offiziere selbst, später wurden sie ernannt. Damit beauftragt, die Siedler zu schützen, gingen die Ranger bald dazu über, dieses Ziel durch Angriff auf Indianer zu realisieren.

In den Jahren zuvor war es mehrfach zu bewaffneten Auseinandersetzungen zwischen Nama (Hottentotten) und Herero gekommen. Ganz ebenso wie in anderen Kolonien hatten die beteiligten Häuptlinge auch in Deutsch-Südwestafrika damals die Deutschen zunächst als einen Machtfaktor angesehen, den sie sich bei ihren Auseinandersetzungen mit anderen Stämmen zunutze machen konnten. (Bley 1968: 45) Insofern bedeutete die Mitwirkung von 50 *Scouts* der Nama im Krieg der Schutztruppe gegen die Herero keinen völligen Bruch mit vorherigen Entwicklungen – zumal da der Versuch Witboois, ein Bündnis gegen die Deutschen zustande zu bringen, gescheitert war. Dennoch kündigte Witbooi nach der (militärisch erfolglosen) Schlacht am Waterberg im August 1904 und der sich anschließenden Vernichtungsstrategie den 1894 geschlossenen Friedensvertrag mit den Deutschen auf. Damit endete nicht nur die Assoziation von Hottentottenkriegern mit den Schutztruppen, in der Folgezeit hatten die deutschen Truppen auch keinerlei einheimische Fährtenleser mehr zur Verfügung. Obwohl 14.000 deutsche Freiwillige nach Deutsch-Südwestafrika entsandt wurden – so dass sich 1905 mehr Soldaten als Siedler in der Kolonie befanden –, waren die deutschen Truppen dem Guerillakrieg der Nama zunächst kaum gewachsen. (Kuß 2010: 82-86) Erst nach dem Tod von Witbooi am 29. Oktober 1905 waren die Krieger der Nama nicht mehr in der Lage, die Angriffe abzuwehren.[109]

Anders als in Deutsch-Südwestafrika wurden für die Polizeitruppen in den deutschen „Schutzgebieten" in der Südsee und in Togo ausschließlich Einheimische rekrutiert. (Kuß 2010: 130) Für die Schutztruppe in Deutsch-Ostafrika wurde dagegen eine jener Mischformen entwickelt, welche für die Kolonialarmeen des ausgehenden 19. Jahrhunderts typisch war. Einerseits setzte sie sich aus Angehörigen der Heereskontingente der deutschen Bundesstaaten zusammen, andererseits aus angeworbenen einheimischen Kriegern. Zunächst wurden vor allem Sudanesen angeworben, später dann *askaris* von den Rändern der Kolonie. (Kuß 2010: 61) Solange es nicht zu Schwierigkeiten mit weißen Untergebenen gekommen war, konnten Einheimische in dieser Schutztruppe auch in die niederen Offiziersränge aufsteigen. (Kuß 2010: 162)

Unterschiedliche Rekrutierungsmuster entwickelten sich auch für die Fremdenlegion. Neben europäischen wurden zunehmend auch einheimische Söldner rekrutiert.

In vielen Kolonialarmeen dominierte die Rekrutierung Einheimischer. Von zwangsweisen Rekrutierungen und vom Ankauf von Sklaven war oben bereits die Rede. Im Laufe der Zeit dominierte aber die Rekrutierung Freiwilliger. Afrika ist ganz überwiegend durch Armeen erobert worden, in denen afrikanische Söldner dienten. Und alle diese Armeen benötigten eine sehr große Zahl an Trägern. Es gab alle möglichen Versuche, die Zahl der menschlichen Lasttiere dadurch zu reduzieren, dass Esel, Maulesel, Pferde oder

---

109 In dem Nachruf, den der frühere Landeshauptmann Leutwein auf Witbooi verfasste, heißt es: „ein eingeborener Führer und Herrscher, dies war Witbooi, der gewiß in der allgemeinen Weltgeschichte unsterblich geworden sein würde, hätte ihn das Schicksal nicht nur auf einen kleinen afrikanischen Thron geboren werden lassen." (Leutwein 1909: 306; zit: Bley 1968: 57)

auch dampfbetriebene Fahrzeuge eingesetzt wurden. Die Erfolge blieben sehr begrenzt. Allein für den Krieg gegen die Ashanti in den Jahren 1873–1874 wurden 8.500 Träger benötigt, um die Versorgung und den Nachschub für 1.457 europäische Soldaten und 483 Soldaten des Westindischen Regiments zu transportieren. (Killingray 1989: 163) Und W.F. Butler schätzte, dass in der Regel 9.000 Träger notwendig waren, um die Versorgung für 3.000 Soldaten zu transportieren, die eine Distanz von 150 Meilen zurücklegten. (1899: 92, zit. nach Killingray 1989: 163, Fn 54) Für diese schwere und während der Kämpfe auch lebensgefährliche Arbeit gab es wenig Freiwillige. Ihre Verträge bezogen sich immer auf einen bestimmten Feldzug und erlaubten ihnen nicht, diesen vorzeitig zu verlassen. Noch 1890 ließen die Kommandeure der *Tirailleurs sudanais* die Träger dieser Truppe zusammenketten, um sie an der Flucht zu hindern. (Kiernan 1982/1998: 100) Zusätzlich gab es aber immer auch zwangsweise Rekrutierungen, und zwar sowohl von Frauen als auch von Männern. Für einen erneuten Feldzug gegen die Ashanti an der Goldküste im Jahre 1895 ließ die Kolonialregierung mehr als zehntausend Männer und Frauen zwangsweise als Träger rekrutieren. Auch Frauen mit kleinen Kindern auf dem Rücken wurden nicht verschont. Gegen diese Zwangsarbeit gab es lokalen Widerstand, und es gab eine große Zahl von Desertionen. Trotzdem wurden auch nach dem Ende des Feldzuges Träger für die Versorgung der Kolonialarmee zwangsweise rekrutiert. Erst 1898 erreichten humanitäre Organisationen in England, dass die entsprechende Verfügung wieder aufgehoben wurde. (Killingray 1989: 164) Auf Desertion stand die Peitschenstrafe. In einzelnen Fällen wurde auch die Todesstrafe verhängt. (*The Times* 8.1.1874, 27.2.1874, hier zit. nach Killingray 1989: 164, Fn 62)

Erst mit der Entwicklung von Eisenbahnen – und von leichteren Waffen – konnte die Zahl der Träger und der Lasttiere in den Kolonialarmeen reduziert werden. Bis dahin allerdings waren viele Tausende von ihnen gestorben.

Wenn Kommandeure der Kolonialarmeen um freiwillige Einheimische warben, so waren sie bestrebt, nach Möglichkeit Angehörige von Stämmen bzw. Völkern anzuwerben, die als „kriegerisch" galten. (In Afrika etwa galten Hausa als besonders gute Soldaten.) Das Konzept der „kriegerischen Rassen" war ein Konstrukt der Kolonialmächte, enthielt aber oft auch insofern ein Element historischer Wirklichkeit, als es sich um Völker und Stämme handelte, die häufig in Kämpfe verwickelt gewesen waren. Sofern es sich allerdings um Kämpfe gegen die fremden Herren aus Europa gehandelt hatte, wurden die Krieger zumeist mit dem Attribut der Unzuverlässigkeit belegt. Niederländer rekrutierten keine Aceh, Briten keine Asante. (Killingray 1999: 15) Selbst in jenem viel geplagten Land, dem Freistaat Kongo und dessen Nachfolgestaat, wuchs die Zahl der einheimischen Söldner. Für 1913 hat Bouda Etemad hier einen Anteil von 98 % einheimischer Soldaten ermittelt. (2000/2007: 47)

Für die Kolonialmächte hatte die Rekrutierung von Einheimischen einen doppelten Vorteil: sie waren kostengünstiger als europäische Freiwillige. (Sofern reguläre Truppenteile nach Übersee verlagert wurden, war der Kostenfaktor weniger gewichtig, weil diese auch ohne Einsatz Kosten verursacht hätten.) Zum anderen fielen sehr viele der europäischen Soldaten im Ausland Seuchen zum Opfer. Vielfach starben mehr Soldaten in den Krankenstationen als während der Kämpfe. (Wesseling 1989: 7)

Für die Einheimischen, die sich rekrutieren ließen, gab es Bezahlung und Bekleidung. Außerdem war mit einer Rekrutierung gewissermaßen eine Lizenz zum Plündern verbunden. Bei den *King's African Rifles*, die in den ersten Jahrzehnten des 20. Jahrhunderts nahezu ständig zu Strafexpeditionen kommandiert wurden, sorgten viele Kommandeure dafür, dass die Angehörigen der niederen Ränge ihre Frauen und Kinder bei sich haben konnten, auf diese Weise deren Zufriedenheit steigernd. (Parsons 1999: passim) Zumeist gab es eine minimale medizinische Versorgung und manchmal gab es auch Aufstiegschancen, kurz: Loyalität war durchaus lohnend. (Omissi 1994: 235; hier zit. nach: Kilingray 1999: 15) Dennoch erstaunt, dass sich die Kommandeure der Kolonialarmeen fast durchweg auf die Loyalität einheimischer Soldaten verlassen konnten.[110] Immerhin hatten sie –zumindest bis zum Ende des 19. Jahrhunderts – ständig damit zu rechnen, beim geringsten Vergehen ausgepeitscht zu werden (James 1985: 255). Vor allem aber: die meisten Einsätze richteten sich gegen widerständige Einheimische, obwohl Kommandeure immer bestrebt waren, Angehörige eines aufbegehrenden Stammes nicht gegen die eigenen Leute einzusetzen.

Aber selbst die große Meuterei indischer Soldaten im Jahre 1857 ist mit loyal gebliebenen Teilen der indischen Kolonialarmee niedergeschlagen worden. Erleichtert wurde dieser Sieg durch den Umstand, dass Einheimische in der indischen Armee damals noch nicht in die Offiziersränge hatten aufsteigen können, so dass es den Meuterern an Kenntnissen und Erfahrungen von Strategie und Taktik mangelte. Dass einzelne Anführer dennoch über diese Fähigkeiten verfügten, half wenig, weil sie – in Ermanglung einer Vereinigung der meuternden Truppen – nur lokal tätig werden konnten. Dennoch änderte die britische Regierung, als die Krone 1858 die Herrschaft über Indien antrat, die bisherige Zusammensetzung der Kolonialarmee. Um der Gefahr eines erneuten Aufstandes entgegen zu wirken, wurden jetzt ständig Truppen des Metropollandes in Indien stationiert, auch wurde Sorge getragen dass ihre Bewaffnung derjenigen der indischen Kolonialarmee überlegen war. (Killingray 1999: 7)

Drill und Maxim

Offiziere, die damit beauftragt waren, Land zu erobern und Einheimische zu unterwerfen, nahmen das Selbstverständnis europäischer Militärs mit nach Übersee. Für sie bestanden Kriege aus einer Aufeinanderfolge von Schlachten und der Sieg in einem Krieg aus einer letzten, entscheidenden Schlacht. Aber nicht nur das. Weil ihnen der Einsatz

110 In Indien war es seit Beginn des 19. Jahrhunderts mehrfach zu Meutereien gekommen. Sie sind ausführlich dargestellt in Kaye & Malleson (1897–1898/1971: Kap. II) Neben der „Meuterei" des Jahres 1857 kam es zum Beispiel 1897 im Sudan zu einer Meuterei in der Armee der *East Africa Company*. (Kiernan 1982/1998: 99)

in Übersee die Chance eröffnete, zu besonderem Ruhm zu gelangen, waren manche von ihnen regelrecht blutrünstig. Sie brannten auf Schlachten. (James 1985: 175; Boot 2002: 283; Walter 2011 passim) Darüber wissen wir heute so genau Bescheid, weil es immer auch Soldaten und Offiziere gab, die anders dachten und manchmal auch anders zu handeln versuchten.[111]

Eine richtige Schlacht diente europäischen Offizieren aber nicht nur als Gelegenheit zur Demonstration ihres Könnens und ihres Mutes, sie allein machte auch einen eindeutigen Sieg möglich. Und nur mit einem solchen Sieg konnte dem Gegner demonstriert werden, wie unsinnig es war, sich dem Willen der Regierung entgegenstellen zu wollen. (James 1985: 175) Für diesen Zweck drillten sie die einheimischen Soldaten – und dies mit beträchtlichen Erfolgen.

Sofern es zu einer großen Schlacht kam, in der sich Armeen gegenüberstanden, garantierte die technische Überlegenheit fast immer den militärischen Sieg. Mit Granatwerfern, Maschinengewehren und Schnellfeuergewehren wurden riesige Armeen regelrecht hingemäht. 1898 fielen auf einem Feldzug im Sudan 7.000 Soldaten des Kalifen, auf der Gegenseite starben 600 Mann. (Killingray 1989: 147) Es war dies ein Beispiel jenes militärisch-politischen Paradoxons, welches in der Eroberung der Welt durch europäische Kolonialtruppen eine so große Rolle spielte, denn es waren vor allem die wohlorganisierten einheimischen Staaten mit einer langen Tradition militärischer Ausbildung, deren Herrscher sich am ehesten zu einer Schlacht herausfordern ließen, um dann dort – trotz teilweise beträchtlich moderner Bewaffnung – der Waffengewalt europäischer Kolonialheere zu unterliegen. In aller Regel wurden Schlachten von europäisch geführten Armeen gewonnen. (H.L. Wesseling 1989: 3) Es gab jedoch Ausnahmen. Die „unwahrscheinlichste militärische Niederlage der britischen Kolonialgeschichte" (Edgerton 1988: 1) ereignete sich am 22. Januar 1879, als die Armee des Zulureiches ein Feldlager der Kolonialarmee bei Isandhlwana überfiel. Keiner der dort zurückgelassenen Soldaten und Offiziere überlebte den Angriff, den der Kommandeur schlicht nicht für möglich gehalten hatte.[112]

Aber richtige Schlachten waren selten, und auf die Anforderungen der *small wars* gegen einheimische Bewaffnete, die in kleineren Gruppen Überfälle unternahmen, waren die Offiziere der Kolonialarmeen nicht vorbereitet. Von dem 1896 durch C.E. Callwell publizierten Handbuch für *„Small Wars"* (1896/1906 und weitere Auflagen) hatten Offiziere vor Ort noch nicht Kenntnis genommen. Obwohl sie schnell feststellen

111 Ein Beispiel von sehr vielen: die kritische Analyse des Krieges gegen die Zulu, die Robert B. Edgerton verfasst hat (1988), wäre ohne die dokumentierten kritischen Äußerungen einzelner Beteiligter nicht möglich gewesen. Viele dieser Äußerungen beziehen sich auf militärische Fehler, aber auch sie machen deutlich, auf welche Art und Weise die Gegner von den Verantwortlichen wahrgenommen wurden.

112 Eine ausführliche Darstellung der Schlacht und der weiteren Entwicklung in Zululand findet sich in dem gründlich recherchierten Buch von Robert B. Edgerton (1988); vgl. auch: Laband (1992: Kap. 4).

mussten, dass sie mit ihren schwerfälligen Einheiten, deren großem Tross und dem Erfordernis ständigen Nachschubs vielfach hilflos waren, setzten sie weiterhin um, was sie gelernt hatten. Zunächst war auch ihre moderne Bewaffnung keine Garantie für militärische Übermacht. Dies umso mehr, als auch viele ihrer Gegner über Feuerwaffen verfügten. Das gilt insbesondere für die Stämme, die an der Küste lebten. (Killingray 1989: 153) Eine Zeit lang galt die Formulierung *"Whatever happens, we have got the Maxim gun, and they have not"*, die sich in dem 1898 verfassten und viel zitierten Couplet von Hiloire Belloc fand, als zureichende Auskunft über die militärischen Verhältnisse in den Kolonien.

Und tatsächlich scheinen Afrikaner die verheerende Wirkung des Maschinengewehrfeuers zunächst für „ein magisches Geschenk der Götter an den weißen Mann" gehalten zu haben. (Sanderson 1898: 261, zit. nach Kiernan 1982/1998: 124) Um Magie hat es sich bei dem – nach seinem Erfinder Hiram Maxim benannten – Maxim-Maschinengewehr nicht gehandelt, wohl aber über ein Element und in gewisser Weise auch das Symbol einer neuen Art der Kriegsführung. Der erste „industrialisierte Krieg" war der Bürgerkrieg in den USA gewesen. Er hatte zu einem immensen Aufschwung der Produktion an Feuerwaffen geführt. Auch Maschinengewehre waren bereits im Einsatz. Das erst in den 1880er Jahren entwickelte Maxim-Maschinengewehr machte es aber überflüssig, während des Schießens ständig an einem Rad zu drehen. (Ellis 1975, Kap. II) Wem Maschinen mit einem hohen Grad an Automatisierung unbekannt waren, der musste sie unweigerlich für Magie halten. In Europa wurde der Erste Weltkrieg zum Markstein für die Entwicklung industrialisierter Kriege, in Übersee waren Einheimische schon früher mit dieser Entwicklung konfrontiert. Obwohl Maschinengewehre – neben dem Maxim-Maschinengewehr war das vor allem die aus den USA importierte Hotchkiss – in Kämpfen gegen Guerillas weitgehend unbrauchbar waren, gehörten sie gegen Ende des 19. Jahrhunderts zur Standardausrüstung von einem halben Dutzend Kolonialarmeen. Ihre Verbreitung wurde erleichtert, als sie in Teile zerlegt werden konnten und somit von Trägern zu transportieren waren. (Kiernan 1982/1998: 125) In gewisser Weise wurde Afrika auch zu einem Experimentierfeld für die neuen Waffen. Im Laufe der 1890er Jahre wurde ihre Zielgenauigkeit verbessert und die zunächst häufigen Störungen wurden reduziert.

Die technische Überlegenheit der Kolonialarmeen ist unbestreitbar, erklärt ihren schließlichen Sieg jedoch nicht zureichend. Vielerorts profitierten sie davon, dass es ihren Gegnern nicht gelang, alte Feindschaften zu überwinden und gemeinsam gegen die Eindringlinge zu kämpfen.[113] Hinzu kam der systematische Drill der Kolonialarmeen, der sie befähigte, sehr schnell und sehr präzise zu feuern, eine Fähigkeit, an der es auch den sehr gut trainierten professionellen Kriegern des Zulu-Königs mangelte. Zudem wurden die Soldaten der Kolonialarmeen gezwungen, ihre Waffen regelmäßig zu säubern. Gege-

113 Eines der vielen Beispiele war der Abfall einiger Zulu-Häuptlinge von der Armee des Zulu-Königs, die zuvor bei Isandlawa gesiegt hatte. (Laband 1992: Kap. 10)

benenfalls konnten sie Ersatzteile erhalten – und zumeist hatten sie einen ausreichenden Vorrat an Munition zur Verfügung. Alle diese Vorteile, so H.L. Wesseling, wurden aber nur deshalb militärisch ausschlaggebend, weil die Kolonialarmeen zu Einheiten geformt wurden, weil sie einen *esprit de corps* entwickelten und deshalb als Instrumente genutzt werden konnten. Solche „Instrumente", so Wesseling, standen auch den besonders befähigten asiatischen und afrikanischen Heerführern nicht zur Verfügung. In Afrika kam hinzu, dass die Feindschaften zwischen Stämmen ihren Gegnern eine Politik des „teile und herrsche" ermöglichte und ihnen nicht nur Rekruten für ihre Armeen, sondern auch Hauptlinge zuführten, die mit ihnen kollaborierten. (Wesseling 1989: 6)

Einheimische zu „Eingeborenen"

Wo immer gewaltsam etablierte Herrschaft in Übersee zum Staat gemacht wurde, waren damit zwei Prozesse gewaltsam durchgesetzter Definition verbunden: eine Definition der Grenzen des Staatsgebietes und eine Definition der Einheimischen als „Eingeborene". Diese Prozesse waren in modernen Kolonien, also in den seit dem 17. Jahrhundert errichteten überseeischen Herrschaften, ausgeprägter als in den ersten spanischen und portugiesischen Kolonien, und sie waren besonders ausgeprägt in den Kolonien, die am Ende des 19. Jahrhunderts in Afrika errichtet wurden.

Die Durchsetzung von Staatsgrenzen war zunächst nur in Bezug auf die Eroberungspolitik anderer Metropolstaaten relevant, sie hat aber auch Bedingungen für die späteren Kämpfe gegen Kolonialherrschaft und für postkoloniale Entwicklungen gesetzt. Für die Praxis der Aneignung in Übersee war dagegen zentral, dass die einheimischen Einwohner eines Kolonialstaates nicht nur zu Untertanen, sondern zu „Eingeborenen", will sagen: zu Menschen prinzipiell niederen Wertes gemacht wurden. Es war die Staatsgewalt in Kolonien, die den Status des Eingeborenen geschaffen hat. (Comaroff 2001: 309) Denn was aus Einheimischen „Eingeborene" machte, das waren nicht nur die Ansichten und Verhaltensweisen von rassistisch arroganten Siedlern, von Verwaltungsbeamten, europäischen Soldaten oder imperialismustrunkenen Journalisten. Sehr viel mehr war dieser Status das Produkt der Gesetze und Verordnungen der Kolonialstaaten, vor allem aber der sowohl regelhaften als auch regelwidrigen Praxis kolonialstaatlichen Strafrechtes.

Im Alltag der Ausbeutung litten Einheimische unter konkreten Strategien von Konzessionsgesellschaften sowie unter der Praxis von Siedlern, die der Auffassung waren, dass körperliche Arbeit nur etwas für den Hund und den Schwarzen sei. (Bender 1978: 225, hier zit. nach Elkins 2005: 206) Unablässig und in immer neuen Aufführungen wurde die selbstverständliche Höherwertigkeit von Herrinnen und Herren und daraus folgender Minderwertigkeit von Männern, Frauen und Kindern, die für sie arbeiteten vorgeführt. Staatsgewalt integrierte diese Darbietungen in die koloniale Konstruktion von Recht und Ordnung. Damit integrierte sie zugleich die Minderwertigkeit von Einheimischen in die moderne Welt des Rechts, die in Europa und den USA durch revolutionäre Prozesse geschaffen worden war.

Indem Staatsgewalt den Status des Eingeborenen regulierte, machte sie aus dem Zustand der gewaltsamen Eroberung einen Zustand, der auf Dauer angelegt war. Und wie jede Administration, so war auch die kolonialstaatliche Administration darauf angelegt, als ein Mechanismus zu funktionieren, der nicht ständig neue Entscheidungen abverlangte und in gewisser Weise unabhängig von den persönlichen Eigenheiten des ausübenden Personals funktionierte. Dass diese Zielsetzung einer Bürokratisierung der Herrschaft nicht vollständig realisiert werden konnte, muss an dieser Stelle nicht mehr ausgeführt werden.

Nach dem formellen Ende der Sklaverei wurden Einheimische nicht mehr von Staats wegen als Sachen definiert, wohl aber wurde ihnen in vielen europäischen Kolonien das Existenzrecht in ihren Geburtsländern nur noch unter Vorbehalten zugestanden.

In französischen Kolonien geschah dies durch die (1875) zuerst für Algerien und (mit geringen Veränderungen) später auch für andere französische Kolonien erlassene Gesetzessammlung, die zunächst als *« Arrêté général sur les infractions de l'indigénat »*, später kurz als *« Code de l'indigénat »* und sehr bald auch zutreffend und verächtlich als *« code matraque »*, das Gesetz des Knüppels, bezeichnet wurde. (Le Cour Grandmaison 2010: 79) Diesem Gesetzestext war eine bereits 1842 erlassene Verordnung vorausgegangen, die ausdrücklich darauf ausgerichtet war, die Interessen Frankreichs und der Siedler zu schützen. Was das konkret bedeutete, hat Jules Vernier de Byans in seiner 1905 eingereichten Dissertation mit wünschenswerter Klarheit ausgeführt: Um das Prestige der Weißen zu schützen, sei man oft gezwungen, ein Vergehen, das ein Eingeborener gegen einen Weißen beging, härter zu bestrafen als ein entsprechendes Vergehen eines Weißen gegenüber einem Einheimischen. (de Byans: 132f., zit. nach: Le Cour Grandmaison 1910: 72) Tatsächlich bedeutete jede Verurteilung zu einer Gefängnisstrafe über sechs Monate bereits seit 1842 zugleich die Überstellung in ein Gefängnis in Frankreich. 1878 und 1879 wurde eine derartige Deportation für alle Strafen über drei Jahre bestätigt. In vielen einzelnen Bestimmungen, aber auch in der Organisation des Justizapparates selbst, wurde der Ausnahmecharakter des kolonialen Strafrechtes eingeführt und aufrechterhalten. Anders als in Frankreich selbst, konnten Richter in den Kolonien (noch bis 1921) abgesetzt werden, wenn sie nicht der politisch vorgegebenen Linie folgten. Und selbstverständlich fand sich in den Kolonien nichts von der für Frankreich erkämpften Teilung der Gewalten. Die Justiz agierte sowohl als verlängerter Arm der Verwaltung als auch des Militärs, so vor allem in den Fällen kollektiver Haftung. Konkret diente das Strafrecht der Eintreibung von Steuern, der Durchsetzung von Arbeitspflichten, wie etwa der Verpflichtung zu Trägerdiensten, der Beschränkung von Bewegungsfreiheit durch die Kriminalisierung jeder Wanderung oder Reise, die nicht zuvor genehmigt worden war. Und nach wie vor kam es auch noch im 20. Jahrhundert zu Geiselnahmen, zur Zerstörung von Ernten und von ganzen Dörfern, wenn die geforderten Steuern nicht rechtzeitig und vollständig abgeliefert worden waren. (Le Cour Grandmaison 2010: 84) Es war die Verwaltung, die Enteignung von Land in großem Umfang anordnete, um Unruhen zu bestrafen – und Siedlungsland zu gewinnen.

Dass es sich bei dem für die Untertanen in den Kolonien erlassenen Strafrecht um ein Ausnahmerecht handelte, ist in der Praxis der Internierung besonders deutlich geworden. Sie wurde nicht durch ein Gericht, sondern durch eine administrative Instanz, häufig den Gouverneur, verhängt. Eine Internierung wurde immer auf unbestimmte Dauer ausgesprochen, sie hatte also einen Anfang, aber kein bekanntes Ende. Und es gab keinerlei Rechtsmittel, die gegen einen derartigen Beschluss hätten eingesetzt können. Zunächst nur in Algerien praktiziert, wurde die Maßnahme der Internierung innerhalb weniger Jahre zu einem gewöhnlichen und häufig gegen einheimische Bevölkerungen eingesetzten Mittel der französischen Kolonialpolitik. 1904 wurde erlassen, dass die Internierung, mit welcher immer die Enteignung sämtlichen Eigentums einherging, nicht für eine Dauer von mehr als zehn Jahren ausgesprochen werden durfte. Gabriel Angoulvant, seit 1908 Gouverneur der Elfenbeinküste, gibt an, es seien nur Anführer revoltierender Einheimischer interniert worden. In den Jahren 1911 und 1912 war das manchmal einer, öfter aber waren es zwei oder mehrere eines Stammes oder einer Verwaltungseinheit (*cercle*), die in eine andere französische Kolonie deportiert wurden. Die Dauer der Internierung variierte zwischen einem und zehn Jahren. Den Deportierten wurden monatlich zwischen zwanzig und fünfzig *Francs* für ihre Ernährung ausbezahlt – offiziell jedenfalls. (Angoulvant 1916: 232-237) Diejenigen, die nach dem Ende der Deportation zurückkehrten, sollen alle erklärt haben, dass sie „in Zukunft in guten Beziehungen zu uns leben wollen". (Ebenda: 238, Übers.) Als der frühere Gouverneur der Elfenbeinküste seinen Bericht über die Methoden und die Resultate der „Pazifikation" dieser Kolonie verfasste, nahm er kein Blatt vor den Mund, wenn es um die Beurteilung der offiziellen Kolonialpolitik ging. Nicht nur, dass er die Illusion kritisierte, man könne ein Land friedlich oder womöglich gar mittels Handel kolonisieren, er hielt auch die Internierung für eine ungeeignete Maßnahme. Genau genommen würden die Deportationen, denn um nichts anderes handle es sich ja, benutzt, um sich der Anführer oder Fetischpriester zu entledigen, die ihren Einfluss nutzten, „um unsere Besetzung des Landes zu verhindern". Aber selbst eine Deportation für zehn Jahre sei eine unzureichende Strafe, wenn jemand das zweite, dritte oder vierte Mal „gegen uns" rebelliert habe. Tatsächlich aber seien an der Ermordung von Trägern im Dienste der Kolonialmacht, von Lieferanten für die Kolonialarmee oder von Europäern immer viele beteiligt gewesen, oft ein ganzer Stamm. Den für Westafrika erlassenen Kolonialgesetzen zufolge könnten aber immer nur die Anführer bestraft werden. Dagegen sei für Indochina 1906 ein Strafgericht geschaffen worden, das in der Lage sei, Sondergerichtsverfahren in der erwünschten Geschwindigkeit durchzuführen und auch auf die Todesstrafe zu erkennen. Zwar kämen auch während der Internierung in klimatisch ungesunden Gegenden viele ums Leben, er selbst aber verhänge solchen langsamen Tod nur ungern. „Der langsame Tod ist in unseren Gesetzen nicht vorgesehen und sollte nicht akzeptiert werden; wir müssten den Mut haben, die Rebellen mit normalen legalen Mitteln offiziell und öffentlich zum Verschwinden zu bringen." (Angoulvant 1916: 240, Übers.) Anders als Angoulvant unterstellte, scheint von dieser Möglichkeit in Indochina nicht umfangreich Gebrauch gemacht worden zu sein. Denn Georges Garros zufolge wurden in den 1920er Jahren jährlich Hunderte unter schrecklichen Bedingungen auf einer Insel interniert. (1926: 86)

Am 7. März 1944 wurden einheimischen Algeriern die gleichen Rechte und Pflichten wie allen anderen Bürgern Frankreichs zugestanden. Damit wäre die Maßnahme der Internierung illegal geworden, wenn nicht bereits 1939 im Mutterland selbst die Möglichkeit der Internierung aller Personen angeordnet worden wäre, von denen vermutet wurde, dass sie die Verteidigung des Landes oder die öffentliche Ordnung gefährden könnten. Nach dem Zweiten Weltkrieg wurde dieses Gesetz wieder aufgehoben. Aber am 26. Juli 1957 war es mit dieser Gesetzeslage bereits wieder vorbei. Nach Massendemonstrationen in Algier wurde die Möglichkeit der Internierung in Frankreich eingeführt und zwar in Lagern, die man als *« centres d'hébergement »* (Anstalten der Unterbringung) bezeichnete. (Le Cour Grandmaison 2010: 111)

Neben der Internierung war es vor allem die kollektive Verantwortung für Aktionen gegen die Kolonialherrschaft, welche den Charakter des *Code de l'Indigénat* als ein Ausnahmegesetz besiegelten. Denn die Dekretierung einer Möglichkeit zur Verhängung kollektiver Bußen, wie sie etwa 1871 kabylischen Stämmen auferlegt worden waren,[114] machte aus der Praxis der Eroberung einen Dauerzustand.

Auch in den deutschen Schutzgebieten gab es die formell geteilte Welt des Rechts. Die Befugnis zum Erlass strafrechtlicher Bestimmungen für die Kolonien stand dem deutschen Kaiser zu, wurde von diesem aber auf die Gouverneure und kolonialen Spitzenbeamten übertragen. Die koloniale Justizverwaltung war nur für die weiße Bevölkerung zuständig, die „Eingeborenenrechtspflege" oblag den Verwaltungskräften. Soweit Recht Staatstätigkeit regulierte, bezog es sich auf dessen interne Organisation, nicht etwa auf den Schutz individueller Interessen von Einheimischen. (Sack 2001: 41)[115] Dem entsprach, dass das Eingeborenenrecht nicht kodifiziert wurde. Auch wenn diese Kodifizierung noch so hart ausgefallen wäre, so hätte sie doch zumindest eine rudimentäre Rechtssicherheit verheißen. (Voigt 2001: 24) Tatsächlich war der Gewaltcharakter des kolonialen „Landfriedens" auch dadurch alltäglich präsent, dass nahezu überall Militär für zivile Aufgaben eingesetzt wurde.[116]

Was das Strafrecht anlangt, so unterlagen die Schutzgebietsangehörigen (sowie weiße „Fremde"[117]) der Konsulargerichtsbarkeit und damit im Großen und Ganzen den ge-

---

114 Oben wurde bereits ausgeführt, dass ihnen 63 Millionen Francs abverlangt wurden.

115 Erst als öffentlich wurde, dass die Kolonialbeamten Leist und Wehlan in Kamerun Angeklagte gefoltert hatten, um Geständnisse zu erzwingen und Hinrichtungen anordnen zu können, dass sie viele auf Verdacht verurteilt hatten und dass durch Folter und grausame Prügelstrafen viele umgekommen waren, wurde erwogen, eine Regelung zu erlassen, die Eingeborenen den Schutz deutscher Prozessordnungen zugestanden hätte. Das unterblieb. (Kopp 2001: 85)

116 Dass „Landfriedenspolitik" hier in Anführungszeichen steht, folgt dem Beispiel von Karin Hausen (1970: 162)

117 Zu den „Fremden", also Weißen, rechneten Japaner, Chinesen dagegen wurden als Farbige kategorisiert.

setzlichen Bestimmungen des Reichs. Dagegen wurde die „Eingeborenenrechtspflege" durch Verordnungen geregelt. Dass zu deren Erlass die Gouverneure ermächtigt waren, hätte einer Vereinheitlichung, so sie denn angestrebt worden wäre, im Wege gestanden. Übereinstimmung bestand allerdings dahingehend, dass Richtern in allen Schutzgebieten ein immenser Entscheidungsspielraum zugestanden wurde. Auf Rechtssicherheit wurde verzichtet, weil „ein justizförmiges, mit einer gewissen Rechtssicherheit ausgestattetes Verfahren ... zur Disziplinierung der Eingeborenen nicht benötigt [wurde]." (Kopp 2001: 76)

Es gab also Unterschiede zwischen den einzelnen Schutzgebieten und es gab auch Unterschiede im Verlauf der – insgesamt kurzen – deutschen Kolonialherrschaft. So wurden zwar nach dem Krieg gegen die Herero und Nama in Deutsch-Südwestafrika die Häuptlinge aller früheren Gerichtskompetenzen enteignet, in anderen Schutzgebieten dagegen behielten Häuptlinge eine Kompetenz der niederen Gerichtsbarkeit. Ihrer alten Autorität gingen sie freilich dadurch verlustig, dass sie der Verpflichtung nachkommen mussten, Arbeitsdienste und andere Leistungen für den Kolonialstaat einzufordern. Zudem wurde von ihnen – und auch von den für die Kolonialherren arbeiteten Schreibern und Dolmetschern – erwartet, dass sie als die „Ohren der Kolonialmacht" fungierten. (Sebald 2013: 187)

Ralf Schlottau hat aufgezeigt, mit welcher Selbstverständlichkeit das Prinzip ungleichen Rechts von zeitgenössischen deutschen Rechtsgelehrten akzeptiert wurde. Gelegentlich wurde der Grundsatz der Rechtsgleichheit zwar im Prinzip anerkannt, für die Kolonien aber als undurchführbar erklärt, häufiger waren Hinweise auf die „sehr niedrige Kulturstufe" (Stengel 1898, zit. nach Schlottau 2007: 93) von „Völkerschaften, die noch Jahrhunderte brauchen werden, um zum Menschenantlitz auch die innere Kultur der zivilisierten weißen Menschheit zu erlangen." (v. Staff 1913: Sp. 757) In Übersee wurden derartige „Erkenntnisse" in die Einheit von Justiz und Verwaltung übersetzt.[118] Für die „Eingeborenenrechtspflege" war prinzipiell nur das Verwaltungspersonal zuständig. Es konnten also Gouverneure (Landeshauptmänner), Bezirksamtmänner (Amtsvorsteher) oder auch Distriktchefs Eingeborene verurteilen. Im Zuge von Strafexpeditionen hatten auch die Stationsvorsteher und Expeditionsführer, also Militärs, strafrechtliche Befugnisse – bis hin zur sofortigen Vollstreckung der Todesstrafe. (Schlottau 2007: 199) Die Rechtsungleichheit manifestierte sich nicht nur in getrennten Zuständigkeiten. In jedem Prozess, in dem Einheimische als Zeugen gehört werden mussten, hatten sie zu erleben, wie wenig Gewicht ihrer Aussage beigemessen wurde. Wurde ein Weißer wegen Vergewaltigung angeklagt, so konnte es durchaus vorkommen, dass das Opfer wegen Falschaussage zu einer Gefängnis- oder Prügelstrafe verurteilt wurde. (Olusoga & Erichsen 2010: 119)

118 Eine solche Vermischung wurde zwar teilweise auch gegenüber der Siedlerbevölkerung praktiziert, in diesem Fall aber aufgrund fehlenden Personals.

Einheimischen musste die Strafgewalt des Kolonialstaates als ein Ungeheuer erscheinen, dem man sich mit einiger Aussicht auf Erfolg nicht etwa durch die Anpassung an Vorschriften, sondern nur durch möglichst weitreichende räumliche Entfernung entziehen konnte. Sicherlich hatten nur wenige Einheimische von dem Grundsatz *„nulla poena sine lege"* gehört. Ihnen ist aber nachdrücklich deutlich gemacht worden, dass sie – bestehende Verbote und Anforderungen hin oder her – jederzeit bestraft werden konnten. Wobei es dem (selten juristisch ausgebildeten) Richter überlassen blieb, ob er auf Prügel, eine Geldstrafe, auf Gefängnis mit Strafarbeit, auf Kettenhaft oder auf die Todesstrafe erkannte. Insgesamt überwog die Verurteilung zu Prügel- und Kettenstrafen.[119] Zwar wuchs der Anteil der Gefängnisstrafen im Laufe der deutschen Kolonialherrschaft, wobei vor allem Freiheitsstrafen unter sechs Monaten verhängt wurden (für Togo vgl. v. Trotha 1995: 522), nach wie vor aber blieb die Prügelstrafe eine der häufigsten Strafen. Weil sie sehr oft gar nicht dokumentiert wurde, lässt sich das tatsächliche Ausmaß dieser Strafpraxis bestenfalls ahnen. Wenn aber selbst die Kolonialregierung in Indien nicht bereit war, Kulis an deutsche Kolonien in Afrika zu liefern, weil diese als Prügelkolonien bekannt geworden waren, steht zu vermuten, dass das Ausmaß kaum überschätzt werden kann. Im Reichsrecht war die Prügelstrafe seit Mitte des 19. Jahrhunderts nicht mehr enthalten, in den deutschen Kolonien in Afrika erlebte sie „eine wahre 'Blüte'". (Kopp 2001: 81)

Für unseren Zusammenhang ist die Entwicklung in britischen Kolonien insofern besonders brisant, als im Vereinigten Königreich nicht nur viele der politisch Verantwortlichen, sondern auch große Teile der Öffentlichkeit davon überzeugt waren – und sind? –, dass englische Kolonialherrschaft das hohe Gut der Rechtsstaatlichkeit bis in die hintersten Ecken des britischen Kolonialreiches exportiert habe. Als zentrale Elemente der *rule of law,* wie Rechtsstaatlichkeit im Anschluss an A.V. Dicey (1885/1965) zumeist bezeichnet wird, gelten ein korruptionsfreies Justizsystem, die Unabhängigkeit der Justiz und die Anerkennung des *habeas corpus*, also die Durchführung von Verhaftungen ausschließlich aufgrund von richterlichen Anordnungen. Das für unseren Zusammenhang wichtigste Element ist aber die Gewähr der gleichen fundamentalen Rechte für alle Untertanen des englischen Königs. Wie alle Aspekte des *Common Law* musste auch diese Gewähr durch Richterspruch realisiert und ausgelegt werden. Beides war der Fall in den Begründungen, die der Richter am Königlichen Gericht, Lord Mansfield, 1774 für die Entscheidung im Fall „Campbell v. Hall" formulierte.[120] Der Streitfall betraf nicht

---

119 Gouverneur Leutwein zufolge wurden 1902/03 insgesamt 799 Eingeborene verurteilt, davon 473 zu einer Prügelstrafe. (1906/1997: 245)

120 Das Gericht entschied über die Klage eines Plantagenbesitzers in Grenada namens James Campbell, der es für ungesetzlich erachtete, dass er auf die Ausfuhr von Zucker vier und einen halben *cent* Ausfuhrzoll bezahlen sollte. Im Jahre 1774 wurde der Fall Campbell v. Hall vom Königlichen Gericht in London unter Vorsitz von Richter Mansfield entschieden. (William Hall hatte die Abgabe eingezogen.) Der Streitfall drehte sich um die Frage, ob das Steuergesetz, das im Juli 1764 von der englischen Krone erlassen worden war, gültig war oder nicht. Im Einzelnen

etwa das Verhältnis zwischen Einheimischen und Siedlern, sondern die Rechtmäßigkeit eines von der Krone beschlossenen Zolls für Ausfuhren aus Grenada. Dennoch ist in der Urteilsbegründung ausgeführt, dass die Gesetze eines Landes alle Menschen und alles Eigentum gleichermaßen betreffen sollen. *"An Englishman in Ireland, Minorka, the Isle of Man or the plantations has no privilege distinct from the natives."*[121] Damit ist „Farbenblindheit", – will sagen: Rassenneutralität – des Rechts postuliert und folglich auch die Aufteilung des Rechts in ein Recht für Engländer (sowie andere Weiße) und ein anderes für „Eingeborene" ausgeschlossen. Und tatsächlich hat das in die Kolonien exportierte *Common Law* Einheimische in britischen Kolonien nicht zu Eingeborenen gemacht. Dass ihnen dieses Schicksal in der Rechts*wirklichkeit* dennoch nicht erspart geblieben ist, hat die im Vereinigten Königreich dominante Sicht auf das britische Kolonialreich lange übersehen wollen. Martin Chanock zufolge handelt es sich bei der Überzeugung, dass britische Kolonialherrschaft unter Berücksichtigung der Prinzipien der *rule of law* praktiziert wurde, um eine der „hartnäckigsten Phantasien über britischen Kolonialismus." (1985: 5, Übers.)

Sie hatte aber Lücken, denn immer wieder haben Zeitgenossen der Kolonialherrschaft deren gesetzlose Praxis beschrieben und verurteilt, so etwa Henry Mead, der 1857 zwar feststellte, die britische Herrschaft über Indien sei ein klein wenig besser als diejenige der früheren indischen Despoten, dennoch habe sie die indischen Bauern ins Elend gestürzt und die Bevölkerung den Foltern der Steuereintreiber ausgesetzt. (zit. nach Herbert 2008: 12) Und 1860 führte Robert Montgomery Martin den kurz zuvor niedergeschlagenen Aufstand nicht nur auf die unglückliche Eroberung des Königreichs Oude zurück, sondern auch auf die fundamentale Rechtsungleichheit und die rassistischen Erniedrigungen, denen Einheimische ausgesetzt waren. Nachdem er Beispiele für das ungeheuerliche Verhalten britischer Offiziere gegenüber Untergebenen angeführt hatte, stellte er fest, es sei Hohn, derartige Verhaltensweisen zu dulden und dennoch die Gleichheit vor dem Gesetz zu behaupten. Er zitierte die Schrift eines britischen Missionars, der die Natur der „Orientalen" als diabolisch und hoffnungslos verderbt beschrieben hatte, (1860 II: 124) und berichtete von europäischen *Gentlemen*, die durch den Bazar reiten,

---

ging es dabei um die Rechtmäßigkeit königlicher Gesetzgebung in der Phase zwischen der Kapitulation, der Ankunft eines englischen Gouverneurs in Grenada (im Dezember 1764) und der schließlichen Einberufung einer Vertretung in Grenada (Ende 1765). In der Kapitulationserklärung vom Februar 1763 war zugestanden worden, dass die Bewohner so lange weiterhin unter französischem Recht leben sollten, bis die englische Krone Gesetze für ihre neuen Untertanen erlassen würde. Die Krone selbst aber hatte ihre Gesetzgebungskompetenz im Oktober 1763 dadurch eingeschränkt, dass sie diese von der Zustimmung des ernannten Gouverneurs und der von ihm einzuberufenden Versammlung der Untertanen abhängig machte. Danach, so Lord Mansfield, war der König nicht mehr berechtigt, Gesetze ohne diese Zustimmung zu erlassen. Das im Juli 1764 verkündete Gesetz war erlassen worden, als der Gouverneur noch gar nicht in Grenada eingetroffen war und dort noch keine Vertretung bestand. Es war also ungültig. James Campbell musste die ihm abverlangten Abgaben auf Exporte zurück erhalten.

121 Urteilstext: *creative commons attribution.*

sich mit der Peitsche einen Weg freihauend. Obwohl sie dabei einzelnen den Schädel spalteten, habe es niemand gewagt, ein Gericht anzurufen. Und dann erinnert er seine Landsleute daran, dass die stummen Diener in weißen Turbanen, die an den Tischen in den Messen des Militärs auf Befehle warten, das Wort *"nigger"* hören, wann immer auf einen Eingeborenen Bezug genommen wird. Und ihnen sei dann sehr wohl bewusst, dass es sich dabei um einen Ausdruck der Verachtung handle. „In Indien gewöhnen sich die Ohren von Europäern an diesen Ausdruck, der sie schon bald nicht mehr überrascht oder empört." (1860 II: 123, Übers.)

Formal nahm britische Kolonialherrschaft für die von der Metropolmacht in allen britischen Kolonien etablierte Justiz in Anspruch, die Prinzipien des *Common Law* zu wahren, also eine an Präzedenzfällen orientierte und folglich Rechtstraditionen wahrende Fortentwicklung des Rechts zu praktizieren. Zugleich wurde aber auch den neuen Untertanen formell zugestanden, in bestimmten Rechtssphären, so insbesondere in der Sphäre des Familienrechts, weiterhin autonom entsprechend ihrer eigenen Rechtstraditionen zu verfahren. Diese Rechtsauffassung deckte die Fortdauer der Sklaverei in der Landwirtschaft nachdem sich die Kolonialstaaten nicht nur zur Verhinderung des Sklavenhandels, sondern auch zur Beseitigung von Sklaverei verpflichtet hatten. Sklaverei in der Landwirtschaft galt als „Haussklaverei", folglich als Angelegenheit der Familien, Abgesehen von der Witwenverbrennung und der Kindstötung gab es in diesem Bereich kaum Ausnahmen von der Autonomie des traditionellen Rechts.

Was das traditionelle Recht in Afrika betrifft, so waren sowohl kolonialkritische europäische als auch einheimische Historiker(innen) lange der Ansicht, traditionelles Recht sei vor allem auf Konfliktschlichtung ausgerichtet gewesen. Dabei wurde freilich übersehen, dass Männer und Frauen, die Verhaltensregeln verletzt hatten, mit Verbannung bestraft werden konnten, genau genommen also mit ihrem sozialen Tod und folglich nicht selten auch mit ihrem biologischen. Für unseren Zusammenhang aber ist vor allem bedeutsam, dass die „Gewohnheiten", die angeblich von den fortbestehenden alten Institutionen bewahrt wurden, durch den Einbruch kapitalistischer und kolonialherrschaftlicher Formen der Aneignung verändert wurden. Dorfgerichte mochten weiterhin für „Familienangelegenheiten" zuständig sein, aber Familien waren immer für die Organisation der Arbeit und der Reproduktion des Familienzusammenhangs zuständig gewesen. Mit zunehmender Produktion für den Markt, mit zunehmender Migration einzelner Mitglieder zu Minen und in Städte kam es zu Prozessen der Individualisierung. Zogen junge Männer in die Stadt und nahmen ihre Braut mit sich, so ging der Anspruch der „Ältesten" auf einen Brautpreis ins Leere. Und selbst wenn Arbeitsmigranten ins Dorf zurückkehrten, um einen Brautpreis zu entrichten, wenn sie also der Form nach – und womöglich auch ihrer eigenen Intention zufolge – alten Brauch wahrten, so veränderten sie diesen, wenn sie den Brautpreis nicht mehr in Vieh, sondern in Geld entrichteten. Verließen Männer ihre Familien, um Lohnarbeit zu suchen, so waren die im Dorf Zurückgebliebenen zunächst vorübergehend, womöglich aber auf Dauer, auf sich selbst gestellt. Damit wurde altem Brauch die materielle Basis entzogen. Und mit der kolonialstaatlichen „Herstellung" neuer (größerer) Dörfer zum Zwecke der Steuerverwaltung veränderte sich notwendigerweise auch die soziale Basis für die gerichtlichen Kompetenzen von *headmen* (Dorfvorstehern). (Für Malawi und Sambia vgl. Chanock 1985: 21) Diese wenigen Hinweise sollen deutlich machen, dass die kolonialherrschaftliche Praxis der „indirekten Herrschaft" mittels traditioneller Institutionen die Durchsetzung kapitalistischer Formen der Aneignung nicht etwa verhindert hat, sondern dass, ganz im Gegenteil, Kolonialherrschaft und Kapitalismus die „alten Bräuche" veränderten. Dieser Wandel erleichterte die Kommerzialisierung der Landwirtschaft und die Verbreitung kapitalistischer Formen der Produktion.

Anhand von Entwicklungen in Sambia und Malawi hat Martin Chanock dargelegt, auf welche Weise die gerichtliche Praxis der Kolonialherren die Zurichtung Einheimischer zu Objekten ökonomischer Ausbeutung gefördert hat. Zu Beginn des 20. Jahrhunderts hatten sich Chanock zufolge manche Einheimische durchaus Vorteile von der neuen Justiz versprochen. Anstatt Streitfälle von ihren Dorfgerichten entscheiden zu lassen, hätten sie sich an die Buschgerichte (*Boma*) der Kolonialmacht gewandt. Dann aber hätten viele feststellen müssen, dass ihre Erwartungen zu hoch gewesen waren. Einheimische Mitarbeiter der Gerichte, die faktisch über die Zulassung von Streitfällen entschieden, waren bestechlich. Und die Richter waren nahezu für jedes Wort auf die Mitwirkung eines – oft parteiischen – Übersetzers angewiesen. Weil sich die Distriktsbeamten ihrerseits der Vielzahl von Streitfällen nicht gewachsen sahen, gingen sie dazu über, Kläger wieder an Dorfgerichte zu verweisen. (Chanock 1985: 105)

Gleichzeitig veränderte sich die Praxis der britischen Gerichte. Als der *Native Court* des Abercorn Distrikt in Sambia 1897 eingerichtet wurde, verhandelte dieses Gericht überwiegend Fälle von Totschlag, Brandstiftung und Versklavung. Bereits zwei Jahre später bestand die wichtigste Tätigkeit des Gerichts in der Verurteilung von Menschen, die sich der Verpflichtung zur Arbeit für den Kolonialstaat entzogen hatten Ein Jahr später dominierten Anklagen wegen „Vernachlässigung von Arbeitspflichten". Ein Richter in Fort Johnston verurteilte einen seiner eigenen Diener zu zehn Peitschenhieben, weil er vier Stücke Zucker gestohlen hatte. Auf die Kritik eines anderen Richters hin erwiderte er: „Ich muss oft Richter, Ankläger und Verteidiger in einer Person sein und auch alles andere. ...Ich habe jede Funktion einschließlich von Hinrichtungen ausgeübt." (Malawi National Archives J2, 31/12, zit. in: Chanock 1985: 107, Übers.)

Kolonialbeamte, die Legalität nicht nur für eine wünschenswerte, sondern im Interesse des Erhalts der Kolonialherrschaft auch für eine notwendige Bedingung hielten, mussten sich eingestehen, dass unter den gegebenen Bedingungen wenig Aussicht bestand, sie zu realisieren.[122]

122 In einem von Richter Nun 1902 abgelieferten Bericht über das Justizsystem in Malawi wurde der Mangel an professionellen Juristen beklagt. Und ganz ebenso las es sich in dem 1910 von Richter Macdonnell verfassten Bericht über Sambia. „Niemand von den Offiziellen hat eine juristische Ausbildung, und das gilt auch für neun Zehntel der Justiz im gesamten Empire. Aber hier reicht die Unerfahrenheit noch weiter. Wenige der Männer im Justizdienst scheinen etwas

Faktisch konzentrierten sich die Distriktsgerichte zunehmend darauf, einheimische Arbeitskräfte zu disziplinieren. Häufig wurden Strafen wegen „Nachlässigkeit", „Lüge", „Ungehorsam", „Arbeitsverweigerung", oder „Pflichtverletzung" verhängt, die ganze Latte an Vorwürfen, die weiße Herren und Herrinnen gegen Abhängige erhoben, findet sich in den Protokollen. Und nicht selten nutzten Richter ihre Kompetenz, um ihre eigenen Bediensteten zu verurteilen. (Chanock 1985: 107) Diese Art der Strafjustiz war ohne die Peitsche nicht denkbar. „Vier Peitschenhiebe" für das Vergehen, „Zeit zu verschwenden, anstatt Essen zu kaufen"; „fünf bis zehn Peitschenhiebe" für „Entfernung aus dem Krankenhaus während der Behandlung", ebenso viele für „Singen um 11:30 Uhr in der Nähe der Eingeborenenkirche", für „Zuspätkommen" oder für „grobe Respektlosigkeit". Und dann gab es selbstverständlich die zahlreichen Verfahren wegen nicht entrichteter Steuern und die – uns bereits in anderen Zusammenhängen sattsam bekannt gewordenen – Anklagen und Verurteilungen wegen des Bruchs eines Arbeitsvertrages. In Malawi kam es 1922 zu insgesamt 8.500 Verurteilungen, 3.855 davon wegen Steuervergehen. 1.609 weil das Protektorat ohne Pass verlassen worden war und 705 wegen eines Vergehens gegen die *Native Employment* Verordnung. 1928 stellte ein Richter fest, etwa ein Fünftel der in diesem Jahr in Nyasaland ausgesprochenen Verurteilungen hätten sich auf Aktionen bezogen, die auch andernorts als Vergehen gelten würden. (Chanock 1985: 108f.) Die anderen vier Fünftel, müssen wir daraus schließen, wurden nur deshalb zu Vergehen, weil sie von Einheimischen ausgeführt und von Fremden gerichtlich bewertet worden waren.

Eine unterschiedliche Bewertung gleichartiger Vergehen gab es, darauf ist oben bereits verwiesen worden, auch in Australien. Und bis die Einheimischen weitgehend aus den weißen Siedlungsgebieten verdrängt worden beziehungsweise durch Krankheiten, Nahrungsverlust und Hunger zu Tode gekommen waren, gab es kaum Richter, die bemüht waren, Rechtsstaatlichkeit durchzusetzen und noch weniger Fälle, in denen ihnen dies auch tatsächlich einigermaßen gelang. Noch in den 1880er Jahren stellten einige wenige kritisch fest, dass ein *nigger* in Queensland kaum als ein menschliches Wesen betrachtet wurde. Vizeadmiral George Tryon zufolge war diese Situation zustande gekommen, weil kaltblütiger Mord so oft ungesühnt geblieben war. (Fitzgerald 1897: 200; zit. nach : Wiener 2009: 61) Und Arthur Gordon, der jahrelang versucht hatte, die zwangsweise Rekrutierung von Arbeitskräften zu bekämpfen, schrieb seinem Freund Gladstone, er habe die kultiviertesten Männer ebenso über Massaker und individuelle

---

über Rechte gelesen oder über die Probleme der Rechtsprechung nachgedacht zu haben, und fast alle von ihnen erwecken den Eindruck, dass sie in ihrem ganzen Leben noch nie in einem Gerichtssaal waren. ... Der Mangel an Kenntnissen ist nicht so entscheidend; es ist der Mangel an *common sense* und folgerichtigem Denken, die so deprimieren." (Zambia National Archives to 1945: G.I.27/1/10; zit. Chanock 1985: 103, Übers.) Sambia und Malawi waren keine Ausnahmen in den britischen Kolonien in Afrika. Noch 1918 wurde für Nyassaland ein hoffnungsloser Zustand festgestellt: Es gab keine systematische Beweisführung, zentrale Fakten wurden nicht überprüft und die zuständigen Distriktsbeamten sahen sich durch die Justizaufsicht in ihrer Tätigkeit behindert. (Chanock 1985: 252, Fn 3)

Morde an Einheimischen reden hören wie sie über alltäglichen Sport oder die Schlachtung eines Tieres reden würden. (Chapman 1964: 295; hier zit. nach: Wiener 2009: 61)

In den 1880er Jahren kam es in Queensland vereinzelt zu Prozessen. Zu Verurteilungen aber kam es erst, als sich Weiße bereitfanden, gegen Weiße auszusagen. Wiener zufolge entstand die historische Möglichkeit für rechtstaatliche Verfahren zugunsten von Nicht-Weißen, nachdem die blutigen Kriege gegen Einheimische in Queensland die weiße Dominanz gesichert hatten und diese zusätzlich durch die Beschränkung der Immigration asiatischer Arbeitskräfte gesichert worden war. (2009: 70) Auf der Basis einer gewaltsam hergestellten rassischen Dominanz, konnte die *rule of law,* hier verstanden als eine Praxis geregelter Gerichtsverfahren, manchmal auch in den Grenzgebieten Australiens praktiziert werden.

In *Indien* verhielt es sich anders. Als sich die *East Indian Company* in Indien festzusetzen begann, regierte sie formell im Auftrag des Großmoguls. Gleichzeitig war sie von der englischen Krone ermächtigt worden, Gesetze und Verordnungen zu erlassen. Diese legislative Kompetenz stand allerdings unter der Verpflichtung der *non repugnance.* Sie sollte nicht im Widerspruch zu den Gesetzen, Statuten und Bräuchen des Königreichs praktiziert werden.[123] Während sich diese Anforderung an die im Jahr 1600 namentlich aufgeführten *Merchants of London* noch eher als ein *aside* zu all den Ausführungen über den Handel in Ostindien und die institutionelle Binnenstruktur der Handelsgesellschaft fand, war doch immerhin schon festgelegt, dass alle diese *"reasonable laws, Constitutions, Orders or Ordinances"* auch für alle *factors* (Betreiber von Handelsfaktoreien), *masters* (Schiffer) und andere Offiziere gelten sollten, die im Dienst der Gesellschaft standen. Später wurden diese Personengruppen in Indien unter dem Terminus *officials* zusammengefasst und von den *non-officials* unterschieden, von Europäern also, die sich als Pflanzer, *interloper* (Schmuggler) oder in anderer privater Funktion in Indien aufhielten. Die 1661 (also nach der Englischen Revolution) von Charles II erneuerte Charter war präziser formuliert. Sie verlieh der EIC vollständige juristische Autorität über alle Personen, die in ihrem Gebiet lebten, ohne Ansehen ihrer Herkunft.[124]

Entsprechend der besonderen, in sich widersprüchlichen Struktur, welche die Souveränität in Indien bei währender Herrschaft der *East India Company* angenommen hat, entstand im Verlauf des 18. Jahrhunderts nicht nur ein Flickenteppich des Rechts (Hussain 2003: 43), sondern auch ein Flickenteppich der Gerichtsbarkeit. Da gab es zunächst die königlichen Gerichte, die für alle Einwohner Kalkuttas und für alle Europäer in den ländlichen Regionen (*mofussil*) zuständig waren. Daneben gab es die Gerichte der

123 CHARTER granted by Queen ELIZABETH, to the GOVERNOR and COMPANY of MERCHANTS of LONDON, Trading into the East Indies. Dated the 31st of December, in the 43rd Year of Her Reign, Anno Domini, 1600; Anglo-Indian legal history: http://angloindianlaw.blogspot.de/p/documents.html

124 The East India Charter of 1661, zit. nach: J. Shaw, Charters relating to the East India Company from 1600–1761, (Madras government press 1887: 44) zit nach: Anglo-Indian legal history: http://angloindianlaw.blogspot.de/p/documents.html.

Handelsgesellschaft für die ländlichen Regionen, in deren Rechtsprechung einheimische Traditionen und Verordnungen der Handelsgesellschaft eine mehr oder minder zufällige Verbindung eingingen. Im Hinblick auf alle Aspekte des Familienlebens, faktisch also für alle Aspekte der materiellen Reproduktion sowie der häuslichen Abhängigkeits- und Befehlsverhältnisse sollte einheimisches Recht gewahrt bleiben. Das schloss, darauf wurde oben bereits verwiesen, die Arbeit von Sklaven in Haushalten mit ein. Lediglich Witwenverbrennung und die Tötung von Säuglingen sollten nicht länger straffrei bleiben, auch sollten die Anschläge auf Reisende und deren Besitz in Zukunft schärfer bestraft werden. Als Richter fungierten Angestellte der *East India Company*, viele von ihnen ohne juristische Ausbildung. Für ihre Entscheidungen berücksichtigten sie jene Prinzipien des *Common Law*, von denen sie (zufällig) erfahren hatten, immer neue und oft schnell wechselnde Verordnungen der Handelsgesellschaft sowie einheimisches Recht. In den *Company Courts* wurde zwar weitgehend auf Formalitäten verzichtet, wohl aber verlangten britische Offizielle immer wieder, dass Inder ohne Schuhe vor ihnen erschienen. Ebenso wie ein Europäer in Schuhen zu erscheinen, wurde als Anspruch auf Gleichheit interpretiert, folglich als Anmaßung. Bis 1832 wurden islamische Rechtsgelehrte als Geschworene in die Gerichte der Handelsgesellschaft berufen. Sie konnten die Regeln der *fatwa* zwar nicht immer durchsetzen, sie in Verfahren aber immerhin zu Gehör bringen. Ihre untergeordnete Rolle wurde aber auch dadurch deutlich, dass sie sich während einer Gerichtsverhandlung nur setzen durften, wenn ihnen dies ausdrücklich zugestanden worden war. (Singha 1998/2000: 294f.; 291f.)

Diskriminierten britische Offizielle Einheimische in Gerichten, so brachten sie damit zum Ausdruck, dass sie Repräsentanten einer Institution waren, die über Einheimische zu herrschen beanspruchte. Doch unterschied sich solche Diskriminierung von der strukturellen Rechtsungleichheit, die in Indien etabliert wurde, als sich der Zweck der Kolonialherrschaft änderte. Solange dieser Zweck vor allem darin bestanden hatte, die Aneignung von Tributen sicher zu stellen, waren Versuche einer tatsächlichen Regierung begrenzt geblieben. An der Wende vom 18. zum 19. Jahrhundert wurde Indien aber zunehmend als ein potentieller Markt für die Lieferung von Rohstoffen sowie für den Absatz britischer Produkte wahrgenommen. 1813 wurde das Handelsmonopol der EIC aufgehoben und damit Freihandel für den indischen Markt eingeführt. (1833 wurde der *Company* jede Handelstätigkeit untersagt.) Seither war die *East India Company* bestrebt, Indien zu regieren. Dadurch wurde Indien zu einem Experimentierfeld für die „Zivilisierung“ kolonialherrschaftlich unterdrückter Einheimischer. (Hussain 2003: 60)

Sowohl innerhalb des Kolonialstaates als auch im Metropolland war umstritten, ob es besser sei, eine strikt autoritäre Herrschaft über eine Bevölkerung zu errichten, die solche Herrschaft gewohnt gewesen sei oder aber moderne Regierungsinstitutionen und britische Konzepte von Eigentum durchzusetzen. (Hussain 2003: 57) Erfolgreich waren jene, die den Export der *rule of law* nicht nur als die wichtigste Gabe der britischen Kolonialmacht an Indien und die Welt verstanden wissen wollten, sondern auch als das beste Instrument für die Zurichtung des Landes zur besseren ökonomischen Ausbeutung. Dabei ging es – Nasser Hussain hat dies gut belegt – weniger um die Einführung bestimmter Inhalte englischen Rechts, als um die Etablierung gesetzmäßiger Verfahren. (2003: 65 und passim) Sie bewirkte einen Wandel von faktischer zu formell institutionalisierter Rechtsungleichheit.

Erstere hatte sich vor allem daraus ergeben, dass die Handelsgesellschaft bestenfalls imstande war, ihre eigenen Angestellten zu kontrollieren, nicht aber alle anderen Europäer, die sich in Indien aufhielten. Als das Londoner Aufsichtsgremium der Gesellschaft (*Board of Governors)* einen Bericht über alle Europäer in Auftrag gab, die sich zwischen 1766 und 1824 in Indien aufgehalten hatten und wegen unzulässigen Verhaltens des Landes verwiesen worden waren, umfasste dieser Bericht über *"European Misconduct in India 1766–1824"* fünfundzwanzig Bände mit insgesamt annähernd 20.000 Seiten. (zit. Kolsky 2010: 43) Und das war nur der Bericht aus Bengalen. Die ebenfalls zusammengestellten Berichte aus Madras und Bombay sind dem *Board of Governors* nie vorgelegt worden. Elizabeth Kolsky zufolge handelte es sich bei den meisten, die in diesem Report als Missetäter aufgeführt – und von der Gesellschaft auf deren Kosten deportiert – worden waren, um Vagabunden, Räuber, entflohene Gefangene, desertierte Soldaten und Seeleute , um Pflanzer oder Betrüger, die unwillig oder unfähig waren, regelmäßiger Arbeit nachzugehen. Sie stellten eine Gefahr für Inderinnen und Inder, für andere Europäer und auch für die EIC dar, letzteres vor allem, weil ihre Lebensweise deutlich machte, dass der Kolonialstaat nicht in der Lage war, für Recht und Ordnung zu sorgen. (2010: 44) Als Warren Hastings, von 1773 bis 1785 *Governor General* von Indien, von einem Komitee des Oberhauses über Kolonialpolitik befragt wurde, stellte er fest, diese Männer verwechselten ihre nationale Herkunft mit dem Recht, zu dominieren. In unangemessener Weise redeten sie davon, dass „*Wir* die Herren des Landes geworden sind". (Basu 1925: 31; zit. nach Kolsky 2010: 37, Übers.)

Deportationen waren nicht nur kostspielig, oft waren sie auch schwierig zu bewerkstelligen, weil sich die Kapitäne von Handelsschiffen weigerten, die Verurteilten an Bord zu nehmen. Folglich musste die Gesellschaft besondere Deportationsschiffe chartern. Nach einiger Zeit tauchten viele der Deportierten dennoch erneut in Indien auf. (Kolsky 2010: 47)

Dass es der Handelsgesellschaft so gut wie unmöglich war, *Non-Officials* vor Gericht zu bringen, war einerseits Ausdruck der faktischen Rechtsungleichheit, gleichzeitig aber auch der in unterschiedlicher Zuständigkeit von Gerichten institutionalisierten formalen Rechtsungleichheit. Denn die *Company Courts* in den ländlichen Gebieten konnten gegen Europäer nur wegen rechtswidriger Übergriffe auf Eigentum oder wegen tätlicher Angriffe verhandeln. Für Verbrechen waren ausschließlich die Königlichen Gerichte in den Verwaltungszentren (*presidencies*) zuständig. Das aber bedeutete, dass es für Einheimische kaum möglich war, Klage gegen einen Europäer zu erheben. Denn nicht nur die Angeklagten mussten in die weit entfernten Verwaltungszentren gebracht werden, sondern es mussten auch Zeugen bereit und in der Lage sein, sich während der womöglich wochenlangen Dauer eines Prozesses im Gerichtsort aufzuhalten. Bestenfalls sehr vermögende Einheimische hatten je die Chance, vor einem solchen Gericht Gerechtigkeit zu erlangen. (Kolsky 2010: 93)

Hatten Europäer einen ebenfalls aus Europa stammenden Mann oder eine Frau ermordet, so drohte ihnen – zumindest in der ersten Hälfte des 19. Jahrhunderts – auch in Indien die Todesstrafe. Hatten sie indische Untergebene ermordet, so wurden sie in aller Regel freigesprochen. Zumeist wurde ihnen ein Recht auf körperliche Züchtigung auch dann zugestanden, wenn die Art der Züchtigung den Tod eines Untergebenen zur Folge hatte. Im Lauf des 19. Jahrhunderts wurde es zudem üblich, den schlechten Gesundheitszustand eines Opfers für die fatale Wirkung einer Züchtigung verantwortlich zu machen. (Kolsky 2010: 56f.) Ähnlich verhielt es sich im Falle der seltenen Anklagen wegen Vergewaltigung. Wurden Europäer tatsächlich verurteilt, so erhielten sie weder dieselben Strafen wie Einheimische, noch wurden sie je dazu verurteilt, eine Gefängnisstrafe im Land – und folglich zusammen mit Einheimischen – zu verbüßen. Verurteilte Europäer wurden ausgewiesen.

Die weite Auslegung des Züchtigungsrechtes von Herrinnen und Herren ließ sich aus dem (bereits mehrfach erwähnten) *Master-and-Servant*-Gesetz ableiten, das im gesamten *Empire* in Geltung war. Damit galten in den Kolonien zwar auch die in diesem Gesetz enthaltenen patriarchalischen Elemente der Fürsorge, faktisch hatten diese in Indien aber keinerlei Bedeutung. Radhika Singha zufolge wurde schlicht unterstellt, dass indische Bedienstete, so sie denn vor die Wahl gestellt würden, entweder ausgepeitscht, geprügelt, getreten und geboxt oder aber entlassen zu werden, die erstere Behandlung vorziehen würden. (1998: 152) Sollte eine oder einer doch entfliehen und eine Herrin oder ein Herr auf Strafe sinnen, so wurde ein formloser, aber faktischer Vertrag unterstellt, dessen Bruch in Indien ebenso wie in England als Straftatbestand verfolgt werden konnte. Entsprechendes galt für alle anderen Arbeitskräfte.

Neben dem *Master-and-Servant*-Gesetz gab es in Indien (seit 1814) zusätzliche Bestimmungen. Köche, die nicht dafür gesorgt hatten, dass ihr Herr sein Abendessen vorfinden werde, Kutscher, die sich nicht ausreichend um die Hunde und Pferde ihrer Herren kümmerten, Reinigungskräfte, die ihre Pflichten nicht sorgfältig erfüllten, sie alle und viele andere konnten auch von Gerichten verurteilt werden. Vor Prügeln waren auch die Bediensteten britischer Offiziere nie sicher. In den 1840er Jahren fand der Prediger Charles Acland, dass Bedienstete in Indien schlechter behandelt wurden als Sklaven in Jamaika und illustrierte diese Aussage mit der Tatsache, dass ein Offizier seinen Leibdiener einmal nur deshalb geschlagen habe, weil er dies schon länger unterlassen hatte und deshalb befürchtete, der Mann könne faul werden. (Acland 1879: 43f.; zit. nach: Singha 1998: 151)

Für Bedienstete im Sold eines britischen Offiziers waren die konkreten Bedingungen ihres Lebens von den allgemeinen Anforderungen an Untergebene und vom Charakter und den Launen des jeweiligen Vorgesetzten abhängig. Arbeitskräfte in den Teeplantagen – in Assam wurden sie als „Teegärten" bezeichnet – waren aber einem regelrechten

Regime systematischer grausamer Ausbeutung ausgesetzt, und dies in einer Region besonders unerträglicher klimatischer Bedingungen.

Während der gesamten Dauer britischer Kolonialherrschaft gab es in Indien aber auch den formalen Rechtsstatus einer Sklavin oder eines Sklaven. Ob deren Alltage schwerer oder leichter zu ertragen waren als diejenigen eines Leibdieners, der sich den Launen seines Herren ausgesetzt sah oder diejenigen von Arbeiterinnen und Arbeitern in den Teegärten, muss hier nicht diskutiert werden. Für unseren Zusammenhang ist vor allem von Bedeutung, dass Sklaverei in die offizielle Herrschaftskonzeption der *rule of law* integriert werden konnte. Das war möglich, weil der offiziell verkündete und auch tatsächlich praktizierte „Respekt" gegenüber den Traditionen des Landes die Kolonialregierung der Verpflichtung enthob, gegen Sklaverei vorzugehen.[125] Als 1833 die Erneuerung der *Charter* der *EIC* anstand, wurde das Verbot der Sklaverei zur Bedingung gemacht. Das blieb ohne Wirkung, weil es sich in Indien angeblich nahezu ausschließlich um Sklavinnen und Sklaven handelte, die in Haushalten beschäftigt waren.[126] Kritiker verwiesen darauf, dass die Tatsache eines weitverbreiteten und regen Handels mit Sklaven dem Bild der traditionellen Haussklaverei und folglich der zugestandenen Rechtsautonomie in Familiensachen widersprach. Zudem verwiesen sie darauf, dass das Recht, Sklaven zu kaufen und zu verkaufen, den Raub von Kindern begünstige und es Ehemännern erleichtere, ihre Frauen gewinnbringend loszuschlagen. Vor allem in Nordindien wurde im 19. Jahrhundert vorzugsweise mit Frauen und Kindern gehandelt. (Singha 1998: 154) Während britische Richter in Bengalen aufgegriffene entflohene Sklavinnen zunächst regelmäßig ihren Eigentümern zurück erstattet hatten, verweigerten sie diesen Schutz des Eigentums im 19. Jahrhundert dann allerdings häufiger. Daraufhin gingen Sklavenbesitzer vielfach dazu über, ihre Sklavinnen formell „zur Frau zu nehmen". Auf diese Weise wurde es ihnen möglich, im Falle einer Flucht ein Gericht anzurufen, auf dass „ihre Frau" zur Rückkehr gezwungen werde. (Stein 1998: 155)

Zwar bewirkte die zunehmende Kritik an der Sklaverei, dass Angestellte der *EIC* seltener Sklaven hielten. Aber erst 1843 wurde ihnen dies auch offiziell dadurch erschwert, dass ihnen Handelsgeschäfte mit Sklaven untersagt wurden. Zugleich wurden Gerichte aufgefordert, in Zukunft nicht mehr die Rechte von Sklavenbesitzern gegenüber Sklaven zu schützen. Beseitigt war die Sklaverei damit nicht.

---

125 Zweifelsohne war Sklaverei in Indien eine sehr alte Tradition. Die meisten der Sklavinnen und Sklaven waren Angehörige der niedrigsten Kaste. Vereinzelt wurden allerdings auch Kinder aus der höchsten Kaste in die Sklaverei verkauft. Es gab Sklaven in allen Bereichen der indischen Ökonomie, in Haushalten, in handwerklicher Produktion und in der Landwirtschaft. Und nicht nur vermögende Inder, sondern auch viele Angestellte der *East India Company* hielten sich Sklaven. Als das britische Parlament 1808 den Sklavenhandel kriminalisierte, wurde versucht, den Export von Sklaven aus Indien zu unterbinden, dies aber womöglich vor allem, weil es holländische und französische Händler waren, die diesen Handelssektor dominierten. (Stein 1998: 217-219)

126 Duncan Kennedy hat darauf hingewiesen, dass auch die französische Kolonialpolitik – aller „direkten Herrschaft" zum Trotz – Familienstrukturen nicht regulierte. (2006: 34)

Wie in jedem anderen Kolonialstaat kam es auch in Indien immer wieder zu einheimischem Widerstand. In der nationalen britischen Historiographie stand – und steht – aber vor allem der Aufstand des Jahres 1857 zur Debatte. Zumeist wurde (und wird) er als Meuterei bezeichnet und diese dadurch erklärt, dass in der Kolonialarmee Papierkartuschen für Gewehre eingeführt wurden. Um die in der Kartusche enthaltene Patrone und das Schießpulver nutzen zu können, musste deren Spitze abgebissen werden. Zum Schutz gegen Feuchtigkeit waren die Kartuschen mit Schweine- oder Rinderfett eingestrichen. Die Kartuschen zu berühren, hätte in einem Falle von Muslimen und im anderen von Hindus die Verletzung religiöser Vorschriften verlangt. Verstärkt wurde die in den Augen einheimischer Soldaten unerträgliche Provokation durch Gerüchte über einen geplanten Angriff britischer Truppen auf einheimisches Militär. Am 10. Mai ermordeten *sepoys* in Meerut ihre Offiziere, deren Frauen und Kinder. Am darauffolgenden Tag wurden Briten und einheimische Christen in Delhi ermordet. In den folgenden Monaten wurden Gerichte, Verwaltungsgebäude und Missionsstationen zerstört, Briten und einheimische Christen ermordet. Auch gefangen genommene Frauen und Kinder wurden hingemetzelt. Der Aufstand blieb nicht auf Soldaten und auch nicht auf Bengalen begrenzt. Auch kam es während des ganzen Jahres 1857 und auch noch im darauf folgenden Jahr immer wieder zu Angriffen durch untergetauchte Aufständische. Insgesamt aber war der Aufstand innerhalb weniger Wochen weitgehend niedergeschlagen worden – und dies ganz überwiegend mit loyal gebliebenen einheimischen Soldaten.

Im Vereinigten Königreich bewirkte „die Meuterei" Schock, Wut und Rachegelüste. Und Rache wurde in Indien ausgeübt: schnell und sehr gründlich.

Anders als heute zumeist unterstellt, gab es unter Zeitgenossen aber nicht nur den verbreiteten Aufschrei der Empörung und die Forderung nach Rache. Nicht wenige – so jedenfalls die gut belegte Argumentation von Christopher Herbert (2008) – nahmen den Aufstand zum Anlass für eine grundlegende Kritik der Kolonialherrschaft. Allen voran Disraeli, der sich in einer langen Rede vor dem Unterhaus dagegen verwahrte, den Aufstand auf eingefettete Kartuschen oder Ähnliches zurück zu führen und statt dessen den weitverbreiteten, keineswegs auf Bengalen beschränkten und sehr berechtigten Groll gegen die Kolonialherrschaft zur Ursache erklärte, dadurch dem Bestreben widersprechend, die ganze Angelegenheit als eine Meuterei abzutun. (paraphrasiert bei Herbert 2008: 9) Auch Gouverneur Canning soll schnell aufgehört haben, von einer Meuterei zu reden, um stattdessen von „Rebellion" oder Revolte" zu sprechen. (Kaye & Malleson 1897–1898/1971: 452)

1858 beendete die englische Krone die politische Souveränität der *East India Company* und machte sich zur Erbin des Kolonialstaates in Indien. Zwei Drittel der Angehörigen der (bislang privaten) indischen Kolonialarmee wurden entlassen. Durch die ständige Stationierung britischer Soldaten in Indien wurde die britische Militärmacht verstärkt. Ende des 19. Jahrhunderts waren 75.000 britische Soldaten, mehr als ein Drittel aller damals aktiven britischen Soldaten, in Indien stationiert. Die Wirkung dieser Stationierung war zweischneidig. Einerseits sollte sie die Staatsmacht stärken, andererseits gefährdeten Soldaten ständig die öffentliche Ordnung. Von den 1901 offiziell dokumentierten 199 Angriffen, die Europäer gegen Einheimische verübt hatten, waren 149 von Angehörigen des Militärs ausgeübt worden. (Wiener 2009: 139) Offizielle Politik hat derartige Übergriffe gefördert. Als Sir W.W. Hunter zwölf Jahre nach der im Jahre 1885 durchgeführten „Pazifizierung" der Santal im Grenzgebiet zwischen Bengal und Orissa Erkundigungen einzog, wollten die damals beteiligten Offiziere nicht über die Niederschlagung des Aufstandes reden. Von den Soldaten notierte er, dass es keinen gegeben habe, der sich nicht geschämt habe, an dieser Expedition beteiligt gewesen zu sein. (Hunter1868/1897: 248; zit. nach Kiernan 1982/1998: 116) Immerhin handelte es sich darum, dass gut gedrillte, modern bewaffnete Truppen gegen Menschen eingesetzt wurden, die ausschließlich Pfeil und Bogen zur Verfügung hatten.[127] In Grenzkriegen, in denen disziplinierte Truppen gegen wenig bewaffnete Bauern kämpften, sei weder Ruhm noch Erfahrungen in der Kriegskunst zu erwerben, schlussfolgerte Hunter.

Für 1913 hat Bouda Etemad die Zahl von 247 500 indischen Söldnern in der indischen Kolonialarmee ermittelt. (200/2007: 47) Und 1928 schrieb Motilal Nehru: *"Our Army is a mercenary army employed by foreigners to put down their own countrymen, and to keep them under foreign heels."* (Cohen, 2. Aufl. 1990: 94; hier zit. nach Killingray 1999: 10) Dem hätten Zeitgenossen in vielen Kolonien zustimmen können.

Nicht nur die militärische Schlagkraft des Kolonialstaates wurde nach dem Aufstand verstärkt, es kam auch zu einer Stärkung privater sowie kolonialstaatlicher Strafgewalt: Die Teepflanzer in Assam erhielten erneut das Recht zugestanden, in eigener Vollmacht Arbeitskräfte einzusperren. Erst 1903 ist ihnen dieses Recht wieder entzogen worden. Zusätzlich wurde die Vorherrschaft aller Europäer (und nicht mehr nur der *officials* der EIC) abgesichert. Vor dem Aufstand waren die Proteste der im Land lebenden *non-officials* gegen die Tatsache, dass sie vor lokalen Gerichten erscheinen sollten, die ohne (europäische) Geschworene verhandelten, noch erfolglos geblieben. Nach dem Aufstand konnten sie mit der Unterstützung des Kolonialstaates rechnen. 1861 wurden die Privilegien britischer Untertanen im *Code of Criminal Procedure* festgeschrieben. Fortan sollte kein indischer Richter mehr berechtigt sein, eine Voruntersuchung gegen einen Briten einzuleiten, ihn oder sie zu inhaftieren oder sie an den *Supreme Court* zu überweisen. Konkret bedeutete dies, dass in Verwaltungsbezirken, in denen ein Inder dem königlichen Gericht vorstand, kein Brite mehr verurteilt werden konnte. Von der *British Indian Association* wurde das Gesetz völlig zutreffend als ein Ausnahmegesetz bezeichnet. (BL, IOR1860, zit. nach Kolsky 2010: 86) 1872 wurde die Prozessordnung erneut revidiert. Auch von Lokalgerichten konnten britische Untertanen jetzt nur noch durch britische Richter verurteilt werden. Die in jeder Kolonialherrschaft prinzipiell enthaltene Rechtsungleichheit zwischen Einheimischen und fremden Herren war damit

127 Bei dem Aufstand der Santal hatte es sich zunächst nicht um eine Erhebung gegen die Kolonialherrschaft gehandelt, sondern um eine Armenrevolte gegen Wucherer, Landeigentümer und beider Unterstützung durch britische Gerichte. (Kiernan 1982/1998: 115)

auch in Indien eindeutig institutionalisiert worden. In den Folgejahren stieg die Zahl der indischen Richter, deren Qualifikation sie berechtigte, auch höheren Gerichten vorzusitzen. Als der damalige Gouverneur Lord Ripon eine gesetzliche Grundlage zu schaffen versuchte, damit sie tatsächlich ernannt werden konnten, kam es zu vehementen Protesten. Angeführt wurden sie von den Tee- und Indigo-Pflanzern in Assam, die befürchteten, dass Todesfälle, die durch ihre Disziplinierungsmaßnahmen verursacht worden waren, in Zukunft von Gerichten unter Leitung eines Inders untersucht werden könnten. Der 1884 erreichte Kompromiss für das sog. Ilbert-Gesetz sicherte europäischen Briten zu, dass mindestens die Hälfte der für einen Prozess zu berufenden Schöffen Briten sein müssten.[128]

Gegen Ende des 19. Jahrhunderts nutzten in England ausgebildete indische Anwälte immer wieder die Möglichkeiten, die ihnen das offizielle Credo einer der Legalität verpflichteten Kolonialherrschaft eröffnete. Unterstützt wurden sie dabei von der rasch wachsenden kritischen einheimischen Presse. Dabei bedienten sich Journalisten vorzugsweise der Argumentationsmuster des britischen Legalismus. (Wiener 2009: 185) Ihre Artikel fanden weite Verbreitung. In den 1890er Jahren sollen die Berichte über Gerichtsverfahren auch Bauern und Arbeitern zur Kenntnis gekommen sein. (Schachar, zit. nach Wiener 2009: 144) 1878 war eine Pressezensur eingeführt, 1881 aber wieder aufgehoben worden. 1908 (nach Attentaten) wurde sie dann aber erneut eingeführt. (Wiener 2009: 145)

Burton Stein zufolge hat der Aufstand den Versuch beendet, Inder zu Engländern zu machen. (1998: 334) Allerdings habe sich im Kolonialstaat dann auch die Einsicht durchgesetzt, dass eine Modernisierung des Landes nicht gelingen könne, ohne zumindest die Ansichten und Interessen von in Indien führenden Kreisen in Betracht zu ziehen. Wie überall begrenzte die Sorge vor einer Destabilisierung der Kolonialherrschaft die Reichweite einer Strategie, die auf Kollaboration abzielte. Für die allermeisten Inderinnen und Inder bedeutete diese Strategie ohnehin weder eine Verringerung ihrer Belastungen, noch eine Verringerung ihrer fundamentalen Ungleichheit vor dem Gesetz. 1903 wurde angeordnet, dass im offiziellen Schriftverkehr der Terminus *"native"* durch *"indian"* zu ersetzen sei. (Wiener 2009: 181, Anm. 75) Eine Sprachregelung immerhin.

128 Am Beispiel eines 1903 verhandelten Falles kann ersehen werden, welche Grenzen der *rule of law* unter kolonialen Bedingungen gesetzt waren, aber auch welche – wenn auch sehr geringen – Möglichkeiten sie Richtern offerierten, die sie zu nutzen versuchten: Als 1903 der Manager einer Kohlenzeche einen Kuli erschoss, der seine Vorfahrt auf einer Straße behinderte, wurde er freigesprochen: von einem Gericht, dem vier Europäer und ein Inder angehörten, Letzterer ein Freund des Verteidigers. In diesem Fall ordnete der *High Court* eine Revision an. Die danach ausgesprochene Strafe von drei Jahren Gefängnis – auch dies eine Strafe, in welcher die Ungleichheit vor dem Recht weiterhin Bestand hatte – wurde durch einen britischen Richter danach wieder reduziert. (Wiener 2009: 181f.)

Dritte theoretische Zwischenbemerkung: kapitalistische Kolonialherrschaft

Volkswirtschaftlich gesehen war der ökonomische Nutzen von Kolonialherrschaft für kapitalistische Metropolländer begrenzt. Einzelne profitierten jedoch immens vom Raub an Rohstoffen und von der mittels kolonialer Staatsgewalt durchgesetzten extremen Ausbeutung von Einheimischen. „Imperialismus vor Ort" blockierte autonome ökonomische Entwicklungen in Kolonien und schuf damit spezifische Möglichkeiten der Ausbeutung in nachkolonialen Gesellschaften.

Ähnlich wie Joseph Schumpeter (1919: passim) unterstellt auch David Harvey allen Staaten „eine territoriale Logik der Macht" (2003, 103f.) Eine derart überhistorische Konzeption von Imperialismus ist den spezifischen Ausprägungen internationaler Kapitalstrategien aber nicht angemessen. Und das gilt nicht erst für die Phase des globalisierten Kapitalismus, sondern bereits für die Phase des Kolonialismus. Wohl sind uns bei den exemplarischen Hinweisen auf die Vertreibung von Einheimischen in Australien, Algerien und den USA vor allem Landspekulanten begegnet, die ihren Sitz in den großen Kolonialmächten (darunter den USA) hatten, doch sahen sich die kleineren Kolonialmächte, also Belgien, Portugal oder Deutschland, gezwungen, auch Konzessionen zur Ausbeutung von Rohstoffen und der Arbeitskraft von Einheimischen an Kapitaleigner aus anderen Metropolstaaten zu verleihen. Wo immer Bergbau betrieben, wo Tee, Kaffee oder Kakao in Plantagen produziert wurde, wo Eisenbahnen und Häfen gebaut und Handel organisiert wurde, treffen wir auf europäisches Kapital – und zwar vielfach auch auf Kapital aus Metropolländern, die nicht die Territorialgewalt in einer bestimmten Region aufgerichtet hatten.[129] Ganz unabhängig von ihrer „nationalen Herkunft" profitierten Investoren davon, dass die Fiskalgewalt der Kolonialstaaten auf eine Art und Weise eingesetzt wurde, die dazu führte, dass Einheimische ihre Vertreibung selbst finanzierten, und dass die Arbeitskraft ihres Landes beraubter Einheimischer internationalem

129 Weil die deutsche Kolonialgesellschaft DKGfSWA (Deutsche Kolonialgesellschaft für Südwest Afrika) zwar Gewinne machte, ihre Strategie aber dennoch nicht als aussichtsreich angesehen wurde, gestattete die deutsche Regierung britischem Kapital, in Deutsch-Südwestafrika Fuß zu fassen. 1892 wurde eine Konzession für das Damaraland an die *South West Africa Company* verliehen. Zu diesem Zweck wurde das den Herero gehörende Land von der Kolonialabteilung zum Niemandsland erklärt. Formal wurde dies damit begründet, dass es bislang nicht von der DKGfSWA kontrolliert worden war. Die SWA Company verfügte damit über 74.000 km² an Bergwerksgebieten, 13.000 km² Land und das Monopol für den Eisenbahnbau nördlich des Steinbockwendekreises (Nissen 1978: 31) Richard A. Voeltz hat die Geschichte einer britischen Konzessionsgesellschaft, der *South West Africa Company,* die in Deutsch-Südwestafrika tätig war, eingehend analysiert. Als es 1909 zu einer öffentlichen Debatte über den großen Einfluss dieser fremden Gesellschaft in der deutschen Kolonie kam, wurde von offizieller Seite betont, ein Viertel der Aktien seien im Besitz von Deutschen und nur zwei von den sieben Direktoren seien Engländer. (1988: 88 und passim)

Kapital dienstbar gemacht wurde.[130] Kapitaleigner konkurrieren untereinander, so auch in Kolonien. Sie waren dabei aber nicht darauf angewiesen, dass koloniale Staatsgewalt einem spezifischen „Mutterland" verbunden war. Kolonialherrschaft bot vielen Einzelnen Wohlstand, anderen bot sie Karrieren und den allermeisten Beteiligten die Bestätigung ihrer Überlegenheit. Ökonomisch war sie dennoch ein eher schlechtes Geschäft.[131] Außer in Zeiten besonders hoher Nachfrage waren Profite, die in Plantagen oder Bergwerken erwirtschaftet werden konnten, nicht untypisch höher als diejenigen in entwickelten kapitalistischen Ländern. Und der von Großbritannien favorisierte und durchgesetzte Freihandel bewirkte zwar, dass Importe aus den Kolonien sehr billig waren, gleichzeitig beschränkte er aber die Möglichkeit von Exporten in Kolonien und förderte Unterbeschäftigung im Metropolland. (Brown 1972: 54f.)

Es waren weder Kapitalexporte, noch die Höhe der in Kolonien erzielten Profite, welche dazu führten, dass der Imperialismus vor Ort die moderne Welt des Kapitalismus geprägt hat. Sehr viel bedeutsamer waren das Bestreben europäischer Siedler und Investoren, vor Ort und aktuell so viel als möglich aus dem Reichtum eines bestimmten Territoriums und aus der Arbeitskraft kolonial beherrschter Menschen herauszupressen. Denn die welthistorische Bedeutung des Imperialismus in der Zeit kolonialer Territorialherrschaft lässt sich nicht zureichend erschließen, indem wir klären, ob die Suche nach neuen Investitionsmöglichkeiten und die Möglichkeit, sich Rohstoffe und Produkte in Übersee billig anzueignen, existenznotwendig für den internationalen Kapitalismus waren oder nicht. Entscheidend war – und

---

130 Diese Formulierung widerspricht Imperialismuskonzeptionen, die in marxistischen Debatten lange dominant waren. Ein guter Überblick über die verschiedenen Ansätze findet sich in: Kemp (1972: passim) sowie Brown (1972 passim) Imperialismus wurde als eine bestimmte historische Phase des Kapitalismus verstanden, deren Dynamik in den Konzentrationsprozessen des Kapitals in den Mutterländern begründet lag. Weil die so entstandenen wirtschaftlichen Monopole – so die überwiegende Auffassung – mit politischer Macht verschmelzen, ist kapitalistische Konkurrenz im Imperialismus zugleich eine Konkurrenz um territoriale Vorherrschaft – nur vorübergehend stillgestellt durch vertraglich abgesicherte oder faktisch akzeptierte Vorherrschaft in bestimmten Regionen. Trotz solcher vorübergehenden Stillstellung bleibt bewaffnete Konkurrenz zwischen Staaten, also Krieg, ein Strukturelement des Imperialismus. Diese Argumentation leuchtet ein, um Stand zu halten, müsste sie aber durch Forschungen zur empirischen Bedeutung der Aneignungsstrategien von Monopolen in Übersee bestätigt werden. Das ist nur sehr bedingt der Fall. So haben Forschungen zu konkreten ökonomischen Strategien inzwischen deutlich gemacht, dass der Kapitalexport monopolisierter Unternehmungen in Kolonien vergleichsweise begrenzt war. Der überwiegende Teil von Kapitalexporten ging nicht in die Kolonien, sondern in bereits kapitalistisch entwickelte Staaten.

131 H.L. Wesseling diskutiert die vorliegenden Versuche zur Quantifizierung der Profitabilität von Kolonien. Er stimmt zu, dass das britische Kolonialreich insgesamt nicht profitabel war, einzelne Kapitalisten aber sehr wohl erheblich profitierten. Für Frankreich stimmt er zu, dass die französische Industrie zwischen 1880 und 1930 sowohl im Hinblick auf Exporte als auch auf Importe vom Protektionismus der Kolonialpolitik profitierten, dass dieser Schutz der französischen Industrie danach aber schadete. (2004: 246f.)

ist! – nicht das Maß ökonomischer Rationalität der ökonomischen Ausbeutung von Kolonien, entscheidend sind vielmehr die Tatsache dieser Ausbeutung und ihre politische Form. Denn anders als in metropolen kapitalistischen Gesellschaften war Staatsgewalt in Kolonien unmittelbares Instrument kapitalistischer Akkumulationsstrategien.

Und diese politische Ökonomie des kolonialen Kapitalismus hat die Bedingungen für postkoloniale Entwicklungen entscheidend geprägt – und prägt sie in weiten Teilen der Welt bis heute. Folglich geht es darum, die Bedeutung kolonialer Staatsgewalt für die Entwicklung des internationalen Kapitalismus ernst zu nehmen. Zunächst ein Beispiel: obwohl der Besitz und sogar das oberste Management der großen Teegärten in Assam in London lokalisiert waren, trat den Arbeitskräften in Assam dennoch nicht „englisches Kapital" gegenüber. Denn indem englisches Kapital in Indien agierte, wurde es zu Kapital dieser Kolonie. Sein Einsatz erfolgte unter den Bedingungen, die in eben dieser Kolonie damals herrschten. (Sie sind oben bereits etwas genauer erläutert worden). Während Kapital in England zur Zeit des ersten großen Booms der Teeproduktion in Assam, also in den 1870er Jahren, mit (teilweise bereits gewerkschaftlich) organisiertem Protest von Arbeitskräften und staatlichen Kontrollen zu rechnen hatte, agierte aus England stammendes Kapital in Indien unter ganz anderen, für Kapitale sehr viel günstigeren Bedingungen. Insofern diese Bedingungen vom Kolonialstaat gesetzt oder geduldet wurden, wurde aus englischem Kapital produzierendes Kolonialkapital. Weil aber der Kolonialstaat nicht nur auf die Interessen und Produktionsbedingungen des in Teegärten investierten Kapitals reagierte, sondern auf die Interessen aller in der Kolonie agierenden Kapitalbesitzer und damit auch auf die Notwendigkeit, Kolonialherrschaft zu stabilisieren, wurde das hier beispielhaft herangezogene Kapital, das in Assam investiert war, zu einem Teil des Gesamtkapitals der Kolonie Indien. In marxistischer Terminologie macht dies den Kolonialstaat zum ideellen Gesamtkapitalisten des in dieser Kolonie agierenden Kapitals.[132]

Dasselbe gilt für alle Kolonialstaaten. Sie blieben der Regierung des jeweiligen Metropolstaates untergeordnet, agierten zugleich aber im Interesse der ökonomisch in Übersee agierenden Fremden. Kolonialstaaten sicherten Landerwerb – und dies nicht nur durch die Niederschlagung von Widerstand, sondern auch durch die juristische Etablierung und gewaltsame Absicherung der Konzeption des Privateigentums. Außerdem schützten Kolonialstaaten Aneignungsinteressen von Europäern, indem sie faktische und potentielle einheimische Konkurrenz beschränkten. Wenn frühere Akteure des Exports einheimischer Produkte durch ausländische Händler vertrieben und damit auf lokalen Kleinhandel beschränkt

132 Obwohl sie die Bedeutung von Kolonialstaaten für die Theorie des Imperialismus nicht in Betracht ziehen, habe ich Anregungen für meine eigene Argumentation von Jannis Milios & Dimitris P. Sotiropoulos bezogen. (2010: passim)

wurden, so konnte es sich um das banale Resultat ökonomischer Konkurrenz handeln,[133] sofern jedoch Regierungen der Metropolstaaten Konzessionen an große ausländische Gesellschaften vergaben, war der Kolonialstaat beauftragt, Monopole zu fördern, die Preisdiktate durchsetzen konnten. Zwischen den Weltkriegen wurden Agrarprodukte in Westafrika oft gegen so geringe Summen aufgekauft, dass es sich für Bauern ökonomisch kaum noch lohnte, überhaupt marktfähige Produkte anzubauen. (Crowder 1968/1970: 301) Solche Preisdiktate, vielfach wurden sie durch Absprachen zwischen Konzessionsgesellschaften abgesichert, trafen auch Siedler. Die Interesseneinheit, die Kolonialherrschaft unter Europäern zustande brachte, beschränkte sich auf den Erhalt dieser Herrschaft. In vielen anderen Hinsichten gab es – insbesondere in Siedlungskolonien – auch unterschiedliche und sogar gegensätzliche Interessen. Diese kamen beispielsweise auch zum Tragen, wenn sich Konzessionsgesellschaften in Rhodesien und Südafrika der Konkurrenz durch die kleinen Schürfer, darunter neben Einheimischen auch Einwanderer mit wenig Kapitaleigentum, entledigten. Indem aber koloniale Staatsgewalt Einheimischen per Gesetz alle Schürfrechte entzog, wurde kapitalistischer Konkurrenzstrategie ein koloniales Element hinzugefügt. Kaum anzunehmen, dass einheimische Schürfer auf längere Dauer erfolgreich hätten konkurrieren können, aber Minenbesitzer nutzten die sich ihnen bietenden Möglichkeiten, um ein tatsächliches oder mögliches Ärgernis zu beseitigen. Es ist dies eines der Beispiele für die zentrale Einsicht in kapitalistische Ausbeutungspraxis: von Ausnahmen abgesehen nutzen Kapitaleigner und ihre Beauftragten jene Formen und jenes Ausmaß der Ausbeutung, die zu einer bestimmten Zeit an einem bestimmten Ort möglich erscheint.

Ein besonders drastisches Beispiel für die Ausschaltung ökonomischer Konkurrenz von Seiten Einheimischer war das Verbot der Ausfuhr von Baumwollstoffen aus Indien und die Aufforderung, stattdessen rohe Baumwolle zu exportieren. Zwar war in Indien zuvor eher handwerklich als industriell produziert worden, das Exportverbot bedeutete also keine De-Industrialisierung, doch behinderte der metropol- und kolonialstaatlich verfügte Wegfall des großen britischen Absatzmarktes die Entwicklung industrialisierter Textilproduktion in Indien.

Maßnahmen gegen eine tatsächliche oder in Zukunft eventuell mögliche einheimische Konkurrenz waren nicht nebensächlich, im Zentrum der politischen Ökonomie des kolonialen Kapitalismus stand jedoch die unmittelbare Unterordnung von Arbeitskräften unter die Staatsgewalt. Entsprechende Politiken reichten von der formellen Absicherung der Sklavenwirtschaft über die formelle Zulassung von Haussklaverei, die Organisation von Arbeitskräfteimporten bis hin zur staatlichen Disziplinierung von Arbeitskräften im Auftrag von Unternehmern oder die for-

---

133 Michael Crowder zufolge wurde der Außenhandel in Westafrika weniger von europäischen als vielmehr von libanesischen Agenturen übernommen. (1968/1970: 345f.)

melle Delegation von Strafkompetenzen an Unternehmer. In allen europäischen Kolonien gab es staatliche Regelungen für die Anwerbung von Arbeitskräften, wenn nicht sogar eine dafür zuständige staatliche Verwaltungsinstanz. Und buchstäblich überall wurde die Strafgewalt des Staates genutzt, um sowohl dem Staat selbst als auch Privaten, strafgefangene Arbeitskräfte zuzuführen, darunter auch solche, die nach einem Aufstand gefangen genommen und verurteilt worden waren.[134] Für den theoretischen Zusammenhang ist die Deportation von gefangenen Arbeitskräften in eine andere Kolonie unerheblich, für die Opfer dieser Maßnahmen entschied sie oft über Leben und Tod.

Die aus Not oder aber aus Not und direktem Zwang zustande gekommenen Arbeitsverhältnisse in den Kolonien waren in die internationalen Strukturen kapitalistischer Ausbeutung integriert – allerdings unter besonderen Vorzeichen. Denn während Unternehmen in Metropolländern erfahren mussten, dass die Verlängerung von Arbeitstagen und die Senkung von Löhnen nicht nur an die Grenzen der biologischen Reproduktion von Arbeitskräften stießen, sondern zunehmend auch an Grenzen, die gewerkschaftlicher Kampf, politischer Protest und staatliche Regulierung setzten, praktizierten Unternehmen in Kolonien vielfach Arbeitsregimes, die eine hohe Todesrate mit sich brachten. Anders als Unternehmen in Metropolstaaten fühlten sie sich selten veranlasst, in Mechanisierung zu investieren. Sie konkurrierten mit niedrigen, auf der radikalen Auspressung von Arbeitskräften beruhenden Preisen. Das war nicht immer erfolgreich, weshalb denn auch manche Plantagen- oder Bergwerksbesitzer ihre ökonomische Position einbüßten.

Sowohl auf Plantagen als auch in Bergwerken wurde die Produktivität vielfach mittels Arbeitsteilung gesteigert. In den Bergwerken Rhodesiens etwa wurde zunehmend zwischen der Arbeit unterschieden, für die vorzugsweise *"old hands"* eingesetzt wurden, und der Arbeit, für die unerfahrene Arbeitskräfte genutzt wurden. Zumeist ging solche Arbeitsteilung aber nicht mit zunehmender Mechanisierung einher. Deren Einsatz, also regelrechte industrielle Produktion, entwickelte sich spät, in französischen Kolonien frühestens in den 1930er Jahren.[135] Im Kern folgte Arbeitsteilung in den Kolonien durchgängig jener von Oskar Karstedt

134 Nach dem Maij Maij Aufstand wurden Gefangene auch Plantagen zugeteilt. Zunächst waren sie Berichten zufolge so entkräftet, dass sie nicht zur Arbeit genutzt werden konnten. Kaum hatten sie sich etwas erholt, liefen sie davon. Deshalb baten die Pflanzer den Kolonialstaat inständig, die Gefangenen zurück zu nehmen. Sie hätten nicht die Mittel, um Häuser aus Stein zu bauen, und in Hütten könnten die Gefangenen nicht gehalten werden. (Belege bei Koponen 1995: 399)

135 Danach kam es, insbesondere in Marokko zur Gründung von Fabriken, die heimische Agrarprodukte verarbeiteten, aber auch noch in den 1950er Jahren war die industrielle Produktion sehr beschränkt. (Amin 1966: 59)

und Peter von Werder 1941 griffig formulierten Formel: „Weißes Gehirn plus schwarze Arbeit". (1941: 2)

Ob der Verzicht auf eine Steigerung der Arbeitsproduktivität mittels Mechanisierung eher einem Mangel an Investitionskapital als der felsenfesten Überzeugung von der Unfähigkeit einheimischer Arbeitskräfte, solche Maschinen zu bedienen, geschuldet war, kann hier dahingestellt bleiben, denn kapitalistische Konkurrenz bewirkt zwar eine Tendenz zum technischen Fortschritt, aber Arbeit für die Produktion von Waren ist nicht erst dann kapitalistisch, wenn Maschinen eingesetzt werden. Im Kern geht es um das Kommando über den Arbeitsprozess. Und während dieses in mechanisierter Produktion dadurch zustande kommt, dass Arbeitskräfte zu „Anhängseln der Maschine" (Marx) gemacht werden, kam es in kolonialer Produktion ganz überwiegend durch Kommandos im Wortsinne und durch gewaltsam hergestellte und aufrecht erhaltene Disziplin zustande.

Wenn also Warenproduktion unter dem Kommando von Kapitalisten auch dann als kapitalistische Produktion anzusehen ist, wenn sich die dafür vorzugsweise hergestellten Arbeitsverhältnisse von freier Lohnarbeit nicht nur graduell unterscheiden und wenn Arbeitsprozesse vergleichsweise gering mechanisiert waren, so bleibt immer noch die Frage der Reichweite kapitalistischer Durchdringung in den Kolonien selbst. Um zu erfassen, auf welche Weise Kolonien in das internationale kapitalistische System integriert waren, das sich in der zweiten Hälfte des 19. Jahrhunderts entwickelte, müssen wir versuchen, den Fallstricken der ethnologischen Konzeption „traditionale Gesellschaft" zu entgehen. Denn diese setzt voraus, das sich außerhalb der Siedlungsgebiete und außerhalb der Zentren, in denen formal freiwillige oder gezwungene Arbeitskräfte auf Plantagen, im Bergbau oder in der verarbeitenden Industrie beschäftigt waren, eine alten Praktiken folgende Selbstversorgung mit begrenzten Handelskontakten erhalten hatte. Damit bleibt aber außer Betracht, dass, wo immer sich koloniale Staatsgewalt der Mitwirkung „traditioneller Eliten" versicherte, sie diese selbst und ihre Bedeutung für Einheimische gründlich veränderte. Zudem wird nicht berücksichtigt, dass sich Lohnarbeit, wo sie tatsächlich formal freiwillig aufgenommen wurde, vielfach auf saisonale Beschäftigung beschränkte, somit also eine Verbindung zwischen mehr oder minder traditionellen und unmittelbar kapitalistischen Versorgungsstrategien erfolgte, und schließlich, dass Löhne nicht zuletzt deshalb so niedrig bleiben konnten, weil viele Lohnarbeitskräfte für ihr Überleben weiterhin auf ihre Familien zurück greifen konnten, die in Dörfern nach altem Brauch wirtschafteten.[136] Damit nicht genug. Auch traditionelle Versorgungspraktiken blieben nicht unberührt von der Ausdehnung des Kapitalismus in der Form von Kolonialherr-

136 Walter Rodney hat dies für Afrika ausgeführt in: Boahen, Hg. (1985: 344); Dilip Simeon (1995: 28f.), Rajnarayan Chandavarkar (1994: 161) sowie Jacques Pouchepadass (1990: 18f.) haben entsprechende Strukturen in Indien ausgemacht – und zwar bis weit ins 20. Jahrhundert hinein.

schaft. Vielmehr waren jedes noch so abgelegene Dorf und jeder noch so ferne Stamm damit konfrontiert, sich auf die neuen Bedingungen ihrer Reproduktion einzustellen. In Kenia etwa sahen sich Bauern gezwungen, sich immer weiter in die Berge zurück zu ziehen und auch in Algerien gingen Bauern dazu über, die wenig fruchtbaren Böden in den Bergen zu bewirtschaften, die sie früher nicht genutzt hatten. Gleichzeitig machte ihnen Landraub die Fortsetzung der früheren Praxis, Böden zeitweise brach liegen zu lassen, unmöglich. Für die Übernahme der neuen, von Siedlern benutzten Methoden der Agrarproduktion, fehlten ihnen die Mittel. Was wie eine Fortsetzung alter Bräuche erscheinen mochte, war Pierre Bourdieu und Abdelmalek Sayad zufolge deshalb oft ein „Traditionalismus der Verzweiflung". (1964: 19) Durch Landraub seien sie dazu gezwungen worden, sich ausschließlich auf die gegenwärtig mögliche Produktion zu konzentrieren und die Sorge um deren zukünftige Entwicklung ganz außer Acht zu lassen. (1964: 18) Für Afrika konstatiert Henri Brunschwig, es gebe dort seit langem überhaupt keine „traditionellen" Gesellschaften mehr. Vielmehr handle es sich um periphere abhängige Gesellschaften. (1980: 142) Anders gesagt, und in dieser Hinsicht lässt sich die Feststellung verallgemeinern: Auch dort, wo sich Einheimische den Anforderungen der Kolonialherrschaft entziehen konnten, blieben sie von deren Wirkungen nicht unberührt. Tradition, wo sie aufrechterhalten wurde, war eine gegen den Kolonialstaat und gegen Kapitalismus verteidigte Tradition – und damit unweigerlich durch beide geprägt.

Arbeit unter kolonialer Zwangsgewalt

In Kolonien unterlagen alle abhängigen Arbeitskräfte der Zwangsgewalt des Kolonialstaates. Das hat private Strafgewalt nicht ausgeschlossen.
Am konkreten Beispiel der Zuckerproduktion wird noch einmal die Vermutung kritisiert, Industrialisierung sei mit Sklaven nicht zu machen gewesen.

Direkter Zwang war ein Strukturmerkmal kolonialer Ökonomie. Indem Staatsgewalt Einheimische zu Eingeborenen machte, schuf sie die allgemeinen Voraussetzungen für eine Entwicklung, in der auch formal freie Lohnarbeit nur als ein Verhältnis staatlich sanktionierter Unterordnung entstehen konnte. Und bei ihren Bestrebungen, Arbeitskraft zu disziplinieren und ihren Anordnungen zu unterwerfen, sprangen Kolonialstaaten Plantagenbesitzern, Siedlern, Bergwerksunternehmern und Fabrikbesitzern durchgängig hilfreich zur Seite. Private Strafgewalt wurde – wenn auch von Gesetzes wegen nur in begrenztem Maße – überall akzeptiert, und Staatsgewalt stand zur Verfügung, wenn härtere Maßnahmen zum Zwecke der Disziplinierung und Abschreckung opportun erschienen.

Es hat sehr lange gedauert, bis die Formen erzwungener Arbeit in den Kolonien und die Missbräuche formal freiwillig abgeschlossener Verträge von einer breiteren Öffentlichkeit außerhalb der Kolonien zur Kenntnis genommen wurden. Eine der Ursachen für diese fehlende Wahrnehmung war die internationale Bewegung, die für die Abschaffung der Sklaverei kämpfte. Um die Mitte des 19. Jahrhunderts hatte es die Abolitionistenbewegung erreicht, dass auch europäische Politiker zunehmend verlangten, Sklaverei abzuschaffen, und zwar nicht nur die von Kolonialherren genutzte, sondern auch die von Einheimischen praktizierte Sklaverei. In den Berliner Konferenzen der Jahre 1884–1885 sowie 1889–1890 wurde die Ideologie der zivilisatorischen Mission gegenüber Afrika (und folglich gegenüber anderen Kolonien) verkündet, verfeinert und als offizielle Ideologie von Kolonialstaaten international verbreitet. Ihre logische Voraussetzung war die Darstellung von Einheimischen als faul, undiszipliniert und unzivilisiert. Dem sollte durch religiöse und andere Formen der Disziplinierung abgeholfen werden.

Dass die Abolitionistenbewegung eine sehr enge Definition von Sklaverei vertrat, erklärt sich leicht. Jede Ausweitung hätte die Chancen auf Erfolg nicht nur gemindert, sondern ganz und gar beseitigt. Und diese Bedingung, will sagen, das Vorhandensein vieler Formen unfreier Arbeit in den Kolonien, bestimmte dann auch die Definition von Zwangsarbeit (*forced labour)*, wie sie von der nach dem Ersten Weltkrieg geschaffenen *International Labour Organisation* entwickelt wurde. Indem auch sie wieder sehr eng gefasst wurde, erhielten alle anderen Arbeitsverhältnisse in Kolonien den Stempel einer politisch akzeptierten Normalität. Und tatsächlich handelte es sich ja auch um Verhältnisse, die in Kolonien „normal“ waren.

Insoweit Kolonien in den internationalen Kapitalismus integriert waren, wurden auch die dortigen Arbeitsverhältnisse zu kapitalistischen Arbeitsverhältnissen. Noch einmal gilt es also festzuhalten: gewaltsam erzwungene Arbeit ist ein Strukturelement des historisch realen Kapitalismus. Wenn dagegen Theoretikerinnen und Theoretiker als kapitalistisch nur jene Arbeitsverhältnisse akzeptieren wollen, die durch Marktkräfte, nicht aber durch direkten Zwang zustande kommen, so definieren sie damit zugleich koloniale Ökonomien als vor- und nichtkapitalistisch. Jede Analyse, die Zwangsverhältnisse als nicht-kapitalistisch bestimmt, attestiert Kapitalismus nicht nur einen Zuwachs an Produktivität, sondern auch einen Zuwachs an Humanität. Dieser Argumentation ist nicht beizupflichten. Folglich werden im Folgenden alle Formen von Arbeit, die in Kolonien unter der Befehlsgewalt von Kapitalbesitzern verrichtet wurde, als kapitalistische Arbeit bezeichnet- angefangen mit der Arbeit von Menschen, die als Eigentum ihrer Herren galten.

Nur in Teilen stimmt die hier vorgelegte Interpretation mit derjenigen überein, die Chris Tilly und Charles Tilly in ihrer Arbeit über *"Work under Capitalism"* (1998) dargelegt haben. Ihnen gilt alle Arbeit als kapitalistisch, bei der ein Empfänger einen Produzenten dazu bringt, für ihn zu arbeiten und ein Gebrauchsgut herzustellen. Die Transaktion zwischen Empfänger und Produzent erfolgt im Rahmen eines formal abgeschlossenen oder gesellschaftlich unterstellten Vertragsverhältnisses. In jedem Vertragsverhältnis gibt es Tilly und Tilly zufolge die Triade von *commitment* (Verpflichtung, Bindung), *incentives* (Anreize) „und/oder" Zwang (1998: 3 und passim). Wie stark jedes dieser Elemente konkrete Arbeitsverträge prägt, hängt von den in einer bestimmten Gesellschaft zu einem bestimmten Zeitpunkt durchgesetzten Auffassungen und Praktiken ab. Die theoretische Relevanz des Hinweises, dass Zwang *"and/or"* eine Rolle spielen könne, also entweder zusätzlich oder ausschließlich zum Tragen kommen kann, (1998: 259) wird deutlich, wenn Sklaverei ohne weitere Umstände als eine spezifische Ausprägung kapitalistischer Arbeitsverträge [!] aufgelistet wird. (1998: 169)[137]

Bei der Analyse des Kapitalismus ist aber nicht beides zu haben: die Erkenntnis, dass erzwungene Arbeit in vielen Zusammenhängen ein Strukturmerkmal von Kapitalismus war und noch immer ist, und die Aufrechterhaltung des theoretischen Konstrukts, dass kapitalistische Arbeitsverhältnisse auf Verträgen basieren. Chris Tilly und Charles Tilly verstehen ihre Konzeption als Vorschlag für eine Überwindung der theoretischen Konstruktionen, die ökonomisch rationale Entscheidungen von Individuen als Basis individueller Entscheidungen auf Arbeitsmärkten unterstellen. So weit so gut und dringend erforderlich, aber Empfänger von Gütern, die andere dazu brachten, diese Güter zu produzieren, gab es lange vor der Entwicklung des Kapitalismus und auch außerhalb desselben. Jede Sklavin, die zu irgendeiner Zeit irgendwo auf der Welt ihrer Herrin ein Kleid nähte, wäre damit einer kapitalistischen Tätigkeit nachgegangen.

137 Angesichts der oben zumindest in Ausschnitten zitierten vehementen Debatten über den ökonomischen Charakter moderner Sklavenwirtschaft ist es bemerkenswert, dass Chris und Charles Tilly mit keinem Wort darauf eingehen.

Im Kapitalismus werden eben nicht nur Güter mit einem Gebrauchswert produziert, sondern Waren, also Gebrauchsgüter, die sich vermarkten lassen. Sollen Güter vermarktet werden, müssen sie der Konkurrenz anderer Anbieter standhalten.

In kolonialen Wirtschaften, das ist oben ausgeführt worden, war Konkurrenz lange vergleichsweise gering ausgebildet. Zum einen, weil die Metropolmächte durch den Einsatz von Waffengewalt versuchten, die Konkurrenz zwischen Produkten aus ihren eigenen Kolonien mit denen aus anderen Kolonien zu verhindern, eine Strategie, die sich im 19. Jahrhundert immer weniger durchsetzen ließ, zum anderen, weil Regierungen von Metropolländern für Kolonien auch dann noch Privilegien verliehen bzw. erneuerten, als solche Beschränkung von Konkurrenz in den Metropolländern selbst bereits weitgehend aufgehoben worden war. Als aber zunehmend Freihandel durchgesetzt, beziehungsweise faktisch praktiziert wurde, sahen sich Siedler und Unternehmer in Kolonien – bei Gefahr des Verlustes ihrer ökonomischen Position – gezwungen, auf internationalen Märkten zu konkurrieren. Waffengewalt wurde weiterhin eingesetzt, doch schützte dies selbst Plantagenbesitzer in englischen Kolonien nicht mehr zuverlässig vor internationaler Konkurrenz als der führende kapitalistische Staat zunehmend Freihandel durchsetzte.

Unter den für sie theoretisch möglichen Konkurrenzstrategien wählten Kolonialkapitalisten vorzugsweise den Druck auf den Preis für Arbeitskraft. Das schmälerte das Ausmaß ansonsten womöglich freiwillig zustande gekommener Verheuerung und machte die erzwungene oder auch erschlichene Rekrutierung von Arbeitskräften zur Voraussetzung für koloniale Produktion. Im Folgenden werden rechtlich unterschiedlich gefasste Arbeitsverhältnisse anhand von Beispielen erläutert, desgleichen Praktiken der Rekrutierung, die nach dem formalen Ende der Sklaverei dominant wurden.

Sklaverei und Ersatzsklaverei

War für Kolonialprodukte erst einmal eine große internationale Nachfrage geschaffen worden, so sahen sich Kolonialkapitalisten veranlasst, ein dieser Nachfrage entsprechendes Angebot mit allen Mitteln herzustellen. Nachfrage und Angebot von Zucker liefern in dieser Hinsicht ein besonders aufschlussreiches Beispiel, weil sich am Ende des 18. Jahrhunderts in Französisch-Westindien die Logik der im *status quo* verankerten Interessen gegenüber den in der Französischen Revolution vertretenen Forderungen durchzusetzen vermochte. July Anderson hat nachverfolgt, wie in Bordeaux, einem der Zentren des französischen Kolonial- und Sklavenhandels, während der ersten Jahre der Revolution öffentlich in einer Art und Weise über die Allgemeinheit der Menschenrechte debattiert wurde, dass es möglich wurde, nicht alle Menschen dieser Allgemeinheit zuzurechnen. (Anderson 2002: 139-160) Bei Debatten beließen es die Kaufleute aber nicht. Bereits im Herbst 1789 entsandten sie einen außerordentlichen Deputierten zur Verfassunggebenden Versammlung nach Paris, damit er sich für den Erhalt der Sklaverei einsetze. Im Dezember 1789 hat dieser Gesandte, der Kaufmann Béchade-Casaux, in einem Brief an seine Mutter die politische und ökonomische Sachlage sehr klar formuliert. Seiner Ansicht nach erhoben Philosophen und Humanisten vollkommen zu Recht ihre Stimme gegen die barbarische Praxis, Menschen zu kaufen und zu verkaufen. Die Politik sei jedoch gezwungen, die Ohren vor solch anrührender Kritik zu verschließen. Denn ohne Neger gäbe es keine Produktion auf Saint-Dominque und auf all den anderen französischen Inseln; und ohne diese Inseln gäbe es keinen Handel: Wenn es aber keinen Export gäbe, dann gäbe es keine Kaufleute, und dann fänden die Philosophen und die Freunde der Schwarzen[138] keine Abnehmer für ihren Wein, ihr Getreide und ihre anderen Produkte.[139]

In dieser Formulierung sind die Vorstellungen, die das Denken der Pflanzer, der Sklavenhändler und der Importeure beherrschten, sehr deutlich zum Ausdruck gebracht. Die Produktion der Kolonialwaren und allen voran des Zuckers, dem wichtigsten Exportgut der westindischen Inseln, die nicht von ungefähr oft auch als Zuckerinseln bezeichnet wurden, konnte man sich nur auf eine Art vorstellen: auf großen Plantagen und mit Sklavenarbeit.

Tatsächlich hatte sich die Zuckerproduktion sowohl in den englischen als auch in den französischen Besitzungen in Westindien seit Ende des 17. Jahrhunderts mehr und mehr durchgesetzt.[140] Nach wie vor wurden Indigo, Kaffee und Tabak produziert, aber überall – und insbesondere auf Saint-Dominque (dem französischen Teil der Insel, welche die Spanier als Hispaniola bezeichneten) – war die Zuckerproduktion dominant geworden. (Daten in Régent 2007: 97-103) Schnell kam es zu enormen Konzentrationsprozessen. Die Plantagen wurden größer, und die Zahl der Sklaven pro Plantage wuchs. Im Norden von Saint-Dominque gab es Zuckerplantagen auf denen bis zu 300 versklavte Männer, Frauen und Kinder schufteten.[141] Baron von Wimpffen zufolge – er hielt sich zwischen 1789 und 1791 auf Saint-Dominque auf –begann der Tag in der Kolonie

> „mit dem Knallen der Peitschen, den unterdrückten Schreien und den gedämpften Seufzern der Neger. Sie sehen den neu anbrechenden Tag nur, um ihn zu verfluchen. Und es sind Empfindungen des Schmerzes, die sie daran erinnern, dass sie am Leben sind. Das sind die Geräusche, die man

---

138 Die Formulierung bezieht sich auf die 1788 gegründete Gruppierung « Amis des Noirs ». Zu ihren Mitgliedern gehörten u.a. Condorcet, La Fayette und der Abbé Henri Grégoire. Nachdem den « Amis des Noirs » immer wieder vorgeworfen worden war, dass sie zum Ausbruch von Sklavenrevolten mit beigetragen hätten, löste sich die Vereinigung im März 1791 wieder auf.

139 Der hier nur indirekt wiedergegebene Brief vom 19. Dezember 1789 befindet sich in den « Archives départmental de la Gironde » Fonds Bigot 8J 703. Er ist wörtlich zitiert von Anderson (2002: 142).

140 Alexander von Humboldt hat in seinen Reisetagebüchern ausführliche Beobachtungen zur Zuckerproduktion auf Kuba sowie insgesamt auf den Antillen vermerkt. Neuerdings sind sie zugänglich über: Alexander von Humboldt auf Reisen: http://avhr.bbaw.de/reisetagebuecher/detail.xql?id=avhr_vwc_lsf_1w .

141 Über ihre Anteile an benachbarten Plantagen kontrollierten manche Investoren an die tausend Sklaven. (Dubois & Garrigus 2006: 13)

hier anstatt eines Hahnes am Morgen vernimmt. Es war diese infernalische Melodie, die mich aus meinem ersten Schlaf auf Saint-Dominque hat auffahren lassen." (1797/1993: 112, Übers.)[142]

Allen zeitgenössischen Berichten zufolge waren die Belastungen in der Zuckerproduktion ganz besonders brutal. Die Arbeit des Pflanzens, Jätens und Erntens fiel auch bei der Produktion von Indigo, Kaffee, Kakao oder Baumwolle an, aber die Löcher, die gegraben werden mussten, um Zuckerrohr zu pflanzen, mussten besonders groß sein. Die Besonderheit der Zuckerproduktion ergab sich jedoch vor allem aus der Notwendigkeit einer engen zeitlichen Verquickung von Ernte und Verarbeitung. Denn Zuckerrohr konnte nicht gelagert werden, sondern musste bereits wenige Stunden, nachdem es geschnitten worden war, in der Mühle ausgepresst werden.[143] Folglich waren in der Zeit der Ernte Nachtschichten und Sonntagsarbeit regulär. (Pétré-Grenouilleau 2010: 48). Ohne Unterlass waren Arbeitskräfte damit beschäftigt, das schwere und unhandliche Zuckerrohr zu den Pressen zu transportieren. Andere hatten für einen ständigen Nachschub an Holz zu sorgen, damit der Syrup – in mehreren Arbeitsgängen – eingedickt werden konnte. Schließlich wurde das fertige Produkt (zumeist nicht raffinierter Muscado) zu den nächsten Häfen transportiert. Viel zu müde, um noch den Weg bis zur Hütte zurück zu legen, legten sich diejenigen, die zum Auspressen des Syrups eingeteilt worden waren, des Nachts für kurze Zeit auf die Holzgerüste. Andere schliefen vor den Feuern in den Kochhäusern, in denen der Syrup durch Verdampfen eingedickt wurde.[144]

Entgegen einer bis heute vorherrschenden Ansicht, wurden die einfachen repetitiven Arbeiten in der Zuckerproduktion vielfach Frauen übertragen. Auf den Feldern stellten sie häufig die Mehrzahl der Beschäftigten. Auch in den Zuckermühlen selbst waren vielfach Frauen tätig, (Régent 2007: 112) regelmäßig auch Hochschwangere bis kurz

---

142 Von Wimpffen hat die Lebensweise der weißen Herren und die Absurdität des Rassismus kritisiert. Ähnlich wie Condorcet war er der Meinung, die Zustände in den Kolonien könnten durch eine Landreform geändert werden. Ähnlich wie andere Gegner der Sklaverei konnte er sich nur eine graduelle Emanzipation vorstellen. Er hat sein Buch mit der Feststellung beendet, dass er froh sei, dieses Land zu verlassen. Gekommen, um reich zu werden, sei er davon ausgegangen, ein Herr unter Herren zu werden und Sklaven zu haben. Er habe sich deshalb verpflichtet gefühlt, zunächst mit ihnen zu leben und sie zu studieren. Jetzt verlasse er die Insel mit sehr viel weniger Respekt für die einen und mit sehr viel mehr Mitleid für die anderen. Wenn man so sei wie die meisten Bewohner, dann sei man dafür geschaffen, Sklaven zu haben. Und wenn man so sei wie die meisten Sklaven, dann sei man zum Sklaven geschaffen. „Alle sind hier auf dem Platz, der ihnen gebührt." (1797/1993: 255, Übers.)

143 Es gab Unterschiede in der Zuckerproduktion von Kolonie zu Kolonie und im Verlauf der Zeit – letztere Unterschiede betrafen vor allem die Technik des Auspressens. Die Mühlen wurden entweder mit Ochsen oder mit Menschen betrieben. Später waren sie teilweise mechanisiert, im 19. Jahrhundert wurden sie vielfach mit Dampf betrieben. Trotz derartiger Differenzen im Einzelnen lässt sich aus der Beschreibung, der Zuckerproduktion, die Richard S. Dunn vorgelegt hat, das allgemeine Organisationsprinzip dieser Produktion gut entnehmen.(1973: Kap. 6)

144 Peter Martin hat die einzelnen Schritte und Formen der Zuckerproduktion sehr gründlich erforscht. Zuckermühlen bezeichnet er als fabrikmäßig betriebene Unternehmen mit fortgeschrittener Arbeitsteilung. (2012: 57)

vor ihrer Niederkunft. Versklavte Frauen unterlagen zweifacher Herrschaft: derjenigen ihrer Herren und derjenigen männlicher Sklaven. (Bénot 2002: 112)

Um die Arbeitskraft der Sklavinnen und Sklaven systematisch auszunutzen, bedienten sich französische Pflanzer ganz ebenso wie die britischen der systematischen Organisation in *gangs*. (franz. « *ateliers* ») Je nach der körperlichen Kraft – und dem Alter – wurden sie in Gruppen eingeteilt und für spezifische Arbeiten eingesetzt. Daneben gab es auf jeder Plantage zahlreiche Haussklaven und Handwerker. Für die Organisation und die Disziplinierung waren Aufseher (franz: « *commandants* ») zuständig. Oft wurden sie mit einem Anteil an den Umsätzen entlohnt. Sie setzten Arbeitszeiten fest, kontrollierten am Ende jedes Tages die Arbeitsleistung und führten die Bücher. Auf allen größeren Plantagen gab es eine festgesetzte Arbeitsstruktur, die jedem Einzelnen seinen Platz in der Aufrechterhaltung des Haushalts, der Errichtung von Gebäuden und der Herstellung bzw. Wartung von Werkzeugen bis hin zur Produktion von Zucker und Rum zuwies. (Bénot 2002: 106-111)

Offiziell dauerte die Arbeitswoche für Sklaven von Montag früh bis Freitagabend, danach sollten sie Gelegenheit haben, sich um ihre eigene Produktion zu kümmern. Im « *Code Noir* » war untersagt worden, dass Sklaven an Sonntagen und Feiertagen zur Arbeit gezwungen wurden. Schließlich sollten sie ja missioniert – und damit auch diszipliniert – werden. Auf diese Weise hätten Sklaven von den vielen religiösen Feiertagen profitiert. Neben den 26 Samstagen und 52 Sonntagen hatte es beispielsweise in Guyana zu Beginn des 18. Jahrhunderts noch dreißig offiziell arbeitsfreie Feiertage gegeben. Auf Verlangen der Pflanzer wurde deren Zahl zweimal verringert, bis schließlich nur noch zehn Feiertage übrig geblieben waren. Diese Forderungen waren ökonomisch begründet, sie galten aber auch der Furcht von Plantagenbesitzern. Denn Sklavinnen und Sklaven, die zur Messe geführt wurden, hatten Gelegenheit, einen Aufstand zu verabreden.

Konflikte über arbeitsfreie Tage waren Konflikte über die konkrete Praxis der Sklaverei. Von anderen Formen des Widerstands zeugt beispielsweise die Praxis der Pflanzer, Wachpersonal für die Gebäude abzustellen, um Brandstiftungen zu verhindern. Manche Sklaven stahlen und verkauften Zucker, andere sabotierten die Produktion durch eine bewusste Verlangsamung des Arbeitsrhythmus. Frauen, die zum Beischlaf gezwungen worden waren, entschieden sich manchmal für eine Abtreibung. Und immer wieder versuchten einzelne, ihrem Schicksal zu entfliehen. Mit der Ausbreitung der Siedlungen schwanden die Möglichkeiten, sich fern der Plantagen mit Leidensgenossen durchzubringen. Lediglich zwischen 0,4 % und 6 % soll der Anteil der sogenannten *marrons* im 18. und 19. Jahrhundert auf den verschiedenen Inseln in französischem Besitz betragen haben. (Bénot 2002: 163)

Flüchtige wurde in den Gazetten beschrieben. Eigentümer waren bestrebt, sie ohne Zuhilfenahme des Staates wieder zu ergreifen, weil ja nur auf diese Weise der Wert ihrer Arbeitskräfte erhalten blieb. Wurden sie von Staats wegen gefasst und eingesperrt, entging ihren Eigentümern Arbeitsleistung, wurden sie hingerichtet, so erhielten ihre Eigentümer zwar eine Entschädigung, doch betrug diese in der Regel höchstens die

Hälfte des Werts eines Sklaven. (Bénot 2002: 171) Besonders hart waren die Strafen, die freie Schwarze zu gewärtigen hatten, wenn sie Entflohene versteckten. In einem königlichen Edikt des Jahres 1724 wurde ihnen eine hohe Geldstrafe angedroht. Sollten sie diese nicht bezahlen können, sollten sie als Sklaven verkauft werden. (zit. nach Bénot 2002: 173) Und immer wieder erkämpften sich einzelne Sklavinnen und Sklaven die Herrschaft über ihr eigenes Leben, indem sie sich selbst töteten. Denn Sklaverei, das ist oben schon einmal betont worden, stellt jede und jeden Einzelnen vor die Wahl, sich zu unterwerfen oder den Tod zu gewärtigen. Sich selbst zu töten, kam deshalb, was immer der ganz konkrete Grund für den Entschluss, einer letzten Auflehnung gegen die Unfreiheit gleich.

Da die klimatischen Bedingungen auch die Verbreitung von Seuchen förderten, potenzierte die natürliche Umwelt das harte Los, das Sklavinnen und Sklaven durch die Arbeitsanforderungen auferlegt wurde. Anders als in den Südstaaten der USA wuchs die Sklavenbevölkerung in Westindien vor allem aufgrund des zunächst legalen und später illegalen Imports von Sklavinnen und Sklaven aus Afrika oder aus anderen Regionen, in denen Sklavenwirtschaft betrieben wurde. Die besondere Schwere der Arbeit traf auf alle Produktion in Westindien zu, allen zeitgenössischen Berichten zufolge war die Arbeit in der Zuckerproduktion aber besonders hart. In der – eher begrenzten – Bewegung zugunsten einer Abschaffung der Sklaverei, die sich auch in Frankreich entwickelte, waren die Bedingungen der Zuckerproduktion deshalb ein zentrales Thema. In seinen – unter einem Pseudonym veröffentlichten – *« Reflexions sur L'Esclavage des Nègres »* hat Condorcet bestritten, dass es unmöglich sei, Weiße zur Produktion von Zucker einzusetzen, und wenn man schon auf Neger angewiesen sein sollte, so doch nicht auf Sklaven. (1781/2003: 16) Eine solche Annahme sei ebenso absurd wie die Vorstellung, man hätte in Italien keinen Weizen mehr produzieren können, nachdem dort die Sklaverei abgeschafft worden war. (Ebenda: 17) Auch sei Zucker in Asien nicht auf großen Plantagen, sondern auf kleinen Einheiten produziert worden. (Ebenda: 18) Condorcet, aber auch andere, fanden es ungeheuerlich, dass die Abgesandten der Siedler auf Saint Dominque verlangten, in der Nationalversammlung vertreten zu sein – und zwar als Repräsentanten der gesamten Bevölkerung einschließlich der Sklaven. Trotz aller gegenteiligen Bemühungen geschah am 4. Februar 1794 dann tatsächlich, was Plantagenbesitzer auf den Inseln sowie Sklavenhändler und Zuckerimporteure bereits seit 1789 befürchtet hatten: die *« Convention »* beschloss, dass in allen französischen Kolonien die Sklaverei abgeschafft werden solle. Diese Entscheidung hatte in der Luft gelegen, seit sich Kritiker der alten Herrschaft in Frankreich auf die natürlichen Rechte aller Menschen beriefen. Dass solche Rechte auch für Sklaven gelten sollten, war bereits 1789 von aufständischen Sklaven auf Martinique, im April 1790 von Sklaven auf Guadeloupe und im Januar 1791 von Sklaven auf Saint-Dominque verlangt worden. Während die Anführer dieser Opposition gefangen und hingerichtet wurden, bevor es zu tatsächlichen Aufständen kommen konnte, erhoben sich im August 1791 mehr als 50.000 Sklaven im Norden von Saint-Dominque (spanisch: Hispaniolo) gegen ihre Herren und damit auch gegen die französische Kolonialherrschaft.[145] Obwohl der Anteil der Sklavinnen und Sklaven an der Bevölkerung von Saint Dominque im 18. Jahrhundert ständig gestiegen war – 1789 betrug er 89 % (Célimène & Legris 2002: 219) – war es dem Kolonialstaat dort zuvor weitgehend gelungen, Sklavenerhebungen zu verhindern. Bereits 1730 waren lokale Polizeitruppen, die sogenannten *maréchaussés* eingerichtet worden. Die dafür angeworbenen freien Farbigen unterstützten die Milizen bei der Kontrolle von Sklaven. 1770 hatte der Kolonialstaat zusätzlich freie Farbige, die Mitglieder der lokalen Milizen waren, angewiesen, die Polizeikräfte bei der Kontrolle der Sklavenbevölkerung zu unterstützen. (Dubois & Garrigus 2006: 15) Gegenüber dem – nicht zuletzt von den Bizango (Geheimgesellschaften des Vodou) – sorgfältig vorbereiteten und schnell verbreiteten Aufstand von 1791[146] erwiesen sich diese Kräfte schließlich als machtlos. Es kam zu grausamen Kämpfen. „An den Bäumen hingen die Leichen schwarzer Rebellen; die Befestigungen der Schwarzen waren von französischen Schädeln gesäumt." (Hochschild 2005/2007: 313) 1793 wurde die Abschaffung der Sklaverei für Saint-Dominque verkündet.[147] Für alle anderen französischen Kolonien aber blieb der 1685 für die Antillen, Guyana und einige andere Inseln erlassene und 1724 für Louisiana präzisierte « *Code Noir* » weiterhin in Geltung.[148] Und es gab genügend Interessenten, die es bei diesem Zustand auf Dauer belassen wollten. Tatsächlich wurde nach dem Beschluss des Jahres 1794 nur in Guadeloupe versucht, ihn auch tatsächlich

145 Über den Aufstand und seine Chance auf Erfolg aufgrund der Konflikte innerhalb der Sklavenhaltergesellschaft. (Bénot 2003: Kap. 13) In den bewaffneten Auseinandersetzungen in den frühen 1790er Jahren ging es nicht nur um Erhalt oder Ende der Sklaverei, sondern auch um die bürgerlichen und politischen Rechte freier Farbiger. Auf Saint-Domingue kam es zu bewaffneten Auseinandersetzungen zwischen Weißen und freien Farbigen, wobei beide Seiten auch Sklaven für sich kämpfen ließen. Nach Beginn des Sklavenaufstandes beschloss die Nationalversammlung in Paris am 4. April 1792, dass alle freien Farbigen die vollen Bürgerrechte in den Kolonien haben sollten. Damit sollte einer eventuellen Unterstützung der Sklaven durch freie Farbige entgegengewirkt werden.

146 Die tatsächliche Rolle dieser Geheimgesellschaften ist ebenso umstritten wie die Überlieferung, dass die Revolution durch eine Vodou Zeremonie ausgelöst wurde. Vgl. dazu Nicholls (1988: 235).

147 Hinweise auf die militärischen und politischen Auseinandersetzungen um diese Insel, die in den 1790er Jahren begannen und ein halbes Jahrhundert andauerten, würden hier zu weit führen. Deshalb nur wenige Stichworte: 1804 wurde aus der früheren Kolonie Saint-Domingue der unabhängige Staat Haiti. Als Spanien Teile der Insel zurück eroberte, wurden diese Santo Domingo genannt. (heute: Dominikanische Republik).

148 1987 hat Louis Sala-Molins den « *Code* » zusammen mit Erläuterungen herausgegeben. Er hat dieser Edition Auszüge aus zeitgenössischen Texten hinzugefügt, aus denen hervorgeht, dass sich – von Ausnahmen abgesehen – weder Vertreter der Kirche noch Vertreter der philosophischen Aufklärung kritisch zu diesem Regelwerk äußerten. Sala-Molins hat darauf hingewiesen, dass der « *Code Noir* » kein Wort über den Sklavenhandel enthält. Dieser war selbstverständlich. Im « *Code* » ging es nur um die Regelung der Verhältnisse in den Kolonien. (1987/2002: 7)

umzusetzen.[149] Insofern änderte sich an der Sachlage kaum etwas als Napoleon 1802 die Abschaffung der Sklaverei wieder aufhob.

Um die Fortsetzung der alten Verhältnisse zu bekräftigen, wurde im Jahre 1805 dennoch die fortdauernde Gültigkeit des « *Code Noir* » in allen französischen Kolonien verkündet. In diesem Regelwerk ging es um die Missionierung von Sklaven, um den Status von Kindern eines freien Mannes und einer unfreien Frau, um die vom Kolonialstaat auszuführenden Strafen und um Vieles mehr. Von der Arbeit der Sklaven war nicht die Rede. Lediglich im Zusammenhang mit einer etwaigen Verschuldung ihrer Herren wurde in Art. 48 festgesetzt, dass Sklaven im Alter von weniger als 14 und mehr als 60 Jahren, die „aktuell in der Zuckerproduktion, in einer Färberei oder einem Haushalt beschäftigt sind", nicht zur Begleichung von Schulden ihrer Herren von deren Gläubigern beschlagnahmt werden durften. Was bedeutete, dass dies für alle zwischen 14 und 60 Jahren sehr wohl geschehen konnte.

Die Organisation der Arbeit blieb Privaten überlassen, aber der Staat unterstützte sie durch die Regelung der drastischen Strafen, die nach einem Fluchtversuch verhängt werden sollten. Wie viele der Sklavenhalter ihre Flüchtigen selbst bestraften oder ihnen durch einen Vertreter der Staatsmacht die Ohren abschneiden, sie brandmarken und beim dritten Versuch hinrichten ließen (Art. 38), ist nicht bekannt. Die Androhung drakonischer Strafen auf Fluchtversuche macht jedoch deutlich, dass kolonialstaatliche Macht zur Aufrechterhaltung der bestehenden Arbeitsverhältnisse genutzt werden sollte.

Nicht nur auf Saint-Dominque, sondern auch auf Martinique hatten Sklaven zu Beginn der Revolution in Frankreich nicht etwa freie Lohnarbeit gefordert, sondern „3 Tage", will sagen drei Tage, an denen sie nicht für ihre Herren hätten arbeiten müssen, sondern sich um die Produktion auf den kleinen Landstücken hätten kümmern können, die ihnen zur Selbstversorgung zur Verfügung gestellt worden waren. Sofern sie weitergehende Wünsche hatten, so bezogen sich diese allemal auf das Leben als freie Bauern auf eigenem Land. Aber nicht nur in den weiterhin französischen Kolonien, sondern auch in Haiti, jenem durch den Sklavenaufstand geschaffenen Staat, besiegten Weltmarktinteressen hochfliegende Träume. Die auf Haiti erkämpften bürgerlichen Freiheitsrechte blieben erhalten, aber die Bedingungen für die Fortsetzung einer auf Export ausgerichteten Ökonomie blieben es auch. Um den Staat verteidigen zu können, bedurfte es der Waffenkäufe und anderer Importe, um sie bezahlen zu können, bedurfte es der Exporte. Folglich versuchte der Staat, die Plantagenökonomie zu erhalten. Das ist

149 Diese Entwicklung ist dem politischen Umstand geschuldet, dass die englische Krone die internationale Situation ausnutzte und Guadeloupe besetzen ließ. Die Besatzer wurden von den Plantagenbesitzern auf der Insel unterstützt, die sich einen Erhalt der Sklaverei erhofften. Der französische Kommissar Victor Hugues, der mit lediglich 1.500 Soldaten nach Guadeloupe entsandt worden war, suchte sich Unterstützung bei freien Farbigen und Sklaven. Nachdem die Sklaverei abgeschafft und widerständige Pflanzer hingerichtet worden waren – auch auf Guadeloupe wurde die Guillotine benutzt – erklärte Hugues den neuen Freien, sie müssten weiterhin auf den Plantagen arbeiten. Nur auf diese Weise könnten sie sich für ihre von Frankreich geschenkte Freiheit dankbar erweisen. (Dubois & Carrigues 2006: 29 sowie Dokument 27)

nicht gelungen, weil die frei Gewordenen nicht willens waren, eine Arbeit auszuführen, die als Sklavenarbeit gegolten hatte, seit die ersten zwangsweise importierten afrikanischen Arbeitskräfte die zuvor eingesetzten Vertragssklaven aus Europa ersetzt hatten.

Da die Zuckerproduzenten zu Beginn des 19. Jahrhunderts eine betriebswirtschaftliche Trennung von agrarischer Produktion und Verarbeitung noch nicht für machbar hielten, und die begrenzten technischen Möglichkeiten, Zuckerrohr sehr schnell zu zentralisierten Zuckermühlen zu transportieren, eine solche Reform auch tatsächlich noch behinderten, sank mit der Krise der Plantagen, die nicht mehr auf Sklaven zurückgreifen konnten, die Chance, erfolgreich auf dem Weltmarkt zu konkurrieren. Haiti konnte die Weltmarktposition von Saint Dominque nicht beerben. Die freien Bauern produzierten überwiegend Kaffee und Indigo für den Export. Als 1825 Frankreich 150 Millionen Francs dafür verlangte, Haiti als souveränen Staat anzuerkennen, mussten dort sehr hohe Steuern erhoben werden, um diese Summe aufzubringen. Zusätzlich musste sich das Land über Jahrzehnte hinaus verschulden. Eine Alternative gab es nicht, denn nach wie vor stellte sich die in der in der Unabhängigkeitserklärung vom 1. Januar 1804 formulierte Alternative *"We must take any hope of re-enslaving us away from the inhumane government that for so long kept us in the most humiliating stagnation. In the end we must live independent or die."* (zit. Dubois & Carrigus 2006: 188) Nach mehrfachen weiteren Erhebungen – jetzt gegen ihre eigene Regierung – gelang es freien Arbeitskräften in Haiti, eine Bauernwirtschaft an die Stelle der vom Staat geförderten Plantagenwirtschaft zu setzen. (Bénot 2002: 220f.)

Während in Saint Dominque (später Haiti) die Sklaverei 1793 aufgehoben worden war, in den englischen Kolonien offiziell 1833 und in den französischen offiziell 1848 beendet wurde, blieb Sklaverei in Kuba bis 1880 legal. Dieser langen Dauer wegen – und auch, weil die Produktion von Rohrzucker mit Sklaven in Kuba bis ins Zeitalter der Industrialisierung fortdauerte – soll hier abschließend ein kurzer Blick auf die Entwicklung dieser Produktion erfolgen. In der Historiographie zur Entwicklung in Kuba treffen wir erneut auf all jene Argumente der strukturellen Unvereinbarkeit von Industrie und Sklaverei, die uns bereits bei der Diskussion in den Südstaaten der USA begegnet sind. Bei Francisco López Segrera heißt es: „Als Sklavenarbeit aufhörte, eine Antriebskraft für Wachstum zu sein, wurde sie durch den Industriekapitalismus zerstört." (1985: 77, Übers.)

Auch auf Kuba wurde Zucker nach jener Methode produziert, die in Saint-Dominque praktiziert worden war. Pierre Dockès hat den Einsatz von Sklavenarbeit für eine Produktion, deren besonderes Kennzeichen die Einheit von agrarischer Produktion und industrieller Verarbeitung ausmachte, als „Paradigma" bezeichnet. (2002) Denn durch die lange Dauer ihrer Anwendung und ihre weite Verbreitung habe diese Produktionsstruktur im Verlauf des 18. Jahrhunderts gewissermaßen den Charakter einer naturgegebenen Bedingung für die Produktion von Zucker angenommen: Es galt als erwiesen, dass Zucker nur mit Sklaven produziert werden konnte, dass es sich bei Sklaven um Neger handelte, und dass die Einheit von Anbau und Verarbeitung unerlässlich sei. Und weil mit diesem „Rezept" Profite gemacht werden konnten, waren diejenigen, die materiell von der Produktion, dem Transport und dem Vertrieb von Zucker profitierten, immun gegen das Argument, Sklavenarbeit sei nicht ebenso produktiv wie freie Lohnarbeit. Das schloss die Immunität gegen moralische Bedenken mit ein.[150]

Ab 1860 aber kam es zu organisatorischen, ökonomischen und sozialen Veränderungen. Weil viele Pflanzer (bei spanischen Banken) hoch verschuldet waren, hatten sie kaum Chancen, in eine teilweise Mechanisierung der Zuckermühlen zu investieren. Während es 1860 auf Kuba noch 1.318 Zuckermühlen gegeben hatte, waren es 1895 nur noch 250. Die Produktion aber war um annähernd das Doppelte gestiegen. (Fraginals 1985: 5) Da in diesen Zeitraum auch die Abschaffung der Sklaverei fällt, legen es diese Zahlen nahe, sie als Beleg für die Unverträglichkeit von Sklaverei und Technisierung zu werten. Genauere Forschungen ergeben ein anderes Bild. Rebecca J. Scott hat den Prozess der Emanzipation und der industriellen Neustrukturierung sehr genau nachgezeichnet. Zu einer ersten Welle der Emanzipation kam es 1868, als sich im Westen der Insel Pflanzer mit eher kleineren Besitzungen gegen die hohen Steuerforderungen Spaniens zur Wehr setzten. Um ihre Erhebung durchführen zu können, heuerten sie freie Schwarze an und versprachen ihren Sklaven eine zumindest teilweise Emanzipation. Der Aufstand war erfolglos, aber die damit in Gang gesetzte Dynamik der Emanzipation war unaufhaltsam. (Scott 1985: 27) Spanien sagte zu, alle nach 1868 geborenen Kinder von Sklaven und alle über Sechzigjährigen freizusetzen. Auch die nächste Welle der Emanzipation hatte keine unmittelbar ökonomischen Ursachen. Im Friedensvertrag von 1878, durch den der erste – und damals erfolglose – Kampf um die Unabhängigkeit Kubas beendet wurde, war die Bestimmung enthalten, dass die Sklaven, die in diesem Krieg – für welche Seite auch immer – gekämpft hatten, ihre Freiheit erhalten sollten. Schließlich widerlegt die konkrete Entwicklung der Produktion die gängige Annahme: während auf den kleineren Plantagen des Westens zunehmend ausländische Vertragssklaven und Freie arbeiteten, blieb Sklavenarbeit auf den großen Plantagen in den wichtigsten Gebieten der Zuckerproduktion weiterhin vorherrschend. Und es waren diese großen Plantagen, auf denen zuerst zusätzliche Mechanisierung eingeführt wurde. (Scott 1985: 27) Zusätzlich zu den weiterhin eingesetzten Sklaven wurden auf den großen Plantagen nun auch chinesische Kulis mit Acht-Jahres Kontrakten beschäftigt. Außerdem boten Behörden auf Kuba den auf der Insel stationierten spanischen Soldaten an, ihre restliche Dienstzeit auf Zuckerrohrplantagen statt in Spanien abzudienen. Ergänzt wurde dieses Arbeitspotential durch die Anheuerung saisonaler Arbeitskräfte aus dem Ausland. (Fraginals 1985: 3-24) Außerdem wurden Sklaven von anderen Sklavenhaltern angemietet. Auch als in Kuba ab 1870 das traditionelle Muster der Zuckerproduktion durchbrochen wurde, indem

150 Pierre Dockès zufolge hatte das „Zuckerparadigma" zwei weitere Strukturelemente. Aller Variationen im Einzelnen zum Trotz, sei es überwiegend auf Inseln, beziehungsweise in isolierten, etwa von Bergen umgebenen Gebieten, etabliert worden. Auf diese Weise sei eine Flucht der zwangsweise importierten Arbeitskräfte erschwert worden. Die einheimische Bevölkerung sei vielfach ausgerottet worden. (2002: 183)

die Verarbeitung des Zuckers jetzt in zentralisierten Industriebetrieben erfolgte, hat dies nicht zur Aufgabe der Sklavenwirtschaft geführt. Die Industriekapitalisten, die jetzt die Mühlen betrieben, ließen Ingenieure im Ausland anheuern, oft aber nur einen Einzigen. Als Assistenten fungierten angelernte Sklaven.

Neue technische und organisatorische Entwicklungen der Produktion bedingten eine Anpassung der Sklavenwirtschaft, nicht jedoch deren Abschaffung. Dagegen beschleunigte der Mangel an Nachschub versklavter Arbeitskräfte den Niedergang der kubanischen Sklavenwirtschaft. Obwohl der Schmuggel von Sklaven auch nach dem Verbot des Sklavenhandels noch lange fortgedauert hatte, war er um 1860 weitgehend zum Erliegen gekommen. Auch der Aufkauf von Sklaven aus Brasilien (Herrera 2009: 103) konnte nicht immer weiter ausgedehnt werden. Ebenso wie in der gesamten Karibik war die Sklavenbevölkerung auch auf Kuba nie vollständig biologisch reproduziert worden oder gar – wie in den USA – gewachsen. Die Programmatik der „guten Behandlung", die in den 1860er Jahren ausgegeben wurde, um diesem Zustand abzuhelfen, spricht zwar Bände über die vorherige Situation, hat sich aber nicht durchgesetzt. Berichten zufolge hat sich die Ausbeutung der Sklaven in dieser Zeit eher noch verschärft. (Northrup 1995: 18) Jedenfalls ist die Sklavenbevölkerung nicht gewachsen.

Um den Mangel an Arbeitskräften auszugleichen, wurden einheimische und ausländische Arbeitskräfte mit unterschiedlichem Rechtsstatus beschäftigt. Besonders relevant war die „Einfuhr" von Kulis. Der Terminus „Einfuhr" ist bewusst gewählt, denn nicht nur wechselten zahlreiche der früheren Sklavenhändler in die Sparte des „Kulihandels" über, auch die Korrelation zwischen dem Niedergang des Sklavenhandels und dem Wachstum des Kulihandels ist eindrucksvoll. 1853 wurde 12.500 Sklaven und 4.307 Kulis nach Kuba importiert. 1866, im letzten Jahr, für welches Zahlen über den Import von Sklaven vorliegen, waren es 1.443 Sklaven und bereits 12.391 Kulis. In den 1870er Jahren nahm die Zahl der Kuli-Importe ab. Beendet wurde dieser Import von Arbeitskräften, die für die Dauer von acht Jahren einer weitgehenden Unfreiheit zugestimmt hatten, aber erst nach einem Verbot des Exports durch die chinesische Regierung im Jahre 1874. (Hu-Dehart 1994: 4)

Neben der allmählichen biologischen Verringerung der Sklavenbevölkerung auf Kuba kam in den 1870er Jahren zum Tragen, dass es sich bei der Sklaven eingeräumten rechtlichen Möglichkeit, sich ihre Freiheit zu erkaufen, nicht mehr nur um tote Buchstaben handelte. Vor allem Sklavinnen in der Hauptstadt gelang es jetzt manchmal, so viel nebenbei zu verdienen, dass sie ihre Freiheit kaufen konnten. Voraussetzung für eine derartige Transaktion war immer, dass sie ihren Wert von einem Behördenvertreter schätzen ließen. Gelegentlich wurden auch Ratenzahlungen akzeptiert. (Scott 1985: 38)

Auf den großen Plantagen wurde auch Ende der 1870er Jahre so weit als möglich Sklavenarbeit genutzt. Allerdings erschwerten Widerstände der versklavten Arbeitskräfte ihren Einsatz. Dennoch kam es zum Ende der Sklaverei auf Kuba nicht aus ökonomischen Gründen, sondern aufgrund eines Beschlusses der spanischen Regierung. Diese reagierte damit vor allem auf die Forderungen spanischer Gegner der Sklaverei.

Die weitere Entwicklung der Zuckerindustrie auf Kuba, vor allem ihre zunehmende Abhängigkeit von US-amerikanischem Kapital, kann hier nicht verfolgt werden. (dazu: Herrera 2009) Immerhin aber ist zu betonen, dass die Praxis, die zur Bewältigung der Sklavenemanzipation entwickelt wurde, jenen Mustern entspricht, welche die Post-Sklaverei weltweit charakterisierten. Diese Übereinstimmung erklärt sich leicht: Sklavenhalter waren daran interessiert, dass die Sklaverei nur dem Namen nach abgeschafft wurde. In Kuba (um mit diesem Beispiel anzufangen) wurden aus Sklaven „Lehrlinge" (*patrocinados*) Sie sollten im Monat 3 Pesos Lohn erhalten und sich zu einem im Laufe der Zeit sinkenden Betrag freikaufen dürfen. Formal hatten sie das Recht, ihren Herren zu verklagen. Wurde dieser verurteilt, mussten sie sofort freigesetzt werden. Die Chancen standen gering, solange Herren auch von Gesetzes wegen ihre Lehrlinge körperlich züchtigen durften. 1883 wurde dieses Recht aufgehoben, ab 1885 sollte jährlich ein Drittel der Lehrlinge frei werden. Zunächst hat sich also kaum etwas geändert. Die Herren zahlten Sklaven nun keine Prämien mehr für erfolgreiche Arbeit, dafür aber einen minimalen Lohn, die Arbeitskräfte wurden ausgebeutet wie eh und je. Und in der Erntezeit des Jahres 1880–1881 gab es ebenso wenig einen freien Sonntag wie in all den Jahren zuvor. (Scott 1985: 40) Daran änderte sich auch kaum etwas, als immer mehr der *patrocinados* ihre Freiheit kauften. Die Pflanzer mussten ihnen nun regulären Lohn bezahlen. Das bedeutete zunächst aber keine große finanzielle Belastung, weil auch Kinder und Alte freigekauft wurden, also Geld für Menschen hereinkam, die ohnehin nicht hätten eingesetzt werden können. Zunehmende Freikäufe belasteten dennoch die Profite. Dagegen setzten Pflanzer die Einrichtung von Plantagenläden. Freimütig wurde eingeräumt, dass Plantagenläden Arbeitskräfte zu Schuldnern machen sollten, um ihre Mobilität zu beschränken. (Scott 1985: 42) Dennoch, als das System zwangsweiser „Lehre" 1886 durch eine königliche Verordnung aufgehoben wurde, war die Zahl der Lehrlinge aufgrund von Freikäufen und Flucht bereits sehr gering geworden. Die früheren Sklaven hatten die graduelle Abolition, die vom Kolonialstaat intendiert worden war, beschleunigt.

„Haussklaverei"

Im Verlauf des 19. Jahrhunderts wurde Sklaverei in den meisten Kolonien für illegal erklärt.[151] Von wenigen Ausnahmen abgesehen, sahen sich Kolonialbeamte dadurch zunächst aber nicht veranlasst, das Verbot des Sklavenhandels, der Sklaverei sowie anderer Formen erzwungener Arbeit auf Praktiken der einheimischen Bevölkerung anzuwenden. (Eckert 2006: 70)[152] Gerechtfertigt wurde diese Zurückhaltung vielfach mit einem

151 Tatsächlich wurde der transatlantische Sklavenhandel weitgehend und der innerkontinentale Sklavenhandel beträchtlich eingeschränkt.

152 Catherine Coquery-Vidrovitch hat neuere Forschungen zur Fortdauer der Sklaverei in Gabun und im Kongo am Ende des 19. Jahrhunderts ausgewertet. Üblicherweise seien Sklaven von

Respekt für die einheimische Kultur, in der es nun einmal seit alters her Sklaverei und Sklavenhandel gegeben habe, verursacht wurde sie vor allem durch das Interesse an den Tribut- bzw. Steuerzahlungen,[153] die durch unfreie Arbeitskräfte erwirtschaftet wurden, sowie durch die Möglichkeit, einheimische Praktiken zur Erzwingung von Arbeit für Projekte der Kolonialstaaten zu nutzen. An lediglich zwei Beispielen sollen die fortdauernde Duldung sowie Nutzung traditioneller Formen unfreier Arbeit in den Kolonien näher erläutert werden.

Zunächst Indien: In den verschiedenen Regionen gab es unterschiedliche Traditionen. Sie waren alle mit der religiös aufgeladenen Einteilung in Kasten verbunden, doch fiel die Zugehörigkeit zur niedersten Kaste nirgends vollständig mit dem Sklavenstatus zusammen. Es gab Angehörige der niedrigsten Kaste, die nicht Sklaven waren und Sklaven, die nicht dieser Kaste angehörten. (Stein 1998: 217; Kumar 1993: 117) Die Beamten der Ost-Indien-Company „achteten die Traditionen": In Kerala konnten *adima,* Angehörige der niedrigsten Kasse, in der ersten Hälfte des 19. Jahrhunderts noch als sachliches Eigentum verkauft,[154] als Mitgift verschenkt, an Tempel gegeben oder auch getötet werden. (Kumar 1993: 117) Waren Steuern nicht vollständig entrichtet worden, so ließ die Kolonialregierung Sklaven pfänden und anschließend verkaufen.

1808, wir erinnern uns, beschloss das britische Parlament, den Sklavenhandel zu verbieten. Fortan setzte sich die britische Regierung mit politischen und militärischen Mitteln dafür ein, dass dieses Verbot eingehalten und von anderen Regierungen übernommen wurde. In den eigenen Kolonien wurde das nicht so eng gesehen. 1843 wurde nicht etwa jeglicher Sklavenhandel in Indien untersagt, wohl aber Kolonialbeamten die Beteiligung an solchem Handel. Außerdem sollten Gerichte nicht länger Eigentümer unterstützen, die ihrer entflohenen Sklaven wieder habhaft werden wollten. (Stein 1998: 219) Aber in den 1870er Jahren gab Warren Hastings, erster Gouverneur von Indien, zu Protokoll, im *Dacca District* sei es eine lange gültige Tradition, dass alle Kinder unfrei seien, die von Sklaven geboren wurden. (zit. Stein 1998: 219)

Dem entspricht, dass die 1860 in das indische Strafgesetz eingefügten Paragraphen, die Sklavenhandel, Entführung zum Zwecke des Sklavenhandels und die Haltung von Sklaven zu Straftaten machten, nicht durchgesetzt wurden. Anderes gilt für den 1859 eingeführten Straftatbestand des Vertragsbruches im Falle von Arbeitsverträgen. Wer einen Vorschuss erhalten, dann aber nicht gearbeitet hatte, konnte zu dreimonatiger Zwangsarbeit verurteilt werden. Dieses Gesetz wurde tatsächlich angewandt und erst

---

Europäern freigekauft und dann als unbezahlte Arbeitskräfte eingesetzt worden, faktisch erneut versklavt. (2011: 149-163)

153 1893 konstatierte der Gouverneur von Deutsch-Ostafrika, Schele, dass es „unpraktisch" wäre, die fortdauernde Sklaverei abzuschaffen. Auf dem Land würden fast überall Sklaven eingesetzt. Ihre Befreiung würde einen immensen ökonomischen Rückschlag bedeuten. 1901 äußerte sich Graf von Goetzen entsprechend. (Zitate bei Koponen 1995: 331)

154 Womöglich aber nur im Zusammenhang mit dem Land, auf dem sie arbeiteten. Kumar (1993: 117) stellt fest, es fehle einfach immer noch an ganz genauen Kenntnissen.

1926 wieder aufgehoben. Dennoch war bereits zuvor unfreie Arbeit seltener geworden. Dies aber vor allem, weil Erwerbsmöglichkeiten enstanden, die unfreien Arbeitskräften die Chance boten, sich ihrem Status durch Flucht zu entziehen.

Sodann Nord Nigeria: Obwohl die *Royal Niger Company* 1897 die Sklaverei in Nord Nigeria für ungesetzlich erklärte, verfolgte die Kolonialregierung in der Folgezeit nicht etwa eine Strategie, die auf deren rasche Beseitigung abgezielt hätte. Vielmehr wurde unter Akteuren der Kolonialherrschaft darüber diskutiert, wie sich die Strategie einer sehr allmählichen Abschaffung der Sklaverei vor der internationalen Öffentlichkeit geheim halten ließ. (Hogendorn & Lovejoy 1992/2007: 52-53) 1899 gab es eine Ankündigung der *Royal Niger Company,* welche den Rechtsstatus der Sklaverei beendete, Sklavenraub und Sklavenhandel untersagte und allen bisherigen Sklaven, die nach einem bestimmten Datum geboren waren, die Freiheit zusagte. Das Datum für die Emanzipation war zunächst noch offen gelassen worden, ein Jahr später wurde dessen genaue Fixierung aber dadurch gegenstandslos, dass die „Ankündigung" für ungültig erklärt wurde, weil sie eben nur dies und nicht etwa ein Gesetz gewesen war. Im Folgenden kam es zu Debatten zwischen dem britischen Hochkommissar Frederick Lugard und der Londoner Regierung. Deren Einzelheiten müssen uns hier nicht interessieren, wohl aber das Argument Lugards gegen eine Anpassung der Gesetzeslage im Protektorat an die Entwicklung in den anderen westafrikanischen Besitzungen des Vereinigten Königreichs. Das Protektorat, führte Lugard aus, war eine Region sehr mächtiger mohammedanischer Staaten, deren Vasallen ihren Tribut in der Vergangenheit durch die jährliche Lieferung von Sklaven entrichtet hatten. Deshalb habe ein Sklavereigesetz in anderen Kolonien eine ganz andere Bedeutung als in Nord Nigeria. (zit. Hogendorn & Lovejoy 1992: 53) Lugards Politik war darauf ausgerichtet, Sklavenraubzüge sowie den Handel mit neu versklavten Menschen zu unterbinden. Außerdem sollten Kinder von Sklaven, die nach einem bestimmten Datum geboren wurden, frei sein. In den Folgejahren wurde dann aber dekretiert, dass *domestic slavery* weiterhin zulässig sei, und dass den einheimischen Gerichten zugestanden sein solle, Konflikte zu entscheiden, die *domestic slavery* betrafen. Das bedeutete notwendigerweise auch, dass solche Gerichte entschieden, was als Haussklaverei zu gelten hatte und was nicht. Entsprechend wurde verfahren.

Die entscheidende Stütze für den Fortbestand bereits bestehender Sklavenverhältnisse lag aber in den Maßnahmen zur Verhinderung der Flucht von Sklaven. Mit Zustimmung der Kolonialregierung wurde Geflüchteten der Zugang zu Land verweigert. Wer aber kein Land besaß und keine geregelte Beschäftigung nachweisen konnte, galt als Vagabund, konnte also zu Arbeit gezwungen werden. Diese Strategie zur Verhinderung von Flucht machte es der Kolonialregierung möglich, offiziell die Abschaffung der Sklaverei voranzutreiben, faktisch aber die Beibehaltung bisheriger Unfreiheit zu unterstützen. Wie Hogendorn und Lovejoy bemerken, ist dieser Widerspruch in der Forschung bis heute kaum zur Kenntnis genommen worden, weshalb Frederick Lugard denn auch weiterhin als Vorkämpfer für die Abschaffung der Sklaverei gilt, die allmähliche wohlgemerkt. (1992: 70)

Ersatzsklaverei

Sklaverei, das ist oben ausgeführt worden, ist mehr als erzwungene Arbeit. Auch wenn sich die konkreten Arbeits- und Lebensbedingungen von Sklaven nicht notwendig prinzipiell von jenen unterschieden, die zeitgenössisch nicht-versklavten Arbeitskräften aufgeherrscht wurden, so reduzierte sie ihr kolonialstaatlich regulierter Status doch auf eine Sache, die gekauft, verkauft, vererbt und verschenkt werden konnte. Zumeist ging dieser Status auch auf Nachkommen von Sklavinnen und Sklaven über. Mit der gesetzlichen Aufhebung der Sklaverei wurde dieser Status beseitigt. Weil befreite Sklaven aber kaum je bereit waren, ihre bisherige Arbeit gegen mangelhaften Lohn fortzusetzen, kam es weltweit zu Arbeitsformen, die Yves Bénot unter der Bezeichnung « *ersatz d'esclavage* » zusammengefasst hat. (2003: 247) Wir sind ihnen bereits in der Post- Sklaverei in den USA begegnet, und wir könnten sie in nahezu jeder europäischen Kolonie wieder finden. Eine etwaige Verbreitung von Informationen über andernorts angewandte Methoden ist nicht auszuschließen, fällt gegenüber der Handlungsmotivation durch ökonomische Interessen bei gleichzeitiger Legitimation durch Rassismus aber nicht ins Gewicht. Wie im Zuge dieses Essays immer wieder zu betonen ist: Eigentümer von Land und Kapital tendierten dazu, jene Möglichkeiten der zwangsweisen Rekrutierung und der Ausbeutung von Arbeitskräften auszuschöpfen, die sich ihnen in einer bestimmten historischen Situation boten. Nahezu regelhaft wurden Unternehmer in den Jahrzehnten, die auf das Ende legal betriebener Sklavenwirtschaft folgten, zunächst durch Kolonialstaaten unterstützt. Nur in sehr wenigen Ausnahmefällen haben moralische Bedenken und – ja auch – ökonomische Kalkulation einzelne zu Verhaltensweisen motiviert, die uns im Rückblick nicht nur als humaner, sondern auch als ökonomisch langfristig rationaler erscheinen.

Die Formen der Ausbeutung, die in der Epoche der Post-Sklaverei entwickelt und gesetzlich fixiert wurden, werden im Folgenden unter dem Terminus „Servitur" zusammengefasst. Im Deutschen wäre „Knechtschaft" gebräuchlicher, doch erschwert dieser Begriff die Erkenntnis, dass es sich nicht etwa um vormoderne Verhältnisse handelte, sondern um Elemente einer durchaus modernen – und zunehmend globalisierten – Arbeitswelt. Servitur ist zwar aus dem Lateinischen übernommen, folgt aber zugleich der im Englischen und Französischen gebräuchlichen Bezeichnung *servitude*.[155] Frederick Cooper zufolge wurde in offiziellen französischen Dokumenten der Terminus *esclave* (Sklave) zuerst durch *captif* (Gefangener), dann durch *non-libre* (unfrei) und schließlich durch *serviteur* (Dienender) ersetzt. Cooper betont, dass es die Bemühungen der französischen Administration, Sklaverei weg zu definieren, Forschern nachträglich sehr schwer machen, die Politik des Kolonialstaates in Archiven zu studieren, ganz zu schweigen

155 Sudel Fuma hat den Terminus « *servilisme* » anstelle des sonst im Französischen für Indentur-Verträge gebräuchlichen « *engagisme* » vorgeschlagen und benutzt ihn auch für die Arbeitsbedingungen der 1848 befreiten früheren Sklavinnen und Sklaven. (2001: passim)

von der Schwierigkeit, den tatsächlichen Praktiken in Afrika auf die Spur zu kommen. (Cooper 2000: 119)

Rekrutierung und Bezahlung von Arbeitskräften unterschieden sich von Kolonie zu Kolonie. Entsprechendes gilt für die faktische Unterordnung von Arbeitskräften unter die Ziele der Produktion. Allen Formen der Servitur ist aber gemeinsam, dass sie darauf abzielten, die früheren Verhältnisse so weit als irgend möglich in anderer Form fortzuführen. Da war zunächst der Zwang zu einer jahrelangen „Lehrzeit". In den USA traf dieses Schicksal nicht nur frühere Sklaven, sondern auch jugendliche Einheimische, denen in den 1850er und frühen 1860er Jahren in Kalifornien eine Lehre aufgezwungen wurde, damit Eigentümer von Boden die große Nachfrage nach ihren Produkten ausnutzen konnten. Gerichtsentscheidungen machten es möglich, diese Zeit der Lehre für männliche „Jugendliche" bis zum Alter von dreißig, für weibliche bis zum Alter von fünfundzwanzig Jahren auszudehnen. (Magliari 2012: 161; 169) Später traf dies in den USA auch Freigelassene. Auch in Britisch-Westindien waren Freigelassene nach 1833 zunächst in „Lehrlingsverhältnisse" gezwungen worden, bevor sie ihre volle Freiheit erhielten. Wie leicht zu erraten, wurde diese Regelung damit gerechtfertigt, dass frühere Sklaven auf ihre Verantwortung als Freie vorbereitet werden sollten. Weil die Ex-Sklaven auf diese Weise noch weitere Jahre ihres Arbeitslebens unbezahlt schuften mussten, wurden auf diese Weise die Verluste ihrer früheren Eigentümer auch dort gemindert, wo ihnen die Regierung nur eine geringe oder gar keine finanzielle Entschädigung für den Verlust ihres Eigentums zugestanden hatte.

Die Dauer der „Lehre" unterschied sich, typisch waren Verpflichtungen von sechs oder acht, manchmal aber auch von zehn Jahren.[156] Für die britischen Kolonien wurde festgelegt, dass die Lehrlinge (*apprentices*) 40,5 Stunden wöchentlich unbezahlt zu leisten hatten, für eventuelle Überstunden aber bezahlt werden sollten. Das mag erklären, warum sich nur wenig Widerstand regte, als die Kolonialverwaltung die Zeit der Lehre nachträglich auf fünf Jahre (bis 1838) verkürzte. Die Bezahlung von Überstunden wäre in der Zeit der Zuckerernte unerlässlich gewesen und hätte den Kostenvorteil dieser Zwangsverhältnisse erheblich gemindert.

Nach der Abschaffung der Sklaverei in der französischen Kolonie Guadeloupe im Jahre 1848 haben zwar keineswegs alle Befreiten die Plantagen verlassen, sie waren aber nicht mehr bereit, sich der rigorosen Arbeitsdisziplin zu fügen, die sie zuvor hatten erdulden müssen. Auf den Zuckerplantagen halbierte sich die Produktivität pro Arbeitskraft. Es gibt Berichte, denen zufolge die Befreiten nicht alles stehen und liegen ließen, sondern zunächst das Zuckerrohr in die Mühlen brachten, bevor sie ihre Freiheit nutzten, um zu kommen und zu gehen,wie sie wollten, um den einen Tag zu arbeiten und den anderen frei zu machen, kurz: um ihre Freiheit zu genießen. (Schnakenbourg 2007: 11) Zunächst offerierten Plantagenbesitzer auf Guadeloupe wie auf anderen westindischen Inseln

156 So etwa in Holländisch Guayana (Suriname), wo die Sklaverei erst 1863 formell beendet wurde, dann aber noch einmal zehn Jahre „Lehre" auferlegt wurden.

ihren früheren Sklaven eine „Assoziation". Sie boten ihnen Hütten und einen „Garten", verlangten dafür Arbeit und waren bereit, die Profite zu teilen. So ungleich allerdings, dass bereits 1851 unter den Befreiten niemand mehr bereit war, in eine „Assoziation" mit einem früheren Sklavenhalter zu treten. Andererseits waren die Plantagenbesitz nicht bereit, Lohnverhandlungen mit früheren Sklaven zu führen. Fast alle waren der Ansicht, es müsse möglich sein, sich den Bedingungen des Arbeitsmarktes zu entziehen, die Emanzipation faktisch ungeschehen zu machen und die Befreiten zu zwingen, auf denselben Plantagen zu arbeiten wie 1847. (Schnakenbourg 2007: 15) Also sollten sie zur Lohnarbeit gezwungen werden.[157] Dabei sollte eine rigorose polizeiliche Verfolgung der Landstreicherei helfen. Wie oben bereits ausgeführt, wurde diese Methode wenige Jahre später auch in den USA praktiziert. Auf Guadeloupe sollte als Vagabund gelten, wer nicht in der Lage war, ein « *livret* »,[158] also ein Arbeitsbuch, vorzuweisen, in dem ein Arbeitsverhältnis von mindestens einem Jahr Dauer nachgewiesen war. Tatsächlich hat diese „Organisation der Arbeit", wie die Zwangsmaßnahmen zusammenfassend genannt wurden, Arbeitskräfte in die Plantagen gebracht. Wer sich weigerte, konnte zu Gefängnis verurteilt werden. So wurde am 7. Januar 1850 die vierzigjährige Reine zu sechs Monaten Zwangsarbeit und zur Bezahlung der Kosten des Verfahrens verurteilt, weil sie sich nicht als Landarbeiterin verheuert hatte und folglich vor dem Gesetz eine Landstreicherin war. (Schmieder 2011: 123, Fn 30)[159] Allein zwischen dem 1. Juli 1852 und dem 1. Juli 1853 sind auf Guadeloupe 2.789 „Vagabunden" zu Gefängnisstrafen verurteilt worden, 1855 waren es 5.270. (Schnakenbourg 2007: 21f.) Weil die früheren Sklaven aber einerseits nicht vergessen hatten, wie man härtester Ausbeutung zumindest ein klein wenig gegensteuert, und weil Plantagenbesitzer nicht wagen konnten, körperliche Strafen einzusetzen, blieb die Produktivität weiterhin auf dem niedrigen Niveau, das seit 1849 herrschte. Die Reaktion war eine nochmalige Verschärfung der staatlichen Repression. Nicht nur sollten die Bürgermeister jetzt aufgefordert werden, alle diejenigen zu kontrollieren, die behaupteten, einer nicht-agrarischen Tätigkeit nachzugehen, sondern auch nachzuprüfen, ob diejenigen, die als Bauern lebten, eine so große Fläche zur Verfügung hatten, dass sie eine ausreichende Zahl von Tagen beschäftigt waren. War dies nicht der Fall, so waren sie von Staats wegen gezwungen, „für einen anderen zu arbeiten". Nachdem es 1858 so aussah, als ob diese Fortsetzung der Sklaverei unter dem Titel „Organisation der Arbeit" erfolgreich sei, brach das System in den Folgejahren dennoch zusammen. Zwar stieg die Zahl der Arbeitskräfte auf den Plantagen, es gelang aber nicht,

157 Schnakenbourg spricht in diesem Zusammenhang vom « *contraint à se salarier* ». (2007, passim, Kap. 1)

158 Oben ist ausgeführt worden, dass die Abschaffung der « *livrets* » zu den revolutionären Forderungen von Arbeitskräften in Frankreich gehört hatte, und dass diese Arbeitsbücher unter Napoleon 1803 – allerdings mit neuer Bedeutung – erneut eingeführt wurden. Es handelte sich also um ein traditionelles Mittel der polizeilichen Kontrolle von Arbeitskräften.

159 Ulrike Schmieders Arbeit basiert auf sehr gründlichen Archivstudien, für den zitierten Fall auf Polizeiakten in Martinique.

ihre Produktivität auf jenes Niveau anzuheben, das in der Zeit der Sklavenwirtschaft üblich gewesen war. Und dies zu einem Zeitpunkt, da viele Plantagenbesitzer immense Zinsen für ihre Schulden bezahlen mussten und sich auf dem Weltmarkt die Konkurrenz des Rübenzuckers bemerkbar zu machen begann. Einheimische Arbeitskräfte konnten höhere Löhne fordern, weil sich ihnen inzwischen eine Alternative bot. Auch wenn sie auf ihren schlechten Böden nur mühsam Zuckerrohr anbauten, so konnten sie auf diese Weise doch ein Auskommen finden, seit auch in Guadeloupe zentrale Mühlen etabliert wurden, die sie beliefern konnten. Andere waren bereit, für Lohn in diesen Industriebetrieben zu arbeiten. An der Notwendigkeit, während der Ernte in den Zuckermühlen einen Dauerbetrieb aufrecht zu erhalten, hatte sich nichts geändert, dennoch handelte es sich jetzt eben um Industriebetriebe und nicht um Mühlen auf der Plantage eines Sklavenhalters. (Schnakenbourg 2007: 32f.)

Wie auf allen westindischen Zuckerinseln sank die Zahl der einheimischen Arbeitskräfte in der Zuckerproduktion auch auf Guadeloupe gegen Ende des 19. Jahrhunderts, wie in allen anderen westindischen Inseln gelang es auch den Plantagenbesitzern auf Guadeloupe, das Ende der Sklavenwirtschaft durch eine neue Form faktisch weitgehend unfreier Arbeit zu ersetzen. Sie importierten Kulis. Zunächst allerdings versuchten sie, einheimische Arbeitskräfte durch Schulden an sich zu binden.[160]

Schuldknechtschaft

Schuldknechtschaft ist uns bereits als eine der Praktiken begegnet, mit denen Plantagenbesitzer in den USA das Ende der Sklaverei wirtschaftlich abzufedern suchten. Diese Funktion hat Schuldsklaverei auch in vielen anderen Regionen der Welt erfüllt. Andernorts war sie nicht erst als Post-Sklaverei in Gebrauch gekommen, sondern seit langem als Ausbeutungspraxis etabliert.

In der Forschung zur Entwicklung freier und unfreier Arbeit ist die konkrete Bedeutung von Schuldknechtschaft heftig umstritten. Während etwa Jan Breman für Süd Gujarat (Indien) Ende des 19. Jahrhunderts feststellt, dass es sich bei den Schulden, die ländliche Arbeitskräfte banden, eher um fiktive Größen handelte, und dass diese Arbeitskräfte selbst solche Verhältnisse anstrebten, weil sie ihnen dauerhafte Beschäftigung boten und sie folglich nicht dem Los lediglich kurzfristig beschäftigter Erntearbeiter aussetzte (1974/1993: 42-46 und passim), kritisiert Tom Brass derartige Argumentation als „revisionistisch“. Brass zufolge verwandeln Autoren wie Breman Verhältnisse, die Marxisten als „Unfreiheit“ charakterisieren, in eine Form des Äquivalententausches, anders gesagt, in ein spannungsfreies Arrangement, das allen Beteiligten nutzte. (1997:

160 Eine ausführliche Diskussion der Anpassung an die ihnen aufgezwungenen Verhältnisse und des Widerstands von Einheimischen gegen diese Formen der Ausbeutung findet sich bei David Maccreery (1993).

62) Für Südamerika hat Alan Knight eine Differenzierung vorgeschlagen, die dieser Diskussion womöglich insgesamt zugutekommen könnte. (1988: 102-117) Seiner Ansicht nach gab es drei verschiedene Formen der Schuldknechtschaft. In einigen Regionen und Perioden seien Schuldknechte in Wirklichkeit eine Art Lohnarbeiter gewesen, die zu Beginn ihrer Heuer einen Vorschuss erhalten hätten, den sie dann abzuarbeiten hatten. Ausbeutungsverhältnisse seien also durch eine monetäre Beziehung begründet worden.[161] Die zweite Form der Schuldknechtschaft bezeichnet Knight als „traditional". Es handelt sich um dauerhafte Verhältnisse, wobei Knight zufolge die Schuld meist nicht sehr hoch war (drei Wochenlöhne oder weniger).[162] Neben diesen beiden habe es aber eine dritte Form der Schuldknechtschaft gegeben. Sie habe eindeutig auf Zwang basiert. Es habe sich um Sklaverei gehandelt, und tatsächlich seien die Verhältnisse insgesamt eher schlimmer gewesen als zur Zeit der legalen Sklaverei, weil sie nun nicht mehr durch jene Formen patriarchalischer Fürsorge gemildert wurden, die früher zum Selbstverständnis und zur Ausbeutungspraxis vieler Pflanzer gehört hätten. Wo immer diese Form Ende des 19. Jahrhunderts etabliert worden sei, also in Teilen von Süd-Mexiko, in den Küstenplantagen von Peru, im peruanischen Amazonasgebiet und auf den Kaffeeplantagen von Guatemala, habe es sich um Gebiete gehandelt, in denen es früher nur wenige Plantagen gegeben habe. Die einheimische Bevölkerung habe sich der Arbeit auf Plantagen widersetzt, einerseits, weil diese besonders hart war, dann aber auch, weil sie sich noch selbst versorgen konnten. Weil unter diesen Umständen materielle Anreize nicht funktionierten, seien Arbeitskräfte zwangsweise „rekrutiert" und zwangsweise festgehalten worden. Und je mehr von ihnen dennoch flohen, umso mehr wurden zwangsweise rekrutiert und umso eher wurde auf Plantagen Gewalt eingesetzt, um Fluchten zu verhindern.

---

161 Dies habe – insbesondere im Norden von Mexiko – zu einem Angebot an Arbeitskräften geführt. Vor allem von neu eingewanderten deutschen Pflanzern seien auf diese Weise saisonale Lohnarbeitsverhältnisse zu einem Zeitpunkt begründet worden, als die einheimischen mexikanischen Pflanzer nach wie vor Gewalt und Zwang nutzten, um dauerhafte Schuldknechtschaft zu begründen. Wenn sich Arbeitskräfte solcher Verpflichtung durch Flucht entzogen, war es Pflanzern kaum möglich, sie wieder einzufangen. Und weil Gewaltmaßnahmen im Ausland nicht möglich waren, blieb den einheimischen Pflanzern auch das Arbeitsangebot aus anderen Staaten der Region verschlossen. Demgegenüber warben die später eingewanderten deutschen Pflanzer mit hohen Löhnen Arbeitskräfte aus dem benachbarten Guatemala ab.

162 Zwar seien solche Verhältnisse anfangs oft gewaltsam zustande gebracht worden, doch seien ländliche Arbeitskräfte am Ende des 19. Jahrhunderts nicht mehr auf den Haziendas geblieben, weil sie dazu mittels direktem Zwang veranlasst worden seien, sondern weil die ökonomischen Verhältnisse ihre Bereitschaft förderten, einen bestimmten Teil ihrer Ernte abzuliefern oder bestimmte Arbeitsverpflichtungen zu akzeptieren. Ende des 19. Jahrhunderts seien in Mexiko Profite gestiegen und die Reallöhne (einer wachsenden Bevölkerung) gesunken. Folglich seien Pflanzer sehr viel weniger als früher auf dauerhafte Schuldverhältnisse angewiesen gewesen. In dieser Zeit sei die härteste Sanktion auf manchen Zuckerplantagen die Drohung gewesen, jemand von der Plantage zu vertreiben. Die Schuldknechte hätten als arbeitsam und friedfertig gegolten. Sie hätten sich kaum an Aufständen beteiligt und kein Interesse an Lohnarbeitsverhältnissen gehabt, die mit der Gefahr der Entlassung verbunden waren.

Alan Knight diskutiert, warum zur selben Zeit und unter ganz ähnlichen wirtschaftlichen Bedingungen die einen Pflanzer eine Entwicklung einleiteten, die schließlich zu freier Lohnarbeit führte, während andere immer harschere Formen der Schuldknechtschaft praktizierten. Seiner Ansicht nach war die Gewaltpraxis dort besonders häufig, wo Pflanzer auf kurzfristige Gewinne setzten, wozu sie – wie etwa im Falle der Kautschuk-Plantagen in Putumayo – auch durch rasch wechselnde Verhältnisse auf dem Weltmarkt veranlasst wurden. Sie ließen sich Strafgefangene liefern, nutzten Schuldknechte und brachten Einheimische durch Hinterlist und Gewalt dazu, für sie zu arbeiten. Denn einheimische Bauern, auch wenn sie noch so arm waren, ließen sich mit einem Angebot an niedrigen Löhnen nicht für die harte körperliche und abstoßende Arbeit auf den Guano-Inseln vor der Küste Perus oder für Holzfällerarbeiten und Kautschuk-Gewinnung anwerben. Diesen Produktionen war mit Saisonarbeit jedoch nicht gedient. Sie brauchten dauerhaft einzuspannende Arbeitskräfte, und diese ließen sich am ehesten festhalten, wenn die Produktionsstätten vergleichsweise isoliert auf Inseln oder in tropischen Wäldern und weitab von potentieller staatlicher Aufsicht gelegen waren (Knight 1988: 113) Schuldverhältnisse gab es in Lateinamerika noch sehr lange, aber die faktische Versklavung von Arbeitskräften wurde seltener, als die Nachfrage nach peruanischem Kautschuk und nach Guano auf dem Weltmarkt sank und als einheimische und internationale Kritiker zunehmend bemüht waren, diese Ausbeutungsverhältnisse ans Licht zu bringen. (Knight 1988: 114)

In Indien gab es eine lange Tradition der Schuldknechtschaft. Unter dem Einfluss kapitalistischer Aneignungsstrategien hat sie sich im ausgehenden 19. Jahrhundert gewandelt. In dieser Form besteht sie – darauf werden wir unten zurückkommen – in Resten bis heute fort.

Sich auf Verhältnisse in Bihar konzentrierend, hat Gyan Prakash (1990) erläutert, wie die Gesetze des Raj, der britischen Kolonialherrschaft, aus den früheren Untertanenverhältnissen auf dem Land Strukturen der Schuldknechtschaft machten. Aus den Herren über Dörfer, die Abgaben und Arbeit einfordern konnten, wurden Ende des 19. Jahrhunderts Grundeigentümer, welche die Umwandlung von Landbesitz in Privateigentum, die der Kolonialstaat im *Permanent Settlement* von 1793 eingeführt hatte, dazu nutzten, Abgaben und Arbeit auf der Basis ihres Bodenmonopols einzufordern. An die Stelle der früheren lokalen Magnaten (*Zamindars*), deren Herrschaft militärisch fundiert war, traten jetzt Grundherren (*maliks*), deren Einkommen auf der staatlich sanktionierten Verfügung über das Produktionsmittel Boden basierte. Aus früheren Untertanen wurden *kamias*, unfreie Arbeitskräfte. Ihnen wurde ein kleines Stück Land zugestanden, sie erhielten Lohn – überwiegend in der Form von Getreide. Weil die Grundeigentümer immer seltener dafür sorgten, dass die Bewässerungsanlagen erhalten blieben und weil die Bauern kaum ihre Subsistenz sichern konnten, wurden Böden verstärkt ausgelaugt und Produktionsmengen eher niedriger. Ebenso wie Bauern in manchen Regionen Afrikas nahmen nun auch Bauern in Indien Land unter den Pflug, das seiner schlechten Qualität wegen früher nicht bebaut worden war und bestenfalls minimale Erträge möglich machte. (Das Gupta 1994: 79). Und gegen Ende des 19. Jahrhunderts war aus den früheren personalen Herrschaftsverhältnissen, die in Indien – wie auch anderswo in der Welt – durch ein Mindestmaß an materieller und symbolischer Fürsorge charakterisiert gewesen waren, moderne, unpersönliche Vertragsverhältnisse geworden. Genauer: aus Untertänigkeit wurde ein Schuldverhältnis. Auch früher hatten die Herren ihr Interesse am Erhalt der ihnen untertanen arbeitsfähigen Dorfbewohner dadurch materiell und symbolisch zum Ausdruck gebracht, dass sie den Bauernfamilien zur Geburt und zur Hochzeit eines Sohnes Zuwendungen machten. Unter den neuen Bedingungen wurden aus diesen Zuwendungen Darlehen, und diese (im Prinzip) monetäre Vertragsbeziehung wurde zur Basis der Unfreiheit. (So auch Das Gupta 1994: 101) Dieses Vertragscharakters wegen fiel die Situation von *kamiahs* nicht unter das 1843 verkündete Verbot der Sklaverei. Den im Metropolland dominanten Denkweisen entsprechend, handelte es sich bei ihnen um von Natur aus freie Menschen, die auf der Basis eines Schuldvertrags zu unfreien Arbeitskräften wurden. (Prakash 1990: 140) An dem Ausmaß ihrer Unterwerfung änderte dies wenig. Sofern ihr Lohn und ihre eigene Ernte nicht ausreichten, um sie über die karge Jahreszeit zu bringen, durften sie nur dann anderweitig um Arbeit nachsuchen, wenn ihnen dies vom Herrn gestattet wurde. Die Landbesitzer, so ein Steuerbeamter im Jahr 1879, „setzen all ihren Einfluss und beträchtliche Mittel dafür ein, die wirklich Armen im Distrikt fest zu halten" (zit: Pouchepadass 1990: 15, Übers.) 1888 waren mehr als die Hälfte der landwirtschaftlichen Arbeitskräfte in einem bestimmten Bezirk von Nord Bihar derart verpflichtet. Weil jetzt nicht mehr Herrenrecht, sondern Eigentum die Aneignung begründete, konnten auch europäische Pächter die alten Traditionen nutzen und Pflug-, Spann- und Dreschdienste gegen minimale Entlohnung einfordern. (Pouchepadass 1990: 17) Mit Lohn und „Gartenland" offerierten Grundherren eine gewisse minimale Versorgung, zur Realität der Abhängigkeit gehörte aber auch der Einsatz direkter Gewalt, um Saumseligkeit zu unterbinden oder zu bestrafen. Dokumenten des Kolonialstaates zufolge hatten *kamias* derartige Maßnahmen vor allem von den weniger wohlhabenden Grundherren zu gewärtigen, die in besonderem Maße auf die Arbeitskraft ihrer Schuldner angewiesen waren und ihre Kontrolle besser durchsetzen konnten, weil sie auch selbst in Dörfern lebten. (Prakasch 1990: 188)

Zunehmende Kommerzialisierung der Landwirtschaft hat dazu geführt, dass seit dem Ende des 19. Jahrhunderts Landbesitzer immer häufiger auf Arbeitskräfte verzichteten, die ihnen dauerhaft dienstbar waren. (Breman 2010: 139) Indem sie dazu übergingen, vorzugsweise Tagelöhner heuern zu lassen, verzichteten sie freilich auch auf das Prestige, das ihnen zuvor durch die große Zahl von dienstbaren Frauen und Männern zugefallen war.[163] Schuldknechtschaft war damit in Indien freilich noch nicht beseitigt.

163 Jan Breman hat darauf hingewiesen, dass dieses Verschwinden der traditionellen Formen von Schuldknechtschaft nur für Indien, nicht aber für Pakistan zutrifft. Dort würden Bauern – oft auch durch den Einsatz direkter Gewalt – in Verhältnisse des *sharecroping* gezwungen. Die

Vertragsknechtschaft (Kuli-Arbeit)

Sofern es Pflanzern gelang, Einheimische in Zwangsarbeitsverhältnissen zu halten oder zu bringen, verzichteten sie in der Regel auf den Einsatz ausländischer Arbeitskräfte. Da dies vielfach schwierig war, rekrutierten Pflanzer in einigen englischen Kolonien in den 1830er Jahren zunächst saisonale Arbeitskräfte aus Portugal und Indien. Diese durften offiziell aber nur für einen Monat verpflichtet werden. Und kaum einer der Erntearbeiter war bereit, seinen Vertrag zu erneuern. (Campbell 1923/1969: 92) In den 1840er Jahren gelang es Pflanzern in Mauretanien, die Kolonialbehörden zur Genehmigung eines versuchsweisen Imports von mehrjährig verpflichteten Kulis aus Asien zu bewegen. Daraufhin forderten Pflanzer anderer Zuckerinseln, ebenfalls eine derartige Genehmigung zu erhalten.[164] Angesichts des großen Hungers in Südchina wurde deren Vorlage in China jedoch nicht verlangt.

Nach 1846 galt vielen Pflanzern der Import von Kulis als einzige Möglichkeit, die fundamentale Krise zu überwinden, die mit der Emanzipation der Sklavenbevölkerung begonnen hatte und durch die Beendigung der zollpolitischen Begünstigung des Zuckers aus den britischen Kolonien dramatisch verschärft worden war. Die zollpolitische Gleichbehandlung britischen und fremden Zuckers kam Konsumenten im Vereinigten Königreich zugute, schmälerte aber die Profite britischer Zuckerproduzenten in Übersee.

Anfang der 1860er Jahre, also knapp drei Jahrzehnte nach dem offiziellen Ende der Sklaverei in britischen Kolonien, bereiste der New Yorker Journalist William G. Sewell die westindischen Inseln. In der Veröffentlichung seiner Beobachtungen klingt eine Problematik an, die sich in der Forschungsliteratur zu Sklaverei und Servitur in Kolonien bis heute findet. Pflanzer argumentierten, sie fänden vor Ort nicht genügend Arbeitskräfte und seien deshalb auf deren Einfuhr angewiesen, wenn schon nicht von Sklaven, so doch von Kulis oder anderen vertraglich längerfristig gebundenen Arbeitskräften.[165] Und

---

Fortdauer der Untertanenverhältnisse auf dem Land führt Breman auf die Fortdauer der autoritären politischen Strukturen zurück. (2010: 140)

164 Für Chinesen war die Emigration zur damaligen Zeit nur mit einer speziellen Genehmigung legal.

165 Tatsächlich waren 1863 und in den darauffolgenden Jahren sehr viele Arme auf Barbados bereit, einen längerfristigen Arbeitsvertrag zu unterschreiben, den sie auf St. Croix erfüllen mussten. In Barbados waren Beschäftigungsmöglichkeiten geschwunden, nachdem die zollpolitische Begünstigung „britischen" Zuckers aufgehoben war, und 1863 hatte eine Dürreperiode für viele Hunger mit sich gebracht. Nach 1863 akzeptierten die Behörden in Barbados die Rekrutierung einheimischer Landarbeiter für ausländische Beschäftigung, gegen die sie zuvor opponiert hatten. Danach kamen auch Anwerber aus Antiqua. Als aber auch für British Guyana angeworben werden sollte, wurde dies von den Behörden in Barbados untersagt. Nachdem es inzwischen geregnet hatte, gebe es in Barbados genug Beschäftigungsmöglichkeiten. Die Emigration von fast 3.000 Menschen habe bereits zu einer Arbeitskräfteknappheit auf Barbados geführt. Außerdem seien ja nur Männer emigriert. Frauen, Kinder und Alte seien zurück geblieben. Da aber die anderen Kolonien nach wie vor zusätzliche Arbeitskräfte zu gewinnen suchten, offerierten sie jetzt

mit dem Mangel an Arbeitskräften haben auch Wissenschaftler immer wieder und bis heute die Ausbreitung von Sklavenwirtschaft und jenen Formen der Arbeit erklärt, die hier unter dem Begriff „Servitur" zusammengefasst werden. (z.B. Miles 1987: 206 und passsim) Bei Sewell heißt es, es widerspräche ja jedem *common sense*, wenn angenommen würde, die Pflanzer von Trinidad würden sich in die großen Kosten für den Import von Arbeitskräften aus Übersee stürzen, wenn sie diese auch zuhause finden könnten. (1862: 129) Aber gleich darauf führt er aus, dass nach der Emanzipation viele frühere Sklaven die Plantagen verließen, um „profitablere Beschäftigung" zu suchen. Deshalb gebe es nun kaum noch genügend Arbeitskräfte, um Kakao und Zucker anzubauen. (1862: 130) Auf Antigua war ihm aufgefallen, dass es dort sehr viele Arbeitskräfte gab. Dennoch hätten die Pflanzer gesagt, sie bräuchten 2.000 Kulis. (1862: 152) Mit anderen Worten: Auch wenn „profitablere" Beschäftigungen sicherlich nicht einfach zu finden waren, so waren nur sehr wenige der früheren Sklaven bereit, als Freie an ihrem alten Arbeitsplatz zu verbleiben. Für Sewell war die Beschäftigung von Kulis ein großer historischer Fortschritt gegenüber der Sklaverei. Und es war kaum zufällig, dass sein Reisebericht in den USA in kürzester Zeit eine zweite Auflage erlebte. Schließlich sahen die Pflanzer in den Südstaaten in den 1860er Jahren ähnliche Probleme auf sich zukommen.[166]

Menschenhändler und Versklaver nahmen, was sie bekommen konnten. Sie präferierten keine Ethnie. Michael Zeuske zufolge hätten sie auch Tiere genommen. In der Debatte seien Maultiere, Esel oder Rinder gewesen, die aber nicht überall eingesetzt werden konnten. (2015: 365)

In der zweiten Hälfte des 19. Jahrhunderts kam es zu einer immensen Ausdehnung des Handels mit Arbeitskräften. Die meisten von ihnen wurden in Indien,[167] China und Malaya rekrutiert. Immerhin mehr als 400.000 aber auch in Melanesien und Mikronesien. In dem Jahrhundert zwischen 1837 und 1937 sind Schätzungen zufolge allein aus

---

freie Lohnarbeit anstatt der bisherigen Servitur. Im darauffolgenden Jahr sollen weitere 2.800 Arbeitskräfte aus Barbados emigriert sein, die meisten von ihnen männlich und viele von ihnen jetzt nach British Guyana. Im selben Jahr kamen Anwerber aus Jamaika, die ihrerseits freie saisonale Lohnarbeit anboten. Das Angebot der saisonalen Arbeit bedeutete, dass Arbeitskräfte aus Barbados während der Ernte gutes Geld verdienen und mit dem Beginn der feuchten und ungesunden Witterung wieder nach Hause zurückkehren konnten. Erst die wirtschaftliche Depression des Jahres 1885 hat dieses regionale System der Arbeitsmigration beendet. (Brown 2005: 31-54)

166 Eine ausführliche Analyse der Position von Sewell und deren zeitgenössischer Wirkung in den USA findet sich bei Moon-Ho Jung. (2006: 64-67) Jung zufolge war der Import von Kulis in den USA durch Gegner der Sklaverei zunächst als eine andere Form der Sklaverei verurteilt worden, dann aber hätten viele in den langfristigen Vertragsbindungen, die in Westindien praktiziert wurden, eine Möglichkeit des graduellen Übergangs zu freier Lohnarbeit gesehen.

167 Hugh Tinker zufolge war das System des indischen Exports von Arbeitskräften um 1870 völlig ausgereift. Es sollte dann noch fünfzig weitere Jahre in eben diesen institutionellen Formen betrieben werden. (1974/1993: 115)

Indien mehr als 30.000 Arbeitskräfte emigriert. Annähernd 24.000 von ihnen sollen nach Ablauf ihrer Verträge wieder zurückgekommen sein. (Potts 1988: 89-92)

Sie wurden auf die Zuckerinseln, nach Peru, Hawaii, Kalifornien, in andere europäische Kolonien in Südostasien und zeitweise auch nach Australien gebracht.[168]

Auch aus Afrika kamen Kulis nach Westindien. Wer sich mit ihrer „Migration" befasst, stößt auf eine jener Einzelheiten in der Geschichte des Kapitalismus, die den Atem stocken lassen. Für jede und jeden, die sich forschend in die Niederungen kapitalistischer Realität begeben, mögen das andere sein, aber kaum jemand wird sich dem Schrecken darüber entziehen können, dass Sklaven, die britische Kontrolleure zur See von Sklavenschiffen gerettet und dann in Sierra Leone oder auf St. Helena angelandet hatten, mittels Täuschung und nachdrücklicher Überredung zur „Auswanderung" in die Karibik veranlasst wurden, nur, um sich dort in einem Zustand der Servitur wieder zu finden. Weil sich viele weigerten, wandten sich die Agenten aus Jamaika und anderen Zuckerinseln an die Schulen, die in Sierra Leone für Waisen eingerichtet worden waren. Sie veranlassten, dass die Kinder, sobald sie alt genug waren, in ein „Lehrlingsverhältnis" nach Westindien entsandt wurden. Um die Zahl der „freiwilligen" erwachsenen Auswanderer aus Sierra Leone und St. Helena zu erhöhen, wurden diese vor die Wahl gestellt, entweder im Land zu bleiben und keinerlei staatliche Unterstützung zu erhalten oder aber nach Westindien zu emigrieren. Dort trafen sie dann auf Herren, die an Sklaverei gewohnt gewesen waren. Die ohnehin mageren Löhne wurden noch geringer, als die Zuckerproduktion in die Krise geriet. Epidemien rafften viele dahin, Unterernährung ließ viele früh sterben. Einzelne schafften es, eine Schiffspassage zurück nach Sierra Leone zu buchen. Und Ende der 1850er Jahre gelang es einigen wenigen, die von den Behörden in Jamaika nach Ablauf eines Arbeitsvertrages ursprünglich zugesagte Repatriierung tatsächlich zu erreichen. Den anderen blieb nur der Traum von Afrika. (Schuler 1980: passim)

Auch in den französischen Kolonien der Karibik arbeiteten in den 1850er Jahren Arbeitskräfte aus Afrika, die in diesen Kolonien zuvor Sklaven gewesen waren. Anwerber, die einen zukünftigen Kuli anlieferten, erhielten damals 350 *Francs.* (Northrup 2002: 210f.) Zu solchem Verdienst kamen sie entweder, indem sie befreiten Sklaven erfolgreich einen Vertrag offerierten oder aber, indem sie eine Sklavin oder einen Sklaven freikauften, um sie oder ihn dann zu einem Vertrag zu überreden. Der Unterschied war wohl weniger für die unmittelbar Beteiligten von Bedeutung als für die Politiker, die sich gegen den Vorwurf wehrten, bei der Rekrutierung befreiter Sklaven für die Kolonien handle es sich um die Fortsetzung des Sklavenhandels in anderer Form. Dass die Anwerbung von Arbeitskräften in Afrika für französische Kolonien in der Karibik im Jahr 1862 endete, ist eine unmittelbare Folge der 1860 und 1861 abgeschlossenen Englisch-Französischen Verträge, durch welche Frankreich die Anwerbung von Arbeitskräften in Britisch Indien

---

168 Lydia Potts hat die Herkunfts- sowie Aufnahmegebiete von Kulis und den zahlenmäßigen Umfang der Kuli- Arbeit erforscht. (1988: 89-91)

gestattet wurde. Die Verlagerung der französischen Rekrutierung bedeutete jedoch noch nicht das Ende der Anwerbung von Kulis in Afrika. Die meisten wurden jetzt in portugiesische und holländische Kolonien geliefert. Überwiegend wurden auf den Plantagen in europäischen Kolonien nun aber Menschen aus Indien und China sowie von den Pazifischen Inseln beschäftigt.

Nicht überall verlief die Rekrutierung von Kulis in ebensolchen Formen wie in Afrika. Zwar gibt es aus allen Rekrutierungsgebieten Berichte über regelrechtes *kidnapping*, häufiger wurde aber mit falschen Angaben gearbeitet. (Ramasamy 1992: 91; Campbell 1923/1969: 7) Nachdem 1857 wütende Chinesen in Kanton 18 einheimische Anwerber ermordet hatten, gaben sowohl der Spanische Konsul in Amoy als auch der Vizekönig von Kanton zu Protokoll, dass ihrer Ansicht nach 90 % der Arbeiter, die auf Kuli-Schiffe gebracht wurden, mittels Täuschung und Betrug angeworben worden waren. (Hu-Dehart 2007: 170) Typisch war die Erfahrung, von der Mohamed Sheriff vor einem Untersuchungsausschuss des Englischen Parlaments berichtete. Er sei, sagte Sheriff, 1870 auf dem Bazar in Lucknow angesprochen und gefragt worden, ob er Arbeit suche. Als er dies bejaht habe, sei ihm gesagt worden, es gebe Arbeit für ihn auf einer Plantage in Demerara. Dass es sich dabei um eine Region in Britisch Guyana handelte, war ihm nicht bekannt.[169] Auch andere *Kulis* haben vor Untersuchungskommissionen ausgesagt, dass sie über die geographische Lage ihres Arbeitsortes getäuscht worden waren, zusätzlich auch, dass ihnen gesagt worden war, sie könnten den Arbeitsplatz jederzeit verlassen, wenn er ihnen nicht zusagen sollte. (Carter 1996: 68) Solchen Täuschungsmanövern waren auch Kinder ausgesetzt. 1882 etwa wurde der zehnjährige Dawoodharree in Indien rekrutiert. Als er in Mauritius angelandet worden war, bat er den Beamten, der für den Schutz von Immigranten zuständig war, seinen Vertrag aufzulösen. Der Plantagenbesitzer ließ sich nicht erweichen. Der Junge sei zusammen mit anderen rekrutiert worden, er habe wissen müssen, dass er sich für fünf Jahre verpflichtete. Seine Überfahrt sei durch die Plantage bezahlt worden. (Carter & Torabully 2002: 24) In den 1870er Jahren berichteten fünf Kulis aus Malaya, ihnen sei von einem Anwerber gesagt worden, in Singapur könnten sie in kürzester Zeit den Betrag für die Rückzahlung der Passage verdienen, und danach könnten sie dann den immensen Betrag von 50 bis 60 Pfund im Jahr sparen. (Zit. bei: 1923/1969: 3, Fn 6) Besonders häufig wurden Arbeitskräfte, von denen viele noch nie zuvor das Meer gesehen hatten, über die Dauer der Seereise getäuscht. Unterwegs erlebten sie dann, dass sie statt der erwarteten acht oder neun Tage an die hundert (und nach Kuba manchmal über 200 Tage) unterwegs waren. Oft gaben Anwerber ihren potentiellen Opfern zu essen – und machten sie damit bereits zu Schuldnern, die ihnen verpflichtet waren. (Carter 1996: 69)

---

169 Ein ausführliches Interview mit Sheriff ist in dem Untersuchungsbericht des Britischen Parlaments (über die Behandlung von Immigranten in Neu Guinea) enthalten [Parliamentary Papers 1871, XX c. 393], hier zitiert nach Northrup (1995: 1).

Auf wachsende internationale Kritik reagierten Rekrutierungsstellen mit der Auflage, dass jede und jeder bestätigen musste, sich freiwillig zu verpflichten. (Für Kuba und Peru handelte es sich durchweg um Achtjahresverträge.) Die Vertragsformulare, die Angeworbene freiwillig – oder auch unter Zwang – „unterschrieben", enthielten durchweg eine solche Passage. Manchmal wurden Kulis ohne Vertrag an Bord gebracht, manchmal wurden ihnen an Bord bereits unterschriebene Verträge ausgehändigt, die auf einen anderen Namen ausgestellt worden waren. (Hu-Dehart 2007: 171) Sofern Pflanzer die Rekrutierung von Kulis selbst organisierten, schickten sie Kulis in ihre Herkunftsländer zurück, damit diese dort als Anwerber tätig wurden. Selbstverständlich mussten dann die Arbeitsbedingungen und die Verdienstmöglichkeiten, über die es zu berichten galt, als eine Verbesserung gegenüber den aktuellen Lebensbedingungen potentieller Wanderarbeiterinnen und Wanderarbeiter erscheinen. Gleichzeitig musste die Höhe ihrer Prämien Anwerber zusätzlich zu positiven Aussagen veranlassen. 1865 traf der Auswanderungsinspektor in Chittor auf einen dieser zurückgekehrten Anwerber. Bei Chenglery Naidoo handelte es sich um einen regelrechten Subunternehmer. Er hatte bereits Kulis nach Mauritius, Bozrbon und Guadeloupe gebracht. (Carter & Torabully 2002: 31) Ebenso wie schon für den Sklavenhandel entwickelte sich auch für den Kulihandel ein globales System, das auf *outsourcing* und ein entwickeltes logistisches System der Zwischenlagerung und des Transports angewiesen war.

In China wurden die angeworbenen Arbeitskräfte als Schweinchen bezeichnet und die Organisatoren dieses Handels als „Schweinchenköpfe". (Ramasamy 1992: 91) International eingebürgert hat sich dann aber die Bezeichnung Kuli bzw. Kulihandel, die in Indien gebräuchlich war. Wissenschaftlich wird von *indentured labour* gesprochen. Das betont einerseits den Unterschied zur Sklaverei, legt aber andererseits nahe, zwischen der *indentured labour*, die viele Europäer kennenlernten, als sie nach Nordamerika auswanderten, und der zeitlich befristeten Bindung, welche die Arbeitskräfte akzeptieren mussten, die beispielsweise in die neuen führenden Zuckerkolonien Trinidad und Britisch Guyana importiert wurden, habe es nur den Unterschied einer anderen geographischen Herkunft gegeben. Das ist nicht der Fall. Der internationale Arbeitsmarkt, der sich in der letzten Phase legaler Sklaverei und nach deren Ende entwickelte, hat von der Sklaverei die rassistische Struktur geerbt. Nur in Ausnahmefällen wurden Kulis in Kolonien und souveräne Staaten importiert, die sich auch europäische Immigranten als Ziele aussuchten. Persia Crawford Campbell hat sehr genau nachgezeichnet, wie sich die Politik der Exklusion chinesischer Arbeitskräfte in den USA, in Kanada, Australien und Neuseeland entwickelte, wobei sich die rassistische Abwehr teilweise mit den Kämpfen organisierter weißer Arbeitskräfte gegen die Lohnkonkurrenz vermischte. (Campbell 1923/1969: passim und 43) Und während für Weiße, so sie denn in der zweiten Hälfte des 19. Jahrhunderts für Kolonien angeworben wurden, die Reisekosten von zukünftigen Arbeit„gebern" bezahlt (oder auch – wie im Fall englischer Immigranten nach Australien – von der Regierung subventioniert) wurden, mussten Kulis ihre Reisekosten immer abarbeiten.

Nicht alle Kulis waren gefangen oder getäuscht worden, es gab auch Arbeitsmigranten, die sich dafür entschieden hatten, in Übersee „etwas Besseres“ zu finden.[170] Vermutlich trifft auf sie am besten zu, was Marina Carter und Khal Torabully für alle Kulis konstatieren, bereits auf der Seereise seien sie beides gewesen: Abenteurer und Opfer. (2002: 17) Diesen beiden Autoren zufolge hat diese doppelte und widersprüchliche Erfahrung die Identität von Kulis und ihren Nachkommen bis heute geprägt. Anders als die Nachkommen von Sklaven hätten sich die Nachkommen von Kulis in Westindien (und nur auf sie bezieht sich das Konzept der *Coolitude*) damit auseinanderzusetzen, dass ihre aus Indien gekommenen Vorfahren das Bestreben hatten, in die neue Gesellschaft integriert zu werden ohne die Herkunft aus Indien verleugnen zu müssen.[171]

Waren Arbeitskräfte geworben und registriert, so hatten sie eine – unter Umständen – wochenlange – Seereise vor sich. Nicht nur für Migranten, die noch nie das Meer gesehen hatten, muss sie vielfach traumatisch gewesen sein. Die Todesrate war hoch. Die meisten starben an Krankheiten, viele unter ihnen an Dehydrierung. Manche nahmen sich selbst das Leben. Andere kamen bei Feuern und durch Unfälle ums Leben. Und einige wurden erschossen, weil sie sich gegen die Bedingungen ihrer Reise zu wehren suchten. Weil Kapitäne und Mannschaften derartigen Protest fürchteten, ließen sie die Menschen oft über Wochen nur in sehr kleinen Gruppen für kurze Zeit an Deck. (Hu-Dehart 2007: 175) Thomas King, der den Kulihandel beobachtet hatte, während er im U.S. Konsulat in Hongkong beschäftigt war, beschrieb 1876 den Mitgliedern eines Kongresskomitees die dafür eingesetzten Schiffe:

> „Die Schiffe, die sie nach Peru und Kuba bringen, sind hergerichtet wie Gefängnisse, mit Stangen und Gittern. Ganz genau so waren auch die Sklavenschiffe hergerichtet. Nur wenigen wird erlaubt, an Deck zu kommen, und sie werden genauso überwacht, wie man Gefangene überwacht. Und ich denke, wenn sie die Gelegenheit hätten, würden sie tatsächlich die Schiffe kapern, sie zerstören und ihrer Gefangenschaft (*bondage*) entfliehen.“ (Corbit 1971: 61; zit. Hu-Dehart 2007: 176, Übers.)

Statistiken zufolge wechselten die Todesraten. Für die Jahre 1847–1866 gab der Britische Konsul in Kanton, D.B. Robertson, eine Todesrate von 13,8 % für den Transport von

170 Hugh Tinker zufolge gilt dies allerdings nur für die allererste, noch nicht systematisch entwickelte Form des Exports indischer Arbeitskräfte. Damals habe es auch so etwas wie die “American Dream”-Version der Arbeitsmigration gegeben. (1974/1993: 60)

171 Diese komplexe Identitätssuche bezeichnen Carter und Torabully (2002) in Anlehnung an die unterschiedliche, nichtsdestotrotz auch ähnliche Konzeption der *“Negritude”* als *“Coolitude”*. Der Terminus solle benutzt werden, um deutlich zu machen und zu überwinden, dass Kulis in der Geschichte Westindiens bis heute als diejenigen wahrgenommen werden, die auf den Zuckerrohrfeldern hackten und keine Mitsprache dabei hatten, wie sie wahrgenommen wurden. (2002: 183 und passim) Zu dem gemeinsam mit Marina Carter besorgten Band hat Khal Torabully sehr eindrucksvolle Lyrik beigesteuert. (2002) Torabully betont, *Coolitude* sei weniger unhistorisch zu verstehen als *Négritude*. Der Ansatz ist den ethnologischen Konzepten der ‘Kreolität’ ähnlich, wie sie etwa Eduard Glissant entwickelt hat. Für seine zentrale These der zersplitterten Identität bezieht sich Torabully vor allem auf die Produktion von Schriftstellern, die Nachfahren von Kulis sind. (z. Bs. Barlen Pyamootoo, David Dybydeen, Marcel Cabon und V.S. Naipaul).

Chinesen nach Havanna an, für die folgenden zehn Jahre waren es seinen Angaben zufolge 14 %. Chinesischen Statistiken zufolge belief sich die Todesrate auf Schiffen nach Süd-und Zentralamerika zwischen 1850 und 1856 auf 25 %. (Wang 1978: 209f.) Dagegen lag die Todesrate, die Gesundheitsbeamte der Kolonialmächte dokumentierten, in den frühen 1850er Jahren bei rund 5 %, auf Reisen im Jahr und 1865/66 bei 11 %. Nach 1866 verblieb sie zumeist bei etwas über 5 %. Als Ursachen für die hohe Todesrate benannten die Beamten den Einbau zusätzlicher Decks in die Schiffe, das Fehlen einer Krankenstation, die wachsende Zahl von Frauen und Kindern und für 1865/66 die Tatsache, dass viele der Passagiere durch die Hungersnot in ihrer Heimat bereits geschwächt an Bord gegangen waren. (Carter 1996: 46f.) Näher an der Realität war wohl ein zeitgenössischer Kenner der Verhältnisse, als er ausführte, wenn ein Kapitän in China lediglich die für sein Schiff zulässigen 300 Passagiere an Bord nehme und diese dann heil zu ihrem Zielhafen in Malaysia bringe, so habe er weniger verdient, als wenn er 600 einlade, von denen dann 250 die Fahrt nicht überlebten. In diesem Fall bringe er immer noch 350 zum Markt und nicht nur 300 wie im ersteren Fall. Zeugen hätten ausgesagt, dass auch nach dem chinesischen Gesetz von 1874 Schiffe, die vor der Abfahrt kontrolliert worden waren, vor dem Hafen ankerten, um weitere Arbeitsmigranten an Bord zu nehmen, die in Dschunken längsseits gebracht wurden. Vor der Ankunft im Zielhafen seien diese überzähligen Passagiere dann wieder ausgeladen und nur die gesetzlich zulässigen angelandet worden. (*Canadian Sessional Papers* 1885, zit. Campbell 1923/1969: 4)

Auf der Fahrt nach Westindien waren solche Tricks kaum durchzuführen. Überladen aber waren die Schiffe auch. Wer nach der wochenlangen Fahrt noch am Leben war, hatte nicht nur schrecklich beengte Verhältnisse, sondern sehr oft auch den Ausbruch einer Epidemie und fast immer eine brutale Behandlung durch häufig betrunkene Schiffsmannschaften erlebt, nicht zu reden von der traumatischen Erfahrung heftiger Stürme und manchmal auch von Schiffsunglücken, denen viele ihrer Mitreisenden zum Opfer fielen. (Carter 1996: 4) Meuterten Passagiere gegen ihren Transport oder die Bedingungen dieses Transports, so wurden sie nicht nur wie auch sonst häufig während der Reise ausgepeitscht und verprügelt, sondern es wurde ihnen vielfach danach auch noch Salz in ihre Wunden gerieben. Viele wurden in Eisen gelegt, manche erschossen. Und Chinesen wurde als besondere Strafe ihre Zöpfe abgeschnitten. (Wang 1978: 245) Dass Meutereien oft zu Beginn einer Reise ausbrachen, spricht für die Annahme, dass viele erst nach der Abfahrt gewahr wurden, dass sie auf eine sehr lange Reise geschickt worden waren. Aber auch bei jenen Kulis, die weder gefangen, noch über ihren Arbeitseinsatz getäuscht worden waren, handelte es sich nicht um freie Lohnarbeiter. Denn es ist nicht die Freiheit, einen Arbeitsvertrag abzuschließen, die eine Arbeitskraft zu einem freien Lohnarbeiter macht, sondern die Freiheit, einen solchen Vertrag auch wieder beenden zu können ohne private Gewalt und/oder staatliche Repression befürchten zu müssen.

Die Notwendigkeit zu derartiger Differenzierung war uns bereits bei der Betrachtung von Arbeitsverhältnissen begegnet, wie sie in Europa in der zweiten Hälfte des

19. Jahrhunderts häufig waren. Es gibt dennoch Unterschiede. Obwohl von Industriearbeiterinnen, Industriearbeitern und deren Kindern in Europa mit gutem Grund als Arbeitssklaven gesprochen wurde, waren Kulis, die auf den Plantagen europäischer Siedler schufteten, dem Sklavenschicksal doch erheblich näher. Die konkrete Form ihrer Verpflichtung variierte. Auf diese Einzelheiten müssen wir nicht eingehen, immerhin aber sind die wichtigsten Unterschiede zu erwähnen. Es gab einerseits Arbeitskräfte, deren Familien die Kosten für die Überfahrt aufbrachten und die sich dann – unter den jeweils gültigen Bedingungen – einen Kontrakt suchen konnten. Sehr viel mehr Kulis reisten auf Kredit. In diesem Fall wurden sie bei der Ankunft ganz ebenso feilgeboten wie frühere *indentured servants*. Der Aufkäufer bezahlte die Überfahrt und hatte dann das Recht, deren Abarbeit zu verlangen, den Betrag also in Raten von dem ohnehin sehr niedrigen Lohn abzuziehen. Und dann gab es eine Form der Vermittlung, in welcher die Kulis in Übersee gewissermaßen in einem dauerhaften Schuldverhältnis zum Vermittler in ihrem Herkunftsland verblieben. Ausländische Nachfrager traten nicht in ein Vertragsverhältnis mit den einzelnen Kulis, sondern mit deren Vermittler. Sofern ihnen nicht die Flucht gelang, blieben sie an ihn gebunden. Diesen Bedingungen unterlagen die meisten Kulis, die in den USA (vor allem für den Eisenbahnbau) eingesetzt wurden. Es gab sie auch in British-Malaya (heute Malaysia). Dort blieben chinesische Kulis auch am Einsatzort unter der Kontrolle chinesischer Aufseher. Sie wurde dadurch erleichtert, dass die Kulis der Herrschaft chinesischer Geheimgesellschaften unterworfen wurden. Um Arbeitskräfte an der Flucht zu hindern, wurden sie vom Wachpersonal des Nachts in Barracken eingeschlossen, die erst zu Beginn der Arbeitsstunden wieder geöffnet wurden. (Ramasamy 1992: 93) Entsprechende Verhältnisse erfahren manche irregulär in die USA eingewanderten Chinesinnen und Chinesen auch am Ende des 20. Jahrhunderts.

Da sich der Kulihandel in der letzten Phase legaler Sklaverei und nach deren Abschaffung entwickelte, lag auch für Zeitgenossen der Verdacht nahe, es handle sich um Sklaverei in neuem Gewand. Sowohl die Regierungen der Kolonialmächte als auch die Regierungen der Entsenderstaaten legten deshalb Wert auf die Kontrolle der Freiwilligkeit. So verfügte beispielsweise das Chinesische Passagiergesetz von 1855, dass alle Schiffe, welche die *Malakka-Straße* ansteuerten, kontrolliert werden sollten, damit gesichert sei, dass alle angeheuerten Arbeitskräfte freiwillig an Bord waren. Später beauftragten Spekulanten im Kulihandel oft europäische Reeder, weil sie zu Recht annahmen, dass deren Schiffe nicht ganz so genau kontrolliert wurden. Nicht nur in den Entsenderländern, sondern auch in den Empfängerländern gab es offizielle Kontrollen, zumeist wurde ein Beamter als „Protektor" der Kulis eingesetzt. Bei ihm sollten sich Arbeitskräfte beschweren können, er sollte auch selbst das Recht haben, Kontrollen durchzuführen.[172] Soweit die Theorie.

---

172 Marina Carter (1996: 49) weist darauf hin, dass in Mauritius nur der Protektor das Recht hatte, eine Plantage zu inspizieren. Er hatte allerdings nicht die Möglichkeit, den zukünftigen Einsatz von Arbeitsimmigranten auf einer bestimmten Plantage zu verhindern.

Und in der Theorie, will sagen: offizieller staatlicher Politik zufolge galten Kulis, anders als Sklaven, als Akteure auf dem internationalen Arbeitsmarkt. Mochten auch noch so viele von ihnen bei der Anwerbung getäuscht oder sogar gekidnappt worden sein, mochten andere ganz gegen ihren Willen zum Abschluss eines neuen Vertrages nach dem Ablauf des ersten gedrängt worden sein, im Prinzip handelte es sich dabei um Missbräuche, nicht aber um die grundlegende Verletzung der Freiwilligkeit. Das war und ist deshalb entscheidend, weil der freiwillige Abschluss eines Arbeitsvertrages von Gegnern der Sklaverei weltweit als Rechtfertigung für Ausbeutung etabliert worden ist. Unter diesem Gesichtspunkt standen Kulis freien Lohnarbeitskräften näher als Sklaven. Wer sich allerdings auf den Vergleich der Kosten einlässt, den Rebecca J. Scott für die Beschäftigung von Kulis in Kuba unternommen hat, muss ihr zustimmen, dass es sich um eine „seltsame Form von Lohnarbeit" gehandelt hat, wenn der Kauf eines (mit einem Kuli abgeschlossenen) Vertrages (die in Kuba übliche Form) doppelt so teuer war wie die Summe der dem Kuli während der Dauer dieses Vertrages bezahlten Löhne. (1985: 31) Man mag einwenden, dass für diese Feststellung die Verzinsung des Kaufpreises während der Dauer der Beschäftigung mit in Rechnung gestellt wurde, aber eben solche Berechnungen gibt es auch für den Kauf von Sklaven. In beiden Fällen waren zunächst hohe Investitionen erforderlich. Dass diese erforderlich gewesen seien, weil chinesische Arbeitskräfte für die neue Technologie der Zuckermühlen erforderlich waren, widerlegt Scott mit Hinweisen auf die Tatsache, dass Kulis in Kuba ganz überwiegend auf den Feldern eingesetzt wurden.

Noch sehr viel geringer wird der Unterschied zwischen dem Status von Kulis und dem von Sklaven, wenn wir uns nicht nur auf eine Betrachtung der Vertragsverhältnisse beschränken, sondern auch die Lebens- und Arbeitsbedingungen in Betracht ziehen, denen die meisten Kulis ausgesetzt waren.

Am Arbeitsort angelangt, trafen Kulis in Westindien auf Plantagenbesitzer und Aufseher, die Sklaverei gewohnt gewesen waren. Für die kleinste Nachlässigkeit kam die Peitsche zum Einsatz, manche wurden zur Strafe in den Stock geschlossen, anderen wurde die Verpflegung verweigert. (Carter 1996: 103) Dass derartige Maßnahmen gründlich bezeugt sind, belegt, dass in den letzten Jahrzehnten des 19. Jahrhunderts sowohl Herkunftsländer als auch Kolonialstaaten gelegentlich Kommissionen einsetzten, die Missbräuche untersuchen sollten.

In einem dieser Berichte, er wurde 1876 in Schanghai veröffentlicht, findet sich der Bericht eines Aufstandes von Kulis in Kuba, aus dem hervorgeht, dass den Aufständischen durchaus bewusst war, dass sie „eigentlich" keine Sklaven waren. Sie berichteten, es seien ihrer vierundzwanzig gewesen, die den Aufseher seiner Grausamkeit wegen totgeschlagen hätten. Danach seien sie alle zusammen zum Gefängnis gegangen und hätten sich gestellt. Daraufhin habe ihr Herr einen der Beamten mit $ 680 bestochen, damit dieser zwölf von ihnen befahl, auf die Plantage zurückzukehren. Als sie sich weigerten, habe ein Beamter auf sie geschossen, neun verwundet und zwei getötet. Die zweiundzwanzig Überlebenden seien immer noch im Gefängnis

„und wir finden, das ist dem Aufenthalt auf der Plantage vorzuziehen." (zit. Scott 1985: 33, Übers.)[173]

Im Zusammenhang einer Auseinandersetzung mit den grundlegenden Strukturen kolonialer Aneignung ist aber auch relevant, was alles nicht als „Missbrauch" galt, sondern von Gesetzes wegen vorgesehen war. Für Kuba hat Pérez de la Riva festgestellt, dass die Gesetze vom Geist der Sklaverei durchdrungen waren und Jiménez Pastrana meint, *colono (Kuli)* sei ein Euphemismus für eine Arbeitskraft, die billiger war als ein Sklave. (Hu-Dehart 1994: 11) Von seiner Zeit auf Mauritius berichtete 1842 der Kuli Paravadee einer Kommission, dass, wann immer einem die geringste Nachlässigkeit vorgeworfen wurde, er vor die Richter gebracht worden sei, die ihn dann zum Steineklopfen verurteilt hätten. „Steineklopfen ist die übliche Strafe auf dieser Insel. Aber sie ist sehr schwer. Diese gebrochenen Steine werden benutzt, um Straßen zu bauen, genau wie der Kies, den man in Indien benutzt." (zit. Carter 1996: 103, Übers.) In Kuba hatte die chinesische Untersuchungskommission 1873 (Bericht 1876) Fälle von Auspeitschungen, Arbeit in Ketten, Entzug von Nahrung und erzwungene neue Verträge gefunden. (Scott 1985: 33) Eigentlich hatte die Entsendung der Untersuchungskommission auf eine Unterdrückung des Kuli-Handels gezielt. Faktisch kam es 1877dann aber zu einem Vertrag zwischen China und Spanien, der stipulierte, dass Kulis in Kuba fortan als Freie gelten sollten, die auch das Recht hatten, sich frei auf der Insel zu bewegen und sich selbst einen Arbeitsplatz zu suchen. Ihre Verpflichtung, langjährige Arbeitsverträge abzudienen, wurde beibehalten.

Im Prinzip sollten Kulis überall auf der Welt am Ende eines Kontraktes das Recht haben, in ihre Heimat zurück zu kehren. Oft war das nicht möglich, zum einen, weil es – so vor allem in der Frühzeit dieser Praxis auf Jamaika – für Arbeitskräfte aus Afrika und Indien schwierig war, ein Schiff zu finden, auf dem sie hätten heimreisen können. Zum anderen waren Arbeitskräfte aus China, die in Kuba und Peru einen Vertrag abgeleistet hatten, oft nicht in der Lage, die Passage zu bezahlen. Manche wollten nicht zurückkehren oder hatten sich jedenfalls an den Gedanken gewöhnt, für lange Zeit im Ausland zu bleiben. Als Indiz kann gelten, dass sie einen Teil ihres Verdienstes in eigenes Vieh investierten. Dass solche Bereitschaft nicht für alle zutraf, ergibt sich aus den gewaltsamen Praktiken, die Vielerorts angewandt wurden, um Kulis davon zu überzeugen, dass sie gewillt seien, einen neuen Vertrag einzugehen. Was jedenfalls so lange als möglich unterbunden werden sollte, war die Entwicklung einer Arbeiterschaft, die in der Lage war, über Löhne und andere Arbeitsbedingungen zu verhandeln. In Kuba wurde bereits 1861 beschlossen, dass Chinesen am Ende eines Vertrages entweder das Land zu verlassen hatten – was angesichts ihrer geringen Entlohnung kaum möglich war

173 Rebecca J. Scott zitiert aus: Report on the Commission sent by China to Ascertain the Conditions of Chinese Kulis in Cuba, Shanghai (Imperial Maritime Custom Press) 1876, reprint Taipei 1970.

–, oder sich neu verpflichten mussten. Wer das unterließ und das Pech hatte, aufgegriffen zu werden, wurde zu Zwangsarbeit verurteilt. (Northrup: 131)

Ab den 1870er Jahren wurden sowohl in Entsendungs- als auch in Empfängerstaaten von Kulis Gesetze beschlossen, die den Handel mit vertraglich langfristig gebundenen Arbeitskräften und deren Einsatz für illegal erklärten. Das in den USA 1867 beschlossene Gesetz gegen Schuldsklaverei und andere Formen unfreier Arbeit wurde bei der Annexion von Hawaii im Jahre 1890 auch auf diese Insel ausgedehnt. Die chinesische Regierung untersagte 1874 den Handel mit Kulis, die indische Kolonialregierung untersagte in den 1880er Jahren die Fortsetzung des Exports in französische Kolonien, 1909 beendete die Regierung Portugals den legalen Export von Kulis nach São Tomé, 1922 untersagte der Kolonialstaat in Indien den Export von Arbeitskräften. (Kumar 1993: 125). Für das formale – wenn auch nicht faktische – Ende solcherart unfreier Arbeit gab es unterschiedliche Ursachen. Da war zum einen jene internationale Kritik, welche die Bedingungen der Kuliarbeit als eine neue Form der Sklaverei brandmarkte. Dies traf sich aber vielerorts auch mit den Interessen einheimischer Arbeitskräfte, die darunter litten, dass Kulis benutzt wurden, um auch ihre Löhne niedrig zu halten. Zwar verurteilten die Sprecher ihrer Organisationen die Arbeitsbedingungen, die Kulis aufgezwungen wurden, regelmäßig nutzten sie aber rassistische Argumente, um auf diese Weise einen breiteren Konsens für die „Exklusion" zu erreichen. Für die Opposition in den Herkunftsländern macht Northrup wachsendes nationales Selbstbewusstsein verantwortlich. (1995: 145) All diese Intentionen aber wurden dadurch unterstützt, dass die Zusage, Kulis am Ende ihres Kontraktes, die Heimreise zu finanzieren, in jenen Kolonien, in denen diese beibehalten worden war, einen erheblichen Kostenfaktor bedeutete. Und schließlich verlor die Einstellung von Kulis auch dadurch an ökonomischer Rationalität, dass sich trotz all der vielen – und ihrerseits nicht kostenlosen – Gegenmaßnahmen, viele dieser Arbeitskräfte ihren vertraglichen Verpflichtungen entzogen. Dafür gab es nur zwei Möglichkeiten: Selbstmord oder Flucht. Während Selbstmord wohl oft der verzweifelte Versuch war, sich zumindest vor sich selbst als Person zu erweisen, entschied sich für die Flucht, wer die Hoffnung auf ein besseres Leben noch nicht ganz aufgegeben hatte. Die in europäischen Kolonien vorherrschenden rigorosen Vagabundengesetze setzten der Realisierung solcher Hoffnung allerdings enge Grenzen.

Von Ausnahmen abgesehen[174] stieg in europäischen Kolonien im Laufe der Zeit die Zahl der freien Lohnarbeiter. Bereits 1871 lebten auf Trinidad 17.000 indische Arbeitskräfte, die nicht längerfristig vertraglich gebunden waren, 1910–1911 waren es 96.000. Das waren damals 89 % der auf Trinidad lebenden Inderinnen und Inder. Ähnliche Zahlen gibt es für die anderen westindischen Kolonien. Auf den Zuckerinseln ist das Ende des Imports von Kulis durch den weltweiten Einbruch der Preise von Zucker – und zwar sowohl von Rohrzucker als von dem inzwischen in Europa produzierten Rübenzucker – im Jahre 1884 beschleunigt worden. (Schnakenbourg 2007: 149; Schna-

---

174 Auf die Ostküste von Sumatra, die eine solche Ausnahme darstellte, wird noch einzugehen sein.

kenbourg 2010: 59-64) Ausgelöst wurde diese Krise, weil die Nachfrage nach Zucker in den Industriegesellschaften nicht weiter in demselben Maße anstieg wie zuvor, der Ausstoß an Zucker aber weiterhin immens gesteigert worden war. Als sich die Konjunktur erholte, hatten sowohl in den Kolonien als auch in Europa Konzentrationsprozesse stattgefunden. Für die industrialisierten Zuckermühlen in den Kolonien, das ist oben bereits ausgeführt wurden, konnten nun auch freie Arbeitskräfte gewonnen werden. Sie waren also vertraglich nicht mehr längerfristig gebunden und für die Erfüllung ihrer Arbeitspflichten auch nicht mehr der Kontrolle von Strafverfolgungsbehörden unterworfen. Viele von ihnen waren ursprünglich als Kulis ins Land gekommen und dann – auf eigenen Wunsch oder der Umstände und Zwangsmaßnahmen wegen dort geblieben.

Wir wissen nicht, wie viele der Frauen und Männer, die nach Übersee transportiert wurden, zunächst eine Rückkehr planten. Wohl aber wissen wir, dass sich manche am Ende eines Kontraktes dazu entschieden, einen neuen einzugehen. David Northrup zufolge blieben von den ersten 800 afrikanischen Arbeitskräften, die am Ende ihres Vertrages in Französisch Guyana noch am Leben waren, mehr als die Hälfte in Übersee. Darunter waren alle, die zuvor Sklaven in Afrika gewesen waren. Manche wechselten nun allerdings in eine britische Kolonie. (2002: 223) Während in diesen Fällen freiwillige Verlängerung unterstellt werden kann, gilt dies für die Arbeiter, die in China für die Ostküste von Sumatra rekrutiert worden waren, nicht in gleichem Maße. Von den insgesamt etwas über 70.000 Kulis, die in den Jahren 1888 bis 1900 in China und auf der Halbinsel Malaya angeheuert wurden, waren 1903 lediglich etwas mehr als 19.000 wieder in ihre Herkunftsländer zurück gekehrt. (Bool 1903, zit. Breman 1989: 57) Aus allen Kolonien gibt es Berichte über den Zwang, den ausüben zu lassen, Plantagen- und Minenbesitzer nicht zögerten, wenn sie Kulis zum Abschluss eines Anschlussvertrages bewegen wollten. Viele aber sahen sich zu solchen Anschlusserträgen schon deshalb gezwungen, weil sie nicht in der Lage gewesen waren, die ihnen vorgeschossenen Kosten für die Überfahrt im Laufe des ersten Vertrages abzuarbeiten und dann auch noch ihre Rückreise zu bezahlen.

In manchen Kolonien – so etwa in Jamaica und Trinidad – wurde Kulis die Übernahme für die Kosten der Rückreise nach zehn Jahren zugesagt. Wie oft diese Zusage eingehalten wurde, ist nicht zu ermitteln, in Mauritius wurde sie bereits 1853 auch offiziell wieder aufgehoben. (Carter 1996: 49) Im Unterschied zu anderen Vertragsarbeitern aus Afrika hatten die Kru, die in Liberia angeworben wurden, eine Zusage für die Finanzierung ihrer Heimreise. Dennoch endete Evelyn Du-Hart zufolge die Bereitschaft von Krus, sich als Kontraktarbeiter in Übersee zu verdingen, sehr rasch wieder. Krus waren bereits seit dem 16. Jahrhundert auf europäischen Schiffen als Seeleute angeheuert worden. (Die Bezeichnung einer Schiffsmannschaft als „*crew*“ soll auf diese Praxis zurückgehen.) Nach dem Ende des Sklavenhandels wurden sie seltener geheuert. Ihre Erfahrungen als Seeleute hatten sie aber nicht darauf vorbereitet, in Übersee wie Sklaven behandelt zu werden. (2007: 186)

Zum Exempel: Plantagenwirtschaft an der Ostküste von Sumatra

Während weltweit die meisten Kulis in Produktionsstrukturen integriert wurden, in denen noch bis vor gar nicht langer Zeit Sklavinnen und Sklaven gearbeitet hatten, traf dies für Kulis an der Ostküste von Sumatra nicht zu, weil sich die dortige Plantagenwirtschaft erst nach dem Ende legaler Sklaverei entwickelte. Die besondere Härte und die systematische Grausamkeit des Arbeitsregimes an der Ostküste von Sumatra sind also nicht auf Traditionen der Sklavenwirtschaft zurück zu führen. Vielmehr handelte es sich um originäre Produkte des kolonialen Agrarkapitalismus, die von niederländischen, britischen und U.S.-amerikanischen Pflanzern am Ende des 19. Jahrhunderts entwickelt wurden.[175]

Die große Zeit des Kuli-Importes an die Ostküste von Sumatra (heute Indonesien) begann mit dem Ende des Zwangs zum Anbau bestimmter Produkte, der – wie oben bereits vermerkt – in diesen niederländischen Kolonien auf Bauern ausgeübt worden war. Seit dem letzten Drittel des 19. Jahrhunderts setzte die Kolonialmacht nicht mehr länger auf die staatliche Lenkung der bäuerlichen Produktion, sondern stattdessen auf die Initiative ausländischen Kapitals. Bereits 1864 hatte der Sultan von Deli, einem seit 1861 mit niederländischer Hilfe autonom gewordenen Sultanat, Jacobus Nienhuys gestattet, in seinem Sultanat so viel Tabak anzubauen wie er wollte, ohne dafür Pacht einzufordern. Die Zusage verletzte traditionelle Besitzverhältnisse. Weil die Kolonialmacht im Zuge ihres Politikwechsels aber bestrebt war, die Mitwirkung einheimischer Herrscher zu gewinnen, gestattete sie ihnen nicht nur den Gebrauch des Titels „Sultan“, sondern übertrug ihnen jährlich auch eine erhebliche Summe Geldes, beließ ihnen die Gerichtshoheit über ihre Untertanen und veranlasste sie zu der Behauptung, alles Land in ihrem Gebiet sei ihr persönliches Eigentum. Folglich konnte es in Konzession an ausländische Pflanzer vergeben werden. Zunächst wurden Konzessionen auf 99, später auf 75 Jahre ausgestellt. Pachten wurden nicht verlangt, da der Sultan erhebliche Einkünfte durch Zölle sowie durch Abgaben auf die Beschäftigung von Kulis erwartete.

Als van den Brand 1902 ein sehr kritisches Pamphlet über die Verhältnisse an der Ostküste von Sumatra veröffentlichte, rief dies den heftigen Protest kolonialpolitisch orientierter Kreise in den Niederlanden hervor, veranlasste aber auch den Staat, eine Untersuchung in Auftrag zu geben. 1903 wurde J.T.L. Rhemrev (er war Staatsanwalt am Gericht in Batavia) mit dieser Untersuchung beauftragt. 1904 hat er seinen Bericht

---

175 1870 änderte die Niederländische Regierung ihre Kolonialpolitik, indem sie ihre koloniale Agrarindustrie für ausländische Investoren öffnete. Das galt formal zwar nur für Java, wirkte sich aber auch auf die Ostküste von Sumatra aus, wo lokale Herrscher Konzessionen erteilten. Weil damit Landspekulationen möglich wurden, engagierten sich auch europäische Investment-Banken. Als in den 1880ere Jahren Weltmarktpreise für Kaffee, Zucker und Tabak drastisch sanken, verloren – insbesondere an der Ostküste von Sumatra – viele der vorherigen Pflanzer ihre Plantagen an große Investment-Firmen. Trotz der zunehmenden Bedeutung internationaler Investoren verblieb die Tabakproduktion weitgehend in den Händen niederländischer Pflanzer. (Stoler 1985: 17f.)

vorgelegt. Weil dessen Ergebnisse aber nicht dazu genutzt werden konnten, die Kritik van den Brands zurück zu weisen, wurden sie der Öffentlichkeit vorenthalten. Da der Bericht jedoch nicht vernichtet wurde, konnte Jan Breman ihn mit achtzigjähriger Verspätung der Öffentlichkeit zugänglich machen. Breman selbst sah sich durch diesen Fund veranlasst, das Arbeitsregime in Niederländisch Südostasien eingehend zu analysieren. Seine Ergebnisse sind 1989 unter dem Titel *"Taming the Coolie Beast"* veröffentlicht worden.

Weil internationaler Sklavenhandel um die Mitte des 19. Jahrhunderts bereits vergleichsweise erfolgreich unterbunden wurde, stand Sklavenwirtschaft für die Entwicklung der Plantagenwirtschaft an der Ostküste von Sumatra nicht mehr zur Verfügung. Andererseits war es offensichtlich, dass es unmöglich sein würde, genügend einheimische Arbeitskräfte für die sehr arbeitsintensive Produktion von Tabak anzuheuern. Bereits 1869 sollen deshalb zwischen 800 und 900 Kulis importiert worden sein. 223 von ihnen starben im ersten Jahr ihres Aufenthaltes. (Schadee 1918: 183; zit. Breman 1989: 23)

Diese Kulis hatten jeweils eine bestimmte Menge an Tabakblättern abzuliefern, die zu Deckblättern für Zigarren verarbeitet werden konnten. Zu diesem Zweck erhielten sie ein Stück Land zugewiesen, das sie zu bearbeiten hatten. Damit war ihr Verdienst davon abhängig, dass sie – unabhängig von Wetterverhältnissen oder anderen Bedingungen – die ihnen vorgeschriebene Menge an Tabakblättern ablieferten, und sei es auch unter dem Einsatz sehr langer Tagewerke.

Da der Anbau von Tabak den Boden sehr stark auslaugt, wurde das Land nach der ersten Ernte für ein Jahr an Bauern zurückgegeben, damit sie Reis darauf anbauen konnten. Danach blieb es für acht Jahre brach liegen. Der Anbau von Tabak erforderte folglich sehr viel Land. Nachdem 1870 Schuppen, in denen Tabakblätter zum Trocknen aufgehängt wurden, in Brand gesetzt worden waren, beschloss der Kolonialstaat, den Häuptlingen der Region jährlich einen Anteil der Gelder zu übereignen, die bislang ausschließlich an den Sultan bezahlt worden waren.[176] Dafür waren die Häuptlinge verpflichtet, Aufstände zu verhindern. Auf diese Weise ersparte sich der Kolonialstaat den Einsatz eigener Bewaffneter.

Sehr schnell wurde dekretiert, dass nicht nur die Einheimischen, sondern dass auch importierte Arbeitskräfte Untertanen des Sultans von Deli seien, seine gerichtliche Kompetenz folglich auch sie mit umfasste. 1873 aber übertrug er die strafrechtliche Hoheit über alle Arbeitskräfte auf den Plantagen, seien sie in der näheren Umgebung oder im Ausland geheuert worden, auf die Pflanzer. (Pelzer 1978: 61) Was das bedeuten konnte, hätte 1873 bereits bekannt sein müssen. Denn als der Gründer der später berühmten Deli-Gesellschaft 1870 nach Holland zurück kehrte, geschah dies zwar

176 Karl J. Pelzer zufolge waren es die Häuptlinge selbst, die diese Feuer veranlasst hatten, weil der Sultan nicht mehr nur Land in seinem eigenen Gebiet, sondern auch in den Gebieten, die von Häuptlingen beansprucht wurden, in Konzession vergeben hatte. (1978: 69)

offiziell aus gesundheitlichen Gründen, doch ließen sich bereits damals die Gerüchte, dass er zuvor sieben Kulis zu Tode geprügelt hatte, nicht unterdrücken. 1875 und 1913 in Auftrag gegebene offizielle Untersuchungen ergaben, dass diese Gerüchte berechtigt gewesen waren. (Breman 1989: 32)

1880 erließ der Kolonialstaat eine „Kuli Verordnung". Zuerst sollte sie nur für die Ostküste Sumatras gelten, sehr schnell aber wurde ihre Geltung auf gesamt Niederländisch Indien ausgedehnt. Es hatte heftige Debatten gegeben, weil sich Mitglieder der Regierung den Forderungen der Pflanzer, insbesondere deren Forderung nach strafrechtlichen Sanktionen für Vertragsverletzungen, entgegen gestellt hatten. Die Interessen an der Entwicklung der Agrarindustrie siegten. 1880 wurde zwar verordnet, dass überprüft werden sollte, ob Verträge freiwillig abgeschlossen waren, und dass Kulis, wenn sie dies wünschten, am Ende ihres Vertrages an den Ort ihrer Rekrutierung zurück gebracht werden sollten. Aber Kulis hatten kein Recht, die Plantage ohne schriftliche Genehmigung zu verlassen und Verletzungen des Arbeitsvertrages sollten von Staats wegen bestraft werden. Als eine Vertragsverletzung sollte nicht nur Desertion gelten, sondern auch Ungehorsam, Trunkenheit und andere Verhaltensweisen, die keineswegs einen Bruch des Vertrages bedeuteten. Auch wurde die Dauer der Arbeitsverträge, die zuvor ein Jahr betragen hatte, jetzt auf drei Jahre erhöht. (zit. Breman 1989: 40) Auch nach dem Erlass der „Kuli Verordnung" wurde auf Plantagen geprügelt und wurden Arbeitskräfte beim geringsten Anlass in die privaten Gefängnisse auf den Plantagen geworfen. Selbst Zeitgenossen sprachen vom Terror auf den Plantagen im „Wilden Osten" (Breman) von Sumatra. Van den Brand hatte berichtet, dass in lokalen niederländischen Zeitungen „sehr gesunde junge Männern und Frauen" zu dem „geringen Preis von 60 Gulden pro Kopf" angeboten wurden. (zit. Stoler 1985: 30, Übers.)

Ganz besonders schlecht erging es chinesischen Vertragsarbeitern, die in den Zinnminen auf Sumatra schufteten. Dass dort Arbeitskräfte der leichteren Identifizierung wegen gebrandmarkt wurden und die Todesrate in diesen Minen dramatisch hoch war, kam auch im Unterhaus des niederländischen Parlaments zur Sprache (Proceedings 28.11.1905: 238; zit. Breman 1989: 199) Auch über die Folter von Arbeitskräften, die dadurch veranlasst werden sollten, die Namen von „Unruhestiftern" preiszugeben, wurde dem Parlament berichtet. Als im Jahr 1900 ein Beamter eingestellt wurde, der für die Aufsicht über die Arbeit von Chinesen in Sumatra zuständig war, stellte dieser fest, dass die Todesrate in der Redjang Sulit Mine bei 37 % lag. Ihm wurde berichtet, dass die Leichen einfach in die Erde geworfen wurden, „wie Hunde (*seperti andjing*)" sollen die Kulis gesagt haben. Andere wurden einfach in den Fluss geworfen. Von den 851 Kulis, die für die *Soemala Company* angeheuert worden waren, waren nach 18 Monaten 169 gestorben, 18 waren desertiert und 132 waren angeblich nach Hause zurück geschickt worden. Die übrigen erhielten sechs *Cent* pro Tag. War einer so krank geworden, dass er in einem Monat weniger als zwölf Tage arbeitete, so erhielt er gar keinen Lohn. Stattdessen wurde er an einen Pfahl gebunden und ausgepeitscht. (Hoetink 1903; zit. Breman 1989: 202)

1904 begannen Debatten über eine Revision der „Kuli Verordnung". Pflanzern zufolge war die Beibehaltung strafrechtlicher Sanktionen für die Verletzung und den Bruch des Vertrages unumgänglich notwendig. Mit der 1915 schließlich beschlossenen Neufassung wurde sie ihnen zugestanden. Unter diesen strafrechtlichen Bedingungen arbeiteten 1917 an der Ostküste von Sumatra annähernd 200.000 Kulis. Damals stammten die meisten noch aus China. Nach der offiziellen Beendigung des chinesischen Kuli-Exportes wurden Arbeitskräfte für die Ostküste Sumatras vor allem auf Java angeheuert.

Ab 1918 setzte sich die Kolonialregierung offiziell dafür ein, Arbeit „unter strafrechtlicher Sanktion" abzuschaffen. Tatsächliche Versuche der Umsetzung erfolgten jedoch erst, nachdem 1929 ein Zusatz zum US-amerikanischen Zollgesetz beschlossen worden war, welcher die Einfuhr von Tabak untersagte, der unter solchen Bedingungen produziert worden war. Mit Beginn der Weltwährungskrise bewirkten die sinkende Nachfrage nach „Kolonialprodukten" sowie das steigende Angebot an freien Lohnarbeiterinnen und Lohnarbeitern, dass Plantagenbesitzer sich darum mühten, ihre Vertragsarbeiter los zu werden. Ab 1931 wurden zunehmend freie Lohnarbeiter beschäftigt. Und von da an wurden dann auch die Angriffe auf das weiße Personal der Plantagen, die in den 1920er Jahren eingesetzt hatten, seltener. (Reid 2014: 47)

Zum Exempel: Produktion in den Teegärten von Assam

Während viele Kulis entweder freiwillig oder gezwungen zu Arbeitsstätten in anderen Kolonien gebracht wurden, oft per Schiff in einen anderen Kontinent, handelte es sich bei den Kulis in den Teeplantagen von Assam um einheimische Arbeitskräfte. Viele von ihnen waren allerdings weit entfernt von den „Teegärten", wie die Plantagen genannt wurden, angeheuert worden. Lydia Potts zufolge kamen allein zwischen 1870 und 1900 mindestens 700.000 Männer, Frauen und Kinder aus anderen Teilen Indiens als Kulis in die Teegärten. (1988: 90)

Die Entwicklung der Plantagenwirtschaft im äußersten Nordwesten von Indien war Bestandteil eines Strukturwandels der Kolonialherrschaft in Indien. Aus einer auf den Einzug von Tribut ausgerichteten Organisation mit Herrschaftskompetenzen wurde im Verlauf der ersten Hälfte des 19. Jahrhunderts ein kapitalistischer Kolonialstaat. Was das für Arbeitskräfte bedeuten konnte, wurde in Assam besonders deutlich. Von Anfang an handelte es sich um die Entwicklung eines agro-industriellen Komplexes. Angestoßen wurde diese Strategie durch die Tatsache, dass sich Tee Ende des 18. Jahrhunderts in England zum Nationalgetränk entwickelt hatte. Das stärkte zwar die Nachfrage nach einem Handelsgut der *East India Compagnie*, brachte diese aber zugleich in immer größere Schwierigkeiten, weil sich in China kaum Waren absetzen ließen, mit deren Erlös der Aufkauf von Tee hätte finanziert werden können. Als dem durch vermehrten Export indischen Opiums nach China begegnet werden sollte, machten chinesische Behörden Ende der 1830er Jahre zunehmend Schwierigkeiten. Mit der Entwicklung einer Teeproduktion in Indien sollte die Abhängigkeit vom chinesischen Markt gemildert werden. Nachdem die EIC ab 1826 Militärposten in Assam errichtet[177] und 1838 Assam annektiert hatte, wurden Fachleute aus Europa und China damit beauftragt, zu untersuchen, ob sich die bislang von Bauern in Assam betriebene Teeproduktion ausweiten ließe. Praktiken von Pharmaziekonzernen des 20. und 21. Jahrhunderts vorwegnehmend wurden die Kenntnisse von Bauern abgefragt, die bislang schon Tee angebaut hatten, sodann Versuchspflanzungen angelegt. Mittels Waffenlieferungen wurden auch lokale Häuptlinge zur Mitwirkung bewogen. (Behal 2014: 26-33) Anders als in vielen Kolonien – so auch in Bengalen – wurden in Assam aber nicht Bauern zur vermehrten Ausrichtung ihrer Produktion auf die Nachfrage in Metropolen gezwungen, vielmehr wurde in Assam von Anfang an ein agro-industrieller Komplex entwickelt. Mit der Produktion in den neu geschaffenen großen Teegärten konnten einheimische Bauern bald nicht mehr konkurrieren. Im Laufe der kommenden dreißig Jahre kam es zu erheblichen Konzentrationsprozessen. In deren Folge verlagerte sich die Leitung von Teegärten zuerst nach Kalkutta und dann nach London.

In England wuchs die Nachfrage nach Tee, in Assam gab es sehr billiges Land, was es nicht gab, waren Arbeitskräfte. Importierte chinesische Arbeitskräfte erwiesen sich als unwillig, einheimische Arbeitskräfte aus der Region entzogen sich den Arbeitsbedingungen durch Flucht, dies umso mehr, als die Kolonialregierung für die Arbeit an Infrastrukturprojekten bessere Löhne zahlte. Als es der hohen Profite wegen Anfang der 1860er Jahre zu vermehrten Investitionen kam – in England war von einer *"Tea Mania"* die Rede (Behal 2014: 42) – wurde systematisch versucht, Arbeitskräfte in weit entfernten Regionen anzuheuern. Der Kuli-Handel erwies sich als ein gutes Geschäft. 1866 aber endete die spekulativ erzeugte Hochkonjunktur des Tees. In den Folgejahren sanken die Profite kontinuierlich und drastisch. Einzelne Teegärten wurden geschlossen. Arbeitskräfte, darunter auch aus England ins Land gekommenen junge Männer, verloren ihren Erwerb. In Assam verbreiteten sich Hunger und Seuchen. Danach aber machten Agenten des Kuli-Handels wieder sehr gute Geschäfte. Sie täuschten ihre Opfer über die zu erwartenden Arbeitsbedingungen und verfrachteten sie in großer Zahl auf Schiffe. Weil dort Seuchen ausbrachen, soll manchmal die Hälfte der Angeheuerten während des drei-Wochen dauernden Transports ums Leben gekommen sein. (William Nassau Lee, zit. Behal 2014: 45)

Unter den Arbeitskräften waren sehr viele Frauen und Kinder. Weil die Arbeit aber sehr hart, die Unterbringung miserabel und die Ernährung sehr mangelhaft war,[178] blieb die Todesrate unter den Arbeitskräften durchgängig höher als die Geburtenrate. Folglich konnte der wachsende Bedarf an Arbeitskräften nur durch zunehmende Rekrutierung befriedigt werden. Das förderte Täuschungen und Zwang, in manchen Regionen ver-

177 Als Vorwand war die burmesische Invasion von 1826 genutzt worden.

178 Sie bestand fast ausschließlich aus Reis. Proteine und Fett waren kaum zugänglich. (Behal 2014: 68)

breitete sich Angst vor Kuli-Fängern.[179] Diese waren insbesondere in Stammesregionen aktiv.[180] Ende des 19. Jahrhunderts sollen Kuli-Fänger 90 % der Arbeitskräfte in den Teegärten geliefert haben. Im Laufe der Zeit wuchs die Kritik an diesen Rekrutierungsmethoden. Aber noch im August 1902 schrieb ein Sonderkorrespondent der *Times,* sie seien unumgänglich, weil die *jungle races* ihre Arbeitskraft nicht von sich aus auf dem freien Arbeitsmarkt anböten. „Von all den großen Möglichkeiten, die ihnen in dem heraufziehenden industriellen Zeitalter in Indien geboten werden, haben sie keine Ahnung ... Sie wandern nicht, um ihre Situation zu verbessern, sondern bleiben zuhause, bis sie verhungern." (zit. Kolsky 2010: 156, Übers.)

Ab den 1870er Jahren wurden für die Arbeitsschritte, die nach dem Pflücken des Tees erforderlich waren, um aus den Blättern ein Exportgut herzustellen, zunehmend Maschinen eingesetzt. Damit erhöhte sich die Produktivität der Teegärten, an der Verweigerung höherer Löhne änderte sich nichts. Wirklich „billig" war die Arbeitskraft dennoch nicht, weil Kuli-Fänger der wachsenden Nachfrage mit der Forderung immer höhere Prämien begegneten. Mit der Praxis, Arbeitskräfte, deren Verträge ausgelaufen waren, als Werber zu entsenden, ließ sich die günstige Verhandlungsposition der berufsmäßigen Lieferanten kaum beeinflussen. Pflanzer mussten ihre Maßnahmen zur Verhinderung eines freien Arbeitsmarktes teuer bezahlen. (Behal 2014: 93) Weil sie diese aber fortsetzen wollten, entwickelten sie in den 1920er Jahren ein System, welches Abwerbungen verhindern sollte. 1938 wurde es abgeschafft, 1939 aber wieder eingeführt. (Behal 2014: 123)

Wie dramatisch hart Ausbeutung in den Teegärten praktiziert wurde, lässt sich amtlich dokumentierten Todesraten entnehmen. Allein zwischen 1863 und 1866 sollen von den 85.000 Arbeitskräften, die neu in die Teegärten gekommen waren, mindestens 35.000 gestorben sein. (*Government of Bengal, Papers Regarding the Tea Industry*: XIX; zit. Behal 2007: 157). Weil aber weder individuelle britische Pflanzer in Indien noch die in London residierenden Führungskreise der großen Teegärten bereit waren, die Kosten für bessere Bedingungen zu tragen, richteten sich die Strategien vor Ort vor allem auf die Diszilinierung der Arbeitskräfte und auf Maßnahmen, die sie davon abhalten sollten, sich dem Ausbeutungsregime durch Flucht zu entziehen. Durch die Errichtung von Zäunen wurde die geographisch ohnehin schon gegebene Isolierung der Anlagen auch gegenüber den Bewohnern der näheren Umgebung bewusst verstärkt. (Auf ähnliche Strategien werden wir unten bei den *closed compounds* in Rhodesien stoßen.) Kulis wurden gezwungen, innerhalb dieser abgeschotteten Bereiche zu leben und sich

179 Die Ausführungen in diesem Abschnitt basieren zu einem erheblichen Teil auf der sehr gründlich dokumentierten und theoretisch überzeugenden Analyse von Rana P. Behal (2014).

180 Noch in den 1930er Jahren kamen die meisten von ihnen aus ganz bestimmten Stämmen (Oraon, Mundas und Hos) (Simeon 1995: 31), wobei sich hier zwei Verhaltensmuster überschnitten: die für Wanderarbeit typische Ausbildung von Traditionen für bestimmte Wanderungsziele und die dadurch mit veranlasste Vorliebe der Arbeit„geber" für Arbeitskräfte aus einer bestimmten Herkunftsregion.

damit nicht nur während der Arbeit selbst, sondern auch für ihr Leben außerhalb der Arbeitsstunden unter die Herrschaft des Managements zu begeben. Um sie abzusichern, wurden gelegentlich importierte weibliche Kulis zwangsweise mit bis zu fünf männlichen Kulis verheiratet. (Behal & Mohapatra 1992: 162) Ein besonderes Merkmal der Isolierung war die „Garten-Zeit". Gegenüber der Umgebung waren die Betriebsuhren in den Tee-Gärten eine Stunde vorgestellt. Ähnlich wie in anderen Teilen der Welt fungierte die Betriebsuhr in den Teegärten von Assam sowohl als Instrument als auch als Symbol der Unterordnung. Erst gegen Ende des 20. Jahrhunderts soll diese Praxis eingestellt worden sein. (Behal 2007: 159) Tatsächlich aber hätte es der Uhr kaum bedurft, denn in Teegärten wurden Arbeiterinnen und Arbeiter bei Sonnenaufgang durch einen Gong zur Arbeit befohlen. Und auch das Arbeitsende bei Sonnenuntergang wurde ihnen durch Gongschläge angezeigt. (Das Gupta 1992: 183)

Sowohl in ihrem Bestreben, ihre Arbeitskräfte einer strikten Disziplin zu unterwerfen, als auch in ihrem Kampf gegen die Flucht aus den Plantagen, hat der Kolonialstaat die Pflanzer durchgängig und nachdrücklich unterstützt. Entsprechende Regelungen sollten bis 1923 in Geltung bleiben.[181] Sie erlaubten summarische Verfahren, Inhaftierung und andere Formen der Bestrafung. Lediglich ein Urteilsspruch, der eine Hinrichtung zur Folge hatte, war ausgenommen. Das hat faktischen Totschlag nicht ausgeschlossen. Denn Flüchtige, die von gut bezahlten Fängern zurück gebracht worden waren, starben oft an den Auspeitschungen, die auf einen Fluchtversuch folgten.

Genau genommen, so Elizabeth Kolsky, bedeutete die Auslagerung der Strafgewalt an die Pflanzer und ihre Manager, dass diese selbst nicht mehr dem Gesetz unterstellt blieben. Auch ein Mord an einem Kuli wurde nicht gesühnt. Und weil es den Vertragsarbeitern untersagt war, sich ohne Genehmigung von ihrem Arbeitsplatz zu entfernen, hatten sie auch keinerlei Chance, einen Vorgesetzten anzuklagen. Um sich zu wehren, blieb ihnen nichts als Gewalt. So selten sie zu diesem letzten Mittel griffen, so bestätigte es den Pflanzern doch immer wieder von Neuem die Notwendigkeit des strikten Kontrollregimes. Kam es doch zu Verfahren gegen Vorgesetzte, so wurden diese bestenfalls zu einer Geldbuße wegen „ernsthafter Verletzung" verurteilt, und dies auch, wenn das ausgepeitschte Opfer gestorben war. (Kolsky 2010: 168) Im letzten Drittel des 19. Jahrhunderts wurden auch für Assam Untersuchungskommissionen eingesetzt. Sie kamen höchstens einmal im Jahr – und die Plantagenbesitzer konnten sich zumeist darauf verlassen, dass ihnen derartige Besuche angekündigt wurden. (Kolsky 2010: 151)

Noch im Juli 1885 vertrat der damalige *Assam Chief Commissioner,* C.A. Elliott, die Ansicht, es sei völlig berechtigt, die Pflicht zur Einhaltung von Verträgen strafrechtlich zu sanktionieren, denn dies sei nur das *quid pro quo* für den Schutz, der dem Kuli zuteilwerde, für die ausgezeichnete Hütte, in der er lebe, für das Wasser, das ihm

181 Für Südwest-Indien gibt Baak andere Jahreszahlen an. Erlass des Strafgesetzes gegen den Bruch eines Vertrages 1865, Abschaffung desselben 1935. (1997: 438-445)

zur Verfügung stehe, sowie „für das ziemlich preisgünstige Essen und den ziemlich vernünftigen Lohn." (zit. in: Kolsky 2010: 150, Übers.) Nachdem aber Henry Stedman Cotton 1896 zum *Chief Commissioner* von Assam ernannt worden war, entwickelte sich dieser zu einem der schärfsten Kritik des in Assam herrschenden Arbeitsregimes.[182] Er verurteilte die fundamentale Rechtsungleichheit und war bemüht, die Praxis privater Strafjustiz zu kontrollieren. Ebenso wie andere europäische Kritiker der Situation sah er in den Zuständen in Assam eine Gefahr für den Bestand des Kolonialreiches. Als sich die Pflanzer empört an die Regierung wandten, verlor er deren Unterstützung. Die indische Zeitung *Bengalee* kommentierte Cottons vergebliche Bemühungen: „Das vordringlichste Ziel der britischen Herrschaft in Indien zielt auf die Begünstigung des europäischen Kapitalisten und Kaufmanns, und dies auch, wenn dafür Gerechtigkeit und Menschlichkeit geopfert werden müssen." (10.3.1901; zit. Kolsky 2010: 174, Übers.) 1903 wurde die Situation durch Cotton selbst in einer Rede in London kommentiert: Werde tatsächlich einmal ein Europäer wegen einer Gewalttat an einem Inder verurteilt, so komme es an den Frühstücks- und Teetischen zu einem Sturm der Entrüstung. Und jeder Stein werde umgedreht, um das Urteil entweder aufgehoben oder gemildert zu bekommen. (zit. nach Kolsky 2010: 211)

Erfolgreicher Lobbyismus und geographische Abgelegenheit machten es möglich, dass Plantagenbesitzer in den Teegärten von Assam bis ins 20. Jahrhundert hinein nicht nur den Einsatz von Arbeitskraft kommandierten, sondern auch über das Leben der Kinder, Frauen und Männer herrschten, die für sie schufteten. Etwaige „Unruhen" wurden brutal unterdrückt.

1901 wurde der Bruch eines Kuli-Vertrages entkriminalisiert, 1908 das Recht auf private Inhaftierung aufgehoben. Dieser Verlust an Herrschaftskompetenz sollte durch die Möglichkeit von Klagen wegen Vertragsbruchs ausgeglichen werden. Die Regierung ernannte Richter, die für solche Klagen zuständig sein sollten. Nach 1910 wurde private Strafjustiz tatsächlich seltener praktiziert.

Weiterhin wurde aber versucht, Einflüsse von außen zu unterbinden. Als sich in den 1930er Jahren Diskussionen über die Zulassung von Gewerkschaften in den Teegärten nicht mehr verhindern ließen, versprachen sich die Zuständigen politische Mäßigung nach wie vor durch Maßnahmen der Abschottung. Die Mitgliedschaft sollte auf Dauerbeschäftigte begrenzt werden, lediglich zwei Mitglieder von außerhalb sollten zugelassen sein. (Behal 2007: 153)[183] Erst 1937 entwickelte sich eine politische Debatte über die zwangsweise Isolierung der Teegarten-Arbeitskräfte von der Umwelt. (Behal 2007: 171)

---

182 In dem von David Arnold besorgten Band „Südasien" in der neuen Fischer Weltgeschichte ist von diesem Arbeitsregime nicht ein einziges Mal die Rede. Zwar wird das „außergewöhnliche Maß an rechtlicher Kontrolle" über die Arbeitskräfte erwähnt (2012: 408), was das jedoch konkret bedeutete, müssen Leserinnen selbst vermuten. Hingewiesen wird lediglich auf die immense Steigerung der Produktion von Tee.

183 Ende der 1930er Jahre schlug A.C. Turnstall, *Assistant Chief Officer of the Toklai Tea Research Centre* in Jorhat, noch eine weitere Maßnahme vor: Wenn der Häuptlingssohn R. C. Mohanta

Kulis waren keine Sklaven

Am 22. Juni 1909 erschien in der *Times* der Bericht eines Missionars, in dem dieser ausführte, er habe noch nie einen Kontraktarbeiter auf S. Thomé getroffen, der sich bewusst gewesen sei, was für einen Vertrag er eingegangen sei, oder der gewusst habe, was für eine Arbeit er auszuführen habe und für wie lange er in Übersee würde arbeiten müssen.[184] Und er habe auch noch nie von einem Kontraktarbeiter gehört, der wirklich wieder in die Heimat habe zurückkehren können. (zit. bei Cadbury 1910: 55) Zwar werde die sehr hohe Todesrate in S. Thomé in der Regel auf das ungesunde Klima zurückgeführt, tatsächlich aber liege die Ursache in den Arbeitsbedingungen. Vor allem auf den großen Plantagen, auf denen 300 und mehr Arbeitskräfte zusammengepfercht gehalten würden, sei die Todesrate sehr hoch. (zit. bei Cadbury 1910: 56) 1908 soll in Angola verfügt worden sein, dass Eheleute, die sich zu einem Arbeitsvertrag in Übersee entschlossen, gemeinsam verschifft und verheuert werden. Dem wurde nicht entsprochen. (Cadbury 1910: 60) Stattdessen wurden Männer und Frauen gesondert verschifft und gleichermaßen über die Dauer des Kontraktes getäuscht, dem sie zugestimmt hatten. Der Schokoladenproduzent William A. Cadbury, der diese Verhältnisse publik machte, war kein genereller Gegner der Kontraktarbeit. Dass jährlich Tausende von Indern für einige Monate nach Westindien oder in die Minen im Transvaal verpflichtet wurden, hielt er für ökonomisch notwendig und moralisch vertretbar, von der „Sklaveninsel" Sao Thomé hat er in der Folgezeit aber keinen Kakao mehr bezogen.

Cadbury war nicht der einzige, der sich veranlasst sah, die Arbeits- und Lebensbedingungen, denen sich Arbeitsmigrantinnen und Arbeitsmigranten nach dem Ende der Sklavenwirtschaft vielerorts ausgesetzt sahen, als Sklaverei zu bezeichnen. Demgegenüber schlagen Historikerinnen und Historiker, die sich von den Argumenten neoklassischer Wirtschaftstheorie beeinflussen lassen, Kulis relativ umstandslos freien Lohnarbeitern zu. Schließlich wurde Kulis ja auch Lohn bezahlt. Und tatsächlich: im globalen System des Kulihandels wurde nicht mit Menschen gehandelt, sondern mit den Verträgen, durch die sie sich verpflichtet hatten, für eine bestimmte Zeit für den

---

seine Ausbildung als ein *"King's Scout"* in den USA und in den Hauptquartieren britischer *Boy Scouts* abgeschlossen haben würde, solle er in Assam *Scoutmaster* werden und dort Trainingslager organisieren. Turnbull versprach sich davon, dass dieses Training die Selbstwahrnehmung der Beschäftigten als minderwertig aufheben und ihnen Selbstrespekt und Verantwortlichkeit beibringen könne. Unter den Managern vor Ort stieß der Plan nicht auf Gegenliebe. (Behal 2007: 152f.)

184 Dieser Unkenntnis wegen scheinen Arbeitskräfte aus Angola besonders nachgefragt worden zu sein. In Mozambique konnte diese nicht vorausgesetzt werden, und tatsächlich zitiert auch Cadbury Berichte, denen zufolge etwa hundert Kulis aus Mozambique ihre unmittelbare Repatriierung forderten, nachdem sie erfahren hatten, dass ihr Kontrakt drei Jahre lang gelten solle, wo sie doch nur einer Dauer von einem Jahr zugestimmt hatten. Dem Protest wurden Bewaffnete entgegengestellt. Die Protestierenden erreichten dennoch ihre Repatriierung. (Cadbury 1910: 183f.)

Käufer des Vertrages zu arbeiten. Insofern blieben Kulis freie Menschen. Aber in allen europäischen Kolonien machten Kolonialstaaten Kulis für die Dauer ihrer Verträge zu Untertanen von Kapitaleignern.

Zum Exempel: Laskaren

Seit dem Ende des 15. Jahrhunderts dienten indische Seeleute gelegentlich auf europäischen Schiffen, zunächst in der Küstenschifffahrt. Im 18. und 19. Jahrhundert wurden sie dann aber immer öfter geheuert, um für die Rückreise nach Europa die europäischen Seeleute zu ersetzen, die unterwegs gestorben waren oder aber wegen Krankheit oder Desertion nicht mehr zur Verfügung standen. Da die nach wie vor gültigen Navigationsgesetze nicht nur vorschrieben, dass im Handel mit Großbritannien ausschließlich britische Schiffen eingesetzt wurden, sondern auch, dass auf diesen Schiffen britische Mannschaften dienten, konnten die in britischen Häfen angekommenen Seeleute nicht für die Rückreise geheuert werden. (Für die Hinreise wurde ihre Heuer wegen eingetretener Notlagen akzeptiert.) Somit gab es in England unbeschäftigte Seeleute, die sich aber wegen der ein Jahr umfassenden Dauer ihrer Verträge legal keine Arbeit an Land suchen konnten. Da sich die *East India Company* deshalb gezwungen sah, indische Seeleute auf Kosten der EIC zu repatriieren, machte dies deren Beschäftigung nicht eben kostengünstig. Als 1810 320 Laskaren als Passagiere an Bord eines Schiffes nach Indien zurück befördert werden sollten, geriet dieses Schiff in Seenot. In seinen Memoiren hat Kapitän Robert Eastwick berichtet, dass er die Laskaren, die sich zu ihm in ein Boot retten wollten, mit dem Ruderblatt abwehrte. Von den 310 Laskaren, die bei dem Unglück ums Leben kamen, berichtete er nicht als Menschen. Für ihn waren sie nur Masse. (Fisher 2007: 37)

Als im Verlauf des 19. Jahrhunderts die Heuern englischer Seeleute stiegen, diejenigen von indischen Seeleuten aber vergleichsweise immer niedriger wurden, kam es zu einem eindeutigen Kostenvorteil. Mit dem Ende der Navigationsgesetze im Jahre 1848 endete dann auch das Verbot der Heuer von Ausländern in England. Das bedeutete, dass Schifffahrtsunternehmen Laskaren zwingen konnten, die verbleibende Zeit ihres Heuervertrages auf einem Schiff abzudienen, das ihnen zugewiesen wurde – und sei es gegen ihren Willen. 1884 wurde diese Praxis in einer neuen Fassung des *Merchant Shipping Act* legalisiert. (Ahuja 2007: 118) Weil gleichzeitig weiterhin untersagt blieb, dass indische Seeleute in einem Hafen außerhalb von Britisch Indien abgemustert wurden, hatten diese Seeleute keine Chance, sich auf Schiffen anderer Nationen bessere Arbeitsbedingungen zu suchen.

Dass derartige Vorschriften realisiert werden konnten, hing auch damit zusammen, dass sich Laskaren nicht individuell verheuerten, sondern als Mitglieder einer Gruppe, die von einem einheimischen Anwerber zusammengestellt wurde. Dieser, als *serang* (oder *ghat serang*) bezeichnete Anwerber blieb entweder an Land oder ging selbst als eine Art Vorarbeiter mit an Bord. In beiden Fällen beanspruchte er einen Anteil an der Heuer.

Nachträglich ist nicht mehr genau auszumachen, wann die Bezeichnung „Laskaren" für indische (aber nicht auch für chinesische) Seeleute üblich wurde. Im 19. Jahrhundert war sie jedenfalls fest etabliert.[185] Doch veränderte sich ihre Bedeutung durch politische Regulierungen. Mochte die Bezeichnung eines Seemanns als „Laskar" zunächst als ein etwas vager Hinweis auf die geographische Herkunft verstanden worden sein, so wurde sie im Verlauf des 19. Jahrhunderts zur Kennzeichnung eines spezifischen rechtlichen Status. Dessen formales Zentrum waren die „Laskaren Verträge", denen Laskaren in der britischen Handelsschifffahrt auch dann zustimmen mussten, wenn sie nicht aus Indien, sondern aus Somalia kamen. (Ahuja 2007: 117) Laskarenverträge machten aus den freien Arbeitskräften, die sich von einem *serang* hatten anwerben lassen, Kulis auf See.

Die Besonderheit ihres Rechtsstatus sticht zunächst nicht ins Auge, denn auch europäische Seeleute – das ist oben ausgeführt worden – waren auf Schiffen nicht nur Arbeitskräfte, sondern auch Untertanen der Kapitänsherrschaft. Ebenso wie Kulis hatten sie nicht das Recht, ihren Arbeitsvertrag vor dem festgelegten Datum zu beenden. Ebenso wie für Kulis stand auch für sie auf Desertion nicht nur der Verlust der bisher verdienten Heuer. Und wer es nicht schaffte, schnell genug anderweitig anzuheuern oder unterzutauchen, musste damit rechnen, zu einer Gefängnisstrafe verurteilt zu werden. Untertanen waren Seeleute aber auch insofern, als Kapitäne ihnen gegenüber Staatsgewalt repräsentierten. Kapitäne waren Vorgesetzte und Richter in einer Person. Insoweit ähnelte ihre Position jenen Unternehmern an Land, denen Strafgewalt über Kulis zugestanden worden war. Und ebenso wie diese haben sich auch Kapitäne immer wieder zu sadistischer Brutalität hinreißen lassen. Gerichtliche und politische Maßnahmen gegen derartige Gewaltpraxis kamen spät, in britischen Gerichten aber früher als beispielsweise in deutschen. Martin J. Wiener hat dargestellt, wie durch das 1850 erlassene Gesetz zur Regulierung der Handelsschifffahrt (*Merchant Shipping Act)* und durch Gerichtsverfahren der Despotismus von Kapitänen auf britischen Handelsschiffen, wenn schon nicht beseitigt, so doch zunehmend öffentlich gemacht wurde. Manchmal nutzte das auch Laskaren. (2009: 27)

An ihrer Besonderung gegenüber anderen Seeleuten hat das jedoch nichts geändert. Ihre Heuer war niedriger als die britischer Seeleute, welche die gleichen Arbeiten ausführten wie sie selbst. Zunächst waren es etwa 30-50 % weniger, seit der Mitte des 19. Jahrhunderts eher mehr. (Fisher 2007: 28) Davon musste dann noch der Anwerber entlohnt werden, oft mit 20 % der Heuer. (Ebenda: 31) Die Laskarenverträge forderten längere Arbeitstage und verweigerten den so gebundenen Seeleuten das für Seeleute so wichtige Recht auf Landgang.

185 Und sie war auch noch in Gebrauch, als in den 1960er Jahren indische Seeleute für die Arbeit in den Maschinenräumen von Schiffen der deutschen Reederei DDG Hansa geheuert wurden.

In den letzten Jahrzehnten des 19. Jahrhunderts verfestigte die technische Entwicklung der Schifffahrt die in den Laskarenverträgen angelegte rassistische Differenzierung. Denn anders als auf Segelschiffen arbeiteten britische Seeleute und Laskaren jetzt sehr viel seltener neben- und miteinander. Während an Deck ganz überwiegend britische Matrosen eingesetzt wurden, waren Laskaren unter Deck beschäftigt. Und weil sich die überwiegend britischen Maschinisten, die den technischen Betrieb unter Deck organisierten und kontrollierten, oft nicht die Mühe machten, ihre Heizer, Trimmer und Kohlenzieher wirklich kennen zu lernen, nutzten sie jetzt vorzugsweise den *serang*, um ihre Befehle weiter zu geben und deren Ausführung zu überwachen. Um 1880 – so G. Balachandran – war das „*Serang*-Kuli Konstrukt" in der britischen Handelsschifffahrt fest etabliert (2012: 76) Dass es sich auf vielen britischen Schiffen bei den unteren Dienstgraden im Maschinenbetrieb überwiegend um Laskaren handelte, hat die Vorurteile und die Verachtung, die Nautiker und Decksmannschaften auch auf Schiffen anderer Nationen gegenüber Maschinencrews hegten, verfestigt. Und immer wieder wurde dieser Rassismus durch politische Regulierungen bestätigt und damit verschärft. Als im 20. Jahrhundert die Gefängnisstrafe auf Desertion – will sagen die einseitige vorzeitige Beendigung eines Heuervertrages – für britische Seeleute abgeschafft wurde, blieb sie für Laskaren erhalten und zwar bis nach dem Ende der Kolonialherrschaft. (Ahuja 2007: 121) Spätestens seit Beginn des 20. Jahrhunderts nutzten britische Seeleute ihre gewerkschaftlichen Organisationen, um sich Vorteile in der Konkurrenz um Arbeitsplätze in der Seefahrt zu sichern. Von internationaler Solidarität war wenig zu bemerken, als 1925 die *Alien Seamen Order* erlassen und in Kraft gesetzt wurde, die „farbige" Seeleute verpflichtete, sich während eines Aufenthaltes im Vereinigten Königreich bei der Polizei registrieren zu lassen, damit sie im Falle mangelnder finanzieller Mittel für ihren Aufenthalt deportiert werden konnten. Im Prinzip fielen nur solche Laskaren unter diese Bestimmung, die aus einem der Fürstentümer Indiens, nicht aber aus „Britisch Indien" stammten. Da sie jedoch oft keine Bescheinigung ihrer genauen Herkunft vorlegen konnten (oder vorheriger Desertion wegen nicht vorlegen wollten), wurden auch viele der Letzteren deportiert. (Ahuja 2007: 126) Wie alle kolonialherrschaftlichen Gesetze konnte auch die Verordnung von 1925, die Einwanderung verhindern sollte, nur unvollständig realisiert werden. Dennoch hat sie die Chancen, die sich Seeleuten auf dem internationalen maritimen Arbeitsmarkt boten, für indische Seeleute begrenzt. Nicht nur in verbreiteten Vorstellungen, sondern auch in den Realitäten der internationalen Handelsschifffahrt blieben Laskaren noch lange Kulis zur See. 1941 hat der Gewerkschafter Dinkar Desai ihren Status als eine Form der Unfreiheit charakterisiert. (zit. bei Ahuja 2007: 119) Wir könnten auch sagen: sie galten als Knechte.

Zwangsarbeit als Entwicklungsstrategie

Spätestens Ende des 19. Jahrhunderts war unter Theoretikern der kapitalistischen Ökonomie durchgesetzt, dass allein freie Lohnarbeit konkurrenzfähige und somit profitable Produktion garantieren könne. Dass es auch in den entwickelten kapitalistischen Gesellschaften der Metropolstaaten noch Abweichungen von dieser sozialen Form gab, wurde, wenn überhaupt, als Ausdruck rasch zu überwindender Rückständigkeit gewertet. Kolonialökonomien unterschieden sich deutlicher von der Modelltheorie des Kapitalismus. Sofern nicht weiterhin realitätsfern unterstellt wurde, das Verbot von Sklavenhandel und Sklavenwirtschaft sei einem direkten Übergang zur freien Lohnarbeit gleichgekommen, wurde auf eine wirtschaftstheoretische Analyse der faktischen Verhältnisse zumeist verzichtet. In aller Regel überließen Ökonomen jenen Kolonialtheoretikern das Feld, die aufzeigten, dass es Aufgabe der Kolonialherren sei, die noch in barbarischen oder doch zumindest kindlichen Verhältnissen lebenden „Eingeborenen" zu zivilisieren, indem ihnen die Liebe zur Arbeit eingebläut wurde. Während diese volkspädagogische Aufgabe erledigt wurde, musste eben unfreiwillige Arbeit genutzt werden. Denn Kolonialherrschaft hatte ja nicht nur das Ziel der Zivilisierung, sondern auch der Bereicherung des Metropollandes.

Neben dem zeitgenössischen *mainstream* ökonomischer Argumentation gab es aber auch Politiker und Theoretiker, welche die Verhältnisse in den Kolonien nicht lediglich als vorübergehende Abweichungen von einem dominanten kapitalistischen Entwicklungsmodell verstanden, sondern sich durch die Realität kolonialer Verhältnisse zu genauerer Analyse herausgefordert sahen. So unterschiedlich diese Realität im Einzelnen auch war, in einem Punkt stimmte die Situation in Kolonien weitgehend überein: anders als in den Wirtschaften der Metropolländer gab es in Kolonien kein ausreichendes Angebot an arbeitsfähigen Menschen, die bereit waren, freiwillig und auf längere Dauer für die Fremden zu arbeiten.

Diese Situation war nicht neu, weshalb denn auch Metropolmächte seit langem die heimische Strafjustiz genutzt hatten, um Arbeitskräfte in Kolonien deportieren zu können. Während diese Praxis in britischen Siedlungskolonien schließlich durch den Zustrom von *freewillers* ergänzt wurde, war dies in den französischen Strafkolonien am Ende des 19. Jahrhunderts nicht der Fall. Sowohl Investoren als auch Emigranten mieden diese Kolonien. In Neu-Kaledonien etwa, wo seit 1854 ständig zwischen 5.000 und 7.000 Deportierte Zwangsarbeit leisteten, war es zu keinerlei Entwicklung gekommen, und in Guyana, wo Anfang des 20. Jahrhundert etwa 8.000 Deportierte arbeiteten, waren zwar ständig Baracken gebaut, im Verlauf von fünf Jahren aber nicht mehr als 50 km Straße fertig gestellt worden. Ausgerechnet in den Strafkolonien war kaum Infrastruktur entstanden. Dagegen hatten Aufsicht und Repression der Gefangenen hohe Kosten verursacht. (Cuvillier-Fleury 1907: 150f.)

Berichte aus den sogenannten Zuckerkolonien, in denen lange Sklavenarbeit gebräuchlich gewesen war, wiesen darauf hin, dass sich frühere Sklaven, sofern sie überhaupt bereit waren, sich auf Plantagen zu verdingen, als schwer zu disziplinierende Arbeitskräfte erwiesen. Französische Kolonialtheoretiker führten dies darauf zurück, dass es nicht gelungen sei, die verheerenden Auswirkungen der Sklaverei auf die Verhaltensweisen von versklavten Menschen zu überwinden. Weil Plantagenbesitzer ein Interesse daran gehabt hätten, die Kosten für den Unterhalt ihrer Sklaven zu senken, hätten sie akzeptiert, dass diese nur einige Tage in der Woche für die Plantage arbeiteten und sich den Rest der Zeit um ihre eigenen „Gärten" kümmerten. Kurz: Sklaverei habe die Entstehung einer Arbeitsmoral verhindert. (Steiner & Vatin 2009: 1277) Dass diese Situationsbeschreibung auch unter Zeitgenossen keine einhellige Zustimmung gefunden hätte, tut hier nichts zur Sache, weil sie die Kolonialtheoretiker unter den französischen Ökonomen in ihrer Auffassung bestätigte, dass die Gewöhnung an Lohnarbeit – samt der damit zu verbindenden Arbeitsmoral – mit Hilfe von Staatsgewalt erfolgen müsse. Zum Zweck der Zivilisierung der Kolonisierten, versteht sich. Weil dieser Zustand vorläufig noch nicht erreicht sei, müsse für alle Plantagenökonomien und für Siedlungskolonien, in denen die Dichte der Bevölkerung gering, Land aber im Überfluss vorhanden sei, eine „künstliche Form der Arbeitsorganisation" geschaffen werden, eine Zwischenform zwischen Sklaverei und freier Lohnarbeit. (Leroy-Beaulieu 1902/1974: 552f., zit. Steiner & Vatin 2009: 1278) Die Frage war, wie diese Zwischenform gestaltet werden sollte, wenn strikte Regulierungen und polizeiliche Kontrollen doch nur begrenzte Erfolge zeitigten. In den Antillen etwa, so Chailley-Bert (1895b: 159; zit. Steiner & Vatin 2009: 1279) habe sich beides als unzureichend erwiesen. Weshalb denn auch mehrere der Kolonialtheoretiker dafür plädierten, die Zivilisationsprojekte vor Ort durch die vermehrte Einfuhr von Kulis zu ergänzen.

In afrikanischen Kolonien wurden – von Ausnahmen abgesehen – keine Kulis eingesetzt. Allerdings hatte sich die Deutsche Ostafrika Gesellschaft sehr bemüht, Kulis aus Singapur zu importieren. Das, so Koponen, sei nur durch die Vermittlung des englischen Gouverneurs von Singapur möglich gewesen. Denn sowohl China als auch Indien hätten damals schon beschlossen gehabt, keine Kulis in deutsche Kolonien in Afrika exportieren zu lassen. Als die ersten Kulis nach Singapur zurückkamen, hätten ihre Berichte über häufige Auspeitschungen jede weitere Lieferung unterbunden. (Koponen 1995: 337-338)

Andere Kolonisten verzichteten der Kosten wegen auf die Einfuhr von Kulis. Noch deutlicher als in anderen Kolonien stellte sich deshalb in Afrika das Problem der „Erziehung zur Arbeit" von Einheimischen. Überwiegend wurde dazu eine Praxis genutzt, von der Zeitgenossen als von einem „anfänglichen Zwang" (*« contrainte initiale »*) redeten. (Cuvillier-Fleury 1907: 34) Heute wird sie als zwangsweise Rekrutierung bezeichnet. Während sie vielfach dazu genutzt wurde, Arbeitskräfte in Lohnarbeitsverträge mit Privaten zu zwingen, aus denen sie sich nur unter dem Risiko strafrechtlicher Verfolgung lösen konnten, gab es auch direkte Arbeitspflichten, die von Kolonialstaaten eingefordert wurden. Militärdienste, Trägerdienste, Arbeitsdienste für Bauarbeiten oder Zwangspflanzungen wurden in einzelnen Kolonien auf der Basis von Gesetzen oder Verordnungen eingefordert, in französischen Kolonien trafen die jeweiligen Gouverneure die entsprechenden– unterschiedlichen – Anordnungen. (Karstedt & von Werder 1941: 56f.) In Spanisch-Guyana waren Einheimische noch in den 1930er Jahren verpflichtet, 40 Tage im Jahr unbezahlte Arbeit für öffentliche Vorhaben zu leisten. Von dieser Verpflichtung waren Staatsbedienstete ausgenommen, andere konnten sich loskaufen. (Karstedt & Werner 1941: 127) In Deutsch-Ostafrika erhielten zwar die meisten der zwangsweise für den Bau der Eisenbahn rekrutierten Arbeitskräfte eine geringe Entlohnung, daneben aber gab es auch unbezahlte Zwangsarbeit. Sie wurde für den Bau von Verwaltungsgebäuden für die Kolonialherren und für den Erhalt oder den Bau von Straßen genutzt. Unter Einheimischen wurde die Straße zwischen Tabora und Mwanza als die Straße der Prügel bekannt. Tausende Männer und Frauen mussten Erde und Steine tragen. Wer zu fliehen versuchte, wurde ausgepeitscht. (Koponen 1995: 345) In Uganda wurde eine Kopfsteuer erhoben. Bis 1938 wurde verlangt, dass sie in Form eines einmonatigen Arbeitseinsatzes entrichtet wurde. An der Goldküste wurden in den 1930er Jahren 24 Arbeitstage verlangt. Überwiegend wurden die Verpflichteten eingesetzt, um Straßen auszubessern. Sie erhielten eine Entschädigung. (Rathbone 2004: 249) In portugiesischen Kolonien musste die Kopfsteuer in der Form eines unbezahlten dreimonatigen Arbeitseinsatzes aufgebracht werden (Coquery-Vidrovitsch 1985: 367)[186] Frederick Cooper zufolge wurde Zwangsarbeit in französischen Kolonien in den 1930er Jahren eher stillschweigend praktiziert, in der Ära der Vichy Regierung dann jedoch offen für unabdingbar erklärt. Als 1946 Zwangsarbeit in allen französischen Kolonien verboten wurde, waren Kolonialpolitiker vor Ort nach wie vor der Ansicht, dass sie weiterhin vonnöten sei. Entsprechend wurde vielerorts faktisch verfahren. (Cooper 1996: 153; 194)

Obwohl die Kopfsteuer in allen afrikanischen Kolonien im Laufe der Zeit erhöht wurde, reichten ihre Ergebnisse nicht hin, um neben der Bezahlung von Hilfskräften und von Anteilseignern die Infrastrukturinvestitionen zu finanzieren, die für eine bessere Ausbeutung unerlässlich waren. Sie reichten aber hin, um Land einziehen und Einheimische zur Arbeit zwingen zu können, die nicht in der Lage gewesen waren, die ihnen auferlegten Steuern zu entrichten. Oft wurden solche „Steuersäumigen" zur unbezahlten Arbeit für den Kolonialstaat verurteilt, zur Mitwirkung am Bau von Straßen und von Bahnstrecken vor allem, aber auch zu Träger- und Ruderdiensten. Manchmal wurden sie aber auch Privaten zur Verfügung gestellt. In Französisch West- und Äquatorialafrika waren bis 1944 potentiell alle erwachsenen Männer zur Ableistung von Diensten für den Kolonialstaat verpflichtet. Eingezogen wurden sie zu dieser Naturalleistung (*« prestation »*) aber durch die Häuptlinge, denen jeweils mitgeteilt wurde, wie viele Männer sie zu liefern hatten. Zeitweise sollen allein in Äquatorial Afrika zwischen 10.000 und 15.000 zwangsweise ausgehobene Arbeitskräfte am Bau von Eisenbahnen, Häfen und Straßen beschäftigt gewesen zu sein. (Gonidec & Kirsch & Durand 1958: 29) Zusätzlich wurden zahlreiche Träger verpflichtet. Sofern derartige Verpflichtungen gerechtfertigt

186 Karstedt & von Werner zufolge sollten sie ab 1921 Lohn erhalten. (1941: 112)

wurden, geschah dies mit Hinweis auf notwendige öffentliche Aufgaben, wobei selten genauer ausgeführt wurde, warum deren Erfüllung Zwangsarbeit erforderlich mache.

Dagegen hat Robert Cuvillier-Fleury in seiner 1907 publizierten Dissertation eingehend diskutiert, dass die in Westafrika und im Kongo erhobenen Steuern für die Zwecke des Kolonialstaates nicht ausreichten, obwohl sie seit 1902 in beiden Kolonien beträchtlich erhöht worden waren. Zwischen 1902 und 1904 wurden sie in Westafrika annähernd verdoppelt, in Französisch-Kongo wurden sie zwischen 1902 und 1905 sogar um mehr als das neunfach erhöht. (1907: 57) Dennoch, so Cuvillier-Fleury, seien Naturalleistungen für den Kolonialstaat vorläufig unabdingbar. (1907: 58) Sie würden vor allem in der Form von Trägerdiensten eingefordert. Die Dorfvorsteher würden verpflichtet, die jeweils erforderliche Zahl an Männern zu stellen. Jeder von diesen habe eine Last von 30 kg zu tragen und lege eine Entfernung von zwanzig bis dreißig km zurück. Zum einen gebe es die Trägerdienste für kurze Distanzen, die zumeist nur einen Arbeitseinsatz von vier bis fünf Tagen erforderten. Daneben aber gebe es auch Verpflichtungen zu Trägerdiensten über sehr weite Strecken, die oft mehrere Monate dauern konnten. Unterwegs würden die Träger oft „schlecht behandelt“, also ausgepeitscht. Am Ziel angekommen, mussten die Träger nach einer kurzen Ruhepause den Rückweg antreten – unter den gleichen Qualen. Zurück im Dorf, fanden sie einem offiziellen Bericht aus dem Jahre 1900 zufolge[187] ihre Familien meist ausgeraubt und verelendet und ihre Äcker unbearbeitet vor. Um der ständig drohenden Verpflichtung zu Trägerdiensten zu entgehen, hätten sich viele mit ihren Familien in unwegsames Gelände zurückgezogen.

Einem Reisebericht von M. Le Hérissé aus den ersten Jahren des 20. Jahrhunderts zufolge waren manchmal 500 Träger zusammen unterwegs. Sie würden des Morgens um 5:30 geweckt. Nachdem sie 40 km zurückgelegt hätten, schliefen sie des Nachts auf dem nackten Boden. Es seien menschliche Lasttiere, denen man nach dreißig Tagen ungefähr 20 *Francs* bezahle, von denen sie aber kaum etwas erhielten, weil sie ihnen durch den Dorfvorsteher ausgezahlt würden. (zit. Cuvilier-Fleury 1907: 61f.)

Zu Beginn des 20. Jahrhunderts verlangten die Konzessionsgesellschaften ständig, dass der Kolonialstaat ihnen mehr Träger zur Verfügung stelle. Das Militär wurde beauftragt, sie zu rekrutieren. 1901 wurden die Kommandeure ermächtigt, Einheimische, die sich weigerten, mit fünfzig Peitschenhieben, mit Gefängnis und mit Bußgeldern zu bestrafen. Höhere Offiziere wurden ermächtigt, zu Deportation zu verurteilen und Todesurteile zu fällen. Weil sich viele der Rekrutierung durch Flucht zu entziehen suchten, nahm das Militär Frauen und Kinder als Geiseln. Vereinzelt wurden sogar Frauen zu Trägerdiensten gezwungen. Einem Bericht des *Comité de l'Afrique française* zufolge wurden 1903 von den etwa 120.000 Einheimischen in Französisch-Kongo 12.000 für Trägerdienste rekrutiert. Jeder dieser Zwangsarbeiter hatte im Durchschnitt an zehn Tagen im Jahr Trägerdienste zu leisten, wobei der Rückweg zum Dorf nicht

187 Nouet. Rapport sur la corvée au Congrès international de sociologie coloniale. (zit. Cuvillier-Fleury 1907: 61)

mitgerechnet wurde. Ebenso wenig mitgerechnet wurden die erzwungenen Arbeitstage beim Bau der Eisenbahn und bei der Aufrechterhaltung von Straßen. (Suret-Canale 1964/1971: 28) Nachdem es zu heftigem Widerstand gegen die Trägerdienste gekommen war, hatte der Hochkommissar in Französisch-Kongo beschlossen, für den Transport zwischen Fort-Sibut und Fort-Crampel 500 Berufsträger einzustellen, die sich auf ein Jahr verpflichteten. Sie sollten einen Tagessatz für Ernährung von 30 *Centimes* erhalten und einen Monatslohn von 12 *Francs*. Weil sich nicht genügend Freiwillige fanden, wurden auch für diese Strecke nach kurzer Zeit wieder zwangsweise rekrutierte Träger genutzt. Und dabei mussten die Rekrutierten noch froh sein, wenn sie vom Staat und nicht von einer der in Westafrika tätigen privaten Transportgesellschaften angeheuert worden waren. Cuvillier-Fleury hoffte, dass durch den Bau von Eisenbahnen und die Anwerbung von Arbeitskräften, die aus Steuermitteln finanziert wurden, in Zukunft auf zwangsweise Rekrutierungen verzichtet werden könne. Vorläufig galt sie den meisten Kolonialtheoretikern als unverzichtbar. Rechtstheoretiker argumentierten, alle Menschen seien Brüder, aber die Kolonisierten seien die jüngeren Brüder der Kolonialherren. „Wenn Überredung und Argumentation nicht ausreichen, um sie zu verbessern, werden Maßnahmen erforderlich, die sie besser verstehen." (M. Rémond 1903: 129; zit. Steiner & Vatin 2009: 1283) Wo früher Sklaverei geherrscht habe, müsse man frühere Sklaven die Liebe zur Arbeit lehren, die sie die Freiheit noch nicht gelehrt hatte. (A. Negreiros 1900: 10f.; zit. Steiner & Vatin 2009: 1284) Und manchen Rechtstheoretikern gelang es auch, die Arbeitskräften aufgezwungenen langen Verträge und die Verhandlungen mit Häuptlingen über die Lieferung von Arbeitskräften in die Rechtskonzepte der Zeit zu integrieren. Was mit Häuptlingen verhandelt wurde, waren demnach „Verträge über kollektive Verleihung" (von Arbeitskräften). Sie stünden, so Rémon, im Einklang mit den Bräuchen der Eingeborenen. (1903: 117; zit. Steiner & Vatin 2009: 1286) Faktisch allerdings wurde nicht verhandelt, sondern befohlen. In französischen Kolonien wurden Häuptlinge, die nicht „lieferten" nicht nur – unter irgendeinem Vorwand – eingesperrt, sondern sie wurden auch ausgepeitscht. Das war zwar illegal, aber durchaus üblich. (Suret-Canal 1964/1971: 325f.) Aus Deutsch-Ostafrika wurde 1888 berichtet, dass Häuptlinge, die nicht genügend Arbeitskräfte lieferten, so lange als Geiseln genommen wurden, bis die geforderte Zahl an Arbeitskräften beisammen war. Andere wurden mit vorgehaltener Waffe gezwungen, zusammen mit ihren Dorfbewohnern auf einer Plantage zu arbeiten. (Koponen 1995: 341)

An lediglich zwei Beispielen soll im Folgenden das Zusammenwirken von kolonialer Staatsgewalt, privaten Aneignungsinteressen und Militärgewalt etwas genauer ausgeführt werden. Vor allem an der Entwicklung in Deutsch-Südwestafrika wird auch deutlich, dass der Einsatz von Militär zum Zwecke der Unterdrückung eine Dynamik entwickeln konnte, in deren Verlauf der Zweck der Ausbeutung durch die Zielsetzung der Vernichtung ersetzt wurde. Dieser Widerspruch zwischen ökonomischen und militärischen Strategien war in allen Kolonien latent und zumindest zeitweise auch real vorhanden, in Deutsch-Südwestafrika ist er besonders deutlich zum Ausdruck gekommen. Auf diesen

Aspekt sind die nachfolgenden Ausführungen konzentriert, Ursachen und Verlauf der Aufstände von (zunächst) Hereros und (später auch) Namas werden hier dagegen nicht ausführlich dargestellt. (vgl. aber: Bley 1968: 185-188)

Zum Exempel: Militärische Logik und Staatsgewalt in Deutsch-Südwestafrika

Zu Beginn des Feldzuges gegen aufständische Hereros standen Privatinteressen und militärische Strategie in Einklang, beseitigte dieser doch die bisherigen Hindernisse gegen den Landerwerb von Fremden. Schon 1905 sprach ein kaiserliches Dekret den Hereros das Eigentum an dem Land ab, in dem sie vor Ausbruch des Krieges gelebt hatten. Damit wurde ein schwieriges Problem der bisherigen Besiedlungspolitik auf einen Schlag gelöst. Denn während bislang die Preispolitik der Konzessionsgesellschaften den Zuzug weiterer Ansiedler sehr erschwert hatte, standen nun 100.000 km^2 Land zur Vergabe zur Verfügung. (Bley 1968: 175) Im Dezember 1907 wurde dann auch ein entsprechendes Dekret in Bezug auf das Land der Nama erlassen. Deutschen Siedlern, von denen manche zuvor Land von Einheimischen gepachtet hatten, wurde mitgeteilt, dass dieses nun ihr Eigentum sei. (Olusoga & Erichsen 2010: 235) Neusiedler erhielten zinslose Darlehen und konnten das Vieh kaufen, das von Namas und Hereros requiriert worden war. (Olusoga & Erichsen 2010: 236)

Auf längere Sicht wurde die profitable Nutzung des Landes durch den Mord an potentiellen Arbeitskräften aber erheblich erschwert. Und mit den Auswirkungen dieser Widersprüche sahen sich Farmer und Staatsbeamte nach dem Völkermord an Hereros und Namas in Deutsch-Südwestafrika unausweichlich konfrontiert. Die Vernichtung vieler Tausend Einheimischer hat die Arbeitskräfteknappheit, die es in allen Kolonien gab, dramatisch gesteigert. Um sie zu beheben, bediente sich die Kolonialmacht jetzt nicht mehr der Herrschaft von Häuptlingen. Vor dem Krieg waren Häuptlinge – in Deutsch-Südwestafrika wurden sie zumeist als „Kapitäne" bezeichnet – ebenso wie in vielen anderen Kolonien in Afrika mittels regelmäßiger Zahlungen, Geschenken und auch mit Gewalt dazu gebracht worden, Arbeitskräfte zu liefern. Nach dem Krieg wurden in der sog. Polizeizone[188] keine Stammesstrukturen mehr anerkannt. Folglich gerieten Einheimische jetzt unter die direkte Hoheit des Kolonialregimes. Häuptlinge verloren ihre Gerichtshoheit. Durch die Ausgabe von Pässen, Passmarken und Arbeitsbüchern sollte die gesamte Arbeitsbevölkerung erfasst und kontrolliert werden. Dass

188 „Die Polizeizone verläuft im Unterlauf des Omaruru, um sich dann im Zickzack nach Norden zu richten. Südlich der Etoschapfanne geht sie über Namutoni um Grootfontein, dieses in der Polizeizone lassend, nach Südosten und dann nach Südwesten bis östlich des Waterberges. Westlich von Rietfontein endet sie an dem Punkt des 20. Breitengrades, wo die Landesgrenze rechtwinklig nach Osten abbiegt. Kakaofeld, Ovamboland, Okavango, Caprivizipfel und Kaukaufeld liegen also außerhalb der Polizeizone." (Karstedt & von Werder 1941: 236) Diese genaue Umgrenzung wird hier nur deshalb so ausführlich wiedergegeben, weil für Arbeitsmigranten von innerhalb bzw. außerhalb der Polizeizone unterschiedliche Bestimmungen galten.

dies nicht gelingen konnte, ergab sich aus administrativen Unzulänglichkeiten: die Zahl der gelieferten Register, Arbeitsbücher und Reisepässe war von Anfang an und dauerhaft keineswegs ausreichend. (Zimmerer 2002: 134) Auch war es vollkommen unmöglich, das gesamte Gebiet mit einer zahlenmäßig sehr begrenzten Landespolizei zu kontrollieren. Dass die Kontrollintentionen, die in den Eingeborenenverordnungen von 1907 niedergelegt wurden, immer nur begrenzt umgesetzt werden konnten, änderte aber nichts an der Tatsache, dass die Einheimischen aller Rechte beraubt werden und als Arbeitsmaterial zur Verfügung stehen sollten. Männer und Frauen konnten versuchen, sich Kontrollen zu entziehen. Sollten sie im Falle einer Kontrolle aber nicht in der Lage sein, eine Passmarke vorzuweisen, wurden sie als Landstreicher behandelt und zu unbezahlter Arbeit gezwungen.[189] Der bloße Verdacht der Landstreicherei galt als ausreichend für die Verhängung derartiger Strafmaßnahmen. Zur Kontrolle waren aber nicht nur Polizeikräfte, sondern alle Weißen berechtigt (Zollmann 2008: 100f.), folglich auch Farmer, denen es an Arbeitskräften mangelte.

Während Einheimische, die sich nicht am Krieg beteiligt hatten, oder denen es gelungen war, sich dem Morden und der Verfolgung zu entziehen, ständig von Zwangsarbeit bedroht waren, war aus der Drohung eine beständige Realität für all jene geworden, die in Lagern gefangen gehalten wurden – und zwar einschließlich derjenigen, die sich Hungers geplagt in den von Missionaren eingerichteten Sammellagern eingefunden hatten. Straflager waren bei allen größeren Städten eingerichtet worden. Angesichts der vielen Tausend Kinder, Frauen und Männer, die in diesen Lagern aufgrund von Erschöpfung, Hunger und Kälte ums Leben kamen, liegt die Schlussfolgerung nahe, dass sie eingerichtet wurden, um jene Strategie zu vollenden, die nach der Schlacht am Watersberg im August 1904 durch General von Trotha angeordnet worden war: die Vernichtung des gesamten Volkes der Herero.

Nachdem die Herero-Krieger während dieser Schlacht eine Bresche in die Linie des deutschen Militärs geschlagen hatten, waren sie mit Alten, Frauen und Kindern, mit Karren und mit Vieh in die Wüste geflohen. Sie konnten nicht zurück. Viele starben an Erschöpfung, die Allermeisten durch Verdursten. Am 3. Oktober schickte von Trotha eine Gruppe von Gefangenen mit jener Nachricht an die Überlebenden zurück, die als „Vernichtungsbefehl" in die Geschichte eingegangen ist. Er kündigte an, dass jeder Herero – und werde er auch ohne Waffe und ohne Vieh angetroffen – erschossen werde. Frauen und Kinder sollten entweder zurück getrieben oder ebenfalls erschossen werden. Um diese Strategie umzusetzen, wurde Militär am Rande der Omahekewüste stationiert.

Dass um dieselbe Zeit nahezu täglich Berichte über die Kongogreuel in internationalen Zeitungen zu finden waren, hat den deutschen Kaiser nicht daran gehindert,

189 Da aufgrund der Landenteignungen Einheimischen bereits vor dem Krieg und vollends nach dessen Ende kaum eine Möglichkeit zur Führung eines eigenen „Wirtschaftsbetriebes" geblieben war, drohten die Strafen wegen Landstreicherei allen, die nicht in einem Lohnarbeitsverhältnis standen. (Schröder 2006: 373)

dem Vernichtungsbefehl nachträglich seine Zustimmung zu geben. Erst im Dezember 1904 ordnete er an, ihn zurück zu ziehen. Um General von Trotha zu besänftigen, ließ ihn Generalstabschef von Schlieffen wissen, der Kaiser habe ihm nicht etwa untersagt, weiterhin Hereros zu erschießen. Er habe nur die Möglichkeit wieder hergestellt, Gnade zu gewähren. (Olusoga & Erichsen 2010: 158) Gnade bedeutete Gefangenschaft und Zwangsarbeit in Lagern.

Im Januar 1905 wurde von Trotha angewiesen, eine Reihe von Konzentrationslagern zu errichten. Im Sommer 1905 waren bereits über 8.000 Gefangene in diesen Lagern eingeschlossen. In den Sammellagern, die von der Rheinischen Mission errichtet wurden, fanden sich – aufgrund von Hunger oder aber, weil sie von Patrouillen aufgegriffen worden waren – weitere 12.000 bis 15.000 Herero ein. Wie inzwischen vielfach nachgewiesen, waren zwar einzelne Kolonialbeamte der Ansicht, in den Lagern sollten die Gefangenen „arbeiten lernen", den meisten Entscheidungsbefugten ging es aber weniger um Ausbeutung als um Rache und Vernichtung. Insbesondere von Trotha lehnte es prinzipiell ab, Hereros zu genehmigen, zu ihrer früheren Weidewirtschaft zurück zu kehren. Der Rheinischen Mission, die einen entsprechenden Vorschlag unterbreitet hatte, teilte er mit, der Kaiser habe befohlen, den Herero bis auf die Rädelsführer das Leben zu schenken. Er habe auch seinen (von Trothas) Befehl aufgehoben, „dass alle sich stellenden Herero an der Kette Jahr und Tag Arbeitsdienst tun sollen". Da es weitere Befehle aber nicht gegeben habe, bleibe bestehen, dass den Herero alles Vieh abgenommen werde, und „die arbeitsfähigen Männer und Weiber an den Plätzen, wo sie gebraucht werden, gegen Kost, ohne Lohn, zur Verwendung gelangen ...". (BAL R-1001/289, hier zit. nach Zimmerer 2002: 43)

Der auch im amtlichen Schriftverkehr aufgefundene Terminus „Konzentrationslager" war nicht neu. 1896 waren Zivilisten in Kuba in Lager gesperrt worden, die als Konzentrationslager bezeichnet wurden, 1898 auf den Philippinen. Und im Burenkrieg waren Hunderttausend Afrikaner sowie Frauen und Kinder von Buren hinter Stacheldraht gezwungen worden. (Zimmerer 2002: 42, Anm. 132; Olusoga & Erichsen 2010: 160) Anders als bei diesen Lagern handelte es sich in Deutsch-Südwestafrika aber nicht um Internierungslager, sondern um Zwangsarbeitslager. Das galt von Anfang an, doch wurde die Schinderei der Gefangenen erst zu einer systematischen Praxis, nachdem Friedrich von Lindequist im November 1905 Gouverneur von Deutsch-Südwestafrika geworden war. Es handelte sich um die Fortsetzung des Vernichtungsfeldzuges mit anderen Mitteln.

In den Lagern gab es keine Unterkünfte. Soweit sich die Insassen nicht selbst Unterstände aus Pfählen, Säcken und Lumpen bauten, hausten sie im Freien. Als Kleidung hatten viele nur Säcke. Die Ernährung war unzureichend, oft unverdaulich und keineswegs ausreichend für längeres Überleben. Hinzu kamen die klimatischen Bedingungen an der Küste. Im Sommer war es feucht, im Winter schneidend kalt. Besonders dramatisch waren die Verhältnisse auf der Haifischinsel in der Lüderitzbucht. „Allein zwischen September 1906 und April 1907 waren von den 1795 dort gefangenen Nama 1032 zu Tode gekommen." (Zeller 2003/2004: 74)

Dem „Schutzvertrag" entsprechend, den Gouverneur Leutwein mit dem Häuptling Hendrik Witbooi abgeschlossen hatte, waren Namas zunächst auf Seiten der Schutztruppe am Krieg gegen die Hereros beteiligt gewesen. In dieser Zeit war Nama-Kriegern oft befohlen worden, die Hinrichtungen an Gefangenen durch Erhängen durchzuführen. Nach der Schlacht am Watersberg kündigte Witbooi den Schutzvertrag auf und erklärte der deutschen Kolonialmacht den Krieg. Seither wurden auch Namas auf der Haifischinsel interniert. Weil sie in den Augen deutscher Kolonialbeamter als weniger geeignet für Arbeit galten als Hereros, zielten ihre Haftbedingungen noch deutlicher auf schnelle Vernichtung als diejenigen von Hereros. Nach der Auflösung der Gefangenenlager wurden Namas, welche die Haft auf der Haifischinsel überlebt hatten, in ein Militärlager auf dem Festland überstellt. Dort blieben sie weiterhin gefangen. Erst 1915 wurden die wenigen, die noch am Leben waren, freigelassen. (Olusoga & Erichsen 2010: 234 & 257)

Die meisten Gefangenen wurden zu militärisch relevanten Baumaßnahmen herangezogen. Viele wurden beim Bau der Eisenbahnlinie eingesetzt. Gefangene Namas bauten den neuen Hafenkay in Lüderitzbucht. Zwangsarbeit traf Frauen ebenso wie Männer. Berichten zufolge wurden Frauen häufig als Zugochsen genutzt. Manche der gefangenen Frauen erhielten die Aufgabe, die Köpfe von gehängten oder gefallenen Hereros von Fleisch zu befreien, damit sie nach Deutschland verschickt werden konnten, auf dass sie im Pathologischen Institut in Berlin auf ihre rassischen Merkmale hin untersucht würden. (Zeller 2004: 77)

Gegen eine geringe Gebühr konnten sich auch Private Gefangene zuweisen lassen. (Zimmerer 2002: 44f.) Davon machten Farmer Gebrauch. Die Schifffahrtslinie Woermann, die den militärischen Nachschub nach Deutsch-Südwestafrika transportierte und während des Krieges vor Ort beträchtlich expandierte, hatte einen so hohen Bedarf an Arbeitskräften, dass sie die Genehmigung erhielt, eigene Lager einzurichten.

Über die Situation in den meisten Lagern wissen wir heute aufgrund der Berichte von Missionaren Bescheid, zusätzlich aber auch durch eine Reihe von Artikeln, die 1905 in südafrikanischen Zeitungen veröffentlicht wurden. Sie basierten auf Berichten südafrikanischer Transportreiter, die zeitweise in Deutsch-Südwestafrika beschäftigt waren. Einer von ihnen berichtete – und war auch bereit, dies unter Eid zu bestätigen –, dass er gesehen habe wie eine Frau, die mit einem schweren Sack auf dem Kopf und ihrem Baby auf dem Rücken zu Boden fiel, ausgepeitscht wurde. Und das Baby auf ihrem Rücken gleich mit. Ein anderer berichtete, die Aufseher würden die Peitsche besonders gerne gegen die Gesichter von Gefangenen einsetzen. Oft ströme Blut aus Gesichtern von Frauen und Kindern. Er habe nie gehört, dass jemand geschrien habe, wenn die Peitsche die Haut verletzte. (zit: Olusoga & Erichsen 2010: 211f.)

Zum Exempel: Zwangsarbeit im Kongo. Internationale Kritik und fortwährende Praxis

Oben wurde bereits ausgeführt, dass Steuerforderungen in der Privatkolonie des belgischen Königs als Naturalsteuern abzuleisten waren, nicht nur, aber vor allem in der Form bestimmter Mengen an Kautschuk.[190] Zunächst allerdings galt der Freistaat Kongo als ein besonders ehrgeiziges Zivilisierungsprojekt. Die Propaganda-Maschinerie des königlichen Kolonialherren funktionierte einwandfrei. Kritische Berichte von Missionaren wurden entwertet, indem darauf verwiesen wurde, dass es sich ausnahmslos um protestantische, folglich der katholischen Kolonialherrschaft gegenüber feindlich eingestellte Geistliche handle. Und immer wieder kamen Reisende aus dem Kongo zurück, die das Land durch die Brille von Stanleys Ausführungen gesehen hatten.

Auf die Dauer waren die Zustände freilich nicht zu verbergen. Ab 1890 mehrten sich kritische Berichte, die auch in der internationalen Presse zitiert wurden. Da war zunächst der offene Brief, den der US-amerikanische Geistliche und Journalist George Washington Williams 1890 an Leopold II richtete.[191] Zunächst sehr begeistert von der „brillanten Programmatik" für den Freistaat, hatte Williams vor Ort eine völlig andere Realität vorgefunden. In seinem Offenen Brief an Leopold II, der vom 18. Juli 1890 datiert ist, konfrontierte er den König mit herben Vorwürfen, darunter dem Vorwurf grausamer Kriege gegen die Eingeborenen, um auf diese Weise Sklaven und Frauen zu erbeuten. (Punkt 9). Der König betreibe auch selbst Sklavenhandel, und zwar sowohl im Großen als auch im Einzelnen. An die Offiziere würden drei Pfund für jeden gesunden Erwachsenen ausbezahlt, den sie für den Militärdienst „rekrutierten". (Punkt 10) Und nach vielen weiteren Vorwürfen dann die *"Conclusion"*, in welcher Williams den belgischen König persönlich für alle im Kongo begangenen Verbrechen haftbar machte. (An Open Letter ...; in: Franklin 1985: Appendix I)

Einen erheblichen Teil des sehr langen offenen Briefes nehmen die Auskünfte über die tatsächliche Praxis von Stanley ein, die Williams durch Befragungen der Einheimischen ermittelt hatte. Den König ließ er wissen, dass er für alle Aussagen Zeugen habe. Die Liste dieser Zeugen sowie der Dokumente, Briefe und offiziellen Berichte, auf die er seine Ausführungen stütze, werde er verwahren bis eine internationale Kommission geschaffen werde, welche die Zeugen befragen und eine Untersuchung vornehmen könne.

1890 war auch das Jahr, in dem sich Roger Casement und Joseph Conrad im Kongo kennen lernten. Conrad war offiziell als Angestellter der *Compagnie du Congo pour le Commerce et l'Industrie* bzw. ihrer Filiale der *Société Anonyme Belge pour le Commerce du Haut-Congo* ins Land gekommen (Widmer in Conrad 1899/1992/2000: 198), Casement

190 Da sich Kautschuk in vielen Zusammenhängen verwenden ließ, war die internationale Nachfrage hoch.

191 Über den Lebenslauf und die komplizierte Persönlichkeit des George Washington Williams gibt eine von John Hope Franklin verfasste Biographie (1985) Auskunft. Ausführlich ist beides auch durch Adam Hochschild (1998/2000: Kap. 7) dargestellt worden.

als britischer Konsul. 1899 erschien Conrads Roman *Heart of Darkness*, in dem er seine Kongo-Erfahrungen verarbeitet hat. Es handelt sich um Literatur, aber der Erzähler ist ganz offensichtlich das Sprachrohr des Autors, wenn er über die Weißen sagt:

> „Sie schnappten sich, was sie kriegen konnten, möglichst viel. Es war ganz einfach Raub unter Anwendung von Gewalt, Mord in großem Stil und ohne mildernde Umstände. ... Die Eroberung der Erde ist keine hübsche Sache, wenn wir ein bisschen genauer hinsehen. Was das Ganze erträglich macht, ist nur die Idee. Eine Idee dahinter ... – etwas, vor dem man sich verneigen und dem man Opfer bringen kann ...". (1899/1992/2000: 14, Übers. U.W.)

Und über die literarische Figur „Kurtz", für die es mindestens ein reales Vorbild gab, eher aber doch sehr viele, heißt es nach dessen Tod: „Er konnte sich selber so weit bringen, dass er alles glaubte – alles." (Ebenda: 140) Wir könnten hinzufügen: selbst die zivilisatorische Mission der Kolonisierung des Kongo. Es gibt aber auch Beschreibungen in diesem Roman, deren unmittelbare Realitätsnähe naheliegt. So etwa, dass der Reisende auf Arbeiter traf, von denen jeder ein Band aus Eisen um den Hals hatte, „und alle waren durch eine Kette miteinander verbunden, die rhythmisch klingend zwischen ihnen schwang." (Ebenda: 30) Und jene andere Szene, auf die der Reisende stieß, der kurz unter Bäumen hatte Schutz suchen wollen. Dort hockten und lagen Arbeiter, die „mit völlig legalen Zeitverträgen aus den vielen Schlupfwinkeln der Küste hergebracht worden" waren und jetzt hier vor sich hinstarben, langsam. (Ebenda: 33f.)[192]

Conrad zufolge hörte der Reisende eine Sprengung. Es könnte sich entweder um ein Bergwerk oder aber um den Bau der Eisenbahn gehandelt haben. Bereits in den ersten vier Monaten dieses 1891 begonnenen Bauvorhabens starben an die 900 Arbeiter, 17 % der angeheuerten afrikanischen Arbeitskräfte. Von den daraufhin in den Antillen und in Macao angeworbenen Kulis fielen noch mehr den Seuchen und den Arbeitsbedingungen zum Opfer. Als die Linie 1898 eröffnet wurde, waren um die 1.800 Nicht-Weiße und 132 Weiße ums Leben gekommen. Für die letzten 250 Kilometer, so der Bauleiter General Albert Thys, habe man ein Stücklohn-System zur Anwendung gebracht und auf diese Weise auch bewiesen, dass Afrikaner nicht nur hervorragend für Arbeit, sondern sogar für die höchste Form freier Lohnarbeit befähigt seien. (Gann & Duignan 1979: 71)

Roger Casement, der zuvor nicht nur bereits längere Zeit im Kongo, sondern auch in Nigeria gewesen war, wurde 1894 als britischer Konsul in den „Freistaat" entsandt. Auf dem Weg dorthin wurde er in Brüssel von Leopold II eingeladen und von diesem eingehend über seine zivilisatorische Mission im Kongo informiert. Die Tagebücher, in

192 Chinua Achebe gesteht Conrad zu, dass er den Imperialismus verurteilte. (1977/1983: 21) Und dennoch – so Achebe in einer gründlichen und sehr überzeugenden Analyse von "Heart of Darkness" – ist diese berühmte Kurzgeschichte voller Rassismus. Beispielsweise lässt Conrad seinen Erzähler über die „Verwandtschaft" (*kinship)* zwischen den ganz überwiegend zivilisierten Europäern und den „häßlichen" (*ugly)* Afrikanern reden. Dass Afrikaner diese Verwandtschaft aber, und sei es im Sterben, selbst einfordern, macht Conrads Erzähler Marlow – Achebe zufolge – staunen. Der nigerianische Schriftsteller Chinua Achebe hat in seinen Büchern etwas sehr Seltenes zuwege gebracht: eine Kritik der Kolonialherrschaft und eine Kritik der Kolonisierten. Und dabei hat er auch noch große Literatur geschaffen.

denen Casement seine Erschütterung über die realen Zustände im Kongo notierte, sind erst viel später veröffentlicht worden, auch seine Depeschen und Berichte an die Regierung in London wurden nicht unmittelbar öffentlich, aber der offizielle Bericht, den er 1903 ablieferte, ließ sich nicht verheimlichen. Es war vor allem dieser Bericht, aus dem die Öffentlichkeit davon erfuhr, dass immer wieder Bewaffnete den von ihnen Getöteten eine Hand abhackten, um zu belegen, wofür sie die ausgegebene Munition verwendet hatten. Und aus Casements Bericht ging auch hervor, dass er sich bei dieser Anklage nicht aufs Hörensagen verlassen, sondern sehr sorgfältig unterschiedliche Zeugenaussagen gesammelt hatte. Wenig später wurde Edmund Dene Morel eine Fotographie zugeschickt, auf der drei Einheimische abgebildet waren, denen jeweils eine Hand fehlte. Die Verstümmelung sei auch an Lebenden praktiziert worden. Um diese Zeit war Kritikern im Kongo, die meisten von ihnen Missionare, bereits bekannt geworden, dass Morel den Inhalt ihrer Berichte in Artikeln der Öffentlichkeit zur Kenntnis bringen werde.

Veranlasst worden war Morels Kampf für die Reform des Kongo durch seine Erfahrungen als Angestellter einer englischen Reederei, die einen Vertrag für Transporte zwischen Belgien und dem Kongo abgeschlossen hatte. In dieser Funktion war Morel häufig in Brüssel, und in dieser Funktion bekam er auch die Ladepapiere der ausfahrenden und eingehenden Schiffe zu Gesicht. Morel, damals gerade Anfang zwanzig, stellte fest, dass Unmengen an Kautschuk und Elfenbein aus dem Kongo angelandet wurden, während auf der Ausfahrt vor allem Kanonen, Ketten oder Sprengstoff geladen waren, kaum je aber Güter, an denen Afrikaner ein Interesse hätten haben konnten. Also folgerte Morel, dass die Bewohner des Kongo zu immensen Arbeitsleistungen gezwungen wurden, ohne eine Gegenleistung dafür zu erhalten. Zusätzlich stellte er die immense Differenz zwischen der veröffentlichten und der tatsächlichen Bilanz der Geschäfte mit dem Kongo fest. (Hochschild 1998/2000: 257f.) Zusammen mit Casement gründete er 1904 die *Congo Reform Association*.

Es gab auch Proteste von hohen Verwaltungsbeamten in der Kolonie. Der erste Generalgouverneur trat zurück und andere, die zunächst die Gründung gefördert hatten, plädierten für eine Übernahme der Kolonie durch den belgischen Staat. Und es war nicht nur Roger Casement, der mitgeteilt hatte, dass es den Kongo, den er früher bereist hatte, nicht mehr gab, weil viele Tausende gestorben und die Dörfer deshalb entleert waren. Auch andere Reisende berichteten, dass es in manchen Dörfern nur noch etwa halb so viele Männer gab wie Frauen. Sowohl offizielle als auch private Quellen stimmen darin überein, dass die Bevölkerung während der Herrschaft des belgischen Königs um die Hälfte reduziert wurde, Schätzungen zufolge waren das zehn Millionen Menschen. (Belege bei Hochschild 1999/2000: 331) Ganz so wie schon die Beamten des Königs führen auch manche Historiker viele der Todesfälle auf Seuchen zurück. Wir müssen nicht zählen.

Eine Weile gelang es dem Privateigentümer des „Freistaat Kongo“ noch, der wachsenden internationalen Kritik durch Lobbyismus und die Bestechung von Journalisten zu begegnen. Dennoch wuchs die Kritik, in den USA, in England und auch in Belgien selbst. Daraufhin entsandte der König eine Kommission, deren Mitglieder er sorgfältig ausgesucht hatte. Ihre Untersuchung kam nicht zum gewünschten Ergebnis, sondern wurde zum Anfang vom Ende der Herrschaft Leopolds II im Kongo. Die Kommission war zwar nur drei Monate lang im Kongo und sie bereiste nur ein kleines Gebiet, aber sie hörte Zeugen. Und obwohl diese Repressionen, wenn nicht sogar ihre Ermordung fürchten mussten, schilderten sie eindeutig und ausführlich die Gräuel, die sie gesehen und erlebt hatten. Hunderte von Berichten wurden angehört und aufgeschrieben. Aber veröffentlicht wurden sie nicht.[193]

Um das internationale Kapital in sein Kolonialprojekt einzubinden, veranlasste Leopold II 1906 die Gründung der *American Congo Company.* Ihr wurden tausend Hektar Land im Kongo Freistaat zugesprochen. Dennoch konnte sich der König nun nicht mehr dagegen wehren, sich von seinem Privatstaat zu trennen, ihn nicht wie vorgesehen, erst nach seinem Tod an Belgien zu übergeben. Nun verkaufte er den Kongo bereits zu seinen Lebzeiten an Belgien: gegen die Übernahme aller Schulden, viele davon in der Form von Staatsobligationen. Zusätzlich verpflichtete sich der belgische Staat, Gelder für die Renovierung königlicher Schlösser in Belgien zur Verfügung zu stellen und dem König 50 Millionen Pfund in bar zu bezahlen. (Hochschild 1998/2000: 365) Durch Beschluss des belgischen Parlaments wurde der Freistaat Kongo am 15. November 1908 von Belgien annektiert.

Damit war die Herrschaft Leopolds II über den Kongo beendet, die Schreckensherrschaft aber war es nicht. Die Kolonialverwaltung blieb, was sie gewesen war. Vor allem aber blieben die Konzessionen, die von Leopold II an Unternehmen vergeben worden waren, nahezu unverändert bestehen. Auch die Praxis des Landraubs, die dadurch eingeleitet worden war, dass der König alles Land, das (angeblich) nicht direkt von Einheimischen benutzt wurde, zu seinem Eigentum erklärt hatte, wurde fortgesetzt. (Anstey 1966: 46) Und mindestens bis 1908 blieben Dörfer verpflichtet, jährlich eine Anzahl Männer für die *force publique* bereit zu stellen. Sie wurden auf sieben Jahre verpflichtet und wurden während dieser Zeit immer wieder auch zu sogenannten öffentlichen Arbeiten gezwungen. 1919 wurde diese Praxis – zumindest formal abgeschafft, die Verpflichtung zum Militärdienst aber blieb. Sofern Häuptlinge nicht die geforderte Zahl an Rekruten lieferten, unternahm die Kolonialverwaltung die Rekrutierung selbst. Das kam dann einer Menschenjagd gleich. In den Ausbildungslagern setzte sich die gewaltsame Unterdrückung fort. Die Todesrate der Rekruten war hoch. (Kloosterboer 1960: 124-129)

Der Handel mit Kautschuk wurde fortgesetzt. Und auch in diesem Fall gilt, was weltweit zu konstatieren war: Die Milderung besonders brutaler Formen der Ausbeutung erfolgte nicht aufgrund ökonomischer Rationalität, sondern nur aufgrund politischer Eingriffe, in diesem Falle der internationalen Kritik. Allerdings hat der Raubbau an

193 Seit 1949 ist eine Zusammenfassung der Berichte in der bereits mehrfach zitierten Arbeit von Stenmans zugänglich. Adam Hochschild zufolge können sie seit 1980 eingesehen werden: *Procès-Verbeaux de la Commission d'Enquête instituée par décret du 23 juillet 1904. Archives Africaines, Ministère des Affaires Etrangères,* Brüssel (IRCB 717-718).

den Pflanzen die Entscheidung für die Anlage von Kautschukplantagen in Belgisch-Kongo befördert. Denn anders als Stanley auf der Berlin Konferenz behauptet hatte, (zit. Büchler 1912: 202) war Kautschuk eben nicht unerschöpflich. Weil die Bäume wegen der gewaltsamen Einforderung großer Mengen an Kautschuk nicht schonend abgeerntet wurden, blieben sie nicht lange ertragreich. Folglich sah sich der Kolonialstaat veranlasst, Kautschukplantagen anzulegen. Dafür, so Büchler 1912, sei ein Kautschukbaum ausgesucht worden, der schneller wächst als die im Kongo wild wachsenden Lianen, die erst nach zwanzig Jahren erstmalig abgeerntet werden können.

Für die Plantagen gab es nun nicht mehr eine Vorschrift über die Ablieferung bestimmter Mengen an Kautschuk, sondern eine gesetzlich festgelegte Arbeitspflicht von vierzig Stunden im Monat. Faktisch hatte diese Begrenzung der Arbeitspflicht keine Bedeutung. Wohl aber bedeutete der Anbau von Kautschuk in Plantagen, dass die Arbeitsergebnisse nicht mehr als Steuer deklariert wurden. (Hochschild 1999/2000: 391) Damit wurde die Ausbeutung der zwangsweise rekrutierten Arbeitskräfte auch formal den kapitalistischen Formen der Aneignung integriert.

Bei währender Dauer der Herrschaft Leopolds II waren im Freistaat Kongo auch Konzessionen für Bergwerke erteilt worden. Mehr als das: 1891 erhielt die *Compagnie du Katanga* die Regionen Katangas zur Ausbeutung zugeteilt. Ab 1901 wurden sie separat vom Freistaat Kongo durch das private *Comité Spécial du Katanga* verwaltet. Von Anfang an war in Katanga die Charakteristik des belgischen Kolonialprojektes besonders ausgeprägt: Es handelte sich um eine staatlich konzessionierte private Kolonisierung. Gesucht wurde zunächst nach Zinn, in Kilo Moto aber auch nach Gold. Anfangs erfolgte der Abbau mit äußerst primitiven Mitteln, gewissermaßen von Hand. Später kamen die Diamantenfunde in der Region Kasaï hinzu.

Nach der Verstaatlichung der Kolonie wurden die zuvor erteilten Konzessionen nahezu unverändert akzeptiert. Die neue Kolonialmacht engagierte sich kaum direkt im Kongo, hielt sich auch mit direkter Unterstützung der Konzessionsunternehmen eher zurück, ließ diesen aber freie Hand bei der Entwicklung einer Infrastruktur zum Transport der Bodenschätze, bei der Rekrutierung und dem Einsatz von Arbeitskräften sowie beim Einsatz von Bewaffneten.

Vor allem die Rekrutierung von Arbeitern für die Goldminen in Kilo Moto erfolgte ganz überwiegend mit Gewalt. Dafür nutzten die Konzessionsunternehmen eine tausend Mann umfassende Armee. Jean-Luc Vellut zufolge haben Einheimische in der Region Walendu zwischen 1905 und 1923 nahezu ununterbrochen gegen diese Rekrutierungen revoltiert. Und weil die Grenze zu Uganda nicht weit war, seien viele geflohen. In den Lagern selbst seien die Arbeitskräfte schlecht untergebracht, schlecht ernährt und sehr schlecht behandelt worden. (Vellut 1981: 40) Anders als in den Goldminen, arbeitete in den Zinn-Minen von Katanga auch eine kleine Zahl von Arbeitskräften, die sich – für jeweils kurze Zeit – freiwillig verdingten. Weil dies nicht ausreichte, waren europäische Anwerber und ihre Hilfskräfte ständig unterwegs, um mehr oder minder nachdrücklich zu rekrutieren, vor allem trafen sie Absprachen mit Häuptlingen und anderen Mittelsmännern über die Lieferung von Arbeitskräften. (Vellut 1981: 40-41) Lediglich für die Diamanten-Minen in Kasaï wurden Arbeitskräfte beschäftigt, die nicht gewaltsam rekrutiert worden waren.

Weil Arbeitskräfte nicht nur für die Minen selbst, sondern auch für die Entwicklung der Infrastruktur benötigt wurden, beschränkten sich die Rekrutierungen nicht auf den Kongo. Vielmehr wurden Arbeitskräfte auch im Sudan, in Kenia und in Uganda gesucht, bis in die zwanziger Jahre hinein ziemlich viele sogar in Gebieten, die unter englischer Herrschaft standen. Appelle an den Kolonialstaat, die Rekrutierung zu organisieren, waren erfolglos. Aber auch in den 1920er Jahren akzeptierte die Staatsmacht den privaten Einsatz von Bewaffneten zum Zwecke der Arbeitskräftebeschaffung. (Vellut 1981: 42) Auch wurden – die jetzt in Geld zu entrichtenden – Steuern benutzt, um Einheimische zur Lohnarbeit zu veranlassen.

Mit der Zeit entstanden Siedlungen in der Nähe der Minen, in denen langfristig verpflichtete Arbeitskräfte hausten. Zusätzlich wurden aber auch noch in den 1930er Jahren Arbeiter für kurze Einsätze gewaltsam angeheuert. Und allen, den mehr oder minder freiwillig verpflichteten, ebenso wie den gewaltsam rekrutierten Arbeitskräften wurde die europäische Zivilisation vorwiegend mit der Peitsche eingebläut. Sie war überall gegenwärtig: in den Arbeitsstätten und in Gefängnissen, in der Armee und sogar in Missionsstationen. (Vellut 1981: 57)

Jean-Luc Vellut, auf dessen Untersuchung sich diese Ausführungen zur Entwicklung der Minen im belgischen Kongo stützen, stellt abschließend fest, dass die Arbeitskräfte im Kongo keine Solidarität von der belgischen Linken erfuhren, ja, dass sich erst Ende der 1930er Jahre eine politische Kritik an den im Kongo tätigen Konzessionsgesellschaften entwickelte. (Vellut 1981: 64)

Bis 1960 war Belgisch-Kongo Kolonie.

Zum Exempel: Private Unternehmen im Kautschuk-Gürtel (Moyen Congo)[194]

Die brutale Ausbeutung von Arbeitskräften, die unter dem Namen „Kongogräuel" bekannt geworden ist, war nicht auf die Privatbesitzung des belgischen Königs beschränkt. Es gab sie in allen Kolonien, in denen wilder Kautschuk geerntet wurde. Die besonders rigide Repression im Kautschukgürtel war aber nicht nur der mit diesem Produkt einhergehenden Arbeitsorganisation geschuldet, sondern auch der Tatsache, dass neben Belgien auch Frankreich und Deutschland die Kolonisierung privaten Konzessionsunternehmen überließen. Nachdem sie in Afrika tätig geworden waren, entwickelten sie sich zu Lob-

194 Ab 1903 wurden die französischen Besitzungen im Kongo als *« Moyen Kongo »* (Mittelkongo) bezeichnet. 1910 wurden sie zum Generalgouvernement von Französisch-Äquatorialafrika. 1911 wurde der nördliche Teil des Generalgouvernements Bestandteil der deutschen Kolonie Kamerun. Nach dem Ende des Ersten Weltkrieges fiel diese Besitzung wieder an Frankreich. Folglich bereiste André Gide eine französische Besitzung. Heute ist der frühere Mittelkongo die „Republik Kongo".

byisten, die gegenüber den Regierungen im Mutterland ihre Interessen durchzusetzen suchten. (Gann & Duignan 1979: 214-215) Und in allen diesen Kolonien verpflichteten die Konzessionsunternehmungen Einheimische zur Lieferung bestimmter Mengen an Kautschuk. Zusätzlich verlangten sie Trägerdienste für das Militär und für Kolonialbeamte, Arbeitsdienste zum Bau von Straßen sowie die Lieferung bestimmter Mengen an Nahrungsmitteln. (Ebenda: 215) Tatsächlich hatte die Kritik an der Herrschaft, die im Namen Leopolds II in Afrika praktiziert wurde, die Praktiken in den anderen europäischen Kolonien im Kautschukgürtel eher vor den Augen der Weltöffentlichkeit geschützt. Wer dennoch gehofft hatte, mit der Transformation des Freistaates Kongo in eine Kolonie Belgiens seien jene Gräuel, welche die internationale Öffentlichkeit empört hatten, beendet, musste sich durch André Gide eines Besseren belehren lassen. In seinen Tagebuchaufzeichnungen, notierte der Schriftsteller die Einzelheiten einer Reise, die ihn 1925 in den Kongo geführt hatte. Manchmal beschrieb er die Natur, vor allem aber beschrieb und dokumentierte er sehr ausführlich Arbeits-und Lebensbedingungen von Einheimischen. Afrikaner, die für die *Compagnie Forestière* arbeiteten, mussten bestimmte Mengen an Kautschuk abliefern. War ihnen dies nicht möglich, ließ sie der Agent ins Gefängnis werfen oder quälte sie an Ort und Stelle, indem er sie stundenlang in glühender Sonne im Kreis laufen ließ. Das nannten die Weißen dann einen Ball. Wer erschöpft zu Boden fiel, wurde mit der *chicotte* zur weiteren Teilnahme getrieben. (1993: 70) Für den zwangsweise abgelieferten Kautschuk wurden die Arbeiter bezahlt. Was sie erhielten, war nur ein Bruchteil dessen, was die Weißen durch den Weiterverkauf erzielten. (1993: 46) Auf der weiteren Reise haben Gide und seine Mitreisenden den Häuptlingen, die sie trafen, angeraten, keinen Kautschuk abzuliefern, wenn die *Forestière* nicht den vorgeschriebenen Preis von zwei *Francs* das Kilo zahle. Sie hätten sich auch bemüht, die Einheimischen darin zu unterweisen, die Menge des abgelieferten Kautschuks selbst zu wiegen, denn bislang hätten sie immer nur die Körbe gezählt und seien deshalb von den Agenten des Unternehmens oft betrogen worden. (1993: 79)

Nach drei Wochen im Land stellte der Schriftsteller fest: „Je weniger intelligent ein Weißer ist, für umso dümmer hält er den Schwarzen." Wenn ein unglücklicher Verwaltungsbeamter – viel zu jung und ohne ausreichende Anweisungen – an einen einsamen Posten versetzt werde, so bräuchte er eigentlich eine große charakterliche Festigkeit und müsste über moralische und intellektuelle Werte verfügen. Weil er sie nicht habe, behelfe er sich mit sprunghafter, zügelloser Gewalt. (1993: 17)[195] Der Gruppe von Reisenden, zu der auch Gide gehörte, wurde berichtet, dass im September 1925 Militärangehörige in der Nähe von Boda in jedem Dorf zwei oder drei Männer für den Straßenbau „rekrutiert" hätten, die sie dann aneinander gekettet fortführten. Im Zuge dieser Arbeitskräftebeschaffung hätten die drei ausgesandten Militärs zwei Männer erschossen, Frauen massakriert und Kinder in eine Hütte gesperrt, an die sie dann Feuer legten. (1993: 66) Mit eigenen Augen sah die Reisegruppe Frauen, die zur Ausbesserung

195 Lediglich wörtlich übersetzte Stellen werden als Zitate ausgewiesen.

einer Straße eingesetzt waren. Entlang der Straße gab es im Abstand von etwa zwanzig Metern tiefe Gruben, aus denen die Frauen, dieses „Arbeitsvieh" ohne geeignetes Werkzeug, Sand holten, um die Böschungen auszubessern. Immer wieder hatte der Boden in den Gruben nachgegeben, so dass die Frauen und Kinder, die unten in der Grube arbeiteten, verschüttet wurden. (Ebenda: 67) Manchmal mussten die Frauen den Sand auch von weit her holen. Sie transportierten ihn in Körben auf dem Kopf. Alle Frauen der Dörfer entlang dieser Straße waren das ganze Jahr über zu dieser Arbeit verpflichtet. Sie wurden nicht entlohnt. „Die meisten dieser Frauen sind schwanger. Das erklärt die hohe Säuglingssterblichkeit und die Entvölkerung." (1993: 70f., Anm. 2) Alle Angaben über Unterdrückung und brutale Ausbeutung, die er von Einheimischen erhielt, hat Gide sorgfältig notiert, um sie dem Gouverneur zur Kenntnis zu bringen, wohl wissend, dass diesem bei Reisen durchs Land nur geschönte Verhältnisse vorgeführt wurden. (1993: 72) Im Juli 1925 war Gide im Kongo angekommen, am 30. Oktober notierte er:

> „Jetzt weiß ich's. Ich muß reden. ... Bis jetzt habe ich immer ... für diejenigen von morgen geschrieben, nur bestrebt, auf Dauer wirksam zu sein. ... Jetzt will ich hinter die Kulissen sehen, will endlich wissen, was sich dort verbirgt, und sei es auch noch so schrecklich. Es ist 'das Schreckliche', das ich vermute, das ich sehen will." (1993: 73f.)

Immer wieder näherten sich Einheimische der Reisegruppe, weil sie hofften, dass diese ihre Berichte an Stellen weiterleiten würden, die den Praktiken, die sie zu ertragen hatten, Einhalt gebieten würden. Besonders grausam waren diesen Berichten zufolge einzelne Agenten der *Compagnie Forestière Sanga Oubangui*. Auch Verwaltungsbeamte bereicherten sich mit Gewalt. Von einem, der zu ihrem Schiff gerannt gekommen war, erfuhren die Reisenden, dass er es geduldet hatte, als ihm der Anhänger des Kantonvorstehers drei Ziegen nahm. Bei der vierten aber habe er sich gewehrt, weil er dann für seine Frau und seine Kinder nichts mehr zu essen gehabt hätte. Die Folgen dieser Weigerung zeigte er den Reisenden: Peitschenstriemen am Hals und zwischen den Schultern. (1993: 178) Solche Wunden wurden ihnen auch in anderen Dörfern gezeigt, auch sie stammten von einheimischen Handlangern der Kolonialmacht. (Ebenda: 179)

Ganz ähnlich wie zuvor schon im Freistaat Kongo verbrauchte auch der Bau der Eisenbahnstrecke von Brazzaville zum Ozean sehr viele Menschenleben. Die benötigten Arbeitskräfte wurden in den Dörfern zusammengetrieben. Le *« Moyen Kongo »* blieb Kolonie bis 1958.

Für den Bau der Brazzaville-Ozean-Linie in Französisch-Äquatorial-Afrika gab es nicht annähernd ausreichend freiwillige Lohnarbeitskräfte. Also wurden einheimische Agenten ausgeschickt, um arbeitsfähige Einheimische aus ganz Äquatorial-Afrika zusammen zu treiben. Auf dem langen Marsch zu den Baustellen wurden sie von Soldaten bewacht. Auf den Anschein von Vertragsverhältnissen wurde verzichtet. Die Arbeiter mussten Wege durch den Dschungel frei hauen, tiefe Sümpfe durchqueren und in ständiger Feuchtigkeit überleben. Sie mussten Tunnels und Brücken bauen. Des Nachts schliefen sie auf dem Boden, als Nahrung dienten ihnen Maniok und Bananen. „Sie arbeiten, fallen und sterben." Und dann wird derselbe Graben für die Beseitigung der

Leichen und andere Zwecke genutzt. Wenn zu viele gestorben sind, werden die Agenten erneut ausgeschickt. Weil viele in den Dschungel fliehen, finden sie die Dörfer oft entvölkert vor. (Nzula et al. 1933/1979: 83) Albert Nzula und seine Mitautoren zitieren den Bericht eines französischen Journalisten, der betonte, er habe andernorts gesehen, wie Eisenbahnen gebaut wurden und wie das dafür benötigte Material herangeschafft worden war. Aber bei der Baufirma Batignoll würden anstelle von Maschinen, Lorries und Kränen Neger eingesetzt „und wenn das möglich wäre, würde man sie auch noch als Sprengstoff nutzen". (zit. Nzula et all 1979: 84)

Minder freie Lohnarbeit

Anders als in der Wirtschafts-und Sozialgeschichte kapitalistischer Arbeit lange unterstellt, passt die Entwicklung der Arbeitswelt in europäischen Kolonien nicht in jene Modelle historischer Entwicklung, die aus der Analyse von Entwicklungen in den kapitalistischen Metropolländern gewonnen wurden. Und das gilt sogar, wenn die Revisionen in Betracht gezogen werden, die aufgrund neuer Forschungen im Hinblick auf die Geschichte freier Lohnarbeit in Europa notwendig geworden sind. Die Entwicklung kapitalistischer Arbeit folgte keinem globalen mehr oder minder einheitlichen Muster. Auch eine an europäischen Entwicklungen orientierte Theorie der zunehmenden Proletarisierung passt nicht auf die Entwicklung kapitalistischer Arbeit in Übersee. Wird sie dennoch angewandt, so bewirkt dies – und zwar durchaus im Widerspruch zu den Intentionen der betreffenden Autorinnen und Autoren – dass zentrale Charakteristika des historisch konkreten Kapitalismus aus dem Blick geraten. Denn bei den Elementen der Unfreiheit und Gewalt in kolonialen Arbeitsverhältnissen handelte es sich nicht um Vorstufen kapitalistischer Arbeitsverhältnisse, sondern – ganz im Gegenteil – um Arbeitsverhältnisse, die sich gleichzeitig mit freien Lohnarbeitsverhältnissen entwickelten. Völlig zu Recht fragt Michael Mann,

> „ob nicht die gleichzeitige Existenz von verschiedenen Formen der Arbeit unter kapitalistischen Wirtschaftsordnungen, aber eben in verschiedenen gesellschaftlichen Systemen, nicht gerade die Dynamik, Aggressivität, um nicht zu sagen, die Virulenz des Kapitalismus ausmacht." (2003: 18)

Dass in Kolonien Arbeit prinzipiell unter den Vorschriften und Sanktionen kolonialer Staatsgewalt ausgeführt wurde, machte den Widerstand von Arbeitskräften zu einem Element des Widerstands der kolonialisierten Bevölkerung gegen die Fremdherrschaft. Daraus ergaben sich – mehr noch als in Europa, wo derartige Entwicklungen ja keineswegs völlig abwesend waren – spezifische Voraussetzungen für sozialen und politischen Protest.

Wie insgesamt in diesem Essay wird auch in diesem Kapitel nur vereinzelt auf solchen Widerstand Bezug genommen. Er ist dennoch beständig gegenwärtig. Denn die Strategien derjenigen, die sie ausbeuten wollten, waren weltweit durch das Bestreben geprägt, ihre Arbeitskräfte zu kontrollieren und sie an der Flucht zu hindern. Von Anfang an machte Kolonialherrschaft Einheimische sehr arm, Steuerforderungen setzten sie unter den Zwang, Geldeinkommen zu verdienen, und Handelsgesellschaften machten ihnen dies auch dann sehr schwer, wenn sie ihnen Produkte abkauften, die sie selbst produziert hatten. Aber immer wieder zogen einheimische Arbeitskräfte eine auch noch so erbärmliche selbständige materielle Existenz der Fortsetzung eines Lohnarbeitsverhältnisses vor. In manchen Regionen und im Laufe der Zeit gab es Arbeitskräfte, die sich dem analytischen Begriff „Proletarier" subsumieren lassen, weil sie durch den Verlust des Rückhalts in ihren Herkunftsgemeinden alle Möglichkeit der materiellen Versorgung außerhalb von Lohnarbeit verloren hatten und diesen Zustand deshalb als „normales" Schicksal für ihr Leben erfahren mussten. Dennoch: die Bestrebungen von Arbeit„gebern" Staatsgewalt einzuspannen, um längerfristige Verpflichtungen zu sanktionieren und die im Folgenden an Beispielen zu erläuternden Bestrebungen, Arbeitskräfte von der umgebenden Gesellschaft im Wortsinne abzugrenzen, machen deutlich, dass die Gefahr des Entlaufens von Arbeitskräften all ihrer Not zum Trotz beständig gegenwärtig blieb. Aus diesem Grunde blieb auch Lohnarbeit in Kolonien immer unter der direkten Kontrolle kolonialer Staatsgewalt. Anders als in den Metropolländern wurden kapitalistische Arbeitsverhältnisse während der gesamten Dauer der Kolonialherrschaft nicht zu Privatverhältnissen. Auch insofern war in Kolonien alle Lohnarbeit „minder frei".

Faktisch wurden Aktionsmöglichkeiten von Lohnarbeitskräften allerdings oft weniger durch kolonialstaatliche Rechtsverhältnisse beschränkt als durch außerlegale Praktiken von Kolonisten. Als sich die *Native Labour Commission* in den Jahren 1912 und 1913 in Kenia daran machte, die Berechtigung der von Kolonisten geäußerten Klagen wegen fehlender Arbeitskräfte zu untersuchen, befragten ihre Mitglieder nicht nur Siedler, sondern auch Einheimische. Vierzig von ihnen gaben an, dass sie zwangsweise rekrutiert worden waren. Die meisten der befragten Europäer forderten eine Verringerung des Landes, das Einheimische zur eigenen Versorgung nutzen konnten, dazuhin staatliche Regelungen über die Gestellung von Arbeitskräften, die von Dörfern erfüllt werden mussten. Besonders ärgerlich fanden sie, dass Siedler vor Gericht erscheinen mussten, wenn sie eine einheimische Arbeitskraft wegen Desertion oder unzulässigem Verhalten anklagen wollten. Es müsse doch ausreichen, wenn ein entsprechender Schriftsatz bei Gericht eingereicht werde. Entlaufene Arbeiter würden ohnehin nie zurück gebracht. Die Einheimischen profitierten davon, dass ihre Identität trotz des inzwischen geltenden Registrierungszwangs kaum je ermittelt werden könne. (Anderson 2004: 511f.) Entlaufene, die gefangen und zurück gebracht werden konnten, sollten alle ausgepeitscht werden. Andere Strafen seien nicht ausreichend. Tatsächlich erledigten die meisten Siedler in Kenia Rechtspflege in eigener Regie. Während Schutzgesetze erlassen wurden, starben zahlreiche Arbeitskräfte an der Folge von Misshandlungen, die im zeitgenössischen Kolonialjargon als *"rough justice"* bezeichnet wurden. (Bailkin 2006: 468)

Auch wenn keineswegs alle Arbeitskräfte gewaltsam rekrutiert wurden, so konnten Siedler und Unternehmer doch selten damit rechnen, dass Einheimische bereit waren, ihnen längerfristig zu dienen. Während manche versuchten, Arbeitskräfte dadurch längerfristig zu binden, dass sie ihren bereits verdienten Lohn zurück hielten, spekulierten andere auf die ökonomischen Vorteile des Entlaufens. Besonders drastisch verhielt sich ein Plantagenbesitzer in Kenia, der Einheimische immer nur für einen Monat einstellte. Nach 28 Tagen ließ er sie auspeitschen. Weil die meisten von ihnen daraufhin flüchteten, sparte er Kosten, hatte er doch verabredet, dass sie den vereinbarten Lohn erst nach vollen 30 Arbeitstagen Lohn erhalten würden. (Anderson 2004: 514)

Diese Praxis war auch in Kenia nicht legal. Aber das koloniale Rechtssystem gab Einheimischen kaum eine Chance, sich gegen ihre Arbeit"geber" durchzusetzen. Zwar dekretierten manche Metropolstaaten für alle Kolonialstaaten einheitliches Recht, so galt etwa das *Masters and Servants Law* für alle britischen Kolonien und der *Code de l'Indigénat* wurde im Laufe der Zeit in allen französischen Besitzungen eingeführt. (Er blieb bis 1944 in Geltung.) Daneben gab es auch koloniespezifische Regelungen. So auch – Peter J. Schröder hat dies Punkt für Punkt dargelegt (2006, passim) – im jeweiligen „Arbeitsrecht" der deutschen Besitzungen. (vgl. dazu: Sack; in: Voigt & Sack 2001: passim) Beispielsweise gab es in Deutsch-Südwestafrika keine staatlich angeordnete gewaltsame Rekrutierung von Arbeitskräften wie etwa in Kamerun. Weil aber Strafgesetze gegen Landstreicherei gegen alle angewandt werden konnten, die keiner abhängigen Arbeit nachgingen und Landenteignungen einen großen Teil der Bevölkerung dem materiellen Zwang zur Lohnarbeit unterwarfen, waren die Auswirkungen solcher Unterschiede auf die alltäglichen Lebensbedingungen nicht erheblich. Dies umso mehr, als die „Rekrutierung" von Arbeitskräften vielerorts zu einem profitablen Geschäft wurde. Ebenso wie Kuli-Fänger in Indien waren Rekrutierer in Afrika oft bereit, Gewalt anzuwenden, um die Prämien zu kassieren, die sie für abgelieferte Arbeitskräfte einfordern konnten. Unterschiede gab es auch im Hinblick auf die Amtsstrukturen und die Zuständigkeiten für konkrete Entscheidungen in den einzelnen Kolonien. Weil es aber in keiner der Kolonien einen perfekt funktionierenden Verwaltungsapparat gab,[196] war die Anwendung von Staatsgewalt durch einzelne Angehörige der Verwaltung auf der unteren und mittleren Ebene zumeist entscheidender für die Lebensbedingungen von Einheimischen als formale Strukturen. Dennoch rechtfertigt die Entwicklung in Deutsch-Südwestafrika eine gesonderte Darstellung.

Zum Exempel: Deutsch-Südwestafrika

Während und nach dem Krieg gegen Hereros und Namas wurden sehr viele Einheimische in Straflagern zu Arbeiten gezwungen. Außerhalb der Straflager sollten alle arbeitsfähigen Einheimischen durch die Verwaltung erfasst und kontrolliert werden.

196 Jürgen Zimmerer hat für Deutsch-Südwestafrika mit großem Nachdruck vertreten, dass es dort keinen „perfekt funktionierenden deutschen Verwaltungsapparat" gab. (2002: 136 und passim) Noch nachdrücklicher betont Jakob Zollmann eine aus mangelnder personaler Stärke, widersprüchlicher Praxis und einheimischem Widerstand resultierende Schwäche des Kolonialstaates. (2008: 13 und passim)

Zu diesem Zweck sollte jede ungenehmigte Ortsveränderung von Einheimischen unterbunden werden. Alle sollten eine Passmarke erhalten und ständig bei sich tragen. Im Reisepass und im offiziellen Register sollten Name, Stammeszugehörigkeit und Wohnort verzeichnet sein, außerdem das aktuelle Dienstverhältnis. Das Kontrollsystem sollte durch ständige Berichte der Polizeiämter an die Distriktsämter und der Distriktsämter an die Bezirksämter entwickelt und aufrechterhalten werden. (Zimmerer 2002: 128f.)

Gesetzt den Fall, es wären genügend Passmarken und Pässe geliefert worden, hätte dieses System nur funktionieren können, wenn die Farmer die von ihnen regelmäßig geforderten Personallisten auch tatsächlich abgeliefert hätten. Farmer hatten aber vor allem ein Interesse an genügend Arbeitskräften. Soweit ihnen dies möglich war, hielten sie sich deshalb auch nicht an die Vorschrift, nie mehr als zehn Arbeiter auf einer Werft [Bezeichnung für eine Eingeborenensiedlung auf einer Farm] wohnen zu lassen. Patrouillen dienten folglich auch der Kontrolle von Farmern. Und das betraf auch die vorgeschrieben Ausgabe von Dienstbüchern. Von Farmern wurde sie vielfach unterlassen, weil die Dienstbücher – darin den zeitgenössischen deutschen Gesindebüchern ähnlich – nicht nur die Pflichten, sondern auch die wenigen Rechte von Arbeitskräften verzeichneten. (Zimmerer 2002: 141) Dennoch blieb die wichtigste Aufgabe der Patrouillen die immer wieder erneuerte Vorführung der Unterwerfungsmacht. Sie ging so weit, dass sie, wie Jürgen Zimmerer schreibt, die amtliche Identität von Einheimischen mittels der Passmarke auf eine Nummer reduzierte. (Zimmerer 2002: 130)

Nach Auflösung der (meisten) Gefangenenlager im Januar 1908 wurden deren Insassen also auf einen Arbeitsmarkt entlassen, der arbeitsfähigen Einheimischen zwar die Wahl des Arbeitsplatzes zugestand, nicht aber die Entscheidung, in Niemandes Dienst zu treten. Hatten sie einem regelrechten Dienstvertrag zugestimmt, so konnten sie diesen nicht einseitig beenden. Entlaufen galt als Straftatbestand. Dennoch: Geltenden Gesetzen zufolge durften aus der Gefangenschaft entlassene Hereros, die bislang bei Privaten geschuftet hatten, ihren Zwangs-Arbeitsplatz verlassen. Dagegen gab es Proteste von Farmern und Bestrebungen, die Freizügigkeit einzuschränken. Behörden interpretierten die Rechtslage unterschiedlich. Afrikaner flüchteten. Manche versuchten, in ihre frühere Heimat zu gelangen, andere suchten eine besser bezahlte Arbeit im Hafen oder in einem Bergwerk, wieder andere flüchteten über die Grenze nach Südafrika, um sich dort zu verdingen.[197]

Für manch einen mochte die Entlassung aus der Gefangenschaft die Rettung vor besonders gewaltbereiten Leuteschindern bedeuten, eine Befreiung aus einem Arbeitsregime, das auf Gewalt basierte, bedeutete sie nicht. Denn zum einen beanspruchten private Arbeit„geber" das Recht, ihre Arbeitskräfte zu züchtigen, sie also zu prügeln,

197 Helmut Bley warnt davor, den Zugang zum Arbeitsmarkt allzu umstandslos als Fortschritt gegenüber der Lieferung von Arbeitskräften durch Häuptlinge zu werten. Denn solange Häuptlinge Arbeitskräfte lieferten, seien diese vielfach in der unmittelbaren Nähe ihres Stammes eingesetzt worden. Das habe dem Gewaltmissbrauch Grenzen gesetzt. (1968: 120f.)

sie auszupeitschen oder auspeitschen zu lassen oder anders zu bestrafen, zum anderen praktizierte der Kolonialstaat Bestrafung. Sie kam zustande, wenn sie von einer Behörde – oft in Gestalt eines Bezirksamtmanns – auf der Basis einer Anzeige angeordnet wurde. Solche Anzeigen konnten von Farmern, anderen Unternehmern oder von militärischen Vorgesetzten eingehen. Wenn alles seinen amtlichen Gang ging, so nahmen Siedler die Bestrafung ihrer Arbeitskräfte nicht selbst in die Hand, sondern meldeten Verfehlungen dem zuständigen Bezirksamt, wo dann – ohne Beteiligung eines Gerichtes – über die Strafe entschieden und diese auch ausgeführt wurde. Aus den sehr langen Listen, die Fritz Ferdinand Müller aus den Strafverzeichnissen des „südwestafrikanischen Schutzgebietes" abgeschrieben hat, anbei zumindest einige Eintragungen: Am 30. April 1897 verurteilte die Bezirkshauptmannschaft Windhuk einen „Hottentot" „wegen Ungehorsams gegen seinen Dienstherren" zu 10 Schambokhieben, also Hieben mit der Nilpferdpeitsche. Am 21. Mai 1897 wurde gegen „Fritz" auf 25 Schambockhiebe erkannt, „weil er ½ Flasche Rum entwendet und dafür Wasser in die Flasche getan hat". Im zweiten Vierteljahr 1898 wurde „Kaffer Apollo" zur Entlassung aus dem Truppendienste und 2 Monate(n) Gefängnis mit Zwangsarbeit sowie je 25 Schambockhiebe(n) bei Antritt und am Schluss der Strafe" verurteilt, „Weil er, obgleich er wiederholt den Befehl erhalten, entlaufene Kaffern wieder einbringen zu lassen, diesen nicht befolgt hat, einen Teil der entlaufenen Kaffern auf seiner Werft versteckt gehalten hat, einen anderen Teil von dem Nachforschen durch Patrouillen in Kenntnis gesetzt hat." Im 4. Vierteljahr 1898 wurden „Herero Kangama" sowie „Kaffer Kanob oder Jakob" „wegen tätlichen Angriffs auf einen Weißen" zu „4 Monaten Gefängnis mit Zwangsarbeit und 40 Schambockhieben in zwei Raten" verurteilt. „Unerlaubtes Reiten fremder Pferde" brachte 5 Einheimischen am 14. März 1898 je 25 Rutenhiebe ein. (Reiten galt in Deutsch-Südwest als ein Vorrecht der Weißen.) Und am 15. September 1898 wurde der „Cape Boy" John Murway zu „25 Schambockhieben und 14 Tage(n) Kettenhaft" verurteilt, „[w]eil er Unzufriedenheit zu stiften versucht und seinen europäischen Vormann mit dem Schimpfwort 'bloody German' belegt hat." Im 1. Vierteljahr 1899 wurde gegen „Hottentot Richter" eine Strafe von 5 Jahren Kettenhaft nebst 25 Schambockhieben verhängt, „weil er als Kriegsgefangener entlaufen ist." (Müller 1962: 88-954) Und so fort, und so fort. Und falls jemand vermuten sollte, derartige Strafen hätten nach der Jahrhundertwende oder nach dem Krieg gegen Hereros und Namas womöglich abgenommen, wird durch die amtlichen Jahresberichte des Reichskolonialamtes eines Besseren belehrt. Wurden in Deutsch-Südwestafrika 1901/02 noch 257 offiziell registrierte Prügel- und Rutenstrafen verhängt, so waren es 1905/06 bereits 294 und 1908/09, also nach der Auflösung der meisten Konzentrationslager 703. Im Jahre 1911/12 waren es 1655. (Müller 1962: 114) Sehr viel höhere Zahlen finden sich in dem Report, den die neue Britische Protektoratsmacht nach dem Sieg über die Schutztruppe zusammenstellen ließ. Auch wenn die Autoren nachdrücklich betonten, um wie viel besser es die Einheimischen im Kap hatten, so belegen die zitierten Dokumente von Gerichtsverfahren und die Aussagen von Zeugen doch unmissverständlich, dass Afrikanerinnen und Afrikaner in Deutsch

Südwest-Afrika sowohl privaten Prügelexzessen als auch staatlicher Gewaltwillkür weitgehend schutzlos ausgeliefert waren. (Silvester & Gewald 1918/2003: Part Two)[198] Tatsächlich war, das sollte bereits aus der offiziellen Statistik deutlich geworden sein, mit zunehmender Kolonisierung des Schutzgebietes die Nachfrage nach behördlicher Auspeitschung noch gestiegen.

Anders als die Bestrafung durch Dienstherren und deren Aufseher, die wohl oft in blinder Wut dreinschlugen, erfolgte die „behördliche Auspeitschung" nach der Methode des „Grundpeitschens". Anstatt die „Delinquenten" an den Daumen aufzuhängen und dadurch womöglich deren Arbeitsfähigkeit durch die Verrenkung von Gelenken für längere Zeit zu gefährden, wurden sie auf der Erde festgehalten, folglich überwiegend auf den Rücken gepeitscht und auf diese Weise – so jedenfalls die Unterstellung – arbeitsfähig gehalten. (Müller 1962: 98f.) Fotos, die 1912 im Krankenhaus Gobabis von den Verwüstungen gemacht wurden, die Peitschen auf den Rücken bestrafter Frauen hinterlassen hatten, sprechen eine andere Sprache. (Silvester & Gewald 2002: 282f.)

Trutz von Trotha hat darauf hingewiesen, dass die amtlich angeordnete Prügelstrafe die „Pazifizierungsmacht des Eroberers" zum Ausdruck brachte.

> „Der Geprügelte ist fast bewußtlos, er liegt wie ein toter Soldat oder Angreifer ausgestreckt auf dem Bauch, seine Hände und Füße sind an Pflöcken befestigt, vielleicht werden sie sogar von anderen aus der Gruppe der Unterworfenen gehalten, die als Handlanger des Eroberers umso mehr die Herrschaft des Eroberers bezeugen, vielleicht liegt der Geprügelte sogar frei und erfährt deshalb umso eindringlicher, dass die Peitsche des Eroberers ihn am Boden festhält und es kein Entkommen gibt ..." (v. Trotha 1995: 527)

Während die Disziplinargewalt der Dienstherren in den deutschen Schutzgebieten von Ostafrika, Kamerun und Togo durch eine Verordnung des Jahres 1896 formell (!) auf ein „mäßiges Züchtigungsrecht" beschränkt worden war (RKA Nr. 5498, Bl. 6, zit. Müller 1962: 59; Schröder 2006: 240) und ihnen Anfang des 20. Jahrhunderts sogar ganz entzogen wurde, (Schröder 2006: 235) durften Dienstherren in Deutsch-Südwestafrika auch von Gesetzes wegen prügeln und auspeitschen. Lediglich für Jugendliche unter 18 Jahren sollten sie dazu einer Verordnung des Jahres 1896 zufolge nur im Falle eines regelrecht abgeschlossenen Dienstvertrages berechtigt sein. (Schröder 2006: 235f.) Solche Feinheiten hatten in der Mentalität der Siedler keinen Platz. Mögen sich Juristen bis heute streiten, ob Siedler ein gewohnheitsrechtliches Züchtigungsrecht gegenüber ihren

198 Das 1918 erstmalig publizierte „Blue Book" basiert auf einem Bericht, der nach der Niederlage der deutschen Schutztruppen im Jahre 1915 angefertigt und danach beiden Häusern des englischen Parlaments vorgelegt wurde. Der erste Teil des 2003 erneut publizierten Berichtes konzentriert sich auf die Ausrottung von Hereros und die Behandlung von Hottentotten und Hereros nach ihrer militärischen Niederschlagung, der zweite auf das in der Kolonie geltende und praktizierte Strafrecht. Wie zu erwarten stand, betonten die Autoren des *Report*, dass in Südafrika bessere Zustände herrschten, insbesondere verwiesen sie auf die Trennung von Verwaltung und Gerichtsbarkeit. Wie ebenfalls zu erwarten stand, wurde die Kritik in Deutschland heftig zurück gewiesen. Dem *Report* wurde entgegen gehalten, er konstruiere eine „koloniale Schuldlüge". Vgl. dazu: Schröder (1997: Kapitel IX).

Arbeitskräften zugestanden habe oder nicht, (Schröder 2006: 237) in der Praxis wurde geprügelt, ausgepeitscht und anderweitig gezüchtigt.

Dennoch gab es Versuche zur Einschränkung der Gewaltexzesse. Sie kreisten um die Frage, was als „Mißhandlung" bzw. als gefährliche Körperverletzung zu werten und folglich strafrechtlich zu ahnden sei. Dem Strafgesetzbuch des Deutschen Reiches zufolge (§ 223a) lag gefährliche Körperverletzung vor, wenn die Verletzung mit einem „gefährlichen Werkzeug" ausgeführt worden war. Von den Gerichten der Schutzgebiete wurde eine Peitsche, sofern deren Einsatz nur den Rücken und das Gesäß des Opfers verletzte, nicht als gefährliches Werkzeug eingestuft. (Schröder 2006: 243f.) Auch wenn man als Folgen von Auspeitschungen „ Löcher, Risse und Quetschungen der Haut mit Blutaustritt in der oberen und unteren Epidermis" notierte, (Schröder 2006: 244) wurde gegen weiße Angeklagte höchstens auf Körperverletzung, nicht aber auf „gefährliche Körperverletzung" erkannt. Wenn überhaupt, verbüßten sie eine kurze Gefängnisstrafe. Eventuell von unteren Gerichten verhängte härtere Strafen wurden in der Regel durch die mehrheitlich mit Laienrichtern besetzten Berufungsgerichte korrigiert. (Schröder 2006: 245) Einzelne Kolonialbeamte waren bestrebt, Gewaltexzessen dadurch vorzubeugen, dass sie Arbeit„gebern", die für ihre Grausamkeit bekannt waren, keine Arbeiter mehr zuteilten. (Zimmerer 2002: 205) Wenn in einem Bezirk bekannt wurde, dass Arbeit„geber" mit Strafen zu rechnen hatten, wenn sie von misshandelten Arbeitskräften angezeigt wurden, so waren diese vereinzelt auch bereit, einer Anklage durch ein Geldgeschenk an das Opfer vorzubeugen. (Zimmerer 2002: 200)

Was die staatliche Prügelpolitik angeht, so hat Fritz Ferdinand Müller drei Phasen ausgemacht. In den ersten Jahren deutscher Kolonialpolitik (1884/85 – 1896) sei die Prügelwillkür der Kolonialbeamten und Unternehmer nicht beschränkt gewesen. Bis zu hundert Prügelhieben seien verabreicht worden, eine Strafe, die praktisch einer Hinrichtung gleichkam. Zunehmende Berichte über die Gewaltpraxis in den Kolonien hatten 1896 zu einer Verfügung geführt, welche der (behördlichen) Strafgerichtsgewalt und der (privaten) Disziplinargewalt gegenüber den Eingeborenen Grenzen setzte. Laut Verfügung des Reichskanzlers sollten behördlicherseits im Höchstfall 50 Hiebe verabreicht werden. Frauen, Araber und Inder sollten von der Prügelstrafe ausgenommen sein. Die zivile Disziplinargewalt blieb bestehen. (Müller 1962: 124) Als im Reichstag ein Antrag eingebracht wurde, die behördliche Prügelstrafe für Eingeborene ganz abzuschaffen, richteten sich die weißen Einwohner des Bezirkes Windhoek am 21. Juli 1900 besorgt an die Kolonialabteilung des Auswärtigen Amtes. Sie sahen in einer eventuellen „Aufhebung der Prügelstrafe bei Schwarzen eine ernstliche Bedrohung der gesunden wirtschaftlichen Entwicklung unserer Kolonien." Man müsse sich darüber klar werden, dass

> „unsere Eingeborenen […] seit Urzeit in Faulheit, Rohheit und Stumpfsinn in den Tag hinein (leben); je schmutziger sie sind, desto wohler fühlen sie sich … Für Milde und Nachsicht hat der Eingeborene auf die Dauer kein Verständnis; er sieht nur Schwäche darin und wird infolgedessen anmaßend und frech gegen den Weißen, dem er doch nun einmal gehorchen lernen muß, denn er steht geistig und moralisch doch so tief unter ihm." (RKA, Nr. 5378, Bl. 53-55, zit. Müller 1962: 55)

Genau genommen, Peter J. Schröder hat diese Basis des Rechts zur „väterlichen Züchtigung" präzise benannt, war es schlicht und einfach kaum möglich, die „indigene Bevölkerung ohne Prügel ... zur Mitarbeit an der wirtschaftlichen Entwicklung der Kolonien im notwendigen Umfang zu gewinnen." (2006: 249)

Mit dem Amtsantritt des Bankiers Dernburg im Jahre 1906 kam es zum Versuch, wirtschaftliche Rationalität gegen die Gewaltexzesse ins Feld zu führen. Dernburgs Programm der „Negererhaltung" war bescheiden: Durchsetzung der Einschränkungen, die 1896 verfügt worden waren, das Erfordernis einer behördlichen Untersuchung, bevor Prügelstrafen verhängt wurden, weniger Exekutionen und Maßnahmen gegen bekannte Sadisten unter den Arbeit„gebern". Dass sich Dernburg gegen die Interessenvertreter in der Kolonie und deren Unterstützer in der Kolonialverwaltung nicht durchsetzen konnte, (Müller 1962: 127) ist an den offiziellen Zahlen verhängter Prügelstrafen abzulesen.

Wie überall auf der Welt – und nicht nur zu Zeiten legaler Sklaverei – zeigte sich auch in Deutsch-Südwestafrika die Verquickung von privater Ausbeutung einheimischer Arbeitskräfte mit kolonialer Staatsgewalt besonders deutlich an dem Anerbieten des Staates, Hilfestellung gegen das Entlaufen von Arbeitskräften zu leisten. Schröder zufolge haben europäische Arbeit„geber" gegen wieder eingefangene Entlaufene zunächst im Wege der Selbstjustiz Strafen verhängt. (2006: 263) Aber bereits 1894 wurde in einer Polizeiverordnung für den Bezirk Otjimbingwe festgelegt, dass die Ortspolizei „alles aufzubieten (habe) um entlaufene Arbeiter den Arbeitsgebern wieder zuzuführen." (zit. Zimmerer 2002: 70) Zwei Jahre später wurde im Bezirksamt Gibeon eine entsprechende Verordnung erlassen. Faktisch hatte die Ortspolizei, weil sie eben nicht sehr viel aufzubieten hatte, kaum Aussicht auf Erfolg. Waren Entlaufene erst einmal in ihrem Herkunftsdorf angelangt, wurden sie dort auch gegen Strafmaßnahmen geschützt. Andere entzogen sich dem Zugriff durch die Überschreitung der Grenze zu Angola oder zu Südafrika. Solche Wanderung war allerdings nicht nur durch die Sorge vor Strafverfolgung bedingt, sondern auch durch die Suche nach den höheren Löhnen, die in den Bergwerken Südafrikas erwartet werden konnten.

Noch bevor Dernburg erfolglos versuchte, in Deutsch-Südwestafrika eine Strategie der „Negererhaltung" durchzusetzen, die darauf gerichtet war, das für die Ausbeutung des Schutzgebietes notwendige Reservoir an Arbeitskräften zu erhalten, hatte sich sein Vorgänger Lindequist erfolgreich gegen die Forderung von Farmern gewehrt, das Ovamboland (damals: Amboland) militärisch zu erobern, um auf diese Weise auch Ovambos zur Arbeit in der Schutzkolonie zwingen zu können. (Zimmerer 2002: 213) Lindequist zufolge sprachen nicht nur die Kosten gegen eine derartige Aktion, sondern auch die Tatsache, dass Rinderpest (1897) und Klimaschwankungen auf der einen, das Angebot an Handelswaren und die Mitwirkung der Stammesführer auf der anderen Seite viele Ovambos – zeitweilig waren es über 6 000 (Zimmerer 2002: 214) – veranlassten, „freiwillig" in die Polizeizone zu kommen, um dort vorübergehend Arbeit zu suchen. Als 1907 Kupfervorkommen und 1908 Diamanten entdeckt wurden, waren die Bergwerksbetreiber auf diese Arbeitsmigration angewiesen. Etwa ein Drittel der Minenarbeiter waren Wanderarbeiter aus Amboland.[199]

Das veranlasste die Minenbetreiber nicht etwa zu Praktiken, die auf den dauerhaften Nachschub an Ovambos gezielt hätten. Nach der Fahrt in offenen Güterzügen schließlich in den Diamantminen angekommen, fanden Wanderarbeiter aus Amboland miserable Unterkünfte und eine sehr schlechte Ernährung. Berichten zufolge wurden die Arbeiter in den Minen an den Beinen zusammengekettet und gezwungen, auf allen Vieren über den glühend heißen Wüstensand zu kriechen, um nach Karat zu suchen. (Olusoga & Erichsen 2010: 240) Weiße Aufseher prügelten. „In einigen Fällen wurden Ovambo regelrecht zu Tode geschlagen." (Zimmerer 2002: 220) Andere starben an Krankheiten, viele an Skorbut. Im Jahr 1911 kamen in den Schürffeldern südlich der Lüderitzbucht wöchentlich drei bis vier der insgesamt 2.300 Wanderarbeiter ums Leben. (Ebenda) Anders als die Minenbetreiber waren sich die für die Minenbezirke zuständigen Amtmänner, insbesondere der für die Lüderitzbucht und damit für die Region der Diamantenfelder zuständige Bezirksamtmann, durchaus der Tatsache bewusst, dass Berichte über die Zustände in den Minen zukünftige Rekrutierungen von Ovambos erschweren würden. In einem Schreiben an das Kaiserliche Gouvernement vom 21. April 1913 übermittelte Bezirksamtmann Böhmer die Bemerkung „eines der Leiter einer der größten Diamantgesellschaften". Auf den Hinweis, dass ein Sortierer die Eingeborenen dauernd prügle, habe dieser erwidert: „Ich habe hier auch Beschwerden über die Eingeborenen." Im selben Schreiben heißt es ferner:

> „Die Gerichte versagen vollkommen. Wenn das Beweismaterial geradezu erdrückend ist, gelingt es vielleicht in dem einen oder anderen Falle in der I. Instanz eine Verurteilung herbeizuführen. Dann wird Berufung eingelegt. Ein Oberrichter verhandelt, der mit den Zuständen auf den Feldern nicht vertraut ist, ja zuweilen noch nie ein Diamantfeld gesehen hat. Die eingeborenen Zeugen sind in der langen Zeit zwischen der 1. und der 2. Verhandlung in die Heimat [will sagen: ins Amboland, H.G.] abgereist, die Verlesung der mangelhaften Protokolle der ersten Verhandlung über ihre Aussagen macht keinen Eindruck...den Eingeborenen wird nicht geglaubt. So endet die Sache in einem glänzenden Freispruch." (Kaiserliches Bezirksamt J., Nr. 3269, zit: Silvester & Gerwald 2003, Appendix 3)

Allen Berichten heimkehrender Wanderarbeiter zum Trotz konnten Anwerber dennoch weiterhin sowohl in Amboland als auch in Südafrika Arbeitskräfte für die Bergwerke in Deutsch-Südwestafrika rekrutieren. Jürgen Zimmerer zufolge erklärt sich dies unter anderem durch die Tatsache, dass in diesen Minen, anders als in den Bergwerken in Rhodesien, keine *compounds* errichtet wurden. (2002: 230)

---

199 Anders als in Rhodesien (vgl. dazu den Abschnitt *"Compounds"*) wurde bereits die erste Phase der Diamantenförderung in Deutsch-Südwestafrika kaum von individuellen Diamantensuchern, sondern von Gesellschaften betrieben, in denen deutsches Bankkapital dominierte. Über die Vergabe der Schürfrechte entschied in weiten Bereichen des Landes die deutsche Kolonialgesellschaft. Und mit der Gründung der „Diamantenregie" im Jahre 1909 wurde eine Instanz zur Steuerung der Vermarktung geschaffen. (von Weber 1973/1985: 188-193)

Zum Exempel: Compounds

In *"Webster's unabridged Dictionary of the English Language"* ist als Erläuterung für *compound* angegeben: *"1. (In the Far East) an enclosure containing residences, business offices, or other establishments of Europeans. 2. (In Africa) a similar enclosure for native laborers. 3. Any enclosure, esp. for prisoners of war. ..."* Und in Langenscheidts Großwörterbuch findet sich als Übersetzung: „1. Lager 2. Gefängnishof 3. (Tier)Gehege." Die Entscheidung für eine der drei Übersetzungsmöglichkeiten wäre dadurch erschwert, dass einzelne *compounds* zu gewissen Zeiten eher räumliche Zusammenfassungen von Behausungen waren und zu anderen eher Gefängnishöfen ähnelten.[200] War letzteres der Fall, so gebrauchten Minenleitungen auch das Verb *to compound*, womit zum Ausdruck gebracht wurde, dass Eingeborene gezwungen wurden, im *compound* zu leben und dort auch – zu überteuerten Preisen – ihre Einkäufe zu tätigen. Einerseits war die Entwicklung von *compounds* ein simpler Nebeneffekt des großen Bedarfs an Arbeitskräften in den Diamantenminen, die ab Ende der 1860er Jahre im West Críqualand (ab 1877 Bestandteil der Kapkolonie, heute Südafrika) – und dort vor allem in Kimberley – entstanden, desgleichen in den Goldminen, die in den 1880er Jahren in Südrhodesien (heute Zimbabwe) entwickelt wurden. Andererseits – und auf diesen Aspekt wird sich die Darstellung im Folgenden konzentrieren – waren sie der räumliche Ausdruck grundlegender Strukturen der Arbeitsverhältnisse in den zunehmend industrialisierten Wirtschaftszweigen, wie sie an der Wende zum 20. Jahrhundert in Zentral- und Südafrika ausgeformt wurden.

Für den Zusammenhang dieser Untersuchung würde eine ausführliche Darstellung der Entwicklung des Bergbaus im südlichen Afrika ebenso zu weit führen wie die Erläuterung der politischen und militärischen Auseinandersetzungen um die Hoheit über die jeweilige Region. Auch wird darauf verzichtet, die Entwicklung der Goldproduktion am Witwatersrand (sie war sehr viel bedeutender als diejenige in Südrhodesien) und den Abbau anderer Bodenschätze zu diskutieren. Stattdessen geht es im Folgenden ausschließlich um Arbeitsverhältnisse und ihre Veränderung.

Gemeinsamer Ausgangspunkt der Entwicklung war in beiden Regionen, dass der Bedarf an Arbeitskräften, die sowohl für die Minen als auch für den Ausbau der Infrastruktur benötigt wurden, alle bisherigen Grenzen sprengte. Damit wurde es erforderlich, die bereits seit Mitte des 19. Jahrhunderts bestehenden Strukturen der Arbeitsmigration, die das gesamte Gebiet südlich des Sambesi umfassten, in geographische Regionen nördlich des Sambesi hinein zu erweitern, und die Rekrutierungspraxis zu intensivieren. Das galt umso mehr, als die Bemühungen der *British South Africa Company* von der Kolonialbehörde die Genehmigung zur Einfuhr chinesischer und indischer Vertragsarbeiter nach Südrhodesien zu erhalten, scheiterten (van Onselen 1976: 21). Die Rekrutierung von mehr als 50.000 Chinesen für Südafrika im Jahre 1906 wurde in den Folgejahren

200 Tatsächlich wurde der Terminus auch in der deutschen kolonialpolitischen Fachliteratur nicht übersetzt. Vgl.: Karstedt & von Werder (1941).

nicht wiederholt. (Karstedt & v. Werder 1941: 218) Gleichzeitig sprengte die notwendige Anwesenheit sehr vieler Arbeitskräfte die Praxis alltäglicher Disziplinargewalt, wie sie auf den Farmen geübt wurde. Auch reichten die Polizeikräfte nicht annähernd aus, um die strikten Gesetze zur Kontrolle und Bestrafung eingeborener Arbeitskräfte umzusetzen. Kontrollen erfolgten eher zufällig und konnten von Arbeitsmigranten vielfach auch vermieden werden. Im Übrigen waren Minenbesitzer ebenso wie Farmer immer dann an einer geringen Kontrolleffizienz interessiert, wenn der Nachschub an Wanderarbeitern nicht ausreichte und sie deshalb bestrebt waren, Arbeitskräfte von anderen Unternehmern abzuwerben, wobei es vor allem darum ging, *old hands*, also bereits erfahrene Arbeitskräfte, abzuwerben. Das war den Werbern durchaus möglich, wenn sie für besser geführte und vor allem vergleichsweise sichere Minen tätig waren. (Turell 1987: 53) Es gab diese Konkurrenz aber auch über die Grenzen von Kolonien hinweg. (Von den Bestrebungen der Behörden in Deutsch-Südwestafrika, Arbeitsmigration in andere Herrschaftsgebiete zu verhindern, war oben bereits die Rede.) Sie funktionierte, weil afrikanische Arbeitskräfte sehr schnell eine außerordentlich gute Marktkenntnis entwickelten und sich die Informationen über Löhne, über besonders große Sicherheitsmängel und über besonders schlechte Lebensbedingungen rasch und weit verbreiteten.

Mit genügend Ressourcen konnten sich Arbeitskräfte aus Regionen nördlich des Sambesi auf den langen Weg bis in die Minen von Kimberley machen. Sahen sie sich unterwegs gezwungen, weitere Reisemittel zu verdienen, heuerten sie dafür entweder vorübergehend bei Farmern oder aber in Minen an, von denen sie erfahren hatten, dass sich eine Desertion aus dem *compound* und damit aus dem Arbeitsverhältnis vergleichsweise einfach bewerkstelligen ließ. (van Onselen 1976: 229-231)

Gegenüber den südafrikanischen Diamantenminen waren die rhodesischen Goldminen durchgängig im Nachteil. Sie waren kleiner und lagen weit verstreut, außerdem machte die schlechte Infrastruktur die Anlieferung von Produktionsmitteln, wie etwa Holz, sehr teuer. Dass die Minen auch nach den 1880er Jahren überhaupt weiter betrieben wurden, lag einerseits an den Spekulanten in London, die auf zukünftige Gewinne hofften, andererseits an der Tatsache, dass die *British South Africa Company* (B.S.A. Co.) auch andere Einnahmequellen hatte, so insbesondere die Pachten von Siedlern und afrikanischen Bauern, die Land bewirtschafteten, welches sich die Gesellschaft angeeignet hatte. (van Onselen 1976: 15).

1896 erhoben sich Shona und Ndebele gegen die gestiegenen Pachten, gegen die von der B.S.A. Co. zusätzlich eingeforderten Steuern und gegen die Zerstörung ihres eigenen traditionellen Goldhandels. Der zuvor spekulativ in die Höhe getriebene Wert der Aktien von Minengesellschaften verfiel dramatisch. Mit dem Ausbruch des Südafrikanischen Krieges im Jahre 1898 und der damit unmöglich gewordenen Nutzung des Schienenstrangs in den Süden verschlechterte sich die Situation, mit dem Zusammenbruch des Londoner Goldmarktes im Jahre 1903 wurde die Krise akut.

Für die sogenannten *small workers*, die nur einen *claim* oder den Teil eines *claims* besaßen, bedeutete die Krise zunächst allerdings eher eine Verbesserung ihrer Konkurrenzsituation. Weil sie kaum in Mechanisierung investiert hatten und in der Lage waren, an den vielen Stellen mit geringen Goldvorkommen zu graben, betraf sie der Preisverfall des Goldes weniger, während die großen Minen auch 1906 noch nicht in der Lage waren, profitabel zu arbeiten und Dividenden auszuschütten. Es wurde an Sicherheit gespart. Vor allem aber wurden die Ausgaben für Löhne reduziert. Das geschah zum einen dadurch, dass handwerklich erfahrene afrikanische Arbeitskräfte zunehmend für Tätigkeiten eingesetzt wurden, die zuvor nur von – sehr viel besser bezahlten – Weißen ausgeübt worden waren. So stieg in den Jahren 1904 bis 1911 zwar die Zahl der weißen Arbeitskräfte von 949 auf 2.255, diejenige der schwarzen aber von 7.000 auf mehr als 37.000. (van Onselen 1976: 23) Als die Lebenshaltungskosten stiegen, forderten weiße Arbeitskräfte höhere Löhne. 1916 gründeten sie eine Gewerkschaft. 1922 hatte diese ihre Verhandlungsmacht eingebüßt und verzichtete deshalb auf weitere Arbeitskämpfe.

Die wichtigste Strategie der Kostensenkung aber betraf die Löhne von afrikanischen Arbeitskräften. Um diese niedrig zu halten und weiter zu senken und dennoch das Angebot an Arbeitskräften zu steigern, griff die B.S.A. Co. zu einem Mittel, das nach dem Ende legaler Sklaverei in fast jeder europäischen Kolonie noch einmal neu erfunden wurde: die Beschränkung des Zugangs zu Land für Afrikaner und die Enteignung des bereits von ihnen bewirtschafteten Landes mittels der Erhöhung von Steuern. Diese Entwicklung traf jene Bauern in der Umgebung von Minen besonders hart, die in den ersten Jahren der Minenwirtschaft ihre Einnahmen hatten erhöhen können, weil sie ganz gezielt Lebensmittel für die Minenarbeiter produzierten. Manche hatten sich Pflüge angeschafft und dadurch ihren Ertrag erhöht. Als die Löhne in den Minen gesenkt wurden, waren Bauern in der näheren Umgebung noch weniger geneigt, dort ihre Arbeitskraft anzubieten und versuchten stattdessen, ihre agrarische Produktion auszuweiten. Bestenfalls für die Dauer eines Monats waren sie bereit, in einer der Minen zu arbeiten.

Während Bauern, die in der Nähe von Minen lebten, kaum über die konkreten Bedingungen eines Kontraktes getäuscht werden konnten, war dies bei potentiellen Arbeitskräften, die in weiter entfernten Regionen rekrutiert wurden, durchaus der Fall. War auf dem ihnen ausgehändigten *ticket* eine Vertragsdauer von einem Monat verzeichnet, so wurden ihnen faktisch oft an die vierzig Tage und mehr abverlangt. In einzelnen Minen forderte die Minenleitung von vornherein den Abschluss von Verträgen über sechs Monate. (van Onselen 1976: 98f.) Andere Minenleitungen weigerten sich, auf dem Pass, den jeder Afrikaner bei sich zu tragen hatte, die ordnungsgemäße Entlassung zu bestätigen, wodurch sie Arbeitskräfte, die sich dennoch davon machten, der Gefahr aussetzten, verhaftet zu werden. Viele lernten allerding schnell, den verdächtigen Pass zu zerreißen und einen angeblich ersten neuen zu beantragen, womöglich unter geändertem Namen.

Für die Strategie der Rekrutierung und der Mobilitätsbeschränkung von Arbeitskräften war in Rhodesien das 1903 gegründete (und mehrfach umbenannte) *Rhodesian Native Labour Bureau* (R.N.L.B.) zuständig. Die Verträge, die dessen Agenten im Auftrag der Minenbesitzer mit potentiellen Arbeitskräften schlossen, wurden von Einheimischen als *chibaro* (erzwungene Arbeit) bezeichnet. Sie wandten diese Bezeichnung auch auf alle Personen an, die unter den Bedingungen eines R.N.L.B.-Kontraktes arbeiteten. In dieser Verwendung entsprach der Terminus *chibaro* der Kennzeichnung von Arbeitskräften als Vertragssklaven. (van Onselen 1976: Fn 99) *Chibaros* waren verpflichtet, zu einem sehr niedrigen Lohn zwölf Monate lang zu arbeiten. Damit sollten nicht nur die Lohnkosten sehr niedrig gehalten, sondern auch die Probleme vermindert werden, die durch die häufigen Wechsel der Arbeitsmigranten in den Minen entstanden. Manchmal wurden Arbeitskräfte zu *Chibaro* gemacht, indem sie auf ihrer Wanderung zu Minen im südlichen Afrika abgefangen und mit Lebensmitteln – und dann eben auch mit einem Kontrakt zu *chibaro* Bedingungen – „versorgt" wurden. Besonders günstige Gelegenheit für solche „Anwerbung" boten die Übergänge von Flüssen, die auf dem Weg in den Süden überquert werden mussten. Ab 1908 betrieb das R.N.L.B. alle Fähren, die für solche Wanderungen genutzt wurden. Zusätzlich aber wurden in entlegenen Gebieten Hunderte – und womöglich Tausende – von afrikanischen Bauern zusammengetrieben, um dann – notfalls mit Prügeln oder durch die Vernichtung ihrer Vorräte – zum Abschluss eines Vertrages „überredet" zu werden. (van Onselen 1976: 104f.) Zumindest in Einzelfällen nahmen Manager von Minen kein Blatt vor den Mund und sprachen davon, dass sie Arbeitskräfte von Rekrutierungsagenten kauften. (van Onselen 1976: 113)

Nach 1912 wurden derartige gewaltsame Rekrutierungspraktiken für die Minen seltener. Stattdessen lieferten die Agenten des R.N.L.B. jetzt eher Arbeitskräfte an Farmer. Denn als die Produktionskosten soweit gesenkt worden waren, dass die Minen allmählich profitabel wirtschafteten, bezogen die Manager von Minen die Mittel zur Verpflegung der Arbeiterschaft eher von weißen Siedlern. Das steigerte deren Arbeitskräftebedarf während sich gleichzeitig viele der jetzt verarmten afrikanischen Bauern gezwungen sahen, in den Minen zu arbeiten. Nach 1912 sanken die Löhne von Minenarbeitern in Rhodesien über Jahre hinweg.

Mit dem Eintritt in die von Siedlern beherrschte Arbeitswelt wurden Arbeitskräfte nicht nur in Arbeit, sondern auch in eine neue Lebenswelt gezwungen. Beginnen wir zunächst mit dem *fanakolo*, der Sprache, in welcher zu den Minenarbeitern gesprochen wurde. Ein Kenner dieses *Kitchen Kaffir* bezeichnete sie als eine scheußliche Mischung aus schlechtem Holländisch und noch schlechterem Zulu, durchmischt mit englischen Flüchen.[201] Er fügte hinzu, dass afrikanischen Arbeitskräften nicht selten vorgeworfen werde, sie könnten ihre „eigene Sprache" nicht verstehen. (zit. bei van Onselen 1976: 152) Zweifelsohne war derartiges „Unverständnis" häufige Ursache für Prügel.

Offiziell sollten Disziplinwidrigkeiten angezeigt und von Staats wegen –mit Prügeln und/oder Gefängnis – geahndet werden. Faktisch wurde in den *compounds* regelmäßig geprügelt. Zusätzlich wurden Bußgelder, also Abzüge vom Lohn, verhängt. Das war

201 Dass Zulu in dieser Minensprache so eine große Rolle spielte, erwuchs aus der Niederlage der Zulus in den Kriegen der 1870er Jahre. Während die stolzen Zulu-Krieger zuvor die mickrigen Löhne verschmäht hatten, die ihnen in Natal angeboten wurden, hatten sie danach kaum noch eine Wahl. Viele Tausende von ihnen wurden zu Wanderarbeitern, die im Kap und im Transvaal in Minen, auf Farmen und bei der Eisenbahn arbeiteten. (James 1985: 38)

illegal, aber weit verbreitet. *Compounds* waren aber nicht nur Disziplinierungsinstanzen, sie gefährdeten auch das Überleben ihrer Bewohner. Schlechte Behausungen, miserable Ernährung, mangelnde Heizmittel und hygienisch katastrophale Zustände führten zu einer selbst für damalige Kolonialverhältnisse erschreckenden Todesrate.

Registriert wurden Todesfälle erst ab 1904. Dass ein hoher Anteil der Minenarbeiter an Skorbut erkrankte – obwohl andererseits Zitronen aus Rhodesien exportiert wurden – ist ein besonders eindrücklicher Beleg für die Grundstrukturen dieser politischen Ökonomie. Zwischen 1906 und 1908 wurden jeweils zwischen 8 % und über 13 % der Todesfälle in den rhodesischen *compounds* auf Skorbut zurückgeführt. Als sich 1918 die Spanische Grippe in Rhodesien ausbreitete, starben 7 % der Bewohner in den *compounds*. (van Onselen 1976: 54f.) Nur sehr langsam glich sich die Zahl der Todesfälle in den rhodesischen Minen international typischen Zahlen an. Starben 1906 noch 75 von 1.000 Arbeitern, so waren es – offiziellen Statistiken zufolge – 1934 noch 11 von 1.000. (van Onselen 1976: 57)

Im Laufe der Zeit wurden die Unterbringung und die Ernährung etwas besser, die Kontrollstrukturen aber blieben. Sowohl die Angehörigen der *compound* Polizei als auch die Agenten, die Arbeitskräfte rekrutierten, trugen Uniform. Wenn morgens um vier Uhr geweckt wurde, ließ sich der zuständige „Polizist“ vielfach von einem Hund begleiten, wenn einer einen entlaufenen Arbeiter aus einer anderen Mine zurückholte, nutzte er Handschellen. Üblicherweise wurden Angehörige von Stämmen als Minenpolizisten beschäftigt, die nicht dem gleichen Stamm angehörten wie die Mehrzahl der in einer Mine beschäftigten Arbeitskräfte. Wann immer es diese wagten, gegen erneute Lohnsenkungen oder anderes zu protestieren, war regelmäßig von „Meuterei“ die Rede. Die daraus resultierenden strafrechtlichen Folgen waren Arbeitskräften in europäischen Industriebetrieben nicht unbekannt. In den Kolonien hielt sich die Gewaltpraxis aber länger, und sie war auch sehr viel exzessiver. Gestützt wurde sie durch den Herrschaftsanspruch der Kolonialherren, den sie in einem Kauderwelsch aus rassistischer Vorherrschaft und disziplinierender Modernisierung zum Ausdruck brachten.[202]

Die Institution des *compounds* haben rhodesische Minenbesitzer den Minenbesitzern in Kimberley abgeschaut, wo sie bereits einige Jahre früher eingerichtet worden war.

In Kimberley wurden Diamanten geschürft. Nachdem international bekannt geworden war, dass im südlichen Afrika viele besonders große und besonders reine Diamanten gefunden worden waren, trieb Spekulation in den 1870er Jahren die Preise der *claims*

202 Hier wäre der Ort, um auf die verdruckste Rassentheorie Bezug zu nehmen, die Cecil Rhodes in jungen Jahren von anderen übernommen und selbst weiter entwickelt hat. Bei Rhodes wurde die Erweiterung des Britischen Territorialbesitzes und damit die Stützung der angelsächsischen Vorherrschaft zur „Pflicht“, die ihm und anderen aufgetragen ist – für den Fall, dass Gott wirklich existiert, handelt es sich um einen göttlichen Auftrag für die Entwicklung der Menschheit. Vgl. insbesondere seine 1877 verfassten “Confessions of Faith” (Flint 1974: Appendix) sowie die Ausführungen zu diesen Konfessionen in der von John Flint verfassten Biographie (1974: 23-33).

in die Höhe. Es wurde so viel produziert, dass Ende 1882 der europäische Diamantenmarkt regelrecht zusammen brach. Die Preise für außergewöhnliche Diamanten wurden dadurch nicht beeinflusst, aber die Preise für kleinere Diamanten verfielen. Das änderte jedoch nichts daran, dass in Südafrika auch der Verkauf eines einzelnen Karat das materielle Überleben einer Verwandtschaftsgruppe von Einheimischen für eine gewisse Zeit sichern konnte. Von Anfang an – und dann vor allem in der Krise – richteten sich Managementstrategien deshalb darauf, den vermuteten und manchmal sicher auch tatsächlichen Diebstahl von Diamanten durch Arbeitskräfte zu unterbinden.

Bereits 1872 wurde verordnet, dass jeder Diamant, der im Besitz eines „schwarzen Knechtes" gefunden wurde, konfisziert werden konnte. Das war jedoch kaum durchzusetzen, solange es noch Afrikaner gab, die selbst einen *claim* (oder auch ein Viertel, ein Achtel oder ein Sechzehntel eines *claims)* besaßen. 1872 waren in den kleineren Minen von Kimberley mindestens 47 *claims* im Besitz von Afrikanern; 1874 waren es sogar 120 aus den insgesamt 130 Besitzern von *claims* in der (vergleichsweise gering ergiebigen) Mine Dutoitspand. Auf ganz Kimberley bezogen waren 1875 mindestens 120 der insgesamt 757 Eigentümer von *claims* keine Weißen. (Nicht alle dieser 120 waren Afrikaner, es gab z.B. auch Inder unter den selbständigen Schürfern.) Und selbst nach jahrelangen Versuchen, Afrikaner vom Zugang zu Schürfrechten auszuschließen, gab es in den kleinen Minen auch 1879 noch zwanzig afrikanische Eigner von *claims.* (Worger 1987: 72) Keine „Knechte", sondern Selbständige waren auch alle diejenigen Schwarzen, die ebenso wie viele Weiße unter den Bedingungen eines *Share*-Kontraktes selbständig für den Eigentümer eines *claims* arbeiteten.

Diese Kontrakte entsprachen einer (international häufigen) landwirtschaftlichen Praxis, dem *sharecropping*, welche die auf fremdem Land selbständig wirtschaftenden Bauern zur Abgabe eines festgelegten Anteils an den Erträgen (oder auch an den für die verkauften Erträge erzielten Erlösen) verpflichtete. In Kimberley gab es Abmachungen, die von den *share-workers* verlangten, dass sie zwischen 50 % und 90 % der Erlöse an dessen Eigentümer ablieferten. Meistens bezahlte der Eigentümer die Lizenz, die zum Schürfen berechtigte, und überließ es dem *share-worker,* Arbeiter zu heuern, sie zu versorgen, Werkzeug zu kaufen und die gefundenen Diamanten zu verkaufen. (Turell: 1987: 49-52) Da es unter den *share-workers* auch zahlreiche Afrikaner gab, war es also keineswegs ausgeschlossen, dass bei einem Afrikaner Diamanten gefunden wurden, die sich rechtmäßig in seinem Besitz befanden. Mit anderen Worten: So lange es noch afrikanische Besitzer von *claims* gab und die Praxis des *share-working* anhielt, waren noch nicht alle einheimischen Arbeitskräfte auf den Diamantenfeldern zu „schwarzen Knechten" gemacht worden.[203] Aber nicht nur dies: der für ihre Tätigkeit notwendige Zugang zu Händlern machte es nicht nur afrikanischen *claim*-Eignern, sondern auch *share-workers*

203 Der Terminus *Servant* (Knecht) war dem "Master and Servant Law" entnommen, von dem im Zusammenhang der Entwicklung von Arbeitskräften in England und dessen nordamerikanischen Kolonien bereits die Rede war.

möglich, neben den offiziellen Transaktionen auch Kontakt zu Händlern zu entwickeln, die auf eine Überprüfung der Besitzverhältnisse verzichteten. Weil die Eigentümer von *claims* diese von heute auf morgen und ohne vorherige Ankündigung gegenüber dem faktischen Betreiber verkaufen konnten, sicherten sich (viele?) *share-worker* dadurch ab, dass sie einen Teil der Steine auf eigene Rechnung verkauften. Weiße Eigentümer behaupteten, dass afrikanische *share-worker* zusätzlich die von Minenarbeitern gestohlenen Diamanten verkauften, dass sie also intensiv an illegalem Diamantenhandel beteiligt waren. Die Zahl der *share-worker* in den Diamantenminen von Kimberley ist nicht bekannt, noch weniger weiß man über die Zahl der Afrikaner unter ihnen. Immerhin muss sie groß genug gewesen sein, um ständige Forderungen nach einem Ausschluss aller Afrikaner von den Schürfrechten zu provozieren. (Turrell 1987: 50).

Zunächst handelte es sich bei der Diamantenproduktion im Criqualand West um ein Kleingewerbe. Sowohl die Produktionsformen als auch die Interessen von Händlern begünstigten die Dominanz der *"small diggers"*. Diamanten waren auf einer vergleichsweise kleinen Fläche (sechs Quadratmeilen) gefunden worden. Die *claims* waren also sehr nahe beieinander und die kleinsten Teil-*claims* waren kaum größer als ein Bettgestell. Da im Tagebau gearbeitet wurde, brachen die Schachtwände häufig ein, dabei auch diejenigen der benachbarten *claims* beschädigend. Ende 1873 brachen Schachtwände der Kimberley Mine zusammen. Anfang 1874 setzte Starkregen den Boden von Minen unter Wasser. Förderung war zeitweise unmöglich. Von den zuvor 13.000 afrikanischen Minenarbeitern in den beiden größten Minen, der Kimberley und der De Beers Mine, wurden mehr als 7. 000 entlassen. (Turrell 1987: 52f.) Damals und in den Folgejahren wurden Verträge mit Firmen abgeschlossen, welche die Minen leer pumpten. Trotz dieser heftigen Krise blieben Kleinkapitalisten, darunter auch Afrikaner, im Geschäft. Und daran änderte sich zunächst auch nichts, als zunehmend Förderanlagen gebaut wurden, für welche die Zugkraft von Pferden genutzt wurde (Pferdegöpel).

Gleichzeitig entstand eine afrikanische Minenarbeiterschaft, die sich nicht nur aus kurzzeitig beschäftigten Arbeitsmigranten, sondern auch aus länger verheuerten Arbeitern zusammensetzte. Manche mieteten sich eine Unterkunft, andere lebten in Unterständen in der Nähe der Minen. Als der Aufschwung der Preise die Nachfrage nach Arbeitskräften steigerte, setzten afrikanische Minenarbeiter Lohnerhöhungen durch, die es ihnen möglich machten, sich in den *kaffir-eating-houses* zu verpflegen, die in der Nähe der Minen entstanden. In all diesem legalen Kommen und Gehen von afrikanischen *claim*-Eigentümern, afrikanischen *share-workers*, afrikanischen „Knechten", afrikanischen Arbeitssuchenden und afrikanischen Migranten auf der Heimreise sahen weiße Eigentümer von *claims* vor allem die Chance für Diamantendiebstahl und illegalem Diamantenhandel. Sie forderten Kontrollen und – immer wieder – den Ausschluss aller Afrikaner von Schürfrechten. *Leutenant Governor* Southey verweigerte rassische Diskriminierung per Gesetz, wodurch er Mitte 1875 die sog. *Black Flag Revolt* provozierte: Wirtschaftlich bedrängte weiße Diamantensucher demonstrierten mit schwarzen Flaggen in den Straßen von Kimberley. Militär, das aus Cape Town herangeführt worden war, zerschlug diese „Rebellion". Zuvor hatte Southey – er wurde nach der Rebellion abgelöst – die Steuern erhöht, eine Verordnung erlassen, der zufolge Banken *claims* als Sicherheit für Kredite akzeptieren sollten, und außerdem den Forderungen nachgegeben, welche die Beschränkung des Eigentums auf zwei *claims* beendet wissen wollten. Ab 1874 konnten 10 *claims* erworben werden. (Vielfach wurde weiteres Eigentum mittels Strohmännern erworben.) Gegen das weitere Fallen der Preise für Diamanten war aber auch der Nachfolger Southey's machtlos.

Als 1876 auch die Begrenzung des Eigentums auf 10 *claims* aufgehoben wurde, begann die Epoche der industriellen Diamantenproduktion. Bereits 1877 strömte sehr viel ausländisches Kapital nach Kimberley. Es kam zu einer raschen und dramatischen Konzentration des Eigentums. Während es 1872 in der Kimberly Mine noch 1.600 Eigentümer von *claims* gegeben hatte, waren es 1877 nur noch 300, und weniger als 20 Eigentümern gehörte mehr als die Hälfte der gesamten Mine. (Worger 1987: 38) Mit der Gründung der ersten Aktiengesellschaften im Jahre 1881 war dann das Ende der *small diggers* und damit auch der selbständigen Tätigkeit von Afrikanern in den Minen besiegelt. In den Jahren darauf traten an die Stelle der zunächst vergleichsweise kleinen Aktiengesellschaften große Gesellschaften. Der Zustrom von Spekulationskapital machte die Minenwirtschaft aber nicht gleichzeitig profitabel. Abgesehen von der De Beers Mine, die zu großen Teilen Cecil Rhodes gehörte, machte Ende der 1870er Jahre kaum eine Mine Profite.

Die damalige Krise trieb tausende der afrikanischen Arbeitskräfte aus der Stadt. Viele wanderten zu Eisenbahngesellschaften, andere ins Kap oder zurück in ihre Dörfer. Damit reduzierte sich in Kimberley der Absatzmarkt für die Produktion afrikanischer Bauern dramatisch. Ihre Situation verschlechterte sich weiter, als die Landrechte von weißen Siedlern auf Criqua-Land gerichtlich bestätigt wurden. 1876 entwickelte der Nachfolger Southeys, Colonel Lanyon, einen Plan zur Einrichtung von *locations*, also Reservaten, für Afrikaner. Diese für Afrikaner vorgeschriebenen Wohngebiete sollten klein genug sein, damit sich die Bevölkerung nicht selbst versorgen konnte und sie folglich als Reservoir für billige Arbeitskräfte fungieren musste. Als sich Einheimische wehrten, wurde ihr Aufstand militärisch niedergeschlagen. Die Besiegten wurden in die *locations* gezwungen oder weißen Farmern zugeteilt. Zahlreiche Kriegsgefangene, Männer, Frauen und Kinder, wurden nach Kimberely gebracht, wo sie ohne Bezahlung in Minen oder in privaten Haushalten arbeiten mussten. (Worger 1987: 94f.) Mit dem gerichtlich und militärisch durchgesetzten Landraub verloren auch die afrikanischen Bauern in der Umgebung von Kimberley, die sich zuvor nur selten in den Minen verheuert hatten, ihre Selbständigkeit. Viele von ihnen waren jetzt gezwungen, sich als Minenarbeiter registrieren zu lassen.

Damit erweiterten sie das Angebot an einheimischen Arbeitskräften und verringerten auf diese Weise das Hauptproblem der Minenbesitzer. Denn nicht nur Landraub und Steuerforderungen, sondern auch die Chance, Geld zu verdienen, mit dem sich ein Gewehr kaufen ließ, das für die Jagd auf Strauße (Straußenfedern) und Elefanten (Elfenbein) genutzt werden konnte, brachte Einheimische zu den Minen. Vor allem aber gab es auch ein Interesse von (vielen) Häuptlingen an der Lohnarbeit von Stammesmitgliedern.[204] Sie erwarteten Gewehre, die für die Jagd, aber auch für bewaffnete Auseinandersetzungen und zur Verteidigung genutzt werden konnten. Häuptlinge verlangten auch einen Anteil an den Einkünften ihrer rückkehrenden Stammesmitglieder. Einige erhöhten den von heiratswilligen jungen Männern zu entrichtenden Brautpreis (in Geld) und zwangen diese damit, länger für Lohn zu arbeiten, bevor sie eine eigene Familie gründen konnten.

Obwohl also das zahlenmäßige Angebot an potentiellen Arbeitskräften über lange Zeiträume hinweg durchaus der Nachfrage entsprochen hätte, handelte es sich aus Sicht der Minenbesitzer dennoch vielfach um ein unzureichendes Angebot. Ihnen galten die Löhne als viel zu hoch. Lohnsenkungen waren zunächst aber kaum durchzusetzen, weil afrikanische Minenarbeiter auf die Ankündigung einer Lohnsenkung immer wieder damit reagiert hatten, dass sie die entsprechenden Minen scharenweise verließen. Dieser Situation versuchten die Manager der größeren Minen durch eine Neuorganisation der Rekrutierung vorzubeugen. Anders als in Südrhodesien war die Rekrutierung von Minenarbeitern für Kimberley zunächst fast ausschließlich durch private Agenten erfolgt, welche die vertraglich gebundenen Knechte (*contracted servants*) dann den Minenbesitzern verkauften. Nach 1880 stellten einzelne Minen eigene Rekrutierungsagenten ein. Die beiden größten Minen ließen ihre Agenten Abkommen mit Häuptlingen in Basutoland, Bechuanaland und Transvaal vereinbaren, die ihnen einen regelmäßigen Nachschub an Arbeitskräften versprachen. Den so entsandten Stammesmitgliedern wurden schlechtere Bedingungen zugesagt als sie bislang in Kimberely gegolten hatten, und sie mussten sich alle für mindestens sechs, oft auch für zwölf Monate verpflichten. (Worger 1987: 107) Als mit der Mechanisierung der Förderung mittels Förderbändern, die von Dampfmaschinen betrieben wurden, die Zahl der jeweils benötigten Arbeitskräfte sank, wurde der auf diese Weise beschaffte Nachschub an Arbeitskräften um die Mitte der 1880er Jahre ausreichend.

Profite blieben dennoch spärlich. Und wie schon seit Beginn der Diamantenproduktion führten viele die Ursache für diesen unbefriedigenden Zustand auf den von Afrikanern angeblich (und in gewissem Maße sicher auch tatsächlich) praktizierten illegalen Handel mit Diamanten zurück. Anders als zu Beginn der Diamantenproduktion in Kimberley waren den Minenbesitzern jetzt aber drastische Gegenmaßnahmen möglich. Zum einen, weil alle, die in den Minen arbeiteten, jetzt wirklich zu „schwarzen Knechten" gemacht worden waren, zum anderen, weil den Minenbetreibern nach

---

204 Das galt selbstverständlich auch für Rhodesien. In dieser Hinsicht kollaborierten Häuptlinge mit der Kolonialmacht. Wenn Werner Biermann (1976: 11) schreibt, die Bedeutung afrikanischer Kollaborateure sei „insgesamt als sehr gering anzugeben", so entspricht das zwar der von ihm für seine Untersuchung über Rhodesien genutzten holzschnittartigen Klassentheorie, nicht jedoch der historischen Realität. Selbstverständlich: die Frage der Kollaboration stellt sich immer nur im Zusammenhang eines Machtgefüges, das die Mitwirkenden nicht selbst hergestellt haben, bedeutungslos ist sie deshalb nicht.

der Konzentration des Minenkapitals die Mittel und die staatliche Unterstützung zur Verfügung standen, um das System der Kontrollen auszuweiten und zu vertiefen. Wenn auch die Forderung scheiterte, dass alle afrikanischen Arbeitskräfte von Gesetzes wegen nackt in den Minen zu arbeiten hätten, so hat das faktisch entwickelte Kontroll-und Strafsystem die Arbeitskräfte doch ihrer Würde beraubt: sie entblößt. Im Zentrum dieses Systems stand der *closed compound.*

So lange Minenbetreiber um Arbeitskräfte konkurrierten, hatte sich die Registrierung von Arbeitern, einschließlich der Registrierung ihrer Unterkunft, nicht vollständig durchsetzen lassen. Zu ersten Verhaftungen wegen Übertretung der Vorschriften war es dennoch gekommen, aber erst mit der Konzentration des Mineneigentums schwanden die Aktionsmöglichkeiten, welche Arbeitern aufgrund der gegenseitigen Konkurrenz von Minen um Arbeitskräfte, insbesondere um *old hands*, also erfahrene Arbeitskräfte, noch geblieben waren. Als den Minenmanagements die Krise von 1882 ein Überangebot an Arbeitskräften bescherte, nutzten die Betreiber der größten Minen die Chance zu einem regelrechten Frontalangriff. *Compounds* wurden jetzt im wahrsten Sinne des Wortes zu *closed compounds.*

Eine Minenleitung nach der anderen *„compoundete"* ihre afrikanischen Arbeiter, zwang sie also, sich dauerhaft in den *compounds* aufzuhalten. Weil sie dort Tag und Nacht unter Aufsicht gestellt wurden, sollten die bisherigen Fehlzeiten, vor allem die Abwesenheit am Montagmorgen, verhindert werden. Unterkünfte außerhalb der *compounds* wurden untersagt, die Lager selbst wurden nicht nur mit einem Zaun umgeben, sondern jedenfalls in den de Beers Minen auch mit Maschendraht bedeckt, um so zu verhindern, dass eventuell gestohlene Steine nach außen geworfen wurden. In den De Beers Minen wurden die Insassen von Wachttürmen aus beaufsichtigt. Zur besseren Kontrolle wurde elektrisches Licht installiert. Im Lager patrouillierten Aufseher mit Hunden. (Litvin 2003: 49)

Wer ohne Pass im *compound o*der auch außerhalb desselben angetroffen wurde, fand sich schnell im Gefängnis wieder. Die Aktiengesellschaft de Beers hatte außerdem die Erlaubnis erbeten und erhalten, im *compound* selbst ein Gefängnis einrichten zu dürfen. Wer dort hinein geriet, wurde gezwungen, unbezahlte Arbeit in der Mine zu verrichten. (Worger 1987: 145) Obwohl es nie gelang, alle afrikanischen Arbeitskräfte in die *compounds* zu zwingen, (Turrell 1987: 145) bedeutete deren Einrichtung, dass die Arbeiterschaft erfolgreich rassistisch strukturiert wurde. Weiße Arbeitskräfte wurden nicht *"compounded"*, und auch die Pläne, sie zwangsweise in Baracken unterzubringen, wurden wieder aufgegeben. (Worger 1987, 196, Fn 15)

Trotz der Einzäunung der *compounds* standen Minenarbeiter weiterhin im Verdacht des illegalen Diamantenhandels. Er richtete sich nicht gegen die weißen Facharbeiter, deren Arbeit sich zumeist nicht in unmittelbarer Nähe der Schürftätigkeiten abspielte, wohl aber gegen alle afrikanischen Arbeitskräfte und gegen das weiße Aufsichtspersonal.

1883 versuchten Minenbesitzer noch einmal, ihr 1875 gescheitertes Vorhaben, alle Arbeitskräfte zu zwingen, sich beim Verlassen der Mine nackt auszuziehen, um durchsucht zu werden, durchzusetzen. Dagegen streikten die Aufseher. Viele von ihnen waren zuvor selbst *claim* Besitzer gewesen und hatten dabei „gelernt", afrikanische Arbeitskräfte anzutreiben. Sie wollten sich auch jetzt nicht als „Arbeiter" verstehen. Dennoch erbaten – und erhielten – sie die Unterstützung afrikanischer Arbeitskräfte für ihren Streik. Der Kompromiss, den die Streikenden mit den Minenleitungen schlossen, ersparte ihnen, dass sie in denselben Hütten durchsucht wurden wie die Afrikaner und dass sie sich nackt ausziehen mussten. Auch der Plan, sie zum Tragen einer Uniform ohne Taschen zu zwingen, wurde fallen gelassen.

Die Kontrolle einheimischer Arbeitskräfte wurde verstärkt. Tatsächlich wurden nur sehr wenige Diamanten gefunden. Und weil es schlechterdings unmöglich war, Tausende von Arbeitern zweimal am Tag zu durchsuchen, einmal, wenn sie zur Mittagspause gingen und einmal, wenn sie die Mine verließen, wurde diese Durchsuchungspraxis Mitte der 1880er Jahre wieder aufgegeben. Stattdessen wurden die Möglichkeiten afrikanischer Arbeiter, sich in der Stadt eine Bleibe zu suchen und sich außerhalb der *compounds* zu verpflegen, weiter eingeschränkt. 1888 lebten fast alle afrikanischen Minenarbeiter in einem *closed compound* und waren gezwungen, sich in einem der Läden, die von der Minengesellschaft betrieben wurden, zu versorgen. Viele verschuldeten sich.

Nach wie vor waren die Minen aber wenig profitabel. Um dieser Situation abzuhelfen, wurde weiter mechanisiert und weiterhin versucht, Lohnkosten zu drücken. Als es 1891 zu einem neuen Verfall der internationalen Karat-Preise kam, wurden auf der de Beers Mine die Lohnkosten nicht nur dadurch gedrückt, dass Löhne erneut gesenkt wurden, sondern es wurden auch noch mehr Arbeitskräfte als zuvor aus irgend welchen nichtigen Gründen in das privat errichtete Gefängnis überstellt. Von dort aus hatten sie völlig unbezahlte Arbeit zu leisten. (Worger 1987: 263) Ergänzt wurden diese kurzfristigen Strategien durch die weitere Mechanisierung der Arbeiten unter Tage. Immer wieder kam es zu Unfällen. An der Wende vom 19. zum 20. Jahrhundert übertraf die Todesrate der Bergleute in Kimberley diejenigen ihrer Kollegen in Europa beträchtlich. Zusätzlich zu den Unfällen, die durch schlecht gesicherte Minen und den zunehmenden Gebrauch von Sprengstoffen verursacht wurden, waren die Arbeitskräfte wegen der sehr schlechten Belüftung der Schächte unter Tage gefährdet. (Worger 1987: 265) 1888 starben in Kimberley jährlich 100 von 1.000 Arbeitern, die meisten von ihnen an Lungenentzündung. In den 1880er Jahren wurde den afrikanischen Arbeitern, die sich in Kimberley registrieren ließen (und nur ihnen), zusammen mit der Gebühr für die Registrierung eine Krankenhausabgabe abverlangt. Ein Krankenhaus wurde auch tatsächlich eingerichtet, aber afrikanische Kranke wurden kaum je aufgenommen. (Turrell 1987: 162) Erst 1905 wurde – nach heftigem Widerstand der Minenbesitzer – ein Gesetz erlassen, demzufolge eine, wenn auch sehr minimale, Entschädigung für Arbeitsunfälle zu zahlen war.

Arbeitskräfte hatten nur sehr geringe Chancen, sich zu wehren. Je nach der aktuellen Situation auf dem Arbeitsmarkt konnten sie von der Konkurrenz unter Minenbesitzern, soweit diese nicht bereits durch die zunehmende Monopolisierung des Minenkapitals beseitigt war, profitieren. Um neu rekrutierte Arbeitskräfte zum Eintritt in ein *compound* zu bewegen, lockte die Kimberley *Central Mine* mit der Genehmigung, am Sonntag den *compound* verlassen zu dürfen. Kleinere Minen ließen verlauten, sie würden Tabak, Kaffee und Lebensmittel kostenlos zur Verfügung stellen. Anders als die De Beers Mine verzichteten sie auch auf die Installation von elektrischem Licht zum Zwecke der Kontrolle und auf die Bedeckung des *compounds* mit Maschendraht. (Turrell 1987: 158) Es gab aber auch Arbeitskräfte, die sich vertraglich verpflichtet hatten, sich während der Monate ihrer vertraglichen Bindung ohne Unterlass im *compound* aufzuhalten. Und das galt dann auch, wenn sie aktuell gar nicht beschäftigt (und folglich auch nicht bezahlt) waren. Auf diese Weise hielten sich die größten Minen eine Arbeiterreserve in den *compounds*. Wer zu diesem Schicksal verdammt war, hatte kaum eine Chance, das eigene Überleben zu sichern, ohne den *compound* zumindest zeitweilig zu verlassen und dann womöglich im Gefängnis zu landen. Auf diese Weise gelangte man dann auch zur Beschäftigung in der Mine, einer unbezahlten freilich. In der Krise von 1905 bezog de Beers 1200 Gefangene von der Kapregierung. Die Mine entrichtete dafür zwischen 2 und 3 *dimes* pro Tag und Gefangenem. (Worger 1987: 300f.)

Eine geringe Verbesserung ihrer Lage erwuchs südafrikanischen Minenarbeitern aus dem Umstand, dass Weiße im Kap Wahlrecht hatten. Weil die Minenbesitzer günstige gesetzliche Regelungen und die Mitwirkung des Kolonialstaates bei der Kontrolle der Arbeitskräfte brauchten, mussten sie die wütenden Proteste von weißen Kleinhändlern in Kimberley ernst nehmen. Diese hatten sich daran entzündet, dass die Insassen der *compounds* nur noch in den Läden der Gesellschaft einkaufen und keinen Ausgang mehr bekommen sollten. Es kam zu Kompromissen: begrenzter Ausgang und (behauptete) Beschränkung des Angebots der Läden in den *compounds* auf das Notwendigste.

Zu Beginn des 20. Jahrhunderts wurden mit Unterstützung der Staatsgewalt zunehmend nicht nur die Minenarbeiter, sondern alle Afrikaner in Kimberley einem strikten System der Kontrolle unterworfen. Um sicher zu gehen, dass sich in der Stadt niemand aufhielt, der nicht nachweisen konnte, Arbeit zu suchen, oder aber in einem Haushalt oder bei einem Handwerker beschäftigt war, wurden nun auch die Unterkünfte in der Stadt in *compounds* zentralisiert. Sie konnten nicht völlig geschlossen werden, ihre Insassen hatten aber ständige Kontrollen von Polizeikräften gewärtigen. (Worger 1987: 302)

Für den Zusammenhang dieses Essays ist die weitere ökonomische Entwicklung des Minenkapitals in Südafrika nicht unmittelbar von Bedeutung.[205] Denn die wichtigste Voraussetzung für die *closed compounds* und allem, was damit zusammenhing, war bereits mit der Ausschaltung der *small digger*s durch das große Kapital entstanden, weil sich

205 Dazu gehören vor allem der politische Niedergang von Cecil Rhodes, aber auch die Entdeckung neuer Minen in Südafrika und in Deutsch-Südwestafrika. Vgl. Worger (1987: 296-306); zum politischen Niedergang von Cecil Rhodes vgl. Flint (1974: 174-226).

nur unter den Kleineigentümern und unter den „*share-workers*" afrikanische Schürfer hatten halten können, die keine „Knechte" waren. In Kimberley bedeutete der Übergang vom Kleingewerbe zur Großindustrie nicht nur eine Verbesserung der Möglichkeiten, rassistische Vorurteile wirtschaftlich zu nutzen, vielmehr erhielt Rassismus in den „*closed compounds*" eine materielle, räumliche und symbolische Struktur.[206]

Bauern-Arbeiter: spezifische Transformationen

Die Entwicklung von *compounds* war charakteristisch für politisch ökonomische Strukturen, in denen Arbeitsverhältnisse dadurch geprägt waren, dass Arbeitskräfte an der Flucht gehindert und kontrolliert werden sollten. Aus derartigen Bestrebungen sollte aber nicht geschlossen werden, dass Kapitaleigner insgesamt versucht hätten, einen über Jahre beständigen Arbeitsstamm aufzubauen. Wo sie genügend Angebot an Arbeitskräften vorfanden und nicht auf spezifisch erfahrene Arbeitskräfte angewiesen waren – ein Umstand, der wegen des weitgehenden Verzichts auf moderne Technologie während der gesamten Kolonialzeit weitgehend erhalten blieb –, profitierten sie von der Möglichkeit, je nach Konjunkturlage zu entlassen. Das traf sich mit den Bestrebungen vieler Arbeitskräfte. Wo immer ihnen dies möglich war, verteidigten sie die Reste an bäuerlicher Subsistenzwirtschaft, die sie noch nicht verloren hatten, und verstanden Lohnarbeit als eine Ergänzung ihrer bäuerlichen Überlebensstrategien. Historiker und Historikerinnen bezeichnen derartige Verhältnisse als Semi-Proletarisierung.[207]

In vielen Kolonien verloren Einheimische all ihr Land und wurden dann zu Wanderarbeitern, die sich auf Plantagen, bei Siedlern, in Bergwerken und Industrien verheuerten. Anderen aber verblieb ein Rest ihrer bäuerlichen Produktionsmittel. Sie wurden in Armut und Elend gestürzt, konnten aber immer noch versuchen, sich an ihrer früheren Lebensweise fest zu krallen. Sofern sie in der Nähe von Städten und Industriebetrieben oder Bergwerken lebten, verdingten sie sich häufig nur wochen- oder tageweise und

206 In den Diamantenminen der portugiesischen Kolonie Angola verschmolzen im 20. Jahrhundert die strikten Kontrollen einheimischer Arbeitskräfte mit der Aufsicht über die Ingenieure, die während der Zeit der Diktatur (1926–1974) ihrer liberalen Auffassungen wegen dorthin deportiert wurden. (Birmingham 1994: 122)

207 Solche Verhältnisse gab es zwar auch in einigen Regionen der kapitalistischen Metropolstaaten – in Württemberg etwa gab es früh und lange Bauern, die in nahegelegenen Industrien etwas dazu verdienten (Kaschuba & Lipp 1982) –, dennoch ist der Verlust kleinbäuerlicher Subsistenzmöglichkeiten ein in diesen Ländern spezifisches Merkmal der Entwicklung zum Kapitalismus. Nirgends mehr als in England. Dort hatten Bauern zwar bereits im Mittelalter den Rechtsstatus der Freiheit gewonnen, sie hatten aber kein Eigentum an dem von ihnen bewirtschafteten Land durchsetzen konnten. Deshalb hatten sie kaum Chancen, den Strategien der Kommerzialisierung von Landeigentümern mit widerständigem Beharren zu begegnen. Im 16., 17. und im 18. Jahrhundert verloren viele Bauern das von ihnen gepachtete Land und fanden sich in der Situation von Arbeitskräften wieder, die entweder auf dem Land oder in Städten für Lohn arbeiteten. Die Katastrophen ihrer Existenz schufen Voraussetzungen für eine immense Produktivitätssteigerung der Landwirtschaft.

blieben im Dorf wohnen (für Indien: Das Gupta 1994: 123). Auch Migranten aus weiter entfernten Dörfern waren oft bestrebt, die Dauer ihrer abhängigen Arbeit zu beschränken, vielfach auf die Zeit, in der sie weder für Pflanz-, Sä- oder Erntearbeiten gebraucht wurden. (Pouchepadass 1990: 18; Das Gupta 1994: 303)

Dass sich so viele dazu veranlasst sahen, eine zirkuläre Migration zwischen Dorf und entferntem Arbeitsplatz zu praktizieren, resultierte aus einer doppelten Verelendung. Aneignungsstrategien der Landeigner und die Steuern des Kolonialstaates bewirkten, dass die vorübergehende Aufnahme von Lohnarbeit zu einer von vielen Bauernfamilien praktizierten Überlebensstrategie wurde, andererseits machten es miserable Löhne und häufig wechselnde Beschäftigungsmöglichkeiten unerlässlich, die Möglichkeit einer minimalen Versorgung im Dorf zu verteidigen. In British Guyana sollen in den 1880er Jahren etwa ein Drittel der Arbeitskräfte, die mit der Ernte von Zuckerrohr beschäftigt waren, saisonal geheuerte Lohnarbeitskräfte gewesen sein. Dass sie in den Dörfern der Umgebung lebten, machte es Plantagenbesitzern möglich, ihre Löhne sehr niedrig zu halten und die Anzahl der Beschäftigten nach Bedarf zu variieren. (De Baros 2004: 330) So unterschiedlich die Situation in Kolonien auch war, und so unterschiedlich sie sich sogar in den verschiedenen Regionen einzelner Kolonien entwickelte, insgesamt schuf Kolonialherrschaft Bedingungen, welche die Produktivität der einheimischen Landwirtschaft tendenziell verringerte und Kolonisten veranlasste, Arbeitskraft nach Möglichkeit so preisgünstig zu erlangen und gerade so lange unter dem eigenen Kommando zu halten, wie dies ökonomisch opportun erschien. Diese spezifischen Bedingungen sind in der Historiographie zur Geschichte kapitalistischer Arbeit lange kaum wahrgenommen worden, weil die Orientierung an europäischen Entwicklungen dazu geführt hat, dass sich die meisten Historikerinnen und Historikern entweder mit Bauern oder aber mit Arbeiterinnen und Arbeitern befassten. (Simmons 1990: 46-48) Erst in den letzten Jahrzehnten wird vermehrt berücksichtigt, dass es unzutreffend ist, die Entwicklung kapitalistischer Arbeit in Kolonien unter die Überschrift „Proletarisierungsprozesse" zu subsumieren.

Zum Exempel: Indien

Für Indien gilt, was oben bereits für afrikanische Kolonien ausgeführt wurde: Die zweigeteilte Darstellung der Wirtschafts- und Sozialformen in einerseits moderne Produktionsformen und andererseits traditionelle Strukturen unterschätzt die Umwandlung der letzteren durch die Herrschaft des Kolonialstaaten.

Während Grundbesitzer Arbeitskräfte mittels Schuldverhältnissen an sich zu binden suchten, ging es Kapitaleignern in den beiden größten Industriezweigen Indiens um Maßnahmen zu ihrer besseren Kontrolle. Eine erfolgreiche Kontrolle der Arbeitsleistung bei gleichbleibend harten Arbeitsbedingungen konnte umso leichter erreicht werden, je schwieriger es war, den Arbeitsplatz zu verlassen. Die britischen Eigner von Jute-Fabriken in und um Kalkutta hatten deshalb ein Interesse an Arbeitskräften, die von weit her kamen.[208] Da sie faktisch kaum Kontakt zur lokalen Bevölkerung hatten, war es einfacher, sie mit der Anforderung zu konfrontieren, ständig sehr schwere Jute-Ballen auf dem Kopf zu transportieren und die anstrengende Arbeit des Spinnens und Webens auszuführen. (Das Gupta 1994: 64f.) Auch die Minenbesitzer in Chota Nagpur bevorzugten Wanderarbeiter aus Bergregionen. Im Unterschied zu den Bauern aus der Region waren sie eher bereit, längerfristige Verträge einzugehen. (Simeon 1995: 31)

Noch besser funktionierten Kontrollstrategien, wenn Arbeitskräfte aus verschiedenen Regionen angeheuert wurden, vorzugsweise aus Bevölkerungsgruppen, die sich sprachlich nur schlecht verständigen konnten und verschiedenen Religionsgruppen angehörten. Einzelne Fabrikbenutzer setzten auch auf eine Beschäftigung von Arbeitskräften unterschiedlicher Kastenzugehörigkeit. Alle derartigen „Mischungen" wurden bewusst angestrebt, um gemeinsamen Widerstand zu verhindern und Löhne niedrig zu halten. (Das Gupta 1994: 70f.)

Nirgends aber ist die Isolierung der Arbeitskräfte von der lokalen Bevölkerung derart systematisch betrieben worden wie in den Teegärten von Assam. Die Bevölkerungsdichte in der Region war gering und diejenigen, die bereits gewesen wären, zeitweise für Lohn zu arbeiten, wurden durch Berichte von der Plantagenarbeit abgeschreckt. Aus diesem Grund, aber auch aus dem üblichen Fluchtverhinderungsgrund ließen Plantagenbesitzer Arbeitskräfte in den Stammesgebieten anwerben, nicht selten auch mittels Gewalt. Wie an anderen Orten in der Welt kolonialer Ausbeutung ließen die Unternehmer ihre Arbeitskräfte – das ist oben bereits ausgeführt worden – durch Zäune und Kontrollen von der Umgebung isolieren. Die geographische Abgelegenheit ihrer Plantagen erleichterte diese Strategie. Darüber hinaus waren Manager der Teeplantagen aber auch noch in den ersten Jahrzehnten des 20. Jahrhunderts der Ansicht, die gesamte Region sei gewissermaßen privates Hoheitsgebiet. Ohne eine formelle Genehmigung der Manager sollte sich niemand den Arbeiterinnen und Arbeitern nähern dürfen. (Behal 2007: 171)

Dass Kapitaleigner in Assam zunächst legal – und später faktisch – nahezu ungehindert über Leib und Leben ihrer Arbeitskräfte bestimmten, unterscheidet die Teeproduktion in der abgelegenen Region Assam von anderen Formen der Vernutzung mehr oder minder freier Lohnarbeit in Indien.

Den Unternehmern, die Indiens Eisenbahnen bauen ließen, standen derartige Strategien nicht zu Gebot. Sie nutzten das Angebot an Arbeitskräften, das ihnen die Verelendung der bäuerlichen Bevölkerung in bestimmten Regionen zutrieb. Allein in Bengalen sollen 1858 annähernd 116.000 Männer, Frauen und Kinder für die Eisenbahngesellschaft gearbeitet haben. 1898 sollen es in ganz Indien annähernd 460.000 gewesen sein. (Kerr 1995: 95) Dass so viele Frauen und Kinder unter den Arbeitskräften waren, in einzelnen Bezirken sollen Frauen sogar annähernd die Hälfte der Beschäftigten

208 Anthony Cox zufolge war der Unterschied in der Behandlung von Arbeitskräften in den Jute-Industrien von einerseits Dundee in Schottland und andererseits Kalkutta in Indien sehr viel geringer als oft unterstellt. (zit. van Schendel 2007: 237)

ausgemacht haben, lag zum einen an den geringen Löhnen, die dazu führten, dass vielfach ganze Familien zu den Baustellen kamen. Zum anderen begünstigte die Organisation der Arbeit die Beschäftigung von Frauen und Kindern. Weil nicht in Maschinen investiert wurde, beförderten Frauen und Kinder die Erde, die ausgehoben wurde, um das Gleisbett legen zu können, in kleinen Körben auf ihren Köpfen, und ebenso beförderten sie auch Materialien zu den Baustellen für die benötigten Brücken. Männliche Beschäftigte, die allermeisten unter ihnen hatten keine handwerkliche Ausbildung, wurden eher für die Ausschachtungen eingesetzt, aber auch für den Bau der Brücken. Zumeist meldeten sich genügend Arbeitskräfte bei den Eisenbahngesellschaften, vereinzelt aber beklagten sich Manager über einen Mangel, den sie darauf zurückführten, dass der Kolonialstaat für die von ihm in eigener Regie durchgeführten Bauten Arbeitskräfte zwangsweise rekrutierte. Zumindest in einem Fall ließen die Agenten einer Eisenbahngesellschaft glauben, sie agierten im Auftrag der Regierung, was den „Angeworbenen" keine Wahl gelassen hätte. (Kerr 1995: 93) Viele der Arbeitskräfte kamen von weit her. Im Laufe der Zeit kamen auch Arbeitskräfte aus den Stammesregionen Indiens und aus benachbarten Regionen. Niemand von ihnen hatte je zuvor für Lohn gearbeitet. In der Dürrezeit des Jahres 1861 fanden sich Tausende Stammesangehörige mitsamt ihren Familien ein, um an der Eisenbahn zu arbeiten. (Kerr 1995: 103-105) Im Laufe der Zeit wurden einige Arbeiter zu Spezialisten für bestimmte Arbeiten, und während viele der Arbeitskräfte nach einer Zeit der Lohnarbeit wieder in ihre Dörfer zurück kehrten, gingen die meisten dieser Spezialisten mit, wenn die Eisenbahngesellschaft zu einem anderen Bauabschnitt vorrückte. In vielem ähnelte der Eisenbahnbau in Indien dem zeitgenössischen Eisenbahnbau in Europa. Der wichtigste Unterschied ergab sich aus der Tatsache, dass für den Bau selbst nur insoweit in Technologie investiert wurde, als die erforderlichen Arbeiten nicht durch den Einsatz der körperlichen Kraft von Einheimischen erledigt werden konnten. Der Eisenbahnbau vergrößerte den Markt für kapitalistische Lohnarbeit, aber die koloniale Situation machte es möglich, dass auf eine Revolutionierung des Produktionsprozesses weitgehend verzichtet werden konnte. Der Bau von Brücken war überall gefährlich, aber beim Bau von Brücken in Indien kamen besonders viele zu Tode, andere starben bei unsachgemäßen Sprengungen für die vielen Tunnels. So viele auch aufgrund von Unfällen starben, eine noch tödlichere Gefahr waren Seuchen, insbesondere Cholera. Es gibt nur wenige Statistiken, aber allein 1888 sollen in einem bestimmten Streckenabschnitt zwischen 2.500 und 3.000 Arbeitskräfte an der Cholera gestorben sein. (Kerr 1995: 159) Das feuchte Klima und die behelfsmäßigen Unterkünfte, in denen die Arbeitenden hausten, bewirkten eine dramatisch rasche Verbreitung von Seuchen. Wer ihr entging, floh zumeist den Arbeitsort. Und weil die Dorfbewohner in der Nähe alle Fremden mit Gewalt fernzuhalten suchten, war es zeitweise kaum noch möglich, Lebensmittel für die Überlebenden zu besorgen. (Kerr 1995: 160) Die Bedingungen des Baus und die Tatsache, dass Armut viele der Arbeitskräfte körperlich geschwächt hatte, bevor sie sich entschlossen, um Lohnarbeit nachzusuchen, haben bewirkt, dass die Todesraten durchgängig sehr hoch blieben. Die Überlebenden hatten nicht nur körperlich harte Arbeit, sondern auch die Gewalttätigkeiten von Aufsehern zu ertragen. Wie überall in der kolonialen Welt, entstand aus Alkohol und Rassismus nur allzu oft eine explosive Mischung.

Die Entwicklung der Infrastruktur erforderte nicht nur den Bau der Eisenbahnlinien, sondern auch den Unterhalt der Züge und Strecken. In den Bahndepots wurden handwerklich erfahrene Arbeitskräfte gebraucht, viele waren zuvor selbständig gewesen. Anders als bei der Teeproduktion, der Juteproduktion und den Kohlenminen handelte es sich bei den Reparaturbetrieben der Bahnen nicht um private Unternehmen, sondern um Betriebe des Kolonialstaates. Alle Unternehmer in Indien konnten die Unterstützung von Polizei und Militär einfordern, wenn es darum ging, Proteste von Arbeitskräften niederzuschlagen, dennoch übertraf das Ausmaß der Unterdrückung eines Streiks von Bahnbeschäftigten der Region Lilloah in den Jahren 1928 und 1929 den auch sonst üblichen Einsatz von Staatsgewalt zugunsten industrieller Unternehmungen. Unter Arbeitskräften der gesamten Region soll dies dazu geführt haben, dass Opposition gegen bestimmte Strategien in der Industrie als Opposition gegen den Kolonialstaat wahrgenommen wurde, was einerseits die Bedeutung von Kastenzugehörigkeiten schmälerte und andererseits auch eine Unterstützung von gesellschaftlichen Kräften provozierte, die nicht in den bestreikten Betrieben beschäftigt waren. (Das Gupta 1994: 464)

Vierte theoretische Zwischenbemerkung: Koloniale Staatsgewalt

Kapitalismus ist immer „politische Ökonomie". In Kolonien war dieses Verhältnis durchgängig dadurch geprägt, dass Staatgewalt als Gewaltapparat zur direkten Förderung privater Aneignung fungierte.

Kolonien wurden unterschiedlich regiert, wobei die institutionalisierten Elemente dieser Unterschiede nicht ganz so entscheidend waren, wie lange unterstellt. Denn nicht nur in Kolonien, in denen Regierungsaufgaben an einheimische Entscheidungsträger delegiert wurden, sondern auch in Kolonien, die ausschließlich von Beauftragten der Regierung einer Kolonialmacht verwaltet wurden, entwickelten sich die Bedingungen für den Alltag unter kolonialer Herrschaft vor allem durch Praktiken und Auseinandersetzungen vor Ort. Abgesehen von der japanischen Besatzungsherrschaft über Korea in der Zeit von 1910 bis 1945 hatte kein anderer Kolonialstaat einen Apparat zur Verfügung, dessen schierer Umfang es ermöglicht hätte, den Alltag der Beherrschten tatsächlich zu kontrollieren.[209]

Unabhängig davon, ob koloniale Staatsgewalt in der Lage war, über die Menschen und den Reichtum in einem beanspruchten Territorium tatsächlich zu herrschen, hat koloniale Staatsgewalt aber allenthalben Grenzen gezogen. Es handelte sich um Begrenzungen von Ansprüchen gegenüber konkurrierenden Kolonialmächten. Weshalb es denn auch nur logisch war, dass Fremdherrschaft ohne Rücksicht auf einheimische Traditionen der Zusammengehörigkeit etabliert wurde.[210] So

209 Die japanische Okkupation Koreas unterschied sich auf doppelte Weise von anderer kolonialer Staatsgewalt. Zum einen verzichtete der Kolonialstaat – an seiner Spitze stand der weitgehend autonom regierende Generalgouverneur – auf jeglichen Versuch, lokale Eliten zur Mitwirkung zu bewegen, zum anderen war die personelle Dichte der Besatzungsherrschaft unvergleichlich hoch. Während in anderen Kolonien ein Zivilbeamter zumeist auf mehrere Zehntausend Einheimische kam, waren in Korea um die Mitte der 1930ger Jahre 52.000 japanische Zivilbeamte tätig, um den Alltag einer Bevölkerung von 22 Millionen in allen Einzelheiten zu kontrollieren, die koreanische Wirtschaft den Interessen Japans anzupassen und eine neue japanfreundliche Expertenschicht auszubilden. In koreanischen Arbeiten wird die besondere Repressivität der japanischen Herrschaft hervorgehoben. Angesichts der auch in dieser Untersuchung geschilderten Praktiken in anderen Kolonien, gibt es im Hinblick auf koloniale Repressivität wohl keine ersten Sieger. Sicher ist jedoch, dass bei einem Verhältnis von einem Beamten zu 420 Einheimischen trotz der Möglichkeit, die ersteren zu korrumpieren, ein nicht nur sehr dichtes, sondern auch weitgehend effektives Netz der Kontrolle gespannt wurde. (Osterhammel 1995/2009: 71; im Anschluss an Nahm; Yim 2014)

210 Jordan Branch hat neuerdings die These vertreten, dass diese Herrschaftspraxis und die mit ihr verbundenen kartographischen Entwicklungen auf die Entwicklung von Staatlichkeit in Europa zurück gewirkt habe. *Colonial reflection* habe dazu geführt, dass in neuzeitlichen Friedensverträgen in Europa nicht mehr all die vielen einzelnen Adels- und Stadtherrschaften aufgeführt wurden, die abzutreten waren, sondern ein ganzes Territorium benannt worden sei. (2010: passim) Die Argumentation kann nicht überzeugen, denn in Europa resultierte Territorialgewalt aus der erfolgreichen Erweiterung von Kompetenzen einer dominanten Herrschaft,

sehr aber die von Kartographen gezogenen Linien Herrschaftsansprüche gegenüber kolonisierenden Konkurrenten einigermaßen erfolgreich demonstrierten, im Inneren war Souveränität deshalb noch keineswegs etabliert. Vielmehr sahen sich Kolonialstaaten beständig veranlasst, ihre Oberhoheit zu verteidigen und zu vertiefen. Auf den ersten Blick ähnelt die Entwicklung kolonialer Staatsgewalt deshalb Prozessen der Monopolisierung bewaffneter Gewalt und nachfolgender Bürokratisierung in modernen europäischen Staaten. Auf den zweiten Blick aber nicht. Zunächst zu den Ähnlichkeiten.

Die koloniale Ordnung der Verhältnisse

Ebenso wie im europäischen *Ancien Régime*[211] war der zentrale Zweck staatlicher Gewalt auch in Kolonien die Sicherung von Aneignung. Ebenso wie im *Ancien Régime* war die Aneignung mittels bewaffneter Gewalt ein zentrales Element der Herrschaft. Und in beiden Herrschaftsformen richtete sich Ordnungspolitik in erster Linie auf die Verhinderung von Revolten, wobei Kritik an besonders drastischer Unterdrückung im einen wie im anderen Falle in der Gefahr stand, als Revolte verstanden und bekämpft zu werden. Und ebenso wie in den Kolonien europäischer Metropolmächte hatte es auch in den meisten Gesellschaften des *Ancien Régime* keine Gleichheit vor dem Gesetz gegeben. Eine Ausnahme ist das Recht aller Untertanen der englischen Krone auf persönliche Freiheit, eine Freiheit, deren Kern zumeist darin gesehen wird, dass niemand ohne richterlichen Befehl verhaftet werden kann und das Recht hat, eine richterliche Haftprüfung zu verlangen (*habeas corpus*).[212] Materielle Rechtsungleichheit gab es freilich in allen Gesellschaften des

---

nicht aber aus der „linearen Definition von Territorialität" (2010: 285), die sich, das sei Jordan Branch zugestanden, in den Kolonien besonders früh durchsetzte. Das aber war immer nur dann und immer nur dort möglich, wenn und sofern auf vorhergehende einheimische Herrschaft keinerlei Rücksicht genommen werden musste. War dies doch der Fall, wie etwa im Falle der Eroberung Bengalens, so bezog sich die Eroberung auch in Übersee weniger auf ein bestimmtes Territorium als auf Herrschaftskompetenzen, im konkreten Beispiel auf das Recht, Tribut einzufordern. Wenn – wie in der von Branch angeführten Teilung Polens – lineare Grenzen ohne Rücksicht auf frühere Herrschaftsrechte gezogen wurden, so wurde damit die völlige Machtlosigkeit und folglich strikte Nichtbeachtung vorhergehender Herrschaftsrechte demonstriert. Insoweit verfuhr man mit der polnischen Bevölkerung tatsächlich wie mit Irokesen und Hottentotten, ein Umstand, auf den Josef II. hingewiesen haben soll. (Evans 1992: 492; zit. bei: Branch 2010: 289; zit.)

211 Für die Ausführungen in diesem Abschnitt beziehe ich mich auf meine Analyse der Entstehung bürgerlicher Staatsgewalt. (Gerstenberger 1990/2006) Ich verzichte hier sowohl auf die ausführliche Argumentation zu einzelnen Thesen als auch auf Angaben zu der Literatur, die dafür herangezogen wurde. Zur Benutzung des Terminus *Ancien Régime* anstelle des sonst oft üblichen „Absolutismus" sowie insgesamt zur Analyse der Staatsgewalt in Gesellschaften des *Ancien Régime* vgl. ausführlich Gerstenberger 1990/2006: 501-510 und passim.

212 Wie der Terminus nahelegt, bedeutete *habeas corpus* (*have the body*) ursprünglich, dass Menschen auf königliche Anordnung hin, ins Gefängnis gebracht wurden. Erst gegen Ende des 17.

Ancien Régime. Genau so wie es in Indien unnötig war, darauf hinzuweisen, dass der Straftatbestand „säumiger Koch" faktisch keinen Europäer treffen konnte, war es auch in England unnötig, darauf hinzuweisen, dass Adlige nicht von den drakonischen Gesetzen gegen Wilderer betroffen waren. Und auch für die nicht nur faktisch, sondern auch formal zugestandene strafrechtliche Kompetenz von Herren und Unternehmern, wie sie uns zuletzt bei den Plantagenbesitzern in Assam oder an der Ostküste von Sumatra begegnet ist, finden sich in den strafrechtlichen Kompetenzen vieler europäischer Grundherren eindrucksvolle Parallelen.

Es gibt weitere Übereinstimmungen oder doch Ähnlichkeiten. Die tatsächliche Regierung (*governance*) der Bevölkerung blieb begrenzt. Das traf für Kolonien sicher sehr viel deutlicher zu als für Gesellschaften des *Ancien Régime*, dennoch bestand tatsächliche Regierung in beiden politischen Sphären lange vor allem als Anspruch. Und erst allmählich konnte mehr oder minder kontrolliert werden, ob rechtliche und administrative Regulierung in tatsächliche Praxis umgesetzt wurde. In beiden Fällen lagen die Ursachen für die Grenzen tatsächlicher Regierung im Widerstand der Bevölkerung, sowie in zahlenmäßig begrenztem, schlecht bezahltem und vielfach vor allem an eigener Aneignung interessiertem Personal.

Und doch treffen wir bei der Betrachtung von Prozessen der Verrechtlichung und Bürokratisierung bereits auf den ersten der grundlegenden Unterschiede zwischen kolonialer Staatsgewalt und staatlicher Herrschaft in Gesellschaften des europäischen *Ancien Régime.* Denn während es sich in den letzteren um Prozesse handelte, deren Basis in der Konkurrenz um jene Privilegien lag, die materiellen und sozialen Aufstieg ermöglichen oder verhindern sollten, handelte es sich in Kolonialstaaten um die Regulierung von Unterdrückung und Ausbeutung. Der Zusammenhang wird betont, wenn in Anlehnung an den Terminus *"warfare"* für Kolonien gelegentlich von *"lawfare"* die Rede ist. (Comaroff 2001: 312 und passim) Recht etablierte zulässige Formen des Eigentums, Recht regulierte die Aneignung von Land, und Recht regulierte die zulässige Ausbeutung von Arbeitskraft. Auch wenn es sich bei der Verrechtlichung um nichts anderes handelte, als um die Legalisierung gewaltsam hergestellter Fakten (Kennedy 2006: 36), so zwangen Verordnungen und Gesetze diese Faktizität doch in das Gerüst des in den Kolonialmächten verbreiteten juristischen Denkens. Wurde gewaltsame Aneignung reguliert, so wurden in der Regel freie Entscheidungen von Individuen unterstellt.

Lawfare sollte die Herrschaft von den Unsicherheiten befreien, die in bloßer Gewaltherrschaft immer enthalten sind. Es sollte die Eroberung auf Dauer stellen. Weil damit die Praxis der Herrschaft auf kurze Sicht eher kalkulierbar wurde

---

Jahrhunderts wurde diese Rechtsfigur zum Zentrum der Freiheitsrechte englischer Untertanen, zur Gewähr eines legalen und nicht willkürlichen Verfahrens. Konkret wird dieses Recht im Rechtsanspruch auf ein Haftprüfungsverfahren. Insoweit sich königliche Gerichtsgewalt auch auf britische Kolonien erstreckte, galt auch dort das Recht auf *habeas corpus*.

und außerdem einen größeren zivilen Apparat erforderte, eröffneten Prozesse der Verrechtlichung und Bürokratisierung auch neue Möglichkeiten der Kollaboration und des Aufstiegs, folglich einer gewissen sozialen Stabilisierung kolonialer Herrschaft. Auch wenn koloniale Herrschaft nirgends in der Lage war, alle Aspekte einheimischer Sozialbeziehungen zu regulieren, so haben doch Kontrolle sowie Unterdrückung auf der einen und Aufstiegs- sowie Erwerbschancen auf der anderen Seite die Art und Weise beeinflusst, in welcher sich diese Beziehungen veränderten.[213]

In beiden Herrschaftssphären gab es Rechte, die qua Geburt zugestanden oder verweigert wurden. In beiden begrenzte dieser Status die Chancen auf materiellen Erfolg, machte ihn aber nicht unmöglich. Was den sozialen Aufstieg anlangt, so war er in Gesellschaften des europäischen *Ancien Régime* durch Geschlecht, Religionszugehörigkeit sowie den rechtlichen und sozialen Status der Eltern begrenzt, in Kolonialstaaten aber zuvörderst durch die Zugehörigkeit zur einheimischen Bevölkerung. Dieses Hemmnis gegen den Aufstieg in die Herrschaftsschicht wurde weder während der gesamten Dauer europäischer Kolonialherrschaft, noch überall in gleicher Weise rassistisch definiert, aber die rechtliche und die alltägliche Herstellung einer fundamentalen Differenz zu Einheimischen war allgemein und durchgängig präsent. Rassistische Strukturen sind ein Merkmal aller kolonialen Herrschaft,[214] aber nirgends waren sie unbarmherziger als in Siedlungskolonien. (Elkins 2005: passim)

Die alltagspraktische und die rechtliche Bestimmung von Eingeborenen begrenzte den sozialen Aufstieg einzelner, vor allem aber machte sie einheimische Frauen und Männer zu potentiellen Objekten ökonomischer Ausbeutung. Wohl gab es in manchen Bereichen rechtliche Regelungen, die für alle Einwohner eines kolonialen Territorialstaates galten,[215] auch verlangte englische Kolonialherrschaft

213 Ohne dass dies hier näher diskutiert werden könnte, kritisiert diese Formulierung Ansätze, die Kontinuität und Autonomie einheimischer sozialer und spiritueller Formen betonen. Auf der anderen Seite wird aber auch die Vorstellung kritisiert, die Veränderung kolonisierter Gesellschaften sei das ausschließliche Resultat der Fremdherrschaft. Zumeist werden diese Fragen mit Bezug auf Afrika und unter der Überschrift „Bruch oder Kontinuität" diskutiert. Vgl. dazu insbesondere Chauveau (1987: passim). Eine Diskussion der für diese Fragen relevanten Literatur findet sich auch bei Harding (1999: 178-183).

214 Es gab untypische Ausprägungen. So teilte die US-amerikanische Kolonialpolitik nach dem Ende des Krieges gegen die Philippinen Einheimische in zwei große Gruppen auf: in Christen, denen offiziell mit keiner Rassenschranke, sondern mit *inclusionary racism* begegnet wurde, und in Nicht-Christen, von denen offiziell als von „Stämmen" die Rede war. Für die Ersteren wurden Schulen eingerichtet, letztere wurden unterdrückt, bzw. zur Arbeit am Straßenbau gezwungen. (Kramer 2006: 195; 201; 211 und passim)

215 So war es etwa in Lagos möglich, dass Ende des 19. Jahrhunderts einheimische Händler nach denselben Bedingungen wie ausländische Herren städtische Grundstücke erwarben und auf der Basis dieser neuen Form des Eigentums wirtschaftlich und politisch einflussreich werden konnten. Auch in Indien erkannten Mitte des 19. Jahrhunderts zahlreiche Angehörige der

am Ende des 19. Jahrhunderts, dass Gesetze rassenneutral formuliert wurden, und in Algerien wurde Einheimischen Rechtsgleichheit angeboten, sofern sie bereit waren, ihrem islamischen Glauben abzuschwören. (Osterhammel 1995/2009: 59) Auch im belgischen Kongo gab es – ab 1892 – offiziell die Möglichkeit der „Immatrikulation", will sagen, der Erlangung eines neuen – zwischen Europäern und Afrikanern angesiedelten – Rechtsstatus. Voraussetzung war die Bereitschaft zur Anerkennung belgischer Gesetze. (Anstey 1970: 206) Faktisch bestand dennoch durchgängig ein Recht für die Herren und ein anderes für die „Eingeborenen". Auch im belgischen Kongo erhielten die „Immatrikulierten" (später wurden sie ebenso wie in französischen Kolonien als *« évolués »* bezeichnet) weder besseren Lohn noch Zugang zu den Kinos oder Hotels, die Europäern vorbehalten waren. (Anstey 1970: 211)

Von Anfang bis Ende bestimmten Kolonialstaaten, welche Menschen als „Andere" gelten sollten. Während solche Bestimmungen zumeist eher grobschlächtig verfuhren, entschieden in den USA bis 1944 Gerichte darüber, wie viel Anteile eines bestimmten nationalen „Blutes" einen Menschen einer bestimmten Rasse zuordnete.[216] Im Einzelnen beriefen sie sich dabei entweder auf vorhergehende Entscheidungen, auf Intentionen des Kongresses (*congressional intente*) oder aber auf allgemein verbreitete Ansichten (*common knowledge*). (López 2006: Appendix A)

Die Besonderheit des kolonialen Gewaltmonopols

Als Fürsten in Europa daran gingen, ihren Anspruch auf das Monopol legitimer Gewaltanwendung zu realisieren, sahen sie sich gezwungen, zumindest einige der zuvor mächtigen Adligen institutionell und materiell in ihre Herrschaft zu integrieren. Nur auf diese Weise konnte die selbständige Waffengewalt des Adels begrenzt werden. Entsprechend wurden auch in Kolonien traditionelle Herrscher, seien es *Nawabs* in Indien oder Häuptlinge in Afrika, alimentiert, um sie an der Wiederaufnahme von Kriegen gegen die Fremdherrschaft zu hindern. Und in beiden Herrschaftssphären schuf die mehr oder minder gelungene Integration traditionell autonomer Herrscher in den Staatsapparat die Voraussetzung dafür,

---

lokalen und regionalen Führungsschicht, dass ihnen die Landgesetzgebung der Kolonialherren und die Sicherung privaten Eigentums gute Chancen auf Reichtum vermittelten. Folglich waren sie vielfach bereit, auf ihre bisherigen Führungspositionen zu verzichten.

216 Einige wenige Beispiele aus einer sehr langen Liste: 1909: Syrer sind Weiße; 1909: Asiatische Indianer sind Weiße; 1927: Personen, die zu Dreivierteln Chinesen und zu einem Viertel Weiße sind, sind nicht Weiß. 1938: Personen, die zu Dreivierteln eingeborene amerikanische Indianer sind und zu einem Viertel Afrikaner, sind keine Afrikaner; 1939: Asiaten sind keine Weißen; 1944: Araber sind Weiße. (López 2006: Appendix A mit Angabe der jeweiligen Entscheidungsgründe)

dass alle, die sich der Staatsgewalt tatsächlich oder auch nur vermeintlich entgegen stellten, umso gnadenloser verfolgt werden konnten.

Kolonialmächte verweigerten einheimischen Kriegern, die sich gegen sie stellten, den Status des Kriegsgegners. Weil damit jeder Widerstand in Kolonien als Rebellion definiert und behandelt wurde, lehnten die Metropolmächte auch die Geltung jener Prinzipien des internationalen Kriegsrechts ab, die darauf abzielten, Nichtkombattanten zu schützen und Gefangenen bestimmte Rechte zuzuerkennen.

Ist aber ein bewaffneter Kampf als Rebellion definiert, so hat Staatsgewalt allen Verfassungen der Metropolstaaten zufolge das Recht, ihn mit allen dazu notwendigen Mitteln nieder zu schlagen. Noch weiter ging die definitorische Abwehr von Opposition im Falle des Aufstandes gegen die Kolonialmacht in Indien, als dieser in offiziellen Diskursen auf eine „Meuterei" einheimischer Soldaten und damit auf ein allgemein als besonders schändlich gewertetes Verhalten reduziert wurde. Wurde Widerstand zur Rebellion erklärt, so wurde damit auch der Einsatz von umfassender Gewalt legitimiert. Solche Legitimationserfordernisse wurden zwar kaum je gegenüber der kolonisierten Bevölkerung anerkannt, wohl aber wurden sie gegenüber der internationalen politischen Öffentlichkeit für erforderlich gehalten. Am Beispiel der Eroberung der Philippinen durch die USA wird dieser Sachverhalt deutlich. Als die USA 1899 Spanien als Kolonialmacht nachfolgten, setzten die Einheimischen, die zuvor gegen die spanische Kolonialherrschaft gekämpft hatten, ihren Unabhängigkeitskampf fort. Solange die Abtretung der Philippinen an die USA nicht ratifiziert war, handelte es sich bei den kämpfenden Einheimischen um Freiheitskämpfer, für deren Unterdrückung die USA keinerlei international anerkannte Berechtigung gehabt hätten. Folglich herrschte Eile. Denn nur durch die Ratifizierung der Abtretung konnten die in den Philippinen um ihre Freiheit kämpfenden Einheimischen zu Rebellen gemacht werden. Sie wurde also beschleunigt. Sofort danach wurde auf Anordnung des Präsidenten der Vereinigten Staaten eine Militärregierung in den Philippinen etabliert. Generäle wie Soldaten gefielen sich darin, die *nigger*, als welche sie in Übertragung heimischer Erfahrungen und Urteile die für ihre Unabhängigkeit kämpfenden Einheimischen bezeichneten, nieder zu machen.[217]

Nicht alle Verfassungen von Metropolstaaten sahen die Möglichkeit vor, im Falle einer Gefährdung der Staatsgewalt zivile Schutzrechte außer Kraft zu setzen und die Staatsgewalt auf das Militär zu übertragen, aber alle Metropolmächte ermächtigten das Militär, im Falle eines Notstandes (*emergency*) Maßnahmen zu ergreifen, zu deren Anwendung es im Einzelfall nicht ausdrücklich ermächtigt

---

217 Paul A. Kramer (2006) hat analysiert, auf welche Weise nach der Niederschlagung der noch lange weiterkämpfenden Partisanen versucht wurde, einen Kolonialstaat zu errichten, der offiziell keine rassistische Institution war. Seiner Auffassung nach ist dies dadurch geschehen, dass die Einheimischen von Staats wegen zweigeteilt wurden. In Christen und Stammesangehörige. Vgl. dazu bereits oben.

worden war. Während deutsche und französische Generäle und Gouverneure darauf vertrauen konnten, dass die Anwendung von Gewalt gegen „Rebellen" nachträglich auch dann von der Regierung des Metropollandes gebilligt wurde, wenn in der politischen Öffentlichkeit Kritik geäußert worden war, kam es im Vereinigten Königreich vereinzelt zu gerichtlichen Untersuchungen. Zwar stand militärischen und politischen Entscheidungsträgern auch der (ungeschriebenen) englischen Verfassung zufolge nicht nur das Recht, sondern sogar die Pflicht zu, eine Rebellion gegen die Staatsgewalt niederzuschlagen, aber ein Kriegsrecht (*martial law*) im Sinne der Aufhebung ziviler Staatsgewalt gab es nicht. In seiner 1885 erstmals erschienenen *"Introduction to the Study of the Law of the Constitution"* hat Albert Venn Dicey ausgeführt, dass nicht nur Entscheidungsträger, sondern sogar normale Bürger verpflichtet seien, mit den ihnen zur Verfügung stehenden Mitteln gegen Rebellionen vorzugehen (1885/1965: 289). In jedem Fall aber sei das Recht zur Anwendung von Gewaltmaßnahmen durch das Ausmaß des Notstandes sowohl bedingt als auch begrenzt. Und englischem Recht zufolge stehe nicht etwa den unmittelbar Beteiligten das letzte Wort darüber zu, welches Ausmaß der Bedrohung in einer bestimmten Situation geherrscht habe, vielmehr sei es Aufgabe von Gerichten, nach der Niederschlagung einer Rebellion „in Ruhe und Sicherheit" darüber zu befinden. (1885/1965: 291) Aber selbstverständlich waren nicht alle Entscheidungsträger der Ansicht von Lord Broughan, der 1823 erklärte, es wäre eine extreme Kalamität, wenn das ganze Recht und die Konstitution von England auch nur eine Stunde länger durch Kriegsrecht außer Kraft gesetzt würde, als unbedingt erforderlich. (zit. Hussain 2003: 109) Da es keine eindeutigen Kriterien für die Bestimmung eines Staatsnotstandes gibt, war auch die verfassungsmäßige Berechtigung zu Gegenmaßnahmen davon abhängig, wie in einer bestimmten historischen Situation das Ausmaß von „Notstand" (*emergency*) bestimmt wurde, und zwar sowohl von den Beteiligten selbst als auch von den Mitgliedern der Kommissionen, die anschließend eingesetzt wurden, um die getroffenen Maßnahmen zu bewerten, schließlich auch von den Gerichten, die über das Verhalten von Entscheidungsträgern zu urteilen hatten. Angesichts der Brutalität gegenüber einheimischen Widerständigen, die aus britischen Kolonien ebenso wie aus den Kolonien anderer europäischer Metropolstaaten überliefert sind, könnte vermutet werden, die Begrenzung der Entscheidungshoheit von zivilen und militärischen Führungskräften in den Kolonien durch nachträgliche gerichtliche Überprüfung sei Theorie geblieben. In der Geschichte britischer Kolonialherrschaft war dies jedoch nicht durchgängig der Fall. An zwei Beispielen ist dies etwas näher zu erläutern.

Das erste bezieht sich auf eine Revolte, die 1865 im Zusammenhang von Auseinandersetzungen über Pachten in Jamaika entstanden war. Nachdem es zu Mord und Totschlag gekommen war, berief der Gouverneur – wie gesetzlich vorgeschrieben – einen Kriegsrat ein. Dieser erklärte das Kriegsrecht für Jamaika mit Ausnahme von Kingston für eine Dauer von dreißig Tagen. Der späteren Untersuchung zufolge wurden in dieser Zeit 439 Menschen exekutiert, 600 Männer und Frauen öffentlich ausgepeitscht und 1.000 Hütten niedergebrannt. Mit diesen – summarisch verhängten – Strafmaßnahmen befasste sich die königliche Untersuchungskommission nur oberflächlich, weil sie sich auf die Frage konzentrierte, ob die Hinrichtung von George William Gordon, einem prominenten schwarzen Landeigentümer, Mitglied der Legislative und der Kirche der Baptisten, rechtmäßig gewesen sei. Zusammen mit anderen hatte er in den Jahren zuvor eine Landreform gefordert. Deren Notwendigkeit war dem Kolonialministerium auch durch Edward Underhill, einem führenden Mitglied der Englischen Baptisten Mission in Jamaika mit dem Hinweis nahegelegt worden, dass andernfalls Rebellion drohe. Maßnahmen des *colonial office* unterblieben, und in Jamaika konnte der amtierende Gouverneur Eyre weiterhin ungehindert behaupten, die wichtigste Ursache der Armut von Schwarzen sei deren dickköpfige Verweigerung von Arbeit. (Kostal 2005: 7-8). Obwohl Gordon gar nicht unmittelbar an der Revolte beteiligt gewesen war, wurde ihm von einem Militärgericht vorgeworfen, er habe diese angeführt. Selbst unter Bedingungen des Kriegsrechts hätte Gordon aber noch nicht einmal vor dieses Gericht gestellt werden dürfen, weil er sich in Kingston und damit außerhalb des Geltungsbereichs des Kriegsrechts aufgehalten hatte. Der Gouverneur aber hatte ihn gewaltsam in diesen Geltungsbereich bringen lassen. Er wurde hingerichtet.

Für die Mitglieder der noch im selben Jahr eingesetzten Untersuchungskommission ging es John Stuart Mill zufolge – er war selbst Mitglied der Untersuchungskommission – schlicht darum, festzustellen, ob es in England möglich war, einen Staatsbeamten dafür verantwortlich zu machen, dass unberechtigt Blut vergossen wurde, und ob es sich dabei um Mord handelte oder nicht. (zit. bei Hussain 2003: 110) Gegner diese Position waren der Auffassung, die Herrschaft über fremde Bevölkerungen mache Ausnahmen von der *rule of law* erforderlich. (Kostal 2005: 20f.) Öffentlich waren beide Positionen gegenwärtig und beide wurden heftig verteidigt. Während es im *Athenaeum* hieß, der ehrliche Name Englands habe durch das Massaker in Jamaika einen Makel erfahren, der selbst in zwanzig Generationen nicht zu beseitigen sei, wurde in der *Pall Mall Gazette* im Dezember 1865 ausgeführt, „Wir sind wenige und sie sind viele, deshalb müssen wir Untreue mit Terror begegnen … das Ausmaß des Terrors … ist dabei schlicht durch das numerische Verhältnis zwischen ihnen und uns bestimmt …" (zit. Kostal 2005: 469, Übers.) Und der *Morning Herald* kommentierte den Schlussbericht der Untersuchungskommission mit der Feststellung: Revolutionen

> „werden nicht mit Rosenwasser gemacht und Rebellionen nicht mit Handschuhen unterdrückt. Wenn sich eine Handvoll Weißer plötzlich durch eine Vielzahl von Schwarzen bedroht sieht … ist es fast eine moralische Notwendigkeit, dass Maßnahmen ergriffen werden, die ruhige und kühle Betrachtung verurteilen würde." (Kostal 2005: 469, Übers.)

Im Januar 1866 wurde Edward John Eyre seines Amtes als Gouverneur enthoben und nach London beordert, um vor dem Untersuchungsausschuss auszusagen.

Auch Brigade General Abercombie Nelson und Leutnant Herbert Brand wurden vor den Ausschuss zitiert. Letzterer hatte dem Militärtribunal vorgestanden, welches Gordon verurteilt hatte. Der Untersuchungsausschuss, das *Jamaika Committee*, erhob Anklage gegen Eyre sowie gegen Nelson und Brand.[218] Keiner der Angeklagten wurde verurteilt.[219]

In unserem Zusammengang können weder die Gerichtsverfahren noch die in diesem Zusammenhang vorgebrachten – öffentlich heftig debattierten – Argumente im Einzelnen ausgeführt werden. Unerlässlich ist aber der Hinweis, dass die Jamaika-Affäre einen Wendepunkt in der Geschichte des englischen Rechts darstellt. Denn während es bislang als weitgehend ausgemacht galt, dass den Prinzipien des englischen Rechts für das ganze Kolonialreich Geltung zukam, war nach den mit dieser Affäre verbundenen Debatten vor Gericht und in der Öffentlichkeit deutlich, dass es im Hinblick auf das Kriegsrecht ein Recht für England und ein anderes für die Kolonien gab. Die Tatsache, dass in den Kolonien über eine potentiell immer rebellierende Bevölkerung geherrscht wurde, erweiterte die Reichweite des Notrechtes und damit den Entscheidungsradius des vor Ort entscheidenden britischen Personals. (So auch Kostal 2005: passim)

Man könnte sich fragen, warum eine derartige Debatte nicht bereits wenige Jahre zuvor aus Anlass der grausamen Niederschlagung des Aufstandes in Indien aufgekommen war. Denn auch für Indien war im Zuge des Aufstandes ein Gesetz erlassen worden, welches die kommandierenden Offiziere von Divisionen, Brigaden und Standorten ermächtigte, Mitglieder der einheimischen Armee ohne Rücksprache mit dem Hauptquartier vor Kriegsgerichte zu stellen und hinrichten zu lassen. „In der Notlage, die damals entstanden war, konnte Zentralisierung nicht beibehalten werden." (Kaye & Malleson 1897–98/1971: 417f.; Übers.) Die Antwort liegt auf der Hand: In Indien waren sehr viele Weiße, darunter Frauen und Kinder umgekommen. Damit galten Strafmaßnahmen, auch wenn sie nicht nur drakonisch, sondern mit zusätzlicher Erniedrigung verbunden waren, im Metropolland prinzipiell für berechtigt. Weil in Jamaika keine weißen Opfer zu beklagen waren, war es politisch möglich, über die Ursachen der Rebellion und über die Legalität der Strafmaßnahmen zu diskutieren. *Lord Chief Justice* Alexander Cockburn sah sich zu der Feststellung veranlasst, ihm schaudere vor dem Gedanken, wozu die menschliche Natur fähig sei, wenn Rache in der Form des Kriegsrechts in Gang gesetzt werde, aber auch Cockburn gestand zu, dass das Kriegsrecht in den Kolonien nützlich sei, um der Bevölkerung Furcht einzuflößen. (zit. Kostal 2005: 483)

218 Zu der Zeit gab es In England noch nicht das Amt des Staatsanwalts, Strafverfahren konnten – und mussten – von Privaten beantragt werden. Gegen Eyre wurden drei Anklagen erhoben.

219 Eine ausführliche Darstellung sowie Analyse der Prozesse und ihrer öffentlichen Wahrnehmung findet sich in der eindrucksvollen Arbeit, die R.W. Kostal vorgelegt hat. (2005: passim)

Es wäre abwegig, anzunehmen, der britische General, der für das Massaker in Amritsar am 13. April 1919 verantwortlich war, habe diese Äußerung von Cockburn gekannt. Denn was Cockburn zum Ausdruck brachte, war nicht mehr und nicht weniger als der *common sense* der Kolonialherrschaft. Weil dieser aber – zumindest in Indien im Jahre 1919 – auch Strategien umfasste, die eine längerfristige politische Stabilität möglich machen sollten, war die militärische Umsetzung dieses *common sense* nicht unumstritten. Auf Befehl von General Dyer schossen die Soldaten in Amritsar auf Menschen, die sich versammelt hatten, um eine Totenfeier für die zuvor vom Militär erschossenen Streikenden zu begehen. Alle Munition, 1.650 Schuss, wurde aufgebraucht. Die Zahl der Getöteten, darunter auch Frauen und Kinder, wird unterschiedlich angegeben. Offiziellen Angaben zufolge gab es 379 Tote und 1.100 Verwundete, der Indische Nationalkongress sprach von mindestens 1.000 Toten. In seinem offiziellen Bericht über den Vorfall rechtfertigte Dyer seine Maßnahme mit dem Hinweis, es sei nicht nur darum gegangen, die Menge zu zerstreuen, vielmehr sei es unter militärischen Gesichtspunkten erforderlich gewesen, eine „ausreichende moralische Wirkung" (*a sufficient moral effect*) auf den gesamten Punjab zu erzielen. Hätte er mehr Truppen zur Verfügung gehabt, so hätte er auch diese eingesetzt. Von einer unangebrachten Härte könne nicht die Rede sein. (R.E.H. Dyer 1920: 10; zit. nach Hussain 2003: 100)

Dyer wurde entlassen, und die mit der Untersuchung des Massakers beauftragte Kommission kam zu dem Ergebnis, die Anwendung des Kriegsrechts sei unzulässig gewesen. Große Teile der britischen Öffentlichkeit waren anderer Ansicht, und auch diejenigen, die Dyers Befehle für unzulässig oder mit Churchill als „monströs" erachteten, bestritten keineswegs durchgängig das Recht, im Falle eines Notstandes (*emergency*) zum Mittel des Kriegsrechtes zu greifen. Überwiegend waren sie jedoch der Ansicht, dass es sich am 13. April 1919 in Amritsar nicht um einen Notstand gehandelt hatte, nicht um einen Aufstand, sondern bestenfalls um einen Aufruhr, eine Gefährdung der öffentlichen Ordnung, der mit polizeilichen Methoden hätte begegnet werden müssen. Damit war eine politische Strategie skizziert.

An der grundlegenden Struktur der Kolonialherrschaft in Indien änderte dies nichts: Auch wenn ein bestimmtes Maß an Legalität eingeführt worden war, so handelte es sich doch nach wie vor um eine Fremdherrschaft, die nicht nur mittels Waffengewalt etabliert worden war, sondern auch mittels Waffengewalt aufrecht erhalten wurde.

Mit dem Hinweis auf eine Gefährdung der öffentlichen Ordnung wurde auch in den Metropolländern im Verlauf des 18. und des 19. Jahrhunderts immer wieder Waffengewalt im Inneren eingesetzt. Dennoch markiert die Entwicklung eines geteilten Notstandsrechts einen der Unterschiede zwischen der Staatsgewalt in Kolonien und Staatsgewalt in parlamentarisch verfassten Metropolstaaten.

Der Unterschied besteht in der politisch jeweils akzeptierten Definition von Notstand.[220]

Denn diese Definition steht nicht ein- für allemal fest. Sie wurde nicht nur in den verschiedenen Rechtskreisen, sondern auch im Verlauf historischer Entwicklungen unterschiedlich beantwortet.

Während für die meisten europäischen Kolonialmächte die Berechtigung zu einem gesonderten kolonialen Notstandsrecht nicht in Frage stand, hatte die offizielle britische Kolonialpolitik – aller faktischen Ungleichheit zum Trotz – lange daran festgehalten, dass die Prinzipien des britischen Rechts im gesamten Imperium galten. Mit dem – auch offiziell – geteilten Notstandsrecht wurde dieser Anspruch aufgegeben. Und damit sind wir bei den Unterschieden zwischen der sich herausbildenden modernen Staatsgewalt in europäischen Gesellschaften des *Ancien Régime* auf der einen und den Grundstrukturen kolonialer Staatsgewalt auf der anderen Seite.

Die Besonderheit kolonialherrschaftlicher Ausbeutung

Kolonialstaaten förderten und sicherten die Aneignung von Land durch Kolonisten,[221] sie sicherten Vorteile von Handelsgesellschaften, und sie sicherten – dies zunehmend – die Herrschaft von Kapitaleignern über Arbeitskräfte. Nur selten handelte es sich dabei um längerfristig gleichbleibende oder gar einheitliche Strategien. Siedler hatten andere Interessen als Minenbesitzer, arme Weiße andere als Plantagenbesitzer, Offiziere hatten oft sehr eigene Interessen, und manchmal gab es auch Beauftragte von Kolonialstaaten, die sich darum mühten, die Lebensbedingungen von Einheimischen zu verbessern. Hier stehen weder deren Motivationen zur Debatte, noch die Hindernisse, die ihnen begegneten. Ihre Bemühungen sind aber eines der Elemente konkreter Staatstätigkeit in europäischen Kolonien, die darauf hinweisen, dass Kolonialstaaten nicht als die Organisation eines einheitlichen und widerspruchsfreien Interesses der Fremden verstanden werden dürfen. Dennoch: in allen Kolonien wurde Staatsgewalt eingesetzt, um aus Einheimischen Untertanen zu machen, deren Arbeitskraft ausgebeutet wer-

---

220 Eine sehr gründliche theoretische Diskussion dieser Problematik hat Nasser Hussain vorgelegt. (2003: passim)

221 So hatten beispielsweise die ersten europäischen Siedler in Kenia (bis zum Jahr 1903 waren dies insgesamt 596) kostenlos Land zugeteilt bekommen. Später erhielten sie Pachtverträge über 99 Jahre. 1915 hat eine königliche Verordnung die Dauer dieser Pachten auf 999 Jahre verlängert. Ende 1929 gab es in Kenia 16.663 europäische Siedler. (Boahen 1990: 174) In Südafrika waren viele Einheimische unwillig, den Kriegsbeitrag der Union zu unterstützen. Denn 1913 war der sog. *Native Land Act* beschlossen worden, der den Anteil des Landeigentums für Schwarze auf 7,3 % der Gesamtfläche der Union begrenzte. Damit verloren – vor allem im Freistaat – viele Pächter ihr Land. Sie interpretierten das Gesetz – durchaus zutreffend als eine Maßnahme, die sie dazu zwingen sollte, Lohnarbeitskräfte zu werden. (Grundlingh 1987: 6)

den konnte. (dazu auch: Koponen 1994: 669) Derartige Strategien gab es auch in europäischen Gesellschaften des *Ancien Régime,* und wer sich auf die Suche macht, kann auch in europäischen Archiven auf Belege für Arbeitsverhältnisse stoßen, die sich von entsprechenden Praktiken in Kolonien nicht prinzipiell unterschieden. Auch die Strategie der Arbeitsverpflichtung durch das Verbot des Vagabundierens (der Landstreicherei) musste in Kolonien nicht neu erfunden werden. Und dennoch sind solche Arbeitsverhältnisse und Politiken in Kolonien nicht nur sehr viel länger praktiziert worden als in kapitalistischen Metropolstaaten, sie kamen auch mit einem größeren Ausmaß an direktem, auf Personen gerichteten Zwang und mit einem größeren Ausmaß an direkter, auf die Körper und das Leben von Einheimischen gerichteten Gewalt daher. Während Aktionen organisierter Arbeitskräfte und Kämpfe zugunsten einer Ausweitung des Wahlrechts Regierungen in den kapitalistischen Metropolstaaten schließlich veranlassten, den Einsatz von direkter Gewalt gegen Arbeitskräfte unter Strafe zu stellen, ist dies in Kolonien nicht nur nicht erreicht, sondern vielfach gar nicht oder erst in den allerletzten Phasen der Kolonialherrschaft angestrebt worden.

Stattdessen blieben Arbeitsverhältnisse in Kolonien bis zum Ende der Kolonialzeit in staatliche Gewaltherrschaft integriert. Das geschah entweder dadurch, dass Unternehmer zusätzlich zu der aus Kapitaleigentum resultierenden Berechtigung, über den Einsatz von Arbeitskraft zu bestimmen, mit der strafrechtlichen Kompetenz ausgestattet waren, jede Abweichung von den privat deklarierten Arbeitspflichten zu bestrafen, sei es mittels körperlicher Züchtigung, sei es mittels Haft in einem privaten Gefängnis. In manchen Kolonien bzw. in einzelnen Produktionsbereichen einer Kolonie wurde Kapitaleignern solche Strafgewalt formell übertragen, in anderen haben sie sich diese außerlegal angeeignet. Die zweite Art der Integration privatwirtschaftlicher Arbeitsverhältnisse in staatliche Gewaltkompetenz geschah über die von Staaten praktizierte Sanktion tatsächlicher oder angeblicher Verletzung von Arbeitspflichten. In diesem Falle waren staatliche Behörden quasi Auftragsgehilfen der einzelnen Kapitaleigner. Weil Arbeitskräften faktisch kaum je Möglichkeiten zur Verfügung standen, staatliche Gerichtsbarkeit in Anspruch zu nehmen, um sich gegen private Gewaltpraxis zur Wehr zu setzen, musste ihnen der Kolonialstaat in aller Regel als Gewaltapparat *sans phrase* erscheinen.

In den meisten europäischen Kolonien stand einer staatlichen Kontrolle des Gewaltregimes in Arbeitsverhältnissen zusätzlich die Tatsache entgegen, dass es der Staat selbst war, der Zwangsarbeit in großem Umfang nutzte. Und wenn die Grundstruktur kolonialer Staatsgewalt anders noch nicht deutlich geworden wäre, so trat sie in der Verquickung von Infrastrukturmaßnahmen und Zwangsarbeit unabweislich zutage. Auch wenn der Bau von Eisenbahnen, Straßen, Brücken oder Häfen zunächst ausschließlich dazu diente, europäischen Unternehmen den Export ihrer Produkte zu erleichtern und diesen zu verbilligen, (Prakash 1990: 218) so galt die Entwicklung von Infrastruktur doch den damit betrauten Konzessionsgesellschaften, den Kolonialstaaten sowie Regierungen in den Metropolländern als eine zentrale Maßnahme zur Entwicklung der kolonialen Wirtschaft – als eine Maßnahme zur Förderung des Allgemeinwohls in den Kolonien. Von der Kolonialregierung in Indien heißt es bei Neil Charlesworth, um die Mitte des 19. Jahrhunderts habe sie begonnen, ihre Verantwortung für öffentliche Einrichtungen zu akzeptieren. Die 1854 eingerichtete Abteilung für *Public Works* sei mit der Kontrolle über den Bau von Straßen, Brücken und Bewässerungssystemen beauftragt worden und habe auch direkt die Entwicklung eines Telegraphensystems, der Eisenbahnen, Hafenanlagen und Werften unternommen. (1982: 59f.) Anders als in vielen anderen Kolonien agierte der Kolonialstaat in Indien in einem erheblichen Ausmaß selbst als Unternehmer. Das verhinderte jedoch nicht, dass die für eine industrielle Entwicklung erforderlichen technischen Artefakte, seien es Maschinen oder Lokomotiven, weiterhin importiert wurden. Das bremste die Entwicklung der Industrieproduktion in Indien.

Ob der Kolonialstaat in Indien tatsächlich bereits Mitte des 19. Jahrhunderts eine bewusste Entwicklungsstrategie verfolgte, sei dahin gestellt. In anderen Kolonien ließen entsprechende Erklärungen und Politiken jedenfalls länger auf sich warten.[222] Eine Diskussion der Einzelheiten und Wirkungen derartiger „Entwicklungspolitik" würde den thematischen Rahmen dieser Untersuchung sprengen. Für unseren Zusammenhang ist aber relevant, dass es vielfach die Infrastrukturmaßnahmen waren, zu deren Errichtung Kolonialstaaten in großem Umfang Zwangsarbeitskräfte einsetzten. (für Afrika: Cooper 2005: 131; für die franz. Kolonien: Le Cour Grandmaison 2009: 92)[223] Diese Praxis war einerseits das Resultat der Knappheit öffentlicher Kassen, andererseits der Zurichtung von Einheimischen zu Eingeborenen. Alle Metropolstaaten verfolgten die Politik einer Selbstfinanzierung der Herrschaftsapparate in den Kolonien, folglich der Abpressung möglichst hoher Steuern und der Rekrutierung möglichst kostengünstiger Arbeitskräfte. Dafür leistete die staatliche sowie alltagspraktische Definition des Menschentypus „Eingeborener" gute Dienste. Weil Eingeborene als von Natur aus faul, arbeitsunwillig und begriffsstutzig galten, erfolgte ihre Zurichtung zu willigen Arbeitskräften zu ihrem eigenen Besten: mittels verpflichtender Arbeit

222 Für die portugiesischen Kolonien wurden derartige Investitionsprogramme erst in den 1950er Jahren in Gang gesetzt. (Penvenne 2005: 84)

223 Frederick Cooper hat darauf hingewiesen, dass französische Kolonialpolitiker in diesem Zusammenhang eine militärische Terminologie nutzten. Von *« deuxième portion du contingent »* wurde gesprochen, wenn diejenigen Soldaten, die zwangsweise rekrutiert worden waren, aktuell aber nicht militärisch eingesetzt wurden, zum Bau von Straßen und anderen öffentlichen Infrastrukturmaßnahmen abkommandiert wurden. Sie erhielten Lohn, hatten aber keine Wahl. Vereinzelt wurden diese zeitweise militärisch nicht genutzten Rekruten auch privaten Gesellschaften überlassen. (Cooper 2005: 131; 134)

(*« travail obligatoire »*). Von einem Gouverneur Madagaskars zu Beginn des 20. Jahrhunderts ist der Ausspruch überliefert: „die Freiheit der Arbeit wird erst dann in den Gesetzen eines Landes geregelt, wenn die Verpflichtung zur Arbeit in seinen Sitten verankert ist.“[224]

Zwangsarbeit für den Staat ließ sich eher durchsetzen, wo die zunehmende Entwicklung von Polizeikräften eine Effektivierung der tatsächlichen Herrschaft über die kolonisierte Bevölkerung ermöglicht hatte, eine Entwicklung, die genau durch jene Infrastrukturmaßnahmen ermöglicht wurde, zu deren Errichtung vielerorts erzwungene Arbeit genutzt wurde. Sie erleichterten den Transport von Polizeieinheiten und Militär.

Bis zum Ende der Kolonialherrschaft sanktionierte Staatsgewalt die Arbeitsbedingungen, denen Einheimische unterworfen wurden. Man könnte vermuten, die Kampagnen gegen Sklaverei hätten die internationale Öffentlichkeit dafür sensibilisiert, auch andere Gewaltpraxis in Arbeitsverhältnissen zur Kenntnis zu nehmen. Das war aber nicht der Fall. Tatsächlich legitimierte die Abolitionistenbewegung durch ihren Fokus auf die rechtliche Form der Sklaverei indirekt alle Arbeitsverhältnisse, die auf formellen oder unterstellten Verträgen basierten. Abolitionisten, so Frederick Cooper, verliehen Lohnarbeit „eine Aura der Normalität“. (2000: 108) Erst als Lohnarbeit, in welcher konkreten Form auch immer, international als historischer Fortschritt und als die für kapitalistische Wirtschaften „normale“ Form der Produktionsverhältnisse durchgesetzt war, hatte Kritik an der konkreten Ausgestaltung von Vertragsbedingungen und Arbeitsbeziehungen in Kolonien eine reelle Chance. Sie traf vor allem die kleineren Kolonialmächte wie Belgien und Deutschland. Die Arbeitsverhältnisse in englischen und französischen Kolonien blieben dagegen noch sehr viel länger von internationaler Kritik verschont.

Zunächst entwickelte sich Kritik an Formen der „Ersatzsklaverei“ vorwiegend in den Herkunftsländern der zeitgenössisch als Kulis bezeichneten Arbeitsmigrantinnen und Arbeitsmigranten. Immer öfter verlangten nun Entsenderstaaten, dass Verträge kontrolliert und Arbeitsverhältnisse inspiziert wurden. Weil der internationale Arbeitsmarkt aber auch Krisen in Herkunftsländern abfedern half, wurde im Falle einer Hungersnot auf derartige Forderungen regelmäßig verzichtet – so etwa während und direkt nach der Hungersnot, der in China Ende der 1870er Jahre mindestens 10 Millionen Menschen zum Opfer fielen. Um weiterhin Kulis importieren zu können, wurden auch in den meisten Empfängerländern einzelne Beamte beauftragt, die Arbeitsverhältnisse der ausländischen Arbeitskräfte zu kontrollieren und Verbesserungen vorzuschlagen. Dass die Wirkung derartiger Maßnahmen begrenzt blieb, geht schon aus der Tatsache hervor, dass schließlich ein Entsenderland nach dem anderen den Handel mit Kuliverträgen untersagte.

---

224 *« La liberté du travail n'entre dans les lois d'un pays, qu'après que l'obligation du travail est [soit] entrée dans ses moers. »* (Steiner 2009: 1288; zit. nach Cuvillier-Fleury 1907: 20)

Das hat ihn nicht beendet, aber die Verhandlungsposition von Arbeitsmigrantinnen und Arbeitsmigranten verbessert.

Der große Unterschied

In europäischen Kolonien kam es nicht zur Trennung von Politik und Ökonomie. Solange Arbeitsverhältnisse unmittelbar kolonialer Herrschaft integriert blieben, blieb auch der sich dort entwickelnde Kapitalismus insgesamt kolonialer Staatsgewalt integriert. Die bis heute fortdauernde Orientierung vieler postkolonialer Länder auf eine – womöglich sogar weitgehend monokulturelle – Exportwirtschaft geht auf diese Strukturen zurück. In europäischen Kolonien kam es aber auch nicht zu einer Trennung von Politik und Gesellschaft, weil sich Gesellschaft, verstanden als eine Sphäre, in der sich autonome Individuen in öffentlichen (oder notfalls auch geheimen) Debatten ihrer gemeinsamen Interessen bewusst werden, kaum entwickeln konnte. Es ist dies einer der Gründe, warum Einheimischen, die Veränderungen anstrebten, oft keine andere Verhaltensweise zu Gebote stand, als die Anwendung von Gewalt. Die Intransigenz kolonialer Staatsgewalt, die Einheimische als „Eingeborene" und damit als die ganz Anderen definierte und behandelte, setzte Möglichkeiten einer Reform dieser Staatsgewalt sehr enge Grenzen.[225] Dass es in vielen Kolonien seit den 1920er und dann vor allem in den späten 1940er Jahren dennoch zu Reformen kam, erklärt sich aus dem Interesse von Metropolstaaten an einer tatsächlichen ökonomischen Entwicklung ihrer Kolonien, einem Bestreben, das durch die weltweiten ökonomischen und politischen Krisen, aber auch durch Widerstand in Kolonien provoziert worden ist. Trotz derartiger Veränderungen blieben Kolonialstaaten Gewaltapparate zur Förderung der privaten Aneignung. Alle Versuche, ihnen eine theoretisch komplexere Natur zuzuschreiben, gehen in die Irre.

225 Das gilt selbstverständlich auch für jene Kolonien, denen eigene Parlamente zugestanden wurden. In den Siedlungskolonien setzten die ökonomisch und rassisch dominanten Kreise die Fortdauer rigoroser Unterdrückung durch. Für die britische Kolonialmacht hat Dicey erläutert, dass dort, wo sie eingerichtet wurden, den kolonialen Legislativen ein großer Spielraum zugestanden wurde. Sofern die von ihnen beschlossenen Gesetze nicht im Widerspruch zu Beschlüssen des Englischen Parlamentes standen, wurden sie durch den *Colonial Laws Validity Act* von 1865 selbst dann anerkannt, wenn sie nicht in Übereinstimmung mit dem *Common Law* von England waren. (1885/1965: 105-119)

Kapitel V: Die Welt im Krieg

Der Erste Weltkrieg veränderte die Welt. Das galt für die politischen und ökonomischen Verhältnisse in kapitalistischen Metropolstaaten, es galt aber auch für die Kolonien dieser Staaten.

Kriege haben immer ökonomische Voraussetzungen und sie haben auch immer ökonomische Resultate. In jedem Krieg gibt es Strategien, die auf aktuelle oder langfristige Bereicherung zielen, und nach jedem Krieg sind nicht nur die Menschen, sondern auch die Strukturen und Praktiken des Wirtschaftens andere als zuvor. Das galt für die Kriegszüge, die im Mittelalter auf die Erweiterung von Herrschaftsrechten und auf die Eroberung von Land und Leuten zielten, ganz ebenso wie es für Kriege in der Epoche des Kapitalismus gilt. Dennoch entstanden und entstehen Kriege immer aufgrund politischer Entscheidungen, wobei deren Inhalte von dem Erfordernis, die Zustimmung des Adels zur eigenen Herrschaft zu gewinnen oder zu erhalten, bis hin zum Bestreben, religiöse oder rassische Vorherrschaft durchzusetzen und dem Ziel, weltweit günstige Bedingungen für die Anlage von Kapital zu schaffen, reichen können. Einzelne militärische Aktionen waren und sind ausschließlich durch ökonomische Interessen motiviert. Sie reichen von den oben diskutierten Überfällen auf Schiffe und Handelsstationen, die im 17. und auch noch im 18. Jahrhundert üblich waren, bis zu der Praxis privater Militärunternehmungen im ausgehenden 20. Jahrhundert, sich konkrete Aktionen nicht ausschließlich durch die Zielsetzungen ihrer Auftraggeber vorgeben zu lassen, sondern auch durch ihr Interesse an der Sicherung und Eroberung von Objekten, an denen ihnen eine ökonomische Beteiligung in Aussicht gestellt wurde. (Singer 2003: 158). Aber moderne Kriege, die mit dem organisierten Einsatz von Menschen und Waffen zwischen großen Kollektiven oder Staaten ausgetragen werden, haben immer auch Ursachen, die sich von bloßen Strategien der Aneignung unterscheiden.[1] Christoph Cramer hat gezeigt

1 Hierzu lediglich drei sehr knappe Hinweise: Die gegenteilige Auffassung ist besonders nachdrücklich von W.I. Lenin vertreten worden. In seinen 1917 verfassten „Thesen über das Verhältnis der sozialdemokratischen Partei der Schweiz zum Krieg“ heißt es in These 1: „ Der gegenwärtige Weltkrieg ist ein imperialistischer Krieg, der um die politische und ökonomische Ausbeutung der Welt, um Absatzmärkte, Rohstoffquellen, Kapitalanlagegebiete, Unterjochung schwacher Völker usw. geführt wird.“ (Lenin Werke 1957/1972, Bd. 23: 148) Weil für diesen Krieg aber Massenheere erforderlich seien, schaffe er gleichzeitig die Möglichkeit, durch die „Verstärkung der sozialdemokratischen Propaganda im Heere „die Voraussetzungen für eine Beseitigung des Imperialismus herzustellen. (Bd. 23: 141)

dass dies – vorschnellen Analysen zum Trotz – auch für postkoloniale Kriege in Afrika gilt. (2006: insbes.150)[2]

Und in jedem Krieg werden nicht nur politische, sondern auch militärische Zielsetzungen relevant. Wo immer organisierte Waffengewalt zum Einsatz gebracht wird, kommen strategische und taktische Entscheidungen zum Tragen, die einer eigenen – militärischen – Logik folgen. Sie ist nicht unabhängig von ökonomischem Potential und ökonomischen Zielsetzungen, ging und geht in diesen aber nicht auf.[3]

Was die beiden Weltkriege des 20. Jahrhunderts anlangt, so sind zwei Strukturbedingungen zu konstatieren, die auf frühere Kriege nicht im selben Maße zutrafen, im Ersten und im Zweiten Weltkrieg aber für alle kriegsbeteiligten Staaten relevant waren:

Beide Kriege verlangten den größtmöglichen Einsatz des Produktionspotentials eines am Krieg beteiligten Staates. Zwar gab es für die Industrialisierung des Krieges, die Massenproduktion von Waffen voraussetzte, einen Vorlauf im Sezessionskrieg in den Vereinigten Staaten, es ist aber kein Zufall, dass die Rede von den „Materialschlachten" erst nach 1914 aufkam. Um diese Schlachten und den vor allem für den Ersten Weltkrieg charakteristischen Stellungskrieg führen zu können, wurden in den kriegführenden Staaten neue Organisationsstrukturen geschaffen und Freiheitsrechte eingeschränkt. Nicht nur wurden Männer im staatlich (variabel) festgelegten wehrfähigen Alter zum

---

Die von Fritz Fischer (erstmals 1959 und dann vor allem 1967 und 1979) entwickelte These, der Ausbruch des Ersten Weltkriegs sei auf die Verfolgung von Zielen zurückzuführen, die maßgeblich von interessierten Kreisen der deutschen Industrie und der deutschen Banken angestrebt worden waren, hat eine ausführliche Debatte provoziert. Sie ist hier nicht zu reproduzieren, wohl aber kann festgehalten werden, dass Fischers These einerseits eine genauere Beschäftigung mit wirtschaftlichen und sozialen Entwicklungen provozierte, andererseits aber schließlich auch dazu führte, dass politischen Zielsetzungen, die sich nicht auf bestimmte ökonomische Interesen reduzieren lassen, stärkeres Gewicht beigemessen wurden. (Für einen Überblick über die Debatte vgl. Schöllgen 1986)

In gewisser Weise ist die Debatte über die ökonomischen Ursachen von Kriegen in den Diskussionen über die Ursachen der beiden Kriege gegen den Irak neu verhandelt worden. Entgegen der dominanten Ansicht, sie seien von den USA geführt worden, um Zugang zu Öl zu sichern, hat Ellen Meiksins Wood zu Recht darauf hingewiesen, dass sich dieser Zugang auch mit Geld auf dem Weltmarkt hätte bewerkstelligen lassen. (2006: insbes. 27) Dennoch vertritt auch Wood eine ausschließlich ökonomische Erklärung. In der Phase des Imperialismus werden Kriege ihrer Ansicht nach in Gang gesetzt, um eine internationale Ordnung herzustellen, welche Kapitalbewegungen begünstigt. (2006, 26f.) So sehr das einleuchtet, Kriege bedürfen immer noch der erfolgreichen Mobilisierung von Zustimmung.

2 *"The means of paying for war should not be conflated with the causes of war."* (Cramer 20076: 195)

3 Welche Bedeutung den im weitesten Sinne politischen Zielsetzungen im einzelnen zukam, welche Gruppierungen und Personen entscheidenden Einfluss auf die Entscheidung für bestimmte Kriegsziele und für die Art und Weise ihrer Verfolgung hatten, wäre für jeden einzelnen Krieg und auch für dessen Verlauf gesondert zu analysieren. Entsprechendes gilt für das jeweilige Verhältnis von politischen und militärischen Entscheidungen. Während dies für die beiden Weltkriege hier unterbleibt, ist oben darauf hingewiesen worden, dass sich Kommandeure vor Ort in den Kriegen zur Eroberung und zur „Pazifizierung" von Kolonien große Entscheidungsfreiheiten aneigneten.

Militärdienst verpflichtet, viele Tausend Frauen und Männer wurden auch zu bestimmten Arbeiten verpflichtet. Aber gerade das Erfordernis einer umfassenden Beteiligung der „Heimatfront" an der Bewältigung der materiellen und logistischen Voraussetzungen der Kriegsführung machte die zumindest anfängliche Zustimmung eines beträchtlichen Teils der Bevölkerung zu den jeweiligen Kriegszielen zu einer unumgänglichen Voraussetzung für den Krieg. Kriegspropaganda gab es auch früher schon, aber in den großen Kriegen des 20. Jahrhunderts war sie nicht mehr nur Beiwerk, sondern unumgängliche Voraussetzung. Ganz überwiegend wurde um die Zustimmung in Reden, in Schriften und mittels Symbolen geworben, vielfach gab es Bestrebungen, sie durch die rigorose Verfolgung tatsächlicher oder vermuteter Gegner des Krieges abzusichern, gelegentlich auch durch reale politische Zugeständnisse. Typisch für diese Doppelstruktur ist das in Deutschland 1916 erlassene „Gesetz über den vaterländischen Hilfsdienst". Mit diesem Gesetz wurde einerseits das Recht auf die freie Wahl des Arbeitsplatzes aufgehoben. Es verpflichtete alle kriegsuntauglichen Männer zwischen 17 und 60 Jahren, in Betrieben zu arbeiten, die als kriegsrelevant eingestuft worden waren. Andererseits aber wurden alle Betriebe mit über fünfzig Beschäftigten verpflichtet, Arbeiterausschüsse einzurichten. Folglich konnte das Hilfsdienstgesetz auch als Beginn der gewerkschaftlichen Mitbestimmung verstanden werden. Am anderen Ende der Welt entzogen sich – nachdem bereits sehr viele ihrer Kollegen aufgrund von Kriegseinwirkungen auf See geblieben waren – viele indische Seeleute der Heuer auf britischen Schiffen. Sobald die britische Regierung Arbeitskräfte für Mesopotamien anheuerte, um dort kriegsrelevante Infrastruktur aufzubauen, ließen sich frühere Seeleute für diese Arbeiten anwerben. Die Folge war eine beträchtliche Unterbesetzung der Schiffe, die für die Lieferung kriegswichtiger Materialien und Lebensmittel von Indien nach England eingesetzt werden mussten. Das führte einerseits zu „Werbemaßnahmen", die an die zwangsweisen Rekrutierungen für die britische Marine zu Beginn des 19. Jahrhunderts erinnerten, andererseits aber setzten indische Seeleute durch, dass ihren Familien ein Teil ihrer Heuer bereits vorab ausbezahlt wurde, und dass den Familien der Seeleute, die im Krieg verwundet oder getötet würden, Pensionen zugesichert wurden. Für die von der Regierung requirierten Transportschiffe setzten sie höhere Heuern durch. (Balachandran 2012: 245f.) Die für den Krieg notwendige Mobilisierung von Arbeitskraft führte somit auch hier zu einer Kombination von Zwang und Sozialpolitik.

Auch als es darum gegangen war, Einheimische zur Mitwirkung bei der Rekrutierung von Soldaten für die französische Armee zu gewinnen, waren dem senegalesischen Politiker Blaise Diagne[4] politische Reformen für die Zeit nach dem Krieg zugesagt worden. Die Zusage wurde nicht eingehalten. Für Algerien wurden tatsächlich Reformen beschlossen. Die heftige Opposition französischer Siedler hat ihre Realisierung in Algerien dann aber verhindert. (Boahen 1990: 140)

4 Er war der einzige schwarze Abgeordnete im französischen Abgeordnetenhaus.

Die zweite Veränderung, die den Ersten und den Zweiten Weltkrieg von früheren Kriegen unterschied, war das Bestreben aller am Krieg beteiligten Kolonialmächte, den natürlichen Reichtum der Kolonien und die Arbeitskraft von Kolonisierten, einschließlich ihres Einsatzes gegen das Militär einer anderen Kolonialmacht, auszunutzen. Es war diese Verschränkung des Kriegsgeschehens mit Kolonialherrschaft, die aus den großen Kriegen des 20. Jahrhunderts „Weltkriege" machte. (vgl. auch Kennedy 2002 , 4. Kap.)

Einige wenige Hinweise sollen diesen Zusammenhang verdeutlichen. Zunächst Indien. In den Jahren 1914–1918 wurde die Indische Armee um das Sechsfache der Vorkriegsstärke vergrößert. Indische Soldaten und indische Hilfskräfte, insgesamt über eine Million,[5] wurden in Frankreich und Belgien eingesetzt, aber auch in der Schlacht von Gallipoli, an der Salonikifront, in Palästina und in Ägypten, in Mesopotamien und in Aden, in Somaliland und in Kamerun, in Persien, in Kurdistan und am Golf von Oman. (Pradhan 1978: 55) Zwar wurden in den letzten Kriegsjahren auch in Indien vereinzelt potentielle Rekruten sehr nachdrücklich überredet, insgesamt aber meldeten sich Soldaten und Hilfskräfte freiwillig.[6] Zusätzlich lieferte Indien kriegsrelevantes Material, darunter mehr als 1.600 km an Eisenbahnschienen, 229 Lokomotiven, annähernd sechstausend Eisenbahnwaggons sowie Material für den Brückenbau. (Saini 1978: 131) Mit insgesamt 229 Millionen Pfund wurde Indien an den britischen Kriegskosten beteiligt. (Saini 1978: 152f.) Ganz ähnlich wie gegenüber der Bevölkerungen in Europa wurde auch gegenüber Einheimischen in Indien versucht, mittels umfangreicher Propaganda die Bereitschaft zur Unterstützung der Kolonialmacht zu fördern. Ergänzt wurde diese Politik durch die Zensur von Zeitungen und die Verfolgung von Oppositionellen.

Ebenso wie in Indien wurden auch in afrikanischen Kolonien Soldaten für den großen Krieg angeworben. Viele von ihnen wurden auf den Kriegsschauplätzen dieses Kontinents eingesetzt, viele aber auch in Europa und im Mittleren Osten. Allein aus der Südafrikanischen Union kamen bis 1918 136.000 Angehörige der kämpfenden Truppen und militärische Hilfskräfte nach Europa. (Saini 1978: 144) Und nie sollte unterschätzt werden, was es bedeutete, dass farbigen Soldaten im Ersten Weltkrieg befohlen wurde, auf die Weißen in den gegnerischen Truppen zu schießen.

---

5 Genauere Zahlen variieren. Während S. D. Pradhan insgesamt 826.855Angehörige der kämpfenden Truppe und 445.582 nicht-kämpfende Hilfskräfte angibt, (1978: 60) betrug die Gesamtzahl Krishan G. Saini zufolge 1.401.350. (1978: 144) Zum nicht-kämpfenden Personal zählten sowohl Transport-Arbeiter als auch Post-und Telegraphenspezialisten, viele von ihnen in schnell errichteten Ausbildungslagern qualifiziert. Nach Übersee entsandt wurden aber auch so viele Ärzte, Schwestern und sonstiges medizinisches Personal, dass in Indien selbst kaum noch medizinisch qualifiziertes Personal vorhanden war. (Saini 1978: 146)

6 Während die britische Kolonialmacht vor dem Krieg Soldaten vor allem aus jenen Volksgruppen rekrutiert hatte, die sie als *"martial classes"* bezeichnet und damit auch Traditionen und einen gewissen Stolz produziert hatte, ging sie im Ersten Weltkrieg dazu über, erforderliche Rekrutenzahlen jeweils für bestimmte Territorien festzulegen. Insgesamt führte der Einsatz indischer Soldaten in Übersee dazu, dass nicht nur Soldaten aus ganz verschiedenen Landesteilen zusammen dienten, sondern auch Angehörige unterschiedlicher Glaubensgemeinschaften. Dewitt C. Ellinwood zufolge, hat dies nicht zu besonderen Konflikten geführt. (1978: 189-198)

Die Lasten des „Großen Krieges“ auf afrikanischen Schultern

Im Unterschied zu den Kriegen gegen Einheimische, die der Kriegstheoretiker Caldwell allesamt als „kleine Kriege“ bezeichnet hatte, nannten viele Zeitgenossen den Krieg der Jahre 1914–1918 den „Großen Krieg“. Erst später hat sich die in Deutschland eingeführte Bezeichnung „Weltkrieg“ allgemein durchgesetzt. Ebenso wie in den kleinen Kriegen der Kolonialmächte gegen Einheimische nutzten Kolonialstaaten auch im Großen Krieg einheimische Soldaten und einheimische Träger.

Während in deutschen Kolonien in Afrika vor dem Krieg Einheimische vor allem für Polizeitruppen angeheuert worden waren, hatte es in französischen Militärkreisen schon seit 1910 den Plan und den Versuch gegeben, eine umfangreiche Armee aus Einheimischen aufzubauen. 1912 wurde Wehrpflicht eingeführt, wobei damals allerdings niemand daran dachte, afrikanisches Militär womöglich auch in Europa einzusetzen. Als zu Beginn des Krieges versucht wurde, den gesetzlich eingeführten Militärdienst tatsächlich durchzusetzen,[7] flohen viele Einheimische aus französischen in angrenzende britische Kolonien. Insgesamt sollen sich 62.000 auf die Flucht gemacht haben. Manchmal flohen auch alle Bewohner eines Dorfes in den Busch. Auch sollen sich junge Männer selbst verstümmelt haben, um dem Militärdienst zu entkommen. (Boahen 1990: 137) Dennoch haben bis 1918 insgesamt 450.000 afrikanische Soldaten für Frankreich gekämpft. Nur wenige von ihnen wirklich freiwillig.[8] Alle 135.000, die in französischen Fabriken und in der französischen Landwirtschaft eingesetzt wurden, sind zu dieser Arbeit gezwungen worden. (Andrew & Kanya-Forster 1978 nach P. Varet 1927: 16) Allein aus Algerien sollen das 90.000 gewesen sein. (Clayton 1988: 98) Die Art und Weise, wie sowohl Häuptlinge als auch Verwaltungspersonal in französischen Kolonien in Afrika – vor allem in den Jahren 1916 und 1917 – Soldaten und Hilfskräfte rekrutierten, zählt, so Richard Rathbone, (1978: 5) mit zu den schlimmsten Gräueln der Epoche. Dass das Schicksal der Zurückgebliebenen nicht auch noch durch die Requirierung zusätzlicher Lebensmittel in den Kolonien belastet wurde, hat nur der Mangel an französischer Schiffstonnage verhindert. (Andrew & Kanya-Fortsner 1978: 23) Weil aber sowohl vor als auch nach der zwangsweisen Rekrutierung sehr viele afrikanische Soldaten desertierten, dienten, wie Summers und Johnson formulieren, schließlich nur solche Afrikaner im Großen Krieg als Soldaten Frankreichs, die auf irgend eine Weise positiv veranlasst worden waren, nicht davonzulaufen. (1978: 27)

1915 wurde auch in Britisch Ostafrika eine Pflicht zum Militärdienst für alle männlichen Einheimischen zwischen 18 und 45 Jahren eingeführt. 1917 wurde diese Pflicht auf das Protektorat Uganda ausgedehnt. In Nord Rhodesien führte die zwangsweise

---

7 Dabei gab es große Unterschiede. Während etwa in Guinea und im Senegal rigoros rekrutiert wurde, war dies im „Niger“ nicht der Fall. Auch wurde darauf verzichtet, Mauren, Tuaregs und Angehörige von Nomadenstämmen zu rekrutieren. (Michel 2003: 192f.; 257)

8 Anthony Clayton (1988: 98) betont, dass viele der „Freiwilligen“ zum Dienst gezwungen wurden.

Rekrutierung von Trägern dazu, dass während der Kriegsjahre mehr als ein Drittel der männlichen Erwachsenen Trägerdienste leisteten. Als 1915 der Baptistenprediger John Chilembwe in Nyasaland einen Aufstand organisierte, soll sich dieser gegen den Einsatz Einheimischer im Kampf gegen deutsches Militär, gegen besonders grausame Pflanzer und gegen die zwangsweise Rekrutierung von Einheimischen für Trägerdienste gerichtet haben. (Boahen 1990: 135) Nachdem Chilembwe und seine etwa 200 Anhänger die Plantage eines als besonders grausam bekannten Pflanzers überfallen und ihn selbst getötet hatten, wurde der Aufstand niedergeschlagen. Jeder Aufstand von Einheimischen in der Zeit des Großen Krieges hatte spezifische Ursachen. Aber für nahezu alle war die zwangsweise Verpflichtung zu Trägerdiensten eine der entscheidenden Ursachen. (Boahen 1990: 137)

Rekrutierungen von Trägern und Ruderern hatte es bereits während der gesamten bisherigen Kolonialherrschaft in Afrika sowohl für private Zwecke als auch für die militärische und administrative Sicherung der Herrschaft gegeben. Jetzt wurden die Anforderungen jedoch erweitert. 1917 ließ Gouverneur Ludgard die führenden Verwaltungsbeamten in Nigeria wissen, dass das Kriegsministerium jeden Mann haben wolle, dessen man habhaft werden könne.[9] (Barrett 1977: 108) Da sich nur sehr wenige freiwillig meldeten, wurde ihre Rekrutierung Häuptlingen aufgegeben. Zusätzlich kam es zu zwangsweisen Rekrutierungen durch Militäreinheiten. Und viele derjenigen, die auf diese Weise „angeworben" worden waren, konnten nur durch Gewalt daran gehindert werden, diesem Dienst zu entfliehen. Insofern änderte sich wenig, als Kolonialarmeen ihre Träger militärischer Disziplin unterstellten und die Todesstrafe auf Desertion verhängten. Träger wurden bezahlt, in aller Regel aber noch schlechter als bei einem Einsatz für private Zwecke. (Killingray 1978: 47) Was sich allerdings änderte, war die schiere Zahl der benötigten Hilfskräfte.

Zu Beginn des Krieges verfügte keine der kriegsführenden Mächte in Afrika über eine administrative Struktur, die es ermöglicht hätte, die logistischen Voraussetzungen für jene militärischen Auseinandersetzungen zu schaffen, für die sich bald die Bezeichnung *"porters' war"*, der Krieg der Träger, einbürgern sollte. (Hodges 1978: 102) Dass Träger unentbehrlich waren, hatte vor allem zwei Ursachen: zum einen den nach wie vor begrenzten Ausbau von Straßen und Eisenbahnlinien,[10] zum anderen die Tsetsefliege. Zu Beginn des Feldzuges in Ostafrika hatte britisches Militär Lasten auf Pferden, Ochsen

9 *"I turn to the question of native man power. The War Office wants every man who can be obtained."* Barrett stützt sich auf: CSO (Central Statistical Office) , 20/5, N.C.64/17.

10 Tatsächlich wurde auch während des Krieges fieberhaft an der Erweiterung des Straßen- und Schienennetzes gearbeitet. (z.B. Boell 1951: 418) Die aus Südafrika eingeführten Arbeitskräfte wurden vom britischen Militär in Deutsch-Südwestafrika „Tag und Nacht" zum Eisenbahnbau eingesetzt. (Grundlingh 1987: 86)War eine Eisenbahnlinie in Gebrauch, so unternahm gegnerisches Militär regelmäßig Sprengungen. Der häufigen Angriffe wegen sahen sich britische Militärs schließlich veranlasst, 2.000–3.000 Mann zum Schutz der Uganda-Bahn einzusetzen. (Deppe 1919: 82)

und Mauleseln transportieren lassen. Sobald die Truppen aber den Tsetsegürtel erreichten, der in etwa zwischen dem 15. nördlichen und dem 20. südlichen Breitengrad liegt, verendeten die meisten dieser Lasttiere. (Hodges 1986: 144) Britische Truppen hatten einige Fahrräder und Motorräder. (Sebald 2013: 177) Es gab auch einige wenige Automobile (*Ford cars*), ihr Einsatz war aber nicht nur durch mangelhafte Straßen begrenzt, sondern auch durch die Tatsache, dass sie an der Strecke nicht betankt werden konnten. Auf einer Strecke von 150 Meilen hätte folglich die Hälfte der möglichen Ladung aus Treibstoff bestehen müssen.

Ähnliches galt freilich auch für die Träger. Hatten sie dünn besiedelte Gebiete zu durchqueren, so mussten sie neben Ausrüstung und Versorgung für die Truppen auch ihre eigene Verpflegung schleppen. Das begrenzte die Reichweite der jeweils in Gang gesetzten Gruppen. Hatte nicht genug Verpflegung mitgeschleppt werden können, musste versucht werden, sie vor Ort zu beschaffen. Ludwig Deppe, er war als Arzt bei den deutschen Truppen in Ostafrika, berichtet, dass nach einem neunstündigen Marsch unter schwerer Last in Portugiesisch-Ostafrika Träger abends auf Verpflegungssuche in einem ihnen völlig fremden Gebiet ausgeschickt wurden. (1919: 465) In aller Regel transportierten Träge ihre Lasten auf dem Kopf. Deppe zufolge gingen manche Träger während des Krieges aber dazu über, sich aus Reis-und Getreidesäcken oder anderem Stoff Rucksäcke zu fertigen. (1919: 113) Soldaten wie Träger versorgten sich auch mit Ausrüstung, Kleidung und Schuhen von gefallenen Gegnern. Im letzten Jahr des Krieges mussten die meisten Träger für die deutschen Truppen ohne Schuhe auskommen. Viele von ihnen hatten Wunden an den Füßen. (Deppe 1919: 113)

Die meisten Träger standen in britischen Diensten. Da nur sehr wenige in der Lage gewesen wären, ihren Namen zu schreiben, ließ das 1914 eingerichtete *Carrier Corps* Fingerabdrücke nehmen, um den Einsatz der vielen Tausend zu organisieren. (Huxley in Hodges 1986: XVIII) Von allen wurde schwere körperliche Arbeit verlangt, aber auch unter den Trägern gab es Abstufungen. Den Kanonenträgern wurde ebenso wie den Polizeikräften, die zur Kontrolle der Träger eingesetzt wurden, das Tragen militärischer Uniformen zugestanden. Und jenen Trägergruppen, die für die Beförderung von Maschinengewehren und deren Ersatzteilen zuständig waren und folglich auch den dafür unerlässlichen Einsatz von Ochsen bewerkstelligen mussten, wurde ein Status zugestanden, der denen von Soldaten ähnlich war. (Hodges 1986: 152)

Das eine Problem bestand in dem Einsatz von Trägern, das andere aber in deren Rekrutierung. In Westafrika bestanden die britischen Truppen 1914 aus 2.500 Angehörigen der kämpfenden Truppe und 3.400 Trägern. Für Ostafrika wurde militärisches Personal aus Indien importiert. Als 1914 das sog. Expeditionskorps B von Indien nach Ostafrika verlegt wurde, bestand dies – einschließlich der europäischen sowie der indischen Offiziere und Unteroffiziere – aus insgesamt 7.973 Mann. Zusätzlich entsandt wurden 2.164 Träger und 386 „Boys“, also Diener von Offizieren, außerdem 343 Packtiere. (Boell 1952: 73) Das ergibt einen Durchschnitt von einem Träger auf drei bis vier Mann. Ähnliche Verhältnisse galten für die deutschen Kompanien in Ostafrika, in denen auch

Einheimische dienten. [11] Für Kompanien ohne Einheimische, eine Besonderheit der Deutschen Schutztruppen, wurden zunächst mehr als doppelt so viele Träger eingesetzt. Im Verlauf des Krieges wurde die offizielle Relation verschlechtert.[12] Zwar wurden weiterhin Träger rekrutiert, aber nach der Eroberung Deutsch-Ostafrikas durch britische Truppen wurde dies schwieriger, weil sich die dortige Bevölkerung auch harscher Rekrutierungsmaßnahmen für Trägerdienste durch die neuen Herren ausgesetzt sah.

1916 war die einheimische Bevölkerung aber auch in anderen Kolonien mit Massenaushebungen für die kämpfenden Truppen und für militärisches Hilfspersonal konfrontiert. G.W.T. Hodges vermutet, dass in Nyasaland, jener Kolonie, die sowohl an das Ostafrikanische Protektorat als auch an Deutsch-Ostafrika grenzte, im Verlauf des Krieges nahezu alle arbeitsfähigen Männer rekrutiert wurden. Nur manchen sei es gelungen, sich diesem Los durch Flucht zu entziehen. (1978: 113) Aus Uganda seien etwa 190.000 Träger geliefert worden, und diese Zahl sei noch unter den Anforderungen des Militärs geblieben. Obwohl die Zahl der Rekrutierten weiterhin nicht ausreichte, beendete das britische Militär die Massenaushebungen im August 1917. Damit reagierten die Verantwortlichen auf Widerstand, auf die Verheerungen der Agrarproduktion wegen fehlender Arbeitskräfte und – so wird zumindest aus Uganda berichtet – auf die Tatsache, dass sich einfach keine zusätzlichen arbeitsfähigen Männer mehr finden ließen. (Hodges auf der Basis des Watkins Reports, 1978: 103)

Träger hatten Kanonen und andere Ausrüstung zu schleppen, viele wurden in den vordersten Linien als Träger von Verwundeten eingesetzt. Und sowohl 1916 als auch 1917 wurden Trägerdienste durch heftige und langanhaltende Regenfälle zusätzlich erschwert. Manche der Hilfskräfte wurden für kurze Zeit beschäftigt, andere dienten während mehrerer Jahre. Die Todesrate war „skandalös hoch" schreibt David Anderson über die in Kenia rekrutierten Träger. (2004: 514) Besonders hoch war sie unter jenen, die weit entfernt von ihren Dörfern eingesetzt wurden. Die meisten Todesfälle wurden durch Seuchen verursacht, viele starben aber auch an ungewohnter und mangelhafter Ernährung. Die offiziell publizierte Rate der registrierten (!) Todesfälle unter Trägern in britischen Diensten lag bei 10 %, aber sogar offizielle Stellen gaben an, dass etwa von den Trägern aus Uganda, die 1914 nach Nairobi entsandt worden waren, 23 % zu Tode

11 Für eine Kompanie, die aus 11 Europäern, 160 Askaris, zwei Maschinengewehren und einer Munitionsreserve von 17 bis 18 Tausend Patronen sowie einer eisernen Verpflegung für drei Tage bestand, wurde die Zahl der Träger auf 160 festgesetzt. Für eine Kompanie, die nur aus Europäern bestand, wurden bei einer eisernen Ration für 14 Tage und vier Lasten Pioniergerät für 120 Mann 700 Träger vorgesehen. 1917 wurde die Anzahl der Träger offiziell beträchtlich herabgesetzt. (Boell 1952: 29)

12 Bei Hew Strachan finden sich andere Relationen. In Kamerun hätten Briten und Deutsche 2-3 Träger für jeden Soldaten für erforderlich gehalten. Das französische Militär habe versucht, mit weniger auszukommen. Doch seien deren Kommunikationsverbindungen deshalb sehr häufig zusammengebrochen. (2004: 5) Marc Michel zufolge gab es in der deutschen Schutztruppe und der Polizeitruppe in Ostafrika 1914 12.000 Mann in der kämpfenden Truppe und 45.000 Träger. (2009: 348)

kamen. Und selbst von denjenigen, die es nach Hause schafften, starben viele noch nachträglich an Erschöpfung. Andere waren für lange Zeit nicht mehr arbeitsfähig. Offiziellen Angaben zufolge starben 1915 und 1916 insgesamt 1.557 von 32.896 Trägern, davon 7 bei Gefechten. Für mehr als 700 ist die Todesursache nicht bekannt. Die meisten erlagen Krankheiten. Allein im Juni und Juli 1917 starben 2.483 an Dysenterie. Unter den damals insgesamt 110.000 Trägern im November 1917 sind 825 Todesfälle wegen Krankheiten registriert. Für die belgischen Truppen, schreibt Boell, gibt es lediglich Zahlen für die an der Front Gefallenen und an ihren Verwundungen Gestorbenen. Das waren 7.124 Träger. Für die portugiesischen Truppen gibt es gar keine Zahlen. In der 1988 von Anthony Clayton unter dem Titel *"France, Soldiers and Africa"* verfassten Geschichte des französischen Militärs in Afrika sind zwar sehr genaue Zahlen für die Stärke der jeweiligen Einheiten enthalten. Träger kommen darin aber überhaupt nicht vor. Auch bei Marc Michel (2003) finden sich keine Zahlen über die Todesrate afrikanischer Träger in französischen Diensten. Ähnliches gilt für die deutschen Schutztruppen. Schätzungen beliefen sich Boell zufolge auf 5.000 bis 6.000 an Krankheiten Verstorbene und etwa 1.000 Gefallene. (Boell 1951: 427, Fn 4) Insgesamt wurden in Afrika neben 80.000 bis 84.000 Europäern mindestens 225.000 Askaris, also einheimische Soldaten und nahezu eine Million an Trägern gegeneinander eingesetzt. (Boell 1951: 428f.)

Der Einsatz von Afrikanern gegen Einheimische war nicht neu, neu war aber, dass der Einsatz von Afrikanern nun auch gegen Europäer erfolgte, die von der jeweiligen Kolonialmacht als Feinde deklariert worden waren. Im Ersten Weltkrieg ist in Afrika um die Vorherrschaft in Europa gekämpft worden.[13] Und das bedeutete, dass auch Frauen und Kinder Boden- und Luftangriffen ausgesetzt waren, dass viele zu Hilfstätigkeiten für das Militär gezwungen wurden, dass sie der zerstörten Landwirtschaft und der Requirierungen wegen Hungers litten und ihrer Schwäche wegen Seuchen kaum Widerstand entgegen setzen konnten.

13 Diese Entwicklung ist nicht zuletzt durch General Lettow Vorbeck geprägt worden. Französische, im Laufe des Krieges aber auch britische Militärführungen betrachteten die jeweiligen afrikanischen Kolonien als Reservate an militärischem Personal und – dies allerdings noch wenig systematisch – an notwendigen Rohstoffen. Vor allem aber waren sie bestrebt, die deutsche Kolonialherrschaft zu beenden. Lettow-Vorbek, der Anfang 1914 nach Afrika entsandt worden war, sah seine Aufgabe nicht nur in einer Verteidigung der deutschen Kolonien, sondern auch in einer Bindung von militärischem Potential der Gegner. Folglich praktizierte er nicht nur Verteidigungs-, sondern auch Offensivmaßnahmen.

Der Krieg der Anderen

Insgesamt sind während des Ersten Weltkrieges in Südafrika etwa 53.000 Arbeiter rekrutiert worden, um in den zuvor unter deutscher Herrschaft stehendem Deutsch-Südwestafrika und in Ostafrika als Arbeitskräfte eingesetzt zu werden. 22.000 wurden nach Frankreich verschickt. (Grundlingh 1987: 57; 97) Da die 1910 durch Vereinigung der vier britischen Kapkolonien gegründete Südafrikanische Union unter der Herrschaft der britischen Krone stand, konnte sich deren Regierung der Anforderung auf Unterstützung der britischen Truppen nicht widersetzen. Um die Rekrutierungen zu erleichtern, wandte sich die Regierung der Union 1915 an den *South African National Congress*. Anders als dessen Vertreter hofften, wollte sich die Regierung zwar deren Mitwirkung versichern, deshalb aber nicht etwa Mitbestimmung zugestehen. Die Rekrutierungskampagne war weitgehend erfolglos. Aus der Transkei berichtete ein Beamter, dass er nicht einen einzigen Mann für die Arbeit in Südwest habe rekrutieren können. „Sie sagen, wir seien geschlagen und wollen sie nur an die vorderste Front stellen." (zit. in: Grundlingh 1987: 12) Viele zogen die ihnen bekannte harte Arbeit in den Minen der Verschickung nach Südwest vor. Somit fielen Verwaltungsstellen auf alte Praktiken zurück. Häuptlingen wurde Entlassung angedroht, wenn sie nicht genug Arbeitskräfte lieferten, auf Arbeiter wurde Druck ausgeübt. Und ohne dass sie um ihre Einwilligung gebeten worden wären, wurden zahlreiche Arbeitskräfte, die beim Eisenbahnbau beschäftigt waren, schlicht nach Deutsch-Südwestafrika transferiert, um dort entsprechende Arbeiten auszuführen. An ihrem neuen Arbeitsplatz waren sie ebenso prügelnden Aufsehern ausgesetzt wie an den ihnen bereits bekannten Arbeitsstellen. Als sich Berichte über grausame Behandlung und Folter verbreiteten, kam zu den Afrikanern bereits bekannten Bedingungen erzwungener Arbeit noch die Furcht vor einer Gefangennahme durch Deutsche hinzu. (Grundlingh 1987: 87f.)

Arbeitskräfte wurden aber nicht nur für den Krieg in Südwestafrika und Ostafrika angefordert, sondern – ab 1916 – auch für die britischen Truppen in Frankreich. Obwohl sich Verwaltungskräfte, Häuptlinge, Kaufleute und nicht zuletzt auch Missionare und Geistliche der großen Kirchen Mühe gaben, blieb die Zahl der erfolgreich Angeworbenen sehr begrenzt. Gegen diesen Einsatz gab es allerdings auch starke Bedenken unter Weißen. Sie fürchteten, dass schwarze Südafrikaner in Frankreich „schlechten Einflüssen ausgesetzt" werden würden. (Willan 1978: 64) Und tatsächlich erhofften sich Angehörige der gebildeten einheimischen Elite von diesen Einsätzen für den Krieg der Anderen politische Zugeständnisse im eigenen Land. Wären die Kosten nicht von der Regierung in London übernommen worden, hätte der Präsident die Zustimmung des südafrikanischen Parlaments einholen müssen. Sie wäre durchaus nicht sicher gewesen. Die Regierung verfiel auf systematische Werbung. Minenarbeitern wurde gesagt, während sechs Monaten in Frankreich könnten sie mehr lernen als während zehn Monaten in Kimberley. Diese Arbeitsverschickung komme einem gebührenfreien Bildungsprogramm gleich. (zit. Grundlingh 1987: 63) Als auch das nicht half, wurden Arbeitskräfte, die bereits in Frankreich waren, aufgefordert, in Briefen ihr dortiges gutes Leben zu schildern. Schließlich wurden einzelne Rückkehrer auf Werbetour entsandt. Sie beschrieben eine regelrechte Idylle, „ein glückliches, faules Leben“. Man müsse Schiffe und Züge be- und entladen, bekomme Essen und Ruhezeiten, könne mit *“ladies of high standard”* ausgehen und bekomme 3 Pfund im Monat an Lohn ausbezahlt. (Grundlingh 1987: 64) Und tatsächlich, während viele Angehörige des *South African Labour Contingent (SALC)* auf die eine oder andere Weise nachdrücklich zu ihrem Einsatz in Frankreich gedrängt wurden, gab es auch Lehrer, Übersetzer, Angestellte und andere Afrikaner mit Schulbildung, die sich freiwillig meldeten, sei es, weil sie das Kriegsziel unterstützten, sei es, weil sie sich neue Erlebnisse erhofften. Um solches zu verhindern, exportierte die südafrikanische Leitung des SALC das in den Diamantenfeldern von Kimberley praktizierte System der *compounds* nach Europa. Einer Anweisung der Direktion zufolge sollten diese *compounds* mit einem nicht-übersteigbar hohen Zaun oder einer Mauer versehen werden. In dichter besiedelten Gegenden wurde auch ein elektrisch aufgeladener Zaun für sinnvoll gehalten. Außer zur Arbeit sollten die Afrikaner– und dann auch nur in Begleitung eines Unteroffiziers – den *compound* nicht verlassen dürfen. (zit. Willan 1978: 6) Zunächst wurden *compounds* auch an vorderster Front errichtet. Als es zu Unruhen kam, weil sich die Eingesperrten nicht vor Beschuss in Deckung bringen konnten, wurden sie weiter zurück verlegt. Die meisten allerdings erst 1917. Vor Luftangriffen waren die Bewohner aber auch weiterhin nicht geschützt. Rassistische Kontrollen wurden Angehörigen des Arbeitskontingents auch in der arbeitsfreien Zeit aufgezwungen. Zwar gab es auch Fortbildungsangebote, vor allem aber sollte organisierter Sport betrieben und sollten europäischen Zuschauern „afrikanische Tänze“ vorgeführt werden. (op. cit: 109) In den *compounds* desavouierten die Alliierten alle Argumente, mit denen für die Unterstützung des Krieges gegen Deutschland geworben worden war.

Dennoch: so sehr die mitgeschickten südafrikanischen Offiziere bestrebt waren, die Aufrechterhaltung von Rassenschranken zu sichern, so konnten sie sich doch militärischen Anforderungen nicht widersetzen. Diese machten es immer wieder notwendig, dass südafrikanische Arbeitskräfte in kleineren Gruppen zusammen mit europäischen Arbeitskräften eingesetzt wurden, beispielsweise zu Hafenarbeiten in der Nähe der Front. Nicht immer ließ es sich dann vermeiden, dass die aus Südafrika importierten Arbeitskräfte unter dem Kommando eines britischen Aufsehers arbeiteten, der eher auf die Effizienz des Einsatzes als auf Rassentrennung aus war. Auch scheint es einzelnen gelungen zu sein, sich trotz aller Vorkehrungen der Direktion mit Franzosen anzufreunden.

Im Verlauf des Jahres 1917 protestierten Arbeitskräfte in den *compounds* immer häufiger gegen das ihnen gelieferte Essen.[14] Als das *South African Native Labour Contingent*

14 In einem *compound* protestierten Bewohner gegen die Schikane eines Offiziers – er hatte einem Arbeiter untersagt, seine Wäsche vor den Toren des *compounds* zu waschen. Als dieser sich weigerte, sperrte er ihn ein. Auf die Arbeiter, die den Kollegen mit Gewalt aus dem Verließ befreien wollten, ließ er schießen. Dreizehn von ihnen wurden getötet. (Willan 1978: 79)

im Januar 1918 aufgelöst wurde, gab die Regierung als offiziellen Grund an, dass nicht genug Schiffe zur Verfügung standen, um weitere Arbeitskräfte nach Europa zu schicken. Entscheidend war wohl eher, dass der zunehmende Widerstand in Frankreich faktisch eingesperrter Arbeitskräfte Aufstände befürchten ließ. Außerdem hatte der Untergang der *SS Mendi* am 21. Februar 1917, der 615 Afrikanern, die unterwegs nach Frankreich waren, das Leben gekostet hatte, die Kritik am Einsatz afrikanischen Lebens für die Kolonialherren verstärkt. In späteren Erzählungen wurde das Unglück der *SS Mendi* zu einem Symbol für die Verschwendung afrikanischen Lebens durch Kolonialherren.

Die Erfahrungen, die Männer aus Kolonien im Großen Krieg machten, waren keineswegs einheitlich. Während südafrikanische Arbeiter in Europa erleben mussten, dass sie dem kontrollierenden Rassismus auch dort kaum entrinnen konnten, scheinen die meisten Soldaten aus dem Punjab positiv auf ihre neuen Erfahrungen reagiert zu haben. (Ellinwood 1978: 207) Auf allen Schauplätzen dieses Krieges erlebten Einheimische neue Technik. Träger gewöhnten sich daran, auch Funkgeräte zum Einsatz zu schleppen und womöglich bei ihrem Einsatz zu assistieren. In manchen Situationen, so etwa auf den langen Fußmärschen in Afrika, scheinen sich europäische Offiziere und Einheimische kennen und – zumindest vorübergehend – schätzen gelernt zu haben. Alle Soldaten und Hilfskräfte erlebten, dass Europäer auch besiegt werden konnten. Und der weiße Mann verlor etwas von seiner Aura, wenn einem Askari gesagt wurde, er solle einen weißen Mann töten. (Hodges 1986: 149) Das Argument, dass Kolonialherrschaft dazu gut sei, die kolonisierte Bevölkerung zu zivilisieren, büßte durch den engen Kontakt mit der Barbarei der Zivilisierten zusätzlich an Berechtigung ein. Kein Wunder also, dass viele in den Metropolländern befürchteten, dass nach dem Ende des Krieges demobilisierte Soldaten Aufstände gegen die Kolonialherrschaft anführen würden. Aufs Ganze gesehen war dies nicht der Fall. Und dies obwohl die Kolonialstaaten nicht bereit waren, bisherige Restriktionen abzuschaffen. Trotz heftiger Proteste wurden die Passgesetze in Südafrika beibehalten. Auch Versprechungen, die Kriegsteilnehmern zuvor gemacht worden waren, wurden nicht eingehalten. So war etwa französischen Soldaten aus Übersee versprochen worden, dass sie nicht länger dem *Indigénat* unterliegen sollten, also weder Kopfsteuer zu entrichten haben, noch den besonderen Kontroll- und Disziplinierungsstrukturen gegen Einheimische unterworfen sein würden. Kolonialbeamte vor Ort haben sich um diese Zusagen nicht geschert. Wie viele der Kolonisten gingen sie wohl davon aus, dass sich nach dem Krieg wieder die früheren Verhältnisse des „ewigen Afrika" herstellen würden. (Michel 2009: 341) Und dabei wurden sie von vielen Häuptlingen unterstützt, weil diese – durchaus mit Recht – befürchteten, dass sich die Rückkehrer ihren Anweisungen nicht länger fügen würden. (Michel 1982: 202)

In vielen Kolonien sind nach dem Krieg Unabhängigkeitsbewegungen entstanden oder stärker geworden. In führenden Kreisen der Kolonialmächte war die Furcht weit verbreitet, dass sich die Rückkehrer aus dem Krieg zu Anführern der Unabhängigkeitsbewegungen machen würden. Frank Furedi zufolge wurde diese Furcht aus der Tatsache gespeist, dass mit dem Ersten und dann erst Recht mit dem Zweiten Weltkrieg die

Kolonialherrschaft ihre bislang behauptete „moralische Autorität“ nicht mehr vertreten konnte Auch wenn es aufs Ganze gesehen nicht die demobilisierten Soldaten aus den Kolonien waren, die den Kampf um Unabhängigkeit voran getrieben haben (1999: passim), so hat der Einsatz einheimischer Soldarten zugunsten ihrer Kolonialherren doch auch noch die Entwicklung in den Postkolonien geprägt. Denn als sich in vielen postkolonialen Staaten Militärs zu neuen Herren machten, brachten sie Kenntnisse und Praktiken zur Anwendung, die sie in Kolonialarmeen erworben hatten.

Als nach dem Ende des Zweiten Weltkrieges mehr und mehr frühere Kolonien ihre Unabhängigkeit erlangten, hat dies zwar viele europäische Siedler und Unternehmer hart getroffen, aufs Ganze gesehen aber keine wirtschaftlichen Einbußen in den Metropolländern bewirkt – dadurch noch nachträglich alle diejenigen bestätigend, die Kolonialherrschaft schon immer als ein schlechtes Geschäfte kritisiert hatten.

Kapitel VI: Die Domestizierung des Industriekapitalismus in den Metropolstaaten

Um die Entwicklungen des Kapitalismus in den letzten hundert Jahren auf einen Nenner zu bringen, spricht Robert Castel von der „Zivilisierung" des Kapitalismus, (1996/2000: 401),[1] Etienne Balibar bezeichnet den entsprechenden Prozess als „Normalisierung". (2009: 111) Ich bevorzuge die Rede von der „Domestizierung". [2] Die Wahl der Termini ist nicht zufällig. Mit der „Zivilisierung" des Kapitalismus ist bei Castel vor allem die Entwicklung von Sozialpolitik angesprochen, dagegen betonen „Normalisierung" und „Domestizierung", dass die Gewalt der Ausbeutung im Laufe der Zeit zu einem Alltagsphänomen kapitalistischer Arbeitsverhältnisse geworden ist und damit gewissermaßen zu einer Institution des politischen und gesellschaftlichen Systems – wobei „Domestizierung" zusätzlich nahelegt, dass die Beibehaltung eines einmal erreichten Zustandes gefährdet bleiben kann. Was im Folgenden als „Domestizierung" beschrieben wird, hat in einer historischen Phase seinen Anfang genommen, in welcher kapitalistische Aneignung deutlich auf nationale Strukturen ausgerichtet war. Zentrales Merkmal der Domestizierung war Durchsetzung und Realisierung des Rechts auf gewerkschaftliche Organisation und auf gewerkschaftliche Kampfmaßnahmen.[3]

Kapitalistische Staatsgewalt definiert private Herrschaft über die Bewegungen der Körper und die Anstrengungen des Geistes in Betrieben als legale Anwendung der Verfügungsgewalt über Privateigentum. Diese Verhältnisse wurden nicht bereits dadurch

---

1 Eingedenk der vielfach gewaltförmigen Strategien, die angewandt wurden, um Menschen in der außereuropäischen Welt zu „zivilisieren", liegt diese Formulierung (trotz der auch im Original gesetzten Anführungszeichen) sicherlich nicht auf der Hand. Nehmen wir also an, Castel wollte unter „Zivilisation" verstanden wissen, dass aus gewaltförmig durchgesetzten Herrschaftsverhältnissen Institutionen kapitalistischen Alltags gemacht worden sind.

2 Wolfgang Streeck hat mehrfach von der „demokratischen Domestizierung" des Kapitalismus geschrieben. (vgl. insbesondere 2013/2015) Dass ich den Terminus „Domestizierung" ebenfalls benutze, bedeutet nicht, dass ich mich damit seiner Analyse anschließe.

3 Zwar wird auf die Entwicklung staatlicher Sozialpolitik, die Castel in den Mittelpunkt seiner These von der „Zivilisierung" stellt, im Folgenden vereinzelt verwiesen, doch wird sie nicht als ausschlaggebendes Element der Domestizierung kapitalistischer Verhältnisse verstanden. Mit Ausnahme von Arbeitsschutzgesetzen bezwecken sozialpolitische Maßnahmen in allererster Linie eine Linderung der Probleme, die durch kapitalistische Arbeits- und Lebensverhältnisse erzeugt werden.

„normal", dass alternative Lebens- und Überlebensmöglichkeiten verschwanden oder verringert wurden. Vielmehr erfolgte die Normalisierung kapitalistischer Arbeitsbeziehungen erst durch jene Disziplinierungspraktiken, die nicht nur in Betrieben, sondern auch in armenpolizeilichen Kontrollen, in gerichtlichen Verfahren und in gesellschaftlichen Diskursen gegenwärtig sind. Erst als staatliche Instanzen, öffentliche Diskurse und tagtäglicher Zwang, Männern und Frauen die Selbstverständlichkeit eines Lebens als abhängige Arbeitskräfte eingetrichtert und eingebläut hatten, definierte Staatsgewalt abhängige Arbeit als ein privates Verhältnis. Dieser Prozess ist oben – mit exemplarischen Hinweisen auf Entwicklungen in Preußen, Frankreich, England und den USA beschrieben worden.

Solcherart durchgesetzte Privatisierung ist aber noch nicht mit jener Domestizierung des Kapitalismus gleichzusetzen, die erst zustande kam, als kapitalistische Staaten gewerkschaftlichen Zusammenschlüssen zugestanden, den strukturellen Nachteil der Verhandlungsposition individueller Lohnabhängiger durch die kollektive Vertretung der Interessen ihrer Mitglieder zu mindern. Erst mit der Legalisierung von Gewerkschaften und von Streiks wurden gewerkschaftlich ausgerufene und angeführte Arbeitskämpfe zu Institutionen des Kapitalismus in den Metropolländern.[4] Und damit wurde zutreffend, was Pierre Bourdieu für alle Herrschaft formuliert hat: Ist Herrschaft erst einmal institutionalisiert muss sie nicht mehr „Tag für Tag handgreiflich", also gewaltsam, ausgeübt werden. (1972/1979: 366f.)

Die Legalisierung gewerkschaftlicher Kampfmaßnahmen und ihre schließliche Anerkennung durch die „Verhandlungspartner" hat die kapitalistische Produktionsweise zu einer privaten Herrschaftsform gemacht. In Gesellschaften des domestizierten Kapitalismus wird staatliche Gewalt nur eingesetzt, wenn die Stabilität des Gewaltverhältnisses bedroht ist oder bedroht zu sein scheint. Ansonsten gelten die Vertragsbedingungen kapitalistischer Lohnarbeit als Ausfluss einer staatlich akzeptierten gesellschaftlichen Institution. Diese Entwicklung ist nicht geradlinig verlaufen. Auch lässt sich keine direkte Verbindung zwischen dem Stand der Industrialisierung und dem Verzicht auf den Einsatz staatlicher und privater Gewalt gegen organisierte Arbeitskräfte ausmachen. Außerdem handelte es sich – internationaler Einflüsse und internationaler Organisationsbemühungen zum Trotz[5] – um national spezifisch geprägte Auseinandersetzungen.

In einer Hinsicht allerdings ist eine Übereinstimmung der nationalen historischen Prozesse zu konstatieren: Obrigkeiten sahen in kollektiven Kämpfen von Arbeitskräften zunächst die seit langem bekannten und gefürchteten Revolten des niederen Volkes, Verletzungen der öffentlichen Ordnung also. Um sie nieder zu schlagen, gab es Strafgesetze und – national sowie lokal unterschiedliche – Traditionen, den Einsatz bewaffneter

4 Allan Flanders geht weiter: er bezeichnet Gewerkschaften weniger als ökonomische, denn als politische Institutionen. Ihre wichtigste Funktion sei nicht die Aushandlung kollektiver Vereinbarungen, vielmehr schützten sie die Würde ihrer Mitglieder. (1970: 238)

5 Die Auswirkungen internationaler Kongresse, Diskurse und Organisationen auf die jeweiligen nationalen Gewerkschaftsbewegungen bleiben hier außer Betracht.

Gewalt betreffend. Überall wurde gegenüber gewerkschaftlichen Kampfmaßnahmen zunächst entsprechend dieser herkömmlichen Regelungen verfahren. Anders gesagt: sie wurden nicht nur als eine Herausforderung des oder der jeweils betroffenen Kapitaleigner verstanden und behandelt, sondern als eine Störung der öffentlichen Ordnung und damit als eine Herausforderung des Staates. Die Abkehr von dieser Ordnungspolitik machte die Domestizierung des Kapitalismus möglich. Erst die Erschütterung des Zweiten Weltkrieges hat dazu geführt, dass sie in den Metropolstaaten des Kapitalismus verallgemeinert wurde.

In Kolonien war dies nicht der Fall.[6] Zwar waren Politiker in englischen und französischen Kolonien in den 1940er Jahren häufiger bereit, Streiks als zulässige Formen der Auseinandersetzung zu akzeptieren, doch hat dies die Massenproteste gegen eine Politik, die Einheimische zu „Eingeborenen" deklassierte, nicht verhindern können. Für eine Domestizierung des Kapitalismus fehlten in allen Kolonien die Voraussetzungen. Worin sie bestanden hätten, kann gewissermaßen im Umkehrschluss aus der Domestizierung des Kapitalismus in Metropolländern gefolgert werden.

6 Was hier nur sehr kurz angedeutet ist, hat Frederick Cooper umfassend und sehr eindrucksvoll analysiert. (1996, hier vor allem Kap. 4)

England

Als Ende des 18. Jahrhunderts zahlreiche Arbeiter in Industriebetrieben gemeinsam forderten, dass ihre Arbeitstage verkürzt und ihre Löhne erhöht würden, interpretierte dies die Regierung (unter William Pitt) als eine Entwicklung, die zu französischen Verhältnissen führen könnte. Obwohl Vereinigungen auch bislang schon nach der im *Common Law* tradierten Doktrin der „Kriminellen Verschwörung" (*criminal conspiracy*) bestraft werden konnten, wurden 1799 und 1800 spezielle Gesetze gegen „Vereinigungen von Arbeitern" (*Combinations of Workmen Act*) beschlossen. Fortan konnten zwei Richter in summarischer Verhandlung Arbeiter, die sich zur Forderung von Lohnerhöhungen organisierten, mit bis zu drei Monate dauernden Gefängnisstrafen belegen. Während sich diese Gesetze vor allem gegen kollektiven Widerstand richteten, wurden 1823 auch einzelne der im *Master and Servant Act* enthaltenen Strafbestimmungen erheblich verschärft. (Steinfeld 2001: 47f.) Nicht gegen diese Verschärfung, wohl aber gegen die Vereinigungsverbote hatte sich eine breite politische Kampagne entwickelt. 1824 war sie erfolgreich. Als jedoch nach der Aufhebung der inkriminierten Gesetze zahlreiche Streiks ausbrachen, wurde 1825 ein neues Strafgesetz erlassen. Es untersagte Arbeiterorganisationen zwar nicht mehr prinzipiell, wohl aber im Einzelnen Praktiken, die – wie etwa das Aufstellen von Streikposten (*picketing*) – eine Beteiligung am Streik erzwingen sollten.

Die Veränderung der Rechtslage steht im Zusammenhang mit einem grundlegenden Wandel der bislang ständischen Herrschaftspraxis. Für die öffentliche Ordnung waren in England seit Jahrhunderten (von der Krone eingesetzte, nicht professionelle) Richter (*Justices of the Peace)* zuständig. Die wichtigste Grundlage ihrer Entscheidungen war das eigene Gutdünken, zumeist also, die Ansichten der in ihrem Zuständigkeitsbereich gesellschaftlich dominanten Kreise. Den Richtern oblag es, für sozialen und damit politischen „Frieden" zu sorgen. Zu ihren Aufgaben zählte die Regelung von Arbeitsbedingungen sowie Preisen und die Schlichtung von Arbeitskonflikten. Gegen Aufstände konnte Militär angefordert werden, überwiegend aber bewältigten Richter ihre polizeiliche Aufgabe, indem sie gegen einzelne „Übeltäter" brutale Strafen verhängten, für gemeinsam vorgetragene Forderungen von Armen aber eher auf Schlichtung abzielten. Das galt auch für Arbeitskonflikte (Marshall: 1974 passim) In den politischen Krisenjahren der Jahrhundertwende hielten viele diese Praxis nicht länger für angemessen. Die Praxis von Amtsgewalt sollte jetzt nicht mehr dazu dienen, den öffentlichen Frieden entsprechend allgemein anerkannter Grundsätze zu regeln. Stattdessen sollte der Schutz des Privateigentums samt der daraus resultierenden Verfügungsgewalt von Kapitaleignern ausschließlicher Maßstab werden. (Gerstenberger 1990/2006: 234f.) Um diese neuen Maßstäbe auch gegen „altmodische" Friedensrichter durchzusetzen, forderten und erreichten interessierte Kreise eine Formalisierung der Ordnungspolitik. In diesen Zusammenhang gehören die *Combination Laws* sowie die Revision des *Master-and-Servant*-Gesetzes.

Seit Beginn der Industrialisierung enthielten Arbeiterproteste in England – von einer regelrechten „Bewegung" kann noch nicht die Rede sein – regelmäßig Forderungen an den Staat. Drei Jahrzehnte dauerte die Kampagne für die Abschaffung der Korngesetze (*Corn Laws*), die darauf abzielten, Getreideimporte zu verhindern, um so die Einkommen von Landbesitzern zu sichern.[7]

Während vieler Jahrzehnte wurde in Eingaben und Protestversammlungen eine Reform des Wahlrechts gefordert, die auch Einwohnern in den rasch wachsenden Industriestädten eine Chance auf Vertretung im Parlament einräumen würden. Als sich am 16. August 1819 viele Tausend Menschen auf dem St. Peter's Field in Manchester zu einer Kundgebung versammelten – ihre Zahl ist nicht gesichert, aber 30.000 waren es mindestens – trugen Frauen und Männer Plakate mit sich, auf denen beide Forderungen aufgeführt waren. Lokale Obrigkeiten fürchteten, es könne sich eine Revolte entwickeln. Sie beschlossen, die angekündigten Redner zu verhaften und die Kundgebung aufzulösen. Zu diesem Zweck war eine große Zahl Bewaffneter, sowohl von regulären militärischen Einheiten als auch von Milizeinheiten, in Bereitschaft gehalten worden. Als der Platz so voll war, dass „sich die Hüte [der Demonstranten] berührten", wurden die Redner verhaftet und dann wurde einer Kavallerieeinheit befohlen, die Versammlung aufzulösen. 120 Kavalleristen drangen mit gezogenen Säbeln auf die Menge ein, die keine Chance hatte, ihnen auszuweichen. Von 11 (oder 15) Toten und von mindestens 400 (vielleicht aber auch 700) Verletzten, darunter vielen Frauen, wird berichtet.[8] Sowohl in Manchester selbst als auch landesweit gab es Proteste wegen der Aktion, für welche der *Manchester Observer* die bis heute gebräuchliche Bezeichnung *Peterloo Massacre* einführte. Weil sie von Berittenen angegriffen wurden, hatten viele der Verletzten und Toten Säbelwunden am Kopf davon getragen, andere waren Bajonettstichen erlegen. Auf den später angefertigten Listen sind insgesamt 357 Menschen verzeichnet, die niedergetrampelt oder zerquetscht wurden, manche von ihnen, nachdem sie zuvor bereits durch Säbel oder Bajonette verletzt worden waren. Sechs von ihnen erlagen diesen Verletzungen. (Marrow 1994: 99) Der Kronprinz sprach den lokalen Obrigkeiten seine Anerkennung aus, Zeitungen wurden kontrolliert und immer wieder zeitweise verboten, und wenige Monate später wurden die berüchtigten *Six Acts* erlassen. Sie enthielten Einschränkungen des Versammlungsrechts und das Verbot, unberechtigterweise Waffen mit sich zu führen. Ende 1820 befanden sich alle der bekannteren Arbeiterführer im Gefängnis. Das Massaker hatte aber auch andere Wirkungen. Eine davon berichtete die *Times* am 14. September 1819. Als einer

---

7 Korngesetze gab es bereits seit Jahrhunderten. Anders als das Gesetz von 1815 und die darauf folgenden Korngesetze hatten sie aber darauf abgezielt, durch das Verbot des Exports von Getreide nach schlechten Ernten die Brotpreise erschwinglich zu halten und dadurch ein Mindestmaß an Versorgung zu sichern. Diese Gesetze waren deshalb so wichtig, weil in England die allermeisten Arbeitskräfte (auch auf dem Lande) darauf angewiesen waren, Brot zu kaufen. Daran hatte sich 1815 noch nichts geändert, die Politik nahm jetzt aber keine Rücksicht mehr auf die Versorgung der Bevölkerung.

8 http://en.wikipedia.org/wiki/Peterloo_Massacre.

der Demonstranten – die Panik der Flüchtenden hatte ihm eine ausgekugelte Schulter und einen verletzten Ellenbogen und der Kavallerieangriff eine Kopfverletzung eingetragen – zur Behandlung in die *Royal Infirmery* kam, sagte einer der Ärzte zu ihm: „Sie werden jetzt ja wohl nicht mehr an einer Reformkundgebung teilnehmen". Darauf der Verletzte: „Doch, das werde ich, wenn ich dazu wieder in der Lage sein werde. Die letzte Kundgebung hat mir sehr deutlich gezeigt, dass die Reform notwendiger ist denn je." Er wurde ohne Behandlung abgewiesen und musste sich in seinem schlechten Zustand zu Fuß auf den sieben Meilen langen Heimweg machen. (zit: J. Marrow 1994: 97, Übers.)

Die Kampagnen zur Reform des Wahlrechts und zur Abschaffung der Korngesetze wurden fortgesetzt. Nach der Revolution des Jahres 1830 in Frankreich bewirkte Revolutionsfurcht in England 1832 eine Reform des Wahlrechtes. Es verhalf den „mittleren Klassen" zu etwas mehr Einfluss, Lohnarbeitern aber nicht. Stattdessen wurde mit dem 1834 erlassenen neuen Armenrecht die bisherige Armenpolitik industriekapitalistischen Verhältnissen angepasst. Das Gesetz ersetzte die herkömmliche Verpflichtung der Heimartorte durch die Zuständigkeit der Wohnorte – eine administrativ unerlässliche Maßnahme zur Bewältigung des Zuzugs „Fremder" in Industriestädte. Mit dem berüchtigten *workhouse test* institutionalisierte das Gesetz von Staats wegen den Verdacht der Arbeitsscheu gegenüber jeder und jedem Bedürftigen. Gegen die Anwendung des neuen Gesetzes gab es lokalen Widerstand. Auch hat die Empörung über diese Gesetzgebung der Bewegung, die sich eine Besserung der Verhältnisse von einem Wahlrecht erhoffte, das nicht nur Bürgern bessere Chancen der Vertretung verschaffte, Zulauf beschert. Ab 1835 wuchs die Bewegung des Chartismus, so genannt, weil die *Working Men's Association* eine Charta mit sechs grundlegenden Reformforderungen ausgearbeitet hatte, die sie beim Parlament einreichte. Vergeblich. Führende Mitglieder der Chartistenbewegung wurden verhaftet. Immerhin aber kam es 1847 zum Erlass eines Gesetzes, das den Arbeitstag auf zehn Stunden begrenzte. 1848 wurden die Korngesetze abgeschafft.

Eine generelle Ära der Reform war damit zwar noch nicht eingeläutet, doch entwickelten sich in manchen Branchen inzwischen Praktiken der Aushandlung. Seltener als zuvor ersuchten Unternehmer um eine bewaffnete Unterstützung ihrer „Verhandlungsposition". Nichtsdestotrotz setzten sich die Anführer und die Beteiligten von Arbeiterprotesten weiterhin der Gefahr aus, auf der Basis des *Common Law* wegen krimineller Verschwörung oder auf der Basis der *Combination Laws* wegen unrechtmäßiger Vereinigung angeklagt zu werden. Auch wurden vereinzelt Arbeitskräfte weiterhin auf der Basis des *Master and Servant Act* verurteilt. 1875 wurde dieses Gesetz abgeschafft. S. Deakin zufolge prägte die Rechtsfigur des *servants* (Knechtes) die in diesem Gesetz seit Jahrhunderten präsent gewesen war, die Rechtsprechung in England dennoch bis ins 20. Jahrhundert. (2001: passim)

Zunächst hatte die 1871 beschlossene Legalisierung von Gewerkschaften ein ähnliches Schicksal. Weil gleichzeitig eine Revision des Strafgesetzes beschlossen worden war, konnten Gewerkschafter noch immer wegen Nötigung belangt werden. Vereinzelt kam es sogar weiterhin zu Verurteilungen wegen krimineller Verschwörung. Eine nachdrückliche Kampagne bewirkte jedoch, dass 1875 beschlossen wurde, im Zusammenhang eines Arbeitskonflikts angewandte Praktiken würden in Zukunft nur noch dann als kriminell eingestuft werden, wenn diese Bewertung auch dann gegolten hätte, wenn es sich um die Handlung eines Einzelnen gehandelt hätte. Und ein Jahr später wurde in einem weiteren Gesetz genauer definiert, welche Verhaltensweisen von organisierten Arbeitskräften in einem Arbeitskampf zulässig sein sollten. 1906 schließlich wurde geregelt, dass Gewerkschaften nicht mehr für Schäden haften sollten, die im Zuge von Streiks entstanden waren. Das erleichterte den Einsatz von Streikposten. Zwischen 1906 und 1910 wurde eine Reihe von Gesetzen beschlossen, die von Gewerkschaftern gefordert worden waren. Sie galten Altersrenten, Schulspeisungen, „fairen" Löhnen und dem „Recht auf Arbeit". Um 1910 waren Gewerkschaften zu einer Interessengruppe in der kapitalistischen Gesellschaft Englands geworden. (Clegg & Fox & Thompson 1964: 487) Dennoch wurden im selben Jahr Streikende zwangsweise ins Militär rekrutiert. (Hobsbawm 1994/1995: 123)

In England waren sowohl Gewerkschafter als auch Unternehmer überwiegend der Ansicht, dass es nicht Aufgabe des Staates sei, Arbeitsverhältnisse per Gesetz zu regeln. Diese, zumeist als „Voluntarismus" bezeichnete Position dominierte auch in staatlichen Behörden. Dennoch versuchten sich Regierungen seit den 1890er Jahren immer wieder als Vermittler. 1896 verschaffte der *Conciliation Act* solchen Versuchen eine gesetzliche Basis. (Strinati 1982: 48)

Während des Ersten Weltkrieges sah sich die Regierung dann veranlasst, Eingriffe in die Gesellschaft und damit in Arbeitskämpfe in bisher unbekanntem Ausmaß vorzunehmen. Das erste von drei Rüstungsgesetzen (*Munitions of War Acts),* die vom neu gegründeten Rüstungsministerium (*Ministry of Munitions)* vorgelegt wurden,[9] erklärte 1915 Streiks für gesetzwidrig. Zusätzlich wurden obligatorische Schlichtungsverhandlungen eingeführt. Löhne sollten staatlich geregelt und die Disziplin am Arbeitsplatz staatlicher Aufsicht unterstellt werden. Die Freiheit der Arbeitsplatzwahl wurde insoweit eingeschränkt, als das Verlassen einer Arbeitsstelle nur mit einem vom Unternehmer ausgestellten Zertifikat zulässig sein sollte. Anders gesagt: Arbeitskräfte in der Rüstungsindustrie wurden der Aufsicht des Staates unterstellt. Im Juli 1918 betraf dies annähernd fünf Millionen Personen. Gleichzeitig wurde Gewerkschaften untersagt, sich mit Kampfmaßnahmen gegen die Beschäftigung von Nicht-Gewerkschaftsmitgliedern zu wenden. (Rubin 1987: 17)

Diese Gesetze betrafen Unternehmen, die von Staats wegen zu „kontrollierten Unternehmen" erklärt worden waren. Sie wurden verpflichtet, sich auf „moderate Profite" zu beschränken, konnten andererseits aber von der staatlichen Aufsicht über ihre Be-

---

9 James Hinton hat sehr genau ermittelt, in welchem Ausmaß die Politik des Ministeriums durch Leitungspersonal aus der Rüstungsindustrie geprägt wurde. Die größten Firmen „liehen" dem Ministerium über 90 ihrer Führungskräfte. Vielfach wurden sie weiterhin von diesen Unternehmen bezahlt. (1973: 29)

schäftigten profitieren, indem sie gesetzwidriges Verhalten bei den gesondert eingerichteten Tribunalen anzeigten. Wobei das Ministerium insofern auch offiziell eine gewisse Neutralität wahrte, als es zwar Strategien untersagte, die auf *"closed shops"* (also die ausschließliche Beschäftigung von Gewerkschaftsmitgliedern) abzielten, die inzwischen akzeptierte gewerkschaftliche Organisationsfreiheit aber gegenüber Unternehmern verteidigte, welche die Rüstungsgesetze zum Anlass nehmen wollten, Gewerkschaftsmitglieder zu verfolgen.

Die tatsächliche Bedeutung der Rüstungsgesetze ist umstritten. Eindeutig ist, dass sie Streiks nicht verhindert haben. Bereits 1915 sah sich die Regierung veranlasst, auf die Anwendung des gerade erst erlassenen Gesetzes zu verzichten. Als 200.000 Bergleute streikten, hätten diese alle bestraft werden müssen. Stattdessen bemühte sich das Ministerium um eine Schlichtung, welche die Forderungen der Streikenden berücksichtigte. Es war dies, wie V. Allen feststellt, das erste Anzeichen der Tatsache, dass die Regierung gar nicht anders konnte, als ihre eigene Gesetzgebung zu missachten, sofern eine ausreichend große Zahl von Arbeitern eines entscheidenden Wirtschaftszweigs das Streikverbot missachtete. (Allen 1960: 137-139) Tatsächlich hat die für den Krieg forcierte Rationalisierung von Produktionsprozessen, welche die Einstellung von Frauen und anderen wenig qualifizierten (und nicht organisierten) Arbeitskräften in der Rüstungsindustrie erst möglich machte, die Entstehung einer radikalen gewerkschaftlichen und dann auch politischen Bewegung unter den Fachkräften der Rüstungsindustrie provoziert. Nachdem *shop stewards* (Betriebsvertreter) zunächst vor allem dagegen gekämpft hatten, dass qualifizierte Arbeitskräfte ihre bisherigen Lohnvorteile und sonstigen Privilegien einbüßen sollten, konzentrierten sie sich ab 1917 darauf, eine bessere Versorgung mit Lebensmitteln und die Beendigung des Krieges zu fordern. Ende 1917 fürchtete das Munitionsministerium die Entwicklung einer revolutionären Situation. (Hinton 1973: 254) Zum einen hielt es das Kabinett für unumgänglich, in Zukunft auch qualifizierte Arbeitskräfte in der Rüstungsindustrie für das Militär zu rekrutieren, zum anderen war die Bewegung, die eine Eröffnung von Friedensgesprächen forderte, nach der russischen Revolution angewachsen. Die Regierung sah sich veranlasst, mit Gewerkschaftsführern zu verhandeln. (Hinton 1973: Kap. 10)

Zu dieser Entwicklung haben Gerry R. Rubin zufolge auch die Munitionsgesetze beigetragen, deren erklärtes Ziel darin bestanden hatte, die Arbeitsverhältnisse in der Rüstungsindustrie unter staatliche Aufsicht zu stellen.[10] Tatsächlich, so Rubin, war die Wirkung dieser Disziplinierungsinstanzen keineswegs eindeutig. Zwar wurden von den Tribunalen in Glasgow, deren Praxis Rubin eingehend analysiert hat, Gewerkschaftsführer und Streikende verurteilt (manchmal zu drastischen Strafen, vielfach aber auch zu eher symbolischen Geldstrafen), andererseits aber nutzten Gewerkschafter

10 Die Möglichkeit, Betriebe unter staatliche Kontrolle zu bringen, wurde über die Rüstungsproduktion hinaus ausgeweitet. Im Januar 1916 betraf sie 2.422 Firmen und damit mehr als eine Million Frauen und Männer. Vgl. Wrigley (1987: 34).

die Tribunale auch, um ihrerseits Unternehmer anzuklagen bzw. die Verhaltensweisen einzelner Vorarbeiter als Anlass für Arbeiterproteste öffentlich zu machen. Indem sie betonten, dass sie die Zielsetzung der Rüstungsgesetze teilten, war es ihnen möglich, Praktiken von Unternehmern als Schädigungen des nationalen Interesses darzustellen.[11] Insoweit sie damit Erfolg hatten, wurde implizit akzeptiert, dass die Arbeitskräfte in der Rüstungsindustrie zur Interpretation des nationalen Interesses berechtigt waren. In gewisser Weise wurde damit zugestanden, dass Gewerkschaften einen legitimen Bestandteil der kapitalistischen britischen Gesellschaft ausmachten.

Nachdem die 1919 gegründete Nationale Industrielle Konferenz, in welcher unter der Schirmherrschaft des Staates Unternehmer und Gewerkschaften zusammen arbeiten sollten, gescheitert war, bedeutete die Aufhebung der Rüstungsgesetze im Jahre 1921 die staatliche Zustimmung zur Verhandlungsautonomie von Tarifgegnern. Fortan beschränkten sich britische Regierungen – und zwar unabhängig davon, ob die *Labour Party* mitregierte oder nicht – auf das Angebot, als Vermittler tätig zu werden. Das verhinderte freilich nicht, dass weiterhin staatliche Zwangsgewalt gegen Streikende eingesetzt wurde. Mit dem *"Emergency Powers Act"* von 1920 war die Regierung ermächtigt worden, im Falle einer Bedrohung der Versorgung mit lebenswichtigen Gütern für die Dauer eines Monats den Notstand auszurufen. Wer den daraufhin erlassenen Anordnungen nicht entsprach, hatte harte Strafen zu gewärtigen. 1921 hat die Ausrufung des Notstandes einen Streik sehr schnell beendet. Während des Generalstreiks im Jahre 1926 wurde von diesem Mittel ausgiebig Gebrauch gemacht. So drastisch die Maßnahme auch war, sie blieb in England auf wenige Situationen begrenzt. (Weber 2010: 1092) Während seiner Geltung – sie dauerte immerhin bis 2004 – wurde das Gesetz insgesamt zwölfmal angewandt. Anders als in Frankreich und Deutschland gab es kein staatliches Schlichtungssystem, welches Staatsgewalt in Auseinandersetzungen um die Bedingungen kapitalistischer Arbeit integriert hätte. Zwar kam es 1928 nicht zu der von manchen erhofften Arbeitsgemeinschaft zwischen Arbeitgebern und Gewerkschaften, wohl aber waren Tarifverhandlungen in England jetzt Institutionen eines Kapitalismus, in dem die ökonomische Rationalität von Verhandlung über die frühere Praxis direkter Gewalt dominierte. Dass fernab des eigenen Hinterhofs Arbeitskräfte in britischen Kolonien weiterhin mit brutaler Gewalt zu rechnen hatten, wenn sie versuchten, ihre Interessen durchzusetzen, ist von großen Teilen der englischen Bevölkerung akzeptiert worden.

11 Chris Wrigley hat betont, dass Arbeiterbewegungen in allen am Krieg beteiligten europäischen Staaten ihre Forderungen in Verbindung (*in alliance*) mit Nationalismus vorbrachten. (2000:209)

USA

Als sich Unternehmer im Vereinigten Königreich bereits mehr oder minder mit kollektiven Tarifverhandlungen abgefunden hatten, praktizierten die Leitungsgremien großer US-amerikanischer Unternehmen nach wie vor eine Strategie der unbarmherzigen Verfolgung von Gewerkschaftern. Und sowohl die Regierungen in den Einzelstaaten als auch in der Union waren weiterhin bereit, den Bitten von Unternehmensleitungen auf die Entsendung von Bewaffneten zu entsprechen, damit diese einen Arbeitskampf „beendeten".

Bis in die 1930er Jahre war der Organisationsgrad US-amerikanischer Lohnarbeitskräfte insgesamt vergleichsweise gering, und zwischen keiner der im Kongress vertretenen Parteien und gewerkschaftlichen Organisationen gab es eine enge politische Verbindung. Die Ursachen für diese politische Situation waren und sind umstritten.[12] Für unseren Zusammenhang können wir uns darauf beschränken, auf ihre Auswirkungen zu verweisen. Deren wichtigste ist die Tatsache, dass die landesweite Legalisierung gewerkschaftlicher Kampfmaßnahmen erst 1935 (*Wagner Act*) erfolgte. Die Begründung dieses Gesetzes kommt einer Zusammenfassung der politischen Entwicklungen gleich, die zur Domestizierung des Kapitalismus geführt haben. Dort heißt es unter anderem: „Die Erfahrung hat gezeigt, dass der gesetzliche Schutz für das Recht der Beschäftigten, sich zu organisieren und kollektiv zu verhandeln, das Geschäftsleben vor Schaden bewahrt ..."[13] Genau besehen handelte es sich nicht um das erste derartige Gesetz, aber die vier Jahrzehnte zuvor in den Staaten New York und Pennsylvania beschlossene Legalisierung von Gewerkschaften (Hattam 1993: 144, Fn 83; 1489, Fn 98) war ohne Wirkung geblieben, weil die zuständigen Gerichte auf ihrer im *Common Law* tradierten Unabhängigkeit gegenüber politischen Entscheidungen beharrten. Zwar konnten sie die neuen Gesetze nicht einfach übergehen, doch interpretierten sie diese auf eine Weise, die ihnen die Fortsetzung der bisherigen Rechtsprechung ermöglichte. Dieser Sachverhalt ist deshalb bemerkenswert, weil sich auch die Gerichte im Vereinigten Königreich für ihre Entscheidungen auf das *Common Law* beriefen und sich dennoch den parlamentarisch beschlossenen Reformen anpassten. Solange Gewerkschaften gerichtlich verfolgt wurden, geschah dies in beiden Staaten überwiegend auf der im *Common Law* tradierten Doktrin der „Kriminellen Verschwörung".

In den USA wurde Verschwörung immer dann unterstellt, wenn eine gemeinsame Aktion nachgewiesen werden konnte. Obwohl nicht unwidersprochen, hatte sich bereits im 18. Jahrhundert die Auffassung durchgesetzt, dass die Straftat nicht aus dem Inhalt der Forderungen resultierte, sondern aus der Vereinigung. Eine Forderung, die – wie etwa die Forderung einer Lohnerhöhung – als legal akzeptiert worden wäre, sofern ein

12 Ein kritische Diskussion der in diesem Zusammenhang vorgebrachten Argumente findet sich bei Holt (1985: passim).

13 Act of 1935, 49 Stat. 449-450, zit. Litwack 1962: 116, Übers.

Einzelner sie vorgebracht hätte, wurde zur Straftat, wenn eine Vereinigung (*confederation*) sie erhob. (Hattam 1993: 35f.)

Victoria C. Hattam zufolge wurden bis zum Bürgerkrieg sowohl gewerkschaftliche als auch oppositionelle politische Organisationen nach dieser Doktrin verurteilt, Gewerkschafter aber weder besonders häufig, noch besonders hart. Das mag sich daraus erklären, dass es damals auch in den Nordstaaten noch nicht sehr viele Industriebetriebe gab. Sofern Arbeitskräfte Forderungen erhoben, richteten sich diese deshalb vorzugsweise auf die Bedingungen handwerklicher Tätigkeiten. Als 1836 Tausende (die Angaben schwanken zwischen 27.000 und 30.000) in New York zusammen kamen, um gegen die Verurteilung von Schneidern zu protestieren, die sich gegen Lohnkürzungen gewandt hatten, wurden Handzettel mit dem Slogan: „Die Reichen gegen die Armen" verteilt. (*Morning Courier and New York Enquirer*, 8. Juni 1836; zit. Hattam 1993: 85) Eine derartige Aussage entsprach den republikanischen Idealen, die in den USA an der Wende vom 18. zum 19. Jahrhunderts verbreitet gewesen waren. Sie entsprach auch den ökonomischen Verhältnissen. Die Schneider – und mit ihnen viele andere Arbeitskräfte – litten unter schlechten Löhnen. Es handelte sich aber um die Entlohnung für die Ergebnisse ihrer Arbeit, deren Zustandekommen sie nach wie vor selbst in der Hand hatten. Deshalb hatte ihnen ihre ökonomische Abhängigkeit ihr handwerkliches Selbstbewusstsein auch noch nicht ausgetrieben.[14]

1842 formulierte Richter Shaw vom Obersten Gericht in Massachusetts eine Begründung für den Freispruch einer Gruppe von Schustern, die es möglich machte, die fortdauernde Geltung des *Common Law* zu betonen und doch zu berücksichtigen, dass in Massachusetts andere gesellschaftliche Verhältnisse herrschten als im Vereinigten Königreich.[15] Aber nicht nur wurden organisierte Arbeitskräfte auch weiterhin mit Anklagen und Verurteilungen wegen „Krimineller Verschwörung" belegt, nach dem

---

14 Victoria C. Hattam kritisiert, dass in der Historiographie zur Arbeiterbewegung in den USA die Handwerksproteste der Vor-Bürgerkriegszeit mit dem Beginn von Klassenkämpfen gleichgesetzt würden. Der wichtigste Unterschied werde in der „Sprache" gesehen, die noch durch die republikanischen Traditionen geprägt gewesen sei. Tatsächlich aber habe es sich nicht nur um eine andere Sprache gehandelt. In den 1820er und 1830er Jahren sei der soziale Konflikt nicht als ein Konflikt zwischen Arbeitern und Unternehmern wahrgenommen und ausgetragen worden. Vielmehr hätten sich erfahrene Handwerker selbst als Produzenten gesehen, die zusammen mit Meistern, Manufakturunternehmern und Farmern gegen die nicht-produzierenden Klassen (Bankbesitzer, Juristen, Kaufleute und Landspekulanten) gestanden hätten. (Hattam 1993: 93)

15 Shaw zufolge waren die englischen Verurteilungen protestierender Arbeiter entsprechend der Doktrin der „Kriminellen Verschwörung" auf der Basis von „lokalen Gesetzen" Englands erfolgt, die in Massachusetts aber nicht in Geltung seien. Deshalb müsse nicht jede in England getroffene Entscheidung in einer solchen Frage als Präzedenz für eine Entscheidung in Massachusetts herangezogen werden. (*Commonwealth* v. Hunt, Mass. 1842: 123; zit. nach Hattam 1993: 67) Stattdessen müsse sehr genau definiert werden, was den kriminellen Charakter einer Vereinigung ausmache. Weil Anklagen in zukünftigen Prozessen so formuliert wurden, dass sie sich ausschließlich auf Verhältnisse in den USA bezogen, blieb die Präzedenzwirkung dieses Urteils begrenzt.

Bürgerkrieg standen in diesen Gerichtsverfahren auch immer seltener das öffentliche Wohl und die Konflikte zwischen „arm" und „reich" zur Debatte. Vielmehr ging es jetzt zunehmend um die ungehinderte Verfügungsgewalt über Kapitaleigentum. Damit veränderte sich auch die Haltung von Arbeiterorganisationen zu dieser Rechtsprechung. Während sie zuvor auf Stellungnahmen zu den Urteilen verzichtet hatten, forderten sie jetzt Gesetze, welche die Anwendung der Verschwörungsdoktrin auf Streiks und andere Arbeitsproteste begrenzten. Maßgeblich war die 1864 gegründete *"Workingmen's Assembly"*. Ihre Kampagnen bewirkten die oben bereits erwähnten Gesetze der Legalisierung von Gewerkschaften in New York und Pennsylvanien.

Weil die zuständigen Gerichte diese Gesetze nicht einfach übergehen konnten, änderten sie die Interpretation der Strafbestimmung. Da die Legalisierung unter der Bedingung zugestanden worden war, dass Streikende auf „Einschüchterung (*intimidation)* gegenüber Kapitaleignern" verzichteten, werteten Gerichte jetzt bloße Versammlungen – ja selbst die Verteilung von Flugblättern – als „Einschüchterung". Auch wurden Streikende jetzt nicht mehr zu eher geringen Strafen zwischen einem und zehn Dollar plus den Gerichtskosten verurteilt, wie dies vor dem Bürgerkrieg üblich gewesen war, vielmehr wurden regelmäßig monate- und sogar jahrelange Strafen in einem Gefängnis oder einem Arbeitshaus verhängt. (Hattam 1993: 110; 147)

Forderungen zur Begrenzung des Arbeitstages, zur Regulierung der Lohnzahlungen in bar und zur gesetzlichen Einführung von Sicherheits-und Gesundheitsvorschriften für den Arbeitsplatz erlitten das gleiche Schicksal wie die Kampagne, die sich gegen die Anwendung der Verschwörungsdoktrin auf Streiks gerichtet hatte: Sie waren insofern erfolgreich, als sie (zumindest in einigen Einzelstaaten) den Beschluss entsprechender Gesetze bewirkten, wurden dann aber durch die Rechtsprechung ihrer Wirkung beraubt. (Hattam 1993: 152) Indem Richter beanspruchten, von Rechts wegen die oberste Gewalt im Staat zu repräsentieren, verhinderten sie für lange Zeit, dass Lohnarbeitende eine Verbesserung ihrer Lebensbedingungen von politischen Reformen erhofften.

Die antigewerkschaftliche Zielrichtung der Rechtsprechung blieb noch bis weit ins 20. Jahrhundert hinein stabil. Ab den 1880er Jahren beantragten Unternehmer und akzeptierten Gerichte zunehmen „Einstweilige Verfügungen" (*injunction*), um Streiks schon in der Entstehung zu verhindern.[16] Die Missachtung einer einstweiligen Verfügung konnte ohne förmlichen Gerichtsprozess von einem einzelnen Richter bestraft werden. Damit nicht genug, wer dem Beschluss nicht Folge leistete, machte sich gleichzeitig einer

16 Weil Anträgen auf einstweilige Verfügung zuvor nur stattgegeben worden war, wenn belegt werden konnte, dass andernfalls das Eigentum des Klägers schweren Schaden davontragen würde und ein solcher Nachweis für Streiks nicht auf der Hand lag, dekretierte das Oberste Gericht, dass es sich bei den Erwartungen, die auf einem Verhältnis zwischen Arbeitgeber und Arbeitnehmer basierten, um Eigentum handle. Ein Streik und das Aufstellen von Streikposten beschädigten die Erwartungen – und damit das Eigentum – des Streikgegners, weil er nicht erwarten konnte, seine alten Beschäftigten zu behalten und neue einstellen zu können. (Yellen 1936/1969: 124f.)

„Missachtung des Gerichts" schuldig. Zwar konnte gegen eine einstweilige Verfügung geklagt werden, doch wäre ein entsprechendes Urteil, selbst wenn es zugunsten der Streikwilligen ausgefallen wäre, in jedem Fall viel zu spät gekommen. Es handelte sich, so Samuel Yellen, um eine Art Militärgerichtsbarkeit gegen Streikende. (1936/1969: 126)

Sie flankierte den Einsatz von Polizeikräften gegen Streikende. Sidney L. Harring zufolge wurden sie nicht etwa angeordnet, um „soziale Unruhen" zu kontrollieren, sondern ganz im Gegenteil, um Klassenkämpfe zugunsten der Kapitalseite zu entscheiden. Die lokale Polizei habe entscheidend mit dazu beigetragen, dass die Prozesse der Industrialisierung in den USA besonders gewalttätig vonstattengegangen seien. (1983: 101)

Streiks sind dadurch ebenso wenig verhindert worden wie durch die gegen Arbeitskämpfe gerichtete Rechtsprechung. Ende des 19. und Anfang des 20. Jahrhunderts kam es in jeder größeren Industriestadt zu kleineren Streiks. Im Zuge großer Streiks kam es zu Auseinandersetzungen mit Todesopfern. So auch im Pullman-Streik des Jahres 1894. Er wurde ausgerufen, um die Rücknahme drastischer Lohnkürzungen zu erzwingen. Nachdem sich die *American Railway Union* bereitgefunden hatte, den wilden Streik von Eisenbahnarbeitern in Chicago zu unterstützen, breitete sich dieser rasch landesweit aus.[17] Streikende koppelten Pullmanschlafwagen von Zügen ab und bestreikten Eisenbahngesellschaften, die sie nutzten. Auf Ersuchen des Pullman-Vorstands veranlasste der Präsident der Vereinigten Staaten die Entsendung von insgesamt mehr als 10.000 Polizisten, US-Marshalls und Angehörigen der Nationalgarde nach Chicago. Streikende reagierten mit Brandstiftungen. 700 Eisenbahnwagen und mehrere Gebäude wurden angezündet. Zwei Monate nach seinem Beginn war der Streik niedergeschlagen. 13 Menschen waren umgekommen, 57 waren verletzt, der Vorsitzende der ARU, Eugene V. Debs, und weitere Streikführer wurden wegen Verschwörung verurteilt.[18] In dem Bericht über eine vom U.S. Senat 1895 eingesetzte Kommission zur Untersuchung des Streiks in Chicago heißt es über die Haltung der Pullman Gesellschaft, indem sie das Recht des Arbeiters darauf beschränke, die Arbeit zu den angebotenen Bedingungen entweder zu akzeptieren oder zu kündigen, sei sie nicht auf der Höhe der Zeit. (Wörtliche Auszüge aus dem Bericht bei Yellen 1936/1969: 133)

Darin aber war die Pullman-Gesellschaft nicht alleine. In den folgenden Jahrzehnten setzten Arbeitskräfte in den USA immer wieder die Versorgung ihrer Familien und nicht selten auch ihre Gesundheit und sogar ihr Leben aufs Spiel, wenn sie sich zu einem Streik entschlossen. Regelmäßig stellten staatliche Stellen Kapitaleignern Waffengewalt zur Verfügung und regelmäßig wurden Gewerkschaftsführer verurteilt.

---

17 Zum Verlauf des Streiks: http://de.wikipedia.org/wiki/Pullman-Streik; abgerufen am 24.8.2013.

18 Nach 1900 kandidierte Debs fünfmal für das Amt des Präsidenten. Er wurde dabei von der *American Socialist Workers Party* unterstützt.

Besonders heftig waren Konflikte in den rasch wachsenden Bergbaustädten des Westens.[19] Vor allem in Colorado waren seit den ausgehenden 1870er Jahren immer mehr Bergbaugesellschaften aktiv geworden. Allein zwischen 1893 und 1897 wurden in Colorado über 3.000 neue Bergwerksgesellschaften gegründet. Nationales und ausländisches Kapital investierte in der Gegend. Durch den Zuzug von Arbeitskräften wuchsen manche Städte gewissermaßen über Nacht um Tausende. Viele der Arbeiter, vor allem Einwanderer aus Irland, Cornwall und Canada hatten Erfahrungen im Bergbau, andere hatten beschlossen, nicht länger auf den einen großen Fund an Gold zu hoffen und stattdessen lieber auf eine regelmäßige Einnahme im Bergbau zu bauen. Den wachsenden Reichtum der Unternehmer vor Augen, sahen sich Bergleute mit harschen Arbeits- und Lebensbedingungen konfrontiert.

In den 1890er Jahren spitzten sich die Konflikte zu, weil Unternehmer der damaligen Krise des Bergbaus (insbesondere der Schwierigkeiten des Absatzes von Silber) durch technische Innovationen zu begegnen suchten, die es ihnen möglich machten, Arbeitskräfte zu entlassen und bereits Beschäftigte schlechter zu entlohnen. 1892 revoltierten Bergleute mit der Unterstützung anderer Einwohner in Coer d'Alene gegen diese Strategie. Die neu gegründete Vereinigung der Bergwerksbesitzer wandte sich an die Regierung von Idaho und die Unionsregierung. Die von der Unionsregierung entsandten Bewaffneten schlugen den Streik nieder, Gewerkschaftsführer und bekannte örtliche Unterstützer des Streiks wurden inhaftiert. Während Gewerkschafter 1892 im Gefängnis von Coeur d'Alene auf ihren Prozess warteten, von dessen für sie negativem Ausgang sie überzeugt sein mussten, beschlossen sie die Gründung einer *Western Federation of Miners*. Als sie nach ihrer Haft entlassen wurden, setzten sie diesen Plan in die Tat um und betrieben den Zusammenschluss der bislang in den jeweiligen Einzelstaaten aktiven Organisationen von Bergarbeitern. (Dubofsky 1985: 237) Nach den Erfahrungen mit der staatlichen Unterstützung der „Silberbarone" in Idaho und Colorado setzte sich in der WFM die Überzeugung durch, dass die Konzentration auf gewerkschaftliche Verhandlungen, wie sie in der *American Federation of Labor* verfolgt wurde, kaum Aussicht auf Erfolg hatte. Ab 1899 verfolgte die WFM eine Strategie der radikalen gesellschaftlichen Veränderung.

In den Folgejahren kam es wiederholt zu Streiks. Die Art und Weise, wie sie ausgetragen wurden, hat dazu geführt, dass über sie vielfach als von Klassenkriegen berichtet wird. Auf den Streik des Jahres 1913 in den Kohlefeldern von Colorado trifft diese Bezeichnung in besonderem Maße zu. Bereits 1883, 1893 und 1903 hatten Bergarbeiter in dieser abgelegenen Gegend gestreikt. Jedes Mal waren die Streiks militärisch niedergeschlagen worden, jedes Mal waren Anführer des Streiks entlassen und Streikbrecher eingestellt worden. Weil es in dieser abgelegenen Gegend kaum städtische Siedlungen und folglich auch kaum Menschen gab, die nicht direkt durch die Lebens-und Arbeitsbedingungen in den Bergwerken betroffen waren, konnten

19 Zum Folgenden vgl. Dubofsky (1985: passim).

Bergwerksunternehmen über alle Aspekte des Lebens ihrer Arbeitskräfte herrschen. Ihnen gehörten das Land, die Unterkünfte der Bergleute, die Schulen und Kirchen. Sie kontrollierten Lehrer und Geistliche. Unternehmensvertreter amtierten als Richter, und Unternehmensvertreter stellten sicher, dass die Ergebnisse von Wahlen die herrschenden Verhältnisse bestätigten. Um die Bewohner der *Camps* zu beaufsichtigen und etwaige Streikpläne auszuforschen, stellten die Unternehmer *camp marshalls* ein. Sie agierten als Polizisten und Richter in einer Person, entließen und vertrieben, wer Kritik zu äußern wagte.

In den Bergwerken von Colorado war *"business as usual"* lebensgefährlich. Die Rate der Arbeitsunfälle, in denen Bergleute verletzt wurden oder ums Leben kamen, war doppelt so hoch wie in irgendeinem anderen Staat der Union. In 89 der 90 tödlichen Unfälle, die im Laufe von zehn Jahren untersucht wurden, kamen gefügige örtliche Gerichte zu dem Schluss, dass sie von den Bergleuten selbst verursacht worden waren. (Adams 1966: 151) Lebensbedrohlich waren aber auch die Lebensbedingungen außerhalb der Minen. Niemand konnte Land kaufen und selbst bauen, Bergleute mussten sich und ihre Familien deshalb entweder in den von den Unternehmen gestellten unzulänglichen Häusern einmieten oder aber in Hütten, Erdlöchern und Schuppen hausen. Es waren Unterkünfte, von denen einer der Zeugen vor der *"United States Commission on Industrial Relations"* sagte, dass sie sich kaum von Schweineställen unterschieden. Ratten waren zahlreich, und fehlende Abwasserkanale begünstigten die Verbreitung von Krankheiten. Allein im Jahr 1912–1913 wurden 151 Fälle von Typhus registriert. (Adams 1966: 148) Lange wurden die ohnehin niedrigen Löhne zusätzlich dadurch begrenzt, dass sie lediglich in der Form von Gutscheinen ausbezahlt wurden, einzulösen in den unternehmenseigenen Läden.

Angesichts der Herrschaft von Kapitaleignern über alle Aspekte des Lebens standen sich im Falle eines Streiks in Colorado tatsächlich die faktische Regierung und eine von ihr beherrschte Bevölkerung gegenüber. Zum regelrechten „Bürgerkrieg" entwickelten sich Streiks, weil die Kapitalseite nicht nur auf ihre eigenen, sondern zusätzlich auch auf staatliche Gewaltmittel zurückgreifen konnte. Im Bericht der 1915 eingesetzten Untersuchungskommission heißt es zu den von Streikenden begangenen Gewalttaten: „...Wer nach der Wahrheit sucht, muss daran denken, dass Regierung im Süden von Colorado nur als ein Instrument der Tyrannei und der Unterdrückung in den Händen der Unternehmer funktionierte; und dass, nachdem sie zu beschließen gewagt hatten, der Tyrannei mit einem Streik entgegen zu treten, der einzige Schutz für die Bergleute und ihre Familien darin bestand, so viel physische Gewalt anzuwenden, wie ihnen zur Verfügung stand." (U.S. Commission on Industrial Relations[20]: 106; zit. Yellen 1936/1969:

20 *U.S. Commission on Industrial Relations, Report on the Colorado Strike* (by George P. West; Washington, 1915).

223, Übers.)[21] Im August 1913 konfrontierten Vertreter der *United Mine Workers* die Bergwerksunternehmen mit der Forderung, die Löhne um 10 % bzw. auf das Niveau der Löhne in Wyoming zu erhöhen, das bewaffnete Bewachungspersonal abzuziehen, Bergleute ihr eigenes Aufsichtspersonal für das Wiegen der Kohlen wählen zu lassen, ihnen zu gestatten, in Läden ihrer eigenen Wahl einzukaufen und ihre Unterkünfte selbst zu wählen. Letzteres waren Rechte, die ihnen durch Gesetze des Staates Colorado bereits zugestanden worden waren. Das galt auch für den 1902 per Gesetz für die Arbeit unter Tage eingeführten Acht-Stunden-Tag. (Yellen 1939/1969: 213f.) Nachdem die Unternehmer kollektive Verhandlungen verweigert hatten, traten Ende September 1913 Bergleute in den Streik, in den verschiedenen Bergwerken zwischen 40 % und 100 % der Beschäftigten. Annähernd 10.000 Bergleute und ihre Familien verließen die jeweiligen *Camps*, in denen sie wegen des Streiks ohnehin ihr Unterkunftsrecht verloren hatten. Sie zogen durch die Täler am Fuße der Rocky Mountains in den Süden und bereiteten sich darauf vor, die nächsten Wochen in Erdhöhlen, die sie mit Zeltplanen bedeckten, zu verbringen. Die Unternehmen rüsteten auf. In Trinidad wurde der Sheriff angehalten, in Nachbarstaaten Polizeikräfte zu rekrutieren. Das Unternehmen stellte die Waffen und die Löhne. In der Anhörung durch die später eingesetzte Untersuchungskommission gab der Sheriff zu, dass es keinen Versuch gegeben hatte, die Qualifizierung dieses Personals zu überprüfen. Es sei durchaus möglich, dass manche noch das Blut von einem kürzlich verübten Mord an den Händen gehabt hätten. (Adams 1966: 152f.) Die *Colorado Fuel and Iron Company*, größtenteils im Besitz der Familie Rockefeller, verteilte ihre Truppen in Schützengräben, die sie rund um die Minen errichten ließ. Sie installierte Suchscheinwerfer und verteilte Maschinengewehre. Das mit einem Maschinengewehr bewehrte gepanzerte Auto des Unternehmens erhielt von den Streikenden den Namen *"Death Special"*. Auf den Einsatz von Streikbrechern und den bewaffneten Angriff auf die Lager der Streikenden reagierten Gewerkschafter ihrerseits mit Waffengewalt. Ende Oktober befahl der Gouverneur der Nationalgarde von Colorado, beide Seiten zu entwaffnen. Als er dann die ganze Region unter Kriegsrecht stellte, wurden viele Streikende ohne Haftbefehle durch Militärs verhaftet. Mehrfach räumte die Miliz das Zeltlager der Streikenden in Ludlow, einem Zentrum der Montanindustrie von Colorado. Die Familien der Streikenden haben es immer wieder von Neuem errichtet. Im Frühjahr 1914 hausten dort zwischen 900 und 1.200 Streikende, ihre Angehörigen und Sympathisanten. Am 20. April kam es zu einem Schusswechsel, aus dem sich ein Kampf zwischen Streikenden und Miliz entwickelte. Streikende wurden verhaftet. Einige versuchten zu fliehen, wurden beschossen und starben. Von Leutnant Linderfelt, dem kommandierenden Offizier der in Ludlow eingesetzten Nationalgardisten wurde berichtet, er habe die Streikenden angeschrien: *"I am Jesus Christ, and my men on horses*

21 Graham Adams (1966: 148) und Samuel Yellen (1936/1969: 205) haben die Verhältnisse in Colorado mit dem Verdikt „feudalistisch" belegt. Der Bezug auf die zeitgleichen Verhältnisse in den *closed compounds* von Rhodesien wäre eher angebracht.

are Jesus Christ's, and we have got to be obeyed." Von da an sei er von Bergleuten „Jesus Christ Linderfeldt" genannt worden. (Adams 1969: 158) Zwölf Stunden dauerte die Schlacht von Ludlow.[22] Nach dem Massaker von Ludlow, riefen Gewerkschafter zu den Waffen. Da ihnen der Staat keinen Schutz gewähre, müssten sie sich selbst, ihre Frauen und Kinder gegen diese Mörder schützen, hieß es in dem von ihnen verbreiteten Aufruf. (Adams 1969: 160) Zunächst eroberten die Gewerkschafter Ludlow und Trinidad, danach beschossen und besetzten sie ein Bergwerk nach dem anderen. Sie töteten Streikbrecher und Polizisten, zerstörten Bergwerke. Zehn Tage lang herrschte ein regelrechter Krieg zwischen bewaffneten Gewerkschaftern und den Privatarmeen der Unternehmen. Auf Ersuchen des Gouverneurs marschierten am 28. April 1914 mehrere Regimenter der U.S.-Armee in Colorado ein. Sie beendeten die Kämpfe, nicht aber den Konflikt. Die von Präsident Wilson entsandten Schlichter waren erfolglos. George P. West, Mitglied der Kommission zur Untersuchung der Vorgänge, notierte dazu, Gott selbst könnte keinen Frieden zwischen den beiden Seiten stiften. (zit. Adams 1966: 147) Andere meinten, es habe Tage gegeben, an denen die Gefahr bestand, dass sich aus dem Streik in Colorado eine landesweite Revolution entwickelte. (Ebenda)

Nachdem Mitglieder der *Industrial Commission* zunächst Zeugen vor Ort befragt hatten, begann im Januar 1915 die Anhörung des Eigentümers der *Colorado Fuel and Iron Company*, John D. Rockefeller Jr. Er argumentierte, er kenne die Bergwerke in Colorado nicht, ihm seien die genauen Arbeitsbedingungen nicht bekannt, er habe keinen Einfluss auf die Streikabwehr genommen. Der Vorsitzende des Untersuchungsausschusses wies ihm das Gegenteil nach. In der Presse der USA wurde der Konflikt fortgeführt.

Wie in anderen kapitalistischen Metropolstaaten machte der Eintritt der USA in den Krieg die antigewerkschaftliche Politik dysfunktional. Gewerkschaften waren nötig, um Arbeitsdisziplin zu fördern und Lohnforderungen zu begrenzen. Das alles endete mit dem Waffenstillstand. Hinzu kam, dass, ausgelöst durch die Revolution in Russland, eine panische Angst vor „Roten" politische Entscheidungen mit bestimmte. Sie wurde zusätzlich geschürt, als Gewerkschaftsmitglieder Forderungen stellten, um der nach dem Krieg eingetretenen Verschlechterung ihrer materiellen Situation entgegen zu treten. Vor allem zu Beginn der 1930er Jahre kam es zu heftigen Protesten. Ihnen wurde mit Gewalt begegnet. Und Kavallerie-sowie Infanterieeinheiten samt Panzer wurden im Juli 1932 sogar gegen Veteranen eingesetzt, die von weither nach Washington gekommen waren, um für den Erlass eines Gesetzes zu petitionieren, das ihnen die Auszahlung

22 Viele, die zuvor in dem Lager gehaust hatten, waren geflohen und hatten hinter Erdwällen Schutz gesucht, andere aber waren immer noch in dem Lager. Ein direkter Angriff des Militärs traf auch Frauen und Kinder. Und als die Zeltbahnen über den Erdlöchern Feuer fingen, wurden die Erdlöcher zu tödlichen Fallen für alle, die sich darin verkrochen hatten. Über die genaue Zahl der Toten gibt es unterschiedliche Angaben. Alle Berichte stimmen aber darin überein, dass unter den Toten auch elf Kinder und zwei Frauen gewesen waren. Nach der Schlacht fielen plündernde Soldaten in das Lager ein. Um es endgültig zu zerstören, gossen sie Öl über die noch verbliebenen Zelte und zündeten diese an.

der im Krieg zugesagten Bonuszahlungen zugesichert hätte. Den Militäreinsatz gegen das Lager dieser Demonstranten und ihrer Familien kommandierte General Douglas MacArthur. (Zieger 1986/1994: 19)

Erst Mitte der 1930er Jahre setzten US-amerikanische Gewerkschafter ihre Hoffnung auf politische Veränderungen durch. Als die Zahl der Gewerkschaftsmitglieder wuchs, rangen sich einige der führenden Industriellen zu der Einsicht durch, dass ein Übergang von Klassenkriegen zu kollektiven Verhandlungen ökonomisch rational sein könnte. Mit dem *National Labor Relations Act* von 1935, dem sog. Wagner Act, ist diese Legalisierung von Arbeitskämpfen beschlossen worden. 1937 verweigerte Frank Murphy, Gouverneur von Michigan, den Einsatz von Militär gegen Arbeiter, die im Werk von *General Motors* einen Sitzstreik durchführten. Murphy war es auch, der – vergeblich – dafür kämpfte, die Aufstellung von Streikposten zu legalisieren. In dem Entwurf der Urteilsbegründung, der für den Prozess Thornhill gegen Alabama (310 U.S. 88) verfasst worden war, formulierte der inzwischen zum Richter berufene Frank Murphy, eine Stärkung der Verhandlungsposition von Gewerkschaften, die es möglich mache, für die Verkürzung des Arbeitstages, bessere Arbeitsbedingungen und höhere Löhne zu streiken, komme eine Bedeutung zu, welche die unmittelbar betroffenen Interessen „transzendiere". (zit. Fine 1985: 364) In der Folge wurde das Aufstellen von Streikposten als die Wahrnehmung des Rechts auf Redefreiheit interpretiert. Ab 1939 waren Streikposten von Gesetzes wegen in allen Einzelstaaten außer in Alabama zugelassen. (Fine 1985: 366) Die damit erreichte Institutionalisierung von Arbeitskämpfen ist auch durch die im *Taft Hartley Act* von 1947 gipfelnde Gegenreform nicht mehr aufgehoben worden.

Frankreich

Weil sich Revolutionäre 1789 gegen alle zuvor staatlich verliehenen Privilegien richteten, konnte die verfassunggebende Nationalversammlung (*Constituante*) nicht umhin, die natürliche Gleichheit aller Menschen und folglich die Gleichheit aller Staatsbürger vor dem Gesetz zu postulieren. Obwohl Frauen und Sklaven sogleich von den politischen Freiheitsrechten ausgeschlossen wurden, und obwohl „Bessergestellte" sehr schnell bemüht waren, die politischen Partizipationsrechte von Menschen ohne Vermögen zu beschränken, blieb die Gleichheit vor dem Gesetz durchgängige Grundlage französischer Verfassungen. Dem entsprach, dass 1791 mit dem Gesetz *Le Chapelier* alle Organisationen verboten wurden, die das Ziel verfolgten, die gemeinsamen Interessen ihrer Mitglieder zu fördern. Das nämlich, so die Begründung in Art. 4 des Gesetzes, würde das Verfassungsprinzip der Freiheit verletzen.[23] Faktisch wurden Vereinigungen von Unternehmern kaum je polizeilich und gerichtlich belangt. Auch wurde bereits 1803 per Gesetz präzisiert, dass die Vereinigung von Unternehmern nur untersagt sein solle, wenn sie darauf abziele, Löhne ungerecht und missbräuchlich zu kürzen. (Shorter & Tilly 1974: 21)

Für Arbeitskräfte änderte sich mit dem Gesetz *Le Chapelier* lediglich die Begründung des seit langem geltenden Verbots für Vereinigungen. Die seit dem Mittelalter bestehenden Gesellenbünde (*compagnonages*) reagierten mit der Fortsetzung ihrer Traditionen der Verschwiegenheit. Andere gründeten neue Vereine zur gegenseitigen Unterstützung (*mutualités*). Obwohl vielfach genutzt, um Streiks zu organisieren, wurden sie zumeist toleriert.

Die politische Revolution hat die konkrete Organisation der Produktion kaum berührt, die weitere Entwicklung der Arbeitsverhältnisse aber dennoch nachdrücklich geprägt. Zum einen bedeutete die Auflösung der Zünfte, das wurde oben bereits konstatiert, dass Unternehmer ihrer traditionellen Fürsorgepflichten gegenüber Arbeitskräften auch formal ledig wurden. Arbeitsbeziehungen wurden also versachlicht. Vielfach haben sie sich verschlechtert. Weil aber auch Arbeitskräfte während der Revolution erfahren hatten, dass gemeinsamer Protest sehr viel verändern kann, kam es in den Jahren danach, und vor allem seit Beginn des Kaiserreichs, sehr häufig zu Streiks. Sie wurden drakonisch unterdrückt. Natürliche Rechte hin oder her, in der politischen Realität wurden Gesetze beschlossen, die Arbeitskräfte ausdrücklich benachteiligten. 1810 wurden sehr traditionelle Bestimmungen ins Strafgesetzbuch eingefügt. Laut Art. 291 des *Code pénal* war die Zusammenkunft von mehr als zwanzig Menschen verboten, sofern dafür

23 Das nach dem bretonischen Rechtsanwalt Le Chapelier benannte Gesetz war zwar durch Streiks von Arbeitskräften motiviert worden, (Moss 1976: 31) doch war ein einseitiges Verbot der Vereinigung von Arbeitskräften in der politischen Situation von 1791 ausgeschlossen. Folglich wurde mit diesem Gesetz nicht nur die zuvor bereits beschlossene Abschaffung von Zünften bestätigt, sondern es wurden eben auch alle anderen Vereinigungen zur gemeinsamen Vertretung von Interessen verboten.

keine obrigkeitliche Genehmigung eingeholt worden war. Die Anführer hatten Strafen zwischen 16 und 200 Francs zu gewärtigen.

Und doch haben französische Lohnarbeiter und Lohnarbeiterinnen während der längsten Zeit des 19. Jahrhunderts ihre Hoffnungen immer wieder darauf gesetzt, dass Obrigkeiten ihnen Recht verschafften. Durch den Einsatz von Militär und die nach Streiks und Erhebungen einsetzende strafrechtliche Repression ist diese Hoffnung vielfach zunichte gemacht worden. Nichtsdestotrotz hat jede bürgerliche Protest- und Revolutionsbewegung die Hoffnung auf eine gerechtere Staatsgewalt von Neuem geweckt. Von der Revolution des Jahres 1830 über diejenige des Jahres 1848 bis hin zur *Commune*-Revolution des Jahres 1871 waren Arbeitskräfte an allen Aufständen gegen bestehende politische Herrschaftsstrukturen zahlreich beteiligt. Und jedes Mal hat sie die Repression hart getroffen. Tausende haben ihr Leben gelassen, viele Tausende sind in die Straflager in Übersee verbracht, andere zwangsweise in Kolonien deportiert worden.

Die Revolution des Jahres 1830, von der sich auch Arbeitskräfte eine Besserung ihrer Lage erhofft hatte, war durch die Ordonnanzen von Karl X. ausgelöst worden, welche die Freiheit der Presse beschränkt und das Wahlrecht so eingeengt hatten, dass es nur noch Großgrundbesitzern zustehen sollte. Fabrikanten, Kaufleute und andere Angehörige des bürgerlichen Mittelstandes waren ausgeschlossen, Arbeitskräfte ohnehin. In Paris kam es zu einem Volksaufstand, an dem sich Arbeiter beteiligten, in Lyon kam es ein Jahr darauf zu einem Aufstand von Arbeitern, an dem sich auch Angehörige anderer Schichten beteiligten. (Rudé 1982/2007: 7f.)

Zunächst allerdings waren in Lyon die Seidenarbeiter von den „Fabrikanten" aufgefordert worden, sich bewaffnet auf den öffentlichen Plätzen einzufinden, um den Aufstand der Bürger gegen die Regierung von Karl X. zu unterstützen. Dem folgten sie „mit Freude", (zit. Rudé 1982/2007: 17) weshalb sie denn auch erwarteten, dass die neue Regierung und die Obrigkeit in Lyon sie aus der Misere befreien würden, in die sie seit einigen Jahren gefallen waren. Doch Ende des Jahres gab es zusätzliche Erwerbslose, und die Löhne der noch Beschäftigten waren noch weiter unter das Existenzminimum gedrückt worden. Arbeiter demonstrierten für „Arbeit oder Brot", und sie verfassten Petitionen. (Ebenda: 21)

Während der längsten Zeit des 19. Jahrhunderts waren die meisten Lohnarbeiter in Lyon und in anderen Städten Frankreichs handwerklich qualifizierte Arbeitskräfte. Anders als die Tagelöhner (*journalier*) in der Industrie, die ihre Arbeitskraft unter dem direkten Kommando eines Kapitaleigners einsetzten, leisteten diese – zeitgenössisch als *ouvriers* bezeichneten – Arbeiter nicht einen Dienst, sondern sie erbrachten eine Leistung, zu der sie Geschicklichkeit und Erfahrung befähigten. Seit der Revolution waren *ouvriers* den Auswirkungen von Konjunkturen stärker ausgesetzt als zuvor und ab den 1830er Jahren bedrohten technische Entwicklungen in vielen Gewerben ihren Arbeitsplatz. Dennoch waren sich diese Arbeitskräfte ihrer Fähigkeiten immer noch so sicher, dass sie nicht einsehen mochten, warum sie für andere schuften sollten, wo sie die Produktion doch ebensowohl alleine organisieren und durchführen konnten. Als „gewerblichen Sozialismus“ (*trade socialism)* hat Bernard H. Moss (1976: passim) ihre Vorstellungen und Zielsetzungen bezeichnet. In aller Regel arbeiteten sie in kleinen Betrieben.[24]

Was die Seidenweber von Lyon anlangt, so hatte es1826 in einem Polizeibericht geheißen, ihre Löhne seien so niedrig, dass Almosen verteilt werden müssten, Anfang des Jahres hätten 800 Lehrlinge die Stadt verlassen, Arbeiterfamilien hätten sich gezwungen gesehen, betteln zu gehen, viele hätten ihre Miete nicht bezahlt. (zit. Bron, Bd. I: 61f.) Obwohl sie bis zu 18 Stunden täglich arbeiteten, konnten Seidenarbeiter nicht genug zum Leben verdienen.

Nach Jahren der Misere und des Hungers erwarteten Arbeiter, dass ihnen nach dem Regierungswechsel des Jahres 1830 geholfen werde. Tatsächlich aber stieg die Erwerbslosigkeit. Bittsteller bei den öffentlichen Fürsorgeeinrichtungen (*bureaux de bienfaisance*) wurden abgewiesen. (zit. Rudé 1982/2007: 19) Als Meister und Arbeiter 1831 eine Erhöhung der Stücklöhne forderten, berief der Präfekt von Lyon einen Sachverständigenrat, der zu gleichen Teilen aus Arbeitern und Fabrikanten besetzt war. Während der Sitzungen demonstrierten Arbeiter, es sollen bis zu 6.000 gewesen sein, in den Straßen der Stadt. Der Sachverständigenrat empfahl die Festsetzung eines Mindestlohns. Obwohl auch dieses „Minimum“ sehr niedrig war, feierten Arbeiter. Einige Fabrikanten akzeptierten den Tarif, andere aber beschwerten sich bei der Regierung in Paris. Und tatsächlich erklärte der Handelsminister, die Festsetzung eines Mindestlohnes sei illegal. „Der Preis der Arbeit muss immer das Ergebnis einer freien Vereinbarung zwischen dem Fabrikanten und dem Arbeiter sein.“ (*Journal de Débats, 26 novembre*, zit. Bron I 1968: 63, Übers.) Da der Tarif nicht eingehalten wurde, beschlossen Arbeiter einen Streiktag. Die ersten der daraufhin anrückenden Nationalgardisten wurden von ihnen entwaffnet und vertrieben. Den Schüssen des danach anrückenden Militärs fielen acht Arbeiter zum Opfer. Von da an war Krieg. Gegen die Streikenden wurden 10.000 Mann der Nationalgarde und die 1800 in der Garnison stationierten Soldaten eingesetzt, Seidenarbeiter wehrten sich mit allem, was sie als Waffen zur Verfügung hatten. Am 24. November 1831, drei Tage nach Beginn der gewaltsamen Auseinandersetzungen, hatten die Arbeiter gesiegt. Sie sorgten für Ordnung, verhinderten Plünderungen und

---

24 Seide wurde im Verlagssystem produziert, will sagen: Verleger, in Lyon „Fabrikanten“ geheißen, streckten den Meistern das Material für die Weberei vor und kauften ihnen die fertigen Stücke (unter Abzug der Materialkosten) ab. 1831 gab es 392 Fabrikanten und etwa 9.000 Meister in Lyon. Manche Meister hatten nur zwei, andere bis zu acht Webstühle. Für die Produktion wurde die eigene Familie eingesetzt, zusätzlich wurden Arbeiter angestellt. Zu Beginn der 1830er Jahre waren das insgesamt etwa 30.000. Die fertige Ware wurde pro Stück bezahlt und von den Unternehmern im In- und Ausland verkauft. Das wurde schwieriger seit deutsche und schweizer Produzenten erfolgreich konkurrierten. 1831 senkten die Verleger die Stücklohnpreise. Es waren aber bereits die bisherigen Stücklöhne so weit unter einem auskömmlichen Niveau, dass sich viele Familien der Seidenarbeiter gezwungen sahen, ihre Kinder auszusetzen. 1828 sollen in Lyon 9.032 Kinder ausgesetzt worden sein. Vgl. Bock (2001: 967).

erklärten, dem König ergeben zu sein. Die Regierung befahl die Besetzung der Stadt mit Kavallerie und Artillerie, insgesamt 20.000 Mann. Arbeiter befolgten die Aufforderung, ihre Waffen abzugeben. Der ausgehandelte Tarif wurde für ungültig erklärt, der Präfekt, der zu vermitteln versucht hatte, wurde abgesetzt. Die Anführer der Erhebung wurden verhaftet. An die 10.000 Personen wurden aus der Stadt vertrieben, 20.000 Soldaten wurden dauerhaft in der Garnison stationiert. Und die Befestigungen, deren Fertigstellung beschleunigt wurde, sollten nicht etwa der Verteidigung gegen äußere Feinde, sondern gegen Einwohner der Stadt dienen. (Bron I 1968: 64) Am 28. Dezember 1831 schrieb Heinrich Heine:

> „... wie man die Pflastersteine, die man in den Juliustagen als Waffe gebrauchte, [...] jetzt wieder ruhig einsetzt, damit keine äußere Spur der Revolution übrigbleibe: so wird auch jetzt das Volk wieder an seine vorherige Stelle, wie Pflastersteine, in die Erde zurückgestampft und, nach wie vor, mit Füßen getreten." (Französische Zustände, Art I, zit. Bock 2001: 968)

Die Aufständischen waren besiegt worden, doch hatten ihre Erfahrungen in Lyon politische Diskussionen ausgelöst und zur Entstehung einer Arbeiterpresse, vor allem dem *Echo de la Fabrique* geführt. Bestehende Strafbestimmungen wurden unterlaufen, als sich an der Beerdigung zweier *Mutuelists (*Mitgliedern von Vereinen zur gegenseitigen Unterstützung) 3.800 Menschen beteiligten. Es waren auch weitere Streiks organisiert worden, in Lyon am 14. Februar 1834 ein Generalstreik aller Gewerbe. Als er neun Tage später beendigt wurde, hatten zwar einige Fabrikanten den Forderungen zugestimmt, insgesamt aber waren die Streikenden erfolglos geblieben.

Im Zusammenhang der hier vorgelegten Untersuchung können die theoretischen und strategischen Auseinandersetzungen unter organisierten Arbeitern nicht zur Debatte stehen. Dennoch ist zu vermerken, dass nach dem Ende des ersten Lyoner Aufstandes nicht nur Wut und Enttäuschung über den Einsatz von Gewalt gegen Arbeiter herrschten, sondern dass sich auch eine Debatte über die Strukturen der Ausbeutung und der Unfreiheit entwickelte. Die Mitgliedschaft in den Vereinen zur gegenseitigen Unterstützung wuchs. Es kam auch zu gemeinsamen Treffen. Auf einem dieser Treffen wurde am 8. März als Parole für gemeinsame Aktionen ausgegeben: « *Association, Résistance, Courage* » (Rudé 1982/2007: 129) Trotz dieser Entwicklungen ist es kaum fasslich, dass es in Lyon achtzehn Monate nach der gewaltsamen Niederschlagung des Aufstandes von 1831 zu einer erneuten Erhebung kam. Dieses Mal handelte es sich nicht um ein lokal isoliertes Ereignis, vielmehr gab es auch in vielen anderen Städten Proteste gegen den Erlass des Gesetzes vom 10. April 1834, welches die Strafbestimmungen gegen Vereinigungen verschärfte. Fortan sollten auch Vereinigungen von 20 Personen als gesetzwidrig gelten, sofern es sich in Wirklichkeit um Sektionen einer größeren Vereinigung handelte. (Diese Bestimmung richtete sich gegen die Praxis der *Société de Droits de l'Homme*, welche die bisher bereits bestehenden Strafbestimmungen durch die Aufspaltung in „Sektionen" unterlaufen hatte.) Außerdem sollten nun nicht mehr nur die Leitung, sondern auch die Mitgliedschaft in einer Vereinigung unter Strafe gestellt sein: bis zu 1.000 *francs* oder Gefängnis bis zu einem Jahr.

In Lyon beteiligten sich erneut viele Seidenarbeiter an den Protesten. Unterstützt wurden sie von Arbeitern anderer Gewerbe, dazuhin von Angehörigen freier Berufe. Anders als 1831 gab es auch Verbindungen zu Protestierenden in anderen Städten. Auch dort wurde die Armee eingesetzt, und in Paris wurde vorübergehend der Ausnahmezustand ausgerufen. (Ziebura 1979: 126)

Eine Woche lang konnten die Aufständischen 1834 das Seidenweberviertel Croix-Rousse verteidigen. In die Geschichte der Stadt ist diese Woche als „die blutige" eingegangen. Denn nach dem Sieg des Militärs kam es zu einem regelrechten Massaker. Im Jahr darauf wurde vielen, die in unterschiedlichen Städten an den Protesten beteiligt gewesen waren, in Paris der Prozess gemacht. (Rudé 1982/2007: 179) In Lyon bewirkte die Repression das Ende der erst kurz zuvor entstandenen Arbeiterpresse. Erst 1840 sollte sie erneut erscheinen. Und heimlich organisierten sich Arbeiter wieder vermehrt in den Vereinen für Gegenseitigkeit. (Rudé 1982/2007: 182) Es ist dies auch das Jahr, für das Edward Shorter und Charles Tilly (1974: 360) mehr Streiks ermittelt haben als für jedes der zehn vorhergehenden Jahre.

Ebensowenig wie bei den Streikenden in Lyon, handelte es sich bei den Streikenden in anderen Städten um Industriearbeiter. Noch 1864 waren in Frankreich einer offiziellen Enquête zufolge erst 5 % der Arbeitskräfte in Fabriken beschäftigt. (zit. Moss 1976: 18) *Ouvriers* arbeiteten entweder zuhause (zusammen mit Familienmitgliedern) für einen Verleger oder aber in einem kleinen Gewerbebetrieb, in dem sie ihre handwerklichen Kenntnisse und Fähigkeiten in die Produktion einbrachten. Weil aber sowohl diese Betriebe als auch die Behausungen von Arbeitskräften zumeist in bestimmten Stadtvierteln konzentriert waren, gelang es Arbeitern immer wieder, gemeinsamen Widerstand zu organisieren – und dies trotz der Tatsache, dass sie außerhalb der mehr oder minder heimlichen Vereine auf Gegenseitigkeit und der alten Lehrlingsbünde – über keine formellen Strukturen verfügten.

Das Jahr 1841 markiert den formalen Beginn einer staatlichen Regulierung von Arbeitsverhältnissen in Frankreich. Nach heftigen Debatten in beiden Kammern wurde die Arbeit von Kindern unter zwölf Jahren in Betrieben mit mehr als zwanzig Beschäftigten von Gesetzes wegen auf acht Stunden für Jugendliche unter zwölf Jahren und auf zwölf Stunden für Jugendliche zwischen zwölf und sechzehn Jahren täglich begrenzt. Weil sich lokale Obrigkeiten aber weigerten, die Einhaltung zu kontrollieren, blieb das Gesetz faktisch wirkungslos. (Bron 1968, I: 96-98) Nichtsdestotrotz handelte es sich bei dem Gesetz von 1841 um die erste Abweichung von der seit der Revolution nachdrücklich vertretenen Position, dass sich der Staat aus Verträgen, die zwischen Fabrikanten und Arbeitskräften geschlossen wurden, heraushalten solle.

Die nach der Revolution von 1848 eingesetzte provisorische Regierung setzte die Versuche einer staatlichen Zähmung der Profitproduktion fort. Zusammen mit der Verkündung des allgemeinen Wahlrechts für Männer wurde eine Begrenzung des Arbeitstages beschlossen. Zur Realisierung des „Rechts auf Arbeit" wurden Nationalwerkstätten eingerichtet. Nach wenigen Wochen hatten sich die damit geweckten Hoffnungen auf eine arbeiterfreundlichere Politik jedoch als vorschnell erwiesen. Noch vor dem Ende der Republik wurden die Nationalwerkstätten wieder geschlossen. Waren die Entlassenen jünger als 25, wurden sie zum Eintritt in die Armee gezwungen. Demonstrationen wurden verboten. (Ziebura 1979: 146) In Paris reagierten Arbeiter mit einem Aufstand. Er wurde niedergeschlagen. Über Lyon wurde der Belagerungszustand verhängt. Das Wahlrecht, die Pressefreiheit und das Demonstrationsrecht wurden erneut beschränkt. Und als im Mai 1850 die Polizei das Bureau der *« Union des Associations ouvrières »* schloss, kam damit der Versuch, eine zentrale Interessenvertretung für Arbeiterinnen zu schaffen, zu einem vorläufigen Ende.[25] Trotz der brutal enttäuschten Hoffnungen, beteiligten sich landesweit Arbeiterinnen und Arbeiter an den Protesten gegen den Staatsstreich des Louis Bonaparte im Dezember 1851.[26]

Zwar kam es auch während der 1850er Jahre immer wieder zu Streiks, zu besonders vielen im Jahre 1855, (Shorter & Tilly 1974: 360) doch hatten Staatsstreich und Repression der Entwicklung von Arbeitervereinigungen gründlichen Einhalt geboten.

Die Regierung von Napoleon III lehnte die Anerkennung von Gewerkschaften ab und war stattdessen bestrebt, die gesellschaftlichen Verhältnisse von Staats wegen zu ordnen. Dazu sollte auch das Gesetz des Jahres 1852 über die Schiedsgerichtsbarkeit dienen.

Gewerbliche Schiedsgerichte (*Conseils de Prud'hommes*) hatte es in Frankreich bereits seit dem Mittelalter gegeben. (Entsprechend der Beteiligung vieler Frauen in Gewerben gab es damals auch *« Prud'femmes »*.) Die Schiedsgerichte waren in der Revolution nicht abgeschafft, faktisch aber zunächst nicht fortgeführt worden. 1806 wurde in Lyon ein Schiedsgericht eingesetzt, welches, obwohl mehrheitlich mit Fabrikanten

---

25 Der erste Versuch, auch Arbeiterinnen zu organisieren, scheint zusammen mit der Zweiten Republik untergegangen zu sein. Im Zweiten Kaiserreich hätten sie sich nicht nur gegen die allgemeine Diskriminierung, sondern auch gegen eine Politik durchsetzen müssen, die Frauen einen Platz in der religiösen und sittlichen Erziehung von Kindern zuwies. In der gesellschaftlichen Realität hat sie dies freilich nicht vor Ausbeutung bewahrt, und dies zu deutlich schlechteren Bedingungen als männliche Arbeitskräfte. Zudem waren sie – seit den 1860er Jahren zunehmend – Opfer der Mechanisierung. Während bis dahin sehr viele Frauen in der Textilindustrie beschäftigt gewesen waren, machte die Mechanisierung viele von ihnen brotlos, während gleichzeitig zunehmend Männer eingestellt wurden, um die Maschinen zu warten. (Duveau 1946: 284) Nach wie vor waren aber viele von ihnen an der Produktion von Seidenstoffen in Lyon beteiligt. Und selbstverständlich wurden Arbeiterinnen schlechter entlohnt. Das galt selbst dort, wo sie –wie etwa zunehmend in Druckereien – identische Arbeiten ausführten wie ihre männlichen Kollegen. Bezahlt wurde ihnen weniger als die Hälfte von deren Löhnen. (Duveau 1946: 323)

26 Die Erwerbsquellen der Verhafteten illustrieren die Tatsache, dass von industriekapitalistischer Produktion um die Mitte des 19. Jahrhunderts in Frankreich noch kaum die Rede sein konnte. Unter den insgesamt 26.884 Personen, die verhaftet wurden, weil sie nicht bereit waren, das Ende der Republik zu akzeptieren, waren 1. 107 Schuster und 185 Holzschuhmacher, 888 Schreiner, 733 Maurer. 688 Schneider, 462 Weber, 457 Schmiede, 428 Schlosser, 415 Fleischer, 251 Steinmetze, 238 Gerber, 224 Spinner, 152 Korkschneider. Neben den über 5.000 Bauern, über 1.500 « rentiers » und 325 Ärzten sind auch 1.850 *« journaliers »*, also Lohnarbeiter, verzeichnet, von denen die meisten vermutlich in einem der noch seltenen Industriebetriebe beschäftigt waren. (Duveau 1946: 75)

besetzt, Konflikte zwischen Fabrikanten und Seidenarbeitern entscheiden sollte. In der Zweiten Republik waren eine gleichgewichtige Besetzung und die alternative Stellung des Vorsitzenden, dem im Konfliktfall die entscheidende Stimme zukam, beschlossen worden. Der Staatsstreich machte diese Demokratisierung wieder zunichte. Zwar schrieb das Gesetz von 1852 zunächst weiterhin die paritätische Besetzung der Räte vor (wobei – ökonomisch konsequent – Meister und Eigner der von Verlegern abhängigen Kleinbetriebe den *ouvriers* zugerechnet wurden), doch wurden der Vorsitzende und sein Stellvertreter jetzt vom Kaiser ernannt. Georges Duveau zufolge sollten die Schiedsgerichte die politische und soziale Sicherheit fördern. Insgesamt scheint dies tatsächlich funktioniert zu haben, besonders gut in Lyon, wo den Vertretern der Arbeiter eine Aufwandsentschädigung bezahlt wurde. Dennoch sahen manche Arbeiter in diesen Schiedsgerichten auch Institutionen, deren Sitzungen dazu genutzt werden konnten, die Bedingungen der Arbeit zugunsten von Lohnarbeitern zu verändern. (Dueveau 1946: 282) In jedem Fall handelt es sich bei den *Conseils de Prud'hommes* um Institutionen, die zur Domestizierung des Kapitalismus beitrugen, eines nach wie vor aber überwiegend kleingewerblichen Kapitalismus.

1864 bewirkten staatliche Bestrebungen zur Befriedung der Verhältnisse in der Industrie die Entkriminalisierung von Streiks. 1868 wurde die Vorschrift aufgehoben, dass für jede öffentliche Versammlung von mehr als zwanzig Personen eine obrigkeitliche Genehmigung erforderlich war, und im selben Jahr wurde verkündet, dass Arbeiterassoziationen ebenso geduldet sein sollten wie diejenigen von Unternehmern.[27]

Nach der Jahrhundertmitte, und vor allem seit den 1860er Jahren stieg auch die Zahl der Lohnarbeitskräfte, viele weiterhin handwerklich befähigt und von handwerklichem Selbstbewusstsein geprägt. So sehr sie in Streiks unmittelbare materielle Verbesserungen forderten, so ging es in ihren Kämpfen dennoch zugleich darum, ihre ökonomische und

27 Obwohl sich die Nachricht von dem 1864 in London abgehaltenen Gründungskongress für eine Internationalen Arbeiterorganisation auch in Frankreich verbreitet hatte, handelte es sich bei den Arbeiterorganisationen in Frankreich weiterhin ganz überwiegend um autonom agierende lokale Gruppierungen. Sie organisierten Streiks, immer wieder wandten sie sich aber auch an Obrigkeiten, damit diese Arbeitszeiten beschränkten und Einrichtungen zur Beschäftigung von Erwerbslosen gründeten. Auch die verbreitete Kenntnis der Berichte von Delegierten, die während ihres Besuches der Londoner Weltausstellung im Jahre 1862 Gelegenheit gehabt hatten, sich über die Lage der Lohnarbeiterinnen und Lohnarbeiter in England und über deren Organisationen zu informieren, scheint die überwiegende Ausrichtung französischer Arbeiter auf einen Staat, von dem sie sich die Chance für eine Organisation der Produktion ohne Kapitalisten erhofften, nicht verändert zu haben. Es war dies, Bernard H. Moss hat dies sehr deutlich gemacht, (1976: 21 und passim) eine politische Strategie, die von gewerblich befähigten Arbeitskräften und deren Solidarität untereinander geprägt war. Weil Industriearbeiter weder über das Selbstbewusstsein gewerblich qualifizierter Arbeitskräfte noch über die Solidarität der Angehörigen eines Gewerbes verfügen konnten, entwickelten sie auch in Frankreich Vereinigungen, die Arbeiter in unterschiedlichen Gewerben umfassten. Mangelnde Qualifikation machte sie besonders austauschbar und einen Wechsel des Arbeitsplatzes vielfach zwingend. Gewerbeübergreifende Assoziationen waren deshalb eher national organisiert. Das Konzept des Klassenkampfes konnte in diesen Organisationen eher Fuß fassen. (Moss 1976: 25)

soziale Position im Widerstand gegen Mechanisierung zu verteidigen und Einfluss auf staatliche Politik zu nehmen. (Shorter & Tilly 1974: 75)

Nach wie vor aber war auch in der zweiten Hälfte des 19. Jahrhunderts gut die Hälfte der aktiven Bevölkerung in der Landwirtschaft beschäftigt. (Haupt 1989: 82) Weil es Bauern während der Revolution des ausgehenden 18. Jahrhunderts gelungen war, das Eigentum an ihrem Land zu verteidigen, waren die Allermeisten dieser landwirtschaftlich Tätigen Angehörige von Bauernfamilien auf kleinen und kleinsten Besitzungen. Unter diesen Bedingungen blieben Produktionssteigerungen gering. Obwohl Bauern neue Produkte wie Mais und Kartoffeln und in der Nähe von Städten zunehmend Gemüse anbauten, hielten sich viele von ihnen nur mit zusätzlichen gewerblichen Tätigkeiten über Wasser. Das war nicht zuletzt dadurch möglich, dass viele Handwerker nicht in Städten, sondern in Dörfern produzierten. (Haupt 1989: 83) Weil die Agrarproduktion zwar insgesamt angewachsen, aber kaum in dem Maße gestiegen war, dass sowohl die Landbevölkerung als auch die Bevölkerung in den Städten im Falle einer Missernte ausreichend versorgt werden konnten, gemahnte die schlechte Ernte des Jahres 1867 an die früher häufigen Hungerkrisen. Während der letzten Jahre des Zweiten Kaiserreichs stieg der Preis für Brot in fast allen Regionen des Landes.

Nachdem 1864 die Internationale Arbeiterorganisation gegründet worden war, entstanden 1865 auch französische Sektionen. Sie hatten nur wenige Mitglieder und auch in den folgenden Jahren kaum Rückhalt unter Bergleuten sowie unter den Arbeitern in den großen industriellen Zentren des Nordens und des Zentralmassivs. Als die Sektionen der Internationale 1867 jedoch Streiks unterstützten, wurden sie von Staats wegen nicht mehr nur beobachtet, sondern verfolgt. (Willard 1978/1981: 50f.) 1870 wurden Führer der Sektionen vor Gericht gestellt.

Die *Commune*-Revolution – in Paris dauerte sie vom 18. März 1871 bis zum 28. Mai 1871 – war kein Arbeiteraufstand. (Bron 1968: 185) Sie brach aus, nachdem die nach Versailles geflohene Regierung die Entwaffnung der Pariser Nationalgarde angeordnet hatte, um bewaffneten Pariser Widerstand gegen die Friedensverhandlungen mit Deutschland zu verhindern.[28] Während der *Commune*-Revolution wurden Beschlüsse gefasst, die an die sozialen Forderungen des Jahres 1792 erinnern. Umgesetzt wurden aber lediglich Maßnahmen zur Linderung der aktuellen Not. Darunter fiel auch der Beschluss, Betriebe, deren Eigentümer geflohen waren, in eigener Regie zu übernehmen. Mochte die *Commune* auch auf jegliche Kritik am Privateigentum und an den herrschenden Schichten verzichten, mochten die Kommunarden nicht etwa eine soziale Revolution,

---

28 Diese Verhandlungen waren von der im Februar 1870 neu gewählten – auf die Stabilisierung traditioneller Verhältnisse ausgerichteten – Nationalversammlung beschlossen worden. Soldaten verweigerten die Übergabe der Kanonen, und sie verweigerten, auf die schnell zusammengekommene Menschenmenge zu schießen. Innerhalb weniger Stunden errichteten Bewohner von Paris in allen Stadtteilen Barrikaden, Offiziere wurden verhaftet. Spätabends wurde auf dem Rathaus eine rote Fahne aufgerichtet. Auch in Lyon, Saint-Etienne, Marseille und Toulouse kam es zu Protesten.

sondern eine bessere Republik zum Ziel haben, sich darin mit bürgerlichen Kritikern der aktuellen Zustände einig wissend, verfolgt wurden sie als Umstürzler.

Nachdem die Aufstände in den Provinzen sehr schnell brutal niedergeschlagen worden waren, standen die Aufständischen in Paris allein. Vor Paris standen nicht nur preußische Truppen, auf Befehl der französischen Regierung wurde die Stadt auch von französischem Militär belagert. Die Lieferung von Lebensmitteln wurde unterbunden. Die Artillerie wurde in Marsch gesetzt. Nach dem Sieg folgten Verhaftungen, Schnellgerichte, Hinrichtungen. Die Repression glich einem Massaker. 20.000 sollen getötet worden sein, mehr als 36.000 wurden verhaftet, darunter mehr als 1000 Frauen und 651 Kinder. (Bron 1968: 233) Angaben über die Zahl der Verurteilten schwanken zwischen 10.000 und mehr als 13.000. Von den 270 Todesurteilen wurden 23 vollstreckt. Von den annähernd 5.000 Verurteilungen zur Deportation wurden etwa 3.000 ausgeführt. (Bron 1968: 234; Rougerie 1971: 258f., zit. Willard 1981: 62) In dieser wilden Repression entlud sich die ganze Furcht der Etablierten.

Bei der Niederschlagung der *Commune* ging es auch um die Vernichtung der Arbeiterorganisationen. Zu diesem Zweck, quasi als präventive Maßnahme, (Bron 1968: 237) sollte die Internationale endgültig zerstört werden. Mit Gesetz vom 14. März 1872 wurde schon die bloße Mitgliedschaft unter Strafe gestellt. Reformen der Arbeitswelt, denn dass es Reformen geben musste, war kaum zu bestreiten, sollten aus christlicher Nächstenliebe erfolgen: Ein Verbot der Kinderarbeit im Jahre 1874 blieb nahezu ebenso wirkungslos wie das frühere von 1841. Die neu eingeführten Fabrikinspektoren ließen sich bei ihren Kontrollgängen vielfach von Fabrikanten begleiten. (Weiss 1936: 83; zit. Schöttler 1982: 45) Die *Commune* hatte die Fabrikanten nicht angegriffen, von der Repression wurden diese dennoch zu Siegern gemacht. Nichtsdestotrotz gab es bereits 1871 eine erneute Streikbewegung, und in den Provinzen kam es schon ab 1872 zur Neugründung von Arbeitervereinen, zumeist in der Form von Vereinen zur gegenseitigen Unterstützung. Ende der 1870er Jahre wurden neue nationale Vereinigungen gegründet. 1880 wurden die verurteilten Kommunarden begnadigt.

Zu der nachrevolutionären Strategie, die Arbeiterschaft in die bestehende Ordnung zu integrieren, gehört auch die 1884 beschlossene Reform der *Prud'hommes*-Gerichte. Die 1848 eingeführte Parität der Besetzung dieser Schiedsgerichte, die im II. Kaiserreich wieder aufgehoben worden war, wurde erneut eingeführt. Und als in einigen Orten diese neuen Bestimmungen unterlaufen wurden, ließ das Parlament verkünden, dass die Schiedsgerichte notfalls ohne Unternehmerbeisitzer entscheidungsfähig seien. (Loubière 1975: 232ff., zit. in: Schöttler 1982: 50) Mit der Gründung der *Bourse de Travail* in Paris, einer gewerkschaftlichen Arbeitsvermittlung, wurde 1887 eine Institution zur Vertretung von Arbeiterinteressen geschaffen..

Im Laufe der folgenden Jahrzehnte änderten sich sowohl die mit der *Bourse de Travail* verfolgten Strategien als auch diejenigen ihrer Gegner. Arbeitete die Arbeitsvermittlung zunächst weitgehend autonom, aber auch wenig einflussreich, so wurde sie in den 1890er Jahren einflussreicher, zugleich aber auch zunehmend staatlicher Kontrolle unterworfen. Vor allem die finanziellen Kontrollmechanismen wurden auch gegenüber den in den Provinzen gegründeten Arbeitsvermittlungen praktiziert. (Schöttler 1982: 90) Ebenso wie von manchen Gegnern wurden die Börsen auch von manchen Beteiligten als Instrumente des Klassenkampfes betrachtet. Gleichzeitig handelte es sich aber auch um Dienstleistungsbetriebe für den französischen Kapitalismus. (Schöttler 1982: 136)

Zeitgleich mit der Reform der *Prud'hommes*-Gerichte wurde 1884 auch die Mitgliedschaft in einer Arbeitervereinigung entkriminalisiert, wenn auch unter sehr einschränkenden Bedingungen.[29] Deutlicher als in der Entwicklung der Gesetzgebung zeigt sich der Wandel politischer Strategien aber in der Art und Weise, in welcher Präfekten in den Provinzen auf Streiks reagierten. War die Politik der Präfekten im Zweiten Kaiserreich eindeutig repressiv gewesen, so verhielten sich ihre in der Republik neu eingesetzten Nachfolger weniger eindeutig und zudem unterschiedlich. Michelle Perrot zufolge standen sie Unternehmern insgesamt nicht mehr so nahe wie die meisten ihrer Vorgänger. Wie in anderen metropolen kapitalistischen Staaten ging es im Falle von Streiks vor allem um den Einsatz von Militär. Perrot zufolge sahen Unternehmer in den nationalen Truppen gewissermaßen ihre private Miliz, bei Konflikten regelmäßig deren Einsatz verlangend. (Perrot 1974: 704f.)

Mit der 1884 beschlossenen Entkriminalisierung der Mitgliedschaft in Arbeiterorganisationen war ein Schritt in Richtung Domestizierung unternommen worden. 1892 wurde den bisherigen spontanen Moderationsversuchen von Präfekten durch das Gesetz über Streikschlichtung eine gewisse institutionelle Form verliehen. Die Anrufung eines Friedensrichters, zumeist ein Präfekt, war aber nicht zwingend, und tatsächliche Schlichtung funktionierte bestenfalls lokal. (Weber 2010: 45)

Trotz dieser Reformen entsagten Ende des 19. Jahrhunderts viele der organisierten Arbeitskräfte in Frankreich den lange gehegten Hoffnungen auf eine staatlich gelenkte harmonische Entwicklung des Kapitalismus. Nicht die offizielle Repräsentation einer grandiosen wirtschaftlichen Zukunft, wie sie auf der Pariser Weltausstellung des Jahres 1989 dargestellt wurde, sondern die Forderungen der während dieser Ausstellung gegründeten Zweiten Internationale beeindruckten organisierte Arbeitskräfte. Nachdem 1891 in Fourmies zwölf streikende Arbeiter getötet und dreißig andere durch Soldaten verwundet worden waren, kam es zu einer Welle sehr großer Streiks. Die 1895 gegründete CGT (*Conféderation Générale du Travail)* vertrat eine Strategie des „revolutionären Syndikalismus", will sagen: die Absage an eine Strategie, die darauf ausgerichtet war, durch Einfluss auf das Parlament Reformen zu bewirken. (Tucker Jr. 1996/2005: 15) Anders als Gewerkschaften in Deutschland verstanden sich die in der CGT zusammen geschlossenen Arbeitersyndikate nicht in erster Linie als Organisationen zur Verbesserung der

29 Integrationsstrategien wurden durch Gesinnungsjustiz gegen anarchistische Aktivisten flankiert. Mit Gesetzen von 1893 wurde bereits die Mitgliedschaft in einer als kriminell geltenden Vereinigung als Straftat eingestuft, außerdem wurde Zeitungen verboten, zu Gewalt aufzurufen und Gewalttaten zu rechtfertig. (Haupt 2009: 163)

bestehenden Verhältnisse. Die „revolutionären Syndikalisten“ Frankreichs wollten den Staat nicht reformieren, sie wollten ihn zerstören. (Dreyfus 1995: 45)[30] Dementsprechend zahlreich waren Streiks. Und nicht nur Unternehmer, sondern auch Syndikate zögerten lange, Tarifverträge anzustreben und anzuerkennen. Erst 1910 akzeptierte die CGT derartige Waffenstillstandsverträge. (Weber 2010: 1095)

Anders als in Deutschland und anders als später im 20. Jahrhundert auch in Frankreich, wurden die revolutionären Zielsetzungen damals vor allem von Arbeitskräften vertreten, deren handwerkliche Qualifikation in Kleinbetrieben mit geringer Arbeitsteilung eingesetzt wurde. (Moss 1976: 159)

In der Regierung dominierte unnachgiebige Härte gegen alle, von denen eine Störung der öffentlichen Ordnung erwartet wurde. Nachdem die CGT Führung für den 1. Mai 1906 einen Generalstreik zugunsten des Acht-Stunden-Tages ausgerufen hatte, ließ Clemenceau – er war damals gerade zum Innenminister ernannt worden – Paris militärisch besetzen und die CGT Führer verhaften. 665 weitere Demonstranten kamen in Haft. Für die von ihm angeordnete rabiate Repression wurde der Terminus *« clémencisme »* geprägt. In den beiden Folgejahren starben an verschiedenen Orten mehrere Streikende durch Polizei und Militär. (Weber 1910: 35) Und weiterhin galt das 1884 beschlossene Gesetz, welches Gemeinden verpflichtete, Militär anzufordern, wenn Streiks in Unruhen auszuarten drohten. (Weber 2010: 37) Unternehmer nutzten das politische Klima, senkten Löhne, reagierten auf Streiks mit Entlassungen, engagierten Streikbrecher und führten schwarze Listen, um Streikenden die Suche eines neuen Arbeitsplatzes zu erschweren. Die „Guten“ dagegen sollten mit Prämien ruhig gestellt werden. (Bron II 1970: 123f.) Nachdem Minister Briand ständig verfahren war, als ob es kein gesetzliches Recht zum Streik gäbe, legte er 1910 einen Gesetzesentwurf vor, der dieses Recht auch formal abgeschafft hätte. Das Ende seiner Zeit als Minister beendete diesen Versuch.[31]

Wie Regierungen in den anderen metropolen kapitalistischen Staaten, die am Ersten Weltkrieg beteiligt waren, sah sich auch die französische Regierung während des Ersten Weltkrieges gezwungen, Maßnahmen zur verstärkten Disziplinierung von Arbeitskräften mit Strategien einer formalen Zusammenarbeit zu kombinieren.[32] Anders als in Deutschland entwickelten französische Regierungen aber keine Strategie einer staatlichen Wirtschaftslenkung. Vielmehr wurde die Organisation der Kriegswirtschaft regionalen

30 Zu theoretischen Begründungen vgl. Ridley (1982).

31 Auch die anschließend eingereichte Vorlage der Kommission für Arbeit, die eine Verpflichtung zur Einigung und zu Schiedsverfahren vorgesehen hatte, wurde nicht beschlossen.

32 Sie stieß dabei auf gründlich verunsicherte Arbeiterorganisationen. Allem Internationalismus zum Trotz stand die *« union sacrée »*, also die notwendige Verteidigung des Vaterlandes, für die Mehrheit der französischen Arbeiterschaft außer Frage. Im Parlament stimmten Sozialisten für die Kriegskredite. Gewerkschaftsmitglieder standen dennoch in der Gefahr, verhaftet zu werden, wenn sie an einer Sitzung ihres Verbands teilnahmen. (Dreyfus 1995: 85) Eine Minderheit beharrte weiterhin auf Internationalismus, ab 1915 forderte sie den sofortigen Friedensschluss. (Robert 1995: 79f.)

Produktionsgruppen unter Leitung führender Industrieller überlassen. (Weber 2010: 111f.) Nachdem sich gezeigt hatte, dass deren Praxis den Lieferanten kriegswichtiger Produkte zu immensen Profiten verholfen hatte, sah sich die Regierung veranlasst, Kontrollkommissionen einzurichten, die Vertragsabschlüsse mit Ausrüstern überprüfen sollten. Unklare bzw. sich überschneidende Zuständigkeiten begrenzten deren Wirkung. Als Brot und Kartoffeln knapp wurden, wuchs die Kritik an den Profiteuren des Krieges. Im August 1915 wurden die Lieferanten von Rüstungsgütern verpflichtet, Mindestlöhne zu bezahlen. Deren Höhe musste den Arbeitskräften durch Anschlag in den Betrieben bekannt gegeben werden. (Weber 2010: 136) 1916 wurde beschlossen, die immensen Profite der Ausrüster durch eine Sondersteuer zu begrenzen. (Moulin-Bourret II 1997: 339; 345) Sie markierte den Beginn jener Entwicklung, die von den Betroffenen als „ökonomische Diktatur" bezeichnet wurde. Um die Kriegswirtschaft zu organisieren, wurden zahlreiche gemischte Kommissionen geschaffen. Weil die regulären Institutionen kaum bereit waren, ihre Wähler durch die harten Maßnahmen zu erzürnen, die für die Kriegswirtschaft erforderlich geworden waren, traten die außerordentlichen Kommissionen faktisch an die Stelle dieser Institutionen. Es kam zu einem administrativen Wildwuchs. Immer neue „gemischte Kommissionen", will sagen, Institutionen, an deren Beschlüssen auch Vertreter der Arbeiterorganisationen beteiligt waren, wurden eingerichtet. Im Kern ging es um die Organisation der Beschaffung von Rohstoffen, um die Regulierung der Produktion und um das Management der gesellschaftlichen Situation. (Moulin-Bourret II 1997: 333) Bereits 1915 wurden Arbeitskräfte, die zunächst zum Militär eingezogen worden waren, zur Mitwirkung an der Produktion von Rüstungsgütern abkommandiert. Sie erhielten keinen Lohn. Außerdem wurden ausländische Lohnarbeiter eingesetzt, darunter vor allem Arbeitskräfte aus den Kolonien. (für Clérmont-Ferrand: Moulin-Bourret II 1997: 471; 489)

Währenddessen gingen Auseinandersetzungen um Arbeitsbedingungen weiter. Arbeiter verschiedener Gewerbe streikten, zum Militär eingezogene Gewerkschafter klagten, sie würden an die gefährlichsten Stellen beordert. (Robert 1995: 88f.) Im Januar 1917 wurde die Zwangsschlichtung durch paritätisch besetzte Kommissionen vorgeschrieben. Für den Fall einer scheiternden Einigung konnte der Minister einen Schiedsspruch fällen und diesen durch Befehl zur Requisition (d.h. Beschlagnahme) auch durchsetzen lassen. Derartige Ministerdekrete waren häufig, was im Umkehrschluss die Bedeutung der paritätischen Kommissionen minderte.[33]

Anders als in Deutschland blieb die Integrationswirkung der im Krieg eingeführten paritätischen Institutionen begrenzt.

33 Was diese und andere während des Krieges geschaffene gemischte Kommissionen anlangt, so waren die Ansichten unter organisierten Arbeitskräften geteilt. Während einzelne – zu Recht – hervorhoben, dass es sich um die erste formelle Zusammenarbeit von Regierungsstellen mit Arbeitervertretern handelte, verwiesen andere darauf, dass dies weder dazu führte, dass Lohnsenkungen noch Arbeitszeitverlängerungen zurück genommen wurden.

Um deutlich zu machen, dass Hungerlöhne keinen Schutz gegen den Hungertod boten, verweigerten Bauarbeiter in Paris im Herbst 1915 die Annahme ihrer Löhne. Diese Kampfmaßnahme bewirkte, dass der Bauarbeiter-Gewerkschaft das Monopol zugesprochen wurde, über Einstellungen zu entscheiden. (Robert 1995: 77) Im Mai 1918 streikten an die 100.000 Lohnarbeiterinnen und Lohnarbeiter in Paris. In Firminy und in anderen Orten des Loire-Tals kam es sogar zu einem kurzen Generalstreik. Es folgten Verhaftungen und das bewusst gestreute Gerücht, deutsche Agenten hätten zu den Streiks aufgerufen. Bei Kriegsende erwarteten viele, dass die Revolution in Russland auch in Frankreich den Anstoß für revolutionäre Entwicklungen geben werde. Das war eindeutig nicht der Fall.

Wohl aber veranlassten die gesunkenen Löhne und die drastisch gestiegenen Preise für Mieten und für Lebensmittel sowie die überwiegende Nichteinhaltung des 1919 gesetzlich eingeführten Achtstundentages[34] eine Vielzahl sehr großer Streiks. Zwar wurde im März 1919 ein Gesetz über Tarifverträge (*conventions collectives de travail*) erlassen, doch wurde Unternehmern zugestanden, aus dem Verband, der ein Abkommen geschlossen hatte, auszutreten, wenn sie einem Tarifvertrag nicht zustimmen wollten. Streikenden ging es vor allem um Lohnerhöhungen. Als jedoch die Organisationen der Metallarbeiter des *Departement Seine* im April 1919 beschlossen, in den Streik zu treten, war eine ihrer Forderungen, dass die ausgiebigen Befragungen von Bewerbern im Hinblick auf ihre eigenen politischen Ansichten und diejenigen ihrer Familienmitglieder in Zukunft unterbleiben sollten. (Dolléans 1948: 302) Nicht nur der Streik der Metallarbeiter, auch der nahezu landesweite Streik der Eisenbahner war erfolglos. Zwar wurden die mobilisierten Ordnungskräfte nicht eingesetzt, doch reagierten Unternehmer mit der Entlassung von Tausenden. 18.000 der am Streik beteiligten Eisenbahner wurden entlassen. (Dreyfus 1995: 111) Und in Gerichtsprozessen wurden am Streik Beteiligte zu Gefängnisstrafen verurteilt. Nicht nur, dass Arbeiterorganisationen keinen Umsturz bewirken konnten, aus den Streiks der Jahre 1919 und 1920 gingen sie als Verlierer hervor. Sie verloren zahlreiche Mitglieder. Der revolutionäre Syndikalismus hat den Ersten Weltkrieg kaum überdauert. (Dreyfus 1995: 79)

In den Folgejahren war die Arbeiterbewegung in Frankreich noch mehr gespalten als zuvor. Insgesamt allerdings wuchs das Bestreben, innerhalb der bestehenden Gesellschaft einen anerkannten Status für „die Arbeit" – will sagen: für Lohnarbeitskräfte – zu erlangen. (Dolléans 1948: 373; Tucker 1996/2005: 186ff.)

Im Jahre 1936 wurde ihnen dies tatsächlich zugestanden. Nach dem Wahlsieg der *Front Populaire* und dem Amtsantritt der Regierung Blum kam es zu einem – von der Regierung orchestrierten – Abkommen zwischen Gewerkschaften und Unternehmern. Nach dem Verhandlungsort ist dieses Abkommen als « *l'accord de Matignon* » in die

34 In Clérmond-Ferrand allerdings waren die meisten Unternehmen, allen voran Michelin, bereit, sich dem Gesetz zu fügen, um den sozialen Frieden nicht zu gefährden. Andere wurden durch Streik dazu gezwungen. (Moulin-Bourret 1979: 641)

Geschichte eingegangen. Am 7. Juni 1936 wurden die grundlegenden Elemente eines kollektiven Arbeitsrechtes, Geltung von Tarifverträgen, das unbeschränkte Recht auf gewerkschaftliche Organisation und die Wahl von Betriebsvertretern in Betrieben mit mehr als 10 Beschäftigten, akzeptiert, außerdem wurden Lohnerhöhungen beschlossen. Wenige Tage später wurden die von der *Front Populaire* im Falle eines Wahlsieges versprochenen Gesetze über die 40-Stunden Woche und einen bezahlten Urlaub von 15 Tagen beschlossen. (Bron II 1970: 231-235) Die wichtigsten Elemente der Domestizierung kapitalistischer Arbeitsverhältnisse: die Anerkennung kollektiver Verhandlungen war damit Gesetz geworden, dazuhin rudimentäre sozialstaatliche Regelungen.[35]

Dass dies möglich wurde, hat vor allem zwei Ursachen: Im Zuge der Proteste gegen die Regierung Daladier hatten sich am 6. Februar 1934 Demonstranten der Gewerkschaftsverbände mit denen der Kommunistischen Partei Frankreichs vereinigt. Joachim C. Häberlen ist der Ansicht, dass der gemeinsame Widerstand gegen die Gefahr des Faschismus in Frankreich gerade deshalb möglich wurde, weil revolutionäre Syndikalisten auf ihrer Unabhängigkeit gegenüber politischen Parteien beharrt hatten. Zu den wilden Kämpfen zwischen Sozialdemokraten (einschließlich Gewerkschaftern) und Kommunisten, die in Deutschland jede gemeinsame politische Aktion verhinderten, war es in Frankreich folglich nicht gekommen. (2013: 39 und passim)[36] Die zweite Ursache des Matignon-Abkommens war eine Welle von Streiks und Fabrikbesetzungen. Sie wurden von Frauen und Männern durchgeführt, die Kommunisten und Sozialisten[37] gewählt hatten, in den Wochen nach der Wahl aber vergeblich darauf warteten, dass die Wahlsieger – bisheriger Praxis entsprechend – das alte Parlament auflösten und Beschlüsse fassen ließen, die ihre Arbeits- und Lebensbedingungen verbessern würden. Durch die in Frankreich verspätet einsetzenden Auswirkungen der Weltwirtschaftskrise hatten sich Lebensbedingungen drastisch verschlechtert. Eine neue, noch größere Streikwelle entwickelte sich im Juni 1936. Es gab unterschiedliche Forderungen. Generell aber wurde erwartet, dass die versprochene 40 Stunden Woche realisiert werde.[38] Als der

35 Zuvor war 1928 per Gesetz eine Sozialversicherung aller Lohnarbeitskräfte eingeführt worden. Sie hatte die Kosten für die Absicherung der typischen Risiken eines Lebens im Kapitalismus ganz überwiegend den zwangsversicherten Lohnarbeitskräften aufgebürdet.

36 Die Niederlage der Volksfront im Jahre 1938 führt Häberlen entsprechend auf die zwischenzeitlich eingetretene Politisierung der Arbeiterorganisationen zurück. (2013: 39)

37 Während die ebenfalls kandidierenden Mitglieder der französischen Sektion der Internationale gegenüber 1932 drastisch an Stimmen verloren, gewannen die nicht in der Internationale organisierten Sozialisten 153.000 Stimmen gegenüber 1832 hinzu, die Kommunisten 705.000. (de Bayac 1972: 194)

38 Anders als in Italien zu Beginn der 1920er Jahre verzichteten die Besetzerinnen und Besetzer aber darauf, die Produktion in eigener Regie fortzuführen. Auf diese Weise verzichteten sie auch auf die Demonstration der Möglichkeit einer anderen Organisation der Produktion. Die meisten dieser spontanen Streiks fanden in Gewerben statt, in denen die gewerkschaftliche Organisation schwach war. Die Streiks waren „spontan", aber es waren keine wilden Streiks. Zwar waren sie nicht von Gewerkschaftsführern vorbereitet und organisiert worden, doch entwickelten sie sich durchaus im Rahmen längerfristiger gewerkschaftlicher Strategien. (Sirot 2008: 55)

Premierminister einer Delegation von Unternehmern erläuterte, dass seine Regierung weder in der Lage, noch bereit sei, die Besetzungen mit Gewalt zu beenden, verkündete er damit zugleich das Ende jener Epoche des Kapitalismus, in welcher Streiks, Besetzungen und andere Formen von Arbeiterinnen- und Arbeiterprotesten als Gefährdung der öffentlichen Ordnung behandelt und gewaltsam niedergeschlagen wurden. Statt dessen warnte der Premierminister die Vertreter der Unternehmer am 6. Juni 1936, dass es unweigerlich zu gewaltsamen und blutigen Unruhen kommen werde, wenn nicht innerhalb von 48 Stunden eine Übereinkunft zustande gebracht werde. (zit. de Bayac 1972: 239) Am 8. Juni erklärte der Vorsitzende der CGT, Jouhaux, mit dem in der Nacht zuvor zustande gekommenen Abkommen sei eine neue Ära angebrochen: die Ära der direkten Beziehungen zwischen den Organisationen der beiden großen ökonomischen Kräfte des Landes. (zit. de Bayac 1972: 248)

Die Gegenoffensive der Unternehmer ließ nicht auf sich warten. Noch 1936 nahm der Verband der französischen Unternehmer auch kleine und mittlere Unternehmen mit auf, dadurch den Zentralrat des Verbandes von 90 auf 150 Mitglieder vergrößernd. Obwohl die Neuerungen – wie vor allem die 40-Stunden-Woche – zunächst akzeptiert wurden, protestierten Unternehmer sofort vehement gegen die faktische Straffreiheit von Fabrikbesetzungen. Arbeitskräfte ihrerseits reagierten mit einer Welle lokaler Streiks. In 70 % der Streiks erfolgten Betriebsbesetzungen. Es handelte sich dabei nicht um eine Strategie zur Übernahme der Produktion, sondern um eine Vorsichtsmaßnahme gegen Aussperrungen. (Sirot 1988: 56) Aus nahezu jeder Besetzung machten Arbeitskräfte ein Fest. Und es sind diese Feste des Jahres 1936, in denen viele der Beteiligten die Zuversicht entwickelten, dass sich die Welt verändern lasse. Die *Front Populaire* war politisch und zeitlich begrenzt, ihr Mythos aber hat diese Grenzen gesprengt. (Jackson 1988: XII)

Immerhin wurden 1936 und 1937 insgesamt 4.595 Tarifverträge geschlossen, viel mehr als jemals zuvor. Sie betrafen nicht nur Löhne, sondern auch Arbeitszeiten, Prämien, Urlaub, Gesundheits- und Sicherheitsfragen. Soweit die Vermittlung staatlicher Stellen in Anspruch genommen wurde, verlieh dies den Tarifverträgen eine Art staatlich garantierter Legalität. (Bourdé 1977: 17) Innerhalb von zwei Jahren sank die Arbeitslosigkeit, und die Arbeits- und Lebensbedingungen vieler Lohnarbeitskräfte verbesserten sich. Die vorgeschriebenen Schlichtungsverfahren waren nicht immer, aber doch relativ häufig erfolgreich. (Bourdé 1977: 19) Eine Folge dieser Entwicklung war das Anwachsen der Gewerkschaften. In vielen Gewerben wuchs der Anteil gewerkschaftlich organisierter Arbeitskräfte von kaum 10 % auf 50 % und mehr.

Als die Geltungsdauer der 1936 geschlossenen Tarifverträge nach einem Jahr auslief, kam es zu zahlreichen Fabrikbesetzungen auf der einen und zu zahlreichen Entlassungen auf der anderen Seite. Als sich der von der Regierung Blum angestrebte soziale Friede

---

Für die Führer der *Front Populaire,* Blum, Thorez und Jouhaux, bedeutete die spontane Protestbewegung eine potentielle Gefährdung ihres sehr gemäßigten Reformkurses. (de Bayac 1972: 229f.)

nicht einstellen wollte, griffen viele Gewerkschaftsmitglieder zu Protestaktionen, die von den Gewerkschaftsführern weder geplant noch gutgeheißen wurden. Die schließlich abgeschlossenen Verträge prolongierten zwar wichtige Errungenschaften des Matignon-Abkommens, begrenzten aber die Kompetenzen der Personalvertreter in den Betrieben. (Bourdé 1977: 37) Die politische Basis der Volksfront wurde gefährdet, als sich die Regierung Blum innenpolitischer und englischer Opposition beugte und ihre Zusage der Waffenlieferung an die Aufständischen in Spanien wieder zurücknahm.

Die veränderte Lage wurde deutlich, als im Dezember 1937 die Regierung 600 Mann bewaffneter Wachen gegen streikende Arbeiter der Goodrich Reifenfirma entsandte.[39] Ende Dezember 1937 streikten Staatsangestellte in Paris, und im März/April 1938 streikten 150.000 Metallarbeiter.

Im April 1938 löste die Regierung Daladier die Regierung Blum ab.[40] Zur weitgehenden Rücknahme der Positionen, die 1936 durchgesetzt worden waren, kam es jedoch erst im November 1938. Nachdem der neu ernannte Finanzminister Reynaud im November 1938 die bereits von seinem Vorgänger Daladier vorbereiteten Dekrete erließ, die eine Erhöhung von Steuern, Sparmaßnahmen, militärische Aufrüstung und die Beschränkung der Verdienste für Überstunden vorsahen, kam es zu einer Welle wilder Streiks und zu Fabrikbesetzungen. (Jackson 1988: 105f.) Sie wurden rigoros niedergeschlagen. (Jackson 1988: 111) Eine besonders gewaltsame Auseinandersetzung entwickelte sich im November 1938 in der Fabrik von Renault. Nachdem ein Gewerkschafter entlassen worden war und am Tag darauf die Wochenarbeitszeit von 32 auf 40 Stunden erhöht worden war,[41] brach ein Streik aus. Mitglieder der freien Gewerkschaften zwangen Mitglieder der „gelben" (also unternehmerfreundlichen) Gewerkschaften, sich zu beteiligen. Barrikaden wurden gebaut. Zwischen 10.000 und 15.000 Arbeiter besetzten die Fabrik, die auch einen Transportpanzer produzierte. Von Innenminister Reynaud wird berichtet, er habe mit Rücktritt gedroht, wenn die Fabrik nicht sofort geräumt werde. (Bourdé 1977: 146) Die Regierung ließ 3.000 Mann Bereitschaftspolizei (*gardes mobiles*), 1.500 Polizeibeamte (*agents de police)*, 300 Krankenwagen und einige

39 Bis zum Abend waren diese dann allerdings von 30 000 Arbeitskräften aus anderen Firmen umzingelt worden. Die Wachen wurden abgezogen und die Besetzer ein paar Tage später ohne den Einsatz von Gewalt aus der Fabrik geholt.

40 Als der erste Schrecken des Jahres 1936 verflogen war, bereiteten Unternehmer die Revision der Matignon Beschlüsse vor. Bereits 1936 starteten sie eine Kampagne, die *cadres*, also vor allem Techniker und Ingenieure, davon überzeugen sollte, dass sie nicht zu den Arbeitern gehörten, sondern die natürlichen Kollaborateure der Unternehmensleitungen in den Betrieben waren. (Jackson 1988: 267) Damit sollte deren Streikbeteiligung beendet werden. Gleichzeitig hatte die Erweiterung des Verbandes um mittelständische und kleine Unternehmen die politische Dominanz der Schwerindustrie beendet. Deren Repräsentanten hatten im Hotel Matignon für die Seite der Unternehmer verhandelt. Alle damals Beteiligten verloren in der Folgezeit ihre Posten.

41 Faktisch handelte es sich für viele Arbeiter um eine Erhöhung auf 6 x 8 Stunden pro Woche. Gleichzeitig wurden die Überstundenbezahlungen gestrichen. (Bourdé 1977: 144)

Feuerwehrautos aufziehen. Die Bereitschaftspolizei drang in das Gebäude ein. Als die Besetzer, die sich vehement und gewaltsam gewehrt hatten, die Fabrik verließen, wurde von ihnen verlangt, in Viererreihen zu marschieren, den Arm zum faschistischen Gruß zu erheben, und zu rufen: « *Vive la police* ». Währenddessen schlug ein Polizist auf eine Eisenstange und rief: „Ein Schlag für Blum, ein Schlag für Thorez, ein Schlag für Jouhaux." (Bourdé 1977: 148)[42] Die Gewerkschaften reagierten, indem sie für den 30. November einen Generalstreik ausriefen. Der Aufruf wurde befolgt, doch gelang es nicht, die nationale Wirtschaft lahmzulegen. 500 der Streikenden wurden nach dem Generalstreik verhaftet, 283 von ihnen zu langen Haftstrafen verurteilt. (Bourdé 1977: 149) Schätzungen des Arbeitsministeriums zufolge verloren etwa 800.000 der am Streik Beteiligten anschließend ihren Arbeitsplatz. (Bourdé 1977: 229) Als im Februar 1939 eine Amnestie für die meisten der nach dem Generalstreik Verurteilten ausgesprochen wurde, begründete die Regierung Daladier dies damit, dass die Autorität im Lande jetzt hergestellt sei. Das bedeutet jedoch nicht, dass die Entlassenen wieder eingestellt wurden. Unter Arbeitgebern kursierten schwarze Listen. (Bourdé 1977: 230f.)

Ende 1938 war von der Zeit der Volksfrontregierung das Recht auf bezahlten Urlaub und die vorübergehende Hoffnung auf einen zumindest domestizierten Kapitalismus übrig geblieben. Unternehmer aber hatten ihren „Herr im Hause Standpunkt" erfolgreich verteidigt und in diesem Prozess zugleich eine neue Klassenidentität gewonnen. Da sich das Parlament als unfähig erwiesen hatte, die sozialen Konflikte zu bewältigen, hatte die im Dezember 1938 gewählte Regierung Daladier leichte Hand, als sie sich daran machte, die Exekutive zu stärken. Die wöchentlichen Arbeitszeiten blieben hoch, die Rüstungsproduktion wurde forciert, in den meisten Industriezweigen kam es zu hohen Wachstumsraten. Im März 1939 ermächtigte ein Dekret alle Unternehmen, die Rüstungsgüter produzierten, die Wochenarbeitszeit auf 60 Stunden zu erhöhen und die Bezahlung für Überstunden zu senken. (Bourdé 1977: 267)

Nach den verheerenden militärischen Niederlagen[43] gegen das Deutsche Reich beschlossen am 10 Juli 1940 beide Kammern, die Verfassung von 1875 zu suspendieren und die Kompetenzen der Regierung auf General Pétain zu übertragen. Diese Entscheidung war eine Folge des militärischen Desasters, es war aber auch die Folge einer Haltung, die jenem Slogan entsprach, der damals unter rechtsgerichteten Parlamentariern verbreitet war: „Lieber Hitler als die Volksfront". (Bourdé 1977: 285)[44]

---

42 « *Un coup pour Blum! Un coup pour Thorez! Un coup pour Jouhaux!* » Gemeint sind die politischen Führer der Volksfront. Bourdé beruft sich auf S. Schweitzer, der seinerseits eine Archivalie zitierte. (AN (Archives Nationales) 91 AQ 116)

43 « L'Étrange Défaite » hat Marc Bloch seine, bereits 1940 verfasste, vehemente Kritik an der französischen Führung formuliert. „Unsere Führer, oder die, die in ihrem Namen agierten, haben sich diesen Krieg nicht vorstellen können. Anders gesagt, der Sieg der Deutschen war im Wesentlichen ein Sieg des Verstandes, und das ist vielleicht das, was am Schwerwiegendsten ist..." (1946: 55f., Übers.)

44 « *Mieux vaut Hitler que le Front Populaire* ».

Mit dem Régime von Vichy, das nach dem mit Deutschland geschlossenen Waffenstillstand 1940 zunächst im nichtbesetzten Teil Frankreichs etabliert worden war und ab 1942 unter deutscher Besatzungsherrschaft agierte, wurden die Ansätze zu einer Domestizierung des Kapitalismus in Frankreich beseitigt. Alle Bereiche des Lebens wurden politischer Regulierung untergeordnet. Den weitgehenden Zugeständnissen im Waffenstillstand entsprechend machte sich der *« état français »* zum Befehlsempfänger deutscher Regierungsstellen. Dementsprechend wurden Streiks kriminalisiert und gewerkschaftliche Organisationen aufgelöst. Ab dem 15. November 1940 konnte die CGT nur noch im Untergrund agieren. Am 27. Oktober 1941 wurden 27 Verantwortliche der CGT in Chateaubriand erschossen. (Dreyfus 1995: 399) Als im Mai 1941 in Nordfrankreich, also mitten in der besetzten Zone, Streiks ausbrachen, an denen sich bis zu 100.000 Bergarbeiter beteiligten, wurden sie gewaltsam niedergeschlagen. (Dreyfus 1995: 207)

Im Zentrum der neuen Politik stand die politische Organisation der Arbeit, formalisiert in der *Charte du Travail*. Mit dem Gesetz „zur gesellschaftlichen Organisation der Berufe" (*organisation sociale des professions*) vom 4. Oktober 1941 wurden staatlich verordnete Syndikate aller Mitglieder einer Berufsgruppe geschaffen. Obwohl Syndikalisten kollaborierten, weil sie die Neuregelung als Realisierung früherer Forderungen begriffen, blieb die praktische Umsetzung dieser korporatistischen Konzeption begrenzt. (Dreyfus 1995: 201) Anderes gilt für die mit dem Waffenstillstand vom 22. Juni 1940 einsetzende Kollaboration des *« état français »* mit den Vertretungen von Nazi-Deutschland bei der Umsetzung der Arbeitsbeschaffungspolitik der Jahre 1940 bis 1944. Denn die von der Besatzungsmacht dekretierten Prinzipien entsprachen auch arbeitsmarktpolitischen Konzepten, die in der Regierung des *« état français »* dominierten. Als im Oktober 1940 Arbeitslosen verdeutlicht wurde, dass sie ihre Unterstützung verlieren würden, wenn sie sich nicht freiwillig zu öffentlichen Arbeiten (Trümmerbeseitigung, Holzfällerarbeiten usw.) meldeten, wurde diese Maßnahme von jenem François Lehideux geleitet, der sich 1936 als besonders rabiater Gegner von Streikenden erwiesen hatte (Zielinski 1995: 57) Auch bei den Anwerbungen für einen zweijährigen Arbeitsaufenthalt in Deutschland, die zwischen 1940 und 1942 durchgeführt wurden, unterstützten französische Behörden die Werber mittels administrativer Schikanen. Als Luftangriffe und Todesfälle häufiger wurden, reichte das Angebot vergleichsweise guter Löhne nicht mehr hin, um freiwillige Arbeiter für die Küstenbefestigung in Nordfrankreich zu finden. Im Februar 1941 ordnete das Oberkommando der Wehrmacht deshalb zwangsweise Arbeitsbeschaffungsmaßnahmen an. (Zielinski 1995: 69) Um Fluchtversuche von Bauarbeitern zu verhindern, wurden mit Stacheldraht umsäumte Lager errichtet.

Um die Arbeitskräfteknappheit im Reichsgebiet zu mildern, waren zunächst französische Kriegsgefangene ins Reichsgebiet überstellt worden. Gleichzeitig wurden diejenigen, die sich zuvor freiwillig für eine Arbeit im Reichsgebiet gemeldet hatten, zwangsweise weiter verpflichtet. (Zielinski 1995: 106f.) Im Juni 1942 wurde ein als *« relève »* bezeichneter Deal zwischen der Besatzungsmacht und der Regierung des *« état français »* vereinbart. Für die „freiwillige" Meldung von 150.000 französischen Arbeitskräften sollten nach und nach 50.000 französische Kriegsgefangene (vorübergehend) beurlaubt werden. Formal dauerte diese Vereinbarung bis zum Dezember 1942, doch war ihre Wirkungslosigkeit bereits nach wenigen Wochen deutlich geworden. (Laub 2010: 255) Damit endete der letzte Anschein von Freiwilligkeit. Mit dem Gesetz vom 4. September 1942 wurde die Möglichkeit der zwangsweisen Arbeitsverpflichtung für alle Franzosen zwischen 18 und 50 Jahren und alle unverheirateten Französinnen zwischen 21 und 35 Jahren angeordnet. Das Gesetz sollte nicht nur für ganz Frankreich, sondern auch für das Deutsche Reich gelten. (Laub 2010: 256) Bereits im Februar 1943 wurden die Bestimmungen dieses Gesetzes durch die Einführung eines zweijährigen Arbeitsdienstes verschärft. Fortan wurde systematisch deportiert. Im Mai hob das Vichy Régime bisher geltende Ausnahmen von Arbeitsverpflichtungen auf, wie sie etwa für Grundschullehrer, Feuerwehrleute oder schwangere Ehefrauen gegolten hatten. (Zielinski 1995: 149) Zwischen Mai 1942 und August 1944 wurden mindestens 850.000 Arbeitskräfte aus Frankreich im Reich eingesetzt. (Laub 2010: 263) Nachdem ständig sinkende Reallöhne in Frankreich Streiks, Absentismus und andere Widerstandsformen provoziert hatten, wurde der bislang nur für die Bauwirtschaft praktizierte Arbeitszwang auch auf andere Bereiche ausgeweitet. Als die Hoffnung wuchs, dass Deutschland den Krieg verlieren würde, entzogen sich immer mehr Menschen den Arbeitsverpflichtungen, indem sie in den Untergrund gingen. (Laub 2010: 261)

Nach dem Ende des Zweiten Weltkrieges kam es in Frankreich zu zahlreichen Protestkundgebungen und Streiks. Die Regierung verordnete Lohnerhöhungen. Zum Ausgleich für die damit angeheizte Inflation wurden Industriebetriebe subventioniert. Gleichzeitig wurde die von Linken bereits während der Kriegsjahre geplante Verstaatlichung von Betrieben in Gang gesetzt. Obwohl sich die verschiedenen politischen Gruppierungen von dieser Strategie unterschiedliche Wirkungen erhofften, reichte die Zustimmung zur Verstaatlichung von den Kommunisten bis zu De Gaulle. (Requate 2011: 33-34)[45]

Wie in anderen metropolen kapitalistischen Ländern stieg auch in Frankreich in den 1950er und beginnenden 1960er Jahren der Lebensstandard von Arbeitskräften. Trotz des Rückgangs kleinbäuerlicher Betriebe und des Zustroms potentieller Arbeitskräfte herrschte in den 1960er Jahren weitgehende Vollbeschäftigung. Am Arbeitsregime in den Betrieben aber hatte sich wenig geändert.

---

45 In gewisser Weise handelte es sich dabei um eine Erweiterung der bereits vom Vichy Regime verfolgten staatlichen Lenkung der Produktion. Die Auseinandersetzung mit dieser Vergangenheit beschränkte sich weitgehend auf die Verurteilung einiger besonders auffälliger Kollaborateure wie etwa Louis Renault. Mit zunehmender Verstaatlichung endete auch die Zeit jener (wenigen) Arbeiterkomitees in Fabriken, welche bestrebt gewesen waren, die *épuration* (Säuberung) auch auf das Arbeitsleben zu übertragen. (Requate 2011: 25) Gewerkschaften ihrerseits waren bestrebt, all jene aus ihren Reihen zu entfernen, die mit dem Régime von Vichy kollaboriert hatten. Vor allem Syndikalisten waren von dieser politischen Säuberung betroffen. (Dreyfus1995: 217)

In dieser Situation kam es im Mai 1968 zu studentischen Protesten gegen die autoritären Strukturen des Lehr-und Forschungsbetriebs. Als sich die vorgetragene Kritik alsbald auf die allgemeinen politischen und wirtschaftlichen Verhältnisse erstreckte, erfasste die Protestbewegung zunehmend auch Lohnarbeiterinnen und Lohnarbeiter sowie Angehörige freier Berufe. Dass sich so viele Lohnarbeitskräfte an den Protesten beteiligten, war nicht zuletzt darauf zurück zu führen, dass Regierung und private Unternehmer in den Monaten zuvor durchgängig Tarifverhandlungen abgelehnt hatten. Es kam zum größten Streik, den es in Frankreich je gegeben hatte, (Dreyfus 1995: 268) und in Paris zum Bau von Barrikaden. In der Rue Grenelle, dem Sitz des Arbeitsministeriums, verhandelten Regierungsvertreter mit Repräsentanten der CGT. Die Ergebnisse dieser Verhandlungen sind als « *d'accords de Grenelle* » bekannt geworden. Zwar waren an diesen Verhandlungen auch Repräsentanten von Unternehmerverbänden beteiligt, vor allem aber standen sich Politiker und Gewerkschaftsvertreter gegenüber. Im Resultat wurde vereinbart, den gesetzlich festgelegten Mindestlohn zu erhöhen. Die geforderte Reduktion der Arbeitszeiten wurde verweigert. Zugesagt wurde auch, dass bestimmte Behinderungen gewerkschaftlicher Arbeit in Zukunft unterbleiben würden. (Dreyfus 1995: 271-273) Das waren vergleichsweise geringe Zugeständnisse. Dennoch markieren die Verhandlungen, die den Generalstreik des Jahres 1968 beendeten, den Übergang zu einem domestizierten Kapitalismus in Frankreich. Denn fortan galten Auseinandersetzungen um die Höhe von Löhnen und damit von Profiten ebenso wie Auseinandersetzungen um die Ausgestaltung der Arbeit in den Betrieben selbst als reguläre Verfahrensweisen einer kapitalistischen Gesellschaft.

Deutschland

Weil das nationalsozialistische Arbeitsregime allen Vorstellungen einer kontinuierlichen Domestizierung des Kapitalismus in den kapitalistischen Metropolländern widerspricht, steht es im Zentrum der nachfolgenden Ausführungen. Der zu Beginn von Kapitel VI ausgeführten Interpretation von Domestizierungsprozessen folgend werden vor allem das Verbot gewerkschaftlicher Tätigkeit und die Re-Integration von Arbeitsverhältnissen in Staatsgewalt betont. Zwangsarbeit und Vernichtung in einem ökonomisch und administrativ hoch entwickelten kapitalistischen System machen schauderhaft deutlich, dass ökonomische Rationalität nicht hinreicht, um direkte Gewalt zu verhindern. Die Analyse des Nationalsozialismus macht auch deutlich, dass Sozialpolitik nicht mit der Domestizierung des Kapitalismus gleichgesetzt werden darf.

Als aus der 1869 beschlossenen Gewerbeordnung des Norddeutschen Bundes im Jahre 1872 die Reichsgewerbeordnung wurde, war die Kriminalisierung des Kontraktbruches (zumindest formal) reichsweit beendet. Folglich waren Arbeitsverhältnisse – nach wie vor handelte es sich ganz überwiegend um handwerkliche Arbeitsverhältnisse – reichsweit aus staatlicher Zwangsgewalt freigesetzt. Zugleich wurde gewerblichen Arbeitskräften (nicht aber Landarbeiterinnen und Landarbeitern) in § 152 der Gewerbeordnung Koalitionsfreiheit zugestanden. Ihre Reichweite war allerdings begrenzt, denn in § 153 wurde eine dreimonatige Gefängnisstrafe für alle Formen nachdrücklicher Überredung zum Streik sowie für Aktionen gegen Streikbrecher angedroht. Obwohl damit Streiks nicht ausdrücklich untersagt waren, ließ sich dieser Paragraph zur Verurteilung der Organisatoren von Streiks nutzen. Das wurde ausgiebig praktiziert. Auch war es weiterhin rechtens, dass Unternehmer Gewerkschaftsmitglieder kündigten, und dass sie „schwarze Listen" führten und auf diese Weise faktische Berufsverbote verhängten. Polizei- und Justizbehörden überließen Arbeit„gebern" Überwachungsberichte. (Schönhoven 1987: 217)

Als die kurze Zeit eines wirtschaftlichen Booms, die auf die Reichsgründung gefolgt war, bereits 1873 in die „große Depression" überging, begannen Industrielle, Schutzzölle zu fordern. Um ihren Forderungen an den Staat Nachdruck zu verleihen, gründeten sie Verbände. Als die Krise 1875 auch auf die Landwirtschaft übergriff, schlossen sich die zuvor eine Freihandelspolitik favorisierenden Großagrarier der Forderung nach Schutzzöllen an. 1879 wurde die Schutzzollgesetzgebung vom Reichstag angenommen. Sie verschaffte Großagrariern Profite und erleichterte den Ausbau des Industriekapitalismus.

In eben dieser Phase wuchs auch die Zahl der Lohnarbeiter, die Arbeiterorganisationen beitraten. Anders als in Frankreich gab es in Deutschland keine nennenswerten Bestrebungen, gewerkschaftliche Organisationen zur selbständigen Vorbereitung eines revolutionären Umsturzes zu nutzen.[46] Dagegen setzte sich sofort eine Dominanz der

46 Allerdings gab es auch in Deutschland Gewerkschafter, die lokale Organisationen bevorzugten. Nach 1890 waren sie bedeutungslos. Erst in der Revolutionszeit entwickelten sich erneut syndikalistische Bestrebungen.

politischen Arbeiterorganisationen durch.[47] Obwohl sich darin eine Verfestigung der bereits in den 1860er Jahren entstandenen strategischen Ausrichtung manifestierte, wurde die politische Dominanz der Parteipolitik doch auch durch aktuelle politische Verhältnisse gefördert. Das 1867 für den Norddeutschen Bund und 1871 dann für das Reich eingeführte allgemeine Wahlrecht für Männer legte es nahe, politische Auseinandersetzungen zu bevorzugen. Zwar hatten die Kandidaten der zunächst zwei und dann einen Arbeiterpartei nur geringe Chancen, gewählt zu werden, weil sich die Einteilung der Wahlkreise nicht an Bevölkerungszahlen orientierte und Wähler in Städten erheblich benachteiligte, doch machte die Stimmverteilung deutlich, dass das politische Potential der Arbeiterorganisationen nicht unerheblich war. 1877 gaben 9,1 % aller Wahlberechtigten ihre Stimme der Sozialdemokratischen Arbeiterpartei. Sie entsandte 13 von insgesamt 397 Abgeordneten in den Reichstag. (Tenfelde 1987: 145) Wie groß die Angst vor deren Einfluss tatsächlich war, ist womöglich unerheblich. Sicher ist, dass herrschende Kreise, allen voran der Reichskanzler, bestrebt waren, weiteren politischen Erfolgen einen Riegel vorzuschieben. Vorläufig aber bestanden liberale Politiker, auch sie ein bevorzugtes Angriffsziel Bismarcks, auf Rechtsstaatlichkeit. Als Bismarck das am 11. Mai 1878 auf den Kaiser verübte Attentat der Sozialdemokratie zuschrieb und ein Sonderstrafrecht gegen sozialdemokratische „Umtriebe" forderte, verweigerten die Liberalen ihre Zustimmung. Nach dem zweiten Attentat (am 2. Juni) riskierte Bismarck keine nochmalige Ablehnung, sondern löste den Reichstag auf. Zwar verloren die Sozialdemokraten bei den Neuwahlen kaum Stimmen, dennoch wurde am 21. Oktober 1878 – mit Zustimmung der nationalliberalen Abgeordneten – das „Gesetz gegen die gemeingefährlichen Bestrebungen der Sozialdemokratie" beschlossen. Bereits zuvor waren Behörden bestrebt, Sozialdemokraten ausfindig zu machen und auf ihre Kündigung hinzuwirken.

Mit Erlass des Gesetzes konnten nicht nur Organisationen und Individuen verfolgt werden, das Gesetz machte es auch möglich, dass über bestimmte Regionen der Belagerungszustand verhängt wurde. Damit konnten Arbeiterführer ausgewiesen werden. Nicht alle Organisationen wurden verboten, während der elfjährigen Geltung des Sozialistengesetzes aber doch insgesamt 322 Vereinigungen. „Es wurden 831 Jahre an Freiheitsstrafen verhängt, und 893 Personen verfielen der Ausweisung (einige davon mehrfach)." (Tenfelde 1987: 148 auf der Basis von Auer 1913: 354-363) Regional war die Repression unterschiedlich scharf. In mehreren süddeutschen Städten gelangten Sozialdemokraten in Bürgerausschüsse. In anderen wurden – als legale Ableger der verbotenen Parteien – „Arbeiter-Wahlvereine" gegründet. Als 1883 Stuttgarter Schreiner

47 Obwohl sich die Einschätzung gewerkschaftlicher Möglichkeiten im 1863 gegründeten Allgemeinen Deutschen Arbeiterverein (ADAV) und in der 1869 gegründeten Sozialdemokratischen Arbeiterpartei (SDAP) unterschied, wiesen beide Organisationen Gewerkschaften eine untergeordnete Rolle zu. Der Zusammenschluss beider Organisationen zur Sozialistischen Arbeiterpartei im Jahre 1875 hat dies nicht geändert.

in den Streik traten, um den Zehnstundentag zu verteidigen, weitete sich dieser Streik auf ganz Württemberg aus.[48]

So hart die Repression einzelne bedrückte, insgesamt erwies sich das Sozialistengesetz als politisch wirkungslos, wenn nicht sogar kontraproduktiv. Das begann schon mit der Selbstauflösung einer ganzen Reihe von Gewerkschaften, die auf diese Weise ihre Kassenbestände retteten. Sodann entfaltete sich eine rege und sehr erfolgreiche Informationsarbeit der Sozialdemokratie. Im Zentrum dieser „nicht-öffentlichen Öffentlichkeitsarbeit" stand der „Sozialdemokrat", der im Schweizer Exil gefertigt wurde, um dann, wie Friedrich Engels sarkastisch und triumphierend schrieb, „zum Trotz und Hohn aller Reichs- und Landesgesetzgebung" (Sozialdemokrat Nr. 39; zit. Friedemann 1978: 67) allwöchentlich – mit unfreiwilliger Hilfe der Reichspost – in das Reichsgebiet einzudringen.

Nach der Aufhebung des Sozialistengesetzes (im Januar 1890) wurden Sozialdemokratie und Gewerkschaften eine Massenbewegung. Zunehmend traten auch Frauen diesen Organisationen bei. 1912 stimmten 4,25 Millionen (34,8 %) für die Wahl sozialdemokratischer Kandidaten in den Reichstag. (Nipperdey II 1998: 555)

Bei währender Gültigkeit des Sozialistengesetzes hatte der Reichstag Gesetzesvorlagen der Regierung verabschiedet, die den Übergang von staatlicher Armenpolitik zu staatlicher Sozialpolitik markieren. Im Rückblick erscheint die Bismarck'sche Sozialversicherung weit weniger grandios als das vielfach aufpolierte Bild, das von ihr vermittelt wird.[49] Sie markiert dennoch eine Zäsur. Denn anders als die bereits zuvor gegründeten gewerkschaftlichen Hilfskassen beruhte die Sozialversicherung nicht mehr auf solidarischer Unterstützung, sondern auf der Kalkulation von Risiken. Sie machte damit aus den typischen Schädigungen des Arbeitslebens im Industriekapitalismus zufällige Ereignisse, genauer: statistisch kalkulierbare Risiken. So sehr diese durch die herrschende Wirtschaftsordnung verursacht und geprägt waren – denn „Alter" beispielsweise wird

---

48 Illegal und doch erfolgreich –Die südwestdeutsche Sozialdemokratie und das Sozialistengesetz. http://geschichte.spd-bw.de/de/zwischen-protest-und-pragmatismus/1878; abgerufen am 11.1.2014.

49 Offiziell sollten die staatlichen Zwangsversicherungen eine „staatsfreundliche Gesinnung" unter der Arbeiterschaft fördern (zit. nach Wehler III 1995: 910), gleichzeitig handelte es sich aber um eine dringend notwendige Verwaltungsreform. Denn die rasche Industrialisierung hatte das bisherige System der Armenpflege aus allen Fugen brechen lassen. Die Einführung der Freizügigkeit für alle Deutschen im Jahre 1867 hatte der wachsenden Nachfrage nach Arbeitskräften Rechnung getragen, das Gesetz über den Unterstützungswohnsitz des Jahres 1870 konnte den zuvor völlig ausgeuferten Verwaltungsaufwand städtischer Armenhilfe, der notwendig gewesen war, um ausgeteilte Gelder von der Armenpflege im bisherigen Unterstützungswohnort (Geburtsort) wieder einzutreiben, nicht entscheidend verringern. (Gerstenberger 1981: 54-56) Andererseits hat die Regelung, dass in Zukunft ein zweijähriger Aufenthalt in einer Stadt diese zum Unterstützungswohnsitz für Bedürftige mache, die Armenpflege in Industriestädten finanziell völlig überfordert. Kranken- Renten- und Invalidenversicherung versprachen eine Entlastung städtischer Armenkassen. Dagegen wurde auf eine Ausweitung des staatlich verordneten Arbeitsschutzes zunächst völlig verzichtet. (Tennstedt 1981: 193)

nur ein Risiko, wenn die Erwerbssituation eigene Vorsorge verhindert und frühere familiale Verpflichtungen durch Wanderung geschwächt worden sind, – so schloss die Sozialversicherung des ausgehenden 19. Jahrhunderts doch jenes Risiko aus, das wie kaum ein anderes durch die Wechselfälle kapitalistischer Konjunkturen verursacht wurde: Arbeitslosigkeit wurde erst Jahrzehnte später versichert.

> „Das für die Versicherung charakteristische Merkmal ist nicht die Tatsache, dass sie die Lasten individueller Schäden auf eine Gruppe umverteilt, sondern daß sie es gestattet, diese Umverteilung nicht mehr in Form einer Umverteilung oder einer Wohltat vorzunehmen, sondern gemäß einer Regel, die eine Regel der Gerechtigkeit ist, eine Rechtsnorm." (Ewald 1986/1993: 219)

Indem sie Lohnarbeitskräfte, die Anspruch auf eine– auch noch so geringe[50] – Versicherungsleistung hatten, davon befreite, sich mit dem Gang zur Armenpflege polizeilicher Kontrolle und damit zugleich dem allgemeinen Verdikt des eigenen Verschuldens der derzeitigen Lage zu unterwerfen, schied die Sozialversicherung bedürftige Lohnarbeitskräfte von anderen Armen. Damit hat sie, so gering ihre Leistungen auch waren, jene Hoffnung auf soziale Differenz genährt, die in der sozialdemokratischen Arbeiterschaft des ausgehenden 19. Jahrhunderts verbreitet war. (Gerstenberger 1981: 57-59)[51] Und während die geringen Leistungen der Sozialversicherung kaum dazu geeignet waren, die politische Integration von Lohnarbeitern zu erkaufen, schuf die mit ihr verbundene administrative Unterscheidung zwischen Armen und Arbeitern dennoch lange nachwirkende Voraussetzungen für eine derartige Integration.

Am Einsatz staatlicher Gewaltmittel gegen streikende und protestierende Lohnarbeitskräfte hat dies nichts Grundsätzliches geändert. 1890 und 1899 entsprach die Regierung den Forderungen aus Unternehmerkreisen und legte Gesetzentwürfe vor, die auf eine drastische Verschärfung des § 53 abzielten. Selbst die Aufforderung zum Streik sollte strafbar sein. Und mit dem 1899 vorgelegten Entwurf – er ist als „Zuchthausvorlage" bekannt geworden – sollten „Rädelsführer" mit bis zu fünf Jahren Zuchthaus bestraft werden. Mit Blick auf die Ablehnung dieser Vorlage verweist Petra Weber da-

---

50 Die Leistungen der Krankenkassen waren so gering, dass Betroffene nach wie vor auf Hilfen der Armenpflege angewiesen waren, und für die Prämienkalkulation der Rentenversicherung wurde unterstellt, dass 20% der Versicherten den Renteneintritt nicht erleben würden. Wer sein Rentenalter tatsächlich erlebte, konnte keine Beträge erwarten, mit denen sich auskommen ließ. Hundertfünfzig Mark (Wehler III 1995: 914) konnten auch einen alleinstehenden alten Mann nicht am Leben erhalten.

51 Zunächst allerdings waren Lohnarbeiter durchaus zurückhaltend. Nach der Verabschiedung des Gesetzes über die Krankenversicherung stieg die Mitgliederzahl in den freien gewerkschaftlichen Hilfskassen. Eine derartige Mitgliedschaft befreite vom Zwang des Beitritts zur staatlichen Versicherung. Allerdings galt dies nur für jene Kassen, die den Bestimmungen des 1876 beschlossenen Gesetzes über die „eingeschriebenen Hülfskassen" entsprachen. Indem die eingeschriebenen Kassen einer strikten Kontrolle unterworfen wurden, sollte verhindert werden, dass Gelder der Hilfskassen auch für die Finanzierung von Streiks eingesetzt wurden. (Reidegeld 1996: 207-209) 1892 war der politische Spielraum der freien Hilfskassen endgültig so weit begrenzt, dass sich Forderungen und Strategien der Sozialdemokratie fortan auf die Ausweitung der Selbstverwaltung von Ortskrankenkassen richteten. (Rodenstein 1978: 146-151)

rauf, dass sich die große Mehrheit der Abgeordneten inzwischen mit der Existenz von Gewerkschaften abgefunden hatte. Dementsprechend scheiterte im Jahre 1906 auch ein Gesetzesentwurf, der den Aktionsradius von Gewerkschaften stark eingeschränkt hätte. (Weber 2010: 31)

Anders als die meisten Abgeordneten hatten sich die meisten Industriellen noch keineswegs mit Gewerkschaften abgefunden. Und tatsächlich konnten sie nicht nur vor und während der Gültigkeit des Sozialistengesetzes, sondern auch nach dessen Ende darauf bauen, dass örtliche Polizei und zusätzlich hinzugezogenes Militär sie gegen Streikende unterstützten. Das machte aus Arbeitskämpfen Kriegszustände. Nicht immer wurden Waffen tatsächlich eingesetzt, aber im Bergarbeiterstreik des Jahres 1899 starben elf Streikende, 26 wurden schwer verletzt. (Weber 2010: 30)

Die bereits in den 1870er Jahren begonnene Praxis, das in § 152 der Gewerbeordnung zugestandene Koalitionsrecht durch die Auslegung des § 153 der Gewerbeordnung einzuschränken, wurde nicht nur fortgesetzt, sondern erheblich ausgeweitet. Gängige Verhaltensweisen bei Streiks – wie etwa die Verhöhnung von Streikbrechern – wurden als Beleidigung, Nötigung oder Körperverletzung verurteilt. Die Häufigkeit der Verurteilungen variierte je nach politischer und wirtschaftlicher Lage, insgesamt aber nahm sie zu. Gleichzeitig verschärften Gerichte das Strafmaß. In den Jahren 1903 bis 1912 wurden mehr als sechstausend Arbeitskräfte wegen Vergehen gegen § 153 der Gewerbeordnung zu Gefängnisstrafen verurteilt. Manchen wurde eine kurze Strafe zugeteilt, einigen wenigen aber auch die Höchststrafe von drei Monaten. (Saul 1974: 263) Um bereits den Ausbruch eines Streiks zu verhindern, nutzten deutsche Gerichte ganz ebenso wie US-amerikanische das Mittel der „einstweiligen Verfügung". (In Deutschland damals als „Einhaltbefehl" bezeichnet). Diese Verfügungen – für den Fall der Zuwiderhandlung drohten sie hohe Geld- bzw. lange Haftstrafen an – wurden insbesondere gegen die Herausgabe von Boykottbefehlen angewandt. (Saul 1974: 249)

Für die Durchführung von Streiks war die Aufstellung von Streikposten nahezu unerlässlich. Um sie zu verhindern, wurde vielfach die Straßenpolizeiordnung genutzt. Streikposten wurden aufgefordert, sich zu entfernen. Weigerten sie sich, wurden sie verhaftet, und oft erst am folgenden Tag wieder freigelassen. Nicht alle Gerichte bestätigten die Rechtmäßigkeit dieser Polizeimaßnahmen, wohl aber das preußische Kammergericht.

Derart eindeutige Klassenjustiz machte deutlich, dass die Anwesenheit von Sozialdemokraten im Reichstag zwar den Beschluss repressiver Gesetze verhindern oder jedenfalls erschweren konnte, den Einsatz staatlicher Gewaltmittel gegen die praktische Durchsetzung von Arbeiterinnen- und Arbeiterinteressen aber nicht. Dennoch hat die repressive Justizpraxis die Ausbreitung von Gewerkschaften und von Streiks nicht verhindert.[52] Dieser Machtzuwachs wurde nicht zuletzt daran deutlich, dass Unternehmer bestrebt waren, die bisherige Zersplitterung ihrer Verbände zu überwinden. 1910 stellte

52 Klaus Schönhoven weist darauf hin, dass die Situation in den Jahren vor dem Ersten Weltkrieg in der Forschung unterschiedlich beurteilt wird. Während die einen unnachgiebige Repression

der Geschäftsführer des „Centralverbandes Deutscher Industrieller" fest, es gehe jetzt darum, „die Gewerkschaften niederzuzwingen, zu zerschlagen, zu vernichten."[53] Um dies zu bewerkstelligen, agitierte der Verband für die Aufhebung des Koalitionsrechtes. Manche Gewerkschafter wollten dem einen Massenstreik entgegensetzen, die meisten ihrer Führer aber vertrauten auf den Widerstand einer Reichstagsmehrheit gegen einen derartigen Vorstoß. Der Beginn des Krieges enthob sie einer Entscheidung.

Am 1. August 1914 ordnete die deutsche Regierung die Mobilmachung an, am 2. August besetzte deutsches Militär Luxemburg. Am selben Tag beschlossen die Vorstände der deutschen Gewerkschaften die Unterstützung der deutschen Kriegsanstrengungen. Für die Dauer des Krieges sollte auf Streiks verzichtet werden, folglich „Burgfrieden" herrschen. Am 3. August marschierten deutsche Truppen in Belgien ein. Am 4. August billigte die sozialdemokratische Fraktion im deutschen Reichstag die Kriegskredite.

Der von den Arbeiterorganisationen ausgerufene „Burgfriede" sollte die Verteidigung gegen Russland unterstützen, er sollte Organisationsverboten zuvorkommen, und er sollte dazu helfen, die bislang nie erreichte politische Anerkennung der Gewerkschaften zu erlangen. Tatsächlich wurden Gewerkschaftsvertreter bereits im August 1914 zu Beratungen über Ernährungsprobleme, Arbeitsbeschaffung und andere mit dem Krieg neu entstandener Probleme hinzugezogen. Auf Druck der Militärbehörden sahen sich auch Rüstungsindustrielle gezwungen, über die Bewältigung des Arbeitskräftemangels mit Gewerkschaftern zu verhandeln. (Schönhoven 1987: 254)

Mit dem am 2. Dezember 1916 verabschiedeten „Hilfsdienstgesetz" wurden Gewerkschaften vom deutschen Staat als Verhandlungspartner anerkannt.

Das hatte seinen Preis. Das Gesetz beschränkte die freie Arbeitsplatzwahl. Männer unterlagen einer Arbeitspflicht in kriegswichtigen Betrieben und Behörden. Das Management des Arbeitskräftebedarfs wurde Schlichtungsausschüssen übertragen, in denen – unter der Aufsicht von Militärs – Arbeiter und Angestellte paritätisch mit Unternehmern vertreten waren. Der Fachkräftemangel ließ sich freilich nicht beheben. Und die so lange erstrebte Institutionalisierung einer gleichberechtigten Aushandlung gegenseitiger Interessen machte Gewerkschaften zu Instrumenten der Kriegswirtschaft. Das beschränkte ihren Aktionsradius. (Schönhoven 1987: 259-261)

Dies alles, während nicht nur die anfängliche Kriegsbegeisterung in der Bevölkerung nachgelassen hatte, sondern auch in der Reichstagsfraktion und in einigen Ortsverbänden der Sozialdemokratie die Kritik am Krieg und am Burgfrieden gewachsen war. Nachdem Karl Liebknecht zu vier Jahren Gefängnis verurteilt worden war, weil er bei der Kundgebung zum 1. Mai in Berlin den Demonstranten zugerufen hatte, „Nieder mit dem Krieg", legten 55.000 Metallarbeiter in vierzig größeren Betrieben Berlins aus Protest

---

betonen, verweisen andere auf Tendenzen zur Rationalisierung des Konfliktverhaltens (Schönhoven 1987: 219).

53 Artikel „Arbeitseinstellung" im Handwörterbuch der Sozialwissenschaften, Bd. I, 3. Aufl., Jena 1909, S. 963; zit. bei: Schönhoven (1987: 221).

die Arbeit nieder. An mehreren anderen Orten folgten Sympathisanten ihrem Beispiel. (Chickering 1998/2002: 189f.) Von da an wuchsen die Zahl und die Dauer der Streiks.

Gleichzeitig verschärften sich Konflikte innerhalb der Sozialdemokratie. Im März 1916 beschloss die Mehrheit der sozialdemokratischen Abgeordneten im Reichstag den Ausschluss von 18 Parteimitgliedern. Im April 1917 kam es zur Gründung der Unabhängigen Sozialdemokratischen Partei Deutschlands (USPD). Fortan wurde die alte Partei als Mehrheitssozialdemokratie (MSPD) bezeichnet. Der gewachsene Einfluss der USPD wurde deutlich, als im Januar 400.000 Arbeitskräfte der Munitions- und Metallfabriken in Berlin in den Ausstand traten, um das Ende des Krieges zu erzwingen. MSPD und Gewerkschaftsführer sahen sich veranlasst, den Streikausschüssen beizutreten. Militär schlug den Streik nieder. Anführer wurden verhaftet, viele von ihnen an die Front entsandt. (Chickering 1998/2002: 195) Gewerkschaftsführer fürchteten, ihre neu gewonnene politische Position wieder einzubüßen.

Vor, während und nach der Revolution, die zum Ende der Monarchie in Deutschland und zur Errichtung einer parlamentarischen Demokratie führte, waren Mehrheitssozialdemokraten und Gewerkschaftsführer bestrebt, „allzu" radikale Forderungen und autonome Aktionen radikaler Gruppierungen zu bremsen. In den letzten Kriegsjahren wurden Streiks und Proteste – vor allem in Großstädten – immer häufiger von revolutionären Obleuten – und nicht von Gewerkschaften – organisiert. Und nicht etwa organisierter politischer Einfluss, sondern die an Bord von Schiffen intensiven Kommunikationsstrukturen und die unter seemännischen Mannschaftsdienstgraden herrschende soziale Kontrolle bewirkten die massenhafte Weigerung von Matrosen der in Kiel stationierten Schiffe, dass dem Befehl zum nochmaligen Auslaufen der Deutschen Flotte keine Folge geleistet wurde. Hunderte wurden wegen Meuterei verhaftet. Sie alle hatten die Todesstrafe zu gewärtigen. Der Protest gegen diese Maßnahme wurde zum Auslöser für die politische Revolution. Wenige Tage später sahen sich Mitglieder von MSDP und USDP vor der Aufgabe, ein besiegtes Land zu regieren.

Als sich Unternehmer im November 1918 bereitfanden, der vor Monaten noch strikt abgelehnten Gründung einer Zentralen Arbeitsgemeinschaft von Unternehmern und Gewerkschaften zuzustimmen und sehr schnell die Anerkennung von Tarifverträgen, die Gründung paritätisch besetzter Arbeitsnachweise sowie von Arbeiterausschüssen in Betrieben mit mehr als 50 Beschäftigten zugestanden wurde, außerdem eine Senkung der täglichen Arbeitszeit, konnten Gewerkschaftsvertreter annehmen, die im Krieg erreichten Mitwirkungsrechte würden jetzt weiter ausgebaut werden. (Schneider 1987: 290) Tatsächlich ist dieser Ausbau auch erfolgt. Am 23. Dezember 1918 erklärte eine Verordnung der Volksbeauftragten Tarifverträge für rechts- und allgemeinverbindlich. Am 18. März 1919 wurde für Arbeiterinnen und Arbeiter der Achtstundentag eingeführt. Die Weimarer Reichsverfassung vom 11. August 1919 machte den „Schutz der Arbeit" zum Verfassungsauftrag (Art. 157) und Koalitionsfreiheit zu einem verfassungsmäßigen Recht (Art. 159) Für die Streikfreiheit galt dies nicht, doch ließ die zwischenzeitlich erfolgte Abschaffung des § 153 der Gewerbeordnung darauf hoffen, dass es für Gerichte in Zukunft schwieriger sein werde, das Koalitionsrecht faktisch einzuschränken. Am 4. Februar 1920 schließlich wurde mit dem Betriebsrätegesetz die (bereits in der Verfassung verankerte) gewerkschaftliche Mitbestimmung in Betrieben geregelt. Den Mitgliedern von Betriebsräten wurde von Gesetzes wegen eine doppelte Aufgabe übertragen: sie sollten die Interessen der Beschäftigten vertreten, gleichzeitig aber auch den Arbeit„geber" bei der Erfüllung von Betriebszwecken unterstützen. Von den revolutionären Arbeiter- und Soldatenräten hatte das Betriebsrätesetz die Bezeichnung „Rat" übernommen, nicht aber die gesellschaftspolitischen Zielsetzungen.

Die zitierten Verfassungsartikel, das Betriebsrätegesetz und die in den folgenden Jahren des weiteren beschlossenen Regelungen und Institutionen (wie etwa die Arbeitslosenversicherung, das Heimarbeitsschutzgesetz, das Mieterschutzgesetz oder die Reichsarbeitsverwaltung[54]) zielten allesamt auf die Milderung systemisch verursachter Schädigungen von Arbeitskräften und ihren Familien. Weiterreichende Forderungen sollten unterbunden werden.

Um die Republik zu verteidigen, kooperierte die Regierung mit der noch bestehenden Obersten Heeresleitung. Reichswehrminister Noske bevorzugte den Einsatz von Militär – an Stelle von Polizei –, wenn es darum ging, „Unruhen", darunter auch Streiks, zu unterdrücken. Gegen die 1919 häufigen Hungeraufstände – sie wurden als „Lebensmittelkrawalle" bezeichnet – gingen sowohl Polizei als auch Militär mit großer Brutalität vor. Es kam zu zahlreichen Todesopfern. (Weber 2010: 1099) Formal funktionierte die Umwandlung sozialer Auseinandersetzungen in Kriegszustände durch die Verhängung des Belagerungs- bzw. Ausnahmezustandes. Damit wurden Militärbefehlshaber ermächtigt, im Einklang mit der Regierung Presse- und Versammlungsverbote zu erlassen, „Streikhetzer" in Schutzhaft zu nehmen und sie von Stand- und Kriegsgerichten aburteilen zu lassen. Obwohl die Regierung dem Ansinnen von Reichswehrkommandos und Freikorps, mittels einer Verhängung des Belagerungszustandes die Wirtschaft insgesamt dem Militär zu unterstellen, nicht entsprach, machte sie den Einsatz von Militär gegen Streikende zur Alltagspraxis. (Weber 2010: 377)[55]

---

54 Diese und andere Regelungen bzw. Institutionen sind ausführlich dargestellt in: Preller (1949/1978: passim).

55 Indem die Regierung den Einsatz bewaffneter Gewalt zur Lösung interner Konflikte zu einem Alltagsphänomen machte, gab sie den rechtsradikalen Freiwilligenformationen Auftrieb, deren man sich – ganz offiziell – auch für den „Grenzschutz" im Osten bedient hatte. (Grebing 2007: 71) Die Morde an Rosa Luxemburg und Karl Liebknecht waren die ersten einer ganzen Reihe politischer Morde. Während sich die Heeresführung im März 1920 weigerte, den sog. Kapp-Putsch, einen Aufstand von Angehörigen des Offizierskorps und nationalistisch orientierten Freikorps niederzuschlagen, gingen Einheiten der Reichswehr und Zeitfreiwillige mit der Schusswaffe gegen Streikende vor. Allein in Sachsen kamen 300 Zivilisten ums Leben. In Berlin und im Rheinisch-Westfälischen Ruhrgebiet wurde der Belagerungszustand ausgerufen. Es kam zu Morden durch Angehörige der Armee. Die bislang verfeindeten Arbeiterparteien organisierten gemeinsamen Widerstand, indem sie Räte bildeten und die Kontrolle städtischer Einrichtungen übernahmen. Im Ruhrgebiet suchte die „Rote Armee" der Kommunistischen

Des ungeachtet wurde die Integration kollektiver Aushandlungsprozesse in staatliche Regulierungshoheit weiter entwickelt. Zwar waren die im Rahmen des „Vaterländischen Hilfsdienstgesetzes“ eingeführten paritätischen Schlichtungskommissionen, die unter militärischem Vorsitz getagt hatten, im Dezember 1918 aufgehoben und damit den Tarifpartnern Tarifautonomie und folglich auch die autonome Besetzung von Schlichtungsausschüssen zugestanden worden, doch hatten einzelne Demobilisierungsverordnungen Minister ermächtigt, Schiedssprüche gegen den Willen der Tarifparteien für verbindlich zu erklären. Als im Oktober 1923 das Schlichtungswesen per Verordnung geregelt wurde, waren diese Sonderregelungen ausgelaufen. Weil staatlichen Stellen aber aufgetragen war, das endgültige Scheitern einer Übereinkunft durch die Einrichtung einer Schlichtungskammer zu verhindern und deren Vorsitzende ermächtigt wurden, nach einer auch dann noch ausbleibenden Einigung einen bindenden Schiedsspruch zu verkünden, blieb Staatsgewalt in die Regelung von Arbeitsverhältnissen integriert. (Schneider 1987: 343)[56] Nach einer sehr hohen Zahl an Schlichtungsverfahren in den ersten beiden Jahren, die auf die Schlichtungsverordnung folgten, kam es jährlich immer noch zu 4.000 bis 8.500 Schlichtungen. Durch Verbindlichkeitserklärungen, faktisch also hoheitlichen Regelungen, wurden zwischen 3 % und 9,5 % der Arbeitskämpfe beendet. (Schneider 1097: 344)

In den Folgejahren wuchs in Unternehmerkreisen die Kritik am Schlichtungswesen. Dies insbesondere, als in der Zeit des wirtschaftlichen Wiederaufschwungs das Reichsarbeitsministerium (und folglich staatliche Schlichter) eine gewisse Reallohnsteigerung für angebracht hielten. Sofern sie weitere Streiks verhindern wollten, kam Industriellen, auch wenn sie öffentlich gegen das Schlichtungswesen agitierten, die Zwangsschlichtung allerdings vielfach gelegen.[57]

Partei in blutigen Kämpfen das Freikorps zu entwaffnen. (Weber 2010: 393f.). Die Republik wurde durch den – im Namen des Reichspräsidenten ausgerufenen Generalstreik – gerettet. Die Ergebnisse der Wahl, die am 27. März 1923, also kurz nach dem Putsch, durchgeführt wurde, sprechen für die von Petra Weber geäußerte Vermutung, dass viele derjenigen, die sich am Generalstreik und an den Auseinandersetzungen beteiligt hatten, dazu in erster Linie durch ihren Hass auf das Militär motiviert worden waren. (Weber 2010: 387) Der bewaffnete Anschlag auf die Republik war zwar zurückgeschlagen worden, aber Sozialdemokratie und die Deutsche Demokratische Partei erlitten dramatische Stimmeneinbußen. Die ohnehin sehr schmale politische Basis der Republik war beschädigt.

56 Sicherlich ist diese Regelung auch dadurch veranlasst worden, dass in den Jahren zuvor Arbeiter mehrfach die Schiedssprüche autonom agierender Schiedsausschüsse abgelehnt hatten und erneut in den Streik getreten waren. Im Herbst 1921 sperrten Industrielle in Dresen 15.000 Metallarbeiter aus, die in einen derartigen Ausstand getreten waren. Im selben Monat legten 15.000 Metallarbeiter des Siegener Landes die Arbeit nieder. (Weber 2010: 530)

57 Eine institutionelle Begrenzung des Streikrechts erwuchs aus der „Technischen Nothilfe“. Während der Massenstreiks im Frühjahr 1919 eher spontan aus (überwiegend militärischen) Freiwilligen aufgebaut, um notwendige Versorgungsleistungen sicherzustellen, wurden diese Einheiten im November 1919 zu einem zivilen „Technischen Notdienst“ umgewandelt und dem Reichsinnenministerium unterstellt. Eine im November 1920 verfügte Notverordnung des Präsidenten verschaffte dem „Technischen Notdienst“ eine legale Grundlage. Er wurde zu

Was an Sozialpartnerschaft das Kriegsende überdauert hatte, ging in der Hyperinflation des Jahres 1923 unter. Hungeraufstände waren wie Volksaufstände. Kommunisten erwarteten revolutionäre Weiterungen. Arbeit„geber" nutzten die Situation verschärfter sozialer Auseinandersetzungen, um gegen den Acht-Stundentag vorzugehen.[58]

In der zweiten Hälfte der 1920er Jahre bewirkten Rationalisierungsprozesse eine Intensivierung vieler Arbeitsprozesse. Manche Gewerkschafter erwarteten von zunehmender Technisierung und wissenschaftlicher Betriebsführung nicht nur Produktivitätssteigerungen, sondern auch eine Entlastung von körperlicher Arbeit, andere hofften, die eingeleiteten Reformprozesse könnten zur „Wirtschaftsdemokratie" weiter entwickelt werden. Unterdessen agierten Unternehmer mit Aussperrungen. 1927 und 1928 übertraf die Zahl der Ausgesperrten diejenige der Streikenden. In beiden Jahren wurden mehr Arbeitstage durch Aussperrungen verloren als durch Streiks. (Weber 2010: 784) Mit Aussperrungen setzten Industrielle (insbesondere der Metallindustrie) nicht nur Gewerkschaften, sondern auch die staatlichen Schlichter und damit das Reichsarbeitsministerium unter Druck. Unternehmer agitierten für eine „Lockerung des Tarifvertragssystems". Angesichts hoher Arbeitslosigkeit sahen Gewerkschaften keine Möglichkeit, einschneidend zu kontern. Als aber am 5. November 1932 eine Notverordnung den Forderungen von Schwerindustriellen nachkam und das Tarifsystem lockerte, wollten diese plötzlich nicht mehr „los von den Tariffesseln". (Weber 2010: 916f.) Aller anderslautenden Propaganda zum Trotz war die stabilisierende Wirkung von Tarifverträgen auch Schwerindustriellen inzwischen bewusst geworden. Sie begünstigte Unternehmerinteressen.

Gegenwehr wurde nicht nur durch Arbeitslosigkeit begrenzt, sondern auch durch die Auseinandersetzungen zwischen Organisationen, die angetreten waren, die Interessen von Arbeitskräften zu verteidigen. Sozialdemokraten und Gewerkschafter sahen in Kommunisten Feinde ihres Reformkurses. Umgekehrt sahen Kommunisten – bis fast ganz zum Ende der Republik – ihren zentralen Gegner in der Sozialdemokratie. Anweisungen aus der Sowjetunion verhärteten die Strategie eines Kampfes gegen den

---

einer Dauereinrichtung, sein Einsatzgebiet wurde ausgeweitet. In der bald gängigen Abkürzung „Teno" kam wohl nicht nur die inzwischen eingetretene stabile Institutionalisierung zum Ausdruck, sondern auch die unter Streikenden verbreitete Beurteilung des „Technischen Hilfsdienstes" als staatlich finanzierte Streikbrecherorganisation. Ausführlich zur unterschiedlichen politischen Beurteilung und zur Heranziehung der „Teno" bei : Weber (2010: 359-364).

58 Ursprünglich eingeführt, um die sozialen Auswirkungen der Demobilisierung zu mildern, wollten Unternehmer ihn jetzt abgeschafft wissen. Nach heftigem politischem Streit und einem dadurch ausgelösten Regierungswechsel wurde am 21. Dezember 1923 eine Arbeitszeitverordnung beschlossen, welche den Acht-Stunden-Tag bestätigte, aber Ausnahmen möglich machte. Von diesen wurde schnell ausgiebig Gebrauch gemacht. In den Folgejahren verwiesen Gewerkschafter darauf, dass die beschleunigte Rationalisierung von Produktionsprozessen eine weitere Verkürzung des Arbeitstages möglich mache. Eine entsprechende Verordnung ließ sich 1927 nicht durchsetzen. Beschlossen wurden Überstundentarife.

„Sozialfaschismus“[59] und verhinderten damit eine Einheitsfront gegen den aufkommenden Nationalsozialismus. Stattdessen fanden sich Mitglieder der Revolutionären Gewerkschaftsorganisation KPD/RGO und der Nationalsozialistischen Betriebszellenorganisation (NSBO/NSDAP) im Oktober 1932 auf derselben Seite. Nachdem der Reichsarbeitsminister Lohnregelungen, die auf der Basis der Notverordnung vom 5. September getroffen worden waren, Tarifverträgen rechtlich gleichstellte, waren die Gewerkschaften zur Friedenspflicht gezwungen. Da RGO und NSBO nicht als tariffähig galten, traf dies auf sie nicht zu. Sie plädierten gleichermaßen für die Fortsetzung von Streiks und wandten sich scharf gegen Streikbrecher. Tatsächlich sahen beide Organisationen ihren Hauptfeind nicht in Kapitaleignern, sondern in Gewerkschaftsfunktionären. (Weber 2010: 965f.)

Während nahezu der gesamten Dauer der Weimarer Republik waren streikende und protestierende Arbeitskräfte mit bewaffneter staatlicher Gewalt konfrontiert. Das unterschied ihre Erfahrungen nicht nennenswert von den Erfahrungen, die streikende und protestierende Arbeitskräfte um dieselbe Zeit in anderen metropolen kapitalistischen Gesellschaften machten. Andererseits markierten die verfassungsrechtliche Garantie der Koalitionsfreiheit, die Institution von Schlichtungsverfahren bis hin zur staatlichen Beendigung von Arbeitskämpfen sowie die Einführung betrieblicher Mitbestimmung ein Ausmaß an staatlich verfügter Domestizierung des Kapitalismus, welches in anderen metropolen kapitalistischen Ländern damals nicht gegeben war. Nun haben aber Regulierungen, die eine Domestizierung des Kapitalismus bezwecken, keinerlei Bestandsgarantie. Überall hängt die Fortdauer politisch erkämpfter und politisch verfügter Regulierungen an der Fortdauer der ihnen entsprechenden politischen Verhältnisse.

Von Anfang an war die Republik in ihrem eigenen verbeamteten Personal und in weiten Teilen der Bevölkerung, insbesondere aber in den politisch, wirtschaftlich, sozial und kulturell führenden Kreisen sehr schwach verankert. Als sie ihrer Legitimation in den politischen Auseinandersetzungen der Krisenjahre vollends verlustig ging, war damit auch jenen Formen der Domestizierung des Kapitalismus, die in der Weimarer Republik institutionalisiert worden waren, der Boden entzogen.

Die Verrohung des Aneignungsregimes

In der Zeit des Nationalsozialismus unterlagen Praktiken der Aneignung einem allgemeinen Prozess der Verrohung. Anders als der in diesem Zusammenhang vielfach gebrauchte Terminus der „Barbarisierung“ nahelegt, handelte es sich dabei aber nicht um eine Abweichung von jenem Prozess der Rationalisierung, der vielfach als Zivilisierung

59 Wolfgang Abendroth zufolge versuchte die KPD im Januar 1933 eine Einheitsfront mit der Sozialdemokratie herzustellen. Da sie keinen Erfolg hatte, schwenkte sie erneut auf die Sozialfaschismus- Strategie um. (1977: 143)

gerühmt wird.[60] Ganz im Gegenteil fungierten die organisatorischen und technischen Resultate des Zivilisationsprozesses in der Zeit des Nationalsozialismus als Instrumente für die Praxis von Raub und Mord.[61]

Die rassistische Umwandlung von Aneignungsbedingungen erfolgte von Staats wegen. Unter Mitwirkung der Bevölkerung.

Das 1933 erlassene „Gesetz zur Wiederherstellung des Berufsbeamtentums" eröffnete vielen neue Karrierechancen, das Programm der Arisierung ließ viele auf bessere Geschäfte hoffen. Die Möglichkeiten wurden genutzt. Bereits Ende 1935 gab es einen öffentlichen Markt für Arisierungsgeschäfte. In Zeitungen häuften sich die Verkaufsangebote jüdischer Geschäfte. Daneben standen Anzeigen arischer Kaufinteressen, manche vermutlich von Strohmännern. Denn schnell entstanden Treuhandgesellschaften und Vermittlungsbüros, die sich auf die Abwicklung dieser Geschäfte spezialisierten. (Van Laak 1988/2003: 27) 1938 nutzten „unzählige Partei- und Volksgenossen, die bisher leer ausgegangen waren" die Chance der rassisch legitimierten Aneignung. Allein zwischen April und November 1938 wurden im „Altreich" 4.500 bis 5.000 jüdische Firmen aller Größen und Betriebsarten „arisiert". (Barkai 1988: 141f.) Kommunale Stellen und Individuen nutzten brutale Einschüchterung. Anders als in den vorhergehenden Jahren wurde den Verkäufern jetzt zumeist auch untersagt, ihren Warenbestand zu Ausverkaufspreisen loszuschlagen. (Barkai 1988: 142)[62] Anfang 1938 waren „der jüdische Einzelhandel und die Angehörigen der freien Berufe schon weitgehend ausgeschaltet, und mindestens die Hälfte der jüdischen Arbeiter und Angestellten war bereits arbeitslos." (Barkai 1988: 139) Mit dem Gesetz zur Änderung der Gewerbeordnung wurde am 6. Juli 1938 Juden die Ausübung zahlreicher Berufe untersagt, darunter die Tätigkeit als Reisende oder Vertreter im Wandergewerbe, in die sich viele frühere Geschäftsinhaber geflüchtet hatten. Ebenfalls im Juli 1938 wurde Ärzten und Rechtsanwälten untersagt, ihren Beruf weiter auszuüben. Einige wenige durften als „Krankenbehandler" beziehungsweise „Rechtskonsulenten" für Juden weiterhin tätig werden.

Von dieser Praxis der Arisierung unter aktiver Beteiligung von Interessierten wich der für die Nacht vom 9. auf den 10. November 1938 befohlene Angriff auf Jüdinnen und Juden ab. Synagogen wurden zerstört, von Juden geführte Geschäfte wurden verwüstet und ausgeraubt, jüdische Familien wurden aus ihren Wohnungen vertrieben. Die

---

60 Die Verwendung des Terminus im Zusammenhang der Brutalität nationalsozialistischer Gewaltakte tut überdies denen Unrecht, die gemeinhin als „Barbaren" bezeichnet wurden.

61 Besonders nachdrücklich ist dies durch Zygmunt Bauman (1989) betont worden.

62 Sollten sich jedoch „Arier", vor allem soweit sie im Einzelhandel tätig waren, allzu viele Hoffnungen auf eine Beschränkung der Konkurrenz gemacht haben, so sahen sie sich enttäuscht. Zum einen wurden die großen Warenhäuser, ganz im Gegensatz zur offiziellen Propaganda, nicht abgeschafft, zum anderen bewirkten die vielen Verkäufe kleiner Betriebe eine Konzentration der Besitzverhältnisse und folglich oft eine Verschlechterung der Konkurrenzsituation für kleine Betriebe im Besitz von „Ariern". Liquidationen hatten keinen derartigen Konzentrationseffekt, aber der sehr billige Totalausverkauf von Waren erschwerte die Absatzmöglichkeiten für Nicht-Juden. (Van Laak 1988/2003: 54)

eingesetzten SA-Männer trugen Uniform.[63] Die staatliche Beteiligung wurde zusätzlich dadurch veröffentlicht, dass unmittelbar nach den Angriffen tausende Jüdinnen und Juden – belegt sind mindestens 26.000 – in die Konzentrationslager von Dachau, Buchenwald und Sachsenhausen eingeliefert wurden. Viele von ihnen kamen dort in der nächsten Zeit um. (Graml 1953/1988: 32) Überlebende wurden nur entlassen, wenn sie sich zur Auswanderung bereit erklärten.

In den Pogromen haben neben den Mitgliedern von SA-Gruppierungen und in die Dörfer entsandten Provokateuren auch viele andere ihre Wut auf Juden gewalttätig ausgelebt. Nach dem Zweiten Weltkrieg wurde immer wieder betont, die Anstachelung der Bevölkerung zur Brutalität habe nicht funktioniert, der Pogrom sei eindeutig als eine Maßnahme der Partei durchgeführt und wahrgenommen genommen. Schaulustige aber, die Demütigungen, Angriffe und selbst Morde beobachten, sind unzweifelhaft beteiligt. Und in manchen Orten, so etwa in Düsseldorf, machten stadtbekannte Männer bei den Zerstörungen mit.

Die Zerstörung der Synagogen sollte die Religionsgemeinschaft auslöschen. Die Zerstörung von Läden hat die Verminderung von Konkurrenz fortgesetzt. Plünderungen waren untersagt und sind offiziellen Berichten zufolge auch nicht vorgekommen. Goebbels aber, der Initiator des Pogroms, begrüßte die Plünderungen: „Da haben sich die kleinen Leute von Berlin endlich mal wieder ordentlich ausstatten können. Sie hätten sehen sollen, wie die das genossen haben ...“ (zit. Graml 1953/1988: 13) Diebstähle wurden kaum verfolgt. Fast alle, die dennoch verhaftet wurden, kamen in den nächsten Tagen wieder frei. (Graml 1953/1988: 15)

Obwohl Feuerwehren der Einsatz zur Rettung brennender „Judenhäuser“ untersagt worden war, hat die Vertreibung vieler jüdischer Bewohner aus ihren Wohnungen zahlreiche neue Objekte auf den mancherorts klammen Markt für Mietwohnungen geworfen. Gerichten wurde die Annahme von Schadensersatzklagen untersagt. Ansprüche der Geschädigten an Versicherungen wurden vom Staat beschlagnahmt. Zur Sühne für die angeblich von Juden provozierte Vernichtung von Sachwerten – offiziell war der Pogrom als Rache für ein Attentat auf den Legationssekretär von Rath in der Pariser Botschaft angeordnet worden – wurde die Zahlung von einer Milliarde Reichsmark angeordnet. Sie sollte das immense Haushaltsdefizit reduzieren.[64]

Nach dem Pogrom wurde die bisherige Form der „stillen“ Arisierung offiziell beendet. Die Fortführung von Geschäften und Handwerksbetrieben wurde untersagt, die auf den Straßen entstandenen Schäden sollten von Juden auf eigene Kosten beseitigt werden. Viele wurden zur Straßenreinigung verpflichtet. In der Folgezeit häuften sich Anordnungen zur Diskriminierung im Alltagsleben.

---

63 Das Zustandekommen dieses Befehls ist in der Forschung ausgiebig diskutiert worden Es kann hier aber außer Acht bleiben.

64 http://www.ashkenazhouse.org/kdefger.htm, S. 3.

Die Arisierung von Großunternehmen und Banken in jüdischem Besitz stellte sowohl Interessenten als auch die Regierung vor größere Probleme als die Arisierung oder Liquidierung von Einzelhandelsgeschäften. Zum einen erforderten Aufkäufe selbst nach der politisch bedingten Wertminderung der Objekte viel Kapital, zum anderen befanden sich viele Anteile jüdischer Großunternehmen im Besitz von Ausländern. Als die Arisierungspläne deutlich wurden, haben jüdische Unternehmen derartige internationale Streuung oft bewusst vermehrt. Weil aber auch die Interessenten an potentiell zum Verkauf gelangenden Unternehmen ihrerseits vielfach internationale Wirtschaftsbeziehungen hatten, waren sie – zumindest bis zum Beginn des Krieges – wohl beraten, ihre Aneignungsstrategien im Rahmen geltender Gesetze zu praktizieren.

Das Verhalten Friedrich Flicks kann in dieser Hinsicht als symptomatisch gelten. Als ihm 1934 das Heereswaffenamt angeboten hatte, die Waffen-und Fahrzeugwerke Simon & Co in Thüringen, deren Besitzer bereits unter Druck gesetzt worden war, zu übernehmen, verhielt er sich hinhaltend. (Hallgarten & Radkau 1974: 265) Auch als der Gesandte Lübecks bei der Reichsregierung ihn im August 1934 für die Übernahme des Hochofenwerks Lübeck zu interessieren suchte, brach er die Kaufverhandlungen im Frühjahr 1935 ab, und dies, obwohl er 1928 bereits versucht hatte, dieses Werk zu kaufen, das sich ideal in die Mitteldeutschen Stahlwerke integrieren ließ. (Gotto 2008: 309) Stattdessen stieg er beim zweitgrößten Aktionär des Hochofenwerkes mit ein. Die feindliche Übernahme der Erzhandelsfirma Rawack & Grünfeld scheiterte aber, weil es deren Leitung gelungen war, einen Großteil des Kapitals bei ausländischen Anlegern unterzubringen. Als dieser Firma im November 1937 aber die Exportlizenz entzogen wurde, stürzten ihre Aktien ab. Die Chance, einen Preis zu erzielen, der nicht durch die Zwangslage jüdischer Besitzer beeinflusst war, war für die deutschen Eigentümer geschwunden. Auch waren sie gezwungen, sich mit dem Interessenten zu einigen, den ihnen die Reichsbehörden vorgeschrieben hatten. (Gotto 2008: 318) Äußerlich aber verlief der Vertragsabschluss mit Flick wie ein „ganz normales“ Geschäft. Im Zusammenhang der politisch geschaffenen Zwangslage für jüdische Eigentümer ließ sich auch das bereits seit zehn Jahren bestehende Interesse Flicks am Lübecker Hochofenwerk sehr viel leichter realisieren.

Am 26. April 1938 wurde die „Verordnung über die Anmeldung des Vermögens der Juden“ erlassen. Sie schloss das Vermögen ausländischer Juden mit ein. In § 7 wurde geregelt, dass der Beauftragte für den Vierjahresplan Maßnahmen treffen könne, um den Einsatz des anmeldepflichtigen Vermögens im Einklang mit den Belangen der deutschen Wirtschaft sicher zu stellen. Damit waren die Voraussetzungen geschaffen, um sich Aktien der Julius-Petschek-Gruppe anzueignen, welche diese der amerikanisch-britischen United Continental Group (UCC) übertragen hatte. Nachdem diese ein Kaufangebot zunächst abgelehnt hatte, einigte man sich im Mai 1938 auf einen Preis, der erheblich unter dem vorhergehenden Angebot lag.

Die politischen Entscheidungen machten es Flick und seinen Mitarbeitern möglich, ihre Handlungsweise als diejenige rechtschaffener Geschäftsleute zu verstehen.

Sie agierten im Rahmen der bestehenden Gesetze und der sicheren Erwartung, dass einige Monate später jüdisches Eigentum nicht mehr würde verkauft werden können, sondern umstandslos enteignet werden würde. Bernhard Gotto zufolge kam es bei keiner ihrer Übernahmen jüdischen Firmeneigentums zu Gewalt oder Drohungen. Zu Beginn des Jahres 1938 waren Praktiken der „Entjudung" für deutsche „Wirtschaftsführer" bereits ein Element kaufmännischer Normalität. Für Flick, der sich entschieden hatte, „als industrieller Partner an der Seite des Staates zu agieren" (Gotto 2008: 378), war die politisch gewollte „Entjudung" zu einem Faktor üblichen betriebswirtschaftlichen Kalküls geworden. Mehr und mehr jüdische Anteilseigner von Großbetrieben wurden gewahr, dass ihre internationalen Beziehungen keinen Schutz mehr boten, sie bestenfalls noch private Vermögensanteile würden retten können, wenn sie sich zur Auswanderung entschlossen. Im September 1939 lag der Regierung eine Liste der Chemiewerke in Polen vor, welche die I.G.-Farben als potentielle „Erwerbungen" betrachtete. (Borkin 1978/1979: 93)

Das nationalsozialistische Arbeitsregime

Zwischen 1933 und 1945 wurde die zuvor in Deutschland erreichte Domestizierung des Kapitalismus zerstört. An deren Statt wurden Teilen der Arbeitsbevölkerung Ideologie sowie der Ausbau staatlicher Sozialpolitik offeriert.

Beim Untergang der Republik spielten Unternehmerinteressen eine sehr große Rolle.[65] Gewerkschaften hatten sich dem nicht entscheidend widersetzen können. Für sie begann die neue Zeit mit der Einschränkung der Rechte von Betriebsräten im April 1933. Dennoch marschierten am 1. Mai 1933 in Berlin viele Gewerkschafter – eingestreut zwischen SA- und SS-Standarten, der Hitler-Jugend, Ortsgruppenführern und anderen nationalsozialistischen Gruppierungen – zum Tempelhofer Feld, um den neuerdings von Staats wegen zum bezahlten Feiertag erklärten „Tag der Arbeit" zu feiern. (Jung 1972: 399f.; zit. durch: Scharrer, Hg. 1984: 7-8) Einen Tag später besetzten und zerstörten Sonderkommandos der Nationalsozialistischen Betriebsorganisation und der SA Gewerkschaftshäuser. Gewerkschaftsfunktionäre wurden „in Schutzhaft" genommen. Die meisten der 45 00 zwischen Februar und April 1933 Inhaftierten waren Männer, viele von ihnen Gewerkschafter, Sozialdemokraten, Kommunisten. Sie wurden in zahlreichen Folterstätten gequält. Bereits 1933 wurden mindestens 70 Lager errichtet, in die „Schutzhäftlinge" eingeliefert wurden, die meisten für einige Wochen. (Orth 1999: 23)

---

65 Für eine Zusammenfassung des in den 1980er Jahren erreichten Forschungsstandes zur Machtergreifung vgl. Broszat (1984) Ein Überblick über die Forschungsergebnisse zur Unterstützung der nationalsozialistischen Bewegung durch Angehörige der einzelnen sozialen Gruppierungen bzw. Gewerbe findet sich bei Hans-Ulrich Wehler IV 2003: 284-347).

Am 10. Mai wurde die mittels Terror bereits faktisch vollzogene Auflösung der Gewerkschaften gesetzlich bestätigt. Das Streikrecht wurde abgeschafft. Alle Angestellten- und Arbeiterverbände wurden zwangsweise in die Deutsche Arbeitsfront (DAF) integriert. Nachdem der völlig „ungewerkschaftliche" Charakter der DAF etabliert war,[66] konnten ihr im November auch Arbeitgeberverbände beitreten.

Das „Gesetz über die Treuhänder der Arbeit" vom 19. Mai 1933[67] griff die 1927 geschaffenen Institutionen der Arbeitsvermittlung und Arbeitslosenversicherung auf, beseitigte aber, was darin an Autonomie und Mitbestimmung enthalten gewesen war. Koalitions- und Streikrecht wurden aufgehoben. Aus einer korporatistischen wurde eine diktatorische Herrschaftspraxis. Fortan waren zweiundzwanzig Treuhänder für den Arbeitsfrieden zuständig. Um Konflikten bereits in der Entstehung vorzubeugen, waren sie gehalten, Vertrauensräte zu schaffen.

Die Zwangskartellierung der Großindustrie und die bereits 1934 einsetzende Rohstoffbewirtschaftung mit der Zuteilung entsprechender Produktionsquoten erweckten den Anschein einer umfassenden, auch die Kapitalseite betreffenden staatlichen Regulierung der Wirtschaft. Genau besehen sind entsprechende Beschlüsse aber in der Regel von Industriellen angeregt oder doch konkretisiert worden. Anders als während der Republik funktionierte die Zusammenarbeit zwischen Großindustrie und Regierung jetzt aber nicht mehr über Verhandlungen mit Vertretern der verbandsmäßig organisierten Großindustrie, sondern eher über direkte persönliche Kontakte und Absprachen. In der Zeit der beschleunigten Aufrüstung hat diese Praxis zusätzlich an Bedeutung gewonnen. (Mason 1966, zit. durch: Hallgarten & Radkau 1974: 253)

Bereits in den Krisenjahren der Weimarer Republik war der Rechtsanspruch auf Arbeitslosenunterstützung entfallen, Erwerbslose wurden folglich erneut einer Bedürftigkeitsprüfung ausgesetzt, faktisch also den herkömmlichen Bedingungen der Armenpflege unterworfen. In deren Zentrum stand seit jeher die nachdrückliche Veranlassung, die eigene Arbeitskraft unter allen Bedingungen dem Arbeitsmarkt zur Verfügung zu stellen. Im Nationalsozialismus hat die staatliche Regulierung des Arbeitseinsatzes die zuvor in der Armenpflege praktizierte Kontrolle der Arbeitswilligkeit auf alle Lohnarbeitskräfte ausgedehnt. Konkret erlebten Arbeitskräfte diese Regulierung vor allem als eine Beschränkung ihres eigenen Marktzugangs. 1935 wurde das früher vielfach zu diesem Zweck eingesetzte Mittel des Arbeitsbuches erneut eingeführt.

Um den Interessengegensatz zwischen Unternehmern und Arbeitskräften stillzustellen, wurden Arbeitsverhältnisse propagandistisch als Gefolgschaftsverhältnisse im Rahmen der Volksgemeinschaft beschworen, zusätzlich aber wurde staatlich legitimierter

66 Deren Bestrebungen, Tariffähigkeit zu erlangen, scheiterten. (Hallgarten & Radkau 1974: 240) Allerdings hat die DAF sich später doch vereinzelt – und nicht immer erfolglos – gegen Lohnstopps gewandt. Vgl. „Auszug aus den sozialpolitischen Berichten des Reichstreuhänders der Arbeit für das 1. Vierteljahr 1939; abgedruckt in: Mason 1976, Dokument Nr. 156, hier. S. 950f.

67 http://www.verfassungen.de/de/de33-45/treuhaender33.htm.

Terror gegen „Störer" genutzt, um nicht nur die politische Stabilität des Regimes im Allgemeinen, sondern auch die Disziplin am Arbeitsplatz zu fördern. Als deren übliche Grundlage, die Konkurrenz um Arbeitsplätze, mit dem Ende der Weltwirtschaftskrise schwand, machte dies die Geheime Staatspolizei (Gestapo) zu einem Instrument der Produktionspolitik. Anders gesagt: die mit der Gewerbeordnung 1869 beschlossene Herauslösung der Arbeitsverhältnisse aus staatlicher Zwangsgewalt wurde rückgängig gemacht. Erneut stand staatliche Gewalt zum Zwecke der Disziplinierung von Lohnarbeitskräften zur Verfügung. Weil Arbeitsverhältnisse jetzt aber als Gefolgschaftsverhältnisse im Rahmen der Volksgemeinschaft galten, wurden Kontraktbrüche und „Widersetzlichkeiten" nicht mehr nur als Vertragsverletzungen definiert, sondern als Schädigungen der Volksgemeinschaft. Sie aufzudecken, war der mit weitreichenden Sonderrechten ausgestatteten Geheimen Staatspolizei aufgetragen.

Die Unterstellung von Arbeitsverhältnissen unter Staatsgewalt machte aus der Sicherung von Disziplin am Arbeitsplatz eine nicht mehr nur privatwirtschaftliche, sondern auch eine politische Aufgabe. Ihre Lösung wurde auf doppelte Weise verfolgt: durch die politische Integration der Arbeiterschaft – und damit einer Mehrheit der Bevölkerung – mittels Propaganda und Zugeständnissen auf der einen, durch den Einsatz staatlicher Zwangsgewalt auf der anderen Seite.

Die ersten Konzentrationslager wurden 1933 geschaffen, um Widerstand gegen die Diktatur zu brechen. Die von der Staatspolizei verhängte „Schutzhaft" traf zunächst vor allem Mitglieder der Arbeiterbewegung.[68] Schwere – oft auch völlig unsinnige – Arbeiten wurden als Strafe und Schikane eingesetzt. Der Einsatz im Moor mit völlig unzureichenden Arbeitsmitteln ist durch das im KZ Börgermoor entstandene Lied „Moorsoldaten" gewissermaßen zu einem symbolischen Ausdruck dieser Maßnahmen geworden. In den Zusammenhang kapitalistischer Marktverhältnisse waren diese Arbeiten nur insoweit einbezogen, als sie mit dazu genutzt wurden, eine Diktatur zu etablieren, die Arbeitskräften ihre zuvor erkämpften Rechte verweigerte.

Ab Mitte der 1930er Jahre wurde das Lagersystem nicht nur administrativ zentralisiert und systematisiert, es änderte sich auch der vordringliche Zweck der Lager. Ab Ende 1937 dominierten die rassen- und sozialhygienischen Zielsetzungen des Regimes die Verfolgung. Durch die Inhaftierung von „Berufsverbrechern" sollten zukünftige Straftaten verhindert werden, die Inhaftierung von „Asozialen" sollte die Volksgemeinschaft schützen. Das war nicht neu. Doch waren zu Beginn des Regimes noch die bereits existierenden Arbeitshäuser genutzt worden, um Bettler, sog. Landstreicher und „Asoziale" einzuweisen, wobei man als „asozial" bereits eingestuft werden konnte, wenn man unbefugt seinen Arbeitsplatz verlassen hatte. (Klee 1985: 42f.) Als Massenverhaftungen von Kriminellen und „Asozialen" angeordnet wurden, bedeutete dies zugleich, dass zwischen beiden Kategorisierungen immer weniger unterschieden wurde. Aufgrund dieser

68 Seit Frühjahr 1935 waren staatspolizeiliche Verfügungen der verwaltungsgerichtlichen Überprüfung entzogen. (Lotfi 2000/2003: 31)

Massenverhaftungen stieg die Zahl der KZ-Insassen von November 1936 bis November 1938 um das Fünffache: von 4.761 auf 24.000. (Orth 1999: 51) Der „Deutsche Verein für öffentliche und private Fürsorge" unterstützte die Bemühung, das „arbeitsscheue Gesindel" zu disziplinieren. (Klee 1985: 61)

Eine ohne Gerichtsverfahren verhängte „Schutzhaft" drohte nicht nur Menschen, die schon zuvor am Rande der Gesellschaft gelebt hatten. Vielmehr stand diese Sanktion der Bevölkerungsmehrheit gewissermaßen zur Aussonderung unliebsamer „Volksgenossen" zur Verfügung. Wie in früheren Zeiten konnten Unternehmer Arbeitskräfte anzeigen, die sich ihrer Ansicht nach einer Verletzung der Vertragspflichten schuldig gemacht hatten. Die Gestapo wurde aber auch auf der Basis anonymer Anzeigen tätig.

Während die Gestapo von der historischen Forschung lange als ein umfassend wirksames Instrument staatlichen Terrors interpretiert worden ist, hat sich ihr Bild – und damit zugleich das insgesamte Verständnis der Funktionsweise des Nationalsozialismus – seither gründlich gewandelt. Unbestritten bleibt, dass politische Opposition vehement und drakonisch verfolgt wurde, was aber die Diktatur über die Alltage anlangt, so ist inzwischen nicht nur auf Freiräume der unterschiedlichsten Art verwiesen worden, sondern auch auf die von vielen genutzte Möglichkeit, sich in politikfreie Privatsphären zurück zu ziehen,[69] vor allem aber ist deutlich geworden, dass die Aktivitäten der Gestapo überwiegend auf Anzeigen von Arbeitskollegen, Familienangehörigen, Gastwirten oder zufällig mithörenden Straßenpassanten zurückgingen.[70] Nicht nur in der Saar konnte sich die Gestapo auf die „rührige Mitarbeit der Bevölkerung" verlassen. (Mallmann & Paul 1991: 230) Das machte den Zufall der Verfolgung zum System. Bei vielen hat womöglich gerade die Unkalkulierbarkeit der Verfolgung jenes „Zwang-Angst-Syndrom" entstehen lassen, von dem Timothy Mason gesprochen hat. (1975: 167)

Aller Drohungen, Sanktionen und Begünstigungen zum Trotz ließen sich aber auch in der Zeit des Nationalsozialismus Auseinandersetzungen um konkrete Arbeitsbedingungen nicht völlig stillstellen. Von „Streik" war in den Berichten der Reichstreuhänder der Arbeit nie die Rede, von „Arbeitsniederlegungen" aber sehr wohl. Allein im Jahr 1936 gingen beim Geheimen Staatspolizeiamt (Gestapa) in Berlin Meldungen über 179 kollektive Arbeitsniederlegungen ein. (Lotfi 2000/2003: 35) Insgesamt aber bewirkte die Verfolgung organisierter Arbeitskämpfe, dass bereits Mitte der 1930er Jahre individuelle Praktiken des Widerstands oder des Entzugs (vor allem Fehlschichten oder Krankmeldungen) dominierten.[71]

---

69 Maßgeblich Schäfer 1983: 146-208; Peukert 1982: 219-245.

70 Vgl. Paul 1995; Gellately 1993; Mann 1987, Kershaw 1983; Bankier 1995.

71 In den von Timothy Mason veröffentlichten Dokumenten der Jahre 1936 bis 1940 lassen sich einige Konfliktlinien ausmachen. Zum einen versuchten Arbeit„geber", darunter auch Landwirte, den Mangel an Arbeitskräften durch eigenmächtige Lohnerhöhungen zu beheben. Zwar habe, so heißt es beispielsweise in den Berichten des Reichstreuhänders der Arbeit für Januar und Februar 1938 in Bezug auf Niedersachsen, der auf den Reichstreuhänder ausgeübte Druck,

Während die Regierung versuchte, den Arbeitseinsatz zu regulieren, während sie insbesondere bestrebt war, Abwanderungen aus der Landwirtschaft in die Industrie zu unterbinden, praktizierten Unternehmen unter der Hand An- und Abwerbung.

> „Damit entstand die paradoxe Situation, dass ausgerechnet zu Zeiten einer unerhörten rechtlichen Knebelung der Arbeiterschaft und einer restriktiven Kontrolle jedes Arbeitsplatzwechsels die tatsächliche Arbeitsmarktlage zu einer hohen Fluktuation und zu einem Ansteigen der Arbeitseinkommen führte – ganz so, wie dies in konjunkturellen Aufschwungssituationen üblich ist." (Peukert 1987: 468)

Tatsächlich sind die Berichte der Reichstreuhänder der Arbeit voll von Hinweisen auf die faktische Wirkungslosigkeit angeordneter Lohnstopps und die Umgehung der Regelung, dass Neueinstellungen behördlich genehmigt werden mussten.[72] Als Lohnarbeitenden das Recht der Kündigung genommen wurde, konnten sie sich den Zugang zum Arbeitsmarkt nur mehr durch eine gegen sie ausgesprochene Kündigung verschaffen. Die Methoden, mit denen sie dies erreichten, waren vielfältig. In einem Hüttenwerk im Saarland wurde einem Arbeiter gekündigt, nachdem ermittelt worden war, dass er die Kollegen dazu angestiftet hatte, zu sagen, der beim Rangieren entstandene Bruch sei nach einem zehnstündigen Arbeitstag erklärlich. „Dieser Mann nahm die fristlose Entlassung mit allen Zeichen der Freude entgegen und erklärte, dass er eine ausgezeichnete neue Stelle bei den Westwallbauten in Aussicht habe."[73] Mag sein, dass er diese Reaktion später bedauerte. Denn an den Baustellen am Westwall wurde durchschnittlich 13 Stunden gearbeitet, oft zwei bis drei Wochen lang ganz ohne Pause. Arbeitern, die Mehrarbeit verweigerten, wurde die Einweisung ins Konzentrationslager angedroht. (Lotfi 2000/2003: 48f.)

Angesichts der Schwierigkeiten, den Arbeitseinsatz zugunsten staatspolitisch gewollter Aufgaben zu lenken, wurde im März 1939 angeordnet, dass Kündigungen in Zukunft nur noch nach Zustimmung des zuständigen Arbeitsamtes ausgesprochen

---

die Tariflöhne zu erhöhen" nachgelassen, doch würden die Löhne bei Neuabschlüssen höher getrieben. „Die Gefolgschaftsmitglieder [also Arbeitskräfte, H.G.] stellen in zunehmendem Maße und mit wachsender Entschiedenheit übertarifliche Forderungen, von deren Bewilligung sie die Aufnahme der Arbeit abhängig machen. "Arbeiter, die aus Schlesien nach Niedersachsen gebracht worden waren, um dort am Bau eines Stichkanals mitzuwirken, erklärten, dass sie für den gebotenen Lohn nicht arbeiten könnten. Ein Viertel von ihnen hat die Baustelle wieder verlassen." (Mason 1975: 609) Als sich 1938 der Arbeitskräftemangel auf alle Gewerbe ausgedehnt hatte, gab es zahlreiche ähnliche Berichte.

72 Als Zeitungsverleger per Erlass aufgefordert wurden, in Zukunft keine Stellenanzeigen für Facharbeiter mit Lohnangaben mehr zu veröffentlichen, wurde auch dem nicht allgemein entsprochen. Auszug aus den sozialpolitischen Berichten des Reichstreuhänders der Arbeit für das 1. Vierteljahr 1939; abgedr. in: Mason (1975, hier: 944-945).

73 Auszug aus den sozialpolitischen Berichten des Reichstreuhänders der Arbeit für das 1. Vierteljahr 1939 (Mason 1975, hier: 957f.).

werden durften.[74] Fortan war es noch riskanter, die Chancen wahrzunehmen, die sich in der Zeit der forcierten Aufrüstung auf dem Arbeitsmarkt boten. Das galt für das Bestreben, den Arbeitsplatz zu wechseln, es galt aber auch für das unter früheren Landarbeitern verbreitete Bestreben, sich der angeordneten „Rückführung" in die Landwirtschaft zu entziehen. Landarbeiterinnen und Landarbeiter hatten, sofern sie der Arbeit fernblieben, mit Gefängnisstrafen zu rechnen. Im September 1939 wurde ein Landarbeiter, der „die Arbeit eingestellt hatte", zu vier Monaten Gefängnis verurteilt, einer Landarbeiterin diktierte das Landgericht Perleberg 1939 eine Gefängnisstrafe von sechs Wochen zu, zwei Landarbeiter wurden zu sechs Monaten verurteilt, weil sie „der Arbeit pflichtwidrig ferngeblieben waren, die Arbeit verweigert und böswillig mit der Arbeit zurückgehalten hatten."[75] Wenige Monate später heißt es im Lagebericht des Generalstaatsanwalts in Stettin, es sei unangenehm zu vermerken, dass Arbeitsverweigerer immer noch zu Gefängnisstrafen verurteilt würden, die seiner Auffassung nach nicht abschreckend genug wirkten. Dagegen habe er mit der Überstellung von Arbeitsverweigerern in ein Konzentrationslager gute Erfahrungen gemacht. (Mason 1975: 1230)

Im Oktober 1939 zitierte der Reichsverteidigungskommissar für den Wehrkreis III (Berlin) einen Bericht der Deutschen Arbeitsfront. Das dauernde unentschuldigte Fehlen sei weder durch Vorladungen zur Kreisdienststelle, noch durch Verhaftungen, die für einen Tag von der Staatspolizei vorgenommen würden, noch durch auferlegte Geldbußen erfolgreich zu unterbinden. Zu den vielen Fehltagen, für die keine Entschuldigung eingegangen sei, kämen noch die Fehlzeiten hinzu, die mit Krankheit entschuldigt würden. Vermuteter Vortäuschung sei mit zwei Tagen Haft begegnet worden. Auf Vorhaltungen hätten „Gefolgschaftsmitglieder" erwidert „Wer nichts zu fressen hat, kann auch nicht arbeiten ... Erschießt uns oder bringt uns in ein Konzentrationslager, da brauchen wir wenigstens keinen Kohldampf zu schieben." In den allerschwersten Fällen seien die Betroffenen fristlos entlassen, danach dann aber als Facharbeiter bald wieder in einen anderen Betrieb vermittelt worden. (Mason 1975: 1174-1175) Im November 1939 wurde im Reichssicherheitshauptamt über „grundsätzliche staatspolizeiliche Maßnahmen in den Fällen Arbeitsniederlegung usw." beraten und beschlossen, dass alle auffällig gewordenen Personen unverzüglich festgenommen werden sollten. Allerdings wurde auch angeordnet, es müsse festgestellt werden, „ob etwaige Missstände oder sonstige besondere Verhältnisse in den Betrieben bei den Vorfällen eine gewisse Rolle spielen". (Mason 1975: 1170) Und tatsächlich sahen sich die zuständigen Behörden mehrfach veranlasst, Forderungen von Lohnarbeitskräften zu entsprechen. Weil sich Arbeiter in den Rüstungsbetrieben gegen die immense Verlängerung ihrer Arbeitszeiten gewehrt

74 Zweite Durchführungsanordnung zur „Verordnung zur Sicherstellung des Kräftebedarfs für Aufgaben von besonderer staatspolitischer Bedeutung" vom 10.März 1939; abgedr. in: (Mason 1975: 961-965).

75 Bekanntmachung des Reichstreuhänders der Arbeit für das Wirtschaftsgebiet Brandenburg vom 25. Dezember 1939; in: (Mason 1975: 1178f.).

hatten, indem sie zu den Nacht- und Sonntagsschichten nicht mehr erschienen, wurde das Verbot, Zuschläge zu zahlen, am 10. November 1939 wieder aufgehoben. (Mason 1975: 1183) 1940 wurden dann auch wieder Mehrarbeitszuschläge für die neunte und zehnte Arbeitsstunde zugelassen. Derartige Regelungen bedeuteten keine Fortsetzung der zuvor eingeleiteten Domestizierung des Kapitalismus. Das nationalsozialistische Arbeitsregime war aber auch mehr und Anderes als historischer Rückschritt. Denn zum einen war der Staat, der jetzt Arbeitskräfte disziplinierte, aller internen Konkurrenz, Ineffizienz und der Zufälligkeit des Terrorismus zum Trotz, ein Apparat, dessen Verwaltung sehr viel weiter in die Gesellschaft hineinreichte als zu frühen Zeiten, zum anderen beanspruchte Politik jetzt, den Einsatz von Arbeitskraft zu lenken. Das ist, so viel wurde oben erläutert, nur begrenzt gelungen, doch ändert dies nicht, dass der Einsatz disziplinierender Staatsgewalt im Nationalsozialismus nicht mehr nur auf die Förderung privater Profitproduktion ausgerichtet war, er sollte auch dazu dienen, eine rassisch definierte und auf Krieg ausgerichtete Volksgemeinschaft herzustellen. Mit Kriegsbeginn kam die Umwandlung des Arbeitsrechtes in ein Arbeitsstrafrecht zum Abschluss. Jetzt behandelten reguläre Gerichte Anzeigen von Unternehmen wegen „Bummelei" und „Vertragsbruch" als „Strafsachen". Die Reichstreuhänder wurden ermächtigt, Geldstrafen in unbegrenzter Höhe wegen Arbeitsbummelei verhängen, Arbeitsämter konnten sich „Bummelanten" polizeilich zur Vernehmung vorführen lassen. War eine verhängte Geldstrafe nicht einzutreiben, konnten Reichstreuhänder der Arbeit seit April 1940 beim Amtsgericht beantragen, die Geldstrafe in eine Gefängnisstrafe von bis zu sechs Wochen umzuwandeln. Zu Recht hat Gabriele Lotfi darauf hingewiesen, dass die Einbindung der Arbeitsämter in die nationalsozialistische Strafverfolgung von „Bummelanten" und „Vertragsbrüchigen" „den Zwangscharakter fast jedes Arbeitsverhältnisses perfekt [machte]. (Lotfi 2000/2003: 54) Er wurde – das ist inzwischen gründlich belegt – nicht von allen erfahren. Nicht nur angedrohte Zwangsgewalt und die Ausschaltung der Gewerkschaften, sondern auch Lohnerhöhungen, sozialpolitische Maßnahmen und Propaganda haben dazu geführt, dass organisierter Protest bis in die Kriegsjahre hinein weitgehend unterblieb und individueller Widerstand selten war. Dennoch waren es nicht ausschließlich ausländische Arbeitskräfte, die den Zwangscharakter ihrer Arbeitsverhältnisse am eigenen Leib zu erleben hatten.

Terroristische Disziplinierung

Bis Kriegsbeginn wurden Arbeitskräfte, die unliebsam aufgefallen waren, entweder in Polizeihaft genommen oder in Konzentrationslager eingewiesen. Die erstere durfte nur für die Dauer von zehn Tagen verhängt werden und galt vielen der Verantwortlichen als zu wenig abschreckend, die Einweisung in ein Konzentrationslager bedeutete für Unternehmen aber, dass sie nicht mehr mit der Rückkehr der entsprechenden Arbeitskraft rechnen konnten. Unmittelbar nach Kriegsbeginn entstanden Pläne, die es ermöglichen sollten, diese unbefriedigende Situation zu überwinden. Sowohl von

Seiten der Regierung[76] als auch der Industrie wurde vorgeschlagen, polizeiliche Haftlager zur Erziehung von „Arbeitsbummelanten" einzurichten. (Lotfi 2000/2003: 57) Ab 1940 wurden „Arbeitserziehungslager" (AEL) errichtet. Von Ausnahmen abgesehen entstanden diese Lager zur Disziplinierung von Arbeitskräften mittels Terrorismus auf Initiative privater Unternehmen. Mit Erlass vom 28.5.1941 wurde allerdings veranlasst, dass in jedem Gestapoleitbezirk ein AEL errichtet wurde. Im Juli 1942 sollen es 600 gewesen sein. (Wippermann 1999: 57). Seit 1939 das Reichssicherheitshauptamt eingerichtet worden war,[77] konnten Inhaftierungen von bis zu 56 Tagen mit „vorbeugendem und erzieherischem Charakter" vorgenommen werden, die eine „Überführung in ein Konzentrationslager ... nicht rechtfertigen." (Frank 2004: 112[78]) Sollte die „Erziehung" scheitern, war die anschließende Überstellung in ein Konzentrationslager immer noch möglich. Während des Krieges wurden ganz überwiegend ausländische Arbeitskräfte in AEL eingewiesen. Schätzungen zufolge hat von diesen jede bzw. jeder zwanzigste einige Zeit in einem Arbeitserziehungslager verbracht. (Pagenstecher 2009: 79) Darunter waren auch Kinder. (Steinert 2013: 181)

In vieler Hinsicht markiert die Einrichtung von Arbeitserziehungslagern unter der Leitung der Geheimen Staatspolizei den Kern des nationalsozialistischen Arbeitsregimes. Indem die Privatwirtschaft die Aufgabe der Arbeitsdisziplinierung der Gestapo überließ, besiegelte sie jene Umwandlung des Arbeitsrechtes in ein Arbeitsstrafrecht, welches das Regime von Anfang an charakterisiert hatte. Und an dieser Veränderung war keineswegs nur das Personal der Gestapo beteiligt. Vielmehr waren in die Praxis der terroristischen Arbeitsdisziplinierung sowohl zahlreiche Angehörige der normalen Ordnungspolizei als auch Mitglieder des Werkschutzes von Industrieunternehmen involviert.

In den AEL erfolgte die Verknüpfung von Profitwirtschaft und Zwangsgewalt früher und sehr viel umstandsloser als in den Konzentrationslagern. Noch vor der Errichtung von Außenlagern der Konzentrationslager gab es bei mehreren Firmen wie Siemens, Heinkel oder IG-Farben Arbeitserziehungslager. (Pagenstecher 2009: 82) Wer in ein AEL eingewiesen wurde, erfuhr ungezügelten Terror. Dass die Todesrate in AEL insgesamt niedriger war als in Konzentrationslagern ist einzig der Tatsache geschuldet, dass Einweisungen zunächst auf drei Wochen und später auf 56 Tage begrenzt waren.[79] Immer wieder allerdings drängten Firmen darauf, die Haftzeiten zu verlängern, um die Fluktuation der Auszubeutenden zu vermindern. (Pagenstecher 2009: 81) Firmen

---

76 Konkret handelte es sich um die „Organisation Todt". Sie war 1938 geschaffen worden, um den Bau des sog. Westwalls zu organisieren. Nach Beginn des Krieges organisierte sie den Einsatz von Arbeitskräften für Bauvorhaben in den besetzten Gebieten. Die Durchführung dieser Vorhaben wurde deutschen Unternehmen überlassen. Die Beschaffung von Arbeitskräften mittels Werbung und Zwang oblag der Organisation Todt.

77 Dieser Institution unterstand fortan auch die Gestapo.

78 Frank zitiert aus: Bundesarchiv (BA) R 58/1027. Bö.104a.04.10.1939, S. 1.

79 In den besetzten Gebieten wurde Inhaftierung in AELs bis zu drei Monaten verhängt. (Pagenstecher 2009: 86)

stellten die Baracken, Verpflegung und Wachpersonal, und sie bezahlten die Gestapo für die Überlassung der Häftlinge.[80]

In Arbeitserziehungslagern wurden drei Zwecke verfolgt: Disziplinierung, Ausbeutung und Abschreckung. Denn nicht nur sollte allen Häftlingen ausgetrieben werden, was – wer auch immer – als „Bummelei" oder Widerstand gewertet hatte, die Auswirkungen ihrer Erziehung durch Terrorismus sollte auch andere von Unbotmäßigkeiten abhalten. Vor allem aber sollte sie dazu helfen, die Häufigkeit der Fluchtversuche einzudämmen.[81] Diesem Zweck entsprach es durchaus, wenn ein Arbeiter, der von einem Bauernhof geflohen und dann aufgegriffen und in ein AEL eingewiesen worden war, bei seiner Rückkehr „von niemandem wieder erkannt" wurde. Nach Aussagen der Altbäuerin, die sich an diese Tatsache erinnerte, hatte er vor einem erneuten Arbeitseinsatz zunächst noch geschont werden müssen. (Frank 2004: 99) Als Maria Andrzejewska versuchte, ihre Erfahrung im AEL Fehrbellin in Worte zu fassen, sagte sie, nachdem sie in den ersten Tagen in ständiger Angst vor erneuten Prügeln gelebt habe, sei sie in eine Art innerliche Lähmung verfallen, „einfach ein Verzicht auf das Leben". (Pagenstecher 2009: 87[82])

Schon 1940 wurden die meisten AEL aufgrund von Anforderungen der Industrie eingerichtet. Eine neuerliche Gründungswelle wurde 1943 durch Unternehmen der Rüstungsindustrie veranlasst. (Lotfi 2000/2003: 226) Inzwischen war die Flucht von Arbeitskräften aus den ihnen zugewiesenen Arbeitsstellen zu einem Massenphänomen geworden, welches auch durch die immer umfangreicheren Fahndungsmethoden der Polizei und der Gestapo trotz der Unterstützung von Angehörigen der Wehrmacht, der Reichsbahn und der Zollbehörden und Mitgliedern der NSDAP Ortsgruppen nicht eingedämmt werden konnte. (Lotfi 2000/2003: 187)

Bevor diejenigen, deren man hatte habhaft werden können, wieder an ihre frühere Arbeitsstelle zurück gebracht wurden, erfuhren sie, was im Nationalsozialismus unter einer Erziehung zur Arbeit verstanden wurde. Im Prinzip funktionierte der Terror in den AEL gleichartig. Wer eingeliefert wurde, hatte seine Kleidung und alle Habseligkeiten abzugeben. Kahl geschoren und nackt wurden die Häftlinge in Augenschein genommen. Oft wurden sie dann unter Prügeln im Laufschritt um die Baracken getrieben. Die ausgegebene Kleidung war zumeist zerschlissen und oft verschimmelt. (Lotfi 145f.) Die tägliche Arbeitszeit dauerte meist bis zu dreizehn Stunden. Als pädagogisch besonders

---

80 Im Mai 1941 wurden die Sätze offiziell festgelegt. Die Häftlinge selbst sollten 0,50 RM pro Tag erhalten. Für jüdische und polnische Häftlinge war keinerlei Bezahlung vorgesehen. (Pagenstecher 2009: 81)

81 Als im August 1944 sämtliche italienische Militärinternierte zu Zivilarbeitern gemacht werden sollten, verweigerten zahlreiche Männer die Unterschrift unter eine Erklärung, der zufolge sie bereit waren, bis zum Kriegsende „freiwillig" in Deutschland zu arbeiten. Folglich wurde auf die Unterschrift verzichtet. Italienische Internierte wurden in Arbeitsstellen eingewiesen. Wer sich weigerte, wurde in ein AEL überstellt. Allein 360 Verweigerer des Offiziers-Gefangenenlagers VI G wurden im August 1944 in das betriebliche Erziehungslager der Kölner Firma Glanzstoff-Courtaulds eingewiesen. (Lotfi 2000/2003: 231)

82 Cord Pagenstecher zitiert: Archiv Berliner Geschichtswerkstatt, zwa.br.pl 588.

wirkungsvoll wurde die Arbeit in Steinbrüchen betrachtet. Dabei mussten die herausgelösten Steinbrocken teilweise – so etwa im AEL Hunswinkel – mit bloßen Händen auf Loren verladen werden. (Lotfi 2000/2003: 146)

In den betriebsinternen Straflagern – Himmler hat ihre Einrichtung bereits im Dezember 1942 genehmigt – blieben die Häftlinge sowohl des Tags als auch des Nachts zumeist unter der Aufsicht des Werkschutzes. Als die Luftangriffe begannen, wurden Insassen von AEL bevorzugt zu Aufräumarbeiten eingesetzt. Dennoch waren es vor allem private Firmen, die von der Einrichtung dieser Lager profitierten. Anders als im Falle der Einweisung in ein KZ konnten sie auf die Rückkehr der Arbeitskräfte rechnen. Und weil diese an Leib und Seele zerschunden zurückkamen, verkörperten sie den angestrebten Abschreckungseffekt.

Vorbereitungen auf den großen Raub

Von Anfang an basierte die deutsche Aufrüstung nicht nur auf einheimischem Personal. Als in den 1930er Jahren in Deutschland erneut Arbeit zu finden war, kamen auch wieder vermehrt ausländische Arbeiterinnen und Arbeiter ins Reich, manche auf eigene Faust. Eine derart selbständige, inzwischen aber illegale Arbeitsimmigration gab es auch noch Jahre nachdem 1933 beschlossen worden war, dass ausländische Arbeitskräfte nur auf der Basis eines Vertrages mit der Regierung des Heimatlandes ins Land kommen durften. Wanderarbeiter(innen) benötigten eine politische Aufenthaltsgenehmigung und eine Arbeitsgenehmigung. Sie waren verpflichtet, nach dem Auslaufen ihres zeitlich befristeten Vertrages, in die Heimat zurück zu kehren. Angesichts des erheblichen Arbeitskräftemangels duldeten deutsche Behörden faktisch allerdings den illegalen Grenzübertritt vor allem polnischer Arbeitskräfte. (Herbert 2001: 124) Erst 1937, also mit wachsendem Arbeitskräftemangel, wurde aktiv um ausländische Arbeitskräfte geworben. Mit mehreren Ländern, darunter vor allem Italien, Jugoslawien und Ungarn, schloss die deutsche Regierung Verträge über einen „Arbeitskräfteaustausch". Gleichzeitig wurden die Bedingungen des Aufenthalts gelockert.

Die Annexionspolitik des Jahres 1938 verschaffte der Wirtschaft eine Erweiterung des Zugriffs auf ausländische Arbeitskräfte. In Österreich wurden Arbeitslose angeworben. Im Zuge des Prager Abkommens war auch die Regierung der Tschechoslowakei um die Genehmigung zur Anwerbung von Arbeitslosen für einen Einsatz in Deutschland ersucht worden. Nach der Besetzung von „Böhmen und Mähren" wurde dieses Ersuchen hinfällig. Jetzt wurden Arbeitslose für eine Arbeitsaufnahme im „Altreich" verpflichtet. Bereits vor Kriegsbeginn nutzte die deutsche Wirtschaft erzwungene Arbeit von Ausländerinnen und Ausländern.

Vielfach ist vertreten worden, dass Hitler nicht nur die Ziele des angestrebten politischen Regimes, sondern auch die dafür einzusetzenden Strategien bereits vor der Machtergreifung konzipiert hatte und sie dann – mittels Charisma und Diktatur – systematisch umsetzte. Inzwischen ist nachgewiesen, dass konkrete politische Entscheidungen vielfach durch Konkurrenz innerhalb des Apparats, durch außenpolitische Entwicklungen, aber auch durch die – systematisch beobachteten – Reaktionen der Bevölkerung bestimmt wurden. Im Resultat handelte es sich um die zunehmende wirtschaftliche, politische und soziale Zurüstung für einen großangelegten bewaffneten Raubzug. Wie seit Beginn der weltweiten Raubzüge europäischer Mächte in der Welt, wurde auch dieser Raubzug nicht nur politisch angeordnet, sondern vor der Weltgeschichte legitimiert. An die Stelle der Ausbreitung des Christentums beziehungsweise – später – der Zivilisation trat jetzt die Legitimationsfigur des Kampfes gegen das Weltjudentum, ausgeführt von einem „Volk", das als welthistorisch führende Rasse bestimmt wurde. Wer dieser Aufgabe nicht entsprechen wollte oder konnte, hatte als wertlos zu gelten. Ökonomisch und damit rassisch „A- Soziale" sollten drakonisch re-sozialisiert, ökonomisch und damit rassisch „Unwerte" sollten vernichtet werden. Das Vernichtungsprogramm für Menschen mit körperlichen und geistigen Beschränkungen wurde von Wissenschaftlern konzipiert und von Behörden umgesetzt. Nachdem es – vor allem durch Katholiken – öffentlich kritisiert worden war, wurde es offiziell für beendet erklärt und heimlich fortgesetzt. (Klee 1983: Kap. VIII & X) In diesen Praktiken trafen sich Bestrebungen einer biologistischen Aufrüstung der fiktiven „arischen" Rasse mit krudem Ökonomismus, jener Einschränkung von Menschlichkeit auf der Basis ökonomischer Erwägungen, die im Kapitalismus durchgängig potentiell präsent ist.

Während in der Forschung lange eine staatlich erzwungene Einheit politischer und privatwirtschaftlicher Strategien unterstellt wurde, werden neuerdings nicht nur privatwirtschaftliche Handlungsspielräume, sondern auch mögliche Interessenskollisionen hervorgehoben. Denn nicht alle Unternehmer waren ohne weiteres bereit, ihr Interesse an langfristiger Profitsicherung kurzfristigen politischen Zielsetzungen unterzuordnen. (Heusler & Spoerer & Trischler 2010: 1) Andererseits haben die Zuweisung von Rohstoffen für die Produktion und die staatliche Festlegung von Zulieferfirmen bereits Mitte der 1930er Jahre die Handlungsspielräume von Unternehmen der Rüstungsindustrie erheblich begrenzt. Weil staatliche Stellen aber weder den Mangel an Rohstoffen noch an qualifizierten Arbeitskräften beheben konnten, ließ sich der umfassende Lenkungsanspruch faktisch nicht durchsetzen. Als Behinderung von Produktionsaufträgen blieb er dennoch wirksam. (Lorenzen 2010: 24)

1938 wurde deutschen jüdischen Männern, also Deutschen, die sich zum Judentum bekannten oder aber durch Gesetze und diskriminierende Praxis zu Juden gemacht worden waren, befohlen, sich zum Arbeitseinsatz zu melden. Diese Arbeitsverpflichtung diente dem doppelten Zweck einer Ausnutzung der Arbeitskraft und einer öffentlich sichtbaren Diskriminierung von Juden. Ab Oktober 1940 war Ortsverwaltungen auferlegt, eine bestimmte Quote an jüdischen Männern im Alter von 18 bis 55 Jahren für die Arbeit am Autobahnstraßenbau zu liefern. (Barkai 1988: 173) Ab 1941 sollte die zwangsweise Verpflichtung zur Arbeit auch Jugendliche und Frauen umfassen. Zunehmend wurden sie jetzt auch in Betrieben beschäftigt. Ihre Entlohnung sollte unter derjenigen nicht-jüdischer Arbeitskräfte liegen.

„Was wir für diese Arbeit bekommen werden, ist uns bei der Einstellung nicht gesagt worden. Wir machen Zwangsarbeit und müssen froh sein, wenn wir überhaupt etwas bekommen. Am ersten Zahltag wissen wir es ... Wir bekommen ungefähr die Hälfte von dem, was eine arische ungelernte Arbeiterin verdient ... Ein Teil von uns bekommt überhaupt kein Geld in die Hand. Wir haben „Sicherheitskonto". ... Wir dürfen über unser Geld nicht verfügen, unsere Bankkonten sind gesperrt. Jeden Monat darf nur eine bestimmte Summe abgehoben werden." (Elisabeth Freund, zit. durch: Barkai 1988: 177)

Betrieben wurde vorgeschrieben, Juden räumlich getrennt von anderen Arbeitskräften einzusetzen. Sie sollten als „Fremde" kenntlich und behandelt werden.

Kalkulation mit Gewaltverhältnissen

Im Zusammenhang der Aufrüstung wurden Fremdarbeiterinnen und Fremdarbeiter zu Zwangsarbeiterinnen und Zwangsarbeitern gemacht.

Mit Kriegsbeginn änderten sich die Bedingungen für alle im „Reich" anwesenden ausländischen Arbeitskräfte. Sie wurden nachdrücklich veranlasst, nach Ablauf ihres Vertrags nicht nach Hause zurück zu kehren, sondern sich weiter zu verpflichten. Zugesagte Urlaube wurden kaum noch gewährt. Sodann wurden „Fremdarbeiter" mit zusätzlichen Abzügen vom Lohn belastet und der Transfer ihrer Lohneinkommen entweder ganz untersagt oder aber durch Abzüge erheblich beschränkt. Im September 1939 legten insgesamt 520 jugoslawische Arbeiter an verschiedenen Baustellen im Bereich der Staatspolizeistelle München die Arbeit nieder und wollten nach Hause zurückkehren, entsprechend verhielten sich einige der polnischen und slowakischen Arbeiter. (Mason 1975: 1063-1064) Eine Abschiebung ausländischer Arbeitskräfte war zwar ohne weiteres möglich, ratsam aber war sie weder ökonomisch noch politisch. Denn der systematische Einsatz ausländischer Arbeitskräfte diente einem doppelten Zweck: der Befriedigung einer durch Rüstungsproduktion und militärische Mobilisierung immens gesteigerten Nachfrage nach Arbeitskräften und damit auch der Vermeidung jener kritischen innenpolitischen Situation, die während des Ersten Weltkrieges wegen der Arbeitsverpflichtungen deutscher Frauen und nicht kriegstauglicher deutscher Männer entstanden war.[83]

Also wurden ausländische Arbeitskräfte rekrutiert. Obwohl in Deutschland bessere Löhne gezahlt wurden als beispielsweise in Italien,[84] war der Erfolg dieser Anwerbungen – ähnlich wie bereits für Frankreich beschrieben – davon abhängig, dass die Heimatbehörden Druck ausübten. (Mommsen & Grieger 1996: 516) Im Laufe der Kriegsjahre

---

83 Als 1943/44 deutlich wurde, dass es kaum noch Nachschub an ausländischen Arbeitskräften geben könne, wurden auch deutsche Frauen zur Arbeit in der Industrie verpflichtet. Dennoch ist der Anteil weiblicher Erwerbstätigkeit zwischen 1939 und 1944 faktisch nicht gestiegen. (Herbert 2001: 144)

84 Für 1941 und 1942 hat Brunello Mantelli ermittelt, wie viel ein italienischer Hilfsarbeiter im Durchschnitt zuhause und wie viel er in einem Werk, das Fremdarbeiter beschäftigte, in Deutschland verdienen konnte. Eine entsprechende Berechnung hat er für Facharbeiter unternommen. (1991: 73)

veränderten sich die Arbeitsverhältnisse aller ausländischen Arbeitskräfte zu Zwangsarbeitsverhältnissen. (Lemmes 2010: 419)[85]

Zwangsrekrutierungen

Bis 1941 kamen die meisten ausländischen Arbeitskräfte aus Polen. Zunächst waren – langer Tradition polnischer Wanderarbeit folgend – Freiwillige gekommen. Ihre Berichte über die veränderte Arbeitssituation verhinderten, dass diese Praxis fortgesetzt wurde. Im besetzten Polen wurde Arbeitslosen eine Arbeitspflicht für das „Reich" auferlegt. Von Gemeinden wurde verlangt, Kontingente an Arbeitskräften zu stellen. Wer sich nicht zum Abtransport einfand, sollte festgenommen werden. (Herlemann 2004: 86) Von den mehr als einer Million polnischer Arbeitskräfte, die bis Mai 1940 ins „Reich" transportiert wurden, waren viele regelrecht eingefangen worden: Kirchen, Kinos und Schulen wurden umstellt, zusätzlich wurden Razzien durchgeführt. (Herbert 1999: 14) Auch aus den 700.000 polnischen Kriegsgefangenen machten deutsche Regierungsstellen „Zivilarbeiter".

Ab März 1941 schrieben die sogenannten „Polenerlasse" vor, wie sich Arbeitskräfte im „Reich" zu verhalten hatten. Fast alles war verboten: der private Umgang mit Deutschen, die Benutzung öffentlicher Verkehrsmittel, das Verlassen des Aufenthaltsortes. Geschlechtsverkehr mit einer oder einem Deutschen sollte mit dem Tod bestraft werden. Allen Frauen und Männern aus Polen wurde vorgeschrieben, „stets sichtbar auf der rechten Brustseite eines jeden Kleidungsstückes" fest angenäht den Buchstaben „P" zu tragen.

Im europäischen Mittelalter war das Tragen eines bestimmten Zeichens als Kennzeichnung des Standes üblich. Im Nationalsozialismus wurde Menschen befohlen, die ihnen von Staats wegen zudiktierte rassische Wertigkeit durch ein auf die Kleidung aufgenähtes Kennzeichen zur Schau zu stellen. Ebenso wie das Polinnen und Polen ab 1939 vorgeschriebene „P", machten auch der 1939 im besetzten Polen und 1941 im Reich vorgeschriebene Judenstern ersichtlich, dass es sich bei der nationalsozialistischen Rassenpolitik um ein administrativ-polizeiliches Konstrukt handelte. Aller offiziellen Deklarationen zum Trotz, standen die Unterschiede zwischen Menschen ohne derartige Kennzeichen eben nicht vor aller Augen. Sofern und solange schwere Arbeit, Hunger, Kälte und Schikanen aus ihnen nicht Kreaturen machten, die als die Arbeitstiere erschienen, als welche sie vernutzt wurden, war ihre Differenz zu Volksgenossen nicht augenscheinlich.

Den zwangsweise rekrutierten beziehungsweise zur Verlängerung einer freiwillig eingegangenen Arbeit gezwungenen Arbeitskräften standen weder Gerichte zur Ver-

---

85 Das Ausmaß des jeweils ausgeübten Zwangs unterschied sich aber je nach Herkunft der Zivilarbeiter und Zivilarbeiterinnen. Während etwa dänischen Zivilarbeitern untersagt war, ihren Arbeitsvertrag zu kündigen, unterschieden sich ihre Arbeits- und Lebensbedingungen ansonsten nicht grundlegend von denen deutscher Kollegen. (Herbert 2013: 25)

fügung, bei denen sie hätten Hilfe suchen können, noch fanden sie bei der deutschen Bevölkerung – von Ausnahmen abgesehen – Unterstützung, wenn sie der erzwungenen Arbeit entfliehen wollten. Alle Belege deuten darauf hin, dass der Großteil der deutschen Bevölkerung sich daran gewöhnte, nahezu tagtäglich Menschen zu sehen, von denen bekannt war, dass sie schwere Strafen zu gewärtigen hatten, wenn sie es wagen sollten, die ihnen zugewiesene Arbeitsstelle zu verlassen.

Männer, Frauen und Kinder, die zur Arbeit für das „Reich" gezwungen wurden, erlebten unterschiedliche Bedingungen. Unterschiede ergaben sich zum einen aus der staatlich dekretierten Hierarchie rassischer Wertigkeit. Als Spitze der Hierarchie galten „Westarbeiter", also Arbeitskräfte aus Westeuropa. Nachdem Italien nicht mehr mit Deutschland verbündet war, wurden gefangen genommenen Italienern der Status des „Kriegsgefangenen" verwehrt. Die meisten wurden zu „Zivilarbeitern" gemacht. Anders als sonstige „Westarbeiter" waren sie besonderer Diskriminierung ausgesetzt. Ihre Arbeits- und Lebensbedingungen glichen denen von „Ostarbeitern". Als solche wurden Polen und alle Arbeitskräfte aus der Sowjetunion bezeichnet, wobei von Letzteren umgangsverallgemeinernd als von „Russen" die Rede war.

Als sich die deutsche Regierung – entgegen ursprünglichen Plänen – veranlasst sah, auch russische Kriegsgefangene und eingefangene sowjetische Arbeitskräfte „im Reich" sowie in Produktionsstätten in besetzten Gebieten der Sowjetunion einzusetzen, wurden für sie die Verhaltensvorschriften gegenüber den für polnische Zivilarbeiter geltenden noch weiter verschärft.

Unabhängig von ihrer nationalen Herkunft wurden die ersten „Zivilarbeiterinnen „ und „Zivilarbeiter" ganz überwiegend in der Landwirtschaft eingesetzt. Die zahlreichen Akademiker unter den „Westarbeitern" erinnerten sich später vor allem an die für sie ungewohnt schwere Arbeit. „Ostarbeitern" waren schwere und bäuerliche Arbeiten dagegen zumeist weniger fremd. Die für sie vorgeschriebene besondere Diskriminierung wurde sicherlich in vielen Bauernwirtschaften eingehalten, aber schon die Vorschrift, nicht mit ihnen gemeinsam zu essen und ihnen andere Kost auszugeben, ihnen keine Kleidung zur Verfügung zu stellen und ihnen außerhalb der Arbeitszeit immer zehn Schritte vom Leib zu bleiben, war angesichts der räumlichen Einheit von Arbeit und Leben in Bauernwirtschaften schwer durchzuführen. Wer dies – bewusst oder aus Nachlässigkeit – versäumte, musste allerdings mit Strafe rechnen. (Herlemann 2004: 89)

Die Chance auf einigermaßen erträgliche Versorgung war in der Landwirtschaft vergleichsweise gut. Das galt in der Regel für „Westarbeiter", doch wurden in Regionen, in denen früher regelmäßig polnische Wanderarbeiter angeheuert worden waren, die damals praktizierten Verhaltensweisen teilweise beibehalten. Elsbeth Bösl, Nicole Kramer und Stephanie Linsinger verweisen darauf, dass in Gegenden mit überwiegend katholischer Bevölkerung die katholischen polnischen Arbeitskräfte – entgegen offizieller Regelungen – nicht völlig vom kirchlichen Gemeindeleben ausgeschlossen waren. (2010: 159) Dennoch waren es insgesamt weniger die regionalen Gepflogenheiten als die Einstellungen der jeweiligen Arbeit„geberinnen" und Arbeit„geber", welche über die konkreten Arbeits-und Lebensbedingungen von Zwangsarbeiterinnen und Zwangsarbeitern in der Landwirtschaft entschieden. Die 1926 geborene Sofija Olexijiwna Pylyp hatte ein eigenes Zimmerer und aß zusammen mit der Bauersfamilie, der sie zugeteilt worden war, dagegen musste Regina auf einem ungeheizten Dachboden schlafen und das knappe Essen getrennt von den deutschen Arbeitern zu sich nehmen. Sie leistete Zwangsarbeit in einer Friedhofsgärtnerei in Hannover. Andere jugendliche Zwangsarbeiter wurden in Ställen untergebracht. Selbst diese Schlafstellen scheinen der rassischen Hierarchie entsprechend zugeteilt worden zu sein: Viehställe für Polen, Pferdeställe für Ukrainer, ein vergitterter Raum für Franzosen. (Belege in Steinert 2013: 162f.)

Auch in städtischen Haushalten war die Behandlung der zwangsweise zugewiesenen Arbeitskräfte in besonderem Maße von der Einstellung der Arbeit„geberinnen" abhängig. Die vielen jungen Mädchen, die als Haushaltshilfen vernutzt wurden, waren Schikanen nicht nur hilflos, sondern auch alleine ausgesetzt. Unter ihnen soll die Zahl der Selbstmorde hoch gewesen sein. (Steinert 2013: 173 nach Harten 1996)[86]

Trotz des bereits zu Kriegsbeginn eingetretenen Transportnotstandes – Binnenschiffe wurden für den Transport von Massengütern für die Rüstungsproduktion benötigt – wurden ausländische Zivilarbeiter erst dann auf Binnenschiffen eingesetzt, als deutlich geworden war, dass auf die zunächst erwartete baldige Rückkehr der eingezogenen Schiffsbesatzungen nicht mehr zu hoffen war. Ausländische Zivilarbeiter – zunächst handelte es sich ausschließlich um „Westarbeiter" – wurden einer Schnellausbildung unterzogen. Die meisten von ihnen waren berufsfremd und konnten deshalb auch nur als Hilfskräfte eingesetzt werden. Entsprechend änderte sich die Zusammensetzung der Schiffsmannschaften. Während am 1. Mai 1942 noch annähernd 85 % des fahrenden Personals Deutsche waren, darunter auch die Ehefrauen von Schiffsführern, veränderten sich die Anteile in den beiden Folgejahren. Am 1. Mai 1944 stellten Deutsche noch etwas über 70 %, wobei der Anteil der an Bord eingesetzten Frauen gestiegen war. Noch deutlicher ist die Veränderung der Positionen an Bord. Während die Zahl der Schiffsführer gleich blieb und diejenige der Maschinenführer und Heizer vergleichsweise gering gesunken war, hatte sich die Zahl der Matrosen mehr als halbiert, diejenige der „Hilfskräfte an Deck" dagegen mehr als verdoppelt. (Schinkel 2005: 212) Nachdem zunächst davon ausgegangen war, dass für die Ausbildung von „Landratten" zu Hilfskräften an Deck eine vierzehntätige Ausbildung ausreiche, wurden bald sechswöchige Aufenthalte im Ausbildungslager vorgesehen. (Schinkel 2005: 29)

Das änderte sich, als der Binnenschifffahrt auch Kriegsgefangene aus den im Osten besetzten Gebieten zugewiesen wurden. Für die von 1944 an in der Binnenschifffahrt vernutzten „Ostarbeiter" wurde auf jeglichen Ausbildungsvorlauf an Land verzichtet.

86 Im Rasse-und Siedlungshauptamt, Außenstelle Lietzmannstadt finden sich auch die wiederholten Ersuche der sechzehnjährigen Janina Sklaska, die darum ersuchte, ihren Arbeitsplatz bei einer Familie in Berlin verlassen zu dürfen und in einer Fabrik eingesetzt zu werden. Ihre Freundin, die in einer Fabrik Zwangsarbeit verrichtete, habe leichtere Arbeit und bessere Arbeitszeiten. (Steinert 2013: 173)

Nach wie vor aber wurden die Arbeits-und Lebensverhältnisse an Bord in besonderem Maße durch die Verhaltensweise von Schiffsführern geprägt. Sie konnten Kooperation fördern, ihre Disziplinargewalt an Bord nutzen, Widerstand aber auch durch die Überstellung in eines der speziell eingerichteten Arbeitserziehungslager brechen lassen, eine „finstere Erinnerung für alle, die von dort wieder zurück gekommen sind". (L. Decaestecker, zit. in : Schinkel 2005: 100)

Während die Integration von Zwangsarbeitern in die Binnenschifffahrt dadurch erschwert war, dass dafür nur „Hilfskräfte" zur Verfügung standen, die nicht über seemännischen Erfahrungen verfügten, konnten Rüstungsbetriebe anfangs versuchen, fachlich qualifizierte Arbeitskräfte zu gewinnen. So war etwa Daimler-Benz zunächst erfolgreich bemüht, Arbeitskräfte in Westeuropa (insbesondere in der französischen Automobilindustrie) zu rekrutieren und sich westeuropäische Zivilarbeiter zuweisen zu lassen. Die meisten dieser Arbeitskräfte ließen sich „relativ problemlos in den Fabrikbetrieb und in die Produktionsprozesse integrieren." (Gregor 1997: 273)

Die Vernutzung sowjetischer Kriegsgefangene und „Ostarbeiter"

Im Oktober 1941 wurde beschlossen, nicht mehr nur polnische und westeuropäische, sondern auch sowjetische Kriegsgefangen zur Arbeit für das „Reich" zu vernutzen. Von den bis dahin gefangen genommenen 3,3 Millionen „Russen" waren damals aber bereits mehr als die Hälfte in den Massenlagern hinter der deutschen Ostfront ums Leben gekommen. Die vorläufig Überlebenden waren durch ihren Aufenthalt in einem deutschen Kriegsgefangenenlager physisch und psychisch so weitgehend ruiniert, dass ihr Einsatz zunächst unvorstellbar erschien. Jedenfalls hat das Daimler-Benz-Werk Genshagen, das als einer der ersten deutschen Betriebe einen Bedarf von hundert sowjetischen Kriegsgefangenen angemeldet hatte, das „gelieferte" Kontingent umgehend „zurückgegeben". (Gregor 1997: 276) Als jedoch im Februar 1942 verlangt wurde, die Rüstungsproduktion zu steigern und gleichzeitig weitere deutsche Männer für die Front mobilisiert wurden, ließ dies den Zuständigen in Rüstungsbetrieben die Restarbeitskraft von „Russen" in einem anderen Licht erscheinen.

Für Unternehmen war der Einsatz von Kriegsgefangenen insoweit vorteilhaft, als ihre Bewachung durch die Wehrmacht geregelt wurde. Auch Fluchten waren eher seltener als bei zivilen Arbeitskräften. Schließlich setzte die 1941 gegründete „Reichsvereinigung Kohle"[87] im April 1943 eine Senkung der Beträge durch, die von Privatunternehmen an den Staat zu bezahlen waren, wenn sie Kriegsgefangene einsetzten. Von da an lagen sie noch unter den Sätzen, die von der SS für den Einsatz von KZ-Häftlingen eingefordert wurden. (Littmann 1986: 11)

---

87 Friederike Littmann zufolge handelte es sich um eine Art Ministerium unter privatwirtschaftlicher Leitung. Entsprechendes gilt für die 1942 gegründete „Reichsvereinigung Eisen". (1986: 7)

Die Arbeitszeit sowjetischer Kriegsgefangener unterlag keiner formellen Begrenzung. Für Überstunden, Nachtschichten und Sonntagsarbeit gab es keine Zuschläge. Bei Daimler-Benz mussten Männer achtzig Stunden in der Woche arbeiten, Frauen sechzig. Arbeitsdisziplin wurde mittels körperlicher Gewalt und der ständig präsenten Drohung der Überstellung in ein Arbeitserziehungslager oder ein Konzentrationslager erzwungen. Die Unterbringung in Baracken war miserabel, die Ernährung so mangelhaft, dass sie nicht nur beständige Schwäche, sondern vielfach auch Erkrankung zur Folge hatte.

Als deutlich wurde, dass eine Fortsetzung des Krieges eine weitere Steigerung der Rüstungsproduktion erforderlich machen würde, und dass mit einem zahlenmäßig ausreichenden „Nachschub" an Kriegsgefangenen nicht mehr zu rechnen war, wurden aus der Sowjetunion zusätzlich Zivilarbeitskräfte ins „Reich" verschleppt, insgesamt 2,5 Millionen, im Verlauf von zweieinhalb Jahren durchschnittlich 20.000 Männer, Frauen und Kinder pro Woche. (Herbert 1999: 15)[88]

Besonders grausam war das Los jener „Ostarbeiter", die im Bergbau vernutzt wurden. In kurzer Zeit verschlechterte sich ihr gesundheitlicher Zustand so dramatisch, dass sie – ebenso wie zuvor schon sowjetische Kriegsgefangene – oft in den Gruben zusammenbrachen. Für Ausländer gab es keine Sicherheitsvorkehrungen, ihre Unterkunft und ihre Ernährung waren unzureichend. Und zu alledem kamen auch noch die vielen Misshandlungen, die „Russen" von deutschen Bergleuten zu erdulden hatten. (Herbert 2001: 153) Besonders viele sowjetische Kriegsgefangene und Zivilarbeiter wurden im mitteldeutschen Braunkohletagebau vernutzt. Hier konnten die ungelernten Gefangenen in Kolonnen eingesetzt, bewacht und mit roher Gewalt zur Arbeit gezwungen werden. Bis 1942 entledigten sich die Gruben völlig geschwächter Gefangener, indem sie diese in die Stammlager abschoben. Als sich der Arbeitskräftemangel danach weiter verschärfte, behielt man sie an Ort und Stelle bis sie starben. (Urban 2006: 347; zit. Lemmes 2010: 420) Die Todesrate war sehr hoch.

Um rassische Vermischung mit Deutschen zu verhindern, wurde die Parole ausgegeben, dass mindestens die Hälfte der zivilen „Ostarbeiter" Frauen sein sollten, viele waren kaum zwanzig Jahre alt. (Herbert 1999: 17) Selbst kleine Kinder wurden nach Deutschland verschleppt. Ihnen wurden Arbeiten im Lager aufgetragen. Die meisten von ihnen erkrankten, oft an Tuberkulose.

Von den größeren Mädchen wurden besonders viele privaten Haushalten zugewiesen, die sich auf diese Weise ein „Dienstmädchen" leisten konnten. Andere wurden in kirchlichen Krankenhäusern, Alten- und Pflegeheimen eingesetzt. (Engelhardt & Schäfer-Richter 2011: 76) Zunehmend wurden sie aber auch von Industriebetrieben angefordert. Sie hatten nicht nur lange Arbeitstage und Unterbringung in Baracken zu ertragen,

88 Pavel Polian schätzt die Gesamtzahl der „Ostarbeiter", die von Deutschland und seinen Verbündeten aus der Sowjetunion (in den Grenzen von 1939) verschleppt wurden, auf 3,2 Millionen. (2010: 34) Als Überlebende in die Sowjetunion zurückkehrten, wurden sie dort als Verräterinnen und Verräter bestraft, zu Gefängnisstrafen verurteilt, verbannt, zur Arbeit gezwungen. (Berichte und Dokumente in: Rugenthaler & Walter, Hg. 2010: passim)

sondern vielfach auch lange Arbeitswege. Jugendliche Arbeiterinnen, die frühmorgens in Holzpantinen zur Arbeit in der Busch-Fabrik für optische Geräte in Rathenau getrieben wurden, um nach einem zwölfstündigen Arbeitstag zurück zu schlurfen, erlebten diese „Arbeitswege" mit wundgescheuerten Füßen in Holzpantinen als sehr schmerzhaft. Es kam ihnen aber auch vor, als würden sie zur Schau gestellt. (Steinert 2013: 167) Nur sehr selten wurden sie von besonders schwerer Arbeit verschont.

Und ständig lauerte die Gefahr, dass ihnen ihre mangelnde Kenntnis industrieller Produktion als Widersetzlichkeit ausgelegt wurde. Die 1929 geborene Galina Federovna Agranovskaja hatte, als sie in einer Rüstungsfabrik in Frankfurt am Main arbeitete, Löcher in Gewehrschäfte zu bohren. Als sie eines Tages einen falschen Bohrer nahm, schlug ihr der Meister nicht nur ins Gesicht, sondern brachte sie zur Gestapo, wo sie so lange verhört und gefoltert wurde, bis die Beamten schließlich der Meinung waren, dass keine Sabotage vorlag. In die Fabrik zurückgekehrt, musste sie dennoch sogleich eine zusätzliche Schicht absolvieren. (Steinert 2013: 176)

Als eine Arbeiterin am Ende ihrer Schicht müde bei der Stempeluhr sitzen blieb, obwohl ein Deutscher von ihr verlangt hatte, aufzustehen, wurde sie bestraft, indem man sie zusammen mit einem großen Hund in ein Zimmer sperrte. Für weiteren Ungehorsam wurde ihr „Schwarzwald" angedroht, worunter im Untertürkheimer Werk von Daimler-Benz die Überstellung in ein Arbeitserziehungslager verstanden wurde. (Spoerer & Hopmann 1994: 118) Bei Daimler-Benz wurden selbst Kinder verschleppter „Ostarbeiterinnen" und „Ostarbeiter" zu Handlangerdiensten für „Westarbeiter" herangezogen. Nach Bombenangriffen auf deutsche Städte wurden viele der jungen Frauen eingesetzt, um Schutt zu räumen.

Tatsächlich gab es, Mark Spoerer hat darauf hingewiesen, (2003: 41) zahlreiche Vorschriften für den Einsatz ausländischer Arbeitskräfte. Sie wurden nicht eingehalten, hätten von Unternehmen aber genutzt werden können, wenn sie hätten versuchen wollen, die Bedingungen für den Einsatz ausländischer Arbeitskräfte zu verbessern.

Während bis 1943 die meisten der zivilen Ausländerinnen und Ausländer privat untergebracht worden waren, galt ab 1943 für alle – also auch für „Westarbeiter"-Lagerzwang. Das sollte Fluchten verhindern. Vor allem aber hat der Lagerzwang die Traumatisierung von Arbeitskräften verstärkt, denen auch bei Luftangriffen untersagt war, das Lager zu verlassen und Schutz in einem Bunker zu suchen.

Die ökonomische Vernutzung von KZ-Häftlingen

In den ersten Jahren des nationalsozialistischen Regimes hatte die regierungsoffizielle Gewaltpraxis den Zweck, Widerstand gegen die Diktatur zu brechen. Nach der Mitte der 1930er Jahre wurden rassistische Zielsetzungen wichtiger. Zur Sicherung der Qualität des deutschen Volkes wurden zunächst deutsche Männer, Frauen und Kinder, die als Abweichungen von der rassischen Norm eingestuft wurden, der Vernichtung preisgegeben. Während diese Tötungen in Heil- und Pflegeanstalten durchgeführt wurden, kam es zu der ersten systematischen Tötung von KZ- Häftlingen im Frühjahr 1941. Kranke und gebrechliche Häftlinge wurden angeblich in Krankenanstalten verlegt, tatsächlich aber getötet. Der nächste Mordbefehl galt den „politischen Kommissaren", tatsächlichen oder vermuteten Funktionären sowjetischer Partei-und Regierungsinstanzen. (Orth 1999: 114-130)

Nicht oder nicht sofort zur Ermordung vorgesehene Häftlinge wurden in den Konzentrationslagern zu Arbeiten eingesetzt, zum Aufbau der Lager und zur Produktion von Baustoffen in SS-eigenen Betrieben. Deren Aufbau bezweckte zwar, die wirtschaftliche Selbständigkeit der SS zu fördern, doch war die Produktion zumeist nicht sehr erfolgreich. Insbesondere unter den Häftlingen, die in Steinbrüchen eingesetzt wurden, war die Todesrate sehr hoch, dies umso mehr, als solche Einsätze auch als Strafmaßnahmen genutzt wurden. (Orth 1999: 107)

Um Ziegelsteine herstellen zu können, wurden Außenlager von KZs gegründet. Sowohl für das „Altreich" als auch für die besetzten Gebiete waren umfangreiche Baumaßnahmen geplant, darunter Himmler zufolge die „Riesensiedlungen ..., mit denen wir den Osten deutsch machen." (zit. Fings 2005: 38[89]) Für die Realisierung dieser Pläne sollten dann aber neben Häftlingen auch Kriegsgefangene und Juden eingesetzt werden, und zwar in eigens geschaffenen SS- Baubrigaden.

Der Kriegsverlauf bewirkte einen anderen Einsatz der Baubrigaden. Seine konkrete Durchführung erfolgte ab September 1942 entsprechend der Weisungen des von Albert Speer geleiteten Rüstungsministeriums. Hunderte von Häftlingen wurden zu deutschen Großstädten transportiert, wo sie zunächst die Lager zu errichten hatten, in denen sie festgehalten wurden, sodann wurden sie zum Bau von Luftschutzbunkern vernutzt. Vor allem aber hatten sie nach Luftangriffen Aufräumarbeit zu leisten. Sie beseitigten Trümmer, bargen Leichen und sprengten Bomben. (Fings 2003: 98) Vorschriften untersagten die Zusammenarbeit von Baubrigade-Häftlingen, Zivilarbeitern und Kriegsgefangenen, vor allem aber zielten sie darauf ab, Kontakte mit der deutschen Zivilbevölkerung zu verhindern. Bei Aufräumarbeiten sollten Straßenzüge abgesperrt und mittels Schildern sollte vor dem Betreten der Einsatzorte gewarnt werden. (Ebenda: 143) Weil aber Stadtverwaltungen ein dringendes Interesse an der Zuweisung von Baubrigaden über den zunächst vorgesehenen Zeitraum von zwei Monaten hinaus hatten, (Ebenda: 102-103) führten die Einsätze der Baubrigaden der Zivilbevölkerung in deutschen Städten unweigerlich KZ-Häftlinge vor Augen, die aufgrund des gegen sie verübten Arbeitsterrors „einem bis fast aufs Zoologische reduzierten Menschenschlag" glichen. (Kussmann 1988: 181; zit. in Fings 2003: 148)

Weil die SS die Überwachungs-und Verwaltungsaufgaben in den Lagern an sogenannte „Funktionshäftlinge" delegierte, die überwiegend wegen Straftaten verurteilt worden waren, setzte sich der Terror des Arbeitseinsatzes in den Lagern fort. In einigen Lagern provozierte dies Gegenwehr, vereinzelt bewirkte sie die Übernahme von Funk-

89 Karola Fings zitiert: Bundesarchiv NS 19/2065, Himmler an Pohl 1.1.1942, S. 9.

tionsstellen durch kommunistische Häftlinge. In solchen Lagern war die Todesrate geringer. (Fings 2003: 174)

Konzentrationslager waren staatliche Einrichtungen des Terrors und der Vernichtung. Häftlinge mussten sie als Instanzen erleben, die sie ihrer Geschichte, ihrer Zukunft und ihrer Identität beraubten. In den Vernichtungslagern wurden Abertausende direkt nach ihrer Ankunft ermordet, in allen Konzentrationslagern waren ab Kriegsbeginn Hinrichtungen ohne jegliches Verfahren zulässig. (Orth 1999: 96) Körperliche Gewalt war alltägliche Praxis des Wachpersonals und Arbeit war Mittel der Terrorisierung.[90] In seiner theoretischen Konstruktion der „absoluten Macht" des Konzentrationslagers hat Wolfgang Sofsky mit Recht betont, dass die Funktionsweise dieses Systems nicht auf individuell grausame und fanatisch rassistische Ausübende angewiesen war, weil Gewalthandeln in der Alltagspraxis des Dienstbetriebs hergestellt und aufrechterhalten wurde. Tatsächlich hatten in den Außenlagern der KZs am Ende des Krieges nur noch etwa 10 % der Aufseher längere Lagererfahrung. (Buggeln 2009: 667) Diese Tatsache hat die Gewaltpraxis nicht verändert. Dennoch waren Konzentrationslager nicht jene abgesonderte Welt, in der sich „absolute Macht" unter den ihr eigenen Bedingungen austobte. Zu Recht hat Carin Orth betont, dass Sofsky nicht reale Lager untersucht, sondern das soziologische Modell einer Zwangsgesellschaft konstruiert hat. (1999: 15) Sein Hinweis, dass die Aufrechterhaltung einmal etablierter terroristischer Zwangsstrukturen keine spezifischen Eigenschaften und Motivationen ihrer Agenten zur Voraussetzung hat, bleibt wichtig, aber die für seine theoretische Argumentation notwendige Unterstellung einer Absonderung der Konzentrationslager, die weit über räumliche und institutionelle Trennungen hinausreicht, ist nicht haltbar. Für unseren Zusammenhang ist dies vor allem für die These relevant, dass im System der „absoluten Macht" durchgängig eine „Ökonomie der Verschwendung menschlicher Arbeitskraft" präsent gewesen sei. (1993: 33) Zwar weist auch Sofsky darauf hin, dass in der letzten Kriegsphase eine „Umstellung auf ökonomische Rationalität" stattgefunden habe, dennoch betont er: Absolute Macht

> „entreißt die Arbeit ihrer produktiven Sachlichkeit und setzt ihre destruktive Kraft frei. Terror zielt nicht auf Ausbeutung, sondern auf den Untergang, den Prozess des Leidens, die Zerstörung um ihrer selbst willen. Die Auszehrung, der Kräfteverfall, der Tod, dies ist der Sieg der Macht über den Menschen." (1993: 34)

So sehr damit zentrale Merkmale der Arbeit erfasst sind, zu welcher die Häftlinge herangezogen wurden, und so sehr Überlebende in solchen Ausführungen ihre qualvollen Erfahrungen aufgehoben finden, so bleibt die These von der „absoluten Macht" doch unzureichend, weil sie den einmal etablierten Konzentrationslagern einen Raum außerhalb

90 Das ging bis hin zur Sex-Zwangsarbeit in den Bordellen von Konzentrationslagern. Das erste dieser Bordelle wurde 1942 in Mauthausen eingerichtet. Ausgesuchten Häftlingen, zunächst ausschließlich Deutschen, wurden auf Antrag Prämienscheine für den Besuch eines Bordells ausgehändigt. Russen, Juden, Roma und Sinti waren von dieser Vergünstigung ausgeschlossen. Frauen, die für diese Einrichtungen rekrutiert wurden, hatten keine Möglichkeit, aus dieser Arbeit auszusteigen. (Halbmayr 2008)

der sie umgebenden Gesellschaft zuweist. Dagegen haben Forschungen der letzten Jahre deutlich gemacht, dass in Konzentrationslagern praktizierte Gewalt keiner ausschließlich eigenen Dynamik folgte, sondern unabweisbar mit der politischen, ökonomischen und insbesondere militärischen Entwicklung außerhalb der Lager verknüpft blieb. Das gilt insbesondere für die wirtschaftliche Vernutzung der Arbeitskraft von Häftlingen.

Ab dem Frühjahr 1942 sollten Konzentrationslager „ aus ihrer früheren einseitigen politischen Form in eine den wirtschaftlichen Aufgaben entsprechende Organisation" überführt werden.[91] Und spätestens mit der daraus folgenden Gründung von Außenlagern wurden Konzentrationslager zu Einrichtungen, die in der breiten deutschen Öffentlichkeit präsent waren. Vielfach kam es zur Zusammenarbeit mit SS-fremden Wirtschaftsunternehmen, oft wurden Wachaufgaben jetzt SS-fremden Mitarbeitern übertragen. Weil sich die SS durch die Produktion in den Außenlagern Einfluss auf rüstungswirtschaftliche Entscheidungen verschaffen wollte, wurden Häftlinge als Arbeitsmaschinen betrachtet, deren man sich als Verhandlungsmasse im innenpolitischen Machtkampf des Regimes bedienen konnte. Machtpolitik, nicht Ökonomie begründete den Wechsel der Strategie. (Buggeln 2009: 661) Anders als oft unterstellt, hat dies nicht dazu geführt, dass die Existenzbedingungen der Häftlinge verbessert wurden. Dass die knappe Arbeitskraft nicht etwa schonend eingesetzt wurde, lässt sich auch daran ablesen, dass es in Kauf genommen wurde, wenn die überwiegend von Hand auszuführenden Bauarbeiten zu sehr vielen Unfällen führten. (Mommsen & Grieger 1996: 512) Im Winter 1942/43 stieg die Sterblichkeit in den meisten Lagern auf 10 % der Insassen (Kaienburg 1996: 56f.) Allerdings machte sich der Strategiewechsel im selteneren Gebrauch von Kollektivstrafen gegen Häftlinge bemerkbar. Dass viele der Häftlinge, die in den zunehmend errichteten Außenlagern der KZs zur Produktion eingesetzt wurden, dabei ums Leben kamen, war ein akzeptierter Nebeneffekt. Für Juden und Sinti sollte die wirtschaftliche Vernutzung ohnehin nur einen Aufschub ihrer Vernichtung bedeuten.

In der zweiten Hälfte des Krieges wurden zahlreiche Häftlinge aus den Konzentrationslagern in rüstungsrelevanten Großbetrieben vernutzt. Vorreiter dieser Praxis waren die IG-Farben, die bereits 1941 1.000 Häftlinge auf einer Werkbaustelle bei Auschwitz eingesetzt hatten. Später stieg ihre Zahl dort auf 10.000. (Kaienburg 1996: 57) Auch einige andere Werke ließen sich bereits 1941 Häftlinge überstellen. Insgesamt beantragten zwischen 150 und 200 Unternehmen die Überstellung von Häftlingen aus dem Konzentrationslager Auschwitz. (Piper 1991: 99) Ab Herbst 1942 war die SS angewiesen, Anforderungen aus der Privatwirtschaft grundsätzlich Folge zu leisten. Für privatwirtschaftliche Unternehmen waren Häftlinge zwar insoweit schwierig einzukalkulieren, als ihr vielfach katastrophaler Gesundheitszustand ihren Einsatz einschränkte, andererseits konnte für Ausfälle Ersatz angefordert werden. Vor allem aber war Häftlingsarbeit unvergleichlich billig. Die von der SS verlangte gesonderte

91 S. Pohl an Himmler am 30.4.1942, hier zit. nach Mommsen & Grieger (1996: 507, dort zit. nach Janssen 1968: 97).

Unterbringung machte Umstände, andererseits waren Häftlinge vergleichsweise leicht zu beaufsichtigen und zu disziplinieren. Was immer als Bummelei oder Widersetzlichkeit interpretiert werden konnte, was als unzulässiger Kontakt mit Nicht-Häftlingen, fiel unter das Verdikt der Sabotage und wurde mit dem Tod bedroht.

Die Abgesandten mancher Industriebetriebe achteten vor allem auf körperliche Fähigkeiten. So mussten etwa im KZ Natzweiler Häftlinge nackt auf einen Zivilisten „mit Gamsbarthut" zulaufen. Auf seine Aufforderung hin wurden die Häftlinge, die „eingekauft" werden sollten, dann mittels einer Peitsche aus der Gruppe herausgefischt. (Interview zit. durch: Spoerer & Hopmann 1994: 93) Auch junge Frauen hatten sich vor den „Herren von Daimler-Benz" auszuziehen, Hände, Zunge und Zähne zu zeigen. „Wir wurden ausgesucht wie Vieh, wir waren alle nackt, und die Herren prüften uns genau ..." (Interview, zit. durch: Spoerer und Hopmann 1994: 93)

Sofern ihnen dies möglich war, drängten Industriebetriebe auf die Zuweisung von Fachkräften. Ab Mitte 1944 standen für die Auswahl, die Unternehmensvertreter in den Konzentrationslagern durchführten, auch jüdische Häftlinge zur Verfügung. Während in den ersten Kriegsjahren jüdische Häftlinge und sowjetische Kriegsgefangene in Konzentrationslagern fast alle ermordet wurden,[92] war nach militärischen Niederlagen und wegen des fehlenden Kriegsmaterials nun beschlossen worden, die Vernichtung von Juden vorübergehend auszusetzen. (Buggeln 2009: 658) Von den 458 ungarischen Juden, die im Mai 1944 nach Auschwitz deportiert worden waren, wurden 350 vergast, die übrigen für Arbeitseinsätze zur Verfügung gestellt. (Herbert 2001: 180) So überprüfte etwa der Abgesandte des Volkswagenwerks im Konzentrationslager Auschwitz die Fähigkeiten derjenigen ungarischen Juden, die bei ihrer Einlieferung angegeben hatten, Metallfacharbeiter zu sein. (Mommsen & Grieger 1996: 864) Der promovierte Chemiker Primo Levi hat geschildert, wie er von einem Vertreter der IG-Farben einer Fachprüfung unterzogen wurde, um im Werk Buna eingesetzt zu werden. (1947/2010: 98-104) Dabei, so schreibt er später, habe er sich vorgestellt, dass sich der Prüfer dachte: „Dieses Dingsda vor mir gehört einer Spezies an, die auszurotten selbstverständlich zweckmäßig ist. In diesem besonderen Fall gilt es, festzustellen, ob nicht ein verwertbarer Faktor in ihm ist." (Ebenda: 103) Faktisch wurde er dann zum Aufbau jener Produktionsstätte in Buna eingesetzt, aus der „niemals auch nur ein einziges Kilogramm synthetischen Gummis" geliefert wurde. (Ebenda: 70)[93] Auch die jüdischen Spezialisten, die bei VW

---

92 Im KZ Mauthausen/Gusen wurden zwischen Sommer 1941 und Frühjahr 1943 90 % aller jüdischen Gefangenen und sowjetischen Kriegsgefangenen sowie 60 % der slawischen Häftlinge umgebracht. Vgl. Orth (1999: 112, auf der Basis von Fabréguet 1998: 202 und Pingel 1978: 80-83).

93 Ende der 1930er Jahre produzierten die IG-Farben synthetischen Kautschuk in zwei Werken. 1937 wurde der Bau eines dritten Werkes verlangt. Im Januar 1941 entschloss sich die Konzernleitung, dieses Werk in der Nähe von Auschwitz zu errichten. Das seit 1940 in Auschwitz bestehende Konzentrationslager war für die Standortwahl nicht ausschlaggebend. (Orth 1999: 79-80)

zunächst für den Einsatz in der Produktion besonders geschult worden waren, wurden nach ihrer Überstellung in das Häftlingslager Thiel ganz überwiegend mit Bauarbeiten beschäftigt, so etwa mit dem Transport abgesprengter Gesteinsmassen. (Mommsen & Grieger 1996: 866)

Andernorts wurden aus Häftlingen aber durchaus Beiträge zur deutschen Rüstungsproduktion herausgepresst. Von Februar 1942 bis Juli 1944 ist der Ausstoß der deutschen Rüstungsproduktion um das Dreifache gesteigert worden. (Heusler & Spoerer & Trischler 2010: 7) Zwar ist das „Rüstungswunder", als welches vor allem die Entwicklung in der Munitionsindustrie oft betitelt wurde, in erheblichem Maße auf eine Steigerung der Arbeitsproduktivität zurück zu führen, welche durch höhere Kapitalintensität und Lerneffekte zustande kam (Roth 1991: 44), auch hat der Anteil der KZ-Häftlinge an allen im Deutschen Reich beschäftigten Arbeitskräften 3 % nie überstiegen. (Buggeln 2008: 125) Dennoch: je dringender es wurde, Arbeitskräfte für die Rüstungsindustrie zu beschaffen, umso mehr Menschen wurden in Konzentrationslagern gefangen gehalten. So wurden zwischen September 1942 und April 1943 über 110.000 zusätzliche Häftlinge eingeliefert, von denen die meisten wohl bereits zuvor Zwangsarbeiter im Deutschen Reich gewesen waren. Im Jahr darauf stieg die Zahl der Häftlinge dann noch einmal um mehr als 300.000. (Orth 1999: 192) Viele von den 1942 und später Inhaftierten starben im Laufe der nächsten drei Jahre an Hunger, Krankheit, Gewalt und erzwungener Arbeit. Insgesamt haben die Haft- und Arbeitsbedingungen mehr Opfer gefordert als die Industrie des Mordes, die in Konzentrationslagern errichtet und betrieben wurde.[94]

Mit Beginn der ökonomischen Vernutzung von Häftlingen außerhalb der Stammlager entschied die Art des Arbeitseinsatzes über die Chance, am Leben zu bleiben. Wer Baubrigaden zugewiesen wurde, konnte dies oft kaum noch ein halbes Jahr überleben, dagegen war die verbliebene Lebenserwartung in Produktions-„Kommandos" zunächst höher. In den letzten Wochen und Monaten des Krieges hat sich dies dann geändert. (Buggeln 2008: 114)

Viele Häftlinge wurden in Produktionsstätten vernutzt, die sich in der Nähe von Konzentrationslagern befanden, oft wurden für diese Außenkommandos aber auch Lager in der Nähe des Einsatzortes oder direkt auf dem Firmengelände errichtet. So wurde das neben dem Münchener Hauptwerk von BMW im Stadtteil Allach errichtete Werk ein zentraler Einsatzort für KZ-Häftlinge. 1943 arbeiteten dort 1924 Häftlinge. Ende 1944 waren es 5.500. Um diese Zeit war der Anteil aller Zwangsarbeitskräfte an der Belegschaft dieses Werks auf über 67 % gestiegen. (Werner 2006: 187) In der Firma Messerschmitt waren 1944 35 % der Arbeitskräfte Häftlinge aus den Konzentrationslagern Flossenburg und Mauthausen. (Herbert 2001: 178)

---

94 Karin Orth hat die bislang vorliegenden Zahlen pro einzelnem Konzentrationslager zusammengestellt. Insgesamt kommt sie auf mehr als zwei Millionen. Mindestens 100.000 starben während der „Evakuierung". Präziser ist von „Todesmärschen" die Rede. (1999: 345f.)

Die Unternehmen zahlten eine Gebühr pro Tag und Arbeitskraft an das „ausleihende" Konzentrationslager, für Facharbeitskräfte wurden etwas höhere Gebühren verlangt. Manche der Häftlinge, die in die Privatwirtschaft überstellt wurden, waren Fachkräfte, die meisten aber hatten – ganz ebenso wie die meisten der ins Reich verschleppten „Ostarbeiter" – in ihrem früheren Leben noch nicht einmal Erfahrungen in Industriebetrieben gesammelt. Und doch konnte die Rüstungsproduktion fortgesetzt werden, als im Frühsommer 1944 zunehmend auch auf KZ- Häftlinge zurückgegriffen wurde, „weil der Zustrom ausländischer Zivilarbeiter und Kriegsgefangenen zu versiegen begann." (Herbert 2001: 177) Dieser Rückgriff auf KZ-Häftlinge galt auch Frauen. Nachdem das VW-Werk für die Fertigung von Tellerminen und Panzerfäusten zunächst überwiegend „Ostarbeiterinnen" beschäftigt hatte, wurden seit Sommer 1944 auch jüdische, überwiegend aus Ungarn stammende Frauen aus den Konzentrationslagern Auschwitz, Dachau und Bergen-Belsen bezogen. Sie wurden im Untergeschoß der Werkshalle in Tiercelet untergebracht. Diese Situation war ungleich besser als im Konzentrationslager, aber Tageslicht sahen die Frauen nur während der kurzen Zeit, in der sie in die benachbarte Werkshalle zu ihrer zwölfstündigen Arbeit geführt wurden. Und nur während dieser kurzen Augenblicke konnten sie frische Luft atmen. Tag und Nacht waren sie abgesondert, bewacht von SS-Aufseherinnen mit Gummiknüppeln und Peitschen. (Mommsen & Grieger 1996: 897-899)

Als immer mehr Luftangriffe die Rüstungsproduktion beschädigten, wurde beschlossen, Teile der Produktion in unterirdische Produktionsstätten zu verlagern. Als erstes wurden 1943 Teile der Raketenindustrie untertage verlagert. (Buggeln 2009) Viele Tausende von KZ-Häftlingen wurden für diese Arbeiten in stillgelegten Bergwerken oder Tunnels herangezogen. „Ende 1944 standen der deutschen Luftfahrtindustrie 2,5 Mio. m^2 unterirdische Fertigungsfläche zur Verfügung." (Uziel 2010: 71) Die dafür erforderliche Schinderei haben sehr viele nicht überlebt. Aber nicht nur wegen dieser Bauarbeiten war die Luftfahrtindustrie ein Schwerpunkt des Einsatzes von KZ-Häftlingen. Früh wurden sie – etwa bei Heinkel – auch in der Produktion komplizierter Waffensysteme eingesetzt. 1942 waren 48,2 % der Arbeiter in der Heinkel Bomberfabrik in Oranienburg Insassen des Konzentrationslagers Sachsenhausen. (Uziel 2010: 77f.) Im Flugmotorensektor wurde Zwangsarbeit zum Standard.

Im Zusammenhang der hier vorgelegten Untersuchung ist die Anpassung von Produktionsprozessen an die zur Verfügung gestellten Arbeitskräfte von besonderer Bedeutung, wird doch immer wieder unterstellt, moderne industrielle Produktion sei mit Sklavenarbeit nicht zu bewerkstelligen. Die während des Zweiten Weltkrieges in der deutschen Privatwirtschaft Verantwortlichen haben diese Auffassung widerlegt. Tausende von Zwangsarbeitern produzierten einige der modernsten Luftwaffensysteme Deutschlands. Das hat eine doppelte Ursache. Zum einen wurden Zwangsarbeitskräfte im „Altreich" in den letzten beiden Kriegsjahren zunehmend nur noch Firmen zugeteilt, die für die Rüstungsproduktion als besonders wichtig eingestuft wurden, zum anderen gingen Firmen daran, ihre Produktionsprozesse so zu verändern bzw. zu entwickeln, dass sie den Einsatz von Personal mit geringen oder gar keinen technischen Vorkenntnissen möglich machte. Das galt etwa für den Einsatz jüdisch-ungarischer Frauen und Mädchen in der Fertigung von Stahltriebwerken. (Uziel 2010: 79) In manchen Unternehmen wurden Anlernprogramme für KZ-Häftlinge durchgeführt. Bei VW galt das auch für dreihundert jüdische Häftlinge aus Auschwitz, die 1944 an das Hauptwerk überstellt wurden. (Mommsen & Grieger 1996: 865) Andreas Heusler, Mark Spoerer und Helmuth Trischler zufolge hat die Notwendigkeit einer Berücksichtigung von Qualifikationsprofilen der zur Verfügung gestellten Arbeitskräfte die Bedeutung systematischer wissenschaftlicher Planung von Produktionsprozessen immens gesteigert. (2010: 7) Besonders markant ist die Umstellung der Produktion des Düsenjägers He 162, des sog. „Volksjägers", auf Fließbandproduktion. Vor dem Krieg waren Flugzeuge taktweise produziert worden. Da auf jedem Takt mehrere Fertigungsaufgaben durchgeführt werden mussten, waren hochqualifizierte Arbeiter unabdingbar. Fließbandfertigung benötigte mehr Arbeitskräfte, forderte aber weniger berufliche Ausbildung, weil die Aufteilung der Produktion in mehrere kürzere Arbeitsgänge den Einsatz vergleichsweise weniger qualifizierter Arbeitskräfte möglich machte. In manchen der insgesamt dreizehn Fabriken, die an diesem Projekt beteiligt waren, wurden anstelle eines mechanischen Fließbandes Karren verwendet. Mit diesen wurden die Komponenten entlang der Fließstraße bewegt. (Uziel 2010: 69; 71)

Um Produktivität zu ermöglichen, nutzten manche Unternehmen in den letzten beiden Kriegsjahren die Praxis von Sonderzuteilungen und Prämien, die von der IG-Farben entwickelt worden war. Auch zwischen den verschiedenen Außenlagern gab es Unterschiede in den Arbeits-und Lebensbedingungen. Grausam aber waren sie überall.

Nicht vor der Welt

Das „Reich" sollte die rassische Vorherrschaft der Deutschen sichern und die Weltgeschichte bestimmen. Als der Krieg verloren ging, waren die Verantwortlichen aber nicht bereit, die noch Lebenden unter ihren besonders gequälten Opfern der Weltöffentlichkeit vor Augen zu führen. Konzentrationslager wurden „evakuiert", Gefangene auf Märsche geschickt, die sie kaum überleben konnten. Mindestens jede und jeder Dritte, womöglich aber auch jede und jeder Zweite starb auf den Märschen oder in den Sterbelagern. (Orth 1999: 349 und Fn 17) Auch Häftlinge in Polizeigefängnissen, Zuchthäusern und Arbeitserziehungslagern wurden jetzt aus Objekten der Bestrafung, des Terrors und der Disziplinierung zu einer Gefahr für die Verantwortlichen, weil sie womöglich Aufstände wagen und sich mit den anrückenden Truppen der Kriegsgegner verbünden würden. Um dieser Gefahr zu begegnen, wurde beschlossen, Gefangene zu liquidieren. Hunderte wurden in den letzten Monaten des Krieges hingerichtet. In Köln wurden ihre Leichen von Fahrzeugen der städtischen Müllabfuhr zu einem Massengrab transportiert, um dort verscharrt zu werden. (Lotfi 2000/2003: 293f.)

Fünfte theoretische Zwischenbemerkung: Die Funktionsweise des domestizierten Kapitalismus und ihre Gefährdung

Ein domestizierter Kapitalismus, so ist oben ausgeführt worden, ist ein politisch-ökonomisches System, in welchem die kapitalistische Form der Ausbeutung alltäglich geworden ist. Damit ist die Gewaltstruktur der Ausbeutung nicht beseitigt, sie wirkt aber in den Marktverhältnissen, und sie ist in die technischen und organisatorischen Strukturen der Arbeitsprozesse inkorporiert. Eben deshalb kann sie – Anweisungen, Befehlen und Schikanen zum Trotz – als eine unpersönliche, also sachliche und somit sachgemäße Struktur wahrgenommen werden. Dem war allerdings lange entgegengestanden, dass die Kapitalseite des Produktionsprozesses auf die Gewaltkompetenzen des Staates zurückgreifen konnte, um Arbeitskräfte zu disziplinieren. Sofern Arbeit„geber" der Ansicht waren, dass Beschäftigte ihre Pflichten nur mangelhaft erfüllten, konnten sie diese verklagen und darauf hoffen, dass nicht nur der oder die Betreffende, sondern auch andere in Zukunft auf Widerborstigkeit und Lässigkeit verzichten würden. Entsprechendes galt, wenn Arbeit„nehmer" ein Arbeitsverhältnis lösten, das ihr Arbeit„geber" fortgesetzt wissen wollte. Verstärkt wurden die Intentionen der Zurichtung zu Lohnarbeitsexistenzen durch die Armenpolitik. Von wenigen Umständen abgesehen,[95] behandelten Armutsverwaltungen den Absturz aus der Armut ins Elend als Folge eigenen Verschuldens.

Während die staatliche Repression von Randexistenzen fortdauerte, ist die strafrechtliche Sanktionierung von Arbeitsverträgen in domestizierten kapitalistischen Gesellschaften entfallen. So ungleich ihre materielle Position auch sein mag, vor dem Gesetz sind die Vertragsparteien eines Arbeitsvertrages in entwickelten kapitalistischen Gesellschaften gleich. Das fördert die Akzeptanz dieses politisch-ökonomischen Systems, doch war es nicht etwa die Einsicht in diesen Umstand, welche Arbeit„geber" dazu brachte, auf die Unterstützung des Strafrechtes zu verzichten. Stattdessen war es der Staat, der formale Rechtsgleichheit etablierte. Dass die politische Etablierung formaler Rechtsgleichheit nicht einem bestimmten Stand der Entwicklung kapitalistischer Produktion geschuldet war, ist in der Französischen Revolution deutlich geworden. Es war das Erfordernis der Etablierung einer bürgerlichen, also nach-ständischen Staatsgewalt, welches die Beseitigung rechtlicher Ungleichheit unabweisbar machte. Aus der damit notwendigen formalen Rechtsgleichheit der Staatsbürger folgte die politische Notwendigkeit einer rechtlichen Gleichbehandlung von Vertragspartnern. Die Logik der revolutionären Begründung von Staatsgewalt hätte auch die Gleichstellung von Frauen und die Emanzipation von Sklaven verlangt, doch wird die Praxis eines politisch-ökono-

95 Im Deutschen Reich wurde dies beispielsweise für die Erkrankung mit Tuberkulose eingeführt.

mischen Systems regelmäßig eher durch aktuell bestehende Machtverhältnisse als durch die Logik dominanter staatstheoretischer Konzeptionen geprägt.

In kapitalistisch produzierenden Gesellschaften, die keine der Französischen Revolution entsprechende dramatische Veränderung der politischen Verhältnisse erlebten, ging die Beseitigung der strafrechtlichen Sanktionierung von Arbeitsverhältnissen regelmäßig mit der geforderten, gefürchteten oder bereits durchgesetzten Ausweitung des Wahlrechtes einher. In der Folge dieser Veränderung entstand das Bestreben von Regierungen, den Staat als eine Instanz erscheinen zu lassen, die, wenn schon nicht aktuell, so doch womöglich in Zukunft, die Allgemeinheit repräsentierte.

Die Herauslösung von Arbeitsverhältnissen aus staatlicher Gewaltpraxis kann als eines der realen politischen Zugeständnisse an die ideologische Nationalisierung von Staatsgewalt verstanden werden. Es war dies allerdings noch immer ein vergleichsweise kleines Zugeständnis. Denn weiterhin wurden Streiks und wurden auch Demonstrationen von Arbeitskräften als Gefährdungen öffentlicher Sicherheit behandelt. Selbst nachdem Gewerkschaften rechtlich zugelassen und sozialdemokratische oder sozialistische Parteien politisch einflussreich geworden waren, beharrten staatliche Instanzen darauf, die organisierte Vertretung der Interessen von Beschäftigten als rechtswidrig zu dekretieren und mittels polizeilicher, militärischer, und justizieller Gewalt zu unterbinden.

Erst mit dem Recht auf kollektive Verhandlungen wurden Arbeitskonflikte in metropolen kapitalistischen Ländern zu institutionalisierten Formen der Auseinandersetzung zwischen Kapital und Arbeit. Das Ausmaß der Autonomie von Verhandlungen war und ist unterschiedlich, aber das Recht zu solchen Verhandlungen ist Voraussetzung für die Domestizierung des Kapitalismus.

Im Laufe der Zeit hat sich die Einsicht in die ökonomische Rationalität eines domestizierten Kapitalismus in Unternehmerkreisen verbreitet, von Ausnahmen abgesehen ist sie aber nicht von Unternehmern, sondern von Regierungen angestoßen und durchgesetzt worden. Diese reagierten auf soziale, vor allem aber auf politische Auseinandersetzungen. Und politische Auseinandersetzungen waren es auch, welche die konkrete Ausgestaltung des domestizierten Kapitalismus in den einzelnen metropolen kapitalistischen Staaten bestimmten. Es waren Gesetze, die Arbeitskräfte gegen ungerechtfertigte Kündigungen schützen sollten, die vorschrieben, dass Maßnahmen ergriffen wurden, welche die Gefährdung von Leib und Leben im Produktionsprozess reduzierten, und es waren Gesetze, welche Armenpolitik zur Sozialpolitik veränderten, den politischen Zwang zum Angebot der eigenen Arbeitskraft auf dem Markt damit zwar nicht beseitigend, aber doch Verpflichtungen der Allgemeinheit gegenüber jenen verstärkend, die zu Schaden gekommen waren.

Mit der politischen Konstitution des domestizierten Kapitalismus ist zugleich dessen spezifische Gefährdung konstituiert worden. Denn wenn sich auch Kapitaleigner den Grenzen gefügt haben, die ihnen Staatsgewalt für den Verfolg von Strategien der Aneignung setzte, so reicht die Verankerung der Domestizierung des Kapitalismus in den Gesetzen eines Staates nicht hin, um ihre Fortdauer zu gewährleisten. Nicht nur die historische Konstitution, sondern auch die Fortdauer des domestizierten Kapitalismus basiert auf Staatsgewalt.

Spätestens seit der historischen Erfahrung des Nationalsozialismus ist diese Einsicht unabweisbar. Das Versäumnis, die Republik zu verteidigen, besiegelte den Untergang einer Verfassungsform, die zur Domestizierung des Kapitalismus genutzt werden konnte. Ihr Verlust beseitigte die zuvor politisch aufgerichteten Grenzen für Strategien der Aneignung. In vielen Einzelheiten ist inzwischen nachgewiesen worden, dass private Initiativen die während des „Dritten Reiches" erfolgte Entdomestizierung des Kapitalismus vorangetrieben haben. Aller korrumpierten Beziehungen, freundschaftlichen Verbindungen und aller ideologischen Übereinkunft zum Trotz konnten derartige Initiativen ihre verheerende Wirkung aber nur in einer Gesellschaft entfalten, die es zugelassen hatte, dass die Republik vor die Hunde ging. Sie hatte damit zugleich auf jene Grenzen der Aneignungsstrategien verzichtet, die einen domestizierten Kapitalismus von seinen historisch früheren Entwicklungsstadien unterscheidet. Davon haben viele profitiert, und die Volksgenossinnen und Volksgenossen, die in der Mitte der Gesellschaft lebten und sich politisch arrangierten, haben darunter kaum gelitten – jedenfalls nicht, solange der große Raub noch militärisch erfolgreich praktiziert wurde. Das nationalsozialistische Regime war kein Rückfall in eine vorbürgerliche Epoche und auch kein Rückfall vor die Entwicklung des Liberalismus – schließlich ist die Hochzeit des politischen Liberalismus zugleich die Zeit der Etablierung kolonialer Staatsgewalt, wohl aber war das nationalsozialistische Arbeitsregime ein Rückfall in einen vordomestizierten Kapitalismus. Folglich wurden Aneignungsstrategien möglich, ja sogar alltäglich, die wenige Jahre zuvor kaum denkbar gewesen waren.

Und es ist diese Undenkbarkeit, dieses „Herausfallen aus der Zeit", welches die Frage unabweisbar macht, ob es sich bei der erzwungenen Arbeit von Gefangenen um Sklaverei gehandelt habe. In den Prozessen, in deren Verlauf nach dem Krieg die Verbrechen gegen die Menschheit ermittelt und gesühnt werden sollten, die von Verantwortlichen des Regimes begangen worden waren, wurde der Terminus benutzt. Seither wird er – manchmal allerdings eher gönnerhaft – den Opfern der Gewaltpraxis zugestanden; solange jedenfalls, als nicht um Entschädigungszahlungen gerungen wird.

In aktuellen historischen Analysen ist der Terminus präsent, dann allerdings zumeist eingebettet in Versuche, Unterschiede zu anderen Formen erzwungener Arbeit zu benennen und außerdem zu bestimmen, wer unter den vielen Millionen, die während des Nationalsozialismus zur Arbeit in Deutschland gezwungen wurden, einer zureichenden wissenschaftlichen Definition zufolge noch im Nachhinein als Sklavin oder Sklave bezeichnet werden solle.

Derartige Diskussionen verdeutlichen spezifische Aspekte der gewaltförmigen Ausbeutung während der Zeit des Nationalsozialismus.[96] Sie gehen dennoch in die Irre. Denn die Beseitigung legaler Sklaverei hat aus der Bezeichnung einen politischen Begriff gemacht. Wird er seither gebraucht, so kritisiert er die ökonomische Vernutzung menschlicher Arbeitskraft bei gleichzeitiger Erniedrigung der Männer, Frauen und Kinder, denen der Ausweg aus einer derartigen Existenz durch die Androhung und den Einsatz von Gewalt verwehrt wird. Bei der Analyse erzwungener Arbeit in der Epoche intensivierter Globalisierung wird auf diese Bestimmung zurück zu kommen sein.

Ist von „Sklaverei" im Zusammenhang des Nationalsozialismus die Rede, so ist damit nicht nur eine Abkehr von einer historisch international durchgesetzten Norm, sondern auch von ökonomischer Rationalität angesprochen. Vermutlich ist dies kaum je präziser zum Ausdruck gebracht worden als in jener Frage, die ein Mithäftling Paul Martin Neurath 1938 stellte, als sie beide und andere mit „äußerst primitiven Arbeitsgeräten und einem Minimum an mechanischen Hilfsmitteln" an jenem Konzentrationslager bauten, in dem man sie gefangen hielt: „Wissen sie noch, wie wir damals die Pyramiden gebaut haben?" (1951/2004: 22)

Die Frage enthält die Charakterisierung der eigenen Situation, die Zuwendung zu einem Nebenmenschen, die diesen wissen ließ, dass man ihm zutraute, um die Bedingungen des Pyramidenbaus zu wissen, und das schiere Erstaunen über die Irrationalität der Verschwendung menschlicher Arbeitskraft. Im durchgesetzten Kapitalismus ist solche Irrationalität nur in Bereichen möglich, die ökonomischer Konkurrenz nicht unterliegen. Tatsächlich war die SS, so sehr ihre Anführer 1938 und in den darauf folgenden Jahren mit anderen Organisationen und Personen um politischen Einfluss konkurrierten, dieser Strukturgewalt nicht ausgesetzt. Folglich stand nichts der Intention entgegen, den Bau eines Konzentrationslagers nach der Art des Pyramidenbaus zu organisieren, solange sich der politische Zweck einer Bestrafung und Demütigung von Häftlingen auf diese Weise realisieren ließ.

Nun sind aber Männer, Frauen und Kinder während des Nationalsozialismus nicht nur innerhalb, sondern auch außerhalb von Konzentrationslagern zur Arbeit gezwungen worden. Und die Unternehmen, die Häftlinge anforderten, unterlagen allesamt ökonomischer Konkurrenz. Das galt auch für die Rüstungsindustrie. So sehr direkte Beziehungen zu den politischen Entscheidungsträgern über die Zuteilung von Aufträgen und von Produktionsmaterial entschieden, so musste doch „geliefert werden" oder mussten Lieferungen und neue Entwicklungen zumindest

96 Das gilt auch für Beiträge Marc Buggelns, die sich ausdrücklich mit dieser Thematik befassen. Bereits in einem 2008 publizierten Aufsatz begründet er, warum von „Skalverei" auch im 20. und im 21. Jahrhundert zu reden ist. In einer neueren Veröffentlichung wendet er sich für KZ-Häftlinge gegen die Formulierung *"less than slaves"* und plädiert stattdessen für die Benutzung von Sklavenarbeit. Sie sei mit einer hohen Sterblichkeitsrate verbunden gewesen. (2014: 231 &241)

glaubhaft gemacht werden können. Also wurde die Möglichkeit, die Knappheit an Arbeitskräften durch die Vernutzung von den dazu gezwungenen Frauen, Männern und Kindern zu mildern, ausgenutzt. Und im Laufe der Kriegsjahre müssen sich die Allermeisten an den Anblick von gezwungenen „Zivilarbeiterinnen" und „Zivilarbeitern", von Kriegsgefangenen und schließlich auch von Häftlingen aus den Konzentrationslagern gewöhnt haben. Erzwungene Arbeit wurde zum Alltagsphänomen. Wie in allen Alltagen, so gab es auch in der Zeit des Nationalsozialismus Einzelne, die sich den Vorschriften, der Gewöhnung und den allgemeinen Verhaltensmustern entzogen. Aber in die dominante ökonomische Rationalität der Zeit wurde Zwangsarbeit – in allen ihren Formen – schließlich integriert. Vielfach ist diskutiert worden, ob dieses System zusammengebrochen wäre, weil die bereits in den späten 1930er Jahren deutlich gewordene Finanzkrise des Staates schließlich nicht mehr länger hätte verdeckt werden können. Für unseren Zusammenhang ist diese Frage unerheblich, unabweisbar dagegen die Einsicht, dass betriebswirtschaftliche Strategien die Unfreiheit und die Qual von Arbeitskräften insoweit „in Rechnung" zogen als Staatsgewalt derartige Praxis ermöglichte. Das Ende dieser spezifischen historischen Ausprägung eines kapitalistischen Ausbeutungsregimes wurde militärisch und politisch erkämpft, von außen.

Kapitel VII: Domestizierter Kapitalismus in globalisierter Konkurrenz

In den folgenden Kapiteln wird Globalisierung vor allem unter dem Aspekt der Relativierung von Grenzen behandelt, darunter vor allem jener Grenzen, die Aneignungsstrategien durch die Domestizierung des Kapitalismus gesetzt wurden.

Weil Kapitalismus von allem Anfang an ein potentiell internationales Funktionssystem war und Kapitaleigner seit jeher dazu tendieren, von allen sich bietenden Möglichkeiten der Aneignung Gebrauch zu machen, lassen sich für sehr viele Merkmale des globalisierten Kapitalismus frühere Ausprägungen finden. In ihrer Summe markieren die Veränderungen dennoch eine neue Entwicklungsphase des Kapitalismus. Die verstärkte Bedeutung der Finanzwirtschaft steigert die prinzipielle Krisenanfälligkeit des Kapitalismus. Und weltweit hat Globalisierung bereits erreichte Elemente der Domestizierung bedroht, bzw. Bemühungen der Domestizierung behindert. Genauer gesagt: Interessierte Kapitaleigner haben die Internationalisierung der Konkurrenz befördert und diese sodann als Argument eingesetzt, um den „Konsolidierungsstaat" (Streeck) in Gesellschaften des domestizierten Kapitalismus zu demontieren. Auf die dadurch veränderten wirtschaftspolitischen Strategien wird im Folgenden ebenso wenig Bezug genommen, wie auf neue politische Strukturen und auf kulturelle Entwicklungen. Stattdessen wird verdeutlicht, inwiefern sich Voraussetzungen, Formen und Wirkungen der Praxis direkter Gewalt im Zuge der Globalisierung verändert haben.

Voraussetzungen der Globalisierung

Nach dem Ende der tiefgehenden Versorgungskrise, die von Überlebenden des Weltkrieges in europäischen Ländern durchzustehen war, setzte zu Beginn der 1950er Jahre eine Phase des rasanten und anhaltenden Wirtschaftswachstums ein.[1] Gefördert wurde diese Entwicklung durch die Notwendigkeit zu Ersatzinvestitionen. In den USA waren diese kaum von Nöten, doch förderte der sog. Marshall-Plan die internationale Nachfrage nach Produkten, auf deren Absatz US-amerikanische Produzenten angewiesen waren. (Panitch & Gindin 2012: 90). 1950 bewirkte der Beginn des Koreakrieges internationale Nachfrage nach Rohstoffen und Maschinen.

In metropolen kapitalistischen Ländern wuchs der Anteil der Lohnabhängigen in der Bevölkerung. Robert Castel spricht von der Entwicklung zu „Lohnarbeitsgesellschaften". (1996/2000, Kap. 7) Dass nahezu alle Arbeitskräfte Beschäftigung fanden, ermöglichte Gewerkschaften harte Lohnverhandlungen. Streiks waren häufig, wurden aber zumeist vergleichsweise rasch beendet. Ankündigung, Durchführung und Beendigung von Streiks wurden Elemente einer – teilweise gesetzlich geregelten, vor allem aber in Praxis verankerten Institution des Kapitalismus. In manchen Ländern versuchten Regierungen, die Entwicklung von Kompromissen zwischen Kapital und Arbeit dadurch auf Dauer zu stellen, dass Gewerkschaften auch als Verhandlungspartner von Regierungen akzeptiert wurden. Nirgends war dies deutlicher als in der Bundesrepublik Deutschland und dort auch deshalb möglich, weil Gewerkschaften Mitbestimmung über die Angelegenheiten von Unternehmen als vordringlichstes Ziel galt. Während Gewerkschaften in Großbritannien mit ihrem Kampf für „Industrielle Demokratie" eine größere Unabhängigkeit von Managemententscheidungen durchsetzen wollten (Strinati 1982: 169-179), gewöhnten sich Tarifpartner und Regierung in der Bundesrepublik an regelmäßige informelle Absprachen. Sie sind als „Konzertierte Aktion" bekannt geworden. Anfang der 1970er Jahre waren die Treffen Routine. (Clark & Hartmann & Lau & Winchester 1980: 122f.; 52f.)

Solange das 1944 in Bretton Woods beschlossene Weltwährungsabkommen Bestand hatte, bewältigten nationale Regierungen vorübergehende Einbrüche des Produktionswachstums mittels Staatsausgaben. Der Entwicklungszuversicht wegen wurden diese auch durch Schulden finanziert. *« En pleine prospérité on anticipait la prospérité »* schrieb Jean Fourastié im Rückblick (1979: 251) Das funktionierte, solange Kapitaleigner überwiegend im nationalen Rahmen agierten[2] und Regierungen die Steuerungsmöglichkeiten in Gang setzen konnten, die ihnen das Weltwährungsabkommen zur Verfügung stellte.[3]

---

1 Für eine ausführliche Diskussion der Ursachen dieser Entwicklungen in der Bundesrepublik vgl. Herbert (2014: Kap. 12).

2 Zur Absicherung nationaler Wirtschaftspolitik hatten Anfang der 1960er Jahre zahlreiche Regierungen Kapitalverkehrskontrollen beschlossen.

3 Nationale Wirtschaftspolitik war wirksam, weil die einheitliche Weltwährung einer Spekulation auf Wechselkursveränderungen entgegenstand und Kapitalverkehr überwiegend auf Zahlungen zwischen Regierungen beschränkt blieb.

Politisch-ökonomische Entwicklungen der 1950er und 1960er Jahre machten deutlich, dass dieses Abkommen sehr krisenanfällig war. Als es 1944 beschlossen worden war, schien die ökonomische, militärische und politische Vormachtstellung der USA auf lange Sicht unantastbar. Folglich sahen die Experten, die in den Verhandlungen dominierten,[4] auch keine Schwierigkeit voraus, als sie garantierten, dass auf Ersuchen von Nationalbanken Dollar in Gold umgetauscht werden würden.

Aus eben dieser Garantie sollte dann allerdings eine der Ursachen für die Krise des Währungssystems erwachsen. Denn die Politik der USA verschlang immense Summen. Ausgaben für die im Land produzierten Güter der Rüstungsindustrie, für den Krieg in Vietnam und für die Entwicklungshilfe wurden mittels neu gedruckter Dollars beglichen, weshalb sich Ende der 1960er Jahre in den USA inflationäre Tendenzen entwickelten. Um die in Bretton Woods beschlossenen Wechselkursparitäten beizubehalten, musste folglich auch die Geldmenge in anderen nationalen Ökonomien erhöht werden. Damit wurden die inflationären Tendenzen der US-amerikanischen Wirtschaft exportiert. Weil aber die Förderung von Gold nicht in dem zuvor erwarteten Maße gestiegen war und weil die wachsende ökonomische Stärke der Bundesrepublik und Japans dazu führte, dass deren Nationalbanken wachsende Mengen an Dollar in Gold konvertiert haben wollten, sanken die Goldreserven der USA dramatisch. Am 15. August 1971 kündigte der Präsident der USA die in Bretton Woods gemachte Zusage, jederzeit Dollar in Gold zu konvertieren. Weil daraufhin der Wert des Dollar dramatisch sank, wurden immer mehr Dollar in DM umgetauscht. Um deren Kurs zu drücken, kaufte die Bundesbank ihrerseits Dollar. Als sie 1973 beschloss, diese Politik nicht fortzusetzen, war das Weltwährungssystem am Ende. Wechselkurse flottierten. Kapitaleignern bot sich die Möglichkeit, auf Wechselkursschwankungen zu spekulieren.

Folglich mussten international tätige Unternehmen fortan bestrebt sein, sich gegen die ständigen Schwankungen von Wechselkursen abzusichern. Sehr schnell wurden die sog. Derivate, eigens zu diesem Zweck geschaffene neue Finanzprodukte, zu neuen Objekten der Spekulation. (Huffschmid 1999/2002: 46; Hermann 2013: 192-194)[5]

---

4 John Maynard Keynes allerdings hatte ein anderes System vorgeschlagen.

5 Vorbote späterer Entwicklungen war die Entstehung des sog. Eurodollarmarktes. Sie hatte bereits in den 1950er Jahren begonnen, als die UdSSR Dollarreserven in Europa deponierte, um zu verhindern, dass sie in den USA beschlagnahmt würden. Europäische Banken wechselten diese Dollars nicht in die nationale Währung, sondern gaben sie als Kredite aus. (Daher die Bezeichnung Eurodollarmarkt.) Der Vorteil dieser Verfahrensweise bestand darin, dass sie es möglich machte, außerhalb der nationalen Kapitalverkehrskontrollen zu agieren. Manche Banken, darunter Zweigstellen von US-amerikanischen Banken in Europa, spezialisierten sich auf diese Geschäfte mit frei transferierbarem Kapital. Sie konnten dafür auch die in europäischen Währungen erzielten Profite US-amerikanischer Konzerne einsetzen. Als Ende der 1960er Jahre das Vertrauen in die Stabilität der US-Währung zu schwinden begann, wuchs der Umfang an Eurodollars. Von dem Markt für Eurobonds (festverzinslichen Wertpapieren), der sich auf dieser Basis entwickelte, konnten auch andere Banken, Unternehmen und öffentliche Institutionen profitieren. Mit den vergleichsweise niedrigen Zinsen dieser Anleihen wurden auch große öffentliche Vorhaben finanziert. Weil sich diese Entwicklungen sowohl außerhalb von

Entscheidungen

Der Zusammenbruch des Weltwährungssystems ermöglichte Spekulation auf die Veränderung von Währungen, hätte allein aber noch nicht die dramatische Veränderung der Weltwirtschaft provoziert, die sich in den nächsten Jahren vollzog. Den Anstoß für diese Veränderungen gab 1973 der Beschluss der Organisation ölexportierender Länder (OPEC),[6] den Preis für Rohöl drastisch zu erhöhen, um so den dramatischen Verfall der Dollarguthaben dieser Länder in den USA sowie ihrer Einnahmen auszugleichen. (Ölgeschäfte wurden – und werden nach wie vor überwiegend – in Dollar abgewickelt.) Nach Erhöhungen in den Jahren 1973 und 1974 war der Preis bereits viermal so hoch wie zuvor. 1979 erfolgte eine weitere Erhöhung.[7] Weil Rohöl bislang die nahezu ausschließliche Energiequelle im metropolen Kapitalismus war,[8] kam es zu immensen Kostensteigerungen der Produktion, der Infrastruktur und des Konsums.

In allen metropolen kapitalistischen Ländern wurde der Ölschock zum Auslöser einer Wirtschaftskrise mit hohen Arbeitslosenzahlen, am deutlichsten in den USA und in Großbritannien. (Hermann, 2013: 186) Während die höheren Preise für Öl vielfach als Ursache der Krise interpretiert wurden, gelten sie heute eher als Katalysatoren einer Entwicklung, die ohnehin unabweisbar war. (Hansen 2001: 437)

Tatsächlich hatten sich die Aussichten auf Profite, die mittels industrieller Produktion erzielt werden sollten, bereits in den vorhergehenden Jahren verschlechtert. Denn zum einen waren die besonders günstigen Bedingungen der Nachkriegszeit inzwischen

---

Kapitalverkehrskontrollen als auch von nationaler Geldpolitik vollzogen, untergruben sie die Stabilität des Bretton Woods Systems. Die Situation verschärfte sich mit zunehmenden Investitionen großer Konzerne im Ausland. Diese *"Multinationals"* wickelten erhebliche Mengen an Handelsgeschäften als unternehmensinterne Transfers ab. Die dabei geforderten Preise wurden betriebswirtschaftlich festgesetzt und betriebswirtschaftlich wurde auch beschlossen, in welchem nationalen Steuersystem die Profite anfallen sollten.
Heute werden als „Eurodollar" alle Kredite bezeichnet, die Banken nicht in nationaler Währung ausgeben, also z.B. auch ein Kredit, den eine japanische Bank in Euros ausgibt.

6 Die OPEC wurde im September 1960 gegründet, um der Macht westlicher Ölkonzerne entgegen zu treten. Gründungsmitglieder waren Saudi-Arabien, Venezuela, Kuweit, Iran und Irak. (Beobachtend war auch Katar beteiligt.) Heute ist die OPEC ein Zusammenschluss von Geschäftsleuten aus 13 Ländern. Absprachen zwischen den Mitgliedern wurden selten eingehalten, weil auch intern um Marktanteile konkurriert wird. Auch 2016 sind noch 70 % der Ölreserven unter der Kontrolle von Mitgliedern der OPEC. Vgl. Jan Willmroth, Das verkannte Kartell, Süddeutsche Zeitung, Nr. 40, 18.2.2016, S. 17.

7 Ulrike Hermann hat darauf hingewiesen, dass es für die Preiserhöhungen der OPEC auch politische Gründe gab. (2013: Anm. 70)

8 Während der „Dreißig Glorreichen Jahre" waren nicht nur die Ursachen für spätere ökonomische Krisen entstanden, der ausschließliche und wachsende Verbrauch von natürlichen Rohstoffen produzierte auch jene „Grenzen des Wachstums", die in einer vom „Club of Rome" in Auftrag gegebenen Untersuchung 1972 erstmals mit einer beträchtlichen öffentlichen Wirkung dargelegt wurden.Vgl. https://commons.wikimedia.org./wiki/Category:The-Limits_To-Growth?uselang=de.

geschwunden, zum anderen hatten erfolgreiche Kämpfe um Lohnerhöhungen das Verhältnis von Profiten zu Löhnen in mehreren Ländern ausnahmsweise zugunsten der letzteren verändert, und schließlich waren die Produktivitätsreserven auf der Basis aktuell verfügbarer Technologie weitgehend ausgeschöpft. In dieser Situation drängten Kapitaleigner nationalstaatliche Regierungen, ihnen die Möglichkeiten der Anlage auf Finanzmärkten zu eröffnen, indem sie die bislang bestehenden Beschränkungen des Kapitalverkehrs aufhoben. Nachdem die Regierung der USA 1974 als erste dieser Forderung entsprach, folgten im Laufe der nächsten zwei Jahrzehnte die Regierungen aller metropolen kapitalistischen Länder diesem Beispiel. Damit eröffnete sich Kapitaleignern die Chance, von den rasch wachsenden Möglichkeiten der Spekulation auf Finanzmärkten Gebrauch zu machen. In Windeseile entstand eine „Kultur der Gier" (Hermann 2013: 192) Die Einzelheiten dieser Entwicklung sind für den Zusammenhang dieser Untersuchung nicht von Belang,[9] wohl aber, was Jörg Huffschmid als ihre Wirkung zusammengefasst hat: Die Freigabe des Kapitalverkehrs zog politische Konsequenzen im Innern nach sich: „Um das Kapital im Land zu halten, müssen ihm jetzt mindestens genauso günstige Verwertungsgelegenheiten gegeben werden wie im Ausland." (2002: 132) Joachim Hirsch konstatierte, dass das Erfordernis, mit günstigen Standortbedingungen um investives Kapital zu werben, „einen Wettlauf nach unten in Bezug auf Einkommen, Sozial-und Umweltstandards annehmen kann." (2005: 145) Um ihn in Gang zu setzen, war eine Änderung politischer Verhältnisse erforderlich. Regierungen standen damit vor der Wahl, Rücksichten auf Gewerkschaften und linke politische Kräfte zu nehmen und die bisher erreichten sozialen und politischen Kompromisse so weit als möglich zu erhalten[10] oder aber eine „Konterrevolution" gegen eben diese Kompromisse in Gang zu setzen.[11] Eine nach der anderen der Regierungen metropolkapitalistischer Gesellschaften hat sich für das Letztere entschieden.

9 Jörg Huffschmid hat sie präzise und verständlich erläutert. (1999/2002: insbes. Kap. 1)

10 So die Regierung der sozial-liberalen Koalition in der Bundesrepublik. Vgl. dazu Abelshauser (2004/2011: 401).

11 Als *"counterrevolution"* gegen die vorhergehenden *"collectivist policies"* und das *"post-war political settlement"* bezeichnet Dennis Kavanagh die Strategie Margaret Thatchers in Großbritannien. (1987/1990: 245 und Vorwort zur 2. Auflage)

Das politische Ende der „Dreißig Glorreichen"

1979 veröffentlichte Jean Fourastié eine Untersuchung mit dem Titel *« Les Trente Glorieuses ou la révolution invisible de 1946 à 1975 »*. Anders als an jenen drei Tagen im Juli 1830, die in die französische Geschichte als die „Drei Glorreichen" eingegangen sind, sei die neuerliche Revolution nicht gewaltsam, sondern im Verlauf von „dreißig glorreichen" Jahren gewissermaßen „unsichtbar" vor sich gegangen. Während der langen Phase der Prosperität hätten sich revolutionäre Veränderungen der wirtschaftlichen und politischen Verhältnisse vollzogen. Allerdings seien im Verlauf dieser glorreichen Jahre von der Bevölkerung nicht etwa der wachsende Lebensstandard und die neuen Möglichkeiten der Lebensführung gerühmt worden, stattdessen habe sich « *morosité* » (Sauertöpfigkeit) breit gemacht. Allenthalben sei auf soziale und politische Konflikte sowie auf internationale Kriege verwiesen worden. (1979: 232) Das lässt sich auch anders sehen:

Nachdem Ende der 1950er Jahre die drängendsten Existenzsorgen überwunden waren und weiteres Wirtschaftswachstum erwartet wurde, waren in metropolen kapitalistischen Ländern Forderungen nach politischen Veränderungen laut geworden. Insbesondere in der Bundesrepublik, weniger deutlich aber auch in anderen Staaten des „Westens", bewirkte die politisch-ökonomische Konfrontation mit dem „Ostblock", dass sozialpolitische Forderungen Gehör fanden. In den USA forderte die *"black freedom"* Bewegung grundlegende Rechte ein, in Europa verlangten Gewerkschaften nicht nur höhere Löhne, sondern auch eine „Humanisierung der Arbeitswelt". (vgl. z.B. Vetter 1973: 1-11) „Bewegungen" drängten auf die Reform des Bildungssystems und auf die rechtliche Gleichstellung von Frauen, andere mahnten an, das Strafrecht, das Gefängniswesen und die Psychiatrie zu reformieren. Manche der daraufhin erfolgten Reformen bewirkten eine nachhaltige Veränderung von Staat und Gesellschaft. Obwohl in den 1980er Jahren die staatliche Unterstützung verbesserter Menschenrechte in den USA wieder endete, (Wilson 1996: 197-200) konnte das 1965 verabschiedete Wahlrechtsgesetz, das den bisher nahezu vollständigen Ausschluss von schwarzen US-Bürgern beseitigte, nie wieder außer Kraft gesetzt werden. (Isserman & Kazin 2008: 309) Insgesamt war ein politisches Klima entstanden, das zahlreiche Männer und Frauen in metropolen kapitalistischen Ländern dazu brachte, sich nicht nur Verbesserungen ihrer eigenen materiellen Lage zu erhofften, sondern auch zahlreiche weitere Veränderungen für möglich zu erachteten. Viele Ansprüche waren darauf gerichtet, das aktuelle und zukünftige Verhältnis zwischen Kapital und Arbeit und zu verändern,[12] andere wurden zugunsten von Bevölkerungs-

12 In theoretischen Debatten wird diese Phase, deren Beginn in den USA allerdings bereits auf die 1930er Jahre datiert wird, vielfach als „Fordismus" bezeichnet. Der Terminus unterstellt das Zusammenwirken von spezifischen Formen der Arbeitsorganisation mit Formen der Akkumulation und besonderen Ausprägungen der Staatstätigkeit. (vgl. z.B. Jessop 2002; Hirsch 1994; 2005) Ich übernehme weder den Terminus noch die mit seinem Gebrauch verbundene theoretische Konzeption des „Regulationsregimes". Zur Begründung vgl. Gerstenberger (2007: 180-182).

gruppen erhoben, deren Existenzbedingungen den aktuell verbreiteten Auffassungen von Gerechtigkeit nicht mehr entsprachen.

In öffentlichen Diskursen wurden auch bisher gängige Praktiken direkter Gewalt angeprangert, vereinzelt wurden diese Praktiken kriminalisiert. Nicht überall, aber doch vielerorts, wurden Prügelstrafen in Schulen und gewalttätige häusliche Erziehungspraktiken verboten, schließlich auch die Vergewaltigung in der Ehe. Was die Praxis direkter Gewalt in Arbeitsverhältnissen anlangt, so bewirkte die Situation der Vollbeschäftigung mehr als es Strafgesetzen je möglich gewesen war. Zusammenfassend und anders formuliert: am Ende der „dreißig glorreichen Jahre" dominierten in metropolen kapitalistischen Ländern nicht nur die strukturellen Zwänge kapitalistischer Konkurrenz, es waren auch Praktiken direkter Gewalt weiter zurückgedrängt worden.[13]

Diese Entwicklung war jedoch nicht flächendeckend. Lücken wurden insbesondere offenbar, wenn rassistische Diskriminierung in handgreifliche Praxis mündete und die Opfer solcher Übergriffe sich nicht auf den Schutz durch die Ordnungskräfte des Staates verlassen konnten. Vielfach wurde direkte Gewalt auch durch diese Ordnungskräfte selbst praktiziert. Grundsätzlich entsprechen Polizeikräfte mit der Anwendung von Gewalt dem Auftrag, die staatlich garantierte gesellschaftliche Ordnung mit den ihnen zur Verfügung gestellten Mitteln zu schützen. Was die dadurch nicht gedeckten Übergriffe von Polizisten gegenüber Einwohnern anlangt, so haben sie zwei Ursachen: Die eine ergibt sich aus der Übereinstimmung des Polizeiverhaltens mit den in der Gesellschaft verbreiteten Feindbildern, die andere ist in der Institution „Polizei" als Möglichkeit angelegt. Denn die Polizei ist eine „Organisation mit Gewaltlizenz". (Vgl. Herrnkind & Scheerer, Hg. 2003) Zwar sollen Polizeikräfte Gewalt gegen Personen nur auf Weisung dazu berechtigter staatlicher Stellen anwenden,[14] doch muss Polizeikräften im Einsatz auch Autonomie zugestanden werden. Das politisch zugestandene Maß an polizeilicher Gewalt war – und ist – in manchen Staaten größer als in anderen.

In Großbritannien war es traditionell vergleichsweise gering. Ab 1980 sah sich die Regierung jedoch durch Auseinandersetzungen mit Aktivisten der republikanischen Bewegung in Nordirland sowie durch soziale Unruhen in mehreren großen Städten Englands zu weitreichenden Veränderungen von Ausstattung und Ausbildung der Polizei veranlasst. (Gamble 1988: 107f.) Bereits zuvor hatten sich das Verbot von (mehr als zwei) Streikposten und rassistische Vorurteile gegen streikende Immigranten zu missbräuch-

---

13 John Lancaster hat darauf verwiesen, dass während der Dauer des Kalten Krieges die Foltermethode des *waterboarding* als völlig unzulässig galt. Nachdem sich „der Westen" dann aber nicht länger veranlasst sah, der Welt seine moralische Überlegenheit vor Augen zu führen, wurde *waterboarding* zu einem explizit gebilligten Instrument der US-amerikanischen und britischen Geheimdienste. Vgl.: John Lancaster, Stiller Putsch. Der Sieg des Kapitalismus und seine Folgen, Le Monde diplomatique, März 2013, S. 3.

14 Dass Polizei eine „Organisation mit Gewaltlizenz" ist, war Thema einer Tagung, die im November 2000 von der „Bundesarbeitsgemeinschaft Kritischer Polizistinnen und Polizisten in der Bundesrepublik" veranstaltet wurde. Vgl. http://www.kritische-polizisten.de.

lichen polizeilichen Aktionen aufsummiert. (Humphrey 1972: 78-83 und passim[15]) In dem ein ganzes Jahr dauernden Bergarbeiterstreik unterlagen1984/85 Gewerkschafter der bereits zuvor per Gesetzen gegen Streiks und Gewerkschaften aufgerüsteten Staatsmacht. Zentrale Elemente der spezifisch britischen Domestizierung des Kapitalismus wurden von Seiten der Regierung nicht länger akzeptiert.

In den USA war die Praxis illegaler Gewalt durch die Polizei in den 1960er Jahren so präsent, dass der Sprecher einer Stadt im Norden der USA bei einer vom Weißen Haus veranstalteten Tagung 1966 formulierte: „Ich muss leider sagen, dass manche Menschen die Polizei als Besatzungsarmee ansehen, als Feind." (Sterling 1968: 239f.)[16] Tatsachlich ist der Einsatz an staatlichem Gewaltpotential gegen die Demonstration politischer und sozialer Kritik in den USA damals durch den vielfachen Einsatz der Nationalgarde noch zusätzlich vergrößert worden.[17] Seither hat sich die Situation nicht zuletzt auch dadurch perpetuiert, dass Polizeikräfte mit vom Militär ausgemusterten Waffen ausgestattet werden.[18]

---

15 Vgl. auch den im selben Band enthaltenen Kommentar von John Gus (1972: 209-232).

16 Der Satz könnte auch im August 2014 gefallen sein. Über die mit Kriegsgerät ausgerüstete Polizei, die in Ferguson, Missouri tagelang gewaltsam gegen Demonstranten vorgegangen war, die sich über den Tod eines unbewaffneten Jugendlichen empörten, der von einem Polizisten erschossen worden war, sagte Kara Dansky von der *American Civil Liberties Union* „Sie betrachten die Gemeinden, die sie schützen sollen, als Feinde." Dorothea Hahn, Nach fünf Tagen greift endlich Präsident Obama die Wut auf, TAZ, 16./17.8.2014, S. 3.

17 Die Nationalgarde wurde vor allem eingesetzt, um Aufstände in den Ghettos niederzuschlagen. 1967 wurde sie 29-mal von lokalen Obrigkeiten zu Hilfe gerufen, 1968 106-mal. Immer ging es darum, *"black riots"*, also Aufstände von Schwarzen, nieder zu schlagen. Die Milizeinheiten wurden in Aufstandsbekämpfung geschult. Der Versuch, den Anteil Schwarzer in der Nationalgarde zu steigern, war nicht erfolgreich. (Button 1978: 129-130) Weil sie besser geschult waren – und weil lokale Behörden nicht wie im Fall des Einsatzes von Einheiten der Nationalgarde die anfallenden Kosten zu bezahlen hatten, wurden zunehmend Einheiten der Armee genutzt. Und die Armee, so ein Beamter des Justizministeriums, „liebt Kriegsspiele. Sie hat sich der Aufstandskontrolle mit Eifer gewidmet." (Clark 1971: 257; zit. Button 1978: 130-131) Nach den städtischen Unruhen der Jahre 1967 und 1968 entwickelte die Armee ein riesiges System der Ausspähung politischer Gruppen und politisch aktiver Bürger. Das traf ganz selbstverständlich militante Schwarze, die sich *"Black Panther"* nannten und die bis dahin in der Bürgerrechtsbewegung dominante prinzipielle Gewaltlosigkeit ablehnten. Von Polizisten verprügelt wurden in vielen US-amerikanischen Städten aber auch Teilnehmerinnen und Teilnehmer von Demonstrationen gegen den Krieg in Vietnam. Als im Mai 1970 in vielen Städten der USA gegen die amerikanische Invasion Kambodschas demonstriert wurde, forderte der Bürgermeister der Universitätsstadt Kent (Ohio) vom Gouverneur des Landes den Einsatz der Nationalgarde. Als es der Einheit nicht gelang, eine nicht genehmigte Protestkundgebung aufzulösen, eröffneten die Soldaten das Feuer auf die unbewaffnete Menge. Vier Demonstranten starben, acht wurden verletzt. Das *"Kent-State- Massacre"* löste landesweite Proteste und den größten Studentenstreik der US-amerikanischen Geschichte aus. Eine gerichtliche Untersuchung blieb aus.

18 Als im August 2014 Polizei „in Kampfuniform, mit Gasmasken und in minensicheren Panzerwagen" in Ferguson, Missouri gegen Einwohner der Stadt eingesetzt wurde, die mit erhobenen Händen demonstrierten, sagte ein US-Kriegsveteran: 'Als wir in den Irak einmarschiert sind, waren wir nicht so gut ausgerüstet.' Dorothea Hahn, Kopfschüsse und Tränengas, TAZ, 19.8.2014, S. 2.

Die Gefahr einer ausufernden Gewaltpraxis von Polizeikräften ist besonders groß, wenn es keine internen Kontrollen des Polizeiverhaltens gibt. Eine derartige systematische Kontrolle stand in Frankreich 1961 noch nicht zur Debatte. Und daran hat sich auch nichts geändert, nachdem am 17. Oktober 1961 in Paris Hunderte Algerier und Algerierinnen von Polizisten ermordet wurden. Die späteren Opfer von Polizeigewalt hatten sich zu einer von der algerischen FLN (*Front de Libération Nationale*) geplanten, offiziell aber nicht genehmigten, Demonstration zusammen gefunden. Viele der von der Pariser Polizei Ermordeten lagen zunächst mitten in Paris auf der Straße, sehr viele von ihnen, darunter auch Verletzte, die noch gar nicht tot waren, wurden von Polizisten in die Seine geworfen. Die Eigenmächtigkeit der Polizei stand im Zusammenhang des Kampfes um die Unabhängigkeit Algeriens und sollte Angehörige der Polizei rächen, die bei Attentaten ums Leben gekommen waren.[19] 1991 publizierte Jean-Luc Einaudi seine Untersuchung der Vorgeschichte, des Verlaufs und der schrecklichen Ergebnisse des Massakers vom Oktober 1961. Das hatte keine politischen Folgen. Erst als 1998 Maurice Papon schuldig gesprochen wurde, während des Régimes von Vichy die Deportation von mehr als 1.500 Juden angeordnet zu haben, wurde in der Öffentlichkeit auch über seine Rolle als Präsident der Pariser Polizei im Jahre 1961 debattiert. Wegen der allgemeinen Amnestie für Gewalttaten, die im Zusammenhang des Algerienkrieges begangen wurden, ist keiner der Mörder des Oktober 1961 je gerichtlich belangt worden.[20]

1996 formulierte Maurice Rajsfus als Ergebnis seiner umfassenden Untersuchung über frühere und aktuelle Praktiken der französischen Polizei, dass – anders als im August 1944 versprochen –, die französische Polizei sich noch immer nicht entscheiden kann, eine republikanische Polizei zu sein. (1996: 374)

---

19 Bereits in den Wochen zuvor waren Algerier und Algerierinnen sowie Männer und Frauen, die von der Polizei für solche gehalten worden waren, aufgegriffen und verprügelt worden. Obwohl die FLN im Sommer 1961 seit Wochen keine Attentate mehr in Paris und den Vororten verübt hatte, begann die Polizei im August mit Razzien in den überwiegend von Algeriern bewohnten Stadtteilen. Wohnungen wurden verwüstet, ihre Bewohner auf der Straße zusammen getrieben und verprügelt. „Die Franzosen, die diesen Szenen beiwohnten, verhielten sich mehrheitlich gleichgültig." (Einaudi 1991: 62, Übers.) In den Polizeidienststellen wurde weiter geprügelt, bevor die Verhafteten ins Zentrum für Identifizierung nach Vincennes gebracht wurden. Während der Präsident der Republik mit Vertretern der algerischen Unabhängigkeitsbewegung verhandelte, forderte die Pariser Polizei Todesstrafen und Hinrichtungen für algerische Freiheitskämpfer. Als dies abgelehnt wurde, wuchs unter Polizisten die Bereitschaft zur Selbstjustiz. Vor dem Stadtrat von Paris, soll sich der Polizeipräsident später gerühmt haben, er habe die „Schlacht von Paris" gewonnen. Vgl. auch: http://www.spiegel.de/einestages/angriff-auf-algerier-a-947361.html.

20 Am 17. Oktober 2012 hat der französische Staatspräsident offiziell anerkannt, dass einundfünfzig Jahre zuvor in Paris ein Massaker durch eine staatliche Organisation verübt worden ist.

Kapitel VIII: Markt und Gewalt im globalisierten Kapitalismus

Im Zuge der Globalisierung des Kapitalismus wurden nicht nur politische und rechtlich Grenzen durchbrochen, sondern auch jene moralischen Normen verletzt, die in domestizierten kapitalistischen Gesellschaften zuvor Anerkennung gefunden hatten.

Ob es direkte Gewalt als Methode der Aneignung im globalisierten Kapitalismus häufiger oder seltener gibt als früher, ob sie schlimmer ist oder weniger schlimm, ist angesichts des Skandals, dass es sie überhaupt gibt, völlig unerheblich.[1] Vordringlich ist dagegen die Frage nach den Ursachen. Eine allgemeine Antwort auf diese Frage ist im Verlauf dieser Untersuchung bereits mehrfach formuliert worden: Von Ausnahmen abgesehen, tendieren Kapitaleigner dazu, für die Erzielung von Profiten alle sich ihnen bietenden Möglichkeiten wahrzunehmen. Ökonomische Konkurrenz kennt keine Grenzen, die ihr nicht „von außen", will sagen durch die jeweils relevante Öffentlichkeit und die jeweils relevante Staatsgewalt gesetzt werden. Die oben beschriebenen Prozesse der Domestizierung des Kapitalismus waren eben dies: die gesellschaftliche und politische Durchsetzung von Grenzen für den Verfolg von Aneignungsstrategien. Und in dem hier diskutierten Zusammenhang bedeutet „Globalisierung" die strategische Nutzung von Chancen, derartige Grenzen zu durchbrechen.[2]

Nachdem die Domestizierung des Kapitalismus in Ländern des metropolen Kapitalismus Aneignungsstrategien Grenzen gesetzt hatte, eröffneten die technischen, politischen und ökonomischen Entwicklungen, die im Terminus der Globalisierung zusammengefasst sind, neue Möglichkeiten der Aneignung. Die Vereinfachung des Transfers von Kapital sowie des Transports von Arbeitskräften intensivierten jene weltweiten Märkte für Arbeitskraft und für Investitionen, die durch den Handel mit Sklaven und mit Kuli-Verträgen sowie die kolonialen Formen der Ausbeutung von Ressourcen bereits zustande gebracht worden waren. Mit dem Zusammenbruch des Sowjetsystems und der Durchsetzung einer politischen Vormundschaft über formal souveräne postkoloniale

---

1 Daraus folgt auch Kritik an Steven Pinkers Unternehmung, eine neue Geschichte der Menschheit unter dem Blickwinkel der Gewalt zu schreiben. (2011) Der von ihm konstatierte Rückgang ist der Auswahl seiner Themen geschuldet.

2 Das ist, die Ausführungen Sol Picciottos zum Aufkommen, zu den unterschiedlichen Inhalten und zur politischen Verwendung des Terminus machen dies sehr deutlich, eine sehr spezifische Definition. (2011: Abschnitt 1.1.1) Für den Zusammenhang der vorliegenden Untersuchung erscheint sie mir nützlich – folglich gerechtfertigt.

Staaten wurden politische Voraussetzungen für die neue politische Raumordnung des Kapitalismus geschaffen.

Elemente dieser Raumordnung sind auch die Finanzmärkte, die den Anschein erwecken, sich unabhängig von den physischen Verankerungen kapitalistischer Produktion zu entwickeln. Finanztransaktionen, so scheint es, haben die im Kapitalismus angelegte Gefahr einer Nutzung direkter Gewalt endgültig hinter sich gelassen. Tatsächlich markiert die atemberaubend rasche Bewegung immenser Summen Geldes auf Finanzmärkten den vorläufigen Höhepunkt der historischen Transformation von Strategien direkter Gewalt in anonyme Marktkräfte, die von vielen als Merkmal des Übergangs von vorkapitalistischen zu kapitalistischen Formen des Wirtschaftens verstanden wird. Genau besehen basieren die Transaktionen auf Finanzmärkten allerdings auf Entscheidungen konkreter Institutionen und damit auch konkreter Personen.[3] Und konkrete Personen sind es auch, die von Auswirkungen dieser Entscheidungen betroffen sind. Indem politische Entscheidungen zunehmend in die Abhängigkeit von Kreditmärkten gebracht werden, verstärkt sich die weltweite Ermächtigung struktureller Gewalt. Sehr viele Menschen sind ihrer Wirkungsweise fast oder ganz schutzlos ausgeliefert. (Altvater & Mahnkopf 2002: passim) Das macht sie zu potentiellen Opfern von Praktiken gewaltförmiger Aneignung. Nur diese Praktiken werden im Folgenden angesprochen, wenn von „Entgrenzungen" die Rede ist.

Der Terminus bezieht sich zum einen auf politisch-geographische Grenzen: Indem Kapitaleigner die Besonderheiten nationaler Rechtsräume für Aneignungsstrategien nutzen, relativieren sie zugleich die Bedeutung staatlicher Grenzen für Kapitalstrategien. Zum anderen bezieht sich der Terminus der „Entgrenzung" auf jene Grenzen für Aneignungsstrategien, die mittels nationaler und internationaler Regulierungen durchgesetzt werden sollen. Derartige Regulierungen bringen historisch wandelbare, in Debatten, Kämpfen und Verhandlungen gefundene moralische Maßstäbe zum Ausdruck.

Mit der öffentlichen Moral ist es ein eigen Ding. In unserer heutigen Welt wird ihre Reichweite dadurch begrenzt, dass sie der Praxis kapitalistischer Formen der Aneignung nicht entgegen gestellt wird. Die in internationalen Öffentlichkeiten dominanten moralischen Maßstäbe richten sich nicht gegen Kapitalismus, sie richten sich aber gegen den Einsatz direkter Gewalt zum Zwecke der Aneignung und damit auch gegen Praktiken

---

3 Jürgen Osterhammel und Niels P. Petersson haben zu Recht darauf verwiesen, dass von „Globalisierung" nicht als von einem autonomen Prozess die Rede sein sollte. Stattdessen sei darauf zu bestehen, „dass auch die großen Makroprozesse Resultate individuellen oder kollektiven *Handelns* sind. (2003: 122) Inzwischen ist im Hinblick auf Entscheidungen über Transaktionen in Finanzmärkten eine Spezifizierung angebracht: Zwei Drittel dieser Entscheidungen werden heute nicht mehr von Börsenhändlern getroffen, sondern von Geräten, die darauf eingestellt sind, bei minimalen Kursveränderungen zu kaufen oder zu verkaufen. Die involvierte „Handlung" betrifft also die Entscheidung, Geräte zu installieren, die zu solchen Aktionen befähigt sind. Vgl. John Lancaster, Der Super-Klick. Wie Hochfrequenzhandel funktioniert, Le Monde diplomatique, Juli 2014, S. 1 & 6f.

von Kapitaleignern, welche Gefahren für Gesundheit und Leben von Arbeitskräften in den Wind schlagen.

Die nachfolgende Darstellung von „Entgrenzungen" der Ausbeutung umfasst ein weites Feld, schließt aber dennoch vieles aus. Weder thematisiert sie den tagtäglichen Kampf von Menschen, die sich quälen, um von weniger als einem Dollar pro Tag zu überleben, noch die selbstauferlegte Last quälend langer Arbeitstage all derer, die sich mühen, ihre Familien mit den ihnen verbliebenen Möglichkeiten der Subsistenzproduktion oder des Kleinhandels durchzubringen. Diese Formen entgrenzter Selbstausbeutung als „informelle Arbeit" zu bezeichnen, ist nur für kapitalistische Gesellschaften angebracht, in denen rechtlich und gesellschaftlich akzeptierte Normen „formeller" Arbeitsverhältnisse historisch durchgesetzt wurden. Im Zusammenhang dieser Arbeit werden die entsprechenden historischen Prozesse als Domestizierung des Kapitalismus bezeichnet. In kolonialen, postkolonialen und postsozialistischen Ländern waren und sind derartige Prozesse durchaus vorhanden, ihre Durchschlagskraft wird aber durch Neokolonialismus und durch die mit der Globalisierung verbundenen Praktiken der Entgrenzung geschmälert.

Vielerorts gab und gibt es Widerstand gegen Strategien, die Menschen ihrer Lebensmittel und ihrer Lebensformen berauben, vielerorts versuchen Menschen, sich der Unbill durch Migration zu entziehen. Sie vergrößern Migrationsströme, zu allererst diejenigen zu den nächsten großen Städten. Die Erde wird dadurch – Mike Davis hat das drastisch beschrieben – ein *"Planet of Slums"*. *Slums* gab es zur Zeit der Industrialisierung in den inzwischen metropolen kapitalistischen Ländern; *Slums* gab es in Kolonien, weil Einheimischen das Recht auf Landbesitz verweigert wurde; in der ersten Zeit der Unabhängigkeit wuchsen *slums*, weil viele in Städten bessere Lebensbedingungen suchten; in den 1950er und 1960er Jahren wuchsen *slums*, weil Menschen hofften, auf diese Weise Kriegen entfliehen zu können. (Davis 2006: 56-619) Niemals zuvor aber sind *slums* derart rasant gewachsen wie seit den letzten beiden Jahrzehnten des 20. Jahrhunderts. Als die großen Gläubigerinstitutionen forderten, dass Regierungen von Postkolonien drastische Strukturreformen ihrer Politik in Gang setzen, verloren arme Menschen in Städten nicht nur die Chance auf Gesundheitsversorgung und Bildung, sondern auch auf erschwinglichen Wohnraum. (Davis 2006: 69) Der *"Planet of Slums"* ist eine Folge jener politischen Praktiken, die darauf abzielen, die Chancen der Globalisierung auf Kapitaleigner zu begrenzen. (Davis 2006: 152-163)

Begleitet wird diese Politik durch Hilfsmaßnahmen, die Armen zwar selten helfen, sie aber vielfach entmündigen, desgleichen durch rabiate Ordnungspolitik. So werden *slums* immer wieder dadurch bekämpft, dass ihre Bewohner vertrieben werden. In jedem neuen *slum* aber werden die allerärmsten der Armen von anderen Armen ausgebeutet, indem sie ihnen Miete für miserable Hütten abverlangen oder Drogen verkaufen.

Wie schon zur Zeit, da Kolonialmächte Industrialisierung förderten, begrenzen auch heute viele Landbewohner ihre Arbeitsmigration in die Stadt auf einige Monate im Jahr. Und wie schon damals ergänzt die Subsistenzwirtschaft auf dem Lande für manche den kümmerlichen Lohn, für den sie sich in der Stadt verdingen müssen. In *slums* bekommen Menschen nur Zugang zu Trinkwasser, wenn sie es privaten Anbietern abkaufen; viele sterben in Feuern, andere an Krankheiten, die den unhygienischen Lebensbedingungen geschuldet sind. Im Jahr 2000 soll in Accra 75 % des Abfalls in schwarzen Polyethylen Beuteln aus menschlichen Föten bestanden haben.[4] Wer heute aus dem Weltall auf die Erde schaut, wird *slums* ganz ebenso wie hohe Berge und große Wasser als besondere Merkmale der Erde wahrnehmen, als Bestandteile ihrer „Natur".

Nicht immer ist die soziale Produktion von Räumen (*spaces*) derart augenfällig wie dies bei der Verbreitung und Vergrößerung von *slums* der Fall ist. Und doch gehört auch jene Region in Indien in den Zusammenhang der neuen „Erdkunde", die unter der Bezeichnung *Selbstmordgürtel* (*suicide belt*) bekannt geworden ist. Im letzten Jahrzehnt haben sich im indischen Staat Maharashtra an die 200.000 Bauern das Leben genommen, die allermeisten davon in Vidarbha.[5] Sie alle hatten Baumwolle angebaut. Die Abhängigkeit indischer Kleinbauern von Kredithaien ist nicht neu, doch ist sie durch die 1991 von der Regierung beschlossenen Marktreformen immens gesteigert worden. Sie setzen Kleinbauern ungeschützt weltweiter Konkurrenz aus. Um ökonomisch zu überleben, entschlossen sich viele, genetisch verändertes Saatgut zu kaufen – mit Krediten. Von Monsanto war versprochen worden, das genveränderte Saatgut werde die Erträge vervielfachen. Es muss jährlich neu erworben werden, dazu Düngemittel. Für die Steigerung der Erträge wäre allerdings mehr Wasser erforderlich gewesen als den Bauern selbst in einem klimatisch „normalen" Jahr zur Verfügung gestanden hätte. Als dann in vielen Teilen Indiens Trockenheit herrschte, ging die Saat oft überhaupt nicht auf. Andererseits zerstört Starkregen, den das genveränderte Saatgut schlecht verträgt, manchmal ganze Ernten.[6] Angaben der Weltbank zufolge haben 73 % der indischen Bauern keinen Zugang zu geregelten Bankkrediten, sind also Kredithaien ausgeliefert.[7] Die sehr hohen Zinsen (in einem von der *New York Times* dokumentierten Fall sollen sie 24 % betragen haben[8]) brachen Bauern – zunächst im übertragenen und dann vielfach auch im wörtlichen Sinne – das Genick. Ihre Witwen erbten die Schulden, derentwegen sich ihre Männer umgebracht hatten. Der indische *Selbstmordgürtel* hat physische Eigenschaften, sie sind

4 Mike Davis (2006: 135) zitiert H. Wellington (2002: 46), der seinerseits die Zeitung *"Daily Graphic"* vom 12.8.2000 zitiert. Die Zeitung berief sich auf den *Metropolitan Chief Executive* von Accra.

5 Vgl. http://info.kopp-verlag.de/hintergruende/geostrategie/iqbal-ahmed/moerderisaches-saat ...; abgerufen am 4.11.2013.

6 Panorama. DIE WELT, 4.4.2010; http://www.welt.de/vermischtes/article7048219/Dutzende-Bauern-begehen-Selbtsmord; abgerufen am 24.09.2014.

7 Tobias Matern, Ein Konto für die Verstoßenen, Süddeutsche Zeitung, Nr. 206, 8.9.2014, S. 22.

8 The New York Times international weekly/Süddeutsche Zeitung, 28.2.2014, S. 1 & 4.

es jedoch nicht, die eine Region geschaffen haben, in welcher jährlich tausende Bauern ihre Frauen und Kinder den Schulden und dem Hunger überlassen.[9]

9 Indien: Selbstmordserie unter Baumwollbauern; Das Erste.de, Sendetermin 29.09.2013, Video verfügbar bis 29.9.2033; vgl. http://.daserste.de/information/politik-weltgeschehen/weltspiegel/sendungen/swr/2...; abgerufen am 24.9.2014; vgl. auch: 4.4.2010, Selbstmordwelle unter indischen Bauern: http://www.sueddeutsche.de/politik/politik-kompakt-abruesten-unter-freunden-1.2085...; abgerufen am 1.10.2013.

Sechste theoretische Zwischenbemerkung: Entgrenzte Ausbeutung

In der kapitalistischen Welt sind Grenzen der Ausbeutung durch Gesetze, durch internationale Regulierungen und auch durch mehr oder minder formelle Selbstverpflichtungen von Kapitaleignern gesetzt. Sie alle sind erkämpft worden, und sie alle sind historisch wandelbar. Zu derartigem Wandel trägt maßgeblich bei, was in einer kritischen nationalen sowie internationalen Öffentlichkeit als unerträglich angeprangert wird.

Seit den internationalen Protestbewegungen gegen staatlich akzeptierte und staatlich sanktionierte Sklaverei, gilt „Sklaverei" als Inbegriff einer auf Zwang, Entrechtung und Erniedrigung basierenden Ausbeutung von Arbeitskräften. Und bis heute reden sowohl Betroffene sehr harter Arbeitsbedingungen als auch deren Kritikerinnen und Kritiker von Sklavenarbeit. Wenn Kevin Bales von der „neuen Sklaverei" schreibt (1999/2001), so meint er damit all die vielen Menschen, die nicht nur durch Not, sondern auch durch konkrete Zwangsmaßnahmen veranlasst werden, bestimmte Arbeiten auszuführen. Zur Zeit der Abfassung seines Buches wurden diese „Wegwerfmenschen" (*disposable people*) auf 27 Millionen geschätzt. Auf dieselben Menschen bezieht sich die *International Labor Organisation* (ILO), wenn sie von den 27 Millionen spricht, die heute weltweit in Zwangsarbeitsverhältnissen existieren müssen. 880.000 von ihnen wurden 2013 in Europa ermittelt.[10]

Der terminologische Unterschied ist Folge internationaler Rechtspolitik. Von „Zwangsarbeit" zu reden, wurde historisch üblich, als europäische Kolonialmächte behaupteten, in ihren Kolonien sei Sklaverei nicht nur kriminalisiert, sondern auch tatsächlich abgeschafft worden.[11] Fortan wurde die offensichtliche Fortdauer (nicht nur materiell) erzwungener Arbeit als Mittel zur Zivilisierung der kolonisierten Bevölkerungen bezeichnet. Mit der Diskreditierung kolonialer Herrschaft schwand diese Rechtfertigung, erzwungene Arbeit aber blieb. Während viele sie weiterhin als Sklaverei bezeichneten, versuchten sich internationale Organisationen an genaueren Bestimmungen.

1926 beschloss der Völkerbund (*League of Nations*) eine Konvention zur Beendigung von Sklaverei und Sklavenhandel. Im Einzelnen benannt wurden Schuldsklaverei, Knechtschaft und Zwangsheirat. 1930 verabschiedete die Internationale Arbeitsorganisation (*International Labor Organisation)* die Konvention gegen Zwangsarbeit (*Forced Labor Convention)*, welche Zwangsarbeit in Artikel 2 als „jede Art von Arbeit oder Dienstleistung [definiert], die von einer Person unter Androhung irgendeiner Strafe verlangt wird und für die sie sich nicht freiwillig

10 Crime Report, Bericht des "Special Committee on organised crime, corruption and money laundering", vgl. dazu: Süddeutsche Zeitung, Nr. 237, 14.10.2013, S. 17.

11 Belege für den Unterschied zwischen offizieller Position und der Realität in Gabun und im Kongo im ausgehenden 19. Jahrhundert finden sich bei: Coquery-Vidrovitch (2011: passim).

zur Verfügung gestellt hat". 1956 verabschiedete der Wirtschafts- und Sozialrat der UNO (ECOSOC; *Economic and Social Council)* das „Zusatzabkommen zur Konvention über die Abschaffung der Sklaverei, des Sklavenhandels sowie Institutionen und Praktiken, die der Sklaverei ähnlich sind". Dieses Zusatzabkommen bezieht sich auf die Konventionen von 1926 und 1930. Ebenso wie 1926 wurde Sklaverei durch den Hinweis auf konkrete Praktiken definiert. Hinzugefügt wurde jetzt aber die Ausbeutung von Kindern und Jugendlichen. 1957 beschloss die ILO die Konvention zur Abschaffung von Zwangsarbeit. Während nach den Erfahrungen staatlich verordneter Zwangsarbeit in den diktatorischen Regimen des 20. Jahrhunderts die Verhinderung und Beseitigung derartiger Politiken zunächst als vordringlich angesehen wurde, ist heute allgemein anerkannt, dass erzwungene Arbeit vor allem von privaten Akteuren auferlegt wird.[12]

Im Unterschied zu Betroffenen, zur kritischen Öffentlichkeit sowie zur Rechtsprechung in Brasilien sind sich Rechtsexperten – im Anschluss an die Konvention von 1926 – heute weitgehend einig, dass Sklaverei ein Moment des Eigentums (*ownership*) enthält. Abgesehen von den Folgen einer Zwangsheirat (einschließlich der „Weitergabe" einer Witwe an den Bruder des Verstorbenen), sind Eigentumsrechte an Arbeitskräften heute aber selten. Dies nicht nur, weil der Kauf von Menschen heute kriminalisiert ist und deshalb Täuschungsmaßnahmen nahelegt, sondern auch, weil sich die Kosten für die Beschaffung von Ersatz in Grenzen halten. Das macht die Opfer zu Wegwerfmenschen. Sie sind heute – Kevin Bales hat dies eindringlich beschrieben – in die Praktiken des „*just in time*" integriert. Das schließt lebenslange Ausbeutung nicht aus.

Soll sie als rechtmäßig ausgegeben werden, werden gefälschte oder durch Täuschung erschlichene Verträge vorgelegt. Wo immer sich Profiteure erzwungener Arbeit dieser Strategie bedienen, entlarven sie Arbeitsverträge als das, was sie sind: die historisch durchgesetzte Form der Rechtfertigung kapitalistischer Ausbeutung. Ihre Praxis kommt einer theoretischen Aussage über kapitalistische Lohnarbeit gleich, die auch von jenen zur Kenntnis genommen werden sollte, für die sich (im vermeintlichen Bezug auf Marx) freie Lohnarbeit von Zwangsarbeitsverhältnissen durch das Vorhandensein von Verträgen unterscheidet. Denn Verträge, so Jairus Banaji, haben die Funktion, kapitalistische Arbeit als freiwillig eingegangene, natürliche und rationale Verhältnisse erscheinen zu lassen. (2003: 76 & passim) Dass diese Auffassung öffentlich weithin unbestritten ist, wurde auch durch die Abolitionistenbewegung gefördert. Der Kampf gegen Sklaverei machte den Lohnarbeitsvertrag zum Inbegriff individueller Freiheit.

Während Bales und andere alle durch Gewalt und Drohungen erzwungene Arbeit als Sklaverei bezeichnen und die ILO dieselben Verhältnisse als Zwangsarbeit (*forced labor*) definiert, wurde in anderen Gremien der UNO am Unterschied

12 Eine globale Allianz gegen Zwangsarbeit (2005: 19).

zwischen Sklaverei und Zwangsarbeit festgehalten. Politisch nachvollziehbar, juristisch aber eher verwirrend, ist diese Unterscheidung genutzt worden, um das Regime der Apartheit in Südafrika zu verurteilen. Es sollte durch die Einfügung von „sklaverei-ähnlichen" (*slave-like*) Verhältnissen in das Zusatzabkommen von 1956 getroffen werden. Nicht alle Arbeitsverhältnisse im Regime der Apartheit entsprachen den Bestimmungen von Zwangsarbeit, aber alle entsprachen der mit Sklaverei verbundenen lebenslangen Unterwerfung von Menschen. Welcher konkrete rechtliche Status der Definition „sklaverei-ähnlich" zukommt, ist umstritten (Allain 2013: 159f.), muss hier aber nicht weiter interessieren, weil mit dem Terminus „entgrenzte Ausbeutung" alle im Zusatzabkommen angeprangerten Verhältnisse angesprochen sind.

Sehr viel schwieriger ist die Bestimmung der Unterschiede, auf die sowohl im Terminus „Entgrenzung" als auch in den Strategien gegen Zwangsarbeit Bezug genommen wird. Denn auch in legalen Lohnarbeitsverhältnissen geht Arbeitskraft für die Dauer einer bestimmten Zeitspanne in den Besitz des Arbeit„gebers" über. Sie unterliegt den Anordnungen, welche ihre Vernutzung betreffen. Weil aber jedwede Arbeitskraft einem Menschen zu eigen ist und ihm oder ihr sowohl körperlich, als auch geistig und emotional zugehört, kommt Lohnarbeit der zeitlich begrenzten Unterordnung eines Menschen unter die Verfügungsgewalt des Arbeit„gebers" oder der Arbeit„geberin" gleich. Wo immer private Verfügungsgewalt über Menschen auf ein zeitlich begrenztes Besitzverhältnis – eine Art „Miete" der Arbeitskraft – reduziert und Arbeit„gebern" das Recht bestritten wurde, das gesamte Leben von Arbeitskräften unter ihre Kontrolle zu bringen, war dies das Ergebnis langer und heftiger Kämpfe.[13]

---

13 Die *"decent work"* Agenda der International Arbeitsorganisation (ILO) ist ein eindrückliches Beispiel für den historischen Charakter der Bestimmung unzulässiger Praktiken der Ausbeutung. Denn sie markiert eine Abkehr von der Praxis der ILO, Arbeitsverhältnisse in entwickelten kapitalistischen Gesellschaften zum Maßstab für Forderungen und Abkommen zu machen, die weltweite Gültigkeit erlangen sollen. 1998 beschlossen die Mitgliedsländer eine „Erklärung über grundlegende Prinzipien und Rechte bei der Arbeit und ihre Folgemaßnahmen". Dazu gehören das Recht auf Vereinigungsfreiheit, das Verbot der Zwangsarbeit, das Verbot nicht akzeptabler Kinderarbeit und das Verbot der Diskriminierung. Diese „Ermöglichungsrechte" garantieren „weder ausreichenden Lebensunterhalt, noch gesunde Arbeitsbedingungen". (Senghaas-Knobloch 2010: 22). Konkrete Kriterien für „menschenwürdige Arbeit" sind aber in vielen internationalen Rahmenvereinbarungen festgelegt worden. Mitgliedsländer, die ratifiziert haben, was von den Repräsentanten der Mitgliedsstaaten, der Unternehmervereinigungen sowie der Gewerkschaften verhandelt wurde, verpflichten sich, die Einhaltung der Konventionen zu überwachen. Allerdings klaffen nicht nur in wenig entwickelten Ländern, sondern auch in Ländern des metropolen Kapitalismus häufig erhebliche Differenzen zwischen den eingegangenen Verpflichtungen und der Kontrolle ihrer tatsächlichen Realisierung. Dennoch setzen die Konventionen Maßstäbe für Arbeitssicherheit und für die Arbeitsdauer, dazuhin Anforderungen an die Art der Auseinandersetzung über Arbeitsbedingungen (in der Terminologie der ILO: an den „sozialen Dialog"), die als Kriterien für menschenwürdige Arbeit anerkannt wurden. Wo derartige Bedingungen nicht existieren, wird eine Grenze der Vernutzung menschlicher

Ein instrumentelles Verhältnis von Kapitaleignern zu Arbeitskräften unterliegt aller kapitalistischen Produktion und Dienstleistung. Es kann aber nicht überall voll zum Tragen kommen, sei es, weil Regulierungen der Vernutzung von Arbeitskraft erkämpft wurden, sei es, weil Kapitaleigner auf eine am Arbeitsgegenstand interessierte Mitarbeit angewiesen sind.

Aber auch dort, wo das Management der Profitproduktion mit Arbeitskräften als austauschbaren Instrumenten kalkuliert, schließt dies nicht aus, dass sich diese menschlichen Werkzeuge des Profits vor sich selbst als Menschen behaupten. Weltweit wachsen Menschen tagtäglich über ihre Arbeitsbedingungen hinaus.

So auch, um zumindest ein einziges Beispiel anzuführen, der dreißigjährige Fazlur, von dessen ständig lebensgefährlicher Arbeit als Schiffsabwracker in Chitthagong (Bangladesch) Witold Szablowski berichtet hat.

> „Zuerst [sagte Fazlur] hatte ich Angst vor ihnen. Die Schiffe sind enorm, Bruder, so hoch wie ein mehrstöckiges Gebäude. Ich komme aus einem kleinen Dorf in der Provinz Barisal und bin nach Chittagong gegangen, weil dies der größte Abwrackplatz in Bangladesch und in der Welt ist. Ich hatte aber vorher nie ein hohes Gebäude gesehen, das Schiff war das erste, das ich jemals sah. Ich wusste, es würde enorm sein, was meine Augen dann aber sahen, war überwältigend. Mir ist fast mein Frühstück wieder hochgekommen."

Wenn ein Schiff ankommt, geht Fazlur mit einem Oxygen-Brenner als Erster an Bord, schneidet das erste Loch und wirft dann eine Strickleiter für die Anderen herunter. Beim allersten Mal hatte er Todesangst.

> „Aber der Vorarbeiter bestand darauf. Er gab mir etwas Zeit, um mich zu beruhigen und sagte dann 'Rede mit ihr', er meinte das Schiff, 'ich mach das immer'. Seither rede ich oft mit den Schiffen. Ich sage zu ihr: 'Du wirst mich doch nicht verletzen, Du Kleine? Du hast so viel ausgestanden, bist so weit gefahren. Jetzt ist es Zeit, dass Du für andere Platz machst.' Ich habe das von meinem Großvater gelernt. Er hat mich gelehrt, mich respektvoll gegenüber allem und jedem zu benehmen. Allah für das Essen zu danken, ihm für die Kleidung zu danken, ihm für das Leben zu danken. Wenn ich also hinaufsteige und das erste Loch mache, sage ich zu Allah: Danke für dieses Schiff. Danke, dass es hierher gefahren ist. Denn weil es jetzt hier ist, habe ich des Morgens, des Mittags und des Abends zu essen. Ich werde Geld haben, um Kleidung für meine beiden Kinder zu kaufen. Wenn Du einem Sünder wie mir einen weiteren Tag zugestehst, werde ich Dich weiter preisen. Aber wenn Du mich heute zu Dir rufst, bin ich bereit. Wir sind es alle."[14]

Arbeit überschritten, die nach Ansicht vieler Menschen weltweit als menschenunwürdig gelten soll. Diese Grenze ist in vielen Arbeitskämpfen, in politischen Auseinandersetzungen und in öffentlichen Kampagnen bestimmt worden.

Es läge nahe, alle Vernutzung menschlicher Arbeitskraft als gewalttätig und damit „entgrenzt" zu bezeichnen, die den von der ILO 1998 aufgestellten und im Terminus *"decent work"* zusammengefassten Kernarbeitsnormen nicht entspricht. Mit dem Terminus „Entgrenzung" wird aber nicht nur auf Zwangsarbeit, fehlende Vereinigungsfreiheit sowie nicht akzeptable Kinderarbeit, sondern auch auf Verhältnisse Bezug genommen, in denen Arbeitskräfte einer ständigen schwerwiegenden Gefährdung ihrer Gesundheit ausgesetzt sind.

14 Witold Szablowski, Text zu dem Fotoband: Thomas Gudzowaty, (2012) Keiko. S. 2 (Übers.).

Erzwungene Sexarbeit

Märkte, auf denen sexuelle Handlungen angeboten und nachgefragt werden, funktionieren wie alle anderen Märkte auch: durch Angebot und Nachfrage. Politische Regulation bestimmt, wer legal anbieten darf und ob (bzw. wo) legal nachgefragt werden kann. Ebenso wie auf anderen Arbeitsmärkten basieren auch die Angebote auf Märkten für sexuelle Handlungen zu erheblichen Teilen auf formal freiwilligen Entscheidungen.[15] Und dabei spielt es keine Rolle, ob sie durch die Hoffnung auf vergleichsweise guten Verdienst oder durch einen Kampf um das Nötigste veranlasst wurden. Im Zusammenhang der hier vorgelegten Untersuchung unterscheiden sich diese Zugänge zu Sexarbeit zunächst nicht wesentlich von Entscheidungen für eine der sehr vielen anderen Tätigkeiten, die Menschen zwingt, ihre Gesundheit, ihre persönliche Identität und womöglich sogar ihr Leben in Gefahr zu bringen. Ob alle Sexarbeiterinnen und Sexarbeiter als Opfer zu betrachten sind oder aber als Arbeitskräfte, die Unterstützung im Kampf um Arbeitsrechte brauchen, ist im Zusammenhang der hier vorgelegten Untersuchung nicht ausführlich zu diskutieren. Immerhin angefügt werden soll aber Margaret Jane Radins Warnung vor der Kommodifizierung von Sexualität. Sie schlussfolgert: Wann immer wir als gewöhnliche moralische Beobachter wahrnehmen, dass mit etwas so Persönlichem wie Sexualität Handel getrieben wird, so können wir vermuten, dass diesem Handel Zwang zugrunde liegt. (1993: 199) In Bezug auf kapitalistische Arbeitsverhältnisse ist Zwang allerdings ein schwieriges analytisches Konzept. Für den vorliegenden Diskussionszusammenhang wird deshalb nur diskutiert, ob und inwieweit für die Erstellung des Angebots an sexuellen Handlungen die Anwendung oder die Androhung direkter Gewalt zum Einsatz kommt oder gekommen ist.

Diese Konkretion der Fragestellung liest sich einfacher als sie ist. Denn Sexarbeit, traditionell als Prostitution bezeichnet, wurde und wird zwar in den vielen Staaten der Welt als ein notwendiges Übel akzeptiert, vielfach war und ist ihre Praxis aber politisch reguliert. Wo immer dies der Fall war und ist, haben die entsprechenden Vorschriften zum Ziel, die öffentliche Ordnung durch den rechtlichen und moralischen Ausschluss von Prostituierten aus der Gesellschaft zu schützen. Augenscheinlich wurde diese Zielsetzung in der Einrichtung von Sperrbezirken, praktisch sehr häufig in der Vorschrift, sich polizeilich registrieren zu lassen und sich zu regelmäßigen Gesundheitskontrollen einzufinden. Derartige Legalisierung von Prostitution schützt diejenigen, die sexuelle Handlungen gegen Geld ausführen, weder vor polizeilichen Übergriffen noch vor der

15 Die Debatte ist nicht neu. Um die Wende vom 19. zum 20. Jahrhundert waren in Bordellen britischer Kolonien zahlreiche europäische Sexarbeiterinnen tätig. Kritiker sprachen von *"white slavery"*. Die Nachfrage ergab sich durch den immensen Überschuss europäischer und anderer „weißer" Männer in den Kolonien. Zur zeitgenössischen Debatte vgl. den sorgfältig recherchierten Artikel von Harald Fischer-Tiné (2003).

Zwangsräumung aus privat angemieteten Arbeitsräumen.[16] Doppelt gefährdet sind alle, denen im Falle einer Anklage Ausweisung droht.[17]

Ein im November 2015 gefasster Beschluss von *Amnesty International* zielt nicht auf die Einhegung des Gewerbes mittels Gesetzen, sondern auf die Entkriminalisierung all jener, die Sexarbeit verrichten.[18] Er hat heftige Einwände provoziert. Aktuelle Auseinandersetzungen stehen im Spannungsfeld zweier argumentativer und politischer Strategien. Da ist zum einen das seit den 1980er Jahren von manchen Feministinnen verfolgte Bestreben, statt des rechtlich und sozial diskriminierenden Terminus „Prostitution" denjenigen der „Sexarbeit" einzuführen, die Ausführung sexueller Handlungen gegen Geld damit in den allgemeinen Zusammenhang kapitalistischer Arbeitsverhältnisse zu stellen.[19] Einige Vertreterinnen dieser Argumentation betonen, dass immerhin für möglich gehalten werden müsse, dass manche der Sexarbeiterinnen und Sexarbeiter diese Tätigkeit frei gewählt haben. Andere heben hervor, dass Sexarbeit immer Resultat einer Situation ist, in welcher ökonomische, rassische und geschlechtliche Ungleichheit Wahlmöglichkeiten begrenzt. Diese sehr eingeschränkte Wahl sei allerdings nicht auf die Ausübung von Sexarbeit beschränkt, sondern gelte auch für sehr viele andere Tätigkeiten, zu denen sich Menschen trotz vieler Gefährdungen aus Not bereitfänden.[20] Ein weiterer derzeit präsenter Argumentationsstrang ist derjenige der Zwangsprostitution als einer Ausprägung des Menschenhandels.

Und damit befinden wir uns mitten in einer Diskussion über internationale Arbeitsmigration. Denn Kritikerinnen behaupten, der Aufruf zum Kampf gegen „Menschenhandel" ziele in erster Linie auf die Eindämmung der globalen Migration von Sexarbeiterinnen und Sexarbeitern. Dass er sich in die allgemeinen Bestrebungen, inter-

---

16 Zum Zeitpunkt der Abfassung dieses Manuskripts wird in der Bundesrepublik Deutschland eine Gesetzesvorlage diskutiert, die Legalisierung zum Ziel hat. Dem Entwurf zufolge sollen sich Prostituierte bei den zuständigen Behörden persönlich anmelden. Begründet wird dies mit dem Ziel, Zwangsprostitution besser von freiwilliger Prostitution zu unterscheiden. Faktisch würde die Regelung bedeuten, dass sich überall dort, wo Straßenprostitution untersagt ist, Sexarbeiterinnen, die auf der Straße arbeiten, strafbar machen. Vgl. Heide Oestreich, „Kriminalisierung ist keine Lösung", TAZ, 28.8.2015, S. 7.

17 Derzeit ist Neuseeland das einzige Land, in welchem die Regierung auf jegliche Regulierung der Prostitution verzichtet. Seit 2003 ist dort Sexarbeit lediglich dem allgemeinen Arbeitsrecht unterstellt. Vgl. Küppers (2015, iz3w, Nr. 351, S. 24).

18 https://www.amnesty.de/2015/8/13/position-zur-verantwortung-von-staaten-fuer-den-schutz-und-die-umsetzung-der-menschenrecht.

19 Da im sog. Palermo-Protokoll von 2000 (offiziell: *The United Nations Protocol to prevent, suppress and punish trafficking in persons, especially women and children*) „Prostitution" nicht definiert ist und dies auch in den daraufhin erlassenen einzelstaatlichen Regelungen unterblieben ist, schlägt auch Jean Allain vor, „Prostitution" als „Arbeit" zu verstehen. *"While states might outlaw prostitution or prescribe sex work, it should be recognized that prostitution is work. States may see an interest in providing special safeguards or outlawing this type of labour, but, alas, it remains labour."* (2013: 347)

20 Einen sehr guten Überblick über die Diskussion bietet Küppers (2015 iz3w, Nr. 351, S. 23-25).

nationale Wanderungsbewegungen einzudämmen einfüge, sei schon daran abzulesen, dass die früher übliche Thematisierung von „Frauenhandel“ heute durch diejenige des „Menschenhandels“ abgelöst worden sei, obwohl es sich bei der Mehrheit der gehandelten Personen weiterhin um Frauen handle.[21] Weil aber insinuiert werde, migrantische Sexarbeiterinnen und Sexarbeiter übten ihre Tätigkeit allesamt unter Zwang aus, könne die Abwehr ihrer Immigration bzw. die Rückführung in ihre Herkunftsländer als Opferschutz ausgegeben werden. Tatsächlich stehe aber nicht der Schutz der Betroffenen im Vordergrund, sondern die Verhinderung ihrer Immigration.[22] Die Bekämpfung von Menschenhandel werde dazu genutzt, nicht gewollte Migration zu unterbinden.[23]

Zweifelsohne fügt sich eine derartige Argumentation in die oben angeführten Position ein, wie sie seit den 1980er Jahren von Feministinnen unter dem Schlagwort „Sex Positivismus“ entwickelt wurden.[24] Dass sie aber auch unabhängig von einer Zustimmung zu dieser Position in Betracht zu ziehen ist, macht ein Sachverhalt deutlich, der im September 2007 durch Jerry Markon in der *"Washington Post"* ausgeführt wurde. 1999 sei in den USA der Bericht einer Frau aus Nepal öffentlich geworden, die betäubt, entführt und zur Arbeit in einem Bordell in Bombay gezwungen worden sei. Eine Mitarbeiterin des *US-State Department* habe daraufhin den Kongress aufgefordert, umfassende Maßnahmen zu beschließen. Immerhin würden jährlich 50.000 dieser Sklavinnen in die USA gebracht. Tatsächlich hat der Kongress im Jahr 2000 dann $ 150.000 für ein Programm zur Verfügung gestellt, welches dazu dienen sollte, die „vielen Tausend Opfer“ erzwungener Prostitution in den USA aufzufinden und ihnen zu helfen. Im Zuge dieses Programms, so der Bericht vom 23. September 2007, seien in den voraufgegangenen sechs Jahren insgesamt 1.362 Opfer von Menschenhandel in den USA gefunden worden. Zum Teil erklärt sich die immense Differenz zwischen dem ermittelten und dem angenommenen

21 Den Definitionen des sog. Palermo-Protokolls von 2000 zufolge wird unter *"trafficking"* sowohl sexuelle Ausbeutung als auch Zwangsarbeit verstanden. Neuerdings wird aber versucht, beide Formen entgrenzter Ausbeutung gesondert statistisch zu erfassen. Für Europa ist für das Jahr 2010 ermittelt worden, dass die Mehrheit der sexuell ausgebeuteten Opfer Frauen waren (96 %), die Mehrheit der durch (andere) Zwangsarbeit Ausgebeuteten dagegen Männer (77 %). Vgl. Menschenhandel EU 2013, Methodologies and working papers (ISBN 978-92-79-22842-1) Die Internet-Ausgabe enthält keine Seitenzahlen. Dem *Global Report* von UNODC (*United Nations Office on Drugs and Crimes*) für das Jahr 2010 zufolge waren zwischen 55-60 % der Opfer von *trafficking* weltweit Frauen. (zit. durch Menschenhandel EU 2013)

22 Besonders pointiert ist diese Argumentation in einem Vortrag unter dem Titel „'Menschenhandel' und 'Zwangsprostitution'“ enthalten, den Juanita Henning auf dem 36. Kongress der Bundeskoordination Internationalismus (BUK0) gehalten hat. Dieser Kongress hat zwischen dem 29.5. und dem 1.6.2014 in Leipzig stattgefunden.

23 Von dieser Position aus beurteilt sich der Bericht der US Einwanderungsbehörde aus dem Jahre 1999 über 256 Bordelle, in denen ins Land geschmuggelte Personen arbeiteten, als eine Ausprägung irregulärer Arbeitsmigration. Moises Naim zitiert sie aber im selben Zusammenhang mit dem Schicksal von Frauen aus Osteuropa, die durch Vergewaltigung gefügig gemacht werden. (2015, iz3w, Nr. 351: 120f.)

24 Vgl. dazu Carolin Küppers (2015, iz3w, Nr. 351, 23-25).

Ausmaß des Menschenhandels sicherlich dadurch, dass sich Opfer von Menschenhandel fürchten, ihre Situation gegenüber Behörden öffentlich zu machen. Nichtsdestotrotz, so ein auf dieses Gebiet spezialisierter Kriminologe, „lässt diese Differenz vermuten, dass das Problem ganz unverhältnismäßig übertrieben dargestellt worden ist." Tatsächlich hat sich nachträglich herausgestellt, dass die Zahl von 50.000 jährlichen Opfern, die zur Einführung des Programms geführt hatte, durch den Hinweis eines CIA-Analysten in die Debatte geworfen worden war, der relativ freihändig geschätzt hatte. In den Folgejahren wurde diese Zahl dann aber in vielen offiziellen Papieren angeführt.[25] Aktivisten wiesen darauf hin, dass Menschenhandel viel mehr politische Aufmerksamkeit erfahren habe als die tatsächlich dokumentierten Fälle häuslicher Gewalt. Zu den Beispielen, die im Hinblick auf das Ausmaß von Zwangsprostitution eher vorsichtig in Betracht gezogen werden sollten, zählt auch der Hinweis, dass die Einwanderungsbehörde der USA 1999 in 26 Städten 256 Bordelle aufgespürt habe, die anscheinend mit ins Land geschmuggelten Personen betrieben wurden. (Naim 2005: 121) An anderer Stelle führt der Autor, der diesen Bericht zitiert hat, dann allerdings an, dass eine Frau, die zehn Jahren lang in Italien als Prostituierte gearbeitet hatte, in ihrem Heimatdorf in Nigeria nur deshalb verachtet wurde, weil sie ohne Geld zurück gekehrt war. (Ebenda: 127-128)

Ziehen wir also nachdrücklich in Betracht, dass der Kampf gegen Menschenhandel über Parteigrenzen hinweg auch dazu genutzt wird, die internationale Mobilität von Sexarbeiterinnen und Sexarbeitern zu beschränken, von Frauen und Männern also, welche in der Nachfrage nach sexuellen Handlungen eine Möglichkeit des Verdienstes sehen, womöglich im Ausland und womöglich nur für eine bestimmte Zeit im Jahr.[26] Damit bleibt aber immer noch Realität, dass weltweit viele arme Frauen und Mädchen sexuelle Handlungen anbieten, zu denen sie nicht nur durch Kräfte des Marktes, sondern

25 Christoph Lindner untersucht die Angaben, die in diesem Zusammenhang kursieren. Ihre Aussagekraft korreliere negativ mit ihrer politischen Wirkung. Einmal durch eine offizielle Stelle angegeben, entwickelten die Zahlen ein Eigenleben und würden dann selbst von anderen offiziellen Stellen (wie dem Europäischen Parlament) zitiert. Seit 2009 werden in den Trafficking Reports des US State Department keine Zahlen mehr angegeben. Alle empirisch fundierten Zahlen sind nur für eingeschränkte Regionen nutzbar. Sie sind alle örtlich und sachlich eingeschränkt. (Lindner 2014: 28-30)

26 Auf der Basis von Interviews, die Maritza Le Breton im schweizerischen Basel mit ausländischen Sexarbeiterinnen geführt hat, betont sie einerseits erhebliche Unterschiede in Arbeitsbedingungen, hebt aber auch hervor, dass Frauen (im konkreten Fall waren es Frauen aus Kamerun) Wert darauf legen, einige Monate im Jahr mit ihren Familien und Kindern in ihrem Herkunftsland zu verbringen. (2015: 35) Andere Frauen aus Afrika und Lateinamerika wohnten in Spanien, hätten aber Kontakte in der Schweiz und arbeiteten dort regelmäßig während einiger Monate im Jahr. Typischerweise seien diese „modernen Nomadinnen" versorgungsorientiert, nutzten ihren Verdienst also zum Erhalt ihrer Kinder und weiterer Familienangehöriger. (2015: 36)

durch die von Menschen an ihnen begangenen Gewaltakte gezwungen wurden. In solchen Situationen werden Vergewaltigungen zum Bestandteil von Geschäftsmodellen.[27]

Auf Dauer können solche Geschäftsmodelle allerdings nur funktionieren, wenn längerfristige Unterwerfung gesichert wird. Das geschieht nicht selten durch die Androhung oder gar den Einsatz von Gewalt gegenüber den Familien in der Herkunftsregion. Von Nigeria wird berichtet, dass junge Frauen vor ihrer Abreise zu einer Beschäftigung in Europa durch die Helfer von Zuhälterinnen zu Voodoo-Priestern oder Pastoren klerikaler Kirchen gebracht werden. Sie müssen schwören, die Vermittlerin nicht zu verraten und jede Art von Arbeit anzunehmen, um die Kosten, die für ihre Reise anfallen, zurück zu zahlen. Zumeist vermitteln die Schwüre ausreichende Furcht, wird einer aber doch verletzt, droht der Voodoo-Gerichtshof. Mary Kreutzer berichtet, diese Gerichtshöfe verurteilten dann auch die Eltern zur Zahlung der entstandenen „Schulden" In einem Fall sollen das 40.000 Dollar gewesen sein. In anderen sei es zu Todesfällen in den Familien gekommen. (2015: 33)

In Spanien hat die Polizei 2010 einen *Callboy* Ring gesprengt. Er soll damals zwischen 60 und 80 Brasilianer nach Europa gelockt haben, denen Arbeit als Tänzer oder Model versprochen worden war. In Spanien angekommen, wurden sie eingesperrt und mit Viagra, Drogen und Aufputschmitteln für Sexarbeit gefügig gemacht haben. Danach wurden sie auf Bordelle in verschiedenen Städten verteilt. Die Hälfte ihres Verdienstes mussten sie an die Zuhälter zahlen, außerdem 4.000 € für die Reise nach Europa.[28]

Christoph Lindner berichtet von einem Fall, der 2009 vor dem Asylgerichtshof der Republik Österreich verhandelt wurde[29]: Eine Frau aus dem nigerianischen Benin City reiste 2004 nach Österreich ein und beantragte dort Asyl, wobei sie angab, ihr Vater habe sie zwingen wollen, einer religiösen Sekte beizutreten. Aus der Erstaufnahmeeinrichtung für Asylsuchende wurde die Frau von einer anderen Frau abgeholt. Letztere brachte sie nach Wien, wo ihr die Registrationskarte angenommen und sie gezwungen wurde, als Prostituierte zu arbeiten. Geflohen und in das Erstaufnahmelager zurück gekehrt, wurde sie erneut von einem Menschenhändler aufgefunden, geschlagen und mit dem Tod bedroht. Auch nach der Verlegung in ein anderes Erstaufnahmelager wurde sie gefunden. Gleichzeitig bekam der in Benin City lebende Großvater Morddrohungen für den Fall, dass sie sich weiterhin weigerte, sich zu prostituieren. In Österreich wurde die Frau durch eine Hilfsorganisation geheim untergebracht, in Nigeria wurden ihre Schwester und ihr Bruder verhaftet. Nach Schmiergeldzahlungen an die Polizei kamen sie frei, aber das Haus des Großvaters wurde zerstört und der Bruder wurde erschossen.

27 Im Zusammenhang von Ermittlungen in Bayern sagte einer der Spezialisten von der Kriminalpolizei in Augsburg aus, auch Schwangere seien gewaltsam zur Prostitution gezwungen worden. „Es gibt für alles einen Markt". Vgl. Stefan Mayr, Menschenhandel mitten in Bayern, Süddeutsche Zeitung, Nr. 249, 28.10.2013, S. 32.

28 Inga Rahmsdorf, Männer zur Prostitution gezwungen, Süddeutsche Zeitung, Nr. 220, 2.9.2010, S. 10.

29 ÖASYLGH, Urt. v. 14.5.2009, CI15 263728-0/2008 (zit. nach Lindner 2013: Fn 180).

Nach einer ausführlichen Aussage der jungen Frau in Österreich kam diese ins Zeugenschutzprogramm. Die Mitglieder des Menschenhändler Rings konnten nach Benin City entkommen. (Lindner 2013: 40)

In gewisser Weise produziert der Kommerz mit sexuellen Handlungen sein eigenes Personal. Denn nicht nur sind es vor allem Frauen, die zu sexuellen Handlungen gezwungen werden, vielfach sind es auch Frauen, die das Geschäft einfädeln und organisieren. Häufig waren die „*Madames*", wie diese Zuhälterinnen zumeist genannt werden, zuvor selbst Sexarbeiterinnen, auch sie oft durch direkte Gewalt und Schulden in diese Tätigkeit gezwungen. Sie wissen, welche Argumente Frauen davon überzeugen können, sich auf Arbeitsmigration einzulassen, überzeugen womöglich auch deren Familien. In Thailand und Bulgarien sollen manche auch ihre eigenen Schwestern oder Cousinen zur Arbeit in Europa angeworben haben.[30] Zufolge einer Untersuchung der *United Nations Office on Drugs and Crimes* (UNODC*)*, für die Statistiken aus 128 Staaten ausgewertet wurden, waren 2014 fast ein Drittel der wegen *"trafficking"*[31] Verurteilten weiblich. Bei den Verdächtigen waren es noch mehr. „In Osteuropa und Zentralasien stellen Frauen 60 % der Verurteilten. In Nigeria sind Schätzungen zufolge nahezu alle Menschenhändler weiblich."[32]

Für Frauen, die zur Migration überredet werden sollen, gibt es die verschiedensten Angebote: Zumeist betreffen sie unterschiedliche Arten von Dienstleistungen, manchmal auch die Zusage einer Heirat.[33]

Der Moment, in dem die Täuschung geoffenbart wird, ist zugleich derjenige, in dem das Gewaltverhältnis deutlich gemacht wird, sei es durch Vergewaltigung, sei es durch

30 Alexandra Rojkov, Die Mütter des Menschenhandels, Frankfurter Allgemeine Sonntagszeitung, 15.3.2015, Nr. 11, S. 48-49.

31 Im Deutschen, das wurde oben schon bemerkt, wird "trafficking" mit Menschenhandel übersetzt. Tatsächlich ist der regelrechte Handel mit Menschen aber nur eine der Praktiken, die der international durchgesetzter Definition von *"trafficking"* entsprechend verfolgt wird. Denn als *trafficking* wird nicht nur die Verbringung von Personen in eine Situation der Ausbeutung bezeichnet, sondern auch die Haltung von Personen in einer Situation der Ausbeutung.

32 Alexandra Rojkov, Die Mütter des Menschenhandels, Frankfurter Allgemeine Sonntagszeitung, 15.3.2015, Nr. 11, S. 48f. Die Erfolge dieser Vermittlerinnen zeigen sich auch daran, dass Frauen aus Nigeria unter der Minderheit behördlich ermittelter außereuropäischer Opfer von Menschenhandel einen beträchtlichen Anteil bildeten. (Menschenhandel EU 2013) Etwas anders wird die Situation im Bericht von UNODC aus dem Jahr 2011 dargestellt. Dort heißt es, der Anteil von Frauen am Menschenhandel sei in Afrika etwa 20 % und damit niedriger als in anderen Teilen der Welt. UNODC, Global report on trafficking in persons 2012 vgl. http://www.unodc.org/documents/data-and-analysis/glotip/Trafficking_in_Persons_2012_web.pdf; hier zitiert nach: ecpat, The Commercial Sexual Exploitation of Children in Africa, S. 19, www.ecpat.net.

33 Derartigen Täuschungen fallen auch einheimische Frauen zum Opfer.
Dem Lagebericht des Bundeskriminalamtes zu Menschenhandel waren 2013 ein Fünftel der Opfer von Menschenhandel in der Bundesrepublik Deutsche. (Andere Quellen nennen 10 %) EU-Studie: Mehr Menschenhandel durch liberales Prostitutionsgesetz; http://daserste.ndr.de/panorama/aktuell/prostitution131.html.

die Androhung von Gewalt gegenüber dem Opfer oder gegenüber Familienangehörigen. Eine kambodschanische Hilfsorganisation, die sich die Unterstützung von Frauen und Mädchen zum Ziel gesetzt hat, die zur Sexarbeit gezwungen werden, berichtet davon, dass Menschenhändler die für den Verkauf vorgesehenen Mädchen foltern und diese Filme dann als Pornos verkaufen. (Cacho 2011: 274)

Aufkäufer von Menschen, die zur Ausführung sexueller Handlungen gezwungen werden sollen, interessiert keine lebenslange Verfügungsgewalt über ihre Opfer. Im Falle von Zwangsarbeit in der Sex-Industrie erfolgt die Entledigung verbrauchter Arbeiterinnen dann zum Beispiel durch den schlichten Hinweis an die Polizei, damit diese eine Razzia durchführt. Razzien treffen weltweit in erster Linie die Frauen, nicht diejenigen, die sich an ihrer Sexarbeit bereichern. In Thailand werden die polizeilich aufgegriffenen Frauen dann bis zur Abschiebung in ihre Herkunftsländer in Notunterkünfte gebracht. An der Finanzierung dieser Einrichtungen soll sich auch die thailändische Mafia beteiligen. (Cacho 2011: 271) Umgekehrt holen sich die Profiteure der Sex-Industrie ihre noch vernutzbaren Arbeiterinnen aus Gefängnissen zurück, wenn diese aufgrund der Hinweise von Touristen, Botschaftsangehörigen oder Mitgliedern von Hilfsorganisationen dort gelandet sind. In diesem Fall geben sie sich als Verwandte aus und stellen die geforderte Kaution. Kenner der Verhältnisse betonen, die Beamten wüssten um die tatsächliche Situation. Innerhalb einer Woche habe ein Zuhälter problemlos die Kaution für neun „Nichten" bezahlen können. (Cacho 2010/2011: 277)

Wie immer die persönliche Einstellung einer Frau zur Sex-Arbeit sein mag, sobald ihr der Pass abgenommen worden ist, lebt sie in einer Situation ständiger Gefährdung. Selbst wenn sie um Hilfe ersucht und auch bereit ist, vor Gericht gegen diejenigen auszusagen, deren Zwängen sie ausgesetzt war, kann sie in den meisten Staaten nicht damit rechnen, einen legalen Aufenthaltsstatus zu erlangen, der nicht nur für die Zeit des anstehenden Prozesses gilt. Die zunehmende Abschottung Europas gegen Arbeitsimmigration hat die prekäre Rechtslage und Ausbeutung der Frauen noch weiter verschärft. Weil von einer Heirat rechtliche Sicherheit erhofft wird, hat sie das Geschäft der Ehevermittlung zusätzlich gefördert. (Wichterich 1998: 107)

Seit einigen Jahren gibt es vermehrt Bemühungen, Statistiken über die Praxis des *"trafficking"* zu erstellen. Sie basieren auf den Angaben von Polizeibehörden, Arbeitsinspektoren, Mitgliedern von Hilfsorganisationen und anderen Expertinnen, reflektieren zudem aber auch die unterschiedlichen gesetzlichen und administrativen Regelungen der Einzelstaaten, sind also kaum vergleichbar. Zwar wird allgemein eine Zunahme der Fälle seit den 1990er Jahren konstatiert[34] und diese dann zumeist auf Entwicklungen in der Kommunikationstechnologie zurückgeführt, manche vermuten aber auch, dass die wachsenden Zahlen eher der stärkeren internationalen Aufmerksamkeit für diese

34 Er soll sich seit Mitte der 1990er Jahre vervierfacht haben, durch eine immense Zuwachsrate und enorme Gewinne gekennzeichnet sein. Vgl. http://reset.org/knowledge/handelsware-mensch-menschenhandel-im-21-Jahrhundert; abgerufen am 30.9.2014.

Phänomene geschuldet sind. Verzichten wir also auf Statistik und konzentrieren uns auf einige wenige Beispiele konkreter Praxis.

Zwischen 2001 und 2013 wurden zwischen 50 und 70 Frauen aus der Slowakei im Alter zwischen 18 und 35, die für alle möglichen Arbeiten in Österreich angeworben worden waren, in einem Dorf im Nordwesten von Österreich zur Prostitution gezwungen.[35] Eine in Stuttgart arbeitende Sozialarbeiterin gibt an, dass in Osteuropa ganze Familienverbände in das Geschäft der Vermittlung verstrickt seien. Männer würden mit jungen Töchtern nach Deutschland reisen, ihnen sagen, sie würden in einer Küche arbeiten. Dann landeten sie im Bordell.[36] In der mexikanischen Stadt Ciudad Juarez wurden im Sommer 2015 fünf Männer für den Mord an elf Frauen zu insgesamt 697 Jahren Haft verurteilt. Von all diesen Frauen ist bekannt, dass sie durch Arbeitsangebote gelockt und dann entführt worden waren. Was sie in der Zeit vor ihrem Tod erleben mussten, ist nicht völlig aufgeklärt. Sicher ist, dass sie Drogen schmuggeln und sich prostituieren mussten. Vermutet wird, dass ihre geschundenen Körper dann auch noch für den Organhandel ausgeschlachtet wurden. Sicher ist auch, dass die Hintermänner der Verbrecher, die der bewaffneten Truppe des „Juarez-Kartells" angehörten, weiterhin auf freiem Fuß sind, so auch die Polizisten und Beamten, die das Netz deckten.[37] Das Beispiel verweist auf die Vermengung unterschiedlicher krimineller Praktiken. Denn in sehr vielen Fällen ist Frauenhandel heute in ein Netz unterschiedlicher Geschäftsbereiche, darunter vor allem Drogenhandel und Waffenhandel integriert. Geographische Schwerpunkte des Drogenhandels – wie etwa Kolumbien – sind deshalb auch häufig Umschlagplätze für den Handel mit Frauen, die zu sexuellen Handlungen gezwungen werden. (Wichterich 1998: 101)[38]

Im Zusammenhang der vorliegenden Untersuchung kann weder die moralische, noch die feministische, politische oder philosophische Beurteilung von Sexarbeit zur Debatte stehen. Anderes gilt für die Praktiken der Rekrutierung, die Sexarbeit zu einem Zwangsarbeitsverhältnis machen. In solche Verhältnisse werden sowohl Kinder und Männer, vor allem aber Frauen gezwungen. So sehr die Kommerzialisierung von Sexualität als ein typisches Merkmal kapitalistischer Gesellschaften begriffen werden muss, so wenig ist

---

35 Im selben Papier ist auch enthalten, dass zwei in diesem Zusammenhang verdächtige Mittelsleute angeklagt wurden, eine Polin verkauft zu haben. In diese Frau hatte sich ein polnischer Freier verliebt, der sie freikaufen wollte. Der Preis von 58.000 € für ihre Freiheit wurde erfolgreich durchgesetzt, nachdem gedroht worden war, die Frau an ein ausländisches Prostitutionsnetzwerk zu verkaufen. Vgl. European Commission 15. April 2013; vgl. http://europa.eu/rapid/press-release_MEMO-13-331_en.htm , S. 3; abgerufen am 30.9.2014.

36 Simone Schmollack, Sisters of mercy, TAZ, 29.9.2015, S. 5.

37 Wolf-Dieter Vogel, Ciudad Juárez – Stadt der Frauenmorde, TAZ, 30.7. 2015, S. 3.

38 Cecibel Romero zufolge werden junge Mädchen des indigenen Volks der Miskito von mittelamerikanischen Drogenhändlern als Sexsklavinnen gehalten. „Nach Informationen der Vereinten Nationen kommen die Dealer aus Honduras und kaufen die 10- bis 15-Jährigen ihren völlig verarmten Eltern ab." Für bis zu 2.000 US-Dollar. Vgl. Skandalöser Handel mit jungen Mädchen, TAZ, 7.5.2012, S. 11.

die Praxis, die Sexualität anderer Menschen für privaten Gewinn auszubeuten, als eine spezifisch kapitalistische zu begreifen. Wohl aber verfestigen gegenwärtige Praktiken der Prostitution – ihrer immensen Unterschiede zum Trotz – eine Sicht auf Frauen, in welcher diese als sexuelle Dienerinnen von Männern wahrgenommen werden. (Satz 2010/2012: 144)[39] Für männliche Prostituierte gilt diese Sicht nicht im selben Maße.[40]

Margaret Jane Radin konstatiert, Kritikerinnen und Kritiker seien mit einem Fall von *double bind* konfrontiert. Wird Prostitution verboten, so wird damit angestrebt, die Degradierung von Sexarbeiterinnen zu beenden. Wäre ein Verbot erfolgreich, so würde dies aber die Situation all jener verschlechtern, deren materielle Lage sie dazu gebracht hatte, sich zu prostituieren.[41] Sofern derartige Ursachen nicht beseitigt sind, ist Entkriminalisierung anzustreben, nicht allerdings die Freigabe des Marktes für diejenigen, die Sexarbeiterinnen und Sexarbeiter rekrutieren. (1996/2001: 127-133)

39 In Schweden ist der Kauf von Sex seit 1999 verboten. Sofern ihnen der Kauf nachgewiesen werden kann, werden Freier bestraft. Faktisch sank die Zahl der Straßenstriche. Ob Prostitution dadurch reduziert wurde, ist stark umstritten. Es wird vermutet, dass sie in den Untergrund gedrängt wurde und Freier vermehrt ins Ausland fahren. Auch in Japan ist Prostitution verboten. „Doch in keinem anderen Land ist die Kluft zwischen Norm und Wirklichkeit so groß wie hier." Carsten Germis, Ich bin Ausländer und habe ein paar Fragen [Bericht über den Yakuza-Kenner und Blogger Jake Adelstein], Frankfurter Allgemeine Sonntagszeitung, 5.5.2013, S. 56.

40 Im Abschlussbericht des „Runden Tisch Prostitution Nordrheinwestfalen" wird darauf verwiesen, dass der Umfang mann-männlicher Prostitution noch schwieriger einzuschätzen ist als derjenige weiblicher Prostitution. Entsprechendes gilt für die Prostitution Transsexueller vgl. https://broschueren.nordrheinwestfalen.de.mgepal.../.../der...prostitution/1839.

41 Ein 2002 in der Bundesrepublik verabschiedetes liberales Prostitutionsgesetz hat einer EU-Studie zufolge den Markt für Zwangsprostitution in diesem Land vergrößert vgl. http://daserste.ndr.de/panorama/aktuell/prostitution131.html.

Grundmuster der Vernutzung von Arbeitskraft im globalisierten Kapitalismus

Überall in der Welt haben Kapitaleigner die seit Mitte der 1970er Jahre intensivierte internationale Konkurrenz um Investitionen und Absatzchancen dazu genutzt, den Anteil von Lohnabhängigen an den Gewinnen zu senken, die in Produktion, Handel und Dienstleistungen erzielt werden. Wo immer sich ein weltweiter Markt für bestimmte Arbeitsleistungen entwickelte, hat dies derartige Strategien begünstigt. Nach langen Kämpfen durchgesetzte rechtliche Sicherungen für Arbeitskräfte wurden beseitigt oder beschränkt, und die in jeder staatlich geregelten Mindestsicherung enthaltene Bedingung, sich dem Arbeitsmarkt zur Verfügung zu stellen, wurde verschärft.[42] Als Argument zur Veränderung von Politik nutzten Kapitaleigner bereits durchgeführte oder aber angedrohte Verlagerungen von Produktionen ins Ausland. Dabei betonten sie Arbeitskosten und ließen unerwähnt, dass manche Verlagerung beschlossen wurde, um die Erschließung neuer Absatzmärkte zu erleichtern.[43] Was die Orientierung an den Kosten für Arbeitskräfte anlangt, so war sie dort besonders ausgeprägt, wo gewerkschaftliche Kämpfe dezentral geführt wurden. Im Anschluss an David Soskice werden diese Ökonomien zumeist als *"Liberal Market Economies"* bezeichnet. Von ihnen unterschieden werden *"Organized Market Economies"*, in denen – aller Kritik von Unternehmerseite zum Trotz – Tarife weitgehend zentralisiert ausgehandelt wurden und Gewerkschaften beanspruchten, an der Formulierung nationaler Wirtschaftspolitik beteiligt zu werden.[44] Wie James A. Piazza gezeigt hat, war für Unternehmer, die zuvor unter der Bedingung schwacher Gewerkschaften agiert hatten, das Angebot an billigen Lohnarbeitskräften sehr viel entscheidender für Verlagerungen als für Unternehmer aus Ländern, die sich im nationalen Rahmen mit starken Gewerkschaften und einflussreichen Betriebsvertretungen auseinandersetzen mussten. Weil für sie die Hoffnung auf Arbeitsfrieden auch für die Entscheidung über Investitionen im Ausland maßgeblich sei, suchten sie nicht vordringlich nach Investitionsorten, an denen sie keine gewerkschaftlichen Aktivitäten zu gewärtigen haben. (Piazza 2002: 82f.) Diese Thesen legen nahe, dass sich die– zuerst im Vereinigten Königreich unternommene – staatliche Strategie einer Schwächung der

---

42 Als einer der ersten hat 1995 Charles Tilly in der ILWCH auf diese Entwicklung verwiesen. (passim) Die ILWCH hat Immanuel Wallerstein, Aristide R. Zolberg, E.J. Hobsbawm und Lourdes Beneria eingeladen, Tillys Thesen zu diskutieren. (Ebenda)

43 Für Kanada und die USA hat David McNally betont, der Verlust von Arbeitsplätzen sei keineswegs ausschließlich, und noch nicht einmal überwiegend, durch Verlagerungen ins Ausland entstanden, sondern sehr viel eher durch die Einführung neuer Technologie und durch Verlagerung innerhalb der nationalen Wirtschaften. (2000: 268f.) Entsprechendes gilt für alle Länder des metropolen Kapitalismus.

44 Eine Zusammenfassung der Literatur zu *"Liberal Market Economies"* (LME's) und *"Organized Market Economies"* (OMEs) findet sich in Piazza (2002: Kap. 5, bes. S. 79).

Gewerkschaften[45] sowohl auf die Art und Weise auswirkte, wie Unternehmen auf globalisierte Konkurrenz reagieren als auch auf die Möglichkeit von Gewerkschaften, die Auswirkungen dieser Konkurrenz abzumildern. In allen metropolen kapitalistischen Staaten ist jedoch der Anteil fest angestellter und sozialversicherter Arbeitskräfte gesunken, insgesamt sind mehr Arbeitskräfte als früher mit Arbeitslosigkeit bedroht. Die Zahl der Leiharbeiterinnen und Leiharbeiter, die – auch wenn Vorschriften anderes bestimmen – geringer entlohnt werden als Angehörige der Stammbelegschaft, ist gestiegen.[46] Dennoch: obwohl seit Beginn der Globalisierung auch in metropolen kapitalistischen Ländern mehr Menschen als zuvor den harschen Schlägen des Marktes ausgesetzt sind, bleiben Staatsangehörige in diesen Ländern von der Anwendung direkter Gewalt zum Zwecke der Ausbeutung in aller Regel verschont. Und das gilt auch, wenn sie sich entschließen, für ihre Interessen zu kämpfen. Aller politischen Gegenmaßnahmen zum Trotz, sind Arbeitskämpfe in Ländern des metropolen und domestizierten Kapitalismus weiterhin Elemente rechtlich abgesicherter Institutionen der kapitalistischen Produktion.[47]

Entgrenzte Vernutzung von „Fremden“

Die Globalisierung des Kapitalismus hat nicht nur den weltweiten Transport von Waren und die weltweite Anlage von Investitionskapital gefördert, sondern auch die weltweite Suche nach Arbeitsplätzen im Ausland. In allen kapitalistischen Staaten stehen Fremde in der Gefahr besonders harscher Ausbeutung, unterschiedlich ist das Ausmaß, in dem dies Gesetze formal zulassen bzw. mangelhafte Kontrollen faktisch erleichtern.

Für Arbeitskräfte, die nicht Staatsangehörige des Landes sind, in dem sie arbeiten, besteht die Gefahr, besonders harsch und vielfach sogar entgrenzt ausgebeutet zu werden. Diese Benachteiligung von „Fremden“ ist in allen kapitalistischen Gesellschaften präsent. Le-

---

45 Überblick bei Pelling (1962/1976: 276-289). Vgl. zusätzlich das 2015 in Großbritannien verfolgte Gesetzesvorhaben einer *“Trade Union Bill”*, welches die Möglichkeiten illegaler Streiks drastisch beschränken soll. Vgl. Björn Finke, Klassenkampf, Süddeutsche Zeitung, Nr. 212, 15.9.2015, S. 22.

46 In der Bundesrepublik sind die rechtlichen Bestimmungen für die „Arbeitsüberlassung“ seit 1985 „flexibilisiert“. Seit 2011 wurden Regulierungen beschlossen, die auf eine Angleichung der Löhne zielen. Eine gute Übersicht über die rechtliche Entwicklung in der Bundesrepublik, in Österreich und der Schweiz findet sich in Wikipedia unter dem Stichwort „Arbeitnehmerüberlassung“.

47 Das bedeutet freilich nicht, dass Aktivisten und Funktionäre unbehelligt agieren können. Ein Beispiel für viele ist die beabsichtigte Kündigung des Betriebsratsvorsitzenden der Meyer-Werft in Papenburg (Bundesrepublik Deutschland). Ihm wird vorgeworfen, er habe Mitarbeiter zum Eintritt in die Gewerkschaft genötigt. Dass die Firmenleitung gewerkschaftliche Interessenvertretung zu verhindern sucht, hat sie auch dadurch demonstriert, dass sie die in Deutschland geltenden Vorschrift, einen Aufsichtsrat zu gründen, in welchem auch Arbeitnehmervertreter Stimmrecht haben, durch die Gründung einer Holding in Luxemburg umgangen hat. Vgl. Elmar Stephan, Solidarität mit dem Betriebsratschef, Weser-Kurier (22.9.2015), S. 17.

diglich Arbeitskräfte, die über Qualifikationen verfügen, die auf dem Weltarbeitsmarkt knapp sind, können ihr entgehen. Sofern Arbeitsmigranten und Arbeitsmigrantinnen Lohn nach Hause schicken, profitieren davon nicht nur ihre Verwandten, über deren Steuern profitiert auch der Entsenderstaat. In der Summe „rechnet" sich dies für die Staatseinnahmen auch bei vielen sehr kleinen Beträgen.[48]

Von den im wahrsten Sinne des Wortes zahllosen Beispielen für die entgrenzte Ausbeutung ausländischer Arbeitskräfte werden im Folgenden lediglich einige wenige zur Verdeutlichung angeführt. Den Anfang machen Hinweise auf die Arbeit in Haushalten.

Haushaltshilfen

Sehr viele international vermittelte Haushaltshilfen kommen aus Indonesien, den Philippinen oder Sri Lanka. Die meisten lassen sich durch einen „Subagenten" im Dorf anwerben. "Jeder im Dorf kennt den Subagenten. Er ist so bekannt wie der Fischmarkt; jeder weiß, wo der Fischmarkt in der Stadt ist, und genauso weiß auch jeder, wer der Subagent ist und wo er sich aufhält. Dann geht der Subagent von Haus zu Haus und fragt, ob irgendjemand ins Ausland gehen will."[49] Tagtäglich wird auf diese Art und Weise die weltweite Reserve an Frauen und Mädchen, die alte Menschen pflegen, Kinder hüten, Wohnungen, Häuser und Büros putzen, Essen kochen und alle möglichen anderen Haushaltstätigkeiten verrichten, aufgefüllt. Weltweit sind seit einigen Jahren rund 50 Millionen Arbeitsmigrantinnen derart beschäftigt. Lange ist in der Migrationsforschung angenommen wurde, dass Frauen, die sich für eine Arbeit im Ausland bereitfinden, ohne über besondere Qualifikationen zu verfügen, zu diesem Schritt entweder durch ihre Familien gedrängt, durch Werber getäuscht oder durch schreiende Armut gezwungen wurden. Inzwischen wird eher akzeptiert, dass viele der Frauen und Mädchen versuchen, ihr Schicksal in die eigene Hand zu nehmen, indem sie die sehr begrenzten Chancen wahrnehmen, die der internationale Arbeitsmarkt gering qualifizierten weiblichen Arbeitskräften bietet.[50] Manche der so Vermittelten sind wirklich in der Lage, Geld nach Hause zu überweisen und ihren eigenen sozialen Status mittels Arbeit zu verbessern. In gewisser Weise illustriert die Internetseite, auf welcher die *"200 Best Maid Agencies"* von Singapur ihre Angebote erläutern, diese Einsicht. Denn wenn es unter den insgesamt

---

48 Den Nordkoreanern allerdings, die von ihrer Regierung an Baustellen oder Minen im Ausland geliefert werden, wird ihr Lohn gänzlich vorenthalten. Er geht direkt an die nordkoreanische Regierung. Vgl. Marco Fuchs, Nordkoreas Sklaven, Frankfurter Allgemeine Sonntagszeitung, 1.11.2015, S. 29.

49 *Human-Rights-Watch*-Interview mit Hemmani R. Habaduram, Sri Lanka, 14. November, 2006; in: Human Rights Watch, Exported and Exposed. Abuses against Sri Lankan Domestic Workers in Saudi Arabia, Kuwait, Lebanon, and the United Arab Emirates, vgl. http://www.hrw.org/print/reports/2007/11/13/exported-and-exposed , S 19 (Übers.).

50 Eine gute Übersicht über die Entwicklung der Forschung zur Arbeitsmigration von Frauen findet sich in: Kofman & Phizacklea & Raghuram & Sales (2000: Kap. 2).

10.829 *"maids"*, die am 31.07.2015 für Interessentinnen und Interessenten zur Verfügung standen, sicherlich viele gab, die noch kurz zuvor in einem Dorf gelebt hatten, so wird auf derselben Seite doch auch für *"maids"* geworben, die diesem Bild nicht unbedingt entsprechen. Von den 29 Frauen, für die an diesem Tag Fotos und kurze Informationen über Religionszugehörigkeit, Alter und Familienstand ins Netz gestellt wurden, waren elf verheiratet, zwei geschieden, eine verwitwet und eine alleinerziehend. Keine war jünger als 25, fast alle waren älter als 30.[51] Vermutlich fielen sie alle unter die in den Agenturen von Singapur gebräuchliche Rubrik *"transfer maids"*. Was es damit auf sich hat, wird auf der Internetseite einer der größten Agenturen erläutert. Die Einstellung einer *transfer maid,* also einer Frau, die derzeit bereits in Singapur beschäftigt ist, sei all denen zu empfehlen, die es sich leisten können, ihrer Hilfe mindestens zwei freie Tage (im Monat) und einen höheren Lohn anzubieten. Dagegen werde eine neue *maid* eher mit einem niedrigeren Lohn und einem oder gar keinem freien Tag im Monat zufrieden sein.[52] Anzumerken wäre, dass mindestens ein freier Tag im Monat in Singapur inzwischen gesetzlich vorgeschrieben ist, desgleichen ein Mindestlohn von 500 S$. Außerdem ist es in diesem Staat seit 2000 auch per Gesetz verboten, ein Dienstmädchen zu verprügeln oder zu vergewaltigen.[53] Dennoch haben zwischen 1999 und 2005 in Singapur mindestens 147 Dienstboten ihr Leben verloren, sei es, weil ihnen lebensgefährliche Arbeiten – wie etwa das Putzen von Fenstern an hohen Gebäuden – aufgetragen worden war, sei es, dass sie ihrem Leben selbst ein Ende gesetzt haben.[54]

Die internationale Vermittlung von Haushaltshilfen ist für diejenigen, die sie betreiben, ein zumeist sehr lohnendes Geschäft. Von den Steuern, die Regierungen auf die Überweisung von Geldern an Verwandte erheben, profitieren die Entsenderstaaten, desgleichen von den Ausgaben, die Verwandte von diesen Überweisungen der Arbeitsmigrantinnen tätigen. Länder, in denen die Frauen arbeiten, profitieren von ihren Konsumausgaben und von dem Beitrag, den sie zum Bruttoinlandsprodukt beitragen. Für Hongkong hat das *Asian Migrant Center* geschätzt, dass die Haushaltshilfen durch ihren eigenen Konsum und die Ersparnis, die sie für Einheimische bei der Betreuung von Kindern und Alten erbringen, 13,8 Milliarden Hongkong-Dollar (1,6 Milliarden Euro) zum Bruttoinlandsprodukt beitragen.[55] Dennoch können Haushaltshilfen auch in Hongkong keine dauerhafte Aufenthaltsgenehmigung beantragen. Sie sollen arbeiten und dann wieder gehen.

---

51 http://www.netmaid.com.sg/; abgerufen am 31.7.2015.

52 Universal Employment Agency, PTL-Singapore's Premier Maid Agency; http://www.universal.sg/faq.html; abgerufen am 31.7.2015.

53 Hommy Dara, Die tägliche Hölle der Maids von Singapur, Weser Kurier, 31.12.2006/1.1.2007, S. 4.

54 Singapore: Domestic Workers Suffer Grave Abuses. December 8, 2005; http://www.hrw.org/news/2005/12/06/singapore-domestic-workers suffer grave abuses; abgerufen am 20.4.2015.

55 Alexia Eychenne, Als Hausmädchen in Hongkong, Le Monde diplomatique, Mai 2015, S. 8.

Und damit sind wir bei der staatlichen Lenkung des Geschäfts mit den Haushaltshilfen. In jenen Ländern, in welche die meisten Haushaltshilfen vermittelt werden, sind diese so gut wie rechtlos. In Katar ist ausdrücklich geregelt, dass Haushaltshilfen über keinerlei gesetzlichen Schutz verfügen.[56] Besonders dramatisch ist das Fehlen jeglicher Unterstützung im Fall einer Anklage. Obwohl die Philipina Mary Jane Ramos freigesprochen worden war, nachdem sie ihren Arbeit„geber", der sie drei Tage lang vergewaltigt hatte, ermordete, wurde sie nicht aus dem Gefängnis entlassen. Sie sollte $ 40.000 Blutgeld an die Familie ihres früheren Arbeit„gebers" zahlen. Weil auch die Regierung der Philippinen jegliche Hilfe unterließ, hat dieser „Fall" mit dazu beigetragen, dass sich philippinische Wanderarbeitskräfte neuerdings international organisieren. (Rodriguez 2009/20012, 49f.) Aber nicht nur in den Arabischen Emiraten, sondern auch in Singapur überträgt der Staat die Herrschaft über die Arbeitskraft den Arbeit„geberinnen". In den Arabischen Emiraten geschieht dies durch das Kafala-System, welches Arbeit„geber" mit der Kontrolle ihrer Arbeitskräfte beauftragt und sie berechtigt, sie sowohl am Wechsel einer Arbeitsstelle als auch an der Ausreise zu hindern. In Singapur wird eine entsprechende Ermächtigung durch den Umweg über die Sicherheitszahlung in Höhe von mehreren hundert S$ pro Monat verlangt, die jeder bezahlen muss, der ein Dienstmädchen heuert.[57] Dieses Geld verfällt, wenn die *maid* davon läuft oder schwanger wird. Unter diesen Bedingungen werden sowohl in Singapur als auch in den arabischen Emiraten viele Frauen wie Gefangene gehalten und kommen nie alleine auf die Straße. Häufig werden sie unbezahlt ausgebeutet, manchmal wird gesagt, sie müssten erst die Summe verdienen, die an die Arbeitsagentur entrichtet werden musste.

Tatsächlich kassieren die Agenturen oft doppelt und dreifach. Zuerst von den Frauen und Mädchen, die sie verpflichten, ihnen die (manchmal auf fünf Monatslöhne taxierten) Kosten für die Vermittlung und ihre „Ausbildung" zurück zu zahlen, sodann durch den Betrag, den sie von Arbeit„gebern" bzw. Arbeit„geberinnen" einfordern, die eine Hilfe anheuern. *"The agents are getting money for selling us."*[58] Schließlich vielfach auch noch für den Rückflug am Ende eines Vertrags. Als die 23-jährige F.S. aus Indonesien, die nach Dubai vermittelt worden war, darum ersuchte, zur Vermittlungsagentur zurückgeschickt zu werden, wurde ihr von ihrer Herrin gesagt: „Ich habe schon für Dich bezahlt." Das

56 Amnesty International, The Dark Side of Migration. Spotlight on Qatar's Construction Sector ahead of the world cup, Index nr.: MDE 22/010/2013; https://www.amnestyusa.org/sites/default/files/mde220102013eng.pdef, S. 106. Bei der letzten Volkszählung waren rund 84.000 Ausländerinnen bei katarischen Familien beschäftigt. Vgl. Bernd Pickert, Private Sklavenhaltung, TAZ, 23.4.2014, S. 10.

57 *Human Rights Watch*, (2005) Maid to Order, Dezember 2005; vgl. http://www.hrw.org/reports/2005/12/06/maid-order (Im Jahr 2005 betrug diese Sicherheitszahlung annähernd 3.000 US $.).

58 *Human-Rights-Watch*-Interview mit Manaranjani S., Katunayake, Sri Lanka, 1. November, 2006; *Human Rights Watch*, Exported and Exposed. Abuses against Sri Lankan Domestic Workers in Saudi Arabia, Kuwait, Lebanon, and the United Arab Emirates: http://www.hrw.org/print/reports/2007/11/13/exported-and-exposed , S. 20 (Übers.).

konnte sich nur auf eine Vermittlungsgebühr bezogen haben, denn F.S. hatte, bevor sie fliehen konnte, während dreier Monate keinen Lohn erhalten.[59]

Für viele Haushaltshilfen beginnt das Leiden lange vor ihrer schließlichen Vermittlung in einen Haushalt. In Indonesien halten Arbeitsagenturen die Bewerberinnen oft monatelang in überfüllten *Training-Centers* gefangen.[60] Angeblich wird ihnen dort Englisch, Kochen, Nähen und Putzen beigebracht. Für die „Ausbildung" verlangen die Agenten Bezahlung. Zusammen mit allen anderen Kosten, die sie sich von den Arbeitsmigrantinnen ersetzen lassen, können sich die Beträge auf sechs bis sieben Monatslöhne aufsummieren. Den Beschäftigten bleiben dann monatlich oft nicht mehr als 10-30 $.[61] Andere müssen „als Training" kostenlos in Haushalten arbeiten, darunter im Haushalt des Anwerbers. Als sich eine Frau beschwerte, weil sie (während des Trainings) oft Schläge erhielt, wurde ihr gesagt, weitere Beschwerden würden dazu führen, dass sie nicht nach Hongkong geschickt werde.[62]

> „Ich wollte nach Hause, wusste aber nicht, wie ich es anstellen sollte, wegzulaufen, um heim zu gehen. Viele rannten weg. Manche zahlten Geld an die *Company*, damit sie gehen konnten. Sie mussten 5 Millionen Rupien bezahlen (US$ 610). Als ich schließlich entsandt wurde, war ich müde, und wollte nicht mehr nach Malaysia."[63]

Ebenfalls aus Indonesien wird berichtet, dass sich alle zukünftigen Haushaltshilfen untersuchen lassen müssen. Immer wieder kommt es vor, dass ihnen dabei gegen ihren Willen Spritzen verabreicht werden, die eine Schwangerschaft verhüten sollen.[64] Frauen, die sich geweigert hatten, war gesagt worden, sofern sie schwanger würden – und sei es auch nach einer Vergewaltigung – werde die Agentur sie nicht unterstützen. Sofern Vergewaltigungsopfer keine Zeugen für die Tat haben und schwanger werden, droht ihnen in vielen Ländern eine monatelange Gefängnisstrafe.[65] Werden Haushaltshilfen

---

59 Rodna Begum, End Exploitation for Domestic Workers in the Gulf (published in Huffington Post): http://www.hrw.org/news/2014/12/18/end-exploitation-domestic-workers-gulf -1; abgerufen am 20.4.2015 (Die Namen der Zeuginnen werden von Human Rights Watch prinzipiell verändert.).

60 Indonesia/Malaysia: Household Workers' Rights Trampled, July 23, 2004: http://www.hrw.org/news/2004/07/21/indonesiamalaysia-household-workers-rights-tr; abgerufen am 20.4.2015.

61 Sha Najak & Roderick Chia, (2010) Training centres to domestic worker – You have to ob: http://www.theonlinecitizen.com/10/12/training-centres-to-domestic-workers-you.

62 *"I speak up so no one will have to go through the same suffering"*; https://www.amnesty.org/en/articles/blogs/2015/i-speak-up-so-no-one-will-have to...; abgerufen am 27.4.2015.

63 Interview am 26. Januar 2004 mit der zurück gekehrten 24-jährigen Hartini Sukarman in Lombok, Indonesien: (Übers.), Help Wanted: Abuses against Female Domestic Workers in Indonesia and Malaysia: *Human Rights Watch*, Vol. 16, No 9, S. 31.

64 Ebenda, S. 29.

65 *Human Rights Watch* Interview mit Amanthi K. Katunayke, Sri Lanka, November 1, 2006; vgl. *Human Rights Watch*, Exported and Exposed. Abuses against Sri Lankan Domestic Workers in Saudi Arabia, Kuwait, Lebanon, and the United Arab Emirates: http://www.hrw.org/print/reports/2007/11/13/exported-and-exposed, S. 42.

in Hongkong schwanger, versuchen ihre Arbeitgeber(innen) zumeist, sie los zu werden. Ohne Visum und ohne Geld verstecken sich viele der Entlassenen dann in irgendwelchen Winkeln der Stadt. Manche arbeiten schwarz, die meisten müssen auf private Zuwendungen hoffen.

Im Vordergrund der Klagen, die von Haushaltshilfen öffentlich gemacht wurden, stehen überlange Arbeitszeiten, mangelnde Ernährung, sexuelle Ausbeutung und Strafmaßnahmen.[66] *Human Rights Watch* hat über die Jahre sehr viele Aussagen gesammelt, darunter diejenige einer Philipina, die in Saudi Arabien so wenig zu essen bekam, dass sie mit dem indischen Chauffeur, mit dem sie eigentlich gar nicht sprechen durfte, verabredete, dass er ihr Essen kaufte und es dann auf das Dach des Hauses warf, von wo sie es sich herunter holte. Eine andere berichtete, sie habe ununterbrochen das geschlossene Tor im Auge behalten, um eine Gelegenheit zur Flucht ergreifen zu können, nachdem sie vom Arbeit„geber" vergewaltigt worden war.[67]

Von den Agenturen, die sie vermittelt haben, können die Frauen kaum je Hilfe erwarten. Wie viele andere ausländische Haushaltshilfen hatte Erwiana Sulystyaningsih ihre Agentur ersucht, sich bei ihren Arbeit„gebern" für sie einzusetzen. Das war ihr selbst dann noch verweigert worden, als ihr Arbeit„geber" ihr gedroht hatte, sie aus einem hoch gelegenen Fenster zu werfen.[68] Immer wieder kommt es vor, dass Frauen nach dem Ende eines Vertrages, der zwischen zwei und fünf Jahren dauern kann, nicht nur ohne Verdienst, sondern sogar verschuldet zurückkommen, weil der Agent den Verdienst mehrerer Monate für ein Rückflugticket verlangt hat und sie womöglich gar nicht bezahlt worden waren.

Obwohl der Export von Arbeitskraft eine der wichtigsten Einnahmequellen der Regierung der Philippinen ausmacht, haben Berichte über die extreme Ausbeutung, der viele Arbeitsmigrantinnen in Singapur ausgesetzt sind, dazu geführt, dass die Regierung der Philippinen im Januar 2015 bekannt gab, sie werde in Zukunft nur noch eine bestimmte Quote an *maids* nach Singapur ausreisen lassen. Die aktuelle Zahl von monatlich etwa 1.000 Frauen, die aus den Philippinen nach Singapur vermittelt werden, soll um 20 % verringert werden. Derzeit sollen 70.000 philippinische *maids* in Singapur arbeiten. Anders als die Regierung der Philippinen will die indonesische Regierung den Umfang der Arbeitsmigration nicht von Staats wegen begrenzen, wohl aber Sorge tragen, dass die Rekrutierungsagenturen die Zahlung eines Mindestlohns in Höhe von 500

---

66 In Hongkong gab bei einer Umfrage jede Fünfte an, sie habe körperliche Übergriffe erfahren, jede Sechste berichtete von sexuellem Missbrauch, vgl. Marcel Grzanna, Help! Süddeutsche Zeitung, Nr. 28, 4.2.2014, S. 19.

67 Exploitation and Abuse of Migrant Workers in Saudi Arabia, *Human Rights Watch*: http.//hrw.org/Mideast/Saudi/labor, (Juli 2004) abgerufen am 9.1.2007.

68 Ai-jen Poo, Female domestic workers emerge from the shadows to fight abusive employers; vgl. http://www.theguardian.com/global-development/2015/feb/18/women-domestic-work; abgerufen am 19.4.2015.

Singapur Dollar im Monat kontrollieren.[69] Außerdem soll kontrolliert werden, ob die Frauen den ihnen inzwischen staatlich zugesicherten freien Tag pro Monat tatsächlich erhalten. Tatsächlich steht die allgemeine Durchsetzung derartiger Mindestbedingungen wohl nur zu erwarten, wenn das insgesamte Angebot an *maids* reduziert wird. Und das wiederum setzt voraus, dass sehr viel mehr Mädchen und Frauen in ihren Heimatländern Stellen offen stehen, die es ihnen ermöglichen, ihren Status zu verbessern.[70] Zwar ist die Rate des Schulbesuchs von Mädchen in den Entsenderländern inzwischen angestiegen, doch hat dies bislang weder die Benachteiligung von Frauen im Berufsleben noch ihre Gefährdung durch sexuelle Übergriffe und ihre Benachteiligung in dem für arme Menschen ohnehin schwer zugänglichen Rechtssystem verringert.[71] Unter diesen Umständen muss die Beschäftigung als Haushaltshilfe im Ausland weiterhin als eine Chance zu wirtschaftlicher Selbständigkeit und sozialer Anerkennung durch die Mitglieder der eigenen Familie erscheinen.

Abgesehen von den *maids*, die ihre Aufenthaltserlaubnis verloren haben, weil sie davongejagt wurden, aber nicht über die Mittel verfügen, um nach Hause zurück zu kehren, handelt es sich bei den Haushaltshilfen, von denen bislang die Rede war, durchweg um Arbeitsmigrantinnen mit einem legalen Aufenthaltsstatus. Über einen solchen verfügen auch die allermeisten der *Migrant Domestic Workers*, die in einer reichen ausländischen Familie in London oder Paris beschäftigt sind. Untersuchungen einer indonesischen Hilfsorganisation zufolge sind 16-stündige Arbeitstage die Norm. Fast 60 % der in London Befragten durften das Haus ihrer Arbeit„geber" nicht ohne Aufsicht verlassen, 71 % beklagten sich über zu wenig zu essen und 23 % über körperliche Gewaltanwendung. Häufig seien als Druckmittel auch ihre Pässe eingezogen worden.[72] Auf entsprechende Verhältnisse sind Ehrenamtliche in Paris gestoßen. Nachdem ihre Hoffnungen auf bessere Beschäftigungen enttäuscht wurden, hätten sich Frauen aus Asien, Afrika oder dem Nahen Osten gezwungen gesehen, eine Arbeit als Hausangestellte anzunehmen. Fünfzehn bis achtzehn Stunden am Tag müssten sie als „Mädchen für alles" arbeiten, sieben Tage in der Woche, ohne Urlaub und Lohn – und ohne Papiere. Ihre „Herrschaften" kämen entweder aus Ländern, „in denen eine gewisse Form der Sklaverei nie wirklich

69 Highring maids becoming more costly with tighter regulations, The Strait Times 19.1.2015.

70 Nachdem öffentlich geworden war, dass eine indonesische Hausangestellte in Hongkong so grausam gequält wurde, dass sie nicht mehr gehen und kaum noch sehen konnte, hat 2014 auch die indonesische Regierung angekündigt, in Zukunft keine Hausangestellten mehr nach Übersee schicken zu wollen. Bis 2017 solle dieser Plan umgesetzt werden. Die Realisierung dieses Planes, sagen Kennerinnen der Verhältnisse, sei eine Illusion, solange Frauen in Indonesien kaum bezahlte Arbeit finden können. Vgl. Jessica Chan, Wenn Haushälterinnen zu Sklavinnen werden, TAZ, 16.2.2014, S. 16.

71 Ausführliche Darlegungen für Indonesien und Malaysia in: Help Wanted: Abuses against Female Domestic Workers in Indonesia and Malysia: *Human Rights Watch*, Vol. 16, No. 9, S. 17-20.

72 Andreas Oldag, Die Geschichte der Magd, Süddeutsche Zeitung, Nr. 144, 26./27.6.2010.

ausgestorben ist", andere hätten ihre Dienerinnen durch Anwerbeagenturen bezogen und wieder andere seien Menschen, denen „nichts über die gute alte Kolonialzeit" gehe.[73]

Entsprechendes erfahren viele Haushaltshilfen in Südafrika. Oft kommen sie aus anderen afrikanischen Staaten und oft treffen sie auf Arbeit„geberinnen" und Arbeit„geber", die ihrerseits in der Zeit der Apartheit sozialisiert wurden. Obwohl die Zeit der „Pässe", über die Arbeitskräfte verfügen mussten, damit sie sich legal in einer Stadt aufhalten konnten, inzwischen vorbei ist, bleiben sowohl weibliche als auch männliche Haushaltshilfen typischerweise Wanderarbeitskräfte. Sofern sie aus anderen Staaten des südlichen Afrika zur Hausarbeit nach Südafrika kommen, haben sie sich weiterhin mit einer fremdenfeindlichen Gesellschaft und abweisenden Behörden auseinanderzusetzen. (Ally 2009/2012: 16f.)

Erbärmliche Verhältnisse werden auch immer wieder aus den Haushalten von Diplomaten bekannt. In der Regel kommen die Haushaltshilfen, manchmal sind das auch Männer, mit einem Spezialausweis ins Land, den der Außenminister des Landes ausgestellt hat, welches die Botschaft vertritt. Nicht nur, dass diese Papiere ihnen keine Aufenthaltsrechte zugestehen, wenn sie ihre Arbeitsstelle verlassen, bislang verlangen die meisten Staaten auch, dass die in der Botschaft Beschäftigten dort auch leben. (Kartusch 2011: 28) Ihre Arbeit„geber" und deren Familienmitglieder scheinen dies vielfach als Pflicht zu interpretieren, zu ihrer ständigen Verfügung zu stehen. Maria (Name geändert) aus Indonesien, musste im Haushalt eines Diplomaten in London lange Tage arbeiten, manchmal bis zu achtzehn Stunden. Sie hatte keinen freien Tag, musste in einem Flur schlafen, erhielt nur die Hälfte des ihr zugesagten Lohnes und musste sich immer abmelden und wieder zurück melden, wenn sie das Haus verließ. (Kartusch 2011: 22) Auch Frau Hasniati (Name geändert) kam aus Indonesien und arbeitete vier Jahre im Haushalt eines Diplomaten, zwei und ein halbes Jahr davon in Deutschland. Sie erhielt keinen Lohn, nur wenige und schlechte Nahrung und musste bis zu neunzehn Stunden am Tag arbeiten. Ihr Arbeit„geber" weigerte sich, ihr den Spezialausweis und ihren Pass auszuhändigen. Als sie an Tuberkulose erkrankte, wurde ihr erst nach Monaten gestattet, sich an ein Krankenhaus zu wenden. (Ebenda) Menschenrechtsaktivisten, die von den Zuständen in Botschaften erfahren, können sich an die Regierungsstellen ihres eigenen Landes wenden, sind gegenüber der Immunität von Botschaftern und ihren Familienmitgliedern jedoch machtlos.[74] Um die Reichweite der Immunität so weit zu beschränken, dass sie keine fortlaufenden Menschenrechtsverletzungen umfasst, strebte

73 Thierry Parisot, Die neuen Sklaven sind unsichtbar, Le Monde diplomatique, TAZ, WOZ, Juni 1998, S. 17.

74 Für die Arbeit in Haushalten von Diplomaten stellen die Behörden der USA sog. A-3 Visa aus, für Haushaltshilfen der Familien von Beschäftigten internationaler Organisationen (wie UNO, Weltbank, Internationaler Währungsfonds) sind es G5 Visa. Weil die Arbeitgeber diplomatische Immunität genießen, können sie nicht wegen Straftaten oder der Verletzung bürgerlicher Rechte angeklagt werden. Kevin Bales und Ron Soodater verweisen auf Beispiele für Sachverhalte, die sie unter dem Titel "The slave next door" zusammenfassen. (2009: 33-35)

das Deutsche Institut für Menschenrechte im Jahr 2011 einen Musterprozess für Dewi Ratsanari (Name geändert) an, die im Haushalt eines saudischen Botschaftsangehörigen in Berlin eineinhalb Jahre lang achtzehn Stunden am Tag ohne Lohn ausgebeutet worden und von ihrer „Herrschaft" „Scheiße" gerufen worden war. Kurz vor der Verhandlung endete die Akkreditierung des Diplomaten. Ob es zu einer Verhandlung kam, ist nicht bekannt geworden. Ebenso wie ihr Arbeit„geber" ist Dewi Ratsanari längst nicht mehr in Deutschland.[75] Wie dringend erforderlich eine gerichtliche Grundsatzentscheidung ist, zeigen die Erfahrungen eines Haushaltsgehilfen aus Sri Lanka, der ein Jahr lang in London im Haushalt eines hohen Diplomaten arbeitete. Während dieser Zeit hatte er täglich von 7 Uhr morgens bis 10 Uhr abends für weniger als den ihm vertraglich zugesicherten Lohn gearbeitet. Er hatte kein eigenes Zimmerer, schlief auf einem Klappbett und durfte das Haus nicht ohne Begleitung verlassen. Nachdem er sich zu einer Hilfsorganisation geflüchtet hatte, reichte er Klage bei einem Arbeitsgericht ein. Ihm wurden 14.000 € für entgangenen Lohn, vorenthaltenen Urlaub und unrechtmäßige Entlassung zugesprochen. Die Immunität des Botschaftsangehörigen verhinderte jedoch, dass dieses Urteil durchgesetzt werden konnte. (Kartusch 2011: 34)[76]

Haushaltshilfen, die in Diplomatenhaushalten beschäftigt sind, haben zwar einen legalen, aber keinen von ihrer Arbeitsstelle unabhängigen Aufenthaltsstatus. (Es ist dies einer der Punkte, dessen Änderung von Hilfsorganisationen gefordert wird.)

Auch in kapitalistischen Ländern des Westens arbeiten viele Ausländerinnen in privaten Haushalten, die über einen legalen Aufenthaltsstatus verfügen. Vor allem die ständige Nachfrage nach Pflegepersonal hat aber das Geschäft mit der Vermittlung irregulär immigrierter Arbeitskräfte aufblühen lassen. In Deutschland beschaffen Vermittlerinnen Frauen aus Rumänien als Pflegekräfte für alte Menschen in privaten Haushalten. Dafür verlangen sie eine Anfangsgebühr und jeden Monat € 100. Weil die Frauen so gut wie gar kein Deutsch können, sind die Beziehungen zu den womöglich sogar dementen Pflegebedürftigen oft von Anfang an sehr schwierig. Viele berichten, dass sie nicht genug zu essen bekommen, manche fürchten um ihr Leben. Weil die Vermittler Anmeldung und Sozialversicherung der Pflegerin den Kunden überlassen, arbeiten faktisch fast alle „schwarz" und unversichert.[77]

Damit erleben viele von ihnen nicht nur schwer erträgliche Alltage, sie alle leben auch in einer Art Schattenwelt: „einerseits im politischen Niemandsland der Illegalität und andererseits im arbeitsrechtlichen Niemandsland der Schwarzarbeit im Privathaushalt". (Rerrich 2006: 109)

---

75 Manuela Heim, Kein Recht für moderne Sklaven, TAZ, 20.8.2012, S. 9.

76 Das Verfahren bewirkte jedoch, dass sich auch andere Ex-Angestellte von Botschaftsangehörigen an deutsche Gerichte wandten. Vgl. Manuela Heim, Vom Diplomaten vergewaltigt? TAZ, S. 7.

77 Yvonne Staat, „O Herr beschütze uns". Viele Rumäninnen, die in Deutschland und Österreich alte Menschen pflegen, fühlen sich ausgenutzt. Sie beschreiben ihre Arbeit als Sklaverei, Frankfurter Allgemeine Sonntagszeitung, Nr. 28, 13.6.2014, S. 28.

Nicht nur für Haushaltshilfen ohne legalen Aufenthaltsstatus, sondern auch für alle anderen gilt, dass die Vereinzelung ihrer Arbeitsstelle, die noch dazu meist mit sozialer Isolierung verbunden ist, Widerstand sehr erschwert. Dennoch haben sich in den letzten Jahren Haushaltshilfen vermehrt zur Wehr gesetzt. So gilt etwa Hongkong unter Betroffenen nicht nur als „die Stadt moderner Sklaverei", sondern es ist auch eine Stadt, in der Haushaltshilfen begonnen haben, sich zu organisieren und für ihre Rechte zu streiten, so etwa für das Recht, sich außerhalb ihrer Arbeitsstelle eine Bleibe zu suchen, um damit einigen der Übergriffe, denen sie ausgesetzt sind, zu entgehen.[78]

Seit 2011 können sich diejenigen unter den weltweit rund 50 Millionen Haushaltshilfen, die sich wehren wollen, auf eine Konvention berufen, die von der ILO beschlossen worden ist. In der Präambel wird erläutert, dass die Sorgearbeit für Kinder, für Alte und für Menschen mit Behinderung für die globale Wirtschaft umso wichtiger geworden ist, je mehr Frauen berufstätig sind. Außerdem verschafften Arbeitsstellen Menschen aus Entwicklungsländern Beschäftigungsmöglichkeiten. In den folgenden Artikeln wird dann dargelegt, was unter Haushaltsarbeit zu verstehen ist, welche Rechte Haushaltshilfen zugestanden werden sollen und auf welche Weise die Staaten, die diese Konvention ratifizieren, die Realisierung der Beschlüsse fördern soll.[79] Seit dem 5. September 2013 ist diese Konvention in Kraft, tatsächlich ratifiziert hatten sie zu diesem Zeitpunkt allerdings erst 17 der 185 Mitgliedsstaaten der ILO. Nicht darunter waren beispielsweise das Vereinigte Königreich und Indien. Am 18. März 2015 hat die indische Regierung dem indischen Parlament mitgeteilt, dass Indien die Konvention nicht ratifizieren wird, weil sie (derzeit) nicht den indischen Gesetzen entspricht. Ratifizierungen verpflichten Regierungen, Maßnahmen zu ergreifen, die eine Realisierung des Abkommens herbeiführen. Staatliche Souveränitätsrechte, das international nahezu unbegrenzte Angebot an rekrutierungswilligen Arbeitskräften, Profitinteressen der Betreiber von Agenturen sowie Bestrebungen von Arbeit„geberinnen" und Arbeit„gebern" , ihre Haushaltshilfen isoliert und unter Kontrolle zu halten, stehen der Hoffnung auf rasche Erfolge entgegen.

Tagelöhnerinnen und Tagelöhner

Zur Zeit der Industrialisierung wurden Arme vielfach im Tagelohn beschäftigt. In manchen Bereichen, so etwa in der Hafenwirtschaft, aber auch in der Landwirtschaft, hat sich diese Praxis lange gehalten. Insgesamt ist die Tagelöhnerei in vielen der metropolen kapitalistischen Ländern aber zurückgegangen. Dennoch werden nach wie vor Hilfskräfte für Tage oder für die Dauer einer „Saison" beschäftigt. In Europa kommen

---

78 Noch 1999 wurde berichtet, nur einige hundert Philipinas hätten sich an Demonstrationen beteiligt, weil damals gerade Indonesierinnen eingeführt wurden, die mit weniger als dem halben Lohn der Philipinas zufrieden waren. Vgl. Valérie Brunschwig, Philippines de Hongkong et bonnes à tout faire, Le Monde, 20.3.1999, S. 16.

79 Convention C189 Domestic Workers Convention, 2011 (No 189) vgl. http://www.ilo.org/dyn/normlex/en/f?p=NORMLEXPUB:12100:=::NO::P12100_ILO; abgerufen am 19.4.2015.

Erntehelferinnen und Erntehelfer in der Regel legal ins Land und planen einen auf die jeweilige Erntesaison beschränkten Aufenthalt.[80] Auch in den USA gibt es unter Tagelöhnern sehr viele Grenzgänger, die nur einen vorübergehenden Aufenthalt planen. Die allermeisten von ihnen kommen aber irregulär ins Land.[81]

Das zwingt sie tagtäglich zu dem Versuch, zwei einander widersprechende Ziele zu erreichen: Einerseits müssen sie sich sichtbar machen, um einen Job zu ergattern, andererseits müssen sie versuchen, möglichst unsichtbar zu sein. (Cleavand &Kelly 2008, hier zit. nach: Sung & Delgado &Peña & Paladino 2013: 249) Kommen sprachliche Probleme zu der Angst vor Deportation hinzu, ist das Risiko extremer Ausbeutung sehr hoch. Von den für 2010 in den USA geschätzten 11,2 Millionen „undokumentiertern Einwanderern" haben vermutlich etwa 373.000 versucht, sich als Tagelöhnerinnen und Tagelöhner durchzuschlagen.[82] Die meisten von ihnen waren in Haushalten und in der Bauwirtschaft beschäftigt. Alle 2010 von einer Forschungsgruppe Befragten gaben an, dass ihre Entlohnung individuell bestimmt wurde und sich entweder auf geleistete Stunden oder den Tag bezog. Im Durchschnitt hatten sie 1,6 Arbeit„geber" pro Woche, was entweder bedeuten kann, dass sie mehrere Tage nacheinander vom selben Arbeit„geber" beschäftigt wurden oder aber, dass sie nicht für alle Tage Arbeit fanden. Viele von ihnen hatten mehrfachen Lohndiebstahl erlebt, sei es, dass sie weit unter üblichen Sätzen bezahlt wurden oder aber überhaupt keinen Lohn ausbezahlt erhalten hatten. Von den 160 befragten Arbeitskräften hatten 70 % eine derartige Erfahrung machen müssen. Nur sehr wenige von ihnen (2,7 % der unterbezahlten und 4,9 % der gar nicht entlohnten Arbeitskräfte) hatten kirchliche oder gesellschaftliche Organisationen um Hilfe ersucht. (Sung & Delgado & Peña & Paladino 2013: 259-261)

Unter den Tagelöhnerinnen und Tagelöhnern waren 2010 geschätzte 4 % in der Landwirtschaft beschäftigt. Das heißt aber gerade nicht, dass in diesem Wirtschaftszweig extreme Ausbeutung vergleichsweise selten ist. Denn viele der irregulär eingewanderten Landarbeiterinnen und Landarbeiter sind – beispielsweise in Florida – nicht nur tageweise beschäftigt. Schätzungen zufolge handelt es sich bei mehr als der Hälfte aller

---

80 Von Spanien ist bekannt, dass zur Erntezeit viele Tausend Tagelöhner, darunter zahlreiche afrikanische Immigranten durchs Land ziehen. Oft hausen sie in Elendsghettos zwischen den Plantagen – „Ohne Wasser, Strom und Toilette" – und ohne Rechte. Ralph Schulze, Schuften in Europas Gemüsegarten, Weser Kurier, 29.11.2015.

81 Einer Untersuchung von 2006 zufolge sind das 75 %. Vgl. Justin McDevitt, Compromise Is Complicity: Why There Is No Middle Road in the Struggle to Protect Day Laborers in the United States; in: ABA Journal of Labor & Employment Law, Bd. 26, Nr. 1, 2010: 103; abgerufen am 26.4.2015 von Wikipedia (Tagelöhner).

82 Ihnen wäre auch mit der von Präsident Obama – nach dem Scheitern eines entsprechenden Gesetzesvorhabens – im November 2014 per Exekutivorder erlassenen Einwanderungsreform nicht geholfen gewesen, sah diese doch nur die Legalisierung bereits längerfristig im Land lebender Einwanderer und einen Abschiebestopp für Kinder vor. Nachdem 26 republikanisch regierte Bundesstaaten gegen diese Reform geklagt hatten, stoppte ein Richter in Texas im Februar 2015 die Umsetzung der Reform per einstweiliger Verfügung.

Landarbeiterinnen und Landarbeiter um irregulär Eingewanderte. Berichten zufolge werden Proteste gegen Lohndiebstahl und unzumutbare Arbeitsbedingungen mit der Drohung beantwortet, den oder die Betroffene den Behörden zu melden. Arbeit„geber" können sich derartige Drohungen und die Bezahlung sehr niedriger Löhne leisten, weil es einen beständigen „Nachschub" an Grenzgängerinnen und Grenzgängern gibt, die bereit sind, des Landes verwiesene Beschäftigte zu ersetzen.[83] Verschärfend wirkt die Tatsache, dass auch einheimischen Arbeitskräften in der Landwirtschaft ein minderer Rechtsstatus zugemutet wird. Der *National Labour Relations Act* untersagt Landarbeiterinnen und Landarbeitern den Beitritt zu einer Gewerkschaft. Das macht die Landwirtschaft zu einem Wirtschaftsbereich, in dem sich Arbeit„gebern" besonders gute Möglichkeiten für entgrenzte Ausbeutung bieten.

Auch in Italien werden Fremde als Tagelöhner ausgebeutet, die meisten von ihnen in der Landwirtschaft, Vermittlungsfirmen sind meist in Norditalien angesiedelt, Beschäftigung aber gibt es vor allem im Süden.[84] 2010 hatten afrikanische Erntehelfer, die in der Orangenernte beschäftigt waren, gegen ihre Arbeitsbedingungen protestiert. Die dadurch ausgelöste Gewalttätigkeit zwischen Ausländern und einheimischer Bevölkerung hatte zu einer Verschärfung der Strafen für die Ausnutzung billiger Arbeitskräfte geführt. Dass sich wenig geändert hat, wurde im August 2015 deutlich, als eine Tagelöhnerin in Apulien starb. Sie war nicht aus dem Ausland gekommen, sondern aus einem 300 km von ihrem Arbeitsplatz entfernten Ort. Täglich wurde sie mit dem Bus zur Arbeit transportiert, tagtäglich schuftete sie für 27 € am Tag viele Stunden in einem Weinberg. Als sie sich am 13. Juli schlecht fühlte, riet ihr der Busfahrer, sich unter einen Baum zu legen. Weil ihr Tod bekannt wurde, kam es zu einer Debatte über die Tatsache, dass es in Italien etwa 400.000 Tagelöhnerinnen und Tagelöhner gibt. Allein in Apulien schuften 250.000 Erntehelfer. Vielfach verdienen sie, wie auch die verstorbene Paola Clemente, kaum mehr als 2 € die Stunde. Der Statistikbehörde Istat zufolge werden 43 % von ihnen in Schwarzarbeit eingesetzt, oft zwölf Stunden am Tag.[85] Am 20. Juli erlitt Mohamed Abdullah im südapulischen Nardò in der Mittagshitze zwischen den Tomatenstauden

---

83 Beate Andree, Farmworkers walk a fine line between exploitation and forced labour; 25.3.2015: http://iloblog.org/2015/03/25/farm-workers-walk-fine-line-between-exploitation-and- forced labour.

84 2009 hat Helmut Höge einige Nachrichten gesammelt: 2006 habe die Stuttgarter Zeitung berichtet, auf den Tomatenfeldern in Apulien gebe es Todesfälle mit dubioser Ursache. Die „Berliner Morgenpost" habe berichtet, dass die rumänischen Erntehelferinnen von den Subunternehmen gezwungen wurden, ihrem „Padrone" sexuell zu Willen zu sein. Die Berliner Zeitung habe berichtet, ebenfalls 2006 habe die Polizei bei Bari 113 polnische Erntehelfer aus einem Arbeitslager befreit, wo sie wie Sklaven gehalten worden waren. Die „Tagesschau" habe berichtet, im Gemüseanbaugebiet rund um Foggia würden die Rumänen, Bulgaren und Afrikaner, die dort (meist illegal) arbeiteten von den Vorarbeitern zusammengeschlagen, wenn sie versuchten, dem Regime zu entfliehen. Vgl. Helmut Höge, Alles fließt. http://blogs.Taz.de/hausmeisterblog/kategorie/allgemein...; abgerufen am 24.12.2009.

85 Julius Müller-Meiningen, Moderne Sklaverei, Weser Kurier, 28.8.2015, S. 7.

einen Herzinfarkt. Er war 47 Jahre alt und hatte Frau und zwei Kinder. Erst am Tag zuvor war er aus Sizilien eingetroffen, ohne Vertrag und ohne Papiere.[86] Er war Opfer der rigorosen Konkurrenz um die Absatzmärkte für Agrarprodukte, aber auch der Gewinne, die Firmen anstreben, die ihren Transport und ihre Weiterverarbeitung organisieren.

Arbeit im Außertariflichen

Arbeitskräfte, die von Unternehmern an andere Unternehmen „verliehen" werden, müssen sich häufig mit geringem Lohn und schlechten Arbeitsbedingungen abfinden. Einen noch schlechteren Rechtsstatus haben Ausländerinnen und Ausländer, die einen Leihvertrag oder einen Werkvertrag erfüllen.[87] Noch wesentlich niedriger sind die Chancen auf bessere Arbeitsbedingungen für Menschen, die irregulär ins Land gekommen sind, oder aber Menschen, die keine gültigen Papiere haben, weil sie ihnen von denen abgenommen wurden, die sie zur Arbeit zwingen wollen.

Entsprechende Gefahrenzonen gibt es in allen metropolen kapitalistischen Ländern. Es gibt sie auch – und womöglich sogar besonders ausgeprägt – in Ländern, in denen Arbeitskämpfe und politische Bewegungen eine erhebliche Domestizierung des Kapitalismus durchgesetzt hatten. Gerade weil in diesen Ländern viele Arbeitsbedingungen tarifrechtlich abgesichert wurden und noch immer abgesichert sind, gewinnt die Chance an Gewicht, derartige Bedingungen durch die Vernutzung der Arbeitskraft von Ausländerinnen und Ausländern zu umgehen.

In der Bundesrepublik Deutschland ist die Gefahr, entgrenzter Ausbeutung zu begegnen, in vielen Gewerben vorhanden.[88] In Unternehmen, die Schlachthöfe betreiben, ist sie aber nahezu flächendeckend.[89] Die Ursache liegt in den schlechten Aussichten,

---

86 Matteo Koffi, Die Sklaven der Tomaten, TAZ, 14.10.2015, S. 5.

87 Seit Einführung der Freizügigkeit für Staatsangehörige von EU-Mitgliedsländern ist der Anteil der Beschäftigung mittels Werkverträgen gegenüber dem der Beschäftigung mittels Leiharbeitsverträgen gestiegen.

88 Die Subunternehmer in den Entsenderstaaten versprechen 40-Stunden-Woche und deutschen Mindestlohn. Manchmal erhalten Arbeitskräfte über Monate gar keinen Lohn, fast nie erhalten sie den Mindestlohn. Vgl. Hendrik Ankenbrand, Unsere neuen Hungerlöhner, Frankfurter Allgemeine Sonntagszeitung, Nr. 43, 27.10.2013, S. 21.

89 Entsprechende Verhältnisse hat *Human Rights Watch* auch in der Schlachtindustrie der USA vorgefunden. Zwar verfügen manche der dort beschäftigten ausländischen Arbeitskräfte über einen legalen Aufenthaltsstatus, weil das aber für viele ihrer Familienmitglieder nicht der Fall ist, zögern sie, sich gegen die ihnen aufgezwungenen Arbeitsbedingungen zu wehren. Zusätzlich arbeiten aber auch viele sog. „undokumentierte" Arbeitskräfte in dieser Industrie. Dennoch ist es zu Streiks gekommen. An ihnen waren sowohl Arbeitskräfte mit legalem als auch mit illegalem Aufenthaltsstatus beteiligt. Im Fall des Streiks gegen die Smithfield Company im Jahr 2000 wehrten sie sich dagegen, dass sie nicht den vereinbarten Lohn und kein Urlaubsgeld erhalten hatten, dass das Unternehmen Kollegen unrechtmäßig entlassen und andere unrechtmäßig hatte verhaften lassen, dass ihnen körperliche Gewalt angedroht worden war, und dass sie entlassen würden, wenn sie sich bei den Verhandlungen von einer Gewerkschaft vertreten lassen würden. Im Verlauf des Streiks nutzte das Unternehmen die seit 1991 in North Carolina

mit denen Arbeitskräfte in ihren Herkunftsländern konfrontiert sind, aber auch in den Angewohnheit von Konsumenten, beim Fleischkauf vor allem auf den Preis zu achten.[90] Mit regulären Arbeitsbedingungen sind die derzeit in deutschen Supermärkten vorherrschenden Preise für Fleisch nicht zu leisten. Seit Jahren beschäftigen die Betreiber von Schlachthöfen Leiharbeiterinnen und Leiharbeiter aus Rumänien, Polen und Bulgarien. Zumeist werden sie ihnen von in Deutschland ansässigen Dienstleistungsbetrieben zur Verfügung gestellt.[91] Inzwischen stellen sie etwa 80 % der Arbeitskräfte in den Schlachthöfen.[92] Diese Arbeitskräfte sind in aller Regel nicht krankenversichert, sie erhalten nicht den inzwischen gesetzlich fixierten Mindestlohn, oft müssen sie sogar „Messergeld" bezahlen, Miete für ihr Arbeitswerkzeug. Ihre Arbeitszeiten übertreffen die gesetzlich geregelten Maximalzeiten bei Weitem.[93] Ein Befragter sagte, wenn er um Mitternacht anfange, komme es vor, dass er erst um 15:30 am nächsten Tage gehen dürfe.[94] Sechzig Stunden pro Woche sind üblich.[95] In Extremfällen kommen Arbeitskräfte auf siebzig Wochenstunden.[96] Löhne sind sehr niedrig, und wenn sie im Einzelfall gar nicht ausbezahlt werden, bleibt Arbeitskräften nur der für sie im Ausland schwierige Klageweg. An ihren Arbeitsplätzen zerlegen Schlachterinnen und Schlachter im Akkord

---

gegebene Möglichkeit, für ihre Betriebsschutzeinheit den Status einer *"special police agency"* zugesprochen zu bekommen. Damit konnte der Betriebsschutz Waffen tragen, Verhaftungen durchführen und – sofern der auslösende Vorfall auf dem Betriebsgelände stattgefunden hatte – „Verdächtige" auch außerhalb des Betriebsgeländes verfolgen: *Human Rights Watch*, Immigrant Workers in the United States Meat and Poultry Industry, hrw.org (Submission of *Human Rights Watch* to the Office of the United High Commissioner for Human Rights. Committee on Migrant Workers).

90 Vgl. Guido Grüner, Die Billiglebensmittel der Lebensmittelketten sind ohne das Elend der Werkvertragsbeschäftigten nicht zu haben, Ringvorlesung Universität Kassel, FB 11, 17.12.2014; vgl. http://www.also-zentrum.de/termine.html?day=20141217/.

91 Im Mai 2013 ermittelten Polizisten, Zollbeamte, Steuerfahnder und Staatsanwälte gegen 22 Vermittlerfirmen wegen des Verdachts auf Steuerhinterziehung und nicht bezahlten Sozialabgaben. Vgl. http://www.Taz.de/!118670; abgerufen am 23.3.2015. Im Dezember 2010 verurteilte ein Düsseldorfer Gericht einen Unternehmer, der 1.000 Arbeitskräfte geliefert hatte. Um Steuern und Sozialabgaben zu vermeiden, waren die Leiharbeiter gegenüber dem Finanzamt als Selbständige mit Werkverträgen geführt worden.

92 Die Schlachtordnung; Zeit online. http://www.zeit.de/2014/51 schlachthof-niedersachsen-fleischwirtschaft-ausbeutung-a..; abgerufen am 23.3.2015.

93 Nachweise in der ARD Dokumentation von Karolin Jacquemain, „Lohnsklaven in Deutschland". Mafiapaten der Schlachthöfe, 24.6.2013, Bericht abgerufen unter: http://www.abendblatt.de/kultur-live/article117388125/Lohnsklaven- in- Deutschland-...; abgerufen am 23.3.2015.

94 Die Schlachtordnung; Zeit online. http://www.zeit.de/2014/51 schlachthof-niedersachsen-fleischwirtschaft-ausbeutung-a..; abgerufen am 23.3.2015.

95 Deutschland billig Schlachterland: http://www.fr-online.de/wirtschaft/mindestlohn-deutschland-billig-schlachterland-,14; abgerufen am 23.3.2015.

96 Auskunft des zuständigen Gewerkschaftsvertreters. Vgl. Andreas Wyputta, Zerleger werden weiter ausgebeutet; Taz.nord 10.4.2015, S. 21.

Schweine, Rinder oder Hähnchen.[97] 2015 kündigten sechs große Schlachthöfe an, alle Jobs auf deutsches Recht umstellen und mehr Arbeiter fest beschäftigen zu wollen. Ein Jahr später wurde festgestellt, dass weiterhin fast die Hälfte der Arbeitskräfte mit Werkverträgen abgespeist werden, und nicht alle von ihnen gearbeiteten Stunden bezahlt bekommen.[98]

Leiharbeit und die Umgehung der inzwischen restriktiven Bestimmungen mittels Werkverträgen trifft auch deutsche Arbeitskräfte. Im Unterschied zu ihren ausländischen Kollegen, haben sie aber einen sowohl kulturell als auch legal einfacheren Zugang zu einer Strafanzeige. Während es der deutsche Initiator einer Organisation ehemaliger Leiharbeiter wagen konnte, seine Strafanzeige gegen den Daimler Konzern wegen illegaler Arbeitsüberlassung unter seinem Namen publik zu machen,[99] wagte es eine ausländische Arbeiterin nicht, sich zu erkennen zu geben, nachdem sie im Vermittlungsbüro angekündigt hatte, sich an einen Anwalt wenden zu wollen. Daraufhin sei ihr gesagt worden: „Überleg dir das gut. Könnte ja sein, dass du auf der Straße überfahren wirst."[100]

In vielen Bereichen beschränkt sich die Ausbeutung vorübergehend beschäftigter ausländischer Arbeitskräfte nicht auf ihren Arbeitseinsatz, vielmehr profitieren Unternehmer auch von ihrer Unterbringung in schäbigen, manchmal auch regelrecht gesundheitsgefährdenden Massenunterkünften. Dafür werden dann meist auch noch beträchtliche „Mietkosten" vom Lohn abgezogen. Nachdem zwei Arbeitskräfte, die bei der Meyer-Werft in Hude als selbständige Wahrnehmer eines Werkvertrags beschäftigt gewesen waren,[101] bei einem Brand in ihrer Unterkunft erstickt waren, wurde bekannt,

97 Im Oktober 2015 kündigten die Konzerne der Fleischbranche in der Bundesrepublik an, sie würden bis Mitte 2016 die Entsendung durch sozialversicherungspflichtige Werkverträge ersetzen. Tatsächlich sind viele Subunternehmer jetzt in Deutschland ansässig. Beschäftigte klagen, deren Abrechnungen seien betrügerisch. Vgl. Mindestlohn für Mindestimage; in: Heinrich Böll Stiftung und BUND, Fleischatlas, S. 12; vgl. außerdem: www.boell.de/fleischatlas.

98 Louisa Schmidt, Wenig feste Stellen. Süddeutsche Zeitung, 29. September 2016, S. 23; Peter Kossen zufolge hat sich seit Einführung des Mindestlohns wenig verändert. Vgl. Interview von Katharina Schipkowski, „Ein perfides System der Abhängigkeit", TAZ, 20.10.2016, S. 21.

99 Martin Dowideit, 15.5.2013, Strafanzeige gegen Daimler-Chef; http://www.handelsblatt.com/unternehmen/industrie/nach-ard-reportage-strafanzeige...; abgerufen am 25.3.2015.

100 Http://www.abendblatt.de/kultur-live/article117388125/Lohnsklaven-in-Deutschland-...; abgerufen am 23.3.2015.

101 Wie inzwischen vielfach üblich, waren die ausländischen Arbeitskräfte nicht als Leiharbeiter, sondern als selbständige Wahrnehmer eines Werkvertrages beschäftigt. Dieses inzwischen gängige Verfahren erleichtert nicht nur die Umgehung des Verbots einer dauerhaften Beschäftigung, sondern auch die Umgehung von Steuerforderungen sowie die Pflicht zur Leistung von Sozialversicherungsbeiträgen. Die Leitung der Werft erklärte, die Verunglückten seien angestellt worden, um eine Auftragsspitze bei Schweißerarbeiten abzufangen. In der EU gelten für selbständige Wahrnehmer eines Werkvertrages die arbeitsrechtlichen und sozialrechtlichen Bestimmungen des Herkunftslandes. Eine Bescheinigung über die Abführung von Sozialversicherungsbeiträgen soll dem Unternehmen, das den Werkvertrag vergibt, vorgelegt werden. Nicht überprüft wird, ob diese Bescheinigung den Tatsachen entspricht und tatsächlich von einer

dass 30 Menschen in einem Einfamilienhaus „gewohnt“ hatten. Auf knapp 200 Quadratmetern gab es 38 Schlafplätze.[102] In einem anderen Haus fanden Kontrolleure 43 Betten in Räumen, von denen einige kein Tageslicht bekamen und andere für den Aufenthalt von Menschen ungeeignet waren.[103] Die von der Landesregierung eingesetzte Task-Force, die mit der Untersuchung der Zustände beauftragt worden war, ermittelte zudem, dass die Arbeitszeit in diesem Unternehmen mindestens 12 Stunden täglich betragen habe, im Einzelfall aber bis zu 23 Stunden. Einige der Beschäftigten seien nach der Arbeit so erschöpft gewesen, dass sie kaum noch hätten gehen können.[104] Dass sich die für Arbeitskräfte gefährliche Situation nicht nur auf die ihnen abverlangten Arbeitsstunden und die Gefährdung durch die Art ihrer Unterbringung bezog, sondern sie auch mittels Drohungen von Aussagen abgehalten werden sollten,[105] belegt die allgemeine Tendenz, Grenzen der Ausbeutung zu überschreiten, wann und wo dies möglich erscheint.

Im konkreten Fall hat die öffentliche Wahrnehmung der Verhältnisse das betreffende Unternehmen dazu bewogen, einen Haustarifvertrag für ausländische Werkvertragsbeschäftigte abzuschließen, ihnen einen Mindestlohn zuzusichern und für Mindeststandards bei den Unterkünften zu sorgen. Und im Bundesland Niedersachsen sind seither Mindeststandards für Unterkünfte vorgeschrieben, in jedem Landkreis allerdings unterschiedliche. Ob damit nicht mehr vorkommt, dass Arbeiter (für 200 Euro monatlich) in einem Stall untergebracht sind, in den abends auch die Kühe getrieben werden, die am nächsten Tag geschlachtet werden sollen, ist nicht gesichert. Auch lässt sich Manches umgehen. Seit vorgeschrieben ist, dass sich nur acht Bewohner ein Zimmerer teilen dürfen, wurde der neunte Bewohner eines solchen Zimmerers vor einer (offensichtlich angekündigten) Kontrolle aufgefordert, das Zimmer zu verlassen. Die Kollegen haben sich dann abgewechselt. „Der eine schlief immer dann, wenn der andere arbeitete.“[106] Mitte des 19. Jahrhunderts waren derartige Verhältnisse in deutschen Industriegebieten gängig.

---

zuständigen Behörde ausgestellt wurde. Die Nutzung von Werkverträgen zur Beschäftigung ausländischer Arbeitskräfte ist legal. Entgelte, die weit unter tariflichen Bestimmungen liegen, sind es nicht. Während die Meyer-Werft angibt, einen Stundenlohn von 28 Euro abgeführt zu haben, berichten Betroffene, es seien nur 35 Euro pro Tag ausbezahlt worden.

102 Kristina Läsker, Mann über Bord, Süddeutsche Zeitung, Nr. 168, 23.7.2013, S. 3.

103 6. August 2013: Kristina Läsker, Behörden schließen Arbeiter-Unterkunft; http://www.sueddeutsche.de/wirtschaft/nach-brand-in-papenburg-massenunterkunft-g; abgerufen am 23.3.2015

104 Meyer-Werft: Arbeiter konnten kaum noch gehen, vgl. http://www.noz.de/lokales/papenburg/artikel/431261/meyer-werft-arbeiter-konnten ka ...; abgerufen am 25.3.2015.

105 160 Seiten Missstände. Task-Force stellt fest: Die Papenburger Meyer-Werft hat über die prekäre Lage ihrer Werkvertragsarbeiter großzügig hinweg gesehen: http://www.taz.de/Unternehmerische-Verantwortung/!128276/; abgerufen am 23.3.2015.

106 Die Schlachtordnung; Zeit online. http://www.zeit.de/2014/51 schlachthof-niedersachsen-fleischwirtschaft-ausbeutung-a...; abgerufen am 23.3.2015.

Ist die Gefahr der entgrenzten Ausbeutung bereits groß, wenn ausländische Arbeitskräfte per Leihvertrag oder Werkvertrag beschäftigt werden und noch größer, wenn ihre Arbeitsleistung unter Bedingungen abgerufen wird, in denen sie mehr oder minder isoliert eingesetzt werden, so verschärft sich das Risiko, sobald Schwarzarbeit im Spiel ist. Zwar machen sich auch die Arbeit„geber" strafbar, doch droht ausländischen Arbeitskräften zusätzlich zum materiellen Verlust die Abschiebung. Arbeit„geber" können diese Gefahr einkalkulieren, wenn das Angebot an Arbeitskräften für eine bestimmte Tätigkeit ausreichend ist und ohne nennenswerte Kosten beschafft werden kann.

In Prato, einem seit lange bekannten Ort für die Produktion von Modeartikeln, arbeiten inzwischen mindestens zehntausend chinesische Arbeitskräfte. Für die über 4.000 in Prato tätigen chinesischen Unternehmer produzieren sie billige Kleider aus Stoffen, die aus China geliefert werden, manchmal bis zu achtzehn Stunden am Tag an sieben Tagen die Woche. Viele der Arbeitskräfte – und manchmal auch alle ihre Familienangehörigen – schlafen in Fabrikhallen mit improvisierten Gasheizungen unter völlig unzureichenden hygienischen Bedingungen.[107] Die meisten von ihnen haben keine legalen Papiere. Im Dezember 2013 starben bei einem Brand in einer der vielen Nähereien Pratos sieben chinesische Textilarbeiter an einer Rauchvergiftung. Weil die Fenster vergittert waren, hatten sie nicht fliehen können. Seither, so scheint es, wird kontrolliert. Einige Betriebe sind seither geschlossen worden.[108]

Bauarbeiter in Katar und anderswo

Nirgendwo in der Welt arbeiten so viele Ausländerinnen und Ausländer wie in Katar. Nur 6 % der Arbeitsbevölkerung dieses Landes sind Einheimische, fast alle der 1,2 Millionen Frauen und Männer, die in Haushalten, Krankenhäusern, in Produktionsstätten, Verwaltungen und „auf dem Bau" arbeiten, kommen aus asiatischen Staaten, die meisten von ihnen aus Indien, Nepal, den Philippinen und Sri Lanka. Seit Katar die Durchführung der Fußballweltmeisterschaft 2022 zugesprochen erhielt, sind Tausende von ihnen beschäftigt, die neuen Stadien, die Hotels und die für das Großereignis zusätzlich geplante Infrastruktur zu errichten. Schnell kamen zu der Kritik wegen der Vergabe der Weltmeisterschaft in ein Land, in dem die Spiele bei Gluthitze ausgetragen werden, Berichte über unmenschliche Arbeitsbedingungen auf den Baustellen hinzu. Seither haben sich diese Arbeitsbedingungen für viele als tödlich erwiesen. Wenn nicht grundsätzliche

---

107 Andrea Bachstein, Gefangen in der Schachtel, Süddeutsche Zeitung, Nr. 286, 11. Dezember 2013, S. 2; Ulrike Sauer, Unter dem Mantel des Schweigens, Süddeutsche Zeitung, Nr. 286, 11. Dezember 2013.

108 Vgl. http://www.deutschlandfunk.de/textilproduktion-chinesische-wanderarbeiter-in-der-toskana, 1.12.2014; abgerufen am 24.7.2016; „Made in Italy" – Der Etikettenschwindel; http://www.tagesspiegel.de/wirtschaft/textilstadt-prato-made-in-italy-der-etikettensch... (28.12.2010); abgerufen am 24.7. 2016. Vgl. Auch: Rachel Donadio, Newcomers Redefine A Label, The New York Times/Süddeutsche Zeitung, 20.9.2010, S. 1.

Änderungen erfolgen, ist dem Internationale Gewerkschaftsbund (*International Trade Union Confederation*) zufolge damit zu rechnen, dass bis zur Eröffnung der Wettkämpfe an die 4.000 Bauarbeiter zu Tode gekommen sein werden.[109] Inzwischen kann sich die internationale Kritik auf einen im Oktober 2013 von *Amnesty International* vorgelegten Bericht[110] berufen. Veranlasst wurde er durch den Hilferuf, eines indischen Arbeiters, den dieser am 7. März 2013 im Namen von (vermutlich) 85 anderen Bauerbeitern im online Forum *Qatar Living* veröffentlicht hatte. Seit acht Monaten hätten sie keinen Lohn mehr erhalten, in ihrer Unterkunft hätten sie weder Wasser noch elektrischen Strom, die Polizei habe ihnen nicht geholfen. Und am Ende: *"Where is the Human Rights in Qatar???"*[111]

Der nach monatelangen umfangreichen Recherchen veröffentlichte Bericht belegt ausführlich, dass Löhne häufig verspätet und oft überhaupt nicht gezahlt werden, dass Sicherheitsvorkehrungen auf Baustellen mangelhaft sind und vielfach keine Schutzhelme ausgegeben werden, dass auch in glühender Hitze zu wenig Wasser zur Verfügung steht und Viele Überstunden in einem Ausmaß leisten, das auch in Katar verboten ist. Fast schlimmer noch ist die Situation in den Unterkünften. Vielfach fehlt *air condition*. In heißen Nächten tragen Arbeitskräfte ihre zerschlissenen Matratzen auf die Dächer, um zumindest etwas Kühlung zu finden. Gerät ein Unternehmen in Schwierigkeiten, bleiben nicht nur regelmäßige Lohnzahlungen aus, sondern es werden auch die Rechnungen für Elektrizität und Wasser nicht beglichen. Zu den zahlreichen Unfällen und inzwischen auch schon zahlreichen Todesfällen auf den Baustellen kommen die gesundheitsgefährdenden Verhältnisse in den als *Labour Camps* bezeichneten Unterkünften.

Viele der gräulichen Umstände, die der Bericht öffentlich machte, lassen sich weltweit auch auf Baustellen anderer Großvorhaben finden. Katar ist dennoch besonders. Denn nicht nur stehen die Zustände in starken Kontrast zu den Plänen für Wettkämpfe, zu denen „die Welt" geladen sein soll, sondern auch zu dem großen Reichtum des Landes. Tatsächlich werden Löhne nicht nur zurückgehalten, weil höhere Gewinne gemacht werden sollen, sondern auch, weil Subunternehmen vergeblich auf pünktliche Zahlungen der Hauptunternehmer hoffen und die Hauptunternehmer ihrerseits auf Gelder der Regierung warten. In all solchen Fällen werden Ausgaben für Arbeitskräfte als erste ausgesetzt und eingespart. In Katar müssen Unternehmen nicht damit rechnen, auf Empörung zu stoßen, wenn sie die Rechte von Arbeitsmigranten verletzen.[112] Vor allem aber: Diese für Kapitaleigner permissiven Bedingungen wurden und werden durch den

---

109 Ludovica Picone, Will Qatar abolish the kafala system that critics liken to slavery? http://www.theworldweekly.com/reader/i/will-qatar-abolish-the-kafala-system-that critic...; abgerufen am 26.7.2015.

110 Amnesty International, The Dark Side of Migration. Spotlight on Qatar's Construction Sector ahead of the world cup, Index nr.: MDE 22/010/2013, https://www.amnestyusa.org/sites/default/files/mde220102013eng.pdef.

111 Ebenda, S. 57.

112 Ebenda, S. 65.

Staat selbst geschaffen. Dass die Einhaltung der wenigen Vorschriften über Arbeitsbedingungen nicht kontrolliert wird, unterscheidet die Arbeitsbedingungen in Katar nicht von den Arbeitsbedingungen in vielen anderen Staaten. Und doch betonen die Autorinnen und Autoren des *Amnesty*- Berichts völlig zu Recht, dass es weniger darum gehen muss, die Verfehlungen einzelner Kapitaleigner in Katar zu berichten, als vielmehr darauf hinzuweisen, dass es die Strukturen des Rechts und der politischen Verfahrensweisen dieses Landes sind, aus denen die schwerwiegenden Mängel der Immigrationspolitik resultieren.[113]

Tatsächlich unterwirft das – oben bereits einmal erwähnte – Kafala-System Arbeitskräfte den Kapitaleignern, die sie beschäftigen.[114] Für jede und jeden, die in Katar arbeiten wollen, bürgt ein *Kafeel* (Sponsor). Er (oder sie) bzw. ein Unternehmen beschafft die Aufenthaltsgenehmigung, er oder sie muss es genehmigen, wenn eine Arbeitskraft das Land verlassen will, sei es, um einen Urlaub anzutreten, sei es, weil das Arbeitsverhältnis beendet wurde. Der Wechsel einer Arbeitsstelle in Katar selbst ist ausgeschlossen. Und die Tatsache, dass Sponsoren sich die Pässe aushändigen lassen, beschränkt die Möglichkeiten der ohnehin illegalen Mobilität weiterhin. Arbeitskräfte sind durch das sog. *Sponsorship Law* von 2009 an den Sponsor gebunden.[115] Manche Arbeitsimmigranten haben Glück: sie verdienen vergleichsweise gutes Geld, werden regelmäßig bezahlt und reisen am Ende einer Verpflichtungszeit mit einem *end-of-the service-payment* aus, sehr viele aber erleben, wie Unternehmen mittels des Kafala- Rechts ihr Arbeitsverhältnis zu einem Zwangsarbeitsverhältnis machen. Selbstredend ist Arbeitsimmigranten der Beitritt zu einer Gewerkschaft untersagt, Koalitionsfreiheit hat keinen Platz in staatlich geregelter Unterordnung von Arbeitskräften. Auch wenn ein Bau fertig gestellt ist, wird Bauarbeitern nicht selten die Ausreisegenehmigung verweigert. Ihre Arbeit„geber" lassen sie ohne Lohn, Ernährung und Unterkunft darben, um ihre Arbeitskraft dann an anderer Stelle einzusetzen und auf diese Weise die Kosten für neue Rekrutierungen zu sparen. 2013 nannte der nepalesische Botschafter Katar das größte Open-Air-Gefängnis der Welt.[116] Unternehmer können aber auch veranlassen, dass wenig gefügige Arbeitskräfte deportiert werden. In diesem Fall, können sie frühestens nach zwei Jahren erneut in Katar arbeiten. Mit hohen Geldstrafen belegt oder deportiert werden auch Arbeitskräfte, die ohne Genehmigung ihre Arbeitsstelle verlassen haben. Und diese „Flüchtigen" können ihren Strafen nicht entgehen, wenn sie einwenden, sie seien misshandelt oder extrem ausgebeutet worden. Mehrfach stießen die Forscher auf Gruppen von Arbeitskräften, die vom Warten auf Lohn schon so zermürbt waren, dass sie nur noch gehen wollten. Und mehrfach haben sie auch erfahren, dass Arbeitskräfte im Beisein von Mitarbeitern des Justizministeriums Erklärungen unterschrieben, in denen sie versicherten, dass sie keine

113 Ebenda, S. 8.

114 Vgl. David Garcia, Die Leibeigenen von Katar, Le Monde diplomatique, Juni 2016, S. 16.

115 Erlassen wurde das Gesetz Nr. 4 vom Innenministerium.

116 Ann-Kathrin Seidel, Sklaverei für das Fußballfest, TAZ, 28./29.9.2013, S. 14.

Ansprüche mehr an ihren Sponsor stellen und nicht das Recht haben, ihn nachträglich noch zu verklagen.[117]

Der Bericht von *Amnesty International* zeitigte Wirkungen. Seine weltweite Verbreitung setzte sogar Fußballfunktionäre unter Druck. Im November 2013 sagte der Weltverband FIFA dem Internationalen Gewerkschaftsbund (IGB) und dem Deutschen Fußballbund (DFB) zu, entschieden gegen die miserablen Arbeitsbedingungen auf den WM-Baustellen vorzugehen.[118] Und das Beispiel des französischen Fußballers Zahir Belounis, der von seinem Sponsor eineinhalb Jahre lang daran gehindert wurde, das Land zu verlassen, hat die Zwangsstrukturen auch für manche derjenigen deutlich werden lassen, die sich kaum für asiatische Bauarbeiter interessieren. Als Belounis im November 2013 nach Paris zurückkehrte, wurde bekannt, dass auch er eine „rückwirkende Kündigung" unterschrieben hatte und damit auf alle weiteren Forderungen an den katarischen Sportclub al-Jaish verzichtete. In der ihm vorgelegten Erklärung musste er auch unterschreiben, dass er sich für die ihm zur Verfügung gestellte Vereinswohnung bedanke.[119]

Im Mai 2014 kündigte die Regierung von Katar an, das Kafala-System beenden zu wollen. Im Dezember 2014 veröffentlichte der *Guardian,* dass während der letzten Monate auf den Baustellen in Katar alle zwei Tage ein Nepalese zu Tode kam, die meisten von ihnen waren noch jung gewesen. Die Autoren des Artikels, Owen Gibson und Pete Pattison, wiesen darauf hin, dass ihre Statistik nichts über die Anzahl der Todesfälle unter Bauarbeitern aus Indien, Sri Lanka und Bangladesch aussagt. Ihnen lagen nur die Angaben der nepalesischen Behörden vor. Besonders häufige Todesursache waren Herzinfarkte. Auch bei Temperaturen von 50° Celsius erhielten die Arbeiter kein kostenloses Wasser gestellt. Darauf angesprochen, sollen manche erwidert haben, die Todesrate auf den Baustellen in Katar sei nicht höher als in Nepal, und die indische Botschaft ließ verlauten, die Zahl der Todesfälle entspreche der durchschnittlichen Todesrate in Indien.[120] Immerhin aber bewirkte die Veröffentlichung des *Guardian,* dass die Regierung von Katar eine Untersuchung in Auftrag gab. Der Bericht von DLA Piper, einer weltweit tätigen Anwaltsfirma, wurde nicht veröffentlicht, doch betonte die Regierung, die Empfehlungen würden umgesetzt. Inzwischen wurde bekannt, dass empfohlen worden war, nicht mit Rekrutierungsfirmen im Ausland zusammen zu arbeiten, die Vermittlungsgebühren von Arbeitsimmigranten verlangen. Für das Kafala-System wurden unmittelbare Änderungen und eine längerfristige völlige Abschaffung empfohlen. Tatsächlich aber ist in dem Jahr nach Abgabe des Berichts nichts weiter geschehen

---

117 Ebenda, S. 63.

118 http://www.goal.com/de/news/983/weltweit/2013/11/20/4420594/treffen-mit gewerks...; abgerufen am 27.4.2015.

119 Stefan Simons, Gastarbeiter in Katar: http://www.spiegel.de/sport/fussball/fussballprofi-in-katar-zahir-belounis-kehrt-nach-paris-zurueck-a-936220.html.

120 http://www.theguardian.com/world/2014/dec/23/qatar-nepal-workers-world-cup-2022..; abgerufen am 26.7.2015.

als die Ankündigung einer Abschaffung des Sponsorenrechts. Diese Ankündigung ist weithin als Nachricht über die tatsächliche Abschaffung veröffentlicht worden. Im Mai 2015 ließ der Arbeitsminister von Katar wissen, er sei zu 90 % sicher, dass Kafala noch im Jahr 2015 reformiert werde. Das, so der Minister, bedeute, dass das Verhältnis zwischen Arbeitskräften und Arbeitgebern in Zukunft auf Verträgen basieren werde. Von den Mindestlöhnen, die der DLA Piper Bericht empfohlen hatte, ist in Veröffentlichungen des Arbeitsministeriums nicht die Rede.

Im Mai 2015 betonte der FIFA Sprecher Alexander Koch, für die Arbeitsbedingungen sei die FIFA nicht verantwortlich, sie habe aber schon viel bewirkt.[121] Mitte 2015 warten die tatsächlich geplanten Reformen noch darauf, von den Beratern des Staates (Shura) gebilligt zu werden. Erst dann kann sie der Emir als Gesetze erlassen.[122]

Angesichts dieser sowohl nationalen als auch weltweiten Duldung extremer Ausbeutung erstaunt, wie viele der Betroffenen es auf sich nehmen, sich der zusätzlichen Belastung einer wenig aussichtsreichen Beschwerde beim Arbeitsministerium oder gar einer Klage auszusetzen. Von Klägern werden Gebühren in einer Höhe verlangt, die einem Monatsverdienst gleichkommen, Gemeinschaftsklagen sind unzulässig, und trotz entgegenstehender Aussagen stellen die Gerichte keine Übersetzer für Menschen, die Hindi oder Urdu sprechen. Offizielle Statistiken gibt es nicht, aber im Jahr 2011 sollen 7.659 Beschwerden beim Arbeitsministerium eingegangen sein, von denen 782 an Gerichte verwiesen und 5.006 außergerichtlich „beigelegt" wurden. Außerdem hat *Amnesty International* ermittelt, dass in diesem Jahr 2.444 Klagen von Arbeitskräften ohne den Umweg über das Ministerium beim Höchsten Gericht eingereicht wurden.[123] Was Klagen vor Arbeitsgerichten anlangt, so haben Firmen, nachdem sie vom Gericht kontaktiert wurden, nicht selten den Klageführer als vermisst gemeldet und seinen Pass bei Gericht abgeliefert. In solchen Fällen sucht die Polizei den Arbeiter, nimmt ihn fest und weist ihn aus, ohne dass ein Gerichtsverfahren stattgefunden hat.[124]

Die Bautätigkeit in Katar ist kein gutes Beispiel für die Realisierung von Menschenrechten. Das fängt schon damit an, dass Arbeiter die ihnen zu Hause versprochenen Löhne so gut wie nie erhalten und die ihnen tatsächlich bezahlten dann oft sehr verspätet. Wie mit ihnen umgegangen wird, ist durch national geltendes Recht erleichtert, zusätzlich aber auch durch die – entweder bewusste oder auch nur faktische – Nachlässigkeit

---

121 *Amnesty International*, Keine Verbesserung für Gastarbeiter in Katar; http://www.zeit.de/gesellschaft/zeitgeschehen/2015-05/amnesty-international-bericht...; abgerufen am 26.7.2015.

122 Lesley Walker 5.5.2015: http://dohanews.co/labor-minister-90-percent-sure-qatar-will-see-kafala-reform-in-20 ...; abgerufen am 26.7.2015.

123 *Amnesty International*, The Dark Side of Migration. Spotlight on Qatar's Construction Sector ahead of the world cup, Index nr.: MDE 22/010/2013 https://www.amnestyusa.org/sites/default/files/mde220102013eng.pdef, S. 116.

124 Tim Rohn, Das unmenschliche Leiden der Gastarbeiter in Katar; http://www.welt.de/sport/fussball/article12097717/Das-unmenschliche-Leiden-der-Gastarbeiter-in-Katar-, S. 7; abgerufen am 23.3.2015; der Autor beruft sich auf die Aussage eines asiatischen Diplomaten, der anonym bleiben wollte.

von Behörden. Die Einhaltung der auch in Katar geltenden Arbeitsrechte wird kaum kontrolliert. Lassen wir beiseite, dass bei der Vergabe der Weltmeisterschaft nach Katar womöglich oder vermutlich nicht alles mit ganz rechten Dingen zugegangen sein wird. Der eigentliche Skandal besteht darin, dass für den Erfolg der Veranstaltung im Jahr 2022 die sattsam bekannt gemachten Leiden von Bauarbeitern ohne Belang sein werden.[125]

All dies gibt es in diesen oder ähnlichen Formen auch andernorts. Während der Adressat von Berichten über die Verletzung von Arbeitsrechten in Katar die riesige Öffentlichkeit all derer ist, die sich für Fußballspiele interessieren, appellieren die Kritiker der Praktiken, die von der Bautätigkeit auf der Insel Saadiyat im Emirat Abu Dhabi berichtet werden, vor allem an Menschen, denen daran gelegen ist, dass Kunstwerke weltweit ausgestellt werden. Denn auf Saadiyat werden Niederlassungen des Guggenheim-Museums und des Louvre gebaut, außerdem ein Ableger der New York University (NYU). 2010 hat *Human Rights Watch* in einem umfangreichen Bericht dargelegt, dass den Bauarbeitern verwehrt ist, ihre Beschäftigung zu beenden. Unmittelbar nach Veröffentlichung des Berichts wurde er vom Guggenheim-Museum als unzutreffend dargestellt. Nichtsdestotrotz begannen bereits damals Künstler mit Protestaktionen gegen die Bauten.[126]

---

125 Tatsächlich ist die Bautätigkeit in Katar ein besonders eindrückliches Beispiel für die Funktionsweise des globalen Kapitalismus. Denn über die Arbeitsbedingungen und Menschenrechtsverletzungen auf diesen Baustellen wurde international ausgiebig berichtet. Auch nach einem verheerenden Bericht über die Fortdauer der Zustände, den *Amnesty International* 2016 vorlegte, will der Weltfußballverband keine eigenen Kontrollen durchführen. Versprochen wurden Gespräche mit Regierungsvertretern. Vgl. Tom Mustroph, Ausbeutung für das Megaevent, TAZ, 1.4.2016, S. 19.
Im Oktober 2016 wird allerdings vermeldet, dass die internationale Kritik einige Verbesserungen bewirkte. Das Kündigungsrecht ist nach wie vor beschränkt, aber die Unterbringung ist für viele Bauarbeiter verbessert worden und mehr Arbeitskräfte als zuvor sind fest angestellt. Vgl. Tom Mustroph, Druck zeigt langsam Wirkung, TAZ, 22./23.10.2016, S. 39.

126 Vgl. Kyle Chayka, March 18, 2011; http://hyperallergic.com/21144/abu-djabi-guggenheim/; abgerufen am 29.7.2015. Nachdem 2014 die *International Trade Union Confederation* (ITUC) festgestellt hatte, die Arbeitsrechtsverletzungen in Abu Dhabi kämen der Herstellung von Zwangsarbeitsverhältnissen gleich, entsandte die Internationale Arbeitsorganisation (ILO) eine Untersuchungskommission nach Abu Dhabi. Kritiker drängten das Guggenheim Museum, die Behörden in Abu Dhabi aufzufordern, mit der ILO über eine Reform des *kafala*-Systems zu verhandeln. Die Antwort blieb aus. Inzwischen hat die *Tourism and Investment Company (TDIC)* ein Video publiziert, das der Kritik durch Aufnahmen von günstigen Arbeits-und Wohnverhältnissen entgegen treten soll. (http://hyperallergic.com/165731/un-unvestigates-guggenheim-abu-dhabi-parent-compa... abgerufen am 29.7.2015. Im Februar 2015 hat *Human Rights Watch* den vierten Bericht über Arbeitsbedingungen in Abu Dhabi veröffentlicht. In dem ausführlichen Bericht werden die zahlreichen Ankündigungen zuständiger Organisationen und Verwaltungen zitiert, die zusagen, dass Missbräuche abgestellt werden sollen. Dem ist aber kaum etwas gefolgt. Stattdessen hat die Regierung des Emirats tausende von Arbeitern deportiert, nachdem sie sich zu einem Streik entschlossen hatten, manchmal auch, wenn sie lediglich im selben Unternehmen wie die Streikenden angestellt waren. (http://hyperallergic.com/181605/human-rights-watch-releases-damming-report-on-lao; abgerufen am 29.7.2015. Bereits seit mehreren Jahren – und erneut während der Eröffnungswoche der Biennale in

Wann immer Bauten in einem Land errichtet werden, in dem sich wenige Einheimische für Hilfstätigkeiten anbieten, werden Arbeitskräfte im Ausland angeworben, um ihre Arbeitskraft zu miserablen Bedingungen zu vernutzten. Nicht überall, aber doch sehr häufig, erleben die Fremden auch regelrechten Betrug. Oft wird ihr Lohn verspätet und nicht in der zugesagten Höhe ausgezahlt, nicht selten bleiben die Lohnzahlungen ganz aus. Für ihren eigenen Unterhalt sind sie dann auf Spenden angewiesen, für die Überweisung von Geld an ihre Familien, dem eigentlichen Zweck ihres Auslandsaufenthaltes, bleibt nichts. Die Situation der dreißig rumänischen Hilfsarbeiter, die am Bau der *Mall of Berlin,* einem Einkaufszentrum in Berlin Mitte, mitgewirkt haben, unterscheidet sich kaum von derjenigen vieler anderer ausländischer Arbeitskräfte in der Bundesrepublik. Doch haben sich sechs von ihnen der Gewerkschaft „Freie Arbeiterinnen und Arbeiter Union" angeschlossen. Diese hat dafür gesorgt, dass die Bauarbeiter anwaltlich vor Gericht vertreten werden und dass die Praktiken der unmittelbar zuständigen Subunternehmen öffentlich bekannt wurden.[127]

Solche Hilfe fehlte Bauerbeitern nach Katrina. Als in den letzten Tagen des August 2005 der Hurrikan Katrina auf die Golfregion der USA stieß und so bewirkte, dass 80 % der Stadt New Orleans unter Wasser stand, waren Arme und Reiche gefährdet, Arme allerdings stärker, weil sie dem Rat, aus der Stadt zu flüchten, kaum hatten Folge leisten können. Was danach geschah, wäre als Material in Lehrbücher für Sozialgeographie aufzunehmen. Zunächst einmal, weil die Stadtverwaltung die Zerstörungen des Hurrikans nutze, um „aufzuräumen". (Schorb & Jakob 2008) Mietern von Sozialwohnungen wurde der Zutritt zu ihren Wohnungen im Innenstadtbereich untersagt. Anschließend wurden die Blocks mit erschwinglichen Sozialwohnungen abgerissen und Mustersiedlungen errichtet, die überwiegend Mietern mit besseren Einkommensverhältnissen zur Verfügung stehen sollen. Für Wiederaufbauten und Neubauten von Wohnungen und Infrastruktur wurden Tausende von Bauarbeitern benötigt.[128] Um Einstellungen zu erleichtern, hoben die Heimatschutzbehörde und das Arbeitsministerium zeitweise bestimmte Arbeitsgesetze in der Region auf. Schätzungsweise strömten in den letzten Monaten des Jahres 2005 an die 10.000 Arbeitskräfte in die Stadt, die meisten von ihnen Latinos, und sehr viele von ihnen ohne gültige Immigrationspapiere. Sie wurden gebraucht. Bald aber gab es auch hier Berichte über Lohndiebstahl, gefährliche Arbeitsbedingungen und

---

Venedig im Juli 2015 – protestieren Künstler, die in der Organisation *Golf Labor* organisiert sind, gegen die Arbeitsbedingungen in Abu Dhabi. Vgl. Sabine Weier, #GuggOccupied, TAZ, 28.7.2015, S. 17.

127 Sarah Emminghaus, Ein Fall, der zum Himmel stinkt, 14.4.2015; https://www.taz.de/!5012588&s=Emminghaus; abgerufen am 30.7.2015; Laura Hertreiter, Gebt mir meinen Hungerlohn. Beim Bau der „Mall of Berlin" rackerten sich rumänische Hilfsarbeiter wie Dimitru Cybylass ab, für fünf Euro die Stunde. Aber selbst um sie wurden sie geprellt. Chronik einer Schande, Süddeutsche Zeitung, Nr. 108, 12.6.2015, S. 3.

128 Für die folgenden Ausführungen vgl. Janosch Delcker, Das New Orleans der Tagelöhner, 28.6.2015, Frankfurter Allgemeine Sonntagszeitung, S. 7.

schlechte Behandlung. Verlangten Arbeiter den ihnen vorenthaltenen Lohn, wurde ihnen angedroht, sie der Polizei zu melden. Dass sie tatsächlich abgeschoben werden würden, mussten Bauarbeiter in New Orleans allerdings jahrelang nicht befürchten. Erst als die Infrastruktur wieder aufgebaut war, stieg die Zahl der Razzien, mit denen irreguläre Immigranten entdeckt werden sollten.

Die Geiseln der snakeheads

Nicht nur, aber vor allem in den USA gibt es eine Form extremer Ausbeutung, die früher als *peonage* (Schuldknechtschaft) bezeichnet wurde und heute als *bonded labor* bezeichnet wird. In aller Regel ist sie die Folge einer Schuld, die Immigrationswillige ihren Schleusern gegenüber eingegangen sind. Um die Auslagen für die Beschaffung gefälschter Papiere, die Kosten der Reise und die Vermittlung an einen Arbeit„geber" einzutreiben, werden die Eingeschleusten an *sweatshops* (Produktionsbetriebe entgrenzter Ausbeutung), in die Landwirtschaft, auf den Bau oder an Restaurants vermittelt. Zumeist werden sie tagein, tagaus überwacht und vielfach werden ihnen überhöhte Kosten für eine schlechte Unterkunft abgezogen. Sowohl im Hinblick auf die verlangten Summen als auch auf den Wert der Bezahlung, die sie für ihre Arbeit erhalten, sind die Eingeschleusten den Festlegungen ihrer Gläubiger ausgeliefert. 2003 wurde der Besitzer einer Textilfabrik in Hawaii verurteilt, weil er hunderte von Arbeitskräften gefangen gehalten hatte. Die meisten von ihnen mussten sich zu zweit ein Bett teilen, viele von ihnen waren von den Bewachern geschlagen worden. (McCabe 2008: 42[129])

In China werden Schleuser, die undokumentierte Einwanderung in die USA anbieten, als *snakeheads* bezeichnet. Anders als in der Zeit des Aufbaus dieses Gewerbezweigs geben sich *snakeheds* inzwischen nicht mehr mit Verträgen zufrieden, in denen sich die irregulären Migrantinnen und Migranten verpflichteten, die Kosten für ihre Einschleusung samt dem zusätzlichen Gewinn für den Schleuser in Raten abzuzahlen. Stattdessen halten sie die Immigrantinnen und Immigranten gefangen, bis der volle Betrag beglichen ist. Um dies zu erreichen, setzen sie die in China verbliebenen Verwandten unter Druck. Dafür arbeiten sie mit *Gangs* und mit Kredithaien zusammen, manchmal auch mit Dorfgenossenschaften. Während auf den Eingang der Gelder gewartet wird, sind die Eingeschleusten Gefangene. In New York werden sie in sogenannte „sichere Häuser" gepfercht und dort vielfach gequält. Berichten zufolge werden sie von extra dafür geheuerten Banden gezwungen, ihre Familien in China anzurufen, um auf rasche Bezahlung der geforderten Summe zu drängen. In den etwa 300 „sicheren Häusern", die es Polizeiangaben zufolge Anfang der 1990er Jahre in New York gab, mussten die Arbeitsmigrantinnen und Arbeitsmigranten in Kellern hausen, wo sie, ohne ausreichend Nahrung und frische Luft jeweils zu Dutzenden in einem einzigen Raum essen, schlafen und urinieren mussten. Manche wurden gefesselt, Frauen wurde damit gedroht, sie

129 Mc Cabe zitiert den Gerichtsfall als CNN.com, 2003.

einem Bordell zu überlassen. Um sich die Mühe der Geldwäsche in den USA zu ersparen, verlangen Schleuser vielfach, dass der Betrag in China eingezahlt wird. Erst wenn durch einen Telefonanruf die Einzahlung der gesamten Summe bestätigt wird, lassen sie die Immigrantin oder den Immigranten in New York gehen. (Kwong 1997: 81)

In diesen Praktiken der Schuldknechtschaft trifft sich vieles: die Erwartungen eines guten Lebens in den USA und der damit verbundenen Möglichkeit, die Verwandten zuhause zu unterstützen, die Jagd nach Profiten im internationalen Wirtschaftszweig des Menschenschmuggels, die Abschottung nationaler Grenzen und der Wille von Arbeit„gebern“, die Tatsache auszunutzen, dass ihnen ihre Arbeitskräfte nur unter Lebensgefahr entfliehen können. Einwanderungsgesetze prägen Arbeits- und Lebensbedingungen an den Rändern kapitalistischer Gesellschaften.

Siebte theoretische Zwischenbemerkung: Staaten und Ränder

Existenzen an den Rändern von Gesellschaften gibt es seit der Durchsetzung des Kapitalismus in allen kapitalistisch produzierenden Gesellschaften. (Dass es sie auch in früheren und anderen Gesellschaften gab, kann und muss hier außer Betracht bleiben.) Es waren und sind die Bedingungen des Lebens an den Rändern kapitalistischer Gesellschaften aber nicht ausschließlich durch Marktkräfte bewirkt, und sie sind auch nicht ausschließlich durch Mangel bestimmt. An den Rändern metropoler kapitalistischer Gesellschaften herrscht Diskriminierung. Wer in einem dieser Länder hilfsbedürftig wird, gerät zusätzlich unter die Kontrolle des Staates. In kapitalistischen Gesellschaften ist Hilfeleistung von Amts wegen an die Bedingung geknüpft, dass die Bereitschaft zur Lohnarbeit nachgewiesen wird – und dies auch, wenn in einer Gesellschaft aktuell nicht genügend Nachfrage nach Arbeitskräften herrscht. Zwar hat die Annahme staatlicher Unterstützung heute keine Einschränkung der bürgerlichen Rechte mehr zur Folge, einer potentiellen Kontrolle ihrer Lebensführung können sich Unterstützte aber nach wie vor nicht entziehen. Des ungeachtet besitzen alle Staatsbürgerinnen und Staatsbürgern formal die gleichen Rechte.

Für Ausländerinnen und Ausländer gilt dies nicht. Sind sie vermögend oder aufgrund besonderer Qualifikation auf Arbeitsmärkten sehr begünstigt, so muss sich ihre rechtliche Ungleichheit nicht auf ihre Alltage auswirken. Sind sie aber gezwungen, sich auf die Konkurrenz um harsche Arbeitsbedingungen einzulassen, so wird ihre Existenz an den Rändern einer Gesellschaft nicht nur durch Rassismus, Diskriminierung, entgrenzte Ausbeutung und dem daraus folgenden Mangel bestimmt, sondern auch durch mindere Rechte. Diese staatliche Definition der Ränder ist gewissermaßen das Pendant zu staatlicher Sozialpolitik.

Entgrenzte Ausbeutung „Offshore"

Anders als Arbeitsmigrantinnen und Arbeitsmigranten verbleiben die meisten Menschen, die unter „Offshore"-Bedingungen arbeiten, im Land ihrer Geburt. Werden sie „Offshore" beschäftigt, so arbeiten sie fortan jedoch in einem rechtlich von diesem Land abgesonderten Bereich, in einem „fiktiven" Staat.

Derzeit gibt es kaum noch einen Flecken Erde, der nicht Bestandteil eines Nationalstaates wäre.[130] In dieser territorial geordneten Welt markieren Landesgrenzen das jeweilige Gebiet eines souveränen Staates. Bis vor wenigen Jahrzehnten waren diese territorial umgrenzten Räume identisch mit den jeweiligen Geltungsbereichen nationalen Rechts. Das war nicht immer so. Im Vorkapitalismus räumten Herrscher ausländischen Händlern oft besondere Privilegien ein,[131] in den ersten kapitalistischen Staaten hatten Frauen und Angehörige mancher Religionsgemeinschaften mindere Rechte, in Kolonien alle Einheimischen. In keiner dieser politischen Einheiten war die Einheit des territorialen Rechtsraumes mit einer Gleichheit der Einwohner vor dem Gesetz identisch. Wohl aber unterlagen auch Ausländerinnen und Ausländer, die in Kolonien wirtschaftlich tätig wurden, den Gesetzen des entsprechenden Kolonialstaates. Für Strafgesetze gab es vielfach formale, für alle anderen Gesetze zusätzlich faktische Ausnahmen. Dennoch machte die Errichtung kolonialer Staatsgewalt Kapitaleigner, die aus dem Mutterland oder einem anderen Ausland kamen, zu Kapitalisten der betreffenden Kolonie.[132] Und diese Situation gilt bis heute, wann immer Kapitaleigner unter dem in einem Staat geltenden Recht investieren. Indem sie mit Abzug ihres Kapitals drohen, können sie versuchen, vom Staat bestimmte Gesetze und von Behörden Nachsicht zu erpressen, aber diese Situation unterscheidet sich nicht grundlegend von derjenigen in metropolen kapitalistischen Ländern.

In der Phase der Globalisierung sind nun aber die bisherigen Identitäten von Staatsgebiet und Rechtsraum dadurch aufgelöst worden, dass Regierungen souveräner Staaten ihre Hoheitsrechte nutzen, um Ausnahmen von nationalen Gesetzen zu konstituieren. Diese Enklaven nationaler Rechtsräume, für die sich inzwischen die Bezeichnung *Offshore* eingebürgert hat,[133] sind zu zentralen Räumen des globalisierten Kapitalismus

---

130 Um die winzigen Archipele Paracelcus und Spratly im südchinesischen Meer gibt es neuerdings Konflikte zwischen China, Vietnam und den Philippinen. Vorläufig neutral ist auch noch ein kleines Stück Land zwischen Kuweit, Irak und Saudi Arabien.

131 Beispiele sind die Privilegien, die englische Könige oder russische Zaren Hansekaufleuten – gegen Zahlungen – einräumten, desgleichen die Privilegien, die chinesische Kaiser ausländischen Kaufleuten zugestanden.

132 Vgl. dazu Jannis Milios & Dimitris P. Sotiropoulos (2010: passim).

133 Von *Offshore*-Bereichen zu reden, ist insofern missverständlich, als es sich nicht um eine Situation handelt, die außerhalb eines Nationalstaates, quasi vor seinen Küsten, angesiedelt wäre. Vielmehr ist *Offshore* die Sammelbezeichnung für vier – innerhalb eines nationalen Rechtsraums – geschaffene Aktionsräume (*spaces*) für Nicht-Staatsbürger: ein Raum spezifischer staatlicher

geworden. Anders als in früheren Phasen des Kapitalismus bleibt Kapital, das unter *Offshore*-Bedingungen investiert wird, ausländisches Kapital. Denn *Offshore* bedeutet, dass Investoren ein vom nationalen Rechtsraum gesonderter Rechtsraum angeboten wird. Manche nationalen Gesetze gelten auch *Offshore,* insgesamt aber herrscht Kapitalismus, und zwar in einer weitgehend nicht-domestizierten Form. Soweit es den Staat betrifft, der diese Bedingungen geschaffen hat, agieren Kapitaleigner, die sie nutzen, legal.

Die meisten *Offshore*-Bereiche sind in Entwicklungsländern geschaffen worden,[134] manchmal auf Veranlassung von Interessenten in metropolen kapitalistischen Ländern. Von deren Regierungen wurden sie als ein Mittel zur Erleichterung der internationalen Aktivitäten einheimischer Kapitaleigner akzeptiert. Übereinstimmende Rechtssysteme zwischen metropolen kapitalistischen Ländern und formal unabhängigen Staaten erleichtern die Nutzung von *Offshore*-Bedingungen. Dennoch handelt es sich bei den meisten *Offshore*-Bereichen eben nicht um direkte Ableger der Regierungskompetenzen metropoler kapitalistischer Länder, sondern um die Nutzung der nationalen Souveränität von weniger entwickelten Staaten. Um Investoren anzulocken, werden diese gesonderten Bedingungen auf dem Weltmarkt für *Offshore*-Angebote vermarktet.[135]

Zunächst wurde der Zugang zu *Offshore*-Bedingungen für Investitionen nahezu überall ausländischen Investoren vorbehalten. Inzwischen wurde diese Restriktion vielerorts aufgeweicht. Wird Kapital unter *Offshore*-Bedingungen investiert, so wird es gewissermaßen staatenlos, was freilich nicht hindert, dass Profite in das Land transferiert werden, in welchem der Investor seinen Stammsitz hat.

Eine zentrale Funktion von *Offshore*-Zentren sind die damit geschaffenen Möglichkeiten der Steuervermeidung sowie der Geldwäsche illegal erworbener Mittel.

Bis in die 1990er Jahre handelte es sich bei der Kritik, die in metropolen kapitalistischen Ländern an diesen Praktiken geäußert wurde, mehr oder minder um Lippenbekenntnisse. Denn Regierungen entwickelter kapitalistischer Gesellschaften schätzten an *Offshore*-Bereichen die Möglichkeit einer Begünstigung ihrer eigener Unternehmen. Mit zunehmender Entwicklung der Globalisierung wuchs die Bedeutung der Finanzzentren. (Johns & Le Marchant 1993: 1-3) Neue Kommunikationssysteme, aber auch die Entwicklung immer differenzierterer und komplexerer Strukturen der Finanzmärkte

---

Regulierung, ein Raum spezifischer fiskalischer Praktiken, ein Raum des Geheimnisses und ein politischer Raum. (Hampton 1996) Derartige gesonderte Rechtsräume sind auch in entwickelten kapitalistischen Staaten etabliert worden, überwiegend allerdings gibt es sie in weniger entwickelten Staaten. In diesem Fall wurden und werden *Offshore*-Bedingungen, auch wenn sie ganz überwiegend die ausländischen Nutzer begünstigen, für die sie geschaffen wurden, als Mittel der Entwicklung genutzt. Auch sehr geringe Steuern und sehr geringe Gebühren für die Registrierung von Firmen können einem nationalen Haushalt zugutekommen, und die zahlreiche Ansiedlung von Finanzberatungsfirmen kann zusätzliche ökonomische Tätigkeit initiieren.

134 Mit Hinweisen auf die Entwicklung des Eurodollar- Marktes wurde oben ausgeführt, dass sie auch in Staaten des entwickelten Kapitalismus geschaffen bzw. geduldet wurden.

135 Dieser Markt ist öffentlich. Angebote sind im Internet unschwer auszumachen.

haben diese Entwicklung begünstigt, ihr Motor aber war, dass sich Regierungen von Industriestaaten auf eine Deregulierungskonkurrenz mit anderen Industriestaaten eingelassen haben, um auf diese Weise Kapital im Land zu halten beziehungsweise zusätzliches Kapital ins Land zu bringen.[136]

Obwohl *Offshore*-Finanzzentren genutzt werden können, um Gewinne in legales Kapital umzuwandeln, für deren Erzielung gewaltförmige Praktiken eingesetzt wurden (aber für solche Geldwäsche können in vielen Staaten auch reguläre einheimische Banken genutzt werden), stehen *Offshore*-Bereiche hier nicht als Finanzzentren zur Debatte. Statt dessen wird im Folgenden an den Beispielen der *Flags of Convenience* (FOCs) und der *Export Processing Zones* (EPZs) erläutert, dass *Offshore*-Bedingungen genutzt werden, um den Einsatz von Arbeitskraft fern von jenen Regulierungen zu nutzen, die in Ländern des domestizierten Kapitalismus erkämpft worden sind.[137] Diese Praxis bleibt nicht ohne Rückwirkung auf die Arbeitsmärkte in entwickelten Ländern. Zusammen mit der weltweiten Konkurrenz um Investitionen ist auch die Konkurrenz um bezahlte Arbeit globalisiert worden.

---

136 In den 1990er Jahren wuchs die Kritik an Steueroasen. Einzelne der Staaten, die *Offshore*-Finanzzentren ermöglicht hatten, sagten die Weitergabe von Informationen zu. (Masciandaro 2004: 25f.) In *letters of committment* erklärten sich manche *Offshore*-Finanzzentren formal bereit, Geldwäsche zu bekämpfen. Internationale Organisationen stellten schwarze Listen auf. Kritiker stellten fest, auf diesen Listen tauchten lediglich Staaten auf, die nicht Mitglieder der OECD seien. Verstärkte Bemühungen, die *Offshore*-Elemente der internationalen Finanzmärkte zu kontrollieren, wurden durch den Angriff auf das *World Trade Center* in New York und auf Washington D.C. im September 2011 provoziert. Die Hoffnung, die Voraussetzungen für kostenintensive terroristische Aktionen mittels Kontrollen internationaler Geldströme zu beseitigen, hat sich nicht erfüllt. Diese Erkenntnis hat die internationalen Bestrebungen, das Bankgeheimnis aufzuheben, gefördert. Inzwischen hat aber internationale Kritik an Praktiken der Steuervermeidung dazu geführt, dass – zumindest formal – die Garantie absoluter Geheimhaltung eingeschränkt wurde.

137 In Bangladesch, so Kenner der Szene im Jahr 2013, kalkulieren europäische Markenhersteller mit einem Gewinnfaktor sieben, verkaufen also dort produzierte Textilien zum Siebenfachen des Einkaufspreises. Die für viele lebensgefährliche Situation in den Produktionsstätten Bangladeschs wird immer wieder von neuem durch Korruption geschaffen, ihre Anfänge sind aber auch internationaler Politik zuzurechnen. In den 1980er Jahren war der Anbau von Jute noch der wichtigste Wirtschaftsfaktor des Landes gewesen. Dann setzten IWF und Weltbank durch, dass Staatsausgaben gekürzt und Staatsaufgaben privatisiert wurden. Arbeitslosigkeit schuf ein Reservoir an billigen Arbeitskräften, Abschaffung der Zölle auf Maschinen für die Exportindustrie machte Investitionen lohnend. Der Umsatz der Textilbranche stieg rasch und eindrucksvoll. Olivier Cyran hat darauf hingewiesen, dass sich im März 1911 in New York eine ganz ähnliche Katastrophe zugetragen hat wie 2013 in Bangladesch. Damals aber bewirkten die Todesfälle einen Arbeiteraufstand, der schließlich auch zu einigen neuen Arbeitsschutzgesetzen führte. In Bangladesch gibt es seither Erklärungen und schöne Abkommen, weiter aber nichts. Vgl. Olivier Cyran, Unsere Toten in Bangladesch, Le Monde diplomatique, Juni 2013, S. 1 & 4f.

Flags of Convenience (Billigflaggen)

Internationale Abkommen – zuletzt das von der UNO 1982 verabschiedete *Law of the Sea* – haben die Hohe See als einen Bereich außerhalb aller einzelstaatlichen Hoheitsrechte konstituiert. Jedes Schiff, das die Flagge eines souveränen Staates führt, ist berechtigt, die Hohe See in friedlicher Absicht zu befahren. Die Flagge eines Schiffes zeigt an, in welchem Staat ein Schiff registriert ist, und folglich, welchen nationalen Gesetzen (und Kontrollen) der Betrieb eines Schiffes unterliegt. Seit Beginn der Globalisierung fahren immer mehr Schiffe unter der Flagge eines Staates, in welchem das Unternehmen, das sie betreibt, lediglich als Briefkastenfirma existiert, und in welchem die mit ihrem Betrieb erzielten Gewinne nicht anfallen. Eine derartige Nutzung von Flaggen (genauer gesagt: Schiffsregistern) ist nicht neu,[138] aber seit Ende der 1970er Jahre ist die Registrierung eines Schiffes in einem Staat, der eine *Flag of Convenience* anbietet, zu einer in der Welthandelsschifffahrt gängigen betriebswirtschaftlichen Methode geworden. Diese Praxis ist eine unmittelbare Folge der (oben beschriebenen) Krise. Die Stagnation des zuvor stetig und beträchtlich gewachsenen Welthandels traf die Schifffahrt umso gravierender, als in der Hochkonjunktur viele Schiffsneubauten in Auftrag gegeben worden waren, die mitten in der Krise ausgeliefert wurden. Für Öltanker, die zuvor immer zahlreicher und größer geworden waren, konnte nach den Preiserhöhungen durch die OPEC und der stagnierenden Nachfrage nach Rohstoffen kaum noch Fracht gefunden werden. Während vor der Krise gebrauchte Schiffe auf dem Weltmarkt zu Preisen gehandelt worden waren, die nahezu ihren Baukosten entsprachen, brachen diese Preise in den Krisenjahren zusammen. Für Neueinsteiger aus Ländern, die bislang nicht zu den führenden Schifffahrtsnationen der Welt gezählt hatten, war dies eine sehr günstige Situation. Nicht wenige der neuen Schiffseigner heuerten Offiziere aus den traditionellen Seefahrtsstaaten, die in der Krise keine Beschäftigung mehr gefunden hatten. Auf den von ihnen jetzt geführten Schiffen dienten Seeleute, die bislang wenig Erfahrung im weltweiten Seetransport gesammelt hatten. Diese neue Konkurrenz verstärkte den insgesamten Kostendruck. Reeder in traditionellen Seefahrtsstaaten waren bemüht, technische Entwicklungen voranzutreiben, die dazu dienen konnten, Personal einzusparen. Überall aber überstieg die Verringerung der Mannschaftsstärken die technisch bedingten Arbeitserleichterungen. Gegen die verschärfte Konkurrenz half das nur wenig.

---

138 Bereits im 17 Jahrhundert nutzten Schiffseigner in Kriegszeiten manchmal die Flagge eines neutralen Staates und etablierten zu diesem Zweck dort einen fingierten Wohnsitz. In der Zeit der Prohibition ließen US-amerikanische Schiffseigner Schiffe in Panama registrieren, um Alkohol an ihre Passagiere ausschenken zu können. In den 1930er Jahren flaggten griechische Schiffseigner einige Schiffe aus, um nicht die griechischen Heuern zahlen zu müssen. Während des Zweiten Weltkrieges ließ die US-Regierung die sog. *Liberty*-Schiffe, die als Versorgungsschiffe genutzt wurden, in Panama registrieren. Als diese Schiffe nach dem Krieg an Private verkauft wurden, behielten die neuen Eigner die panamaische Flagge bei.

In dieser Situation gingen immer mehr Reedereien – zunächst eher heimlich, dann aber auch ganz offen – dazu über, einzelne Schiffe in einem Staat registrieren zu lassen, der besonders günstige Bedingungen bot: Niedrige Kosten für die Registrierung, keine oder sehr niedrige Steuern, Zusage der Anonymität, keine Vorschriften über Mannschaftsstärken und über die Zeugnisse, die das Führungspersonal vorlegen musste, kaum Kontrollen der Sicherheitseinrichtungen, vor allem aber: keine Vorschriften im Hinblick auf die Nationalität der Besatzungen und deren Bezahlung. Das Angebot einer *Flag of Convenience* machte und macht es legal möglich, Seeleute aus aller Welt zu den in ihren Herkunftsstaaten vereinbarten Heuern zu beschäftigen. Für Matrosen (heute: *ratings*), die zuvor unter lange etablierten Flaggen gefahren waren, bedeutete dies, dass sie auf dem maritimen Arbeitsmarkt nicht mehr konkurrieren konnten. Statt ihrer wurden und werden nun Arbeitskräfte aus Ländern geheuert, in denen Anwärter bereit sind, niedrige Heuern zu akzeptieren. Sie arbeiten und leben in einem Niemandsland. (Gerstenberger & Welke 2004/2008: 2. Kap.) Das Schiff, auf dem sie arbeiten, hat lediglich eine fiktive Beziehung zu dem Staat, dessen Flagge es führt.[139] Sofern dieser überhaupt über einen Hafen verfügt, wird das Schiff dort höchstwahrscheinlich nie festmachen. Und das bedeutet auch, dass Seeleute nie die Chance haben, sich auf die arbeitsrechtlichen Regelungen zu berufen, die es im Flaggenstaat womöglich gibt. Auf ausgeflaggten Schiffen entfallen nationale Schutzrechte. Es entfallen aber auch die Traditionen, die früher den Arbeitsalltag auf Schiffen reguliert hatten. Von Seeleuten, die sich untereinander oft nur notdürftig sprachlich verständigen können, wird nicht nur erwartet, dass sie komplizierte technische Einrichtungen in Betrieb halten, sondern auch, dass sie die Situation einer oft während Monaten nicht unterbrochenen Zwangsgemeinschaft bewältigen.

Die Welle der Ausflaggungen machte ein Gewerbe, welches zuvor wie kaum ein anderes staatlich reguliert und kontrolliert gewesen war, zu einem radikal deregulierten Gewerbe, damit einen Entwicklungspfad für andere Wirtschaftszweige vorgebend. Nach einigen Jahren vermehrter „Ausflaggung" verlangten Schiffseigner führender Seefahrtsstaaten, denen nicht ebenso direkt abhängige Flaggen zur Verfügung standen wie den französischen auf den Kerguelen und den britischen auf der Isle of Man, dass Deregulierung zu einem Bestandteil der eigenen nationalen Flagge wurde. Die Konstitution sogenannter internationaler Flaggen (alltagssprachlich zumeist als „Zweitregister" bezeichnet) erlaubt es Schiffseignern, weiterhin unter der Flagge des Staates zu fahren, in welchem ihre Unternehmen ihren Sitz haben, trotzdem aber die Vorteile der *Flags of Convenience* im Hinblick auf die Heuer von Besatzungen anzuwenden. 1987

139 Obwohl immer wieder gefordert wurde, dass ein *"genuine link"* zwischen Flaggenstaat und Schiff bestehen müsse, ist die tatsächliche Beziehung fiktiv geblieben. Das wurde besonders augenfällig, als während des Bürgerkriegs in Liberia weiterhin Schiffe in das liberianische Schiffsregister eingetragen wurden. Das geschah in Vienna, Virginia. Und bei diesem Ort ist es auch nach dem Sturz des Diktators Taylor geblieben. Vgl. dazu: Eva-Maria Thoms, Unter fremder Flagge. Deutsche Reeder finanzieren das gestürzte liberianische Regime von Charles Taylor mit, DIE ZEIT, Nr. 31, 1.10.2003; vgl. auch: Gerstenberger & Welke (2005: 228).

schuf Norwegen ein Zweitregister, 1989 die Bundesrepublik Deutschland. Hier kam es zu heftigen Protesten, zu einem vom Senat der Freien Hansestadt Bremen und der Landesregierung von Schleswig-Holstein angestrengten Normenkontrollverfahren und am 10. Januar 1995 schließlich zu einem Beschluss des Bundesverfassungsgerichts. Die Ablehnung der Einwände durch den Ersten Senat des Bundesverfassungsgerichts kann als eine Richtschnur für die gesamte politische Strategie der Deregulierung verstanden werden. In der Begründung heißt es, die mit dem neuen Register verbundene Schmälerung des Grundrechtsbestandes (für Seeleute) müsse hingenommen werden, denn Positionen, „die sich in der internationalen Rechtswirklichkeit ohnehin nicht behaupten" ließen, müssten aufgegeben werden. Das gelte jedenfalls dann, wenn der Gesetzgeber dadurch zugleich hinreichende Anreize für deutsche Reeder schaffe, ihre Schiffe weiter unter deutscher Flagge und damit wenigstens teilweise im Rahmen deutschen Rechts zu betreiben.[140] Die Anreize waren nicht „hinreichend". Die Ausflaggung von Schiffen in deutschem Eigentum wurde nicht gebremst. Dagegen ist die Geltung des deutschen Rechts auf Schiffen, die im *German International Shipregister* eingeschrieben sind, seither noch weiter eingeschränkt worden. War 1995 noch verlangt worden, dass auch für nicht-deutsche Arbeitskräfte Sozialversicherungsbeiträge abgeführt werden, so ist dies durch die Änderung des Sozialgesetzbuches im Jahr 2004 aufgehoben worden.[141] Diese rechtliche Entwicklung ist weit über das deutsche Beispiel und auch weit über die Schifffahrt hinaus relevant, stellte das oberste Gericht der Bundesrepublik doch ganz ausdrücklich den historisch erreichten Bestand an Arbeitsrechten zur Verfügung, um Kapitaleigner für die globalisierte Konkurrenz zu rüsten.

Angesichts der drastisch reduzierten zahlenmäßigen Größe von Mannschaften mag der betriebswirtschaftliche Fokus auf die Personalkosten verwundern. Es handelt sich dabei aber um den einzigen Kostenfaktor, dessen Variation legal möglich ist. Die Preise für Öl, für Hafengebühren sowie Lotsendienste und für die in ihrer Höhe vom Weltmarkt für Seetransport bestimmten Schiffschartern lassen sich durch die Wahl von Ort und Zeit ihres Erwerbs bestenfalls minimal beeinflussen, anders die Kosten für Personal. Auch dies aber nur, wenn ungünstigen nationalen Tarifabschlüssen und Sozialgesetzen durch die Wahl einer *Flag of Convenience*[142] ausgewichen wird.

Neben der Chance, Kosten ganz legal zu reduzieren, boten *Flags of Convenience* auch die Möglichkeit, Ausgaben für Sicherheitseinrichtungen, für deren Wartung und Erneuerung dadurch einzusparen, dass auf fehlende oder ineffiziente Kontrollen im Flaggenstaat spekuliert wurde. Am schnellsten wuchsen die Flotten jener Flaggenstaaten, von denen bekannt wurde, dass sie faktisch auf Kontrollen verzichteten. Während die Welthandelsflotte in den Jahren 1997 bis 1999 insgesamt um 1,5 % wuchs, vergrößerte

140 Bundesverfassungsgericht E 92, 96, I: 46.

141 Lediglich in der gesetzlichen Unfallversicherung und in der See-Berufsgenossenschaft sind ausländische Seeleute auf GIR-Schiffen weiterhin versichert.

142 Dazu zählen auch die nationalen „Zweitregister".

sich die „nationale Flotte“ von Bolivien um 5.900 % und diejenige von Kambodscha um 140 %. (Alderton &Winchester 2002: 187) Auch die „nationalen“ Handelsflotten von Panama, Liberia und Antigua Barbuda verzeichneten ständige Zunahmen, während sich diejenigen von Großbritannien oder Deutschland verringerten. In den 1980er und frühen 1990er Jahren kam es zu zahlreichen Schiffsunglücken ausgeflaggter Schiffe, darunter einer Häufung von Totalverlusten. Fracht und Schiff sind zumeist versichert, dass Seeleute ihr Leben einbüßten, hat das Wachstum der neuen Schiffsregister nicht behindert.

Seit der ersten großen Ausflaggungswelle hat sich einiges verändert. Als die verheerenden Wirkungen der Ausflaggung für die Sicherheit von Schiffen und Mannschaften offenbar wurden, war die *International Maritime Organisation,* eine Unterorganisation der UNO, bestrebt, die stark reduzierte einzelstaatliche Regulierung der Handelsschifffahrt durch internationale Vorschriften zu ersetzen.[143] Das war umso schwieriger, als die Gründung neuer Schiffsregister die Mehrheiten in der IMO dramatisch verändert hatte. Weil die bislang erforderliche Zweidrittelmehrheit von Ratifizierungen für Beschlüsse die IMO nahezu lahmgelegt hätte, wurde 1974 beschlossen, neue Regelungen in Zukunft als Zusätze (*amendments*) zu der bereits 1914 nach dem Untergang der Titanic beschlossenen Konvention *Safety of Life at Sea* (SOLAS) zu beschließen.[144] Alle nicht auf diese Weise erzielten Beschlüsse wurden nicht nur jahrelang verhandelt, auch die erforderlichen Ratifizierungen kamen jeweils erst im Verlauf mehrerer Jahre zustande.[145] Einmal ratifiziert und in Kraft getreten, bleibt die Wirkung von IMO-Konventionen weiterhin von der tatsächlichen Mitwirkung der Flaggenstaaten abhängig, denn über Sanktionsmöglichkeiten verfügt die IMO nicht.

Weil die Wirkungen der Ausflaggung aber Sanktionen dringlich werden ließen, erklärten (zunächst einzelne) Hafenstaaten ihre Bereitschaft, jährlich einen gewissen Prozentsatz der ausländischen Schiffe, die ihre Häfen anliefen, zu kontrollieren. Anders gesagt: sie erklärten ihre Absicht, das Hoheitsrecht des jeweiligen Flaggenstaats über das unter seiner Flagge fahrende Schiff zu verletzen. (Diese Übereinkünfte wurden jeweils von Hafenstaaten in einem bestimmten Fahrtgebiet getroffen. Inzwischen sind sie weltweit verbreitet.) Die zuständigen Hafenbehörden sind nicht nur im Hinblick auf die Zahl, sondern auch auf die Fachkenntnis des Personals vielfach unterausgestattet. Vor allem aber beschränken sich Kontrollen im Regelfall auf die Dokumente, die vorgelegt werden müssen. Auffälligkeiten (triftige Gründe) berechtigen zu gründlicheren

---

143 Zur Vorgeschichte der IMO und wichtiger internationaler Konventionen wie SOLAS und MARPOL vgl. Gerstenberger 2005: 234-239).

144 Sie treten in Kraft, wenn nicht innerhalb von zwei Jahren (oder einer anders vereinbarten Zeitspanne) ein Drittel der Vertragsstaaten mit zusammen mindestens 50 % der Bruttoregistertonnen der Welthandelsflotte Einspruch erhebt.

145 Das gilt sowohl für die Konvention gegen die Verschmutzung des Meeres (MARPOL) als auch für die Einführung von Mindeststandards der Ausbildung und der Besatzung (StCW) und für das Sicherheitsmanagement (ISM).

Kontrollen. Kontrolleure können Bußen gegen die Schiffsführung verhängen und ein Schiff gegebenenfalls auch festlegen bis Mängeln beseitigt werden.

Dass die *Port State Controls* insgesamt nicht ohne Wirkung blieben, resultiert vor allem aus der Veröffentlichung ihrer Kontrollergebnisse. In sog. *white*, *grey* und *black lists* werden Flaggenstaaten je nach der Anzahl von Festhaltungen ihrer Schiffe kategorisiert. Einige der seit längerem etablierten neuen Flaggenstaaten sind seither bestrebt, den Ruf ihrer Schiffsregister durch effizientere Kontrollen, notfalls auch durch den Ausschluss von *substandard* Schiffen zu heben. Mit dieser Praxis schufen sie aber auch eine Nische im Markt für Billigflaggen, in welcher inzwischen die Inhaber von Schiffsregistern Geschäfte mit Schiffseignern machen können, die an Sicherheitseinrichtungen sparen wollen. Offiziell sind Schiffsregister immer Verwaltungsabteilungen von Regierungen, faktisch gibt es aber auch privates Eigentum an Schiffsregistern. In diesen Fällen ist die Einrichtung einer *Flag of Convenience* eine Methode der privaten Bereicherung.

Sofern ein Transport Profit verspricht, laufen gelegentlich auch *substandard* Schiffe den Hafen eines Küstenstaates an, der für effiziente Kontrollen bekannt ist. Wird ein Schiff dann festgehalten, wird es zumeist aufgegeben – zusammen mit der Mannschaft, die weder versorgt noch bezahlt ist. Konservativen Schätzungen zufolge sind zwischen 1990 und 2006 rund tausend Schiffe aufgegeben worden.[146] *Abandoned seamen* hat es auch früher schon gegeben, seit der Globalisierung der Handelsschifffahrt ist ihre Zahl aber gestiegen. Und anders als früher sind Flaggenstaaten heute nicht mehr bereit, die Verpflichtung dafür zu übernehmen, dass sie heil nach Hause kommen.[147]

Alle Seeleute, die auf einem Handelsschiff arbeiten, sind heute den unmittelbaren Wirkungen der verstärkten Konkurrenz auf den dafür relevanten Märkten ausgesetzt. Die Beschleunigung des Hafenumschlags hat die Liegezeiten dramatisch verkürzt. Der Kostendruck bewirkt eine sehr knappe Ausstattung der Schiffe mit Personal. Werden riesige Containerschiffe von einer Mannschaft in Betrieb gehalten, die einschließlich des Führungspersonals kaum mehr als ein Dutzend Personen umfasst, so ist es nicht nur schwierig, aufkommende Konflikte zu bewältigen, die internationale Zusammensetzung der Mannschaften verschärft auch die Einsamkeit von Menschen, deren Kommunikation nicht nur durch Grenzen sprachlicher Kompetenz, sondern vielfach auch durch eine Empfindung von Fremdheit erschwert ist. Und in der heutigen Seefahrt fehlen nicht nur die national geprägten seemännischen Traditionen, die früher dabei halfen, die Einheit

---

146 Vgl. James Smith (Observatory of Seafarers' Rights, Nantes, France) 18.7.2006: Update on search for solutions to the problem of abandonment of seafarers: http://www.seacurus.com/latest_news.asp?ItemID=17&pcid-98&archive=yes (abgerufen am 13.4.2008). Seit 2004 gibt es Versuche einer Statistik.

147 Während der Verhandlungen über die 2006 in Kraft getretene *Consolidated Maritime Labour Convention* wurde versucht, eine derartige Regelung beschließen zu lassen. Das ist gescheitert. Lediglich in den zusätzlich von der *International Labour Organisation* (ILO) verabschiedeten *guidelines* ist eine derartige Aufforderung enthalten. Vgl. Resolution Nr. A. 930 (22) vom 17. Dezember 2001.

von Arbeits- und Lebensraum zu bewältigen, es fehlen vor allem der Freiraum und die dadurch möglichen Erlebnisse, die längere Liegezeiten und entsprechende Möglichkeiten des Landgangs gesichert hatten. In den letzten Jahrzehnten ist dieser physisch und psychisch ungemein wichtige Ausgleich zu der Zwangsgemeinschaft an Bord durch die verschärfte Konkurrenz um Seetransporte beschnitten worden.

Inzwischen sind es aber nicht nur die engen Terminpläne, die dafür sorgen, dass Seeleute oft über Monate nicht an Land kommen. Denn nach dem Angriff auf das *World Trade Center* im September 2001 peitschten die USA in der IMO in „halsbrecherischer Geschwindigkeit“[148] eine Übereinkunft durch, die verhindern soll, dass Schiffe als Waffe genutzt werden. Faktisch bedeutet der *International Ship and Port Facilities Code* (ISPS *Code*), dass Seeleute als potentielle Terroristen behandelt werden, deren Kontakt zu Personen an Land strikt kontrolliert, wenn nicht sogar unterbunden werden soll.[149] Dem stehen die seit langem geltenden – und in der von der *International Labour Organisation* im Jahr 2006 beschlossenen *Consolidated Maritime Labour Convention* (MLC) erneut bekräftigten – Rechte von Seeleuten entgegen.

Diese Konvention – viele haben sie als einen arbeitspolitischen Meilenstein gepriesen – ist seit August 2013 in Kraft.[150] Sie ersetzt alle früheren Konventionen der ILO, die sich auf Arbeitsbedingungen von Seeleuten bezogen hatten. Die 2006 von Vertretern der Gewerkschaften, der Unternehmer und der Vertragsstaaten beschlossenen Normen richten sich auf Mindestbedingungen, von denen nicht nur erhofft wird, dass sie tatsächlich realisiert werden können, sondern auch, dass sie auf andere Bereiche ausstrahlen werden. Dieser Fokus auf international gültige Mindestbedingungen entspricht der strategischen Abkehr von den Zielsetzungen, die in den Anfangsjahren der Organisation verfolgt worden waren. Sie hatten sich an Arbeitsverhältnissen in entwickelten Industriegesellschaften orientiert. Der Ende der 1990er Jahre durchgesetzte Fokus auf

148 Die Bewertung entstammt einer Presseveröffentlichung des *US Department of Homeland Security* vom 2. Juli 2004. Die schnelle Ratifizierung des ISPS Codes wurde möglich, weil er der oben beschriebenen Praxis entsprechend als *amendment* zu SOLAS eingebracht wurde.

149 Weil Seeleute heute oft weit reisen müssen, um eine Heuer anzutreten oder um nach dem Ende ihres Vertrages nach Hause zu reisen, ist die Notwendigkeit eines vereinfachten Grenzübertritts seit langem bekannt. Nachdem der ISPS Code alle landseitigen Ortswechsel von Seeleuten drastisch beschränkte, hat die ILO 2003 (mit der *Identity Documents Convention* No 185) beschlossen, die Mitgliedsstaaten aufzufordern, für Seeleute besondere Pässe auszustellen. Sie müssen biometrische Informationen in der Form von zwei Fingerabdrücken enthalten. Nur wenige Mitgliedsstaaten haben diesen Beschluss ratifiziert. Im Februar 2015 konstatierte die ILO, dass der Beschluss kaum ratifiziert wurde, und weitere Ratifizierungen kaum zu erwarten sind, weil die mit diesen Pässen verbundenen Kosten für arme Staaten – also für diejenigen Staaten, aus denen die Mehrzahl der heutigen Seeleute kommt – zu hoch sind. Vgl. ILO to hold an international Tripartite Meeting of Experts to advise on recognition of Seafarers' Identity Documents and border security concerns; (news 02 February 2015) http://www.ilo.org/global/standards/maritime-labour-conventions/news/WCMS_34171

150 Die Bundesrepublik Deutschland hat das Abkommen erst 2012 ratifiziert – noch nach der Russischen Föderation und den Philippinen.

Kernarbeitsnormen, zumeist ist von *"decent work"* (anständiger Arbeit) die Rede, ist Ausdruck der strategischen Orientierung auf Anforderungen einer globalisierten Arbeitswelt. (Senghaas-Knobloch 2003: 7-22)

Was die „konsolidierte" Konvention für seemännische Arbeit anlangt, so wird die Orientierung auf die Chancen ihrer Ratifizierung durch die Vertragsstaaten bereits darin deutlich, dass zwischen verpflichtenden Bestimmungen und Richtlinien unterschieden wird. Von allen früheren den maritimen Bereich betreffenden Konventionen unterscheidet sich die MLC allerdings dadurch, dass bei triftigem Grund die Einhaltung der Rechte von Seeleuten auch auf Schiffen kontrolliert werden kann, deren Flaggenstaaten die Konvention nicht ratifiziert haben. Es ist dies tatsächlich eine Abweichung von dem Prinzip, dass einzelstaatliche Souveränität internationalen Regulierungen Grenzen setzt. In wieweit sich diese Neuerung in tatsächliche Veränderungen umsetzen lässt, wird sich erweisen müssen. Doch ist die Reichweite der Konvention auch ohne Rücksicht auf staatliche Hoheitsrechte begrenzt: So eröffnet sie keinerlei Möglichkeit, eine zahlenmäßige Vergrößerung von Mannschaften durchzusetzen, um auf diese Weise Arbeitsintensität und Isolierung von Seeleuten zu verringern. Vor allem aber ändert diese Konvention nichts an der Tatsache, dass Terminpläne von Schiffen durch Charterer bestimmt werden, durch die Unternehmen also, die während einer bestimmten Zeit ein Schiff (unter vertraglich im Einzelnen bestimmten Konditionen) mieten und befrachten.[151] Gegen die in diesen Unternehmen entwickelte Logistik des Seetransports kommt das Recht von Seeleuten auf Landgang nicht an. Immer wieder bezeichnen Seeleute ihren Arbeitsplatz deshalb als „Gefängnis". (Gerstenberger & Welke 2004/2008: 23)

So sehr diese Erfahrungen den besonderen Bedingungen der Arbeit auf See geschuldet sind, so finden sich Entsprechungen doch auch an Arbeitsorten auf dem festen Land. Ähnliches gilt für die Tatsache, dass Seeleute kaum eine Chance haben, sich gegen Arbeitsbedingungen zu wehren, die keinesfalls als „anständig" gelten können. Weil weltweit sehr viele um Heuern konkurrieren, sind die Möglichkeiten des Widerstands sehr begrenzt. Wer sich beschwert, muss gewärtigen, nie wieder eine Heuer zu erhalten. *Crewing agencies* führen schwarze Listen. Das ist international zwar untersagt, doch haben die Regierungen der Herkunftsländer vieler Seeleute ein Interesse daran, dass die Arbeitskräfte dieser Nationalität als fügsam gelten und folglich auch weiterhin mit den Überweisungen der durch sie verdienten Heuern gerechnet werden kann. Obwohl Seemannsmissionen und die *International Transportworkers' Federation* (ITF) ständig bemüht sind, Öffentlichkeiten über Arbeitsbedingungen in der Seefahrt zu informieren, werden diese kaum wahrgenommen. Ganz ähnlich wie in manchen Unternehmens-

---

151 Während international der Terminus *"shipmanagement"* gebräuchlich ist, wird im Deutschen immer noch von „Reedern" gesprochen, obwohl es Reedereien im klassischen Sinne heute so gut wie gar nicht mehr gibt. „Reedereien" organisieren heute den Betrieb von Schiffen, die Banken, Versicherungen oder anderen Anteilseignern gehören. Ihre wichtigste Aufgabe ist die Beschaffung lukrativer Charterverträge. Von wenigen Ausnahmen abgesehen, sind sowohl das Personalmanagement als auch das technische Management ausgelagert.

leitungen dieser Branche wird weltweiter Seetransport vor allem als ein technisch zu bewältigendes Problem verstanden. Seeleute werden dann als Rädchen in Logistikketten wahrgenommen, in der breiten Öffentlichkeit manchmal allerdings auch als die abenteuernden Figuren maritimer Folklore.

Wenn die ITF gegen *flags of convenience* kämpft und verlangt, dass Tarifverträge abgeschlossen werden, so agiert sie im Auftrag von Einzelgewerkschaften, die sich in dieser Dachgewerkschaft zusammengeschlossen haben. Um ihren Forderungen Nachdruck zu verleihen, ist sie darauf angewiesen, dass gewerkschaftlich organisierte Hafenarbeiter die Weiterfahrt eines Schiffes verhindern. Diese advokatorischen Kämpfe sind schwieriger zu organisieren, seit immer mehr Häfen in der Welt privat betrieben werden. Meistens gilt in diesen Häfen ein faktisches, oft auch ein formales Organisationsverbot. Auch wenn ein ITF-Vertrag abgeschlossen wurde, bleibt der Schutz für Seeleute dadurch eingeschränkt, dass sie faktisch keine Chance haben, die entsprechenden Bestimmungen gerichtlich einzuklagen. Faktisch gelten für Seeleute also die Bedingungen, die sie in einem (irgendwo auf der Welt platzierten) Heuerbureau unterschrieben haben, vor dessen Türen im übertragenen – und nicht selten auch im wörtlichen Sinne – Hunderte warten, die womöglich bereit wären, noch schlechtere Bedingungen zu akzeptieren.

In den Philippinen ist dies der Fall, weil die Ausbildungsstätten für Seeleute jährlich 20.000 Absolventen produzieren, es aber kaum 5.000 Stellenangebote im Jahr gibt. Folglich sind manche bereit, sich von einer illegalen Agentur anheuern zu lassen. Als nach dem Tod eines der so Vermittelten seine Familie die Agentur verklagte, wurde bekannt, dass seit Jahren in Gerichts- und Polizeiprotokollen vermerkt ist, dass die durch diese Agentur Vermittelten getäuscht werden, schwere physische Misshandlungen, 20-stündige Arbeitstage und Lohnverweigerung zu erdulden haben. 11 Personen wurden angeklagt, lediglich eine Angestellte in untergeordneter Position konnte verhaftet werden. Die in Singapur basierte Agentur arbeitet weiter in Indien, Mauretanien und Mauritius.[152]

Export Processing Zones (EPZs)

Ganz ebenso wie bei *Flags of Convenience* handelt es sich auch bei freien Produktionszonen um staatlich geschaffene Rechtsräume, anders als bei einer *Flag of Convenience* ist der Rechtsraum einer *Export Processing Zone* aber territorial verortet, manchmal ist er durch Zäune vom Rest des nationalen Territoriums gesondert.[153] Und ebenso wie die heutigen Billigflaggen haben auch die heutigen Exportindustriezonen historische Vor-

152 Ian Urbina, Tricked and Indebted on Land, Abused and Neglected at Sea, The New York Times International Weekly/Süddeutsche Zeitung, 13.11.2015, S. 3.

153 Manchmal umfaßt eine EPZ aber auch nur eine Fabrik, der dieser Status verliehen wurde. Vgl. Jauch 2002: 102; In einigen Staaten gelten EPZ-Bedingungen für bestimmte Industrien (Juwelen in Thailand, Leder in der Türkei.) Seit Ende der 1990er Jahren gibt es sogar zunehmend privat betriebene Produktionszonen.Vgl. Employment and social policy in respect

läufer. So sind etwa Freihäfen und Freilager für unverzollte Waren (*bonded warehouses*) seit langem in Gebrauch. In unserem Zusammenhang geht es zwar auch um die von souveränen Staaten geschaffenen rechtlichen Ausnahmen für Zollbestimmungen und Steuerforderungen,[154] vor allem aber geht es um besonders günstige Bedingungen für Produktionsprozesse, genauer gesagt: um staatlich geschaffene Chancen zur Entgrenzung von Ausbeutung.

In *Export Processing Zones* (EPZs) werden aus importierten Materialien Produkte hergestellt, die sodann (re-)exportiert werden.[155] Angeboten wurden und werden EPZs ganz überwiegend von Entwicklungsländern, darunter auch von Ländern, deren offizielle Wirtschaftsverfassung nicht-kapitalistisch ist (bzw. war).

In den 1960er Jahren waren EPZs beispielsweise in Korea, in Taiwan und Irland,[156] in Singapur und Hongkong, in den Philippinen, in Thailand und in Indien entstanden. Zur selben Zeit wurden die ersten EPZs in Lateinamerika gegründet, die meisten davon in Mexiko. (Für sie ist die Bezeichnung *Maquiladora* bzw. *Maquila* gebräuchlich geworden.) Einige wenige wurden in den 1970er Jahren in afrikanischen Staaten südlich der Sahara eingerichtet. Seither sind weitere dazu gekommen. Seit 1979 hat die Regierung der Volksrepublik China EPZs genutzt, um ausländische Investoren anzulocken. Ihre Zahl ist sehr rasch gewachsen. Erst Mitte der 1980er Jahre entstanden EPZs in Bangladesch. Inzwischen jedoch stellen die Exporte aus den 4.536 großen und kleinen Bekleidungsfabriken des Landes nahezu 80 % der Exporte des Landes.[157]

In vielen Staaten wurden zunächst ausschließlich ausländische Investoren zu EPZs zugelassen. Zunehmend können auch Einheimische beantragen, unter den Bedingungen einer EPZ zu produzieren, vereinzelt wird auch gestattet, dass in einer EPZ hergestellte Produkte im Land selbst verkauft werden. Manche Staaten begünstigen *Joint Ventures* von ausländischen und einheimischen Investoren. Um Technologieimport zu erzwingen, hat die Volksrepublik China diese Unternehmensform zeitweise zur Bedingung gemacht. Ein afrikanisches Beispiel zur Illustration heute gängiger Unternehmensformen: Im Jahr 2006 waren in Kenya 57,4 % der Unternehmen in EPZs in ausländischem Eigentum,

---

of export processing zones (EPZs), International Labour Office. Governing Body, GB.286/ESP/3, March 2003, S. 2.

154 Meistens gelten die „Steuerferien" für zehn Jahre, aber Ägypten beispielsweise offeriert Steuerfreiheit für die gesamte Zeit, während der in einer EPZ investiert wird.

155 Die Formulierung entspricht der Definition, auf welche sich das Leitende Gremium des *International Labour Office* geeinigt hat. Vgl. Employment and social policy in respect of export processing zones (EPZs), International Labour Office. Governing Body, Committee on Employment and Social Policy, BG.286/ESP/3, Geneva, March 2003, S. 1.

156 Die EPZ am Shannon Airport wurde bereits 1959 gegründet: Sie sollte den Niedergang der Geschäfte des Flughafens ausgleichen, der erwartet werden musste, wenn es technisch nicht mehr erforderlich war, für transatlantische Flüge in Shannon zwischen zu landen.

157 BGMA, Trade Information http://www.bgmea.com.bd./home/pages test/Trade information; abgerufen am 28.8.2014 für: *Human Rights Watch* (2015: 17) .

13 % gehörten Einheimischen und 29 % wurden als *Joint Ventures* betrieben.[158] Die Textilfabrik in Bangladesch, bei deren Kollaps im April 2013 mehr als 1.000 Arbeitskräfte zu Tode kamen und über 2.400 verletzt wurden, war von einem einheimischen Kapitaleigner errichtet worden.

Freie Produktionszonen wurden und werden weltweit mit dem Angebot vermarktet, dass die anbietende Regierung sowohl auf Import- als auch auf Exportzölle und – zumindest für einige Jahre – auf Steuern verzichten werde. Weil die fertigen Produkte exportiert werden sollen, muss die dafür notwendige Infrastruktur bereitgestellt werden. Vor allem in afrikanischen Staaten wird auch kostenlose Lieferung von Wasser und Elektrizität zugesagt. In Namibia wurden kostenlose Pachten von Land für die Dauer von 99 Jahren angeboten, zusätzlich ein Betrag von 100 Mill. N$ zur Entwicklung des jeweiligen Geländes.[159] Dass sehr günstige Arbeitskräfte für arbeitsintensive Produktionsprozesse zur Verfügung stehen, versteht sich überall von selbst. Gerät der Nutzen einer EPZ aus welchen Gründen auch immer für Investoren in Gefahr, so wird die Produktion verlagert. Das lässt sich umso leichter bewerkstelligen, als Produktion in EPZs ganz überwiegend darauf ausgerichtet ist, kostengünstige Arbeitskräfte für arbeitsintensive Tätigkeiten zu vernutzen. Entsprechend gering ist in der Regel die Ausstattung mit schweren und teuren Maschinen.

Was die Erwartungen anbietender Regierungen anlangt, so ist deren Realisierung höchst unterschiedlich. Nahezu überall haben EPZs einen Beschäftigungseffekt, doch bleibt selbst dieser in manchen Ländern (so etwa in Namibia) weit hinter den Erwartungen zurück, ist überdies immer davon abhängig, dass eine Regierung bei der Konkurrenz um den Standort längerfristig mit anderen Angeboten mithalten kann. Stabilisiert wurde und wird diese Position in Ländern, in denen die Produktion in Sonderwirtschaftszonen in gewisser Weise mit derjenigen außerhalb dieser Zonen integriert wurde, wo also beispielsweise Materialien nicht ausschließlich importiert, sondern auch aus dem Inland bezogen werden. (Amirahmadi & Wu 1995: 835) Zusätzlich stabilisierend wirkt ein Angebot an qualifizierten oder doch semi-qualifizierten Arbeitskräften. Beides trifft auf Investitionsvoraussetzungen in asiatischen und lateinamerikanischen Ländern zu, afrikanischen Staaten dagegen werden sehr viele Vorleistungen und weitreichender Steuerverzicht abverlangt.[160] (In Südafrika wurden keine EPZs, seit Mitte der 1990er Jahre aber *Industrial Development Zones* eingerichtet. Auch sie bieten Investoren besonders günstige Bedingungen.)

---

158 International Federation for Human Rights, (2008) Assesssing the Impact of Kenya's Trade and Investment Policies and Agreements on Human Rights, S. 15.

159 Herbert Jauch, Pitfalls of Export Processing Zones, Comment & Analysis, 2008-3-26, Nr. 358, http://www.pambazuka.net/en/category/comment/46932.

160 Gift Mugano stellt zu Recht fest, dass nur in sehr wenigen Fällen ein cost-benefit assessment durchgeführt worden ist. Vgl. Unpacking export processing zones, The Herald, 27.9.2013; http://herald.co.zw/unpacking-export-processing/zones.

Ebenso eindeutig wie die Antwort auf den Nutzen von EPZs für Investoren fällt die Antwort aus, wenn es um deren Auswirkung auf die Arbeits- und Lebensbedingungen von Arbeitskräften geht. Sie sind dadurch geprägt, dass sich im Zusammenspiel zwischen einem radikal mobilisierten Kapital und der weltweiten Konkurrenz um Investitionen ein doppelter Wettlauf herausgebildet hat: im Verhältnis zu potentiellen und bereits im Land befindlichen Investoren handelt es sich um eine *race to the top,* will sagen: um ständig verbesserte Angebote an Investitionsbedingungen. Das Gegenstück zu diesem Wettlauf ist die *race to the bottom* für die Arbeits- und Lebensbedingungen der Beschäftigten. Die internationale Konkurrenz um Investitionen stellt sie ständig zur Debatte. Und das ist möglich, weil Regierungen entweder formale Abweichungen von nationalen Gesetzen zulassen oder aber sehenden Auges faktische Abweichungen von solchen Bestimmungen dulden. Weltweit haben sich Frauen und Männer zu wiederholten Malen gegen die Auswirkungen dieser internationalen *race to the bottom* gestemmt, aufhalten konnten sie diesen Wettlauf angesichts der weltweiten Mobilität von Kapital aber nicht.[161]

Weltweit aber sind mit EPZs Rechtsräume geschaffen worden, in denen Arbeitskräfte keine Arbeitsbedingungen erhoffen können, die international vereinbarten Normen entsprechen. Tatsächlich war von einer Arbeitsgruppe der ILO noch 1998 erwartet worden, dass EPZs zunehmend gezwungen sein würden, auf internationalen Märkten nicht nur mittels niedriger Preise, sondern auch mittels verbesserter Qualität ihrer Produkte zu konkurrieren. Das, so war unterstellt worden, werde innerhalb der EPZs dazu führen, dass nicht länger nahezu ausschließlich unqualifizierte Arbeitskräfte geheuert würden, denen – unter Androhung der Entlassung – die bisher üblichen langen und harten Arbeitstage aufgezwungen würden. Um die damit notwendig verbundenen Produktionsmängel zu beheben, sei es erforderlich, Arbeitskräfte zu motivieren, ihnen Transportmöglichkeiten und Gesundheitsdienste, Kinderkrippen und günstige Einkaufsmöglichkeiten anzubieten, schließlich würden Unternehmer auch die Nützlichkeit einer Beteiligung von Arbeitskräften an der Lösung von Problemen und einer Förderung von Innovationen erkennen.[162] Die Erwartung einer derartigen Entwicklung unterstellte,

---

161 Zwei Beispiele von vielen: Im Sommer 2010 forderten 15.000 Frauen in den Straßen von Dhaka (Bangladesch) höhere Löhne. Statt damals umgerechnet € 19,2 im Monat wollten sie in Zukunft € 57,7 erhalten. In zahlreichen Fabriken in der Gegend wird für H&M, Carrefourt,Walmart und Levi-Strauss produziert. Unternehmer reagierten mit der Schließung von Fabriken, Demonstranten mit deren Erstürmung und Demolierung. Als die Fabriken nach Tagen wieder öffneten, wurden die Arbeiterinnen von Polizisten bewacht. Die Forderung nach einem höheren Mindestlohn wurde nur ansatzweise erfüllt. Vgl. Karin Steinberger, Der Aufstand der Näherinnen, Süddeutsche Zeitung, Nr. 150, 3./4.7.2010, S. 21.
Ende 2013 demonstrierten Arbeitskräfte der Textilindustrie in Kambodscha für höhere Löhne. Anfang 2014 eskalierten die Proteste. Fünf Menschen wurden getötet als Militärpolizisten auf die Demonstranten feuerten. Im Herbst 2014 forderten Demonstranten (am Sonntag!) in der Hauptstadt Phnom Penh höhere Löhne. Vgl. Nicola Glass, Lohnerhöhungen bis auf weiteres verschoben, TAZ, 13.10.2014, S. 9.

162 ILO, Labour Law and Labour Relations Branch1998, http://www.ilo.org/public/english/dialogue/govlab/legrel/tc/epz/resours.htm; abgerufen am 2.9.2004.

dass die Konkurrenz um den Absatz qualitativ hochwertiger Produkte notwendigerweise zu besseren Arbeitsbedingungen führen werde. Florian Butollo hat gezeigt, dass die Entwicklung der Produktion hochmoderner Beleuchtungsmaterialien in China diese Annahme widerlegt. Tatsächlich wurde die Produktion nämlich auf eine Art und Weise organisiert, die es möglich macht, den größten Teil der Arbeiten weiterhin von unqualifizierten und sehr schlecht bezahlten Arbeitskräften erledigen zu lassen. (2014: v.a. Kap. VI) Für die Textilindustrie war kaum je von der Notwendigkeit eines *"upgrading"* der Arbeitsanforderungen ausgegangen worden. Und tatsächlich herrschen in der Produktion von Edelmarken exakt dieselben miserablen Arbeitsbedingungen wie in der Produktion von Billiglabels.[163]

Obwohl sich EPZs je nach vorherrschender Produktion, politischem Umfeld und regionalen Arbeitsmärkten in Einzelheiten voneinander unterscheiden, bewirkt die Konkurrenz um Investoren, dass sich die für Arbeitskräfte relevanten Merkmale von EPZs weltweit ähneln. Eines dieser Merkmale ist die Erschwernis der organisierten Vertretung von Arbeiterinnen- und Arbeiterinteressen. Offiziellen Erklärungen zum Trotz, ist sie in EPZs weltweit gegenwärtig.

In Guatemala wurden gewerkschaftlich organisierte Betriebe mit Hinweis auf notwendige Umstrukturierungen in der Regel sofort geschlossen. Wenig später eröffnete der Betrieb dann unter einem anderen Namen erneut.[164] In Namibia setzten Gewerkschaften durch, dass vom Gewerkschaftsverbot wieder Abstand genommen wurde – dies allerdings nur, nachdem sie zugestimmt hatten, dass während fünf Jahren keine Streiks in EPZs durchgeführt werden würden.[165] Entsprechendes wird aus Mexiko berichtet.[166] Seit Firmen erfahren mussten, dass längerfristig beschäftigte Arbeitskräfte dazu tendieren, auf ihre Rechte zu pochen, schließen sie vielfach Arbeitsverträge nur noch für kurze Dauer ab. Um Konflikte zu beenden, wird in Mexiko manchmal auch eine ganze Fab-

---

163 Edelmarken zum Hungerlohn, Sendung von 3 SAT am 13.2.2015; http://www.3sat.de/page/?source=/ard/sendung/180395/index.html.

164 Philippe Revelli, Schmutzflecken, die nicht weggehen wollen, Le Monde diplomatique, Juli 2005, S. 6. Revelli berichtet auch, dass der Geschäftsführer eines Betriebes in chinesischem Eigentum Arbeitern, von denen er wusste, dass sie einer örtlichen Verbrecherbande angehörten, androhte, sie würden als Erste entlassen, wenn eine Gewerkschaft gegründet würde. Sie haben diese Gründung dann verhindert. (Ebenda)

165 Herbert Jauch, Pitfalls of export processing zones, 2008-02-26, Nr. 357: http://www.pambuza.net/en/category/comment/46932; abgerufen am 9.2.2015.

166 In mexikanischen Maquiladoras waren von Anfang an Gewerkschaften aktiv, doch handelte es sich dabei weniger um Vertretungen der Interessen von Arbeitskräften als um Organisationen, die mit dem Staat verbündet sind. Innerhalb der korporatistischen politischen Strukturen hat die privilegierte Gewerkschaftsbürokratie Klientelbeziehungen zu ihren Mitgliedern entwickelt. Vgl. Hualde (1995: 137). Auch CFO (Border Committee of Women Workers) stellt fest, die offiziellen Gewerkschaften seien traditionell korrupt gewesen und hätten sich auf *"sweetheart deals"* mit dem Management eingelassen. Dennoch schade ihre Schwächung den Arbeitskräften, weil das Management dann noch mehr Kontrolle über die Arbeitskräfte habe. Vgl. www.cfomaquiladoras.org; abgerufen am 13.2.2015.

rik geschlossen, um dann nach kurzer Zeit mit völlig neuem Personal wieder eröffnet zu werden.[167] Die Regierung von Pakistan hat gegenüber der ILO erklärt, Investoren hätten das Verbot von Gewerkschaften zur Bedingung für ihr Engagement gemacht. Entsprechendes wird aus der Dominikanischen Republik und aus Sri Lanka berichtet. (Jauch 2002: 103)

Bis 2013 hatte die Regierung von Bangladesch Arbeitskräften in EPZs keine Mitgliedschaft in Gewerkschaften gestattet. Erlaubt waren ihnen lediglich Unterstützungsvereine.[168] Die Regierung warb um Investoren mit dem Hinweis, dass gewerkschaftliche Aktivitäten und Streiks verboten seien.[169] Nach den weltweit bekannt gewordenen Katastrophen vom Dezember 2012 und April 2013 wird offiziell eine andere Linie vertreten. Im Juli 2013 wurde die Registrierung von Gewerkschaften erleichtert, im Dezember wurde der gesetzliche Mindestlohn erhöht. Aber noch einen Monat zuvor hatte die Regierung bewaffnete Grenzsoldaten entsandt, um Arbeiterinnen daran zu hindern, für eine solche Erhöhung zu demonstrieren. Unter dem Eindruck weltweiter Empörung über Sicherheitsmängel schlossen 190 der großen Textilproduzenten zusammen mit Nichtregierungsorganisationen und Gewerkschaften ein Abkommen (*Accord*), das dazu führen soll, die Sicherheit für die Beschäftigten zu verbessern.[170] Außerdem wurde zugesichert, dass Arbeitskräfte Missstände in den Fabriken anprangern können, ohne ihre Kündigung befürchten zu müssen. Die Realität sieht dramatisch anders aus. In einem 2015 von *Human Rights Watch* veröffentlichten Bericht sind zahlreiche Aussagen dokumentiert, die belegen, dass auch noch 2014 Mitglieder von Gewerkschaften beleidigt, bedroht und verletzt wurden. Wer für die Mitgliedschaft wirbt, muss nicht nur mit Entlassung, sondern vielfach auch mit Prügeln rechnen. (*Human Rights Watch* 2015: Kap. III)

Ohne gewerkschaftlichen Druck werden aber auch zugesagte Verbesserungen nicht realisiert. Trinkwasser ist auch 2016 immer noch ungenießbar, Schwangeren wird immer noch vielfach bezahlter Urlaub verweigert, Überstunden werden erzwungen, Löhne werden verspätet ausbezahlt, an Sicherheitsvorkehrungen wird weiterhin gespart.[171] Und

---

167 Six Years of NAFTA: A View from Inside the Maquiladoras. A report by the Comité Fronterizo de Obreras; www.cfomaquiladoras.org.

168 Tula A. Connell, Empowering workers in Bangladesch Export Processing Zones, 18.2.2014. http://www.solidaritycenter.org/empowering-workers-in-Bangladesch-processing...

169 Ruth Rosselson, Export processing zones or exploiting people zones? http://www.ethicalconsumer.org/commentanalysis/fairtrade/exportprocessingzones.aspx; abgerufen am 11.2.2015.

170 Der „Accord" hat inzwischen 65 Mitarbeiter, die meisten von ihnen Ingenieure. Seit Bestehen der Geschäftsstelle haben sie rund 1.100 Fabriken untersucht und dabei mehr als 80.000 Sicherheitsmängel aufgedeckt. Die Spezialisten prüfen, ob sie abgestellt werden. Vgl. Caspar Dohmen, Zäher Kämpfer; Süddeutsche Zeitung, Nr. 75, 31.3.2015, S. 17; Caspar Dohmen, Zementierte Missstände; Süddeutsche Zeitung, Nr. 79, 7.4.2015.

171 Ausführliche Belege in: *Human Rights Watch*, (2015: passim). Die *Asia Floor Wage Alliance* beschuldigt Walmart, von 10-14-stündigen Arbeitstagen zu profitieren. Auch bei Zuliefererbetrieben von H&M stellten sie sexuelle Belästigungen und viel zu niedrige Löhne fest. Vgl.

auch die Methode, Jeans mittels Sandstrahler getragen aussehen zu lassen, ist weiterhin in Gebrauch.[172]

Seit 2010 gibt es in Bangladesch vermehrt Versuche, Heimarbeiterinnen zu organisieren. Das ist nicht nur schwierig, weil sie zuhause oder mit einigen wenigen anderen zusammen in Hütten in der Nähe ihrer Behausungen arbeiten, sondern auch, weil – einer 2013 durchgeführten Untersuchung zufolge – die meisten von ihnen froh über diese Arbeit sind. Zwar halten sie den ihnen gebotenen Stücklohn für zu niedrig, andererseits schätzen sie, dass sie ihre Arbeitszeit selbst einteilen und zum Haushaltseinkommen beitragen können. Diese Art der Vernutzung von Arbeitskraft ist nur möglich, wenn keine (Näh-)Maschinen erforderlich sind. Widerstand gegen die schlechte Bezahlung wäre schon deshalb schwer zu organisieren, weil die Frauen ihre Arbeit von einem Agenten zugeteilt bekommen und nicht wissen, ob die einzelnen Stücke für den Export oder den Binnenmarkt bestimmt sind. Der mehr oder minder „unsichtbare" Charakter jeglicher Heimarbeit macht es schwierig, die Beteiligten über ihre Rechte zu informieren. Hinzu kommt, dass Heimarbeit in der allgemeinen Vorstellung als ein Element von Hausarbeit gilt, Heimarbeiterinnen deshalb auch nur selten als „Arbeiterinnen" wahrgenommen werden. Unter diesen Bedingungen müssen Streiks gar nicht erst verboten werden.[173]

Weil im Textilsektor der Preis das wichtigste Entscheidungskriterium ist, bewirkten die Proteste nach der Katastrophe in Bangladesch, die viele Tote gefordert hatte, dass sich die (überwiegend in Hongkong ansässigen) Vermittler zwischen Auftraggebern und Produzenten nach neuen Standorten umsahen. Nach Indien, China und Bangladesch scheint nun auch Myanmar zu einem neuen Schwerpunkt der Textilproduktionen zu werden.[174]

Auch wenn Mädchen und Frauen in der Textilproduktion bereit sind, die ihnen abverlangten Plagen zu erdulden, so sind ihre Arbeitsplätze doch keineswegs sicher. Entlassungen treffen nicht nur einzelne – und dies zumeist ohne die in den jeweiligen Staaten womöglich vorgeschriebene Angabe von Gründen –, oft treffen sie auch die Gesamtheit der Beschäftigten eines Betriebes. Das gilt, wenn Unternehmen mit Protesten

---

Rachel Adams, Asian Garment Factories Remain Unsafe, New York Times Weekly/Süddeutsche Zeitung, 10.6.2016, S. 5.

172 Einer Untersuchung von *"Democracy International"* zufolge gaben 2015 34 % der Befragten an, sie seien von ihren Vorgesetzten bedroht worden, 25 berichteten von sexuellen Übergriffen, 37 von nicht erhaltener Lohnfortzahlung im Krankheitsfall und 29 % von nicht erhaltenen Zahlungen während der Schwangerschaft. Vgl. Democracy International, A Survey of RMG Workers: Issues, Policy Aspirations and Political Participation, Summary of Results and Findings, April 2014; hier zit. nach: *Human Rights Watch* (2015: 22).

173 Simeen Mahmud & Lopita Huq, Home Based Workers in the Export Garment Sector in Bangladesh: An Exploratory Study in Dhaka City, February 10, 2013; www.solidaritycenter.org.

174 Inzwischen lassen große Textilkonzerne (wie H&M) dort produzieren. In Myanmar sind derzeit nicht nur Löhne extrem niedrig, auch die Sicherheitsstandards werden noch kaum kontrolliert. Vgl. Nils Wischmeyer, Es geht immer noch billiger, Süddeutsche Zeitung, Nr. 196, 25.8.2016, S. 18.

gegen die von ihnen offerierten Arbeitsbedingungen rechnen müssen, das gilt aber auch, wenn sich die Bedingungen auf den für die Investoren relevanten Märkten ändern. Zumeist werden Unternehmen in EPZs dann von heute auf morgen geschlossen. Eben dies war der Fall, als 2005 das von der Welthandelsorganisation (WTO) zur Abwicklung des Multi-Faser-Abkommens beschlossene *Agreement on Textiles and Clothing* auslief. Damit endete das Regime nationaler Exportquoten, das von führenden Industrieländern durchgesetzt worden war, um ihre eigenen Industrien gegen einen vollständig liberalisierten Weltmarkt für Textilien zu schützen. Dieses Abkommen hatte armen Ländern ohne eigene Textilproduktion die Chance eröffnet, die ihnen zustehende Quote an ausländische Investoren zu verkaufen. Insbesondere die Volksrepublik China hatte davon Gebrauch gemacht. Als die Nützlichkeit eines derartigen Handels entfiel, verloren allein in Lesotho innerhalb eines Jahres mehr als 12.000 Menschen, ganz überwiegend Frauen, ihren Arbeitsplatz. (Bennet 2006: 166) In Mexiko soll diese Rückverlagerung 600.000 Arbeitsplätze gekostet haben.[175] Auch in Mauritius bewirkte das Ende des Quotensystems das unmittelbare Ende von Textilfabriken. In diesem Fall waren von den Entlassungen allerdings nicht nur einheimische Frauen betroffen, sondern zusätzlich jene chinesischen Arbeiterinnen, die von Hongkonger Unternehmern eingeflogen worden waren, um die Produktivität der Pulloverfabrikation zu erhöhen. (Cheng 2003: 4-5) In Kenya dagegen blieb Textilproduktion zunächst erhalten, weil Unternehmer ausnutzten, dass ein spezielles US-amerikanisches Gesetz den mengenmäßig unbeschränkten Import afrikanischer Textilien in die USA zuließ, und zwar auch dann, wenn die Materialien für die Produktion in das Land des Produktionsstandortes importiert wurden.[176] Diese Regelung lief 2015 aus. Unternehmer hatten erklärt, sie würden nur bis zu diesem Zeitpunkt im Land bleiben, wenn ihnen weiterhin Steuerfreiheit zugestanden werde.

Auch Textil-Unternehmer, die in den *"Qualified Industrial Zones"* (QIZs) von Jordanien produzieren lassen, profitieren von der US-amerikanischen Genehmigung zollfreier Importe. Im Jahr 2013 waren rund 40.000 Frauen aus Asien in den jordanischen QIZs beschäftigt. Dass es ihnen möglich war, eine Vereinbarung zu erstreiten, die ihnen bessere Arbeitsbedingungen und kollektive Lohnverhandlungen zusichert,[177] lässt vermuten, dass die Zahl potentieller Industriearbeiterinnen auf dem jordanischen Arbeitsmarkt derzeit noch begrenzt ist.

Solange Arbeitskräfte keine Wahl haben, müssen sie hoffen, preiswert und leidensfähig genug zu sein, um Investoren an Verlagerungen zu hindern. Das damit geforderte Ausmaß der Duldung ist enorm. Obwohl weltweit inzwischen nicht mehr ausschließ-

---

175 Georg Blume, Hoher Preis für billiges Angebot, TAZ, 17.5.2005, S. 6. Blume beruft sich für diese Aussage auf Enrique Dussel von der *University of Mexico.*

176 *African Growth and Opportunity Act* (AGOA). Vgl. International Federation for Human Rights. Assessing the Impact of Kenya's Trade and Investment Policies and Agreements on Human Rights, October 2008, S. 16.

177 More rights for Jordan's garment workers, 1. November 2013; http://www.ilo.org/global/about-the-ilo/newsroom/features/WCMS_228131/lang; abgerufen am 21.2.2015.

lich unqualifizierte Arbeitskräfte eingestellt und folglich auch mehr Arbeitsplätze für einheimische Männer geschaffen wurden, stellen Frauen weiterhin die große Mehrzahl der Beschäftigten.[178] Das zahlenmäßige Übergewicht weiblicher Arbeitskräfte erlaubt Unternehmern besonders harsche Arbeitsbedingungen.[179] In Bangladesch berichteten weibliche Arbeitskräfte dreier Fabriken 2014 von sexuellen Übergriffen, Schlägen ins Gesicht und Strafmaßnahmen.[180] Solidaritätsgruppen in Lateinamerika berichten von sexuellen Übergriffen und von sexueller Gewalt, beides sowohl von Seiten männlicher Kollegen als auch von Vorgesetzten.[181] Derartige Übergriffe, so Ledy Cruz von der Organisation *Salvadorian Women for Peace,* würden für gewöhnlich toleriert, weil die ökonomische Situation der meisten Frauen verzweifelt sei.[182] So haben Frauen in Honduras und Mexiko auch jahrelang hingenommen, dass sie sich vor der Einstellung – und dann auch noch einmal zwei Monate nach Arbeitsantritt – einem Schwangerschaftstest unterziehen mussten, weil Unternehmen verhindern wollten, dass sie für einen eventuellen Schwangerschaftsurlaub würden bezahlen müssen. Noch im Jahr 2005 sind derartige Tests in mehreren Unternehmen verlangt worden. In früheren Jahren haben einzelne Unternehmen Sterilisation zur Bedingung für die Einstellung gemacht, manche haben Verhütungsmittel gespritzt, die als Tetanus-Impfungen ausgegeben wurden und Pillen ausgegeben, die als Malaria-Prävention deklariert waren. Vereinzelt erhielten schwangere Frauen Spritzen, die eine Fehlgeburt herbeiführen sollten. Schwangerschaftstests sind eine Form sexueller Diskriminierung, die auch in Honduras gesetzlich untersagt ist. Von Staats wegen ist gegen diese Praxis aber nicht vorgegangen worden. (Swedish 2005: 364-365) Auch in Mexiko wurden Schwangerschaftstests verlangt.[183] Frauen, die noch

---

178 In einer von der ILO verfassten statistischen Übersicht über EPZs sind – soweit zugänglich – die Anteile weiblicher Arbeitskräfte aufgeführt. In der Ausgabe von 2007 rangieren sie zwischen 20 % in Marokko, 51 % in Malawi 70 % in Korea 60 % in Mexiko und 90 % in Nikaragua sowie Jamaika: vgl. Jean-Pierre Singa Boyenge, ILO database on export processing zones, ILO, April 2007, http://ideas.repec.org/ilowps/298959html; abgerufen am 15.2.2015.

179 Über Marokko sagt die Gewerkschafterin Naima Maim, dass Arbeitsgesetze vor allem in Bereichen mit viel weiblichem Personal missachtet werden. Das sind die Landwirtschaft, die Nahrungsmittelwirtschaft und die Textilindustrie. 2012 sollen in Marokko 250.000 Menschen in der Textilindustrie beschäftigt gewesen sein, 70 % davon waren Frauen. Vgl. „Durch die Globalisierung hat sich die Situation verschlechtert", Weser Kurier, 2./3.10.2012, S. 3.

180 *Human Rights Watch* (2015: 6).

181 Von den Zentralamerikanischen Staaten, in denen EPZs angesiedelt sind, gibt es nur in Nikaragua ein Arbeitsrecht, welches physische und sexuelle Gewalt untersagt. In Salvador und Honduras ist sexuelle Gewalt eine Straftat, in Guatemala ist sie nicht kriminalisiert. Vgl. Maria Lourdes Arce, Maquiladora workers tolerate abuse; Young female workers keep their mouth shut when subjected to physical and verbal abuse on the job: http://www.lapress.org/articles.asp?art=4650; abgerufen am 9.2.2015.

182 Zit in: Maria Lourdes Arce, Maquiladora workers tolerate abuse. Young female workers keep their mouth shut when subjected to physical and verbal abuse on the job.; http://www.lapress.org/articles.asp?art=4650; abgerufen am 20.2.2015.

183 Für Mexiko vgl. The NAFTA Model: a Raw Deal for Women in the Developing World: www.citizenstrade.org (2001).

stillten, wurden nicht eingestellt, weil sie das Recht haben, eine Stunde später zur Arbeit zu kommen.[184] In Bangladesch wurde weder in Tests noch in Spritzen investiert, wohl aber werden Schwangere auch heute noch vielfach entlassen.

Überall sind die Löhne sehr niedrig, in Mexiko oft niedriger als in Industriebetrieben außerhalb der Sonderzone. Dass Unternehmer in der Volksrepublik China heute argumentieren, sie müssten sich in anderen Ländern nach Standorten umsehen, weil die Löhne in China selbst zu hoch geworden seien,[185] macht die Maßstäbe deutlich, die unternehmerischen Entscheidungen zugrunde liegen. Tatsächlich ist der Durchschnittslohn in chinesischen EPZs in den letzten Jahren gestiegen, und tatsächlich machen die Löhne heute ein Leben auf niedrigstem Niveau möglich – unter der Bedingung allerdings, dass an sechs Tagen der Woche mindestens acht Stunden pro Tag gearbeitet wird und zusätzlich vier Überstunden abgeleistet werden.[186] Über Zulieferbetriebe für internationale Spielzeugfirmen wurde von bis zu 140 Überstunden pro Monat berichtet. Geleistet wurden sie auf Druck der Unternehmer, die ihre Verträge termingerecht erfüllen mussten, zusätzlich aber auch „freiwillig", weil ein Lohn ohne Überstundenentgelte nicht ausreicht, um die Kosten für Unterkunft und Ernährung aufzubringen und die Überweisung eines geringen Betrages an die Familie möglich zu machen. Von Gesetzes wegen sind in China 36 Überstunden pro Monat zulässig.[187] Spielzeug für Weihnachten wird in China im Sommer produziert. In Guangdon, wo die meisten Zulieferer für Spielzeugfirmen produzieren, ist es dann sehr heiß. Auch wenn die Beschäftigten Plastikfiguren mit giftigen Farben bemalen, tragen sie vielfach keinen Atemschutz. Wer erkrankt, wird entlassen.[188]

Die doppelte Verpflichtung zu Überstunden trifft auch Arbeitskräfte in Bangladesch. Sie sind dazu gezwungen, um ihren Arbeitsplatz zu behalten, gleichzeitig aber auch, um von dem ohnehin knappen Verdienst leben zu können. Einer Umfrage zufolge, die Ende 2011 von Rechercheuren der Kampagne *"Clean Clothes"* durchgeführt wurde, hatten von 162 Arbeiterinnen und Arbeitern weniger als die Hälfte einen Arbeitsvertrag.

---

184 Herb Gunn, On pins and needles: Women of Central America organize in the Maquilas: http://www.thewitness.org/agw/gunn.html.

185 Marzel Grazanna, Die Karawane zieht weiter, Süddeutsche Zeitung Nr. 244, 22./23.10.2011. Vgl. auch: Vikas Bajaj, As Wages Rise in China, Jobs Are Beginning to Depart, The New York Times/Süddeutsche Zeitung, 25.7.2010, S. 4.

186 Die Angaben für Arbeitsstunden beziehen sich auf einen Bericht über Zulieferbetriebe von Adidas in Guangzhou im Jahre 2010. Vgl. Hannes Koch, Die Hochleistungsbranche, (sonnTaz) TAZ, 5./6.6.2010, S. 16.

187 Hannes Koch, Schuften für das Spielzeug, TAZ, 20.12.2011. Die Firma Dell, ein US-Computerkonzern, der in China produziert, hat einen eigenen Unternehmenskodex missachtet, indem sie exzessive Überstunden fordert. Um Lohnkosten zu sparen, wurden Werkstudenten eingestellt. 2013 machten sie ein Drittel der Beschäftigten aus. Die Sechzehnjährigen mussten so viele Überstunden machen wie andere Beschäftigte. Vgl. Sven Hansen, Dell missachtet eigenen Kodex, TAZ, 5.11.2013, S. 9.

188 Sandra Dusch Silva, Sterben für das Weihnachtsgeschäft, TAZ-Beilage 10.9.2011, S. IV.

Ihnen war also gar nicht bewusst, dass sie bestimmte Anforderungen hätten ablehnen können.[189] Tatsächlich hätte sie ein derartiges Wissen faktisch nicht von der materiellen Notwendigkeit befreit, Überstunden in jeder geforderten Höhe zu akzeptieren.

Auch bei Foxconn, einem taiwanesischen Unternehmen, das als Zulieferfirma für weltweit bekannte Firmen der Elektronikbranche, darunter *Apple*, fungiert, und allein in China über eine Million Arbeiterinnen und Arbeiter in neun Städten beschäftigt, machen Beschäftigte Überstunden. 15 Stunden an sechs Tagen die Woche sind keine Seltenheit. In der Hochzeit der Aufträge kann es aber auch vorkommen, dass es innerhalb von 13 Tagen nur einen einzigen freien Tag gibt und manchmal einen ganzen Monat lang gar keinen. In der Apple-Firma in Zhengzhou (Provinz Henan) arbeiten die Beschäftigten – ganz überwiegend sind es junge Wanderarbeiter vom Land – während der ganzen Arbeitszeit im Stehen. Einer Untersuchung zufolge werden sie für ihre Überstunden nicht immer entlohnt, gerechtfertigt wird dies dann damit, dass die Produktionsziele in der regulären Arbeitszeit nicht erreicht worden seien. Ein Arbeiter sagte. „Wenn Du den kleinsten Fehler machst, schreien Dich die Manager an und verweigern dir die Anrechnung von Überstunden."[190] Eine Untersuchung von SACOM, einer Arbeitsrechtsorganisation in Hongkong, hat auch ergeben, dass Beschäftigte manchmal eine förmliche Freizeit beantragen müssen, um zur Toilette zu gehen,[191] und dass trotz entsprechender Zusagen von Apple und Foxconn Beschäftigte nicht ausreichend über die notwendigen Vorsichtsmaßnahmen beim Umgang mit giftigen Stoffen informiert wurden.[192] „Apple hat seine Versprechen nicht erfüllt", sagte 2013 Prof. Huilin Lu. Und *China Labor Watch* stellte fest, bis zu 69 Stunden die Woche seien nach wie vor an der Tagesordnung.[193]

Mangelnde Sicherheitsvorkehrungen sind in EPZs weltweit gängig. Sie betreffen die Produktionsprozesse selbst, dazuhin aber auch die Fabrikgebäude. Fünf große Textilfabriken befanden sich in dem Gebäude in Savar (in der Nähe der Hauptstadt von Bangladesch), in welchem am 24. April 2013 mehr als tausend Menschen ums Leben kamen, weil sie sich nicht befreien konnten. 2500 Menschen überlebten verletzt. Der als Rana Plaza bekannte Bau hatte neun Stockwerke, obwohl nur drei genehmigt worden waren. Und das Feuersicherheitszertifikat war Monate zuvor ausgelaufen. „Schau die

---

189 Hannes Koch, Billiglöhne für Billighosen, TAZ, 11.1.2012, S. 8.

190 Jay Greene, Riots, suicides, and other issues in Foxconn's iPhone factories, Artikel vom 25. September 2012, http://www.cnet.com/news/riots-suicides-and-other-issues-in-foxconns-iphone factories (Übers.); abgerufen am 17.2.2015.

191 Sweat Shop Conditions vgl. http://www.collective-evolution.com/2014/04/18/not-so-shiny-the surprising-secrets-b; abgerufen am 17.2.2015.

192 Die Feststellung entstammt einer Evaluierung von SACOM, die ein Jahr nach entsprechenden Zusagen der Unternehmen durchgeführt wurde. Neben weiterhin fehlenden Sicherheitsmaßnahmen wird auch moniert, dass weiterhin Überstunden oft nicht bezahlt wurden, dass „missverständliche" Aussagen über Löhne, sonstige Leistungen und Arbeitsplätze gemacht wurden. Vgl. http://sacom.hk/archives/837.

193 Hannes Koch, iMaloche, TAZ, 26./27.10.2013, S. 8-9.

Löcher an, die sie in die Gitter gerissen haben mit ihren Fingern. Sie haben versucht herauszukommen, aber sie waren eingesperrt wie Vieh“, sagte eine Großmutter, deren Enkelin verbrannt ist.[194] Wenige Monate zuvor, am 24. November 2012, waren bei einem Brand in der Tazreen-Fabrik in Dhaka 117 Menschen gestorben, 200 wurden verletzt. Überlebende berichteten, als die Feueralarmglocke klingelte, sei den Arbeitern gesagt worden, sie sollen weiterarbeiten. Dann seien die Türen abgeschlossen worden. „Das mittlere Management lebt.“[195] Brandschutztüren werden in Bangladesch nicht hergestellt und müssen importiert werden. Auch 2016, so die *Asia Floor Wage Alliance*, arbeiteten in Bangladesch zehntausende von Arbeitskräften in Gebäuden ohne richtige Notausgänge.[196] 259 Menschen starben am 11. September 2012 in einer Textilfabrik, die in Baldia Town, einem Stadtviertel der pakistanischen Hauptstadt gelegen ist. Überlebende und Hinterbliebene haben sich zusammengefunden. Sie alle haben die von der Firma KIK angebotene Entschädigung abgelehnt. 2015 reichten drei der Hinterbliebenen und einer der Überlebenden beim Landgericht Dortmund eine Klage auf Schmerzensgeld gegen das Unternehmen ein.[197] Wie immer das Verfahren ausgehen wird, es entspricht der seit langem von Nichtregierungsorganisationen vorgebrachten Forderung, Unternehmen, die im Ausland investieren, für die Arbeitssicherheit in den Betrieben verantwortlich zu machen, die überwiegend für sie produzieren.

In den Firmen von Foxconn, die für Apple produzieren, kam es im Mai 2011 und im Dezember 2011 zu Explosionen, bei denen vier Menschen starben und Dutzende verletzt wurden. Als Ursache wurde jener Aluminium-Staub ermittelt, den Arbeitskräfte manchmal 15 Stunden am Tag von iMacs, MacBooks und iPads wischen. Auch ohne Explosion ist dieser Staub gesundheitsgefährdend. Anders als in chinesischen Fabriken gibt es in US-amerikanischen Fabriken bessere Methoden, um die Explosion von Aluminiumstaub zu verhindern. Apple gibt an, seither seien überall Ventilatoren eingebaut worden, auf die Nutzung von Druckluft für Reinigungsprozesse werde verzichtet.[198] Auch Unternehmen, für die in den Fabriken produziert wurde, in welchen in Bangladesch

---

194 Zit. bei: Karin Steinberger, Todschick, Süddeutsche Zeitung Nr. 52, 2./3.3.2013, S. 3.

195 Karin Steinberger, Todschick, Süddeutsche Zeitung, Nr. 52, 2./3.3.2013.
Im August 2016 gewährte das Landgericht Dortmund vier pakistanischen Klägern Prozesskostenhilfe. In dem anstehenden Verfahren soll geklärt werden, in wieweit europäische Firmen für lebensgefährliche Arbeitsbedingungen bei ihren Zulieferern im Ausland mit verantwortlich sind. Im September 2016 zahlte KIK zum zweiten Mal Entschädigungen an Hinterbliebene der Brandkatastrophe von 2012 aus. Vg. Hannes Koch, KiK entschädigt ein zweites Mal, TAZ, 12.9.2016. Das Gericht wird klären müssen, ob KIK pakistanischen Gesetzen zufolge menschenrechtliche Sorgfaltspflichten verletzt hat. Vgl. Caspar Dohmen, Es wird ernst für Kik, Süddeutsche Zeitung, Nr. 201, 31.8.2016.

196 Vgl. Rachel Adams, Asian Garment Factories Remain Unsafe, New York Times Weekly/Süddeutsche Zeitung, 10.6.2016, S. 5.

197 Caspar Dohmen, Vier gegen Kik, Süddeutsche Zeitung, Nr. 139, 18./19.6.2016.

198 Apple confirms aluminium dust caused Chinese factory explosions; vgl. http://www.computerworld.com/article/2501382/apple-mac/apple-confirms-aluminium.

viele Arbeitskräfte ums Leben kamen, geben an, sie hätten sich durch den Beitritt zu entsprechenden Abkommen verpflichtet, für bessere Arbeitsbedingungen zu sorgen und die Sicherheit der Beschäftigten zu verbessern. Aber kaum etwas ist in den Enklaven der globalisierten Produktion so wenig garantiert wie die Unabhängigkeit von Kontrollen und die Zuverlässigkeit von Zertifikaten.[199] In dieser Hinsicht belegt die Praxis tagtäglich aufs Neue die Alltagsweisheit, dass Papier sehr geduldig ist.[200] In welchem Ausmaß dies zutrifft, kann nicht zuletzt daran abgelesen werden, dass die Zusagen zu Entschädigungszahlungen an Verletzte und an die Hinterbliebenen von Opfern der jüngsten Katastrophen in Bangladesch, zu denen sich international bekannte Marken in der (kurzen) Zeit der weltweiten Empörung über die offensichtlichen Ursachen dieser Unfälle verpflichtet gesehen hatten, zwei Jahre lang nicht einmal ansatzweise erfüllt worden sind.[201] Dass nach den weltweit wahrgenommenen Unfällen zwei Abkommen

---

199 Eine Überprüfung von Zertifikaten für Unternehmen, die Spielzeug produzieren, hatte zum Ergebnis, dass die erfolgreichsten Zertifizierungsunternehmen die Verletzung von Arbeitsrechten außer Acht lassen. Die Rechercheure geben zu bedenken, dass dies womöglich den großen Erfolg des Zertifikats von ICTI (International Council of Toy Industries) erklärt, das u.a. von Disney und WalMart genutzt wird. Vgl. http://sacom.hk/archives/748; abgerufen am 25.10.2011. Das von Entwicklungsminister Müller angeregte „Bündnis für nachhaltige Textilien" ermuntert zu freiwilligen Verpflichtungen. Erfahrungsgemäß sind sie weitgehend wirkungslos. Vgl. Caspar Dohmen, Zäher Kampf gegen moderne Sklaverei, Süddeutsche Zeitung, Nr. 110, 13.5.2016, S. 22.

200 Karin Steinberger, Für einen Hungerlohn. Sie hatten Besserung versprochen: Lidl, Aldi und Kik. Aber in den Textilfabriken von Bangladesch hat sich wenig getan. (Die Arbeitsbedingungen bleiben schlecht, Süddeutsche Zeitung, Nr. 8, 11.1.2012, S. 19) Zwei Jahre zuvor hatte die Financial Times Deutschland darüber berichtet, dass große deutsche Unternehmen sich dazu entschlossen hatten, bessere Kontrollen einzuführen und sich nicht länger auf die Ergebnisse der bisher benutzten Zertifizierungsgesellschaften zu verlassen. Henning Hinze, Händler arbeiten an härteren Kontrollen. (Financial Times Deutschland, 2.6.2010, S. 8) Im August 2015 ist in der Bundesrepublik ein Textilbündnis gegründet worden, das für bessere Arbeitsbedingungen in den Ländern sorgen soll, in denen produziert wird. Es sind darin aber auch die Verbände der Lobbyisten vertreten. (Vgl. Michael Bauchmüller, Nähkreis, 12.8.2015, Süddeutsche Zeitung, Nr. 184, S. 18). Importeure verweisen darauf, dass die aufgestellten Regeln kaum die Subunternehmer treffen werden. (Vgl. Michael Bauchmüller, Auf Kante genäht, Süddeutsche Zeitung, 17.10.2014, Nr. 239, S. 2). Ein Jahr nach der Gründung des Textilbündnisses sind auf der Ebene der Produktion keine Aktivitäten entwickelt und folglich auch keine Fortschritte erzielt worden. (Vgl. Hannes Koch, Der lange Weg zum fairen T-Shirt, TAZ, 15.10.2015, S. 6) 2016 wurde über neue Zertifizierungsabkommen berichtet. Die Zahl der Unternehmen, die vom *Global Organic Textile Standard* zertifiziert wurden, ist in den letzten beiden Jahren erheblich gestiegen. (Vgl. Lina Schwarz, Saubere Kleidung auf der Haut, TAZ, 18.4.2016) Das Unternehmen KIK will eine –zeitlich festgelegte – Verantwortung für Prüfer festlegen. Deren Haftung soll durch Versicherungen abgedeckt werden. (Vgl. Caspar Dohmen, Mehr Pflichten für Prüfer, Süddeutsche Zeitung, Nr. 53, 4.3.2016, S. 20) Richard Locke zufolge scheitern soziale Audits daran, bessere Arbeitsbedingungen in den Zulieferketten herzustellen. (Vgl. Caspar Dohmen, Sie machen so weiter, Süddeutsche Zeitung, Nr. 69, 23.3.2016, S. 18)

201 Den meisten Überlebenden – einschließlich jener, die hatten amputiert werden müssen – wurden Beträge in Höhe von $ 1.267 ausbezahlt. Nach einem Jahr waren sie für die notwendige medizinische Versorgung aufgebraucht. *Human Rights Watch* hat zusammengestellt, welche

zustande kamen, die bessere und weniger gefährliche Arbeitsbedingungen zuwege bringen sollen, hat dies nicht verhindert. Im „Accord" beraten Vertreter von 150 internationalen Textilhändlern und zwei Gewerkschaften unter dem Vorsitz der ILO über bessere Arbeitsbedingungen, an der Alliance sind 1.639 der insgesamt 3.498 Textilfabriken in Bangladesch beteiligt. Es seien, so wurde ein Vertreter der ILO zitiert, alle Beteiligten zusammen gekommen, um auf harmonische Art und Weise auf Verbesserungen hin zu arbeiten. Das ist ein weiteres Beispiel dafür, dass internationale Organisationen, weil sie keine Möglichkeit haben, Regulierungen tatsächlich durchzusetzen, auf die Wirkung von *Corporate Social Responsibility* vertrauen müssen. (Butollo 2014: 360) Ob das im September 2014 geschlossene Abkommen zwischen der Alliance und der Nationalen Assoziation zur Verhinderung von Bränden mehr erreichen wird als ein Angebot an systematischer Information über Brandgefahren und Schulungen, wird sich noch zeigen müssen. Solange Unternehmen nicht befürchten müssen, dass über Arbeitsbedingungen immer wieder und nicht nur in einem Moment des großen Entsetzens berichtet wird, bleiben Abkommen schöne Dokumente der Hoffnung. Von den 3.400 kontrollierten Firmen hatten bis zum April 2016 lediglich 31 ihre Mängel behoben. Eine der Ursachen für die Fortdauer lebensgefährlicher Mängel ist der Streit zwischen Modekonzernen und Fabriken um den jeweiligen Anteil der Kostenübernahme für Verbesserungen. Drei Jahre nach Rana Plaza brach Anfang April ein Feuer bei einem Zulieferer von H&M aus. Dutzende Menschen wurden verletzt. Drei Wochen später brannte eine weitere Fabrik. Völlig „außen vor" von „Alliance" und „Accord" sind tausende kleiner Fabriken und zehntausende von Arbeitskräften in Bangladesch, die entweder als Zulieferer agieren oder für den Inlandsmarkt produzieren.

Den Hightech-Hersteller Foxconn hat internationale Aufmerksamkeit vor allem deshalb geplagt, weil er für so bekannte Marken wie Apple produzieren lässt. In China ist Foxconn der größte private Arbeitgebern. Mehr als eine Million Arbeiterinnen und Arbeiter sind in den Fabriken des taiwanesischen Unternehmens beschäftigt. Im Frühjahr 2010 wurde international bekannt, dass in den ersten fünf Monaten des Jahres 18 Beschäftigte des Unternehmens Selbstmord begangen hatten. In der offiziellen Mitteilung heißt es, sie seien „vom Gebäude gefallen". Elf Männer und drei Frauen starben, eine Frau überlebte, eine ist seither querschnittgelähmt, das Schicksal eines der Männer ist nicht bekannt. Auch in den Jahren zuvor war es zu Selbstmorden gekommen, und 2011, 2012 sowie 2013 sind weitere vier Männer und drei Frauen „von einem Gebäude gefallen"

Firmen sich mit welchen Beträgen an dem Hilfsfonds beteiligt haben. Vgl. *Human Rights Watch* (2015: Chapter V) Auch ein Jahr nach dem Einsturz warteten Hunderte immer noch auf Entschädigung. (Vgl. Lalon Sander, Kleingeld für die Opfer der Kleiderfabriken, TAZ, 19.3.2014, S. 8) Anders die Mitteilung der ILO. Im Juni 2015 wurde gemeldet, die Überlebenden und die Angehörigen der Toten könnten nun den vollen Schadensersatz bekommen. Vgl. Vincent Buss, Schadensersatz nach zwei Jahren Warten, TAZ, 10.6.2015, S. 8.

bzw. aus einer Unterkunft gesprungen.[202] Schon 2010 waren an allen Gebäuden eines Foxconn Unternehmens „Selbstmordnetze" angebracht worden.[203] Einer derjenigen, die so nicht weiter leben wollten, war Xu Lizhi, ein Bauernsohn. Am 30. September 2014 stürzte er sich aus dem 17. Stock eines Einkaufszentrums in Shenzhen. Vier Jahre zuvor war Xu Lizhi als Wanderarbeiter nach Shenzen gekommen. Schon damals schrieb er Gedichte. Im Internet treffen sich andere Arbeiterdichter. Einer seiner Internetfreunde meinte: „Ich glaube, die Poesie war für uns ein Fenster." „Du stellst Dich einfach ans Fenster und brüllst alles raus." Von Xu Lizhi selbst stammt das Gedicht:

> Eine Schraube fällt zu Boden
> In dieser Nacht der Überstunden
> Fällt schnurgerade
> Mit einem leisen Pling
> Keiner wird aufblicken
> So wie beim ersten Mal
> Als in einer Nacht wie dieser
> Ein Mensch zu Boden fiel.[204]

Die Selbstmordrate bei Foxconn ist nicht höher als andernorts in China. Auch die Löhne sind nicht schlechter als in anderen Unternehmen ausländischer Investoren, reichen dennoch bestenfalls für das Allernötigste. Besonders dramatisch sind aber die Überstunden.

Veröffentlichungen über die Arbeitsbedingungen bei Foxconn, die Menschen dazu gebracht hatten, ihrem Leben ein Ende zu setzen, stellten auch die Abnehmer der Erzeugnisse an den Pranger. Zwar musste weder Apple noch eine der anderen Firmen, für welche Foxconn produziert, mit einem Konsumentenstreik rechnen – dazu sind iPods, IPhones und andere Hightech-Erzeugnisse international viel zu begehrt –, Gefahren für das Firmen-Image waren dennoch nicht auszuschließen. Die Abnehmer konnten erwarten, dass darauf auch Foxconn reagieren werde. Das hat zu erstaunlichen Maßnahmen geführt. Nicht nur wurden 2.000 Stellen für Psychologen, Berater und Therapeuten ausgeschrieben (die Zahl der Einstellungen ist öffentlich nicht bekannt geworden), sondern es wurden auch Mönche eingeladen, ein positives Karma zu verbreiten. Zur Hebung der Stimmung werden Arbeitskräfte an den Fließbändern neuerdings mit Musik beschallt und – zusätzlich zu den Netzen, die Selbstmörder auffangen sollen – wurden Wachen aufgestellt, die verhindern sollen, dass jemand „vom Gebäude fällt". Dann drängte Foxconn die Beschäftigten, eine Erklärung zu unterschreiben, in der sie sich verpflichteten, weder sich selbst noch andere jemals in extremer Form zu verletzen. Mit

---

202 In Zhengzhou sind die Schlaftürme des Unternehmens zwölf Stockwerke hoch. Foxconn suicides, vgl. http//en.wikipedia.org/wiki/Foxconn_suicides; abgerufen am 20.2.2015.

203 Aufnahmen dieser Netze sind veröffentlicht worden. Eine Abbildung ist abgedruckt in: http://www.collective-evolution.com/2014/04/18/not-so-shiny-the- surprising-secrets; abgerufen am 17.2.2015.

204 Alle Zitate und die Informationen aus: Kai Strittmatter, Der Sprung, Süddeutsche Zeitung, Nr. 139, 20./21.6.2015, S. 11-13.

der Unterschrift unter diese Versicherung erteilten sie ihren Vorgesetzten die Vollmacht, sie „zum eigenen Schutz oder dem anderer“ in eine psychiatrische Klinik einzuweisen, sofern sie „in einer anormalen geistigen oder körperlichen Verfassung“ sein sollten. Nachdem eine Zeitung in Guangzhou diese Erklärung abgedruckt hatte, erklärte der Vorstand, sie würde in Zukunft nicht mehr eingesetzt.[205] Das war 2010. Im Jahr 2011 wurde bei von Apple veranlassten Kontrollen festgestellt, dass bei fünf von seinen Zulieferern Kinder arbeiteten.[206]

Im Jahr 2012 hat SACOM (*Students & Scholars against Corporate Misbehaviour*) erneut Arbeitsbedingungen bei Foxconn untersucht. Arbeiterinnen und Arbeitern ist untersagt, mit Journalisten oder Wissenschaftlern zu reden. Weil es manchen das Risiko wert war, konnte SACOM veröffentlichen, dass Arbeiterinnen und Arbeiter zur Disziplinierung Bekenntnisbriefe verfassen und vorlesen oder Diensttoiletten reinigen müssen, dass ihnen bei der Einstellung Tests über ihre psychische Verfassung abverlangt werden, sie über Arbeitsschutzmaßnahmen weiterhin nur unzureichend aufgeklärt werden. Zwar seien die Löhne erhöht worden und nach den weltweiten Berichten über Selbstmorde sei die Zahl der Überstunden gesenkt worden. Im Ergebnis sei der Verdienst dadurch allerdings gesunken. Würden die Produktionsziele, die wegen der großen Nachfrage nach dem IPad-3 gesteigert worden seien, nicht erfüllt, so würden nun dennoch Überstunden verlangt – unbezahlte.[207] Die langfristig womöglich wirksamste Maßnahme hat der Unternehmenschef von Foxconn, Terry Gou, im Juli 2014 bekannt gegeben, als er ankündigte, dass für mehrere seiner Fabriken demnächst 10.000 Fertigungsroboter zu einem Stückpreis von etwa 20.000 bis 25.000 $ angeschafft werden würden. Zunächst solle der Großkunde Apple in den Genuss dieser Technisierung kommen.[208] Eine erste Ankündigung, dass Beschäftigte durch Roboter ersetzt werden sollen, war bereits 2011 erfolgt. Aus der Tatsache, dass im Jahresbericht 2013 von Apple Ausgaben für „fortgeschrittene Fließbandtechnologie“ aufgeführt waren, ist inzwischen geschlossen worden, dass Apple selbst an der Entwicklung dieser Roboter beteiligt war.[209] Ob das Problem, dass immer wieder Arbeitskräfte in Foxconn Fabriken „vom Gebäude fallen“ damit zu beheben wäre, ist allerdings fraglich, denn Roboter verschärfen den Druck auf

---

205 Sven Hansen, Die dunkle Seite des iPads. TAZ, Schwerpunkt, 28.5.2010, S. 3.

206 Jordan Pouille, Im Profithimmel von Sichuan, Le Monde diplomatique, Juni 2012, S. 12f.

207 Felix Lee, Apple-Hersteller am Pranger, Weser Kurier 1.Juni 2012, S. 19.

208 Das mag auch dadurch veranlasst worden sein, dass Foxconn seit 2010 versuchte, öffentlicher Kritik durch Lohnerhöhungen und die Ankündigung von Verbesserungen der Arbeitsbedingungen zu begegnen. Daraufhin, so Strittmatter, habe Apple einen erheblichen Teil der Aufträge von Foxconn abgezogen und dem billigeren Konkurrenten in Shanghai übertragen. Vgl. Kai Strittmatter, Der Sprung, Süddeutsche Zeitung, Nr. 139, 20./21.6.2015, S. 13.

209 Business Insider: Dave Smith, 1.6.2014, The iPhone 6's Battery Will Be Built By 'Foxbot' Robots in China; http://www.businessinsider.com/foxconn-will-replace-workers-with-robots-2014-7?IR; abgerufen am 21.2.2015; Spiegel Online : Apple-Zulieferer: Foxconn will Arbeiter durch Roboter ersetzen; http://www.spiegel.de/netzwelt/gadgets/foxconn-will-arbeiter-durch-roboter-ersetzen.

die verbliebenen Kolleginnen und Kollegen aus Fleisch und Blut, die ihnen gebotenen Bedingungen zu akzeptieren.

Da die Voraussetzungen für erfolgreiche Streiks auf diese Weise kaum besser würden, lässt sich nur hoffen, dass die geringe Chance einer Durchsetzung ihrer Interessen nicht erneut eine Drohung mit Massenselbstmord provoziert, wie sie 300 Arbeiterinnen und Arbeiter am 11.1.2012 vom Dach einer Foxconn-Fabrik in Wuhan riefen. Wochen zuvor hatten sie Lohnerhöhungen gefordert, woraufhin sie vor die Wahl gestellt worden waren, bei gleichem Lohn weiter zu arbeiten oder zu kündigen und sich eine Abfindung auszahlen zu lassen. Wer sich für die Kündigung entschied, erhielt dann aber keine Abfindung. Der Bürgermeister von Wuhan soll die Protestierenden vom Selbstmord abgehalten haben. Die Fabrik produziert für Microsoft. Dessen Management hat zugesagt, den Konflikt zu untersuchen. Weiteres ist nicht an die internationale Öffentlichkeit gelangt.[210]

Eine derart öffentliche Drohung wäre den jungen Mädchen, die in Indien als „glückliche Bräute" schuften, gänzlich unmöglich. Ihnen bleibt tatsächlich nur der individuelle Selbstmord. Sie schlucken Gift, übergießen sich mit Benzin oder erhängen sich. Nahezu täglich wird in der Klinik von Tirupur, einer Stadt im südindischen Staat Tamil Nadu, die auch als T-Shirt City bezeichnet wird, ein junges Mädchen behandelt, das versucht hat, sich umzubringen.[211] Diese Patientinnen wollten dem sog. Sumangali-System entfliehen, in dem sie gefangen waren.

Kennzeichen dieses Systems ist ein Vertrag über eine drei- bis vierjährige Schuldknechtschaft, der von *Brokern* mit den Eltern junger Mädchen abgeschlossen wird. Ihnen wird gesagt, zwar bekomme die Tochter während der Dauer des Vertrages keinen Lohn ausbezahlt, doch reiche der Betrag, mit dem sie am Ende rechnen könne, für eine Aussteuer, mit der sie einen guten Mann bekommen könne. Sie sei dann eine „Sumangali", eine glückliche Braut. Diesen Zustand haben die 86 Mädchen nicht mehr erlebt, deren Leichen in Unterkünften von Spinnereien gefunden wurden. Sechs von ihnen sollen Selbstmord begangen haben, nachdem sie vergewaltigt worden seien. Gründe für den Tod der anderen konnten Aktivistinnen der Organisation *Save* nicht erfahren.[212]

Um die Kopfprämie zu erhalten, die ihnen für jeden Vertrag ausgezahlt wird, schildern die Broker die zu erwartende Arbeit in den freundlichsten Farben. „Die Arbeit ist wie Gymnastik" sagte einer, der von Michael Höft bei Anwerbungen gefilmt wurde.[213]

---

210 http://winfuture.de/news,67588.html; sowie: Massensuizid als Drohkulisse: http://www.Taz.de/!85418/ beides abgerufen am 20.2.2015.

211 Die folgenden Ausführungen basieren zum Teil auf einem Film von Michael Höft, der am 11. April 2012 vom ZDF ausgestrahlt wurde. Titel des Films: Die Lohnsklavinnen. Billigmode aus Indien. Vgl. auch: http://www.ad-hoc-news.de/zdf-programmhinweis-mittwoch-28-maerz-2012-22-45; abgerufen am 29.3.2012

212 Caspar Dohmen, Zäher Kampf gegen moderne Sklaverei, Süddeutsche Zeitung, Nr. 110, 13.5.2016, S. 22 (Der Fund scheint sich auf 2015 zu beziehen.)

213 Vgl. Die Lohnsklavinnen. Billigmode aus Indien. Vgl. auch: http://www.ad-hoc-news.de/zdf-programmhinweis-mittwoch-28-maerz-2012-22-45; abgerufen am 29.3.2012.

Tatsächlich binden diese Verträge junge Mädchen nicht nur für drei oder auch vier Jahre ohne Lohn an eine Arbeitsstelle, sondern nehmen ihnen auch ihre Freiheit.

Die Verwendung von *"Brokers"* für die Rekrutierung von Arbeitskräften hat in Indien Tradition. Sie ermöglichte und ermöglicht die Umgehung gesetzlicher Bestimmungen, weil Unternehmen die Verantwortung für die Verträge auf *Broker* abschieben können, ein Umstand, der Jennifer Beckwith zufolge die Möglichkeit sehr niedriger Löhne in der indischen Textilindustrie fördert. (2015: 8)

Der Nichtregierungsorganisation *„Terre des Hommes"* zufolge sind die Mädchen Beschimpfungen, Schlägen und sexueller Belästigung durch Aufseher ausgesetzt.[214] Ihre kargen Unterkünfte, in denen sie meist auf dem blanken Boden schlafen, befinden sich in eingezäunten Gebieten, die sie nur selten und dann unter Bewachung verlassen dürfen. Eine Initiative in Tamil Nadu schlug 2013 eine Verbesserung(!) vor: Auf zehn mal zehn Fuß sollten nicht mehr als zwölf Menschen leben und sich eine Toilette, ein Waschbecken und einen Becher teilen.[215]

Verletzt sich ein Mädchen bei der Arbeit oder erkrankt es an dem Staub in der Spinnerei, wird es sofort entlassen. Nicht nur bekommt sie dann keinerlei Unterstützung, sondern sie verliert, da sie den Vertrag ja nicht erfüllt hat, auch all ihren bislang verdienten Lohn. Entsprechendes gilt, wenn ein Mädchen vorzeitig dieser Schufterei entflieht. Übersteht eine Sumangali die Dauer des Vertrages, muss sie froh sein, wenn sie den zugesagten Betrag, oft nur 500–800 €, tatsächlich erhält.[216] In Indien soll es 120.000 Mädchen geben, die diesen – auch in Indien gesetzwidrigen – Bedingungen ausgesetzt sind. Die meisten von ihnen arbeiten in Spinnereien, die an Firmen in Indien, aber auch in Bangladesch, China oder Kambodscha liefern. Diese Produktion ist Bestandteil der Lieferketten für die internationale Textilproduktion. Weil Spinnereien aber an Subunternehmer großer Konzerne liefern und nicht an diese selbst, bestreiten europäische Konzerne jegliche Verantwortung für Arbeitsbedingungen.

In kritischen Berichten über das Sumangali-System ist regelmäßig von Sklaverei oder sklaverei-ähnlichen Verhältnissen die Rede,[217] Und damit wird zutreffend zum Ausdruck gebracht, dass die Mädchen nicht nur schlecht bezahlt und miserabel versorgt, sondern auch ihrer Freiheit beraubt sind. Das Sumangali-System setzt Aufseher, Baracken und

---

214 Daniel Brössler, Genäht von Sklavinnen, verramscht in Deutschland; http://www.sueddeutsche.de/wirtschaft/textilindustrie-in-indien-genaeht-von sklavinnen; abgerufen am 20.2.2015.

215 Knochenarbeit – zehn, oft zwölf Stunden am Tag, Interviews von Maria Exner, 10.12.2013, Zeit-Online; http://www.zeit.de/wirtschaft/2013-12/textilindustrie-kinderarbeit-sumangali-system.

216 Daniel Brössler, Genäht von Sklavinnen, verramscht in Deutschland; http://www.sueddeutsche.de/wirtschaft/textilindustrie-in-indien-genaeht-von-sklavinnen; abgerufen am 20.2.2015; Femnet zufolge liegt der Gesamtbetrag unter dem gesetzlichen Mindestlohn von 3 € pro Tag. Vgl. www.fairschnitt.org.

217 Vgl. z.B.: Daniel Brössler, Genäht von Sklavinnen, verramscht in Deutschland; http://www.sueddeutsche.de/wirtschaft/textilindustrie-in-indien-genaeht-von-sklavinnen; abgerufen am 20.2.2015.

Zäune voraus. Diese Ausgaben „rechnen“ sich, weil die jungen Mädchen aufs Äußerste geschunden werden können.

Interessenvertretung unter Lebensgefahr

Zu den Zugeständnissen, die Kapitaleignern in vielen Ländern gemacht werden, zählt die Beschränkung des Rechts von Arbeitskräften auf die Durchsetzung eigener Interessen mittels Organisation und Arbeitskampfmaßnahmen.[218] In manchen Staaten ist solche Einschränkung formal garantiert, in vielen anderen wird sie faktisch geduldet. Nicht selten gilt das sogar, wenn Streiks rechtlich zulässig sind.[219] Auch können Kapitaleigner in vielen Staaten weiterhin darauf bauen, dass staatliche Gewaltmittel zu ihren Gunsten eingesetzt werden, um sowohl spontane als auch organisierte Arbeitskämpfe zu verhindern.

Angesichts der (in Kapitel VI) geschilderten Erfahrungen, die Arbeitskräfte in metropolen kapitalistischen Ländern im 19. und auch noch im 20. Jahrhundert machen mussten, wenn sie ihre Interessen mittels Organisation und Streiks durchsetzen wollten, könnte vermutet werden, heutige Verhältnisse in nicht-metropolen kapitalistischen Ländern seien ein Merkmal des Entwicklungsrückstandes, welches dort dann ebenso verschwinden werde wie in metropolen kapitalistischen Staaten. Tatsächlich aber hat die Entgrenzung von Arbeitsmärkten die Erfolgschancen für die organisierte Vertretung von Interessen beträchtlich geschmälert. Zudem sind Mitglieder von Regierungen nicht selten bereit, ihrer eigenen materiellen Interessen wegen den Forderungen von Investoren auch dann nachzugeben, wenn dadurch die Rechte einheimischer Arbeitskräfte geschmälert werden und womöglich sogar ihr Leben gefährdet ist.

Die Art und Weise der offenen Förderung kapitalistischer Interessen durch Staatsgewalt ist weltweit unterschieden, für deren Auswirkungen gilt dies weniger.

Ein 1991 in North Carolina (USA) beschlossenes Gesetz[220] macht es Wirtschaftsunternehmen möglich, den Status einer besonderen Polizeieinheit (*special police agency)* zu beantragen. Dieser Status erlaubt es den Sicherheitskräften des Unternehmens, Waffen zu tragen. Im Falle einer Auseinandersetzung, die auf dem Gelände des Unternehmens ihren Anfang nahm, können sie Verhaftungen vornehmen und Menschen verfolgen, die

218 In den 2016 von der Weltbank veröffentlichten Umwelt-und Sozialstandards für die Kreditvergabe sind zwar erstmalig Standards für den Schutz von Arbeitskräften enthalten, über das Recht auf Versammlungsfreiheit zu entscheiden, wird aber weiterhin den Kreditnehmern zugestanden. Vgl. Informationsbrief Weltwirtschaft und Entwicklung 7.8.2016, S. 1.

219 In Korea beispielsweise gelten Streiks als „Behinderung des Geschäfts“. Ihre „Anzettelung“ wird bestraft. Vgl. Mayday für Kollegen. Der DGB entdeckt die internationale Solidarität wieder und setzt sich für verfolgte Gewerkschafter in der ganzen Welt ein. http://jungle-world.com/artikel/2002/27/23649.html; abgerufen am 9.9.2015.

220 Company Police Act, North Carolina Statutes, 1991 (Reg.Sess, 1992, S. 1).

im Verdacht stehen, Eigentum des Unternehmens zu beschädigen. Als am 14. und 15. November 2003 eine Gruppe von immigrierten südamerikanischen Arbeitskräften gegen die Entlassung von Kollegen durch *Smithfield Foods* in North Carolina protestierten, indem sie ihren Arbeitsplatz verließen, reagierten die firmeneigenen Polizeikräfte mit Angriffen und Verhaftungen. Eine Untersuchung des *National Labor Relations Board* (NLRB) ergab, dass Beschäftigte bedroht und unberechtigt verhaftet worden waren, dass Löhne und Urlaubsgelder verweigert worden waren, und dass Beschäftigten angedroht worden war, ihre Arbeitsstelle zu verlieren, wenn sie sich durch eine Gewerkschaft vertreten ließen. Die firmeneigene Polizei habe Arbeitskräfte, die ihre Rechte wahrnehmen wollten, physisch angegriffen. Einer der Betroffenen erklärte, die Firma habe behauptet, es werde mit Drogen gedealt, um einen Grund zu haben, viel bewaffnete Polizei und Detektive in die Firma zu bringen. „Für uns aus Zentralamerika ist dies besonders beängstigend, denn wo wir herkommen, erschießt die Polizei Gewerkschafter."[221]

Mancherorts werden Gewerkschafterinnen und Gewerkschafter aber auch verfolgt, weil ihre politische Praxis als Gefährdung des Staates interpretiert wird. So ist etwa der Maler und Dekorateur Sh1ahrokh Zamani im August 2011 im Iran zu elf Jahren Haft verurteil worden, weil er „durch Mitgliedschaft in oder Gründung von Gruppen, die gegen das System gerichtet sind" sowie durch die „Verbreitung von Propaganda gegen das System" die nationale Sicherheit gefährdet habe.[222]

In der Türkei wurden am 19. Februar 2013 in 28 Städten insgesamt über hundert Gewerkschafterinnen und Gewerkschafter festgenommen. Ihnen allen wurde vorgeworfen, Mitglieder einer terroristischen Organisation zu sein. Einige wurden rasch wieder freigelassen, mehr als die Hälfte der Verhafteten war auch ein Jahr später noch im Gefängnis.[223]

Einem Bericht des Internationalen Gewerkschaftsbundes (IGB) zufolge sind 2005 mindestens 115 Menschen getötet worden, weil sie sich für die Rechte von Arbeiterinnen und Arbeiter eingesetzt haben. 2006 haben mindestens 144 aus diesem Grund ihr Leben verloren. In den 138 Ländern, auf die sich die Untersuchung bezog, wurden im Jahr 2006 an die 5.000 Gewerkschaftsmitglieder wegen ihrer Teilnahme an Streiks oder Protestaktionen verhaftet. Tausende verloren ihren Arbeitsplatz, in mehr als 800 Fällen wurde von gewalttätigen Übergriffen und Folter berichtet.[224]

Man könnte meinen, das Verschwinden von 17 Betriebsräten des argentinischen Werkes von Mercedes Benz in den Jahren 1976 und 1977 sei den vielen Verbrechen

---

221 *Human Rights Watch*: Immigrant Workers in the United States Meat and Poultry. Submission to the Office of the United Nations High Commissioner for Human Rights. Committee on Migrant Workers, 15.12.2005; hrw.org.defending human righst worldwide.backgrounders.

222 1.5.2014 Maikundgebung. Freiheit für iranischen Gewerkschafter Shahrokh Zamani; http://www.amnesty-regensburg.de/Main/20140418003; abgerufen am 9.9.2015.

223 Vgl. Türkei: Über 100 Gewerkschafter verhaftet; http://www.gew.de/aktuelles/detailseite/neigkeiten/tuerkei-ueber-100-gewerkschafter; abgerufen am 9.9.2015.

224 Vgl. Tod durch Engagement; http://www.Taz.de/!5194843; abgerufen am 9.9.2015.

in der Zeit der Diktatur zuzurechnen und heute nicht mehr aufzugreifen. Das wäre falsch. Nicht nur, weil es Zeugenaussagen gibt, denen zufolge die damalige Werksleitung die Namen von später Ermordeten an das Regime weiter gegeben hatte, um dem gewerkschaftlichen Einfluss im Werk zu begegnen, sondern auch, weil die gerichtliche Aufarbeitung der Tatsache, dass von 17 Entführten nur drei lebend wieder aufgetaucht sind, bis heute gescheitert ist. Angehörige der Verschwundenen haben vor Gerichten in Deutschland, in Argentinien und in den USA gegen das Werk geklagt. Sie verlangen Entschädigung. Lediglich das Appellationsgericht in Kalifornien erklärte sich bereit, den Fall anzunehmen.[225] Die Entschädigungsklage wurde in den ersten beiden Instanzen abgewiesen. 2009 wurde sie an den Obersten Gerichtshof der USA verwiesen. Gaby Weber zufolge, die sich seit Jahren mit den Vorgängen beschäftigt, hat daraufhin Daimler dem Obersten Gerichtshof der USA gedroht, Investitionen aus den USA abzuziehen, wenn das Verfahren eröffnet würde.[226] Aufgrund des *Alien Torts Claim Act* könnte die US-amerikanische Gerichtsbarkeit Verbrechen gegen die Menschlichkeit verfolgen, die außerhalb der USA begangen wurden.[227] Im Januar 2014 verweigerte der US *Supreme Court* die Eröffnung des Verfahrens.[228] Ermittlungen der argentinischen Staatsanwaltschaft sind 2016 noch im Gange.

In Kolumbien wurden mehr Gewerkschafter ermordet als in irgendeinem anderen Land.[229] Schon 1998 verwies der Gewerkschaftsarbeitskreis von *Amnesty International* darauf, dass Menschen, die sich in Kolumbien für ihre Kolleginnen und Kollegen einsetzen, damit rechnen müssen, auf einer der im Land kursierenden „schwarzen Listen" zu landen. Ihnen drohen Repression, Folter und Mord.[230] 2012 wurden in Kolumbien 20 Gewerkschafter ermordet.[231] Im November 2013 wurde der Gewerkschaftler Oscar

---

225 Betriebsräte ermordet. Klage gegen Daimler; http://www.n-tv.de/archiv/Klage-gegen-Daimler-article96922.html; abgerufen am 31.10.2015.

226 Fettarschigkeit der Macht, TAZ, 3.6.2015, S. 20. Auf der Basis ihrer Recherchen ist ein Film entstanden. Vgl. http://de.lebournet.tv/video/6126/wunder-gibt-es-nicht; abgerufen am 31.10.2015.

227 Mercedes wegen Diktaturverbrechen vor Gericht. Nachrichten und Analysen aus Lateinamerika, 16.10.2013. Vgl. https://amerika21.de/2013/10/91724/mercedes-argentinien-gericht; abgerufen am 31.10.2014.

228 Mercedes-Benz Argentina – Rechtsweg ausgeschlossen: Deutschlandfunk, 22.7.2014; http://www.deutschlandfunk.de/ein-praezenzfall-mercedes-benz-argentina-rechtswe...; abgerufen am 31.10.2015.

229 Der blutigen politischen Auseinandersetzungen wegen ist es allerdings möglich, dass manche Gewerkschafter nicht wegen ihrer gewerkschaftlichen Tätigkeit ermordet wurden, sondern weil sie einer der Gruppierungen angehörten, die politisch gegeneinander konkurrieren.

230 Vgl. Aus der Arbeit des Gewerkschaftsarbeitskreises von *amnesty international*; http://www.einblick-archiv.dgb.de/hintergrund/1998/19/text03; abgerufen am 9.9.2015.

231 Knut Henkel, (30.4.2013) Eine grausame Realität; https://westfalen.igbce.de/zielgruppen/verfolgte-gewerkschafter-kolumbien/30778; abgerufen am 9.9.2015; vgl. auch: LabourNet Germany, 17.1.2014, In Kolumbien reißen die Morde nicht ab. Verlangt, dass die Täter vor Gericht

López Triviño erschossen, der sich für die Rechte seiner Kollegen beim Nahrungsmittelkonzern Nestlé eingesetzt hatte.[232]

Durchgeführt wurden und werden diese Gewaltakte in der Regel von jenen paramilitärischen Gruppen, die in Kolumbien die Praxis von Gewalt monopolisieren. Faktisch praktizieren sie dieses Gewaltmonopol unter der Beihilfe oder doch Duldung politisch einflussreicher Kräfte. Dazu zählen auch Verantwortliche der Zweigniederlassungen großer internationaler Unternehmen.[233]

Nachdem im Februar 2004 eine US-amerikanische Solidaritäts-Delegation die für die Niederlassung von Coca Cola in Kolumbien zuständige Gewerkschaft SIGNAL TRAINAL in Barranquilla besucht hatte, drangen am 2. März 2004 mehrere schwerbewaffnete Männer in das Büro der Gewerkschaft ein.[234] 2001 und 2006 strengten die *United Steelworkers of America* und der *International Labor Rights Fund* in den USA Prozesse zugunsten inhaftierter Gewerkschafter sowie der Familien zweier ermordeter Gewerkschafter in Kolumbien an. Die Kläger warfen dem Management der Coca Cola-Abfüllanlagen in Kolumbien vor, in Zusammenarbeit mit paramilitärischen Kräften Gewerkschaftsfunktionäre gewaltsam bekämpft, ermordet, gefoltert, unrechtmäßig inhaftiert und auf andere Weise zum Schweigen gebracht zu haben.[235] 2006 griffen protestierende Studenten im US-Bundesstaat Michigan die Vorwürfe von *"Corporate Accountability International"* gegen Coca-Cola auf. Dieser Organisation zufolge wurden zwischen 1989 und 2002 im Zuge von Protestaktionen gegen Abfüllanlagen von Coca-Cola in Kolumbien sieben Gewerkschaftsführer durch Todesschwadronen umgebracht. Das Unternehmen habe die übrigen Gewerkschaftsmitglieder zum Austritt gezwungen, anschließend ihre Monatsgehälter von 380 Dollar auf 130 Dollar gekürzt, den Kündigungsschutz aufgehoben und ihre Krankenversicherungen gestrichen.[236] Die Firma ließ erklären, Coca Cola habe eine lange Geschichte des Schutzes von Arbeitneh-

---

gestellt werden; http://www.labournet.de/internationales/kolumbien/gewerkschaften-kolumbien/lebens...; abgerufen am 9.9.2015.

232 Mirko Heinemann, Tödliche Angriffe auf Akteure des Fairen Handels, TAZ, 13/14.9.2014, Taz.thema, S. 1.

233 Rainer Dombois & Carlos Miguel Ortiz zufolge gibt es eine Ausnahme von dieser Struktur: Ausgerechnet die Bananenarbeitergewerkschaft Sintrainago, die (zusammen mit ihren Vorgängerorganisationen) zwischen 1983 und 2001 674 Mitglieder durch Morde verlor, hat es geschafft, die Verquickung von Guerilla und Gewerkschaft zu lösen, Kollektivverhandlungen durchzusetzen und Arbeitsbeziehungen zu institutionalisieren. Seither, so die Autoren, erkennen Unternehmer und Gewerkschaften auch gemeinsame Interessen und haben eine Art Mikrokorporatismus geschaffen. (2016)

234 Ermordete Coca-Cola Gewerkschafter, vgl. http://kanalb.org/edition.php?clipId=62; abgerufen am 9. 9.2015.

235 Campaign to Stop Killer Coke/Tell Coca Cola to STOP the VIOLENCE! Vgl. http://killerkoce.org/; abgerufen am 11.9.2015.

236 Auskunft von Ray Rogers, Direktor der Arbeitsrechtsorganisation „*Campaign to Stop Killer Coke*". Vgl. http://www.spiegel.de/unispiegel/studium/boykottwelle-in-den-usa-studentenmeutern...; abgerufen am 11.9. 2015.

merinteressen.[237] 2005 traten 105 Beschäftigte der Coca Cola-Abfüllanlage in Istanbul einer Gewerkschaft bei. Nachdem sie deshalb entlassen worden waren, organisierten sie einen mehrwöchigen Sitzstreik vor dem Verwaltungsgebäude der Firma. Während eine Delegation der Streikenden mit der Firmenleitung verhandelte, ging die Polizei gegen die Sitzstreikenden vor, von denen viele ihre Frauen und Kinder bei sich hatten. Annähernd 200 von ihnen wurden schwer verletzt, manche krankenhausreif.[238] Auf der Aktionärsversammlung von Coca Cola prangerten Lew Friedman und Ian Hoffmann die neue Praxis an, Arbeiten in Kolumbien an Subunternehmen zu vergeben und auf diese Weise die Verantwortung für die Arbeitsbedingungen der Beschäftigten von Coca Cola abzugeben.[239]

2015 riefen zehn große Gewerkschaften in Indien einen Streik aus. Millionen von Arbeiterinnen und Arbeitern in Indien haben ihn befolgt. Der Streik richtete sich gegen die von Unternehmern an die Regierung gerichtete Forderung, sie möge zentrale Bestimmungen des Arbeitsrechtes außer Kraft setzen. 85 % der Industriebetriebe in Indien beschäftigen weniger als 50 Arbeitskräfte, viele von ihnen sind Eigentum einheimischer Investoren. In ihren Forderungen an die Regierung, treffen sie sich aber mit ausländischen Kapitaleignern. Sie suchen davon zu profitieren, dass die Regierung eher bereit ist, den Forderungen ausländischer Investoren nachzukommen.[240]

Dass die Förderung von Investoreninteressen auch heute noch den Einsatz staatlicher Zwangsapparate umfassen kann, wurde 2012 im Bergarbeiterstreik von Südafrika besonders deutlich. Es handelte sich um einen wilden Streik zugunsten einer massiven Lohnerhöhung, den die *Association of Mineworkers and Construction Union* (AMCU), eine der beiden kleineren südafrikanischen Bergarbeitergewerkschaften, in mehreren südafrikanischen Erzbergwerken ausgelöst hatte. Vorausgegangen war eine Lohnerhöhung, welcher das britische Bergbauunternehmen Lonmin in einigen Bergwerken ohne Beteiligung von Gewerkschaften zugestimmt hatte. Die Ausweitung dieses Abschlusses auf andere Bergwerke lehnte das Unternehmen ab. Als die Bergleute feststellten, dass die AMCU keine Verhandlungsmacht besaß und die *National Union of Mineworkers* (NUM) dem Unternehmen zu nahe stand, gründeten Arbeiter aller am Streik beteiligten Bergwerke am 9. August ein Komitee. Zwei Tage später marschierten zahlreiche Bergleute zum Büro der NUM, viele von ihnen Mitglieder dieser Gewerkschaft, um ein Memorandum zu übergeben. NUM Funktionäre schossen auf die Demonstranten. Zwei von ihnen wurden getötet. An diesem Tag waren die Demonstranten nicht bewaffnet gewesen. In den nächsten Tagen starben weitere Menschen: vier Bergleute,

237 Ebenda.

238 Campaign to Stop Killer Coke/Tell Coca Cola to STOP the VIOLENCE! Vgl. http://killerkoce.org/; abgerufen am 11.9.2015.

239 Ebenda.

240 International Trade Union Confederation: Tens of Millions on Strike in India to defend Labour Rights. Vgl. http://www.ituc-csi.org/tens-of-millions-strike-in; abgerufen am 9.9.2015.

zwei Polizisten und zwei Wachleute. Die beiden Polizisten wurden mit Macheten zerstückelt, die Wachleute in ihrem Auto verbrannt, die Bergleute wurden von Polizisten erschossen. Als sich am 16. August streikende Bergleute, mit Stöcken, Macheten und Speeren bewaffnet, versammelten, setzte die Polizei annähernd 800 Mann und zahlreiche gepanzerte Fahrzeuge sowie Hubschrauber ein, um die Versammlung aufzulösen. Im Zuge dieser Aktion kam es zu Auseinandersetzungen, wobei die Polizei automatische Waffen einsetzten. 34 Bergarbeiter starben, 78 wurden verletzt. Die Polizei gab 900 Schüsse ab, davon 400 mit scharfer Munition. Polizisten wurden nicht verletzt. In Veröffentlichungen wurden die Ereignisse als „Massaker von Marikana" bezeichnet. 259 Streikende wurden festgenommen. 194 von ihnen sagten später aus, in der Haft gefoltert worden zu sein. Die Inhaftierten wurden des Mordes an den 34 Getöteten angeklagt. Diese Anklage entsprach einem Gesetz aus der Zeit der Apartheit, demzufolge bei einer Schießerei, an der auch die Polizei beteiligt war, alle vor Ort festgenommenen Menschen angeklagt werden. Die Behauptung, dass die Gewalt von den Streikenden ausgegangen war, ließ sich nicht bestätigen. (Alexander et al. 2012: 133) Der Präsident Südafrikas erklärte, sich nicht in die Arbeit der Justiz einmischen zu wollen.[241] Anders als das Unternehmen Lonmin und wohl auch die zuständigen Regierungsstellen erwartet hatten, gaben die Bergleute ihren Kampf nicht auf. Die Löhne waren zu niedrig, und unter Tage wurden allzu viele Sicherheitsbestimmungen verletzt. Am 18. September kam es zu einer großen Demonstration, an der sich auch viele Frauen beteiligten. Den Beschäftigten von Lonmin wurde eine Lohnerhöhung zugesagt. Am 1. Oktober setzte die Regierung eine Untersuchungskommission ein. Mitglieder des Arbeiterkomitees wurden nicht zu den Verhandlungen zugelassen. Sie blieben in Haft, wurden bedroht und gefoltert. Die Zeugenauswahl blieb einseitig, und die Arbeitsbedingungen in den Bergwerken standen nicht zur Debatte. Einem Forscherteam berichteten Bergleute von zwölf- bis fünfzehnstündigen Arbeitstagen. (Alexander et al. 2012: 24) Nach dem so teuer erkauften Sieg der Bergleute in Marikana kam es in anderen Bergwerken und anderen Industrien Südafrikas zu einer Welle spontaner Streiks. Im November 2012 löste die Polizei die Versammlungen streikender Arbeiter des Platinkonzerns *Anglo American Platino* in Sondela mit Tränengas und Gummigeschossen auf. Der Konzern entließ 12.000 Arbeiter.[242] In ihrer abschließenden Analyse des Massakers von Marikana (2012: 131-150) stellen Peter Alexander, Luke Sinwell, Thapelo Lekgowa, Botsang Mmope und Bongani Xezwi fest, so sehr es in Marikana um unmittelbare materielle Interessen gegangen sei, so sei dort eben auch ein Arbeitsregime angegriffen und verteidigt worden, welches bis zum *Industrial Conciliation Act* des Jahres 1924 zurück reicht. Damals seien Beratungsgremien institutionalisiert worden, in denen Unternehmer und

241 Die Angaben entstammen einem sehr gut recherchierten Artikel in wikipedia. Vgl. Südafrikanischer Bergarbeiterstreik 2012; http://de.wikipedia.org/wiki/S%C3%BCdafrikanischer_Berhgarbeiterstreik_2012; abgerufen am 27.4. 2015.

242 Christian Putsch, Sondela. Die Welt, www.welt.de-Politik-Ausland, 5.11.2012, S. 6.

Vertretungen der Arbeitskräfte eines bestimmten Industriezweiges vertreten waren. Dieses korporatistische Arrangement habe Gewerkschaften in die Staatsbürokratie integriert und sie faktisch beauftragt, die Arbeitskräfte zu disziplinieren. Da damals „Schwarze" juristisch nicht als Beschäftigte galten, waren sie in den Beratungsgremien überhaupt nicht vertreten. Folglich schlossen sie sich Gewerkschaften für Schwarze an. Diesen ging es seither um Lohnerhöhungen, der Gegenseite ging es aber auch darum, die Kontrolle über Arbeitsverhältnisse zu behalten. Zwar hat ein Gesetz von 1995 einige Änderungen gebracht, so vor allem eine Kommission, die für die Mediation von Arbeitskämpfen zuständig sein soll, im Kern blieb es aber bei der alten Struktur. Dennoch haben die Arbeiter in Marikana nicht nachgegeben. Wohl wissend, dass sie sich damit in Lebensgefahr begaben, blieben sie „auf dem Berg", auf dem sie sich versammelt hatten.[243]

Im Januar 2014 streikten in Kambodscha Textilarbeiterinnen und Textilarbeiter wegen der ihnen bezahlten Hungerlöhne. Eine minimale Erhöhung der Mindestlöhne durch die Regierung hatten die Gewerkschaften abgelehnt. Die Streikenden forderten 169 Dollar (etwa 117 € Monatslohn). Eine Demonstration in Pnom Penh wurde gewaltsam aufgelöst, offiziell durch die Militärpolizei, Oppositionellen zufolge durch angeheuerte Schläger. Es gab Tote.[244]

---

243 Im November 2014 hat die vom Präsidenten Südafrikas eingesetzte Untersuchungskommission ihre Arbeit beendet. Sie hat wenig aufgeklärt, weil die Polizeioberen kaum Auskunft gaben. Vgl. Martina Schwikowski, Das Trauma kehrt zurück; TAZ, 14.11.2014, S. 11.

244 Gewalt gegen streikende Textilarbeiter in Kambodscha, TAZ, 6.1.2014; Evelyn Vogel, Tote bei Streiks in Kambodscha, Süddeutsche Zeitung, Nr. 3, 6.1.2014, S. 8; 2004 wurde der Gewerkschafter Chea Vichea auf offener Straße erschossen. Vgl. Abby Seiff, Kampf um 115 Euro Monatslohn, Weser Kurier, 3.1.2014, S. 23.

Entgrenzte Ausbeutung „In-Shore" in nicht-metropolen kapitalistischen Staaten

„In-Shore" *bedeutet hier, dass alle Investitionen unter den Bedingungen nationaler Gesetze erfolgen. Auch unter diesen Bedingungen profitieren ausländische Investoren häufig von faktischen Begünstigungen. Die Vorteile, welche Kapitaleignern unter Offshore-Bedingungen eingeräumt werden, stehen ihnen von Rechts wegen aber nicht zur Verfügung.*

Auch in der Ära des globalisierten Kapitalismus gibt es Menschen, deren Arbeit„geberinnen" und Arbeit„geber" der Ansicht sind, dass ihnen nicht nur die Arbeitskraft der von ihnen beschäftigten Kinder, Frauen und Männer für eine bestimmte Zeit und zu bestimmten Bedingungen zur Verfügung steht, um sie ihren Zwecken entsprechend zu vernutzen, sondern dass ihnen diese Menschen mit Haut und Haar zu eigen seien. Dass der Kauf eines Menschen heute überall verboten ist, in Mauritius allerdings erst seit sehr kurzer Zeit, bedeutet nicht, dass es ihn nicht mehr gibt. Vielerorts werden Gesetze nicht durchgesetzt, andernorts wird die Fortdauer traditioneller Sklaverei beschönigt. 2005 etwa behauptete Ahmandou Khamed Abdulai: „Hier gibt es keine Sklaverei. Ich habe noch nie einen Sklaven gesehen. Ganz Niger weiß, dass Sklaverei verboten ist. Wenn eine Person aber nichts besitzt und sich unter die Protektion von jemand begibt, für den er dann ohne Entgelt für seine Nahrung arbeitet, dann ist das keine Sklaverei. Das ist nichts weiter als Armut."[245] Rhomas Sheen allerdings meint, man müsse in Niger nur auf die Füße der Menschen schauen, um eine ungefähre Vorstellung vom Ausmaß der dort nach wie vor existenten Sklaverei zu erhalten. Wer Sandalen trage, sei frei. Sklaven aber dürften bei den Tuareg nur mit Erlaubnis ihres „Besitzers" Schuhe tragen.[246] Nachdem nigerianische Hilfsorganisationen seit Jahren darauf verwiesen hatten, dass es immer noch viele Tausend Sklavinnen und Sklaven im Land gab, ist Sklaverei 2004 in Niger verboten worden. Weil die Regierung seither ihre umfangreiche Fortdauer bestreitet, war der Prozess, den Adudjatou Mani Koraou 2008 vor dem Gericht der Wirtschafts-und Währungsunion westafrikanischer Staaten (Ecowas) gegen den Staat Niger anstrengte, von besonderer Bedeutung. Im Alter von zwölf Jahren war sie an einen Mann aus Birni N'Konni im Süden Nigers verkauft worden. Sie musste putzen, kochen und die Felder bestellen. Als sie zum ersten Mal vergewaltigt wurde, war sie 13 Jahre alt. Weil sie immer wieder geschlagen wurde, floh sie zu ihren Eltern. Weil auch diese Sklaven waren, konnten sie ihr nicht helfen. Als Sklaverei in Niger unter Strafe gestellt wurde, erhielt sie von ihrem Besitzer ein Freiheitszeugnis. Als aber Adidjatou, nachdem sie ihrem Sklavenhalter entflohen war, heiraten wollte und damit ihre beiden Kinder deren leiblichem Vater entzogen hätte, bezeichnete dieser sie wieder als seinen

---

245 Jean-Sébastien Stehli, Niger: le combat pour la libérté; in: L'Express, Nr. 2861, 4.5.2006, S. 15 (Übers.).

246 Thomas Scheen, Sklavin mit zwölf Jahren, Frankfurter Allgemeine Zeitung, Nr. 252, 28.10.2008, S. 3.

Besitz. Als sie trotzdem heiratete, wurde sie von einem Provinzgericht wegen Bigamie zu sechs Monaten Haft verurteilt. Daraufhin klagte sie. Das Gericht der Wirtschafts-und Währungsunion Westafrikanischer Staaten gab ihr Recht und sprach ihr Schadensersatz zu, weil es der Staat Niger versäumt hatte, sie vor Sklaverei zu schützen.[247]

In Mauretanien wurde Sklaverei 1981 und seither noch mehrmals abgeschafft. Das hatte wenig Wirkung. Noch 2012 gingen unabhängige Beobachter davon aus, dass jeder fünfte Einwohner von Mauretanien in Unfreiheit gehalten wurde. Wer darüber spreche, riskiere seine Freiheit und sein Leben.[248] Ausländische Regierungen halten sich mit Kritik zurück. Die mauretanische Regierung unterstützt den Kampf des Westens gegen Terrorismus.[249]

Sowohl in Niger als auch in Mauretanien wird Sklaverei praktiziert, die sich von früheren Formen kaum anders als durch den Umstand unterscheidet, dass sie nicht länger legal ist. Für Menschen, die das Risiko der Flucht auf sich nehmen, kann das von unschätzbarer Bedeutung sein, für den Alltag von Sklavinnen und Sklaven macht es kaum einen Unterschied.

Sklaverei hat aber nicht nur fortgedauert, wo sie – wie in Niger und Mauretanien – im Zusammenhang einer kaum mechanisierten und nicht mit dem Weltmarkt verbundenen Landwirtschaft praktiziert wird. Ganz im Gegenteil. Die frühere Form der Schuldsklaverei beispielsweise ist auch in Bereichen präsent, die unmittelbar in globale Konkurrenzverhältnisse eingebunden sind. Es handelt sich dabei nicht um die Fortsetzung jener vorkapitalistischen Formen der Schuldknechtschaft, die am ehesten als Untertanenverhältnisse zu kennzeichnen sind, sondern um eine Art der Schuldknechtschaft, die den in kapitalistischen Kolonien dominant gewordenen Rechtsverhältnissen entspricht: heutige Schuldknechtschaft ist ein Schuldverhältnis unter anderen.[250] Dass Menschen, die in einem solchen Verhältnis gefangen sind, sich nicht als frei, sondern als versklavt erleben, ergibt sich aus der Tatsache, dass sie ihm kaum je entfliehen können.

In Indien wurde auch diese modernisierte Form der Schuldknechtschaft 1976 verboten. Dennoch wird die Zahl der Kinder, Frauen und Männer, die ihr unterworfen sind, zu Beginn des 21. Jahrhunderts auf 15-40 Millionen geschätzt.[251] (Über den Aussagewert von Schätzungen, die um 25 Millionen differieren, muss hier nicht diskutiert werden.) Die meisten dieser Schuldsklaven arbeiten in der Teppichindustrie, der Landwirtschaft, der Müllsortierung oder in Ziegeleien. Manche haben ihre Schulden angeblich „geerbt",

---

247 Thomas Scheen, Sklavin mit zwölf Jahren, Frankfurter Allgemeine Zeitung, Nr. 252, 28.10.2008, S. 3.

248 Vgl. Christian Châtelot, Persécution d'un militant anti-esclaviste en Mauretanie, Le Monde, 29. Décembre 2010, S. 6; Noch 2014 wurde ein Anti-Sklaverei Aktivist in Mauretanien festgenommen. Vgl. TAZ, 13.11.2014, S. 10.

249 Frederik Obermaier & Niklas Schenck, Sklaven ohne Ketten, Süddeutsche Zeitung, Nr. 128, 5.6.2012, S. HF2.

250 Vgl. dazu die Ausführungen in Kapitel IV, Abschnitt: Schuldknechtschaft.

251 Tamara Enhuber, An die Armut gebunden, iz3w, August 2006, S. 18.

andere sind sie eingegangen, weil sie in einer akuten Notlage einen kleinen Kredit von ihrem Chef erbeten hatten. „Notiert wird dann eine zehnmal so hohe Summe. Um derart viel Geld zurückzahlen zu können, muss dann meistens die ganze Familie mitarbeiten, auch die Kinder.“[252]

Auch in Pakistan sind sehr viele Menschen in Schuldsklaverei befangen, weil sie sich hatten Geld leihen müssen.[253] Unter ihnen auch Mohammad Riaz, seine Frau Naseem und ihre vier Kinder. Die Eheleute hatten einen Arzt für ihre kranken Kinder kommen lassen und mussten dann doch deren Beerdigung bezahlen. Jetzt arbeiten Eltern und ihre überlebenden Kinder in einer Ziegelei. Von der Hälfte des Hungerlohns, der ihnen(nach Abzug der Rückzahlungen) ausgezahlt wird, können sie sich kaum am Leben halten. Wegrennen können sie nicht, weil sie damit rechnen müssen, auf jeden Fall wieder eingefangen und dann gefoltert zu werden. Auch für die Ziegelarbeiter in Pakistan ist ein Mindestlohn vorgeschrieben, kontrolliert aber wird nur selten.[254]

Auch Mohamed Israr spricht von sich selbst und seiner Familie als „Sklaven“. Neben Israr, seiner Frau und ihren Kindern arbeiten neun Brüder und fünf Schwestern in einer Ziegelfabrik die Schulden ab, die Isrars Vater vor vierzig Jahren gemacht hat. Israr weiß nicht einmal, wie hoch der Kredit war, den sein Vater damals aufgenommen hat.[255]

Anders als in hochentwickelten kapitalistischen Gesellschaften[256] ist aktuelle Sklaverei in Gesellschaften des nicht-metropolen Kapitalismus vielfach sichtbar. Das ist immer dann möglich, wenn Polizei und Regierung darauf verzichten, bestehende Gesetze durchzusetzen. Die Situation bewirkt, dass Schuldknechte nur freikommen, wenn sie tatsächlich freigekauft werden. Als Hanif Masih achtundzwanzig Jahre alt war, wurde er von einer christlichen Hilfsorganisation in Lahore aus der Leibeigenschaft frei gekauft.

---

252 Interview mit Imran Anjum und Raza Mattu, Mitglieder der pakistanischen Organisation „Insan Dost Association“, die sich für die Abschaffung der Kinderarbeit einsetzt.(Die Organisation erhielt 2013 den Bremer Friedenspreis) Vgl. „Ziel ist, dass kein Kind arbeiten muss“, Weser Kurier, 29.11.2013, S. 12.

253 In seinem Buch „The Making of the Indebted Man” erklärt Maurizio Lazzarato, dass Schulden den Schuldner als ganze Person in Besitz nehmen, weil er oder sie dafür verantwortlich sind, sie zu begleichen. (2011: 50f.) Die – im Anschluß an Foucault entwickelte These – dass damit Menschen zu Unternehmern ihrer selbst werden, mag auf manche frühere Formen der Schuldsklaverei zugetroffen haben, heutige Formen der Schuldsklaverei sind aber reine Gewaltverhältnisse.

254 Vgl. Kampf gegen Sklaverei: http://www.daserste.de/information/politik-weltgeschehen/weltspiegel/sendung/pakist....; abgerufen am 20.10.2015.

255 Versklavt für die Schulden der Vorfahren; http://www.stern.de/panorama/schuldsklaven-in-pakistan-zwangsarbeit-und-leibeigen; abgerufen am 20.10.2015.

256 Dass es sie auch dort gibt, ist mehrfach erwähnt worden. Der ILO zufolge befanden sich im Jahr 2013 in Europa 880 000 Menschen in Zwangsarbeitsverhältnissen. Die meisten der Frauen unter ihnen wurden in der Pflege, in Gastronomie und Hotelgewerbe ausgebeutet (und manchmal auch gefangen gehalten), die meisten Männer in der Landwirtschaft, in der Bau- und Schlachtwirtschaft. Vgl. Simone Schmollack, Mit falschen Versprechungen gelockt. TAZ, 18.10.2013, S. 2.

Zuvor hatte er sechzehn Jahre lang in einer Ziegelbrennerei geschuftet. Seine Freiheit kostete 390 Euro.[257]

Während die zum Exempel angeführten Praktiken der Schuldknechtschaft in Indien und Pakistan ebenso wie die zum Exempel angeführten Formen der Sklaverei in Niger und Mauretanien als Überbleibsel früherer Formen gewertet werden können, gibt es auch Formen der illegalen, aber faktischen Sklaverei, die ganz eindeutig den Bedingungen des globalisierten Kapitalismus integriert sind.[258]

Diese Sklaverei ist mit Schattenwirtschaft auf der einen und Weltmarkt auf der anderen Seite verwoben, folglich mit grundlegenden Strukturen des globalisierten Kapitalismus. Informationstechnologie stellt die Kenntnis von Angebot und Nachfrage zur Verfügung,[259] und zeitgemäße Praktiken des Transports von Menschen machen die Bedienung der jeweiligen Nachfrage nach ganz bestimmtem Menschenmaterial möglich. Was die neue Sklaverei von der Sklaverei „wie eh und je" unterscheidet, ist die Praxis, sich der Sklavinnen und Sklaven zu entledigen, wenn sie ihrer Ausbeutung nicht mehr gewachsen sind, wenn sie *trouble* machen, weil sie Bezahlung fordern und bessere Arbeitsbedingungen und – dies besonders – , wenn sich die Nachfrage nach den Produkten, die mit Sklavenarbeit hergestellt werden, verändert. Im globalisierten Kapitalismus ist auch Sklavenarbeit in die Praxis des *just in time* integriert.

Im Verlauf dieser Untersuchung sind bereits mehrfach Arbeitsverhältnisse geschildert worden, die unter die Rubrik „neue Sklaverei" subsumiert werden können, so die Arbeits- und Lebensverhältnisse der indischen Mädchen, die als angeblich zukünftig „glückliche Bräute" jahrelang festgehalten werden. Viele Haushaltshilfen werden sowohl extrem ausgebeutet als auch mehr oder minder gefangen gehalten. Auch von Arbeitskräften in Fabriken war die Rede, die in Gebäuden festgehalten werden. Und ganz gewiss werden die verschiedenen technischen Möglichkeiten des globalisierten Kapitalismus auch eingesetzt, um der Nachfrage nach erzwungener Sexualität zu entsprechen.[260]

---

257 Hasnain Kazim, Der 390-Euro-Mann: http://www.spiegel.de/spiegel/print/d-130630592.html; abgerufen am 20.10.2015.

258 Als Ergebnis seiner Auswertung sehr vieler unterschiedlicher Quellen benannte Kevin Bales fünf Merkmale, die – in absteigender Reihenfolge – die Wahrscheinlichkeit der Versklavung von Menschen in einer Gesellschaft markieren: Die Rate der Kindersterblichkeit, der Anteil der Bevölkerung unter vierzehn Jahren, der Anteil der Beschäftigten im Agrarbereich, das Ausmaß der Korruption in Regierungskreisen und schließlich – zum Erstaunen des Autors – das Ausmaß der Umweltzerstörung in einem Land. (2005: 106)

259 In den letzten Jahren hat sich die internationale Forschung zunehmend der Frage zugewandt, welche Bedeutung der Nachfrage nach Menschen, die versklavt ausgebeutet werden können, zukommt. Vgl. z.B. Bridget Anderson & Julia O'Connell Davidson für *International Organisation for Migration* (2003) Is Trafficking in Human Beings Demand Driven? Genf (http:www.iom.int); sowie: International Labour Office, The Demand Side of Human Trafficking in Asia: Empirical Findings, 2006.

260 Dennoch – so Shawna Bader-Blau, Direktorin des *Solidary Center* in einer Anhörung des US-amerikanischen Congress' – werden heute die allermeisten Zwangsarbeitsverhältnisse weltweit hergestellt und aufrecht erhalten, um Arbeitskraft von Menschen außerhalb des Sexgewerbes

Weil Sklaverei zwar nicht überall tatsächlich strafrechtlich verfolgt wird, wohl aber nahezu überall gesetzlich verboten ist,[261] sind Statistiken das Resultat der Ermittlung mehr oder minder geheimer Praktiken. Das gilt sogar für Brasilien, wo in den letzten Jahrzehnten jährlich Hunderte „aus Sklaverei befreit" wurden und Verantwortliche Bußgelder hatten entrichten müssen. Diese Zahlen bedeuten nicht, dass es in Brasilien mehr Sklavinnen und Sklaven gibt als anderswo, sondern nur, dass in diesem Land die Unterwerfung von Menschen in einen Zustand extremer Ausbeutung unter der Bezeichnung „Sklaverei" Eingang in das Strafgesetzbuch gefunden hat.[262] Als Sklaverei werden Arbeitsbedingungen definiert, die ein Risiko für die Gesundheit und das Leben von Arbeitskräften darstellen. Außerdem alle Formen der Zwangsarbeit und der Schuldsklaverei. Und diese Praktiken sind auch in Brasilien nicht etwa auf ökonomische Nischen beschränkt, sondern in Produktionsbereichen gegenwärtig, die – wie Rindfleisch, Holz und Soja – von hoher Relevanz für den Export des Landes sind. Dem Leiter der „Mobilen Einsatzgruppe gegen Sklaverei" im Arbeitsministerium zufolge wurden 1995 288 ländliche Arbeitskräfte befreit, im Jahr 2000 war ihre Zahl auf 583 und 2003 auf 1.400 gestiegen.[263] Eine Hilfsorganisation der katholischen Kirche gab an, im Jahr 2000 habe es in Brasilien 25.000 Zwangsarbeiter gegeben, ein Jahrzehnt zuvor seien es noch weniger als 5.000 gewesen.[264] Wie immer diese Statistiken im einzelnen zu beurteilen sind, so deuten sie jedenfalls nicht auf einen Rückgang der Verhältnisse, die in Brasilien von Gesetzes wegen als Sklaverei bezeichnet werden.

Die Erfahrung, in Brasilien in Sklaverei zu landen, beginnt auf unterschiedliche Weise. Am häufigsten werden Arme, besonders oft sind es arme Bauern, per Handschlag zur Arbeit verpflichtet. Häufig werden sie von sog. *Gatos* (Katzen) im Nordosten

---

auszubeuten.Bericht über die Anhörung vor dem US-Congress: Tula A. Connell, Bader-Blau: most modern slavery is forced labour, vgl. http://www.solidaritycenter.org/bader-blau-most-modern-slavery-is-forced-labour; abgerufen am 11.2 2015.

261 Zu den Ausnahmen zählt immer noch der zwangsweise Ernteeinsatz in der Baumwollindustrie, den die Regierung von Usbekistan veranlasst. Angefordert werden Regierungsangestellte und andere Arbeitskräfte, darunter auch Kinder. Die Anordnung, sich zur Arbeit auf den Baumwellfeldern einzufinden, wird durch die Androhung unterstützt, den Arbeitsplatz zu verlieren, Zugang zu sozialen Einrichtungen verwehrt und Bußgelder auferlegt zu bekommen. Jugendlichen im Alter von 15-17 Jahren, die sich weigerten, wurde 2014 angedroht, von der Schule verwiesen zu werden. Allein 2014 sollen 17 Menschen während ihres Arbeitseinsatzes zu Tode gekommen sein. Vgl. Tula A. Connell, Uzbekistan still using forced Labor for cotton harvest, http://www.solidaritycenter.org/coalition-uzbekistan-still-using-forced-labor-for-cotto....; abgerufen am 11.2.2015.

262 Im Bericht des Generaldirektors des Internationalen Arbeitsamtes „Eine globale Allianz gegen Zwangsarbeit" heißt es über die strafrechtliche Definition von Sklaverei im brasilianischen Strafrecht. „alle Situationen, die durch diesen Ausdruck abgedeckt werden, dürften unter die IAO-Übereinkommen über Zwangsarbeit fallen." (2005, Abschn. 28).

263 Larry Richter, Brazil's Prized Export Rely on Slavery and Scorched Land, The New York Times, 25.3.2002, http://www.nytimes.com/2002/03/25/world/brazil-s-prozed-exports-rely-on-slaves-and... abgerufen am 12.5.2016.

264 Ebenda.

angeheuert und zu weit entfernten Einsatzorten gebracht, vielfach liegen diese in den Bundesstaaten Pará und Mato Grosso, von deren Agrarwirtschaft oben bereits die Rede war. Einer berichtete, er sei zusammen mit 170 anderen fünf Tage lang im Bus transportiert worden. Am Ziel angekommen, hätten zwei junge Burschen zurückgehen wollen, seien daran aber von den schwer bewaffneten Rekrutierern gehindert worden.[265] Den Neuangekommenen werden Kosten für ihre sog. Reise, ihre sog. Unterkunft, ihre sog. Verpflegung sowie für Arbeitsgeräte als Schulden angerechnet. Im Folgenden werden diese dann immer weiter gesteigert. Und sie übersteigen immer die Summe des zugesagten Verdienstes.[266] Manchmal allerdings werde einem Arbeiter auch gesagt, seine Schuld sei „vergeben", er könne jetzt gehen.[267] Die Beendigung des Arbeitsverhältnisses durch die Arbeitskräfte werde verhindert – dies nicht zuletzt mithilfe lokaler Polizeikräfte. Meist seien sie im Bunde mit den Vorarbeitern. Nach zwölf Jahren gelang Bernardo Gomes da Silva dennoch die Flucht von der letzten der vier Ranchen, auf denen er gehalten worden war. Zusammen mit seinen Leidensgenossen hatte er von sechs Uhr morgens an bis oft um elf Uhr abends zu arbeiten, ohne je bezahlt worden zu sein. Ihnen allen war immer gesagt worden, sie schuldeten dem Unternehmen noch Geld. Nach seiner Flucht in sein weit entlegenes Dorf sagt er aus, Arbeiter, die Schwierigkeiten gemacht hätten, seien einfach umgebracht worden. „Wir fanden auch Haufen von Knochen im Dschungel, aber niemand von uns hat je darüber geredet."[268]

Nachdem die Regierung 2004 eine Studie über Vermarktungsketten in Auftrag gegeben hatte, wurden ausländische Sojaimporteure unter Druck gesetzt, die Herkunft ihrer Produkte genauer zu untersuchen.[269] Im März 2016 gestanden die Firmen Nestlé und Jacobs Douwe Egberts die Möglichkeit zu, dass ihre Produkte auch von Subunternehmen gelieferten Kaffee enthalten, der mittels Sklavenarbeit produziert wurde. *Dan Watch* hatte ermittelt, dass die Arbeitskräfte kaum oder gar nicht bezahlt wurden, dass sie auf Abfallhaufen lebten und das gleiche Wasser trinken mussten wie die Tiere.[270]

Eines der wichtigsten Instrumente zur Bekämpfung von Sklaverei in Brasilien war die sog. „Schmutzige Liste". Brasilianischer Rechtsprechung zufolge kam die Nennung eines Unternehmens auf dieser Liste dem Vorwurf gleich, in Teilen des betreffenden Unternehmens herrschten Verhältnisse der Sklaverei. 2003 eingeführt, wurden auf dieser Liste

---

265 Ebenda.

266 Kirsten Bredenbeck, Schuften für die Handelsbilanz; iz3w, August 2006, S. 23. Entsprechende Berichte gibt es aus Peru, vgl. ILO-online, Fighting forced labour in Latin America, Nr. 26.

267 Larry Richter, Brazil's Prized Export Rely on Slavery and Scorched Land, The New York Times, 25.3.2002, http://www.nytimes.com/2002/03/25/world/brazil-s-prozed-exports-rely-on-slaves-and...; abgerufen am 12.5.2016.

268 Ebenda.

269 Kirsten Bredenbeck, Schuften für die Handelsbilanz; iz3w, August 2006, S. 24.

270 Kate Hodal, Nestlé admits slave labor risk on Brazil coffee plantations, vgl. http://www.theguardian.com/global-development/2016/mar/02/nestle-admints-slave la...; abgerufen am 7.5.2016; BW, Nestlé bestätigt Ausbeutung in Lieferkette, TAZ, 26.11.2015, S. 8.

all jene Unternehmen verzeichnet, die in den beiden vorhergehenden Jahren Bußgelder wegen Sklavenarbeit hatten entrichten müssen. Ihnen wurden Kredite von staatseigenen Banken verwehrt und der Verkauf ihrer Produkte wurde eingeschränkt. Erst wenn alle auferlegten Bußgelder entrichtet worden waren, wurden die Unternehmen von der Liste gestrichen. Einem Mitarbeiter des Ministeriums zufolge war die Zahl der solcherart gekennzeichneten Arbeitsverhältnisse im Jahr 2012 dramatisch gestiegen.[271] Im März 2016 wurde die Liste suspendiert. Kritiker interpretierten dies als Duldung extremer Ausbeutung, damit trotz der herrschenden Rezession die Bauten für die Olympiade rechtzeitig fertig gestellt werden konnten. Und tatsächlich hatte die Anti-Sklaverei *Task Force* 2015 elf Arbeitskräfte aus den unerträglichen Unterkünften befreit, die ihnen auf der Baustelle für das Medien-Dorf der Olympiade zugemutet worden waren. Im Februar 2016 veröffentlichten brasilianische Journalisten eine Liste mit den Namen derjenigen Unternehmen, die in den letzten beiden Jahren verurteilt worden waren. Sie enthält 18 Bauunternehmen, außerdem Viehzucht-, Holz- und Textilbetriebe.[272]

Wer derartige Praktiken als *Sklaverei* bezeichnet, ist sich des Unterschieds zu früheren Formen der Sklaverei wohl bewusst, denn die Opfer sind nicht gekauft, sondern engagiert worden, manchmal sogar mittels Verträgen. Auf den weltweiten Arbeitsmärkten für wenig qualifizierte Arbeitskräfte gibt es genügend Nachschub für neue Opfer, wenn die alten nach Gebrauch oder nach Verletzungen entlassen werden.

In vielen Ländern dieser Welt gibt es heute Gesetze, die Arbeitskräfte vor extremer Ausbeutung schützen sollen. Für ihre zumeist begrenzte Wirkung gibt es unzählige Beispiele, darunter auch Produktionen, die auf weltweite Vermarktung ausgerichtet sind. Das gilt für alle der im Folgenden etwas näher erläuterten Beispiele.

Zunächst der Anbau von Weintrauben und anderem Obst in Südafrika. Für diese Produktion waren im Jahr 2010 insgesamt 121.000 Landarbeiterinnen und Landarbeiter tätig. Manche von ihnen waren dauerhaft angestellt, die meisten (mit oft sehr kurzen oder gar keinen Verträgen) nur saisonal. Wanderarbeitskräfte kommen sowohl aus der Kapregion als auch aus dem Ausland, vor allem aus Zimbabwe. In den Jahren 2010 und 2011 führte *Human Rights Watch* eine Untersuchung der Verhältnisse durch, die später unter dem Titel *"Ripe with Abuse"* veröffentlicht wurde.[273] Während ihrer Untersuchung hatten die Mitarbeiterinnen und Mitarbeiter der Organisation einige (*"a handfull"*) Weinberge und Obstplantagen gefunden, auf denen die Arbeitskräfte tatsächlich den (sehr niedrigen) gesetzlichen Mindestlohn erhielten, vorschriftsmäßig untergebracht waren, Zugang zu sauberem Wasser und zu medizinischer Versorgung hatten. In den

271 Jürgen Vogt, In Brasilien gibt es so viele Arbeitssklaven wie noch nie, TAZ, 6.1.2012, S. 8.

272 Bruce Douglas, Brazil: loss of 'dirty list' sparks fear of worker exploitation as Olympics near, http://www.theguardian.com/global-development/2016/mar/02/brazil-loss-dirty-list-spe...; abgerufen am 7.5.2016,

273 Ripe with Abuse. Human Rights Conditions in South Africa's Fruit and Wine Industries, vgl. https://www.hrw.org/report/2011/08/23/ripe-abuse/human-rights-sonditions-south-afri...; abgerufen am 24.11.2015.

meisten Weinbergen und Obstplantagen war nichts davon der Fall. Manche dieser Produktionsstätten zählten zum *black empowerment programm*, waren also im Besitz schwarzer Südafrikaner, andere gehörten ausländischen Investoren, die meisten aber waren Eigentum weißer Südafrikaner. Zur Zeit der Untersuchung gab es 107 Arbeitsinspektoren. Da sie aber nur nach vorheriger Ankündigung und zumeist auch nur die Papiere kontrollierten, änderte ihre Arbeit wenig.

Sehr häufig erfolgt der Übergang von harten Arbeitsbedingungen auf den Plantagen zu einer Situation der Gewalt durch die Vertreibung aus den ohnehin völlig unzureichenden Unterkünften. Manche der Arbeitskräfte wohnen außerhalb der Farmen und Weinberge. Die anderen sind ständig in Gefahr, aus ihren Behausungen vertrieben zu werden – und dies auch nach langen Jahren der Arbeit für einen bestimmten Farmer bzw. Weinbauern. Für Kündigungen gibt es gesetzlich vorgeschriebene Verfahren. Sie sind umständlich und langwierig. Auch ist von Gesetzes wegen untersagt, dass Landarbeiterinnen und Landarbeiter, die seit mindestens 10 Jahren auf der Farm leben, die älter sind als sechzig und wegen Krankheit, Verletzung oder Schwäche nicht mehr arbeiten können, ihre Unterkunft aufgeben müssen. Weil Kündigungen schwierig sind, nutzen Farmer eher Methoden der Vertreibung, so etwa die Abschaltung des Wassers.[274] Einer Gruppe von Arbeitern wurde freitags gesagt, sie müssten ihre Unterkunft bis Montag verlassen. Dann würden diese von Bulldozern zerstört werden.

Auf vielen Farmen, vor allem auf solchen, die nicht für den Export produzieren, gab es weder Toiletten noch Trinkwasser in der Nähe der Felder. „Typischerweise" wurde Erkrankten die gesetzlich vorgeschriebene Freistellung verweigert. Auch in Südafrika gilt das Versäumnis, Schutzvorrichtungen gegen Pestizide zu stellen, als Körperverletzung. Während an die Traktorfahrer, die Pestizide versprühen, zumeist Schutzmasken und Schutzkleidung ausgeteilt werden, treffen die Pestizide Arbeitskräfte, die in der Nähe arbeiten, ohne Schutz, oft mit drastischen gesundheitlichen Folgen. Von einer Farm wurde berichtet, allen Frauen sei verweigert worden, durch eine medizinische Untersuchung feststellen zu lassen, ob sie Pestizide im Blut haben.[275] Einer Arbeiterin zufolge sagte ein Farmer, Gift schade Menschen nicht, es sei nur dafür da, die Pflanzen wachsen zu lassen.[276]

Angesichts der berichteten Arbeitsverhältnisse nimmt es nicht Wunder, dass Gewerkschaftsmitglieder von Schikanen berichten und dass die Landarbeiter des westlichen Kap insgesamt kaum gewerkschaftlich organisiert sind.

Die *Wine Industry Ethical Trade Association* (WIETA) ist an einer Änderung der Verhältnisse interessiert. Weil aber die meisten ihrer Mitglieder Kellereien besitzen,

---

274 Eine Frau, deren Elektrizität für ein ganzes Jahr abgeschaltet war, so dass sie mit ihren Kindern einen schrecklich kalten Winter ohne Heizung ertragen musste, berichtete, dass bewaffnete Wächter manche Familien mitten in der Nacht mit Hunden drangsalierten, um sie zum Gehen zu bewegen. Ripe with Abuse, op. cit. S. 27.

275 Ripe with Abuse, op. cit.: S. 32.

276 Ebenda: S. 33.

ohne selbst auch die Trauben zu produzieren, die sie verarbeiten, bleibt die Wirkung ihrer Kontrollen begrenzt. In der (seit 2012 nicht veränderten) Werbung von WIETA heißt es, die Organisation plane, ihre Mitglieder dabei zu unterstützen, ihre Lieferkette zu kontrollieren.[277]

Was die indischen Teegärten anlangt, so haben sich in den letzten Jahrzehnten Unternehmensformen und Unternehmensstrategien verändert, in Bezug auf Arbeitsverhältnisse aber ist dem Titel eines Bericht, den das Institut für Menschenrechte an der *Columbia Law School* 2014 veröffentlicht hat, alles Wesentlich zu entnehmen: *"The More Things Change ..."*. Weil die Verfasserinnen und Verfasser davon ausgehen konnten, dass ihren Leserinnen und Lesern die Fortsetzung der im Französischen und im Englischen gebräuchlichen Redensart bekannt war, mussten sie nicht ausdrücklich hinzufügen: *"... the more they stay the same"*. In ihrem Bericht aber haben sie diesen Sachverhalt sehr deutlich gemacht.

Viele der heutigen Arbeitskräfte in indischen Teegärten sind Nachfahren jener Teearbeiterinnen und Teearbeiter, die in den 1860er Jahren durch Briten zur Arbeit gezwungen worden waren. Der *Times of India* zufolge leiden sie unter den gleichen Arbeits- und Lebensbedingungen wie ihre Vorfahren.[278]

Werden neue Arbeitskräfte angeworben, so auch heute noch überwiegend unter Angehörigen der Dalit-Kaste in entfernten Regionen. In den Plantagen angekommen, haben sie dann kaum je Kontakt zur Bevölkerung der umliegenden Ortschaften. Auch sind die Leitungen vieler Plantagen nach wie vor bemüht, kritische Besucher fernzuhalten. Journalisten und Vertreterinnen von Nichtregierungsorganisationen wird der Zutritt nach Möglichkeit verweigert. Findet er dennoch statt, werden Maßnahmen ergriffen, um den Besuch abzukürzen. Fast ebenso wie vor hundert Jahren müssen Menschen, die sich für die Zustände interessieren, mit einer Anklage wegen Besitzstörung rechnen. Weil die in der Kolonialzeit eingeführte Praxis, sehr niedrige Löhne für Wanderarbeiterinnen mit der Bereitstellung von Unterkünften und einigen Sozialmaßnahmen zu koppeln, fortgeführt wurde, sind Teearbeiterinnen den betriebswirtschaftlichen Strategien der Plantagenbesitzer weiterhin nahezu vollständig ausgeliefert. Besonders deutlich ist dies im Hinblick auf die Behausungen. Von Gesetzes wegen müssen sie vom Unternehmen zur Verfügung gestellt werden. Wird Arbeitskräften im Zuge von Auseinandersetzungen aber Entlassung angedroht, so wird ihnen damit zugleich angedroht, sie aus ihren Behausungen zu vertreiben. So schlecht und überbelegt diese vielfach auch sind,[279] so bedeutet ihr Verlust dennoch vollständiges Elend.

---

277 http://www.wieta.org.za/become_member_2.php; abgerufen am 24.11.2015.

278 Oinak Priya Battacharya & Jayanta Gupta, TNN, Hunger deaths stalk Bengal County, 30.7.2014.

279 Die Menschenrechtsorganisation Nazdeek hat Fotografien von Unterkünften in Assam ins Netz gestellt. Vgl. BBC highlights, dangerous and degrading conditions for Assam tea workers: www.Nazdeek.org; abgerufen am 19.9.2015.

Im *Plantations Labour Act* von 1951 sind einige positive Regulierungen der Arbeitsverhältnisse enthalten, insgesamt aber hat dieses Gesetz das koloniale Plantagenregime eher formalisiert, als dass es dieses beseitigt hätte.[280] Die gesetzlich vorgesehenen Schutzbestimmungen wurden nicht durchgesetzt. Auf den meisten Plantagen fällt dieser Sachverhalt den seltenen Besuchern unmittelbar ins Auge. Die vom Unternehmen gestellten Behausungen sind überfüllt, Latrinen laufen über, medizinisches Personal sowie Arznei- und Verbandsmittel sind rar, Herbizide werden ohne Schutz gespritzt. Vielfach gibt es kaum Wasser. Wo Kindergärten eingerichtet worden waren, sind sie seither zumeist geschlossen worden. Auch das hat mit dazu beigetragen, dass Frauen ihre kleinen Kinder oft mit zur Arbeit nehmen, wo sie dann beim Pflücken helfen.[281] Der Dorflehrer berichtete, er habe 98 Schüler in seiner Klasse. Aus anderen Teegärten wird berichtet, eine einzige Lehrkraft sei für 150 Schüler zuständig.[282] Peter Jaeggi schrieb, noch immer seien 80 % der Teearbeiter Analphabeten, jedes fünfte Kind besuche keine Schule.[283] Wie schon zu Zeiten der Kolonialherrschaft sind mehr als die Hälfte der Arbeitskräfte in Indiens Teegärten weiblich. Für die Arbeit„geber" hat dies den Vorteil, dass sie nicht wie im Fall männlicher Beschäftigter verpflichtet sind, Lebensmittel für die ganze Familie zu liefern. Dem Berater einer Teeorganisation, Devabrata Sharma, zufolge wird zudem unterstellt, Frauen seien fleißiger und würden weniger protestieren.[284]

Viele der Arbeitskräfte sind unterernährt. Tatsächlich sterben sehr viele der Arbeiterinnen und Arbeiter an Armutsseuchen, will sagen: an Tuberkulose oder Typhus. (*Columbia Law School* 2014: 9) Und nirgendwo in Indien sterben so viele schwangere Frauen wie auf den Teeplantagen in Assam.[285] Überproduktion an Tee hat manche Plantagen unrentabel gemacht. Einige Plantagenbesitzer haben daraufhin ihre Tee-

---

280 Anders liest es sich in der Werbung der „Teealternative", die für Assam-Tee und Darjeeling aus ökologischem Anbau wirbt. Ihre Autoren stellen fest, der indische Staat habe „Anfang der 50er Jahre die Arbeitsbedingungen der Arbeiter/innen der Teegärten weitestgehend geregelt, und zwar in erstaunlich fortschrittlicher Weise." Dann wird auf kostenfreies Wohnrecht, medizinische Versorgung sowie die Regelung von Arbeits- und Urlaubszeiten, auf die Rentenversicherung und Unterstützung im Krankheitsfall sowie auf das Verbot der Kinderarbeit verwiesen. Die „Teealternative", so wird betont, überzeuge sich durch Besuche, dass „der Geist der Fairness und Partizipation ... Realität ist." Vgl. http://www.teealternative.de/assam.-tee-fair-handeln abgerufen ab 27.4.2015 (Die Teealternative verfügt über Zertifikate für „bio" und „de-öko-037) Zwar ist es durchaus möglich, dass die Arbeits- und Lebensbedingungen in den konkreten Teegärten, die Assam bzw. Darjeeling an die „Teealternative" liefern, den Angaben entsprechen, der Hinweis auf die realitätsschaffende Wirkung des *Plantations Labour Act* von 1951 macht allerding sehr stutzig.

281 The Garden, vgl. http:/rajanzaveri.com/rajanzaveri/Nazdeek_Assam/Slave_day_360.html; abgerufen am 19.9.2015.

282 Ebenda.

283 Peter Jaeggi, Bittere Wahrheit, (Ausgabe 11-2012) vgl. http://www.natuerlich-online.ch/magazin/artikel/bittere-wahrheit/; abgerufen am 27.04.2015.

284 Ebenda.

285 Ebenda.

gärtengeschlossen.[286] Nachdem Plantagen aufgegeben worden waren, verhungerten in Westbengalen im Jahr 2014 100 Menschen.[287]

Zwischen 2007 und 2014 wurden die Löhne in Teegärten um durchschnittlich 40 % erhöht. Um den so festgesetzten Lohn ausbezahlt zu bekommen, mussten allerdings die festgesetzten Quoten an gepflückten Teeblättern erreicht werden. Um dies zu schaffen und auf diese Weise ihre Familien ernähren zu können, sehen sich manche der Pflückerinnen gezwungen, auf eigene Kosten Hilfskräfte einzustellen. Erschwert wird die Situation durch Abzüge vom Lohn. Dazu zählen Beiträge zur gesetzlich vorgeschriebenen Altersversorgung, dazuhin aber auch Abzüge für Elektrizität. Auf einigen der Plantagen, die der *Amalgamated Plantations Private LTD* (APPL) gehören, betragen diese Abzüge – unabhängig vom tatsächlichen Verbrauch – bis zu 50 % des Nettolohnes. (*Columbia Law School* 2014: 10)

Die APPL ist auf Veranlassung von TATA *Global Beverages Limited* (früher: TATA *Tea Limited*) zustande gekommen. Es ist nicht nur eines der größten indischen Unternehmen, sondern auch der weltweit zweitgrößte Produzent von Tee.[288] Die finanzielle Unterstützung der Weltbank für diese Reorganisation verschaffte sich TATA mit der Zusicherung, Firmenanteile an Beschäftigte auszugeben. Faktisch wurden Arbeitskräfte allerdings vielfach gezwungen, solche Firmenanteile zu akzeptieren. Die Forscher/innen der *Columbia Law School* kamen zu dem Ergebnis, diese Anteile und das Bestreben der Diversifizierung hätten viel Konfusion und zusätzliche Verarmung bewirkt.[289]

---

286 In der Bundapani- Plantage in Westbengalen waren das 29 Menschen, im *Red Bank Tea* Garden von Darjeeling waren es seit Oktober 2013 32. Vgl. Willi Germund, Der Hungertod im Teegarten, Panorama 15.10.2014 11.30 Uhr.

287 Oinak Priya Battacharya & Jayanta Gupta, TNN, Hunger deaths stalk Bengal County, 30.7.2014.

288 Während TATA *Global Beverages Limited* vertikal strukturiert ist, also Plantagen, Fermentierungs- und Verpackungsfabriken sowie Verkaufsorganisationen besitzt, ist APPL ein horizontal strukturiertes Unternehmen, welches die Plantagen der Firma in den Staaten Assam und West Bengalen managt.

289 Die Anteile wurden in der Form zinsloser Darlehen in Beträgen von 8.000 Rupien an Arbeitskräfte ausgegeben. Im Laufe von sieben Jahren sollten diese Darlehen in Form von Lohnabzügen zurückgezahlt werden. Arbeitskräfte lehnten die Anteile ab. Sie fürchteten, keine Lebensmittelrationen und Feuerholz mehr zu bekommen, wenn sie zu „Miteigentümern des Unternehmens" gemacht würden. Die Firmenleitungen versuchten zu beschwichtigen, unterbanden aber auch Versammlungen. Je nach Plantage variierte der Prozentsatz derer, die sich zur Unterschrift bereitfanden, zwischen 37 % und 100 %. Seit 2010 ist das Programm im Gange, von APPL wird es als Erfolg gefeiert. Den Forschern von der *Columbia University* haben viele der Arbeitskräfte erzählt, sie seien durch Fehlinformation und auch durch Druck zur Unterschrift genötigt worden. Die Methoden reichten von der Drohung mit Entlassung, über die Androhung, die gepflückten Teeblätter nicht gewogen zu bekommen und folglich keine Bezahlung zu erhalten, bis zum „Besuch" durch Sicherheitspersonal. Die Papiere, die Arbeitskräfte unterschrieben, waren in Englisch verfasst, einer Sprache, welche die meisten von ihnen nicht beherrschen. Vgl. Columbia Law School. Human Rights Institute (2014) "The More Things Change ..." The World Bank, Tata and Enduring Abuses on India's Tea Plantations, vgl. web.law.columbia.edu/ human-rights-institute; S. 77-85.

APPL sollte auch dazu dienen, die Abhängigkeit von den Weltkonjunkturen des Teeverkaufs zu senken. Im Zuge eines Programms der Diversifizierung wurden Fischfarmen entwickelt. Das dafür requirierte Land hatte aber Familien der Arbeitskräfte seit Jahrzehnten, manchmal sogar schon seit der Zeit der Britischen Eigner im 19. Jahrhundert, für ihre Eigenversorgung zur Verfügung gestanden. Im Jahr 2008 wurde ihnen dieses Land ohne Entschädigung abgenommen. Anstatt Reis für die Versorgung ihrer Familien anbauen zu können, mussten sie ihn jetzt teuer kaufen. Vereinzelt war dauerhafte Beschäftigung (für ein Familienmitglied) als Entschädigung für den Landverlust versprochen worden. Gehalten worden ist das Versprechen nicht. Nach wie vor gab es nur zeitlich limitierte Verträge, anders gesagt, Verträge, welche die Arbeitskräfte dauerhaft unter die Drohung stellen, bei mangelndem Wohlverhalten den Lebensunterhalt und die Unterkunft für sich selbst und ihre Familien zu verlieren.

Und tatsächlich wird die Drohung einer Aussperrung auch genutzt, um Arbeitskräfte daran zu hindern, ihre Interessen zu vertreten. Zwar sind Teearbeiterinnen nominell durch Gewerkschaften vertreten. Diese handeln Arbeitslöhne mit dem Verband der Plantagenbesitzer aus. Doch sind die traditionellen Gewerkschaften zu schwach, um die Interessen der Teearbeiterinnen wirksam zu vertreten.[290]

Mehr noch als andere Produkte ist der Absatz von Tee in metropolen kapitalistischen Ländern vom Image seiner Produktion abhängig. Folglich sind Unternehmer dringlich an Zertifikaten interessiert. Die Forscher der *Columbia Law School* bezweifeln die Aussagefähigkeit der meisten dieser Zertifikate. In der Regel würden Kontrollen angekündigt, auf Interviews von Arbeitskräften und auf eine Besichtigung der Unterkünfte werde verzichtet. (*Columbia Law School* 2014: 108) Hinzu komme, dass die meisten Zertifizierungsgruppen vor allem daran interessiert seien, die Einhaltung von Umweltschutzbestimmungen zu überprüfen. Zwar ist der Verzicht auf Gift nicht nur für Konsumenten von Bedeutung, sondern auch für Arbeitskräfte, aber weder die Bezahlung von Hungerlöhnen, noch die Tatsache, dass medizinische Versorgung aus einem leeren Gebäude besteht und zugeteilte Lebensmittelrationen „nicht mal gut genug für Tiere sind", stehen dem Erwerb eines Biozertifikats entgegen.

290 Als im August 2009 die Unternehmensleitung der Plantage „*Nowera Nuddy*" acht Beschäftigten kündigte, weil sie sich für Arbeitsrechte engagiert hatten, und allen anderen mit Aussperrung drohte, die diese Kündigungen nicht akzeptierten, formierte sich ein Aktionskomitee, um den Widerstand zu organisieren. Dennoch wurde die Aussperrung erst im Dezember aufgehoben – und in dieser Zeit gab es nicht nur keinen Lohn, sondern auch keine Nahrungslieferungen. Vgl. Teearbeiterinnen: Flinke Finger, Ungehörte Stimmen: http://www.medienkombinat-berlin.de/artikel/teearbeiterinnen-flinke-finger-ungeh%C; abgerufen am 27.4.2015.
Im März 2014 haben Nazdeek und der *Guardian* veröffentlicht, dass der von *Tata global beverages* gezahlte Lohn unter dem indischen Mindestlohn liegt.(http://nazdeck.org/?p=1096; abgerufen am 6.5.2015. Ab 1. Januar 2015 sollte er von 94 Rupien pro Tag (€ 1,26) auf 115 Rupien pro Tag (€ 1,55) erhöht werden. Dieser Beschluss fiel kurz nachdem der Premierminister von Assam verkündet hatte, in Zukunft sollten auch die Arbeitskräfte in Teegärten den gesetzlichen Mindestlohn von 169 Rupien (€ 2,30) pro Tag erhalten. (Die Umrechnungen entsprechen den Kursen vom 20.9.2015)

Unter den Männern, Frauen und Kindern, die derzeit irgendwo auf der Welt auf Plantagen extremer Ausbeutung unterliegen, gibt es Wanderarbeitskräfte und fest angestellte Arbeitskräfte. Manche, aber nicht alle der Letzteren, werden am Verlassen ihrer Arbeitsstelle gehindert, solange der Einsatz ihrer Arbeitskraft als profitabel bewertet wird. Michael Mann meint, von „Sklaverei" werde in solchen Fällen vor allem geredet, um der Ungeheuerlichkeit des Sachverhalts einen emotionalen Ausdruck zu verleihen. (2003: 8) Und Marcel van der Linden hat vorgeschlagen, die Unterschiede in den Formen erzwungener Arbeit so genau wie möglich zu analysieren. (2016: 294) Diese Diskussion wird wohl fortgesetzt werden.

Es gibt aber auch Arbeits- und Lebensverhältnisse, für die sich Diskussionen über Terminologie verbieten. Martha Mendoza, Margie Mason und Esther Htusan haben viel riskiert, um aufzudecken, dass auf vielen thailändischen Fischerboten junge und nicht mehr so junge Männer seit 5, 10, 15 und manchmal seit 20 Jahren festgehalten wurden, um gegen gar keinen oder sehr geringen Lohn den Nachschub für die wichtigste Exportbranche Thailands aus dem Meer zu holen.[291] Sofern sie an Land kamen, war das auf Benjina, einer kleinen indonesischen Insel, die mehrere Monate des Jahres wegen der stürmischen See völlig abgeschnitten ist vom Rest der Welt. Die Fischersklaven stammten aus Mianmar, Kambodscha und Laos. Viele von ihnen waren in ihren Dörfern mit dem Versprechen rekrutiert worden, in einem thailändischen Produktionsbetrieb eine gut bezahlte Arbeit zu erhalten.[292] Dort angekommen, wurden ihnen ihre Pässe und Identifikationskarten abgenommen, sie wurden gewaltsam auf Fischereibote gezwungen, wo ihnen eröffnet wurde, sie müssten drei Jahre unbezahlt arbeiten, um die 600 $ für ihre Papiere (als Seeleute) abzuarbeiten. Ihnen allen wurden Papiere mit erfundenen thailändischen Namen ausgehändigt. Und unter diesen gefälschten Namen sind auf dem Friedhof auf Benjina auch diejenigen begraben, die ihre Gefangenschaft nicht überlebt haben und nicht einfach über Bord geworfen worden sind.[293]

Auf den Booten mussten die Fischer 18-20 Stunden am Tag arbeiten, bekamen oft sehr wenig zu essen und vielfach nur abgekochtes Seewasser zu trinken. Viele wurden geschlagen. Fürchteten Vorarbeiter, dass der eine oder andere während des Aufenthaltes im Hafen von Benjina fliehen werde, sperrten sie diese dort für die Dauer dieses Aufenthaltes in Käfige. Während die Journalistinnen ermittelten, dass in der thailändischen Fischerei

291 Die folgenden Ausführungen sind allesamt der Veröffentlichung von Mendoza & McDowell & Mason & Htusan & the *Associated Press* (2016) entnommen.

292 2012 gab *Human Rights Watch* die Zahl der Männer und Jungen aus Burma, Kambodscha, Laos und aus dem Inneren Thailands, die unter unsäglichen Bedingungen in der thailändischen Fischerei beschäftigt sind, viele von ihnen in Zwangsarbeitsverhältnissen, mit 250.000 an. Vgl. Humantrafficking.org: Human Trafficking Rampant in Thailand's Deep-Sea-Fishing Industry; http://www.humantrafficking.org/updates/888; abgerufen am 12.5.2016.

293 Sofern Sklavenhändler Rohingya an Fischereiunternehmer verkauften, konnten sie sich den Umweg über falsche Versprechungen sparen, da sich die von ihnen aufgegriffenen Familien zur Flucht aus Mianmar entschlossen hatten, weil sie dort ihrer Religion wegen sowohl von Seiten des Staates als auch der mehrheitlich buddhistischen Gesellschaft verfolgt worden waren.

Tausende Ausländer zwangsweise festgehalten und ausgebeutet wurden, mühte sich Robin Mc Dowel in den USA, das Ende der Lieferketten aufzudecken. In allen Staaten des Landes fanden sich Meeresfrüchte, von denen mittels Satellitenfotografie nachgewiesen worden war, dass sie von Schiffen stammten, auf denen Sklaverei herrschte. Vielfach waren die Shrimps vor ihrem Export auch von Zwangsarbeiterinnen und Zwangsarbeitern gepuhlt worden.[294] Die Mitarbeiterinnen und Mitarbeiter von *Associated Press* konnten bewirken, dass Tausende von Seeleuten befreit wurden.[295] Mehrere der Menschenhändler wurden verhaftet. Im Dezember 2015 drohte die EU einen Import-Stopp für den Fall an, dass die Sklaverei in der thailändischen Fischerei nicht schnellstens beseitigt werde. Behörden in den USA wussten seit Jahren von Menschenhandel in Thailand. Auf Sanktionen wurde verzichtet. Thailand ist ein wichtiger Verbündeter im „Krieg gegen den Terror". (Mendoza et al. 2016: 87)[296]

Kinderarbeit und Kindersklaverei

In keiner Statistik sind all jene Kinder erfasst, die sich tagein, tagaus während vieler Stunden in Haushalten plagen und dort auch vielfach geplagt werden. Ebenfalls in keiner Statistik tauchen alle jene auf, die versuchen, einen Job zu erhalten, indem sie einem Unternehmen Zeugnisse einer Berufsschule mit gefälschten Geburtsdaten vorlegen.[297] Im Zusammenhang der hier vorgelegten Untersuchung kann es kaum um Statistik gehen, denn jeder einzelne kleine Junge, der in einem indischen Steinbruch Steine zu Pflastersteinen zurecht meißelt, ist einer zu viel.[298] Er kann nicht zur Schule gehen und wird wohl auch wissen, dass er kaum eine Chance hat, der Lungenkrankheit

---

294 2014 räumte die Firma Aldi Nord in der Bundesrepublik ein, dass sie Produkte angeboten hatte, die von einem Zulieferer in Thailand stammten, dem der Einsatz von Sklavenarbeit nachgewiesen worden war. Vgl. Jost Maurin, Garnelen in Weißweinsauce – und Sklavenblut, TAZ, 14./15.6.2014, S. 2.

295 Sie bewirkten auch, dass eine Fabrik geschlossen wurde, in welcher Arbeitskräfte, unter ihnen auch kleine Kinder, gezwungen gewesen waren, 16 Stunden lang täglich Garnelen zu schälen.

296 Die neuerdings ergriffenen Maßnahmen scheinen die Praktiken nicht unterbunden zu haben. Im Juli 2016 wurde berichtet, dass 19 Birmesen von einem indonesischen Fischerboot vor Thailands Provinz Pattani entdeckt und befreit wurden. Auf der Basis von Berichten in der Staatszeitung *Global New Light of Myanmar*, TAZ, 13.6.2016, S. 10.

297 Genau besehen muss die Aufdeckung derartiger Fälschungen – eine konkrete Meldung bezog sich auf zehn chinesische Betriebe, die Apple zuliefern – als Hinweis auf Erfolge im Kampf gegen Kinderarbeit gewertet werden. Denn ohne die – insbesondere von der Internationalen Arbeitsorganisation (ILO) und dem Internationalen Programm für die Beseitigung von Kinderarbeit (IPEC) vorangetriebenen – Kampagnen zur Beseitigung der schlimmsten Formen von Kinderarbeit wären auch 2011 nur selten Geburtszeugnisse nachgefragt worden.

298 2002 hat Joachim Betz die damals vorliegenden Statistiken scharf kritisiert. Weder zu den Arbeitsbedingungen noch zur Entlohnung lägen gesicherte Daten vor, Ergebnisse empirischer Untersuchungen streuten erheblich. Wichtig ist sein Hinweis, dass die Armut der Eltern als Erklärung für mangelnden Schulbesuch nicht völlig ausreicht. Mit Hinweis auf zwei indische

Silikose zu entgehen, die seine Eltern und viele ihrer Nachbarn dahingerafft hat. Die Lebenserwartung junger Steineklopfer im indischen Bundesstaat Rajasthan ist „knapp 40 Jahre".[299] Benjamin Pütter zufolge stammt jeder dritte Grabstein auf Deutschlands Friedhöfen aus Indien. Es ist nicht zuletzt der Einsatz von Kinderarbeit, der die international konkurrenzfähig niedrigen Preise ermöglicht.[300]

Die niedrigen Kosten, die für den Einsatz von Kindern kalkuliert werden müssen, erklären auch die Beschäftigung von Kindern in der Produktion von Feuerwerkskörpern in Sri Lanka. Arbeit„geber" konstatieren, dass sie die Kosten für Überstunden und Urlaubsgelder sparen und für Kinder auch nicht in die Fonds für Arbeitslosigkeit einzahlen müssen. Kinder seien für diese Arbeit besonders geeignet und für Kinder, die von weit her zur Arbeit kommen, müssten keine Vorauszahlungen an Lohn geleistet werden. Rekrutierung werde auch dadurch vereinfacht, dass jedem, der ein Kind zur Arbeit bringe, eine Prämie bezahlt werde. Oft seien das Verwandte oder Freunde der Familie. Die Unternehmer, zumeist Eigner kleiner oder mittlerer Betriebe, bevorzugen Kinder, die aus entfernteren Regionen kommen, weil sie bei Kindern aus der näheren Umgebung damit rechnen, dass sie Material entwenden. Ein Arbeit„geber" begründete seine Vorliebe für die von weit her gekommenen Kinder auch damit, dass sie von früh morgens bis abends arbeiten und keine Pausen verlangen. Für die meisten bedeutet dies fünfzehnstündige Arbeitstage. „Sie liefern mir die besten Dienste unter all meinen Beschäftigten."[301] Die Hälfte der befragten Kinder berichtete, dass sie an sieben Tagen der Woche arbeiteten. Nicht alle von ihnen bekamen Essen und Unterkunft gestellt. Überstunden wurden nicht bezahlt. Und sie alle wurden ohne adäquaten Schutz den gesundheitlichen Risiken einer Hantierung mit Schwarzpulver ausgesetzt. Handschuhe wurden nicht ausgeteilt. Auch diejenigen unter den Kindern, die ihre Arbeit nicht so schlimm fanden, berichteten, dass sie gegen ihren Willen rekrutiert worden waren. Was ihnen die Situation erträglich machte, war die Tatsache, dass sie bei ihrer Entlassung am Ende der Saison Feuerwerkskörper als Geschenke erhielten, die sie dann an ihre Freunde zuhause verteilen konnten. Dass Kinder armer Familien sich nie auch nur Feuerwerks-*Cracker* leisten konnten, erleichtere die Rekrutierung von Kindern für diese Industrie.[302]

Staaten verweist er auf große Unterschiede im Schulbesuch von Mädchen bei etwa gleichen materiellen Bedingungen für die Familien. (2002: 145; 149)

299 Johannes Pennekamp, Kinderarbeit in Indien: Die Spur der Steine: SPIEGEL ONLINE, 26.3.2012: http://www.spiegel.de/wirtschaft/kinder-in-indien-klopfen-steine-fuer-deutschland; abgerufen am 4.8.2015.

300 Björn Stephan, Süddeutsche Zeitung Magazin, 4.3.2016, S. 13-19. Der Verband Deutscher Natursteinverarbeiter (VDNV) bestreitet die Angaben. Kommunen, die bereits beschlossen hatten, die Nutzung von Steinen aus Indien für Grabsteine zu verbieten, wurden veranlasst, den Beschluss rückgängig zu machen. Pütter kann seine Angaben über Kinderarbeit unter unerträglichen und gefährlichen Bedingungen durch Fotos belegen.

301 ILO (2006) The Demand Side of Human Trafficking in Asia: Empirical Findings, S. 87.

302 Ebenda.

Im Jahr 2000 soll es weltweit 246 Millionen Kinderarbeiterinnen und Kinderarbeiter gegeben haben, 2012 sollen es an die 168 Millionen gewesen sein.[303] Die Angaben beziehen sich auf Beschäftigungen, die von der ILO als „schlimmste Formen von Kinderarbeit" definiert wurden, also nicht auf fremdbestimmte Tätigkeiten, für welche Kinder nicht länger als einige Stunden pro Woche zur Verfügung stehen müssen.[304] Anders formuliert: „Kinder in Beschäftigung" sind Kinder, deren zeitliche Arbeitsbelastung geordneten Schulbesuch zulässt. Zwar ist Schulbesuch auch manchen der Kinderarbeiterinnen und Kinderarbeiter möglich, insgesamt aber wird ihre Arbeitskraft auf eine Art und Weise vernutzt, die Schulbesuch weitgehend ausschließt, damit zugleich aber auch die Chance, so viel zu lernen, dass ihnen Tätigkeiten offenstehen, mit denen sich die Chance verbindet, die Beschränkungen ihrer Kindheit zu überwinden. Vorläufig allerdings sind sehr viele von ihnen schlicht damit beschäftigt, am Leben zu bleiben.[305] Die große Zahl von Kindern, die Gefahr laufen, bei ihrer Arbeit verletzt und (etwa durch Pflanzengift) dauerhaft gesundheitlich geschädigt zu werden, ergibt sich aus der Tatsache, dass nach wie vor die meisten arbeitenden Kinder in der Landwirtschaft beschäftigt sind. Die Beschäftigung im Dienstleistungssektor wächst.[306] Unter diese Rubrik fallen auch die Kinder, die in Haushalten ausgebeutet werden. 2013 sollen es mehr als zehn Millionen gewesen sein, die meisten von ihnen Mädchen und die meisten jünger als 14 Jahre.[307]

Auch unter Kinderarbeiterinnen und Kinderarbeiter wehren sich manche dagegen, nur als Opfer gesehen zu werden und weisen darauf hin, dass sie stolz sind, nicht nur

---

303 Alle nicht anders belegten Angaben sind dem 2013 veröffentlichten ILO Bericht entnommen. Er ist im Internet abrufbar unter: ILO & IPEC, Marking progress against child labour. Global estimates and trends 2000–2012 (Web PDF).

304 Einer Untersuchung des türkischen Gewerkschaftsbundes zufolge arbeiten in der Türkei fast eine Million Kinder – und dies oft mehr als 54 Stunden die Woche. Die Hälfte von ihnen verdient weniger als 130 € im Monat, viele gar nichts, weil sie ihren Familien als unbezahlte Arbeitskräfte bei der Feldarbeit helfen müssen. Vgl. Susanne Güsten, Kinder als Tagelöhner, Weser Kurier, 7.2.2016, S. 3.

305 Denn nach wie vor sind über 5 % der statistisch erfassten Arbeitskräfte zwischen 5 und 17 Jahren mit gefährlichen Arbeiten betraut. Auch das sind weniger als im Jahr 2000, doch hat der durchschnittliche Prozentsatz nur wenig Aussagekraft. Denn der Anteil der Jugendlichen zwischen 15 und 17 Jahren, die für gefährliche Arbeiten vernutzt werden, lag 2012 bei 13 %. Sehr unterschiedlich ist auch der Anteil in den verschiedenen Erdteilen. Von den arbeitenden Kindern zwischen 5 und 17 Jahren wurden in der SubSahara im Jahr 2012 annähernd 29.000 mit gefährlichen Arbeiten betraut, in Asien und im Pazifik waren es annähernd 34.000. Sowohl im Mittleren Osten und in Nordafrika als auch in Lateinamerika sind die absoluten Zahlen niedriger, der Prozentsatz ist in Lateinamerika aber höher als in Asien.

306 2010 waren es 26 % aller Kinder, die in den schlimmsten Formen der Kinderarbeit ausgebeutet wurden. Vgl. http://www.bpb.de/nachschlagen/zahlen-und-fakten/globalisierung ...; abgerufen am 4.8.2015.

307 Ten millions child labourers in domestic work; http://www.ilo.org/about-the-ilo/newsroom/news/WCMS_215170/lang--end/ind...; abgerufen am 16.10.2015.

ihr eigenes Überleben zu sichern, sondern auch für dasjenige ihrer Geschwister und womöglich weiterer Familienangehöriger zu sorgen.[308]

Das galt auch für alle von *Human Rights Watch* interviewten Kinder in der Tabakproduktion. Auf den etwa 500.000 Tabakfarmen in Indonesien helfen Tausende von Kindern ihren Eltern bei der Tabakernte, oft helfen sie auch Nachbarn bei der Ernte, diese dann ihrerseits aber auch wieder den Eltern der Kinder. Weil Tabakpflanzen toxisch sind, handelt es sich bei ihrer Ernte um eine insgesamt gesundheitsgefährdende, für Kinder aber regelrecht lebensgefährliche Beschäftigung. Der Kontakt mit Tabakpflanzen führt immer zu Übelkeit, sehr häufig zu Erbrechen und zu einem Gefühl des Schwindels. Die Wirkungen sind besonders stark, wenn die Pflanzen noch feucht sind. Während der Ernte ist dies insbesondere morgens der Fall, wenn der Tau noch auf den Blättern liegt. Regelmäßiger Umgang mit Tabakpflanzen hat Wirkungen, die einer Nikotinvergiftung entsprechen. Zudem hantieren viele der Kinder regelmäßig mit Pestiziden. Sie alle berichten von unmittelbaren gesundheitlichen Schäden. In Indonesien gibt es Programme zur Beseitigung von Kinderarbeit, es gibt auch einige Programme zur Unterstützung armer Eltern und kostenlosen Schulunterricht. Was es nicht gibt, sind effektive Kontrollen. Der auf kleinen Farmen produzierte Tabak wird entweder an Aufkäufer geliefert, die dann ihrerseits an größere nationale Unternehmen sowie an internationale Konzerne vermarkten. Einige der letzteren kaufen auch direkt bei Bauern. Vereinzelt werden diese dann auch über die gesundheitlichen Gefahren aufgeklärt, die sie für ihre Kinder zu gewärtigen haben, wenn sie beim Anbau und bei der Ernte von Tabak beteiligt sind. Gegen Armut kann Aufklärung aber kaum ankommen.[309]

Wo immer kindliche Arbeitskraft vernutzt wird, gibt es ein sehr einfaches Kriterium, um zu entscheiden, ob Gewalt in den entsprechenden Verhältnissen präsent ist. Wann und wo immer Kinder Arbeiten ausführen, die ihnen Schulbesuch ganz und gar unmöglich machen, ist ihre Beschäftigung gleichzeitig Gewaltpraxis. Denn ob sie Schläge fürchten müssen oder nicht, ob sie sich an scharfen landwirtschaftlichen Geräten verletzten oder nicht, ob sie zu viel Staub in ihre Lungen bekommen oder ihre körper-

308 In Peru etwa gibt es die *Manthoc*- Bewegung arbeitender Kinder und Jugendlicher, die darauf dringen, als aktive soziale Subjekte innerhalb des fairen Handels anerkannt zu werden. Vgl. Annette Jensen, „Wir verkaufen Waren aus Kinderarbeit" TAZ, 11.5.2005; In Bolivien haben die Kindergewerkschafter der Organisation *Unatsbo* darauf gedrungen, dass das gesetzliche Mindestalter für Kinderarbeit herabgesetzt wurde. Am 2. Juli 2014 wurde beschlossen, dass Kinder ab 10 Jahren „frei" arbeiten dürfen (vor allem im Straßenverkauf oder als Schuhputzer), ab 12 Jahren dürfen sie abhängige Arbeit ausführen (zum Beispiel im Handel). Berichten zufolge kommen Kinder in Bolivien und Peru der zwölfjährigen gesetzlichen Schulpflicht trotz ihrer Arbeit häufig nach. Sie arbeiten dann vor oder nach der Schule. Trotzdem bleiben auch in diesen Staaten Kinder manchmal einfach weg, weil sich beides nicht miteinander vereinbaren lässt. Vgl. Robin Cavagnoud, Gewerkschaft der Kinder, Le Monde diplomatique, Mai 2016, S. 15; vgl. auch: Iven Saadi, Das Recht auf Kinderarbeit, TAZ, 20.11.2009.

309 Die Ausführungen sind entnommen: *Human Rights Watch* (2016) "The Harvest is in My Blood". Hazardous Child Labor in Tobacco Farming in Indonesia; vgl. https://www.hrw.org/report/2016/05/24/harvest-my-blood/hazardous-child-labor-toba; abgerufen am 28.5.2016.

liche Entwicklung durch das Tragen schwerer Lasten und mangelhafter Ernährung beeinträchtigt wird, immer handelt es sich darum, dass Kindern die Entwicklung zu gesunden und nicht nur minimal, sondern ihren Fähigkeiten entsprechend qualifizierten Erwachsenen heranzuwachsen, verweigert wird. Für sehr viele Kinder dieser Welt übersetzt sich Armut noch immer in die Praxis direkter Gewalt.

Auch wenn diese in jeder Form der extremen Ausbeutung von Kindern enthalten ist, so ist Kindersklaverei in dem 1956 beschlossenen Zusatz zur Konvention über die Abschaffung der Sklaverei doch zusätzlich gesondert definiert: In Artikel 1, Abs. d heißt es, als Kindersklaverei solle gelten, wenn eine junge Person unter dem Alter von 18 Jahren entweder durch seine biologischen Eltern oder den Vormund (ob mit oder ohne Bezahlung) einer anderen Person übergeben wird, damit die Arbeit des Kindes oder der jungen Person ausgebeutet wird.[310] Aidan McQuade zufolge wird Kinderarbeit, selbst Kinderarbeit in ihrer schlimmsten Form, in der Regel im Beisein der Eltern ausgeübt. Viele brächten ihre Kinder zur Arbeit, weil sie dächten, dies sei das Beste für sie.[311] Und tatsächlich könne ja nicht geleugnet werden, dass in den allerärmsten Gemeinden Arbeit die beste der schlechten Alternative sei, die Kindern und ihren Eltern offen stehen. Um Kinderarbeit zu bekämpfen, sei es deshalb vordringlich, Eltern deutlich zu machen, dass tatsächlich andere Möglichkeiten existierten. Kinder, deren Eltern sie anderen zur Ausbeutung überlassen, überantworteten sie der Sklaverei.[312]

Dieser Definition von Kindersklaverei entspricht ein Großteil der Arbeitsverhältnisse in Haushalten.[313] In vielen Gesellschaften gilt es als völlig akzeptabel, dass Kinder, insbesondere junge Mädchen, unbezahlt in Haushalten schuften. In Haiti werden derart

---

310 Supplementary Convention on the Abolition of Slavery, the Slave Trade, and Institutions and Practices Similar to Slavery, angenommen am 30. April 1956 vom Economic and Social Council, Res. 608 (XXI),vgl: http://www.ohchr.org/EN/ProfessionalInterest/Pages/SupplementaryConventionAbol...

311 Kathyayni Chamaraj berichtet, eine indische Mutter sei schwer davon zu überzeugen gewesen, dass die Fabrikbesitzer ihr keinen Gefallen damit getan hatten, ihre Kinder zu beschäftigen, damit die Familie Schulden abzahlen konnte, sondern diese in Wirklichkeit ausgebeutet hatten. Von der gesetzlichen Abschaffung der Schuldknechtschaft im Jahre 1976 hatte sie nicht gehört. Vgl. Wen kümmert schon die Verfassung? Die Schuldknechtschaft in Indien besteht trotz aller Gesetze und Gerichtsurteile weiter; in: Der Überblick, 38. G. 1/2002, 44.

312 Aidan McQuade, Miners, tea pickers, brides: these children are slaves, not labourers; vgl. http://www.theguardian.com/global-development/2016/feb/10/miners-tea-pickers-brid...; abgerufen am 7.5.2016. Diese Präzisierung entspricht auch dem Ratschlag, den Michsael J. Gorr für die Bestimmung von „Zwang" vorgelegt hat. Was Zwang sei, solle am besten deskriptiv besrtimmt werden, weil es keinen allgemeingültigen normativen Inhalt des Terminus geben könne. Vgl. Gorr (1988/1989: 1. Kapitel).

313 Kevin Bales weist darauf hin, dass es in vielen Gesellschaften früher üblich war, Kinder in einen anderen Haushalt zu geben, damit sie (zum Beispiel handwerkliche) Fertigkeiten erwerben. Vor allem in Westafrika komme es aber vor, dass sich entfernte Verwandte oder andere diese Traditionen zu Nutze machen, um Kinder auszubeuten. Oft böten sie dann einen Vorschuss auf den Lohn an, den das Kind angeblich erwerben werde. Oft bekämen die Eltern ihre Kinder dann nie mehr zu sehen. (2005: 149).

ausgebeutete Kinder als *restavek* bezeichnet. Der aus dem Französischen « *rester avec* » verballhornte kreolische Begriff bezeichnet Kindersklaven. Werden ein Mädchen oder ein Junge einer Familie überantwortet, so müssen sie bleiben und schuften: Wasser holen, saubermachen, Kinderhüten vor allem.[314] Viele dieser Restavek – ihre Zahl wird auf 300.000 geschätzt – sind voller Wunden von den Schlägen, mit denen sie zur Arbeit angehalten werden.[315]

In Nepal wurde Shanta Chaudhary als Achtjährige versklavt. Ihren Eltern war ein Jahreslohn von umgerechnet 20 € zugesagt worden. Nach achtzehn Jahren der Knechtschaft und des täglichen Kampfes um ein paar Stunden Schlaf warf sie ihr damaliger Herr aus dem Haus, weil er herausbekommen hatte, dass sie sich heimlich einer Bewegung für Landlose angeschlossen hatte.[316]

Während die Unterscheidung zwischen Sklaverei und Kinderarbeit der schlimmsten Art im Einzelfall schwierig sein mag, ist dies bei der Überlassung von Kindern zur sexuellen Ausbeutung nicht der Fall. Alle Kinder, die von Erwachsenen anderen Erwachsenen zur sexuellen Ausbeutung überlassen wurden, sind versklavt. Im Frühjahr 2006 wurde die dreizehnjährige Esther in Afghanistan zum Eigentum eines siebzigjährigen Drogenbosses. Nachdem ein Hagelsturm die Opiumernte ihrer Eltern vernichtet hatte, waren diese nicht in der Lage gewesen, die Summe zu begleichen, die über den Winter durch den Kauf von Mehl, Zucker und Tee im Laden, der dem Drogenboss gehörte, aufgelaufen war.[317]

In vielen asiatischen Ländern gibt es Gesetze, welche die Verheiratung von Kindern verbieten. Aber 2010 lebten neun Millionen Frauen im Alter von 20-24 Jahren, die als Kinder verheiratet worden waren. Zunächst erscheinen diese Zahlen als Resultate der Fortdauer alter Praktiken. Und das sind sie auch, aber die wachsende Zahl sogenannter zeitweiliger (muta) Heiraten in Thailand verdeutlicht andere Praktiken. Dieses Rechtsinstitut eröffnet religiös gebundenen Männern die Möglichkeit, guten Gewissens sexuelle Handlungen zu erwerben ohne sich dauerhaft zu verpflichten. Sie macht es auch Eltern möglich, ihre Töchter reichen Touristen zur Verfügung zu stellen, ohne dass Letztere strafrechtliche Folgen zu fürchten hätten. Und in China, wo die Knappheit an Mädchen im Heiratsalter, die durch die Ein-Kind-Politik erzeugt worden ist, die Brautpreise hat in die Höhe schnellen lassen, ist es inzwischen kostengünstiger geworden, ein Kind von einem Händler aus Myanmar zu kaufen, als eine Heirat mit einem lokalen Mädchen

---

314 Slavery in a free land: http://www.ilo.org/global/about-the-ilo-press-and-media-centre/insight/WCMS_18787; abgerufen am 16.10. 2015.

315 Klaus Ehringfeld, Slum der verlorenen Kindheit, Weser Kurier, 11.12.2014, S. 6.

316 Inzwischen hat sie den in der Kindheit versäumten Schulbesuch nachgeholt. Vgl. Arne Perras, Die Wut der Ausgegrenzten, Süddeutsche Zeitung, Nr. 213, 16.9.2015, S. 9.

317 Rachel Morarjee fügt an, die Familie lebe in den Bergen über Argu, wo es so trocken sei, dass außer Opium nichts angebaut werden könne. Vgl. Afgahn peasants bear the brunt of curbs on opium: https://www.ft.com (10.5.2006).

einzugehen. Nicht wenige der Mädchen aus benachbarten Staaten, die auf diese Weise „verheiratet" wurden, sind später in die Prostitution verkauft worden.[318]

Häufig erfolgt ein solcher Verkauf in die Sexindustrie ohne den Zwischenschritt einer Verheiratung.1998 schrieb Christa Wichterich: „Es ist davon auszugehen, dass in Nepal, Bangladesch und Burma der Ankauf von jungen Mädchen für die Sexindustrie immer häufiger mit Wissen der Eltern geschieht, denen die Armut keine Einkommensalternative lässt." (1998: 102) Um zu verhindern, dass sie diesem Schicksal entfliehen, werden sie festgehalten und bedroht. Einer kindlichen Prostituierten war für den Fall ihrer Flucht die Ermordung ihrer Mutter angedroht worden.[319]

2015 schätzte die Hilfsorganisation *Maiti-Nepal*, dass jährlich bis zu 15.000 Mädchen aus Nepal illegal ins Ausland gebracht werden, viele von ihnen nach Indien. Nicht selten geben sich die Menschenhändler als Mitarbeiter von Hilfsorganisationen aus, die Eltern versprechen, ihre Tochter in die Obhut internationaler Organisationen zu bringen.[320] Ein Bericht der UN-Organisation UNODC aus dem Jahr 2012 gibt an, dass der Handel mit Kindern zum Zweck ihrer sexuellen Ausbeutung in der Sub-Sahara vor allem innerhalb der Region vonstatten geht, während Kinder aus Westafrika auch nach Europa oder in andere afrikanische Staaten gebracht werden, vor allem nach Südafrika.[321]

Vernichtete Ernten, gierige Gläubiger und verkaufte Töchter gab es lange vor der Zeit des globalisierten Kapitalismus, es gab sie auch lange vor der historischen Dominanz kapitalistischer Formen der Aneignung. Und doch finden sich in nahezu allen Beispielen, die in den letzten Jahrzehnten öffentlich wurden, Hinweise auf Verhältnisse, die es in genau dieser Art zuvor nicht gegeben hat.[322] So verweist etwa die Arbeitsgemeinschaft zum Schutz der Kinder vor sexueller Ausbeutung (ECPAT) auf die Tatsache, dass die Routen und die Methoden des Handels mit Kindern zum Zweck ihrer sexuellen Ausbeutung ständig wechseln, ja, dass sie manchmal täglich verändert werden, um besser an regionale Praktiken, an neue Gesetze und Verordnungen sowie an neue technische Entwicklungen angepasst zu werden.[323]

Und eben diese neuen technischen Möglichkeiten sind es, die heute auch den Handel mit Babys und die Vernutzung der Körper von Kindern und Jugendliche für den Lust-

---

318 Alle Angaben aus: Ecpat, The commercial sexual exploitation of children in East and South East Asia, Nov. 2014, vgl. www.ecpat.net.

319 Bericht der 18-jährigen Wan, nachdem ihr die Flucht gelungen war. Vgl. Robert Belleret, Enfances fracassées, Le Monde, 19.12.2001, S. 16.

320 Philipp Hedemann, Ins Bordell verschleppt, Weser-Kurier 31.5.2015, S. 4.

321 UNODC, Global report on trafficking in persons 2012, vgl. : http://www.unodc.org/documents/data-and-analysis/glotip/Trafficking_in_Persons_2012_web.pdf; hier zitiert nach: ecpat, The Commercial Sexual Exploitation of Children in Africa, S. 17, www.ecpat.net.

322 Um eine Ausnahme handelte es sich wohl, wenn 2014 in den USA 169 Kinder aus Prostitution befreit wurden. Berichten zufolge waren es keine Fremden, sondern „Amerikas Kinder". Vgl. 168 Kinder aus Prostitution befreit, Weser Kurier, 25.6.2014.

323 Ecpat (Afrika), S. 17.

gewinn Erwachsener erleichtern. Ebenso wie für den Handel mit Frauen gibt es auch für den Handel mit Babys und Kindern sowie für das Ausmaß der pornographischen Vernutzung kindlicher Körper keine einigermaßen gesicherten Statistiken,[324] anders als im Fall der Rekrutierung von Frauen für Sexarbeit gibt es für die sexuelle Vernutzung kindlicher Körper aber keine Debatte über angeblich freiwillige Entscheidungen.[325]

Der Zusammenhang zwischen der kommerziellen Ausbeutung kindlicher Sexualität und globalisiertem Kapitalismus basiert auf der weltweit ungleichen Verteilung von Einkommensverhältnissen auf der einen und den technischen Elementen des globalisierten Kapitalismus auf der anderen Seite.[326] Erstere ermöglicht es Menschen, die nicht einmal sehr reich sein müssen, um die halbe Welt zu fahren, um sich die Dienste kindlicher Sexualobjekte zu kaufen, letztere erleichtern den Zugang zu Kinderpornographie und zu Angeboten realer kindlicher Sexualobjekte. In den Ländern des metropolen Kapitalismus braucht es nur „etwas Geduld", um derartige Angebote im Netz zu finden. (Wuttke 1998: 126f.) Zugleich haben es technische Entwicklungen erleichtert, kindliche Sexualobjekte weltweit anzupreisen und Nachfragende zu erschwinglichen Preisen an die Orte der Transaktion zu befördern. Und in jedem der so hergestellten Kontakte ist nicht nur das Machtgefälle zwischen dem Käufer von Sex und dem dienstleistenden Kind gegenwärtig, sondern auch das Machtgefälle zwischen den Herkunftsländern der Käufer und den Herkunftsländern derjenigen, die sie vernutzen, mit anderen Worten: die Globalisierung.

---

324 Dass dies auch für die Bundesrepublik Deutschland gilt, geht hervor aus: Ergänzender Bericht zum Ersten Staatenbericht der Bundesrepublik Deutschland an die Vereinten Nationen, eingereicht von ECPAT Deutschland e.V. am 30. Mai 2013 (ECPAT ist ein internationales Netzwerk von Organisationen und Individuen, die sich der Beseitigung von Kinderpornographie und dem Handel mit Kindern zum Zwecke ihrer sexuellen Ausbeutung verschrieben haben.)

325 Das macht es wohl umso leichter, die Politik der Rückführungen in Herkunftsländer als Hilfsmaßnahmen auszugeben. Tatsächlich kritisieren Fachberatungsstellen, dass sich die Rückführung eher am Zuwanderungs-und Asylrecht als am Wohl des Kindes orientiert. ECPAT, 30.5.2013, Ergänzender Bericht zum Ersten Staatenbericht der Bundesrepublik Deutschland 2013.

326 Manchmal allerdings wird es auch ausgenutzt, dass keine Computer zur Verfügung stehen. Die Kliniken in Nairobi, die Geburtsurkunden für geraubte Säuglinge ausstellten, die dann mit ihren „Großmüttern" nach Großbritannien ausgeflogen wurden, sind zwar geschlossen worden, illegale Adoptionen werden aber weiterhin profitträchtig praktiziert. Vgl. Marc Engelhardt, Zum Shoppen nach Afrika, TAZ, 9.11.2007, S. 5. Auch in Europa werden Babys geraubt (manchmal auch mittels Vergewaltigung zunächst „erzeugt") und dann verkauft. An der griechisch-bulgarischen Grenze soll der Handel mit Babys und Eizellen blühen. Vgl. Babyhandel in Griechenland/Fokus Südosteuropa: http://www.dw.de/babyhandel-in-griechenland/a-14845316; abgerufen am 31.8.2014; In Dagestan (Russland) wurden Ärztinnen verhaftet, die Babys unmittelbar nach der Geburt verkauften. Den Eltern sagten sie, ihre Kinder seien kaum überlebensfähig, sie sollten auf weitere medizinische Maßnahmen verzichten. Die Babys wurden für umgerechnet 10.000 € verkauft. Rolf P. Bach hat in den 1980er Jahren Unterlagen über Babyhandel in Südamerika gesammelt. (1986: 98-123) Vgl. http://www.n-tv.de/panorama/Polizei-verhaftet-Aerztinnen-article9611081.html; abgerufen am 31.8.2014.

Achte theoretische Zwischenbemerkung: Klassenanalyse?

Das Verhältnis zwischen „Kapital" und „Arbeit" konstituiert spezifische Voraussetzungen für produktive Zusammenarbeit, gleichzeitig erhält und erneuert es den fundamentalen Interessengegensatz zwischen Kapitaleignern und Arbeitskräften: den Klassengegensatz. Er ist immer und überall gegenwärtig, wo menschliche Arbeitskraft unter der Regie und zum ökonomischen Vorteil von Kapitaleignern vernutzt wird. So auch in den Verhältnissen, die in dieser Untersuchung dargelegt sind. Allgegenwärtig sind damit auch Versuche, die Art und Weise der Vernutzung von Arbeitskraft zu verändern – sei es zugunsten von Kapitaleignern, sei es zugunsten von den unter fremder Regie arbeitenden Menschen.

Weil mit jeder derartigen Auseinandersetzung über die Lebensbedingungen von Arbeitskräften und über die Strategien entschieden wird, die Kapitaleignern für die Konkurrenz auf Märkten zur Verfügung stehen, liegt die Schlussfolgerung nahe, dass die aus der Klassenposition resultierende Handlungsmotivation alle anderen Handlungsmotivationen dominiert, wenn auch nicht in jedem einzelnen Augenblick, so doch im Laufe der Zeit. Zahlreiche Beispiele aus aller Welt und aus allen Phasen des Kapitalismus stünden zu Verfügung, um die Plausibilität dieser Annahme zu unterstützen. Sie geht dennoch in die Irre. Denn menschliches Handeln, sei es das Handeln von Individuen, sei es das Handeln sozialer Gruppen, ist nicht so eindimensional angelegt, wie dies die Analyse der Personifikationen ökonomischer Klassenlagen nahelegt. Aus der materiellen und sozialen Position, welche der Klassengegensatz determiniert, folgt nicht die Konstitution von sozialen Gruppen, welche diesen Positionen entsprechend agieren.[327]

Das bedeutet aber auch, dass der Blick auf Klassenpositionen zu kurz greift, wenn es darum gehen soll, die Entwicklung einer Gesellschaft zu analysieren. Zwar kann die Konzentration auf Praktiken, die sich als Versuche der Realisierung konkreter materieller Interessen deuten lassen, weitreichende Aufschlüsse über bestimmte Aspekte politischer und sozialer Entwicklungen vermitteln, es sind dies aber immer Einsichten in einen spezifischen Ausschnitt der gesellschaftlichen

---

327 Im Zusammenhang marxistischer Diskussion wird dieser Sachverhalt als Unterschied zwischen der Klasse „an sich" und der Klasse „für sich" thematisiert. Wolfgang Fritz Haug hat hervorgehoben, dass Marx selbst diese Formulierungen nicht gebraucht hat. (Vorwort zu Band 7.1. des Historisch Kritischen Wörterbuch des Marxismus) Immerhin aber schrieb Marx von einer gemeinsamen Situation und gemeinsamen Interessen und stellte fest, auf dieser Basis konstituierten sich Arbeiter als „Klasse für sich selbst". (Marx, 1847, Das Elend der Philosophie, MEW, Bd. 4: 180f.). Die Existenz einer Klasse resultierte damit aus Klassenkämpfen. „Aber was ist, wenn 'die Klassen' nicht kämpfen, gibt es sie dann nicht?" fragt Hans-Günter Thien am Ende seines Berichtes über klassentheoretische Diskussionen der letzten fünfzig Jahre. (2014: 185) Schließlich lässt sich marxistische Klassentheorie auch nicht dadurch retten, dass ausdrücklich darauf verzichtet wird, ihre Relevanz für empirische Analysen darzulegen. (Lotz 2014: 383 und passim)

Entwicklung. Sobald umfassendere Gesellschaftsanalyse angestrebt wird, sind weitere Verhaltensmotivationen und weitere politische und soziale Praktiken in Rechnung zu stellen. Auch wer im Kapitalverhältnis die Kerngestalt kapitalistischer Gesellschaften zutreffend benannt findet, (Thien 2011: 10) sieht sich für jede Analyse konkreter historischer Entwicklungen vor das Erfordernis gestellt, dem Zusammenhang zwischen materiellen Lebensbedingungen und konkreten Handlungen auf die Spur zu kommen.

Weil alle derartigen Untersuchungen auch Handlungsbedingungen und Handlungsmotivationen aufdecken, für welche sich kein unmittelbarer Zusammenhang mit dem Kapitalverhältnis aufzeigen lässt, ist es kein Zufall, dass die Versuche, konkrete historische Ausprägungen kapitalistischer Gesellschaften zu analysieren, sehr häufig dazu führen, dass Kulturforschung an die Stelle von Klassenanalyse gesetzt wird. Kaum irgendwo ist dies deutlicher als in der sog. Subalternforschung, die als eine Erforschung indischer Klassenverhältnisse begann, um schließlich als Kulturforschung fortgesetzt zu werden.[328]

Sozialhistorische Klassenanalyse ist lange durch die Aktionen organisierter Arbeiter und Arbeiterinnen im 19. und beginnenden 20. Jahrhundert geprägt worden.[329] Sie täuschten darüber hinweg, dass „Klassen" immer nur fiktive soziale Handlungsgruppen waren. Klassenanalyse, wie sie lange in sozialhistorischen Analysen tradiert wurde, kam einer theoretischen Diskriminierung von sexistischen, rassistischen, kolonialherrschaftlichen und anderen Ursachen von Ungleichheit, Vulnerabilität und Unterdrückung gleich. Heute sind die Arbeitermilieus, die ihr Plausibilität verliehen hatten, weitgehend verschwunden. Auseinandersetzungen

---

328 Vgl. dazu die Hinweise in Kap. V (Abschnitt „Minder freie Lohnarbeit") sowie den sehr informativen Überblick von Vinayak Chaturvedi (2006/2011).

329 Geoff Eley & Keith Nield haben ausgeführt, dass diese „traditionelle" historische Klassenanalyse in erheblichem Maße dadurch geprägt wurde, dass sich in den industrialisierten Regionen von Europa zwischen 1880 und 1920 distinkte proletarische „Welten" herausbildeten, in denen sich kulturelle und organisatorische Solidaritäten kristallisieren konnten, aus denen dann die Programmatik sozialistischer und kommunistischer Parteien erwuchs. (2007: 165) Dass theoretische Konzeptionen, welche sich der Anschauung dieser Verhältnisse verdanken, nicht auf historisch andere Verhältnisse übertragen werden sollten, wird derzeit besonders nachdrücklich von Historikerinnen und Historikern formuliert, die sich auf die Analyse von Entwicklungen in Indien und in angrenzenden Kolonien/Staaten konzentrieren. Überblick bei: van Schendel (2007); Behal & Joshi & Mohapatra (2010). Dipesh Chakrabarty verweist darauf, dass die soziale Basis für Widerstand in Indien eher in Nachbarschaften, Dorfgemeinschaften oder in Kastenzugehörigkeit lag als in der Gemeinsamkeit von Arbeitskräften, und dass sich aus konkreten Kämpfen keine gemeinsame Zielsetzung erschließen lässt. (1989: 230) Weshalb er denn auch betont, dass analytische Konzepte, die aus der Geschichte der Arbeitskämpfe in Europa gewonnen wurden, nicht auf Indien übertragbar seien. (1989: passim) Ranjit Das Gupta befürchtet, dass der Fokus auf (ahistorisch verstandene) „traditionelle" Vergesellschaftungsformen die Bedeutung des kolonialen Kapitalismus und des Kolonialstaates verkennt. (1994: XVI)

um die Aneignung von Arbeitsergebnissen sind in allen kapitalistischen Gesellschaften präsent, Klassenkämpfe aber sind es nicht.

Mehr noch als in früheren Phasen kapitalistischer Entwicklung setzt die Analyse heutiger gesellschaftlicher Entwicklungen zweierlei voraus: die Analyse konkreter sozialer und politischer Praxis und ihrer je spezifischen Ursachen sowie die Analyse der in einer Gesellschaft institutionalisierten und faktisch praktizierten Staatsgewalt. Letzteres widerspricht der von John Holloway vorgeschlagenen theoretischen Konzeption, Nationalstaaten lediglich als die fragmentierte Form der Weltgesellschaft zu begreifen. (2002: 20)[330] Denn so sehr politische Auseinandersetzungen durch die weltweiten Bedingungen für Strategien der Aneignung auf der einen und die weltweite Konkurrenz unter Arbeitskräften auf der anderen Seite geprägt sind, so sehr neue übernationale Institutionen die Strategien von Kapitaleignern koordinieren und unterstützen, konkrete Bedingungen für die Auseinandersetzung um die Art und das Ausmaß der Vernutzung von Arbeitskraft werden immer noch durch nationalstaatliche Politiken geprägt. (Hirsch & Kannankulam 2009: 196 und passim; Hirsch & Wissel 2011)[331] Auf eine perverse Art und Weise gilt dies auch für Politiken, die in *Offshore* Strukturen des Rechts zugelassen sind.

Eben weil dies so ist, verbietet sich auch das theoretische Konstrukt eines globalen Proletariats. Werden ein Steine klopfendes Kind in einem indischen Steinbruch, eine ständig mit Gift hantierende Arbeiterin in einer Rosenplantage in Ecuador oder ein gefangener Seemann auf einem indonesischen Fischkutter dem theoretischen Konstrukt eines globalen Proletariats zugeordnet, dessen Zorn über

---

330 Für Holloway bewirken Nationalstaaten, dass manche Aspekte der weltweiten gesellschaftlichen Verhältnisse als „politische" definiert werden. Sind sie Gegenstand von Auseinandersetzungen, so bestärkt dies nur die irrtümliche Annahme einer Autonomie des Staates. (2002: 114; 111) Sowohl rigoroser als auch analytisch kryptischer ist die von Michael Hardt und Antonio Negrio vertretene Position. Für sie hat der globalisierte Kapitalismus eine Weltordnung an die Stelle der zuvor fragmentierten Souveränitäten gesetzt. In diesem „Empire" sind Ökonomie und Politik eine Einheit geworden. Weil es kein „Außen" mehr gibt, sind auch die traditionellen Konflikte obsolet geworden. (2000: 189) Das gilt für Konflikte zwischen Nationalstaaten, es gilt aber auch für Konflikte zwischen militanten Arbeitskräften und Kapitalisten. Denn die neuen Konflikte und Krisen betreffen nicht nur die Produktion, sondern auch die Biomacht und das Leben selbst. Gegner des *Empire* ist deshalb die *"Multitude"*. Indem sie sich zum Subjekt der Geschichte macht, bringt sie den „kommunistischen Militanten" hervor. (2000: 413) Das ist sehr weit weg von einer tagtäglich geschundenen Haushaltshilfe in Hongkong.

331 So sehr sich internationale Abkommen auch auf das lokale Angebot und die Ausgestaltung von Arbeit auswirken – mit Hinweis auf das Welttextilabkommen der WTO wurde dies mehrfach erwähnt – derartige Absprachen schaffen keine internationale Kapitalistenklasse. (Anders noch: van der Pijl 1998: passim) Auch die Auffassung, internationale Institutionen seien zu „staatsähnlichen" Institutionen oder gar zu neuen Ausprägungen von Staatsmacht geworden (Harvey 2006: 159; Cammak 2003) hält theoretischer und empirischer Analyse nicht stand. Entsprechendes gilt für die Ansicht, im globalisierten Kapitalismus sei Marktmacht an die Stelle von Staatsmacht getreten.

die Verhältnisse sich in einem „Schrei" Luft macht, (Holloway (2005: 16) so werden sie nicht nur von Kapitaleignern ausgebeutet und von Politikern unterdrückt oder „übersehen", sondern zusätzlich auch noch von Theoretikerinnen und Theoretikern missachtet. Denn obwohl die im globalisierten Kapitalismus vorhandenen sehr unterschiedlichen Arbeitsformen allesamt darin übereinstimmen, dass Männer, Frauen und Kinder ihre Arbeitskraft unter Bedingungen einsetzen müssen, die von Kapitaleignern geprägt werden,[332] so unterscheiden sich die ihnen zur Verfügung stehenden Alternativen auf Arbeitsmärkten und die ihnen zur Verfügung stehenden Möglichkeiten des Widerstandes doch auf derart existentielle Weise, dass einer theoretischen Analyse verwehrt bleiben muss, sie allesamt einer Großgruppe „Proletariat" zuzuschreiben.[333]

332 Karl Reitter hat dafür die schöne Formulierung gefunden, dass sie alle in einer „proletarischen Existenzsituation" leben. (2011: 120) Seiner Analyse zufolge stimmt eine derartige Formulierung mit Marx überein. Folglich kritisiert er die von Marcel van der Linden und Karl Heinz Roth (2009) vertretene These, dass sich die Marx'sche Analyse auf „freie Lohnarbeit" bezogen und beschränkt habe, weshalb sie zur Analyse der weltweit unterschiedlichen Arbeitsverhältnisse nicht tauge. (Ebenda: 119)

333 Entsprechendes gilt für alle Versuche, aus materiell gleichartigen Lebensbedingungen auf eine „Unterklasse" zu schließen, Loïc Wacquant hat dies für Ghettobewohnerinnen und Bewohner deutlich gemacht. Sie sind, wie er sagt, der Möglichkeiten beraubt worden, eigene kollektive und individuelle Identitäten zu entwickeln. (2008: 48)

Zur politischen Geographie des Gifts

Zusammen mit der Auslagerung von Produktionsprozessen wird im globalisierten Kapitalismus auch Gefährdung ausgelagert. Während der Einsatz von Gift in manchen Weltgegenden vergleichsweise streng reguliert ist und Schutzmaßnahmen für Beschäftigte nicht nur vorgeschrieben sind, sondern ihre Verwendung auch überwiegend kontrolliert wird, gibt es andere Weltgegenden, in denen der ausgiebige Einsatz von Gift entweder legal oder doch faktisch geduldet ist. Zumeist wird dort auch die Verwendung von Schutzmaßnahmen eher lax kontrolliert.

Das Ausmaß solcher Praxis und ihre Auswirkungen für die Gesundheit und das Leben von Arbeitskräften legen eine Präzisierung nahe: direkte Gewalt gegen Personen wird nicht nur praktiziert, wenn Menschen mit oder ohne Waffen bedroht und verletzt werden, wenn sie eingeschlossen oder auf andere Weise am Verlassen der Orte gehindert werden, an denen sie extreme Ausbeutung erleiden. Vielmehr werden Menschen den Schlägen direkter Gewalt auch ausgesetzt, wenn ihre Atmungsorgane und ihre Haut Gifte in sich aufnehmen, weil Kapitaleigner Sparmaßnahmen anordnen oder sich Vorteile vom Angebot eines Produktes versprechen, dessen Herstellung ihnen als gesundheitsgefährdend bekannt ist. Dass dies der Fall ist – und folglich unterstellt werden kann, dass das Risiko einer Schädigung von Arbeitskräften bewusst eingegangen wurde – ergibt sich immer dann, wenn eine bestimmte Produktion in einem Land des domestizierten Kapitalismus nicht durchgeführt werden kann, weil dem Verbote und Kontrollen entgegenstehen. Solche Gewaltpraxis ist vielerorts präsent.[334]

Gift in der industriellen Produktion

In den 1980er Jahren wurde vermutet, dass US-Firmen für die Produktion in *Maquiladoras* große Mengen giftiger und gefährlicher Substanzen in die mexikanische Grenzregion verbringen ließen. (J. & L. Tamayo: 155-156) Als in den 1990er Jahren der US-amerikanische Kongress darüber debattierte, ob das Freihandelsabkommen zwischen den USA, Kanada und Mexiko (*North American Freetrade Agreement*) angenommen werden solle, fanden in den *Maquiladoras* häufige Umwelt- und Gesundheitsinspektionen statt. Seit die NAFTA (1994) in Kraft getreten ist, wurden Inspektionen aber wieder seltener. Geblieben sind gesundheitliche Probleme, die durch Umweltgifte verursacht werden.[335] *Maquiladora* Arbeiterinnen, die dem Einfluss giftiger Chemikalien ausgesetzt gewesen

---

334 Oben wurde auf die in den USA und in China unterschiedlichen Maßnahmen zum Schutz gegen den Aluminium- Staub verwiesen, der bei der Herstellung elektronischer Geräte anfällt. Er bringt die Gefahr von Explosionen mit sich, ist aber auch ohne Explosion gesundheitsgefährdend.

335 Sarah Anderson, 2001, Seven Years Under NAFTA, Institute for Policy Studies, zit in: The NAFTA Model: A Raw Deal for Women in the Developing World: www.citizenstrade.org 2001.

waren, berichteten von Fehlgeburten, Geburtsschäden, Atemwegserkrankungen, Ohnmachtsanfällen und Ausschlägen.[336]

Entsprechende Berichte gibt es aus allen Teilen der Welt. Ein wichtiger Exportartikel der Türkei waren – und sind – Jeans, vorzugsweise Jeans im *used look*. Um ihn zu erzeugen, wird die giftige Chemikalie Kaliumpermanganat genutzt. Für diese, in der Branche als „Veredelung" bezeichnete Produktionsstufe kommen auch Sandstrahler zum Einsatz. Beide Verfahrensweisen sind in Europa verboten, in Billiglohnländern aber im Gebrauch.[337] In Folge dieses Modetrends erkrankten in der Türkei immer mehr junge Männer an Silikose (Staublunge). Zwar wurden diese Verfahren oft in kleinen einheimischen Unternehmen durchgeführt, doch sind diese als Subunternehmer mit den großen ausländischen Investoren verbunden. In Folge vehementer Proteste verbot die Regierung 2008 Sandstrahlverfahren und kündigte an, den an Silikose Erkrankten eine Rente zu gewähren, sofern sie den Nachweis lieferten, dass die Erkrankung eine Folge ihrer Sandstrahltätigkeit ist. In wieweit solcher Nachweis gelingen kann, ist ebenso offen wie die tatsächliche Kontrolle des Verbots. Zudem ist offen, ob Sandstrahl-Tätigkeiten nicht ins angrenzende Ausland verlagert werden. (Utz & Hibbeler 2010: insbes. S. 9)[338]

In asiatischen Textilfabriken werden vielfach Chemikalien verwendet, die in westlichen Industrienationen schon seit langem verboten sind. Müssen Beschäftigte solche Chemikalien nutzen, um Stoffe zu färben oder Leder zu gerben, so ist mit dramatischen gesundheitlichen Schädigungen zu rechnen.[339]

In chinesischen Spielzeugfabriken wurde auch 2014 noch vielfach keine Schutzkleidung für Arbeitskräfte gestellt, die mit giftigen Chemikalien hantieren mussten.[340] In

336 Mexican Workers to Testify in San Antonio, Dec. 12, 2000, On Health and Safety Abuses at Maquiladora plants, press advisory, Coalition for Justice in the Maquiladoras, Dec. 2000: www.citizenstrade.org 2001; vgl. auch: 28.9.2014 Nicole Fallenbec, Focus-Online: http://www.focus.de/finanzen/news/sandstrahler-und-chemikalien; abgerufen am 4.2.2016.

337 Ebenda.

338 Auch in Europa gibt es noch Textilproduktion, die sich auf dem Weltmarkt behauptet. Zentren derartiger Produktion gibt es vor allem in der Türkei. Arbeitskräfte beklagen geringe Löhne, Betrug bei Sozialabgaben und Zwang zu übermäßigen Überstunden. Manche Firmen versuchen, mit qualitativ hochwertiger Verarbeitung zu konkurrieren, der Druck auf die Arbeitskräfte aber bleibt. Ähnlich sind die Verhältnisse in Kroatien. Näherinnen arbeiten oft bis zu 60 Stunden wöchentlich für sehr niedrigen Lohn. Ohne Zusatzverdienste anderer Familienmitglieder können sie nicht über die Runden kommen.

339 2011 stellte Greenpeace fest, dass in vielen Textilien, die in Ländern der Dritten Welt hergestellt wurden, Reste von Nonylphenolethoxylat (NPE) enthalten waren. Die Endprodukte waren nicht gesundheitsschädlich, wohl aber gefährdet die Chemikalie, wenn sie im Produktionsprozess ausgewaschen wird und ins Abwasser gelangt, den Bestand an Fischen, Krebsen und anderen Wasserorganismen in den Herstellungsregionen. Weil das Mittel über gute technische Eigenschaften verfüge und billig sei, könne nicht erwartet werden, dass Firmen freiwillig auf seine Verwendung verzichten. Sie müsse verboten werden. Vgl. Heike Holdinghausen, Gift aus den Textilfabriken, TAZ, 23.8.2011, S. 8.

340 Kai Strittmatter & Kai Löffelbein (Fotos) Land des Hechelns, Süddeutsche Zeitung, Nr. 25, 31.1./1.2.2015, S. 48.

den Fabriken, in denen die Fanartikel für Olympia 2012 hergestellt wurden, waren die Arbeiter ohne Schutzkleidung ständig giftigen Dämpfen ausgesetzt. Als Mitglieder von SACOM (*Students & Scholars against Corporate Misbehaviour*) diese Verhältnisse untersuchten, hatte sich bei einigen Arbeitskräften bereits der Speichel verfärbt. Schutzmasken hatten sie sich selbst kaufen müssen.[341]

In manchen EPZs haben Arbeitskräfte mittels Streiks Verbesserungen durchsetzen können, einzelne Unternehmen entschlossen sich zu Verbesserungen, weil sie die Wirkung internationaler Kampagnen auf potentielle Abnehmer fürchteten.

Apple schien einem Imageschaden vorbeugen zu wollen, als der Konzern 2011 Antworten auf die Fragen über gefährliche Produktionsverfahren verweigerte, die dem Konzern von der *Green Choice Alliance* (GCA) gestellt worden waren, in welcher 36 chinesische Umweltorganisationen zusammen arbeiteten. Diese Verweigerung betraf auch die Frage nach den Verhältnissen in der Fabrik Lian Jian in Suzhou, in welcher 2009 49 Arbeiter vergiftet worden waren, die berührungsempfindliche Bildschirme für Apple gereinigt hatten. Apple betonte, der Konzern praktiziere ein striktes Auditing seiner Zulieferer, weigere sich aber, diese zu nennen.[342]

Gift in der Agrarindustrie

Wie immer sind nur Beispiele möglich. Beginnen wir mit *Bhopal*. In dieser Stadt kam es 1984 zu einem Unfall apokalyptischen Ausmaßes. Regierungsoffiziellen Angaben zufolge fielen der Katastrophe in der *Union Carbide India* mehr als 7.000 Menschen zum Opfer, weit über 300.000 erlitten schwerste gesundheitliche Schäden.[343] Annähernd dreißig Jahre nach dem Unglück sind nach wie vor 50.000 Menschen zu krank, um zu arbeiten, und im *Journal of the Americam Medical Association* wurde bestätigt, dass auch die inzwischen geborenen Kinder der Gas-Opfer gesundheitlich geschädigt sind.

Union Carbide hatte verschiedene Giftstoffe produziert, darunter vor allem das Pestizid Sevin. Die Gründung der Firma hatte nicht nur Arbeitsplätze erwarten lassen, sondern auch eine Unterstützung der damals in Indien und andernorts systematisch geförderten agrarindustriellen Produktion. Dass am 3. Dezember 1984 eine riesige Explosion die Produktionsanlage zerstörte und tödliches Gas austrat, war ein Unfall, der sich hätte vermeiden lassen, wenn die in den Jahren zuvor fünfmal aufgetretenen Gaslecks und deren gesundheitsschädliche Wirkungen ernst genommen worden wären. Stattdessen waren im Zuge von Sparmaßnahmen Fachleute entlassen worden. Ihr Fehlen macht verständlich, warum auf die Anzeige des Überdrucks in einem Lagertank am

341 Felix Lee, Schwitzen und schuften für Olympia, TAZ, 26.6.2012, S. 9.

342 Sven Hansen, Apple schweigt über giftige Zulieferer in China, TAZ, 24.1.2011, S. 9.

343 Olivier Bailly, Bhopal, 20 Jahre danach, Le Monde diplomatique, Dezember 2004, S. 4, Anm. 3.

Abend vor der Katastrophe nicht reagiert worden war. Sicherheitssysteme waren entweder eingespart worden oder waren defekt.

Auch in der Folge des Unglücks dominierten Kostengesichtspunkte. Das Unternehmen weigerte sich, die dabei angefallenen giftigen Abfälle zu beseitigen. Folglich blieb das Trinkwasser in Bhopal für Tausende giftig belastet. Als *Union Carbide* im Jahr 2001 das Unternehmen an *Dow Chemical* verkaufte, waren die giftigen Abfälle nicht beseitigt. *Dow* akzeptierte aber keine Verpflichtungen des vorigen Eigentümers.[344] Um potentielle Investoren nicht abzuschrecken, hält sich die indische Regierung mit der Forderung nach einer Beseitigung der giftigen Abfälle und einer Finanzierung von Vorkehrungen für sauberes Trinkwasser zurück. Und für die Zusage einer insgesamt sehr geringen Entschädigungssumme für alle Opfer ließ sich die Regierung den Verzicht auf eine strafrechtliche Verfolgung der Unternehmensleitung abkaufen.[345] Da sich das Oberste Gericht Indiens aber weigerte, die entsprechende Übereinkunft zu akzeptieren, erließ die Staatsanwaltschaft Bhopal 1991 einen Strafbefehl gegen den ehemaligen Konzernchef Warren Anderson wegen fahrlässiger Tötung. Dem daraufhin von indischen Behörden gestellten Auslieferungsgesuch entsprachen die in den USA Zuständigen nicht. Auch eine Petition von Bhopal-Opfern an das Oberste Gericht der USA, mit welcher sie darum ersuchten, vor US-amerikanischen Gerichten auf Entschädigung klagen zu dürfen, wurde abgewiesen.[346]

Im Jahr 2006 verklagten 591 frühere Arbeiter eine Unilever- Fabrik im südindischen Kodaikanal Unilever auf Entschädigung. Sie alle – und 45 ihrer bereits verstorbenen Kolleginnen und Kollegen – litten an Nierenbeschwerden, Gedächtnis-und Gewichtsverlust. Frauen erlitten Fehlgeburten. Die Symptome deuteten auf eine Quecksilbervergiftung. Die Erkrankten waren in der Produktion von Quecksilberthermometern beschäftigt gewesen. 165 Millionen Thermometer waren zwischen 1986 und 2001 in der Unilever-Fabrik produziert worden. Geschlossen wurde diese Fabrik allerdings nicht wegen der

---

344 The Bhopal Medical Appeal, 8.September 2011: http://bhopal.org/bhopal-fast-facts/; abgerufen am 12.2.2016; vgl. auch die von *Greenpeace* 1999 durchgeführte Untersuchung der immer noch vorhandenen giftigen Rückstände: The Bhopal legacy. Toxic contaminants at the former Union Carbide factory site: www.greenpeace.org/reports/the bhopal-legacy-toxic contaminants ...; abgerufen am 5.2.2015.

345 So gering die Entschädigungen auch waren, sie weckten Verlangen. Und da sich nach Jahren nur schwer nachweisen lässt, ob eine bestimmte gesundheitliche Schädigung durch Giftgas hervorgerufen wurde, ließen die Behörden als Beleg gelten, dass jemand in den Stadtvierteln wohnte oder gewohnt hatte, die von der Gaswolke betroffen gewesen waren. Das ließ sich ebenso fälschen wie das jeweils vorzulegende ärztliche Attest. Als die Vereinbarung 1989 unterzeichnet wurde, bezog sie sich auf 10.000 Geschädigte, als das Geld 1995 ausgezahlt werden sollte, waren es 67.000. Vgl. Olivier Bailly, Bhopal, 20 Jahre danach, Le Monde diplomatique, Dezember 2004. Für diese Angabe beruft sich Bailly auf N.S. Sharma von der Zeitung *The Tribune*.

346 Agnes Tandler, Die Katastrophe, die nicht aufhört, Weser Kurier, 28.11.2014, S. 5.

Krankheitsfälle, sondern, weil mehrere Tonnen quecksilberverseuchten Mülls auf einem naheliegenden Schrottplatz gefunden worden waren.[347]

Zwischen 2005 und 2011 sollen mehr als fünftausend Menschen in Nicaragua an chronischer Niereninsuffizienz gestorben sein. Sie alle waren Zuckerrohrarbeiter gewesen. Auf Fotografien sieht man Arbeiter, die in dem Wasser baden, in welchem sie Pestizidkanister reinigen. Schutzkleidung gab es nicht, auch nicht für die Arbeiter, die Pesitizide mischten und versprühten.[348]

Auch auf Bananen- und Ananasplantagen in Ecuador, die über das *Rainforest Alliance* Siegel verfügen, gab die Mehrheit der Arbeitskräfte an, sie würden immer wieder schutzlos Pestiziden ausgesetzt. Das Gift werde versprüht, während sie auf der Farm seien oder sie müssten bereits eine Stunde nach dem Versprühen wieder aufs Feld. „Wenn man sich beschwert, riskiert man, entlassen zu werden."[349]

Oben wurde ausgeführt, dass in manchen Regionen Südamerikas illegal gerodete Wälder zunächst zu Weiden gemacht und später zum Anbau von Soja genutzt werden. Angebaut wird Soja in Brasilien, Paraguay und Bolivien, vor allem aber in Argentinien, wo inzwischen mehr als zwanzig Millionen Hektar mit Soja bepflanzt sind, überwiegend mit Gensoja. „ Kein Land hat sich durch diese Züchtung so verwandelt wie Argentinien".[350] Die Pflanzen laugen den Boden aus, weshalb denn auch immer mehr Pestizide verspritzt werden. 1990 wurden in Argentinien bereits 34 Millionen Liter an Pestiziden und Fungiziden verspritzt, 2013 waren es 317 Millionen Liter. Lieferanten waren vor allem *Dow Chemical* und *Monsanto*, Leidtragende sind die Menschen in den Anbaugebieten.[351] Wenn es gegen die Insekten geht, trifft oft auch sie etwas von dem Nebel, den die Maschinen versprühen. Spielen Kinder zwischen den Sojapflanzen, holen sie sich Hautreizungen, nutzen Einheimische die leeren Giftkanister, um sich Trinkwasser aus dem Gemeindebrunnen zu holen, so machen sie sich selbst zu Versuchsobjekten für die Wirkung von Pestiziden auf Menschen.[352]

---

347 Lalon Sander, Unilever entschädigt nach 15 Jahren, TAZ, 11.3.2016, S. 8.

348 Katja Maurer, Wenigstens das Recht auf einen Sari; Rundschreiben medico international 2/2011, S. 23-26.

349 Jost Maurin, Süß für Verbraucher, bitter für Arbeiter, TAZ, 31.5.2016, S. 3.

350 Peter Burghardt, Der Tod kommt mit dem Wind, Süddeutsche Zeitung Magazin, Nr. 47, 21.11.2014, S. 12.

351 Kritiker müssen sich immer noch mit der Annahme auseinandersetzen, dass mit Agrotechnik eine Steigerung der landwirtschaftlichen Produktion zu erreichen sei, die dabei helfe, den Hunger in der Welt zu beseitigen. Inzwischen ist aber längst bekannt, dass zwar vorübergehende Steigerungen möglich sind, dann aber ein Kollaps der natürlichen Systeme droht, nicht zu reden von den gesundheitlichen Schädigungen der Arbeitskräfte und ihrer Familien. Vgl. Elmar Altvater, Giftmischer-Multis vor Gericht. (Bericht über das Tribunal gegen die Pestizidkonzerne der Welt): http://www.weltwirtschaft-und-entwicklung.org/wearchiv/53168697a70a67901/042ae ...; abgerufen am 9.1.2012.

352 2006 einigten sich Umweltorganisationen, Agrarverbände und die brasilianische Regierung darauf, dass Soja aus den illegal abgeholzten Waldgebieten nicht in den Handel gelangen darf. Dieses sog. Soja-Moratorium ist bis Ende 2015 verlängert worden. Greenpeace zufolge hat das

Ein besonderes Kapitel sind Rosen. Vielen gelten sie als Boten der Liebe. Wer sich ihrer bedienen will, um seinen Gefühlen sichtbaren Ausdruck zu verleihen, kann heute vielerorts sicher sein, sie ganzjährig in guter Qualität und einer für seine Gefühle ausreichenden Menge vorrätig zu finden. Denn Rosen, die auf Blumenfarmen in Kenia oder in Ecuador geschnitten werden, können heute 48 Stunden später in einem europäischen Laden angeboten werden.[353] Entsprechendes gilt für den Transport von Rosen aus Bolivien oder Ecuador in die USA. Rosen sind damit nicht mehr nur Symbole der Liebe, sie sind auch Ausdrucksformen des globalisierten Kapitalismus.

In den meisten Blumenfarmen Kenias waren Frauen jahrelang gezwungen, Gift zu versprühen, ohne dass ihnen Schutzkleidung gestellt worden wäre. Nachdem Proteste von Arbeiterinnen auch in den Niederlanden bekannt geworden waren, wo die meisten Betreiber dieser Farmen ihren Stammsitz haben, verbesserten sich diese Bedingungen. In neu eingerichteten Farmen werden die Kosten für Schutzkleidung aber weiterhin vermieden.

Der internationale Handel von Schnittblumen, insonderheit von Rosen, wächst durch die Nachfrage, er wächst aber auch durch die Aneignungsstrategien von Kapitaleignern, die es sich zunutze machen, wenn zweierlei zusammen trifft: günstige klimatische Bedingungen und niedrige Lohnkosten. In Ecuador beispielsweise werden Rosen hoch oben in den Anden gezüchtet. In Werbebroschüren wird darauf verwiesen, dass heiße Tage und kühle Nächte die langen Stile der dort angebauten Rosen besonders stabil machen.

Nach wie vor werden sehr viele Rosen aus den Niederlanden exportiert, allerdings werden die meisten davon nicht dort gezüchtet, sondern lediglich gehandelt.[354] Die meisten Rosen, die in Europa angeboten werden, kommen aus Kenia. In die USA werden Rosen vor allem aus Kolumbien und Ecuador geliefert. Neben den bereits international etablierten Lieferanten gibt es inzwischen aber auch Exporteure in anderen europäischen Ländern sowie in Tansania, China, Thailand[355] oder Indien.[356]

Moratorium die weitere Abholzung gebremst. Vgl. Andreas Behn, Keine Vermarktung von illegalem Soja, TAZ, 22.7.2016, S. 9. Das Abkommen betrifft nicht den legalen Anbau von Soja. Seit Beginn des Jahrtausends wurden die 33 Millionen Nutzfläche der argentinischen Pampa zu zwei Dritteln mit gentechnisch verändertem Soja überzogen. Vgl. Ulrich Brand, Offene Adern, Süddeutsche Zeitung, 3.5.2016, S. 2.

353 http://www.auswaertiges-amt.de/DE/Aussenpolitik/RegionaleSchwerpunkte/Afrika/wi...; abgerufen am 9.2.2016; http://www.klimesch.com/ecuador-rosen.html; abgerufen am 8.2.2016.

354 Weit gereist: Schnittblumen im Winter (Stand 4.1.2016); https://www.ndr.de/ratgeber/garten/Zimmererpflanzen/Schnittblumen-kaufen-im-Winter...; abgerufen am 8.2.2016.

355 Das Statistik-Portal. Wichtigste Herkunftsländer für Rosenimporte nach Deutschland nach Importen im Jahr 2014; vgl: http://de.statista.com/statistik/daten/studie/252806/umfrage/herkunftslaender-fuer-rosen/ abgerufen am 8.2.2016, Tansania ist in dieser Statistik nicht aufgeführt, wohl aber als Ausfuhrland angegeben.

356 Seit 2008 gilt das indische Unternehmen Kuturi Global als größter Rosenproduzent der Welt. 2012 sollen in den Produktionsstätten in Indien, Kenia und Äthiopien jeden Tag 1,5 Millionen

Diese bereits jetzt bestehende und für die Zukunft verstärkt befürchtete Konkurrenz wirkt sich auf die Arbeitsbedingungen der vielen tausend Frauen aus, die weltweit damit beschäftigt sind, Rosen zu pflegen und zu schneiden.[357] Nicht nur führen die Erwartungen von Konsumenten dazu, dass Pestizide eingesetzt werden, um ihnen einen makellosen Auftritt zu ermöglichen, Konkurrenz aus anderen Ländern lässt Rosenproduzenten auch zu Giften greifen, weil sie nicht riskieren wollen, durch umweltfreundlichere Produktion eine größere Menge einzubüßen.[358] Immer wieder wird berichtet, die Rosen würden buchstäblich in Gift getaucht. Gefördert werden solche Verhaltensweisen, wenn, wie etwa in den USA, zwar verlangt und überprüft wird, ob Rosen frei von Ungeziefer sind, nicht aber, ob sie auch frei von Giftrückständen sind.[359] Anders als für Obst und Gemüse gibt es für Blumen auch in Europa keine amtlich festgesetzten Grenzwerte für Rückstände giftiger Chemikalien. In den 22 Rosensträußen, die Ökotest im April 2011 in Deutschland kaufte, befanden sich denn auch durchweg giftige Substanzen, darunter potentiell krebserregende Stoffe.[360] Für Käuferinnen und Käufer besteht keine unmittelbare Gefahr, für die weltweit derzeit etwa 200.000 Arbeiterinnen in der Rosenindustrie aber sehr wohl. Sie alle stehen in der Gefahr, Hautreizungen und Asthma zu entwickeln und Fehlgeburten zu erleiden. Und während ein neuer Vater seine Frau womöglich mit einem großen Rosenstrauß überrascht, wird am anderen Ende der Welt ein Fötus durch die Arbeitsbedingungen der angehenden Mutter so sehr geschädigt, dass sich dies noch Jahre nach der Geburt des Kindes in retardierter und begrenzter Lernfähigkeit auswirkt. Dies jedenfalls ist das Ergebnis einer Untersuchung, welche die *Harvard School of Public Health* an 72 Kindern im Alter von 7-8 Jahren durchgeführt hat, die in Ecuador in der Region von Blumenfarmen, aber nicht auf einer dieser Farmen selbst aufwuchsen. Besonders deutlich war der Mangel an motorischer Koordination,

---

Stiele produziert worden sein. Sie wurden nach Japan, Australien, Südostasien, Westasien, Nordamerika und Europa verkauft. (Peters 2015: 88)

357 Weil es saisonale Schwankungen im Rosenabsatz gibt, sind Frauen oft nur kurzfristig angestellt. Für eine Verlängerung ihres Arbeitsvertrages würden oft sexuelle Gefälligkeiten verlangt. Einer Studie von *Human Rights Watch* zufolge gaben 2013 35 von 40 Frauen an, entweder selbst diese Erfahrung gemacht oder von Bekannten entsprechende Erfahrungen berichtet bekommen zu haben. (zit. nach Peters 2015: 75f.)

358 http://panswiss.org/newsroom/valentine-roses/ abgerufen am 7.2.2016 *"The biggest hurdle to going organic is that once you're there you have to be prepared to lose your crop"*. Aussage von John Amaya, Präsident von Kolumbiens größtem Blumenunternehmen – mit Sitz in Miami. Vgl:. Joshua Goodman, 21.2.2007, A Valentine classic: Roses dipped in chemicals; http://www.nbcnews.com/id/17115220/ns/world_news_world_environment/t/valentine..;abgerufen am 7.2.2016; Newsroom, All roses literally soaked with pesticides and smell of human rights abuse, vgl. http://panswiss.org/newsroom/valentine-roses/; abgerufen am 7.2.2016.

359 Joshua Goodman, 21.2.2007, A Valentine classic: Roses dipped in chemicals; http://www.nbcnews.com/id/17115220/ns/world_news_world_environment/t/valentine...; abgerufen am 7.2.2016.

360 Fairtrade, Hintergrundinformation Fairtrade Rosen, Stand: März 2015, Information über: c. brueck@Fairetrade-deutschland.de.

den diese Kinder aufwiesen. Außerdem mangelte es an räumlicher Orientierung und am visuellen Gedächtnis. Die Mütter dieser Kinder hatten alle während der Schwangerschaft in der Rosenzucht gearbeitet. Keine von ihnen hatte selbst mit Giften hantiert, aber 35 von ihnen hantierten mit besprühten Rosen und 23 waren womöglich durch die Arbeit des Kindsvaters in direkten Kontakt mit den Giften gekommen. Fachleuten zufolge sind Retardierungen, die im Einschulungsalter bestehen, vermutlich nicht mehr reversibel.[361]

Internationale Kritik hat einige Veränderungen bewirkt. In Kolumbien organisierten Rosenproduzenten ein Zertifizierungsverfahren. Bislang ist lediglich ein Drittel der Unternehmen, die Rosen produzieren, dem Verein beigetreten. Sie alle, so geben sie bekannt, benutzen jetzt weniger Gift. Doch verwenden auch die zertifizierten Betriebe zahlreiche Substanzen, die von der Weltgesundheitsorganisation als äußerst oder hochgiftig eingestuft werden. Verschärfte staatliche Vorschriften haben nicht verhindert, dass es immer wieder zu Unfällen mit giftigen Stoffen kam. Im Jahr 2003 mussten etwa 200 Beschäftigte eines Anbaubetriebes wegen Ohnmachtsanfällen und Wunden im Mund in ein Krankenhaus eingeliefert werden.[362] Da es in Kolumbien keine besonderen Regelungen für den Einsatz von Pestiziden in Gewächshäusern gibt, sind die Beschäftigten dort besonders gefährdet. International bekannt wurde der Protest Carmen Orjuelas, die 1997 Schwindelanfälle und Zusammenbrüche erlitt, nachdem sie von ihrem Arbeitgeber gezwungen worden war, das Gewächshaus bereits eine halbe Stunde nach dem Versprühen von Gift zu betreten. Man habe ihr und ihren Kolleginnen gesagt, wer sich weigere, könne gehen. Draußen warteten 20, die ihren Job gerne haben würden. Obwohl die von Staats wegen erlassenen Regelungen für die Verwendung von Gift 1997 noch nicht für Gewächshäuser galten, war es üblich, Arbeitskräfte erst einen Tag nach dem Versprühen wieder in die Gewächshäuser zu schicken. Die Hochkonjunktur in den Tagen vor dem Valentinstag hatte derartige Vorsicht außer Kraft gesetzt.[363]

Die inzwischen in Kolumbien und Ecuador gegründete Vereinigung *VeriFlora* schreibt strengere Regelungen für eine Zertifizierung vor als sie die von Unternehmern gegründete *Florverde* ihren Mitgliedern auferlegen will.

Rosen sieht man das Leid nicht an, das ihre Produktion vielfach bewirkt. Sie sind schön, und zumeist duften sie auch.

---

361 Daily News Blog, Chlorpytifos Linked to Developmental Delays in Children.

362 Giftcocktail im Strauß (13.2.2007); http://www.stern.de/politik/ausland/pestizidbelastung-giftcocktail-im-blumenstrauss-3; abgerufen am 4.2.2016.

363 Joshua Goodman, 21.2.2007, A Valentine classic: Roses dipped in chemicals; http://www.nbcnews.com/id/17115220/ns/world_news_world_environment/t/valentine...; abgerufen am 7.2.2016.

Giftiger Müll

Ganz anders der Abfall, der in Industrieländern produziert und in Entwicklungsländern abgeladen wird,[364] zumal sich mit Abfällen viel Geld verdienen lässt.[365] Und wiederum gibt es eine enge Verbindung zwischen den Transportmitteln des globalisierten Kapitalismus und einem Industriezweig. Abfälle werden in Containern transportiert.[366] Das hat den sehr großen Vorteil, dass seine Zusammensetzung oft nur mit großer Mühe kontrolliert werden kann. So lässt sich beispielsweise das Verbot des Exports von Elektroschrott dadurch umgehen, dass den unbrauchbaren Abfällen einige Exemplare jener *Second Hand* Produkte an Kühlschränken, Computern oder Handys beigegeben werden, deren Export zulässig ist. In Ghana, in Indien oder in China landet der größte Teil der Ladungen dann auf riesigen Abfallhalden, auf denen Kinder und Erwachsene ohne Schutzvorrichtung die noch brauchbaren Materialien herausbrechen oder mittels Feuer Metall, Aluminium, Kupfer und Eisen herauszulösen suchen. Isolierschaum wird angezündet, plastiküberzogene Kabel werden ins Feuer geworfen, der Kunststoff brennt, und übrig bleibt das Kupfer. Die Resultate ihrer Arbeit verkaufen die überwiegend sehr jungen Arbeitskräfte an Schrotthändler.[367] Neben ihrem kärglichen Verdienst nehmen sie auch dauerhafte gesundheitliche Schäden mit nach Hause.

Derartige Schrottplätze und Auswertungen gibt es an vielen Orten der Welt, besonders viele in Afrika. Aus Indien und China wird von Unternehmen berichtet, die sich auf die Herauslösung wiederverwertbarer Materialien spezialisiert haben.

Ebenso wie auf Schrottplätzen in Afrika werden *Greenpeace* zufolge auch in den Recyclingbetrieben Indiens die noch verwertbaren Materialien per Hand und Meißel herausgelöst.[368] Die vielen giftigen Bestandteile von elektronischen Geräten machen diese, sofern sie nicht noch nutzbar sind, zu Sondermüll.[369] Wird dieser im Freien verbrannt

---

364 Es gibt Ausnahmen. 2004 wurde in Dortmund die Firma Envio zur Entsorgung von giftigem Müll gegründet. Nachdem zahlreiche Beschwerden über unsachgemäße Entsorgung samt einer in Kauf genommenen Gefährdung von Mitarbeitern eingegangen waren, wurde die Firma 2010 zwangsweise geschlossen. Vgl. Stefan Weber, Schmutzige Geschäfte, Süddeutsche Zeitung, Nr. 107, 9.5.2012, S. 25.

365 Neben Drogenhandel und Prostitution soll der Giftmüllexport zu einem der rentabelsten Geschäfte der Mafia geworden sein. Gerhard Dilger, Der Hausmüll mit dem Regenwurm,TAZ, 25.8.2010.

366 2013 wurde geschätzt, dass in 20 % aller Container giftige Ladung enthalten ist. Es gibt Vorschriften, die verlangen, dass dies angegeben wird. Sie werden aber nicht eingehalten. Hafenbehörden verzichten auf strikte Kontrollen, weil sie Geschäftseinbußen befürchten. Seeleute und Hafenarbeiter kommen aber mit den Ausdünstungen der Gifte in Kontakt. Vgl. Sophie Landrin, Du poison dans les conteneurs, Le Monde, 3.1.2013.

367 Lena Kaiser, Mit dem Elektromüll nach Ghana, TAZ, 25/26.5.2013, S. 44.

368 Greenpeace, Recycling of Electronic Wastes in China & India: Workplace & Environmental Contamination (Exeter Study) vgl. https://www.greenpeace.de/themen/endlager-umwelt/der-greenpeace-bericht-exter-st...; abgerufen am 6.2.2016.

369 Der Fachterminus heißt "Gefährlicher Abfall" (*hazardous waste*).

und wird, wie dies *Greenpeace* in China festgestellt hat, die Asche dann einfach irgendwo in der näheren Umgebung entsorgt, so finden sich dort erhebliche Reste an giftigen Rückständen.[370] Allein in China werden jährlich 4 Millionen PCs ausgeschlachtet.

Die Entsorgung von Sondermüll durch dafür spezialisierte Betriebe ist teuer, weshalb Unternehmer denn auch immer wieder versucht sind, kostengünstigere Lösungen zu finden. Entsprechende Angebote gibt es in jedem Industrieland. Besonders berüchtigt wurden die Maßnahmen der Camorra, die schon in den 1970er Jahren Fässer mit hochgiftigem Sondermüll, der in Industriebetrieben Norditaliens angefallen war, in Äckern der näheren Umgebung von Neapel vergraben ließ. Der Zorn von Menschen, die vermehrte Krebserkrankungen darauf zurück führten, dass auf den als Giftgräbern genutzten Äckern anschließend wieder Gemüse und Getreide angebaut wurde, richtete sich nicht nur gegen die Mafia, sondern auch gegen die Behörden, ohne deren bezahlte Duldung dieses Entsorgungsverfahren kaum möglich gewesen wäre.[371]

Maureen Walsh zufolge wird nur ein kleiner Teil der in OECD Ländern anfallenden gefährlichen Abfälle in Entwicklungsländern entsorgt.[372] Immerhin wurden einzelne Skandale aber so bekannt, dass sich 1989 Vertreter zahlreicher Staaten zusammenfanden, um den Export gefährlichen Abfalls zu unterbinden. Seit 1992 ist die sog. Basel Konvention in Kraft, welche die grenzüberschreitende Entsorgung gefährlicher Abfälle streng reguliert. Sie wurde von der Europäischen Union und 182 Staaten unterzeichnet. Seither verlangt die kostengünstige Entsorgung gefährlicher Abfälle noch etwas mehr an krimineller Energie. Zumindest an einem einzigen Beispiel soll ihr globalkapitalistischer Einsatz illustriert werden.[373]

Alles beginnt damit, dass der Rohstoffkonzern Trafigura 2006 Kokernaphta kaufte. Dieses Erdöl ist sehr schwefelhaltig, und es ist preisgünstig. Auch nachdem dieses Erdöl mit Ätznatron „ausgewaschen" wird, kann es in den USA, in Europa oder in Singapur nicht verkauft werden,[374] wohl aber in Entwicklungsländern. Das aufgekaufte Koker-

370 Vgl. Greenpeace, Exeter Study, a.a.O., S. 15.

371 Michael Braun, Aufstand im Land der Feuer, TAZ, 18.11.2013, S. 8; Andrea Bachstein, Feuerland, Süddeutsche Zeitung, 3.2.2014, Nr. 27, S. 3.

372 Vgl. Maureen Walsh, The global trade in hazardous wastes: domestic and international attempts to cope with a growing crisis in waste management; in: Catholic University Law Review Nr. 42, S. 103-140, hier zit. nach: https://en.wikipedia.org/Basel_Convention. Aus derartigen Statistiken fallen freilich all jene Exporte heraus, die als Exporte von *Second-Hand* Produkten deklariert werden.

373 In dem Artikel, den „der Spiegel" über die nachfolgend zu erläuternde Umweltkatastrophe in Abidjan veröffentlichte, sind mehrere derartiger Beispiele aufgeführt. Vgl. Sebastian Knauer & Thilo Thielke & Gerald Traufetter, Die Odyssee der Probo Koala, Der SPIEGEL, 18.9.2006: http://www.spiegel.de/spiegel/print/d-48902727.html; abgerufen am 15.2.2016.

374 Pierce Nahigyan zufolge bestätigte Trafiguea's London Manager 2005 in einer e-mail, dass "US/Singapore and European terminals no longer allow the use of caustic soda washes since local environment agencies do not allow disposal of the toxic after treatment." Vgl. Abidjan: The Biggest Toxic Waste Scandal You've Never Heard Of: http://www.planetexperts.com/abidjan-the biggest- toxic-waste-scandal-youve-never-h...; abgerufen am 5.2.2016.

naphta wurde in die „Probo Koalo“ geladen, ein von Trafigura gechartertes Schiff, das unter der Flagge von Panama betrieben wurde. Im Januar 2006 wurde ein Teil der Ladung in den Anlagen einer Gesellschaft in den Vereinigten Arabischen Emiraten gewaschen. Danach kam es in einem tunesischen Hafen zu weiteren Waschvorgängen. Weil aber der dabei erzeugte Abfall gesundheitliche Probleme hervorrief, untersagten tunesische Behörden die Fortsetzung dieses Verfahrens. Daraufhin verlegte die Firma den industriellen Prozess des Auswaschens von Kokernaphta auf das Schiff selbst. Anders gesagt: im Auftrag von Trafigura fungierte die „Probo Koala“ auf dem Mittelmeer als Industrieanlage, die gewaschenes Petroleum und giftigen Abfall produzierte. *Amnesty International* und *Greenpeace* haben ihre Fahrt im Mittelmeer zwischen April und Juli 2006 ermittelt.[375] Im April 2006 fragte Trafigura an mindestens vier Stellen in Europa an, ob der Abfall entladen werden könne. Die Behauptung, man habe den Hafen von Amsterdam davon unterrichtet, dass es sich um giftigen Abfall handelt, konnte später nicht belegt werden. Am 2. Juli 2006 legte das Schiff in Amsterdam an und entlud Abfall auf einen Lastkahn. Nach Beschwerden über den Gestank wurden Proben genommen, eine unzulässige Verunreinigung mit giftigen Stoffen ermittelt und der Vorgang des Entladens gestoppt. Als Trafigura mitgeteilt wurde, dass die ordnungsgemäße Entsorgung (in Rotterdam) 630.000 US$ kosten würde, verlangte die Firma, dass die bereits entladene Menge ins Schiff zurück gepumpt werde. Das erfolgte. Woraufhin das Schiff nach Paldiski in Estland destiniert wurde. Die Entladung wurde untersagt, nicht aber, dass das Schiff mitsamt der giftigen Ladung den Hafen verließ. Auch in Amsterdam war nicht versucht worden, das Schiff festzuhalten.[376] Im Juli müssen bereits vorsorgliche Vorbereitungen für die Entladung des Abfalls in der Elfenbeinküste getroffen worden sein, unterwegs schien aber Lagos (in Nigeria) eine Möglichkeit zu bieten. Das Schiff lag mehrere Tage im Hafen von Lagos, wurde den Abfall aber nicht los. Am 18. Juli beauftragte Trafigura die Firma „Tommy“ in Abidjan, den Abfall in Akuédo zu entsorgen, einer Müllhalde ohne Kapazität für die Entsorgung giftiger Abfälle.

Die neu gegründete Firma „Tommy“ hatte angeboten, die giftige Ladung statt für die in Rotterdam geforderten 900 Dollar pro m^3 für 35 € pro m^3 zu entsorgen.[377] 1994 hat die Elfenbeinküste die Baseler Konvention ratifiziert, und auch in diesem Staat benötigen Firmen, die Abfall aus Schiffen entsorgen wollen, eine Lizenz. Sie muss von der

375 Amnesty International and Greenpeace Netherlands, The Toxic Truth. About a Company called Trafigura, a Ship Called Probo Koala and the Dumping of Toxic Waste in Côte D'Ivoire, 2012, S. 30-31.

376 Amnesty International & Greenpeace zufolge erklärt sich dies wegen der Drohung von Trafigura, dem Hafen von Amsterdam für eine eventuelle verspätete Ankunft des Schiffes in Estland US$ 250.000 in Rechnung zu stellen op.cit. S. 19. Die Autoren zitieren aus einem Untersuchungsbericht: *"The Committee presumes that the idea of urgency was inspired by financial considerations."*

377 Es wurde und wird vermutet, dass diese Firma zur Abwicklung dieses Müllgeschäftes gegründet worden ist.

Hafenbehörde ausgestellt werden und setzt den Beschluss der dafür zuständigen Lizenz-Kommission voraus. Am 7. Juli wurde eine Entsorgungslizenz für die Firma „Tommy" beantragt, am 12.7. wurde sie vom *Director of Maritime and Port Affairs* ausgestellt, ohne dass die zuständige Kommission einberufen worden wäre. Am 19. August 2006 lief die Probo Koala im Hafen von Abidjan ein. Angestellte der Behörden für Maritime Angelegenheiten, für Gesundheit, Immigration und Umwelt gingen an Bord, begnügten sich aber mit einer Sicht auf die Papiere. Der giftige Schlamm wurde von 12 Tanklastern der Firma „Tommy" übernommen und an 18 Stellen der Stadt ausgeladen. Nachdem zwei Wagenladungen wie geplant auf der Müllhalde Akuédo abgeladen worden waren, untersagten deren Betreiber die Zufahrt weiterer Tanklaster. Danach kippten die Fahrer den Abfall einfach irgendwo aus, sei es auf einem Gemüseacker, sei es in einem Kanal oder vor einer Firma, die Babynahrung produzierte.[378] Noch in derselben Nacht bekamen viele Bewohner von Abidjan Atembeschwerden, Übelkeit, Kopfweh und Nasenbluten. Das Schiff legte wieder ab. In Abidjan starben mindestens acht Menschen, 85.000 benötigten medizinische Hilfe.[379] Über hundert Familien mussten ihre unbewohnbar gewordenen Häuser aufgeben. Am 18. September begannen internationale Experten mit den Arbeiten zur Beseitigung der giftigen Abfälle. Die Regierung trat zurück, doch bis auf die Minister für Transport und für Umwelt wurden alle Minister wieder ernannt.[380] In Abidjan wurden mehrere Verantwortliche angeklagt, verurteilt wurden lediglich zwei Bevollmächtigte von Trafigura und der Inhaber der Firma „Tommy". Am 13. Februar 2007 trafen die Regierung der Elfenbeinküste und der Konzern Trafigura eine Vereinbarung. Gegen die Bezahlung von 95 Milliarden CFA (etwa 200 Millionen US Dollar) sowie 15 Milliarden CFA Kaution für die beiden verhafteten Angestellten des Unternehmens verzichtete die Regierung auf alle weiteren Anklagen sowie auf alle weiteren Forderungen für die Aufräumarbeiten und für Entschädigungen.[381] Am 14. Februar wurden die beiden Beauftragten des Konzerns auf Bewährung entlassen und verließen die Elfenbeinküste. 2010 wurde der Eigentümer der Firma „Tommy" vorzeitig

---

378 Vgl. Thomas MacManus, Toxic Waste Dumping in Abidjan, case study published in 2012; http://statecrime.org/testimonyproject/ivorycoast.

379 Es gibt unterschiedliche Angaben über die Anzahl der Todesfälle. Hier zitiert wird die niedrigste. Sie stammt aus dem Bericht der Weltgesundheitsorganisation vom 26.9.2006: Organisation Mondiale de la Santé, Sitrep N° 9, Situation Actuelle des Dechets Toxiques en Côtes D'Ivoire. In einer Veröffentlichung der WHO heißt es, dass so sehr viele Menschen medizinische Hilfe brauchten, habe die ohnehin unzureichenden medizinischen Einrichtungen des Landes überfordert und deutlich gemacht, dass die medizinischen Kapazitäten der Elfenbeinküste nicht ausreichten, um einen derartigen Notfall zu bewältigen. Vgl. http://www.who.int/mediacentre/news/notes/2006/np26/en/; abgerufen am 5.2.2016.

380 http://www.irinnews.org/report/61104/cote-d-ivoire-clean-up-of-toxic-waste-begins; abgerufen am 5.2.2016

381 Vgl. Amnesty International und Greenpeace Netherlands, op. cit. S. 133.

aus der Haft entlassen.[382] Im Zuge einer in London eingereichten Zivilklage hat Trafigura 2009 den geschädigten Familien in Abidjan Zahlungen in Höhe von je 1.000 Pfund zugesagt, das Eingeständnis eines Verschuldens aber abgelehnt.[383] Im März 2015 reichten 110.937 Betroffene in den Niederlanden eine Klage gegen Trafigura ein. Nachdem ein vorheriger Versuch gescheitert war, weil die niederländische Justiz argumentiert hatte, keines der Opfer lebe in den Niederlanden, gründeten die Opferanwälte eine niederländische Stiftung für die Opfer.[384] Im Frühjahr 2016 stand die Entscheidung des Gerichts noch aus.

Die Katastrophe von Abidjan resultierte aus Profitgier, mangelhaften Kontrollen und dreister Gleichgültigkeit gegenüber der Gesundheit von Mitbürgern. Und doch war ihre Ursache eine sehr allgemeine, denn die Unmengen an Müll, die weltweit sowohl legal als auch illegal entsorgt werden, zählen zu den dreckigen Wahrheiten des globalisierten Kapitalismus. Auf jenen riesigen Schrottplätzen in Ostasien, auf denen außer Dienst gestellte Schiffe unter ständiger Gefahr für die Gesundheit und das Leben der Arbeitskräfte ausgeschlachtet werden, sind sie augenscheinlich. Seit 2005 Michael Glagower die Arbeit von Abwrackern in seinem Film *"Working men's death"* ins Bild gesetzt und Thomas Gudzoway (2012) Fotografien dieser Menschen und ihrer lebensgefährlichen Arbeit veröffentlichte,[385] sind die Verhältnisse in diesem Arbeitsbereich einer größeren Öffentlichkeit bekannt geworden. Seit den 1990er Jahren konfrontiert die Nichtregierungsorganisation *"Shipbreaking Platform"* die Schifffahrtsöffentlichkeit mit unhaltbaren Verhältnissen.

Demolierung und Ausschlachtung von Schiffen schädigt nachweislich die Umgebung der Abwrackwerften, und sie gefährdet tagtäglich die Gesundheit und das Leben von Arbeitskräften. Viele der Arbeiter, manche von ihnen halbe Kinder, klettern barfuß auf den Schiffsteilen herum, ständig in der Gefahr, sich an einem der Metallteile zu schneiden. Was die Schweißarbeiten anlangt, so verfahren die Unternehmen nach der Methode *"learning by doing"*. Die Kontraktoren heuern Menschen an, die nicht über handwerkliche Qualifikationen verfügen. Viele von ihnen werden auf den riesigen Schiffen zum ersten Mal mit modernen Industriebauten konfrontiert. Ohne vorhergehende Unterweisung bekommen manche ein Handschweißgerät in die Hand gedrückt. Als im Oktober 2012 ein Arbeiter in Alang (Indien) mit dem heißen Schneidbrenner eine Leitung traf, in der noch Öl stand, kam es zu einem Feuer. Sechs seiner Kollegen

---

382 Amnesty International und Greenpeace Netherlands zufolge war diese Entlassung 2012 noch nicht offiziell.

383 Human Rights in Ireland, Guest Post: MACMANUS ON TRAFIGURA: http://humanrights.ie/international-lawinternational-human-rights/guest-post-macman...; abgerufen am 15.2.2016.

384 Markus Balser, Tödliche Giftfracht, Süddeutsche Zeitung, Nr. 48, 27.2.2015, S. 19.

385 Thomas Gudzowaty, (2012) Keiko, (Text von Witold Szablowski).

starben.[386] Die vor allem in Chittagong gebräuchliche Methode des *beaching* steigert die Gefährdung von Umwelt und Arbeitskräften. Denn der Schlick auf den Stränden, auf denen Schiffe bei Hochwasser „abgesetzt" werden, macht sowohl den Einsatz von Geräten zur Hebung schwerer Geräte als auch das Tragen eventuell vorhandener Sicherheitsschuhe unmöglich. Obwohl die 145 in Chittagong tätigen Unternehmen allesamt bestrebt sind, Unfälle geheim zu halten, wurde bekannt, dass allein 2015 mindestens 16 Arbeiter ums Leben kamen und mehr als 20 schwer verletzt wurden. Für letztere mangelt es meist an medizinischer Hilfe und nahezu immer an finanzieller Unterstützung. Wer arbeiten kann, tut dies zumeist sieben Tage die Woche, haust in einer einfachen Hütte ohne sanitäre Einrichtungen und verdient zwischen 45 und 126 € im Monat. Das reicht auch in Bangladesch nicht hin.[387] Ähnliche Berichte gibt es aus Indien.

Durch das Abwracken werden Schiffe zu gefährlichem Abfall. Dessen Export hat die 1989 beschlossene Basler Konvention untersagt. In einem 2009 in Hongkong beschlossenen Abkommen haben Mitglieder der *International Maritime Commission* spezielle Regeln für den Bau von Schiffen und die Vorbereitung ihrer Abwrackung vereinbart. Die Hongkong Konvention verlangt von den Flaggenstaaten, dass sie die für die Abwrackung bestimmten Schiffe untersucht, ein Verzeichnis der an Bord befindlichen Schadstoffe erstellt und anschließend eine Genehmigung erteilt. Bis Ende Dezember 2015 war das Abkommen nur von Finnland, Norwegen und der Republik Kongo ratifiziert und folglich noch nicht in Kraft. Nichtsdestotrotz hatten sich chinesische Unternehmen darauf eingestellt, durch Investition in moderne Recycling-Einrichtungen mehr von jenen Schiffen anzuziehen, die auf ihre letzte Fahrt geschickt werden. Das besonders gefährliche *beaching* wurde verboten. Weil die Hongkong Konvention aber kein derartiges Verbot enthält und *beaching* in Bangladesch weiterhin gebräuchlich ist, haben sich die Investitionen vorläufig noch kaum ausgezahlt. Die 2013 von der EU erlassene Verordnung über das Recycling von Schiffen[388] erklärt die Methode des *beaching* für unzulässig. Diese Verordnung gilt aber nur für Schiffe, die im Schiffsregister eines Mitgliedstaates der EU aufgeführt sind. Mit einer Genehmigung des Flaggenstaates können Schiffe zu einem außerhalb der EU gelegenen Abwrackunternehmen verbracht werden, sofern dieses über ein von EU-Behörden ausgestelltes Zertifikat verfügt. Die Verordnung bestimmt ferner, dass im Zuge von Hafenstaatskontrollen[389] Beamte europäischer Staaten auch das Vorhandensein des Gefahrstoffinventars von Schiffen überprüfen, die unter einer nicht-europäischen Flagge fahren.[390]

---

386 Isabell von Hülsen & Wieland Wagner & Bernhard Zand, Gefragter Schrott, Der Spiegel 9.2.2013; http://www.spiegel.de/spiegel/print/d-90931300.html; abgerufen am 10.2.2016.

387 Shipbreaking Platform, Edition of February 2016, S. 5; http://www.shipbreakingplatform.org.

388 Verordnung (EU) Nr. 1257/2013 des Europäischen Parlaments und des Rates vom 20. November 2013, Amtsblatt der Europäischen Union, L 3330/1.

389 Ihre Einrichtung und Funktionsweise ist im Abschnitt über *"flags of convenience"* erläutert.

390 Art. 12 der zitierten EU-Verordnung.

Das alles lässt sich umgehen. Wenn über die Verschrottung eines Schiffes entschieden wird, während sich dieses auf hoher See befindet, lässt sich die Fahrt zu einem der Schiffsfriedhöfe in Indien, Bangladesch, China oder Pakistan ohne Kontrollen bewältigen. Absichern können sich Eigner, wenn sie ein Schiff an einen Eigner verkaufen, der dieses nur zum Zwecke des Abwrackens erwirbt. Diese *Cash Buyer* versprechen nicht nur gute Preise, sie entlasten die Eigner auch von der Verantwortung, sich um die sichere Verschrottung zu kümmern. Derart transferierte Schiffe fahren dann nicht selten unter den Flaggen von St. Kitts und Nevis oder von den Komoren. Die Regierungen dieser Staaten bieten ihre Schiffsregister für Fahrten zum Schrottplatz zum Schleuderpreis an. Die Vorschrift, ein Zertifikat vorzuweisen, welches bestätigt, dass ein Schiff gefahrlos recycelt werden kann, lässt sich mittels Fälschungen umgehen. Und wer noch daran gezweifelt hatte, dass sich wirtschaftliche Interessen auch gegenüber Regulierungen behaupten können, wurde 2009 eines Besseren belehrt. Nachdem mehrere nationale und lokale Nichtregierungsorganisationen beim Höchsten Gericht von Bangladesch Klagen wegen gefährlicher Arbeitsbedingungen und Kinderarbeit eingereicht hatten, ordnete das Gericht an, alle Abwrackwerften Bangladeschs zu schließen. Keiner war eine Lizenz erteilt worden, keine arbeitete entsprechend gültiger Gesetze. Die Unternehmen erreichten, dass ihnen zeitlich begrenzte Lizenzen erteilt wurden. Die Anordnung des Gerichts, dass gefährliche *"end of life"*-Schiffe nicht nach Bangladesch importiert werden dürfen, wurde nicht durchgesetzt. [391] Die wirtschaftlichen Interessen, die ihr entgegenstanden, sind auch international wirksam, dies umso mehr, als die Schifffahrtskrise dazu geführt hat, dass Schiffe früher als zuvor aus dem Verkehr gezogen werden. Eigner sind dann bestrebt, zumindest noch eine beträchtliche Summe für die wiederverwertbaren Stoffe zu erzielen. 2012 wurden weltweit mehr als tausend Schiffe verschrottet.[392] Als die Hamburger Reederei Hapag Lloyd 2014 dem Vorbild der dänischen Reederei Maersk folgte und erstmals ein Schiff in einem chinesischen Unternehmen entsorgen ließ, dem europäische Standards der Entsorgung bescheinigt worden waren, nahm sie einen Verlust von zwei Millionen Dollar in Kauf. Ungefähr um so viel mehr hätte sie erwarten können, wenn sie das für 3.000 Container ausgelegte Schiff einem der üblichen ostasiatischen Abwrackunternehmen überlassen hätte.[393]

Die steigende Zahl an Schiffen, die auf ihre letzte Fahrt nach Ostasien destiniert wurden, hätte die Einnahmen von Abwrackunternehmern steigern können, wenn nicht gleichzeitig der Preis für Stahl auf internationalen Märkten gefallen wäre. Um bisherige Erlöse durch eine Steigerung ihres Angebots an Stahl auszugleichen, konkurrieren Abwrackwerften deshalb verstärkt um auszuschlachtende Schiffe. Ausgaben für besseren Arbeitsschutz stehen in dieser Situation nicht auf ihrer betriebswirtschaftlichen Agenda.

---

391 http://shipbreakingplatform.org, S. 4.

392 Isabell von Hülsen & Wieland Wagner & Bernhard Zand, Gefragter Schrott, Der Spiegel 9.2.2013; http://www.spiegel.de/spiegel/print/d-90931300.html; abgerufen am 10.2.2016.

393 Gernot Knödler, Deutsche Schiffe landen auf der Müllkippe, TAZ, 9.2.2016, S. 21.

Die Entgrenzung der Warenwelt

Seit Mitte der 1970er Jahre ist der Anteil des Exports an den Gesamtvolumina nationaler Produktion gewachsen, der Handel mit Waren sehr viel schneller als derjenige mit Dienstleistungen, und derjenige zwischen entwickelten kapitalistischen Ländern schneller als der weltweite Handel. (Bairoch 1996: passim) Auf internationalen Märkten werden heute aber nicht nur seit Längerem gebräuchliche Waren gehandelt, und es werden auch nicht nur die geographischen Grenzen bisheriger Märkte erweitert, sondern es wird die Warenwelt ständig in neue Dimensionen hinein ausgedehnt. Für diese Entwicklungen ist neuerdings der Terminus „Kommodifizierung“ gebräuchlich geworden. Er bezeichnet Vorgänge, durch welche zuvor vom Handel ausgeschlossene Bestandteile des biologischen und sozialen Lebens zu Handelsgütern gemacht werden. Vorgänge der Kommodifizierung sind eine der üblichen Begleiterscheinungen kapitalistischer Akkumulation.

Philip Mirowski hat darauf hingewiesen, dass aktuelle Prozesse der Kommodifizierung das Konzept der Persönlichkeit ökonomischem Kalkül unterwirft. Indem Menschen Drogen und Medikamente nachfragen, die geistige Fähigkeiten und Verhaltensweisen verändern, verhalten sie sich ihrer eigenen leiblichen und geistigen Identität gegenüber als Unternehmer. Darin, so Mirowski, kommt die Herrschaft des Neoliberalismus über Alltage zum Ausdruck. (2013: 208)[394] Als „Unternehmerinnen“ ihrer eigenen leiblichen Identität gegenüber verhalten sich auch Menschen, die ihre Gebärfähigkeit[395] oder eine

394 Der Hinweis auf Neoliberalismus ist zutreffend, doch ist das *catch-word* wenig konkret und inzwischen sehr wohlfeil. Deutlicher wird Ulrich Bröckling, wenn er darauf hinweist, dass die gesellschaftlich dominante Anforderung, sich selbst einem Qualitätsmanagement zu unterwerfen, den „Marktplatz zur Richtstätte“ macht. Erfolg ist verdient, und wer keinen hat, der hat etwas falsch gemacht. (2000: 162)

395 In den letzten Jahren ist die Vermarktung der Gebärfähigkeit von Frauen zu einem immensen Geschäft geworden. Vor allem in den USA, in Indien, der Ukraine, Russland und Thailand stellen sich Frauen zur Verfügung. Die Beträge, die sie für diese „Dienstleistung“ erhalten, sind unterschiedlich hoch, überall aber niedriger als diejenigen, die an die Fruchtbarkeitskliniken gehen. Dass die Praxis der Leihmutterschaft dazu geführt hat, dass zwischen Tragemüttern und Sorgemüttern unterschieden wird, macht deutlich, in welchem Ausmaß die Kommerzialisierung von Schwangerschaft und Geburt in die Identitäten der Betroffenen eingreift. Theoretikerinnen und Theoretiker, die der Auffassung sind, dass derartige Kommerzialisierung als Ausfluss der Herrschaft über den eigenen Körper und seinen Fähigkeiten betrachtet werden muss, sehen in dieser Entwicklung keine Probleme. Tatsächlich ist es in diesem Kindergebärgeschäft nur folgerichtig, wenn die Auftraggeber gesunde Nachkommen erwarten. Die Geburt eines Sohnes mit Down-Syndrom durch eine Leihmutter in Thailand, dessen „Abnahme“ die australischen Auftraggeber verweigerten, hat vielen die Problematik dieser Praxis zumindest im Hinblick auf eine ihrer möglichen Folgen zu Bewusstsein gebracht. Vgl. dazu: Panorama, 2.8.2014, 13:37: Eltern lassen behindertes Baby bei Leihmutter zurück; http://www.sueddeutsche.de/panorama/australien-eltern-lassen-behindertes-baby-bei-Leihmutter-zurück; abgerufen am 26.10.2015; über die unterschiedliche rechtliche Lage: vgl. https://de.wikipedia.org/wiki/Leihmutter; abgerufen am 26.10.2015. Zwar kommen sehr viele derartige Geschäfte zustande, weil die Familien der Frauen verschuldet sind, dennoch sind sie eher Beispiele für die

Niere zum Kauf anbieten. So sehr aber eine derartige Vermarktung auf denselben biotechnologischen Voraussetzungen beruht wie die Nachfrage nach einem Medikament, welches die eigenen Verhaltensweisen verändert, so grundlegend verschieden sind doch Motivation und Abwicklung der Transaktionen. Der Hinweis auf die Dominanz des Neoliberalismus geht ins Leere, wenn er auf Verhältnisse trifft, in denen äußerster materieller Zwang und direkte Gewalt gegen Menschen dominieren.

Im Folgenden steht die Entgrenzung der Warenwelt durch biotechnologische Entwicklungen nur insoweit zur Debatte, als sie den Einsatz direkter Gewalt zum Zwecke der Aneignung erleichtert, wenn nicht sogar provoziert. Keine der nachfolgend näher zu erläuternden Veränderungen konstituiert Verhältnisse, in denen Praktiken direkter Gewalt zum Zwecke der Aneignung notwendigerweise auftreten, jede von ihnen aber schafft strukturelle Voraussetzungen für derart gewalttätige Praxis.

Zumeist wird sie als *trafficking* bezeichnet.[396] Der Terminus bezieht sich auf Verhaltensweisen, deren Bekämpfung in internationalen Abkommen verabredet wird. (Neuerdings wird der Terminus nicht mehr ausschließlich auf grenzüberschreitende Verfahren angewandt.) Weil *trafficking* in fast allen Staaten kriminalisiert ist, dient der Terminus auch zur Unterscheidung zwischen dem für manche Waren – wie etwa Waffen oder Diamanten – teilweise legalen Handel und einem mit denselben Waren von Regierungen untersagten Handel. In aller Regel verweist der Terminus *trafficking* aber nicht nur auf einen Handel, sondern auch auf die Art und Weise der Beschaffung des Angebots. Üblicherweise werden für die Verwendung des – inzwischen juristisch relativ übereinstimmend definierten – Terminus drei Merkmale vorausgesetzt: erstens eine spezifische Art der Beschaffung (Rekrutierung), zweitens eine Situation der Vulnerabilität sowie drittens ein besonderer Typus der Ausbeutung (etwa der Entfernung

---

rabiate Kommerzialisierung menschlicher Lebensäußerungen als für die Praxis direkter Gewalt. Sie werden hier deshalb nur in einer Fußnote erwähnt.
Im Bundesstaat Kerala sind die Zahlungen für Leihmutterschaft höher als andernorts in Indien. Auftraggeber(innen) sind zumeist Inderinnen und Inder, die im Ausland arbeiten. Arathi Persenna Madhavan zufolge betrachten die Leihmütter ihre Arbeit als eine Art Saisonarbeit, die mit speziellen Risiken verbunden ist. Sie erklären sich dazu bereit, um die ökonomische Situation ihrer Familien zu verbessern. Manche der interviewten Frauen betonen, dass es sich bei Leihmutterschaft um eine Arbeit unter anderen handle. Seit es möglich sei, Embryonen in die Leihmutter zu implantieren, hätten Rechtsstreitigkeiten abgenommen. Thematisiert werde zwar oft der Altruismus der Leihmütter, in erster Linie aber handle es sich um Altruismus ihrer eigenen Familie gegenüber. Vgl. Arathi Persenna Madhavan, Mutterschaft als Saisonarbeit. Gespräche mit Leihmüttern im indischen Bundesstaat Kerala; in: WZB Mitteilungen, Nr. 149. September 2015; In Russland ist Leihmutterschaft legal. Veronika Siegl zufolge wird sie überwiegend als eine ökonomische Beziehung betrachtet. Für die Frauen handle es sich eher um eine rationale als um eine „freie" Entscheidung. (2015: 112).

396 Für diesen Terminus gibt es im Deutschen keine adäquate Übersetzung. Wenn im Englischen von *trafficking* die Rede ist, so wird dies ins Deutsche als „Handel" übersetzt. Für das Angebot und die Nachfrage nach Äpfeln, Schuhen, Organen oder Babys steht also nur ein und dasselbe Wort zur Verfügung. Zur Verdeutlichung der Besonderheit von Geschäften, in denen häufig direkte Gewalt zum Einsatz kommt, wird deshalb im Folgenden der englische Terminus benutzt.

eines Organs oder der Vernutzung einer Person als Sexualobjekt). Weil Rekrutierung und Ausbeutung aber auch durch die formal freiwillige Zustimmung von Betroffenen zustande kommen können, führt die Analyse von Prozessen des *trafficking* ins Zentrum jener besonderen Beziehung zwischen Kontrakt und Gewalt, die eines der Kennzeichen des globalisierten Kapitalismus ist.

Der menschliche Körper als Warenlieferant

Geraubte Haare

1906 veröffentlichte William Sidney Portner, der sich O. Henry nannte, eine Kurzgeschichte unter dem Titel *"The Gift of the Magi"* (Das Geschenk der Weisen). Sie handelt von den Weihnachtsgeschenken, die sich ein sehr armes junges Paar in New York machte. Weil sie ihm eine Kette für seine von ihm sehr geschätzte Taschenuhr kaufen wollte, hatte sie ihr wunderschönes langes Haar abgeschnitten und es einem Perückenmacher verkauft. Er aber hatte sich von seiner Uhr getrennt, um ihr die Kämme kaufen zu können, die sie sich für ihr Haar erträumt hatte.[397] O. Henry philosophierte über Geschenke, uns dient die Geschichte als Hinweis auf den Handel mit Haaren, von dem nicht nur die Della Young der Geschichte, sondern vor und nach ihr viele andere Frauen wussten. In den meisten Fällen werden sie ihr Haar aus Not angeboten haben, das aber hat der Rechtmäßigkeit des Vertrags zwischen kurzgeschorenen Frauen und Perückenmachern keinen Abbruch getan.

Neuerdings allerdings hat die wachsende Nachfrage nach Echthaar für Perücken und Haarverlängerungen dazu geführt, dass in manchen Städten Südamerikas, Chinas und den USA Frauen auf der Straße gewaltsam ihrer Haare beraubt werden. Ein Teil der Ware bleibt in den Ländern, in denen der Raub ausgeführt wurde, ein erheblicher Teil aber gelangt auch in den internationalen Handel. Er ist derzeit so lukrativ, dass sich inzwischen auch kriminelle Organisationen an Raub und Verkauf beteiligen. Alleine aus den USA sollen 2011 Haare im Wert von 1,3 Millionen US-Dollar exportiert worden sein. In Großbritannien sollen jedes Jahr bis zu 79 Millionen Euro mit Echthaarverlängerungen umgesetzt werden.[398] Dieser gewaltige – und gewaltsame – Aufschwung erklärt sich, weil neue Ultraschalltechniken die hauptsächlich aus Keratin bestehenden Verbindungsstellen zwischen dem eigenen Haar und der Verlängerung so flach machen, dass man sie nur fühlt, wenn man mit der Hand durchs Haar streicht. Schon ab einer Haarlänge von zehn Zentimetern ist eine Verlängerung um das Doppelte möglich, und

397 Text unter Wikimedia "The Gift of the Magi".

398 Klaus Ehringfeld, „Hände hoch! Haare her!", 25.9.2013: http://www.stuttgarter-zeitung.de/inhalt.haarraub-in-suedamerika-haende-hoch-haare; abgerufen am 4.11.2013; Peter Burghardt, Zopfgeldjäger, 20.August 2013: http://www.sueddeutsche.de/panorama/haar-raub-in-venezuela-zopfgeldjaeger-1.1759; abgerufen am 4.11.2013; Weser Kurier 14.8.2013, S. 8.

die so „extensierten“ Haare lassen sich ohne weiteres färben und dauerwellen.[399] Der vielfach gewaltsam beschaffte Nachschub an Haaren macht es auch möglich, dass sich junge schwarze Frauen in Südafrika heute Haarteile und Perücken aus einer Sorte von Echthaar leisten können, die weniger störrisch ist als ihre eigene.[400]

Die gewaltsame Beschaffung von Haar ist weltweit eine Straftat. Wer sie bekämpfen will, wird – ebenso wie Präsident Maduro in Venezuela – ein hartes Vorgehen gegen die dort inzwischen als „*Pirañas*“ bekannten Räuber fordern und die Verwerflichkeit der immensen Nachfrage kritisieren. In Venezuela soll der Raub von Haaren wie eine Vergewaltigung geahndet werden – mit bis zu zwölf Jahren Haft.[401] Nicht als die Wegnahme eines wertvollen Gutes, sondern als Angriff auf den Leib der Opfer soll der Raub von Haar gewertet werden.

Dass es sich beim Raub von Haar um die Anwendung direkter Gewalt handelt, steht außer Frage. Auch die Benutzung internationaler Vertriebswege für den Handel mit illegal beschafften Waren liegt auf der Hand. Zu einem Element globalisierter kapitalistischer Verhältnisse wird der Handel mit Echthaar aber erst durch die weltweite Verbreitung von Schönheitsidealen. Deren wichtigste Voraussetzung schaffen Veranstalter von Schönheitswettbewerben. Richard Wilk hat erläutert, dass sie weltweit funktionieren können, weil diese Wettbewerbe zwar zum einen Schönheitsideale verbreiten, die in den kulturell und ökonomisch hegemonialen Gesellschaften dominant sind, zum anderen aber auch die Herausbildung bewusster Differenz zu diesen Idealen fördern. (1995, 118 u. passim) Die kulturelle – in diesem Falle: ästhetische – Differenz definiert sich durch ihren Bezug zur hegemonialen Kultur. Anders gesagt, die Nachfrage nach Echthaar kann sowohl dem Bestreben nach Angleichung an hegemoniale Ideale geschuldet sein als auch dem Bestreben, die kulturelle Besonderheit – 'Alle unsere schönen Frauen haben lange Haare' – eindrucksvoll zu unterstreichen. Für den potentiellen Erfolg müssen derzeit oft andere die ihren lassen.

Geraubte und gekaufte Organe

Anders als bei der Nachfrage nach Echthaar durch Endverbraucher/innen geht es bei der Nachfrage nach Organen durch Kranke nicht um eine ästhetisch gewünschte Veränderung, sondern um die Verlängerung des Lebens. Wie immer dieses Bedürfnis ethisch beurteilt wird, sofern sein Verfolg den Kauf eines Organs impliziert, führt es uns vor Augen, dass medizintechnische Möglichkeiten der Lebensverlängerung für die einen mit

399 Weser Kurier 7.9.2014.

400 Martina Schwikowski, Der Hier-bin-ich-Look, TAZ, 31.12.2014/1.1.2015, S. 7.

401 Klaus Ehringfeld, Haar-Raub nimmt zu, 9.9.2013: http://www.berliner-zeitung.de/panorama/kolumbien-haaar-raub-nimmt-zu, 10898334,2.

der Gefährdung des Lebens anderer einhergeht.[402] In jedem Fall stellt sich die Möglichkeit einer erkauften Transplantation nur für Menschen, die, wenn auch nicht durchweg sehr reich, immerhin vermögend genug sind, um für die entsprechenden Organe und die für ihren Kauf zusätzlich erforderlichen Reisen und Operationen zu bezahlen.[403] Das stellt sicher, dass Organhandel ganz überwiegend in den sattsam bekannten Richtungen verläuft: vom (materiell verstandenen) Süden in den Norden und von „Nicht-Weiß" zu Weiß. Letzteres gilt auch für Transaktionen, die innerhalb nationaler Grenzen verbleiben.

Von Ausnahmen abgesehen sind Märkte, auf denen Organe gehandelt werden, illegal. Dass *organ trafficking* dennoch zu einem rasch anwachsenden internationalen Wirtschaftszweig wurde, ist durch die Erfindung von Cyclosporin im Jahre 1978 erleichtert worden. Die stark immunrepressive Wirkung dieses Medikaments hat das Risiko der Abstoßung eines implantierten Organs immens reduziert. (In der Bundesrepublik wurde Cyclosporin A im Jahr 1983 zugelassen.)[404] Wie schnell die damit geschaffene bzw. verbesserte Verdienstquelle bekannt wurde, ist daran abzulesen, dass in südamerikanischen Militärdiktaturen bereits Ende der 1970er Jahre systematisch Organe von Verstorbenen beschafft wurden, wobei nicht nur Mitarbeiter von Leichenschauhäusern involviert waren, sondern auch Ärzte, die sich über die medizinische und ethische Problematik der Diagnostizierung des Hirntodes von Komapatienten hinwegsetzten. Ähnliche Verfahren werden aus Südafrika in den 1980er Jahren berichtet.

Während die Regierungen dieser Staaten eher Privatpersonen die Chance verschafften, Profit aus dem Handel mit Organen zu ziehen, wurde die Nutzung der Organe von Hingerichteten in Taiwan bis 1994 von Regierungs wegen betrieben. In China ist dies bis heute der Fall. Als die Regierung im Herbst 2014 bekannt gab, dass diese Praxis beendet werde, wurde dies international eher zweifelnd zur Kenntnis genommen.[405] Die Organe werden Transplantationskliniken zur Verfügung gestellt, deren Angebot

---

402 Diese Wirkung gilt freilich auch, wenn die Verteilung von Organen ohne kommerzielle Transaktionen vor sich geht. In einem Prozess vor dem Landgericht Göttingen, der 2015 die 2012 bekannt gewordenen Manipulationen eines Arztes bei der Vergabe von Organen aufarbeiten sollte, wurde deutlich, dass es für Patienten keine Möglichkeit gibt, gegen die Entscheidungen der Stiftung Eurotransplant zu klagen, und dass Ärzte Daten so verändern, dass die Vergabe ihren eigenen Kriterien entspricht. Das Gericht monierte, die derzeitige Praxis sei verfassungswidrig. (Im November 2015 ist das Urteil noch nicht rechtskräftig.) Vgl. Landgericht Göttingen 6.5.2015= 6Ks$/13.

403 Was im Einzelnen erforderlich ist, hat Willi Germund, am Beispiel seiner eigenen Anstrengungen um den Kauf einer Niere ausführlich geschildert. (2015)

404 https.//www.organspende-info.de/infothek/geschichte; abgerufen am 21.9.2014.

405 Christina Berndt, Tod auf Bestellung, Süddeutsche Zeitung Nr. 288, 15.12.2014, S. 8; Allerdings gab es auch in China selbst Kritik an dieser Praxis, nicht zuletzt auch von Transplantationschirurgen. Vgl. Kai Strittmatter, Chinas schmutziges Geheimnis, Süddeutsche Zeitung, Nr. 189, 17./18.8.2013; Bereits 2009 wurde in der chinesischen Staatspresse vom Handel mit den Organen Hingerichteter berichtet, zusätzlich von staatlichen Kontrollen aller Kliniken, die Transplantationen vornehmen durften. Vgl. China gibt Organhandel zu, Frankfurter Allgemeine Zeitung, 27.8.2009, Nr. 198/35D, S. 1&2.

an zahlungskräftige Patienten Dollars ins Land holt. Das Angebot der chinesischen Justiz lässt sich materiell nur realisieren, wenn ausreichende Nachfrage vorhanden ist. Die meisten Patientinnen und Patienten, die sich in China eine Niere implantieren lassen, kommen aus anderen asiatischen Staaten. Bis zum Jahr 2001 sollen allein aus Malaysia mehr als tausend Menschen zu diesem Zweck nach China gereist sein. [406] Nach Berichten über zunehmenden Transplantationstourismus von US-Bürgern nach China setzte das C*ommittee on International Relations* des 107. US- amerikanischen Repräsentantenhauses im Juni 2001 eine Anhörung an. Die Ergebnisse wurden später unter dem Titel *"Organs for Sale. Chinas growing Trade and ultimate violation of prisoners' rights"* veröffentlicht. Tom Diflo, Leiter der Leber-Transplantationsabteilung im *New York Medical Center*, sagte aus, er selbst und mehrere seiner Kollegen hätten in den Jahren zuvor mehrfach Patientinnen und Patienten behandelt, die einer Antwort auf die Frage nach dem Ort der Transplantation ausgewichen seien. (New York Times 7.3.1998, zit. in: Scheper-Hughes 2000/2009: 283)

In allen Fällen, in denen Gewebe und Organe von Leichen ohne vorherige Zustimmung der Lebenden oder ihrer Hinterbliebenen „geerntet" werden, handelt es sich ebenso um einen Raub wie bei der „Ernte" von Organen aus Menschen, die zum Tod verurteilt und hingerichtet wurden. Aus dem Raub wird aber legale Staatsgewalt, wenn der Handel mit Organen zu einem *"government business"*[407] gemacht wird. Und das gilt nicht nur für Regierungen, die Termine und Methoden von Hinrichtungen der Nachfrage nach bestimmten Organen anpassen,[408] sondern auch für Regierungen, welche die Ernte der Organe von Toten befördern, ohne dass deren eigene Zustimmung oder diejenige ihrer nächsten Verwandten vorliegt. Durch solchen Handel machen Regierungen die Bürgerinnen und Bürger eines Staates zu einem Eigentum der Regierung, das nach Belieben ausgeschlachtet werden kann.

Bei der Vermarktung geraubter Organe machen viele ihren „Schnitt" : Gewalt ausübende Mitglieder von Banden, Geldverleiher, Ärzte und Klinikchefs, Angestellte von Leichenhäusern, Vermittler von Organen, Fluggesellschaften, die – in Picknick Kühltaschen aus Styropor – Organe transportieren,[409] Regierungen und einzelne Mitglieder von Regierungen.

---

406 Aussage von Michael E. Parmly, Principal Deputy Assistant Secretary of State vor dem Committtee on International Relations, Anhörung am 27.Juni 2001, vgl. http://commdocs.house.gov/committees/intlrel/hfa73452.000/hfa73452_0.htm, S. 17; abgerufen am 19.10.2015.

407 Die Formulierung entstammt der Aussage von Harry Wu, Executive Director der Laogai Research Foundation vor dem Committtee on International Relations, Anhörung am 27.Juni 2001, vgl. : http://commdocs.house.gov/committees/intlrel/hfa73452.000/hfa73452_0.htm, S. 51; abgerufen am 19.10.2015.

408 Harry Wu, Ebenda.

409 Aussage von Nancy Scheper-Huges vor dem vor dem Committee on International Relations, Anhörung am 27. Juni 2001, vgl. : http://commdocs.house.gov/committees/intlrel/hfa73452.000/hfa73452_0.htm, S. 34; abgerufen am 19.10.2015.

Staatlich veranlasster Raub von Organen ist in die internationalen Strukturen des Handels und der medizinischen Dienstleistungen eingebunden. Letzteres gilt auch für die gewaltsame Entnahme von Organen zum Zwecke der Finanzierung von Kriegen durch Mitglieder der paramilitärischen albanischen Befreiungsarmee des Kosovo, von welcher zunächst die damalige Chefanklägerin des Internationalen Strafgerichtshofs, Carla Del Ponte, aufgrund von Journalistenauskünften berichtet hatte. Zwischen 100 und 300 Personen, überwiegend Serben, vereinzelt aber auch Albaner, sollen 1999 entführt und nach der Entfernung von Organen ermordet worden sein.[410] Derartige Verbrechen erfolgen im Zusammenhang von Kriegen, vor allem soweit diese von paramilitärischen Gruppierungen geführt werden. Sie haben den früher angeblich eindeutigen Unterschied zwischen „Krieg" und „Verbrechen" nahezu vollständig zum Verschwinden gebracht. (Jojarth 2009: 3f.) Im Verlauf solcher Kriege tritt die ursprüngliche politische Motivation für die bewaffnete Auseinandersetzung immer wieder in den Hintergrund. Dominant wird dann die Möglichkeit, sich durch die Anwendung von Waffengewalt zu bereichern. Organhandel, Menschenhandel, Drogenhandel, Waffenschmuggel, Diamantenschmuggel und all die anderen Möglichkeiten, sich durch die Anwendung oder die Androhung von Gewalt zu bereichern, dienen dann zunehmend organisiert durchgeführtem gewaltsamen Raub.[411] Dass sich anstelle der offiziell proklamierten religiösen oder ethnischen Feindschaften politische und eben auch wirtschaftliche Verhältnisse als Ursachen für diese Entwicklungen ausmachen lassen, macht derartige Raubzüge dennoch nicht zu kapitalistischen Formen der Aneignung.

Anders verhält es sich mit dem Raub von Organen, der von vornherein zum Zwecke der Bereicherung unternommen wird. 2004 berichteten Nonnen in Mozambik über den Raub von Kindern, die später tot und verstümmelt aufgefunden wurden. Es wird vermutet, dass manche der Kinder auch transportiert wurden, um eine Organentnahme

---

410 Sie konnte aber niemand finden, der bereit gewesen wäre, vor Gericht auszusagen. (Del Ponte 2008/2009: 369f.). Inzwischen sind ihre Anschuldigungen durch eine Untersuchung unter Leitung von Dick Marty, Abgeordneter des Europarates, weitgehend bestätigt worden. (Allain 2013: 333) Vgl. auch: Erich Rathfelder, Vorwurf des Organhandels, TAZ, 16.12.2010, S. 11.

411 Habib Saleh, Mitglied im Nationalrat der syrischen Opposition, berichtete in einem Interview mit Georg Baltissen von „einer Art Organhandel" in Syrien. „Wenn jemand eine Leber oder eine Niere braucht, ordert er diese bei der Schabiha, den Schlägertruppen des Regimes. Diese bereiten alles vor und schaffen schließlich einen Verletzten ins Krankenhaus, wo die Ärzte schon warten. Ich besitze ein Video, das dieses Verbrechen dokumentiert. Wir werden diese Belege an den Internationalen Strafgerichtshof weiter geben. TAZ, 10/11.12.2011, S. 10; Zu Beginn des Jahres 2015 wurde bekannt, dass in Gräbern im Irak verstümmelte Leichen mit fehlenden Nieren gefunden worden sind. Es wurde vermutet, dass diese Morde von Mitgliedern des IS begangen wurden. Der Fund belegt nicht, dass diese Nieren tatsächlich für Transplantationen gebraucht werden konnten, wohl aber, dass sich Organhandel als gebräuchliche Methode der Geldbeschaffung etabliert hat. Vgl. Thomas Gutschker & Markus Wehner, Grauen. Der „Islamische Staat" greift auf Libyen aus. Er ermordet dort Christen. Um Geld zu machen, handelt er sogar mit Leichen, Frankfurter Allgemeine Sonntagszeitung, 22.2.2015, Nr. 8, S. 3.

unter hygienischen Bedingungen zu bewerkstelligen.[412] Ende der 1980er Jahre wurden vermehrt Fälle bekannt gemacht, in denen Babys geraubt und exportiert wurden. Die geernteten Organe sollen für $ 75.000 pro Stück verkauft worden sein. Während die *Association of Democratic Lawyers* entsprechende Berichte damals noch in Zweifel zog und forderte, dass nicht auf der Basis einzelner Fälle verallgemeinert werde, veröffentlichte sie kurze Zeit später selbst Beispiele für den Export von Kindern aus Brasilien, Chile, Kolumbien, der Dominikanischen Republik und Haiti zum Zwecke der Entnahme von Organen. (zit. Allain 2013: 327f.)

Im Verlauf der 1990er Jahre wurden Berichte über unzulässige Organentnahmen so zahlreich, dass im Jahr 2000 in Palermo ein Zusatzprotokoll zum Übereinkommen der Vereinten Nationen gegen die grenzüberschreitendende organisierte Kriminalität verabschiedet wurde, welches darauf abzielt, Menschenhandel, insbesondere Frauen- und Kinderhandel – und eben auch Organhandel – zu verhüten und zu bestrafen.[413] In vielen Staaten wurden die Formulierungen dieses sog. Palermo Protokolls in nationale Strafgesetze übernommen. In Mozambik etwa, einem der Staaten, in denen früh Organhandel bekannt wurde, ist eine Gefängnisstrafe zwischen 16 und 20 Jahren angedroht. (zit. Allain 2013: 329) In einzelnen Staaten, so etwa in Nepal, steht die Organentnahme ohne Einwilligung auch dann unter Strafe, wenn das Organ anschließend nicht verkauft wird.

Nahezu überall ist die Entnahme der Organe von Verstorbenen in den letzten Jahrzehnten gesetzlich geregelt worden. In manchen Staaten ist die Entnahme eines Organs nur legal, wenn der oder die Verstorbene seine Einwilligung zu Lebzeiten ausdrücklich erklärt hat, in anderen – und dies gilt in der Mehrzahl der Staaten, die entsprechende Regelungen erlassen haben – wird unterstellt, dass jede und jeder, der dies nicht ausdrücklich ausgeschlossen hatte, einer solchen Spende zustimmt. (Satz 2010: 190f.) In Ländern, in denen, wie etwa in Brasilien, Menschen direkt oder gerüchteweise von der umfangreichen Praxis einer illegalen Ernte von Organen Verstorbener erfahren haben, herrschen erhebliche Vorbehalte gegen derartige Rücksichten auf die internationale Nachfrage nach Organen. Dies umso mehr, als Organe vor allem Menschen entnommen werden, die zu Lebzeiten arm waren und deren Nachfahren sich Protest nicht wirklich leisten können.

Tatsächlich verbleiben die rechtlichen Regelungen allesamt an der Oberfläche. Denn der Handel mit Organen und die in diesem Handel verfolgten Interessen haben dazu

412 https://www.kirchenzeitung:at/newsdetail/rubrik/kinder-werden-ermordet-um-organe-zu-entnehmen; abgerufen am 22.9.2014; Es waren auch Hinweise einer Nonne, die Untersuchungen über einen Organschmugglerring in Mozambik ausgelöst haben. „Verschwundenen Waisenkindern sollen Augen, Leber und Herz entnommen worden sein", Johannesburg dpa, http://www.Taz.de/1/archiv/?dig=2004/01/29/a=119; abgerufen am 22.9.2014.

413 Dass auch Organhandel in das Palermo Protokoll gegen "Trafficking" von Personen mit aufgenommen wurde, ist erst sehr spät in den Verhandlungen entschieden worden. Seit seiner Verabschiedung ist aber der Zusammenhang zwischen der illegalen Entnahme von Organen und anderen Formen des Menschenhandels sehr viel deutlicher geworden. (Gallagher 2010: 39)

geführt, dass neue Definitionen des Todes entwickelt und durchgesetzt wurden. Während als Merkmal des Todes früher das Ende des Herzschlags verstanden wurde, ist in der Transplantationsmedizin inzwischen weltweit eine Definition durchgesetzt, die den Tod des Gehirns als ausschlaggebend deklariert.[414] Denn die Transplantation von Nieren, Herzen und Lebern ist nur möglich, wenn nicht gewartet wird, bis auch das Herz zu schlagen aufgehört hat. 1994 fasste Peter Singer die damals bereits weithin durchgesetzte Auffassung in die Formulierung, dass die Entnahme eines Organs zum Zwecke einer Transplantation berechtigt ist, wenn Ärzte den Prozess des Sterbens für irreversibel halten. (Singer 1994: 35, zit. durch Das 2000: 269)[415] Anders gesagt: Die Transplantationsmedizin hat dazu geführt, dass der Augenblick des Todes nicht mehr einfach geschieht. Er muss gewählt werden. (Das 200: 269) Deshalb ist ein Mensch heute also für manche Zwecke tot, für andere, so etwa für die Wahrnehmung der Anverwandten, ist er es nicht.

Im Zentrum der Diskussion über den Organhandel steht der Handel mit Nieren. Weil gesunde Menschen zwei Nieren haben und notfalls auch mit einer weiter leben können, wurden und werden Menschen veranlasst, eine ihrer Nieren zu spenden. Abgesehen von einigen Ländern, deren Regierungen Lebendspenden aus religiösen Gründen untersagen, sind solche Spenden in Ländern mit einer entwickelten Transplantationschirurgie heute prinzipiell zulässig, wenn die Spenderin bzw. der Spender eine enge verwandtschaftliche oder emotionale Beziehung zu der Empfängerin oder dem Empfänger nachweisen kann. In diesen Fällen ist die Niere ein Geschenk, das als unbezahlbar gilt. Von Handel ist offiziell also keine Rede. Das schließt mehr oder minder deutlichen Druck nicht aus. Die Logik der Familienökonomie ist nicht diejenige der außerfamiliären Märkte, doch sind diese Logiken vielfach miteinander verschränkt.[416] Und die innerfamiliäre geschlechtliche Hierarchie bewirkt, dass die meisten Nieren von Frauen gespendet werden. Kritikerinnen und Kritiker verweisen darauf, dass sie nicht zureichend über die gesundheitlichen Spätfolgen aufgeklärt werden,[417] und dass ihnen nur selten die medizinisch erforderliche Nachsorge zuteilwird.[418] Nancy Scheper-Hughes berichtet, ein

414 Zur häufigen Bagatellisierung der Probleme, die mit der Feststellung des Hirntods verbunden sind, vgl. Claudia Wiesemann, Bei lebendigem Leib, Süddeutsche Zeitung, 5.6.2015, S. 2.

415 Lediglich in Japan wurde diese neue Definition des Todes lange nicht anerkannt. (Lock 1995, zitiert durch: Das 2000: 269).

416 J.A. Gupta hat darauf hingewiesen, dass nach dem Einbruch des internationalen Diamantenhandels in Folge der Finanzkrise in Gujarat (Indien) sehr viele Männer arbeitslos wurden. Danach meldeten Kliniken der Gegend dass Frauen verarmter Familien bereit waren, durch operative Eingriffe das Familieneinkommen aufzubessern. (2012: 31; zit. durch: Lettow 2015: 37) Es handelte sich nicht nur um Nierenspenden, sondern auch um Spenden von Eizellen.

417 In einer von Madhav Goyal und Mitarbeiterinnen durchgeführten Studie gaben 86 % der befragten Spenderinnen an, dass sich ihre Gesundheit nach der Operation erheblich verschlechtert hatte. (Goyal et al. 2002; zit. durch: Satz 2012: 196).

418 Tatsächlich ist die postoperative Behandlung mit Cyclosporin so teuer, dass sie in Indien selbst von Besserverdienenden nicht finanziert werden kann. Dazuhin setzt die Behandlung mit

Transplantationschirurg in São Paulo habe ihr erklärt, es werde oft unbewusst das am wenigsten produktive Mitglied einer Familie für eine Spende ausgewählt, zum Beispiel die alleinstehende Tante. (2000/2009: 302) Außerdem, so Scheper-Hughes an anderer Stelle, gäbe es auch „freiwillige" Spenden von Hausangestellten. Und Gefängnisinsassen werde gelegentlich die Zuteilung einer besseren Arbeit und eine Reduktion ihrer Strafen in Aussicht gestellt. (2001: 35; zit. durch: Allain 2013: 331f.)

Zwar wird für den Handel mit Nieren heute vielfach ein Schein von Legalität angestrebt, doch wird immer wieder berichtet, dass Patientinnen und Patienten in Indien während einer Operationen, der sie zugestimmt hatten, ohne ihre Zustimmung auch eine Niere entnommen wurde.[419] Auch in dem von Monir Moniruzzaman beschriebenen Verfahren sind Zwang und Gewalt gegenwärtig: Aufkäufer von Nieren machen Anbieterinnen von Nieren in Bangladesch ausfindig, verschaffen ihnen gefälschte Pässe, reisen mit einer Gruppe von ihnen nach Indien, wo ihnen die Pässe abgenommen werden und sie zusammen mit anderen „Spenderinnen" untergebracht werden. Mittels Zwang und Gewalt wird sichergestellt, dass die Operationen tatsächlich stattfinden werden. Anschließend werden die „Spenderinnen" zwar bezahlt, doch werden Kosten für Reise und Unterkunft von der zuvor vereinbarten Summe abgezogen. Befragungen in Bangladesch ergaben, dass Nierenspenderinnen nach der Operation durchweg erhebliche gesundheitliche Probleme hatten. (Moniruzzaman 2012: 71; 78; 86, zit. durch: Allain 2013: 332) Ende 2003 war in Südafrika bekannt geworden, dass arme Brasilianer durch das Angebot von Zahlungen zur Nierenspende in die Hafenstadt Durban gelockt worden waren. Zu den Kunden zählten unter anderem reiche Israelis.[420] Zwischen 2009 und 2012 gab es einen Transplantationstourismus nach Costa Rica. Die Regierung des Landes hat keine Kenntnis von der Anzahl der Patienten, die New York Times ermittelte elf: sechs israelische, drei griechische und zwei US-amerikanische Staatsbürger. Das Netzwerk bestand aus einem israelischen Makler, einem prominenten Nierenspezialisten in Costa Rica und Mittelsleuten, die in Costa Rica „Spender" im Taxi und in einer Pizzeria anwarben. Die beteiligte Polizistin, die auch Taxi fuhr, erhielt für jede(n) gelieferte(n) Spender(in) $ 1.000 von dem Transplantationschirurgen. Da Nephrologen in den staatlichen Kliniken von Costa Rica wenig verdienen, arbeiten viele außerhalb ihrer offiziellen Dienstzeiten in privaten Kliniken. In einer solchen Klinik wurden auch die ungesetzlichen Entnahmen und anschließenden Transplantationen von Nieren durchgeführt. Einem Beteiligten zufolge kostet eine Transplantation in den USA $ 250.000, in Costa Rica ein Drittel davon, Flug- und Hotelkosten schon inbegriffen. Im Juni 2013 deckte

Cyclosporin regelmäßige Blutanalysen voraus, die spezielle Reagentien erfordern. Selbst ein staatliches Institut in Indien konnte diese Untersuchungen der *Times of India* zufolge (30.Juni 1996: 272) der Kosten wegen zwei Jahre lang nicht durchführen. Vgl. Das (2000: 285, Anm. 6).

419 Nancy Scheper-Hughes vor dem vor dem Committee on International Relations, Anhörung am 27. Juni 2001, vgl. : http://commdocs.house.gov/committees/intlrel/hfa73452.000/hfa73452_0.htm, S. 43; abgerufen am 19.10.2015.

420 http://www.Taz.de/1/archiv/?dig=2004/01/29/a=119; abgerufen am 22.9.2014.

die Polizei in Costa Rica den dortigen Organhandelsring auf. Anhand der Unterlagen eines beteiligten Arztes konnten zahlreiche „Spender" ermittelt werden. Niemand von diesen hatte ärztliche Nachsorge erhalten. Niemand ging es gut, „weder finanziell noch gesellschaftlich oder gesundheitlich".[421] Im Jahr 2008 sollen rund 20 „Spender", denen 14.500 € für eine Niere versprochen worden war, in den Kosovo gelockt worden sein, wo ihnen in der Klinik „Medicus" dieses Organ entnommen wurde. Beteiligt an diesem Handel waren mehrere Kosovaren, ein Türke und ein Israeli.[422] Die „Spender" kamen aus Russland, Moldawien, der Türkei und Kasachstan. Sie mussten unterschreiben, dass sie kein Geld für die Nierenspende erhalten – und manche sind auch tatsächlich nicht bezahlt worden. Die Empfänger (sie kamen aus verschiedenen Ländern) zahlten zwischen 80.000 und 100.000 €.[423]

Ähnlich wie in fast allen anderen Staaten der Welt ist die Lebendspende einer Niere auch in Indien seit 1994 nur noch für Eltern, Kinder, Geschwister oder Ehepartner legal. Ausnahmen müssen sie von einem in jedem Bundesstaat zu diesem Zweck eingerichteten Komitee genehmigt werden.[424] Zeitungsberichten zufolge konzentrieren sich die Komitees auf die vorgelegten Papiere. Erscheinen diese ordnungsgemäß, ist es für das Komitee unmöglich, zwischen einer altruistischen Spende und einem als Spende vorgetäuschten Verkauf zu unterscheiden. (Cohen 2005: 126, 130) Entsprechendes gilt für zahlreiche andere Länder. Nach Südafrika etwa kommen ausländische Patienten oft gleich mit ihren angeblichen Verwandten angereist. Die Vortäuschung eines Verwandtschaftsverhältnisses wird vom Krankenhauspersonal zwar wahrgenommen, doch selten angezeigt, wenn beide Parteien aus dem Ausland kommen. (Scheper-Hughes 2000/2009: 299) Inzwischen ist das materielle Interesse an dem entsprechenden „Patientengut" in Südafrika auch durch den Beschluss gefördert worden, öffentliche Mittel vorzugsweise für die gesundheitliche Grundversorgung einzusetzen. Seither werden Transplantationen ausschließlich in privaten, gewinnorientiert geführten Krankenhäusern durchgeführt. (Scheper-Hughes 2000/2009: 299) Sie haben ein Interesse an entsprechenden „Fällen". Von Pakistan sagt Adibul Hasan Rizvi, in dessen Institut in Karachi jährlich zwischen 130 und 140 kostenlose Nierentransplantationen für arme Menschen durchgeführt

---

421 Kevin Sack, Kidneys for Sale, The New York Times International Weekly, 5.9.2014, S. 1 & 4.

422 Willi Germund zufolge gibt es zahllose Berichte aus Pakistan, Moldawien oder der Türkei über die Verwicklung krimineller Banden in das Geschäft. Weil sich die Organempfänger im juristischen Niemandsland bewegen, können sie sich nicht wehren. So geht es auch Spenderinnen und Spendern, die nicht oder nicht in der zugesagten Höhe bezahlt werden. (2015: 129)

423 „Organhändler-Ring im Kosovo aufgeflogen"; http://www.derwesten.de/nachrichten/politik/Organhaendler-Ring -im-Kosovo-aufgeflogen; abgerufen am 15.7.2011.

424 Veena Das hat darauf hingewiesen, dass sofort nach der Einführung der Komitees diese aufgrund heftigen Lobbyismus beauftragt wurden, „Ausnahmen" von der gesetzlichen Bedingung einer verwandtschaftlichen Beziehung zu beraten. Faktisch sei dadurch die Grenze zwischen Legalität und Illegalität undeutlich geworden. (2004: 18)

werden, denen Verwandte eine Niere spenden, das Land sei zu einer Fabrik geworden, die den regionalen Transplantationstourismus bediene.[425]

Der international organisierte Schwarzmarkt für Organe, der in manchen Schwellenländern entstanden ist, hat arme Menschen zu einem potentiellen Ersatzteillager für solche Kranke gemacht, die sich den Kauf von Organen leisten können.[426] „Auf jede neue Regelung und jedes neue Verbot weiß der internationale Organbasar offenbar eine Antwort. Kliniken, Ärzte, Empfänger und Spender kommen aus allen Teilen der Welt zusammen und werden wie Schachfiguren auf dem Globus verschoben. Zum Schluss wird operiert und dann gehen alle Beteiligten wieder nach Hause." (Germund 2015: 138)

Während in sehr vielen der international bekannt gewordenen Fälle von Nieren„spenden" von Drohungen, Täuschungen oder dem Missbrauch einer Machtstellung berichtet wird, gibt es auch zahlreiche Fälle, in denen sich Menschen tatsächlich formal völlig freiwillig zum Verkauf einer Niere entscheiden. Indem sie über ihren eigenen Körper verfügen – und eben auch über ein Organ, dessen Verlust als nicht unmittelbar lebensbedrohend gilt – verfügen sie dominanter wirtschaftstheoretischer Auffassung zufolge über Eigentum.[427] Es soll dann also der Verkauf einer Niere gleich gelten wie derjenige von einem Sack Kartoffeln.[428] Aber nicht nur dies: Organhandel impliziert eine Konzeption menschlichen Lebens, der zufolge sich der Körper eines Menschen – und damit die biologische Grundlage seines Lebens – aus Einzelteilen zusammensetzt. Man könnte meinen, diese Entwicklung sei zureichend erfasst, wenn sie als Verlängerung jener Vermarktung der Arbeitsfähigkeit eines Menschen betrachtet wird, die aller kapitalistischen Produktion zugrunde liegt. Doch die Arbeitskraft, die zeitweilig gegen Geld der Herrschaft privater Anordnung ausgesetzt wird, bleibt immer noch Teil des Menschen. Er oder sie können nicht zuhause bleiben, wenn sich die Arbeitskraft zu ihrer

425 Paul Garwood, Bulletin of the World Health Organization: Dilemma over live-donor transplantation. http://www.who.int/bulletin/volumes/85/1/07-020107/en S.3-4; abgerufen am 25.9.2014.

426 Willi Germund, ein deutscher Journalist, hat eine Niere für sich selbst gesucht und über diese Suche ein Buch geschrieben. Schließlich ist ihm in einem mexikanischen Ort nahe der Grenze zu den USA eine Niere eingepflanzt worden. Dafür ließ der Nierenagent „einen Spender, den wir noch nicht kennen, von irgendeinem Ort in der Welt einfliegen...Ich werde von Bangkok aus um die halbe Welt anreisen und habe die Wahl zwischen der Route über den Pazifik oder Europa. Nach der Transplantation werden wir uns dann alle wieder über den Globus verteilen." (2015: 137)

427 Für eine gründliche Diskussion der mit dem Nierenhandel verbundenen ethischen Probleme vgl. Satz (2010: Kapitel 9).

428 Sie würden auch nicht ausgeschaltet, wenn dem Vorschlag mancher Verfechter der strikt liberalen Sicht auf die Welt gefolgt und der Handel mit Nieren regulierten würde. Befürworter argumentieren, dass auf diese Weise die Machenschaften von Mittelsmännern ausgeschaltet werden könnten und den Spendern und Spenderinnen die auf dem Markt erzielten Preise ohne große Abzüge zukommen würden.

Vernutzung einfindet. Anders verhält es sich mit der Vermarktung von Organen.[429] Sie müssen aufgegeben werden. Werden derartige Vorgänge mit Hinweis auf das Eigentum am eigenen Körper gerechtfertigt, so wird verkannt, dass solche Übertragung einer historisch spezifischen rechtlichen Institution auf das Selbstverhältnis von Menschen nicht in deren biologischer Existenz angelegt ist. Sie wird ihnen durch zeitgenössische Markt- und Machtverhältnisse aufgeherrscht. (Lettow 2015: 39)

Im Falle der Zustimmung zum Verkauf einer Niere wird die strikt ökonomische Sicht auf den menschlichen Körper aber auch faktisch *ad absurdum* geführt. Denn in nahezu allen bekannt gewordenen Fällen hat sich die Entscheidung für den Verkauf einer Niere nachträglich als ökonomische Fehlkalkulation erwiesen. Übereinstimmend konstatieren Forscher, die freiwillige Nierenspenden untersucht haben, dass die ganz überwiegende Ursache für derartige Entscheidungen hohe Schulden bei Geldeintreibern waren. [430] Das gilt Lawrence Cohen zufolge sowohl für die überwiegend verheirateten Frauen in Chenai, dem sogenannten Nieren-Gürtel in Indien, als auch für die männlichen Spender im ländlichen Tamil Nadu in Indiens Norden. (2005: 127) Madhav Goyal und seine Mitarbeiter sind zum gleichen Ergebnis gekommen. Auch für sie liegt der Grund für eine Nierenspende in den hohen Schulden der Familien. Während aber Goyal et al. vermuten, die Frauen seien durch die Familien zum Verkauf gedrängt worden, auch hätte die Rolle der Ehemänner als wichtigstem Verdiener kaum eine andere Wahl möglich gemacht, (2002; zit. in: Satz 2010, 196) haben sich indische Frauen im städtischen Umfeld Cohen zufolge daran gewöhnt, medizinische Möglichkeiten zu nutzen, um zum Erhalt der Familie beizutragen. So sei es für viele selbstverständlich geworden, sich sterilisieren zu lassen, um die Zahl der Kinder zu beschränken. In Befragungen wurde berichtet, ihnen sei gesagt worden, vor einer Nierenentnahme müssten sie „diese Operation" machen lassen. „Aber ich hatte sie schon gehabt." (van Hollen, zit. in: Cohen 2005: 127)

Lawrence Cohen zufolge waren alle von ihm befragten Spenderinnen nach kurzer Zeit wieder verschuldet. Lynne Waren haben Nierenspenderinnen gesagt, ihnen sei nichts geblieben außer ihren Narben.[431] Goyal et al. haben ermittelt, dass sechs Jahre nach der ersten Befragung 74 % der Familien nach wie vor hoch verschuldet waren, manche nicht zuletzt deshalb, weil die Operierten gesundheitlicher Probleme wegen

429 Die Argumentation trifft die Vermarktung sämtlicher Körperstoffe sowie der Fortpflanzungsfähigkeit. Dessen potentieller Gewaltförmigkeit wegen wird sie hier nur auf Organhandel bezogen.

430 In Japan verlangen private Geldverleiher zumeist einen Bürgen. Faktisch müssen sie wegen vertraglicher Ungenauigkeiten oft auch für Schulden gerade stehen, von denen sie bei Übernahme der Bürgschaft nichts gewusst hatten. 1999 wurde bekannt, dass ein Schuldeneintreiber, der für die Kreditfirma Nichiei tätig war, zahlungsunfähige Bürgen aufforderte, eine Niere zu verkaufen, um ihren Verpflichtungen nachzukommen. Vgl. „Verkauf doch eine Niere" Weser Kurier, 18. November 1999, Nr. 271, S. 7.

431 Lynn Warren (Fotos Jodi Cobb) Schmutziges Geld, National Geographic, September 2003, S. 63.

kaum noch arbeiten konnten.[432] Und weil der Handel mit Nieren verboten ist, gibt es selbstverständlich keine Möglichkeit, irgendeine Art der Entschädigung einzuklagen. (2002, zit. durch: Satz 2013: 196) Damit erweist sich der Verkauf einer Niere als lediglich kurzfristig wirksam. Weil das Angebot nicht wiederholt werden kann, ist damit auch das Opfer der ersten Spende entwertet. Eine der befragten Frauen sagte, seit das Geld alle sei, schlage sie ihr Mann – auf die Narbe. (Cohen 2005: 128)

Das Angebot an genehmigten Transplantationen wird erhöht, indem prominente Patienten und Chirurgen Druck auf die Komitees ausüben, um Ausnahmen zuzustimmen. Zugleich sind in dem illegalen Markt zahlreiche Makler tätig. Um ihr Geschäft zu sichern, sind sie bestrebt, das Angebot an Nieren zu erhöhen. Geldverleiher aber scheinen die Bezahlung von Schulden in jenen Gebieten mit besonderer Aggressivität zu fordern, in denen der Verkauf einer Niere möglich und auch mehr oder minder üblich geworden ist. Lawrence Cohen folgert, dass eine „Nierenregion" durch das Zusammenwirken von Chirurgie-Unternehmern, hoch verschuldeten Menschen und Mittelsmännern entsteht. (2005: 131) Weil sich auch arme Menschen nicht bedenkenlos von ihrer Niere trennen, sind es ganz offensichtlich Geldverleiher, die einen derartigen Entschluss nachdrücklich beeinflussen. Nicht nur das, manche Geldverleiher scheinen eine noch vorhandene zweite Niere als Sicherheit zu betrachten, die einzulösen wäre, wenn der Kredit nicht zurückgezahlt werden konnte.

432 Scheper-Hughes verweist auf neuere Studien, denen zufolge sich die Spende einer Niere langfristig nicht negativ auf die Gesundheit der Spenderinnen und Spender auswirke. Sie betont aber, dass die Spende einer Niere in einem entwickelten Land andere Auswirkungen habe als in einem armen Land. Vgl. 2012: Anm. 32.

Kommerzialisierte Waffengewalt

Moderne Kriege, die zwischen Staaten oder großen Kollektiven ausgetragen werden, sind nicht auf Ökonomie zu reduzieren, weil ihnen allemal politische Entscheidungen voraus gehen.[433] Dabei macht es keinen Unterschied, ob solchen Entscheidungen ideologische, religiöse, rassistische oder schlicht expansive Zielsetzungen zugrunde liegen oder aber das durch solche Zielsetzungen provozierte Bestreben, bestehende Verhältnisse zu verteidigen.

Erklärt die Regierung eines souveränen Staates einen Krieg, so macht sie aus dem Einsatz von Waffengewalt eine politische Strategie.[434] Das gilt dann auch für die in diesem Zusammenhang praktizierte direkte Gewalt gegen Menschen und für die in diesem Zusammenhang praktizierte staatliche Aneignung. Seit Ende des 19. Jahrhunderts wurden mehrfach internationale Abkommen geschlossen, um der Transformation von Mord und Raub in Politik Grenzen zu setzen.[435] Deren Wichtigste betreffen den Schutz von Zivilpersonen und von kampfunfähigen Soldaten. Wird nach dem Ende von Kriegen über Kriegsverbrechen zu Gericht gesessen, so belegt dies nicht nur die begrenzte Wirkung internationaler Abkommen, sondern auch die Fortdauer der Versuche, die Reichweite der Gewalt in Kriegen zu begrenzen.

Kriegerische Gewalt erfolgt im Zusammenhang von Konkurrenzverhältnissen. Es sind dies aber keine Verhältnisse marktförmiger, sondern politischer Konkurrenz. Dass die ökonomischen Potentiale der jeweiligen Gegner Entstehung, Verlauf und Resultat eines Krieges und folglich auch Aneignungsbedingungen auf Märkten prägen, ändert nicht, dass Kampfhandlungen, die im Zusammenhang von Kriegen erfolgen, Aneignung aus der Sphäre des Marktes in die Sphäre der Politik verlagern. Aller Einbindung in kapitalistische Märkte zum Trotz sind die von souveränen Staaten kommandierten Kriegshandlungen als solche keine kapitalistischen Aneignungsstrategien.

Es gibt Ausnahmen. Hat ein Staat das Monopol legitimer Gewalt faktisch eingebüßt, so sind sehr oft Kriegsbetreiber – heute werden sie zumeist als *warlords* bezeichnet – bestrebt, Waffengewalt zur privaten Bereicherung für sich selbst und ihre Anhänger einzusetzen.[436] Sie kämpfen dann um den Zugang zu den Ressourcen eines Landes und

---

433 Sowohl die empirische als auch die theoretische Basis der nachfolgenden Anmerkungen ist viel zu schmal, als dass sie als Stellungnahme zu der Diskussion über „neue Kriege" bzw. über die Ökonomisierung der Kriege verstanden werden könnte. Soviel aber immerhin: jede These einer grundsätzlichen Veränderung setzt gründliche historische Vergleiche voraus. Daran mangelt es in der aktuellen Diskussion fast durchgängig. Ein sehr guter Überblick über die Literatur und eine überzeugende Kritik findet sich in: Kahl & Teusch (2004) sowie in: Chojnacki (2004).

434 Dieser Umstand überlagert auch eindeutige ökonomische Zielsetzungen. Kein Krieg, der von einem Staat erklärt wurde, ist lediglich die Fortsetzung der Ökonomie mit anderen Mitteln.

435 Die Hager Konventionen von 1899 und 1907, das Genfer Abkommen von 1949 und die Zusatzprotokolle von 1977.

436 Zur Entwicklung in Afrika vgl. Reno: Anders als die überwiegende Mehrzahl der Interpreten, sieht Reno *"strongmen"* nicht als eine generelle Gefahr. Tatsächlich seien sie oft in der Lage, eine

dulden oder befördern, dass sich ihre Bewaffneten mittels direkter Gewalt versorgen.[437] In solchen Situationen werden zuvor funktionierende Märkte zerstört oder auf einen sehr kleinen geographischen Radius reduziert. Investitionen werden nur noch dort getätigt, wo man sich Schutz kaufen kann. Andererseits nutzen die führenden Kräfte der jeweiligen Kriegsparteien weltweite kriminelle Verbindungen, um sich mittels Frauenhandel, Drogenhandel, Mineralien- oder Diamantenhandel mit Waffen und Bargeld zu versorgen.[438] Mehr oder minder regelmäßig kommt es in solcher Raubökonomie auch zur Aneignung von Lieferungen internationaler Hilfsorganisationen bzw. zur Abpressung von Schutzgeldern von solchen Organisationen.

Kapitalistische Märkte, das sollte in den voraufgegangenen Kapiteln deutlich geworden sein, sind keineswegs frei von direkter Gewalt, wo aber der Einsatz von Waffengewalt ökonomische Konkurrenz unmöglich macht, wird aus einer kapitalistischen Marktökonomie die Raubökonomie des Krieges.[439] Sie überdauert, solange zweierlei gelingt: die Aneignung mittels praktizierter und angedrohter Gewalt vor Ort und die Einbindung in die Strukturen internationalen Handels. Zwei Beispiele:

Konfliktdiamanten

Am Beispiel von Konfliktdiamanten[440] – verbreitet auch als „Blutdiamanten" bezeichnet – wird besonders deutlich, was Christian Dietrich als Kommerzialisierung militärischer

gewisse Stabilität herzustellen und Beziehungen zu Außenstehenden zu regulieren. (1999: 10) Aller offiziellen Erklärungen zum Trotz dominierten im Verhältnis zu *warlords* nicht selten außenpolitische Strategien. So hat etwa die US-Regierung *warlords* in Somalia unterstützt, um Islamisten zurück zu drängen. Ohne Erfolg. 2006 übernahmen sie die Macht in Mogadischu. Vgl. Dominic Johnson, Die USA stehen vor einem Scherbenhaufen, TAZ, 7.6.2006, S. 3.

437 2005 etwa behaupteten Bewaffnete, die sich mit vorgehaltener Waffe in kongolesischen Dörfern versorgten, sie seien Angehörige der kongolesischen Regierungsarmee. Eine solche existierte gar nicht, wohl aber förderten staatliche Akteure große private Armeen, die sich gegenseitig bekämpften. Vgl. Dominic Johnson, Afrikanischer Alptraum, TAZ, 24.10.2005, S. 11.

438 Trotz eines von der UN verhängten Waffenembargos gegen die Demokratische Republik Kongo gelang es weiterhin, Mineralien zu exportieren und für den Erlös Waffen zu beschaffen. Dominic Johnson, Rohstoff des Krieges, TAZ, 11./12.2.2006 (Der Artikel basiert auf einem UN-Bericht) Allgemein zu typischen ökonomischen Transaktionen im Zuge des Erwerbs von Waffen: Paes (2002: 156 & passim).

439 Die Formulierung benutzt den Titel eines von François Jean & Jean-Christoph Rufin edierten Buches, für welches Rufin den einleitenden Beitrag unter demselben Titel verfasst hat. Vgl. 1996/1999.

440 In der kritischen internationalen Diskussion ist nicht nur von Konfliktdiamanten, sondern allgemein von Konfliktrohstoffen bzw. Konfliktressourcen die Rede. Das *International Center for Conversion* definiert: „Konfliktressourcen sind natürliche Ressourcen, deren systematische Ausbeutung und Handel im Kontext eines Konflikts zu schwersten Menschenrechtsverletzungen, Verletzungen des humanitären Völkerrechts oder Verwirklichung völkerstrafrechtlicher Tatbestände führen." Hier zitiert nach: https://de.wikipedia.org/wiki/Konfliktrohstoff;

Aktivitäten bezeichnet hat. Er meint damit, dass die gewaltsame Aneignung, die zunächst zum Zwecke der Finanzierung bewaffnet ausgetragener politischer Strategien begonnen wurde, zum Selbstzweck wird, der Einsatz von Waffengewalt also gewissermaßen zu einer betriebswirtschaftlichen Strategie. (Dietrich 2002: 38-44) Sie drängt die ursprünglichen politischen Ziele in den Hintergrund.

Der Handel mit Konfliktdiamanten war ein durchgängiges Merkmal der mit Waffengewalt ausgetragenen Machtkämpfe in unabhängig gewordenen afrikanischen Staaten mit Diamantenvorkommen. Dass er so wichtig wurde, war Folge der internationalen politischen Entspannung, die schließlich den Kalten Krieg beenden sollte. Denn im Zuge dieser politischen Entspannung verzichteten die gegnerischen Großmächte zunehmend darauf, jeweils einen der Gegner in einem bewaffnet ausgetragenen Machtkampf mit Geld und Waffen zu unterstützen, um diesen gewissermaßen an ihrer Statt Krieg führen zu lassen. Mit dem Wegfall der Alimentierung von Stellvertreterkriegen waren aber weder die politischen Ziele der Kämpfenden vor Ort, noch deren inzwischen entstandenes wirtschaftliches Interesse an einer Fortsetzung des Krieges beendet. Um diese Fortsetzung finanziell zu ermöglichen, stürzten sich opponierende Gruppen – manchmal im nahezu wörtlichen Sinne – auf Diamanten: eine besonders leicht zu Geld zu machende Ressource. Aus politischen Machtkämpfen wurden Diamantenkriege.

Da sich ein Großteil der Diamanten in den drei Ländern, die von Diamantenkriegen heimgesucht wurden, in Schwemmland findet, ist ihre Förderung „handwerklich", also ohne nennenswerte Investition in technische Vorrichtungen möglich. Zumeist setzte die Aneignung nicht mehr voraus als eine Einschüchterung der Schürfer und deren minimale Beteiligung an den Funden. Um der Steine habhaft zu werden, bedurfte es nur des Befehls an die Schürfer, sich bis auf die Unterwäsche auszuziehen und sie von Bewaffneten bewachen zu lassen.

Bis auf den letzteren Umstand unterschieden sich die Minen in Sierra Leone, die von der 1991 gegründeten RUF (*Revolutionary United Front)* beherrscht wurden, nicht von zivil betriebenen Diamantenminen in diesem Land. In den meisten Minen arbeiteten Schürfer ohne besondere Qualifikationen. Sehr oft waren sie durch Schulden an die jeweiligen Unternehmen gebunden.[441] Die politischen Voraussetzungen für ihre

abgerufen am 18.2.2016. Seit 2008 wurde in der EU über eine Initiative zum Herkunftsnachweis von Rohstoffen verhandelt. Während der Vorschlag der Kommission eine freiwillige Mitarbeit der Unternehmen vorsah, beschloss das EU Parlament im Mai 2015, eine Verpflichtung zum Nachweis der Lieferketten von Wolfram, Zinn, Tantal und Gold. In den USA ist mit dem Dodd-Frank-Act 2010 ein entsprechendes Gesetz beschlossen worden. Es verlangt, die Aufsichtsbehörden zu informieren, wenn Metalle aus der Demokratischen Republik Kongo oder deren Nachbarländern genutzt werden. Einige afrikanische Länder und China haben ebenfalls Regularien zu Konflikt-Rohstoffen erlassen. Die OECD hat Leitlinien für verantwortliche Lieferketten erlassen Vgl. Heike Holdinghausen, Es geht ums Gold, TAZ, 2.2.2016, S. 8.

441 Global witness, A Rough Trade. The Role of Companies and Governments in the Angolan Conflict, 1.12.1998, S. 1; vgl. www.globalwitness.org/campaigns/conflict-diamons/rough-trade.

räuberische Aneignung schuf sich die RUF außerhalb der Minen. Um zu verhindern, dass sie womöglich durch Wahlen verändert würden, hackten ihre oft noch sehr jungen Bandenmitglieder vielen die Hände ab, manchmal schnitten sie auch Lippen und Ohren ab. (Campbell 2004: 26f.) Ohne Hände, so das mit den Amputationen demonstrierte Argument, wird man nicht wählen, ohne Lippen nicht für Veränderungen agitieren.[442] Viele Menschen flohen. Manche Dörfer entleerten sich. Im Zuge des Prozesses gegen Charles Taylor, den früheren Präsidenten von Liberia, wurde vor dem UN-Sondertribunal in Den Haag vielfach bezeugt, dass dieser die Milizen im Nachbarland jahrelang unterstützte, um die dortige Diamantenförderung unter seine Kontrolle zu bringen. Von Liberia aus wurden Diamanten dann nach Antwerpen geschleust.[443]

Diamanten wurden benutzt, um Waffen zu kaufen, immer mehr und immer bessere Waffen. Das aber war nur möglich, weil das Diamantengeschäft florierte. Schmuggler hatten keine Absatzschwierigkeiten, weil sie die Preise gewaltsam angeeigneter Steine unter den Preis legal gehandelter Diamanten drücken konnten.

Nachdem sowohl die Aneignung von Diamanten als auch die durch ihren Handel finanzierten Kriege Tausenden das Leben gekostet hatten, entwickelte sich internationale Opposition. Sie führte zum Beschluss der UNO, gegen Diamanten aus Angola, Liberia und Sierra Leone ein Embargo zu verhängen.[444]

Gegen den Schmuggel hatten die Embargos keine Chance. Wurden Diamanten international angeboten, die im Zusammenhang bewaffneter Auseinandersetzungen angeeignet wurden,[445] so in aller Regel in einer Mischung mit Diamanten, deren Extraktion durch die Lizenz einer Regierung genehmigt worden war. Obwohl Kenner die Herkunft eines Rohdiamanten nicht nur einer bestimmten Region, sondern vielfach sogar einer ganz bestimmten Mine zuordnen können, behaupteten Diamantenhändler jahrelang, der Handel mit Diamanten lasse sich nicht regulieren, weil deren Herkunft nicht ersichtlich sei. Die Möglichkeit der Zuordnung gilt vor allem für Angola, jenem Land also, in dem der Zusammenhang zwischen Krieg und Diamantenförderung zuerst offensichtlich

442 1997 wurde alles noch schlimmer. Um einen Putsch durchführen zu können, befreite die ARFC (Armed Revolutionary Council), die sich später mit der RUF zusammentat, 600 Insassen eines Gefängnisses in Freetown, die wegen Meuterei in der Armee inhaftiert worden waren.

443 Silvia Liebrich, Die Spur der Blutdiamanten, Süddeutsche Zeitung, Nr. 1, 2./3.1.2010.

444 Das Embargo gegen Diamanten aus Angola wurde 1998 verhängt, gegen Liberia und Sierra Leone 2000. Für die Demokratische Republik Kongo wurde 2000 die Einrichtung einer Kommission beschlossen, welche das Embargo gegen Rohstoffe aus Burundi und Ruanda untersuchen sollte. Eine entsprechende Kommission wurde 2004 in der Elfenbeinküste eingesetzt. 2005 wurde der Import von Diamanten aus diesem Land untersagt, 2008 wurde dieses Verbot erneuert. (Jojarth 2009: 189) Dennoch ist seither der Export von Diamanten aus der Elfenbeinküste gestiegen. Vgl. François Misser, Die Rückkehr der Blutdiamanten, TAZ, 2.11.2009, S. 4.

445 Für den *"Kimberley Process"* haben sich die beteiligten Staaten auf eine Definition geeignet, derzufolge als „Konfliktdiamanten" alle Rohdiamanten bezeichnet werden sollen, die von Rebellen und ihren Verbündeten genutzt werden, um die Position legitimer Regierungen zu unterminieren. Da der Kimberley Prozess von Regierungen beschlossen wurde, ist einleuchtend, dass sie sich selbst allesamt als legitim deklarierten.

wurde. In Angola gibt es besonders hochwertige Diamanten.[446] Die Embargos waren wirkungslos, weil ihre Umgehung für Schmuggler „ein Kinderspiel" ist. (Dietrich 2002: 47) Zwar sanken die statistisch registrierten Exporte von Diamanten aus den Ländern, gegen die ein Embargo verhängt worden war, doch stiegen die Ausfuhren aus Gambia, der Republik Kongo oder den Vereinigten Arabischen Emiraten. Weiterhin gingen die meisten Ausfuhren nach Antwerpen, zunehmend häufiger aber auch nach Hongkong oder Israel, aus denen dann Exporte nach Amsterdam verfügt wurden.

Mittels Schmuggel realisierten die Anführer aller Seiten der militärischen Auseinandersetzungen nicht nur die Fortsetzung der Kriege, sondern auch ihre eigene materielle Beteiligung an den Ergebnissen der Diamantenproduktion. In Angola etwa ersetzten Offiziere der nationalen Armee ab 1994 die vorherige Allianz zwischen privaten Militärunternehmen und Minenbesitzern. Die entsprechenden Funktionen wurden jetzt von militärischem Führungspersonal übernommen, und eine Anzahl in den Ruhestand versetzter Offiziere machte sich selbst zu Unternehmern in der Diamantenförderung. (Dietrich 2002: 37)

Als international zunehmend zur Kenntnis genommen wurde, dass die von der UNO verhängten Embargos den Gewalttaten vor Ort nicht hatten Einhalt gebieten können, forderten viele wirkungsvollere Maßnahmen. Dass sie beraten werden konnten und schließlich zur Begründung des sog. Kimberly Prozesses führten, ist sicherlich auch möglich geworden, weil das Syndikat De Beers diesen Bestrebungen nicht im Wege stand. Tatsächlich konterkarierte der überhandnehmende Schmuggel die Strategie von de Beers,[447] mittels Manipulation des Angebots von Diamanten deren Weltmarktpreis einigermaßen stabil zu halten. Zwar hatten Blutdiamanten immer nur einen geringen Anteil der auf dem Weltmarkt gehandelten Steine ausgemacht, dennoch minderte Schmuggel die Möglichkeit, durch die zeitweise Hortung von Diamanten oder die Stilllegung von Minen die Angebotsmengen zu beeinflussen[448] und so die Preise für Rohdiamanten zu stabilisieren.[449] Hinzu kam, dass die Anbieter geschliffener Diamanten die Auswirkungen von Berichten über die Realitäten der Diamantenförderung auf

---

446 Global Witness, A Rough Trade. The Role of Companies and Governments in the Angolan Conflict, 1.1.1998, S. 6, vgl. www.globalwitness.org/campaigns/conflict-diamons/rough-trade.

447 Seit 2012 verfügt der Konzern Anglo-American (nach dem Kauf der Anteile der Familie Oppenheimer) über 85 % von de Beers.

448 Da De Beers heutzutage nur noch mit Rohdiamanten aus eigenen Minen handelt, treffen Stilllegungen jeweils viele Arbeitskräfte in de Beers Minen. Die meisten liegen in Botswana, Südafrika und Namibia.

449 In der Krise des Jahres 2009 ist dies mangels ausreichender Nachfrage nicht gelungen. Das galt nicht nur für Schmuck, sondern auch für Diamanten, die für Schneidwerkzeuge in der Bauindustrie genutzt werden. In der Krise fungierten geschliffene Diamanten, die anders als Gold nicht täglich an Börsen gehandelt werden, nicht als Sicherheiten.

deren Ruf als *"a girls best friend"*[450] zu fürchten begannen. Nicht von ungefähr wurden die Beratungen über Möglichkeiten der Regulierung des Diamantenhandels in Kimberley in Gang gesetzt, jener Stadt also, in welcher die Gebrüder de Beers 1870 ihre erste Mine gestartet hatten. Der Beschluss, den Handel mit Konfliktdiamanten sowie insgesamt mit illegalen, also in nicht zertifizierten Minen gewonnenen Diamanten zu unterbinden, erfolgte weitgehend zeitgleich mit dem Ende der Diamantenkriege. Besonders eindrucksvoll war dieses Ereignis in Sierra Leone, in jenem Land also, in dem so viele Menschen Amputationen hatten erleiden müssen. Denn 2002 gelang es nicht nur UN- Truppen, die Milizen zu entwaffnen und 25.000 Waffen zu zerstören, es fanden sich auch mehr als zwei Millionen Menschen, die es wagten, sich für Wahlen registrieren zu lassen. (Campbell 2004: 215)

Die großen Hoffnungen, die sich auf den Kimberley Prozess gerichtet hatten, wurden nur zu einem sehr kleinen Teil erfüllt. Zum einen hatten manche Länder, die, wie etwa Mozambique und Mali, als Durchgangsstationen für Schmuggelware fungieren, die Vereinbarung gar nicht unterzeichnet. Zum anderen, darauf hat Jan Smillie hingewiesen, haben sich die Regierungen, die an der Übereinkunft beteiligt waren, auf die Einstimmigkeit ihrer Beschlüsse geeinigt. Verbesserungen sind damit kaum durchzusetzen. Da der Kimberley Prozess keinen eigenen Verwaltungsapparat hat, basiert seine Wirksamkeit ausschließlich auf der Bereitschaft der Mitgliedsstaaten wirksam überprüfen zu lassen, ob die Anbieter von Diamanten ein auf seine Echtheit überprüftes Zertifikat vorlegen, welches die legale Förderung bescheinigt. Vor allem aber, es gibt keinen Sanktionsmechanismus gegen Staaten, die diese Verpflichtung nicht erfüllen. Als sich 2005 die Regierung von Venezuela weigerte, gegen geschmuggelte Diamanten vorzugehen, machte sie damit deutlich, dass das Land gefahrlos als Durchgangsstation für geschmuggelte Diamanten genutzt werden konnte. Jan Smillie resümiert: Ein Abkommen, das geschaffen worden ist, um durch die Ächtung jeglichen Schmuggels mit Rohdiamanten Konflikte zu verhindern, hat den Diamantenschmuggel faktisch gefördert. (2013: 1017) Derartiger politischer „Erklärungen" bedarf der Schmuggel freilich nicht wirklich. Auch aus der Demokratischen Republik Kongo wurden weiterhin in großem Umfang Diamanten geschmuggelt.[451] 2015 berichtete Nina Engwicht aus Sierra Leone, dass illegal arbeitende Schürfer ihre Diamanten ganz offen auf den sog. Open-Yay-Märkten anbieten. Vor allem die größeren Steine werden von Aufkäufern dann untereinander gehandelt und schließlich an einen legalen Händler verkauft, der

450 So der vielfach zitierte Titel eines 1949 für ein Broadway-Musical komponierten Songs. Berühmt wurde er durch die Wiedergabe von Marilyn Monroe in dem 1953 entstandenen Film "Gentlemen prefer Blonds".

451 Nicht nur das, ein erheblicher Teil der Diamantenproduktion im Land wird illegal durchgeführt. 2008 gaben die für den Kimberley-Prozess zuständigen Fachleute die Produktionsmenge in der DRK mit 33,4 Millionen Karat an, bei der Zentralbank des Kongo wurden 20,39 Millionen Karat versteuert. Vgl. François Misser, Die Rückkehr der Blutdiamanten, TAZ, 2.11.2009, S. 4.

sich ein Kimberley-Zertifikat für den Export besorgen kann.[452] Schlimmeres hat der mehrfach ausgezeichnete Journalist Rafael Marques aus Angola berichtet. In seinem Buch *"Blood Diamonds: Corruption and Torture in Angola"* warf er hohen Generälen seines Landes und dem teilstaatlichen Unternehmen *Sociedade Mineira du Cuango* vor, in den Jahren 2009 bis 2011 in der Provinz Lunda Norte hätten sie private Schürfer mit Macheten foltern und andere lebendig begraben lassen. Viele seien vertrieben, Ernten seien zerstört worden. Marques wurde inhaftiert und der Verleumdung angeklagt.[453] Als 2009 Gewalttaten gegen Schürfer in Simbabwe bekannt geworden waren,[454] hatte der Kimberley Prozess die Suspendierung der Mitgliedschaft dieses Landes empfohlen. Für Angola gab es keine derartige Empfehlung. Das Land ist ein besonders wichtiger Diamantenproduzent. 2011 entschied allerdings der damalige Vorsitzende des *Kimberley Prozesses* im Alleingang, dass der Verkauf von Diamanten aus Simbabwe wieder zulässig sei.[455] Im Dezember 2011gab die Londoner Menschenrechtsorganisation *Global Witness* bekannt, dass sie den Kimberley Prozess verlassen hatte. Sie erklärte diesen Schritt mit dem vergeblichen Versuch, Schlupflöcher des Kimberley Verfahrens zu beseitigen. Die beteiligten Regierungen hätten nicht das geringste Interesse an Reformen gezeigt.[456]

Private Militärunternehmen

Seit Beginn der Globalisierung ist der Markt für private Sicherheitsunternehmen (PSU's) und private Militärunternehmen (PMU's)[457] rasch gewachsen. Inzwischen ist er enorm.[458] Private Sicherheitsunternehmen sind für große Unternehmungen tätig, werden beispielsweise zum Schutz von Produktions- oder Förderstätten angeheuert, andere werden beauftragt, eine bestimmte Person zu schützen. Wieder andere sind für kriminelle Organisationen wie etwa Drogenhändlerringe tätig. In den letzten Jahren wurden private Sicherheitskräfte vielfach von Reedereien angeheuert, um Schiffe gegen Piratenangriffe zu schützen. Auch Nichtregierungsorganisationen nehmen die Dienst-

452 Caspar Dohmen, Fluch der Diamanten, Süddeutsche Zeitung, Nr. 183, 11. August 2015, S. 16

453 François Misser, Edelsteine des Anstoßes, TAZ, 23.4.2015, S. 13. Misser gibt auch den Link an, unter dem das Buch von Marques ins Netz gestellt wurde: www.tintadachi.na.pt/pdfs/626c115 4352f7b4f96324bf928831b86-inside.pdf.

454 Die Armee von Diktator Robert Mugabe soll mindestens 200 Schürfer ermordet haben. Vgl. Nicolas Richter, Rückkehr der Blutdiamanten, Süddeutsche Zeitung, Nr. 280, 5.12.2011.

455 Martina Schwikowski, Diamanten aus Simbabwe sind plötzlich wieder legal, TAZ, 25.3.2011, S. 10.

456 Nicolas Richter, Rückkehr der Blutdiamanten, Süddeutsche Zeitung, Nr. 280, 5. Dezember 2011.

457 Im Englischen meist als PMC's (*private military companies*) bezeichnet.

458 Bereits 2003 soll der Gesamtumsatz bei 50 Milliarden Euro gelegen haben. Die Branche soll mehr als 2 Millionen Beschäftigte gehabt haben. Weltweit soll es 300.000 Firmen gegeben haben. Vgl. Pierre Conesa, Dienstleistung Krieg, Le Monde diplomatique, April 2009, S. 1 & 4f.

leistung von Sicherheitsunternehmen in Anspruch. Und im Dezember 2009 hat sich eine deutsche Sicherheitsfirma von einem somalischen *warlord* anheuern lassen. Die hundert Söldner, die für Abdinur Ahmed Darman Ausbildungs- und Sicherleistungen erbringen sollen, waren zuvor Soldaten in bundesdeutschen Spezialeinheiten gewesen.[459] Ein großer Tätigkeitsbereich betrifft Dienste, die für Regierungen oder für oppositionelle Kräfte[460] geleistet werden: die Bereitstellung von Logistik und Ausrüstung, die Ausbildung von Personal samt der Wartung komplizierter Waffen. In all diesen Fällen handelt es sich um eines der im Zuge von Privatisierungen typischen Verfahren des *outsourcing.*

Die Privatisierung einer Staatstätigkeit hat niemals ausschließlich ökonomische Effekte, immer verändert sie die Art und Weise der bislang vom Staat erbrachten oder in naher Zukunft vom Staat zu erbringenden Leistungen.[461] Im Fall der Auslagerung militärischer Dienstleistungen stellt sich die Frage nach der Realität des stets behaupteten ökonomischen Vorteils.[462] Dass andere Erfahrungen[463] in entwickelten kapitalistischen Staaten nicht zu anderen Entscheidungen führen, hat politische Ursachen. Dagegen haben Regierungen weniger entwickelter kapitalistischer Gesellschaften, die nicht in der Lage wären, die entsprechenden Dienste selbst zu organisieren, kaum eine andere Wahl. In vielen Fällen verlangen PMUs als Gegenleistung eine Beteiligung an den Ressourcen eines Staates, schöpfen folglich mögliche zukünftige Staatseinnahmen privat ab. Während solche Aneignung vertraglich geregelt ist, organisieren andere ihre Aneignung autonom. In Afghanistan beispielsweise hat ein Privatunternehmer seine Sicherheitsfirma nicht nur zu einem sehr erfolgreichen Geschäft entwickelt, sondern aus seinen Angestellten eine Miliz gemacht, die faktisch mittels Staatsgeldern finanziert

---

459 'Shadow Foreign Policy' Somali Warlord Hires German Mercenaries to provide Security Services. Vgl. http://www.spiegel.de/international/world/shadow-foreign-policy-somali-warlord-hire; abgerufen am 6.12.2015; zusätzlich: Ulrike Winkelmann, Deutsche Söldner, private Dienste, TAZ, 26.5.2010, S. 4.

460 Zwar betonen bekanntere Sicherheitsunternehmen regelmäßig, dass sie nur für international anerkannte Regierungen tätig werden. Allein die Tatsache, dass sie nicht selten für beide Seiten eines Konfliktes tätig sind, belegt das Gegenteil.

461 Um beim Gegenstand von Sicherheitsleistungen zu bleiben: Private Interessen dominieren, wenn eine mit Minenräumungsaufgaben betraute private Firma zunächst die Zugangsstraße zu der Mine räumt, deren Fördermengen als Sicherheitsleistung abgetreten wurden, und erst dann die Wege zu Schulen überprüft.

462 Gegen die umfassenden Pläne der US-Regierung, Militärdienstleistungen an private Unternehmen zu übertragen, äußerten Experten 2002 und 2003 eindringliche Zweifel an der erwarteten höheren Effizienz. Vgl. Sami Makki, Outsourcing, das Irak-Experiment, Le Monde diplomatique, November 2004, S. 16f.

463 Für den Nachweis "dass eine Privatisierung militärischer Dienstleistungen finanziell nicht immer unproblematisch ist" vgl. Kevin Gurka, Die „neuen" Söldner; IMI (Informationsstelle Militarisierung e.V.); http://www.schattenblick.de/infopool/medien/altern/imi-234.

wurde. Gewinne zog Matiullah Khan vor allem aus der Sicherung einer wichtigen Verbindungsstraße.[464]

Von derart faktischer Beeinträchtigung eines staatlichen Gewaltmonopols unterscheidet sich seine teilweise formale Auslagerung. Um eine solche handelt es sich, wenn private Firmen nicht nur mit Dienstleistungen betraut werden, die reguläres Militär unterstützen sollen, sondern ihnen Zuständigkeit für operative Funktionen übertragen wird. In Bezug auf Polizeieinheiten wurde oben bereits ausgeführt, dass die Gewaltapparate des Staates niemals ganz und gar zu Organisationen gemacht werden können, die lediglich Anweisungen ausführen. Durchgängig verlangen sowohl Strategie und Taktik als auch konkrete Operationen Spielräume für eigene Entscheidungen. Insoweit könnte vermutet werden, der Einsatz privater Kräfte sei möglich, ohne dass die Art und Weise der Kriegsführung betroffen werde. Das wäre falsch. Da ist zunächst der Umstand, dass Unternehmen, die für ihre Kriegsdienste sehr gut bezahlt werden, nicht unbedingt bestrebt sind, diese Verdienstquelle so schnell wie möglich zu schließen. Sodann stellt sich – daran hat sich seit der Zeit des Dreißigjährigen Krieges nichts geändert – die Frage der Loyalität. Militärunternehmer orientieren sich am Verdienst. Je nach Einsatzort steht zu befürchten, dass sie besseren Angeboten folgen. Das gilt auch für individuelle Kriegsexperten. Sie orientieren sich an Verdienstmöglichkeiten. Da sie keinem nationalen Militärstrafrecht unterliegen, können sie auch nicht gezwungen werden, einen einmal eingegangenen Vertrag zu erfüllen. Erscheint ihnen die aufgetragene Leistung zu riskant für Leib und Leben, drohen ihnen bei Vertragsbruch zunächst kaum andere als finanzielle Folgen.

Christian Dietrich zufolge haben PMUs Mitte der 1990er Jahre einen Teil ihrer Geschäftsmöglichkeiten eingebüßt. Als immer mehr Kommandanten nationaler Armeen in Afrika das ihnen zur Verfügung stehende Gewaltpotential nutzten, um sich selbst zu bereichern, wurden zwar immer noch Angestellte von privaten Militärunternehmen angeheuert, nun aber nur noch für Logistik und Versorgung und nicht mehr für operative Zwecke genutzt. (2013: 37)

Dass privat beschäftigte Militärexperten international nachgefragt sind, ist leicht zu erklären. Zum einen speist sich die Nachfrage aus der Entscheidung von Regierungen, deren reguläre Militäreinheiten zu schwach sind, um die jeweiligen Kriegsziele verfolgen zu können. Für einen erheblichen Teil der Nachfrage sind aber auch Regierungen entwickelter kapitalistischer Gesellschaften verantwortlich, allen voran Regierungen der Vereinigten Staaten. Sie nutzen vor allem zwei Vorteile privater Militärunternehmen. Weil deren Einsatz möglich ist, ohne formal als Kriegshandlung deklariert zu werden, können ihn Regierungen anordnen, ohne sich der Zustimmung des Kongresses zu versichern. Eben dies ist in den sogenannten Kriegen gegen Drogen und gegen Terrorismus ausgiebig praktiziert worden.

---

464 Dexter Filkins, An Afghan Warlord Builds His Empire, The New York Times/Süddeutsche Zeitung, 14.6.2010, S. 3.

Als Beschäftigte eines privaten Unternehmens sind Söldner nicht in eine militärische Hierarchie eingebunden. Für Gräueltaten sind sie als Personen verantwortlich, nicht etwa ihre Arbeitgeber.[465] Werden sie im Verlauf von Kampfhandlungen als Kombattanten gefangen genommen, so sind sie internationalem Recht zufolge als Kriegsgefangene zu behandeln. Werden sie getötet, so gelten sie aber nicht als Gefallene des Landes, von dessen Regierung ihr Arbeitgeber angeheuert wurde. Für Regierungen, die den Einsatz von Militär vor der nationalen Öffentlichkeit und verfassungsmäßigen Instanzen verantworten müssen, ist dies einer der größten Vorteile privater Militärunternehmen: Sie können Kriege führen, in denen es nicht zu eigenen Verlusten kommt. Derzeit scheint die Möglichkeit, militärisch tätig werden zu können, ohne Parlament und Öffentlichkeit über die geplante Reichweite oder sogar die bloße Tatsache einer militärischen Intervention zu informieren, die Nachteile der Beauftragung privater militärischer Kräfte zu übertreffen.

P.W. Singer hat diese Nachteile ausführlich erläutert. Sie reichen von der Ausrichtung militärisch strategischer Entscheidungen an den ökonomischen Interessen der jeweiligen Unternehmen über die Gefahr ihrer Abwerbung durch ein besseres Angebot, die beschränkte Möglichkeit, die Verhaltensweisen der Soldaten zu beeinflussen, bis zur Gefahr ständiger finanzieller Nachforderungen. (2003: Part III)

Dass diese und andere Nachteile bzw. Gefahren geringer bewertet werden als die Vorteile privat verfügbarer militärischer Kompetenz, lässt sich unschwer daraus ersehen, dass die 1989 von der Vollversammlung der Vereinten Nationen beschlossene Konvention gegen die Anwerbung, den Einsatz, die Finanzierung und die Ausbildung von Söldnern nicht ratifiziert wurde.[466] Im Mai 1998 wurde in der Republik Südafrika ein Gesetz beschlossen, welches die militärische Unterstützung einer ausländischen Macht durch südafrikanische Staatsbürger sowie militärische Dienstleistungen von Ausländern in Südafrika unter Strafe stellt. (Seit September 1998 ist es in Geltung). Es hat dazu ge-

465 2010 sind erstmals US-amerikanische Söldner vor einem US-amerikanischen Gericht angeklagt worden, weil sie 2007 in Bagdad um sich geschossen und dabei 14 Zivilisten getötet hatten. Der Prozess scheiterte. Dem sog. „Hunter-Memorandum" zufolge müssen Söldner keine Strafverfolgung fürchten, wenn sie gleich nach einem Vorfall aussagen. Das Memorandum regelt die Beziehungen zwischen dem US-Außenministerium und privaten Sicherheitsfirmen. (Vgl. Nicolas Richter, Schüsse im rechtsfreien Raum, Süddeutsche Zeitung, 13.1.2010) Der Fall war damit dennoch nicht abgeschlossen. Er endete mit einem Vergleich. Die Firma Blackwater zahlte 33 Millionen Strafe. Tatsächlich hatte die Firma 2007 weder von der irakischen noch von der US-amerikanischen Regierung eine Lizenz für ihre Tätigkeit im Iran besessen. Vgl. Birgit Svensson, Blackwater muss Strafe zahlen, Weser Kurier, 26.8.2010, S. 4.

466 Im Dezember 2008 haben Dr. Gregor Gysi, Oskar Lafontaine und die Fraktion die Linke einen Antrag in den Deutschen Bundestag eingebracht, der anstrebte, die Bundesregierung aufzufordern, diese Konvention dem Bundestag zur Ratifizierung vorzulegen und die deutschen Gesetze entsprechend anzupassen. (Drucksache 16/11375) Im April 2009 forderte eine Resolution von Union, SPD und FDP, Sicherheitsunternehmen müssten kontrolliert, registriert und einer Lizenzierung unterworfen werden. Vgl. Ulrike Winkelmann, Deutsche Söldner, private Dienste, TAZ, 26.5.2010, S. 4.

führt, dass eines der größten südafrikanischen Militärunternehmen seine Tätigkeit ins Ausland verlagerte,[467] es hat aber nicht dazu geführt, dass sich südafrikanische Experten nicht mehr für Einsätze im Ausland verdingen.[468] Als das französische Parlament 2003 einstimmig ein Strafgesetz zur Bekämpfung des Söldnerwesens beschloss, sollen privat angeheuerte Militärexperten sich darüber lustig gemacht haben. „Das wird sich schon umgehen lassen."[469] Viel zu befürchten haben Frankreichs Söldner tatsächlich nicht von dem Gesetz. Es bewirkte lediglich, dass die Militärunternehmen ihre Rekrutierungspraktiken änderten. Im Übrigen ist nur der Einsatz in Kampfhandlungen unter Strafe gestellt. Das lässt ein weites Feld der Zuarbeiten außer Betracht.

Christopher Steinmetz ist der Ansicht, dass sich derzeit kein Staat die Option verbauen lassen will, bei militärischen Interventionen auf Söldner zurückgreifen zu können.[470] Nirgendwo ist dies deutlicher als in den USA, wo die Verpflichtung privater Militärunternehmen unabhängig von Regierungswechseln üblich geblieben ist. Damit stellt sich die Frage des staatlichen Gewaltmonopols aber sehr grundsätzlich.

Liegt es auf der Hand, dass den Regierungen schwacher Staaten, die in einem Bürgerkrieg befangen sind, das Engagement privaten Militärs mehr als nur finanzielle Entscheidungsspielräume beschränkt, so scheint dies für Regierungen entwickelter

---

467 „Sandline International" und „Aegis Defense Services" haben Personal übernommen. Die neuen Firmen „Lifeguard" und „Ibis Air" wurden gegründet. Vgl. Die Bluthunde der Apartheid und ihre Nachfolger, Tages Anzeiger, 18.3.2015/21:22 Uhr: http://www.tagesanzeiger.ch/ausland/naher-osten-und-afrika/Die Blu...; abgerufen am 9.12.2015.

468 2004 sah sich die Regierung Südafrikas veranlasst, das Gesetz „zu überdenken". Der Sicherheitsminister meinte, es sei beschlossen worden, bevor einige der neuesten Entwicklungen zu Kenntnis genommen worden seien. Er schlug vor, nicht-operative militärische Dienstleistungen von strafrechtlichen Folgen auszunehmen. 2004 wurden 77 Südafrikaner angeklagt, an einem Staatsstreich zur Stützung der Regierung von Äquatorial Guinea beteiligt gewesen zu sein. Mark Thatcher wurde angeklagt, diesen Staatsstreich finanziell und logistisch unterstützt zu haben. Vgl. SA Reviews Foreign Military Assistance Act, 25.8.2004: http://beta.iol.co.za/news/south-africa/sa-reviews-foreign-military-as; abgerufen am 9.12.2004. Es wurden Geldstrafen verhängt. Das Gesetz verlangte, dass die Beteiligungen militärischen Aktionen im Ausland angemeldet und genehmigt werden. Das geschah faktisch flächendeckend. Es kam zu einer Überarbeitung des Gesetzes und 2005 zur Formulierung eines neuen Gesetzesvorhabens. Dieses wurde 2006 vom Parlament angenommen vom Provinzrat aber auf Eis gelegt. Vgl. Marcus Pauli (2011) Söldner als natürliche und juristische Personen, Hausarbeit an der Humboldt Universität zu Berlin, S. 9f.

469 Barbara Vignau, Frankreichs Kriegshunde und ihr Gesetz, Le Monde diplomatique, November 2004, S. 19.

470 Christopher Steinmetz, Söldner-Einsätze in rechtlicher Grauzone – Warum die Staaten wenig Interesse an einer Status-Klärung haben; in: NDR: Streitkräfte und Strategien, 11.12.2006/19.20-19.50 Uhr. René Heilig hat darauf hingewiesen, dass die Bundesregierung in ihrer Antwort auf eine Anfrage der „Grünen" zwar formulierte „ Die Bundesregierung steht Initiativen, die eine effektive Erfassung und Kontrolle von Tätigkeiten privater Militär- und Sicherheitsfirmen zum Ziel haben, aufgeschlossen gegenüber", dass sie aber kein entsprechendes Gesetzesvorhaben in Gang setzte. Vgl. Wüste(n) Krieger ohne Kontrolle. http://www.ag-friedensforschung.de/themen/Privatkriege/un-experte.html; abgerufen am 2.12.2015.

Staaten weniger deutlich zu sein. Aber die Verhinderung von Kriegsverbrechen wird umso schwieriger, je zahlreicher die in einem Krieg eingesetzten privaten Kräfte sind. Im Irak-Krieg waren neben etwa 140.000 US-amerikanischen Soldaten auch 22.000 ausländische Söldner aktiv,[471] 5.500 von diesen sollen südafrikanische Staatsbürger gewesen sein.[472] Im Übrigen birgt, darauf wurde oben bereits verwiesen, der operative Einsatz privaten Militärs die Gefahr in sich, dass sich private Militärunternehmer faktisch zu *warlords* machen, indem sie taktische Entscheidungen an ihren eigenen wirtschaftlichen Interessen ausrichten. P.W. Singer hat Beispiele gesammelt. So die Aussage eines früheren Angestellten von *"Executives Outcomes"*: „Als Freetown gesichert war, wurden wir in den Kono-Distrikt beordert, damit die Diamantenmine wieder fördern konnte.[473] Militärisch wäre es konsequent gewesen, den Rebellen in den Urwald zu folgen. Die kommerziellen Interessen haben die militärischen negativ beeinflusst." (Singer 2003: 158, Übers.) Eine solche Aussage sagt weder etwas über Ursachen und Ziele eines militärischen Einsatzes aus noch über die grundsätzliche Möglichkeit, militärische Auseinandersetzungen zu vermeiden. Wohl aber ist zu bedenken, dass die damit angesprochene Situation einen – zumindest partiellen – Rückfall in historische Verhältnisse bedeutet, von denen angenommen worden war, dass sie mit der Durchsetzung des staatlichen Gewaltmonopols überwunden worden seien.

Die Nachfrage nach privat geheuertem Sicherheits- und Militärpersonal ist beträchtlich. Das Angebot aber auch. Die zahlenmäßige Reduzierung regulären Militärs – sei es in postsozialistischen Ländern, sei es in Südafrika – haben viele Experten arbeitslos gemacht. Hinzu kommen Experten, die – wie etwa deutsche Soldaten in Afghanistan – feststellen, dass sie als Angehörige einer regulären staatlichen Armee ungleich niedriger bezahlt werden als die *contractors*,[474] die für private Militärunternehmer arbeiten. Nicht

---

471 Beim Einmarsch in den Irak im Jahr 2003 waren einem Bericht der *Washington Post* zufolge 100.000 Vertragskräfte (der Firma Haliburton) dabei. Zit. nach: Scahil (2007: XVII).

472 Steinmetz, a.a.O. Seit dem Abzug staatlicher Truppen sind im Irak und in Afghanistan Schätzungen zufolge 200.000 Söldner und Sicherheitsexperten tätig. Zwischen Januar und Juni 2010 wurden in Irak und Afghanistan 235 Soldaten getötet, im selben Zeitraum aber auch 250 Mitarbeiter privater Sicherheitsfirmen. Im August teilte der afghanische Präsident mit, die im Land befindlichen privaten Sicherheitsfirmen würden bis Ende 2010 aufgelöst. Den Söldnern wird vorgeworfen, auf die Zivilbevölkerung wenig Rücksicht zu nehmen. Vgl. Dirk Eckert, Soldaten gehen, Sicherheitsfirmen bleiben – neue Aufgaben in Afghanistan und Irak, NDR, Streitkräfte und Strategien, 6.11.2010; Karin Leukefeld, USA lagern den Krieg an die Söldner aus, Junge Welt, 23.8.2010; http://www.ag-friedensforschung.de/regionen/Irak/soeldner.html abgerufen am 2.12.2015.

473 Auf der Basis einer Auswertung von 126 Bürgerkriegen zwischen 1946 und 2003 hat Johannes Münster festgestellt, dass in 43 Bürgerkriegen, die meisten davon in Afrika, Söldner beschäftigt waren. Besonders häufig war dies der Fall, wenn Diamanten als Zahlungsmittel zur Verfügung standen. Vgl. Johannes Münster, Der gekaufte Krieg. Söldner in Bürgerkriegen nach dem Zweiten Weltkrieg, WZB Mitteilungen Nr. 126, Dezember 2009, S. 38-40.

474 Der Terminus wird benutzt, um den des Söldners zu vermeiden. Er ist insoweit korrekt, als die Bindung an den jeweiligen (oft schnell wechselnden) Auftraggeber nur mittels Vertrag erfolgt – also weder als Folge einer gesetzlichen Verpflichtung zum Militärdienst noch einer freiwilligen

wenige haben aus dieser Erkenntnis Folgerungen gezogen.[475] Haben sie sich zunächst überwiegend bei US-amerikanischen Firmen beworben, so bietet inzwischen auch die deutsche Sicherheitsfirma Asgaard „Arbeitsplätze für ehemalige Bundeswehrsoldaten".[476] 2013 wurde bekannt, dass sich auch aktive Soldaten der Bundeswehr und Angehörige bundesdeutscher Polizeieinheiten während ihres Urlaubs an Sicherheitsunternehmen verdingen.[477] Seit *Executives Outcomes*, das bekannteste der privaten südafrikanischen Militärunternehmen, seine Geschäftstätigkeit in Südafrika aufgeben musste, bietet es im Ausland unter neuem Namen weiterhin Arbeit.[478] Auch das größte der US-amerikanischen Unternehmen, die Firma Blackwater, agiert weiter – inzwischen allerdings unter einem zweimal geänderten Namen.[479] Seit Ende der 1990er Jahre werden für militärische Auseinandersetzungen in Afrika zunehmend Söldner angeheuert, die aus anderen afrikanischen Staaten stammen.[480] Auch ausländische Sicherheitsunternehmen nutzen den afrikanischen Arbeitsmarkt. Das Angebot an Personal ist inzwischen so groß, dass es auf einzelnen Sektoren dieses weltweiten Arbeitsmarktes bereits zur Konkurrenz um lukrative Verdienstmöglichkeiten kommt.

Wird solche Arbeitsmigration von Staats wegen geduldet, so funktioniert sie ähnlich wie der Export von Dienstmädchen. Wegen der Rücküberweisungen gut verdienender Arbeitsmigranten profitieren die Regierungen von Entsenderländern durch die „Auslagerung von Arbeitskräften"[481] Weil sich Regierungen afrikanischer Entsenderstaaten gegenseitig Konkurrenz machten, sanken etwa die vom ugandischen Arbeits-und Sozialminister von britischen und US-amerikanischen Sicherheitsfirmen im Irak zunächst geforderten Mindestlöhne für ugandische Sicherheitskräfte innerhalb kurzer Zeit von 12.000 $ auf 400 $.[482]

Meldung aufgrund von Überzeugung. Das freilich galt auch für alle, die sich Jahrhunderte früher als „Söldner" verdingten.

475 Vgl. Ulrike Winkelmann, Deutsche Söldner, private Dienste, TAZ, 26.5.2010, S. 4.

476 So die Formulierung des Unternehmenseigners Thomas Kaltegärtner. Vgl. Olivia Schoeller, Mit Asgaard auf „Friedensmission", Frankfurter Rundschau, 25.5.2010: http://www.fr-online.de/politik/deutsche-soeldner-fuer-somalia-mit-asgaard-auf--fried; abgerufen am 6.12.2015.

477 Marco Seliger, Im privaten Kampfeinsatz, 28.4.2013: http://www.faz.net/aktuell/politik/inland/aktive-soldaten-bei-sicherheitsunternehmen-i...; abgerufen am 2.12.2015; AG Friedensforschung, Deutsche Soldaten als Söldner; http://www.ag-friedensforschung.de/themen/Privatkriege/buwe.html; abgerufen am 2.12. 2015.

478 2004 galt dies für ehemalige Angehörige der britischen *Special Air Service* (SAS), für rhodesische *Selous Scouts*, Angehörige des 32. Südafrikanischen Bataillons sowie für angolanischen Kommandoeinheiten. Vgl. Philippe Leymarie, Das Afrika der Vaterlandslosen, Le Monde diplomatique, November 2004, S. 23.

479 Für eine sehr gründliche Darstellung der Geschichte von „Blackwater" vgl. Scahill (2007) 2009 wurde die Firma in *Xe Services* umbenannt, inzwischen in *Academi*.

480 Phlippe Leymarie, Das Afrika der Vaterlandslosen, Le Monde diplomatique, November 2004, S. 23.

481 So die Bezeichnung eines 2005 in Uganda erlassenen Gesetzes.

482 Simone Schlindwein, Der Traumjob im Irak, TAZ, 15. April 2009.

Alles also *global business as usual*? Soweit es den Arbeitsmarkt und auch einen erheblichen Teil der Nachfrage betrifft, sicherlich. Ist operativ eingesetztes Personal aber nicht durch militärische Dienstpflichten gebunden, sondern durch vertragliche Pflichten gegenüber einem privaten Unternehmen, so steht die inhaltliche Veränderung der militärischen Dienstleistung zu befürchten. Das gilt auch, obwohl kein Apparat eines Staates diesem gegenüber lediglich als ein auf Kommando reagierendes Instrument fungiert. Für die Aufrechterhaltung des staatlichen Gewaltmonopols sowohl nach innen als auch nach außen sind Justiz, Polizei, Gefängnisse und Militär zuständig. Sie praktizieren Gewalt im Auftrag und nach Regeln, und sind dennoch alle mehr als bloß ausführende Organe. Anders als im Anschluss an Max Weber oft unterstellt, gilt dieses „mehr als" für alle staatlichen Apparate. Überall ist die Ausübung staatlicher Kompetenzen durch individuelle und in bestimmten staatlichen Apparaten dominante Interpretationen von Regeln und Aufträgen geprägt. Eben deshalb ist mit jeder Privatisierung einer staatlichen Aufgabe die Möglichkeit verbunden, dass die Ausrichtung am Interesse der Gewinnerzielung über andere Zwecksetzungen dominiert. Bei der Privatisierung des Verkehrs, der Versorgung mit Wasser und Strom oder mit medizinischen Leistungen verbietet sich die – zumeist ohnehin irrige – Beurteilung von Privatisierungen unter rein buchhalterischen Gesichtspunkten. Stattdessen stellt sich in jedem einzelnen Fall die Frage nach der Veränderung von Leistungen durch die Übertragung ihrer Ausführung an Private. Mehr noch als für alle anderen Bereiche staatlicher Tätigkeit gilt dies für die Privatisierung staatlicher Gewaltpraxis. Auch wenn Angehörige regulären nationalen Militärs national und international durchgesetzte Regeln vielfach umgangen, missachtet und verletzt haben, so wächst mit der Privatisierung von Teilen staatlicher Gewaltpraxis doch die Gefahr, dass die Praxis von Gewalt im Auftrag des Staates zur Praxis privater Gewalt verkommt. Eben dies ist zu einem Merkmal von Staatsgewalt in der Ära des globalisierten Kapitalismus geworden.

Physische Natur, Produktion und Gewalt

Raubkauf von Land

Was heute als *Land Grabbing* beschrieben wird, war im Kapitalismus seit jeher gegenwärtig. Denn seit den Anfängen des Kapitalismus wurde Land zur Ware gemacht, Landeigentum folglich zum Produktionsfaktor.[483] Private Aneignung von Land schuf und schafft Voraussetzungen für entgrenzte Ausbeutung von Landlosen. Es wäre dennoch unzutreffend, aktuelle Praktiken der Aneignung von Land lediglich als Fortsetzung einer bereits Jahrhunderte andauernden Aneignungspraxis zu bezeichnen. Allein ihr schieres Ausmaß spricht gegen diese Interpretation.

Im ersten Jahrzehnt des 21. Jahrhunderts sind weltweit mindestens 200 Millionen Hektar von ausländischen Großinvestoren mittels Käufen oder Pachtverträgen akquiriert worden. Autoren einer Studie der Nichtregierungsorganisation Oxfam wollen dies anschaulich machen, indem sie darauf hinweisen, dass ausländische Investoren in armen Ländern in der ersten Dekade des 21. Jahrhunderts alle sechs Tage eine Landfläche in der Größe Londons gekauft oder gepachtet haben.[484] Ein Ende des *Land-Grabbing* und des damit vielfach verbundenen *Water-Grabbing* ist nicht in Sicht. Sein Ausmaß ist nur Schätzungen zugänglich, weil die *deals* zwischen Regierungen und Investoren selten öffentlich gemacht werden.[485] Und dies, obwohl sich auf einflussreich vorgebrachte Rechtfertigungen zurückgreifen ließe. So vertreten etwa die Weltbank und das *International Food Policy Research Institute* (INFPR) die Auffassung, großflächiges Privateigentum fördere den allgemeinen Wohlstand in einem Land. INFPR hat größere Transparenz bei der Transferierung von Boden angemahnt und Strategien zur Verbesserung der Verhandlungsmacht von Besitzern kleiner Landstücke gefordert. Auch pflichtete das Institut oppositionellen Kräften in Mozambique bei, als sich diese dagegen wehrten, das von chinesischen Investoren gepachtete Land mit von China

---

483 Anhand der Aufhebung tradierter Jagd- und Fischereirechten in privaten Forsten, Seen und Flüssen durch den sog. *black act*, hat Edward P. Thompson für England einen der gewalttätigen Definitionsprozesse von Eigentum analysiert, welche die Entwicklung des Kapitalismus begleiteten. (1975) Auf die Durchsetzung des absoluten Eigentums selbst noch am abgefallenen Holz in privaten Wäldern hat Karl Marx in mehreren Zeitungsartikeln des Jahres 1842 verwiesen, (MEW 1: 109-147) auf die Einhegungen früherer Almenden im Zusammenhang seiner Analyse der „ursprünglichen Akkumulation".

484 Informationsbrief Weltwirtschaft & Entwicklung, W&E Hintergrund, Dezember 2012 (im Auftrag von Oxfam) Die Rolle der Weltbank.

485 Um solche Schätzungen bemüht sich die seit 2012 in Washington D.C. angesiedelte *Land Matrix*, eine von Nichtregierungsorganisationen unterstützte Datenbank, die umstrittene Landgeschäfte weltweit erfassen soll.

importierten Landarbeitern bearbeiten zu lassen.[486] INFPR konstatiert auch, dass die von Investoren bevorzugten Nutzungen des Bodens ökologische Schäden bewirken oder verstärken. An der Befürwortung ausländischer Großinvestitionen in Agrarindustrie haben solche Erkenntnisse jedoch nicht gerüttelt.[487] Vor allem wird nach wie vor betont, *Land Grabbing* ausländischer Investoren verschaffe armen Ländern die dringend benötigten Investitionsmittel. Dementsprechend verhalten sich viele Regierungen. Waren es früher Fremde, die Gesetze erließen, um die Vertreibung Einheimischer von ihrem Land zu legalisieren, sind es heute die eigenen Regierungen, die solche Gesetz erlassen.[488] Trotzdem wird immer wieder behauptet, die Entwicklung eines *Code of Conduct* für Landtransaktionen werde helfen, den Schutz armer Bauernfamilien trotz Förderung der Agrarindustrie zu bewerkstelligen.

Selbst wenn die Nahrungsmittelexportländer der G20 die Verabschiedung solcher Leitlinien nicht länger blockieren würden, so wäre von ihnen doch wenig zu erwarten. Sollten sie nicht weiterhin lediglich als freiwillige konzipiert werden, so bliebe doch ihre eindeutige Orientierung auf eine Politik, die auf agrarische Großinvestitionen zielt. Regelmäßig wird das dafür zur Verfügung gestellte Land als ungenutzt deklariert, obwohl es Einheimische seit langem als Jagdgebiet, Weide- oder auch Ackerland genutzt hatten. (Borras & Franco 2010) In einem zusammenfassenden Bericht an den Menschenrechtsrat der Vereinten Nationen hat Oliver De Schutter, ein Sonderberichterstatter der UNO, 2010 die bisher von offizieller Seite vertretene Orientierung auf eine Steigerung der Produktion mittels Großinvestitionen kritisiert. Wenn es um die Verringerung der Armut in einem Land gehen solle, so komme es nicht darauf an, wie viel produziert werde, sondern auf welche Art und Weise diese Produktion zustande komme. [489] Hinzuzufügen wäre, dass es auch darauf ankommt, was produziert wird. Denn anstatt der Pflanzen, die von Einheimischen für ihre Ernährung genutzt werden, produzieren die neuen Eigentümer vor allem für den Export,[490] nicht selten sog. *"flex-crops"*, also Pflanzen, die sich nicht nur für Lebensmittel oder Tierfutter sondern auch für die Herstellung von Agrosprit verwenden lassen. Aus dem internationalen Nahrungsmittelregime ist deshalb ein Agro-Régime geworden, dessen Ausweitung nicht zugleich mit einer Ausweitung der Nahrungsmittelproduktion einhergeht. (Exner 2013: 124-134)

---

486 Joachim von Braun & Ruth Meinzen-Dick, IFPRI (2009) "'Land Grabbing' by Foreign Investors in Developing Countries: Risks and Opportunities", vgl. www.ifpri.org/pubs/bp/bpo13.asp; abgerufen am 14.9.2014, S. 1f.

487 Ebenda, S. 4.

488 So die Feststellung eines kongolesischen Kleinbauern. Vgl. Christian Jakob, „Das ist die echte Globalisierung", TAZ, 31.12.2014/1.1.2015, S. 5.

489 Oliver de Schutter, 20 December 2010, Report submitted by the Special Rapporteur on the right to food, Human Rights Council, 16th Session, United Nations A/HRC/16/49.

490 In Äthiopien beispielsweise Blumen oder Ölsaaten. Vgl. Isabel Pfaff, Dürre in Afrika, Süddeutsche Zeitung, Nr. 68, 22.3.2016, S. 2.

Die nach 2008 beschleunigte Aneignung von Land durch private Großinvestoren hat mehrere Ursachen. Da ist zum einen die in der Finanzkrise hektisch verstärkte Suche nach zusätzlichen Möglichkeiten der Kapitalanlage. Dass sich Investitionen in Boden besonders anbieten, ergibt sich zusätzlich aus Preissteigerungen für Nahrungsmittel[491] samt der dadurch verstärkten Spekulation.[492] Hinzu kommt, dass veränderte Ernährungsgewohnheiten, so insbesondere der steigende Verzehr von Fleisch, größere Flächen für den Anbau notwendiger Futtermengen erfordern. Und größere Flächen werden auch benötigt, wenn die – vor allem von Europa aus verfolgten – Bestrebungen realisiert werden, Pflanzen als Energielieferanten zu nutzen, um so den Verbrauch fossiler Stoffe in Grenzen zu halten.

In den Jahren 2007 und 2008 mussten Regierungen mancher Staaten erkennen, dass die für ihre Gesellschaften notwendigen Lebensmittelimporte kaum möglich waren, und dies nicht nur, weil Preise sehr hoch waren, sondern auch, weil das insgesamte Angebot zu niedrig war. Damit wuchsen Bestrebungen, Teile der nationalen Nahrungsmittelvorsorge ins Ausland zu verlagern. Hatten manche Regierungen, so etwa diejenigen von Kuweit und China,[493] einheimische Investoren, die im Ausland Nahrungsmittel produzieren wollten, schon zuvor unterstützt, so haben seither weitere Regierungen eine derartige Politik in Gang gesetzt. In Indien handelt es sich um einen besonders dramatischen Politikwechsel. Nicht nur ist seit 1990 das bisherige System einer öffentlichen Verteilung von Nahrungsmitteln weitgehend aufgegeben und der Handel mit einer ganzen Reihe von Agrarprodukten liberalisiert, folglich den Konjunkturen auf dem Weltmarkt ausgesetzt worden, vielmehr ist der Staat auch daran beteiligt, die Zerstörung traditioneller Landwirtschaft im Land voran zu treiben. Um den Nachteil des vergleichsweise späten Einstiegs indischer Investoren in den neuen Wettlauf um Land auszugleichen, fördert der indische Staat Agrarinvestitionen im Ausland durch Angebote von Krediten an Banken und andere Finanzinstitutionen in den Ländern, deren Regierungen Land verkaufen oder verpachten. (Rowden 2011: 17) Abgewickelt werden diese Geschäfte über die Export-Import-Bank (Exim Bank). Diplomatie wird auch eingesetzt, um Regierungen in

---

491 Der Stand von Nahrungsmittelpreisen wird als ein Preisindex angegeben, den die Welternährungsmittelorganisation (FAO) aus 55 Agrarrohstoffen und Nahrungsmitteln in US-Dollar ermittelt. Für die Entwicklung vgl. https://de.wikipedia.org/wiki/FAO_Food_Price_Index.

492 In der Bundesrepublik Deutschland fordern Nichtregierungsorganisationen seit Jahren, dass die Deutsche Bank aus der Spekulation mit Nahrungsmitteln aussteigt. Diese Spekulation treffe eine erhebliche Mitschuld an den Hungerkrisen, die aufgrund exorbitant steigender Nahrungsmittelpreise ausgebrochenen seien und inzwischen auch bereits zu Hungerrevolten geführt hätten. Vgl. Felix Lee, Deutsche Bank zockt mit dem Tod, TAZ, 21./22.1.2012, S. 7.

493 Zwischen 1996 und 2006 soll China durch Änderung der Landnutzung 6,6 % seines ackerfähigen Landes verloren haben. Ein Sechstel der gesamten möglichen Agrarfläche sei mit Schwermetallen verschmutzt, mehr als 40 % durch Erosion und Wüstenbildung geschädigt. Gleichzeitig wachsen die Bevölkerung und auch der Fleischverbrauch der Mittelschichten. Vgl. Yingling Lui: http://www.worldwatch.org/node/3912 , zit. in: FIAN (2009) Bauernrechte in Afrika Respektieren, Schützen, Gewährleisten. (Autor der Broschüre: Rolf Künnemann), S. 6.

Afrika, Südamerika und Asien vom Nutzen indischer Investitionen für ihr eigenes Land zu überzeugen. Dabei wird betont, die in Indien erfolgreiche „grüne Revolution" könne mit Hilfe indischer Investitionen auch in anderen Ländern in Gang gesetzt werden und folglich deren eigene Ernährungsprobleme lösen. (Rowden 2011: 16)

Tatsächlich aber berauben Großinvestitionen nicht nur sehr viele Menschen ihrer bisherigen Lebensgrundlagen, ausländische Investoren sind auch selten bestrebt, ihre Produkte im Land ihrer Erzeugung abzusetzen. Und selbst der Verweis auf die Schaffung von Arbeitsplätzen kann genauerer Betrachtung nicht standhalten. I. Baghi hat ein Beispiel angeführt: Wenn in Äthiopien 600.000 Hektar verpachtet werden, so bedeutet dies, dass etwa 300.000 Familien vertrieben werden müssen, denn die meisten äthiopischen Bauern verfügen lediglich über 2 Hektar.[494] Wenn durch die Agrarinvestitionen tatsächlich 20.000 neue Arbeitsplätze geschaffen werden, so bleiben dennoch viele Tausende unversorgt.[495] In Uganda und Simbabwe wird eine Bewirtschaftung mittels ausländischer Arbeitskräfte praktiziert.[496]

Selbst einheimische Kleinbauern, die über privatrechtlich abgesichertes Eigentum verfügen, sind den für sie negativen Wirkungen der Partnerschaften von Großinvestoren und Regierungen weitgehend schutzlos ausgeliefert.[497] Sofern jedoch Regierungen tatsächlich bestrebt sein sollten, offenbar gewordenen Schaden von ihrer Bevölkerung abzuwehren, befinden auch sie sich in einer sehr schlechten Position, denn vielfach haben Regierungen der Herkunftsländer von Großinvestoren deren Interessen in bilateralen Investitionsabkommen abgesichert. Während der letzten beiden Jahrzehnte sind weltweit mehr als 3.200 solcher Abkommen verabschiedet worden. Sie betreffen unterschiedliche Investitionen, sichern aber allesamt den Investoren sehr weitreichende Rechte zu. Im Zusammenhang von „Investitionen in ländliche Entwicklung" wird nicht nur die Aneignung von Land, sondern auch der mit Land zusammenhängenden Ressourcen, allen voran der Zugang zu Wasser, verabredet. In aller Regel sind Regierungen bestrebt, die strategische Handlungsfähigkeit der Investoren zu erweitern. Vielfach wird ihnen jahrelange Steuerfreiheit zugestanden. (Oxfam 2011: 11) Regelmäßig werden jene, die von dem Land und den Wäldern leben, die von ihren Regierungen feilgeboten werden, von allen Verhandlungen ausgeschlossen. (Oxfam 2011: 23) Kommt es auf der Basis eines Investitionsabkommens dennoch zu einem Streit zwischen einer Regierung und

494 In Sambia, wo der bundesdeutsche Zuckerrübenproduzent „Nordzucker" investieren will, verfügt ein Viertel der Haushalte nur über einen halben Hektar. Vgl. Gernot Knödler. Nordzucker streckt seine Hand nach Afrika aus, TAZ, 28.7.2014, S. 21.

495 I. Baghi (2009) The new landlords, Times of India, 26 September, zit. durch Rowden (2011: 22).

496 Marc Widmann, Spekulieren mit dem Brot für die Welt, Süddeutsche Zeitung, 11.2.2009, S. 7.

497 Die Weltbank betont, ein Großteil ihrer Darlehen gehe an Kleinbauern. Oxfam erwidert, angesichts fehlender Transparenz, insbesondere bei der Kreditvergabe über Finanzintermediäre, sei dies schwer zu verifizieren. Vgl. Der globale Ansturm auf Agrarland: Die Rolle der Weltbank; Informationsbrief Weltwirtschaft & Entwicklung, Dezember 2012 (im Auftrag von Oxfam Deutschland).

einem Investor, so wird er vor einem privaten Schiedsgericht verhandelt. In den letzten beiden Jahrzehnten ist die Zahl derartiger Verhandlungen um 400 % angestiegen, und nicht wenige Investoren haben sie genutzt, um die ihnen vertraglich zugestandenen Ansprüche auf Land und auf Wasser sowohl zu realisieren als auch zu erweitern.[498] Im Einzelnen haben diese Strategien die Absurditäten kapitalistischer Märkte gesteigert. Während 2007 die USA 283 Tonnen an Hirse als Hilfe für die hungernde Bevölkerung im Sudan lieferten, wurde gleichzeitig Getreide aus dem Sudan exportiert. Heute gehören 378 Hektar des Bodens im Sudan Arabischen Emiraten.[499]

Zusammengenommen hat internationales *land grabbing* die strukturelle Gewalt, der sich Jäger, Hirten und Kleinbauern ausgesetzt sehen, extrem gesteigert. Regierungen, die Großinvestoren zu Diensten sind, fördern diese Entwicklung. So kann etwa in Mali das Land von Bauern und Bäuerinnen entschädigungslos konfisziert werden, wenn sie am Ende eines Erntezyklus nicht in der Lage sind, ihre Wasserrechnung zu bezahlen.[500] In Mali hat sich der Staat viel Land angeeignet, welches zuvor von Kleinbauern bewirtschaftet worden war.[501] Tausende Familien haben vom *Office du Niger* keine zusätzlichen Flächen zugeteilt bekommen. Brachzeiten seien deshalb jetzt vielfach von den früheren 15 auf 2 Jahre zusammengeschmolzen, die Erträge also gesunken. Das *land grabbing*, unter welchem viele malische Kleinbauern leiden, wird nicht nur von ausländischen Großinvestoren, sondern auch von Beamten der zuständigen Behörden betrieben, die sich selbst bereichern.[502]

Voraussetzungen für die Übertragung staatlichen oder gemeinschaftlichen Landeigentums an Großinvestoren wurden bereits in den 1980er Jahren geschaffen als verschuldete Länder des globalen Südens mittels Strukturanpassungsprogrammen veranlasst wurden, ihre Wirtschaftspolitik zu liberalisieren und ihre Agrarpolitik auf Industrialisierung und die Produktion weltmarktfähiger Produkte auszurichten. In vielen Ländern wurde in diesem Zusammenhang auch die Privatisierung von Land erleichtert.[503]

---

498 Pietje Vervest & Timothé Feodoroff (Januar 2015) Licenced to Grab. How international investment rules undermine agrarian justice: https://www.tni.org/en/briefing/licensed-grab; abgerufen am 7.1.2016.

499 Petra Steinberger, Die Erde wird knapp. Der neue Kolonialismus: Reiche Nationen sichern sich mit dubiosen Methoden Ackerflächen in armen Ländern, Süddeutsche Zeitung, 1.4.2009, Nr. 76, S. 16.

500 Europäische Sektion von Afrique-Europe-Interact, (Appell im August 2014) Sanamagougou und Sahou müssen bleiben: Landraub Stoppen – In Mali und überall sonst!

501 Gernot Knödler, Nordzucker streckt seine Hand nach Afrika aus, TAZ, 28.7.2014, S. 21.

502 Afrique-europe interact, Sommer 2013/3: Landkämpfe in Mali, S. 3, vgl. auch: www.Afrique-Europe-Interact.Net.

503 In Tansania beispielsweise ist die agrarpolitische Ausrichtung auf eine Kommerzialisierung von Land bereits zwischen 1986 und 1996 vorangetrieben worden, ein Prozess, der von der Weltbank aktiv unterstützt wurde. Am Beispiel der Landkonflikte in Tansania hat Andreas Exner (2011/2013) eine gründliche Untersuchung aktueller Strategien und ihrer Einbettung in längerfristige internationale Entwicklungen vorgelegt.

Die Verfahren sind unterschiedlich. Für Afrika, wo die Herstellung privater Verfügungsgewalt über Land besonders ausgeprägt ist, war eine faktische Angleichung des Besitzrechtes an internationales Vertragsrecht zu beobachten. Jean-Philippe Colin & Philip Woodhouse haben darauf hingewiesen, dass in Afrika Verfügungsrechte über Land auch früher schon an Fremde vergeben wurden, dabei oft aber nur einer spezifischen Nutzung zugestimmt, das gemeinschaftliche Eigentum folglich nicht aufgegeben worden war. (2010: 3) Jean-Pierre Chauveau und Jean-Philippe Colin betonen, die historisch realen Eigentumspraktiken in Afrika widerlegten die Unterstellung einer gegenseitigen Ausschließlichkeit von entweder gemeinschaftlichem oder privatem Eigentum. (2010: 84) Mit Hinweis auf konkrete Formen in Côtes d'Ivoire erläutern sie, dass die Interpretation der Beteiligten (und ihrer Nachkommen) lange über die konkrete Bedeutung einer Transaktion entschieden hätten. Immer sei es zunächst darum gegangen, den Gegenstand der Transaktion genau zu bestimmen: Ging es um Land oder um die darauf wachsenden Pflanzen, um Kaffee, Kakao, Gummi oder um Ölpalmen? Welche Rechte und Pflichten seien transferiert worden? Was wurde bei einem Verkauf tatsächlich verkauft? Und schließlich habe sich die Frage gestellt, ob die Transaktion von der sozialen Gruppe, in welcher Verkäufer bzw. Käufer lebten, als legitim erachtet wurde. (2010: 81-103) Unterschiedliche Auffassungen führten zu Konflikten. (vgl. auch: Lentz 2010 passim) Dennoch seien traditionell Praktiken entwickelt worden, die Neuhinzugekommenen einen Zugang zur Nutzung von Land möglich machten, ohne dass damit alle Rechte übertragen worden wären. Nicht Geld, sondern Dankbarkeit für das Nutzungsrecht und damit eine bestimmte Verhaltensweise sei von ihnen erwartet worden.

Seit Mitte der 1980er Jahre wurden Landtransaktionen zunehmend schriftlich fixiert und monetarisiert. Nach wie vor treffen ausländische Investoren auf Einheimische, die Land nicht als eine Ware verstehen wollen, die weggegeben werden kann, und die auf ihrem herkömmlichen Recht der Zustimmung beharren, wenn Pachtverträge abgeschlossen werden. Lokales Rechtsverständnis ist aber wenig wirksam, wenn Regierungen Eigentumsrechte garantieren, die internationalem Privatrecht entsprechen. Formal handelt es sich bei der Durchsetzung von Rechtsverhältnissen, die absolutes Privatrecht etablieren, um einen allgemeinen Prozess. Konkret geschieht *Land Grabbing* in national durchaus unterschiedlichen Rechtsverhältnissen.

In Äthiopien etwa ist nach dem Sturz der Deng- Diktatur im Jahre 1991 das staatliche Eigentum an allem Land beibehalten worden. Der 1995 beschlossenen Verfassung zufolge können staatlich garantierte Nutzungsrechte an Bauern und Viehhalter vergeben werden. (Art. 40: 3 & 40: 4) Diese Verteilung von Nutzungsrechten kann von zuständigen Politikern genutzt werden, um sich eine Machtbasis zu schaffen. (Liberti 2012: 24-26) Des ungeachtet sind inzwischen viele Verträge über die Verpachtung großer Landstücke mit ausländischen Investoren geschlossen worden.[504] In aller Regel wurden sie verhandelt,

504 Manchmal wurden die Bauern informiert, ihnen wurden Schulen versprochen und Unterweisung in modernen Techniken der Landwirtschaft. Faktisch wurden zehntausende Familien

ohne dass die lokal Betroffenen informiert worden wären. „Irgendwann kommen die Traktoren und beginnen die Felder und Grabstätten der Ahnen niederzupflügen."[505] Stefano Liberti zufolge forciert die äthiopische Regierung derartige Verträge, um an Devisen zu kommen, die dann reinvestiert werden sollen. (2012: 28) Realisiert werden sollen diese Ziele aber mit extrem niedrigen Pachtzinsen. Für Äthiopien etwa gibt das Oakland Institute Preise von 1,25 bis 42 US-Dollar pro Hektar und Jahr an. (Zum Vergleich: In Deutschland soll sich eine durchschnittliche Jahrespacht auf 22.000 US-Dollar belaufen.)[506] Über eine Million Menschen sind bereits umgesiedelt worden oder sollen umgesiedelt werden. Dass Viehhalter der staatlichen Politik wenig Widerstand entgegensetzten, erklären sich Fekadu Beyene & Benedikt Korf aus dem Umstand, dass manche Viehhalter in der Lage gewesen waren, sich Zisternen zu bauen. Diese Individualisierung des Wasserzugangs, die einer faktischen Privatisierung des Zugangs zu der zuvor gemeinschaftlichen Ressource „Wasser" gleich kam, verschärfte Interessensunterschiede unter den Viehhaltern und schwächte die Möglichkeiten gemeinsamen Widerstands. Hinzu kommt die neue Praxis der Einzäunung von Weiden.[507]

Anders als in Äthiopien ist in Tansania der größte Teil der Anbauflächen Eigentum von Dorfgemeinschaften. Einem Gesetz von 1999 zufolge steht es für Pachtverträge nicht zur Verfügung. Das ändert sich, wenn – mit Zustimmung der Dorfgemeinschaft – Dorfgut zu Allgemeingut gemacht wird. Um diese Zustimmung zu erlangen, machen Investoren Versprechungen. Oft werden sie nicht eingehalten. Manche Investoren bestimmen mittels Verträgen über die Produktion von Kleinbauern, andere machen sie zu Tagelöhnern. Andere berauben die Einheimischen – etwa ihres Holzes – und setzen sich ab. (Liberti 2012: 216)

In Sierrea Leone pachtete 2011 der Großinvestor Addax insgesamt 57.000 Hektar Land für fünfzig Jahre, um für die Produktion von Biosprit Zuckerrohr anzubauen. Den 80 Bewohnern zweier Weiler, die dafür umgesiedelt werden mussten, hatte Addax Entschädigungen nach einem von der Weltbank bestimmten Standard zugesagt. Ausbezahlt wurden dann Entschädigungen in Höhe von monatlich einem Franken pro Person. Die versprochenen Schulen, Hospitäler und Jobs blieben aus.[508]

In der Zentralafrikanischen Republik sollen die gegeneinander kämpfenden Milizen ihre Ausrüstungen nicht nur mit der Aneignung von Diamanten und Gold, sondern

---

umgesiedelt, Viele Bauern wurden Tagelöhner. Arne Perras, Verlorene Erde, Süddeutsche Zeitung, Nr. 144, 25./26.6.2011, S. 30f.

505 Nyikaw Ochalla in einem von Ralf Leonhard geführten Interview: „Fruchtbarer Boden für Schnittblumen", TAZ, 17.10.2011, S. 4.

506 Arne Perras, Verlorene Erde, Süddeutsche Zeitung, 25./26.6.2011, Nr. 144, S. 30f.

507 Fekadu Beyene & Benedikt Korf (2008) Unmaking the Commons. Collective Action, Property Rights, and Resource Appropriation among (Agro-)Pastoralists in Eastern Ethiopia; www.capri.cgiar.org.

508 Christian Jakob, Nachhaltige Zerstörung, TAZ, 6.2.2015, S. 5.

auch durch die Bestechungsgelder bzw. Gebühren oder Schutzgelder finanziert haben, die sie von ausländischen Holzhändlern eintrieben.[509]

Wie in vielen anderen Fällen gilt auch im Fall von *Land Grabbing*, von *Water Grabbing* und von rigorosen Abholzungsmaßnahmen: die Gewalt einmal etablierter Marktverhältnisse kann Menschen ins Elend stürzen, ihren Traditionen, ihren Bräuchen und ihrem Verständnis von sich selbst den Boden entziehen.[510] Zu direkter physischer Gewalt gegen Personen kommt es, wenn sich Einheimische wehren oder aber, wenn Widerstand gebrochen werden soll, bevor er manifest werden kann. Das ist, obwohl es *Land Grabbing* inzwischen auch in Asien und in Europa gibt,[511] vor allem in Afrika und Südamerika der Fall. Ausgeführt wird direkte Gewalt vielfach von Hilfskräften der Investoren, nicht selten aber auch von Bewaffneten, die im Auftrag der jeweiligen Regierung agieren. „Berichte über gewaltsame Vertreibungen von Kleinbauern häufen sich."[512] Nicht immer wird Gewalt tatsächlich ausagiert. Vielfach reicht schon die Angst, von geheuerten Bewaffneten verprügelt zu werden. Eine Bäuerin, die sich keine Hilfe von korrupten Richtern verspricht, wird sich dann zumeist schweren Herzens dazu bereitfinden, eine Abtretungsurkunde zu unterschreiben. (Oxfam 2001: 28) Weltweit gibt es Firmen, die sich selbst Schläger halten, um ihren gepachteten oder gekauften Besitz zu verteidigen. Die entsprechenden Ausgaben können sie sich sparen oder gering halten, wenn örtliche Behörden dafür sorgen, dass Einheimische bedroht und vertrieben werden. Im Kongo etwa hat die Siforco, eine Tochterfirma der deutsch-schweizer Holzfirma Danzer erklären lassen, nicht das Unternehmen habe Gewalt gegen die Bewohner von Yasilika in Auftrag gegeben, vielmehr seien kongolesische Sicherheitskräfte für Vergewaltigungen, gefährliche Körperverletzungen, Freiheitsberaubung und Brandstiftung verantwortlich.[513] 2005

---

509 Katrin Langhans & Isabel Pfaff, Raubbau in den Tropen, Süddeutsche Zeitung, Nr. 160, 15. Juli 2015, S. 17. Den Autorinnen zufolge war auch eine bundesdeutsche Holzfirma an der Finanzierung des Krieges beteiligt.

510 „Können diese Fortschrittsvertreter denn nicht verstehen, was man den Fonio-Essern antat, als man Fonio zum Viehfutter degradierte?" Fonio (eine Hirseart) wurde in Afrika als „Häuptlingsspeise" bezeichnet, in Europa als Hungerreis. Vgl. Tim Neshitov, Moral und Fressen. Europas Verachtung für afrikanischen Ackerbau ist Politik, Süddeutsche Zeitung, 5.8.2011, Nr. 179, S. 13.

511 Vgl. z.B.: Börneke & Beste (2012: Kap. 1). Die Investmentfirma Agrarius kauft Ackerland in Rumänien auf, um es an Bauern zu verpachten, die ihren Betrieb vergrößern wollen. Vgl. Marc Widmann, Spekulieren mit dem Brot für die Welt, Süddeutsche Zeitung, 11. Februar 2009, S. 7; In Rumänien sollen inzwischen knapp 40 Prozent des Ackerlandes von ausländischen Investoren bewirtschaftet werden. In Bulgarien soll die Situation ähnlich sein. Vgl. Silvia Liebrich, Sturm auf die Felder, Süddeutsche Zeitung, Nr. 137, 18.6.2015, S. 19.

512 Inkota, Nein zum Ausverkauf von Afrika! Vgl. http://www.inkota.de/themen-kampagnen/welternaehrung-landwirtschaft/land-grabbing/; abgerufen am 13.1.2016. Nach Angaben der Menschenrechtsorganisation *Global Witness* wurden in Honduras zwischen 2010 und 2015 109 Aktivisten der Landlosenbewegung ermordet.

513 Zur Vorgeschichte des Angriffs auf Dorfbewohner, die sich gewehrt hatten, vgl. Dominic Johnson, Deutsche Holzfirma im Dschungel der Vorwürfe. Ist der deutsch-schweizerische Tropenholzverarbeiter Danzer strafrechtlich verantwortlich zu machen, wenn kongolesische

vertrieben auch in Uganda Soldaten und Polizisten Bewohner aus einem Gebiet, welches der *"New Forest Company"* von der ugandischen nationalen Forstbehörde zugestanden worden war– und dies, obwohl ein Gericht die Räumung des Gebietes vorläufig untersagt hatte. „Viele Leute wurden dabei geschlagen."[514] In der Zentralafrikanischen Republik sollen Holzfällerfirmen sowohl den muslimischen Séléka- Rebellen als auch den christlich geprägten Anti-Balakaden Bestechungsgelder gezahlt haben. Die am Bürgerkrieg beteiligten Gruppen hätten damit Waffen gekauft, Einheimische unterdrückt und ermordet.[515]

In Mali bekam 2010 der Agrarinvestor Modibo die Nutzung von 27.000 Hektar für dreißig Jahre kostenlos zugesprochen. Zugesagt worden war, einheimische Arbeitskräfte zu nutzen und für das Wasser aus dem Fluss Niger, das zur Bewässerung eingesetzt wurde, zu bezahlen. Zwei Dörfer sollten ihre Äcker hergeben. Um Parzellen zusammenlegen zu können, verbot die Firma den Dorfbewohnern, ihre Felder zu betreten und Bäume zu fällen. Als sich die Bauern wehrten, schickte sie Schlägertrupps. Eine alte Frau sei vor den Augen ihres Sohnes totgeschlagen worden. Andere Frauen seien vergewaltigt worden. Kredite für die Entwicklung des Gebietes hatte der Investor von der malischen *Banque nationale de Développement Agricole* (BNDA) erhalten. Diese Bank gehört zu 2 % der Deutschen Investitions- und Entwicklungsgesellschaft (DEG), die eine 100-prozentige Tochter der staatlichen deutschen Kreditanstalt für Wiederaufbau (KfW) ist.[516] 2012 berichtete *Human Rights Watch*, lokale Behörden in Äthiopien hätten Mitglieder des Volkes der Anuak mit Drohungen, Schlägen und willkürlichen Verhaftungen von ihrem Land vertrieben. Sie lebten jetzt auf unfruchtbarem Land. Die Umsiedlungen seien im Zusammenhang mit einem von der äthiopischen Regierung in Gang gesetzten, von Weltbank und KFW Bank geförderten Programm erfolgt.[517]

In vielen Regionen der Welt haben *Land Grabbing* und *Water Grabbing* Todesopfer gefordert. Besonders häufig war und ist dies allerdings in Südamerika der Fall. Angaben der Menschenrechtsorganisation *Global Witness* zufolge wurden in Honduras zwischen 2010 und 2015 109 Aktivisten der Landlosenbewegung ermordet. [518] Allein in dem Konflikt um Agrarflächen in der Region Bajo Aguán verloren mehr als 60 Menschen ihr Leben[519] Die Kämpfe, denen zwischen 1964 und 2013 in Kolumbien Hunderttau-

---

Sicherheitskräfte auf Lastwagen einer Danzer-Firmentochter nachts Dorfbewohner terrorisieren? Menschenrechtler erstatten Anzeige, TAZ, 26.4.2013, S. 10.

514 Jost Maurin, Acker im Angebot. TAZ, 23.9.2011, S. 9.

515 Katrin Langhans & Isabel Pfaff, Raubbau in den Tropen, Süddeutsche Zeitung, 15.7.2015, Nr. 160, S. 17.

516 Christian Jakob, Nachhaltige Zerstörung, TAZ, 6.2.2015, S. 5.

517 Sasha Chavkin & Katrin Langhans, Vertreibung statt Hilfe, Süddeutsche Zeitung, 21.1.2015, Nr. 16, S. 7. Die Autorinnen berufen sich auf einen internen Vorprüfungsbericht der Weltbank, welcher dem *International Consortium of Investigative Journalism* (ICIJ) vorliegt.

518 Im Oktober 2016 wurde José Angel Flores, Anführer der Landarbeiterbewegung Muca erschossen. Vgl. Erneut Menschenrechtsaktivist ermordet, TAZ, 21.10.2016, S. 10.

519 Oxfam Deutschland, Der globale Ansturm auf Agrarland: Die Rolle der Weltbank; Informationsbrief Weltwirtschaft & Entwicklung, Hintergrund, Dezember 2012.

sende zum Opfer fielen, hatten ihren Ursprung in der Landfrage. Obwohl es im Verlauf der Kämpfe auch um andere Streitpunkte ging, blieb die Landfrage ein durchgängiger Streitgegenstand.[520] Millionen wurden von ihren Feldern und aus ihren Häusern vertrieben. Vor allem in den südlichen Provinzen Chiles kommt es seit Jahren zu Auseinandersetzungen zwischen europäisch-stämmigen Grundbesitzern und Mapuche. Dabei gab es Todesopfer. Die gewalttätigen Maßnahmen, die der deutschstämmige Broder Redlefsen veranlasste, erfolgten auf Land in der zentralchilenischen Provinz Valdivia, welches im November 2013 an die Mapuche zurückgegeben worden war. Redlefsen ließ seine neuen Nachbarn zunächst durch zwei seiner „Sicherheitsleute" schikanieren, dann aber schickte er eine Schlägerbande. Die Vermummten besprühten die Häuser innen und außen mit Tierfäkalien, steckten einen Container in Brand und bedrohten die anwesenden Mapuche mit Waffen und Stöcken. Zwei von ihnen wurden verletzt. Redlefsen ist inzwischen angeklagt, allerdings nicht wie die Mapuche, die sich wehrten, auf der Basis des rigorosen Antiterrorgesetzes, das noch aus der Pinochet-Zeit stammt.[521]

Mit dem Landgesetz von 1850 war Land in Brasilien offiziell zu einer Ware gemacht worden. Neues Eigentum musste durch Kauf erworben, bereits vorhandener Besitz durch seine „produktive Nutzung" gerechtfertigt werden. Auch Kleineigentum konnte, sofern es produktiv genutzt wurde, als Privateigentum eingetragen werden. Für neues Bodeneigentum sollte bislang ungenutztes Land eingesetzt werden. Nach der Auflösung des zweiten brasilianischen Kaiserreiches übertrug der Zentralstaat die Zuständigkeit für Landbesitz auf die Einzelstaaten. Fortan waren diese für die Dokumentation privaten Eigentums an Land verantwortlich. Seit damals – und trotz der Behauptung erheblicher Fortschritte[522] bis heute – sind die Kataster Resultat von Korruption. In manchen Regionen ist die Summe des angeblichen Landeigentums um ein Vieles höher als ihre insgesamte geographische Ausdehnung. Fälschungen von Urkunden über Eigentum, die angeblich aus der Zeit vor der Gründung der Republik stammen, wurden (und werden) mittels künstlicher Alterung des verwendeten Papiers hergestellt. Die in Brasilien für diesen Prozess gängige Bezeichnung „*Grilagem*" wird inzwischen für jedwede unrechtmäßige Aneignung von Land benutzt. In den 1960er Jahren ist die ohnehin bereits dramatisch ungleiche Verteilung von Landbesitz durch Fördergelder für die Ausdehnung von Weideflächen und die Aufstockung von Vieh-

520 Weil es aber nicht der einzige blieb und sich eine ausführlichere Diskussion der Entwicklung hier verbietet, konzentriert sich die nachfolgende Darstellung nicht auf Kolumbien, sondern auf Brasilien, und dort vor allem auf den Bundesstaat Pará.

521 Jürgen Vogt, Deutscher gegen Indigene, 2.12.2015, TAZ, S. 13.

522 So heißt es etwa in einem von der Deutschen Gesellschaft für Internationale Zusammenarbeit (GIZ) publizierten Papier über „Raumordnung und Regionalentwicklung in Acre, Amazonas und Pará", durch die Erfassung der Eigentumsverhältnisse in diesen Staaten sei die Voraussetzung für eine systematische Klärung der Bodennutzungsrechte und der Entwaldungskontrolle geschaffen worden. Das Projekt war für die Jahre 2008–2013 vorgesehen. Vgl. http:.//www.giz.de/de/weltweit/12541.html abgerufen am 18.1.2016.

besitz weiter verschärft worden. Und wenn das Landgesetz von 1964 dem Buchstaben zufolge nicht nur ein Programm zur Modernisierung der brasilianischen Landwirtschaft umsetzte, sondern auch ankündigte, dass nicht produktiv genutztes Land dem Staat zufallen und dann an Landlose verteilt werden solle, so wurde diese angebliche Intention dadurch konterkariert, dass als produktive Nutzung auch die Verwendung von Land als Viehweide akzeptiert wurde. (Barth 1998: 102) Beides: die Vorschrift der produktiven Nutzung und die Anerkennung von Beweidung als eine solche gilt bis heute. Statt der teilweisen Enteignung bisheriger Latifundienbesitzer sollten Landlose in neu zu erschließenden Gebieten angesiedelt werden. Die entsprechenden Programme scheiterten. (Ebenda: 119) Obwohl in den 1990er Jahren tatsächlich Land enteignet wurde, konnte dieses kaum an arme Familien weitergegeben werden, weil Gerichte regelmäßig den Einsprüchen von Großgrundbesitzern Recht gaben. (Barth 1998: 143) Die Zahl landloser Arbeitskräfte in Brasilien wurde damals offiziell auf sieben Millionen geschätzt, kirchliche Stellen gingen von sehr viel höheren Zahlen aus. (Ebenda: 120) Dass die Hoffnungen, die viele Landlose auf den Amtsbeginn der Regierung Lula gesetzt hatten, enttäuscht werden würden, ergab sich bereits aus der Tatsache, dass das Agrarministerium geteilt wurde: Im Landwirtschaftsministerium wurde die angebotsorientierte Wirtschaftspolitik der Regierung realisiert, folglich die Interessen des brasilianischen Agrobusiness samt der Legalisierung genmanipulierter Pflanzen vertreten. Das Ministerium für Agrarentwicklung dagegen legte ein Mikrokreditprogramm für familiäre Betriebe auf. Weil aber die Enteignung ungenutzten Landes nur schleppend voranging, waren Ansiedlungen von Landlosen nur in einem sehr viel geringeren Maße möglich als vorgesehen. Nach Protesten von Landlosen kam es im Nordosten Brasiliens zu mehreren Überfällen durch gedungene Bewaffnete. Mit dem Einsatz von Regierungstruppen sollte die Zivilbevölkerung geschützt werden. (Schmalz & Boris 2005: 119) Immerhin aber erhielten 2007 die Tupinikim und Guarani-Indianer 11.009 Hektar des Landes zurück, das ihnen in den 1970er Jahren vom Zellstoffproduzenten Aracruz [523] für den Anbau von Eukalyptus weggenommen worden war. 2006 gipfelte der jahrzehntelange Rechtsstreit in der Zerstörung eines Dorfes der Indigenen durch Aracruz und die *Policia Federal*.[524]

Im brasilianischen Bundesstaat Pará geht es nicht um Ansiedlungsprojekte, sondern um Holz. Es handelt sich um die größte holzexportierende Region im Amazonasgebiet. Zuerst konzentrierten sich die Betriebe nahezu ausschließlich auf Mahagoni und Zedernholz. Obwohl der Export dieser Hölzer inzwischen verboten wurde, geht der illegale Einschlag im Amazonasgebiet weiter.

---

523 2009 fusionierte Aracruz mit dem brasilianischen Papierhersteller „Votorantim Celulose e Papel" zu „Fibria".

524 Wikipedia „Aracruz"; abgerufen am 20.1.2016; Jens Wieting, Tempo-Tücher aus umstrittenem Stoff, TAZ, 10.10.2006, S. 9.

Seit den 1970er Jahren ist der Bestand an Regenwald in den betreffenden Bundesstaaten (Pará, Acre und Amazonas) um mehr als die Hälfte verringert worden.[525] Er ist aber nicht nur durch die Interessen der zumeist ausländischen Holzfirmen gefährdet, sondern auch durch diejenigen von Ranchern. Sie übernehmen die gerodeten Flächen – damit zugleich auch die Straßen und Wege, die für die Rodungsmaßnahmen angelegt worden waren. *Greenpeace* zufolge ist eine Waldregion nach etwa zwanzig Jahren ausgebeutet. Zurück bleibt dann ausgelaugtes Land, das nur für Weidewirtschaft nutzbar ist. (Greenpeace 2003: 14) In den 1980er Jahren hatten Kleinpächter abgelegenere Teile der Ländereien abgeholzt. Die Landpächter verdienten wenig und erlaubten deshalb vielfach den Holzfirmen, das von ihnen gepachtete Land zu roden. Später wurden auch sie von Holzfirmen vertrieben, die dann die Abholzung großer Gebiete unternahmen. Danach kamen und kommen die Rinderherden. Manche bezeichnen die großflächige Ersetzung von Waldflächen durch Weideflächen als *„cattelization"*. Heute wird das Weideland dann manchmal in hochmechanisiert betriebene Sojaplantagen umgewandelt.[526] Am 16. November 2011 wurde Cristian Ferreyra vor seinem Haus und den Augen seiner Familie erschossen. Er war Mitglied einer Gruppe von Bauern, die sich weigerte, ihr Land für den Anbau von Sojabohnen zu verlassen. Als er ermordet wurde, war er 25 Jahre alt.[527]

Die Durchsetzung der Interessen von Holzfirmen und Viehzüchtern übernehmen *Grileiros*. Ihre Bezeichnung schließt an *Grilagem* an, an die Fälschungen von Besitzurkunden also. Ein *Grileiro* ist jemand, der aus einem okkupierten Stück Land auf illegale Weise eine Handelsware macht. Diese Kommodifizierung erfolgt vielfach mittels Gewalt: durch die Vertreibung von Siedlern und Kleinproduzenten, die Einschüchterung ihrer Organisationen und – nicht selten – die Ermordung von Aktivisten. *Grileiros* sorgen für die Registrierung des so angeeigneten Landes. Sie fungieren als Strohmänner für die Unternehmen, die das Land später profitabel nutzen. Dass sie für andere arbeiten, hat viele von ihnen nicht daran gehindert, sich selbst große Ländereien anzueignen. In den 1970er Jahren hat der *Grileiro* Carlos Medeiros eine Fläche von der Größe Portugals in seinen Besitz gebracht.[528] Ihrer privaten „Geschäftsinteressen" wegen kommt es auch zur Konkurrenz unter *Grileiros*. Nicht selten wird sie gewalttätig ausgetragen.

Zwischen 1986 und 2002 wurden in Pará 386 Personen in Auseinandersetzungen um Land getötet. Obwohl einige der beteiligten Pistolenschützen bekannt sind, wurden insgesamt nur sieben Personen verurteilt. (Wienold 2006: 44) Am 12. Februar 2005 wurde die Nonne Dorothy Strang, die sich für Arme im Bundesstaat Pará eingesetzt

525 Diercke Weltatlas, Amazonien – Eingriff in den tropischen Regenwald; vgl. http://www.diercke.de/content/amazonien-eingriff-in-den-tropischen-regenwalt-978-3-1; abgerufen am 18.1.2016.

526 Gerhard Dilger, Brasilien muss seine Landfrage klären, TAZ, 3.3.2005, S. 4.

527 The Gaia Foundation, (2012) Opening Pandoras's Box. The New Wave of Land Grabbing by the Extractive Industries, S. 11.

528 Gerhard Dilger, Das Gesetz des Stärkeren, TAZ, 3.3.2005, S. 4.

hatte, von Auftragskillern ermordet. Weitere Landarbeiter und ländliche Führer traf 2005 das nämliche Schicksal. Im Juli 2011 meldete die Organisation *„Catholic Land Pastoral"* die Leiche von Obede Loyla Souza, einem Aktivisten der Landlosenbewegung, sei in einem Waldgebiet in Pará entdeckt worden. Es sei bereits der fünfte Mord in einem einzigen Monat, der mit dem Kampf gegen illegale Rodungen in Zusammenhang stehe.[529] Von den 51 Indigenen, die 2011 in Brasilien ermordet wurden, sollen 24 Landkonflikten zum Opfer gefallen sein.[530] Unter ihnen waren auch ein Mann und seine Frau, die im Zentrum von Pará ökologische Landwirtschaft betrieben.

Tatsächlich müssen inzwischen Kleinbauern, Indigene sowie die Nachkommen entflohener Sklaven nicht mehr nur die Holzindustrie fürchten, sondern auch Unternehmen und Personen, die Umweltforderungen unterbinden wollen. Der *"Catholic Land Pastoral"* zufolge handelt es sich um einen Krieg gegen alles, was sich dem Fortschritt entgegenstellt. Und Rechtsanwalt Marco Apolo konstatierte, wer sich gegen Missstände wehre, werde neuerdings auch seitens des Staates kriminalisiert. „Wir beobachten zunehmend, dass soziale Bewegungen und insbesondere deren Sprecher von den Machthabern als Kriminelle bezeichnet werden."[531] 2014 kamen 130 Indianer in Landkonflikten um.[532] 2015 nannte Nailton Pataxó, ein Sprecher der Pataxó-Indianer, die Vertreibung von Indigenen durch Holzindustrielle und Agrarier einen Genozid.[533] Vor Ort wird ihre Strategie durch *Grileiros* einschließlich der lokalen Polizeikräfte, an welche *Grileiros* Zahlungen leisten, umgesetzt. (Wienold 2006: 59) Auf der Ebene des Staates kämpfen Agrarier um die Rücknahme von Gesetzen, welche die Rechte von Einheimischen schützen sollten. 2015 haben sie erfolgreich die Zuständigkeit für die Angelegenheiten der indigenen Völker geändert. Nicht mehr der Regierung sondern dem Kongress solle in Zukunft die Entscheidung über Schutzgebiete zustehen.[534]

In vielen Fällen sind heute nicht mehr Holzindustrielle oder Viehzüchter die tatsächlichen Eigentümer des durch Strohmänner registrierten Landes. Denn *Grileiros* arbeiten inzwischen auch für Banken oder für lokale und auswärtige Geschäftsleute. Im Internet wird um internationale Käufer für Land in Amazonien geworben. (Wienold 2006: 61)

Gewaltverhältnisse sind in Amazonien nicht nur bei der Aneignung von Land gegenwärtig. Sie prägen auch die Arbeits- und Lebensverhältnisse derer, die den Kahlschlag zu bewerkstelligen haben. Unter falschen Versprechungen werden – vor allem

---

529 Erneut Aktivist in Brasilien getrötet, TAZ, 16.6.2011, S. 8.

530 Simon Romero, A Death Toll in a Scramble for Land, The New York Times, Worldtrends, 18.6.2012, S. 3.

531 Andreas Behn, Landrechtsaktivisten werden zur Zielscheibe, TAZ, 9.1.2013, S. 11.

532 Andreas Behn, Jetzt geht's um die Verfassung, TAZ, 2.11.2015, S. 9 (Die 130 Todesfälle beziehen sich auf alle brasilianischen Landkonflikte.).

533 Andreas Behn, Der harte Kampf um den Regenwald, TAZ, 3.3.2015, S. 9.

534 Andreas Behn, Jetzt geht's um die Verfassung, TAZ, 2.11.2015, S. 9.

im Nordosten des Landes – Arbeiter in die Waldregionen gelockt. Dort werden sie dann mittels immer neuer Schuldverpflichtungen an der Beendigung ihrer Arbeitsverhältnisse gehindert. Auch die Flucht aus der harten Arbeit und den unsäglichen sanitären Verhältnissen und Schlafstätten wird verhindert: Die Arbeiter werden ständig von Bewaffneten bewacht.[535] Allein 2002 sollen 29 solcher Arbeitskräfte im Auftrag der Holzmafia ermordet worden sein.[536] Als 2002 die BBC einen Dokumentarfilm über Sklavenarbeit und Rodungen in Pará erstellte, kam es zu einem Interview mit Evandro Rodrigues. Er hatte lange als Holzfäller gearbeitet. „Wir schlugen Mahagoni tief im Regenwald, wo keine Flugzeuge hinkommen können. Die Elektrosäge rutschte ab und in mein Bein. Ich blutete und konnte nicht gehen. Aber der Vorarbeiter sagte, ich müsse 30 km bis zur Farm gehen oder sterben. Also ging ich die ganze Nacht. Um mein Bein hatte ich mein Hemd gebunden. Meine Stiefel waren voller Blut." In der Dokumentation heißt es weiter." Als Evandro nach einer Woche sein Dorf erreichte, war dort ein Mann, den man geschickt hatte, um ihn zu erschießen: sie hatten Angst, er werde den Behörden die Fällaktion melden."[537]

Im Zuge seiner Strategie zur Bekämpfung von Zwangsarbeit hat das brasilianische Arbeitsministerium 2012 landesweit 255 Kontrollaktionen durchgeführt. Die Opfer wurden befreit. „Die meisten Fälle von aktueller Zwangsarbeit wurden im Amazonas –Bundesstaat Pará registriert (563), gefolgt von dem ebenfalls in der Amazonasregion liegenden Staat Tocantins (321)."[538] Die Nachfrage nach Holz und nach Rindfleisch aus Brasilien ist weltweit hoch.[539]

Rohstoffe der Gewalt

Um ein Smartphone herzustellen, werden Kupfer, Eisen, Aluminium, Nickel, Zink, Blei, und Lithium benötigt, dazuhin die Edelmetalle Kobalt, Gallium, Indium, Wolfram und

535 Antislavery International 1998: Channel 4 & HBO 2000; CPT 2003; Social Justice24/04/01 zitiert durch: Greenpeace (2003) State of Conflict: S. 17.

536 Greenpeace. Sklaverei in Amazonien.: http://www.amazonas.de/amazonas/regenwald_aktion_crime.html; abgerufen am 18.1.2016.

537 Greenpeace (2003) State of Conflict: S. 17.

538 Sklaverei in Brasilien Heute 16.5.2013; vgl. http://pequenosprofetas.de/aktuelles/einzelansicht/sklaverei-in-brasilien-heute/a9ba4c..; abgerufen am 18.1.2016.

539 Inzwischen gibt es – auch von der EU – Bemühungen, den Handel mit Holz aus den Regenwäldern zu unterbinden. Seither wird China als Zwischenstation genutzt. Möbel aus Holz, das in Südamerika geschlagen wurde, werden dann nach Europa importiert. Vgl. Marlene Weiss, Die Baumschmuggler, Süddeutsche Zeitung, Nr. 39, 17.2.2016, S. 14.

Tantal,[540] außerdem die seltenen Erden Neodym und Praseodym.[541] Diese Rohstoffe kommen aus vielen Ländern. Wollte jemand seine Kaufentscheidung davon abhängig machen, dass die Bestandteile des Smartphone allesamt unter menschenwürdigen Arbeitsbedingungen gefördert wurden und ihre Förderung nicht dazu beigetragen hat, einen Bürgerkrieg zu verlängern,[542] er oder sie müsste sich in der gegenwärtigen Situation darauf gefasst machen, ein altertümliches Telefon zu benutzen, handschriftliche Briefe zu verfassen und anstelle eines schnell geschossenen Fotos eine Skizze anzufertigen.[543] Auch der niederländische Unternehmer, der seit einiger Zeit in China sog. „Fairphones" produzieren lässt, gibt an, dass das Unternehmen von 26 der insgesamt 30 verbauten Metalle nicht weiß, wie sie abgebaut wurden.[544] Die wenigen Fairphones, die in Chongqing bislang produziert wurden, haben trotz eines höheren Preises Abnehmerinnen und Abnehmer gefunden, die meisten im deutschsprachigen Raum.[545] Inzwischen gibt es ein Fairphone 2. Auch dieses ist nicht insgesamt fair produziert, immerhin aber lässt

540 Tantal gilt international als „Konfliktrohstoff", will sagen, als ein Mineral, um dessen Aneignung auch bewaffnet konkurriert wird. Als 1998/99 ruandische Truppen mit den verbündeten Rebellen in den Kongo eindrangen, erbeuteten sie mindestens 1000 Tonnen Coltan. Auf beschlagnahmtem Land kongolesischer Bauern förderten sie weiteres Coltan. (Haydt & Pflüger & Wagner 2003: 17) Der 2010 in den USA beschlossene Dodd-Frank-Act verlangt, dass US-Unternehmen die Aufsichtsbehörden informieren, wenn sie Metalle aus der Demokratischen Republik Kongo oder deren Nachbarländern importieren. Ein entsprechendes Gesetz ist seit 2015 in der EU geplant. An dem Vorschlag, einer freiwilligen Verpflichtung der Unternehmen, ihre Lieferketten aufzudecken, gab es heftige Kritik. Michael Reckordt von der Entwicklungsorganisation *Powershift* hat darauf verwiesen, dass die Standards solch freiwilliger Verpflichtungen nicht öffentlich kontrolliert werden und jederzeit geändert werden können. Gesetzliche Regelungen könnten sie nicht ersetzen. Vgl. Heike Holdinghausen, Hoffen oder regeln. TAZ, 5.4.2016, S. 9. Im Brüsseler Trilog zwischen Kommission, Rat und Parlament gab es im April 2016 aber keine Übereinkunft, die ein Gesetz möglich gemacht hätte.

541 Die Aufzählung ist entnommen: Evident. Eine Beilage der Süddeutschen Zeitung vom September 2015, S. 4.

542 Weil deser Zusammenhang für die Förderung von Rohstoffen im Kongo offensichtlich wurde, sieht das 2010 in den USA in Geltung getretene Dodd-Frank-Gesetz (unter anderem) vor, dass börsennotierte Unternehmen angeben müssen, ob sie Mineralien aus der Demokratischen Republik Kongo oder einem Nachbarstaat bezogen haben.

543 Von manchen dieser Rohstoffe ist nicht nur bekannt, dass sie nur an wenigen Stellen der Erde vorkommen, sondern auch, dass sie mittels Gewalt und Kinderarbeit gefördert werden. Das gilt etwa für das Erz Coltan, aus dem Tantal gewonnen wird. Im Kongo und in Ruanda wurde (und wird) es mittels Gewalt und Kinderarbeit abgebaut. Vgl. Arne Perras & Michael Bitala, Das Blut an meinem Handy, Süddeutsche Zeitung, Nr. 85, 14.4.2010, S. 3; Laurin Meyer, Schmerzfrei telefonieren, TAZ, 8.9.2015, S. 18

544 Die Firma bezieht von einer Mine in Rubaya im Ostkongo, die als konfliktfrei zertifiziert ist. Im Juli starben dort mehrere Bergleute, nachdem es zu einer Auseinandersetzung mit der örtlichen Polizei gekommen war. Polizisten hatten einen Bergmann beraubt und ihn dann erschlagen. Die anderen Toten – Angaben schwanken zwischen 7 und 15 – entstanden, weil Bergleute daraufhin die Polizeistation angriffen. Vgl. Dominic Johnson, Konflikt in „konfliktfreier" Mine, TAZ, 25.7.2014, S. 11.

545 Svenja Bergt & Hannes Koch, Wie fair kann ein Smartphone sein? TAZ, 19./20.7.2014, S. 8f.

sich wohl vermeiden, dass im Produktionsprozess selbst Kinderarbeit eingesetzt wird, wie sie 2014 in einer Fabrik von Huawei festgestellt wurde.[546]

Dieses eine Beispiel macht schon deutlich, dass es kaum möglich ist, allgemeine Aussagen über aktuelle Praktiken der Rohstoffindustrie zu treffen.[547] Gesichert ist lediglich zweierlei: Entscheidungen von Unternehmen, die Rohstoffe produzieren, werden eher durch die Nachfrage auf dem Weltmarkt geprägt als durch lokale und internationale Kritik an den zu erwartenden ökologischen Schäden.[548] Und weitgehend anerkannt ist unter Fachleuten inzwischen auch, dass die Orientierung eines Staates auf den Export von Rohstoffen kein langfristiges ökonomisches Wachstum garantiert. Sofern dieser Einnahmequelle wegen die Förderung anderer Wirtschaftszweige vernachlässigt wird, führt das Ende eines Nachfragebooms nach einem bestimmten Rohstoff auf dem Weltmarkt zu einem längerfristig wirksamen Rückschlag des Wirtschaftswachstums.[549] Auf diesen Zusammenhang bezieht sich die bekannte Formulierung vom „Fluch der Ressourcen". Für unsere Diskussion könnte er insofern außer Betracht bleiben, als sich historisch kein direkter positiver Zusammenhang zwischen gesamtwirtschaftlichem Wachstum und den Lebensbedingungen armer Menschen in einem Land erwiesen hat. Wohl aber zeigt sich, dass Regierungen, deren Wirtschaftspolitik auf den Export von Rohstoffen orientiert ist, zumeist bereit sind, ihr Teil dazu beizutragen, dass die Profitabilität von Unternehmen der Extraktionsindustrie gesichert ist. Wie Claudia Zilla betont, blieb die immense Gewinnspanne zwischen internationalen Preisen und nationalen Produktionskosten, die für Lateinamerika charakteristisch geworden ist, von Regierungswechseln unbeeinflusst.[550] Zwar haben manche Staaten die Preise für Lizenzen erhöht, auch haben nahezu alle Staaten Latein- und Mittelamerikas das 1989 beschlossene und 1991 in Kraft getretene Abkommen der Internationalen Arbeiterorganisation „Über eingeborene Stämme und in Stämmen lebende Völker in unabhängigen Ländern" ratifiziert,[551] faktisch waren und

546 2015 kam es in einer Fabrik von Samsung zu 200 Leukämiefällen. Die Firma wurde inzwischen dazu verurteilt, einen Entschädigungsfonds einzurichten. Vgl. Emmanuel Raoul, Smart & schmutzig, Le Monde diplomatique, März 2016, S. 22.

547 Aufklärung ist auch deshalb schwierig, weil die Herkunft von Erzen und Mineralien, die zu Legierungen verarbeitet werden, nach der Schmelze nicht mehr ermittelt werden kann.

548 Ein typisches Beispiel ist die Behauptung, die Förderung des Bergbausektors in Peru werde die Entwicklung fördern und so allen zugutekommen. Tatsächlich sind 49,6 % des Landes der bäuerlichen Gemeinschaften mit Bergbaukonzessionen belegt. Communeros wird auf diese Weise Wasser entzogen, vielfach auch ihr Land. Vgl. Raúl Zibechi, Widerstand gegen den Bergbau in den Anden; in: Sand im Getriebe (2013) Nr. 104, S. 8.

549 Vgl. dazu einen für diese Diskussionen entscheidenden Beitrag: Jeffrey D. Sachs & Andrew M. Warner, (1995) Natural Ressource Abundance and Economic Growth, NBER Working Paper 5398.

550 Claudia Zilla, (Januar 2015) Ressourcen, Regierungen und Rechte, SWP Studie, S. 7.

551 Zu den Ratifikationen vgl. https://de.wikipedia.org/wiki%C3%9Cbereinkommen_%C3%BCber_eingeborene_un...; abgerufen am 22.2.2016. Im Abkommen Nr. 169 der ILO ist in Art. 7 festgelegt, dass „die betreffenden Völker" das Recht haben müssen, ihre eigenen Prioritäten für den Entwicklungsprozess, soweit er sich auf ihre Überzeugungen, ihre Einrichtungen, ihr

sind Einwände gegen neue Vorhaben, so sie denn vorgebracht werden konnten, selten erfolgreich. Aus Guatemala wird berichtet, 76 Gemeinden hätten gegen geplante Großprojekte Einspruch erhoben. Nur einmal sei ein solcher Beschluss auch akzeptiert worden.[552] Typischer ist, dass Opposition gegen neue Bergbauprojekte kriminalisiert wird. Im Norden Perus führten 2007 drei Gemeinden eine Abstimmung gegen ein Kupferbergbauvorhaben im tropischen Hochnebelwald durch. Die Mehrheit war dagegen. Die Regierung reagierte mit Repression. Die Organisatoren der Volksabstimmung wurden des Terrorismus angeklagt.[553] Tatsächlich ist die Marktmacht der Rohstoffindustriellen so erheblich, dass sie es sich im Einzelfall sogar leisten können, selbst auf negative Auswirkungen eines Vorhabens hinzuweisen. Als *Coal of Africa Ltd.* im August 2011 ein großes Projekt der Steinkohle- und Kraftwerkskohleförderung ankündigte, verwies das Unternehmen selbst auf die kumulativen Wirkungen, welche der zu erwartende große Wasserverbrauch auf die Biodiversität in der Region haben werde. Aller Wahrscheinlichkeit nach werde deren *"wilderness character"* zerstört werden. Das Ökosystem des Mutamba Flusses werde unter Druck geraten."[554] Einheimische der Region opponierten, sie holten Gutachten ein. In diesen wurde u.a. der Behauptung widersprochen, alles für die Förderung genutzte Wasser könne recycelt werden. Auch werde nicht in Betracht gezogen, dass das Bestreben, eine weitere Verschlechterung des Weltklimas zu verhindern, gegen die Kohleförderung spricht.[555] Der Stamm der Dzomo La Mupo verlangte, dass seine heiligen Stätten respektiert und folglich *"No-Go Zones"* für Extraktionsindustrien ausgewiesen würden.[556] Im Mai 2015 erhielt CoAL die Förderungsrechte für Steinkohle und Bergwerkskohle

geistiges Wohl und das von ihnen besiedelte oder anderweitig genutzte Land auswirkt, festzulegen ...; in den Artikeln 13, 14 und 16 ist festgelegt, dass die besondere Beziehung zum Land zu achten ist, dass die Eigentumsrechte der betreffenden Völker anzuerkennen sind, und dass Umsiedlungen nur „mit freiwilliger und in voller Kenntnis der Sachlage erteilter Zustimmung" (Art 16) zulässig sind. Vgl. Übereinkommen 169 (ILO) über eingeborene und in Stämmen lebende Völker in unabhängigen Ländern: www.ilo.org/xcmsp5/groups/public/-ed_norm/-normes/documents/publication/wcms_100900.pdf; abgerufen am 22.2.2016 .

552 Dagegen verteidigten Regierungsmitglieder, Militärs und Unternehmer ihre Möglichkeit, privat von ausländischen Investoren zu profitieren, durch den Einsatz von Sicherheitskräften. In La Puya hatten diese mehrfach versucht, Demonstranten zu Gewaltakten zu provozieren, um die Blockade, die den Beginn der Goldförderung verhindern sollte, zu räumen. Als das nichts nutzte, räumten die Sicherheitskräfte in einem achtstündigen Angriff mit Tränengas und Gummigeschossen den Weg frei. Die Demonstranten kamen zurück. Vgl. Sandra Weiss, Die Mutigen von Guatemala, Le Monde diplomatique, Februar 2016, S. 14f.

553 Susanne Fries, Peru: Verzweifelter Kampf um Mitbestimmung, FIAN/Misereor, November 2008, S. II.

554 CoAL: Coal of Africa Ltd Proposed Makhado Colliery Project, EIA/EMP, August 2011, Section 1, S. 186, zit. Von: Mine Not – Waste Not. A preliminary critique of aspects of the CoAl (Coal Africa Ltd) Makhado Colliery Project Environmental Impact Assessment (EIA) and Environmental Management Programme (EMP, 10.12.2011).

555 Mine Not – Waste Not, op. cit., S. 7 & 11.

556 The Gaia Foundation, (2012) Opening Pandora's Box. The New Wave of Land Grabbing by the Extractive Industries, S. 26.

im Makhado-Gebiet. Bereits zuvor hatte sich das Unternehmen eine für zwanzig Jahre gültige Lizenz für die Wassernutzung im näheren Umkreis der Mine sichern können.[557] Ob im konkreten Fall nicht nur die staatliche Kompetenz der Lizenzvergabe eingesetzt, sondern auch staatliche Gewaltkompetenz zur Verfügung gestellt wird, um Widerstand zu überwinden, ist derzeit noch nicht abzusehen. An vielen anderen Orten aber ist das bereits der Fall. So etwa in Ecuador. Jahrelanger Proteste zum Trotz erhielten Ölfirmen Förderlizenzen für rund 60 % des Nationalparks. Mehr als 200 Umweltaktivistinnen und -aktivisten werden strafrechtlich verfolgt, manche von ihnen werden ohne jedes Verfahren festgehalten.[558]

In Papua-Neuguinea wird eines der Bergwerke in den abgelegenen Irian-Jaya-Bergen durchgängig von Militär bewacht. Diese Maßnahme steht im Zusammenhang mit der Abwehr von Unabhängigkeitsforderungen von indigenen Bewohnern des Landes. Die Zentralregierung will die Einnahmen aus der Goldmine nicht an diese Opposition verlieren. (Reisenberger & Seifert 2011: 207)

Oben wurde auf den Lohnkampf südafrikanischer Bergleute im Jahr 2012 verwiesen, in dessen Verlauf 34 Bergleute starben, 78 verletzt und 259 inhaftiert wurden. Wohl möglich, dass der Polizeieinsatz gegen Streikende auch eine Folge des langen und für die Streikenden erfolgreichen Arbeitskampfes südafrikanischer Bergleute im Jahre 2004 war. Denn am Ende dieses nicht nur für die Betreiber von Platinbergwerken, sondern auch für Unternehmen, die Bergwerke mit Ausrüstungsgegenständen beliefern, außerordentlich verlustreichen Streiks erhoben manche die Forderung, Gesetze zu erlassen, welche die Regierung in Stand setzen sollten, Streiks zu brechen.[559] Im April und im Oktober 2015 traten erneut Tausende südafrikanischer Bergleute in Streik. Sie arbeiten in Kohle- und in Goldbergwerken. Seit einiger Zeit stehen die letzteren unter beträchtlichem ökonomischen Druck, weil der Goldpreis auf dem Weltmarkt gefallen ist. Unter diesen Bedingungen verzichten die Minenunternehmer auf Investitionen in neue Technologien. Zwar könnten diese nicht nur die Sicherheit in den tiefsten Goldbergwerken der Erde verbessern, sondern auch Arbeitskosten sparen,[560] doch fördert die aktuelle Situation eine Orientierung auf kurzfristige Lösungen, will sagen auf die Reduzierung bzw. die verweigerte Erhöhung von Löhnen. In ihrem 2011 publizierten „Schwarzbuch Gold" weisen Brigitte Reisenberger & Thomas Seifert darauf hin, dass in Südafrikas Minen seit 1984 zwölftausend Bergleute ums Leben kamen, die meisten in den sehr

557 CoAl awarded Makhado mining right: http://www.minimgweekly.com/article/coal-awarded-makhado-mining-right-2015-05-18; abgerufen am 22.02. 2016 sowie: African Mining, Coal of Africa releases production report: http://africanmining.com/news.php?id=3785; abgerufen am 22.2.2016.

558 Manuela Lavinas Picq, Global heucheln, local bohren, TAZ, 11.12.2015, S. 14.

559 2014 South African platinum strike; https://en.wikipedia.org/wiki/2014_South_African_platinum_strike; abgerufen am 21.2.2016.

560 Cecilia Jasmasmie, http:www.mining.com/Cecilia) 9.9.2015/7:15 AM, vgl. http://www.mining.com/half-of-south-africas-gold-mines-operating-at-loss-report/; abgerufen am 21.2.2016.

tiefen Goldminen, in denen mit veralteter Infrastruktur gearbeitet wird. Lesiba Seshoka zufolge kommt es vor allem Ende des Monats zu Todesfällen, weil dann die Bosse für mehr Produktion pushen. „Weil die Gehälter und ihr Bonus davon abhängen, nehmen sie es dann mit den Sicherheitsvorkehrungen nicht mehr so genau." Die letzten beiden Monate im Jahr seien ebenfalls eine kritische Periode. 2010 hätten 3019 Minenarbeiter Verletzungen erlitten, 128 Minenarbeiter seien gestorben. Der Goldsektor hatte mit 63 Toten die höchste Rate zu verzeichnen. (2011: 67[561])

In keiner dieser Zahlen enthalten sind die Unfälle, die tagtäglich und weltweit im Schattenbergbau das Leben von Kindern, Frauen und Männern beenden. Mehr als 100 Millionen leben und arbeiten weltweit im Schattenbergbau.[562]

Zum Exempel: Ölförderung in Nigeria

In internationalen Debatten über die Ursachen von Kriegen der letzten Jahrzehnte spielten und spielen Auseinandersetzungen über den Zugang zu Öl bzw. über die Verteilung von Einkommen aus dem Verkauf von Öl eine große Rolle.[563] Sie werden hier nicht noch einmal aufgenommen, stattdessen wird dargelegt, inwiefern in Nigeria seit 1960 zusammen mit Öl auch Gewalt gefördert wurde.

Manche Umstände der Ölproduktion in Nigeria wurden international bekannt, als neun Männer vom Stamme der Ogoni 1994 von einem Sondergericht zum Tod verurteilt wurden.[564] Im November 1995 wurden sie gehenkt.[565] Zwanzig weitere Mitglieder der Oppositionsgruppe, der sie angehört hatten, waren 1994 und 1995 verhaftet worden. Ihnen war gleichfalls vorgeworfen worden, an jenen Morden des Jahres 1994 beteiligt gewesen zu sein, die den Hingerichteten ohne Beweise zugeschrieben worden waren.

---

561 Reisenberger & Seifert berufen sich für diese Angaben auf: Miningweekly.com, 6.1.2011:Loni Prinsloo:South African mine deaths down 24% in 2010: http://www.miningweekly.com/article/south-african-mine-deaths-down-24 -2010-2011-01-06 .

562 Aus einem Interview mit Claudia Brück, Pressesprecherin von Fairtrade Deutschland. (Der Verein setzt sich für eine soziale Zertifizierung von Gold ein.): „In Peru und Bolivien steigen die Menschen in verlassene Minen ein ... Zwölf Stunden unter Tage, ungesicherte Gänge ... In Ostafrika sind es provisorische Erdlöcher, die bei Regen oft einstürzen. Ein Problem ist auch das stundenlange Auswaschen von Gold im Wasser, langfristig schädigt das Haut und Gelenke. Da helfen so einfache Dinge wie Handschuhe und Gummistiefel. ... Wichtig ist auch, die schädliche Wirkung von Quecksilber beim Auskochen von Gold aus dem Gestein zu vermeiden." Interview Anne Goebel, Glanz ohne Reuhe, Süddeutsche Zeitung, Nr. 36, 13./14.2.2016, S. 51.

563 Das galt für die Ursachen der beiden Irak-Kriege, es gilt auch für die Ursachen der Kämpfe im Sudan. Vgl. dazu die umfangreiche, aber nur die Verhältnisse bis 2002 umfassende Dokumentation von *Human Rights Watch* (2003), Im Kongo wurde vor allem um die Aneignung von Mineralien gestritten, zusätzlich aber auch um die Aneignung von Öl.

564 Über die Motivation, das *"Movement for the Survival of the Ogony People"* zu gründen und seine Inhaftierung hat Ken Saro-Wiwa ein Buch geschrieben. (1995)

565 Angesichts der Tatsache, dass die Beteiligung an Morden, die den Angeklagten vorgeworfen wurde, durch nichts zu belegen war, kam es zu weltweiten Protesten. Nach der Hinrichtung wurde Nigeria aus dem *Commonwealth* ausgeschlossen.

Hunderte weiterer Ogonis waren für kurze oder längere Zeit inhaftiert. 1997 berichteten viele Aktive der Organisation MOSOP (*Movement for the Survival of the Ogoni People*) Mitarbeitern von *Human Rights Watch* sie seien von staatlichen Sicherheitskräften in ihren Häusern überfallen und malträtiert worden. Die Opfer kannten die Namen derer, die sie gequält hatten, sahen aber keine Chance auf Gerechtigkeit. [566] Im Juni 2009 erklärte sich die Ölfirma Shell nach einem jahrelangen Rechtsstreit bereit, den Hinterbliebenen der neun Gehenkten 15,5 Millionen Dollar Entschädigung zu zahlen. Vor Gericht ließ das Unternehmen erklären, es habe mit den Gewalttaten nichts zu tun gehabt und wolle die Zahlung als eine „humanitäre Geste" verstanden wissen. Sie hat allerdings auch verhindert, dass in einem öffentlichen Prozess in New York im Einzelnen untersucht worden wäre, inwieweit nicht nur das damalige Militärregime, sondern auch der Konzern für zahllose Menschenrechtsverletzungen, für Folter und für den Justizmord an den neun Ogoni verantwortlich war.[567]

Um zu verstehen, warum das Militär bereit war, alle Opposition niederzuschlagen, die sich als Hemmnis für die Ölindustrie hätte erweisen können, braucht es nur einen Blick auf die Statistiken. 1958, also zwei Jahre vor der Unabhängigkeit, wurden in Nigeria 5.000 Barrel Rohöl pro Tag gefördert, 1997 waren es 2.150.000. Exporte Nigerias bestehen zu 98 % aus dem Export von Öl. Während zu Zeiten der Kolonialherrschaft vor allem Palmöl, Palmkerne, Erdnüsse, Kakao, Zinn und Kolumbit exportiert wurden und Rohöl erst ab 1960 eine Rolle spielte, dominierte danach der Export von Rohöl. Ölfirmen, allen voran Shell BP, nutzten die günstigen Bedingungen, die ihnen die neuen Regierungen durchgängig offerierten. (Frynas 2000: 9-25) Neben finanziellen Vorteilen war dies vor allem ein 1978 verabschiedetes Gesetz, welches Bauern aller Rechte an ihrem Landeigentum beraubte. Mit Genehmigung des Staates konnten Ölgesellschaften alles Land beanspruchen, das sie für ihre Zwecke nutzen wollten – und dies, ohne den Bauern Entschädigungen zu zahlen. (Frynas 2000: 98)

Die enge Verzahnung von Staat und Ölgesellschaften, inzwischen größtenteils in *Joint Ventures* formalisiert,[568] machte Ölexporte nicht nur zum dominanten Faktor für Staatseinnahmen, sie wurde auch zu einer zentralen Einnahmequelle für Staatsbediensteten. War bereits vor der Errichtung des Militärregimes im Jahre 1983 ein beträchtlicher Teil des für den Staat bestimmten Einkommens aus der Ölförderung privat abgezweigt worden, so stieg diese Summe danach noch weiter an. Der Zeitschrift *Africa Confidential* zufolge wurden zwischen 1993 und 1997 zwischen drei und vier Milliarden US-Dollar an

566 Ausführliche Berichte in: *Human Rights Watch*, The Price of Oil: https://www.hrw.org/reports/1999/nigeria/Nigew991-08.

567 Christoph Erhardt, Shell und die neun gehenkten Nigerianer, Frankfurter Allgemeine Zeitung, 9.6.2009; http://www.faz.net/aktuell/politik/ausland/millionen-entschaedigung-shell-und-die; abgerufen am 23.2.2016

568 Joint Ventures mit dem Staat haben Shell, Exxon Mobil, Chevron Texaco, TotalFinaElf und Agip, vgl. https://www.hrw.org/legacy/backgrounder/africa/nigeria0205/2.htm; abgerufen am 26.2.2016.

Staatseinnahmen aus den Ölexporten unrechtmäßig privat angeeignet. (zit. Frynas 2000: 39) Unschwer zu verstehen also, dass sich Menschen, die ihre Überlebensmöglichkeiten gegen ungebremste Ölförderung verteidigen wollten, mit einer Phalanx konfrontiert sahen, die sich aus Mittelsmännern, Staatsangestellten und Regierungsmitgliedern zusammensetzte, welche alle willens waren, staatliche Kompetenzen zum Zwecke privater Bereicherung zu nutzen.

Das meiste Öl wird im Niger-Delta gefördert. Inzwischen wird es aus 5.000 Bohrquellen gewonnen und in 7.000 km langen *Pipelines* abtransportiert.[569] Als im Oktober 1990 Bewohner des Dorfes Umuechem im Gebiet des Etche Volkes gegen die Verseuchung ihres Landes durch die Ölproduktion protestierten, rief Shell mobile Polizei zu Hilfe. Deren Einsatz forderte achtzig Menschenleben. 495 Häuser wurden zerstört. Drei Jahre später rief der Schriftstellers Ken Saro-Wiwa das Volk der Ogoni zu Demonstrationen gegen die umweltzerstörerisch betriebene Ölförderung auf. Nachdem an einer ersten derartigen Demonstration 300.000 Menschen teilgenommen hatten und weitere Demonstrationen der „Bewegung für das Überleben des Ogoni-Volkes“ (MOSOP) folgten, wurde das Gebiet militärisch besetzt. Zweitausend Menschen kamen ums Leben, achtzigtausend verloren ihre Behausungen. Als 1998 Aktivisten des Volkes der Ijaw gegen die fortdauernde Ölförderung im Nigerdelta protestierten, wurde auch dieser Protest militärisch niedergeschlagen. Vermutlich wurden 200 Menschen getötet, andere wurden gefoltert, geschlagen und eingesperrt. Und ein Jahr später zerstörte nigerianisches Militär eine ganze Stadt im Gebiet der Ijaw. Das Militär war gerufen worden, nachdem eine Gruppe Bewaffneter sieben Polizisten getötet hatte. Noch bevor die Frist verstrichen war, die der Präsident dem Gouverneur der Region für die Verhaftung der Verdächtigen gesetzt hatte, machten Soldaten der nigerianischen Armee die Stadt Odi dem Erdboden gleich. Alle Gebäude außer der Bank, der Kirche und dem Gesundheitszentrum wurden zerstört, Hunderte unbewaffneter Menschen, darunter auch Alte, wurden getötet. Später wurde bekannt, dass die Armee damals womöglich an die zweitausend Menschen getötet hat.[570]

Seit 1984 gibt es in Nigeria Umweltgesetze. Sie wurden nicht durchgesetzt. Die Ölextraktion schadet auf unterschiedliche Weise. Für die seismographischen Untersuchungen, die im Zuge von Erkundungen neuer Öllagerstätten durchgeführt werden, nutzen Ölgesellschaften in Nigeria zumeist Explosionen. Sie sind schnell vorbei, haben unter Umständen aber langfristige Folgen. Wird Öl gefördert, so kommt zunächst Erdgas nach oben. In Nigeria entledigen sich Ölgesellschaften dieses unerwünschten Nebenprodukts,

569 Vgl. https://de.wikipedia.org/wiki/Nigerdelta.

570 Some things never change, the guardian, 8.11.2000; http://www.theguardian.com/society/2000/nov/08/guardiansocietysupplement8; abgerufen am 25.2.2016. Genauere Angaben in: *Human Rights Watch*, Update on Human Rights Violations in the Niger Delta, December 14, 2000; https://www.hrw.org/news/2000/12/14/update-human-rights-violations-niger-delta; abgerufen am 23.2.2016.

indem sie das Erdgas abfackeln.[571] Diese Methode ist andernorts verboten, weil die riesigen Flammenwerfer Treibhausgase und krebserregende Schwermetalle ausstoßen. Landwirtschaft ist in der näheren Umgebung kaum noch möglich. In Nigeria ist die durchschnittliche Lebensdauer auf 45 Jahre gesunken.[572] Es war vor allem die Praxis des seit fünfzig Jahren betriebenen Abfackelns, die zur Gründung der Bewegung für das Überleben des Volkes der Ogoni (MOSOP) geführt hat. Ken Saro Wiwa bezeichnete die Gasfackeln als „Flammen der Hölle". Sie produzieren Atemwegserkrankungen, Asthma und Krebs. [573] Selbst nach einem Verbot des Abfackelns durch den *Federal High Court* im Jahre 2005 ließ Shell 2006 weiter abfackeln.

Die im Nigerdelta tätige Ölindustrie hat keine Vorkehrungen dagegen getroffen, dass viele Millionen Liter Öl durch Lecks ins Wasser und in den Boden fließen.[574] Tagtäglich kämpfen Menschen gegen den Ölschlamm auf Feldern.[575] Mehr als zwei Milliarden Liter Öl sollen in den letzten fünfzig Jahren in das Niger-Delta geflossen sein.[576] Das bedeutet, jährlich wurde das Niger- Delta von einer Ölkatastrophe im Ausmaß der weltweit wahrgenommenen Exxon Valdez-Katastrophe heimgesucht. Fischfang ist nahezu unmöglich geworden. Krabben gibt es nicht mehr.[577] Während Shell lange behauptet hatte, die Lecks der Pipelines seien ausschließlich durch Einheimische verursacht, die sich auf diese Weise Öl aneigneten, hat sich der Konzern inzwischen zu Säuberungsmaßnah-

---

571 Laut der Satelliten-Untersuchungen, die im Auftrag der Weltbank durchgeführt wurden, sollen 2004 23 Milliarden Kubikmeter an Gas abgefackelt worden sein, vgl. Friends of the Earth (unter Mitwirkung anderer Nichtregierungsorganisationen) (2009) Shell's Big Dirty Secret, S. 28.

572 Isabel Pfaff, Sumpf im nigerianischen Öldelta, Süddeutsche Zeitung, 9.11.2015; http://www.sueddeutsche.de/politik/nigeria-der-sumpf-im-oeldelta-1.2728736; abgerufen am 23.2.2016.

573 Ausführlich zusammengestellt durch *Global Health Watch* in: www.ghwatch.org/sites/www.ghwatch.org/.../cb.pdf; abgerufen am 1.3.2016.

574 Aus dem Südsudan wird berichtet, dass die Ölproduktion des malaysischen Mineralölproduzenten Petronas dazu geführt hat, dass das Wasser der Region versalzen und voller Blei ist. „Früher sind unsere Kühe nicht gestorben und unsere Kinder sind nicht gestorben. Unser Wasser war gut." Der Mineralölkonzern ist Sponsor von Mercedes Silberpfeil. Daimler weiß seit Jahren von den Vorwürfen. Katrin Langhans & Max Hägler, Schmierige Geschäfte, Süddeutsche Zeitung, Nr. 56, 8.3.2016.

575 Einer Untersuchung von UNEP (*United Nations Environment Program*) aus den Jahren 2010 und 2011 zufolge ist das Wasser in den 200 untersuchten Gemeinden, das die Dorfbewohner trinken, erheblich verseucht. Ferner ergab sich, dass die Infrastruktur der Ölgesellschaften unzulänglich ist, dass die Fischzuchten geschädigt wurden, die Öllecks die Vegetation vernichtet und neuen Anbau erschwert haben. Die Experten schätzen, dass die Beseitigung der Umweltschäden bis zu dreißig Jahren dauern kann. Vgl. UNEP, Ogoniland Oil Assessment Reveals Extent of Environmental Contamination and Threats to Human Health; http://www.unep.org/newscentre/Default.aspx?DocumentID=26496ArticleID=8827; abgerufen am 25.2.2016.

576 Ken Saro-Wiwa: Erhobenen Hauptes zum Galgen; Deutsche Welle 9.11.2015: http://www.dw.com/de/ken-saro-wiwa-erhobenen-hauptes-zum-galgen/a-18836894; abgerufen am 23.2.2016.

577 „*No crabs here now*" heißt es an einer Stelle des Romans von Helon Habila, dessen Titel (Oil on Water) bereits deutlich macht, worum es geht. (2010: 26)

men verpflichtet. Sie erfolgen sehr langsam. Doch ist im Januar 2015 Schadensersatz in Höhe von 70 Millionen für zwei Unfälle aus dem Jahr 2008 (!) an Bauern und Fischer gezahlt worden.[578]

Human Rights Watch zufolge wurden faktisch in jedem Dorf im Gebiet der Ölförderung identische Erfahrungen gemacht: Einzelne Bewohner organisierten einen öffentlichen Protest, um ihrer Forderung nach Entschädigungen für die Auswirkungen der Förderung Nachdruck zu verleihen. Sehr oft waren solche Entschädigungen – sei es in der Form von Geldzahlungen, Entwicklungsprojekten, Job-Angeboten oder einer Säuberung der beschädigten Umwelt – zuvor zugesagt worden. Danach wurden mobile Polizeieinheiten oder andere Sicherheitskräfte gerufen. Sie prügelten und verhafteten.[579]

Während diese Aktionen in den 1990er Jahren Proteste zumeist vorübergehend beendeten, hat sich die Situation seither verändert. Der Misserfolg friedlicher Proteste, die vielfach demonstrierte Allianz von Regierungsstellen mit Ölgesellschaften,[580] die fortdauernde Armut der Bevölkerung im Niger-Delta, das Fehlen bezahlter Arbeit für Jugendliche, die Korrumpierung von Häuptlingen, die sich an den Zahlungen bereicherten, die Ölgesellschaften beim Abschluss von Sicherheitsverträgen zahlten, sowie das Vorhandensein einer immensen Menge an Kleinwaffen beförderten die Militarisierung jugendlicher Protestorganisationen.[581] Anders als die Bewegung MOSOP, die gewaltfrei opponieren wollte, kämpfte vor allem das 2006 entstandene *Movement for the Emancipation of the Niger Delta* bewaffnet für die Kontrolle von Einheimischen über die Region.[582] Bereits Ende der 1990er Jahre entstand (unter Führung des späteren *warlords* Asari) das *Ijaw Youth Council.* 2001 gab diese Bewegung den Slogan aus: *"Resource control and self-determination by every means necessary."* Shell nutzte Widerstand, um die Verseuchung des Niger-Deltas auf Sabotage und Öldiebstahl zurück zu führen. Beides gab es, doch sahen und sehen Umweltschützer lecke Pipelines und berstende Bohrköpfe als Hauptursache. Richard Steiner zufolge legt Shell in Nigeria wesentlich niedrigere Sicherheitsstandards an als sonst in der Welt.[583] 2015 wies *Amnesty International* auf der

578 Jonas Seufert, Verseuchung im Nigerdelta dauert an, TAZ, 4.11.2015, S. 8.

579 Eine Auflistung und Darstellung einzelner Vorfälle findet sich in einer Veröffentlichung von *Human Rights Watch*, 1999, The Price of Oil, Chapter VIII: Protest and Repression in the Niger Delta: https://www.hrw.org/reports/1999/nigeria/Nigew991-08.htm; abgerufen am 23.2.2016.

580 2010 hat Wikileaks Belege veröffentlicht, denen zufolge Shell Abgesandte in allen wichtigen Ministerien Nigerias haben soll und folglich Zugang zu allen Vorgängen in diesen Ministerien hat. Financial Times Deutschland, 10.12.2010: https://web.archive.org/web/20101211004250/http://www.ftd.de/politik/international/; abgerufen am 25.2.2016.

581 Ausführliche Erläuterungen auf der Basis gründlicher Recherchen finden sich in einer Veröffentlichung von *Human Rights Watch*: The Emergence of Armed Groups in Rivers State; https://www.hrw.org/legacy/backgrounder/africa/nigeria0205/2.htm; abgerufen am 26.2.2016.

582 Vgl. Nigerdelta: https://de.wikipedia.org/wiki/Nigerdelta.

583 Der Fluch des Öls, Ogoniland ist abgebrannt, Financial Times Deutschland, 2. Dezember 2010; https://web.archive.org/web/20101204223629/http://www.ftd.de/politik/international/...; abgerufen am 23.2.2016.

Basis von Expertenberichten darauf hin, dass die von Shell behauptete Beseitigung von Ölschäden nicht – oder jedenfalls nicht zureichend – durchgeführt wurde.[584]

So wenig überzeugend die Schutzbehauptungen von Shell sind,[585] so haben bewaffnete Gruppen inzwischen doch vielfachen Öldiebstahl begangen, um sich auf diese Weise Einnahmen zu verschaffen. Dazuhin entführten sie ausländische Mitarbeiter von Ölgesellschaften.[586] Von den erpressten Lösegeldern sollen auch lokale Politiker profitiert haben, die vorgaben, für die Bevölkerung zu kämpfen.[587] Um von den Zahlungen profitieren zu können, die Ölgesellschaften an Gemeinden zahlen, kämpften Banden um die Hoheit über bestimmte Landgebiete, in denen Öl gefördert oder vermutet wird. Zumeist wurden derartige Kämpfe mit Hinweisen auf ethnische Differenzen gerechtfertigt. Indem Politiker jugendliche Protestbewegungen für ihre eigenen Machtkämpfe nutzten,[588] beschleunigten sie die Entwicklung dieser Gruppierungen zu bewaffneten Banden, die sowohl die Vertreter des Zentralstaates als auch Ölgesellschaften angriffen, dazuhin aber auch rivalisierende Milizen. Ihrer Gewalttätigkeit fielen Menschen zum Opfer, andere flüchteten aus ihren Dörfern. Wurden die Täter ausnahmsweise verhaftet, konnten sie einer Bestrafung in der Regel mittels Bestechung entgehen.[589] 2008 wurde eine Amnestie für alle Beteiligten an bewaffneten Auseinandersetzungen beschlossen, die ihre Waffen ablieferten. Seit 2009 wird das Programm angewandt, nach wie vor allerdings nicht ausreichend kombiniert mit Angeboten an bezahlter Arbeit.[590] Auch konnte die Amnestie nicht verhindern, dass das Niger-Delta weiterhin als Rückzugsgebiet für Piraten fungiert. Shell hat seine Aktivitäten im Westen des Landes beendet.

---

584 Niger delta: Shell's manifestly false claims about oil pollution exposed, again: https://www.amnesty.org/en/latest/news/2015/11/shell-fals-claims-about-oil-pollution...; abgerufen am 1.3.2016.

585 Shell behauptet, 98% aller Öllecks seien auf Vandalismus, Diebstahl oder Sabotage zurück zu führen und nur ganz wenige Fälle auf veraltete Infrastruktur. John Vidal, Nigeria's Agony Dwarfs Gulf Oil Spill, (2010-05-31) http://ourworld.unu.edu/en/nigerias-agony-dwarfs-gulf-oil-spill; abgerufen am 29.2.2016.

586 Michael Watts gibt an, zwischen Januar 2006 und Sommer 2009 seien mehr als 400 ausländische Öl-Angestellte als Geiseln genommen worden. (2013: 77)

587 Christoph Erhardt, Shell und die neun gehenkten Nigerianer, Frankfurter Allgemeine Zeitung, 9. Juni 2009: http://www.faz.net/aktuell/politik/ausland/millionen-entschaedigung-shellund-die- ne...; abgerufen am 23.2.2016.

588 Africa Report N° 231, 29 Sep 2015: Curbing Violence in Nigeria (III) Revisiting the Niger Delta; http://www.crisisgroup.org/en/regions/africa/west-africa-nigeria/231-curbing-violence; abgerufen am 29.2.2016.

589 *Human Rights Watch*: The Emergence of Armed Groups in Rivers State; https://www.hrw.org/legacy/background/africa/nigeria0205/2.htm; abgerufen am 26.2.2016.

590 Africa Report N° 231, 29 Sep 2015: Curbing Violence in Nigeria (III) Revisiting the Niger Delta; http://www.crisisgroup.org/en/regions/africa/west-africa-nigeria/231-curbing-violence; abgerufen am 29.2.2016.

(Watts 2013: 77f.) Manche der früheren Bandenmitglieder arbeiten inzwischen unter der Führung von *warlords* als Sicherheitskräfte für Ölgesellschaften.[591]

In Nigeria gibt es nicht nur Umweltgesetze, die durchgesetzt werden könnten, es gibt auch die rechtliche Möglichkeit, Entschädigungen einzuklagen. Sie besteht in der Anwendung des aus dem englischen Rechtssystems übernommenen Deliktrechts (*Law of Tort).* Es ermöglicht die Bearbeitung der zivilrechtlichen Folgen unerlaubter Handlungen außerhalb des Strafrechts. Seit Rechtsanwälte in Nigeria nicht mehr darauf bestehen, eine Gebühr, sondern statt dessen einen Anteil an tatsächlich erstrittenen Entschädigungen zu verlangen, sind Gerichtsverfahren für arme Menschen – sofern diese denn ihre Rechte kennen – eher zugänglich. Und tatsächlich hatten einige Kläger vor nigerianischen Gerichten Erfolg gegen Ölgesellschaften. Neben Armut, Unkenntnis, Scheu vor der Justiz und anderen Hindernissen bestand das größte Hindernis für die Auseinandersetzung mit Ölgesellschaften aber in der Tatsache, dass das Deliktrecht nur Individualklagen zulässt, Dorfgemeinschaften also keine Möglichkeit hatten, sich dieser rechtlichen Möglichkeit zu bedienen. (Frynas 2000: 222-224) Außerdem ist die Höhe der Bußgelder, die auf der Basis des 2006 in Kraft getretenen Gesetzes verhängt werden können, negligeable. Faktisch gibt es in Nigeria, dem Land mit den weltweit meisten Vorkommnissen an Ölverschmutzungen kein Gesetz, mit dem diese Umweltschädigungen strafrechtlich geahndet werden könnten.[592] Ein 2012 eingebrachtes Gesetzesvorhaben zur Novellierung des 2006 beschlossenen Gesetzes zur Gründung der *National Oil Spill Detection and Response Agency* (NOSDRA) soll dies beheben. Als „Personen" sollen jetzt u.a. auch *"municipalities"* zugelassen werden, außerdem ist eine erhebliche Verschärfung der aufzuerlegenden Geldbußen für das Verschulden von Ölverschmutzungen sowie für nicht geleistete Säuberungsmaßnahmen vorgesehen.[593] In der Debatte wurde Kriminalisierung der Umweltschädigungen gefordert. Vorläufig sehen sich Einheimische noch gezwungen, vor ausländischen Gerichten zu klagen.

Ein Strafantrag gegen Shell, den vier Bauern und Fischer im Jahr 2008 in den Niederlanden einreichten, weil das Unternehmen in den Jahren 2004, 2005 und 2007 Öllecks zugelassen und die Schäden nicht beseitigte, hatte zunächst nur begrenzten Erfolg.[594] Zwar erhielt einer der Kläger Recht, insgesamt aber war Shell zunächst erfolgreich mit seiner Argumentation, dass eine Klage gegen das nigerianische Tochterunternehmen von Shell nur in Nigeria verhandelt werden dürfe. Dem hat 2015 ein niederländischen Appelationsgericht widersprochen und in diesem Zusammenhang auch klargestellt, dass die Behauptung des Konzerns, die Ölverschmutzungen gingen auf Sabotage und

---

591 Michael Watts zufolge sind 2012 an vier Delta-Warlords insgesamt 40 Millionen US Dollar für diese Aufgabe bezahlt worden. (2013: 86)

592 So auch die Argumentation im Senat von Nigeria am 13. November 2012; http://www.vanguardngr.com/2012/11/nigeria-has-highest-oil-spill-in-the-world-senate/; abgerufen am 29.2.2016.

593 Anfang 2016 ist die Novellierung noch nicht in Kraft.

594 Christian Putsch, Apokalypse im Ogoniland, Die Welt kompakt, 15.10.2012, S. 21.

Öldiebstahl zurück, nicht ohne genauere Untersuchung akzeptiert werden könne.[595] Im Juni 2005 haben mehrere Dorfgemeinschaften des Nigerdeltas Strafantrag gegen die nigerianische Regierung, sowie gegen die Nigerian National Petroleum Corporation, gegen Shell, Exxon, Chevron, Total und Agip gestellt.[596]

595 Reuters: Dutch appeals court says Shell may be held liable for oil spills in Nigeria, The Guardian, 18. Dezember 2015; http://www.theguardian.com/global-development/2015/dec/18/durch-appeals-court-sh...; abgerufen am 26.2.2016.

596 Friends of the Earth, 20. Juni 2005; https://www.foe.co.uk/resource/press_releases/communities_sue_shell_to_s_20062005; abgerufen am 25.2.2016.

Neunte theoretische Zwischenbemerkung: postkoloniale Staatsgewalt als theoretische Herausforderung

Der Versuch, die Besonderheiten postkolonialer kapitalistischer Staatsgewalt theoretisch zu erfassen, setzt eine Auseinandersetzung mit der strukturellen Relevanz nationalstaatlicher Souveränität in der Ära der Globalisierung voraus.

Mit kaum einem Exportgut konnten weltweit ebenso große Erfolge eingefahren werden wie mit der Verbreitung der politischen Form *Nationalstaat.* Entstanden ist sie im Zuge der theoretischen und praktischen Kritik an den im europäischen *Ancien Regime* verbreiteten Formen personaler Herrschaft. Die Abschaffung aller Privilegien, die zu Herrschaft und Aneignung berechtigten, machte die Kompetenzen der Herrschaft zu Niemandes Eigentum und insoweit zum Eigentum aller. Nicht mehr, aber auch nicht weniger, ist gemeint, wenn von Staat als einer öffentlichen Macht die Rede ist. (Gerstenberger 1990/2006: 514-528 & passim)[597] Dass derart konstituierte staatliche Kompetenzen nicht legal genutzt werden können, um sich individuell zu bereichern, versteht sich in diesem Zusammenhang von selbst.

Als Kolonien unabhängig wurden, war ihnen dies nur in den international durchgesetzten Strukturen möglich. Mit der internationalen Anerkennung ihrer Souveränität – seit Gründung der Vereinten Nationen geschieht dies durch die Verleihung von Sitz und Stimme in der Generalversammlung dieser Organisation – wird der Charakter von Staatsgewalt als Eigentum einer Nation bestätigt.

Über die Nutzung der Souveränität eines Staates entscheidet Politik. Wie sie zustande kommt und wie sie gerechtfertigt wird, war und ist in den einzelnen Nationalstaaten unterschiedlich. Lange Zeit war die *political nation*[598] sehr begrenzt. Des ungeachtet wurde der historische Transfer von Souveränität auf Nationen[599] zur Grundlage allen internationalen Rechts. Kein Zufall deshalb, dass moderne Diktatoren regelmäßig beanspruchen, die wahren Repräsentanten einer Nation bzw. eines Volkes zu sein.

Mit der Souveränität ist es eine eigene Sache. Wird ihre Existenz am Ausmaß der Entscheidungsfreiheit von Regierungen gemessen, so existiert sie weltweit nur eingeschränkt. Zusammenschlüsse von Staaten, internationale Abkommen und binationale Verträge bedeuten immer einen gewissen Verzicht auf Hoheitsrechte.

---

597 In Gerstenberger 1990/2006 ist ausführlich erörtert, dass öffentliche Staatsgewalt historisch nicht als strukturelle Voraussetzung kapitalistischer Ökonomie konstituiert wurde, sondern als Resultat der Auseinandersetzung mit Aneignungs- und Herrschaftsformen des *Ancien Régime*. Zu kapitalistischer Staatsgewalt wurde die so konstituierte bürgerliche Staatsgewalt erst im Zuge der weiteren Durchsetzung kapitalistischer Formen der Produktion.

598 Mit diesem Terminus wurde im 19. Jahrhundert in England die zur politischen Mitwirkung berechtigte Öffentlichkeit von der Gesamtheit der Staatsbürgerinnen und Staatsbürger unterschieden.

599 Entstanden ist Souveränität als die Souveränität von Fürsten. (Teschke 2003 passim)

Einerseits könnte man daher Helmut Schmidt zustimmen, der den Begriff der Souveränität für überholt hielt und bestenfalls für die USA und China noch eine gewisse Ausnahme zugestehen wollte.[600] Andererseits aber können internationale Abkommen – von sehr wenigen Ausnahmen abgesehen – nur in Kraft treten, wenn ihnen Nationalstaaten zustimmen. Selbst im Fall von Somalia, einem Land, dessen Staat 1991 zusammenbrach, wurde der Beschluss des Sicherheitsrates der Vereinten Nationen vom 18.12.2008, welcher die Verfolgung von Seeräuberei und bewaffneten Raubüberfällen in den Hoheitsgewässern und sogar auf dem Festland Somalias gestattete, damit gerechtfertigt, dass dieser Küstenstaat *aktuell* nicht in der Lage sei, seine Hoheitsrechte zu verteidigen.[601] Indem diese Maßnahme als vorübergehend notwendig erklärt wurde, bestätigte die Resolution die Fortgeltung nationaler Souveränität.[602] Frederick Cooper hat zu Recht darauf verwiesen, dass sich die Anerkennung der Souveränität sog. *failed states* dadurch erklärt, dass die Souveränität dieser Staaten nicht intern durchgesetzt, sondern *von außen* konstituiert worden ist. (2002: 156)

Ganz allgemein gilt, dass die faktische Einschränkung des Entscheidungsspielraumes von Nationalstaaten nichts daran ändert, dass nationale Souveränität weiterhin internationales Recht strukturiert. Das macht zweierlei möglich: Zum einen den von Regierungen beschlossenen partiellen Verzicht auf die Anwendung von Souveränität durch die Schaffung von *Offshore*-Bereichen, in welchen von den allgemeinen Gesetzen eines Staates abgewichen wird. Von dieser (oben erläuterten) Praxis profitieren in allererster Linie ausländische Unternehmen. Zum anderen bietet nationale Souveränität die Chance, aus Hoheitsrechten, wie etwa aus Zollbestimmungen oder aus der Kompetenz, Lizenzen zur Ausbeutung nationaler Bodenschätze zu vergeben, privates Einkommen zu erzielen. Von solchen Chancen profitieren die begünstigten Ausländer, oft aber auch Einheimische. Sowohl national als auch international gelten die Praktiken der Letzteren als Korruption.

Korruption gibt es in allen Staaten der Welt. Weitgehender Übereinstimmung zufolge ist sie allerdings in den Staatsbürokratien post-sozialistischer Staaten, dazuhin in manchen asiatischen, arabischen und latein-amerikanischen Staaten besonders verbreitet. Vor allem für afrikanische Staaten in der Subsahara ist inzwischen immer wieder konstatiert worden, dass es das Ausmaß der privaten Nutzung staatlicher Kompetenzen für private Zwecke nahelegt, ihr auch begrifflich Rechnung zu tragen. Weil alle diesbezüglichen Versuche erhebliche Abweichungen

---

600 Helmut Schmidt, Die Welt ordnen, Interview von Franziska Augstein, Süddeutsche Zeitung, Nr. 270, 23.11.2015, S. 11.

601 Resolution des Sicherheitsrates Nr. 1851, Drucksache 17/3691.

602 Auch die Republik Südsudan hat nicht dadurch ihre Staatlichkeit eingebüßt, dass der Staat „keine wirklichen Dienste mehr leistet außer demjenigen der Exekutionen“ vgl. Nicholas Kristof, The Killing Fields of South Sudan, The New York Times International Weekly/Süddeutsche Zeitung, 4.3.2016, S. 2 (Übers.).

von den okzidental entstandenen und weltweit exportierten Formen kapitalistischer Staatsgewalt konstatieren, sind die folgenden Ausführungen auf diese Weltregion konzentriert. Privatisierung (Hibou et al. 1999) oder gar Kriminalisierung des Staates (Bayart et al. 1999) sind nur zwei der Schlagworte, mit deren Hilfe der besondere Charakter staatlicher Gewalt in Afrika belegt wird.[603] Jean-François Bayart fasst seine Analyse der vielfältigen persönlichen Beziehungen im Staatsverband im Terminus *Rhizom* zusammen, will sie folglich als ein vielgliedriges Wurzelwerk verstanden wissen. (1998/1993, 261f.) Vorgeschlagen als Zusammenfassungen vieler – im Einzelnen sehr eindrücklicher – Beispiele leiden diese Konzeptionen dennoch an zwei analytischen Mängeln. Zum einen werden staatliche Gebilde als mehr oder minder einheitlich behandelt, folglich auch kaum ein Unterschied zwischen alltäglicher „kleiner" Korruption und der Korruption von Führungskräften gemacht, die sich der Gewaltmittel des Staates bedienen können.[604] Zum anderen verschwindet in diesen Kennzeichnungen die Unterscheidung zwischen dem Personal des Staates und seinen Institutionen. Typischerweise werden in Charakterisierungen des afrikanischen Staates als einer privatisierten Institution alle Akte von Politikerinnen und Politikern sowie von Angestellten in Staatsverwaltungen dem *Staat* zugeschrieben. (kritisch: Blundo & Olivier de Sardan 2007: 116) Die Unterscheidung zwischen dem Staat als rechtlich verfasster Institution auf der einen und Politikerinnen, Politikern sowie Angestellten des Staates auf der anderen Seite ist aber nicht nur politisch, sondern auch theoretisch bedeutsam. Theoretisch widerspricht sie der Behauptung, in Afrika sei keine Trennung von Staat und Gesellschaft vorhanden,[605] politisch ist sie bedeutsam, weil auf die Verfassung eines Staates Bezug genommen werden kann, um konkrete politische Forderungen zu rechtfertigen. Sind Staaten entsprechend historisch okzidental durchgesetzter politisch-rechtlicher Strukturen verfasst, gilt also formal gleiches Recht für Alle sowie die Neutralität staatlicher Verwaltung, so kann auf diese Formen Bezug genommen werden. Und eben dies geschieht ja, wenn sich Abgeordnete

603 Bereits 1972 hat Jean-Claude Willame vom Patrimonialismus im Kongo geschrieben, und 1992 kritisierte er die Praxis, die Geschichte von Zaïre als ein Land darzustellen, welches jahrelang von einem kannibalistischen Monster regiert wurde. Demgegenüber betonte er, dass es sich um eine spezifische Form der „Gouvernementalität", um ein System also, gehandelt habe. (1992: 7 & Kap. 7)

604 Wie aus den folgenden Erläuterungen hervorgehen wird, sollte große Korruption nicht als Folgewirkung der kleinen erklärt werden. Der Einfluss funktioniert eher in entgegengesetzter Richtung. So auch – für Sierra Leone – Pugh & Cooper (2003/2004: 103) Elmar Altvater & Birgit Mahnkopf vertreten die gegenteilige Ansicht. (2002: 307)

605 Das widerspricht zwar Autoren wie Kößler (1994) oder Chabal & Daloz (1999), doch schmälert dies nicht deren großes Verdienst, afrikanische (und andere postkoloniale) Staatsgewalt, nicht schlicht als „Abweichung" von dominanten Mustern, sondern als eine historisch besondere Form zu analysieren. Auch Jutta Bakonyi kritisiert, dass Analysen die Unterschiede staatlicher Herrschaft außerhalb der OECD Welt nicht zur Kenntnis nehmen. Sie spricht von einer nur partiellen Verwirklichung der Trennung von Staat und Gesellschaft. (2011: 33)

mutig auf ihre Unabhängigkeit berufen, Richter sich nicht einschüchtern lassen und Staatsangestellte betonen, sie seien nicht einer bestimmten Person, sondern dem Staat verpflichtet.[606] Zusätzlich gilt, worauf Achille Mbembe aufmerksam gemacht hat: zwar seien die vielfältigen persönlichen Beziehungen, welche die Praxis von Staatsgewalt prägen, ganz unerlässlich, um zu einer gehobenen Position in der Staatsverwaltung zu gelangen, in aller Regel reichten sie aber nicht aus. Denn der Zugang zu solchen Positionen setze nicht nur Beziehungen, sondern auch Zertifikate voraus.[607] Dass der Handel mit gefälschten Zeugnissen floriert, gilt Mbembe als Beleg für deren fortdauernde Bedeutung. Und zwar nicht nur für den Zugang zur Möglichkeit, materiellen Profit aus einer Verwaltungsposition zu ziehen, sondern eben auch für die Chance, eine – potentiell auch anders zu nutzende – offizielle Position in einer formellen Hierarchie zu erlangen. Die Bedeutung solcher Positionen kommt Mbembe zufolge in barock gefeierten Amtseinführungen sowie in der Verleihung von Titeln und Orden zum Ausdruck. So sehr es sich dabei oft um *mock honors* handle, so reduziere die Mitwirkung der Bevölkerung an ihrer Verleihung doch die „Obszönität der Macht". (2001: 130) Sie bestätige, dass eine „Imagination von Verwaltung" vorhanden sei. (1999: 105)

Mehr als Imagination ist vorhanden, wenn – wie dies staatsforschenden Anthropologen immer wieder begegnete – einzelne Verwaltungsangestellte ihrerseits Korruption beklagen. Michael Roll hat sogar *pockets of effectiveness* ausgemacht. Seinen Untersuchungen zufolge basieren sie nicht auf einer vergleichsweise besseren technischen Ausstattung, sie lassen sich auch nicht auf ökonomische Faktoren oder die spezifischen Aufgaben derartiger Verwaltungseinheiten zurückführen. Statt dessen legen gründliche empirische Studien nahe, dass die Entwicklung einer Nische der Effektivität regelmäßig durch ein politisch handelndes Individuum oder eine Gruppe von politisch handelnden Individuen angestoßen wurde, denen es dann gelang, größere Autonomie für ihren Bereich durchzusetzen und diese auszunutzen, um Macht und Schutz zu erlangen. (Roll 2014: 734-775)[608] Judith

606 Zwei Beispiele von vielen: Die Petition zugunsten der Einhaltung rechtsstaatlicher Verfahren, die Richter am *High Court* von Simbabwe im Januar 1999 formulierten. (Meredith 2002/2007: 152f.) 2014 wurde der amtierende südafrikanische Präsident gerichtlich aufgefordert, einen Teil des Staatsgeldes zurück zu zahlen, das er für die luxuriöse Aufrüstung seiner Privatresidenz benutzt hatte. Im April 2016 hat das höchste Gericht des Landes den Präsidenten gerügt, weil diese Rückzahlung nicht erfolgt ist und ihn verurteilt, dem Zahlungsbefehl innerhalb von 60 Tagen nachzukommen. Vgl. Tobias Zick, Zur Sicherheit mit Pool, Süddeutsche Zeitung, 1.3.2016, Nr. 75, S. 8; vor Gericht sagte der Präsident, das Schwimmbad im Haus sei zur Sicherheit, als Reservoir für Löschwasser. Vgl. Tobias Zick, Faust gegen Faust, Süddeutsche Zeitung, Nr. 149, 30.6.2016.Im November 2016 hat sich die Kritik am amtierenden Präsidenten verallgemeinert. Vgl. Martina Schwikowski, Der Ruf "Zuma muss weg" vereint alle politischen Lager, TAZ, 4.11.2016, S. 10.

607 *"A higher level of education is a prerequisite"*, schreibt Elin Dellås über Tansania (2015: 19).

608 Erläuternd verweist Roll auf die nigerianische Behörde gegen Menschenhandel und den Handel mit Drogen. In diesem konkreten Fall war es die Ehefrau des 1999 in sein Amt berufenen

Tendler geht weiter. Sie ist der Ansicht, dass die derzeit dominanten Ratschläge für die Entwicklung von *good government* in Entwicklungsländern schlicht und einfach nicht zur Kenntnis nehmen, dass Beschäftigte in Staatsbürokratien ihre Aufgaben mit großem Engagement erfüllen. (1997 und passim)[609]

Obwohl sich auch Yves-A. Fauré & Jean-F. Médard bei Max Weber bedienen, um ihrer analytischen Konzeption theoretische Weihen zu verleihen, sehen sie doch immerhin deutlich, dass sich die von ihnen als Neo-Patrimonialismus bezeichnete Herrschaft von Max Webers Konzept des Patrimonialismus dadurch unterscheidet, dass die Funktionsweise des Neo-Patriomonialismus nicht offen zutage tritt. (1995: 292)[610] Zu ergänzen wäre freilich, dass Max Weber patrimoniale Herrschaft als spezifische Ausprägung einer durch Tradition legitimierten Herrschaft verstand. (1921/1972, Kap. III, § 7.a.2.) Für postkoloniale Staatsgewalt in der Subsahara ist dies nicht der Fall. Zwar gibt es Elemente der Legitimierung von Herrschaft durch alte oder – dies vor allem – neu erfundene Traditionen, politische Kompetenzen sind aber nicht traditional legitimiert, sondern entweder rechtlich – will sagen: durch wie immer konkret gestalteten Parlamentarismus – oder nur durch faktische Macht. Ungeachtet dieser Einordnung einer spezifischen Ausprägung aktueller kapitalistischer Staatsgewalt in ein analytisches Raster, welches aus der Analyse ganz anderer historischen Formen entwickelt wurde, haben Fauré & Médard aber eine Konzeption der Trennung von Staat und Gesellschaft entwickelt, an die sich anknüpfen lässt.

Wo immer Staat als eine öffentliche Instanz konstituiert wurde, ist Staat institutionell von der Gesellschaft getrennt. Anders als vielfach unterstellt, wird solche Trennung weder durch das Ausmaß politischer Regulierungen, noch durch das Ausmaß des politischen Einflusses einzelner Personen oder bestimmter sozialer Gruppen aufgehoben. (In offiziell staatssozialistisch verfassten Staaten galten Einheitsparteien als Klammern zwischen Staat und Gesellschaft. Für die Analyse aktueller postkolonialer Staatsgewalt in der Subsahara können wir davon jedoch

---

Vizepräsidenten Abubakar, die – zusammen mit anderen Ehefrauen hochgestellter Politiker – daran ging, den Handel mit Kindern und Frauen in Nigeria zu bekämpfen. Ihre Strategien verschafften der zuständigen Behörde politische Unterstützung und die notwendigen finanziellen Mittel. Zugleich sorgte die Fortdauer der Kampagne dafür, dass die Arbeit der Behörde weiterhin wahrgenommen wurde. Im konkreten Fall erreichte die Kampagne nicht nur, dass 2003 ein Gesetz beschlossen wurde, welches den Handel mit Frauen und Kindern unter Strafe stellte, sondern auch, dass dieses Gesetz 2005 verschärft und ein Fonds zur Unterstützung der Opfer eingerichtet wurde. (Roll 2014: 376f.)

609 Tendler hat ihre empirischen Studien in Südamerika durchgeführt. Sie formuliert ihre Schlussfolgerungen aber in Bezug auf alle derzeit typischen Ratschläge.

610 Jean-Claude Willame, auf den sich Fauré und Médard berufen, betont zwar, dass es nicht angehen kann, die Lage in Zaïre ausschließlich auf den Despoten Mobutu zurück zu führen, erforderlich sei eine Analyse des „Systems". Dieses allerdings gilt ihm als gut sichtbar. (1972, Kap. 7, vor allem S. 215)

absehen.) Aller verfassungstheoretischen und verfassungspolitischen Unterschiede zum Trotz, ist *Staat* heute in allen postkolonialen Staaten als öffentliche Instanz konstituiert. Unabhängig von konkreten politischen und sozialen Strukturen folgt dieses Wesen der Staatsgewalt aus der internationalen Anerkennung der Souveränität eines Staates. [611] Es bedeutet nicht, dass der Staat gegenüber den im Staatsgebiet operierenden Kapitalen autonom ist.

Weil das internationale Recht auf der Anerkennung der Souveränität von Einzelstaaten basiert, bleibt diese als Prinzip auch dann erhalten, wenn ihre faktische Reichweite drastisch eingeschränkt ist, insofern also auch der Charakter des Staates als einer öffentlichen Macht und damit die institutionelle Trennung von Staat und Gesellschaft. Wer anderes vertritt, verweist auf Korruption, will sagen, auf die Nutzung staatlicher Kompetenzen zur privaten Bereicherung des Staatspersonals. Und ganz ohne Zweifel sind die Alltage von Menschen, die in postkolonialen Staaten leben, durch Praktiken geprägt, die sowohl international als auch national als Korruption gelten. Um dies deutlich werden zu lassen, benutzen Giorgio Blundo und Jean-Pierre Olivier de Sardan den von Karl Polanyi geprägten Begriff *embeddedness* (1944/1978) [612] und sprechen vom *« enchâssement »* der Korruption in die Praxis von Bürokratien. (2007: 82, Anm. 7)

Alle an solcher Forschung Beteiligten betonen, dass Korruption die formellen staatlichen Regeln verletzt, selbst aber nicht unreguliert funktioniert. Nicht nur formale Bürokratie, sondern auch Alltagssysteme der Korruption können Unsicherheit mindern, weil Menschen kalkulieren können, wie sich ihr jeweiliges Gegenüber verhalten wird. Auch mit Geldforderungen von Ärzten für kostenlose Impfungen oder mit der Erwartung eines Zöllners, sich sein Wegschauen bezahlen zu lassen, lässt sich rechnen. Die Vielzahl solcher Praktiken machen Staat zu einem „verallgemeinerten informellen Funktionssystem", (Blundo & Olivier de Sardan 2007: 119) einer „regulierten Informalität" (Olivier de Sardan 2014: 407)[613] Im Ergebnis ähnlich argumentieren Patrick Chabal und Jean-Pascal Daloz,

---

611 Das geschah durch Beschluss der Generalversammlung der Vereinten Nationen im Jahr 1960. In diesem Beschluss heißt es aufschlussreich: *"On the granting of independence to colonial countries and peoples"* (Res. 1514, XV) Souveränität wurde also nicht anerkannt, sondern verliehen. Weil sie nicht – wie in den historisch ersten der souveränen Staaten – im Innern durchgesetzt und dann von anderen souveränen Staaten anerkannt wurde, hat Robert H. Jackson den Terminus *Quasi-State* vorgeschlagen. In internationalen Diskussionen wird der Terminus inzwischen schlicht als Zusammenfassung aller möglichen Unzulänglichkeiten genutzt. Das ist Jackson aber nicht zuzuschreiben, obwohl auch er formuliert, dass die Staaten noch nicht vollständig sind, solange es ihnen nicht möglich ist, Herrschaft über die jeweilige Gesellschaft auszuüben. (1990/1993: 21)

612 Es handelt sich um eine etwas großzügige Verwendung dieses Konzepts, denn Polanyi hat ihn geprägt, um zum Ausdruck zu bringen, dass Ökonomie in vorkapitalistischen Gesellschaften nicht als gesonderter Bereich existierte.

613 Welch große Bedeutung Klientelstrukturen zukommt, lässt sich auch daran ablesen, dass es in Somalia trotz der Fortdauer eines faktisch staatenlosen Zustandes Ende der 1990er Jahre zu

deren zentrale These bereits im Titel ihres Buches enthalten ist: "*Africa works. Disorder as political instrument*" (1999)[614] Während aber Chabal und Daloz annehmen, Klienteltelismus sei für die Bevölkerung in Staaten ohne funktionierenden Parlamentarismus so etwas wie eine alternative Struktur zur Realisierung von Bedürfnissen, betonen Omobowale und Olutayo, dass unzufriedene Klienten zwar damit drohen können, ihre Loyalität einem anderen Patron zuzuwenden, dass dieser sie dann aber genau wie der vorherige mit schlechten Leistungen abspeisen kann. Wohl gebe es Grenzen der Loyalität, meistens aber müssten sich Klienten doch damit zufrieden geben, dass ihnen *substandard* Leistungen (zum Beispiel an Infrastruktur) geboten werden. Zusätzlich betonen sie, dass Klientelismus auf dem Land (konkret beziehen sie sich auf Südwest Nigeria) nie als Beziehung zwischen Individuen besteht, sondern immer als Beziehung zwischen einzelnen Patronen und einer Gruppierung (*association*) von Klienten. (2010: 408f.) Auch Thomas Bierschenk und Jean-Pierre Olivier de Sardan verweisen darauf, dass es Vertreter von Nichtregierungsorganisationen, Leiter von Entwicklungsprojekten und Beauftragte des Zentralstaates in Dörfern mit Gruppierungen von Bauern zu tun haben, wobei es den Vertretern des Zentralstaates [in Benin] nicht gelungen sei, eine Dominanz herzustellen. (2003: 150)

Derartige Forschungen überwinden die lange vorherrschende Praxis, konkretes Verwaltungshandeln in Entwicklungsländern an der Modellvorstellung einer formalen Organisation zu messen, die das Verhältnis von Staatsgewalt zu Individuen reguliert.[615] Im Ergebnis legen sie nachdrücklich nahe, die alltägliche Praxis von Bürokratien afrikanischer Staatsgewalt weder verallgemeinernd auf *Kultur*,

---

einem ökonomischen Aufschwung kam, dessen allgemeine Indikatoren nicht weit unter denen der Jahre vor dem Zerfall des Staates im Jahr 1991 lagen. (Bakonyi 2003: 14) Zu fragen bleibt freilich, welche soziale und damit ökonomische Reichweite die „regulierte Informalität" hat. Aus der historischen Form der *lex mercatoria* ist bekannt, dass Verpflichtungsstrukturen auch über Herrschaftsgrenzen hinweg funktionierten, wenn die persönlichen Beziehungsnetze faktische Sanktionierung von Fehlverhalten möglich machten. Ähnliche Strukturen sind aus kriminellen Netzwerken bekannt. In wieweit sie eine Einbindung in nicht-kriminelle internationale Wirtschaftsstrukturen möglich machen, lässt sich nur für konkrete Fälle ermitteln.

614 Als Resultat ihrer Analyse der Polizeiarbeit in Mozambik schreibt Helene Maria Kyed, lokale Polizisten schüfen sich eine Art von Ministaat. Sie entstünden in den Nischen zwischen den Bemühungen lokaler Polizisten, ihre eigene Machtposition in einer bestimmten Örtlichkeit zu stabilisieren und ihrer Verbindung zu der *de jure* Souveränität des Staates. Zusammen mit Das & Pole (2004, hier zit. nach Kyed) argumentiert sie, lokale Polizisten könnten effektiv agieren, weil sie ihre Praxis als Ausfluss der angeblich unpersönlichen und neutralen Autorität des Staates darstellen können. (2014: 439)

615 Soweit reale Verwaltungspraxis in den Blick kam, wurde sie zunächst nahezu ausschließlich an einem banalisierten Modell formaler Organisation gemessen, welches Max Weber zugeschrieben wurde. Ähnlich gelagert waren die von außen gesteuerten Bestrebungen, Elemente des in OECD-Ländern entwickelten Konzepts *New Public Management* in Afrika umzusetzen. (Bierschenk & Olivier de Sardan 2014: 35-65)

noch auf *Geschichte* zurück zu führen.[616] Nicht wenige der Erscheinungsweisen, die heute als Ausdruck traditioneller Kultur gewertet werden, sind sehr neueren Datums und auch Geschichte setzt sich nicht als solche fort, sondern immer nur in zeitgenössischen Praktiken, die solche Fortsetzung begünstigen.

Eine solche Traditionslinie sieht Frederick Cooper zwischen den schließlich auf Reformen bedachten englischen und französischen Kolonialstaaten und postkolonialen afrikanischen Staaten. Weil afrikanische Staatsgewalt heute – ganz ebenso wie in den Jahrzehnten vor der Unabhängigkeit – den Zugang zu Chancen der Bereicherung monopolisiert, hat Cooper das analytische Konzept des *gatekeeper state* (wörtlich: Pförtner Staat) vorgeschlagen. Zwar sei der Staat nicht in der Lage, den Zugang zu ökonomischen Chancen tatsächlich zu kontrollieren – auch in den offiziell sozialistischen Regimen war dies Cooper zufolge nicht möglich –, wohl aber werde um sein Zugangsmonopol äußerst hart konkurriert. (2002: 180) Das Konzept erklärt die Vielzahl an Staatstreichen in postkolonialen afrikanischen Staaten. Martin Meredith zufolge gab es in den ersten beiden Jahrzehnten nach der Unabhängigkeit zwanzig erfolgreiche und zahllose gescheiterte Staatsstreiche. (2005: 218) Nicht alle von ihnen verliefen gewaltsam, aber alle bewirkten einen Austausch der Gruppen, die Zugang zu den Schlüsselstellen des Staates hatten.

Eine besondere Art von Staatsstreich praktizierte Mobutu 1977, als er Zaïre aus einem politischen System mit einem starken Präsidenten in eine Despotie verwandelte. Zur Rechtfertigung lieferte Mobutu eine erstaunliche Analyse. In einer Rede, die unter der Bezeichnung *le mal zaïrois* bekannt geworden ist, konstatierte er dass „in unserem Land alles zum Verkauf steht und alles gekauft wird." Sogar für die Nutzung legitimer Rechte müsse bezahlt werden. Das sei weder vom Staat noch von der Partei verhindert worden.

> „Warum? Einerseits, weil der Staat von einigen seiner Angestellten als Quelle der individuellen Bereicherung wahrgenommen wird, andererseits weil das Volk aufgehört hat, seine Regierenden zu kontrollieren … Und leider verstecken sich im Zuge dieser Gaunereien … zu viele hinter dem Gründungspräsidenten, um sich sozusagen eine unberechtigte juristische und politische Immunität zu verschaffen …"[617]

Die „Reform" dieses Übels, die Mobutu durchsetzte, war die Entmachtung des Parlaments, die Verfolgung von Oppositionellen und die Praxis sowie Vorführung einer unbegrenzten Herrschaft.

Die Fortsetzung der Strukturen des *gatekeeper state* in der Phase der Unabhängigkeit ist durch die politischen Praktiken des Kalten Krieges immens gefördert worden. „Entwicklungshilfe", was auch immer mit ihr angestellt wurde, ging

---

616 Jörg Goldberg etwa betont, die Strukturen moderner Staatlichkeit seien ein Fremdkörper gegenüber gewachsenen afrikanischen Strukturen. (2008: 197-207)

617 Auszüge aus: Discours d'ouverture du 2e congrès ordinaire du MPR, Kinshasa, 25. Novembre 1977, hier zit. nach Willame (1992: 16. Übers.).

damals so gut wie ausschließlich an Regierungen. Und Regierungen waren es dann auch, denen von internationalen Kreditinstitutionen auferlegt wurde, für die Zahlung von Zinsen und Rückzahlungen an private Gläubiger Sorge zu tragen. Notwendig geworden waren neue Kredite, weil der Rückgang von Rohstoffpreisen in der internationalen Krise der ausgehenden 1970er und 1980er Jahre Staatseinnahmen senkte und die zuvor großzügig und umfangreich gewährten Kredite internationaler Kapitaleigner nicht mehr bedient werden konnten. Jetzt aber wurden Kredite von den internationalen Finanzinstitutionen nur noch gewährt, wenn sich die Empfängerstaaten bereit erklärten, politische Bedingungen zu akzeptieren. Dass diese Bedingungen für alle Schuldnerländer der Welt nahezu identisch ausfielen, ergab sich aus der Zielsetzung dieser Politik: Es ging nicht um lokal (national) spezifische Entwicklungsmöglichkeiten, sondern um die allgemeine Sicherung der Interessen von Gläubigern. Regierungen wurden Programme der Reduzierung von Staatsausgaben aufgezwungen, konkret also die Verschlankung des Apparates, die Privatisierung zahlreicher zuvor staatlich erbrachter Leistungen im Sozialbereich einschließlich des Gesundheitsbereiches, die Einschränkung von Bildungsprogrammen. Offiziell sollte dies alles auch Effizienz steigern, faktisch verschlechterten sich die Lebensbedingungen sehr vieler Menschen. Mbembe zufolge hat der Internationale Währungsfonds afrikanische Regierungen in einen Zustand des Bürgerkriegs gegen die arme Bevölkerung ihres Landes getrieben. (2001: 74) Gleichzeitig verschärfte sich in den kreditnehmenden Staaten die Konkurrenz um die Verteilung von Posten und von öffentlichen Mitteln. Im Zusammenhang ihrer eindrucksvollen Analyse der Entwicklung von Wirtschaft und Gesellschaft in Somalia stellt Jutta Bakonyi fest, im Verlauf der Strukturanpassungsmaßnahmen sei in den 1980er Jahren die Verschränkung der Klans mit dem staatlichen Verwaltungs- und Gewaltapparat immer offener sichtbar geworden.[618] Die Krise der Staatsgewalt habe sich jedoch erst ausgeweitet, als gegen Ende der 1980er Jahre die Möglichkeit von Korruption und Nepotismus auf Mitglieder einiger weniger Klangruppen beschränkt worden sei. Damals hätten sich die Ausgeschlossenen dann in Oppositionsbewegungen organisiert. (2011: 111) Nicht nur in Somalia, sondern auch in anderen afrikanischen Staaten kam die in den 1950er und 1960er Jahren – zum Teil noch unter kolonialer Herrschaft – von afrikanischen Eliten entwickelten Konzeptionen der Modernisierung ihres Staates in eine heftige Krise. Wenn auch nicht ganz so extrem wie in Somalia, so zermürbten die finanziellen Beschränkungen der ausgehenden 1970er und 1980er Jahre dennoch auch andernorts die – in Missionsschulen, in ausländischen

618 Pugh & Cooper zufolge war auch in Sierra Leone die Schattenwirtschaft nicht etwa eine Folge des Krieges, sondern bereits lange zuvor etabliert. Bei der Eroberung der Institutionen des Staates sei es nicht um neue Möglichkeiten der Aneignung gegangen, sondern um die Legitimität der Souveränität, die Zugang zu internationalem Handel und internationaler Hilfe versprach. (2003/2004: 100)

Universitäten samt ausländischen Gefängnissen[619] erworbenen – Vorstellungen von nationalen Kulturen. An die Stelle einer Suche nach nigerianischer oder kongolesischer Identität traten partikulare Interessen, nicht notwendig solche der alten Stämme, wohl aber religiös und anders begründete Formen sozialer Nähe. (Cooper 2002: 89) Und dies alles in den aus der Kolonialzeit ererbten Strukturen und Vorstellungen des *gatekeeper state*, will sagen, im Zusammenhang von Entwicklungskonzeptionen, welche die Initiative für Entwicklungsprogramme im Zentralstaat verorten. Die lange auch von ausländischen Entwicklungspolitikern geübte politische Missachtung gesellschaftlicher Entwicklungsansätze förderte die Bedeutung zentralstaatlicher Initiativen, damit auch die Bedeutung des Zugangs zu politischen Schlüsselstellungen.

Von eben diesen Schlüsselstellungen handeln Fauré & Médard mit ihrem Vorschlag, besondere Charakteristika aktueller afrikanischer Staatsgewalt im Terminus *straddling* zu fassen. Der Staat sei eine – in sich differenzierte – gesonderte Institution. Die strukturelle Relevanz dieser Trennung werde aber dadurch geschmälert, dass sie von den *big men* in einer Gesellschaft durchbrochen werde. Sie seien Angehörige einer neuen Art von Klasse,[620] deren besonderes Merkmal es sei, sowohl im Markt als auch im Staat zu agieren, gewissermaßen also breitbeinig. Zeugnisse seien Voraussetzung für den Zugang zu Positionen im Staatsapparat, dann jedoch würden Positionen genutzt, um sich zu bereichern. In sehr vielen Fällen würden Politiker dann zu Unternehmern. Die umgekehrte Richtung, also der Übergang von wirtschaftlicher zu politischer Macht sei seltener, aber auch vorhanden. (1995: 304-307)[621] Bleibt die Frage des politischen Prestiges. Wahlsiege, so nachdrücklich sie oft herbeigeführt und verteidigt werden,[622] scheinen nicht auszureichen. Manchen *big men* war es lange möglich, von ihrem Ruf als Beteiligte am antikolonialen Kampf zu zehren. Ein herausragendes Beispiel ist Robert Mugabe. Nachdem er sein Prestige durch seine Politik als Präsident von

619 Robert Mugabe etwa hat seinen bereits zuvor erworbenen zwei Studienabschlüssen während seiner Gefangenschaft im Gefängnis von Salisbury- durch Fernstudium an der *London University* – drei weitere Abschlüsse (in Rechtswissenschaft und Wirtschaftswissenschaft) hinzugefügt. (Meredith 2002: 34)

620 Ob es sinnvoll ist, in diesem Zusammenhang das analytische Konzept der Klasse zu nutzen, lasse ich hier dahingestellt.

621 Aus Südafrika wird berichtet, die Industriellen-Familie Gupta (mit großen Anteilen im Minensektor sowie in Computer- und Energieunternehmen) habe so viel Macht, dass sie Ministerämter verteilen könne. Auf den Vorwurf allzu großer Nähe zum Präsidenten antwortete die Familie in einem Zeitungsartikel „Die Freundschaft zum vorigen Präsidenten war genau so groß." Vgl. Tobias Zick, Südafrikanisches Kreuzfeuer, Süddeutsche Zeitung, Nr. 66, 19./20.3.2016, S. 29.

622 Im März 2016 wurden in Kongo-Brazzaville alle Mobilfunknetze und das Internet abgeschaltet sowie ein Fahrverbot erteilt, bevor verkündet wurde, dass Denis Sassou-Nguesso mit 67 % erneut zum Präsidenten gewählt worden sei. Vgl. Dominic Johnson, Wiederwahl mit allen Mitteln, TAZ, 24./25.3.2016.

Simbabwe weitgehend zerstört hatte, gelang es ihm 2015 in seiner Funktion als Vorsitzender der Afrikanischen Union, sich außenpolitisch dadurch neue Anerkennung zu verschaffen, dass er die afrikanischen Staaten dazu aufrief, sich nicht länger auf fremde Hilfe zu verlassen, sondern gemeinsam die eigene Entwicklung voran zu treiben. [623] Simbabwe selbst wird dazu wenig beitragen können, solange die drastische Abschöpfung materieller Ressourcen zugunsten der herrschenden Gruppierungen fortdauert.

Prunk soll die Diktatur bestätigen. Das gilt auch andernorts. Zusätzlich verweisen afrikanische Diktatoren immer wieder darauf, dass sie mit übernatürlichen Kräften im Bunde sind,[624] so beispielsweise Samuel Doe, der sich 1980 in Liberia an die Macht putschte und damit die Bevorzugung seiner eigenen Klangruppe, der Krahn, für Führungsstellen der Sicherheitsgruppe und des Militärs besiegelte. Joseph Désiré Mobutu, der Zaire ausplünderte, ließ sich als *Messias* feiern. Indem er sich mit Leopardenfellen umgab – oft trug er einen Hut aus Leopardenfell – machte er sich zusätzlich zu christlichen auch afrikanische Symbole zu eigen. (Meredith 2005: 296f.) Ahmadou Kourouma, einer jener afrikanischen Autoren, die glasklare Analyse in Literatur verwandeln, hat für die verschiedenen Diktatoren, deren Aneignungspraktiken er beschrieb, keine Namen erfunden. In seinem Ro-

---

623 Savious Kwinika, Der alte Mugabe „unser Held", TAZ, 17.6.2015, S. 10. Dass andere afrikanische Politiker seine Weitsicht rühmten und ihn zum afrikanischen Helden erklärten, hat Mugabe nicht daran gehindert, sich zu seinem 92. Geburtstag eine Feier ausrichten zu lassen, deren Kosten auf 800.000 US-Dollar geschätzt werden. Stattfinden soll sie in der Dürre-Provinz Masvingo, wo viele Menschen seit Wochen Baumwurzeln essen und ihr Vieh verkaufen, um zu überleben. Lehrer in dieser Provinz wurden verpflichtet, einen Teil ihres Gehalts zu diesen Feierlichkeiten beizusteuern.Vgl. Markus Schönherr, Party im Hungerstaat. Simbabwes Diktator Robert Mugabe feiert seinen 92. Geburtstag, Weser Kurier, 21.2.2016, S. 4.

624 In seinem völlig verrückten und sehr brillanten Buch *"Monsters of the Market"*, dessen Untertitel lautet: *"Zombies, Vampires and Global Capitalism"* diskutiert David McNally literarische Beispiele, in denen orale Traditionen der Rede über Hexerei so verändert wurden, dass sie die Erfahrungen des Lebens in Städten und im globalisierten Kapitalismus zum Ausdruck bringen. (2011/2012: 228-251); Florence Bernault zufolge bot die Situation der Postkolonie Herrschern die Möglichkeit, sich – unabhängig von der Geschichte ihres Klans – selbst ein Totem auszusuchen. Doch habe sich nach den Enttäuschungen der ersten Phase der Unabhängigkeit die politische Aktivität der Völker in Widerstand verwandelt. Wie schon zu Zeiten des Kolonialismus hätten sie öffentliche Märkte und Bars, Presseberichte, folkloristische Schmähungen und andere Formen wieder zum Leben erweckt, in denen sich Widerstand während der Kolonialzeit entwickelt und geäußert habe. Diese rebellische Kultur habe den Austausch zwischen den kleinen Leuten und dem Staat nicht beendet. Denn die Mächtigen nutzten weiterhin die Sprache der Kolonialherrscher: den Einsatz von Waffengewalt, den Zwang, zur Wahl zu gehen, die Gewalt und den Luxus der Mächtigen. Die Gewalt des Staates habe sich als verhext und ungeteilt offenbart. In dieser Zeit hätten auch die Bevölkerungen ihrerseits Magie und Hexerei benutzt. Es habe sich um eine Praxis gehandelt, welche Distanz zu den Mächtigen herstellt. (Bernault 1996: 361)

man *"Waiting for the Wild Beast to Vote"* heißt ein Diktator *"the man whose totem is the caiman"*. (2003: 223)[625]

Die Unterschiede zwischen den verschiedenen afrikanischen Staaten sind immens.[626] Und sie betreffen mehr als die eben angedeuteten Regierungspraktiken. Auch wenn alle Staaten der Subsahara durch den Weltmarkt und die internationalen Finanzinstitutionen rekolonisiert wurden, so trifft die verallgemeinernde Aussage David McNally's, dass sich die lokalen Eliten als privilegierte lokale Gendarmen des Weltsystems betätigen, die politische Realität doch nur bedingt. (2011/2012: 216) Wie William Reno gezeigt hat, sind es gerade die Herrscher besonders schwacher afrikanischer Staaten, die – zusammen mit ihren Anhängern – in erheblicher Weise von den mit dem globalisierten Kapitalismus entstandenen Chancen der Bereicherung profitieren,[627] wobei sie die Unterdrückung interner Opposition nicht selten ausländischen Firmen und Alliierten überlassen. *Warlord Politics* ist Reno zufolge eine nicht-bürokratische Form der Herrschaft von Individuen, die sich sowohl im Inneren als auch – dies vor allem – auf dem Weltmarkt die Kompetenzen der de jure geltenden Souveränität zu Nutze machen. (1999)[628] Seiner Ansicht nach war diese Form der Staatlichkeit Resultat jener Krise von Patronagenetzen, welche die gegen Ende des Kalten Krieges nachlassende ausländische Unterstützung ausgelöst hatte. Gefördert worden sei sie durch die von den internationalen Kreditgebern geforderten Strukturanpassungen. Indem diese davon ausgingen, dass eine Reduktion des Staatsapparates das Ausmaß von Korruption verringern werde, hätten sie zugleich die eventuell noch vorhandenen Chancen für die Durchsetzung staatlicher Politiken beschnitten. Weil die Sparprogramme auch dazu geführt hätten, dass nationales Militär reduziert und schlecht bezahlt wird, sei die Bereitschaft gewachsen, die Sicherung der Regierungsgewalt nach innen und nach außen privaten Unternehmen zu übertragen. Insgesamt sei es zu

625 *"As soon as he had reached the highest office in the land the man whose totem is the caiman announced a slew of new benefits for the members of his union of large-scale cultivators – benefits which applied first and foremost to the President-farmer himself. With more than a thousand hectares of land under cultivation, the farmer was entitled to engineers, tractors, fertilizer and pesticides – all free of charge. The dictator's plantations were tilled, maintained and harvested at the expense of the state. His crops were marketed, not by the Agricultural Production Committee, but by his own company – he alone in the republic had the right not to use the committee to market his produce …"* (2003: 223)

626 Vgl. die Darstellung einzelner Beispiele in: Cooper (2002: Kapitel 6 & 8).

627 In ganz besonderem Maß gilt dies für den Ostkongo, wo Coltan und Kassiterit geschürft werden. Nachdem in den USA 2010 ein Gesetz beschlossen wurde, welches den Import von Rohstoffen untersagt, deren Erlöse Kriegsparteien im Kongo finanzieren, es begann ein großabgelegter Schmuggel in die Nachbarländer. An dessen Organisation sind Militärs beteiligt. Vgl. Tobias Zick, Telefonterror, Süddeutsche Zeitung Nr. 263, 14.11.2013, S. 3.

628 Diese Definition besagt zugleich, dass es *war lords* nicht nur im Zustand des Bürgerkriegs gibt.

mehr und mehr Partnerschaften zwischen führenden Politikern und ausländischen nicht-staatlichen Akteuren gekommen. (1998: 8)

Obwohl ausländische Unternehmen oft erheblichen Einfluss auf Gesetzesvorhaben des Gaststaates nehmen, können sie angesichts häufig gewordener internationaler Kampagnen kaum noch daran interessiert sein, deren Regierungen als die Marionetten erscheinen zu lassen, die sie vielfach sind.[629] Stattdessen profitieren sie davon, dass die Genehmigung für ihre Tätigkeit von der Regierung eines souveränen Staates erteilt wurde – folglich international als legitim dargestellt werden kann.

Am Beispiel von Nigeria lässt sich dies anschaulich machen. Bestand doch dort nicht nur jahrzehntelang ein *Joint Venture* von Staat und Shell, sondern eine regelrecht symbiotische Beziehung.[630] Seit 1956 wird in Nigeria Öl gefördert. Bereits vor der 1973 einsetzenden internationalen Ölkrise war das Land zum größten Ölexporteur Afrikas avanciert. Davon hatten einheimische Politiker auch privat profitiert. Als der Konzern bestrebt war, den veränderten Vermarktungsbedingungen durch die Ausweitung der Produktion zu begegnen, ließ die Regierung 1978 gesetzlich regeln, dass dem Staat die Verfügungsgewalt über alles Land zustehe. Die von der Zentralregierung eingesetzten Gouverneure der Einzelstaaten wurden ermächtigt, Bauern zugunsten von Ölfirmen zu enteignen. Den Enteigneten wurden Entschädigungen versprochen. Sie wurden nicht geleistet. (Drohan 2003: 171)

Vor allem in der Zeit der Militärdiktatur (1993–1998) wurden Bauernwiderstände brutal bekämpft. Gleichzeitig ließ General Sani Abacha Milliarden an US Dollar auf private Konten in der Schweiz, in Großbritannien, Luxemburg, Liechtenstein und Jersey transferieren.[631]

Aber nicht erst in dieser Phase konnte sich der Konzern darauf verlassen, dass die Regierung seine Interessen auch mittels staatlicher Gewaltmittel schützen werde – und dies, obwohl der Konzern auch über eigene bewaffnete Sicherheitskräfte verfügte, darunter ausländische Söldner. (Drohan 2003: 166) Die meisten der 95 Demonstrationen, die sich allein im Jahr 1990 gegen Shell richteten, wurden denn auch von den konzerneigenen Kräften niedergeschlagen. Als jedoch am 31. Oktober 1990 Bewohner des Dorfes Umuechem die Einrichtungen und Leistungen einforderten, die ihnen als Ausgleich für die Schädigung ihrer Lebensmöglichkeiten

---

629 André Tarallo, jener Direktor von ELF, den sie *Monsieur Afrique* nannten, ist da noch anders verfahren. Er sprach davon, dass mit afrikanischen Regierungen „Verträge über Souveränität" abgeschlossen worden seien. Zwischen 1974 und 1991 beeinflusste er in Gabun, im Kongo und in Angola ganz unmittelbar die Entscheidungen von Regierungen. In einem Prozess gegen die Direktoren von ELF im Jahr 2003 wurde auch offenbar, in welchem Ausmaß er sich persönlich bereichert hatte.Vgl. http://www.jeuneafrique.com/96349/archives-thematique/andr-tarallo/ .

630 Ken Saro Wiva galt das Nigeria der frühen 1990er Jahre als „Sklavenstaat". Das Regime sei noch destruktiver als der frühere Kolonialismus. (1995/1996: 196; 27)

631 2002 stimmten diese Banken zu, 1 Milliarde US $ an Nigeria zurück zu überweisen.

zugesagt worden waren, ersuchte die Unternehmensleitung den Gouverneur des Rivers Staates um den Einsatz der mobilen Polizei gegen die Demonstranten. Diese Polizeieinheiten galten als besonders brutal. In der Bevölkerung waren sie unter der Bezeichnung *"Kill and Go"* bekannt. Wie vom Konzern erbeten, löste die Einsatzgruppe die Demonstration auf. Dafür nutzte sie Tränengas. Am Tag darauf rückte die Polizeieinheit in das Dorf ein und zerstörte hunderte von Häusern. Von „mehr als 200" Toten war die Rede, als im Oktober 2014 Überlebende des Massakers dieser Morde und der Zerstörungen gedachten.[632]

Umuechem ist ein besonders eindrückliches, aber dennoch nur eines von vielen Beispielen für die Verschwisterung internationalen Kapitals mit einheimischer *warlord* Politik. Wie eng diese Allianzen sein konnten und können, lässt sich ebenfalls an der Rolle von Shell in Nigeria verdeutlichen. Denn erst als die Hinrichtung von neun der Beteiligten an den Protesten des Ogoni-Volkes im Jahre 1995 heftige internationale Proteste gegen Shell hervorgerufen hatte, nahm die Konzernleitung überhaupt zur Kenntnis, dass Shell im Ogoniland ein ernsthaftes Problem hatte. (Drohan 2003: 167) Und dies, obwohl die Widerstandsgruppe der Ogoni 1990 eine *Bill of Rights* beschlossen, publiziert und 1992 auch direkt an die Niederlassung von Shell in Nigeria gesandt hatte. Madelaine Drohan zufolge erklärt sich die Tatsache, dass Shell von der Heftigkeit der Ogoni-Proteste überrascht war, auch durch die vom Konzern verfolgte Politik der häufigen Rotation von Führungskräften. Sie habe dazu geführt, dass sich aktuell vor Ort agierende Konzernvertreter nicht eingehend mit lokalen Verhältnissen beschäftigten. (Drohan 2003: 180) Nichtsdestoweniger hat Shell in den 1990er Jahren dazu beigetragen, nationale nigerianische Polizei-und Militäreinheiten zu finanzieren. Und in besonders „unruhigen" Gegenden des Deltas setzte der Staat *task-forces* ein, um die Ölproduktion zu sichern – und damit zugleich die Quelle des privaten Reichtums führender Politiker. (Drohan 2003: 173)

Die von der Weltbank geforderte Privatisierung der Ölindustrie hat die private Abschöpfung von Gewinnen durch nigerianische Politiker erschwert, damit auch die Stabilität von Patronagenetzen. Sie wurden nicht aufgegeben, sondern in neuen Kanälen fortgeführt. Um Mittel für Patronage zu erlangen, wurden eine ganze Reihe neuer Ölfirmen lizensiert. Da sie kaum über die notwendige Ausrüstung verfügten und ihre ohnehin mageren Gewinne von Politikern zu Patronagezwecken angeeignet wurden, konnten sie sich nicht halten. Weil das die Stabilisierung des Regimes mittels Patronage weiter erschwerte, wurde Gegnern zunehmend Drogenhandel und Steuervermeidung vorgeworfen. Internationaler Zustimmung sicher, konnte gegen Drogenhändler Gewalt eingesetzt werden, damit eben auch gegen interne Opposition. Veränderungen zum Besseren sind

632 Social Action in the News, 24 Years After, Umuechem Community Demands for Justice; abgerufen am 13.4.2016.

nicht in Sicht. Zwar ist Nigeria nach wie vor der größte Ölproduzent Afrikas (in der weltweiten Hierarchie von ölliefernden Staaten steht das Land auf Platz sechs), doch hat der Verfall der Ölpreise seit 2014 die Einnahmen aus Öl – und damit nicht nur die Einnahmen des Staates, sondern auch die privaten Einnahmen von Politikern – dramatisch sinken lassen.[633]

Was hier für Nigeria erläutert wurde, war weit verbreitet. Weil die materielle Krise Patronage erschwerte, entfiel auch die zuvor oft geübte Praxis, politische Konkurrenten zu kooptieren. Nach innen wird zwar mit Wahlen, vielerorts und häufig aber auch mit Gewalt agiert. Die zentrale Ursache solcher Praktiken ist die Integration afrikanischer (und anderer postkolonialer) Staatsgewalt in den Weltmarkt. Sie erfolgt mittels Korruption. Anders als die alltägliche Korruption der unteren Staatsbeamten, bleibt die sog. große Korruption der Herrschenden, Robert Neild nennt sie *"Public Corruption"*,[634] weitgehend geheim. Die politische Erleichterung des Schmuggels von Diamanten, Gold oder Drogen mag allgemein bekannt sein, öffentlich ist sie deshalb nicht. Und die Renteneinkommen, die sich führende Politiker aneignen, weil sie sich die Genehmigungen zur Ausbeutung nationaler Bodenschätze auch privat bezahlen lassen, machen Staatsgewalt zu einer Institution privater Aneignung. Sie ist integraler Bestandteil des kapitalistischen Weltmarktes, auch wenn es sich bei den Praktiken um den Raub am Eigentum und an den Entwicklungsmöglichkeiten der jeweiligen Völker handelt. Um diese Form der Aneignung zu sichern, kommt häufig Gewalt zum Einsatz.[635] Sie richtet sich gegen politische Gegner der jeweiligen Regierungen, sie richtet sich aber auch gegen Menschen, die den Praktiken kapitalistischer Produktion vor Ort entgegen treten. In solchen Zusammenhängen stellt sich der Zusammenhang von Markt und Gewalt auf doppelte Weise her: zum einen durch die Duldung von Gewalt, die von privaten (ausländischen) Unternehmen praktiziert wird, zum anderen durch staatlich angeordnete Gewalt zur Unterstützung der Profitinteressen privater Unternehmen.

Mag aber das Monopol legitimer Gewaltsamkeit in einem Staat noch so sehr eingeschränkt sein, mag die Möglichkeit der Regulierung wirtschaftlicher und sozialer Prozesse mittels Gesetzgebung und Verwaltung noch so wenig ausgeprägt

---

633 Katrin Gänsler, Geldwechsler freuen sich über jeden Dollar, TAZ, 3.3.2016, S. 9.

634 Neild beschäftigt sich zwar ganz überwiegend mit der Entwicklung im Vereinigten Königreich, seine Definition von *Public Corruption* ist dennoch allgemein nutzbar: *"The breaking by public persons , for the sake of private financial or political gain, of the rules of conduct in public affairs prevailing in a country in the period under consideration."* (2002: 215)

635 Ilona Eveleens berichtet von einem afrikanischen Sprichwort: „Wenn Elefanten sich streiten, leidet das Gras." Und bezieht dies auf die Konflikte zwischen politischen Eliten, im konkreten Fall auf den wieder aufgeflammten Krieg im Südsudan. Vgl. Der Kampf der Elefanten, TAZ, 12.6.2016, S. 2. Die Entwicklung des Südsudan illustriert dieses Sprichwort und damit auch die These vom *gatekeeper* Staat. Bei dem Machtkampf geht es auch um den Zugang zu Einnahmen aus den Ölvorräten. Vgl. Eine abgehobene Elite lebt in Saus und Braus, TAZ, 9.7.2014, S. 9.

sein, so ändert dies nichts daran, dass jedem Staat, der international als souverän anerkannt wurde, dadurch zugleich der Charakter einer öffentlichen Instanz zugesprochen ist. Es ist ja eben diese im internationalen Recht enthaltene Deklaration, die es Privatpersonen ermöglicht, die Kompetenzen des Staates auch zur eigenen Bereicherung zu nutzen, sei es, dass sie Lizenzen für die Ausbeutung nationaler Ressourcen vergeben, die Berechtigung zur Deponierung von Abfällen erteilen, internationale Hilfe einwerben oder ihre Positionen nutzen, um vom Handel mit Rohstoffen, Drogen, Waffen und Menschen zu profitieren.

Das Interesse von Diktatoren, *big men, warlords* oder wie immer die privaten Nutznießer staatlicher Kompetenzen sonst bezeichnet werden, an staatlicher Souveränität liegt somit auf der Hand. Das erklärt jedoch nicht zureichend, warum Souveränität weiterhin als grundlegendes Prinzip des internationalen Rechts gilt.[636] Tatsächlich ist die Relevanz des Staates als einer souveränen öffentlichen Macht – ganz entgegen der zweitweise dominanten Annahme vom Bedeutungsverlust nationalstaatlicher Souveränität – seit Beginn der Globalisierung eher noch gestiegen. Das gilt auch – und sogar in besonderem Maße – für postkoloniale Staatsgewalt in der Subsahara.

In der Zeit des Kalten Krieges verlieh die Konkurrenz zwischen den politisch-ökonomischen Blöcken postkolonialen Staaten erhebliche Verhandlungsmacht. Die jeweiligen Großmächte ließen es sich etwas kosten, die Zustimmung von Regierungen postkolonialer Staaten zu den Anträgen zu sichern, die sie in die Vollversammlung der Vereinten Nationen einbrachten. Beide Seiten waren auch durchaus gewillt, weiteren postkolonialen Staatsgebilden Souveränität zu verleihen. Während Regierungen postkolonialer Staaten der Hof gemacht wurde, wurden ziemlich stabile Grundlagen für die Praxis individueller Bereicherung gelegt. Als

---

636 Die historische Erklärung liegt auf der Hand. Weil die Gründung der Vereinten Nationen dem international sehr verbreiteten Bedürfnis entsprach, Möglichkeiten der Sicherung des Friedens zu institutionalisieren, sollte alle international anerkannte Staatsgewalt gegen Feinde von außen und von Innen geschützt werden. Das galt auch für Kolonialstaaten. Da sich eine derartige Schlussfolgerung aber nicht mit dem Prinzip der Menschenrechte vertrug, deren internationale Anerkennung viele als Voraussetzung für zukünftigen Frieden erachteten, beschlossen die Vereinten Nationen 1970 eine Ausnahme. Indem sie unterdrückten Völkern das Recht zusprachen, mit allen notwendigen Mitteln gegen die Fortdauer des Kolonialismus zu kämpfen, machten sie aus Aufständischen gegen Staatsgewalt Verteidiger eines Menschenrechts auf Selbstbestimmung. Die Anerkennung postkolonialer Staaten schuf Staatsvölker. Das ihnen zugestandene Recht auf Freiheit und Unabhängigkeit sollte ihnen aber nicht gestatten, die von Kolonialmächten geschaffenen Grenzen zu verändern. Entsprechende Versuche galten international erneut als Aufstände.
Abgesehen von der Hohen See sind die staatsfreien Gebiete der Welt heute auf die (neuerdings heftig umstrittenen) winzigen Archipele Paracelcus und Spratleys im südchinesischen Meer sowie auf ein kleines Stück neutrales Land zwischen Kuweit, Irak und Saudi Arabien begrenzt. Überall sonst ist die politische Kontrolle eines Gebietes entweder durch andere Staaten anerkannt oder de facto etabliert. Anders gesagt: die politische Form „Nationalstaat“ strukturiert die moderne Welt territorial.

die Großmächte deren materielle Unterfütterung am Ende des Kalten Krieges schmälerten, provozierte dies in vielen Staaten eine verschärfte Konkurrenz um die verbliebenen Mittel.

Für frühere Kolonialmächte aber war mit der Verleihung von Souveränität an politische Gebilde in den Grenzen der früheren Kolonien die Möglichkeit gegeben, lange etablierte Strukturen des Einflusses fortzuführen.[637] Auch wenn diese Beziehungen inzwischen – nicht zuletzt durch zunehmenden wirtschaftlichen Einfluss aus China und anderen aufstrebender Staaten – an Relevanz eingebüßt haben, so wird ihre Möglichkeit doch weiterhin verteidigt – nicht selten auch durch den Einsatz von Militär.

Es sind aber nicht diese Umstände, die Konstitution und Fortdauer der Souveränität postkolonialer Staatsgewalt erklären. Sehr viel wichtiger ist die Tatsache, dass international anerkannte Souveränität von Staaten die wirtschaftlichen Aktivitäten ausländischer Kapitaleigner mittels Verträgen legitimieren können. Am Beispiel von Shell in Nigeria ist oben erläutert worden, dass der Konzern durchaus in der Lage wäre, seine Interessen vor Ort durch eigene Bewaffnete zu verteidigen. Eine derartige Praxis riskiert jedoch die Verurteilung durch eine kritische internationale Öffentlichkeit und damit auch mögliche wirtschaftliche Einbußen. Für den Konzern rechnet es sich deshalb eher, zur Finanzierung staatlichen Militärs beizutragen. Ellen Meiksins Wood zufolge war und ist kapitalistische Akkumulation auf den Staat angewiesen, weil dieser jene administrative Ordnung schafft und jene ultimative Zwangsgewalt zur Verfügung stellt, die das Kapital braucht, selbst aber nicht hat. (2003: 24) Doch ergibt sich die Notwendigkeit souveräner Staatsgewalt auch aus dem Umstand, dass sie erforderlich ist, um der weltweiten Ausbeutung von Arbeitskraft und von Ressourcen den Anstrich der Legitimität zu verleihen.

Kapitalismus ist ja tatsächlich eine historische Wirtschaftsform, in welcher Aneignung als gerechtfertigt gilt, wenn sie auf der Basis von Verträgen erfolgt. So häufig die Realitäten kapitalistischer Aneignung diesem Prinzip formaler Gewaltfreiheit widersprechen, so hat es sich doch zunehmend durchgesetzt. Im globalisierten Kapitalismus gilt es weltweit. China Miéville hat dargelegt, dass heutige Machtpolitik in einem rechtlich konstruierten System stattfindet. Dessen formale Basis ist die rechtliche Gleichheit von Staaten.[638] Nur sie macht aus einem Vertrag ja eine Institution der Legitimation.

---

637 Für Zaïre hat Jean-Claude Willame gezeigt, dass die Fortführung solcher engen Beziehungen auch von einer afrikanischen Regierung eingefordert werden konnte, so etwa, wenn es darum ging, bei der Weltbank Schuldenerlass zu fordern. (1992: 164-169)

638 Anders als viele Befürworter von *global government* versteht er die Entwicklung internationalen Rechts deshalb auch nicht als ein emanzipatorisches Projekt. Miévielle zufolge sind und bleiben die Formen des internationalen Rechts und die durch dieses Recht geschaffenen Beziehungen die Formen und Beziehungen des Imperialismus. (2005: 316)

Der Hinweis auf die Legitimation von Arbeitsverhältnissen durch Verträge liegt nahe, geht aber doppelt in die Irre. Denn zum einen kann ein Arbeitsvertrag nur dann als eine beiderseitig freiwillige Transaktion zwischen zwei juristischen Personen interpretiert werden, wenn die Transformation der Arbeitskraft in Ware vorausgesetzt ist – für staatliche Souveränität ist dies nicht der Fall. Zum anderen gibt es im internationalen Recht – anders als im nationalen Recht – keine von den Akteuren formal unabhängige Instanz, welche die Autorität besäße, über einander widersprechende Interpretationen eines Vertrages zu entscheiden. Aller *global governance* zum Trotz regiert im Bereich internationaler Politik weiterhin eine autoritative Interpretation des Rechts. Ihre Basis ist die jeweilige Gewaltkompetenz der beteiligten Akteure. Die rechtliche Gleichheit souveräner Staaten hebt die Ungleichheit der jeweiligen Gewaltkompetenz nicht auf. (Miéville 2005: 239) Das macht die rechtliche Gleichheit – will sagen: die Souveränität aller Staaten – nicht irrelevant. Ganz im Gegenteil. Weil Regierungen rechtlich bindende Verträge schließen können, erleichtern sie die Geschäfte kapitalistischer Akkumulation. In seinem Bericht über die Praxis von Unternehmensberatern, die Regierungen postkolonialer Staaten mittels Wirtschaftsanalysen dazu bewegten, Verträge über Entwicklungsprojekte abzuschließen, von denen die Bewohner des jeweiligen Staatsgebietes am allerwenigsten profitierten, schrieb John Perkins: „Wir greifen selten zu illegalen Mitteln, weil das System auf Täuschung basiert, und das System ist von der Definition her legal." (2004/2005: 29)

Auf Legalität verzichtet, wer Kompetenzen des Staates nutzt, um privat von international vernetzten Gewaltökonomien zu profitieren. Das macht den Staat selbst nicht zu einer kriminellen Organisation, wohl aber einzelne Angehörige seines Apparates zu Kriminellen. Souveränität ist das Scharnier, durch welches die legalen und die illegalen Formen der Aneignung in einem Staatsgebiet mit den legalen und den illegalen Formen der Aneignung außerhalb des Staatsgebietes verbunden werden.

Zur neuen politischen Ökonomie gewaltförmiger Kriminalität

Die Differenz zwischen legaler und illegaler Aneignung ist hoheitlich gesetzt, insofern national unterschiedlich und historisch wandelbar. Es kam und kommt vor, dass sich die in einer Gesellschaft mehrheitlich verbreiteten Auffassungen von Kriminalität von den jeweiligen staatlichen Definitionen unterscheiden.

Seit Gründung der Internationalen Arbeitsorganisation, des Völkerbundes und der UNO wurden und werden Definitionen unrechtmäßiger Praktiken der Aneignung aber zunehmend international beraten und in Abkommen festgehalten. Das hat die nationalstaatliche Souveränität, Kriminalität zu definieren, nicht aufgehoben. Denn internationale Abkommen sind in den jeweiligen Nationalstaaten nur gültig, wenn sie von den dafür zuständigen nationalen Gremien ratifiziert, also zu national gültigen Gesetzen gemacht worden sind. Seit Beginn der Globalisierung haben sich zahlreiche Nationalstaaten erstmalig oder erneut verpflichtet, Menschenhandel, Zwangsarbeit, Kinderarbeit, Drogenhandel, Geldwäsche und andere Formen der Kriminalität zu bekämpfen.[639] Seit Beginn des 21. Jahrhunderts gibt es zudem verstärkt Bestrebungen, international gültige Normen „für die Einfuhr, die Ausfuhr und den Transfer konventioneller Waffen“[640] durchzusetzen. Tatsächlich wurde am 2. April 2013 ein internationaler Vertrag über den Waffenhandel (*The Arms Trade Treaty*, ATT) verabschiedet. Seit Ende 2014 ist er in Kraft.[641]

Die Erfolgsaussichten internationaler Abkommen zur Bekämpfung illegaler Aneignung sind aber zweifach begrenzt. Die erste Begrenzung ergibt sich aus der häufigen Verschränkung illegaler mit legaler Ökonomie. Die dadurch ermöglichte Verschleierung krimineller Praxis erlaubt deren sehr weitgehende Integration in legale ökonomische Praxis.[642] Eine weitere Begrenzung der Wirksamkeit international verabredeter Kri-

---

639 Im Folgenden werden lediglich einige wenige Bereiche krimineller Aneignung angeführt. In der konkreten Realität sind sie sehr oft miteinander verschränkt. Von der italienischen 'Ndrangeta etwa wird angenommen, dass zu ihren Geschäftsbereichen sowohl Waffen- und Drogenhandel, als auch Geldwäsche, Prostitution, und die Verschiebung von Giftmüll zählen.

640 Die Formulierung entstammt der Resolution 61/89, die im Dezember 2006 von der UN-Generalversammlung beschlossen wurde.

641 Bereits seit Jahren verlangen Regierungen rüstungsexportierender Staaten sogenannte „Endverbleibserklärungen“. Sie können aber gekauft oder geschönt werden. Aus Anlass von Berichten, dass die Polizei in Iguala (Mexiko), die über Waffen der deutschen Rüstungsschmiede Heckler & Koch verfügte, ein Massaker an Studenten verübt habe, stellte Rechtsanwalt Holger Rothbauer fest: „Der aktuelle Fall beweist, dass Endverbleibserklärungen völlig wertlose und manipulierbare Dokumente sind.“ Wolf-Dieter Vogel, Auf der Spur der Sturmgewehre, TAZ, 20.1.2015, S. 11.

642 So hat sich beispielsweise die deutsche Firma Heckler & Koch den Export von 10 000 Sturmgewehren nach Mexiko genehmigen lassen. Die Genehmigung erfolgte unter der Bedingung, dass in dem Krisenland ein gleich großer Waffenbestand vernichtet würde. Die Bedingung wurde nicht eingehalten. Damit ist der Export illegal. Vgl. Hans Leyendecker, Geschmolzene Kalaschnikows, Süddeutsche Zeitung, Nr. 213, 16.9.2015, S. 5

minalitätsbekämpfung ergibt sich aus der Tatsache, dass die Chancen für illegale gewaltförmige Aneignungspraktiken vielfach durch vorhergehende politische Strategien geschaffen wurden. Das gilt sowohl für den Drogenhandel und das Wiederaufflackern von Piraterie als auch für das Geschäftsmodell der Beförderung von Flüchtenden.

Piraterie

Piraterie[643] ist ein Verbrechen, das von Privaten auf der Hohen See begangen wird.[644] Bei Angriffen auf Schiffe, Mannschaften und Ladung, die im Hoheitsgewässer eines Küstenstaates erfolgen,[645] handelt es sich dagegen nicht um Piraterie, sondern um Raub, Diebstahl, Entführung oder Mord, um Straftaten also, die in nationalen Strafrechten definiert sind. Das 1981 gegründete *Piracy Reporting Center* in Kuala Lumpur dokumentiert nicht nur die ihm gemeldeten Angriffe, die auf der Hohen See erfolgten, sondern auch Angriffe in Küstengewässern, letztere unter der Bezeichnung *"armed robbery against ships"*.[646] Für deren strafrechtliche Ahndung ist ausschließlich der jeweils zuständige Küstenstaat zuständig. Dagegen sind alle Staaten, die das 1982 beschlossene und 1994 in Kraft getretene Seerechtsübereinkommen der Vereinten Nationen ratifiziert haben, ermächtigt, gegen Piraterie auf der Hohen See vorzugehen.

Während es sich bei der für das internationale Recht gültigen Bestimmung von Piraterie zum Zeitpunkt des Genfer Abkommens noch um eine mehr oder minder theoretische

---

643 Die Ausführungen in diesem Abschnitt basieren zu erheblichen Teilen auf früheren Veröffentlichungen der Autorin. Vgl. insbesondere Gerstenberger 2008; Gerstenberger 2011.

644 Die Bestimmung von Piraterie als eines von Privaten begangenen Verbrechens auf der Hohen See war bereits im Internationalen Übereinkommen über die Hohe See enthalten, das 1958 in Genf beschlossen wurde. Da die USA diesem Abkommen beigetreten waren, dem 1982 beschlossenen Seerechtsünbereinkommen aber nicht beigetreten sind, wird heute die allgemeine Gültigkeit der 1958 beschlossenen Definition von Piraterie unterstellt.

645 Als Küstengewässer und damit nationales Hoheitsgebiet sind 12 Meilen vor der Niedrigwasserlinie bestimmt. Zusätzlich gibt es im Seerechtsübereinkommen präzise Regelungen für die Bestimmung von Hoheitsgebieten in Bezug auf Inseln, Flussmündungen, Buchten usw. Die Regelungen sind derart zahlreich und ins Einzelne gehend, dass die *American Society of International Law* sie neuerdings ins Netz stellt und regelmäßig aktualisiert..Vgl. *International Maritime Boundaries Online.*

646 Das vom *International Maritime Bureau*, einer Abteilung der *International Chamber of Commerce* betriebene Center ist durchgängig 24 Stunden am Tag besetzt und fordert Schiffsführer aller Nationen auf, sowohl versuchte als auch erfolgreiche Angriffe und deren genauere Umstände zu melden. Auf der Basis dieser Meldungen werden Warnungen an Schiffsführer veröffentlicht, die bestimmte Gebiete durchfahren. Immer wieder wird betont, dass die Statistiken, obwohl inzwischen sehr viel genauer, unvollständig bleiben, weil nicht alle Überfälle gemeldet werden. Manche Kenner vermuten, dass kaum mehr als 40 % der tatsächlichen Angriffe gemeldet werden. Ein Grund ist, dass eine hohe Zahl gemeldeter Überfälle dazu führt, dass Versicherungen die Policen für Fahrt in bestimmten Regionen verteuern. Das war beispielsweise jahrelang für die *Straits of Malacca* der Fall.

Frage handelte, deren Lösung vor allen erforderlich war, um den besonderen rechtlichen Charakter der Hohen See zu definieren, erfolgten die Beratungen des Seerechtsübereinkommens (*law of the ocean*) der Vereinten Nationen bereits in einer Situation des erneuten Aufkommens von Piraterie. Bis dahin war sie nahezu einhundert Jahre lang nicht mehr praktiziert worden, weshalb sie denn auch zum Gegenstand romantisierender Darstellungen und kindgerechter Abenteuer gemacht werden konnte.[647]

Um 1830 hatten die Kriegsmarinen europäischer Mächte der von einzelnen Herrschern nordafrikanischer Staaten betriebenen Piraterie im Mittelmeer ein Ende gesetzt, um die Mitte des 19. Jahrhunderts vertrieben Kriegsmarinen in den Gewässern europäischer Kolonien auch privat agierende Piraten, und 1856 beschlossen die an den Friedensverhandlungen zum Ende des Krimkrieges beteiligten Staaten die Abschaffung der Kaperei, also des staatlich genehmigten Seeraubs in Kriegszeiten. Realisiert wurde dieser Beschluss, weil neutrale Staaten ihre Häfen für Kaperer sperrten und damit den Absatz des Raubgutes verhinderten.[648]

Als in den 1960er Jahren das weitgehend pirateriefreie Jahrhundert[649] zu Ende ging, handelte es sich zunächst um regional begrenzte Erscheinungen, die auf sehr spezifische Ursachen zurück zu führen waren. Da war zunächst der Beschluss der Philippinischen Regierung, den bislang üblichen Export von Kopra (getrocknetem Kokosnussfleisch) nach der damals noch britischen Kolonie Borneo zu untersagen. Um den dadurch bewirkten Verlust ihres Lebensunterhaltes wett zu machen, verlegten sich einige der zuvor in diesem Handel Tätigen darauf, Handelsschiffe zu überfallen. (Eglöff 2006) Die verheerenden ökonomischen und sozialen Auswirkungen der Suharto Diktatur trugen mit dazu bei, dass sich diese Praxis verstetigte. Mit dem durch die Finanzkrise des Jahres 1997 bewirkten Zusammenbruch der indonesischen Währung veränderte sich die damals bereits seit Jahrzehnten gängige Praxis des Schiffsraubs. Als die Regierung nicht mehr in der Lage war, ihr Personal zu bezahlen, gingen Angehörige der indonesischen Marine dazu über, an Wochenenden als Piraten zu agieren. Sie nutzten Schiffe der Marine als Mutterschiffe, von denen aus sie dann mit *speedboats* zu Überfällen aufbrachen. (Burnett 2004: 186f.; Mak 2007: 201)[650] So sehr diese Praktiken durch Entwicklungen auf dem Finanzmarkt und die Realität des diktatorischen Regimes in Indonesien provoziert wurde, sie wurde auch dadurch begünstigt, dass mit dem Ende

647 Seit dem Ende des 18. Jahrhunderts hatten sich die früheren Hoheitsansprüche über bestimmte Bereiche der Hohen See faktisch nicht mehr durchsetzen lassen. Mit der Abschaffung der englischen Navigationsgesetze im Jahr 1849 war die „Freiheit des Meeres" als internationales Prinzip anerkannt worden. Das Seerechtsübereinkommen hat dies formalisiert.

648 Vgl. die Ausführungen in Kapitel II.

649 Anders als Rediker (2004) meinte, endete die alte Piraterie nicht 1726, sondern erst Mitte des 19. Jahrhunderts. Seine Behauptung erklärt sich daraus, dass er nur einen sehr kleinen Ausschnitt der Piraterie untersucht hat.

650 Eglöff hält die Beteiligung der Marine für nicht ausreichend belegt. (2006: 155) Neophytou zufolge praktizieren auch Marinekräfte von Sri Lanka Piraterie. Vgl. http://www.noonsite.com/Members/doina, abgerufen am 2.3.2007.

des Kalten Krieges sowohl der sowjetische Militärstützpunkt in Cam Ranh (Vietnam) als auch der US-amerikanische Stützpunkt in Subic Bay (Philippinen) geschlossen worden war. Gleichzeitig hatte die weltweite politische Entspannung den Zugang zu Waffen einfacher und preisgünstiger gemacht. Anstelle der früher üblichen Messer für die in Häfen betriebene Kleinkriminalität kamen nun mehr und mehr Feuerwaffen für Überfälle auf See zum Einsatz. (Ong-Webb 2007: 52)

Macht dies bereits deutlich, dass globale politische und ökonomische Entwicklungen die Rückkehr der Piraterie begünstigten, so ist deren Aufschwung nicht zuletzt durch die revolutionären Veränderungen der Handelsschifffahrt erleichtert worden, welche die weltweite Krise Mitte der 1970er Jahre ausgelöst hatte. Als mit dem (oben erläuterten) Ende der Weltwährungsordnung eine Anlage von Kapital auf Finanzmärkten besseren Profit versprach als eine Investition in Produktion, verlangsamte sich das Wachstum des Welthandels in einem seit langem nicht mehr für möglich gehaltenen Ausmaß. Die daraus resultierende Schifffahrtskrise führte zu den (in Kapitel VIII erläuternden) Ausflaggungen und zu drastischen Beschränkungen der Besatzungen. Wenn aber kaum mehr als eine Handvoll Seeleute an Bord großer Schiffe arbeitet, ist es schwierig, wenn nicht sogar unmöglich, in gefährdeten Gebieten jene doppelten Wachen zu stellen, die von den Autoren der *"best management practices"* dringend empfohlen werden.[651] Es ist kein Zufall, dass in einer der Ausgaben dieser Verhaltensregeln für die Durchfahrt pirateriegefährdeter Regionen empfohlen wird, zumindest Attrappen aufzustellen, um das Vorhandensein zusätzlichen Wachpersonals vorzutäuschen. Als 2010 der Verband Deutscher Kapitäne und Schiffsoffiziere seine Mitglieder befragte, ob sie eine Bewaffnung der Mannschaften von Handelsschiffen für sinnvoll hielten, waren die Antworten einhellig negativ. Eine der Begründungen für diese Haltung, die in der Veröffentlichung des Verbands zitiert wurde, bezieht sich nicht nur auf Schiffe in deutschem Eigentum, sondern auf jene Bedingungen, die seit der Krise der 1970er Jahre zu allgemeinen Merkmalen der internationalen Handelsschifffahrt geworden sind: „Eine Bewaffnung der Besatzungen von Handelsschiffen ist heutzutage sinnlos. Welches ausländische Besatzungsmitglied wird sich für einen ausländischen Reeder und das Schiff freiwillig in Gefahr bringen? Eine echte Solidarisierung mit Schiff, Reeder und Flaggenstaat ist heute in der Seeschifffahrt äußerst rar geworden. Für Schießübungen während der Arbeitszeit sind sicherlich viele junge Seeleute zu begeistern, aber ihr Schiff werden sie nicht verteidigen."[652]

Ein Großteil der Überfälle traf und trifft Schiffe, die in einem Hafen oder vor Reede liegen. Auch die seit 2014 vermeldete Zunahme von Überfällen in Südost-Asien ergab

---

651 Diese Empfehlungen – es sind inzwischen vier Versionen erschienen – beziehen sich zwar ausdrücklich auf die Küstengewässer vor Somalia, sollen aber auch in allen anderen gefährlichen Gebieten beachtet werden. Für Produktion und Veröffentlichung der *Best Management Practices* (BMP) zeichnen mehrere internationale Organisationen (darunter das *International Maritime Bureau*) verantwortlich. Abzurufen auch unter: . http://www.bundespolizei.de.

652 Piraterie und Pirateriebekämpfung; Umfrage des VDKS; in: Schiff & Hafen, 62. Jg., Nr. 1, 2010; S. 74f., Zitat S. 74.

sich ganz überwiegend aus Angriffen, die darauf gerichtet waren, in kürzester Zeit so viel wie möglich von den Ausrüstungsgenständen des Schiffes und den Wertsachen der Mannschaften an sich zu bringen.[653] Solche Gelegenheitspiraterie ist ganz überwiegend durch Armut verursacht.

Daneben gab und gibt es aber Raubzüge ganz anderer Dimensionen. Da waren zunächst die Entführungen von Schiffen und Mannschaften, die mit dem Zweck erfolgten, die Ladung zu verkaufen und das Schiff unter anderem Namen und anderer Flagge solange zu benutzen, wie dies ohne Kostenaufwand für Reparaturen und Sicherheit möglich war. Ende des 20. Jahrhunderts waren Fachleute überzeugt, dass Reeder und Charterer in Asien solche Entführungen in Auftrag gaben. Weil sie gleichzeitig ein legales Geschäft betrieben, hatten sie Zugang zu Informationen und zu dem Hafenpersonal, das bestochen werden musste. Seeleute, die derartige Überfälle überlebten, berichteten, dass die Piraten bereits mit gefälschten Papieren an Bord kamen. Besonders häufig waren sowohl versuchte als auch erfolgreiche Angriffe in der Straße von Malakka. Sie gefährdeten den gesamten Welthandel. Denn durch diese enge, schwierig zu navigierende Wasserstraße wurde und werden etwa 40 % des Welthandels abgewickelt, vor allem werden 90 % der Öllieferungen, die vom Mittleren Osten nach Japan und nahezu 80 % der Öllieferungen, die nach China gehen, durch diese Wasserstraße transportiert.[654] Als chinesische Behörden den Handel mit geraubter Ladung zu unterbinden suchten und gefangen genommene Piraten nicht mehr straflos ausreisen ließen, wurde diese Art der Piraterie schwieriger. Eine derartige Erschwerung strebte auch die IMO (*International Maritime Organisation)*, eine Unterorganisation der UNO, an, als sie 2002 vorschrieb, dass die sog. IMO-Nummer, also die Nummer unter der ein Schiff bei der IMO registriert ist, gut sichtbar am Heck des Schiffs, an der Schiffswand bzw. seitlich an der Brücke zu führen ist. Eine tatsächlich Eindämmung der Überfälle kam zustande, als es in jahrelangen Verhandlungen schließlich gelang, die Vorbehalte einzelner Anrainerstaaten der Wasserstraße gegen die von den Regierungen Japans und der USA angebotene Unterstützung bei der Piratenabwehr zu überwinden. 2004 wurde eine regionale Kooperation beschlossen, 2006 ein gemeinsames Informationszentrum gegründet. Mit dem offiziellen Beitritt der USA im Jahr 2014 sind zwanzig Staaten Mitglieder dieses regionalen Kooperationsabkommens für den Kampf gegen Piraterie und bewaffnete Überfälle auf Schiffe (ReCAAP). Die Organisation sorgt für regelmäßige Patrouillen und gegenseitige Information. Viele Schiffsbetreiber nutzen für die Durchfahrt durch die Malakka Straße dennoch zusätzlich die Dienste privater Sicherheitsunternehmen. Zwar stellen einzelne

---

653 Vgl. das Interview mit Capt. P.K.. Mukundan (Direktor des *piracy reporting center*) auf you tube am 15.1.2014; www.youtube.com/watch?v=QfbdwojOHO; vgl. auch: Stefan Lakeband & Eckart Gienke, Neue Gefahr auf hoher See., Weser-Kurier, 23.7.2015, S. 13; John Grafilo, Piratenhölle Südostasien, Weser Kurier, 5.8.2016, S. 20,

654 Die Zahlen sind einer Veröffentlichung des Jahres 2010 entnommen, sie sind aber seit längerer Zeit und bis heute weitgehend konstant geblieben. Vgl. http://in.reuters.com/article/2010/03/04idINIndia-46652220100304.

Anrainerstaaten, so insbesondere Singapur, das Mitführen von Waffen an Bord von Schiffen, die in ihren Gewässern fahren, unter schwere Strafen, gegen Bezahlung kann aber dennoch eine Genehmigung erlangt werden. (Liss 2007: 16) Tatsächlich gibt es seit einigen Jahren kaum noch Überfälle in der Straße von Malakka. Und Angriffe, die dennoch ausgeführt oder versucht wurden,[655] deuten nicht darauf hin, dass sie von Führungskräften krimineller Organisationen geplant wurden. Zwar wurden in zwei Fällen von Schiffsentführungen die Schiffsnamen übermalt und die IMO Nummern verändert, doch legt die Tatsache, dass weder der Verkauf der entführten Tanker noch des geladenen Öls zuvor verabredet worden waren, nahe, dass eher Amateure des Seeraubs als Syndikate am Werk waren. Das aber, so Beobachter der Entwicklung, garantiert nicht, dass die enorme Bedeutung von Öl für die regionalen Wirtschaften nicht dazu führt, dass in Zukunft nicht wieder kriminelle Organisationen die Entführung von Tankern und den Verkauf von deren Ladung planen.[656]

Ähnlich wie die zahlreichen Diebstähle, die seit langem und nach wie vor auf Schiffen in indonesischen Gewässern begangen werden,[657] war auch die somalische Piraterie zunächst ein Armutsphänomen. Dennoch war ihre unmittelbare Ursache nicht der Niedergang des Landes und der Ausbruch von Kämpfen zwischen Clans, sondern der ungebremste Fischraub, dessen sich große Trawler in den besonders fischreichen Küstengewässern Somalias schuldig machten. Die europäischen, asiatischen, US-amerikanischen und (vermutlich) kanadischen Eigner der schwimmenden Fischfabriken nutzten die Tatsache, dass nach dem Zusammenbruch staatlicher Strukturen im Jahre 1991 keine bewaffneten Patrouillen der Küstengewässer Somalias mehr durchgeführt wurden.[658]

Zwar hat erst das1994 in Kraft getretene Seerechtsüberkommen der Vereinten Nationen das Recht von Küstenstaaten auf die ausschließliche Nutzung von Gewässern in einer Breite von 200 Seemeilen formell bestätigt, doch war dieses Recht bereits zuvor in anderen Abkommen und in der Praxis anerkannt worden. (Churchill & Lowe 1983/1999: 288-289) Küstenstaaten können Lizenzen an Ausländer vergeben, verbinden dies allerdings in aller Regel mit der Bedingung, sich an die staatlich vorgeschriebenen Fangmengen zu halten, gegebenenfalls auch an die Bedingung, einen bestimmten Anteil des Fangs im Küstenstaat anzulanden. In Somalia gab es nach 1991 über Jahre keine

---

655 In den Jahren 2009, 2010 und 2012 wurden dem *Piracy Reporting Center* jeweils zwei gemeldet, 2011 und 2013 jeweils einer. Vgl. www.icccss.org (1.1.–31.12.2013), S. 5.

656 http://www.graypage.co.uk/assets/Piracy-in-Southeast-Asia-Organised-Criminal-Syndicates-or-small-scale-opportunists. pdf.

657 Sie wurden häufiger, als Fischer durch die Verschmutzung ihrer Fanggebiete ihres Einkommens beraubt wurden. Vgl. Philippe Revelli, Der Drache, der Tiger und die Armen, Le Monde diplomatique, Juli 2016, S. 18.

658 Im kleinen Staat Palau steht im Sommer 2015 ein Gesetz zur Debatte, das den industriellen Fischfang vor den Küsten des Landes komplett verbieten würde. Vgl. Christian Jakob, Hier bleibt der Fisch im Wasser, TAZ, 11.5.2015, S. 5.

Regierung, die in der Lage gewesen wäre, die Einhaltung derartiger Bedingungen, so sie denn gestellt worden wären, zu überprüfen.[659]

Internationalen Statistiken zufolge wurden die Fangmengen in den Gewässern Somalias seit 1990 immens gesteigert, doch kamen etwa von den 1998–2001 durchschnittlich 30.000 Tonnen vor Somalia gefangenen Fischen, im Land selbst nur noch 2.500 Tonnen in den Handel.[660] Mit anderen Worten: ausländische Großbetriebe hatten die einheimischen Fischer ihres Erwerbs beraubt.

Die Vernichtung einheimischer Subsistenzfischerei traf auch Mauretanien und Senegal. Die Fischbestände schwinden und die Versorgung der einheimischen Bevölkerung mit Fisch ist gefährdet.[661] Seeleute, die für diese Praktiken auf Fischereifahrzeugen vernutzt werden, sind vielfach Opfer von Menschenrechtsverletzungen. Sie berichten von miserablen Arbeits- und Lebensbedingungen an Bord, dazuhin aber auch „von Faustschlägen, Schlägen mit Messingstangen, Schlafentzug, Freiheitsentzug ohne Essen und Wasser, Zwangsarbeit nach Verletzung bis hin zum Mord. Reisedokumente werden oft beschlagnahmt und einbehalten".[662]

Anfänglich handelte es sich bei den Überfällen in somalischen Küstengewässern um den verzweifelten Widerstand von Fischern. Vom erpressten Lösegeld sprachen sie als „Besteuerung" (Heinrich 2010: 21), die Erlöse verteilten sie in den Fischerdörfern. Zusätzliche Rechtfertigung für diese Praxis zogen sie aus der Verseuchung der Küstengewässer und des Grundwassers, welche die Verklappung giftiger Abfälle bewirkt hatten. Nachdem ihre Klagen über die gesundheitliche Schädigung der Bevölkerung in North Hoboyo und Warsheik international nicht zur Kenntnis genommen worden waren, spülte der Tsunami Ende des Jahres 2004 geborstene Stahlcontainer mit Abfällen an Land. Einem Bericht des *United Nations Environment Programme* (UNEP) zufolge kostete damals die Entsorgung giftiger Abfälle aus Krankenhäusern und Industrie in Europa $ 250 pro Tonne, in Afrika aber nur $ 2.50 pro Tonne.[663] Bei diesem Kosten-

---

659 Ein Vergleich mit der Entwicklung in Island macht besonders deutlich, welche Auswirkungen der Verlust staatlicher Souveränität hatte. Denn Island wehrte sich nicht nur erfolgreich gegen die von britischen und deutschen Fischtrawlern begangene Verletzung seiner Fischereirechte in der 12-Meilen- Zone, sondern widerstand auch den zum Schutz der britischen Trawler entsandten britischen Kriegsschiffen. 1977 endeten die „Kabeljaukriege" damit, dass die inzwischen von Island beanspruchte 200-Meilen-Zone von europäischen Staaten anerkannt wurde. Dieses Ergebnis ist weniger auf militärischem als auf diplomatischem Weg erzielt worden, denn die isländische Regierung nutzte das Interesse der Sowjetunion an einer Integration des Inselstaates in ihre politische Machtsphäre, um westliche Staaten davon zu überzeugen, dass die Interessen isländischer Fischer geschützt werden mussten. Mit dem 1982 beschlossenen Seerechtsübereinkommen der Vereinten Nationen wurde das von Island erzielte Ergebnis verallgemeinert.

660 Fisch-Magazin, Fachzeitschrift für die gesamte Fischwirtschaft 2009, Nr. 3.

661 Jean-Sebastien Mora, Europas Raubzüge zur See, Le Monde diplomatique, Januar 2013, S. 7.

662 Aufgedeckt: Skandalöse Menschenrechtsverletzungen auf illegalen Fischereifahrzeugen, Transport international, Nr.42, Juni 2011,S.16-17; der gesamte Bericht ist abrufbar unter: All at Sea (EJF) www.ejfoundation.org/report/all-sea.

663 Vgl. www.unep.prg/.../tsunami_somalia_ .

vorteil ist es kein Problem, Ausgaben für die Erlangung einer Lizenz mittels Bestechung einzuplanen.[664]

Die Überfälle auf Schiffe beendeten weder die Verklappung giftigen Abfalls noch den Fischraub ausländischer Trawler, die nicht nur in der *Exclusive Economic Zone*, sondern sogar in der 12 Meilen Zone fischten, die seit langem als Hoheitsgebiet eines Staates anerkannt worden war. Was die erzwungenen Lösegelder aber bewirkten, war eine dramatische Veränderung der somalischen Piraterie: Inzwischen handelt es sich um eine kommerzielle kriminelle Praxis. Nach wie vor werden somalische Fischer für die nautischen Aufgaben angeheuert, doch werden nun Kontaktpersonen in süd- und ostafrikanischen Häfen genutzt, um lohnende Beute auszuspähen. Für die Überfälle selbst, für die Logistik des Schiffsraubs und für die Kommunikation mit den Schiffseignern werden ehemalige Milizionäre und ehemalige Bewaffnete des Barre Regimes angeheuert, zusätzlich technische Experten für die Nutzung von GPS Systemen. Seit somalische Piraten auf die zunehmende Kontrolle des Seegebiets mit einer Ausweitung ihres Aktionsradius bis zu den Seychellen reagierten, sind Piraten oft bis zu zwei Wochen auf See. Anders als zu Beginn werden Überfälle nur noch selten von einzelnen Gruppierungen unternommen, sondern sind eher groß angelegt. Als Fischerboote getarnte Boote werden als Versorgungsbasen für Treibstoff, Wasser und Nahrung genutzt. Obwohl Lösegelder zur technischen Aufrüstung und zum Kauf von Waffen genutzt werden, werden Schiffe nach wie vor überwiegend des Nachts von achtern mittels Enterhaken und ausziehbaren Leichtmetallleitern geentert.[665]

Berichte über die Verteilung der erpressten Gelder variieren. Ein beträchtlicher Teil (zwischen 30 % und 50 %) scheint sofort in bar an die Beteiligten ausgegeben zu werden, also an die *crews*, an Spione in Häfen, an Dolmetscher und an die Frauen, die für die gekidnappten Seeleute kochen.[666] Daneben müssen die Organisatoren, Waffenkäufer und Unterhändler bezahlt werden. Ein Teil der Beute scheint für Investitionen zurückgehalten zu werden. Über die Summen, die Piratenchefs bzw. am unmittelbaren Geschäft nicht beteiligte Investoren[667] in die technische Aufrüstung und in Waffenkäufe stecken, sowie über die Höhe der Gelder, die sie auf private Konten ins Ausland transferieren, wird spekuliert. Unzweifelhaft ist, dass große Teile der Bevölkerung von Dörfern, in denen Piraten leben, den Übergang von der anfänglichen Subsistenzpiraterie zu einer organisierten Praxis der Aneignung mittels Androhung und Anwendung von Gewalt[668]

664 Das ist im Abschnitt über giftigen Mülle bereits verdeutlicht worden.

665 It's a glorious thing to be a pirate king, analyse & kritik: http://www.akweb.de/ak_s/ak541/30.htm; S. 5.

666 Ebenda, S. 8.

667 Report of the Monitoring Group of Somalia, United Nations, March 2010; http://www.uncasa.org/CASAUpload/ELibrary/S-2010-91.pdf; abgerufen am 15.11.2010.

668 Ob die Vermutung Nabil Othmans (im Jahr 2009 Vize-Repräsentant des UN-Flüchtlingshilfswerks UNHCR im Jemen) zutrifft, dass somalische Piraten ihre Kaperfahrten zeitweise mit dem Geschäft des Menschenschmuggels verbinden, ist nicht zu belegen. Vgl.

akzeptiert und von dieser auch materiell profitiert hat.[669] Neuerdings gibt es Berichte, dass die militärische Präsenz in den somalischen Gewässern die Lukrativität der Piraterie so sehr geschmälert hat, dass deren Investoren sich andere Betätigungsfelder suchen.[670] Doch ist nicht ausgemacht, ob es sich dabei nicht schlicht um die räumliche Verlagerung der Piraterie nach Westafrika handelt.

Die dramatische Zunahme somalischer Piraterie in den Jahren 2008 und 2009[671] hat dem Geschäftszweig der *Private Security Companies* (PSCs), der bereits von der Piraterie in der Straße von Malakka profitierte, zu weiterem Aufschwung verholfen. Manche dieser Gesellschaften offerieren Training für die Mannschaften und bieten an, unbewaffnet auf Schiffen mitzufahren, andere rüsten ihre Mitarbeiter mit nicht-tödlichen Waffen aus, wieder andere aber auch mit tödlichen.[672] Das damit für Seeleute verbundene Risiko ist immens, denn jeder Schusswechsel auf einem Öl- Chemie- oder Gastanker kann zu einer Katastrophe führen. Angesichts der Tatsache, dass nur noch ein sehr kleiner Teil der jeweiligen Handelsflotte von Industriestaaten unter der Flagge des Staates fahren, in welchem die Eigentümer ihren Sitz haben, ist das Verbot bewaffneter Sicherheitskräfte auf Schiffen dieser Staaten nicht sehr bedeutsam. Es kann durch die Registrierung des Schiffes in einem anderen Staat („Ausflaggung") unschwer umgangen werden. Während für die Kosten von PSCs die jeweiligen Schiffsbetreiber aufkommen müssen, wird die bedeutsamste Maßnahme der Piratenabwehr von den Steuerzahlern der beteiligten Staaten finanziert. Deren wichtigste ist die Anti-Piraten-Operation „Atalanta", die 2008 vom Rat der Europäischen Union beschlossen wurde.[673] Entsprechend der Erweiterung des Aktionsradius somalischer Piraterie wurde 2010 auch das Einsatzgebiet von „Atalanta"

Ann-Béatrice Clasmann, Piraten profitieren vom Flüchtlingselend. Seeräuber verdienen am Transport afrikanischer Migranten – und benutzen sie als lebende Schutzschilde, Weser Kurier Nr. 90, 18.4.2009, S. 5.

669 Anja Shortland (2012.15) zufolge werden die Gewinne aus Piraterie in Somalia nicht von einigen wenigen verprasst. Zwar seien „Haus und Auto" Merkmale der an Piraterie Beteiligten, doch bewirkten beide Ausgaben auch Beschäftigung. Insgesamt hätten erhebliche Teile der Bevölkerung indirekt von Piraterie profitiert. Vgl. Treasure Mapped: Using Satellite Imagery to Track the Developmental Effects of Somali Piracy. Brunel University, Africa Programme Paper: AFP PP 2012/01ő www.chathamhouse.org.

670 Bettina Rühl, Somalias Seeräuber packen die Enterhaken ein; TAZ, 17.9.2013, S. 6.

671 Nachzuverfolgen im „Piracy And Armed Robbery against Ships" Report des ICC International Maritime Bureau von 2010: www.icc-ccs.org.

672 2010 wurde erstmals berichtet, dass eine private Sicherheitsfirma (die britische Firma Hart) ein Abkommen mit einer Versicherungsgesellschaft geschlossen hat. Sofern diese PSC angeheuert wird, senkt die Versicherung den Preis für die Police, die sie für die Durchfahrt durch somalische Gewässer anbietet. Vgl. Private Security Firms Join Battle against Somali pirates; http://www.foxnews.com/sory/0,2933,444103.html; abgerufen am 29.11.2010.

673 Im Antrag der Bundesregierung, die Beteiligung der Streitkräfte an Atalanta fortzusetzen und den Aktionsbereich auszudehnen, ist die völkerrechtliche Grundlage für die Verletzung der nationalen Gewässer Somalias durch ausländische Streitkräfte noch einmal ausgeführt (Deutscher Bundestag, 17. Wahlperiode, Drucksache 17/3691, 10.11.2010), der Sicherheitsrat der Vereinten Nationen habe dies 2008 für jene Staaten gestattet, die mit der Regierung von

bis zu den Seychellen ausgeweitet. Zusätzlich gestattete die provisorische Regierung von Somalia einer ganzen Reihe von Staaten,[674] darunter Indien, die USA, Russland und China, Piraten auch in der 12 Meilen Zone zu verfolgen. In Artikel 2 des Beschlussantrages für die Einrichtung der „gemeinsamen Aktion" des Rates der Europäischen Union [675] sind deren Aufgaben aufgeführt. Die Verhinderung des Fischraubs ist nicht darunter.

Während riesige Fischtrawler unter den Flaggen konzilianter Staaten[676] weltweit Fischbestände dezimierten, dadurch Kleinfischer beraubend und zukünftige Bestände schädigend, intensivierte sich in der Europäischen Union die Diskussion über nachhaltige Fischereipolitik.[677] Aber erst eine 2010 in Kraft getreten Verordnung zur Verhinderung, Bekämpfung und Unterbindung der IUU-Fischerei [678] lenkte den Blick auf den Fischraub in Fischgründen von Entwicklungsländern. Fische aus den Gewässern von Staaten, die illegale Fischerei dulden, dürfen nicht mehr in die EU eingeführt werden; Schiffe, die für illegale Fänge genutzt werden, sollen auf eine schwarze Liste gesetzt werden. Den Betreibern von IUU Fischerei drohen – gleich unter welcher Flagge sie fahren – erhebliche Strafen.[679] Umgangen werden sie, indem illegale Fänge in legal operierende Schiffe umgeladen und dann in Europa angelandet werden.[680] *Green Peace* fordert deshalb eine lückenlose Dokumentation der Fang-und Transportkette und ein *vessel monitoring system*, mit dem Schiffsbewegungen weltweit überwacht werden können.[681] Derweilen aber sind die Kleinfischer in Ghana erwerbslos und mit dem Zusammenbruch der

---

Somalia bei der Bekämpfung der Piraterie zusammen arbeiten. Damit agierte der Sicherheitsrat offiziell in Vertretung der (faktisch nicht aktionsfähigen) somalischen Regierung.

674 Umfassender in: http://en.wikipedia.org/wiki/Piracy_in_Somalia , insbes. S. 9-11; abgerufen am 28.11.2010.

675 Gemeinsame Aktion 2008/851/GASP des Rates vom 10. November 2008.

676 NebenTrawlern europäischer, russischer koreanischer, und japanischer Eigner sind neuerdings auch chinesische Fischtrawler vor afrikanischen Küsten im Einsatz. Und ebenso wie in Somalia fehlen auch in Mauretanien die technischen und logistischen Mittel, um fremde Fischtrawler zu kontrollieren. Vgl. Jean-Sebastien Mora, Europas Raubzüge zur See, Le Monde diplomatique, Januar 2013, S. 186f. Inzwischen gibt es auf Satelliten basierende Systeme, die es Hafenbehörden ermöglichen, Informationen über einlaufende Schiffe abzurufen. 2009 ist eine internationale Vereinbarung über Abfertigungsregeln abgeschlossen worden. Im Februar 2015 war sie statt von den erforderlichen 25 erst von 23 Staaten ratifiziert worden. Vgl. Marlene Weiss, Schutzzone Hochsee, Süddeutsche Zeitung, Nr. 41, 19.2.2015, S. 14.

677 2009 wurde amtlich festgestellt, dass die 2002 vereinbarten Ziele im Hinblick auf die Unterbindung illegaler Fänge nicht erreicht worden waren. Grünbuch – Reform der gemeinsamen Fischereipolitik; Brüssel 22.4.2009; Dokument KOM/2009/163 endgültig; hier zit. nach: Francisco Mari (2010).

678 IUU bedeutet: illegal, unreported and unregulated.

679 Für die beiden relevanten Verordnungen, für Durchführungsbestimmungen sowie die Erklärung der Kommission vgl. http://ec.europa.eu/fisheries/cfp/illegal_fishing/index_de.htm .

680 Schätzungen zufolge soll auch 2014 jeder fünfte Fisch weltweit illegal gefangen worden sein. Vgl. Kristina Läsker, Die Spur der Trawler, Süddeutsche Zeitung, Nr. 14, 19.1.2015, S. 17.

681 Für Greenpeace-Berichte über die Entdeckung und Meldung illegaler Fischerei vgl. https://www.greenpeace.de/themen/meere/fischerei/piratenfischer-beutezuge .

fischverarbeitenden Industrie sind auch Arbeitsplätze für Frauen verloren gegangen. Inzwischen muss Fisch nach Ghana importiert werden. (Mari 2010: 15-17) Im Golf von Guinea aber ist eine Zunahme an räuberischen Überfällen auf Schiffe zu verzeichnen.[682]

Auch in indonesischen Gewässern sind Erwerbsmöglichkeiten von Kleinfischern durch IUU-Fischerei beschnitten worden. Weil Fischräuber in Fanggebieten Bomben werfen, ist zusammen mit der Vernichtung aktueller Fischbestände auch die Hoffnung auf eine bessere Zukunft zerstört worden. (Warren 2003: 15) Vor 2015 wurde kein einziger Betreiber illegaler Fischerei angeklagt. Nachdem australische und neuseeländische Behörden vier Schiffe der nordspanischen Reederei Vidal Armadores festsetzten, die ohne Lizenz in der Antarktis gefischt hatten, wurde ermittelt, dass diese Reederei seit Jahren mehrere Schiffe unter unterschiedlichen Flaggen mit wechselnden Namen und ohne Lizenzen auf Fang ausschickt.[683] Es steht zu vermuten, dass das Gerichtsverfahren in Gang kommt, weil zwei mächtige Staaten sich dagegen wehren, dass ohne Genehmigung in der Antarktis gefischt wird.

Überfällen auf Schiffe muss begegnet werden.[684] Sofern sie nicht in Küstengewässern und folglich in der Jurisdiktion des angrenzenden Nationalstaates erfolgen, ist die rechtliche Seite der Piratenabwehr aber kompliziert.[685] Die Bemühungen europäischer Instanzen, Rechtsgründe für die Eröffnung eines Prozesses zu suchen – wie sie etwa durch das Eigentum eines gekaperten Schiffes gegeben sein können – haben nachgelassen, nachdem einer der fünf in einem ersten Piraterie-Prozess in Amsterdam Verurteilten unmittelbar nach der Urteilsverkündung Asyl in den Niederlanden beantragt hat. Mit Kenia gab es zwar einen Vertrag zur Wahrnehmung der Interessen ausländischer Eigentümer, er wurde aber nur widerwillig realisiert und im Oktober 2010 vollends aufgekündigt. Unabhängig von der jeweils bestehenden (provisorischen) Regierung verlangte Somalia eine Auslieferung der aufgegriffenen Somalier.

Wären die Probleme der Zuständigkeit gelöst und käme es zu weiteren Verurteilungen, so wäre die Piraterie damit nicht beseitigt. Solange es in Somalia keine strafrechtlich handlungsfähigen und handlungswilligen staatlichen Behörden gibt und es weiterhin an Investitionen mangelt, die Arbeitsplätze schaffen, bewirken militärische, polizeiliche und gerichtliche Maßnahmen vor allem eines: die geographische Verlagerungen kommerzieller Piraterie.

---

682 Anders als zu Beginn somalischer Piraterie handelt es sich nicht um Widerstandsaktionen lokaler Kleinfischer (eher um die Ausweitung der Aktivität krimineller Organisationen, die zuvor überwiegend im Golf von Aden tätig waren), wohl aber stehen in Ghana potentiell erwerbslose Fischer für Tätigkeiten zur Verfügung, die sie früher vermutlich für undenkbar gehalten hätten.

683 Reiner Wandler, Der Piratenfisch stirbt nicht aus, TAZ, 23.6.2015, S. 8.

684 Bei seiner Kaperung vor Kenia im November 2008 hatte der Supertankers *Sirius Star* Öl im Wert von US$ 100 geladen. (Liss 2009: 5) vgl. auch Peter Blechschmidt & Arne Perras, Mit dem Enterhaken auf den Supertanker, Süddeutsche Zeitung, Nr. 269, 19.11.2008) Karim El-Gawhary bezeichnete diese Kaperung als den „11.9. der Meere", TAZ, 21.11.2008, S. 3.

685 Rechtsfragen, die sich durch die Bekämpfung der Piraterie im Rahmen der Operation Atalanta ergeben, sind ausführlich diskutiert bei Fischer-Lescano & Kreck (2009).

Das macht die politischen und sozialen Verhältnisse in Somalia (und anderen Herkunftsländern von Piraten) zu Risiken für Versicherungen. Diese lassen sie sich von Versicherungsnehmern bezahlen. Sofern Schiff und Ladung versichert waren, können Eigentümer aber mit Erstattung rechnen. Während mit Beginn der massiven Lösegeldforderungen Versicherungen noch bereit waren, diese Kosten zu erstatten,[686] obwohl sie nicht ausdrücklich versichert waren, ist dies seither nicht mehr der Fall. Inzwischen verlangen Versicherungen eine Kriegskaskoversicherung und der führende See-Versicherer *Lloyd's of London* zudem, dass eine Genehmigung des Versicherers eingeholt wird, bevor Meeresregionen durchfahren werden, in denen Piratenangriffe zu gewärtigen sind. Als solche „gefährdeten Gebiete" galten 2014 beispielsweise Somalia, Indonesien, Borneo, Saudi-Arabien oder Nigeria.[687] Tatsächlich, so Anja Shortland in einer Studie, die sie für das Deutsche Institut für Wirtschaftsforschung (DIW) durchgeführt hat, ist Piraterie zu einem lukrativen Geschäft für Versicherer geworden. Sie verlangen zwar gesonderte Policen, machen deren Erteilung aber nicht davon abhängig, dass Sicherheitsvorkehrungen eingebaut werden.[688]

Mannschaften bleiben dabei außen vor. Zwar haben die Kontrollen in Fahrtgebieten, in denen Überfälle zu befürchten sind, ihre Sicherheit erhöht, auch erschwert die Einrichtung sog. Panikräume die Gefangennahme von Menschen, und mancher Überfall ist in den letzten Jahren gescheitert, weil Mannschaften wachsam waren und Abwehrmaßnahmen, wie etwa die Ausbringung von Schmierseife an den Schiffswänden oder den Einsatz von Löschgeräten mit sehr starkem Wasserdruck praktizierten. Dennoch sind Seeleute ihrer Anschaffungen und Ersparnisse beraubt worden. Hunderte haben ihr Leben verloren. Sofern sie einen Überfall und eine Entführung überlebten, sind sie oft nicht mehr in der Lage, ihren bisherigen Beruf auszuüben. In einem System der internationalen Personalwirtschaft, in dem – wie Seeleute sagen – ein Seemann ebenso geheuert wird wie man ein bestimmtes Werkzeug bestellt, gibt es keine Fürsorge von Reedern für Mannschaftsangehörige, die nicht mehr nutzbar sind. Die Deutsche Seemannsmission und andere Seemannsmissionen sind bemüht, Gelder für jene psychische Nachsorge einzuwerben, die sich Schiffseigner nichts kosten lassen wollen.[689] *"I don't go on the street, I try sit at home, drink, sleep, drink tea, sleep,"* sagte einer, der 132 Tage in Geiselhaft somalischer Piraten gewesen war.[690]

---

686 Vgl. Pierre-Henry Deshayes, Trotz Piraten-Gefahr scheuen Reeder die Route um Afrika, Weser Kurier, Nr. 92, 21.4.2009, S. 4.

687 Vgl. Kein Schutz vor Piraten: http://www.stern.de/wirtschaft/versicherung/versicherungen; abgerufen am 30.11.2014.

688 http://www.diw.de/sixcms/detail.php?id=diw_01.c.358568.de.

689 Vgl. http://www.seemannsmission.org/index.php?option=com_content&view=article&id .

690 Das Zitat ist dem Text des ARD-Radio-Features „Das Geheimnis des Waffenschiffes „Faina" von Rainer Kahrs entnommen, das im Juni 2010 von mehreren Sendern ausgestrahlt wurde. Vgl. www.radiobremen.de/nordwestradio/sendungen/feature/feature716html .

Drogenhandel

Die moderne Geschichte des Drogenhandels beginnt mit seinem Verbot. Indem Staaten Produktion, Handel und Konsum von bestimmten Drogen für illegal erklärten, schufen sie die Voraussetzung dafür, dass für ihren Verkauf hohe Preise verlangt werden konnten, folglich auch für eine – oft im wörtlichen Sinne – blutige Konkurrenz um Absatzgebiete. Was die Nachfrage nach Opium und Heroin in Europa und den USA betrifft, so waren ihre Grundlagen durch ihre verbreitete legale Nutzung im 19. Jahrhundert geschaffen worden. Denn anders als in China waren Regierungen in Europa und den USA nicht bestrebt gewesen, die Einfuhr von Rauschmitteln zu unterbinden. Zwar wurde die als Laudanum bezeichnete Opiumtinktur gegen Ende des Jahrhunderts nur noch in Ausnahmefällen zu medizinischen Zwecken genutzt, weil die inzwischen erkannte Gefahr der Abhängigkeit durch die Anwendung neuer Medikamente umgangen werden konnte, als Rauschmittel aber wurde Opium weiter nachgefragt.

1914 wurde in den USA jeder außermedizinische Gebrauch von Opium kriminalisiert. Da der Zugang zu Opium fortan eine ärztliche Verordnung voraussetzte, eröffneten sich Ärzten ganz neue Einkommenschancen. Nachdem 1919 der Verkauf von Alkohol per Gesetz verboten wurde, folgten auch weitere Verschärfungen des Zugangs zu Opium. Damit war der Boden für illegalen Handel bereitet.

Da die nationale Prohibitionsstrategie nur geringen Erfolg zeitigte, richteten Drogengegner ihre Hoffnung auf den Völkerbund. In den 1930er Jahren beschloss dieser zunächst eine Konvention, die Mitgliedsstaaten aufforderte, die Produktion von Narkotika zu unterbinden. Sechs Jahre später wurde aus dieser Empfehlung eine bindende Verpflichtung. (Mc Coy 2003: 10) Tatsächlich gingen in den Folgejahren Produktion und Handel sowohl von Opium als auch von Heroin zurück. Das steigerte die Chance, aus dem Handel mit Drogen hohen Profit zu ziehen. Die Kriminalisierung des Handels hat diesen nicht etwa beseitigt, sondern eine illegale Ökonomie geschaffen.

Jede staatliche Maßnahme provozierte eine gesetzwidrige Gegenstrategie.[691] Die drastische Beschränkung der Heroinproduktion in Europa hat der entsprechenden Produktion in Asien Auftrieb verschafft, und die dortige Beschränkung des legalen Handels hat den Schmuggel gefördert. Als Süchtige in den USA die Droge nicht mehr durch Ärzte erhielten, wandten sie sich an die schnell zahlreicher werdenden Kleinhändler. Lediglich der Drogenkonsum weißer Frauen ist durch die Kriminalisierung damals tatsächlich reduziert worden.

Zusammen mit der Kriminalisierung des Drogenhandels wurden in den ersten Jahrzehnten des 20. Jahrhunderts auch die institutionellen Grundlagen für das System der Prohibition geschaffen, damit zugleich freilich auch die Voraussetzungen für Profite und folglich für die Erweiterung des illegalen Kommerzes. Was mit der gewaltsamen Durchsetzung der Einfuhr von Drogen nach China und dem politisch

691 Für diese und die nachfolgenden Aussagen vgl. Mc Coy (2003: 10f.)

geduldeten, wenn nicht sogar geförderten, Verkauf von Drogen an Industriearbeiter im Vereinigten Königreich begonnen worden war, ist durch die Prohibitionspolitik nicht beendet worden: Staatstätigkeit blieb ein bestimmendes Element des Drogenhandels. Nach dem Zweiten Weltkrieg hat sich diese Beziehung verändert und verstärkt. Maßgeblich wurden zwei grundlegende politische Strategien: die bewusste Duldung des Drogenhandels auf der einen und die Nutzung der Existenz dieses kriminellen Handels zur Durchsetzung anders motivierter politischer Ziele auf der anderen Seite. Die Integration der kriminellen Ökonomie in staatliche Politik hat unterschiedliche Ausmaße angenommen, aber nirgends ist sie ohne Schaden für politische und soziale Strukturen verlaufen.

Richtungsweisend wurde die faktische Duldung des Drogenhandels durch staatliche Organisationen der USA im Zuge des Kalten Krieges. In beiden der konkurrierenden politisch-ökonomischen Blöcke der Nachkriegszeit waren Drogenhandel und Drogenkonsum kriminalisiert. Während Konsumenten im kommunistischen Block aber kaum Chancen hatten, an Drogen zu kommen, wurde die proklamierte Prohibition im westlichen Block nicht nur durch die Alltagspraktiken des illegalen Handels, sondern auch durch Geheimdienste unterminiert.

Was das Engagement des US-amerikanischen Geheimdienstes (CIA) betrifft, so handelte es sich um einen Nebeneffekt der politischen Strategien des Antikommunismus. Wer über Einfluss verfügte und erklärte, ein Feind des Kommunismus zu sein, konnte auf Schutz durch US-amerikanische Kräfte rechnen. Drogenhandel galt nicht als Hinderungsgrund. In Burma, Laos, Afghanistan, Nicaragua oder Panama förderte die CIA die Interessen ihrer Verbündeten. Indem sie Waffen, Transportmöglichkeiten und politischen Schutz zur Verfügung stellte, schuf sie faktisch prohibitionsfreie Räume. (McCoy 2002: 16f.) In manchen Regionen ging die Zusammenarbeit noch weiter. So förderte die CIA in Afghanistan den Anbau von Opium und dessen Weiterverarbeitung zu Heroin, um die dort stationierten sowjetischen Soldaten drogenabhängig zu machen. Auch an der Einfuhr von Drogen aus Südamerika in die USA war der US-amerikanische Geheimdienst zeitweise beteiligt. In wieweit die geheimen Allianzen mit Kriminellen tatsächlich dazu beitrugen, den kommunistischen Block zu unterminieren, steht hier nicht zur Debatte. Unzweifelhaft aber ist, dass sie die Machtpositionen lokaler Drogenbosse stärkten und die internationale Vernetzung des Drogenhandels förderten. Als schließlich politisches „Tauwetter" einsetzte, waren die kriminellen Strukturen gefestigt genug, um dem Einfluss der politischen Veränderungen zu widerstehen.[692]

Doch trafen die jetzt geäußerten Begründungen für politische Strategien auch illegale Aneignungsstrategien. Und dies nicht nur in den USA, sondern deren politisch-

692 Ein Beispiel von vielen: in Burma (Birma, heute offiziell: Myanmar) haben während der Diktatur Generäle nicht nur weiter den Drogenanbau gefördert, sondern auch vom Drogenhandel und der mit diesem Handel verbundenen Geldwäsche profitiert. Vgl. André & Louis Baucaud; Birmas Generäle machen weiter, Le Monde diplomatique, Januar 2003, S. 5.

hegemonialer Position wegen auch in anderen Staaten des „Westens". Der Kampf gegen den Kommunismus blieb oberstes Gebot, zunehmend aber wurde er zu einem Element in einer Melange der Gegner, die auch Terroristen und Drogenhändler mit umfasste. Wahlweise konnten tatsächliche, potentielle oder vermutete Gegner US-amerikanischer Machtpolitik einer dieser Gefahren zugeschlagen werden. Manchmal waren Anpassungen erforderlich, und sehr oft waren politische Entscheidungen anders motiviert als ihre offiziellen Begründungen.[693] Besonders markant ist die Politik gegenüber dem Diktator von Panama. Auch während ein offizielles Programm zur Unterbindung des Drogenhandels verfolgt wurde, blieb Noriega von Untersuchungen verschont. 1989 aber musste seine Verwicklung in den Drogenhandel als Rechtfertigung für eine von der US-Regierung befohlene militärische Invasion Panamas herhalten.[694] Deren tatsächliche Ursache waren Bestrebungen der USA, das 1977 vertraglich beschlossene und 1979 in Kraft getretene Ende der US-amerikanischen Verwaltung des Panama-Kanals rückgängig zu machen. Noriega wurde abgesetzt, Hunderte starben, Tausende verloren ihre Behausungen.

Seit den 1960er Jahren hatten Drogenhändler in Südamerika auf die international gestiegene Nachfrage reagiert, indem sie für gemeinsame Ziele Zusammenarbeit organisierten. Zunächst handelte es sich um den Anbau und den Verkauf von Marihuana. Als die Produktionsflächen für diese Droge in den USA vergrößert worden waren, wurde ihr Anbau in Südamerika 1987 durch US-amerikanische Kampfhubschrauber beendet. Auch Kokapflanzungen wurden immer wieder mit Gift besprüht. Das hat Kokabauern veranlasst, ihren Verlust durch die Erweiterung von Anbauflächen wett zu machen. Die dafür benötigten Setzlinge wurden ihnen von Drogenhändlern geliefert. Auch standen die Kosten des Transports einer derartigen Erweiterung nicht im Wege. Denn anders als bei allen anderen Agrarprodukten wird das Rohprodukt für Drogen, und wird es auch in noch so unwegsamen Gebirgsregionen produziert, auf Kosten der Abnehmer transportiert.

Aus der Zusammenarbeit der vielen selbständigen Unternehmer, die sich mit der Aufbereitung und dem Verkauf von Kokain befassten, machten sensationshungrige Journalisten, Polizeistrategen und politisch interessierte Kreise in den späten 1970er und in den 1980er Jahren „Drogenkartelle", von denen sie berichteten, dass sie unter der strikten Führung einzelner, sehr mächtiger Drogenbosse stünden. Dass sich die Beteiligten an den Allianzen von Drogenunternehmern einem einzigen Drogenbaron

---

693 So haben etwa alle Länder Südamerikas, die sich an der „Koalition der Willigen", will sagen: am Krieg gegen den Irak beteiligten, von den USA ein Freihandelsabkommen offeriert bekommen, während Ländern, deren Regierungen sich dieser Mitwirkung verweigerten, bisherige Militärhilfen und Ausbildungsprogramme gestrichen wurden. Drogenhandel war kein Thema. Vgl. Janette Habel, Kommando des Südens. Wie die USA versuchen, ihren Einfluss in Südamerika zu behalten, in: Le Monde diplomatique, Dezember 2007, S. 15f.

694 Vgl. die gut belegten Ausführungen in: United States Invasion of Panama; http://en.wikipedia.org/wiki/United_States_invasion_of_Panama .

unterordnen, ist so weit von der Realität entfernt, dass sich Gilberto Rodriguez-Orejuela, von dem man in den 1980er Jahren sagte, er sei der Kopf des kolumbianischen Cali Kartells, darüber lustig machte. Ob man sich denn wirklich vorstelle, eine einzige Person kontrolliere alles Kokain, das Cali verlässt. Das Cali-Kartell sei ein Produkt der Einbildung der US-amerikanischen Drogenpolizei (DEA)[695]. „Es gibt viele Gruppen, aber kein Kartell. Das weiß die Polizei, und die DEA weiß es auch. Sie ziehen es aber vor, einen monolithischen Feind zu erfinden."[696]

In jedem Fall kann von „Kartellen" im üblichen Verständnis der Wirtschaftswissenschaften weder bei dem berüchtigten Medellin-Kartell noch beim Cali-Kartell die Rede sein.[697] Niemals haben diese Organisationen versucht, die Angebotsmengen zu beschränken, um auf diese Weise hohe Preise zu sichern. Stattdessen bestand der vordringliche Zweck dieser Organisationen darin, die Anwendung von Gewalt zwischen den Mitgliedern der Zusammenschlüsse zu verhindern und die gemeinsamen Kräfte zu nutzen, um Konkurrenten und politische Gegner auszuschalten. Zur Ausführung von Mord und Totschlag wurden eigene Todesschwadronen eingerichtet. Das Medellin Kartell gründete sogar „Schulen", in denen Jugendliche aus den Armenvierteln zu Killern ausgebildet wurden. (Zelik 2001: 391). Ihre Einsätze wurden zum Kennzeichen der Einflussnahme auf staatliche Stellen, eine Art gewalttätiger Lobbyismus.

Doch war die Staatsgewalt keineswegs nur Opfer von Drogenhändlern. Wie Hernando Calvo Ospina ausgeführt hat,[698] verwiesen Politiker in Kolumbien regelmäßig auf parlamentarische Verfassungsstrukturen, um dem Argument Nachdruck zu verleihen, dass der Staat Opfer paramilitärischer Gruppen geworden sei, die mit Drogenkartellen zusammen arbeiten. Hervorgegangen waren die Paramilitärs aus den Anti-Guerilla-Einheiten, die von der Regierung 1962 mit Hilfe von US-Spezialisten aufgestellt worden waren. 1965 war dann beschlossen worden, dass für den Kampf gegen soziale Reformen fordernde Guerillas, Zivilisten mit Waffen ausgerüstet werden konnten, die ansonsten nur für Streitkräfte vorgesehen waren. Die Entwicklung dieses Militärs außerhalb des staatlichen Militärs ist vom bolivianischen Staat durchgängig gefördert und geduldet worden, wobei auf lokaler Ebene mit parteipolitischen Funktionären, Großgrundbesitzern und Drogenbossen zusammen gearbeitet wurde. Drogengelder wurden genutzt, um das private Militär zu finanzieren. (Zelik 2001: 390) Nachdem Paramilitärs unzählige Morde verübt hatten, änderte sich Ende 1997 die Außendarstellung: verhaftete Kriminelle wurden als Para-Militärs verurteilt. Das Morden setzte sich fort. Daran hat sich auch nach der Annahme des von den USA geförderten *"Plan Columbia"* nichts

---

695 U.S. Drug Enforcement Administration.

696 Time I/7/91, hier zit. nach Naylor (2002/2004: 29-39).

697 Dieser Einwand gilt, obwohl auch George W. Grayson, ein sehr gründlicher Kenner des mexikanischen Drogenhandels, diesen Terminus benutzt. (2014)

698 Hernando Calvo Ospina, Großes Aufgebot im integralen Krieg. Paramilitärs, Armee, Guerilla: kein Ende des Konflikts in Kolumbien, Le Monde diplomatiqu, Mai 2003, S. 18f.

geändert. Staatsbeamte, die eine tatsächliche Verfolgung in Gang setzen wollten, wurden abgesetzt oder ermordet. Und als die Regierung der USA offiziell genehmigte, dass die für den Kampf gegen den Drogenhandel zur Verfügung gestellten Mittel, vorzugsweise für den Kampf gegen Guerillas eingesetzt wurden, nutzte sie die behauptete, vermutete und in Teilen auch bewiesene Verbindung zwischen der Guerilla-Bewegung und dem Drogenhandel,[699] um Drogenhändler, Revolutionäre und Terroristen zu einer Art weltpolitischem Gesamtfeind aufzusummieren. (Grayson 2014: 44-47)

Für dessen Bekämpfung wurde viel Geld bezahlt, es wurden Spezialisten und Soldaten entsandt, vielfach allerdings handelte es sich nicht um Angehörige der nationalen US-amerikanischen Streitkräfte, sondern um Angestellte privater Militärunternehmer, um Söldner also. (Singer 2003: 206-209) Als der US-Kongress dem *"Plan Columbia"* zugestimmt und 7,5 Milliarden Dollar bewilligt hatte, um – ab dem Jahr 2000 – dabei zu helfen, die materielle Abhängigkeit kolumbianischer Kokabauern von ihren Abnehmern durch den Zugang zu alternativen Einkommensquellen zu begrenzen, beschloss er zugleich enge Richtlinien für den Einsatz US-amerikanischen Militärs im Rahmen dieses Programms. Die Regierung Clinton umging diese Restriktionen, indem sie private Militärfirmen anheuerte. Das hatte zugleich den Vorteil, dass der etwaige Tod von US-Amerikanern in Kolumbien und angrenzenden Staaten, nicht der US-amerikanischen Regierung zur Last gelegt werden konnte. Zu Tode kommen in solchen Fällen die Angestellten eines privaten Unternehmens.

Dass in dem von den USA ausgerufenen *"War on Drugs"* bekannte Drogenbosse verhaftet oder getötet wurden, hat den Drogenhandel nicht beendet, ihn noch nicht einmal begrenzt. Er ist jetzt aber weniger sichtbar. „Wird einer geschnappt, übernimmt sofort ein anderer."[700] Heutige Händler verdienen weniger als die großen Bosse früherer Jahre, dafür aber profitieren sie davon, dass die kolumbianische Gesellschaft inzwischen insgesamt vom Drogenhandel durchdrungen ist.[701] Während der Anbau von Koka vor dem *"War on Drugs"* vor allem in Bolivien und Peru stattgefunden hatte, erfolgt er seither zunehmend in Kolumbien selbst.

Die Ursachen des weltweiten Drogenhandels sind einfach zu benennen. Da ist zunächst die Armut von Bauern in Ländern, in denen Großgrundbesitzer den größten Teil fruchtbaren Landes zu eigen haben, da sind die verheerenden Wirkungen auf die materielle und gesundheitliche Versorgung der Bevölkerung, die durch Verschuldung und aufgezwungene Strukturreformen ausgelöst wurden, und da ist nicht zuletzt die Verrohung politischer Auseinandersetzungen, welche durch die US-amerikanische

---

699 Raul Zelik stellt die Angaben über die Höhe der Einkommen, welche die FARC durch die „Besteuerung" des Drogenhandels erzielt haben soll, in Frage. (2001: 397)

700 So Emilia Vizarretea von der Universität UNAM in Mexiko-Stadt, zit. in: Denis Düttmann, Trotzdem laufen die Geschäfte, Weser-Kurier, 16.3.2015, S. 6.

701 Florian Meyer-Hawranek, Henry und die Drogenhändler. Der Bandenkrieg um Kokain in Kolumbien ist demokratischer geworden. Jeder kann mitmachen, und viele fangen schon als Kinder an, Süddeutsche Zeitung, Nr. 150, 2.7.2012, S. 37.

Unterstützung von Regierungen gegen ihre militanten Kritiker befördert worden ist. Zudem machen es die im Drogenhandel erzielten Profite möglich, dass große Teile von Staatsapparaten den kommerziellen Interessen dienstbar gemacht werden.[702] Gewaltakte verstärken diese Wirkung und dienen zugleich der Abwehr von Konkurrenten. Das alles zusammen hat vielen Tausenden das Leben gekostet.

Als Mexiko zu einem Drehkreuz des Drogenhandels wurde, wurde es zugleich zu einem Land der Massaker. Zentrum der brutalen Auseinandersetzungen wurde der Bundesstaat Sinaloa im Nordwesten Mexikos. Als 1975 das mexikanische Militär die *"Operation Condor"*[703] startete, um den Anbau von Drogen zu zerstören, waren in dieser Region seit Jahrzehnten Marihuana, Opium und Heroin produziert worden. Familienclans hatten den Handel dominiert. Im Laufe des 20. Jahrhunderts war eine Gesellschaft entstanden, in welcher die Konkurrenz um Absatzgebiete in hohem Maße dadurch geprägt war, dass die unmittelbar Beteiligten ihre Verhaltensweisen an ungeschriebenen Normen ausrichteten.[704] Rückblickend kann von einer Art traditionell geprägter Drogengesellschaft gesprochen werden. Deren führende Kräfte traten in ihren Heimatorten zwar oft als Wohltäter auf, in der breiteren Öffentlichkeit aber kaum in Erscheinung. Dann aber hat die *"Operation Condor"* während des Jahrzehnts zwischen 1975 und 1985 die bisher eher unabhängig voneinander agierenden Drogenbarone veranlasst, gemeinsame Strategien zu entwickeln, um ihre Geschäfte auf nationaler und internationaler Ebene zu fördern. Diese Wirkungen hatten Bestand. Während sich Drogenhändler ihren verfolgungsfreien Raum noch um die Jahrhundertwende überwiegend dadurch sicherten, dass sie möglichst unauffällig agierten und sich ansonsten mittels Bestechung gegen Verfolgung absicherten, tragen Drogenhändlern ihre Konkurrenz in Mexiko

702 Wird ein Drogenboss dennoch inhaftiert, so werden Kapital und persönliche Beziehungen genutzt, um seine Flucht zu organisieren. Letztes der vielen erfolgreichen Beispiele: Die Flucht von Joaquin Guzmán aus einem mexikanischen Gefängnis im Juli 2015.

703 Diese „*Operation Condor*" ist nicht identisch mit der Operation selben Namens, die 1975 von rechten Diktaturen in Argentinien, Bolivien, Brasilien, Chile, Paraguay und Uruguay initiiert wurde und sich gegen linke Oppositionelle richtete. Im Zuge dieser Operation, mit der das Ziel verfolgt wurde, Opposition mittels Terror auszuschalten, wurden viele Tausende gefangen genommen, gefoltert und ermordet. Von Tausenden weiß man nur, dass sie „verschwunden" sind. Auch wenn sich die „*Operation Condor*" in Mexiko – zumindest zunächst – offiziell nicht gegen Oppositionelle, sondern gegen den Drogenhandel richtete (später wurde dieser mit Oppositionsgruppen in Verbindung gebracht), so gibt es doch einen Zusammenhang, welcher der übereinstimmenden Bezeichnung Logik verleiht: An beiden Operationen war die CIA beteiligt, für beide lieferten die USA finanzielle und militärische Unterstützung. Vgl. http://en.wikipedia.org/wiki/Operation_Condor sowie: http://en.wikipedia.org/wikiOperation_Condor (Mexiko); James Creechan, Cartels and Violence in Mexiko, Part I. The Cradle of Traffickers: http://narcocartels.blogspot.de(2009/05/short-history-of-mexican-narcocartels.html, Anm. 3.

704 George W. Grayson zufolge gab es informelle „10 Gebote" für Drogenhändler, darunter das Gebot Nr. 4, dass in Mexiko selbst keine Drogen verkauft werden, vor allem nicht an Kinder, oder das Gebot Nr.8, dass einige Städte aus den Konflikten ausgespart werden, damit die Familien der Drogenbosse dort sicher sein können. Sofern diese Gebote eingehalten wurden, konnten Drogenhändler damit rechnen, dass die Regierung sie gewähren ließ. (2014: 22-25)

inzwischen mit Mord und Totschlag aus. Ziel dieser Konkurrenz sind möglichst große Anteile an Absatzmärkten, wichtiges Mittel ist die Verfügung über staatliche Kompetenzen. Auch wenn die Summen, die im Drogenhandel verdient werden, womöglich nicht ganz so groß sind, wie zumeist unterstellt,[705] für den Kauf von Regierungs- und Verwaltungsapparaten ganzer Bundesstaaten, reichen sie allemal aus.[706] Von den insgesamt 2.400 Kommunalverwaltungen sollen mehr als die Hälfte von Drogenbanden kontrolliert oder infiltriert sein.[707] Wer sich dagegen stellt, ist mit dem Tod bedroht. Zwischen 2006 und 2011 waren 45 % der Opfer Gemeindepolizisten.[708] Mit Morden werden Konkurrenten ausgeschaltet. Folterungen, Verstümmelungen, Häutungen und Massenexekutionen werden aber auch als öffentliche Argumente genutzt. Sie sollen die Gesellschaft in Angst und Schrecken versetzen. Seit 2012 verschwindet in Mexiko alle zwei Stunden eine Person.[709]

Die weiter zurück liegenden historischen Voraussetzungen dieser Barbarei stehen hier nicht zur Debatte, wohl aber die Auswirkungen konkreter politischer Strategien auf diesen besonderen Markt. Da ist in allererster Linie die Ausweitung der Nachfrage. Weil der Umfang des Angebots gestiegen ist, wurden Drogen sehr viel preisgünstiger. Der US-amerikanischen Anti-Drogenbehörde (DEA) zufolge stieg der Reinheitsgrad des auf den Straßen von New York verkauften Heroins zwischen 1970 und 2000 um das 25-fache, während der Preis für einen Schuss von 6 Dollar auf 80 *cents* gesunken ist. (zit. Cole 2009: 4) Damit wird die Ausweitung der aufgrund von Armut und Profitinteressen gesteuerten Drogenproduktion deutlich, doch liefern die Marktpreise keine zureichende Erklärung des Drogenproblems. Die Mitglieder von LEAP,[710] einer Organisation von Polizei-und Justizkräften, die seit 2003 bestrebt sind, mittels Aufklärung der Öffentlichkeit die Prohibitionspolitik zu beenden, betonen ganz andere Ursachen. Für Jack

---

705 *"The reality is that no one has a clue how much illegal money is earned or saved or laundered or moved around the world, or how it is distributed amongst a host of malefactors."* (Naylor 2002/2004: 8)

706 Im Jahr 2010 sollen – je nach Quelle – zwischen 19 und 29 Milliarden Dollar oder sogar zwischen 25 und 40 Milliarden Dollar aus den USA nach Mexiko transferiert worden sein, überwiegend in der Form von Bargeld. Vgl. Rafael Barajas & Pedro Miguel, Mafiastaat Mexiko. Der Fall Iguala ist nicht Symptom, sondern die Krankheit, Le Monde diplomatique, Dezember 2014, S. 14.

707 Karl-Dieter Hoffmann (2013) Mexikos Krieg gegen den Drogenhandel (Bundeswehr, Reader Sicherheitspolitik); http://www.readersipo.de/portal/a/sipo!ut/p/c4/JY1BD41wDIV_ESsLitGbhAsePHhR; abgerufen am 30.12.2014. Der Experte Edgardo Buscaglia schätzt, dass drei Viertel der mexikanischen Wirtschaft und Gemeinden vom organisierten Verbrechen infiltriert sind. Peter Burghardt & Sebastian Schoepp & Roland Schulz, Stoff ohne Grenzen; Süddeutsche Zeitung, Nr. 49, 28.2./1.3.2015, S. 13.

708 Jean-François Boyer, Hoffnung auf Ruhe durch Korruption, Le Monde diplomatique, Juli 2012, S. 8.

709 Sergio Gonzáles Rodriguez, Bilder extremer Gewalt, Le Monde diplomatique, August 2015. S. 13.

710 LEAP: Law Enforcement against Prohibition.

A. Cole, selbst früher Polizist und verdeckter Ermittler, ist das Drogenproblem eine Folge politischer, justizieller und polizeilicher Strategien. Zwar hätten schärfere Kontrollen den Wechsel von Marihuana zu Heroin begünstigt, weil Heroin im Unterschied zu Marihuana geruchlos ist, dennoch sei der Konsum von Marihuana unter Schülern zwischen 1991 und 2002 immens gestiegen. Einer staatlich finanzierten Untersuchung zufolge hätten Schüler landesweit ausgesagt, es sei einfacher, Marihuana zu kaufen als Bier oder Zigaretten. (Cole 2009: 7) Das, so Jack A. Cole, sei einfach zu erklären, denn die Verkäufer von Zigaretten und Bier benötigen für ihr Gewerbe eine staatliche Lizenz. Um sie zu behalten, sind sie gehalten, das Alter der Käufer zu kontrollieren. Beim Kauf von Drogen entfallen derartige Kontrollen. Solange Jugendliche Drogen kaufen und sie dann im Freundeskreis ohne nennenswerten Profit weitergeben, entsteht ein Drogenproblem, damit aber noch nicht notwendig Kriminalität. Das ändert sich mit dem Übergang zu harten Drogen.

Obwohl die Preise für harte Drogen gesunken sind, verhindern sie nicht den Einstieg in den Drogenkonsum. Andererseits sind die Preise aber zu hoch, als dass sich die meisten Süchtigen die Mittel für ihren Kauf auf legalem Wege beschaffen können. Beschaffungskriminalität ist die Folge. Werden Drogenkonsumenten aber verhaftet und zu Gefängnisstrafen verurteilt, so werden sie in den USA schon deshalb als potentielle *dealer* entlassen, weil ihnen kaum noch eine andere Verdienstmöglichkeit offen steht. Offiziellen staatlichen Angaben zufolge waren 1998 in den USA 72 % aller Drogenkonsumenten Weiß und 13,5 % aller Drogenkonsumenten schwarz. Aber über 42 % der wegen Drogendelikten in staatlichen Gefängnissen Einsitzenden waren schwarz.[711] Vorangetrieben wurde diese Situation durch die Aufforderung an Polizeidienststellen, den *"War on Drugs"* mittels einer Steigerung von Verhafteten zu gewinnen. In den USA selbst wurde auf diese Weise aus dem *"War on Drugs"* ein Krieg gegen die Bevölkerung, vor allem die schwarze. Und tatsächlich übertraf an der Wende zum 21. Jahrhundert die Zahl der in US-amerikanischen Gefängnissen eingesperrten schwarzen Menschen die Zahl der Sklaven, die es um 1840 in diesem Land gegeben hatte. (Cole 2009: 3) Dazu hat beigetragen, dass es die strafrechtliche Regelung, die als *"three strikes out"* bekannt geworden ist, in manchen Staaten – so insbesondere in Kalifornien – ermöglicht, dass gegen bereits zweimal Verurteilte bei einer dritten Anklage unabhängig von der Schwere des Vergehens eine Haftstrafe von mindestens 25 Jahren verhängt wird.[712]

Sowohl international als auch in den USA selbst verschlingt der *"War on Drugs"* immense Summen. Für die Therapie von Drogenabhängigen fehlen die Mittel. Tatsächlich stehen in offiziellen Polizeistrategien aber auch nicht die einzelnen Drogengefährdeten

---

711 Substance Abuse and Mental Health Services Administration, National Household Survey on Drug Abuse. Summary Report 1998, S. 13; hier zit. nach: Cole (1999: 12).

712 Die kalifornischen Gesetze wurden 1994 beschlossen, inzwischen wurden sie minimal verändert. Neuerding gibt es in den USA Bestrebungen, die drakonische Anti-Drogenpolitik zu lockern. Erik Eckholm, With Crime Down, U.S. Rethinks System, The New York Times/Süddeutsche Zeitung, S. 1 & 4.

und Drogenabhängigen zur Debatte, noch nicht einmal unmittelbar die kleinen *dealer*, die – sehr leicht austauschbar – am Ende der Absatzketten agieren, Hauptgegner des *"War on Drugs"* ist vielmehr die „organisierte Kriminalität". Dass es Zusammenarbeit von Kriminellen gibt, steht außer Zweifel, und doch handelt es sich bei der „organisierten Kriminalität" um ein polizei-theoretisches Konstrukt. Experten staatlicher Drogenbekämpfung haben es in den späten 1970er Jahren in den USA entwickelt. Von europäischen Polizeitheoretikern wurde es umgehend übernommen. In der Folgezeit hat es die Praxis der Drogenbekämpfung bestimmt. Tatsächlich aufgedeckte Beziehungen zwischen Kriminellen wurden jetzt nicht mehr als solche thematisiert, sondern als Indiz für das Vorhandensein einer kriminellen Organisation behandelt. (Naylor 2002/2004: 26) Damit richteten sich polizeiliche Maßnahmen nicht mehr vorzugsweise darauf, konkrete kriminelle Handlungen aufzudecken und die Beteiligten vor Gericht zu bringen, stattdessen wurden sie darauf orientiert, die Machenschaften jener mächtigen kriminellen Organisationen zu unterbinden, von denen angenommen wurde und wird, dass sie den internationalen Drogenhandel beherrschen. Mit den sich rasch durchsetzenden Bezeichnungen „Drogenkartell" oder „Drogensyndikat" wurde nahegelegt, dass diese kriminellen Organisationen gegründet werden, um Konkurrenz zu vermeiden. Wenn aber irgendetwas mit Sicherheit über die illegalen Märkte ausgesagt werden kann, auf denen Drogen gehandelt werden, so ist es „dass der Drogenmarkt wie kaum ein anderer ein Konkurrenzmarkt ist, der die Bildung dauerhafter, quasimonopolistischer Großfirmen verhindert". (Busch 1999: 31)[713] Werden jedoch solche Großfirmen unterstellt, so richtet sich das polizeiliche Interesse darauf, die Politiken jener Führungskräfte zu entdecken, denen – ganz wie den Führungskräften legal agierender Konzerne – ökonomische Rationalität und langfristige Strategien unterstellt werden. Zudem macht es das Konstrukt „organisierte Kriminalität" möglich, dass anstatt von einzelnen oder in Gruppen agierenden Kriminellen, von einem kriminellen Gesamtkomplex die Rede ist. Gegen diesen Komplex wurde Mitte der 1980er Jahre der 1972 erstmals proklamierte „Krieg" gegen Drogen erneut ausgerufen. Was Wunder, dass mit einem Krieg, der internationalem Recht zufolge weder gegen Suchtmittel noch gegen einen kriminellen Komplex geführt werden kann, ganz andere Ziele verfolgt werden.

Für Europa hat Heiner Busch überzeugend belegt, dass die Drogenbekämpfung als Legitimation dafür genutzt wurde, die Zusammenarbeit zwischen den verschiedenen nationalen Polizei- und Sicherheitsapparaten zu fördern, zunächst in der Europäischen Gemeinschaft, sodann in der Europäischen Union. Damit nicht genug. Die in Polizeikreisen dominante Sicht auf die Strukturen des Drogenhandels hat auch die Befürchtungen gegen neu ins Land kommende Ausländerinnen und Ausländer beeinflusst. Kein Zufall deshalb, dass mit der Beseitigung von Grenzkontrollen zwischen den

713 R.T. Naylor erläutert, dass die Beteiligung vieler Tausender, geographisch weit verstreut agierender Produzenten und Händler von Drogen eine derartige Organisation völlig unmöglich macht. (2002/2004: 27f.)

europäischen Staaten, die dem Schengener Abkommen beigetreten sind, gleichzeitig Maßnahmen gegen den grenzüberschreitenden Drogenhandel beschlossen wurden. Zwar wird Drogenschmuggel vor allem an niederländischen Grenzen aufgedeckt, doch ist mit der Aufnahme von „Maßnahmen gegen grenzüberschreitenden Drogenhandel" in die Durchführungsbestimmungen zum Schengener Abkommen[714] das Misstrauen gegen außereuropäische Immigranten zu einem Bestandteil der europäischen Integration gemacht worden. Sie manifestiert sich auch in der übereinstimmenden Erschwernis von Anträgen auf Asyl. (Busch 1999: 173)

Seit Drogenbekämpfung als vorbeugende Verbrechensbekämpfung konzipiert und organisiert wird, erfolgt der polizeiliche Zugriff gegen einzelne Personen nicht mehr aufgrund ihres konkreten Verhaltens, sondern auf der Basis polizeilicher Prognosen. Das entspricht den im politischen Strafrecht üblichen Verfahrensweisen und bedeutet eine Verwischung der Grenzen zwischen legaler und illegaler Polizeipraxis.[715]

Weder diese Praxis, noch diejenige der europäischen Abschottungspolitik hat den Handel mit Drogen aus Europa vertreiben können.[716] Der von den USA angeführte „Krieg gegen Drogen" ist auch hier auf ganzer Linie gescheitert. Weil der Handel immens lukrativ ist, können etwaige Sicherstellungen von Drogen durch Polizeikräfte als Kosten einkalkuliert werden. Sie begrenzen den Handel nicht.[717] Dass er – anders als in den Medien und in offiziellen Verlautbarungen immer wieder behauptet – , nicht monolithisch organisiert ist, lässt sich wie R.T. Naylor betont, nicht zuletzt daran ablesen, dass die für Korruption und Gewalt aufzubringenden Kosten von den illegalen Firmen aufgebracht werden müssen, während sie in einem monopolisierten Markt an die Konsumenten weiter gegeben werden würden. (2002/2004: 31)

714 Vgl. http://www.e-info.de/europa/schengener-abkommen. Das Übereinkommen zur Durchführung des Schengener Abkommens wurde am 19. Juni 1990 beschlossen. Es trat am 1. September 1993 in Kraft, wird jedoch erst seit März 1995 praktisch umgesetzt, weil zuvor die dafür erforderlichen Datenbanken eingerichtet werden mussten.

715 Wenn polizeiliche Eingriffe auf der Basis polizeilicher Erwägungen über das zu erwartende zukünftige Verhalten Einzelner erfolgen, wird nicht nur die Wirksamkeit einer richterlichen Genehmigung von Eingriffen, sondern auch deren nachträgliche justizielle Überprüfung beschnitten. Heiner Busch und seine Mitautorinnen verweisen in diesem Zusammenhang darauf, dass es die Ausbreitung des rechtlichen Konzepts der polizeilichen Erwägung zukünftigen Verhaltens über Landesgrenzen hinaus mit sich bringt, dass Betroffene kaum die Chance haben, sich gegen polizeiliche Maßnahmen zu wehren. (1999: 289f.)

716 Don Winslow (seine Romane über Drogenhandel basieren auf sehr gründlichen Recherchen) zufolge kommt Kokain nach Deutschland heute „höchstwahrscheinlich von türkischen Gangs, die es wiederum von der italienischen Mafia erworben haben. Und die direkt von kolumbianischen oder mexikanischen Kartellen. Vgl. Legalisiert die Drogen, Frankfurter Allgemeine Sonntagszeitung, 11.10.2015, Nr. 41, S. 35.

717 Diese Aussagen waren in einem Geheimbericht der britischen Regierung aus dem Jahr 2005 enthalten, dessen zurückgehaltene Seiten die Zeitung „The Guardian" am 5.7.2005 publizierte. Vgl. "Revealed: how drugs war failed": http://www.guardian.com/uk/2005/jul/05/drugsandalcohol.freedomofinformation; abgerufen am 9.12.2014 .

Nachdem der jahrelange *"War on Drugs"* eine Steigerung des Angebots herbeigeführt hatte, trat 1994 das Freihandelsabkommen zwischen den USA, Kanada und Mexiko (NAFTA) in Kraft. Wachsender Warenhandel bedeutete vermehrten Warentransport und damit auch zusätzliche Möglichkeiten, Drogen als Beiladung zu transportieren. Das steigerte den Geschäftsvorteil, den mexikanische Schmuggler aus der langen Grenze zwischen Mexiko und den USA ziehen. Da zeitgleich die kolumbianischen Allianzen zerschlagen wurden, avancierten die mexikanischen Schmuggler, die zuvor wenig mehr als die Hilfskräfte der großen kolumbianischen Banden gewesen waren, zu Herren des Kokainexports in die USA. Sie haben jetzt selbst Mittelsmänner, die sich um die Zulieferung aus den drogenproduzierenden Staaten kümmern, und andere, die den Vertrieb in Großstädten der USA organisieren.[718] Anders als in Kolumbien und Bolivien, wo der Drogenhandel inzwischen überwiegend von unabhängigen Unternehmern betrieben wird, entstanden in Mexiko vier regional basierte Großgruppen. (Hoffmann 2013: 3) Mit der zunehmenden ökonomischen Dominanz mexikanischer Drogenhändler auf dem US-amerikanischen Markt stiegen deren Einnahmen und damit die Chance zur faktischen Aneignung mexikanischer Staatsgewalt. Als mit dem Regierungswechsel des Jahres 2000 alte Bestechungsnetze zunächst zerbrachen, setzten die Schmugglerbanden darauf, die Bürgermeister von Grenzorten zu kaufen. Die so erzielten Stützpunkte wurden mittels Waffengewalt verteidigt. Anders als in den Jahren zuvor, da Drogenschmuggler bestrebt gewesen waren, ihre Geschäfte mittels Bestechung abzusichern, ansonsten aber möglichst wenig in Erscheinung zu treten, wurden die Banden jetzt offen gewalttätig. Sie rüsteten auf. Waffen konnten in den USA leicht beschafft werden, und für das Personal der Kampftruppen standen Desertierte aus Einheiten der Armee zur Verfügung. Diese Militarisierung der Konkurrenz erforderte nicht nur umfangreiche Finanzierung, sie führte auch dazu, dass bewaffnete Auseinandersetzungen inzwischen eher durch Rache und Vergeltung motiviert werden als durch ökonomisches Kalkül.

2003 machte sich die Söldnergruppe des Golf-Kartells selbständig. Diese, unter dem Namen *Los Zetas* bekannt gewordene Truppe, deren erste Mitglieder sich aus abgeworbenen Elite-Soldaten der mexikanischen Armee zusammen setzten, (Creecham 2009: 13) verfügt über modernste Waffen. Sie praktiziert Raub, Schutzgelderpressung, Menschenhandel, Prostitution, Glückspiel und andere Formen gewaltsamer Aneignung. [719] Um ihre Vorherrschaft zu proklamieren, köpfen sie ihre Gegner, verstümmeln oder häuten sie, übergießen sie mit Salzsäure.[720] Folterungen und Morde werden nicht etwa verheimlicht, sondern gefilmt und auf *YouTube* veröffentlicht. Andere Banden reagierten, indem sie ihrerseits spezielle Kampftruppen aufstellten. Um zu dokumentieren,

718 Das sollen jetzt vielfach Jamaikaner und Dominikaner sein. (Grayson 2014: 38)

719 Jean-François Boyer, Hoffnung auf Ruhe durch Korruption, Le Monde diplomatique, Juli 2013, S. 9.

720 Peter Burghardt, Kartell der Killer, Süddeutsche Zeitung, 17.7.2012, Nr. 163, S. 2.

womit Gegner und Verräter zu rechnen haben, legen sie geköpfte und zerhackte Opfer an sichtbarer Stelle ab. Die Barbarei wird gezielt zur Schau gestellt.[721]

Als der 2006 gewählte Präsident Felipe Calderon Militär gegen Drogenbanden einsetzte, hat er die Gewalteskalation der vorhergehenden Jahre nicht etwa eingedämmt, sondern, ganz im Gegenteil, verstärkt. Zwar wurden während dieses sechs Jahre andauernden Krieges 22 der 37 polizeilich bekannten Drogenbosse verhaftet oder getötet, sie wurden aber sofort ersetzt.[722] Angaben über die Zahl der Menschen, die in diesem Krieg umgekommen sind, schwanken zwischen 47.500 und 65.000.[723] Viele starben, weil Schlachten mitten in großen Städten ausgetragen wurden. Experten gehen davon aus, dass die meisten dieser Toten Opfer der Kriege zwischen Schmugglerbanden waren. Sie wurden immer brutaler. „Alleine im Jahr 2011 fand man 453 enthauptete Leichen."[724] Während Drogenbanden gegen das Militär kämpften, bekriegten sie sich untereinander noch sehr viel unbarmherziger. Karl-Dieter Hoffmann vertritt die These, dass sich diese Verschärfung auch daraus erklärt, dass es mexikanischen Drogenhändlern bereits 2005 gelungen war, zwischen 90 und 95 % des Angebots an Kokain in die USA zu liefern. Da sich dieser Anteil kaum noch steigern ließ und verstärkte Überwachungsmaßnahmen der USA an der Grenze zudem eine Ausweitung des Schmuggels und damit des Absatzes erschwerte, setzte eine Steigerung der Einkommen aus Drogenschmuggel in die USA eine Schmälerung des Anteils der Konkurrenten voraus. (2013: 5)

Auch wenn diese Beschreibung der ökonomischen Bedingungen für den mexikanischen Drogenschmuggel zutrifft, so können Hinweise auf ökonomische Interessen die Dynamik der Gewaltspirale in Mexiko doch nur unzureichend erfassen. Morde auf *YouTube* sind sehr weit entfernt von üblichen Marktstrategien. Zweifelsohne geht es um Gewinne, und zwar um kurzfristig zu erzielende Gewinne, und zweifelsohne müssen für die Finanzierung der Kampftruppen große Summen beschafft werden, aber die einmal in Gang gesetzte Gewalt entwickelt auch ihre eigene Dynamik. Wer sie ausübt, braucht dann keine Gründe mehr.[725] Nichtsdestotrotz wurden und werden bei währender Gewalttätigkeit wechselnde Allianzen zwischen Gruppierungen von Drogenhändlern geschlossen, gebräuchliche Methoden des Vertriebs gesichert und neue entwickelt. Zu den seit langem gebräuchlichen Methoden zählt der Transport in Schiffen. Schon zu Beginn des 20. Jahrhunderts wurden aus Honduras nicht nur Bananen, sondern auch Drogen verschickt. In New Orleans arbeiteten die *Standard Fruit* und *United Fruit*

721 Adriana Rossi, Koks für die Welt, Le Monde diplomatique, Juni 2009, S. 3.

722 Jean-François Boyer, Hoffnung auf Ruhe durch Korruption, Le Monde diplomatique, Juli 2012, S. 8.

723 Ebenda, S. 9.

724 Ebenda.

725 „Die Mörder scheinen aus Wut, aus einer Laune heraus oder einfach aus Gewohnheit gehandelt zu haben" schreibt Alma Guillermoprieto über ein Massaker, das am 23. August 2010 160 km entfernt von der US-Grenze an Migranten verübt wurde, Vgl. Financial Times Deutschland, 19.11.2010, S. 30.

Companies mit den Dockarbeitern zusammen, die damals der dortigen Mafia gehorchten. Im Mafia-Slang jener Zeit soll Heroin als *"banana"* bezeichnet worden sein. (Winslow 2005/2006: 108f.) In den 1970er Jahren transportierten Boote Kokain von Kolumbien nach Florida. (Grayson 2014: 38) Seit der zunehmenden Nutzung von Containern wurde alles noch sehr viel einfacher.[726] Weil die meisten Container-Schiffe der Welthandelsflotte im Besitz deutscher Reeder sind, ist es kein Zufall, dass jedes fünfte Schiff, auf dem in den Jahren 2010 und 2011 Drogen und andere illegale Waren entdeckt wurden, deutsche Eigner hatte.[727] Obwohl die zeitweise häufige Kaperung von Segeljachten zum Transport von Drogen inzwischen selten geworden ist, werden nach wie vor auch Boote eingesetzt, so vor allem zum Transport von Drogen von Kolumbien nach Panama. Von dort aus wird der Transport dann über Land organisiert. Dieser Transport ist gefährdet, seit panamaische Piraten sich der Boote bemächtigen. 2011 soll es in diesem Gebiet zu mehrfachen blutigen Auseinandersetzungen zwischen Piraten und Drogenhändlern gekommen sein.[728]

Zwischen Mexiko und den USA werden Drogen auf Lastwagen geschmuggelt, vielfach aber auch durch Migranten, die versuchen, in die USA zu gelangen. Manche beteiligen sich aus Not, andere aufgrund von Zwang. Im August 2012 wurden 72 Wanderarbeiter ermordet, weil sie sich geweigert hatten, Drogen in die USA einzuschmuggeln.[729] Zur besseren Überwindung der Grenze wurden auch Tunnels gegraben. Um sowohl Containerkontrollen als auch Zwischenhändler in El Salvador[730] und Mexiko zu umgehen, nutzen kolumbianische und ekuadorianische Drogenschmuggler seit einiger Zeit Unterseeboote, selbst gebaute.

Um den Transport nach Europa zu bewerkstelligen, machten Kokainhändler aus Kolumbien, Peru und Bolivien seit 2004 Westafrika zu einem Drogenumschlagplatz. Kokain kommt in Containern, gelegentlich aber auch in eigenen Boeing-Jets.[731] Guinea, Benin, Senegal, Mali oder Nigeria, vor allem aber Guinea-Buissau sind zu wichtigen Zwischenstationen für den Handel mit Kokain geworden.[732] In diesen Staaten gibt es

---

726 Besonders beliebt sind in diesem Zusammenhang *"freezers"*, Container, in denen Waren gekühlt transportiert werden können. Kontrolleure riskieren, dass sie für die Schäden haftbar gemacht werden, die durch die Unterbrechung der Kühlkette entstehen.

727 Angaben von SIPRI: Gunnar Hermann, Schmuggel auf hoher See, Süddeutsche Zeitung, Nr. 24, 30.1.2012, S. 7. Von 2.500 Fällen, in denen Waffen- und Drogenschmuggel auf Schiffen entdeckt wurde, gehörten 19,5 % der beteiligten Schiffe Handelsschifffahrtsgesellschaften mit Sitz in Deutschland. Vgl. Reinhard Wolf, Hütchenspiel mit Containern, TAZ, 30.1.2012, S. 8.

728 Financial Times Deutschland, 29.2.2012, S. 28.

729 Cecibel Romero, 72 Wanderarbeiter hingerichtet, TAZ, 27.8.2010, S. 10.

730 Für Transporte auf dem Landweg sind Drogenbosse auf die Mitwirkung der Kleinstkartelle in El Salvador angewiesen. Vgl. Toni Keppler, Im Land von Texis, TAZ am Wochenende, 16./17.8.2014, S. 8.

731 Max Borowski, Triumph der Drogenmafia, Financial Times Deutschland, 26.7.2010, S. 13.

732 Anne Huffschmid, Verteilungskampf und Schmuggelrouten und Umschlagplätze, TAZ, 1.9.2010, S. 4; Tobias Zick, Der Mafia untertan, Süddeutsche Zeitung, Nr. 190, 18./19.8.2012,

gute Logistik, billige Arbeitskräfte, wenige Kontrollen, untätige Strafbehörden und verbreitete Bestechlichkeit.[733] Transportiert wird vor allem mittels „Mulis", menschlichen Transportmitteln, die kleine Kokainpäckchen oder Kokainkapseln am (und sogar im) Körper befördern. Auch tiefgefrorene Fische werden als Behälter genutzt. Zweimotorige Flugzeuge landen auf abgelegenen Pisten, teilweise aber – so in Guinea-Bissau – auch auf offiziellen Flugplätzen. Vor allem für dieses Land wurden Absprachen zwischen Regierung und Armee auf der einen und südamerikanischen Kokainhändlern auf der anderen Seite bekannt. Inzwischen beeinflusst der Drogenhandel politische Entwicklungen in Westafrika.[734] Haschisch wird in Marokko produziert und in solchen Mengen von Nordafrika aus in Schlauchboten aufs europäische Festland transportiert, dass inzwischen von einer „Drogenautobahn nach Spanien" die Rede ist.[735] Ana Lilia Pérez zufolge umfasst „die Autobahn der Drogenhändler" noch sehr viel weitere Bereiche. Indem mexikanische, kolumbianische, galicische und italienische Drogenhändler die Möglichkeiten nutzen, die ihnen die heutige Organisation der Handelsschiffahrt bietet, verbinden sie nicht nur Drogenhändler in Mexiko mit Verbrechergruppen und *Warlords* in Afrika, „die vor knapp zehn Jahren noch nicht einmal wußten, was Kokain ist", sondern auch mit Geschäftspartnern in Australien und den Marshallinseln. (2014: 291)

In kaum einem anderen Bereich des Wirtschaftslebens ist der Zusammenhang zwischen Politik und Ökonomie derart unmittelbar präsent wie im Drogenhandel. Und anders als dies die Programmatik der Drogenabwehr vermuten lassen würde, wurde er zuvörderst durch staatliche Maßnahmen hergestellt. Es war nicht die Gefahr eines ausufernden Konsums harter Drogen, die den „Krieg gegen Drogen" provozierte, sondern es war, ganz im Gegenteil, dieser Krieg, der den Konsum harter Drogen förderte, der neue Kriminelle schuf und viele Tausende von Toten. Don Winslow ist zuzustimmen: Aus einem Produkt, das ganz wie Orangen auf Bäumen wächst, und ganz wie Orangen in Kalifornien geerntet und für Cents verkauft werden könnte, haben amerikanische Politiker eine Ware gemacht, durch deren Schmuggel sich Milliarden an Profit erzielen lassen. (2005/2006: 307) Die politische Nutzung des Drogenhandels ebenso wie des nachfolgenden *"War on Drugs"* für andere als die vorgegebenen Zwecke ist inzwischen vielfach belegt, dennoch ist die Absurdität der offiziell dominanten Anti-Drogenpolitik so immens und so obszön, dass sie theoretischer Analyse nicht vollständig zugänglich ist.[736]

S. 6/7. Von den 129 Tonnen Kokain, die 2009 in Europa konsumiert wurden, sollen 21 Tonnen aus Afrika gekommen sein. (Angaben von UNODC), zit. Anne Fritz, Drogenschleuse Westafrika, Le Monde diplomatique, Februar 2013, S. 1.

733 Anne Fritz, op. cit. S. 1.

734 Vgl. Anne Fritz, Drogenschleuse Westafrika, Le Monde diplomatique, Februar 2013, S. 1f.

735 Ralph Schulze, Florierender Drogenschmuggel über das Mittelmeer, Weser Kurier, 24.5.2015, S. 5.

736 "*The War on Drugs is an obscene absurdity or an absurd obscenity.*" (2005/2006: 492) Don Winslows Buch "*the power of the dog*" ist ein Roman. Er basiert auf so umfangreichen Recherchen, dass er von Experten als Forschungsliteratur zitiert wird.

Eine Schlussfolgerung aber liegt auf der Hand: Anti-Drogenpolitik, die diesen Namen verdient, setzt das Ende der Prohibition voraus.[737] Inzwischen setzen sich nicht nur immer mehr Experten, sondern zunehmend auch einflussreiche Politiker für eine Legalisierung des Handels mit Drogen ein.[738] Jack A. Cole zitiert die Parole der Frauenorganisation für die Reform der Prohibition aus dem Jahre 1932: *"Save our children – stamp out prohibition"*. (2009: 19)

Das Schlachtfeld, das von Drogenhandel und Anti-Drogenpolitik in den letzten Jahren geschaffen wurde, ist aber noch um einiges gräulicher als die Situation, die in den USA herrschte, als dort viele die Abschaffung der Prohibition forderten. Denn bei der Kriminalisierung des Handels mit Alkohol handelte es sich um eine nationale Politik, und die Abkehr von dieser Politik konnte von einem Staat bewältigt werden, der – aller vorhergehenden Korruption und Gewalttätigkeiten zum Trotz – in der Lage war, diesen Politikwandel durchzusetzen. In heutigen Zentren des Drogenhandels dagegen ist Staatsgewalt vielfach nicht nur durch Korruption gebeugt, sondern sehr weitgehend unter die Herrschaft von Drogenbossen gelangt. Kein Zufall deshalb, dass sich in Mexiko seit 2010 Bürgermilizen gebildet haben, die durchsetzen wollen, was sie vom Staat nicht mehr erwarten können: die Einschränkung von Gewalt.[739] Ohne

---

737 Zusammenfassend zum Scheitern der Prohibition eine Studie der University of British Columbia (Kanada): International 'war' on illegal drugs is failing to curb supply; BMJ Open, 30.9.2013: www.bmjopen.bmj.com/content/3/9/e003-077.full (Die Autoren nutzten Daten von Behörden, die über längere Zeit den internationalen Drogenhandel überwacht hatten.)

738 Als erstes Land der Welt hat Uruguay den nichtmedizinischen Gebrauch von Cannabis legalisiert.

739 Eine neue Stufe hat die Opposition erreicht, nachdem im September 43 Studierende „verschwunden „sind. Während über die meisten der 26 000 Menschen, die in den letzten Jahren in Mexiko verschwunden sind, nichts weiter bekannt ist, als dass sie „mitgenommen" wurden, ist der Mord an diesen jungen Frauen und Männern inzwischen bekannt. Sie hatten in Iguala demonstrieren wollen. Zunächst war bekannt geworden, sie seien auf Veranlassung des Bürgermeisters am 26. September von der Polizei festgenommen und dann einer Drogenbande übergeben worden. Ihre Leichen seien verbrannt worden. (Vgl. Peter Burghardt, Das Feuer um Mitternacht, Süddeutsche Zeitung, Nr. 298, 10.11.2014, S. 3) Obwohl der Mord von einem Mitglied der „Guerreros Unidos" inzwischen gestanden wurde, (Süddeutsche Zeitung Nr. 20, 26.1.2015, S. 20) geben sich Angehörige der Verschwundenen mit den bisherigen Erklärungen nicht zufrieden, weil sie fürchten, das Militär könne verwickelt sein. (Vgl. TAZ, 28.1.2015, S. 11) Immer mehr Freiwillige suchen in den Bergen nach verscharrten Leichen. (Vgl. Wolf-Dieter Vogel, Der Geruch des Todes, TAZ, 19.2.2015, S. 5) Der Mord an den Studierenden wurde zum Auslöser einer sehr weitreichenden politischen Krise und immer mehr Freiwillige schließen sich zu Gruppierungen zusammen, die es unternehmen, jene Ordnungsfunktion auszuüben, die von staatlichen Stellen nicht mehr zu erwarten ist. (Vgl. Elisabeth Malkin, In Mexico, a Crisis of Authority, The New York Times (Süddeutsche Zeitung) 20.2.2015, S. 1 & 4) Im Herbst 2015 mehren sich Zweifel an den bisherigen Erklärungen für das Verschwindens der Studierenden. Eine unabhängige Expertenkommission hält sie für unglaubwürdig. Zweifelsfrei scheint lediglich zu sein, dass staatliche Stellen bemüht waren, die Vorgänge zu verschleiern. (Vgl. Klaus Ehringfeld, Rätselraten um Studentenmorde, Weser Kurier, 7.9.2015, S. 6. Vgl. Auch Dokumente nähren Zweifel, TAZ, 13.10.2015) Die Zweifel beziehen sich nicht auf die Morde, sondern auf den Ort, an dem sie verübt wurden.) Am 30. April hat die internationale

die Abkehr führender Industriestaaten von ihrer bisherigen Anti-Drogenpolitik und ohne wirksame Maßnahmen gegen die Praktiken der Geldwäsche, an denen große internationale Banken beteiligt sind, bleiben die Erfolgsaussichten von Menschen, die ihr Leben riskieren, um der Gewalttätigkeit konkurrierender Drogenbanden entgegen zu treten, begrenzt.[740] Und anders als die Gegner der Prohibition von Alkohol in den USA in den 1920er Jahren, sehen sich Gegner der Drogenprohibition heute Praktiken illegaler und gewaltsamer Aneignung von Menschen gegenüber, die sich die Vorteile der Globalisierung zunutze machen. Längst sind am Drogenhandel Beteiligte auch in andere Praktiken krimineller Aneignung involviert, längst gibt es Verbindungen zu Waffenschmugglern und Menschenhändlern und damit auch zum Personal in jenen Regierungs- und Verwaltungsstellen, die von solchem Handel profitieren. Weltweit.

Menschenschmuggel

Ebenso wie Piraten und Drogenschmugglern haben Regierungen auch Menschenschmugglern „den Krieg erklärt", dabei nicht nur missachtend, dass internationalem Recht zufolge keine Kriege gegen Private geführt werden können, und seien deren Handlungen auch noch so verachtenswert, sondern auch, dass es nicht die Schlepperkriminalität ist, die das Anwachsen von Migrations- und Flüchtlingszahlen verursacht.[741] Flüchtlinge werden durch Kriege, Verfolgung und durch den Verlust von Überlebensmöglichkeiten geschaffen.[742] In viele Kriege der letzten Jahre haben sich westliche Staaten eingemischt, dadurch gewissermaßen nahelegend, dass an Ort und Stelle auch Hilfe zu

---

Expertenkommission ihren Abschlussbericht über die Untersuchung des Verschwindens von 43 Studierenden vorgelegt. Die Kommissionsmitglieder beklagen Behinderung ihrer Arbeit und stellen fest, die Aufklärung sei ihnen nicht möglich gewesen. Als sicher gilt ihnen aber, dass eine perfekte Koordination zwischen Guereros Unidos und Polizei statt gehabt hatte. Ob auch Bundesbeamte und Soldaten beteiligt gewesen seien, konnten sie nicht abschließend klären. (Vgl. Wolf-Dieter Vogel, Vertuschung und Folter, TAZ, 26.4.2016, S. 11)

740 Und dies, obwohl die Front der Kritiker inzwischen sehr breit ist und weiter wächst. Vgl. Thomas Urban, Der Krieg ist verloren, Süddeutsche Zeitung, Nr. 90, 19. April 2016, S. 2; Hernán D. Caro & Claudius Seidl & Harald Staun, Das Ende der Prohibition, Frankfurter Allgemeine Sonntagszeitung, Nr. 49, 6.12.2015, S. 48.

741 Patricia Hecht, Der Krieg gegen Schlepper, TAZ, 24.4.2015, S. 1. Der Kommentar bezieht sich auf den Beschluss, die von der EU zur Abwehr von irregulärer Immigration gegründete Organisation *Frontex,* zu beauftragen, gegen Schlepperboote auch mit Waffengewalt vorzugehen- und zwar bereits in den Herkunftsländern von Flüchtlingen.

742 Wie leicht ersichtlich, vermeidet diese Formulierung den Bezug auf rechtliche Definitionen. Flüchtlinge sind notwendigerweise immer auch Migrantinnen bzw. Migranten, aber nicht alle der letzteren haben Aussicht, als Flüchtlinge anerkannt zu werden. Für Menschenschmuggler ist die Unterscheidung ebenso unwichtig wie für alle, die vom „ausbeuterischen Transit" profitieren. Für den Vorschlag, vom „ausbeuterischen Transit" zu reden vgl. die sehr gründlichen empirischen und zudem theoretisch reflektierten Forschungen von Missbach & Phillips (2015), für die Bedeutung von Definitionen in der Flüchtlingsforschung. Vgl. Kleist (2015).

erwarten sei. Und nach Europa haben sich Hunderttausende erst auf den Weg gemacht, als das *World Food Programme* der Vereinten Nationen (WFP) 2015 beschloss, die monatlichen Zuschüsse zu den Lebensmittelkarten syrischer Flüchtlinge in nordafrikanischen Lagern zu kürzen.[743]

Schlepper, *Kojoten*, *Schlangenköpfe* oder wie immer sie im Einzelnen genannt werden, profitieren von den ständig neu geschaffenen Ursachen für Flucht und Migrationsbedürfnisse. Die Höhe ihrer Gewinne ergibt sich aus der Nachfrage, zugleich aber auch aus der Rigidität von Abwehrmechanismen. Zu diesen Abwehrmechanismen zählen auch die Bemühungen, allen Menschen, die sich an Fluchthilfe beteiligen, niedere Beweggründe zu unterstellen. Aber Fluchthilfe war und ist erforderlich, um denen zu helfen, die sich vor Verfolgung und Vernichtung im Land ihrer Geburt in Sicherheit bringen wollen.

Entgegen weit verbreiteter Vermutungen retten sich die allermeisten Flüchtlinge nicht in die Regionen des entwickelten Kapitalismus, sondern in benachbarte Staaten.[744] Weil Flüchtlinge aus Vietnam Ende der 1970er Jahre in keinem der umliegenden Staaten willkommen gewesen wären, wagten sie sich in kleinen und überfüllten Booten aufs Meer. Viele Tausende ertranken, Hunderte wurden durch Schiffe gerettet, die von Hilfsorganisationen zu diesem Zweck ausgesandt wurden. Dass die Rettung vietnamesischer *boatpeople* durch die *Cap Anamur* damals in der bundesrepublikanischen Öffentlichkeit gefeiert wurde, erhöhte die Zahl derer, denen von bundesdeutschen Behörden legale Einreise zugestanden wurde. Für die Veränderung der internationalen politischen Situation in Fragen der Fluchthilfe gibt es kaum ein symbolträchtigeres Beispiel als die völlig unterschiedliche Behandlung einer Rettungsaktion, welche die Besatzung der *Cap Anamur* 2009 im Mittelmeer erlebte. Wochenlang verhinderten sizilianische Behörden, dass die 37 aus Seenot Geretteten an Land gebracht werden konnten. Und dann wurden der damalige Vorsitzende der Hilfsorganisation *Cap Anamur* und der damalige Kapitän der *Cap Anamur* wegen Beihilfe zur illegalen Einwanderung angeklagt und mit hohen Geldtrafen sowie Haft bedroht. Sie wurden schließlich freigesprochen.[745]

Während die *Cap Anamur* unterwegs gewesen war, um in Seenot geratene Menschen zu retten, waren die sieben tunesischen Fischer, die zwei Jahre später wegen des gleichen Delikts angeklagt wurden, lediglich ihrem Beruf nachgegangen, als sie Menschen halfen, die sich in Seenot befanden. Damit entsprachen sie einer Verhaltensweise, die Seeleute von anderen Seeleuten seit Menschengedenken erwarten. Während sie dabei waren,

---

743 Carolin Emcke, Zuvorkommen, Süddeutsche Zeitung, Nr. 88, 16,/17.4.2016, S. 5.

744 Das gilt insbesondere für Flüchtlinge aus Ländern der Subsahara. In keinem Industrieland betrug ihr Anteil an der Bevölkerung im Jahr 2011 mehr als 4 %, in der Bundesrepublik 0,04 %. (OECD Angabe , hier zitiert nach Wahl 2016: 57) Ben Lawrence hat über die Schicksale einzelner Menschen berichtet, die in Dadaab leben, einem Flüchtlingslager in Kenia. 2011 versuchten dort an die 400 000 Menschen zu überleben. Damals gab es das Lager schon so lange, dass manche der Erwachsenen bereits im Lager geboren worden waren. (2016)

745 Freispruch im Fall „Cap Anamur“ auf Sizilien; Die Welt, 7.10.2009; http://www.welt.de/politik/ausland/article4765136/Freispruch-im-Fall-Cap-Anamur-a...; abgerufen am 6.6.2016.

Flüchtlinge zu retteten, wurden sie von der italienischen Küstenwache aufgefordert, sofort in ihren Heimathafen zurück zu kehren. Dem leisteten sie keine Folge. Bei ihrer Ankunft in Lampedusa wurden ihre Boote konfisziert und trocken gelegt. Dabei wurden die Boote zerstört. Die Fischer wurden in Handschellen dem Gericht vorgeführt. Nachdem der Vorwurf der Schleusung gegen Geld fallen gelassen worden war, wurden fünf der Fischer freigelassen, die Anklage gegen die Kapitäne der beiden Boote aber aufrechterhalten. Sie lautete auf zwei Jahre und sechs Monate Haft sowie Zahlung der Prozesskosten wegen Widerstands und Gewalt gegen ein Kriegsschiff und gegen die Staatsgewalt.[746] Im September 2011 sprach ein italienisches Berufungsgericht die beiden Kapitäne frei.

Von der Veränderung der politischen Situation sind auch Kapitäne betroffen, auf deren Schiff ein blinder Passagier entdeckt wird, den sie dann an Land bringen müssen. Weil auch sie prinzipiell verdächtigt werden, Beihilfe zur illegalen Einreise geleistet zu haben, sind ihre Schwierigkeiten inzwischen enorm.[747] Sie werden auch nicht dadurch verringert, dass die Kosten für die zwangsweise Zurückbeförderung eines *stowaway* in sein Herkunftsland, welche Behörden des betreffenden Hafenstaats dem Kapitän aufbürden, vom Schiffseigner bzw. –zumindest zum Teil – von dessen Versicherung übernommen werden. Während die *International Seafarers Federation* (ITF) hervorhebt, auf welche Fürsorge auch ein *stowaway* Anspruch hat, ist ein Ratgeber für Kapitäne, den die Organisation *Gard* herausgegeben hat, vor allem darauf ausgerichtet, das (vor allem in afrikanischen Häfen häufige) Vorkommnis zu verhindern: Soweit in einem Hafen verfügbar, sollen Suchtrupps mit Hunden geheuert werden, außerdem sollen an Bord gut sichtbar Hinweise angebracht werden, dass die Laderäume vor dem Ablegen begast werden. In dem Handbuch, dem dieser Ratschlag entnommen ist, wird angefügt, dass der Eindruck einer solchen Maßnahme dadurch erweckt werden könne, dass Druckluft eingeblasen wird.[748]

Kapitäne von Handelsschiffen, die Flüchtlinge aus Seenot retten, sind in den letzten Jahren nicht mehr angeklagt worden. Sie müssen sich aber mit den Eignern oder Charterern des Schiffes auseinandersetzen, wenn sie der Fluchthilfe wegen Umwege fahren und sich dadurch in den eng getakteten Fahrplänen Verzögerungen ergeben. Tausende sind dennoch durch Handelsschiffe gerettet und von den zahlenmäßig sehr begrenzten Mannschaften an Deck notdürftig versorgt worden.[749] Seit das von der italienischen Regierung ins Leben gerufene Programm *Mare Nostrum*[750] wegen Geldmangels und fehlender

746 Christian Jakob, „Ich würde es wieder machen“, TAZ, 21.9.2011, S. 5.

747 Vgl. ITF policy on stowaways, beschlossen im Oktober 1997.

748 Gard, Guidance to Masters, 2. Aufl. 2006, Abschnitt 2.9.3.4.

749 Eckart Gienke & Jan Oppel, Schiffsbesatzungen am Limit, Weser Kurier, 21.4.2015, S. 3.

750 Im Rahmen dieses Programms hat die italienische Marine fast 80.000 Flüchtlinge aus dem Meer gerettet. Vgl. Rupert Neudeck, Kriegsschiffe zu Rettungsboten, Süddeutsche Zeitung, 20.8.2014, S. 2.

Unterstützung durch die EU beendet wurde, sehen sie sich im Mittelmeer noch öfter zu Nothilfe verpflichtet. Denn die Schiffe, die für das von der EU-Grenzschutzagentur Frontex in Gang gesetzte Programm *Triton* unterwegs sind,[751] fahren nicht bis in libysche Gewässer, sondern sind nur vor europäischen Küsten unterwegs.[752]

Nicht alle Migrantinnen und alle Migranten nutzen die Dienste von Schleusern. Die vielen Menschen, die im Rio Grande ertranken, weil sie gehofft hatten, schwimmend die Grenze zu den USA überwinden zu können, haben vermutlich „auf eigene Faust" gehandelt.[753] Auch hat es das 1994 in Kraft getretene Freihandelsabkommen zwischen den USA, Kanada und Mexiko (NAFTA) manch einem der durch die Freihandelspolitik ruinierten Bauern[754] sowie früherem Beschäftigten der nach China verlagerten *Maquiladores* ermöglicht, den vermehrten Lastwagenverkehr für einen heimlichen Grenzübertritt zu nutzen.[755] Auch die jungen Männer, die – oft in großen Gruppen – gegen die hohen und mit sehr scharfem Stacheldraht bewehrten Zäune anrennen, welche die spanischen Exklaven Mellila und Ceuta von Marokko trennen, begeben sich auf eigene Regie in Gefahr, ganz genauso wie diejenigen, die versuchen, Ceuta schwimmend zu erreichen. Sie mussten und müssen gewärtigen, von Wachleuten beschossen zu werden, von marokkanischen Wachen mit scharfer Munition, von spanischer Polizei mit Tränengas und Gummigeschossen.[756] Insgesamt jedoch hat die Verschärfung von Grenzregimen und hat insbesondere die Auslagerung der Abwehr, wie sie von Europa aus in Nordafrika und von Australien aus in Indonesien betrieben wird, die Nachfrage nach Schleuserdiensten dramatisch erhöht.

Tatsächlich nachgewiesene Schleusungen gelten international als Straftaten. Es gibt sie allerdings in unterschiedlichen Formen. Da ist zunächst die Art der Schleusung, die sich nur Reiche leisten können. Diesen wird oft eine sog. Garantie-Schleusung angeboten, will sagen, die Anbieter sagen zu, die Überwindung der Grenze – zumeist geschieht sie

---

751 Die Mittel für *Frontex* sind erhöht worden. Zweitweise war auch unterstellt worden, man könne den Menschenschmuggel durch den Einsatz von Waffen bekämpfen.

752 Michael Braun, Lebensrettung light, TAZ, 29.8.2014, S. 4.

753 Bereits zwischen 1993 und 2006 waren 1.323 Menschen ertrunken. Vgl. Joëlle Stolz, Du Mexique au rêve américain, un long chemin des croix, Le Monde, 3.4.2006, S. 4.

754 NAFTA erleichterte nicht nur die Ausfuhr von Agrarprodukten, sondern ermöglichte es auch den USA, einheimischen Agrarproduzenten Hilfsgelder zukommen zu lassen. Deren auf diese Weise gestärkte Konkurrenzfähigkeit trieb viele mexikanische Bauern in den Ruin. NAFTA hat die Zahl der potentiellen irregulären Arbeitsimmigranten in die USA anwachsen lassen. Vgl. Andrew Wallace & Mathews Kretman & Scott Strogatz, The Immmigration Debate; http://www.umich.edu/~ac213/student_projects07/global/nafta.html; abgerufen am 26.5.2016.

755 Menschenschmuggler nutzen die Transportwege des legalen Güterverkehrs. Vgl. Marina Zapf, Geschäft mit der Menschenfracht, Financial Times Deutschland, 30.7.2010, S. 12.

756 Jonas Schreijäg, Wo Asyl der Abschreckung dient, Zeit-Online, 27.7.2015.

mittels falschen Papieren und Flügen – so oft zu wiederholen, bis sie erfolgreich ist.[757] Für unseren Zusammenhang ist Garantieschleusung nicht von Belang, weil diejenigen, die sie betreiben, das Leben ihrer Kunden nicht bewusst riskieren.

Experten zufolge handelt es sich bei Verwandtenschleusungen um eine eigene Form. Auch sie erfolgt auf ganz unterschiedliche Art und Weise. So scheint beispielsweise im Jahr 2013 eine Art der Verwandtenschleusung intendiert gewesen zu sein, als sich sehr arme Bauersfamilien aus Niger mit zwei Lastwagen auf den Weg nach Algerien machten, wo einige der Reisende Verwandte hatten.[758] Um den algerischen Kontrollen zu entgehen, wählten sie einen Weg durch die Wüste. Nachdem einer der Lastwagen zusammengebrochen war, gingen einige zurück, um Ersatzteile zu holen. Sie kamen nicht zurück. Als diejenigen zurückkehrten, die sich danach aufgemacht hatten, um Wasser zu suchen, waren die meisten ihrer Verwandten schon tot, andere starben, nachdem sie die ersten Schlucke Wasser getrunken hatten.[759]

Manche Verwandten wollen sich nicht selbst als Schleuser betätigen, sind aber bereit, die Kosten für eine bestimmte Etappe zu bezahlen. Nachdem diese überwunden ist, lassen die Schleuser dann ihre Verwandten im Exil anrufen, damit diese die Erledigung des Auftrags bestätigt erhalten. Die Flüchtlinge werden dann in einem Verbindungshaus festgehalten, bis die Zahlung an einen Mittelsmann im Aufenthaltsland der Verwandten übergeben ist. (2016: 15)[760]

Neben dem Angebot einer Schleusung für eine bestimmte Etappe – zum Beispiel von Niger bis Libyen, von Serbien nach Deutschland,[761] von Ägypten nach Israel, vom Ostsudan nach Khartoun, übers Mittelmeer, über den Jamaikanischen Kanal, die andamanische See oder den Indischen Ozean – gibt es Europol zufolge auch „hocharbeitsteilige Organisationen, welche die Reise vom Herkunfts- bis ins Zielland organisieren. Ein Service, der einiges umfasst: Fahrzeuge, Unterkünfte und Verpflegung organisieren, Behörden bestechen, Dokumente fälschen, übersetzen, Reiseführung und vieles mehr. Die Köpfe größerer Gruppen sitzen in den Brennpunkten der Schleuserindustrie."[762] Die Koordination – und vielfach auch die Werbung von Kunden – erfolgt mittels

757 Neuerdings sollen Schleuser ihre Kunden auch nach Brasilien ausfliegen, damit sie bei der Rückkehr an kleinere europäische Flughäfen keinen Verdacht erregen: Corinna Burdas, Syndikat der Schlepper, Frankfurter Allgemeine Sonntagszeitung, Nr. 11, 20.3.2016, S. 27.

758 Die Angaben über die Zahl der Reisenden schwanken zwischen 92 und 98, diejenigen über die Überlebenden zwischen 13 und 19. Vgl. Drama in der Sahara. In der Wüste verdurstet, TAZ, 30.10.2013, S. 10.

759 Dominic Johnson, Tod in der Wüste, TAZ, 1.11.2013.

760 Michael Obert & Matthias Ziegler, Der Fluchtpunkt, Süddeutsche Zeitung Magazin, Nr. 7, 19.2.2016, S. 8-23.

761 Die inzwischen errichteten Grenzbefestigungen haben derartige Schleusungen schwieriger – und kostspieliger – gemacht, verhindert haben sie diese nicht. Vgl. Nadia Pantel, Nur die Starken, Süddeutsche Zeitung, Nr. 93, 22.4.2016, S. 8.

762 Thomas Kirchner, Beflügelte Branche, Süddeutsche Zeitung, Nr. 51, 2.3.2016, S. 7.

Smartphone.[763] Auf der Basis von Gesprächen mit Schleusern stellen Andrea Di Nicola & Giampalo Musumeci fest, es sei an der Zeit, „dass wir uns von der Vorstellung verabschieden, dass es sich bei den Schleusern um kleine Gauner handelt, die sich auf die Schnelle ein paar Dollar verdienen wollen. Hinter der illegalen Einwanderung, hinter den Zehntausenden von Flüchtlingen, die Jahr für Jahr Europa erreichen, steckt nämlich in Wahrheit eine geschäftstüchtige Branche, zu der, ja, auch kleine Ganoven und manchmal bemitleidenswerte Gestalten gehören, aber vor allem mächtige Berufsverbrecher: Männer in Zweireihern, knallharte Geschäftsleute, ...Noch in den abgelegensten Gegenden der Welt sitzen ihre „Agenten", wie die Flüchtlinge sie nennen, und arbeiten über ein gigantisches Netzwerk zusammen ..." (2014/2015: 17) Für manch einen haben die erbarmungslosesten „Reiseveranstalter" der Welt den beruflichen Alltag geändert, so etwa für jenen Tuareg, der früher für seinen Chef Hirse von Bilma über Wüstenpisten bis nach Dirkou brachte, um dann mit einer Fuhre Salz zurück zu kehren, und der nach dem Wechsel des Geschäftsmodells seines Chefs eigenem Bekunden zufolge „schon mehr Menschen transportiert [hat] als Salzkörner in den fünfzehn Jahren davor." (Ebenda: 95) Von ihm ist anzunehmen, dass er seine Passagiere ebenso sicher ans Ziel bringen wollte wie früher die Hirse.[764]

Unter den Schleusern, welche die Fahrt übers Mittelmeer anbieten, ist solche Geschäftsmoral eher selten. Angesichts der immensen Nachfrage werden Flüchtlinge vielfach auf Schiffe gesetzt, die schon so heruntergefahren sind, dass sie für den Fischfang nicht mehr eingesetzt werden. Immer wieder wurde berichtet, dass kurz vor dem angestrebten Ziel an der europäischen Küste die Kapitäne mit den – oft in Osteuropa angeheuerten Mannschaften – die Schiffe verließen, nachdem sie die Navigation auf Autopilot umgestellt hatten oder die Passagiere auch ganz ohne Hilfsmittel und ohne Versorgung ihrem Schicksal überlassen hatten.[765] Andere werden in Schlauchboote mit Außenbordmotor gesetzt, die freiwilligen Helfern zufolge von „so hundsmiserabler Qualität sind", wie es sie sonst gar nicht gibt. Genau besehen sind die Insassen solcher Schlauchboote vom Moment ihres Ablegens an in Seenot. Angeblich sollen Schlauchboote für genau diese Zwecke containerweise in China hergestellt werden.[766] Die 2.000

763 Corinna Budras, Syndikat der Schlepper, Frankfurter Allgemeine Sonntagszeitung, Nr. 11, 20.3.2016, S. 27.

764 Anders sicher die Lastwagenfahrer, die 100 Äthiopier in Lastwagen ohne Luftzufuhr steckten, um sie nach Sambia zu schmuggeln. Als kongolesische Zöllner die Wagen öffneten, waren 15 der Insassen bereits erstickt. Dominic Johnson, Flüchtlinge im Lastwagen erstickt, TAZ, 21.6.2016, S. 8; über den Tod von 71 Menschen in einem ungarischen Kühllaster vgl. Ralf Wiegand & Amir Musawy, Er fehlt, Süddeutsche Zeitung, Nr. 193, 22.8.2016, S. 3.

765 Karl-Heinz Fesenmeier, Wie Schleuser mit Flüchtlingen Milliarden verdienen, Badische Zeitung, 10.3.2015; http://www.badische-zeitung.de/ausland-1/von-der-teestube-in-den-tod-101583792.ht...; abgerufen am 5.6.2016; Zur Praxis, Schiffe und ihre Passagiere sich selbst zu überlassen, vgl. auch: Michael Braun, Ein äußerst lukratives Geschäft, TAZ, 3./4.1.2015, S. 6; Miriam Moll & Klaas Mucke, Mörderisches Geschäft im Mittelmeer, Weser Kurier, 3.1.2015, S. 1.

766 Christian Jakob, Er sang, um nicht zu schreien, TAZ, 4./5.6.2016, S. 9.

Dollar, die dem Vernehmen nach in letzter Zeit für eine Überfahrt von Nordafrika nach Sizilien verlangt wurden, finanzieren für viele dann nur eine Reise in den Tod.

Als im April 2015 Schleuser in einem Schnellboot angebraust kamen und mit Kalaschnikows in die Luft feuerten, um sich ein Schlauchboot anzueignen, das gerade leer geworden war, weil die Insassen von einem für *Frontex* fahrenden isländischen Schiff aufgenommen worden waren, vermutete *Frontex-Direktor* Fabrice Leggeri, dass den Schleppern nun die Boote ausgingen. Das hat sich als Illusion erwiesen, weil inzwischen auch in Libyen Schlauchboote produziert werden.[767] Da potentielle Passagiere oft aus Gegenden kommen, in denen es keine Schifffahrt gibt, können sie die Gefahren, die ihnen drohen, vielfach gar nicht beurteilen, und sie können auch nicht schwimmen. Und wenn als Schiffsführer einer gestellt wird, der dafür gar nicht ausgebildet ist,[768] so ist kaum einer der Passagiere in der Lage, dies zu beurteilen. Dennoch hatten Flüchtlinge angesichts der schlechten Witterung im Februar 2015 in der Nähe von Tripolis nicht in die bereitgestellten vier Schlauchboote steigen wollen. Überlebende berichteten, sie seien von den Schleusern mit vorgehaltener Waffe in die Boote gezwungen worden. Nachträglich war nicht zu ermitteln, wie viele Menschen bei der schweren See über Bord gegangen waren. Womöglich waren es mehr als 300.[769]

Schleusung ist inzwischen ein Milliardengeschäft. Für manche wirkt es wie eine Agentur zur Bereitstellung von Ferienjobs. In Borh Mehjeisil, einem kleinen ägyptischen Fischerdorf sollen inzwischen fast alle Dorfbewohner an der Schlepperei beteiligt sein, darunter auch Jugendliche, die sich während der Ferien anheuern lassen. Für die Bosse hat das den Vorteil, dass Minderjährige, sofern sie erwischt werden, eher in ein Flüchtlingslager verbracht als ins Gefängnis gesteckt werden.[770] Ein aus Syrien geflohener jesidischer Kurde arbeitet, nachdem ihm selbst keine einigermaßen sichere Weiterreise möglich war, inzwischen für eine Schleusergruppe in Istanbul. 2015 war er dafür zuständig, die Flüchtlinge vorübergehend in Istanbul unterzubringen. Die meisten Kunden dieser Schleuserbande trauten sich nicht auf ein Schiff und wählten deshalb den Weg über Bulgarien. Die dafür verlangten 8.500 Euro pro Person seien in der Regel in einer Wechselstube hinterlegt worden.[771]

Auf eine lebensgefährliche Reise begaben sich – mehr oder minder bewusst – in den letzten Jahren auch viele, die mit Schleusern in der Wüste Sonora unterwegs waren, um die Grenzbefestigungen von Arizona zu umgehen.[772] Als *Kojoten* werden Men-

767 Markus Wehner, Die Schlepper haben gewonnen, Frankfurter Allgemeine Sonntagszeitung, Nr. 17, 26.4.2015, S. 2.

768 Stefan Klein, Der Spediteur, Süddeutsche Zeitung, Nr. 87, 16.4.2015, S. 3.

769 Michael Braun, Mare Monstrum, TAZ, 12.2.2015.

770 Karim El-Gawhary, Menschenschmuggel, TAZ, 1.4.2016, S. 3.

771 Can Merey, Flucht nach Deutschland ab 7.500 Euro. Ein Schleuser packt aus, Weser Kurier, 16..4.2015, S. 3.

772 Zwischen 1990 und 2015 wurden 7.000 Leichen gefunden. Die Zahl der Todesfälle wird sehr viel höher gewesen sein. Robert Neustadt von der Hilfsorganisation *no more deaths/no*

schenschmuggler in dieser Gegend bezeichnet. Überlebende berichten, dass *Kojoten* gerne darauf verzichten, über die Länge und die Beschwerlichkeit des Weges durch die Wüste zu informieren und auch über das Erfordernis, sehr viel Wasser mit sich zu führen. Immer wieder überlassen die Schleuser Migrantinnen und Migranten in der Wüste ihrem Schicksal.

> „Jeder Fährtenleser wird Dir berichten, dass in jedem Fall, und zwar ganz ohne Ausnahme, die Kojoten, welche die 'Gehenden' verlassen, ... sich bei ihnen zuvor all ihr Geld 'borgen' oder es ihnen stehlen. Das ist die gewöhnliche Geschäftspraxis unter jenen, die Menschen aus praktischen Gründen zum Sterben zurücklassen." (Urrea 2004: 201, Übers.)[773]

Die Aufrüstung der Migrationsabwehr an den Grenzen von Texas und Arizona seit 2006 ließ und lässt den Weg durch die Wüste zunehmend als einzige Möglichkeit für einen Grenzübertritt erscheinen. Weshalb denn auch die Zahl der polizeilich ermittelten irregulären Grenzübertritte in den letzten Jahren gesunken ist, die Zahl derer, die bei diesem Versuch ihr Leben verloren haben, dagegen nicht.[774] Allein zwischen 2001 und 2014 wurden mehr als 2.000 Leichen in der Wüste Sonora gefunden. Die Aufrüstung der Grenzen hat die Geschäftsaussichten von Menschenschmugglern an der südwestlichen Grenze der USA verbessert.

Überlassen Schleuser Menschen in der Wüste unversorgt ihrem Schicksal, so handelt es sich ganz ebenso um eine gewaltsame Form der Aneignung wie beim Einsatz seeuntüchtiger Boote. Und Gewalt praktizieren auch Schleuser, die Menschen wie Vieh in einen Lastwagen pferchen, den sie dann stehen lassen oder absichtlich gegen die Leitplanke der Autobahn fahren, wenn sie sich einer Polizeikontrolle entziehen wollen.[775] Ganz unmittelbarer Gewalt und möglichem Mord sind Menschen ausgesetzt, deren Notlage von Schleppern zur Erpressung von Lösegeld ausgenutzt wird. Diese Form gewaltförmiger Aneignung gibt es weltweit, und sie ist nicht selten.

---

másmuertes gibt an, dass Mitglieder dieser Hilfsorganisation regelmäßig feststellen müssen, dass die Wasserflaschen, die sie für in Not geratene Migranten in der Wüste deponierten, zerbrochen wurden. Vereinzelt haben sie mit versteckter Kamera auch aufgenommen, dass solche Zerstörung durch Grenzpolizisten erfolgte. Interview with Robert Neustadt: *Massive Deaths in Border Desert Caused by US Immigration Policy*, 3.2.2015; http://www..truth-out.org/buzzflash/commentary/massive-deaths-in-border-desert-caus....; abgerufen am 1.6.2016.

773 Luis Alberto Urrea hat sehr gründlich untersucht, wie und warum 14 Menschen im Jahr 2011 in der Wüste Sonora ums Leben kamen, die von ihrem Führer, der ihnen zuvor Geld abgenommen hatte, ohne Wasser zurückgelassen worden waren.

774 Erin Siegal McIntyre, Death in the Desert: The dangerous trek between Mexico and Arizona; http://america.aljazeera.com/articles/2014/3/11/death-in-the-desertthedangeroustrekbe; abgerufen am 1.6.2016.

775 Von Urteilen gegen Schleuser, die in Laufen im Viertelstundentakt gefällt werden, berichtet Annette Ramelsberger (Schnellgericht, Süddeutsche Zeitung, Nr. 208, 10.9.2015, S. 3) Der Richter mache einen Unterschied zwischen „gesitteten Schleusungen", für die es ein bis zwei Jahre auf Bewährung gibt, und „Viehtransporten" für die auf jeden Fall auf Gefängnis entschieden wird. Der Hinweis auf die absichtliche Fahrt gegen Leitplanken basiert auf der Aussage einer Oberstaatsanwältin in Passau.

Mit Lösegeld sahen sich etwa Familien in Eritrea konfrontiert, die ihre Kinder nach Äthiopien schickten, damit sie dem von der eritreischen Regierung verlangten unbegrenzten Militärdienst entgehen können. Weil die Regierung von Eritrea die Arbeitskraft der Jugend ihres Landes zu nutzen gedenkt, verpflichtet sie diese zu einem zeitlich unbegrenzten Militärdienst.[776] Im Jahr 2015 sollen sich in Flüchtlingslagern an der äthiopischen Grenze zu Eritrea mehr als 1.500 unbegleitete Kinder aufgehalten haben. Schleuser versprachen ihnen, sie nach Europa zu bringen, wohin sie dann ihre Eltern nachholen könnten. Sobald sie die Kinder nach Libyen gelockt hatten, zwangen sie diese, ihre Eltern anzurufen, damit diese die Reise bezahlten. Derzeit werden um die 2.800 € verlangt. Wenn die Eltern auf ihre Armut verweisen, wird ihnen mit der Tötung ihrer Kinder gedroht. Sein Vater habe alle seine Ziegen verkauft, sagte einer der Jungen. „So erging es uns allen."[777] Nichtsdestotrotz ist die Flucht der Jungen zu einer Massenbewegung geworden.[778]

Lösegeld sollen 2010 auch die Killer verlangt haben, die 72 Migranten auf einer Ranch im mexikanischen Bundesstaat Tamaulipas ermordeten. Der Interamerikanischen Kommission für Menschenrechte (CIDH) zufolge sollen allein im Jahr 2009 1.800 Migranten auf dem Weg in die USA entführt worden sein. Wer nicht habe zahlen können, sei ermordet worden. Die Opfer waren zumeist von Banden aufgegriffen worden, wenn sie versuchten, auf Güterzügen die guatemaltekische Grenze zu überwinden. Nichtregierungsorganisationen gaben 2010 an, dass allein das Drogenkartell *Zetas* 50 Millionen US-Dollar an Lösegeldern erpresst habe. Ermittlungen gegen die Killer derjenigen, die nicht bezahlen konnten, würden zumeist nicht eingeleitet, weil Migrationsbehörden, Polizisten und Drogenmafia zusammen arbeiten.[779] Somit konnte das Drogenkartell *Zetas* die Geschäftsnische der Erpressung von Migranten auch weiterhin ausnutzen. Für Frauen bedeutet dies vielfach, dass sie sexueller Gewalt ausgesetzt werden.[780]

2010 wurden 80 Eritreer von ägyptischen Schleppern festgehalten. Diese hatten 2.000 Dollar pro Kopf kassiert, um die Migranten, die zunächst in einem libyschen Gefängnis eingesperrt gewesen waren, nach Israel zu bringen.[781] Vor der israelischen Grenze setzten sie die Migrantinnen und Migranten dann aber gefangen, ketteten sie

776 Des militärischen Konflikts mit Äthiopien wegen verwandelte Präsident Isayas Afewerki Eritrea in einen Garnisonsstaat mit 200.000 Rekruten, deren Wehrdienst zeitlich nicht begrenzt war. Vgl. Alex de Waal, Das System Eritrea, Le Monde diplomatique, November 2015, S. 12f.

777 David D. Kirkpatrick, Traffickers Lure African Children, Then Demand Parents Pay Ransom, The New York Times (Süddeutsche Zeitung), 22.5.2015, S. 3.

778 Stefan Klein, Land ohne Jugend, Süddeutsche Zeitung, Nr. 247, 27.10.2015, S. 3.

779 Kurz nachdem sich die mexikanische Regierung verpflichtete, Migrantinnen und Migranten besser zu schützen, kam es zu dem Massaker an 72 Migranten. Daraufhin trat die Chefin der mexikanischen Einwanderungsbehörde zurück. Wolf-Dieter Vogel, Politisches Opfer eines Massakers, TAZ, 16.9.2010, S. 10.

780 Interview von Knut Henkel mit Rodolfo Casilas, TAZ, 11.10.2013.

781 Aller Wahrscheinlichkeit nach wären sie dort aufgegriffen und in eines der beiden zu diesem Zweck errichteten Gefängnisse in der Wüste verbracht worden.

an und verlangten 8000 Dollar pro Kopf für ihre Freilassung. Drei der Flüchtlinge wurden erschossen, drei weitere nach einem Fluchtversuch zu Tode geprügelt.[782] Antje Missbach & Melissa Phillips zufolge zählt es zu den typischen Gefahren, die Menschen auf ihren langen Fluchtwegen erleiden, dass sie Schleusern in die Hände fallen, die von ihren Angehörigen zu Hause zusätzliche Zahlungen zu den bereits im Herkunftsland entrichteten Summen erpressen. Manchmal werden die bis zum erwarteten Eingang der Zahlungen Festgehaltenen dann auch von einer Schlepper-Gruppe an eine andere verkauft. (2015: 180)[783]

Lösegeld wurde auch von flüchtenden Rohingya verlangt, denen es nicht gelungen war, Myanmar zu verlassen. Ausgang ihres Elends waren Maßnahmen der Regierung von Myanmar, die im Frühjahr 2015 die Diskriminierung von Rohingya, einer islamischen Bevölkerungsgruppe im überwiegend buddhistischen Myanmar, derart verschärfte, dass viele zu fliehen suchten.[784] Aufgegriffene wurden in scharf bewachte Lager im Dschungel oder zur Arbeit auf Kautschukplantagen gebracht. Gegen 2000 Dollar konnten Inhaftierte freigekauft werden, andere wurden als Sklaven an thailändische Fischereiunternehmer oder an Bordelleigner verkauft.[785] Von den 139 Leichen, die an der Grenze zwischen Malaysia und Thailand entdeckt wurden, ist nur bekannt, dass es sich um Rohingya handelte.[786]

Pro Asyl zufolge wurden im Jahr 2013 mindestens zweitausend Menschen daran gehindert, vom Boot aus in Europa an Land zu gehen. Spezialeinheiten der griechischen Küstenwache schleppten Flüchtlingsboote in türkische Territorialgewässer zurück, und auch die europäische Grenzschutzagentur *Frontex* trug mit dazu bei, dass Schutzsuchende nicht landen konnten.[787] Öffentliche Kritik hat dazu geführt, dass auch Schiffe, die für *Frontex* unterwegs waren, zunehmend Menschen aus Seenot retteten.[788] Aber 2014 wurde der Aktionsradius der europäischen Agentur beschränkt. Vor der Küste Libyens wird seither niemand mehr durch *Frontex* gerettet.[789]

Weltweit haben staatliche Maßnahmen zur Verschärfung der Migrationsabwehr die mit Fluchten verbundenen Gefahren erhöht, die Zahl der Menschen, die sich auf die

---

782 Michael Braun, Eritreer auf Sinai-Halbinsel verschleppt und ermordet, TAZ, 6.12.2010, S. 10.

783 Der Hinweis bezieht sich auf Transitmigrationen nach Libyen. Die Autorinnen belegen aber überzeugend, dass sich die Ökonomie des ausbeuterischen Transits international stark ähnelt.

784 Zur Verfolgung von Muslimen in Myanmar vgl. auch: https://en.wikipedia.org/wiki/Persecution_of_MUslims_in_Myanmar sowie: Rohyngya refugee crisis: http://www.independetn.co.uk/news/world/asia/rohingya-refugee-crisis-burma-s-musli; abgerufen am 15.5.2016.

785 Vgl. die Ausführungen im Abschnitt „Sklaverei".

786 Malaysia entdeckt 139 Gräber mit verscharrten Leichen, Weser Kurier, Nr. 119, 26.5.2015, S. 1.

787 Christian Jakob, Schutzsuchende brutal zurückgewiesen, TAZ, 8.11.2013.

788 Noch 2013 hatte *Frontex* in sog. *push back* Aktionen Flüchtlinge auf hoher See abgefangen und in Drittstaaten zurückgeschickt. Vgl. Martin Kreickenbaum (für World Socialist Web Site), EU-Grenzschutzagentur Frontex verstößt massiv gegen Menschenrechte, 23.10.2013: http://www.wsws.org/de/articled/2013/10/23/23/fron-o23; abgerufen am 25.2.2014.

789 Christian Jakob, Sie wussten, was sie tun, TAZ, 18.4.2016, S. 2.

Flucht begeben, aber nicht verringert.[790] Damit haben sich die Chancen, an Menschenschmuggel zu verdienen, insgesamt beträchtlich verbessert.[791] Schleuser versprechen eine bestimmte Leistung. Anders als im Fall regulärer Werkverträge warten sie aber nicht bis zu deren Erfüllung, bevor sie Bezahlung verlangen. Vielfach fordern sie Geld, bevor sie bereit sind, Transportmöglichkeiten zu offerieren oder als Führer durch unwegsames Gelände zu agieren. Ihr ökonomisches Interesse erlischt mit dem Erhalt der Summen, die sie vorab für ihre Tätigkeit erlangen, weshalb ihnen auch nicht daran gelegen sein muss, die zu befördernden Menschen lebend und heil zu dem vereinbarten Zielort zu bringen. Dass ihre Geschäfte nicht durch Nachrichten von Unglücksfällen, von fahrlässig oder sogar bewusst herbeigeführten Todesfällen geschädigt werden, verdanken sie den Regierungen, die regulären Grenzübertritt drastisch beschränken. Jede derartige Beschränkung und jede neue bauliche und militärische Verfestigung einer Staatsgrenze verschafft Schleusern zusätzliche Kunden und die Chance, ihre Preise zu erhöhen.

790 Tatsächlich waren und sind Regierungen weltweit bereit, immense Summen dafür aufzubringen, dass sowohl Arbeitsmigrantinnen und Arbeitsmigranten als auch potentielle Asylbewerber und Asylbewerberinnen vom Staatsgebiet ferngehalten werden. So sind für Australien einer Kalkulation der Nichtregierungsorganisation Oxfam zufolge 600.000 Euros pro Asylbewerber dadurch angefallen, dass er oder sie zusammen mit allen anderen potentiellen Asylbewerbern auf See abgefangen wurde, um in eines der weit vom australischen Festland entfernten Internierungslager gebracht und dort festgehalten zu werden. (Marie-Morgane Le Moël, L'Australie veut fermer ses camps «offshore» de rétention de clandestins, Le Monde, 27.12.2007, S. 5) Die 2007 angekündigte Schließung der Lager auf Nauru, der Insel Manus und Papua Neu-Guinea ist tatsächlich erfolgt, 2012 jedoch rückgängig gemacht worden. Um Migration zu unterbinden, bevor Migrantinnen und Migranten zu Problemen an Europas Küsten und Grenzen werden, trafen und treffen die Europäische Union und die europäische Grenzschutzagentur Frontex seit Jahren Übereinkommen mit afrikanischen Herkunfts- und Transitländern – und dies unter völliger Missachtung der Tatsache, dass die politische Situation in einigen dieser Ländern selbst eine der wichtigsten Fluchtursachen ist. Auch die Zusammenarbeit mit Libyen wurde nicht beendet, nachdem bekannt geworden war, dass es in lybischen Flüchtlingslagern zu Misshandlungen, Folter und Ermordungen gekommen war, und dass Flüchtlinge in der Wüste ausgesetzt worden waren. Bereits in den 1990er Jahren unterstützte die EU den Ausbau der Grenzkontrollen von Marokko, Algerien und Tunesien, seit 2003 wurde die Zusammenarbeit vertieft. (Dominic Johnson, Abschiebung in die Sahara, TAZ, 25.8.2004, S. 4) Die Auslagerung der Grenzkontrolle hat dazu geführt, dass früher durchlässige Grenzen zwischen afrikanischen Staaten heute mit Geld aus Europa als vorgelagerte Hindernissen gegen Migration nach Europa fugieren. Eines der vielen Beispiele für diese Entwicklung ist Mauretanien. Zusammen mit mauretanischen Spähern überwacht spanische Gendarmerie in Nouadhibou den Hafen, von dem aus früher viele nach Europa aufgebrochen waren. (Stephan Dünnwald, Die Stadt der Blockierten; in:medico international 01/13, S.35) Aufgegriffene Migranten wurden von mauretanischen Soldaten zum Südrand der Sahara gebracht und dort abgeladen. Senegal hat seine Schleppergesetze verschärft. Vgl. Christian Jakob, Europas Grenzen werden in Senegal verteidigt, TAZ, 9./10.4.2016, S. 8f.

791 Solche Möglichkeiten werden auch durch die „Arbeitsabkommen" mit afrikanischen Staaten geschaffen. Neuerdings wird ihre Aushandlung der Grenzschutzagentur Frontex überlassen. Potentiellen Partnern werden Finanzhilfen zugesagt.

Zehnte theoretische Zwischenbemerkung: globalkapitalistische Gewaltkriminalität

Im globalisierten Kapitalismus sind weite Bereiche krimineller[792] und sogar gewalttätiger Aneignung mit legalen Formen des Wirtschaftens verschränkt. (Roth 2012: 222-287) Während sich kriminelle Einheiten[793] früher gewissermaßen in einer eigenen ökonomischen Welt außerhalb der legalen Ökonomie bereicherten, sind viele der „Firmen", die heute in untereinander verbundenen schwarzen Märkten agieren, zu überwiegenden Teilen in die legale Ökonomie integriert.[794] Das geschieht durch die Nutzung von *Offshore Banking*, durch neue Methoden der Geldwäsche, darunter die Gründung von Briefkastenfirmen, durch „kreativ" abgerechnete Investitionen in Bauvorhaben[795] oder durch die systematische Fälschung von Markenartikeln, (Saviano 2006/2007: Teil I) oft aber auch durch die Kombination illegaler Aneignung mit den Geschäften völlig legal agierender Unternehmensteile.[796] Darüber hinaus sind illegale Unternehmer darauf angewiesen, dass es Rechtsstaaten gibt, in denen sie ihr Vermögen sicher deponieren können, weil sie weder Konfiszierung durch die Regierung fürchten müssen, noch Erpressung durch andere Kriminelle zu gewärtigen haben. (Buscaglia 2012: 29) So sehr internationale Verflechtungen und Transfers weite Bereiche krimineller Aneignung charakterisieren, so sind die Beteiligten doch andererseits auf politisch und territorial fixierte „Handlungsräume" angewiesen, in denen sie mit Straffreiheit rechnen können. (Schönenberg &

792 Systematisch betriebene illegale Aneignung ist nicht durchgängig mit der Praxis von Gewalt gepaart. Frank Wehinger zufolge ist die Drohung mit dem Einsatz von Gewalt im Hintergrund illegaler Geschäfte für den Fall gegenwärtig, dass sich der Zusammenhalt in einem illegalen Netzwerk als brüchig erweist. Auch nutzten illegale Unternehmer durchaus Gewalt, um die Einhaltung von Verträgen zu erzwingen, Kunden einzuschüchtern, Lieferanten zu betrügen und Kontrolleure abzuwimmeln, alle diese Maßnahmen stünden ihnen aber nicht dauerhaft zur Verfügung. Würden sie genutzt, so seien sie eher ein Zeichen der Schwäche als der Stärke eines illegal agierenden Unternehmers. (2011: 115f.) Dem entsprechen die Schlussfolgerungen, die Henning Klüber in einer Sammelrezension neuer Veröffentlichungen über die Camorra zieht. „Die saubere Mafia" tötet nicht mehr, sie kauft, Süddeutsche Zeitung 16./17.1.2010, S. 15.

793 Vielfach wird jegliche Organisation, die gewaltförmige Aneignung praktiziert, als Mafia bezeichnet. In Italien war von „Mafia" aber die Rede, um spezifische Verhaltensweisen zu benennen: den Verkauf von Schutz und von Verbindungen. Der Treueschwur von Mafiosi entsprach eher sizilianischen Traditionen als neuen kriminellen Organisationen. Die Bosse fungierten als Regierung in einer Gesellschaft außerhalb der Gesellschaft. Vgl. Naylor 2002/2004: 24f.

794 So auch Regine Schönenberg während einer von der Heinrich-Böll-Stiftung veranstalteten Konferenz. Für den Bericht über die Konferenz „Grenzenlos illegal". Vgl. Camilo Jiménez, Tödliche Mafiokratie, Süddeutsche Zeitung, 17.7.2011, S. 19.

795 Sehr anschaulich sind entsprechende Methoden dargestellt in: de Maillard et al. (1998/2000).

796 In Deutschland sollen immense Investitionen im Gastronomie- und Hotelgewerbe unternommen worden sein. Vgl. Michael Ohnewald & Hariolf Reitmaier, Im Schlaraffenland. Die Mafia weitet in Deutschland ihren Einfluss auf Wirtschaft und Politik aus, Frankfurter Allgemeine Sonntagszeitung, 3.10.2010, S. 10.

von Schönfeld 2012: 245) Dennoch: obwohl sich illegale Unternehmer die Pflege der Beziehungen zur Staatsgewalt viel kosten lassen (müssen), sind sie kaum in der Lage, die Sicherheit in ihren jeweiligen Handlungsräumen auf Dauer zu stellen. Das fördert eine Orientierung auf schnellen Profit.[797]

Neben der Verschränkung illegaler mit legaler Ökonomie, die heute für sehr viele Formen organisierter krimineller Aneignung nachzuweisen ist, gibt es in der Phase des globalisierten Kapitalismus aber auch spezielle Verbindungen zwischen Staatstätigkeit und krimineller Aneignung. Im Abschnitt über den Handel mit Souveränität wurde die Nutzung staatlicher Kompetenzen zur privaten Bereicherung erläutert. Am Beispiel der Piraterie ist zum einen verdeutlicht worden, dass fehlende Staatstätigkeit den umfangreichen Diebstahl von Fischen in den Fischgründen von Staaten ermöglicht hat, von denen keine Gegenwehr zu befürchten war, und zum anderen, dass sich Armutskriminalität zur organisierten gewalttätigen Kriminalität entwickeln kann, wenn Staatsgewalt nicht in der Lage ist, nationales Recht durchzusetzen. Und sowohl Drogenhandel als auch Menschenschmuggel zwingen zu der Einsicht, dass es Praktiken krimineller Aneignung gibt, deren Aktionsfeld nicht nur durch staatliches Handeln geschaffen wurde,[798] sondern auch durch staatliches Handeln aufrecht erhalten wird.

Derartige Zusammenhänge sind nicht neu. Ihre historisch dominante Form waren Kriege, folglich eindeutige Resultate politischer Entscheidungen. Jeder Krieg schafft Möglichkeitsfelder privater krimineller Aneignung. Während Kriege zumeist zeitlich begrenzt waren, hat Kolonialpolitik solche Möglichkeiten auf lange Dauer gestellt. Obwohl Kolonialstaaten viele der gewalttätigen Aneignungspraktiken legalisierten, waren zusätzlich Formen der Aneignung verbreitet, die auch im Zusammenhang von Kolonialherrschaft – zumindest formell – als gesetzeswidrig galten. Diese für Kriege typische Verschränkung zwischen politischer Strategie und privater Kriminalität gab es auch im sogenannten „Kalten Krieg".

Eine der bis heute nachwirkenden Folgen des „Kalten Krieges" ist die Entstehung eines Sekundärmarktes für Waffen.[799] In der ersten Zeit der Konkurrenz zwischen den beiden großen politisch-ökonomischen Machtblöcken gaben sowohl die USA

---

797 Regine Schönenberg und Annette von Schönfeld haben darauf hingewiesen, dass im Zeitalter der Globalisierung das ökonomische Konzept schneller Profite und kurzlebiger Allianzen vielfach auch von legalen Unternehmen verfolgt wird, sich die beiden Unternehmenstypen inzwischen insoweit also angenähert haben. (2012: 253)

798 Eine Änderung dieses Zusammenhangs wird in Mexiko mittels Aufrüstung angestrebt. Dem Friedensforschungsinstitut SIPRI zufolge hat Mexiko die entsprechenden Ausgaben zwischen 2006 bis 2010 mehr als verdreifacht. Es seien vor allem leicht gepanzerte Fahrzeuge angeschafft worden, die vor Angriffen mit Sturmgewehren oder Maschinengewehren schützen. Vgl. http://www.dw.com/de/sipri-krisen-kurbeln-weltweit-waffenhandel-an/a-19061116?m...; abgerufen am 22.2.2016

799 Dass der internationale Vertrag über Waffenhandel (*The Arms Trade Treaty*, ATT), der seit Ende 2014 in Kraft ist, sich auf diesen Markt auswirken wird, ist mehr als unwahrscheinlich.

als auch die Sowjetunion Waffen kostenlos an ihre jeweiligen Verbündeten in der Dritten Welt ab. Später haben sie sich, zumindest teilweise, bezahlen lassen, dann jedoch zumeist nicht mit Geld, sondern mit Gütern oder mit Lizenzen für die Ausbeutung einheimischer Rohstoffe. Der große Waffenvorrat wurde erweitert, als schließlich beiderseitige Abrüstung zwischen den politischen Blöcken vereinbart wurde. Denn die dadurch überflüssig gewordenen Waffen wurden nicht etwa vernichtet, sondern auf den Weltmarkt geworfen – so später auch die Waffen der DDR, die nach der Wiedervereinigung nicht mehr genutzt werden sollten. Weil aber Waffen lange Zeit einsatzfähig bleiben, gibt es in der Welt einen riesigen Bestand an Waffen, die sowohl legal[800] als auch illegal gehandelt werden.[801]

Es waren politische Strategien, die einen Sekundärmarkt für Waffen geschaffen haben, der sich internationaler Regulierung weitgehend entzieht. Insoweit sind diese Strategien auch mit dafür verantwortlich, dass sich in postkolonialen Staaten bewaffneter Raub sowohl während als auch nach einem bewaffneten Kampf um die politische Macht zu einer verbreiteten Form privater Aneignung entwickeln konnte. Realisiert werden kann derartige Praxis allerdings nur, wenn sich die beteiligten Kriegsparteien die für den Waffenkauf notwendigen Mittel durch Mitwirkung am illegalen Handel mit Drogen, Frauen, Gold oder anderen Waren beschaffen. (Rufin 1996: 56; Lock, sopos 7/2003; Naylor 2002/2004: 103) Und je mehr Waffen in einem Bürgerkriegsland in Umlauf sind und von ihren Besitzern zur räuberischen Versorgung mit notwendigen und weniger notwendigen Lebensmitteln genutzt werden, umso riskanter ist jeder Versuch, sich mittels bäuerlicher oder handwerklicher Tätigkeit zu versorgen. Es ist kaum verwunderlich, dass nach dem Zusammenbruch der Staatsgewalt in Somalia nicht nur die Beteiligung von Somaliern an Piratenüberfällen zugenommen hat, sondern dass Mogadischu auch zu einem Zentrum des sekundären Waffenhandels geworden ist.[802]

Ebenso wie mit der Rede vom „Kalten Krieg" soll auch mit den Formulierungen „Krieg gegen Drogen" und „Krieg gegen Schleuser" auf Bedrohungen verwiesen werden, die so existentiell sind, dass sie extreme Maßnahmen rechtfertigen. Für den „Krieg gegen Drogen" ist oben erläutert worden, dass er politisch auch benutzt wird, um Zustimmung zum Kampf gegen bewaffnete Oppositionelle zu erlangen, zusätzlich freilich auch, um eine vermeintlich fürsorgliche Politik gegenüber der

---

800 Völlig legal waren die sehr umfangreichen Waffenverkäufe an Gaddafi, die von NATO-Staaten seit 2003 getätigt worden waren. 2011 mussten die Nato-Flugzeuge bei ihren Angriffen auf Libyen zuerst Ausrüstung zerstören, die von NATO-Staaten geliefert worden war. Interview von Jannis Brühl mit Andrew Feinstein über Waffenhändler, „Charmant und mit großem Ego", Süddeutsche Zeitung, Nr. 299, 28.12.2011, S. 25.

801 Für die Ausnutzung von Schlupflöchern des Rechts hat sich die Rede von „grauen" Märkten durchgesetzt, von „schwarzen" Märkten wird geredet, wenn expliziten Verboten zuwider gehandelt wird. So etwa, wenn gegen ein Waffenembargo verstoßen wird. (Schmidt 2002: 285)

802 Arne Perras, Die Musik von Mogadischu, Süddeutsche Zeitung, Nr. 212, 14.9.2011, S. 3.

eigenen Bevölkerung zu behaupten. Für den „Krieg gegen Schlepper" gilt Entsprechendes. Und das trifft auch für die Immunisierung gegen Einwände zu, die auf Erfahrungen und Statistiken verweisen. So wird etwa seit Jahren betont, dass mehr als die Hälfte aller Migranten und Flüchtlinge innerhalb des eigenen Staates bzw. in benachbarte Staaten flüchten und auch, dass die Zahl der Flüchtlinge zwar in absoluten Zahlen gewachsen ist, deren prozentuales Verhältnis zur inzwischen gewachsenen Weltbevölkerung aber nicht nennenswert.[803]

Angesichts der immensen Summen, die Staaten weltweit für die Abschottung ihrer Grenzen ausgeben, könnte man versucht sein, die Ausweitung der Abschottungspolitik auf die Interessen derjenigen zurück zu führen, die an dieser Politik verdienen. Es sind viele, und ihre Profite sind beträchtlich: Produzenten des Materials für Grenzzäune aus Klingendraht,[804] von Überwachungskameras, Drohnen, Sensoren und Elektroschockpistolen, von Schlauchboten, Sicherheitswesten und Wasserflaschen, und schließlich auch von Leichensäcken und Särgen. Zusätzlichen Gewinn können sich die privaten Betreiber von Gefängnissen in jenen Bundesstaaten der USA erhoffen, die an Mexiko grenzen. Sie profitieren von der Vielzahl der Verhafteten, die ohne gültige Papiere angetroffen werden.[805] In Europa hat die Grenzschutzagentur *Frontex* einen besonders stark wachsenden Haushalt. Ihre militärische Aufrüstung mit neuen Drohnen und Landrobotern wird aus dem EU-Sicherheitsforschungsprogramm bezahlt. Bereits 2012 sollen

803 Jürgen Kaube, Die Immobilität der Weltgesellschaft, Frankfurter Allgemeine Sonntagszeitung, Nr. 41, 14.10.2007, S. 76.

804 Klingendraht (besser bekannt als Nato-Draht) gilt als besonders effektiv, weil die Widerhaken am Stahlband so scharf sind wie Rasiermesser. Vgl. Kristiana Ludwig, Drohnen und Stacheldraht, Süddeutsche Zeitung, Nr. 234, 12.10.2015.

805 Zusätzliche Insassen wurden durch das 2010 in Arizona beschlossene Gesetz S.B. 1070 geschaffen. Es ermächtigt Polizeikräfte, jede und jeden ohne näheren Grund aufzufordern, sich auszuweisen. Wer kein Dokument bei sich trägt, welches belegt, dass er oder sie sich legal im Staat aufhält, wird zu einer Strafe von $100 oder Gefängnis (nicht über 30 Tage) verurteilt. Wer bewusst darauf verzichtet hat, sich registrieren zu lassen, wird mit einer Buße von (nicht über) $ 1.000 oder einer Gefängnisstrafe von (nicht über) sechs Monaten verurteilt. Es kam zu ähnlichen Anträgen in weiteren Bundesstaaten, zu kritischen Resolutionen in den Parlamenten anderer. Außerdem forderte das Justizministerium eine Entscheidung des *Federal Court* in der Frage, ob der Staat Arizona überhaupt berechtigt sei, Fragen der Immigration gesetzlich zu regeln. Obwohl die vielen Proteste dazu geführt haben, dass spezifiziert wurde, Überprüfungen dürften nur vorgenommen werden, wenn es einen begründeten Verdacht auf den papierlosen Status eines oder einer Betroffenen gebe, müssen nach wie vor alle, die Polizeikräften zufolge „fremd" aussehen, damit rechnen, auf der Straße angehalten zu werden. (Und dies in einem Staat mit einem dreißig prozentigen Anteil einer hispanischen Bevölkerung.) Angaben des New Hispanic Research Center zufolge sank die Zahl derer, die sich ohne gültige Papiere in Arizona aufhielten, in den fünf Jahren nach Erlass des Gesetzes um 40 %. (Vgl. Naureen Khan, Five years after SB 1070; http://america.aljazeera.com/articles/2015-3/23/five-years-after-sb-1070-arizona-immi...; abgerufen am 26.5.2016) Im September 2012 erfolgte die erste Anklage wegen illegaler Einreise. Vgl. http://en.wikipedia.org/wiki/Arizona_ SB1070; abgerufen am 7.6.2016 (Der Artikel in Wikipedia ist sehr ausführlich und gründlich).

für diese Zwecke über 100 Millionen Euro ausgegeben worden sein.[806] 2015 hatte *Frontex* ein Budget von 114 Millionen Euro. Davon beauftragt sie auch Luftfahrtfirmen, Land und Meer zu beobachten. Mehrere europäische Rüstungskonzerne profitieren von Aufträgen. Zusätzlichen Verdienst schaffen Abschiebungen.[807] Dass derartige Lieferungen und Dienstleistungen auf einer Nachfrage basieren, an deren Zustandekommen die Interessierten im Wege direkter sowie indirekter Politikberatung beteiligt sind, versteht sich von selbst. Der Zusammenhang zwischen der Ausweitung und der Fortsetzung eines Krieges und den Interessen von Rüstungsproduzenten gilt in Kriegen zwischen Staaten, er gilt auch in dem Krieg, der gegen Schleuser ausgerufen wurde. Und doch reichte und reicht der Hinweis auf derartige Zusammenhänge nicht aus, um die politische Entscheidung für einen Krieg zu erklären – und sei es auch ein Krieg, der internationalem Recht zufolge gar nicht als ein solcher gelten kann.

Im Fall der Grenzsicherungen verdienen Produzenten von Abschottungsmaterialien an einer politischen Lüge. Denn so menschenverachtend und gewalttätig sich viele Schleuser weltweit auch verhalten, es ist nicht ihre Gewaltkriminalität, der Regierungen den Krieg erklärt haben. Der „Krieg gegen Schleuser" ist das vorgeschobene Argument für die Aufrüstung der Grenzregime gegen Menschen, die Grenzen zu überwinden trachten, und sei es auf irreguläre Art und Weise. Auch für diese, die eigentliche Zielsetzung der Sicherheitspolitik, gibt es Zustimmung. Paolo Cuttitta betont:

> „Im Norden wie im Süden der Welt, in den Industrie- wie in den Entwicklungsländern gehen territoriale Abschottung und räumliche Prozesse der Delokalisierung, der Erweiterung und Externalisierung der Grenzkontrollen mit kulturalisierten Ausgrenzungsprozessen einher. Ebenso geht die gesetzliche, rechtmäßige Entrechtung mit einer weiteren Entrechtung de facto einher – letztendlich mit einer allgemeinen Entwertung des 'Fremden' und der Konstruktion neuer (beziehungsweise der Aktualisierung alter) unterordnender (Feind-)Bilder von Menschen." (2010: 25)

Unzweifelhaft werden derartige kulturalistische Ausgrenzungsprozesse genutzt, um rechtliche und politische Ausgrenzungsprozesse zu legitimieren. In Europa betreffen sie nahezu durchgängig Roma und Sinti. Vor allem in Frankreich leben sie ständig in der Gefahr, aufgegriffen und in ihre Herkunftsstaaten zurückgeschickt zu werden. In Südafrika kam es 2008 zu rassistischen Angriffen auf Arbeitsmigranten aus Nachbarstaaten, in Myanmar wird Rohingya, auch wenn schon ihre Vorfahren im Land gelebt hatten, das Recht auf Staatsbürgerschaft abgesprochen.

Dass Präsident Bush 2006 sechstausend Nationalgardisten an die Grenze zu Mexiko entsandte,[808] um irreguläre Migration zu verhindern, wurde allgemein als

---

806 Ruth Reichstein, Mit Hightech gegen Flüchtlinge, TAZ, 26.4.2012, S. 3.

807 Kristiana Ludwig, Drohnen und Stacheldraht, Süddeutsche Zeitung, Nr. 234, 12.10.2015, S. 19.

808 Sie wurden beauftragt, irreguläre Immigranten aufzugreifen. Aufgegriffene werden abgeschoben, weshalb denn seither viele den langen und lebensgefährlichen Weg durch die Wüste

Zugeständnis an die Parteibasis verstanden.[809] Das ist sicher zutreffend, und doch zu kurz gegriffen. Denn Politikerinnen und Politiker handelten und handeln auch auf der Basis von Schlussfolgerungen aus scheinbar unwiderlegbaren Argumenten wissenschaftlicher Analysen. Kaum eine sozialwissenschaftliche Theorie war leichter zu verstehen und folglich weiter verbreitet als die Erklärung internationaler Migration aus *Push and Pull*. Es handelt sich um einen Sonderfall neoklassischer ökonomischer Theorie. Ihre Vertreter gehen davon aus, dass Individuen migrieren, wenn sich andernorts bessere Chancen bieten. Bei der Umwandlung von Theorie in Politik ging freilich ein Aspekt verloren. Während neoklassische Theoretiker Migration als einen Sonderfall der Angleichung von Faktorpreisen verstehen, in diesem Fall also der internationalen Angleichung von Löhnen, sahen Praktiker in Migration nicht etwa das Vehikel für einen alle begünstigenden Ausgleich, sondern die wissenschaftliche Begründung für eine beständig dräuende Gefahr. Douglas S. Massey & Jorge Durand & Nolan J. Malone ist sie dafür verantwortlich, dass US-amerikanische Politik den viele Jahrzehnte lang funktionierenden integrierten Arbeitsmarktes zwischen Kalifornien und Mexiko[810] zerstört hat. (2002, Chapt. 2)

Sonora versuchen. 2012 gab eine Nichtregierungsorganisation die Zahl der Männer, Frauen, Kinder und alten Menschen, die in der Wüste umgekommen waren, mit 2000 an. (Death in the Dessert, http://www.nytimes.com/2012/06/22/opinion/migrants-dying-on-the-us-mexico-borde...; abgerufen am 4.11.2013) Nachdem im Oktober und November 2015 berichtet wurde, dass mehr als 10.000 unbegleitete Kinder die Grenze überwunden hatten, ordnete der Gouverneur von Texas an, die Kontrollen der Grenze durch Nationalgardisten auszuweiten. Vgl. Associated Press in Brownsville, Texas; http://www.theguardian.com/us-news/2016/jan/01/unfinished-us-mexico-border-wall... abgerufen am 26.5.2016.

809 Thomas Klau, Bush schickt Truppen an die Grenze, Financial Times Deutschland, 17.5.2006, S. 17.

810 Bereits in der zweiten Hälfte des 19. Jahrhunderts waren mexikanische Arbeitskräfte beim Bau einer Eisenbahnlinie in Kalifornien beschäftigt. Nach 1900 wuchs die Arbeitsimmigration aus Mexiko. Dazu trug bei, dass die US-Regierung 1882 die legale Einwanderung von Chinesen und 1907 die legale Einwanderung von Japanern untersagte. Für den Eisenbahnbau, die Agrarwirtschaft und die Bauwirtschaft wurden mexikanische Arbeitskräfte angeworben. Als der Kongress 1917 die Zunahme von Kontraktarbeitern bremsen wollte und eine Kopfsteuer sowie einen Lesetest als Voraussetzungen beschloss, wurden Mexikaner umgehend von dieser Regelung ausgenommen. In den 1920er Jahren gab es heftige politische Opposition gegen die angeblich nicht assimilierbaren Mexikaner. Doch erst mit Ausbruch der Weltwirtschaftskrise wurde legale Immigration begrenzt. Aufgegriffene irreguläre Immigranten wurden deportiert. Die Kontraktregelungen wurden beendet. Das änderte sich 1942. Im Rahmen des sog. *bracero*-Programms wurden mexikanische Arbeitskräfte angeheuert, auf dass der Arbeitskräftemangel in der Landwirtschaft behoben und Versorgungsprobleme verhindert würden. Die Fortsetzung dieses Programms nach dem Ende des Krieges basierte auf einem Kompromiss: Die Öffentlichkeit wollte eine kontrollierte Grenze, und die Großagrarier wollten billige Arbeitskräfte. Bis 1964 arbeiteten annähernd fünf Millionen mexikanischer Arbeitskräfte als *braceros* (Arme) zeitweise in den USA, die meisten von ihnen auf dem Land in Kalifornien. Die Proteste von Bürgerrechtsbewegungen gegen augenscheinlich rassistische Einwanderungsgesetze führten 1965 zu deren Aufhebung. Danach wurden Ländern in Europa, Asien, dem Mittleren Osten und Afrika jährliche Einwanderungsquoten (von jeweils 20.000) zugestanden. Noch bevor das *bracero* Programm abgeschafft wurde, waren Farmer dazu übergegangen, die noch preisgünstigeren illegalen Immigranten einzustellen.

Im Endeffekt hat sie das Ausmaß der Immigration erhöht. Denn solange die Grenze durchlässig war, sind Migrantinnen und Migranten oft für kurze Zeit gekommen, weil sie sich die Mittel für einen ganz bestimmten Zweck beschaffen wollten. Seit die Grenze aufgerüstet wurde, sind derartige Verhaltensweisen erschwert. Wer die Grenze überwunden hat, versucht zu bleiben. Die Bemühung, irregulären Grenzübertritt nur noch unter Lebensgefahr zu ermöglichen, bedroht allerdings nicht nur potentielle Migrantinnen und Migranten. Sie beeinträchtigt auch die Interessen von Unternehmen, die von der politischen und damit materiellen Benachteiligung irregulär Eingewanderter auf Arbeitsmärkten profitieren. In Arizona etwa konnten Farmer nach dem Erlass des besonders drastischen Anti-Immigrationsgesetzes im Jahr 2010 ihre Ernten nicht mehr einbringen und sahen sich gezwungen, in Zukunft weniger Land zu bebauen.[811] Als Schlussfolgerung aus ihrer empirischen Untersuchung über die Vernutzung der Arbeitskraft irregulärer Immigrantinnen und Immigranten in den USA konstatieren Sung et al.:

> „Ausländische Arbeitsmigranten werden verzweifelt benötigt, sie sind aber nicht willkommen. Die offensichtliche Entgrenzung (*de-bordering*) der US-Wirtschaft ... ist von einem parallel verlaufenden Prozess der Begrenzung (*re-bordering*) ihres Arbeitsmarktes begleitet." (2013: 263f., Übers.)

Als Arbeitsmaterial sind Farmarbeiter, Hausangestellte, Dienstleister in der Gastronomie, Tagelöhner in Industriebetrieben und all die anderen schlecht bezahlten und wenig abgesicherten Arbeitskräfte in anderen Gewerben ein Zugewinn. Um sich diesen nicht entgehen zu lassen, fanden und finden in vielen Staaten rechtliche Verrenkungen statt. Besonders deutlich sind sie beispielsweise in Japan, wo von Seiten der Politik immer wieder neue Formen der Zulassung von angeblich nur zeitweise berechtigten ausländischen Arbeitskräften in die Welt gesetzt wurden.

Auch Arbeitsimmigration aus Mexiko war nun ganz überwiegend irregulär. Wurden Immigranten aufgegriffen, versuchten sie es alsbald erneut. Die Grenze wurde zu einer Art Drehtür. Schätzungen zufolge kamen zwischen 1965 und 1986 etwa 28 Millionen Mexikanerinnen und Mexikaner ohne gültige Papiere in die USA.
Mitte der 1980er Jahre verschärfte sich die Abwehr. Aufgrund der ökonomischen Schwierigkeiten in Mexiko suchten Immigrantinnen und Immigranten nun vielfach nicht mehr nur vorübergehende Verdienstmöglichkeiten, sondern blieben im Land. Im Laufe der Zeit wurden Millionen von ihnen legalisiert. Massey et. al. schlussfolgern: In den 1980er Jahren habe es ein zwar gesetzeswidriges, nichtsdestotrotz stabiles System eines integrierten Arbeitsmarktes gegeben, Zwar war der Gesetzesübertritt eine Gesetzesverletzung, es war aber legal, Arbeitskräfte ohne Papiere zu beschäftigen. Die Beschäftigung war weitgehend auf den Südwesten und die Landwirtschaft beschränkt. Seither werden Arbeitsimmigrantinnen und Arbeitsimmigrantinnen ohne gültige Papiere auch in anderen Gewerbezweigen und in anderen Staaten beschäftigt. Ihres unsicheren Status wegen können sie kaum Ansprüche an die Art ihrer Arbeitsbedingungen und die Höhe ihrer Entlohnung stellen.

811 Vgl. Supreme Court reinstates Arizona „Show me your papers" law, but strikes down three other provisions of anti-immigrant measure; https://www.aclu.org/news/supreme-court-reinstates-arizona-show-me-your-papers-la; abgerufen am 26.5.2016, vgl. auch: Sebastian Schoepp, „Ein halber Sieg", Süddeutsche Zeitung, 30.7.2010, S. 8.

Offiziell hat die Regierung „illegale“ Immigration untersagt, faktisch hat sie eine große Zahl unqualifizierter ausländischer Arbeitskräfte zugelassen. (Sellek 2001: 221 sowie insges. Kap. 9)

Das Interesse an Arbeitskräften, die sich ihres minderen rechtlichen Status wegen besonders ausbeuten lassen, gibt es in allen Zielländern von Flucht und Migration. Allerdings kann es auch dort, wo die Beschäftigung irregulär Eingewanderter nicht unter Strafe steht, öffentlich nicht geäußert werden. Anders verhält es sich mit der Sorge, Migrantinnen und Migranten würden „Arbeitsplätze wegnehmen“ oder auch: die Versorgung von Flüchtlingen benachteilige Einheimische. Wenn die entsprechenden Öffentlichkeiten Restriktionen des Aufenthalts- und Asylrechts fordern, wird auf tatsächliche und kulturelle Differenzen verwiesen, ganz so, als ob es sich bei Staatsbürgerschaften ohne solchen Zuzug um homogene soziale Einheiten handeln würde. Derartige Abgrenzungen kommen, darauf hat der oben zitierte Paolo Cuttitta zu Recht verwiesen, unter höchst unterschiedlichen politischen Bedingungen vor. Dennoch gibt es Unterschiede zwischen der Fremdenfeindlichkeit buddhistischer Staatsbürger, die in Myanmar den Ausschluss muslimischer Rohingya aus der Staatsbürgerschaft gut heißen, und der Fremdenfeindlichkeit, die in Europa Zustimmung zu den Beschränkungen des Asylrechts und der immer weiter vorgelagerten Grenzsicherungen verschafft. Denn so sehr Abschottung auch in Europa mit kulturalistischen Argumenten gefordert wird, so zielt die verbreitete Zustimmung zur Begrenzung des Asylrechts und zur Beschränkung von Arbeitsimmigration im Kern doch auf die Verteidigung materieller staatsbürgerlicher Privilegien.

Die Domestizierung des Kapitalismus bewirkt staatsbürgerlichen Egoismus. Er hat nicht nur die Aufrüstung der Grenzen zur Folge, sondern auch die Einwirkung auf Politik in weit entfernten Staaten?[812] Das gilt nicht nur für Europa. Unbeschadet von Regierungswechseln setzen australische Regierungen seit 2001 die australische Marine ein, um Flüchtlinge, die sich dem Festland nähern wollen, um dort Asyl zu beantragen, auf See abzufangen und sie in Internierungslager auf Nauru, Mauru und der Weihnachtsinsel zu verbringen.[813] Für diese „Lösung“ des Flüchtlingsproblems wurden auch Vereinbarungen mit Papua Neu Guinea und Neuseeland getroffen, eine Maßnahme, die als *Pacific Solution* bezeichnet wird.[814]

---

812 In Mauretanien beispielsweise gab es dadurch eine „Mauretanisierung des Arbeitsmarktes“, will sagen, Zuwanderer hatten zunehmend Schwierigkeit, eine bezahlte Arbeit zu finden. Vgl. Endstation Mauretanien, Interview von Anna Krämer (medico international) mit Amadou M'Bow von der mauretanischen Vereinigung für Menschenrechte; http://www.medico.de/themen/menschenrechte/migration/dokumente/newsletter2-14/...; abgerufen am 20.2.2014.

813 Begonnen hatte diese Strategie, als im August 2011 der norwegische Kapitän Arne Rinan die von einer sinkenden Fähre vor Indonesien geretteten 433 Flüchtlinge aus Afghanistan, Sri Lanka, Indien, Pakistan und Iran nach Australien gebracht hatte, dort aber durch die australische Marine an der Landung gehindert wurde.

814 Nach dem Regierungswechsel 2008 wurde die *Pacific Solution* vorübergehend gemildert. Seit 2012 bedient sich die australische Regierung ihrer erneut in verstärktem Maße.

Bereits 2001 war verkündet worden, die Auslagerung des Flüchtlingsproblems in andere Staaten solle als ein klares Signal an Menschenschmuggler verstanden werden, dass Australien die Einwanderungspolitik nicht lockern werde.[815] Nach wie vor bildet die Internierungspraxis das Zentrum australischer Asylpolitik. „Bei den Festgehaltenen handelt es sich meist um Schutzsuchende aus Krisengebieten im Nahen Osten, die es über Land bis Indonesien schaffen, um von dort mit Hilfe von Menschenschleppern die gefährliche Reise über die Timorsee nach Australien zu versuchen. Wer die Fahrt in den kaum seetüchtigen und überfüllten Schiffen überlebt, wird von der Marine aufgegriffen und in die Lager deportiert." Zwar werden „rund 90 Prozent der Inhaftierten als Flüchtlinge anerkannt. Australien weigert sich aber, die Menschen aufzunehmen. Stattdessen sollen sie sich in Kambodscha, Nauru und Papua-Neuguinea niederlassen."[816]

Weltweit haben Staaten Gesetze geändert und Grenzregime verschärft. Immer wieder sind Menschen aber auch in staatlichem Auftrag ganz unmittelbar in Lebensgefahr gebracht worden. Im Mai 2015 wurde bekannt, dass Indonesiens Marine ein Boot mit 400 flüchtenden Rohingya aufs Meer zurück geschleppt hat.[817] Auch Thailand und Indonesien erlaubten den Flüchtlingen nicht, legal in einem Hafen dieser Länder anzulegen. Thailand hat Razzien gegen Schleuser angeordnet. Menschenrechtler vermuten, dass diese seither die Flüchtlinge oft auf See festhalten oder sie unversorgt ihrem Schicksal überlassen. In den vielen Booten, die 2015 vor den Küsten von Indonesien, Malaysia und Thailand dümpelten, sollen sich der *International Organisation of Migration* (IOM) zufolge im Jahr 2015 achttausend unversorgte Menschen befunden haben, die entweder aus Myanmar oder Bangladesch stammten.[818]

Viele Regierungen betreiben heute – sei es zu Wasser, sei es zu Land – eine Vorverlagerung von Grenzen. Andernorts machen Zäune deutlich, dass die für Notfälle vorgesehene ausnahmsweise Schließung von Grenzen gegenüber Flüchtlingen als Regel gelten soll. Diese Verstärkung nationaler Grenzen entspricht der politischen Ökonomie des globalisierten Kapitalismus: freie Migration für Kapitale, kontrollierte Migration für Arbeitskräfte.

---

815 Distanz für Boat-People, TAZ, 13.3.2002, S. 2. Tatsächlich ist die Zahl der Flüchtlinge, die Australien zu erreichen suchten, zwischen 2002 und 2008 gesunken, doch geht dies vermutlich weniger auf die erfolgreiche Abschreckung von Schleusungen zurück, als auf Entwicklungen in Afghanistan, die dazu führten, dass viele zuvor geflüchtete Afghanen zurück kehrten und andere im Land blieben, weil sie auf eine veränderte Situation hofften. Vgl. Pacific Solution; https.//en.wikipedia.org/wiki/Pacific_Solution; abgerufen am 3.6.2016.

816 Urs Wälterlin, Für eine zivilisierte Nation völlig unwürdig, TAZ, 16.2.2015, S. 11.

817 Nicola Glass, Flüchtlingskrise in Asien, 13./14.5.2015, TAZ, S. 2.

818 Arne Perras, Auf dem Meer verlassen, Süddeutsche Zeitung, Nr. 109, 13./14.5.2015, S. 8

Schlussbemerkungen zu Markt und Gewalt

Kapitalismus gilt als welthistorischer Fortschritt gegenüber früheren Wirtschaftsweisen. Die institutionelle Form dieses Fortschritts ist der Vertrag, will sagen: eine von Rechtssubjekten getroffene freiwillige Vereinbarung.[1] Verträge gab es lange vor der historischen Durchsetzung kapitalistischer sozialer Verhältnisse. Im Kapitalismus regulieren Verträge aber nicht nur internationale politische Verhältnisse und die Bewegungsformen des wirtschaftlichen Alltags, sie stehen auch im Zentrum der Legitimation dieser Wirtschaftsform.

Das Erfordernis, die Resultate der Funktionsweise von Märkten zu rechtfertigen, entstand erst, als von zeitgenössischen Obrigkeiten gefordert wurde, Märkte ihren eigenen Funktionsmechanismen zu überlassen. Solange Obrigkeiten Preise für Lebensmittel und Löhne festsetzten, wirtschaftlich relevante Privilegien verliehen und privilegierten Vereinigungen das Recht zusprachen, ihrerseits wirtschaftliche Verhaltensvorschriften zu erlassen, traf Kritik an materiellen Zuständen die jeweils zuständigen Obrigkeiten. Diese beanspruchten Legitimation aufgrund von Erbfolge, Gottes Willen, sozial begrenzten Wahlen oder fürstlichem Auftrag. Kritik an den Resultaten ihrer Entscheidungen äußerte sich in Bittschriften oder Revolten – und nicht selten auch in der Behauptung, Gottes Plan für die Welt genauer erkannt zu haben als seine offiziellen Vertreter auf Erden.

Im Verlauf des 18. Jahrhunderts ist Kritik an der herrschaftlichen Regulierung von Märkten gewachsen. In bürgerlichen Revolutionen wurde sie praktisch umgesetzt. Von da an waren Märkte, auch wenn Regierungen äußere Rahmenbedingungen setzten, gewissermaßen auf sich selbst gestellt. Und das galt auch im Hinblick auf ihre Legitimation. Wer propagierte, dass auf die obrigkeitliche Regulierung wirtschaftlicher Transaktionen verzichtet werde, musste behaupten, dass Konkurrenz ihre eigene Legitimation in sich trägt.

Eben dies hat Adam Smith mit seiner Bemerkung über die Zutaten zu einem befriedigenden Abendessen 1776 unternommen. *"It is not from the benevolence of the butcher, the brewer, or the baker that we expect our dinner, but from their regard to their own interest."*[2] Wenn nicht nur der Schlachter, der Bäcker und der Brauer, sondern auch die

1 "'Involuntary' or 'unfree' contract is a contradiction in terms", schreibt Margaret Jane Radin (2013: 56), das ist aber eine Schlussfolgerung aus Vertragstheorien der Gegenwart. Erzwungene Verträge gab es früher und es gibt sie auch heute noch.

2 Smith (1776: Book I, Chapt. 2): „Nicht vom Wohlwollen des Fleischers, Brauers oder Bäckers erwarten wir unsere Mahlzeit, sondern von ihrer Bedachtnahme auf ihr eigenes Interesse." Hier nach der 1846 erschienenen Übersetzung von Max Stirner zitiert.

Nachfragenden ihren Interessen folgen, so ist Konkurrenz die Folge.[3] Von ihr sollte in Zukunft erwartet werden können, was bislang von Obrigkeiten erhofft worden war: eine befriedigende Versorgung. Die von Smith beschriebenen Transaktionen gaben das Argumentationsmuster für die Rechtfertigung des Systems vor: die Realisierung eigener Interessen erfolgt über den Markt, will sagen: über Konkurrenz.

Zu seiner Zeit war das nicht etwa gängige Alltagseinsicht, sondern eine noch durchaus ungewöhnliche Behauptung. Immerhin hatte es sich gerade erst durchgesetzt, dass von *"interest"* nicht mehr nur als von Zins gesprochen wurde, sondern als von einer Ursache menschlicher Verhaltensweisen. Und nicht nur dies. Das Eingeständnis, materielle Vorteile zu verfolgen, galt nun – so sehr es in Predigten immer noch angeprangert werden mochte – nicht mehr als gesellschaftlich herabwürdigend. Alfred O. Hirschman hat diese geistesgeschichtliche Entwicklung als „Politische Begründungen des Kapitalismus vor seinem Sieg" bezeichnet.[4] Seiner Ansicht nach besteht das Verdienst Adam Smiths vor allem in der Ersetzung der negativ besetzten „Habsucht", von der noch Mandeville gehandelt hatte, durch die milden Termini „Vorteil" oder „Interesse". (1977/1980: 27) Genau besehen hat die zitierte Bemerkung über die Zutaten zum Abendessen nicht wirklich viel mit Kapitalismus zu tun. Denn von den Arbeitskräften, die maßgeblich an der Herstellung von Lebensmitteln beteiligt waren, ist nicht die Rede. Die Rechtfertigung einer Gesellschaft, in welcher Marktteilnehmer ihre Interessen verfolgen, ließ sich eben am besten bewerkstelligen, wenn die Lehrlinge und Gesellen, die Tagelöhner und sonstigen Hilfskräfte theoretisch außen vor gelassen wurden.[5]

Und doch hat die Argumentationsfigur, die Smith nutzte, das Muster für eine bis heute dominante Legitimation des Kapitalismus vorgegeben. Denn es sind Tauschverhältnisse, die bei der Beschaffung von Lebensmitteln ausagiert werden. Und jedem derartigen Tauschverhältnis liegt – unausgesprochen – ein Vertrag zwischen zwei Rechtssubjekten zugrunde. Seine Basis, so die allgemeine Unterstellung, ist die Schnittstelle zwischen

---

3 Reiner Manstetten hat überzeugend dargelegt, dass sich die Konzeptionen des *homo oeconomicus*, wie sie im Fortgang der Wirtschaftswissenschaften gefasst wurden, von dem Menschenbild unterscheiden, welches in den Arbeiten von Smith enthalten ist. (2000, insbesondere Teil II) Für den hier verfolgten Diskussionsstrang muss auf diese Präzisierung aber verzichtet werden. Auch über Konkurrenz – und ihre möglichen ethischen Implikationen – wird inzwischen ganz anders diskutiert. Während Konkurrenz bei Smith noch als Forderung und Konzept erscheint, stellen ihre realen Ausprägungen andere Probleme. Für Hinweise auf diese Diskussionen vgl. Kirzner (1994).

4 So der Untertitel seines Buches: Leidenschaften und Interessen (1979/1980) Für diese Entwicklung musste die unter Adligen (zumindest offiziell) hochgehaltene Verpflichtung, nach Ehre und Ruhm zu streben, an Strahlkraft eingebüßt haben. In England und Schottland war dies vergleichsweise früh der Fall.

5 Die Vorgabe zu dieser Argumentation hat John Locke in seiner Zweiten Abhandlung über Regierung bereits 1689 formuliert. Im Zusammenhang seiner Begründung von Eigentum durch Arbeit schreibt er dem Eigentum des Herrn auch die Ergebnisse der Arbeit zu, die sein Knecht ausgeführt hat. (1689/2001: Kapitel 1, § 28) vgl. http://www.welcker-online.de/Texte/Locke/Locke_2.pdf.

der zu einem bestimmten Zeitpunkt an einem bestimmten Ort vorhandenen Interessen der Beteiligten. Nichts Anderes, so die für alle kapitalistischen Gesellschaften grundlegende Rechtfertigung, geschieht in Arbeitsverhältnissen.[6] Ebenso wie für alle anderen Zweckverträge ergibt sich ihre Rechtfertigung nicht aus ihrem materiellen Ergebnis, sondern aus ihrer Voraussetzung: der Vertragsfreiheit.[7]

Kritikerinnen und Kritiker des Kapitalismus verweisen darauf, dass Arbeitsverträge nicht nur die gegensätzlichen Interessen der Beteiligten auf Dauer stellen, sondern auch die Ungleichheit in den Möglichkeiten, eigene Interessen zu realisieren. Beides erklärt sich aus den Zuständen, die außerhalb der Funktionsweise von Märkten liegen: aus fundamentaler Ungleichheit in der Verfügung über Eigentum. Nur wenn dieser Sachverhalt theoretisch außer Acht bleibt, kann der Tausch von Arbeit gegen Geld als freiwilliger Vertrag zwischen gleichen Rechtssubjekten gelten. Diese theoretische Ausklammerung der fundamentalen Ungleichheit ist im Zivilrecht kapitalistischer Staaten präsent. Sie ist – wie Rolf Knieper dies formuliert hat – unter „staatlich zwangsbewehrten Schutz" gestellt. (1996: 209) Das Recht schafft die Ungleichheit nicht, schützt sie aber.

In der Entwicklung kapitalistischer Gesellschaften wurden Verträge zunehmend üblich. Diese Veralltäglichung von Verträgen veränderte auch die Menschen. Denn sie führt dazu, dass die für Verträge typische Instrumentalisierung des jeweils Anderen zur Erzielung der eigenen Interessen auch auf andere soziale Beziehungen übertragen wird. Hugh Collins nennt diese Geisteshaltung *contractual.* (1999: 21)[8]

Im Zeitalter des globalisierten Kapitalismus wurden die Bereiche, in denen Verträge Beziehungen „regieren", enorm ausgeweitet. Sie umfassen jetzt Verträge zwischen Konzernen und Staaten, deren systematisch ungleiche Voraussetzungen auf Seiten der Vertragspartner ganz ebenso außen vor bleiben wie dies bei Arbeitsverträgen der Fall

---

6 Vgl. das Argument von Alchian & Demsetz:*"The firm ... has no power of fiat, no authority, no disciplinary action any different in the slightest degree from ordinary market contracting between any two people ... Wherein then is the relationship between a grocer and his employee different from that between a grocer and his customer?"* (1972: 777, hier zit. nach Bowles & Gintis 2007: 2)

7 „Der freiwillige rationale Kontrakt entweder als wirklicher historischer Grund aller Vergesellschaftungen einschließlich des Staats oder doch als regulativer Maßstab der Bewertung wurde eines der universellen Formalprinzipien naturrechtlicher Konstruktionen. (Weber 1921/1976: 498)

8 Eine derartige Geisteshaltung setzt freilich auch voraus, dass in einer Gesellschaft üblicherweise darauf vertraut wird, dass Verträge eingehalten werden. Weil die Verletzung solchen Vertrauens nicht ausgeschlossen werden kann, ist im Zivilrecht geregelt, was die Vertragspflichten sind, worauf sie beruhen, und was eintritt, wenn ein Vertragspartner seine oder ihre Pflichten verletzt. Nationale Fassungen des Zivilrechts unterscheiden die Begründung der Vertragspflichten. Im vorliegenden Zusammenhang sind diese Unterschiede nicht von Belang. Vgl. aber Knieper (1996: IV.1,c).

ist.[9] Auch sind an die Stelle der bisherigen Verpflichtung staatlicher Verwaltungen zu bestimmten Leistungen neuerdings vielfach Verträge mit privaten Firmen getreten.[10]

Insoweit die Rechtfertigung kapitalistischer sozialer Verhältnisse die rechtliche Freiheit der Vertragspartner unterstellt, war sie auch in der Kritik an Gesellschaften präsent, die von Staats wegen als sozialistisch deklariert wurden. In der populären Argumentation dominierte allerdings ein anderes Muster der Legitimation: die Fähigkeit kapitalistischer Wirtschaft zur Produktion von mehr und qualitativ besseren Gütern als dies realsozialistisch organisierten Wirtschaften möglich war. Vor allem in der Zeit des Kalten Krieges galt die Entwicklung in Gesellschaften des metropolen Kapitalismus als schlagkräftiger Beleg für die Behauptung, dass Kapitalismus das Wohl aller fördere. In konkreten politischen Auseinandersetzungen stand und steht dieser zweite Strang der Rechtfertigung des Kapitalismus zumeist im Vordergrund. Auch in theoretischen Erklärungen war er von Anfang an präsent. Nicht ganz so umstandslos allerdings wie in der Zeit des Kalten Krieges.

Denn anders als ihre Nachfahren waren die ersten Theoretiker des Kapitalismus nicht zweifelsfrei davon überzeugt, dass dieses Wirtschaftssystem die materiellen Lebensbedingungen der großen Zahl nachhaltig verbessern werde. Von David Ricardo ist dies lange bekannt. In einem *"On Machinery"* überschriebenen Kapitel, welches er der 3. Auflage von *"On the principles of economy and taxation"* hinzufügte, hat er dargelegt, dass sich die Ersetzung von menschlicher Arbeit durch Maschinen für Arbeiter nicht nur in vorübergehenden Friktionen auswirken werde, sondern in einer dauerhaften Verschlechterung ihrer Lebensbedingungen. Industrialisierung sei trotzdem erforderlich. Denn wenn ein Staat sie zu unterbinden suche, werde sie ins Ausland verlagert. (1821, 31. Kapitel)[11] Auch für Adam Smith hat gründliche Lektüre seiner Schriften inzwischen Zweifel an einer durchweg optimistischen Deutung des ökonomischen Fortschritts deutlich werden lassen. Dass fortschreitende Arbeitsteilung eine Senkung der Produk-

---

9 Zwar kann auch die Verletzung derartiger Verträge vor nationalen Gerichten verhandelt werden. Üblich sind inzwischen aber Verhandlungen vor internationalen Schlichtungsgremien, genau genommen also privaten Gerichtsinstanzen. Sehr gelegentlich erhält in derartigen Verfahren ein schwacher Staat Recht gegenüber einem mächtigen Konzern. Das ändert die prinzipielle Ungleichheit der Chancen nicht. Zu den verschiedenen Verfahren vgl.: International Trade Centre UNCTAT/WTO (2001); außerdem: Gourion & Peyrard (1997); Berger (1996) Geplante Schlichtungsgremien stehen im Mittelpunkt der Kritik an neu geplanten Freihandelsabkommen.

10 Anders als in klassischen Konzeptionen von Verträgen handelt es sich in diesen Fällen oft um die Begründung längerfristiger Beziehungen mit wenig konkretisierten Verpflichtungen. (Collins 1999: 18)

11 Ricardo erläuterte, er habe irrtümlicherweise angenommen, dass die Verbilligung der Produktion durch Maschinen nicht nur zu einer Verbilligung der Güter und damit zu einer Erweiterung von deren Absatz führen werde, sondern auch, dass der Kapitalist dann genauso viele Arbeiter beschäftigen könne wie zuvor. Was die heilsame Wirkung der Industrialisierung auf die Situation von Grundbesitzern und Kapitalisten anlange, bleibe er bei seiner Ansicht, für Arbeiter aber müsse sie revidiert werden. (1821: 31. Kapitel)

tionskosten und folglich eine Verbilligung von Gütern bewirke, verhindere nicht, dass Arbeiter auch in Zukunft arm sein werden. Das, so Smith, sei Folge der fundamentalen Ungleichheit von Macht zwischen dem Eigner des Kapitalstocks und den von ihm beschäftigten Arbeitskräften. Die Smith zugeschriebene Zuversicht, dass am Reichtum einer Nation alle beteiligt sein werden, lässt sich, wie Eberhard K. Seifert im Anschluss an Adolph Lowe und Robert L. Heilbroner ausgeführt hat, anhand seiner Schriften nicht belegen. Tatsächlich werde in *"Wealth of Nations"* für den weiteren Verlauf des „kommerziellen Zeitalters" sowohl ökonomischer Niedergang als auch moralischer Verfall der Gesellschaft prognostiziert. (1991: 81-83) *"To remedy these defects would be an object worthy of attention"*, meinte Smith in seinen Ausführungen über Jurisprudenz. (zit. nach Seifert 1991: 81)

Dass die grundlegenden Defekte kapitalistischer Ökonomie eine bessere Zukunft für alle verhinderten, wurde historisch rasch offenbar. Diese Defekte sind nicht zu beseitigen, doch wurden sie sozialpolitisch gemildert, wenn organisiert protestierende Arbeitskräfte Regierungen veranlassen konnten, ihnen die von Adam Smith gewünschte Aufmerksamkeit zuzuwenden. Und dennoch nährten die „dreißig glorreichen Jahre" nach dem Zweiten Weltkrieg in metropolen kapitalistischen Ländern noch einmal die Erwartung einer durch Wirtschaftspolitik möglichen Vermeidung von Krisen.

Inzwischen hat die reale Entwicklung des globalisierten Kapitalismus nicht nur diese Erwartung, sondern auch die Hoffnung auf eine allgemeine Verbesserung von Lebensumständen mittels fortwährenden Wirtschaftswachstums widerlegt.[12] Zusätzlich widerlegt hat sie die Annahme, ein *social upgrading* von Arbeitsbedingungen sei unausweichliche Folge der Einführung technisch anspruchsvoller Produktionsverfahren.[13] Dagegen ist nachdrücklich deutlich geworden, dass direkte Gewalt als Mittel der Aneignung nicht nur in den Anfängen kapitalistischer Entwicklung eingesetzt wurde, sondern bis heute

12 2014 ist selbst die Weltbank von der bisher vertretenen Auffassung abgerückt, dass Wachstum als ausreichende Voraussetzung für die Beseitigung von Armut anzusehen sei. Die zunehmende Ungleichheit zwischen Arm und Reich verhindere selbst die tatsächlich vorhandenen positiven Auswirkungen wirtschaftlichen Wachstums. Vgl. www.worldbank.org/.../Prosperity_for_All_Final_2014p.

13 Im Zusammenhang der Diskussion moderner Sklaverei ist (in Kap. IV) auf gegenteilige Erfahrungen verwiesen worden. Für aktuelle Produktionsverfahren in China hat Florian Butollo aufgezeigt, dass hochmoderne Technologie eingeführt werden kann und trotzdem ungelernte Arbeitskräfte zu schlechten Bedingungen vernutzt werden können. (2014) In den Abschnitten über „Entgrenzte Ausbeutung Offshore" sind (in Kapitel VIII) Beispiele für die Etablierung gewaltförmiger Elemente in technisch hochmoderner Produktion angeführt worden. Und in Auschwitz, dessen Realitäten uns für immer die möglichen Abgründe menschlicher Praxis vor Augen geführt haben, wurden Menschen, denen selbst der Status eines Sklaven verwehrt wurde, auch mit komplizierten Arbeiten im Labor betraut. (Levi 1947/1987) Dennoch ist unzweifelhaft, dass in den allermeisten Arbeitsprozessen, für welche besondere Kenntnisse und Fähigkeiten erforderlich sind, Arbeitsverhältnisse geschaffen wurden und werden, in denen keine direkte Gewalt gegen Personen präsent ist. Dieser Umstand resultiert aus der Marktposition des entsprechend qualifizierten Personals.

eingesetzt wird. Zwar war diese Praxis nach der historischen Etablierung kapitalistischer Verhältnisse in einigen Ländern zunächst an Ränder gedrängt worden, an geographische und an soziale. Das war aber nur insoweit Folge ökonomisch rationaler Kalkulation, als das Erfordernis einer wachsenden Zahl von Arbeitskräften für industrialisierte Produktion in den Grenzen damaliger Arbeitsmärkte den Forderungen organisierter Arbeitskräfte Nachdruck verlieh. Seit die Globalisierung des Kapitalismus frühere Grenzen von Arbeitsmärkten sprengt, ist direkte Gewalt erneut in den Binnenräumen des Kapitalismus präsent.[14]

Das ist nicht unausweichlich. So nachdrücklich die genauere Betrachtung des historisch realen Kapitalismus die These bestätigt, dass Eigner von Kapital sich der Tendenz nach aller Mittel zur Erzielung von Profit bedienen, deren Einsatz ihnen nicht erfolgreich verwehrt wird, so eindeutig hat sich auch gezeigt, dass Öffentlichkeiten und Regierungen solche Praxis unterbinden können. Im globalisierten Kapitalismus haben sich die Bedingungen für derartige Reformen geändert. Die potentiell globale Konkurrenz um Arbeitsplätze erschwert die Durchsetzung von Forderungen, die auf eine Veränderung materieller und politischer Verhältnisse zielen. Dies veranlasst vielfach gefahrvoll revoltierende Formen der Opposition.[15] Auch ist von Staatsgewalt wenig zu erhoffen, wenn Regierungen gewaltförmige Praktiken von Kapitaleignern dulden und sich Angehörige von Regierungen und Staatsverwaltungen womöglich selbst an kriminellen Formen der Aneignung bereichern.[16] Andererseits erleichtert Kommunikationstechnologie die weltweite Verbreitung von Informationen über gewaltförmige Aneignung. Zwar gibt es – abgesehen von der medialen Vermittlung einzelner Ereignisse – keine globale Öffentlichkeit,[17] wohl aber gibt es zuvor nicht dagewesene Möglichkeiten, sich zu informieren.[18] Auf dieser Basis arbeiten inzwischen sowohl national als auch international viele Einzelne und zahlreiche Gruppierungen. Und immer wieder veranlasst deren

14 Jean Comaroff und John L. Comaroff gehen noch einen Schritt weiter: Sie konstatieren, dass der globale Süden, und insbesondere Afrika, die aktuellen Entwicklungen lediglich früher und deutlicher erleidet als der globale Norden (2012: Kap. 1 & passim).

15 2008 gab es in mehreren Ländern des Südens „Hungeraufstände". Es handelte sich, wie Bettina Engels formuliert, sowohl um spezifische soziale Kämpfe im nationalstaatlichen Kontext als auch um Widerstand gegen das globale Nahrungsmittelregime. (2013: 20)

16 Vgl. die VIII. theoretische Zwischenbemerkung, zusätzlich: Nader (2009).

17 Dirk-Class Ulrich hat Einwände an dieser Vorstellung zusammengetragen und selbst weitere ausgeführt. (2016, insbes. Kap. 3)

18 Luise Görges & Ulf Kadritzke diskutieren sowohl die „Vermarktung von Moral" als auch mögliche Gegenstrategien (2011). Vgl. dazu auch die Hinweise auf Entwicklungshilfe als eine Strategie zur Verbesserung des Images von Unternehmen: Christian Jakob, Wie die Welt besser werden soll. Gutmenschentum, Selbstverpflichtung, Fluchtvermeidung? Eine aktuelle Debatte, TAZ, 25.9.2015, S. 3.

nimmermüde Veröffentlichung unerträglicher Verhältnisse schließlich doch staatliche Maßnahmen und veränderte unternehmerische Praxis.[19]

Ganz ebenso wie für die Konventionen, die von internationalen Organisationen beschlossen werden und für die Urteile, die von nationalen und internationalen Gerichten gefällt werden,[20] kann für jede einzelne von Nichtregierungsorganisationen aufgestellte Forderung gezeigt werden, dass die Wirkung ihrer Realisierung begrenzt bleiben wird – sei es, weil sich Verbote umgehen, sei es, dass sie sich durch andere Praktiken ersetzen lassen. Und doch hat jede einzelne Aktivität, die das Leben einer gewissen Anzahl von Kindern, Frauen und Männern verbessert, nicht nur ihre Berechtigung, sondern – ja tatsächlich – auch eine Bedeutung für die Entwicklung der Welt.[21]

Auf der Basis der hier vorgelegten Untersuchung ist eine Diskussion über Reformen, die über den Kapitalismus hinausreichen könnten, nicht angebracht.[22] Solche Diskussionen verlangen die Auseinandersetzung mit den Grundstrukturen des Kapitalismus. Was hier diskutiert wurde, sind Auswüchse. Sie sind der Reform zugänglich. Die daraus abzuleitende politische Perspektive ist notwendig begrenzt.

---

19 Welche Bedeutung der beständigen Veröffentlichung von Missständen zukommt, diskutiert Krauss am Beispiel der Zustände auf den Baustellen in Katar. Vgl. Martin Krauss, Demos, Petitionen und Moralappelle, TAZ, 2.2.2016, S. 4.

20 Zur selektiven Auswahl der Fälle, die vor dem Internationalen Strafgerichtshof verhandelt werden: Francesca Maria Benvenuto, Das Weltgericht, Le Monde diplomatique, Nov. 2013, S. 5.

21 Ähnlich argumentieren Andreas Fischer-Lescano und Kolja Möller, wenn sie empfehlen, der globalen sozialen Frage mit sozialen Gegen-Rechten zu begegnen. (2012)

22 Die Formulierung enthält die Forderung, sich von der der Zuversicht zu verabschieden, dass die kapitalistische Produktion „mit der Notwendigkeit eines Naturprozesses ihre eigene Negation [erzeugt]." (Marx, MEW 23: 791) Vgl. dazu auch: Henninger (2009: 361f.) Solche Zuversicht ist nicht etwa fehl am Platz, weil sie sich einer Täuschung über die Natur des Menschen hingibt, sondern weil sie der menschlichen Geschichte einen Verlauf zuschreibt, der auf ein bestimmtes Ziel zustrebt. Wird dem historischen Prozess aber kein über, unter oder sonstwie außerhalb ihres tatsächlichen Verlaufs bestehender Sinn zugeschrieben, so entfällt auch die mit allen Versionen von Geschichtsphilosophie verbundene Annahme einer außerhalb von Geschichte angelegten Natur des Menschen. Was wir von den Möglichkeiten und den Abgründen wissen können, zu denen Menschen fähig sind, wissen wir aus der menschlichen Geschichte.

Nachbemerkung

Wolfgang Bauer, Bernd Belina, Sabine Offe, Dorothea Schmidt, Karl Reitter, Ingo Stützle und Hans-Günter Thien danke ich für kritische Lektüre, nützliche Hinweise und für Ermunterung.

Unsagbar ist mein Dank an Friedrich Gerstenberger. Nachdem er fünfzig Jahre lang alle meine Manuskripte kritisch gelesen hatte, war ihm das dieses Mal nur noch für die ersten Kapitel möglich. Seither muss ich versuchen, mir vorzustellen, was er zu einzelnen Argumenten gesagt hätte.

Bremen, im November 2016

Bibliographie

Sofern zwei Jahreszahlen angegeben sind, bezieht sich die jeweils erste entweder auf das Erscheinungsjahr der Erstausgabe oder auf das Erscheinungsjahr des Bandes in der Originalsprache.

Internet-Veröffentlichungen sind nur dann in diesem Verzeichnis aufgeführt, wenn es sich um längere Texte handelt, alle anderen sind lediglich in den Fußnoten angegeben. Auch Zeitungsartikel sind ausschließlich in den Fußnoten aufgeführt.

Abu-Lughod, Janet L. (1989) *Before European Hegemony. The World System A.D. 1250–1350* (Oxford Univ. Press) New York & Oxford

Abelshauser, Werner (2004/2011) *Deutsche Wirtschaftsgeschichte, Von 1945 bis zur Gegenwart* (Bundeszentrale für politische Bildung) Bonn

Abendroth, Wolfgang (1977) *Ein Leben in der Arbeiterbewegung.* Gespräche, aufgezeichnet und herausgegeben von B. Dietrich und J. Perels (ed. Suhrkamp) Frankfurt/Main

Achebe, Chinua (1983) *An Image of Africa* (darin: 1977. An Image of Africa: Racism in Conrad's Heart of Darkness) (Pearson) London

Adam, Uwe Dietrich (1988/1999) Wie spontan war der Progrom?; in: Walter H. Pehle, Hg. (1988/1999) *Der Judenprogrom 1938. Von der „Reichskristallnacht" zum Völkermord (Fis*cher Taschenbuch) Frankfurt am Main, S. 74-94

Adams, Graham, Jr. (1966) *Age of Industrial Violence 1910-15. The Activities and Findings of the United States Commission on Industrial Relations* (Columbia Univ. Press) New York

Ageron, Charles-Robert (1969) *Histoire de l'Algérie Contemporaine.1830–1969* (PUF) Paris

– (1972) *Politiques Coloniales au Maghreb.* IV: *L'Algérie algérienne* (PuF) Paris

Agnani, Sunil (2007) 'Doux Commerce, Doux Colonisation'. Diderot and the Two Indies of the French Enlightenment; in: Larry Wolff and Marco Cipollonie, Eds., *The Anthropology of the Enlightenment* (Stanford Univ. Press) Stanford, Cal., S. 65-84

Ahuja, Ravi (2007) Mobility and Containment: The Voyages of South Asian Seamen, c. 1900–1960; in: Rana P. Behal & Marcel van der Linden, Hg. (2007) *India's Labouring Poor. Historical Studies, c. 1600–c. 2000* (Cambridge Univ. Press India) Bangalores, S. 111-142

Albers, Detlev & Goldschmidt, Werner & Oehlke, Paul (1971) *Klassenkämpfe in Westeuropa* (Rowohlt Taschenbuch) Reinbek bei Hamburg

Albertini, Rudolf von (1976/1985) *Europäische Kolonialherrschaft. 1880–1940* (Steiner) Wiesbaden

Alderton, Tony & Winchester, Nick (2002) Internationale Regulierungen und die Praxis von Flaggenstaaten: in: Heide Gerstenberger & Ulrich Welke, Hg. (2002) *Seefahrt im Zeichen der Globalisierung* (Westfälisches Dampfboot) Münster, S. 180-196

de Alencastro, Luiz Felipe (1996) The Apprenticeship of Colonization; in: Patrick Manning, Hg.(1996) *Slave Trades, 1500–1800: Globalization of Forced Labour* (Asgate) Aldershot Hampshire, S. 83-108

Alexander, Peter & Sinwell, Luke & Lekgowa, Thapelo & Mmope, Botsang & Xezwi, Bongani (2012/2013) *Marikana. A View from the Mountain and a Case to Answer* (Bookmarks Publications) London

Allain, Jean (2013) *Slavery in International Law. Of Human Exploitation and Trafficking* (Martinus Nijhoff) Leiden

Allen, Victor Leonhard (1961) *Trade Unions and the Government* (Longmans) London

Ally, Shireen (2009/2012) Globalization and Regional Divisions of Reproductive Labor: Southern African Migrant Domestic Workers in Johannesburg; in: Ligay Lindio-McGovern & Isidor Wallimann, Hg. (2009/2012) *Globalization and Third World Women. Exploitation, Coping and Resistance* (Syracuse Univ. Press) Syracuse, S. 15-34

Altvater, Elmar & Mahnkopf, Birgit (1996) *Grenzen der Globalisierung. Ökonomie, Ökologie und Politik in der Weltgesellschaft* (Westfälisches Dampfboot) Münster

– (2002) *Globalisierung der Unsicherheit. Arbeit im Schatten, schmutziges Geld und informelle Politik* (Westfälisches Dampfboot) Münster

Aly, Götz (2005) *Hitlers Volksstaat. Raub, Rassenkrieg und nationaler Sozialismus* (S. Fischer) Frankfurt am Main

– (2006) Antworten auf meine Kritiker; in: *Sozial.Geschichte*, Nr. 21, S. 79-104

Amin, Samir (1966) *L'Économie du Maghreb. La Colonisation et la Décolonisation* (Les Éditions du Minuit) Paris

Amiramadi, Hooshang & Wu, Weiping (1995) Export Processing Zones in Asia; in: *Asian survey*, Bd. 35, Nr. 9, S. 828-849

Amselle, Jean-Loup & M'Bokolo, Elikia (1985/1999) *Au cœr de l'ethnie* (Nouvelle editions) Paris

Anderson, Briget & O'Connel Davidson, Julia (2002) *Trafficking – a demand led problem?* (Save the children Sweden) (www.rb.se/bookshop)

Anderson, David M. (2004) Kenya, 1895–1939. Registration and Rough Justice; in: Douglas Hay & Paul Craven, Hg. (2004) *Masters, Servants, and Magistrates in Britain and Empire, 1562–1955* (University of North Carolina Press) Chapel Hill, S. 498-528

– (2005) *Histories of the Hanged. Britain's Dirty War in Kenya and the End of Empire* (Weidenfeld & Nicolson) London

Anderson, July (2002) Les principes de liberté universelle et la mécanique de l'exclusion: le débat colonial chez les négociants de Bordeaux en 1789–1792; in: *Cahiers des Anneaux de la Mémoire*, Nr. 4, Nantes, S. 139-160

Anderson, Michael (2004) India, 1858–1930: The Illusion of Free Labor; in: Douglas Hay and Paul Craven, Hg. (2004) *Masters, Servants, and Magistrates in Britain and the Empire, 1562–1955* (The University of North Carolina Press) Chapel Hill, S. 422-454

Andrew, C. M. & Kanya-Forstner, A.S. (1978) France, Africa, and the First World War; in: *Journal of African History*, XIX, I, S. 11-23

Andrews, Kenneth R. (1984) *Trade, plunder and settlement. Maritime enterprise and the genesis of the British Empire 1480–1630* (Cambridge Univ. Press) Cambridge

Angelo, Larian (1997) Old Ways in the New South: The Implications of the Recreation of an Unfree Labor Force; in: Tom Brass & Marcel van der Linden, Hg. (1997) *Free and Unfree Labour. The Debate Continues* (Peter Lang) Bern, S. 173-200

Angoulvant, Gabriel (1916) *La Pacification de La Cote D'Ivoire 1908–1915. Méthodes et Résultats* (Émile Larousse) Paris

Angster, Julia (2012) *Erdbeeren und Piraten: Die Royal Navy und die Ordnung der Welt 1770–1860* (Vandenhoek & Ruprrecht) Göttingen

Anrich, Gerold (1975) *Räuber, Bürger, Edelmann, jeder raubt so gut er kann. Die Zeit der großen Räuberbanden 1790–1803* (Neithard Anrich) Neunkirchen im Odenwald

Anstey, Roger (1966) *King Leopold's Legacy: The Congo under Belgian Rule, 1908–1960* (Oxford Univ. Press) London

– (1970) The Belgian rule in the Congo and the aspirations of the "evolue" class; in: *The history and politics of colonization 1914–1960;* Nr. 2, S. 194-225

Arasaratnam, Sinnappah (1986) *Merchants, Companies and Commerce on the Coromandel Coast, 1650–1740* (Oxford Univ. Press) Bombay

Arnold, David (2012) *Südasien.* Neue Fischer Weltgeschichte, Bd. 11 (S. Fischer) Frankfurt am Main

Asia Monitor Resource Center (1998) *We in the zone: women workers in Asia's export processing zones* (AMRC) Hongkong

Austen, Ralph A. & Smith, Woodruff D. (1990/2007) Private Tooth Decay as Public Economic Virtue: The Slave-Sugar Triangle. Consumerism, and European Industrialization; in: Joseph E. Inikori & Stanley L. Engerman, Hg. (2007) *The Atlantic Slave Trade. Effects on Economies, Societies, and Peoples in Africa, the Americas, and Europe* (Duke Univ. Press) Durham, S. 183-204

Baak, Paul E. (1997) Enslaved Ex-Slaves, Uncaptured Contract Coolies and Unfreed Freedmen: „Free" and „Unfree" Labor in the Context of Plantation Development in Southwest India; in: Tom Brass & Marcel van der Linden, Hg. (1997) *Free and Unfree Labor. The Debate Continues* (Peter Lang) Bern, S. 427-456

Bach, Rolf P. (1986) *Gekaufte Kinder. Babyhandel mit der Dritten Welt* (Rowohlt Taschenbuch Verlag) Reinbek bei Hamburg

Backhaus, Wilhelm (1974) *Marx, Engels und die Sklaverei. Zur ökonomischen Problematik der Unfreiheit* (Pädagogischer Verlag Schwann) Düsseldorf

Baganz, Carina (2009) Lager für ausländische zivile Zwangsarbeiter; in: Wolfgang Benz & Barbara Distel, Hg. (2009) *Der Ort des Terrors. Geschichte der nationalsozialistischen Konzentrationslager* (C.H.Beck) München, S. 248-270

Bailey Ronald (1992/2007) The Slave(ry) Trade and the Development of Capitalism in the United States: The Textile Industry in new England; in: Joseph E. Inikori & Stanley L. Engerman, Hg. (1992/2007) *The Atlantic Slave Trade. Effects on Economies, Societies, and Peoples in Africa, the Americas, and Europe* (Duke Univ. Press) Durham, S. 205-246

Bailkin, Jordanna (2006) The Boot and the Spleen: When was Murder Possible in British India? In: *Society for Comparative Study of Society and History*, S. 462-493

Bairoch, Paul (1971/1992) *Le Tiers-Monde dans l'impasse* (Galimard) Paris

– (1996). Globalization myths and realities. One century of external trade and foreign investment; in: Robert Boyer & Daniel Drache, Hg. (1996) *States against markets. The limits of globalization* (Routledge) London, S. 173-192

Bakonyi, Jutta (2011) *Land ohne Staat. Wirtschaft und Gesellschaft im Krieg am Beispiel Somalias* (Campus) Frankfurt

Balachandran, G. (2011) Making Coolies, (Un)making Workers: "Globalizing" labour in the late 19th and early 20th centuries; in: *Journal of historical sociology*, Vol. 24, Nr. 3, S. 266-296

– (2012) *Globalizing Labour? Indian Seafarers and World Shipping, c. 1870–1945* (Oxford Univ. Press) New Delhi

Bales, Kevin (1999) *Disposable People. New Slavery in the Global Economy* (University of California Press) Berkeley, Los Angeles; deutsch: (2001) Die neue Sklaverei (Antje Kunstmann) München

– (2005) *Understanding Global Slavery* (Univ. of California Press) Berkeley

– & Spodalter, Ron (2009) *The slave next door. Human trafficking and slavery in America today* (Univ. of California Press) Berkeley

Balibar, Etienne (1993/1995) *The Philosophy of Marx* (Verso) London

– (1997/2006) *Der Schauplatz des Anderen. Formen der Gewalt und Grenzen der Zivilität* (Hamburger Edition) Hamburg

– (2009) Reflections on *Gewalt*. Artikel für das *Historical Dictionary of Marxism;* hier zitiert nach dem Abdruck in: *Historical Marxism*, Nr. 17, S. 99-125

– (2015) *Violence and Civility. On the Limits of Political Philosophy* (Columbia Univ. Press) New York

Banaji, Jairus (2003) The Fiction of Free Labour: Contract, Coercion and So-Called Unfree Labour; in: *Historical Materialism*, Bd. 11.3, S. 69-95

Bancel, Nicolas & Blanchard, Pascal & Vergès, Françoise (2003) *La République colonial* (Albin Michel) Paris

Banner, Stuart (2005) *How the Indians lost their land. Law and power on the frontier* (The Belknap Press) Cambridge, Mass.

Barkai, Avraham (1988) *Vom Boykott zur "Entjudung". Der wirtschaftliche Existenzkampf der Juden im Dritten Reich 1933–1943* (Fischer Taschenbuch) Frankfurt am Main

Barrett, John (1977) The Rank and File of the Colonial Army in Nigeria, 1914–18; in: *The Journal of Modern African Studies*, Jg. 15, Nr. 1, S. 105-115

Barth, Detlef (1998) *Brasiliens Verfassung und die Agrarreform* (Brasilienkunde-Verlag) Mettingen

Basu, Kaushik & Horn, Henrik & Román, Lisa & Shapiro, Judith, Hg. (2003) *International Labor Standards. History, Theory, and Policy Options* (Blackwell) London

Bauer, Jehuda (2000) Overall Explanations, German Society and the Jews or: Some Thoughts About Context; in: David Bankier, Hg. (2000) *Probing the Depths of German Antisemitism. German Society and the Persecution of Jews, 1933–1941* (Yad Vashem & Leo Baeck Institute) Jerusalem, S. 3-18

Bauman, Zygmunt (1989) *Modernity and the Holocaust* (Polity Press) Cambridge

de Bayac, Jacques Delperrie (1972) *Histoire du Front Populaire* (Fayard) Paris

Bayart, Jean-François (1989, franz./1993 engl.) *The State in Africa: The Politics of the Belly* (Longman) London

– (2004) *Le gouvernement du monde. Une critique de la globalisation* (Fayard) Paris

– & Ellis, Stephen & Hibou, Béatrice (1997/1999) *The Criminalization of the State in Africa* (James Curry & Indiana Press) Oxford

Becker, B. (1804) *Aktenmäßige Geschichte der Räuberbanden an den beyden Ufernb [sic] des Rheins* (Keil) Cöln

Becker, Martin (1955) *Arbeitsvertrag und Arbeitsverhältnis in Deutschland. Von Beginn der Industrialisierung bis zum Ende des Kaiserreichs* (Vittorio Klostermann) Frankfurt am Main

Beckert, Sven (2014/2005) *King Cotton. Eine Geschichte des globalen Kapitalismus* (Beck) München

Beckwith, Jennifer (2015) *Spinning a Yarn: The Effect of Labour Recruitment on Labour Coercion in the Indian Textile Industry* (Politics and Society in Historical Perspective: Utrecht University)

Beeching, Jack (1975) *The Chinese Opium Wars* (Hutchinson) London

Behal, Rana P. & Mohapatra, Prabhu P. (1992) Tea and Money versus Human Life: The Rise and Fall of the Indenture System in the Assam Tea Plantations 1840–1908; in: *The Journal of Peasant Studies*, Bd. 19, Nr. 3/4, S. 142-172

– (2007) Power Structure, Discipline and Labour in Assam Tea Plantations during Colonial Rule; in: Rana P. Behal & Marcel van der Linden, Hg. (2007) *India's Labouring Poor. Historical Studies, c. 1600 – c. 2000* (Cambridge Univ. Press India) Bangalores, S. 143-172

– & Joshi, Chitra & Mohapatra, Prabhu P (2010) India; in: Joan Allen & Alan Campbell & John McIlroy, Hg. (2010) *Histories of Labour: National and International Perspectives* (Merlin Press) Pontypool, Wales

– (2014) *One Hundred Years of Servitude. Political Economy of Tea Plantations in Colonial Assam* (Tulika Books) New Delhi

Behanzin, Jean-Claude (2002) Théodore Canot, marchand négrier sur les côtes d'Afriques dans la première moitié du XIXème siècle; in: *Cahiers des Anneaux de la Mémoire*, Nr. 4: Les traites en Afrique. Pirates noirs et marins de la traite. Nos memoires, Nantes 2002, S. 107-112

Belina, Bernd & Michel, Boris Hrsg. (2007) *Raumproduktionen*. Beiträge der *Radical Geography*. Eine Zwischenbilanz (Westfälisches Dampfboot) Münster

Belloc, Hiloire (1898) *The modern traveller* (Edward Arnold) London

Benda-Beckmann, Franz von & Benda-Beckmann, Keebet & Griffiths, Anne, The Power of Law; in: Franz von Benda-Beckmann, & Keebet Benda-Beckmann & Anne Griffiths, Hg. (2009) *The Power of Law in a Transnational World. Anthropological Enquiries* (Berghahn Books) New York, S. 1-32

Bender, Gerald J. (1974/1978) *Angola under the Portuguese: The Myth and the Reality* (Univ. of California Press) Berkeley

Bennet, Mark (2006) Lesotho's Export Textiles & Garment Industry; in: Herbert Jauch & Rudolf Traub-Merz, Hg., *The Future of the Textile and Clothing Industry in Sub-Saharan Africa* (Friedrich Ebert Stiftung) Bonn, S. 134-177

Bénot, Yves (2003) *La modernité d'esclavage. Essai sur la servitude au cœr du capitalism* (Éditions la Découverte) Paris

Berger, Klaus Peter (1996) *Formalisierte oder "schleichende" Kodifizierung des transnationalen Wirtschaftsrechts. Zu den methodischen und praktischen Grundlagen der lex mercatoria* (Walter de Gruyter) Berlin

Berlin, Ira (1974/1976) *Slaves without Masters. The Free Negro in the Antebellum South* (Vintage Books) New York

– (1998) *Many Thousands Gone: The First Two Centuries of Slavery in North America* (Harvard University Press) Cambridge, Mass.

Bernault, Florence (1996) *Démocraties Ambiquës en Afrique Centrale* (Karthala) Paris

Betz, Joachim, Maßnahmen gegen Kinderarbeit: Nützliches und weniger Nützliches; in: *Peripherie*, Nr. 85/86, 22. Jg. 2002, S. 144-161

Biermann, Werner (1976) *Rhodesien. Sozio-ökonomische Analyse eines kolonialperipheren Landes* (o. V.) Bochum

– (1999) East Africa, the Indian Ocean Trade System and the World Economy c. 1800 to 1880; in: Thomas Beck & Horst Gründer & Horst Pietschmasnn & Roderich Ptak, Hrsg. (1999) *Überseegeschichte. Beiträge der jüngeren Forschung* (Franz Steiner Verlag) Stuttgart, S. 163-178

Biernacki, Richard (1995) *The Fabrication of Labor. Germany and Britain, 1640–1914* (Univ. of California Press) Berkeley

Bierschenk, Thomas & Olivier de Sardan, Jean-Pierre (2003) Powers in the Village: Rural Benin between Democratisation and Decentralisation; in: *Africa*, Bd. 73.2, S. 145-173

– & Olivier de Sardan, Jean-Pierre, Hg. (2014) *States at Work. Dynamics of African Bureaucracies* (Brill) Leiden

Birmingham, David (1994) La Colonisation en Afrique: Les cas de la Belgique et du Portugal; in: David Birmingham & Muriel Chamberlain, Hg. (1994) *L'Europe et l'Afrique De 1914 à 1970* (Sedes) Paris, S. 107-184

Blackburn, Robin (1988) *The Overthrow of Colonial Slavery 1776–1848* (Verso) London

– (1997) *The Making of New World Slavery. From the Baroque to the Modern, 1492–1800* (Verso) London

Bley, Helmut (1968) *Kolonialherrschaft und Sozialstruktur in deutsch-Südwestafrika 1894– 1914* (Leibniz Verlag) Hamburg

Bloch, Marc (1946) *L'Étrange Défaite* (Franc-Tireur) Paris

Blundo, Giorgio & Olivier de Sardan, Jean-Pierre (2001) La corruption quotidienne en Afrique de l'Ouest & Sémiologie populaire de la corruption; in: *Politique Afriquaine*, Nr. 83, S. 8-37 & 98-114

– & Olivier de Sardan, Jean-Pierre, Hsg. (2007) *État et Corruption an Afrique. Une anthropologie comparative des relations entre fonctionnaires et usagers* (Bénin, Niger, Sénégal) (Karthala & Apad) Neben mehreren Beiträgen der Herausgeber, enthält der Band auch Aufsätze von M. Tidjani Alou & N. Bako-Arifari & M. Mathieu

– (2014) Seeing like a State-Agent: the Ethnography of Reform in Senegal's Forestry Services; in: Thomas Bierschenk & Jean-Pierre Olivier de Sardan, Hrsg. (2014) *States at Work. Dynamics of African Bureaucracies* (Brill) Leiden, S. 69-89

Blussé, Leonard (1989) The Run to the Coast: Comparative Notes on Early Dutch and English Expansion and State Formation in Asia; in: P.J. Marshall et al., Hg. (1989) *India and Indonesia During the Ancien Regime* (Brill.), S. 195-214

Boahen, A. Adu (1985) Colonialism in Africa: its impact and significance; in: A. Adu du Boahen, Hg. (1985) *General History of Africa VII. Africa under Colonial Domination 1880–1935* (UNESCO) London, S. 782-809.

– (1987) *African Perspectives on Colonialism* (The John Hopkins Univ. Press) Baltimore, Maryland

– (1990) *General History of Africa*: gekürzte Ausgabe der Unesco Publikation von 1985; Bd. VII: *Africa under Colonial Domination 1880–1935* (Univ.of California Press) Berkeley

Bock, Helmut (2001) Unvergessen: Lyon 1831. Von den Anfängen des Klassenkampfes; in: *UTOPIE kreativ*, H. 1333 (November 2001) S. 965-976

Boehnke, Heiner & Sarkowitz, Hans, Hg. (1993) *Die Rheinischen Räuberbanden. Schinderhannes, Fertzer & Co* (Eichborn) Frankfurt am Main

Boell, Ludwig (1951) *Die Operationen in Ost-Afrika* (Privatdruck) Hamburg

Boemeke, Manfred F. & Chickering, Roger & Förster, Stig, Hg. (1999) *Anticipating total war: the German and American Experiences* (Cambridge Univ. Press) Cambridge

Börnecke, Stephan & Beste, Andrea (2012) *Die Ernte der Heuschrecken. Das weltweite Landgrabbing und die Verantwortung Europas. Eine Studie im Auftrag von Martin Häusling (MEP)*, www.martin-haeusling.eu/.../324-die-ernte-der-heuschrecken.html

Bösl, Elsbeth & Kramer, Nicole & Linsinger, Stephanie (2010) Die vielen Gesichter der Zwangsarbeit. Merkmale des „Ausländereinsatzes" im Landkreis München; in: Andreas Heusler & Mark Spoerer & Helmuth Trischler, Hg. (2010) *Rüstung, Kriegswirtschaft und Zwangsarbeit im „Dritten Reich"* (Oldenbourg) München, S. 179-198

Bolster, Jeffrey W. (1997) *Black Jacks. African American Seamen in the Age of Sail* (Harvard Univ. Press) Cambridge, Mass.

Bono, Salvatore (2004/2009) *Piraten und Korsaren im Mittelmeer. Seekrieg, Handel und Sklaverei vom 16. bis zum 19. Jahrhundert* (Klett-Cotta) Stuttgart

Boot, Max (2002) *The Savage Wars of Peace. Small Wars and the Rise of American Power* (Basic Books Group) New York

Boris, Dieter (2015) Aspekte der Staatsentwicklung und der Staatsanalyse in Lateinamerika; in: Alke Jenss & Stefan Pimmer, Hg. (2015) *Der Staat in Lateinamerika. Kolonialität, Gewalt, Transformation* (Westfälisches Dampfboot) Münster, S. 258-279

Boris, Ellen & Lichtenstein, Nelson, Hg. (2003) *Major Problems in the History of American Workers* (Houghton Mifflin Company) Boston

Borkin, Joseph (1978/1979) *Die unheilige Allianz der I.G.Farben. Eine Interessengemeinschaft im Dritten Reich* (Campus) Frankfurt am Main

Borras, Saturnino, Jr. & Franco, Jennifer (2010) From Threat to Opportunity? Problems with the Idea of a "Code of Conduct" for Land-Grabbing; in: *Yale Human Rights and Development Journal*, Vol.13, Iss.2, Article 7; http://digitalcommons.law.yale.edu/yhrdlj/vol13/iss2/7

Bossuat, Gérard (2003/2007) The Modernization of France: A New Economic and Social Order after the Second World War; in: Dominik Geppert, Hg. (2003/2007) *The Postwar Challenge. Cultural, Social, and Political Change in Western Europe, 1945–58* (Oxford University Press) Oxford, S. 151-178

Bourdé, Guy (1977) *La défaite du front populaire* (François Maspero) Paris

Bourdieu, Pierre (1951/2010) *Sociologie de l'Algérie* (Presses Universitaires de France) Paris

– & Sayad, Abdelmalek (1964) *Le Déracinement. La Crise de l'Agriculture Traditionelle en Algérie* (Les Éditions du Minuit) Paris

– (1972/1979) *Entwurf einer Theorie der Praxis* (suhrkamp taschenbuch) Frankfurt am Main

Bouvier, Jean (1987) Libres propos autour d'une démarche révisioniste; in: Patrick Fridenson & André Strauss, Hg. (1987) *Le Capitalisme Français*. XIXe et XXe Siécle, Paris, S. 11-27

Bowles, Samuel & Gintis, Herbert (2007) Power, in: *Quaderni del dipartimento die economia politica*, N. 495

Branch, Jordan (2010) 'Colonial reflection' and territoriality: the peripheral origins of sovereign statehood; in: *European Journal of International Relations* 18(2), S. 277-297

Brass, Tom & Bernstein, Henry (1992) Introduction: Proletarianisation and Deproletarianisation on the Colonial Plantation; in: *The Journal of Peasant Studies*, Bd. 19, Nr. 3/4, S. 1-40

– (1997) Some Observations on Unfree Labour. Capitalist Restructuring, and Deproletarisation; in: Tom Brass & Marcel van der Linden, Hg. (1997) *Free and Unfree Labour* (Peter Lang) Bern, S. 57-76

– & van der Linden, Marcel, Hg. (1997) *Free and Unfree Labour* (Peter Lang) Bern

Braudel, Fernand (1979/1986) *Sozialgeschichte des 15.–18. Jahrhunderts. Der Handel* (Kindler) München

Brecht, Bertold (1967) *Gesammelte Werke*, Bd. 2, Werkausgabe, herausgegeben von Suhrkamp Verlag in Zusammenarbeit mit Elisabeth Hauptmann (ed. Suhrkamp) Frankfurt am Main

Breman, Jan (1974/1993) *Beyond patronage and exploitation: changing agrarian relations in South Gujarat* (Oxford Univ. Press) Delhi

– (1989) *Taming the Coolie Beast. Plantation Society and the Colonial Order in South East Asia* (Oxford Univ. Press) Calcutta

– & Das, Arvind N. (2000) *Down and Out. Labouring under Global Capitalism* (Oxford University Press) Oxford

– (2010) The political economy of unfree labour in South Asia: determining the nature and the scale of debt bondage; in: *The Indian Journal of Labour Economics*, Bd. 53, S. 137-160

Brenner, Robert (1976) Agrarian Class Structure and Economic Development in Pre-industrial Europe; in: *Past & Present* Nr. 70, S. 30-75

– (1977) The Origins of Capitalism; in: *New Left Review*, Nr. 104, Juli-August, S. 25-93

– (1982) Agrarian Class Structure and Economic Development in Pre-Industrial Europe: The Agrarian Roots of European Capitalism; in: *Past & Present*, Nr. 97, S. 16-113

Brentano, Lujo (1874) Die Sicherung des Arbeitsvertrages, in: *Schriften des Vereins für Socialpolitik*, Bd. 7 (Leipzig)

Bridenbaugh, Carl, Hg. (1948) *Gentleman's Progress: The Itinerarium of Dr. Alexander Hamilton, Princeton 1744* (Univ. of North Carolina Press) Chapel Hill

Briskorn, Bettina v. (2002) Eine kurze Geschichte der Piraten auf Madagaskar, in: Hartmut Roder, Hg., *Piraten. Abenteuer oder Bedrohung?* (Edition Temmen) Bremen S. 76-95

Brodie, Janine (1996) New State Forms, New Political Spaces; in: Robert Boyer & Daniel Drache, Hg. (1996) *States Against Markets. The limits of globalization* (Routledge) London, S. 383-398

Bröckling, Ulrich (2000) Totale Mobilmachung. Menschenführung im Qualitäts- und Selbstmanagement; in: Ulrich Bröckling & Susanne Krasmann & Thomas Lemke, Hg. (2000) *Gouvernementalität der Gegenwart. Studien zur Ökonomisierung des Sozialen* (ed. Suhrkamp) Frankfurt am Main

Bron, Jean (1968) *Histoire du Mouvement Ouvrier Français*, Bd. I.: *Le droit à l'existence. Du début du XIX*[e] *siècle à 1884*, Bd. II: *La contestation du capitalisme par les travailleurs organisés (1884–1950)* (Les Éditions Ouvrières) Paris

Broszat, Martin (1984) *Die Machtergreifung. Der Aufstieg der NSDAP und die Zerstörung der Weimarer Republik* (dtv) München

Brown, Michael Barratt (1972) A critique of Marxist theories of imperialism; in: Roger Own & Bob Sutcliffe, Hg. (1972) *Studies in the theory of imperialism* (Longman) London S. 35-70

Brown, Laurence (2005) Experiments in indenture: Barbados and the segmentation of migrant labor in the Caribbean 1863–1865; in: *New West Indian Guide*, Bd. 79 Nr. 1 & 2, S. 31-54

Browning, Christopher R. (5. Aufl. 2002) *Ganz normale Männer: das Reserve-Polizeibataillon 101 und die „Endlösung" in Polen* (Rowohlt-Taschenbuch) Reinbek bei Hamburg

Brunschwig, Henri (1980) L'Afrique Noire Atlantique et L'Europe; in: L. Blussé & H.L. Wesseling & G.D. Winius, Hg. (1980) *History and Underdevelopment. Histoire et Sous-Développement* (Editions de la Maison des Sciences de l'Homme) Leiden, S. 129-136

Buchheim, Christoph (2005) Die vielen Rechenfehler in der Abrechnung Götz Alys mit den Deutschen unter dem NS-Regime; in: *Sozial. Geschichte*, Nr. 3, S. 67-76

Buckel, Sonja (2007) *Subjektivierung und Kohäsion. Zur Rekonstruktion einer materialistischen Theorie des Rechts* (Velbrük Wissenschaft) Weilerswist

Budraß, Lutz (2010) Kommentar zu den Beiträgen von Lorenzen, Scherner, Streb und Uziel; in: Andreas Heusler & Mark Spoerer & Helmuth Trischler, Hg. (2010) *Rüstung, Kriegswirtschaft und Zwangsarbeit im „Dritten Reich"* (Oldenbourg) München, S. 83-86

Büchler, Max (1912) *Der Kongostaat Leopolds II*, 2 Bde. (Rascher & Cie) Zürich

Bülck, Hartwig (1953) *Die Zwangsarbeit im Friedensvölkerrecht* (Vandenhoek & Ruprecht) Göttingen

Buggeln, Marc (2008) Were Concentration Camp Prisoners Slaves? The Possibilities and Limits of Comparative History and Global Historical Perspectives; in: *International Review of Social History* (2008), S. 101-129

– (2009) *Arbeit & Gewalt. Das Außenlagersystem des KZ Neuengamme* (Wallstein) Göttingen

– (2014) Unfreie Arbeit im Nazionalsozialismus; in: Marc Buggeln & Michael Wildt, Hg. (2014) *Arbeit im Nationalsozialismus* (De Gruyter Oldenbourg) München, S. 231-252

Burawoy, Michael (1990) *The Politics of Production* (Verso) London

Burke, Edmund (1859/1966) Thoughts and Details on Scarcity; in: *A select collection of scarce and valuable economic tracts*, Reprint (Kelly) New York, S. 463-494

Burnett, John S.(2004) *Terror auf See: Moderne Piraten rüsten auf* (Delius Klasing) Bielefeld

Burroughs, Peter (1967) *Britain and Australia 1831–1855* (Clarendon Press) Oxford

Burrows, Guy (1903) *The Curse of Central Africa. With which is incorporated: Edgar Canisius, A campaign amongst Cannibals* (R.A.Everett) London

Buscaglia, Edgardo (2012) Das Paradox der Repression; in: Anne Huffschmid et al., Hg. (2012) *Narco Zones. Entgrenzte Märkte und Gewalt in Lateinamerika* (Assoziation A) Berlin, S. 13-32

Busch, Heiner (unter Mitarbeit von Elke Schäfter & Britta Grell & Wolf-Dieter Narr) (1999) *Polizeiliche Drogenbekämpfung – eine internationale Verstrickung* (Westfälisches Dampfboot) Münster

Butollo, Florian (2014) *The End of cheap Labour? Industrial Transformation and "social upgrading" in China* (Campus) Frankfurt am Main

Button, James W. (1978) *Black Violence. Political Impact of the 1960s Riots* (Princeton Univ. Press) Princeton

Buzan, Barry & Herring, Eric (1998) *The Arms Dynamic in World Politics* (Lynne Riener) Boulder

Cacho, Lydia (2010/2011) *Sklaverei. Im Inneren des Milliardengeschäfts Menschenhandel* (S. Fischer) Frankfurt am Main

Cadbury, William A. (1910) *Labour in Portuguese West Africa* (Negro Universities Press) New York

Callwell, C.E. (1896/1906/1996) *Small Wars. Their Principles and Practice* (University of Nebraska Press) Lincoln and London

Cammak, Paul (2003) The governance of global capitalism: a new materialist perspective; in: *Historical Materialism*, Bd. 11, Nr. 2, S. 37-59

Campbell, Greg (2004) *Blood Diamonds. Tracing the Deadly Path of the World's Most Percious Stones* (Basic Books) New York

Campbell, Persia Crawford (1923/1969) *Chinese Coolie Emigration to Countries within the British Empire* (Negro Univ. Press) New York

Carew, Anthony & Dreyfus, Michel & van Goethem, Geert & Gumbrell-Mc Cormick, Rebecca & van der Linden, Marcel, Hrsg. (2000) *The International Confederation of Trade Unions* (Peter Lang) Bern

Carlson, Leonard A. (1981) *Indians, Bureaucrats, and Land. The Dawes Act and the Decline of Indian Farming* (Greenwood Press) Westport/Conn.

Carrington, Selwyn H.H. (2002) *The Sugar Industry and the Abolition of the Slave Trade* (University Press of Florida) Gainesville

Carter, Marina (1996) *Voices from Indenture. Experiences of Indian Migrants in the British Empire* (Leicester Univ. Press) London

– & Khal Torabully (2002) *Coolitude. An Anthology of the Indian labour diaspora* (Anthem Press) London

Castel, Robert (1996/2000) *Die Metamorphosen der sozialen Frage. Eine Chronik der Lohnarbeit* (UVK) Konstanz

Célimène, Fred & Legris, André (2002) L'économie coloniale des Antilles françaises au temps de l'esclavage; in: Fred Célimène & André Legris, Hg. (2002) *L'économie de l'esclavage colonial* (CNRS Éditions) Paris, S. 209-246

Chabal, Patrick & Deloz, Jean-Pascal (1999) *Africa Works. Disorder as political instrument* (James Curry) Oxford

Chabane, Mohamed (2010) Les fellahs algériens:des affres de la spoliation colonial aux hantises du libre marché. In: *Revue – Confrontations*, Januar 2010, http://revue-confrontations.org/index.php/component/content/article/6-article3/20fella

Chakrabarty, Dipesh (1989) *Rethinking Working-Class History* (Princeton Univ. Press) Princeton, New Jersey

Chandavarkar, Rajnarayan (1994) *The Origins of Industrial Capitalism in India* (Cambridge Univ. Press)

Chanock, Martin (1985) *Law, Custom and Social Order* (Cambridge Univ. Press) Cambridge

– (2001) *The Making Of South African Legal Culture 1902–1936. Fear, Favour and Prejudice* (Cambridge Univ. Press) Cambridge

– (2004) South Africa, 1841–1924. Race, Contract, and Coercion; in: Douglas Hay and Paul Craven, Hg. (2004) *Masters, Servants, and Magistrates in Britain and the Empire, 1562–1955* (The University of North Carolina Press) Chapel Hill, S. 338-364

Charlesworth, Neil (1982) *British Rule and the Indian Economy 1800–1914* (Macmillan) London

Chaturvedi, Vinayak (2006) Eine kritische Theorie der Subalternität. Überlegungen zur Verwendung des Klassenbegriffs in der indischen Geschichtsschriebung; in: Hans-Günter Thien, Hg. (2011) Klassen im Postfordismus (Westfälisches Dampfboot) Münster, S. 85-112

Chaudhuri, Kirti N. (1985) *Trade and Civilisation in the Indian Ocean* (Cambridge Univ. Press) Cambridge

Chauveau, Jean-Pierre (1987) La colonization « appropriée »; in: Marc H. Piault, Hg. (1987) *La Colonisation: Rupture ou Parenthese?* (L'Harmattan) Paris, S. 57-122

– (2010) Customary transfers and land sales in Côte D'Ivoire: revisiting the embeddedness issue; in: *Africa*, Nr. 80(I), S. 81-102

Chemillier-Gendreau, Monique (1995) *Humanité et Souverainetés. Essai sur la fonction du droit international* (la découverte) Paris

Cheng, Tan Wee (2003) *Mauritius II: Globalization. Life and Death in the Land of the Dodo*; abrufbar über: weecheng.com/africa/indianocean/mauritius/mru2.htm

Chickering, Roger (1998/2002) *Das Deutsche Reich und der Erste Weltkrieg* (Beck) München

– (1999) Total war: The Use and Abuse of a Concept; in: Manfred F. Boemeke & Robert Cickering & Stig Förster, Hg. (1999) *Anticipating Total War. The German and American Experiences 1871-1914* (Cambridge Univ. Press) Cambridge, S. 13-28

– (2007) *Krieg, Frieden und Geschichte* (Franz Steiner) Stuttgart

Chojnacki, Sven (2004) Wandel der Kriegsformen? – Ein kritischer Literaturbericht; in: *Leviathan*, 32. Jg., H. 3, S. 402-424

Churchill, R.R. & Lowe, A.V. (1983/1999) *The law of the sea* (Manchester Univ. Press) Manchester

Clark, Jon & Hartmann, Heinz & Lau, Christoph & Winchester, David (1980) *Trade Unions, National Politics and Economic Management* (Anglo-German Foundation) London

Clarke, James W. (1998) *The Lineaments of Wrath. Race, Violent Crime and American Culture* (Transaction Publishers) New Brunswick, USA

Clayton, Anthony (1988) *France, Soldiers and Africa* (Brassey's Defence Publishers) London

Clegg, Hugh Arrmstrong & Fox, Alan & Thompson, A.F. (1964) *A History of British Trade Unions since 1889*, Bd. I: 1889–1910; (1985) Bd II: 1911–1933; Bd III (1994/1998) 1934–1951 (Clarendon Press) Oxford

Cobden, Richard (1903) Free Trade and Reduction of Armaments. Speech at Leeds, December 18, 1849; in: Francis W. Hirst, Ed. (1903) *Free Trade and other fundamental Doctrines of the Manchester School set forth in selections from the speeches and writings of its founders and followers* (Harper & Brothers) London, S. 239-257

Cohen, Lawrence (1999/2005) Where it Hurts: Indian Material for an Ethics of Organ Transplantation; in: Sally Falk Moore, Hg. (2005) *Law and Anthropology* (Blackwell) Malden USA, S. 124-134

– (2001/2002) The other kidney. Commodity Fetishism in Organs Trafficking; in: Nancy Scheper-Hughes & Loïc Waquant, Hg. (2001/2002) *Commodifying Bodies* (Sage) London, S. 9-29

Cohen, William (1976) Negro Involuntary Servitude in the South, 1865–1940: A Preliminary Analysis; in: *The Journal of Southern History*, Bd. XLII, Nr. 1, S. 31-60

Cole, Jack A. (2009) *This is Not a War on Drugs – it's a War on People. Law enforcement against prohibition:* http://leap.cc/cms/index.php?name

Colin, Jean-Philippe & Woodhouse, Philip (2010) Introduction: Interpreting land markets in Africa; in: *Africa*, Nr. 80, S. 1-13

Collins, Hugh (1999) *Regulating Contracts* (Oxford Univ. Press) Oxford

Columbia Law School. Human Rights Institute (2014) *"The More Things Change ...". The World Bank, Tata and Enduring Abuses on India's Tea Plantations*: Vgl.: web.law.columbia.edu/human-rights-institute

Comaroff, John L. (1997) Images of Empire, Contests of Conscience: Models of Colonial Domination in South Africa; in: Frederick Cooper & Ann Laura Stoler, Hg. (1997) *Tensions of Empire. Colonial Cultures in a Bourgeois World* (Univ. of Cal. Press) Berkeley, S. 163-197

– (2001) Colonialism, Culture and the Law: A Foreword; in: *Journal of the American Bar Foundation*, Bd. 26, S. 305-314

Comaroff, Jean & Comaroff John L. (2012) *Theory from the South. Or, How Euro-America Is Evolving Towards Africa* (Boulder) London

Committee on International Relations. House of Representatives, 107th Congress, 1st Session, Serial No 107-209, *Organs for Sale. Chinas' Growing Trade and Ultimate Violation of Prisoners' Rights*: http://commdocs.gov/comittees/intlrel/hfa73452.0000/hfa73452_0.htm

Condorcet (1781/2002) *Réflexions sur l'Esclavage des Nègres,* hrsg. von David Williams (l'Harmattan) Paris

Conrad, Alfred & Meyer, John R. (1958) The Economics of Slavery; in: *Journal of political economy*, Bd. 66, S. 95-130

Conrad, Joseph (1963) *Heart of Darkness. An authoritative Text, backgrounds and Sources*, hrsg. Robert Kimbrough (W.W. Norton & Comp.) New York

– (1992/2000) *Herz der Finsternis. Mit dem Kongo-Tagebuch und dem „Up-river-Book"*. Nachwort von Urs Widmer (Haffmans Verlag) Zürich

Cooper, Frederick (1996) *Decolonization and African Society. The labor question in French and British Afrika* (Cambridge Univ. Press) Cambridge

– (2000) Conditions Analogous to Slavery; in: Frederick Cooper & Thomas C. Holt & Rebecca J. Scott, Hg. (2000) *Beyond Slavery. Explorations of Race, Labor and Citizenship in Postemancipation Societies* (The University of North Carolina Press) Chapel Hill, 106-149; 178-188

– (2003) *Africa since 1940. The Past of the Present* (Cambridge University Press) Cambridge

Coquery-Vidrovitch, Catherine (1985) The colonial economy of the former French, Belgian and Portuguese zones, 1914–35; in: Adu Boahen, Hg. (1985) *General History of Africa VII. Africa under Colonial Domination 1880–1935* (Heinemann, California. Unesco) Berkeley, S. 351- 381

– (2002) Traite et esclavage en Afrique au XIXième siècle. De l'effet pervers de « l'humanisme » occidental; in: *Cahiers des Anneaux de la Mémoire*. Nr. 4: Les traites en Afrique. Pirates noirs et marins de la traite. Nos memoires, Nantes 2002, S. 13-28

– (2011) Traite et Esclavage sur la côte du Gabon et du Congo dans la deuxième moitié du XIXe siècle; in: *Cahiers des Anneaux de la Mémoire*. Afrique central atlantique, Nr. 14 (Nantes) S. 149-162

Cottereau, Alain (1997) The fate of collective manufactures in the industrial world: the silk industries of Lyons and London, 1800–1850; in: Charles F. Sabel, Ed. (1997) *World of possibilities:*

flexibility and mass production in western industrialization (Cambridge Univ. Press) Cambridge, S. 75-152

– (2000) Industrial Tribunals and the Establishment of a Kind of Common Law of Labour in Nineteenth-Century France; in: Willibald Steinmetz, Hg. (2000) *Private Law and Social Inequality in the Industrial Age* (Oxford Univ. Press) Oxford, S. 203-226

Cramer, Christopher (2006) *Violence in Developing Countries* (Indiana Univ. Press) Bloomington/ Indiana

Creechan, James (2009) *Cartels and Violence in Mexiko*, Part I. The Cradle of Traffickers; vgl.: http://narcocartels.blogspot.de(2009/05/short-history-of-mexican-narcocartels.html)

Crowder, Michael (1968/1970) *West Africa under Colonial Rule* (Hutchinson) London

Crozier, Michel & Friedberg, Erhard (1977/1994) *Die Zwänge kollektiven Handelns* (Athenäum) Frankfurt am Main

Curtin, Philipp D. (1969) *The Atlantic Slave Trade. A Census* (The University of Wisconsin) Madison

Cuttitta, Paolo (2010) Das europäische Grenzregime: Dynamiken und Wechselwirkungen; in: Sabine Hess & Bernd Kasparek, Hg. (2010) *Grenzregime* (Assoziation A) Berlin

Cuvillier-Fleury, Robert (1907) *La main – d'œvre dans les Colonies Françaises de l'Afrique Occidentale et du Congo* (L. Larose & Forcel) Paris

Daniel, Pete (1972) *The Shadow of Slavery: peonage in the South 1901–1969* (Univ. of Illinois Press) Urbana

Darity, Jr., William (1992/2007) British Industry and the West Indies Plantations; in: Joseph E. Inikori & Stanley L. Engerman, Hg. (1992/2007) *The Atlantic Slave Trade. Effects on Economies, Societies, and Peoples in Africa, the Americas, and Europe* (Duke Univ. Press) Durham, S. 247-282

Darwin, John (2012/2013) *Unfinished Empire. The Global Expansion of Britain* (Penguin Books) London

Das, Veena (2000) The practice of organ transplants: networks, documents, translations; in: Margaret Lock & Alan Young & Alberto Cambrosio, Hg. (2000) *Living and working with the new medical technologies: intersections of inquiery* (Cambridge Univ. Press) Cambridge, S. 263-287

– & Poole, Deborah (2004) The State and its margins: comparative ethnographies; in: Veena Das & Deborah Poole, Hg. (2004) *Anthropology in the margins of the state* (School of American Research Press) Santa Fe, S. 3-34

Das Gupta, Ranajit (1992) Plantation Labour in Colonial India; in: *The Journal of Peasant Studies* Vol. 19, Nr. 3/4, S. 173-199

– (1994) *Labour and Working Class in Eastern India. Studies in Colonial History* (K.P. Bagchi) Calcutta

Davenport, Francis Gardener, Hg. (1917) *European Treaties bearing on the History of the United States and its Dependencies to 1648*, Washington D.C.

Davis, Mike (2001) *Late Victorian Holocausts. El Ni*ño and the Making of the Third World (Verso) London

– (2006) *Planet of Slums* (Verso) London

De Almaida, Mendes (2008) The Foundations of the System: A Reassessment of the Slave Trade to the Spanish Americas in the Sixteenth and Seventeenth Centuries; in: David Eltis & David Richardson, Hg. (2008) *Extending the Frontiers. Essays on the New Transatlantic Slave Trade Data Base* (Yale Univ. Press) New Haven, S. 63-89

De Angelis, Massimo (1999) *Marx's Theory of Primitive Accumulation: a Suggested Reinterpretation.* www.uel.ac.uk/D.DeAngelis/PRIMMACCA.htm.

De Baros, Juanita (2004) Urban British Guiana, 1838–1924; in: Douglas Hay & Paul Craven, Hg. (2004) *Masters, Servants, and Magistrates in Britain and Empire, 1562–1955* (University of North Carolina Press) Chapel Hill, S. 323-337

Deakin, S. (2001) *The Contract of Employment: A Study in Legal Evolution*. Vgl.: www.cbr.cam.ac.UK/pdf/WP203.pdf

Debo, Angie (1940/1972) *And Still the Waters Run. The Betrayal of The Five Civilized Tribes* (Princeton Univ. Press) Princeton, N.J.

Del Ponte, Carla (2008/2009) *Im Namen der Anklage. Meine Jagd auf Kriegsverbrecher und die Suche nach Gerechtigkeit* (S. Fischer) Frankfurt am Main

Dellås, Elin (2015) *Has the Gatekeeper State Persevered? A Case study of Tanzania*, Upsala University

Delperrié de Bayac, Jacques (1972) *Histoire du Front Populaire* (Fayard) Paris

Demontès, Victor (1930) *L'Algérie Economique, Bd. VI: Un Siècle de Colonisation. Evolution Historique de la Colonisation de l'Algérie* (Gouvernement Général de l'Algerie) Alger

Dencik, Lars (1970) Peace Research. Pacification or Revolution? in: *Proceedings of the International Peace Research Association*. Bd. I, Third General Conference (Van Gorkum & Comp.N.V.) Assen

– (1971) Plädoyer für eine revolutionäre Konfliktforschung; in: D. Senghaas, Hg. (1971), *Kritische Friedensforschung* (ed. Suhrkamp) Frankfurt am Main, S. 247-270

Deppe, Ludwig (1919) *Mit Lettow-Vorbeck durch Afrika* (Scherl) Berlin

D'Eramo, Marco (1995/1996) *Das Schwein und der Wolkenkratzer. Chicago: Eine Geschichte der Zukunft* (Kunstmann) München

Deyle, Steven (1996) "By Farr the Most Profitable Trade": Slave Trading in British Colonial North America; in: Patrick Manning, Hg. (1996) *Slave Trades, 1500–1800: Globalization of Forced Labour* (Ashgate) Aldershot, Hampshire, S. 195-213

Di Nicola, Andrea & Giampaolo Musumeci (2014/2015) *Bekenntnisse eines Menschenhändlers* (Antje Kunstmann) München

Dicey, A.V. (1885/1965) *Introduction to the Study of the Law of the Constitution* (Macmillan) London

Dietrich, Christian (2002) *Hard Currency: The Criminalized Diamond Economy of the Democratic Republic of the Congo and its Neighbours*: http://www.africaportal.org/dspace/articles/hard-currency-criminalized-diamond-economy-democratic-republic-congo-and-its, abgerufen am 16.2.2017

Djebari, Youcef (1994) *La France en Algérie. Bilans et Controverses*, 2 Bde. I: *La genèse d'un capitalisme d'Etat colonial*; Bd II (1995) : *Le développement d'un capitalism d'État colonial* (Office des Publications Universitaires) Alger

Dockès, Pierre (2002) Le paradigm sucrier (XIe–XIXe siècle); in: Fred Célimène & André Legris, Hg. (2002) *L'économie de l'esclavage colonial* (CNRS Éditions) Paris, S. 109-126

Dolléans, Éduard (1948) *Histoire du Mouvement Ouvrier. 1871–1936* (Armand Colin) Paris

Dombois, Rainer & Hornberger, Erhard & Winter, Jens (2004) *Internationale Arbeitsregulierung in der Souveränitätsfalle. Das Lehrstück des North American Agreement on Labor Cooperation zwischen den USA, Mexico und Kanada* (Lit) Münster

– & Ortiz, Carlos Miguel (2016) Die Institutionalisierung von Arbeitsbeziehungen inmitten der Gewalt. Der paradoxe Fall der kolumbianischen Bananenarbeitergewerkschaft Sintrainagro; in: *Peripherie*, Nr. 142/143, S. 242-268

Drescher, Seymour (1996) The Slaving Capital of the World: Liverpool and National Opinion in the Age of Abolution; in: Manning, Patrick, Hg. (1996) *Slave Trades, 1500–1800: Globalization of Forced Labour (*Ashgate) Aldershot, Hampshire, S. 334-350

– (1999) *From slavery to freedom. Comparative studies in the rise and fall of Atlantic slavery* (New York Univ. Press) New York

Dreyfus, Jean-Marc & Gensburger, Sarah (2003/2011) *Nazi Labour Camps in Paris. Austerlitz, Lévitan, Bassana, July 1943–August 1944* (Berghahn Books) New York

Dreyfus, Michel (1995) *Histoire de la C.G.T.* (Éditions Complexes), o.O.

Drohan, Madelaine (2003) *Making a Killing. How Corporations Use Armed Force to Do Business* (The Lyons Press) Guilford, Connecticut

Dubofsky, Melvyn (1985) The Origins of Western Working-Class Radicalism, 1890–1905; in: Daniel J. Leab, Hg. (1985) *The Labor History Reader* (Univ. of Illinois Press) Urbana, S. 230-243

Dubois, Laurent & Garrigus, John D. (2006) *Slave Revolution in the Carribbean 1789–1804.* A Brief History with Documents (Bedford/St. Martin's) Boston

Dunn, Richard S.(1984/2003) Servants and Slaves in the East; in: Ellen Boris & Nelson Lichtenstein, Hg. (2003) *Major Problems in the History of American Workers* (Houghton Mifflin Company) Boston

– (1972/1973) *Sugar and Slaves. The Rise of the Planter Class in the English West Indies 1624–1713* (Jonathan Cape) London

Durkheim, Emile (1930/1977) *Über die Teilung der sozialen Arbeit* (Theorie Suhrkamp) Frankfurt am Main

Duveau, Georges (1946) *La Vie Ouvrière en France sous Le Second Empire* (Gallimard) Paris (Vorwort zur 6. Auflage von Éduard Dolléans)

Ebbinghaus, Angelika (2005) Fakten oder Fiktionen: Wie ist Götz Aly zu seinen weitreichenden Schlußfolgerungen gekommen?; in: *Sozial. Geschichte*, Nr. 20, S. 29-45

Eckert, Andreas (1999) *Grundbesitz, Landkonflikte und kolonialer Wandel. Douala 1880–1960* (Franz Steiner) Stuttgart

– (2003/2004) Namibia – ein deutscher Sonderweg in Afrika? In: Jürgen Zimmerer und Joachim Zeller, Hg. (2003/2004) *Völkermord in Deutsch-Südwestafrika* (Ch.Links) Berlin, S. 226-238

– (1995) Afrikanisches Land – deutsches Recht. Landpolitik und Landkonflikte in Kamerun; in: Peter Heyne & Ulrich van der Heyden, Hg. (1995) *Studien zur Geschichte des deutschen Kolonialismus in Afrika. Festschrift zum 60. Geburtstag von Peter Sebald* (Centaurus) Pfaffenweiler, S. 236-258

– (2006) *Kolonialismus* (Fischer Kompakt), Frankfurt am Main

Eckl, Andreas E. (2004) *Konfrontation und Kooperation am Kavongo* (Nord Namibia) von 1891 bis 1921, Diss. Köln

Edgerton, Robert B. (1988) *Like lions they fought: the Zulu War and the last black empire in South Afrika* (Weidenfeld & Nicolson) London

Eglöf, Stefan ((2005) *The Return of Piracy: Decolonization and international relations in a maritime border region (The Sulu Sea) 1959–63* (Lund Univ.) Lund

– (2006) *Pirates in Paradise. A Modern History of Southeast Asia's Maritime Marauders* (NIAS Press) Copenhagen

Eichmann, Flavio (2012) Expansion und imperiale Herrschaft; in: *Mittelweg 36*, H. 4, S. 89-111

Einaudi, Jean-Luc (1991) *La Bataille de Paris. 17 octobre 1961* (Éditions du Seuil) Paris

Elbe, Ingo (o.J.) *Thesen zum Begriff der Charaktermaske*; http://www.rote-ruhr-uni.org/texte/elbe_charaktermaske.pdf

Elder, Bruce (1988/1998) *Blood on the Waddle. Massacres and maltreatment of Aboriginal Australiens since 1788* (New Holland Publishers) Sydney

Eley, Geoff & Nield, Keith (2007) The Future of Class in History: What's left of the social? (The Univ. of Michigan Press) Ann Arbor
Elkins, Caroline (2005) Race, Citizenship and Governance. Settler Tyranny and the End of Empire; in: Caroline Elkins & Susan Pedersen, Hg. (2005) *Settler Colonialism in the Twentieth Century. Projects, Practices, Legacies* (Routledge) New York, S. 203-223
Ellinwood, DeWitt C. (1978) The Indian Soldier, the Indian Army and Change; in: DeWitt C. Ellinwood & S.D. Pradhan, Hg. (1978) *India and World War I* (South Asia Books) Columbia, Mo., S. 177-213
Ellis, John (1975) *The Social History of the Machine Gun* (Pantheon Books) New York
Ellis, Richard N., Hg. (1972/1973) *The Western American Indian* (University of Nebraska Press) Lincoln
Elsenhans, Hartmut (1977) *Algerien. Koloniale und postkoloniale Reformpolitik* (Institut für Afrika-Kunde) Hamburg
Eltis, David (1999) Slavery and freedom in the early modern world; in: Stanley L. Engerman, Hg. (1999) *Terms of Labor. Slavery, Serfdom, and Free Labor* (Stanford Univ. Press) Stanford, S. 1-50
– (2001/2009) Economic Growth and the Transatlantic Slave Trade; in: Stanley L. Engerman & Seymour Drescher & Robert Paquette, Hg. (2001/2009) *Slavery* (Oxford Univ. Press) Oxford, S. 199-201
– & Richardson, David, Hg. (2008) *Extending the Frontiers. Essays on the New Transatlantic Slave Trade Data Base* (Yale Univ. Press) New Haven
– & Lachance, Paul (2008) The Demographic Decline of Caribbean Slave Populations: New Evidence from the Transatlantic and Intra-American Slave Trades; in: David Eltis & David Richardson, Hg. (2008) *Extending the Frontiers. Essays on the New Transatlantic Slave Trade Data Base* (Yale Univ. Press) New Haven, S. 314- 335
Engelhard, Philippe (2000) Existe-t-il une 'fatalité africaine'? in: Monique Chemilllier-Gendreau et al., Hrsg. (2000) *Peut-on-être vivant en Afrique?* (PuF) Paris, S. 12-34
– (2001) *La Violence de l'histoire. Les sociétés contemporaines à l'épreuve du sens* (arléa) Paris
Engelhardt, Martin & Schäfer-Richter, Uta (2011) *Die fremden Nächsten. Zwangsarbeit in der hannoverschen Landeskirche und ihrer Diakonie* (Landeskirchliches Archiv Hannover) Hannover
Engerman, Stanley L. (1992) Coerced and Free Labor: property rights and the development of the Labor Force; in: *Explorations in Economic History*, Bd. 29, H. 1, S. 1-29
– Hg. (1999) *Terms of Labor: Slavery, Serfdom, and Free Labor* (Stanford Univ. Press) Stanford, Cal.
– & Drescher, Seymour & Paquette, Robert, Hg. (2001/2009) *Slavery* (Oxford Univ. Press) Oxford
– (2007) *Slavery. Emancipation & Freedom* (Lousiana State Univ. Press) Baton Rouge
Engles, Bettina (2013) Hungeraufstände und Kämpfe gegen hohe Preise; in: *Prokla*, 43. Jg. Nr. 1, S. 5-22
Etemad, Bouda (2000/2007) *Possessing the world: taking the measurements of colonization from the eighteenth to the twentieth century* (Berghahn Books) New York
Ewald, François (1986/1993) *Der Vorsorgestaat* (edition suhrkamp) Frankfurt am Main
Exner, Andreas (2011/2013) The new land grab at the frontiers of the fossil energy regime; in: Andreas Exner & Peter Fleissner & Lukas Kranzl & Werner Zittel, Hg. (2013) *Land and Resource Scarcity. Capitalism, struggle and well-being in a world without fossil fuels* (Routledge) London, S. 119-162
Fahl, Gundolf (1969) *Der Grundsatz der Freiheit der Meere in der Staatenpraxis* (Heymann) Köln
Fauré, Yves-A. & Médard, Jean-F. (1995) Néo-patrimonialisme et Big men: économie et politique; in: Stephen Ellis & Yves-A. Fauré, Hg. (1995) *Entreprises et entrepreneurs africains* (Karthala & l'Orstrom) Paris

Fehrenbach, T.R. (1974/1975) *Comanches. The Destruction of a People* (George Allen & Unwin) London

Fine, Sidney (1985) Frank Murphy, the Thornhill Decision, and Picketing as Free Speech; in: Daniel J. Leab, Hg. (1985) *The Labor History Reader* (Univ. of Illinois Press) Urbana, S. 361-382

Fings, Karola (2005) *Krieg, Gesellschaft und KZ: Himmlers SS-Baubrigaden* (Ferdinand Schöningh) Paderborn

Fink, Leon (1999) From Autonomy to Abundance: Changing Beliefs about the Free Labor System in Nineteenth Century America; in: Stanley L. Engerman, Hg. (1999) *Terms of labor: slavery, serfdom, and free labor* (Stanford Univ. Press) Stanford, Cal. S. 116-136

Finzsch, Norbert (1987) Räuber und Gendarme im Rheinland: Das Bandenwesen in den vier rheinischen Départements vor und während der Zeit der französischen Verwaltung. 1794–1813; in: *FRANCIA*, Bd. 15 (Jan Torbecke) Siegmaringen, S. 435-471

– (1990) *Obrigkeit und Unterschichten. Zur Geschichte der rheinischen Unterschichten gegen Ende des 18. und zu Beginn des 19. Jahrhunderts* (Franz Steiner Verlag) Stuttgart

Fisch, Jörg (1984) *Die europäische Expansion und das Völkerrecht. Die Auseinandersetzungen um den Status der überseeischen Gebiete vom 15. Jahrhundert bis zur Gegenwart* (Steiner) Stuttgart

Fischer, Wolfram (1972) Das Verhältnis von Staat und Wirtschaft in Deutschland am Beginn der Industrialisierung; in: Rudolf Braun & Wolfram Fischer & Helmut Großkreuz & Heinrich Volkmann, Hg. (1972) *Industrielle Revolution* (Kiepenheuer & Witsch) Köln

Fischer-Lescano, Andreas & Kreck, Lena (2009) Piraterie und Menschenrechte. Rechtsfragen der Bekämpfung der Piraterie im Rahmen der europäischen Operation Atalanta; in: *Archiv des Völkerrechts*, Bd. 47, S. 481-524

– & Möller, Kolja (2012) Die globale soziale Frage; in: *Blätter für deutsche und internationale Politik* 7, S. 45-54

Fischer-Tiné, Harald (2003) "The greatest blot on British rule in the East": „Weißer Sklavenhandel" und die britische Kolonialherrschaft in Indien (ca. 1870–1920); in: *COMPARATIV 13*, H. 4, S. 114-137

Fisher, M.H. (2007) Working across the Seas: Indian Maritime Labourers in India, Britain and Between, 1600–1857; in: Rana P. Behal & Marcel van der Linden, Hg. (2007) *India's Labouring Poor. Historical Studies, c. 1600 – c. 2000* (Cambridge Univ. Press India) Bangalore, S. 21-46

Flanders, Allan (1970) *Management and Unions. The Theory and Reform of Industrial relations* (Faber & Faber) London

Flint, John (1974) *Cecil Rhodes* (Little Brown & Co) Boston & Toronto

Fogel, Robert William (1989) *Without Consent or Contract: The Rise and Fall of American Slavery* (W.W. Norton) New York

– & Engerman, Stanley L., Hg. (1971) *The Reinterpretation of American Economic History* (Harper & Row) New York

– & Engerman, Stanley L. (1974/1989) *Time on the Cross. The Economics of American Negro Slavery* (W.Norton & Comp.) New York

– & Engerman, Stanley L. (1980) Explaining the Relative Efficiency of Slave Agriculture in the Antebellum South: Reply; in: *The American Economic History Review*, Bd. 70, S. 672-690

Foner, Philip S. (1991) *History of the Labor Movements in the United States*, Bd. IX: *The T.U.E.L. to the End of the Gompers Era* (International Publishers) New York

Fontaine, André (2004) *La Tache Rouge. Le roman de la guerre froide* (Éditions de la Martinière) o.O.

Fourastié, Jean (1979) *Les Trente Glorieuses ou la Révolution invisible de 1946 à 1975* (Fayard) Paris

– (1949/1989) *Le grand espoir du XXe siècle* (Gallimard) Paris

– (1979/2004) *Les trente glorieuses: ou la revolution invisible de 1946 á 1975* (Fayard) Paris

Fox-Genovese, Elizabeth & Genovese, Eugene D. (1983) *Fruits of Merchant Capital. Slavery and Bourgeois Property in the Rise and Expansion of Capitalism* (Oxford Univ. Press) Oxford

Fraginàls, Frank Moya (1985) Plantations in the Caribbean: Cuba, Puerto Rico, and the Dominican Republic in the Late Nineteenth Century; in: Frank Moya Fraginàls et al., Hg. (1985) *Between slavery and free labor: the Spanish speaking Caribean in the 19th century* (John Hopkins University Press) Baltimore, S. 3-24

Frank, Tobias (2004) Das Arbeitserziehungslager Wilhelmsburg. Ein Beitrag zum nationalsozialistischen Lagersystem; in: *Zwangsarbeit und Gesellschaft. Beiträge zur nationalsozialistischen Verfolgung in Norddeutschland*, Heft 8, hrsg. von: KZ-Gedenkstätte Neuengamme (Edition Temmen) Bremen, S. 111-124

Franklin, John Hope (1947/1950) *From Slavery to Freedom* (Knopf) New York

– (1985) *George Washington Williams. A Biography* (The Univ. of Chicago Press) Chicago

Frei, Norbert (2003/2007) Coping with the Burdens of the Past: German Politics and Society in the 1950s; in: Dominik Geppert, Hg. (2003/2007) *The Postwar Challenge. Cultural, Social, and Political Change in Western Europe, 1945–58* (Oxford University Press) Oxford, S. 27-40

Friedemann, Peter, Hg. (1977) *Materialien zum politischen Richtungsstreit in der deutschen Sozialdemokratie 1890–1917*, Bd. 1 (Ullstein) Frankfurt am Main

Frynas, Jedrzej Georg (2000) *Oil in Nigeria. Conflict and Litigation between Oil Companies and Village Communities* (LIT) Münster

Fuma, Sudel (2001) *Le servilisme à la Place du concept d'engagisme pour définir le statut des travailleurs immigrés ou affranchisés après l'abolition de l'esclavage à 1848*: http://www.historun.com/run/Pub/Le_setvilisme.asp abgerufen am 14.3.2012

Furber, Holden (1976) *Rival Empires of Trade in the Orient. 1600–1800* (University of Minnesota Press) Minneapolis

Furedi, Frank (1999) The demobilized African soldier and the blow to white prestige; in: David Killingray & David Omissi; Hg. (1999) *Guardians of Empire. The Armed Forces of the Colonial Powers c. 1700–1964* (Manchester Univ. Press) Manchester, S. 179-197

Galenson, David W. (2001/2009) Traders, Planters, and Slaves; in: Stanley L. Engerman & Seymor Drescher & Robert Paquette, Hg. (2001/2009) *Slavery* (Oxford Univ. Press) Oxford, S. 196-198

Gallagher, Anne T. (2010) *The International Law of Human Trafficking* (Cambridge Univ. Press) Cambridge

Galtung, Johan (1970) Feudal Systems. Structural Violence and the Structural Theory of Revolutions; in: *Proceedings of the International Peace Research Association*. Third General Conference, Bd. I (Van Gokum & Comp. N.V.) Assen, S. 110-188

– (1973) Eine strukturelle Theorie des Imperialismus; in: Dieter Senghaas, Hg. *Imperialismus und strukturelle Gewalt. Analysen über abhängige Reproduktion* (suhrkamp) Frankfurt am Main, S. 29-105

Gamble, Andrew (1988) *The Free Economy and the Strong State. The Politics of Thatcherism* (Macmillan) Houndsmills, Basingstoke

Gann, L.H. & Duignan, Peter (1979) *The Rulers of Belgian Africa 1884–1914* (Princeton Univ. Press) Princeton, New Jersey

Gardner, Leigh A. (2012) Taxing Colonial Africa. The Political Economy of British Imperialism (Oxford Univ. Press) Oxford

Garros, Georges (1926) *Forceries Humaines. L'Indochine Litigieuse. Esquisse d'une Entente Franco-Annamite* (André Delpeuch), Paris

Geggus, David (2002) Indigo and Slavery in Saint-Dominque; in: Verene A. Shepherd, Hg. (2002) *Slavery without Sugar. Diversity in Carribbean Economy and Society Since the 17th Century* (Univ. Press of Florida) Gainesville, S. 19-35

Gehring, Petra (2006) *Was ist Biomacht? Vom zweifelhaften Mehrwert des Lebens* (Campus) Frankfurt/Main

Gellately, Robert (1990/1993) *Die Gestapo und die deutsche Gesellschaft. Die Durchsetzung der Rassenpolitik 1933–1945* (Schöningh) Paderborn

Gentili, Alberico (1653/1933) *De Jure Belli,* hersg.: C. Phillipson, Übers. J.C. Rolfe, Oxford

Geppert, Dominik (2003/2007) 'Proclaim Liberty Throughout all the Land': Berlin and the Symbolism of the Cold War; in: Dominik Geppert, Hg. (2003/2007) *The Postwar Challenge. Cultural, Social, and Political Change in Western Europe, 1945–58* (Oxford University Press) Oxford S. 339-364

Germund, Willi (2015) *Niere gegen Geld* (Rowohlt Taschenbuch) Reinbek bei Hamburg

Gerstenberger, Heide (1974) *Zur politischen Ökonomie der bürgerlichen Gesellschaft. Die Bedingungen ihrer Konstitution in den USA* (Athenäum) Frankfurt am Main

– & Welke, Ulrich (1996) *Vom Wind zum Dampf. Sozialgeschichte der deutschen Handelsschiffahrt im Zeitalter der Industrialisierung* (Westfälisches Dampfboot) Münster

– (2001) The Disciplining of German Seamen; in: *International Journal of Maritime History,* Vol. XIII, No. 2, Dec. 2001, S. 37-50

– (1990/2006) *Die subjektlose Gewalt. Theorie der Entstehung bürgerlicher Staatsgewalt* (Westfälisches Dampfboot) Münster

– (2002) Ein globalisiertes Gewerbe; in: Heide Gerstenberger & Ulrich Welke, Hg. (2002) *Seefahrt im Zeichen der Globalisierung* (Westfälisches Dampfboot) Münster, S. 10-42

– & Welke, Ulrich (2002) Piraterie und Logistik; in: Hartmut Roder, Hg. (2002) *Piraten. Abenteuer oder Bedrohung?* (Edition Temmen) Bremen, S. 163-175

– & Welke Ulrich (2004/2008) *Arbeit auf See. Zur Ökonomie und Ethnologie der Globalisierung* (Westfälisches Dampfboot, Münster

– & Welke, Ulrich (2005) Wie nationale Souveränität zu Markte getragen wird; in: *Prokla,* 35. Jg, Nr. 139, S. 225-246

– (2007) Fixierung und Entgrenzung. Theoretische Annäherung an die politische Form des Kapitalismus; in: Prokla, 37. Jg- Nr. 2, S. 173-198

– (2008) Piracy in the Straits of Malacca; in: Solvay Gerke & Hans-Dieter Evers & Anna-Katharina Hornidge, Hg. (2008) *The Straits of Malacca. Knowledge and Diversity* (LIT) Berlin, S. 23-40

– (2009) Über Staatsgewalt in der Sub-Sahara und das Elend der Kategorien; in: Hans-Jürgen Burchardt, Hg. (2009) *Nord-Süd-Beziehungen im Umbruch.* (Campus) Frankfurt am Main, S. 103-136

– (2010) „Decent Work" in der Seeschifffahrt? In: Guido Becke & Peter Bleses & Wolfgang Ritter & Sandra Schmidt, Hg. (2010) *„Decent Work"* (VS Verlag) Wiesbaden, S. 53-68

– (2011) Atalanta: Militär gegen Piraterie; in: *Prokla,* Nr. 163, S. 317-334

Gerwarth, Robert & Malinowski, Stephan (2007) Der Holocaust als „Kolonialer Genozid"; in: *Geschichte und Gesellschaft,* Nr. 33, S. 439-466

Geschichtswerkstatt Tübingen (1995) *Zerstörte Hoffnungen, Wege der Tübinger Juden* (Konrad Theiss) Tübingen

Gibson, Henry Lawrence (1936–1967) *The British Empire before the American Revolution,* 13 Bde (Caxton Printers) Caldwell, Idaho

Gide, André (1927/1993) *Voyage au Congo*; Le Retour du Tchad. Retour de l'U.R.S.S. Retouches à mon Retour des l'U.R.S.S. Carnets d'Égypte. Vorwort von Gilles Leroy (Gallimard) Paris

Görges, Luise & Kadritzke, Ulf (2011) Corporate Social Responsibility – vom Reputationsmanagement zum politischen Projekt; in: *Prokla*, 41. Jg. Nr. 164, S. 459-486

Goldberg, Jörg (2008) *Überleben im Goldland. Afrika im globalen Kapitalismus* (Papyrossa) Köln

Goldin, Claudia D. (1992) An Explanation for the Relative Decline of Urban Slavery: 1820–1860; in: Robert William Fogel & Stanley L. Engerman, Hg. (1992) *Without Consent or Contract. The Rise and Fall of American Slavery.* Vol. I: *Markets and Production: Technical Papers* (W.W. Norton & Comp) New York, 95-134

Gonidec, P.F. & Kirsch, M. & Durand, Paul (1958) *Droit du Travail des Territoires d'outre -mer* (Richon & Durand-Auzias) Paris

Gordon, David C. (1966) *The Passing of French Algeria* (Oxford Univ. Press) London

Gorr, Michael J. (1988/1989) *Coercion, Freedom and Exploitation* (Peter Lang) New York

Gotto, Bernhard (2008) Adaption und Kooperation: Neue Geschäftspraktiken im Dritten Reich; in: Johannes Bär & Axel Drecoll & Bernhard Gotto et al., Hg. (2008) *Der Flick-Konzern im Dritten Reich* (R. Oldenbourg) München, S. 295- 378

Gourion, Pierre-Alain & Peyrard, Georges (2. Aufl. 1997) *Droit du commerce international* (L.G.D.J.) Paris

Graml, Hermann (1953/1988) *Der 9. November 1938. „Reichskristallnacht"* (Bundeszentrale für Heimatdienst. Beilage zur Wochenzeitung „Das Parlament") Bonn

Grayson, George W. (2014) *The Cartels. The Story of Mexico's Most Dangerous Criminal Organizations and Their Impact on U.S. Security* (Praeger) Santa Barbara, Cal.

Grebing, Helga (2007) *Geschichte der deutschen Arbeiterbewegung. Von der Revolution 1848 bis ins 21. Jahrhundert* (vorwärts buch) Berlin

Gregor, Neil (1997) *Stern und Hakenkreuz. Daimler-Benz im Dritten Reich* (Propyläen) Berlin

Grewe, Wilhelm G. (1982/1988) *Epochen der Völkerrechtsgeschichte* (Nomos-Verlag) Baden-Baden

Grey, Charles (Nachdruck 1933) Pirates of the Eastern Seas 1618–1723 (Samson Low, Marston & Co) London

Grieger, Manfred (2003) Zwangsarbeit im Volkswagenwerk; in: Gabriella Hauch, Hg. (2003) *Industrie und Zwangsarbeit im Nationalsozialismus.* Mercedes Benz – VW – Reichswerke Hermann Göring in Linz und Salzgitter (Studien Verlag) Innsbruck, S. 49-66

Grundlingh, Albert (1987) *Fighting their own war. South African Blacks and the First World War* (Ravan Press) Johannesburg

Guha, Ranajit (1963/1982) *A Rule of Property for Bengal. An Essay on the Idea of Permanent Settlement* (Orient Longman Limited) New Delhi

Gutman, Herbert G. (1975) *Slavery and the Numbers Game. A Critique of Time on the Cross* (University of Illinois Press) Urbana

Habila, Helon (2010) *Oil on Water* (Hamish Hamilton) London

Hachtmann, Rüdiger (2005) Öffentlichkeitswirksame Knallfrösche – Anmerkungen zu Götz Alys „Volksstaat"; in: *Sozial. Geschichte* H. 3, S. 46-66

Häberlen, Joachim. (2013) Between Class War on All Fronts and Anti-Political Autonomy: The Contested Place of Politics in the Working-Class Movements of Leipzig and Lyon during the Inter-War Years; in: *Contemporary European History*, Nr. 22 (1), S. 33-36

Halbmayr, Brigitte (2008) Sex-Zwangsarbeit in NS-Konzentrationslagern. Fakten, Mythen und Positionen; in: Insa Eschenbach & Regina Mühlhäuser, Hg. (2008) *Krieg und Geschlecht.* (Metropol) Berlin

Hall, Kenneth R. (1985) *Maritime Trade and State Development in Early Southeast Asia* (Univ. of Hawaii Press) Honolulu

Hallgarten, George W.F. & Radkau, Joachim (1974) Deutsche Industrie und Politik von Bismarck bis in die Gegenwart (Europ. Verlagsanstalt) Frankfurt am Main

Hamilton, Virginia (1993/1996) *Many Thousands Gone. African Americans from Slavery to Freedom* (Alfred A. Knopf) New York

Hampton, Mark & Abbott, Jason P. (1999) The Rise (and Fall?) of Offshore Finance in the Global Economy: Editors' Introduction; in: Mark Hampton & Jason P. Abbott, Hg. (1999) *Offshore Finance Centres and Tax Havens* (Macmillan Press) Houndsmill, Basingstoke, S. 1-17

– (1996) Creating Spaces. The Political Economy of Island Offshore Finance Centres: The Case of Jersey; in: *Geographische Zeitschrift*, Bd. 84 (2), S. 103-113

Hanes, W. Travis III & Sanello, Frank (2002/2003) *The Opium Wars. The Addiction of one Empire and the corruption of another* (Robson Books) London

Hansen, E. Damsgaard (2001) *European Economic History. From Mercantilism to Maastricht and beyond* (Copenhagen Business School Press) Copenhagen

Harding, Leonhard (1999) *Geschichte Afrikas im 19. und 20. Jahrhundert* (Oldenburg) München

Hardt, Michael & Negri, Antonio (2000) *Empire* (Harvard Univ. Press) Cambridge, Mass.Empire (Harvard Univ. Press) Cambridge, Mass.

Harms, Robert W. (1981) *River of Wealth, River of Sorrow. The Central Zaire Basin in the Era of the Slave and Ivory Trade, 1500–1891* (Yale Univ. Press) New Haven

Harring, Sidney L. (1983) *Policing a Class Society. The Experience of American Cities, 1865–1915* (Rutgers Univ. Press) New Brunswick, N.J.

Harris, José (2003/2007) 'War Socialism' and its Aftermath: debates about a New Social and Economic Order in Britain 1945–1950; in: Dominik Geppert, Hg. (2003/2007) *The Postwar Challenge* (Oxford University Press) Oxford, S. 179-188

Harvey, David (2003) *The New Imperialism* (Oxford University Press) Oxford

Hattam, Victoria C. (1993) *Labor Visions and State Power. The Origins of Business Unionism in the United States* (Princeton Univ. Press) Princeton, N.J.

Haupt, Heinz-Gerhard (1989) *Sozialgeschichte Frankreichs seit 1789* (suhrkamp) Frankfurt am Main

– (2009) Gewalt als Praxis und Herrschaftsmittel. Das Deutsche Kaiserreich und die Dritte Republik in Frankreich im Vergleich; in: Sven Oliver Müller & Cornelius Torp, Hg. (2009) *Das Deutsche Kaiserreich in der Kontroverse* (Vandenhoeck & Ruprecht) Göttingen, S. 154-164

– (2012) *Gewalt und Politik im Europa des 19. und 20. Jahrhunderts* (Wallstein) Göttingen

Hausen, Karin (1970) *Deutsche Kolonialherrschaft in Afrika. Wirtschaftsinteressen und Kolonialverwaltung in Kamerun vor 1914* (Atlantis) Zürich

Hay, Douglas (2000) Master and Servant in England. Using the Law in the Eighteenth and Nineteenth Centuries; in: Willibald Steinmetz, Hg. (2000) *Private Law and Social Inequality in the Industrial Age. Comparing Legal Cultures in Britain, France, Germany and the United States* (Oxford Univ. Press) Oxford, S. 227-264

– & Craven, Paul, Hg. (2004) *Masters, Servants, and Magistrates in Britain and Empire*, 1562–1955 (The Univ. of North Carolina Press) Chapel Hill

– (2004) England, 1562–1875. The Law and its Uses; in: Douglas Hay & Paul Craven, Hg. (2004) *Masters, Servants and Magistrates in Britain & the Empire, 1562–1955* (The Univ. of North Carolina Press) Chapel Hill, S. 59-116

Haydt, Claudia & Pflüger, Thomas & Wagner, Jürgen (2003) *Globalisierung und Krieg.* Attac Basis Texte 5 (VSA) Hamburg

Heinrich, Wolfgang (2010) Die neue Piratenjagd; in: *INKOTA-Brief. Zeitschrift zum Nord-Südkonflikt und zur Konziliaren Bewegung* Nr. 154, S. 20-21

Heller, Henry (2011) *The Birth of Capitalism. A Twenty-First-Century Perspective* (Pluto Press) London

Henninger, Max (2009) Armut, Arbeit, Entwicklung. Zur Kritik der Marxschen Begriffsbestimmungen; in: Marcel van der Linden & Karl Heinz Roth, Hg. (2009) *Über Marx hinaus.* (Assoziation A) Berlin, S. 335-362

Herbert, Christopher (2008) *War of No Pity. The Indian Mutiny and Victorian Trauma* (Princeton Univ. Press) Princeton

Herbert, Ulrich (1987) Arbeit und Vernichtung. Ökonomisches Interesse und Primat der Weltanschauung" im Nationalsozialismus; in: Dan Diner, Hg. (1987) *Ist der Nationalsozialismus Geschichte?* (Fischer Taschenbuchverlag) Frankfurt am Main, S. 198-236

– (1999) *Fremdarbeiter* (Dietz) Bonn

– (2001) *Geschichte der Ausländerpolitik in Deutschland. Saisonarbeiter, Zwangsarbeiter, Gastarbeiter, Flüchtlinge* (C.H.Beck) München

– (2013) Zwangsarbeit im 20. Jahrhundert. Begriffe, Entwicklung, Definition; in: Dieter Pohl & Tanja Sebta, Hg. (2013) *Zwangsarbeit in Hitlers Europa. Besatzung. Arbeit. Folgen* (Metropol) Berlin, S. 23-38

– (2014) *Geschichte Deutschlands im 20. Jahrhundert* (Beck) München

Herlemann, Beatrix (2004) Zwangsarbeit in der nordwestdeutschen Landwirtschaft während des Zweiten Weltkrieges; in: *Zwangsarbeit und Gesellschaft. Beiträge zur nationalsozialistischen Verfolgung in Norddeutschland*, Heft 8, hrsg. KZ-Gedenkstätte Neuengamme (Edition Temmen) Bremen, S. 84-101

Hermann, Ulrike (2013) *Der Sieg des Kapitals. Wie der Reichtum in die Welt kam: Die Geschichte von Wachstum, Geld und Krisen* (Westend) Frankfurt/Main

Herndon, Ruth Wallis & Murray, John E., Hg. (2009) *Children bound to Labour. The Pauper Apprentice System in Early America* (Cornell Univ. Press) Ithaca

Herrera, Rémy (2009) Capitalisme et esclavage à Cuba; in: *la pensée*, Nr. 357, S. 97-107

Herrick, Cheesman Abiah (1926/1970) *White Servitude in Pennsylvania. Indentured and redemption labor in colony and Commonwealth* (Books for Lib) New York

Herrnkind, Martin & Scheerer, Sebastian, Hg. (2003) *Die Polizei als Organisation mit Gewaltlizenz. Möglichkeiten und Grenzen der Kontrolle* (LIT) Münster (Der Sammelband basiert auf Beiträgen zu einer Tagung gleichen Namens, die im Jahr 2000 auf Anregung der „Bundesarbeitsgemeinschaft Kritischer Polizistinnen" in Hamburg stattgefunden hat.

Heusler, Andreas & Spoerer, Mark & Trischler, Helmuth (2010) Rüstung und Zwangsarbeit im „Dritten Reich"; in: dieselben Hg. (2010) *Rüstung, Kriegswirtschaft und Zwangsarbeit im „Dritten Reich"* (Oldenbourg) München, S. 1-14

Heywood, Linda M. (2000) Slavery and its transformation in the Kingdom of Kongo: 1491–1800; in: *Journal of African History* (Cambridge Univ. Press) Nr. 50, S. 1-22

Hilton, Rodney, Hg. (1978) *The transition from feudalism to capitalism* (Verso) London

Hinton, James (1973) *The First Shop Stewards' Movement* (George Allen & Unwin Ltd) London

Hirsch, Joachim (2005) *Materialistische Staatstheorie. Transformationsprozesse des kapitalistischen Staatensystems* (VSA) Hamburg

– & Wissel, Jens (2001) Transnationalisierung der Klassenverhältnisse; in: Hans-Günter Thien, Hg. Klassen im Postfordismus (Westfälisches Dampfboot) Münster, S. 287-309

– & Kannankulam, John (2009) Die Räume des Kapitals. Die politische Form des Kapitalismus in der „Internationalisierung des Staates"; in: Eva Hartmann & Caren Kunze & Ulrich Brand, Hg. (2009) Globalisierung, Macht und Hegemonie (Westfälisches Dampfboot) Münster, S. 181-211

Hirschman, Albert O. (1977/1980) *Leidenschaften und Interessen. Politische Begründungen des Kapitalismus vor seinem Sieg* (Suhrkamp) Frankfurt am Main

– (1986/1992) *Rival Views of Market Society* (Harvard Univ. Press) Cambridge, Mass.

Hobbes, Thomas, hrsg. Richard Tuck (1653/1991) *Leviathan (or The matter, forme, and power of a commonwealth, ecclesiastical and civill)* (Cambridge Univ. Press) Cambridge

Hobsbawm, Eric (1959) *Primitive Rebels. Studies in Archaic Forms of Social Movement in the 19th and 20th Centuries* (Manchester University Press) Manchester

– (1994/1995) *Das Zeitalter der Extreme. Weltgeschichte des 20. Jahrhunderts* (Carl Hanser) München

Hochgeschwender, Michael (2010) *Der Amerikanische Bürgerkrieg* (C.H.Beck) München

Hochschild, Adam (1998/2000) *Schatten über dem Kongo. Die Geschichte eines der großen, fast vergessenen Menschheitsverbrechens* (Klett-Cotta) Stuttgart

– (2005/2007) *Sprengt die Ketten. Der entscheidende Kampf um die Abschaffung der Sklaverei* (Klett-Cotta) Stuttgart

Hodges, G.W.T. (1978) African Manpower Statistics for the British Forces in East Africa, 1914–1918; in: *Journal of African History* XIX I, S. 101-116

Hodges, Geoffrey (1986) *The Carrier Corps. Military Labor in the East African Campaign, 1914–1918* (Greenwood Press) New York

Hoffmann, Karl-Dieter (2013) *Mexikos Krieg gegen den Drogenhandel* (Bundeswehr, Reader Sicherheitspolitik); http://www.readersipo.de/portal/a/sipo!ut/p/c4/JY1BD41wDIV_ESsLitGbhAsePHhR

Hogendorn, Jan & Lovejoy, Paul E. (1992/2007) Keeping Slaves in Place: The Secret Debate on the Slavery Question in Northern Nigeria, 1900–1904; in: Joseph E. Inikori. & Stanley L. Engerman, Hg. (1992/2007) *The Atlantic Slave Trade.* (Duke Univ. Press) Durham, S. 49-76

Hollis, Patricia, Hg. (1973) *Class and Conflict in nineteenth-century England 1815–1850* (Routledge & Kegan Paul) London

Holloway, John (2002) *Die Welt verändern ohne die Macht zu übernehmen* (Westfälisches Dampfboot) Münster

Holmström, Mark, Hg. (1990) *Work for Wages in South Asia* (Manohar) New Delhi

Holt, James (1985) Trade Unionism in the British and U.S. Steel Industries, 1888–1914: A Comparative Study; in: Daniel J. Leab, Hg. (1985) *The Labor History Reader* (Univ. of Illinois Press) Urbana, S. 166-196

Holt, Thomas C. & Brown, Elsa Barkley, Hg. (2000) *Major Problems in African-American History,* Vol. I. *From Slavery to Freedom, 1619–1877.* Documents and Essays (Houghton Mifflin Company) Boston

Howard, M. (1989) Colonial Wars and European Wars; in: J.A. de Moor & H.L. Wesseling, Hg. (1989) *Imperialism and War. Essays on Colonial Wars in Asia and Africa* (E.J.Brill) Leiden, S. 218-223

Hualde, Alfredo (1994) Die mexikanischen Maquiladores – Wegweiser des Integrationsprozesses; in: Rainer Hoffmann & Manfred Weneffel, Hg. (1995) *Soziale und ökologische Sackgassen der Globalisierung* (Westfälisches Dampfboot) Münster, S. 123-150

Hudson, Karen A. (2008) Globalization and the Black Market Organ Trade. When even a kidney can't pay the bills; in: *Disability Studies Quarterly*, Bd. 28, Nr. 2; http://dsq.org/article/view/143/143

Huffschmid, Jörg (1999/2002) *Politische Ökonomie der Finanzmärkte* (VSA) Hamburg

Human Rights Watch (2003) *Sudan, Oil, and Human Rights* (Human Rights Watch) Brüssel

– (2007) *Exported and Exposed. Abuses against Sri Lankan Domestic Workers in Saudi Arabia, Kuweit, Lebanon, and the United Arab Emirates*; vgl.: http://www.hrw.org/print/reports/2007/11/13/exported-and-exposed

– (2015) *"Whoever Raises their Head, Suffers the Most". Workers' Rights in Bangladesh's Garment Factories*; vgl.: http://www.hrw.org

– (2016) *"The Harvest is in My Blood". Hazardous Child Labor in Tobacco Farming in Indonesia*; vgl.: https://www.hrw.org/report/2016/05/24/harvest-my-blood/hazardous-child-labor...

Humphry, Derek (1972) *Police Power and Black People.* With a commentary by John Gus (Panther) London

Hu-Dehart, Evelyn (1994) Chinese Coolie Labor in Cuba in the Nineteenth Century: Free Labor or Neoslavery; in: *Contributions in Black Studies*, Vol. 12, Art. 5

– (2007) La Trata Amarilla: The "Yellow Trade" and the Middle Passage, 1847–1884; in: Emma Christopher & Cassandra Pybus & Marcus Rediker, Hg. (2007) *Many Middle Passages. Forced Migration and the Making of the Modern World* (Univ. of California Press) Berkeley, S. 166- 183

Hunter, Mark J. (2002) Piraten im Golf von Mexiko im frühen 19. Jahrhundert; in: Hartmut Roder, Hg. (2002) *Piraten. Abenteuer oder Bedrohung?* (Edition Temmen) Bremen, S. 52-66

Hussain, Nasser (2003) *The Jurisprudence of Emergency. Colonialism and the Rule of Law* (The Univ. of Michigan Press) Ann Arbor

Huston, James L. (2003) *Calculating the Value of the Union. Slavery, Property Rights, and the Economic Origins of the Civil War* (The Univ. of North Carolina Press) Chapel Hill

Ihaddaden, Zahir (o. J.) *Regard sur l'histoire de l'Algérie* (Les Editions « At Turath ») Alger

Ikime, Obaro (1977) *The fall of Nigeria: the British conquest* (Heinemann) London

Iliffe, John (1983) *The emergence of African capitalism* (Univ. of Minesota Press) Minneapolis

Inglis, Brian (1976/1979) *The Opium War* (Hodder and Stoughton) Sevenoaks, Kent

Inikori, Joseph E. & Engerman, Stanley L., Hg. (1992/2007) *The Atlantic Slave Trade. Effects on Economies, Societies, and Peoples in Africa, the Americas, and Europe* (Duke Univ. Press) Durham

– (1992/2007) Slavery and the Revolution in Cotton Textile Production in England; in: Inikori, Joseph E. & Engerman, Stanley L., Hg. (1992/2007) *The Atlantic Slave Trade. Effects on Economies, Societies, and Peoples in Africa, the Americas, and Europe* (Duke Univ. Press) Durham, S. 145-182

Internationales Arbeitsamt Hg. (2005) Bericht des Generaldirektors. *Eine globale Allianz gegen Zwangsarbeit.* Gesamtbericht im Rahmen der Folgemaßnahmen zur Erklärung der IAO über grundlegende Prinzipien und Rechte bei der Arbeit, Report I(Be) (Rev.) Genf; die englische Version ist betitelt: A global alliance against forced labor

International Labour Office (2006) *The Demand Side of Human Trafficking in Asia: Empirical Findings* (Intern. Labour Office) Bangkok

International Trade Centre. UNCTAD/WTO (2001) *Arbitration and alternative dispute resolution*, Genf

Israel, J.I. (1982) Debate. The Seventeenth-Century Crisis in New Spain: Myth or Reality? in: *Past & Present*, Nr. 97, S. 150-156

Isserman, Maurice & Kazin, Michael (2008) *America Divided. The Civil War of the 1960s* (Oxford Univ. Press) Oxford

Jackson, Julian (1988) *The Popular Front in France defending democracy, 1934–38* (Cambridge Univ. Press) Cambridge

Jackson, Robert H. (1990) *Quasi-States: Sovereignty, International Relations, and the Third World* (Cambridge Univ. Press) Cambridge

James, Lawrence (1985) *The Savage Wars. British Campaigns in Africa 1870–1920* (Robert Hale) London

Jauch, Herbert (2002) Export processing zones and the quest for sustainable development: a Southern African perspective in: *Environment & Urbanization*, Bd. 14, Nr. 1, S. 101-113

Jefferson, Thomas (1787/2002) *Notes on the state of Virginia*, hrsg: David Waldstreicher (Palgrave) New York

Jenss, Alke (2015) Dezentralisierung der Gewaltfunktion des Staates und *counterinsurgency*-Ordnung; in: Alke Jenss & Stefan Pimmer, Hg. (2015) *Der Staat in Lateinamerika* (Westfälisches Dampfboot) Münster, S. 238-257

Jessop, Bob (2002) The future of the capitalist state (Polity Press) Cambridge

Johns, R.A. & Le Marchant, C.M. (1993) *Finance Centres. British Isle Offshore Developments since 1979* (pinter Publishers) London

Johnson & Graham's v. Lessee v. McIntosh: 21. US 543 (1823): http.//supreme.justia.com/Us/21/543/case.html: 21, U.S. 543

Johnson,Walter (2013) *River of Dark Dreams. Slavery and Empire in the Cotton Kingdom* (The Belknap Press of Harvard Univ. Press) Cambridge, Mass.

Jojarth, Christine (2009) *Crime, War, and Global Trafficking. Designing International Cooperation* (Cambridge Univ. Press) Cambridge

Jung, Moon-Ho (2006) *Coolies and Cane. Race, Labor, and Sugar in the Age of Emancipation* (The John Hopkins Univ. Press) Baltimore, Maryland

Kabou, Axelle (1991/1995) *Weder arm noch ohnmächtig. Eine Streitschrift gegen schwarze Eliten und weiße Helfer* (Lenos) Basel

Kaelble, Hartmut (2007) *Sozialgeschichte Europas.1945 bis zur Gegenwart* (C.H.Beck) München

– (2011) *Kalter Krieg und Wohlfahrtsstaat. Europa 1945–1989* (C.H.Beck) München

Kahl, Martin & Teusch, Ulrich (2004) Sind die „neuen Kriege" wirklich neu? In: *Leviathan*, 32. Jg., H. 3, S. 382-401

Kaienburg, Hermann (1996) KZ-Haft und Wirtschaftsinteresse: Das Wirtschaftsverwaltungshauptamt der SS als Leitungszentrale der Konzentrationslager und der SS-Wirtschaft; in: Hermann Kaienburg, Hg. (1996) *Konzentrationslager und deutsche Wirtschaft 1939–1945* (Leske & Budrich) Opladen, S. 29-60

Kamen, Henry (1982) Debate. The Seventeenth-Century Crisis in New Spain: Myth or Reality? in: *Past & Present*, Nr. 97, S. 144-150

Karstedt, Oskar & von Werder, Peter (1941) *Die Afrikanische Arbeiterfrage. Handbuch der praktischen Kolonialwissenschaften*, Band XVIII (Walter de Gruyter) Berlin

Kartusch, Angelika (2011) *Domestic Workers in Diplomat's Households* (German Institute for Human Rights) Berlin

Kaschuba, Wolfgang & Lipp, Carola (1982) *Dörfliches Überleben* (Tübinger Vereinigung für Volkskunde) Tübingen

Kavanagh, Dennis (1987/1990) *Thatcherism and British Politics. The End of Consensus?* (Oxford University Press) Oxford

Kaye, John William (1896) *A History of the Sepoy War in India 1857–1858*, Bd. III (Longman, Green & Co) London

– & Malleson, G.B. (1897–98/1971) *Kaye's and Malleson's History of the Indian Mutiny of 1857–58.* Bd. I von insgesamt 6 Bänden (Greenwood Press) Westport, Connecticut

Kehoe, Alice B. (1981/1992) *North American Indians: a comprehensive account* (Prentice Hall) Upper Saddle River, N.Y.

Kemp, Tom (1972) The Marxist theory of imperialism; in: Roger Own & Bob Sutcliffe, Hg. (1972) *Studies in the theory of imperialism* (Longman) London, S. 13-34

Kempe, Michael (2010) *Fluch der Weltmeere: Piraterie, Völkerrecht und internationale Beziehungen. 1500–1900* (Campus) Frankfurt am Main

Kennedy, Dane (2002) Britain and Empire, 1880–1945 (Pearson Educationb Limited) Harlow

Kennedy, Duncan (2006) Three globalizations of law and legal thought; 1850–2000; in: David M. Trubek & Alvaro Sontos, Hg. (2006) *The new law and economic development: a critical appraisal* (Cambridge Univ. Press) Cambridge, S. 19-73

Kerr, Ian J. (1995) *Building the Railways of the RAJ. 1850–1900* (Oxford Univ. Press) Bombay

– (2007) On the Move: Circulating Labour in Pre-Colonial, Colonial, and Post-Colonial India; in: Rana P. Behal & Marcel van der Linden, Hg. (2007) *India's Labouring Poor* (Cambridge Univ. Press India) Bangalore, S. 85-110

Kershaw, Jan (1983) *Popular Opinion and political dissent in the Third Reich: Bavaria* (Clarendon Press) Oxford

Khalfoune, Tahar (2006) *L'Algérie: champ d'experimentation favori de(s) théorie(s) du Domaine.* Vortrag gehalten im Rahmen eines Colloquiums an der Universität Jean Moulin- Lyon III am 20. Juni 2006. http://colloque-algerie.ens-lyon.fr/commication.php3?id_article=258

Kiernan, Ben (2007/2009) *Erde und Blut. Völkermord und Vernichtung von der Antike bis heute* (Yale Univ. Press & Deutsche Verlagsanstalt) München

Kiernan, V.G. (1982/1998) *Colonial Empires and Armies 1815–1960* (Sutton Publ.) Phoenix

Killingray, David (1978) Repercussions of World War I in the Gold Coast; in: *Journal of African History*, XIX, I, S. 39-59

– (1989) Colonial Warfare in West Africa, 1870–1914; in: J.A. de Moor & H.L. Wesseling, Hg. (1989) *Imperialism and War. Essays on Colonial Wars in Asia and Africa* (Brill) Leiden, S. 146-167

– (1999) Guardians of Empire; in: David Killingray & David Omissi; Hg. (1999) *Guardians of Empire. The Armed Forces of the Colonial Powers c. 1700–1964* (Manchester Univ. Press) Manchester, S. 1-24

Kindleberger, Charles (1975) Commercial Expansion and the Industrial Revolution; in: *Journal of European Economic History*, Bd. 4, Nr. 3, S. 613-654

Kiple, Kenneth F. & Higgins, Briand T. (1992/2007) Mortality caused by Dehydratation during the Middle Passage; in: Joseph E. Inikori & Stanley L. Engerman, Hg. (1992/2007) *The Atlantic Slave Trade* (Duke Univ. Press) Durham, S. 321-338

Kirzner, Israel M. (1994) The Ethics of Competition; in: Horst Siebert, Hg. (1994) *The Ethical Foundations of the Market Economy* (J.C.B. Mohr, Paul Siebeck) Tübingen, S. 101-114

Klee, Ernst (1983) *„Euthanasie" im NS-Staat. Die „Vernichtung lebensunwerten Lebens"* (Fischer Taschenbuch Verlag) Frankfurt am Main

Kleist, Olaf J. (2015) Über Flucht forschen; in: *Peripherie* 138/139, S. 150-169

Kloosterboer, W. (1960) *Involuntary Labour since the abolition of slavery. A Survey of compulsory labour throughout the world* (Brill) Leiden

Knieper, Rolf (1996) *Gesetz und Geschichte. Ein Beitrag zu Bestand und Veränderung des Bürgerlichen Gesetzbuches* (Nomos) Baden-Baden

Knight, Alan (988) Debt Bondage in Latin America; in: Léonie J. Archer, Hg. (1988) *Slavery and other forms of unfree labour* (Routledge) London, S. 102-117

Kocka, Jürgen (1990a) *Weder Stand noch Klasse. Unterschichten um 1800* (J.H.W.Dietz Nachf.) Bonn

– (1990b) *Arbeitsverhältnisse und Arbeiterexistenzen. Grundlagen der Klassenbildung im 19. Jahrhundert* (J.H.W. Dietz Nachf.) Bonn

– (2013) Geschichte des Kapitalismus (C.H.Beck) München

Kößler, Reinhart (1994) Postkoloniale Staaten (Deutsches Übersee Institut) Hamburg

– & Wienold, Hanns (2001/2013) *Gesellschaft bei Marx* (Westfälisches Dampfboot) Münster

Kofman, Eleonore & Phizacklea, Annie & Raghuram, Parvati & Sales, Rosemary (2000) *Gender and International Migration in Europe. Employment, welfare and politics* (Routledge) London

König, G.E. & Rudolf, Michael, Hg. (1992) *Von Spitzbuben, liederlichen Weibsmenschen und anderen Galgenvögeln. Räuberbanden des 17.–19. Jahrhunderts* (Weisser Stein) Greiz

Kolchin, Peter (1993/1999) *American Slavery, 1619–1877* (Hill and Wang) New York

Kolff, D.H.A. (1989) The End of the *Ancien Régime*: Colonial war in India, 1798–1818; in: J.A. de Moor & H.L. Wesseling, Hg. (1989) *Imperialism and War. Essays on Colonial Wars in Asia and Africa* (E.J. Brill) Leiden, S. 22-49

Kolsky, Elisabeth (2010) *Colonial Justice in British India* (Cambridge Univ. Press) Cambridge

Konaté, Moussa (2010) *L'Afrique Noire Est-Elle Maudite?* (Fayard) Paris

Koponen, Juhani (1995) *Development for Exploitation. German colonial policies in mainland Tanzania, 1884–1914* (Lit) Helsinki

Kopp, Thomas (2001) Theorie und Praxis des deutschen Kolonialstrafrechts; in: Rüdiger Voigt & Peter Sack, Hrsg. (2001) *Kolonialisierung des Rechts. Zur kolonialen Rechts- und Verwaltungsordnung* (Nomos) Baden-Baden, S. 71-93

Koskenniemi, Martii (2002) *The Gentle Civilizer of Nations. The Rise and Fall of International Law 1870–1960* (Cambridge Univ. Press) Cambridge

Koselleck, Reinhart (1975) *Preußen zwischen Reform und Revolution. Allgemeines Landrecht, Verwaltung und soziale Bewegung von 1791–1848* (DTV) Stuttgart

Kostal, R. W. (2005) *A Jurisprudence of Power. Victorian Empire and the Rule of Law* (Oxford Univ. Press) Oxford

Kourouma, Ahmadou (2003 aus dem Franz.) *Waiting fort he Wild Beast to Vote* (Vintage) London

Kowalzig, F. (1875) *Ueber Bestrafung des Arbeitsvertragsbruches und über Gewerbegerichte. Umschau und Kritik* (J. Guttenberg) Berlin

Kramer, Paul A. (2006) *The Blood of Government. Race, Empire, the United States and the Philippines* (The Univ. of North Carolina Press) Chapel Hill

Kreutzer, Mary (2015) Der Zwang der Verhältnisse. Der europäische Kampf gegen den Frauenhandel ist ein Krieg gegen Migrantinnen; in: *iz3w*, Nr. 351, S. 32-34

Kriegel, Annie & Becker, Jean-Jacques (1964) *1914. La Guerre et le mouvement ouvrier français* (Armand Colin) Paris

Kritzler, Edward (2008) *Jewish Pirates of the Carribean* (Doubleday) New York

Kuczynski, Thomas (2009) Was wurde auf dem Arbeitsmarkt verkauft? In: Marcel van der Linden & Karl Heinz Roth, Hg. (2009) *Über Marx hinaus.* (Assoziation A) Berlin, S. 363-378

Küppers, Carolin (2015) Prostitution versus Sexarbeit. Worum geht es in den feministischen Debatten?; in: *iz3w*, Nr. 351, S. 23-25

Kuhn, Gabriel (2010) Life under the Jolly Roger: reflections on the golden age of piracy (PM Press) Oakland, Cal.

Kulke, Hermann & Rothermund, Dietmar (1998/2006) *Geschichte Indiens. Von der Induskultur bis heute* (München)

Kumar, Dharma (1993) Colonialism, Bondage and Caste in British India; in: Martin A. Klein, Hg. (1993) *Breaking the Chains.* (The Univ. of Wisconsin Press) Madison, Wisc., S. 112-130

Kuß, Susanne (2010) *Deutsches Militär auf kolonialen Kriegsschauplätzen. Eskalation von Gewalt zu Beginn des 20. Jahrhunderts* (CH. Links) Berlin

Kwong, Peter (1997) *Forbidden Workers. Illegal Chinese Immigrants and American Labor* (The New Press) New York

Kyed, Helene Maria (2014) State policing and invisible forces in Mozambique; in: *Africa* (Journal of the International African Institute) Vol. 84, Nr. 3, Aug., S. 424-465

Laband, John (1992) *Kingdom in crisis. The Zulu response to the British invasion of 1879* (Manchester Univ. Press) Manchester

Laclau, Ernesto (1971) Feudalism and Capitalism in Latin America; in: *New Left Review* I/67, May-June 1971

Lamar, Howard (2003) Bonded and Contract Labor in the Southwest; in: Eileen Borsi & Nelson Lichtenstein, Hg. (2003) *Major Problems in the History of American Workers* (Houghton Mifflin Company) Boston, S. 42-55

Lange, Martin (2007) *Räuber und Gauner ganz privat. Räuberbanden und die Justiz im 18. und frühen 19. Jahrhundert* (Tectum) Marburg

Las Casas, Bartolomé de (1552/2003) *Kurzgefaßter Bericht von der Verwüstung der Westindischen Länder*, Nachdruck hrsg. von Hans Magnus Enzensberger (Insel) Frankfurt am Main

Laub, Thomas J. (2010) *After the Fall. German Policy in occupied France 1940–1944* (Oxford Univ. Press) Oxford

Lazzarato, Maurizio (2011) *The Making of the Indebted Man* (Semiotext) Los Angeles

Le Breton, Maritza (2015) „Unglückliche Gewinnerinnen der Globalisierung". Einblicke in die Lebens- und Arbeitsverhältnisse migrantischer Sexarbeiterinnen; in: *iz3w*, Nr. 351, S. 35-37

Le Cour Grandmaison, Olivier (2005) *Coloniser Exterminer. Sur la guerre et l'État colonial* (Fayard) Paris

– (2009) *La République imperiale. Politique et racism d'État* (Fayard) Paris

– (2010) *De l'Indigénat. Anatomie d'un* « monstre » juridique: le droit colonial en Algérie et dans l'Empire française (Zones. Éditions la Découverte) Paris

Lémane Coco, Lémy (2008) *Histoire de l'esclavage dans les colonies françaises* (Monde Global) Chevilly-Larue

Lemmes, Fabian (2010) „Ausländereinsatz" und Zwangsarbeit im Ersten und Zweiten Weltkrieg: neuere Forschungen und Ansätze; in: *Archiv für Sozialgeschichte* Bd. 50, S. 395-444

– (2013) Arbeiten für den Besatzer. Lockung und Zwang bei der Organisation Todt in Frankreich und Italien; in: Dieter Pohl & Tanja Sebta, Hg. (2013) Zwangsarbeit in Hitlers Europa. Besatzung. Arbeit. Folgen (Metropol) Berlin, S. 83-104

Lemnitzer, Jan Martin (2004) "A few burghers in a little Hanseatic town": die Bremer Seerechtskampagne von 1859; in: *Bremisches Jahrbuch*, Bd. 83, S. 87-111

– (2008) Kriegsgreuel auf See im 19. Jahrhundert: vom 'zivilisierten' zum uneingeschränkten Seekrieg; in: Sönke Neitzel & Daniel Hohrath, Hg. (2008) *Kriegsgreuel. Die Entgrenzung der Gewalt in kriegerischen Konflikten vom Mittelalter bis ins 20. Jahrhundert* (Ferdinand Schöningh) Paderborn

Lenin, W. I. (1957/1972) *Werke*, hrsg. vom Institut für Marxismus-Leninismus beim ZK der KPdSU (Dietz Verlag) Berlin

Lentz, Carola (2010) Is land inalienable? Historical and current debates on land transfers in Northern Ghana; in: *Africa*, Nr. 80, S. 57-80

Lenzen, Wolfgang (2013) *Sex, Leben, Tod und Gewalt* (Lit) Münster

Lettow, Susanne (2015) Biokapitalismus und Inwertsetzung der Körper.Perspektiven der Kritik; in: *Prokla*, Nr. 178, 45. Jg., Nr. 1, S. 33-50

Leutwein, Theodor (1906/1997) *Elf Jahre Gouverneur in Deutsch-Südwestafrika* (Namibia Wissenschaftliche Gesellschaft) Windhoek, Namibia

Levi, Primo (1947/2010) *Ist das ein Mensch?* (Hanser) München

Liberti, Stefano (2011/2012) *Landraub. Reisen ins Reich des neuen Kolonialismus* (Rotbuch Verlag) Berlin

Lindner, Christoph (2014) *Die Effektivität transnationaler Maßnahmen gegen Menschenhandel in Europa* (Mohr Siebeck) Tübingen

Linebaugh, Peter & Rediker, Markus (2000) *The Many-Headed Hydra: Sailors, Slaves, Commoners, and the Hidden History of the Revolutionary Atlantic* (2000) London; deutsch: (2008) Die Vielköpfige Hydra: die verborgene Geschichte des revolutionären Atlantiks (Assoziation A) Berlin

– & Rediker Markus (2009) Die vielköpfige Hydra. Reflexionen über Geschichte von unten; in: Marcel van der Linden & Karl Heinz Roth, Hg. (2009) *Über Marx hinaus.* (Assoziation A) Berlin, S. 31-54

Liss, Caroline (2007) The Privatisation of Maritime Security- Maritime Security in Southeast Asia: Between a rock and a hard place? *Asia Research Centre: Working Paper* Nr. 141 (http://www.arc.murdoch.edu/au/wp/wp141)

Littmann, Friederike (1986)Vom Notstand eines Haupttäters – Zwangsarbeit im Flick-Konzern; in: *1999*, H. 1, S. 4-43

Litvin, Daniel (2003) *Empires of Profit. Commerce, Conquest and Corporate Responsibility* (Texere) New York

Litwack, Leon F. (1961) *North of Slavery. The Negro in the Free States 1790–1860* (Univ. of Chicago Press) Chicago

– (1962) *The American Labor Movement* (Prentice-Hall) Englewood Cliffs, N.J.

Lock, Peter (2003) Die Gewaltunternehmer. Neoliberale Globalisierung schafft private Kriegsökonomien; in: *sopos* 7/2003

Locke, John (1690/1977) *Zwei Abhandlungen über die Regierung*, hrsg. Walter Euchner (suhrkamp) Frankfurt am Main

López, Ian Haney (2006) *White by Law. The Legal Construction of Race* (New York Univ. Press) New York

Lorenzen, Till (2010) Unternehmerische Handlungsspielräume der Bayerischen Motorenwerke im Flugmotorenbau 1933- 1940; in: Andreas Heusler & Mark Spoerer & Helmuth Trischler, Hg. (2010) *Rüstung, Kriegswirtschaft und Zwangsarbeit im „Dritten Reich"* (Oldenbourg) München, S. 15-36

Lotfi, Gabriele (2000/2003) *KZ der Gestapo. Arbeitserziehungslager im Dritten Reich* (Fischer Taschenbuch Verlag) Frankfurt am Main

Loth, Heinrich (1981) *Sklaverei* (Peter Hammer) Wuppertal

Lotz, Christian (2014) Klasse und Gewalt. Kritische Anmerkungen aus Marxistischer Sicht zum Verschwinden des Klassenbegriffs in Kritischer Theorie und Post-Marxismus; in: *Prokla. Zeitschrift für Kritische Sozialwissenschaft*, Nr. 176, S. 383-403

Lovejoy, Paul E. (1996) The Volume of the Atlantic Slave Trade: A Synthesis; in: Patrick Manning, Hg. (1996) *Slave Trades, 1500–1800: Globalization of Forced Labour* (Ashgate) Aldershot Hampshire, S. 37-64

Luft, Stefan (2016) *Die Flüchtlingskrise. Ursachen,Konflikte, Folgen* (C.H.Beck) Nördlingen

Luxemburg, Rosa (1913) *Über Algerien*. http://raumgegenzement.blogsport.de2009/12/15/rosa-luxemburg-ueber-algerien-1913//

Maass, Peter (2009) *Crude World. The Violent Twilight of Oil* (Alfred A. Knopf) New York

Maccreery, David (1993) Hegemony and Repression in Rural Guatemala, 1871–1940; in: *Plantation Workers* (Univ. of Hawaii Press) Honolulu, S. 217-239

Maddison, Angus (2003) *The World Economy: Historical Statistics* (OECD) Paris

Magliari, Michael F. (2012) Free State Slavery: Bound Indian Labor and Slave Trafficking in California's Sacramento Valley, 1850–1864; in: *Pacific Historical Review*, Bd. 81, Nr. 2, S. 155-192

Maillard, Jean de (1998/2000) *Un monde sans loi*. Illustrationen von Pierre-Xavier Grézaud (Stock) Paris

Mak, J.N. (2007) Pirates, Renegades, and Fishermen: The Politics of "Sustainable" Piracy in the Straits of Malacca; in: Peter Lehr, Hg. (2007) *Violence at Sea. Piracy in the Age of Global Terrorism* (Routledge) New York, S. 199-224

Mallmann, Klaus-Michael & Paul, Gerhard (1991) *Herrschaft und Alltag. Ein Industrierevier im Dritten Reich* (J.H.W. Dietz Nachf.) Bonn

Mann, Michael (2003) Die Mär von der freien Lohnarbeit. Menschenhandel und erzwungene Arbeit in der Neuzeit; in: Michael Mann, Hg. (2003) *Menschenhandel und unfreie Arbeit* (Leipziger Universitätsverlag) Leipzig, S. 7-22

– (2007) Predation and production in European imperialism; in: Siniša Malešević & Mark Hausgaard, Hg. (2007) *Ernest Gellner and contemporary social thought* (Cambridge University Press) Cambridge, S. 50-74

Mann, Reinhard (1987) *Protest und Kontrolle im Dritten Reich. Nationalsozialistische Herrschaft im Alltag einer rheinischen Großstadt* (Campus) Frankfurt am Main

Manning, Patrick, Hg. (1996) *Slave Trades, 1500–1800: Globalization of Forced Labour* (Ashgate) Aldershot, Hampshire

– (1992/2007) The Slave Trade: The Formal demography of a Global System; in: Joseph E. Inikori & Stanley L. Engerman, Hg. (1992/2007) *The Atlantic Slave Trade.* (Duke Univ. Press) Durham, S. 117-144

Manstetten, Reiner (2000) *Das Menschenbild der Ökonomie. Der homo oeconomicus und die Anthropologie von Adam Smith* (Karl Alber) Freiburg

Mantelli, Brunelle (1991) Von der Wanderarbeit zur Deportation. Die italienischen Arbeiter in Deutschland; in: Ulrich Herbert, Hg. (1991) *Europa und der „Reichseinsatz". Ausländische Zivilarbeiter, Kriegsgefangene und KZ-Häftlinge in Deutschland 1938–1945* (Klartext-Verl.) Essen, S. 51-89

Mari, Francisco (2010) Fischraub vor Westafrika; in: *INKOTA-Brief. Zeitschrift zum Nord-Südkonflikt und zur Konziliaren Bewegung*, Nr. 154, S. 15-17

– (o.J.) Armut und Hunger an Westafrikas Küsten; in: *Fair Oceans*, hrsg. vom Verein für Internationalismus und Kommunikation e.V. (IntKom); www.fair-oceans.info

Marrow, J.H. (1994) The tragedy at St. Peter's Field, Manchester, 16 August 1819; in: *Journal of Accident and Emergency Medicine*, Vol. 11, S. 97-100

Mars, Joan R. (2002) *Deadly Force, Colonialism, and The Rule of Law* (Greenwood Press) Westport, Conn.

Marshall, Dorothy (1974) The Role of the Justice of Peace in Social Adminsitration; in: H. Hearder & H.R. Loyn, Hg. (1974) British Government and Administration (Univ. of Wales Press) Cardiff, S. 155-168

Marshall, P.J. (2005) *The Making and Unmaking of Empires. Britain, India and America c. 1750–1783* (Oxford Univ. Press) Oxford

Martin, Peter (2012) Zucker für die Welt. Die Anfänge der Sklaverei und der Fabrikgesellschaft in Amerika (Universitätsverlag der TU) Berlin

Martin, Robert Montgomery (1860) *The Indian Empire, Vol. II : The Mutiny of the Bengal Army; Insurrection in Western India; And an Exposition of the Alleged Causes* (The London printing and Publishing Company) London

Marx, Karl (1867) *Das Kapital*, Bd. I, hrsg. von F. Engels: 1890/1970 MEW Bd. 23; Bd. III, hrsg. von F. Engels 1894/1983, MEW Bd. 25 (Dietz) Berlin (DDR)

Masciandaro, Donato (2004) Overview: Markets, Offshore Sovereignty and Onshore Legitimacy; in: Masciandaro, Donato, Hg. (2004) *Global Financial Crime* (Ashgate) Aldershot Hants, S. 1-58

Mason, Timothy W. (1975) *Arbeiterklasse und Volksgemeinschaft. Dokumente und Materialien zur deutschen Arbeiterpolitik 1936–1939* (Westdeutscher Verlag) Opladen

Masseaut, Jean-Marc (2002) Les marins de l'atlantique au XVIII ième siècle. La violence et la traite; in: *Cahiers des Anneaux de la Mémoire. No. 4: Les traites en Afrique. Pirates noirs et marins de la traite* (Nos memoires) Nantes, S. 45-66

Massey, Douglas S. & Durand, Jorge & Malone, Nolan J. (2002) *Beyond Smoke and Mirrors. Mexican Immigration in an Era of Economic Integration* (Russel Sage Foundation) New York

May, Glenn Anthony (1999) Was the Philippine-American War a "Total War"? in: Manfred F. Boemeke, Hg. *Anticipating Total War* (Cambridge Univ. Press) Cambridge, S. 437-458

Mbembe, Achille (2001) *On the Postcolony* (Univ. of Calif. Press) Berkeley

McCabe, Kimberley A. (2008) *The Trafficking of Persons. National and International Responses* (Peter Lang) New York

McCloskey, Deirdre N. (1996) *The Vices of Economists – The Virtues of the Bourgeoisie* (Amsterdam University Press) Amsterdam

McDonnell, Janet A. (1991) *The Dispossession of the American Indian. 1887–1934* (Indiana Univ. Press) Bloomington

McCoy, Alfred W. (1972/2003) *The Politics of Heroin. CIA Complicity in the Global Drug Trade* (Lawrence Hill Books, an imprint of Chicago review Press) Chicago

McNally, David (2000) Globalization, Trade Pacts And Migrant Workers. Rethinking the Politics of Working-Class Resistance; in: Mike Burke, Hg. (2000) *Restructuring and resistance: Canadian public policy in the age of global capitalism* (Fernwood Publ.) Halifax, NS, S. 262-275

– (2011) *Monsters of the market: zombies, vampires, and global capitalism* (Brill) Leiden

Mendoza, Martha & McDowell, Robin & Mason, Marie & Htusan, Esther & The Associated Press (2016) *Fishermen Slaves. Human Trafficking and the Seafood We Eat* (AP Editions) Miami

Meredith, Martin (2002) *Mugabe* (PublicAffairs) New York

– (2005) *The State of Africa, A History of Fifty Years of Independence* (The Free Press) London

Méricam-Bourdet, Myrtille (2005–2006) L'Empire de Montesquieu; in: *Revue Montesquieu*, Nr. 8; abzurufen über: http://www.fabula.org/revuew/document3395.php

Merle, Isabelle (2006) L'État français, le droit et la violence colonial: le régime de l'indigénat; in: Alain Chatriot & Dieter Gosewinkel, Hg. (2006) *Figurationen des Staates in Deutschland und Frankreich 1870–1945* (Oldenbourg) München, S. 97-116

Meillassoux, C. (1987) Consommer la rupture; in: Marc H. Piault, Hg. (1987) *La Colonisation: Rupture ou Parenthese?* (L'Harmattan) Paris, S. 47-56

Meuschel, Sigrid (1981) *Kapitalismus oder Sklaverei. Die langwierige Durchsetzung der bürgerlichen Gesellschaft in den USA* (Europäische Verlagsanstalt) Frankfurt am Main

Meyer, Jean & Tarrade, Jean & Rey-Goldzeiguer, Annie & Thobie, Jacques (1991) *Histoire de La France Coloniale. Des origins à 1914* (Armand Colin) Paris

Michel, Marc (2003) *Les Africains et la Grande Guerre. L'Appel à l'Afrique* (1914–1918) (Éditions Karthala) Paris

– (2009) *Essai sur la colonization positive. Affrontements et accomodements en Afrique Noire (1830–1930)* (Perrin) Paris

Miéville, China (2005) *Between Equal Rights. A Marxist Theory of International Law* (Brill) Leiden

Miles, Robert (1987) *Capitalism and Unfree Labour. Anomaly or necessity?* (Tavistock) London

Milios, Jannis & Sotiropolus, Dimitris P. (2010) Marxsche Theorie und Imperialismus; in: *Prokla*, Nr. 159, 40. Jg. (Westfälisches Dampfboot) S. 259-276

Miller, Joseph C. (1983) The paradoxes of impoverishment in the Atlantic zone; in: David Birmingham & Phyllis M. Martin, Hg. (1983) *History of Central Afrika* (Longman) London, S. 118-159

– (1996) A Marginal Institution on the Margin of the Atlantic System: The Portuguese Southern Atlantic Slave Trade in the Eighteenth Century; in: Patrick Manning, Hg. (1996) *Slave Trades, 1500–1800: Globalization of Forced Labour* (Ashgate) Aldershot, Hampshire, S. 214-244

Mintz, Steven, Hg. (1993/1996) *African American Voices. The Life Cycle of Slavery* (Brandywine Press) St. James, New York

Mirowski, Philip (2013) Murketing, values of self, and everyday neoliberalism; in: *Ökonomie der Werte: Festschrift zum 65. Geburtstag von Michael Hutter* (Metropolis) Marburg, S. 197-215

Missbach, Antje & Phillips, Melissa (2015) Die Ökonomie des ausbeuterischen Transits. Lebensbedingungen von Migrant*innen und Asylsuchenden in Indonesien und Libyen; in: *Peripherie* 138/139, S. 170-182

Mittelberger, Gottlieb (1756/1997) *Reise nach Pennsylvanien im Jahre 1750 und Rückreise nach Deutschland im Jahr 1754*, hrsg. von Jürgen Charnitzky (Jan Thorbecke) Sigmaringen

Mohamed Mahmoud, Mohamed S. (1986), L'économie du marché et les droits de l'homme; in: *Revue internationale de droit économique* (De Boek Wesmael) Brüssel, S. 59-170

Mohapatra, Prabhu P. (2004) Assam and the West Indies, 1860–1920: Imobilizing Plantation Labor; in: Douglas Hay and Paul Craven, Hg. (2004) *Masters, Servants, and Magistrates in Britain and the Empire, 1562–1955* (The University of North Carolina Press) Chapel Hill, S. 455-480

Mommsen, Hans & Grieger, Manfred (1996) *Das Volkswagenwerk und seine Arbeiter im Dritten Reich* (Econ) Düsseldorf

Montero, Raquel Gil (2011) Free and Unfree Labour in the Colonial Andes in the Sixteenth and Seventeenth Centuries; in: *International Revue of Social History*, Nr. 56, S. 297-318

Morgan, Kenneth (2000) *Slavery and Servitude in Colonial North America* (New York Univ. Press) New York

Morris, Richard B. (1946/1965) *Government and Labor in Early America* (Harper & Row) New York

– (1983) The Emergence of American Labour; in: *A history of the American worker* (Princeton Univ. Press) Princeton, N.J.

Moss, Bernard H. (1976) *The Origins of the French Labor Movement 1830–1914* (Univ. of California Press) Berkeley

Moulier-Boutang, Yann (1998) *De l'esclavage au salariat. Économie historique du salariat bridé* (Presses Universitaires de France) Paris

Moulin-Bourret, Annie (1997) *Guerre et Industrie. Clérmond-Ferrand 1912–1922: La victoire du pneu*, Bd. II (Publications de l'Institut d'Études du Massif Central) o.O.

Müller, Fritz Ferdinand (1962) *Kolonien unter der Peitsche. Eine Dokumentation* (Rütten & Loening) Berlin

Nader, Laura (2009) Law and the Frontiers of Illegalities; in: Franz von Benda-Beckmann, & Keebet Benda-Beckmann & Anne Griffiths, Hg. (2009) *The Power of Law in a Transnational World.* (Berghahn Books) New York, S. 54-73

Naim, Moises (2005) *Das Schwarzbuch des globalisierten Verbrechens. Drogen, Waffen, Menschenhandel, Geldwäsche, Markenpiraterie* (Piper) Zürich

Naylor, R.T. (2002/2004) *Wages of Crime. Black Markets, Illegal Finance, and the Underworld Economy* (McGill-Queen's University Press) Montreal

Neild, Robert (2002) *Public Corruption. The Dark Side of Social Evolution* (Anthem Press) London

Neurath, Paul Martin (1951/2004 *Die Gesellschaft des Terrors. Innenansichten der Konzentrationslager Dachau und Buchenwald* (Suhrkamp) Frankfurt am Main

Nicholls, David (1988) Haiti: Race, Slavery and Independence (1804–1825); in: Léonie J. Archer, Hg. (1988) *Slavery and other forms of unfree labour* (Routledge) London, S. 225-238

Nieboer, H.J. (1900) *Slavery as an Industrial System* (Martinus Nijhoff) The Hague

Nipperdey, Thomas (1998) *Deutsche Geschichte 1866–1918*, Bd. II: *Machtstaat vor der Demokratie* (C.H.Beck) München

Nissen, Holger (1978) Südafrika im politischen Kalkül des kaiserlichen Deutschland. Zur Geschichte der deutsch-englischen Beziehungen 1884–1902; in: *ergebnisse*, Heft 1, S. 15-69

Northrup, David (1978) *Trade Without Rulers. Pre-Colonial Economic Development in South-Eastern Nigeria* (Clarendon Press) Oxford

– (1995) *Indentured labor in the age of imperialism 1834–1922* (Cambridge Univ. Press) Cambridge

– (2007) Slavery & Forced Labour in the Eastern Congo. 1850–1910; in: Henri Médard & Shane Doyle, Hg. (2007) *Slavery in the Great Lakes Region of East Africa* (Currey) Oxford, S. 111-123

– (2002) Freedom and indentured labor in the French Caribbean, 1848–1900; in: David Eltis, Hg. (2002) *Coerced and free migration: global perspectives* (Stanford Univ. Press) Stanford, S. 204-228

Northup, Solomon (1853) Twelve Years a Slave. (Derby & Millar) Auburn, Reprint: o.O., O.J.

Novak, Daniel A. (1978) *The Wheel of Servitude. Black Forced Labor after Slavery* (The University Press of Kentucky) Lexington, Kent

Nugent, Paul (2010) States and Social Contracts in Africa; in: *New Left Review*, Nr. 63; http://www.newleftreview.org/A2842?utm_source=newsletter&automn_medium=email

Nzula, A.T. (Pseud. Tom Jackson) et al. (1979) *Forced Labour in Colonial Africa* (Zed Pr.) London

O'Connor, James (1973) *The Fiscal Crisis of the State* (St. Martin's Press) New York

Olivier de Sardan, Jean-Pierre (2014) The Delivery State in Africa. Interface Bureaucrats, Professional Cultures and the Bureaucratic Mode of Governance; in: Thomas Bierschenk & Jean-Pierre Olivier de Sardan, Hg. (2014) *States at Work.* (Brill) Leiden, S. 401-429

Olusoga, David & Erichsen, Casper W. (2010) *The Kaiser's Holocaust. Germany's Forgotten Genocide and the Colonial Roots of Nazism* (Faber and Faber) London

Omobowale, Ayokunle Olumuyiwa& Olutayo, Akinpelu Olanrewaju (2010) Political Clientelism and Rural Development in South-West Nigeria; in: *Africa,* Bd. 80,3, S. 397-425

Ong-Webb, Graham Gerard (2007) Piracy in Maritime Asia: Current Trents; in: Peter Lehr, Hg. (2007) *Violence at Sea. Piracy in the Age of Global Terrorism* (Routledge) New York, S. 37-94

Onselen, Charles van (1976) *Chibaro. African Mine Labour in Southern Rhodesia 1900–1933* (Pluto Press) London

Ortega, Jaime (2015) Der lateinamerikanische Staat im Denken von René Zavala; in: Alke Jenss & Stefan Pimmer, Hg. (2015) *Der Staat in Lateinamerika.* (Westfälisches Dampfboot) Münster, S.106-118

Orth, Karin (1999) *Das System der nationalsozialistischen Konzentrationslager. Eine politische Organisationsgeschichte* (Hamburger Edition) Hamburg

Osterhammel, Jürgen (1995/2009) *Kolonialismus* (C.H.Beck) München

– & Petersson, Niels P. (2003) *Geschichte der Globalisierung. Dimensionen, Prozesse, Epochen* (C.H.Beck) München

– (2009) *Die Verwandlung der Welt. Eine Geschichte des 19. Jahrhunderts* (C.H.Beck) München

Orren, Karen (2000) Master and Servant Law and Constitutional Rights in the United States during the Nineteenth Century: A Domain Specific Analysis; in: Willibald Steinmetz, Hg. (2000) *Private Law and Social Inequality in the Industrial Age* (Oxford University Press) Oxford, S. 313-334

Oxfam. Briefing Paper (2011) *The growing scandal surrounding the new wave of investments in land*; www.oxfam.org/grow

Oyten, Stefan A. & Overesch, Manfred (2010) „Starter für den Krieg". Bosch Hildesheim im Dritten Reich; in: Andreas Heusler & Mark Spoerer & Helmuth Trischler, Hg. (2010) *Rüstung, Kriegswirtschaft und Zwangsarbeit im „Dritten Reich"* (Oldenbourg) München, S. 107-138

Paes, Wolf-Christian (2002) „Neue Kriege" und ihre Ökonomien; in: Anne Jung für medico international, Hg. (2002) *Ungeheuer ist nur das Normale. Zur Ökonomie der „neuen" Kriege*, medico rerort 24 (Mabuse) Frankfurt/Main, S. 146-165

Page, Melvin E. (1978) The War of *Thangata*: Nyasaland and the East African Campaign, 1914–1918; in: *Journal of African History*, XIX, I, S. 87-100

Pagenstecher, Cord (2009) Arbeitserziehungslager; in: Wolfgang Benz & Barbara Distel, Hg. (2009) *Der Ort des Terrors. Geschichte der nationalsozialistischen Konzentrationslager* (C.H.Beck) München, S. 75-99

– (2010) "We were treated like slaves". Remembering Forced Labor for Nazi Germany; in: Raphael Hörmann & Gesa Mackenthun, Hg. (2010) *Human Bondage in the Cultural Contact Zone. Transdisciplinary Perspectives on Slavery and Its Discourses* (Waxmann) Münster, S. 275-292

Palan, Ronen (1999) Offshore and the Structural Enablement of Sovereignty; in: Mark Hampton & Jason P. Abbott, Hg. (1999) *Offshore Finance Centres and Tax Havens.* (Macmillan Press) Houndsmill, Basingstoke, S. 18-42

Palmer, Robin H. (1972) War and Land in Rhodesia in the 1890s; in: Bethwell A. Ogot, Hg. (1972/2001) *War and Society in Africa* (Frank Cass) London, S. 85-108

Panitch, Leo & Gindin, Sam (2012) *The Making of Global Capitalism. The Political Economy of American Empire* (Verso) London

Parker, Edward E. (1888/2010) *Chinese Account of the Opium War* (Kessinger Publishing's Legacy Reprints) Milton Keynes

Parnreiter, Christof (2000) Theorien und Forschungsansätze zu Migration; in: Karl Husa & Christof Parnreiter & Irene Stacher, Hg. (2000) *Internationale Migration: die globale Herausforderung des 21. Jahrhunderts* (Brandes & Apsel) Frankfurt am Main, S. 25-52

Parsons, Timothy (1999) All *askaris* are family men: sex, domesticity and discipline in the King's African Rifles, 1902–1964; in: David Killingray & David Omissi; Hg. (1999) *Guardians of Empire. The Armed Forces of the Colonial Powers c. 1700–1964* (Manchester Univ. Press) Manchester, S. 157-178

Paschukanis Eugen (1926/1966) *Allgemeine Rechtslehre und Marxismus* (Verlag Neue Kritik) Frankfurt am Main

Paul, Gerhard (1995) Zur Sozialgeschichte von Verfolgung und Widerstand am Beispiel des Saarlandes (1935–1945) in: Brigitte Berlekamp & Werner Röhr, Hg. (1995) *Terror, Herrschaft und Alltag* (Westfälisches Dampfboot) Münster

Pehle, Walter H. Hg. (1988/1999) *Der Judenprogrom 1938. Von der „Reichskristallnacht" zum Völkermord* (Fischer Taschenbuch) Frankfurt am Main

Peleg, Ilan (1977) Arms Supply to the Third World – Models and Explanations; in: *The Journal of Modern African Studies*, Jg. 15, Nr. 1, S. 91-103

Pélissier, Jean & Supiot, Alain & Jeammeaud, Antoine (2008) *Droit du travail* (Daloz) Paris, S. 159-192

Pelling, Henry (1963/1976) A History of British Trade Unions (Macmillan) London

Pelzer, Karl J. (1978) *Planter and peasant: colonial policy and the agrarian struggle in East Sumatra 1863–1947* (Nijhoff 's-Gravenhage) The Hague

Penvenne, Jeanne Marie (2005) Settling against the Tide: The Layered Contradictions of Twentieth-Century Portuguese Settlement in Mazambique; in: Caroline Elkins & Susan Pedersen, Hg. (2005) *Settler Colonialism in the Twentieth Century* (Routlede) New York, S. 79-95

Pérez, Ana Lilia (1914/2016) Kokain Meere. Die Wege des weltweiten Drogenhandels (Pantheon) München

Perkins, John (2004/2005) *Bekenntnisse eines Economic Hit Man. Unterwegs im Dienst der Wirtschaftsmafia* (Rieman) München

Perlman, Selig & Taft, Philip (repr. 1966) *History of Labor in the United States, 1896–1932*, Vol. IV (Augustus M. Kelley) New York

Perrot, Michelle (1974) *Les ouvriers en grève. France 1871–1890* (Mouton) Paris

Peters, Silke (2015) *Bühende Geschäfte. Der weltweite Handel mit der Blume* (oekom) München

Petras, James & Veltmeyer, Henry (2001) *Globalization unmasked.Imperialism in the 21st Century* (Fernwood Publishing, Zed Books) Halifax

Pétré-Grenouilleau, Olivier (2010) Le siècle des abolitionists; in: *L'Histoire*, Nr. 353, Mai 2010, S. 56-67

Peukert, Detlev (1982) *Volksgenossen und Gemeinschaftsfremde. Anpassung, Ausmerze und Aufbegehren unter dem Nationalsozialismus* (Bund-Verlag) Köln

– (1987) Die Lage der Arbeiter und der gewerkschaftliche Widerstand im Dritten Reich; in: Klaus Tenfelde & Klaus Schönhoven & Michael Schneider & Detlef J.K. Peukert (1989) Geschichte der deutschen Gewerkschaften von den Anfängen bis 1945 (Bund-Verlag) Köln, S. 447-498

Phimister, I.R. & van Onselen, C. (1978) *Studies in the History of African Mine Labour in Colonial Zimbabwe* (Mambo Press) Gwelo

Piazza, James A. (2002) *Going Global. Unions and Globalization in the United States, Sweden, and Germany* (Lexington Books) Lanham

Picciotto, Sol (1999) The State as legal Fiction; in: Mark Hampton & Jason P. Abbott, Hg. (1999) *Offshore Finance Centres and Tax Havens* (Macmillan Press) Houndsmill, Basingstoke, S. 43-79

– (2011) Regulating Global Corporate Capitalism (Cambridge Univ. Press) Cambridge

Pijl, Kees van der (1998) Internationale Klassenverhältnisse; in: Veit M. Bader & Albert Benschop & Michael R. Krätke & Werner van Treek, Hg. (1998) *Die Wiederentdeckung der Klassen*, Argument Sonderband Nr. 247 (Argument Verlag) Hamburg, S. 212-231

Pinker, Steven (2011) *Gewalt. Eine neue Geschichte der Menschheit* (Bundeszentrale für politische Bildung) Bonn

Piper, Franciszek (1991) Industrieunternehmen als Initiatoren des Einsatzes von KZ-Häftlingen; in: Hamburger Stiftung zur Förderung von Wissenschaft und Kultur, Hg. (1991) *„Deutsche Wirtschaft". Zwangsarbeit von KZ-Häftlingen für Industrie und Behörden* (VSA-Verlag) Hamburg, S. 97-140

Plum, Günter (1988) Die Wirtschaft und das Erwerbsleben; in: Wolfgang Benz & Volker Dahm, Hg. (1988) *Die Juden in Deutschland 1933–1945* (Beck) München

Pocock, Tom (2006) *Breaking the Chains. The Royal Navy's War against white slavery* (Chatham) London

Polanyi, Karl (1944/1995) *The Great Transformation. Politische und ökonomische Ursprünge von Gesellschaften und Wirtschaftssystemen* (suhrkamp) Frankfurt amMain

Polian, Pavel (2010) Sowjetische Zwangsarbeiter und Kriegsgefangene im „Dritten Reich"; in: Peter Rugenthaler & Walter M. Iber, Hg. (2010) *Hitlers Sklaven – Stalins „Verräter". Aspekte der Repression an Zwangsarbeitern und Kriegsgefangenen* (Studien-Verlag) Innsbruck, S. 27-42

Pommeranz, Kenneth (2000) *The Great Divide. China, Europe and the Making of Modern World Economy* (Princeton Univ. Press) Princeton, N.J.

Post, Charles (2011) *The American Road to Capitalism. Studies in Class-Structure, Economic Development and Political Conflict. 1620–1877* (Brill) Leiden

Potts, Lydia (1988) *Weltmarkt für Arbeitskraft. Von der Kolonisation Amerikas bis zu den Migrationen der Gegenwart* (Junius) Hamburg

Pouchepadass, Jacques (1990) The Market for Agricultural Labour in Colonial Bihar; in: Holmström, Mark, Hg. (1990) *Work for Wages in South Asia* (Manohar) New Delhi, S. 11-27

Pradhan, S.D. (1978) Indian Army and the First World War; in: DeWitt C. Ellinwood & S.D. Pradhan, Hg. (1978) *The India and World War I* (South Asia Books) Columbia/Mo, S. 69-74

Prakash, Om (1989) Opium Monopoly in India and Indonesia in the Eighteenth Century; in: P.J. Marshall et al. (1989) *India and Indonesia during the Ancien Regime* (Brill) Leiden, S. 73-90

Prakash, Gyan (1990) *Bonded Histories: Genealogies of Labor Servitude in Colonial India* (Cambridge Univ. Press) Cambridge

Pratten, David (2008) The Politics of Protection: Perspectives on Vigilantism in Nigeria; in: *Africa*, Bd. 78, H. 1, S. 1-15

Preller, Ludwig (1949/1978) *Sozialpolitik in der Weimarer Republik* (Droste) Düsseldorf

Priest, Claire (1972/1973) The Congressional Decision to Use Force; in: Ellis, Richard N., Hg. (1972/1973) *The Western American Indian* (University of Nebraska Press) Lincoln, S. 119-132

Pugh, Michael & Cooper, Neil (mit Jonathan Goodhand) (2003/2004) *War Economies in a Regional Context. Chalenges of Tranformation* (Lynne Renner) London

Radin, Margaret Jane (1993) *Reinterpreting Property* (The Univ. of Chicago Press) Chicago

– (1996/2001) *Contested Commodities* (Harvard Univ. Press) Cambridge Mass.

– (2013) *Boilerplate. The Fine Print, Vanishing Rights, and the Rule of Law* (Princeton Univ. Press) Princeton

Rajsfus, Maurice (1996) *La Police Hors La Loi. Des milliers de bavures sans ordonnances depuis 1968* (le cherhe midi éditeur) Paris

Ramasamy, P. (1992) Labour Control and Labour Resistance in the Plantations of Colonial Malaya; in: *The Journal of Peasant Studies*, Bd. 19, Nr. 3/4, S. 87-105

Rathbone, Richard (1978) World War I in Africa: Introduction; in: *Journal of African History*, XIX, I, S. 1-9

– (2004) West Africa, 1874–1948. Employment Legislation in a Nonsettler Peasant Economy; in: Douglas Hay & Paul Craven, Hg. (2004) *Masters, Servants, and Magistrates in Britain and Empire, 1562–1955* (University of North Carolina Press) Chapel Hill, S. 481-497

Rawlence, Ben (2016) *Stadt der Verlorenen. Leben im größten Flüchtlingslager der Welt* (Nagel & Kimche) München

Rediker, Markus (2004) *Villains of all Nations. Atlantic Pirates in the Golden Age* (Verso) London

Reemtsma, Jan Philipp (2008) *Vertrauen und Gewalt. Versuch über eine besondere Konstellation der Moderne* (Hamburger Edition) Hamburg

Régent, Frédéric (2007) *La France et ses esclaves. De la colonization aux abolitions. 1620–1848* (Bernard Grasset) Paris

Reid, Anthony (2014) *The blood of the people. Revolution and the end of traditional rule of northern Sumatra* (Nat. Univ. of Singapore) Singapore

Reidegeld, Eckart (1996) *Staatliche Sozialpolitik in Deutschland. Historische Entwicklung und theoretische Analyse von den Ursprüngen bis 1918* (Westdeutscher Verlag) Opladen

Reinhardt, Wolfgang (2. Aufl. 2008) *Kleine Geschichte des Kolonialismus* (Alfred Kröner) Stuttgart

Reisenberger, Brigitte & Seifert, Thomas (2011) *Schwarzbuch Gold. Gewinner und Verlierer im neuen Goldrausch* (Deuticke im Paul Zsolnay Verlag) Wien

Reitter, Karl (2012) *Prozesse der Befreiung. Marx, Spinoza und die Bedingungen eines freien Gemeinwesens* (Westfälisches Dampfboot) Münster

Reno, William (1998/1999) *Warlord Politics and African States* (Lynne Rienner) Boulder, Colorado

Requate, Jörg (2011) *Frankreich seit 1945* (UTB. Vandenhoeck & Ruprecht) Göttingen

Rerrich, Maria S. (2006) *Die ganze Welt zu Hause. Cosmobile Putzfrauen in privaten Haushalten* (Hamburger Edition) Hamburg

Reveles, José (2012) Vom „Business as Usual"zum Territorialkrieg; in: Anne Huffschmid et al. Hg (2012) *Narco Zones. Entgrenzte Märkte und Gewalt in Lateinamerika* (Assoziation A) Berlin. S.33-50

Ricardo, David (1817/1821) *On the principles of economy and taxation* (John Murray) London

Richardson, David (1987/1996) The Slave Trade, Sugar and British Economic Growth; in: Patrick Manning, Hg. (1996) *Slave Trades. 1500–1800: Globalization of Forced Labour* (Ashgate) Aldershot, S. 303-333

Ricks, Thomas M. (1996) Slaves and Slave Traders in the Persian Gulf, 18th and 19th Centuries. An Assessment; In: Manning, Patrick, Hg. (1996) *Slave Trades, 1500–1800: Globalization of Forced Labour* (Ashgate) Aldershot, S. 279-289

Ridley, F.F. (1982) Syndicalism, strikes and revolutionary action in France; in: *Social protest, violence and terror in nineteenth- and twentieth-century Europe* (Macmillan) Basingstoke, S. 230-245

Rivero, Jean & Savatier, Jean (1956) *Droit du travail* (Presses Univ. de France) Paris

Robert, Jean-Louis (1995) *Les Ouvriers, la Patrie et la Révolution. Paris 1914–1919* (Les Annales Litéraires Nr. 592) Beçancon

Robertson, Lindsay G. (2005) *Conquest by Law. How the Discovery of America Dispossessed Indigenious Peoples of their Lands* (Oxford University Press) Oxford

Rodenstein, Marianne (1978) Arbeiterselbsthilfe, Arbeiterselbstverwaltung und Staatliche Krankenversicherungspolitik in Deutschland; in: Starnberger Studien 2: *Sozialpolitik als Kontrolle* (ed. Suhrkamp) Frankfurt am Main

Rodney, Walter (1985) The colonial economy; in: A. Adu Boahen, Hg. (1985) *General History of Africa VII. Africa under Colonial Domination 1880–1935* (UNESCO) London, S. 332-350

Rodriguez, Junius P., Hg. (2007) *Slavery in the United States. A Social, Political, and Historical Encyclopedia* (ABC Clio) Santa Barbara, Cal.

Rodriguez, Robyn Magalit (2009/2012) Migration, Transnational Politics, and the State. Challenging the Limits of Law: Filipina Migrant Workers' Transnational Struggles in the World for Protection and Social Justice; in: Ligay Lindio-McGovern & Isidor Wallimann, Hg. (2009/2012)

Globalization and Third World Women. Exploitation, Coping and Resistance (Syracuse Univ. Press) Syracuse, S. 49-64

Röttger, Bernd (2011) Das Landnahmetheorem: eine kritische Würdigung; in: *Prokla*, Nr. 165, 41. Jg. H. 4, S. 645-652

Rohwer, Götz (1991) Kapitalismus und „freie Lohnarbeit"; in: Hamburger Stiftung zur Förderung von Wissenschaft und Kultur, Hg. (1991) *„Deutsche Wirtschaft". Zwangsarbeit von KZ-Häftlingen für Industrie und Behörden* (VSA-Verlag) Hamburg, S. 171-186

Roll, Michael (2014) The State that Works: A 'Pocket of Effectiveness' Perspective on Nigeria and Beyond; in: Thomas Bierschenk & Jean-Pierre Olivier de Sardan, Hg. (2014) *States at Work. Dynamics of African Bureaucracies* (Brill) Leiden, S. 365-397

Rosenov, Ulf (1987) Die Göttinger Physik unter dem Nationalsozialismus; in: Heinrich Becker & Hans-Joachim Dahms & Cornelia Wegeler, Hg. (1987) *Die Universität Göttingen unter dem Nationalsozialismus* (K.G.Saur) München, S. 374-409

Roscher, Carl (1874) Der Bruch des Arbeitsvertrages. Gutachten; in: F. Knauer & C. Roscher & G. Schmoller & F.W. Brandes & L. Brentano & Max Hirsch (1874) *Ueber Bestrafung des Arbeitsvertragsbruches.* Gutachten auf Veranlassung des Vereins für Socialpolitik. Schriften des Vereins für Socialpolitik, VII (Duncker & Humblot) Leipzig

Rostow, Walt W. (1960) *The Stages of Economic Growth: A Non-Communist Manifesto* (Cambridge Univ. Press) Cambridge

Roth, Jürgen (2010/2012) *Gangsterwirtschaft. Wie uns die organisierte Kriminalität aufkauft* (Heyne) München

Roth, Karl Heinz (1991) I.G. Auschwitz; in: Hamburger Stiftung zur Förderung von Wissenschaft und Kultur, Hg. (1991) *„Deutsche Wirtschaft". Zwangsarbeit von KZ-Häftlingen für Industrie und Behörden* (VSA-Verlag) Hamburg, S. 79- 96

– & Linden, Marcel van der (2009) Ergebnisse und Perspektiven; in: Marcel van der Linden & Karl Heinz Roth, Hg. (2009) *Über Marx hinaus* (Assoziation A) Berlin, S. 557-600

Rousso, Henry (2009) *Vichy. Frankreich unter deutscher Besatzung 1940–1944* (C.H.Beck) München

Roux, Rhina (2015) Mexiko: Die große Transformation als Bruch des Gesellschaftspaktes; in: Alke Jenss & Stefan Pimmer, Hg. (2015) *Der Staat in Lateinamerika.* (Westfälisches Dampfboot) Münster, S. 301-316

Rowden, Rick (2011) *India's Role in the New Global Farmland Grab*, produced in collaboration with GRAIN and the Economics Research Foundation, New Delhi

Royce, Charles C. (1900/1971) *Indian Land Cessions in the United States*. With an Introduction by Cyrus Thomas (Arno Press & The New York Times) Washington

Rubin, Gerry R. (1987) *War, Law, and Labour. The Munitions Acts, State Regulation, and the Unions, 1915–1921* (Clarendon Press) Oxford

Rudé, Fernand (1982/2007) *Les révoltes des canuts (1831–1834)* (Éditions la Découverte) Paris

Rufin, Jean-Christophe (1996) Les économies de guerre dans les conflits internes; in: François Jean & Jean-Christophe Rufin (1996) *Économies des guerres civiles* (Hachette) Paris, S. 19-60; deutsch: (1999) *Ökonomie der Bürgerkriege* (Hamburger Edition) Hamburg

Rugenthaler, Peter & Iber, Walter M., Hg. (2010) *Hitlers Sklaven – Stalins „Verräter". Aspekte der Repression an Zwangsarbeitern und Kriegsgefangenen* (Studien-Verlag) Innsbruck

Sack, Peter (2001) Grundzüge der Rechts- und Verwaltungsordnung im deutschen Kolonialreich; in: Rüdiger Voigt & Peter Sack, Hrsg. (2001) *Kolonialisierung des Rechts.* (Nomos) Baden-Baden, S. 41-78

Saini, Krishan G. (1978) The Economic Aspects of India's Participation in the First World War; in: DeWitt C. Ellinwood & S.D. Pradhan, Hg. (1978) *India and World War I* (South Asia Books) Columbia, Missouri, S. 141-176

Sala-Molins, Louis (1987/2002) *Le Code Noir ou le calvaire de Canaan* (Quadrige/PUF) Paris

Saldern, Adelheid von (1979) *Mittelstand im „Dritten Reich2. Handwerker – Einzelhändler – Bauern* (Campus) Frankfurt am Main

Sari, Djilali (ca. 1975) *La dépossession des fellahs* (Société Nationale d'Edition Et De Diffusion) Alger

Saro-Wiwa, Ken (1995/1996) *Flammen der Hölle* (Rowohlt) Reinbek bei Hamburg

Satz, Debra (2010) *Why some things should not be for sale. The moral limits of markets* (Oxford Univ. Press) Oxford

Saul, Klaus (1974) *Staat, Industrie, Arbeiterbewegung im Kaiserreich* (Bertelsmann Universitätsverlag) Düsseldorf

Saviano, Roberto (2006) Gomorrha. Reise in das Land der Camorra (Hanser) München

Saville, Julie (1994) *The work of reconstruction: from slave to wage laborer in South Carolina, 1860–1870* (Cambridge Univ. Press) Cambridge

Scahill, Jeremy (2007) *Blackwater. The Rise of the World's Most Powerful Mercenary Army* (Nation Books) London

Scarpa, Silvia (2008) *Trafficking in human beings: Modern slavery* (Oxford Univ. Press) Oxford

Schäfer, Hans-Dieter (1983) *Das gespaltene Bewußtsein. Deutsche Kultur und Lebenswirklichkeit 1933–1945* (Ullstein) Frankfurt am Main

Schama, Simon (1987/1988) *The Embarassment of Riches. An Interpretation of Dutch Culture in the Golden Age* (Fontana Press) o.O.

Scharrer, Manfred, Hg. (1984) Kampflose Kapitulation: Arbeiterbewegung 1933 (Rowohlt) Reinbek bei Hamburg

Schendel, Willem van (2007) Stretching Labour Historiography: Pointers from South Asia; in: Rana P. Behal & Marcel van der Linden, Hg. (2007) *India's Labouring Poor* (Foundation Books) New Delhi, S. 229-262

Scheper-Hughes, Nancy (2001/2002) Bodies for Sale – Whole or in Parts; in: Nancy Scheper-Hughes & Loïc Waquant, Hg. (2001/2002) *Commodifying Bodies* (Sage) London, S. 1-7

– (2001/2002) Commodity Fetishism in Organs Trafficking; in: Nancy Scheper-Hughes & Loïc Waquant, Hg. (2001/2002) *Commodifying Bodies* (Sage) London, S. 31-62

– (2000/2009) Der globale Handel mit menschlichen Organen; in: Shalina Randeria & Andreas Eckert, Hg. (2009) *Vom Imperialismus zum Empire. Nicht-westliche Perspektiven auf Globalisierung* (Suhrkamp) Frankfurt am Main, S. 273-308

Schinkel, Eckhard, Hg. (2005) *Totaler Arbeitseinsatz für die Kriegswirtschaft – Zwangsarbeit in der deutschen Binnenschifffahrt 1940–1945* (Klartext) Essen

Schlottau, Ralf (2007) *Deutsche Kolonialrechtspflege. Strafrecht und Strafmacht in den deutschen Schutzgebieten* (Peter Lang) Frankfurt am Main

Schmalz, Stefan & Boris, Dieter (2005) Lula als Leitfigur? Aspekte des gegenwärtigen Transformationsprozesses in Brasilien; in: Alexander Badziura & Bea Müller & Guido Speckmann & Conny Weißbach, Hg. (2005) *Hegemonie – Krise – Krieg.* (VSA) Hamburg, S. 111-125

Schmid, Bernhard (2006) *Das koloniale Algerien* (UNRAST) Münster

Schmieder, Ulrike (2011) Slavery, Abolition and Post-Emancipation in the French and Spanish Caribean, especially Martinique and Cuba, in the Network of Global Relations; in: Ulrike Schmieder & Katja Füllberg-Stolberg & Michael Zeuske, Hg. (2011) *The End of Slavery in Africa and the Americas* (LIT) Berlin 2011, S. 117-140

Schmidt, Dorothea (1993) *Massenhafte Produktion? Produkte, Produktion und Beschäftigte im Stammwerk von Siemens vor 1914* (Westfälisches Dampfboot) Münster

– (2002) Kleinwaffen in „alten" und „neuen" Kriegen; in: *Prokla*, 32. Jg. Nr. 127, S. 271-296

Schmitt, Carl (1950) *Der Nomos der Erde im Völkerrecht des Jus Publicum Europaeum* (Greven) Köln

Schnakenbourg, Christian (2007) *La Transition Post-Esclaviste 1848–1883* (l'Harmattan) Paris

– (2010) *Histoire de l'Industrie Sucrière en Picardie* (1810–2006) (L'Harmattan) Paris

Schnee, Heinrich, Hg. (1920) *Deutsches Koloniallexikon* (Quelle & Meyer) Leipzig

Schneider, Michael (1987) Höhen, Krisen und Tiefen. Die Gewerkschaften in der Weimarer Republik; in: Klaus Tenfelde & Klaus Schönhoven & Michael Schneider & Detlef J.K. Peukert, Hg. (1989) *Geschichte der deutschen Gewerkschaften von den Anfängen bis 1945* (Bund-Verlag) Köln, S. 279-446

– (1989) *Kleine Geschichte der Gewerkschaften. Ihre Entwicklung in Deutschland von den Anfängen bis heute* (J.H.W. Dietz Nachf.) Bonn

Schöllgen, Gregor (1986) Griff nach der Weltmacht? 25 Jahre Fischer-Kontroverse; in: *Historisches Jahrbuch*, Nr. 106, S. 386-406

Schönenberg, Regine & von Schönfeld, Annette (2012) Zwischenstopp Lateinamerika. Von Kolumbien über Südafrika nach Europa: auf den Routen Transnationaler Organisierter Kriminalität; in: Anne Huffschmid et al. Hg. (2012) *Narco Zones. Entgrenzte Märkte und Gewalt in Lateinamerika* (Assoziation A) Berlin. S. 245-262

Schönhoven, Klaus (1987) Die Gewerkschaften als Massenbewegung im Wilhelminischen Kaiserreich 1890 bis 1918; in: Klaus Tenfelde & Klaus Schönhoven & Michael Schneider & Detlef J.K. Peukert, Hg. (1989) *Geschichte der deutschen Gewerkschaften von den Anfängen bis 1945* (Bund-Verlag) Köln, S. 167-278

Schöttler, Peter (1982) *Die Entstehung der « Bourses du Travail ». Sozialpolitik und französischer Sozialismus am Ende des 19. Jahrhunderts* (Campus) Frankfurt am Main

Schroer, Markus (2004) Gewalt ohne Gesicht. Zur Notwendigkeit einer umfassenden Gewaltanalyse; in: Wilhelm Heitmeyer & Hans-Georg Soeffner, Hg. (2004) *Gewalt, Entwicklungen, Strukturen, Analyseprobleme* (ed. Suhrkamp) Frankfurt am Main, S. 151-173

Schuler, Monica (1980) *"Alas, Alas, Kongo". A Social History of Indentured African Immigration into Jamaika, 1841–1865* (The John Hopkins Univ. Press) Baltimore

Schröder, Martin (1997) *Prügelstrafe und Züchtigungsrecht in den deutschen Schutzgebieten Schwarzafrikas* (LIT) Münster

Schröder, Peter J. (2006) *Gesetzgebung und „Arbeiterfrage" in den Kolonien. Das Arbeitsrecht in den Schutzgebieten des Deutschen Reiches* (LIT) Berlin

Schumpeter, Joseph (1919) *Zur Soziologie der Imperialismen* (Mohr – Paul Siebeck) Tübingen

Schorb, Friedrich & Jakob, Christian (2008) *Soziale Säuberung. Wie New Orleans nach der Flut seine Unterschicht vertrieb* (Unrast-Verlag) Münster

Scott, Rebecca J. (1985) *Slave Emancipation in Cuba* (Princeton Univ. Press) Princeton, N.J.

– (1985) Explaining Abolition: Contradiction, Adaptation, and Challenge in Cuban Slave Society, 1860–1886; in: Manuel Moreno Fraginals & Frank Moya Pons & Stanley L. Engerman, Hg. (1985) *Between Slavery and Free Labor: The Spanish-Speaking Caribbean in the Nineteenth Century* (The John Hopkins Univ. Press) Balimore, S. 25-53

Sebald, Peter (2013) *Die deutsche Kolonie Togo 1884–1914. Auswirkungen einer Fremdherrschaft* (Ch. Links) Berlin

Segrera, Francisco López (1985) Cuba: Dependence, Plantation Economy, and Social Classes, 1762–1902; in: Manuel Moreno Fraginåls & Frank Moya Pons & Stanley L. Engerman, Hg. (1985) *Between Slavery and Free Labor: The Spanish-Speaking Caribbean in the Nineteenth Century* (The John Hopkins Univ. Press) Baltimore, S. 77- 93

Seibt, Gustav 2005, Wohlstand für alle; in: *Internationale Politik* 5, S. 90-91

Seifert, Eberhard K. (1991) Das Fortschrittsparadox bei Adam Smith – sein unvollendetes System einer Moralphilosophie in ökonomischer Abischt; in: Arnold Meyer-Faje & Peter Ulrich, Hrsg. (1991) *Der andere Adam Smith* (Paul Haupt) Bern, S. 55-98

Selek, Yoko (2001) *Migrant Labour in Japan* (Palgrave) Basingstoke, Hamphire

Senghaas-Knobloch, Eva (2003) Aufgaben, Herausforderungen und Entwicklungen der Internationalen Arbeitsorganisation aus einer Perspektive politisch-organisatorischen Lernens; in: Eva Senghaas-Knobloch & Jan Dirks & Andrea Liese, Hg. (2003) *Internationale Arbeitsregulierung in Zeiten der Globalisierung* (LIT) Münster, S. 1-38

– (2010) „Decent Work" – eine weltweite Agenda für Forschung und Politik; in: Guido Becke & Peter Bleses & Wolfgang Ritter & Sandra Schmidt, Hg. (2010) *'Decent Work'. Arbeitspolitische Gestaltungsperspektiven für eine globalisierte und flexibilisierte Arbeitswelt* (VS Verlag für Sozialwissenschaften) Wiesbaden, S. 15-33

Serval, Pierre (1965) *La Ténébreuse Histoire de la Prise D'Alger* (La Table Ronde) Paris

Sewell, William G. (1861/1862) *The Ordeal of Free Labor in the British West Indies* (Sampson Low) New York

Sewell, William H., Jr. (1980) *Work and Revolution in France. The language of labor from the old regime to 1848* (Cambridge University Press) Cambridge

Sheridan, Richard B. (1974) *Sugar and Slavery: An Economic History of the British West Indies 1623–1775* (John Hopkins Univ. Press) Baltimore

Shorter, Edward & Tilly, Charles (1974) *Strikes in France 1830–1968* (Cambridge Univ. Press) London

Sibalis, M.D. (1982) Un Sans-Culottes Parisien En l'An XII, François Léon, Frère de Pauline Léon; in: *Annales Historiques de la Révolution Française*, 54. Jg., S. 94-98

Siiskonen, Harri (1990) *Trade and Socioeconomic Change in Ovamboland, 1850–1906* (SHS) Helsinki

Siegl, Veronika (2015) Märkte der guten Hoffnung. Leihmutterschaft, Arbeit und körperliche Kommodifizierung in Russland; in: *Prokla*, Nr. 178, 45. Jg., Nr. 1, S. 99-116

Silvester, Jeremy & Gewald, Jan-Bart (2003) *Words cannot be found. German colonial rule in Namibia*: An annotated reprint of the 1918 Blue Book (Brill) Leiden

Sim, Joe & Tombs, Steve (2008) State Talk, State Silence: Work and 'Violence' in the UK; in: Leo Panitch & Colin Leys, Hg. (2008) *Violence Today. Actually-Existing Barbarism.* Socialist Register 2009 (The Merlin Press) London, S. 88-104

Simeon, Dilip (1995) *The Politics of Labour Under Late Colonialism. Workers, Unions and the State in Chota Nagpur* (Manohar) New Delhi

Simmons, Colin (1990) The Creation and Organization of a Proletarian Mining Labour Force in India: The Case of the Kolar Gold Fields 1883–1955; in: Holmström, Mark, Hg. (1990) *Work for Wages in South Asia* (Manohar) New Delhi, S. 46-117

Singer, P.W. (2003) *Corporate Warriors. The Rise of the Privatized Military Industry* (Cornell University Press) Ithaca & London

Singha, Radhika (1998/2000) *A Despotism of Law. Crime and Justice in Early Colonial India* (Oxford Univ. Press) Oxford

Singleton-Gates, Peter & Girodias, Maurice (1959) *The Black Diaries. An account of Roger Casement's life and times with a collection of his diaries and public writings* (Grove Press) New York

Sirot, Stéphane (1988) La vague des grèves du Front Populaire. Des interpretations divergentes er incertaines; in: Gilles Morin & Gilles Richard, Hg. (1988) *Les deux France du Front Populaire* (L'Harmattan) Paris S. 51-62

Smillie, Jan (2013) Blood diamonds and non-state actors; in: *Vanderbilt journal of transnational law*, Bd. 46, S. 1003-1024

Smith, Adam (1776/1846) *Untersuchungen über das Wesen und die Ursachen des Nationalreichtums* (Übers. Max Stirner), Bd. I, Leipzig 1846

Smith, Mark M. (1996) Time, Slavery and Plantation Capitalism in the Ante-Bellum South; in: *Past & Present*, Nr. 150, SS. 142-168

Smith, Stacey L. (2011) Remaking Slavery in a Free State: Masters and Slaves in Gold Rush California; in: *Pacific Historical Review*, Bd. 80, Nr. 1, S. 28-63

Sobel, Lester A. (1967) *Civil Rights 1960–66* (Facts on File, Inc.) New York

Sofsky, Wolfgang (1993) *Die Ordnung des Terrors: das Konzentrationslager* (Fischer Taschenbuchverlag) Frankfurt am Main

Sombart, Werner (1902/1969) *Der moderne Kapitalismus*; Zweiter Halbband: *Das europäische Wirtschaftsleben im Zeitalter des Frühkapitalismus* (Duncker & Humblot) Berlin

Sonenscher, Michael (1989) *Work and Wages. Natural Law, politics and the eighteenth-century French trades* (Cambridge University Press) Cambridge

Speitkamp, Winfried (2005) *Deutsche Kolonialgeschichte* (Reclam) Stuttgart

Spoerer, Mark & Hopmann, Barbara (1994) Der Einsatz von Zwangsarbeitern bei Daimler-Benz; in: Barbara Hopmann & Mark Spoerer & Brigitte Weitz & Beate Brüninghaus (1994) *Zwangsarbeit bei Daimler-Benz* (Franz Steiner) Stuttgart, S. 77-284

– (2003) Zur Verantwortlichkeit privatwirtschaftlicher Industrieunternehmen für den Einsatz von NS- ZwangsarbeiterInnen: das Beispiel Daimler-Benz; in: Gabriella Hauch, Hg. (2003) *Industrie und Zwangsarbeit im Nationalsozialismus. Mercedes Benz – VW – Reichswerke Hermann Göring in Linz und Salzgitter* (Studien Verlag) Innsbruck, S. 37-48

St. Croix, Georffrey E.M. de (1981) *The Class Struggle in the Ancient Greek World* (Duckworth) London

Staff, Adolph von (1913) Die Rechtsentwicklung unter der Regierung Kaiser Wilhelm II: eine Festbetrachtung; in: *Deutsche Juristenzeitung*, Spalte 715-763

Stanley, Amy Dru (1998) *From Bondage to Contract. Wage Labor, Marriage, and the Market in the Age of Slave Emancipation* (Cambridge Univ. Press) Cambridge

Starkey, David J. & Payne, Kevin (2002) „Beide vom gleichen Schlag?" Piraten und Kaperfahrer, 1560–1856; in: Hartmut Roder, Hg. (2002) *Piraten. Abenteuer oder Bedrohung?* (Edition Temmen) Bremen, S. 20-41

Starobin (Robert S.) (1970/1975) *Industrial Slavery in the Old South* (Oxford Univ. Press) London

Stein, Burton (1998) *A History of India* (Blackwell) Oxford

Steinberg, Marc J. (2003) Capitalist Development, The Labor Process, and the Law; in: *American Journal of Sociology*, Vol. 109, Nr. 2 (September)

Steindl, Harald (1984) Entfesselung der Arbeitskraft; in: Harald Steindl, Hg. (1984) *Wege zur Arbeitsrechtsgeschichte* (Vittorio Klostermann) Frankfurt am Main, S. 29-136

Steiner, Philippe & Vatin, François (2009) Après l'abolition de l'esclavage: mise au travail, contrainte et salariat; in: *Économies et Sociétés, Séries* »Histoire de la pensée économique«, S. 1269-1290

Steinert, Johannes-Dieter (2013) *Deportation und Zwangsarbeit. Polnische und sowjetische Kinder im nationalsozialistischen Deutschland und im besetzten Osteuropa 1939–1941* (Klartext) Essen

Steinfeld, Robert J. (1991) *The Invention of Labor. The Employment Relation in English and American Law and Culture*, 1530–1870 (The Univ. of North Carolina Press) Chapel Hill

– (2001) *Coercion, Contract and Free Labor in the Nineteenth Century* (Cambridge Univ. Press) Cambridge

Steinmetz, Willibald (2000) Was there a De-juridification of Individual Employment Relations in Britain? In: Willibald Steinmetz, Hg. (2000) *Private Law and Social Inequality in the Industrial Age* (Oxford Univ. Press) Oxford, S. 265-312

Stenmans, Alain (1949) *La reprise du Congo par la Belgique. Essai d'Histoire Parlementaire et Diplomatique* (Editions Techniques et Scientifiques R. Louis) Brüssel

Sterling, Dorothy (1968) *Tear Down the Walls! A History of the American Civil Rights Movement* (Doubleday) Garden City

Stoler, Ann Laura (1985) *Capitalism and Confrontation in Sumatra's Plantation Belt, 1870–1979* (Yale Univers. Press) New Haven

Stora, Benjamin (1991) *Histoire de l'Algérie coloniale 1830–1954* (Éditions la Découverte) Paris

Strachan, Hew (2004) *The First World War in Africa* (Oxford Univ. Press) Oxford

Streeck, Wolfgang (2013) Gekaufte Zeit: die vertagte Krise des demokratischen Kapitalismus (Suhrkamp) Berlin

Strinati, Dominic (1982) *Capitalism, the State and Industrial Relations* (Croom Helm) London

Summers, Ann & Johnson, R.W. (1978) World War I Conscription and social change in Guinea; in: *Journal of African History*, XIX, I, S. 25-38

Sung, Hung-En & Delgado, Sheyla & Peña, Deysbel & Paladino, Amalia (2013) Tyrannizing Strangers for Profit: Wage Theft, Cross-Border Migrant Workers, and the Politics of Exclusion in an Era of Global Economic Integration; in: David C. Brotherton & Daniel L. Stageman & Shirley P. Leyro, Hg. (2013) *Outside Justice.* (Springer) New York, S. 247-268

Suret-Canale, Jean (1964/1971) *French Colonialism in Tropical Africa 1900–1945* (Hurst) London

Swedish, Jennifer M. (2005) The SETISA Factory: Mandatory Pregnancy Testing Violates Human Rights of Honduran Maquila Workers, in: *North Western Journal of International Human Rights*, Bd. 4, Nr. 2, S. 363-387

Szablowski, Witold, 2012, Text zu dem Fotoband von Tomasz Gudzowaty (2012) *KEIKO* (Hatje Cantz) Ostfildern

Tamayo, Jesús & Tamayo, Leonardo (1995) Die Maquiladoras – Umweltdumping als Entwicklungsmodell? In: Rainer Hoffmann & Manfred Weneffel, Hg. (1995) *Soziale und ökologische Sackgassen der ökonomischen Globalisierung: das Beispiel NAFTA* (Westfälisches Dampfboot) Münster, S. 151-169

Tapia, Luis (2015) Den Staat aus dem Zentrum rücken. Staatstheorie im bolivianischen Kontext; in: Alke Jenss & Stefan Pimmer, Hg. (2015) *Der Staat in Lateinamerika.* (Westfälisches Dampfboot) Münster, S. 154-179

Taylor, Frederick Winslow (1911/1919) *Die Grundsätze wissenschaftlicher Betriebsführung* (o.V.) München & Berlin (1919)

Tendler, Judith (1997) *Good Government in the Tropics* (The John Hopkins University Press) Baltimore

Tenfelde, Klaus (1987) Die Entstehung der deutschen Gewerkschaftsbewegung. Vom Vormärz bis zum Ende des Sozialistengesetzes; in: Klaus Tenfelde & Klaus Schönhoven & Michael Schneider & Detlef J.K. Peukert (1989) *Geschichte der deutschen Gewerkschaften von den Anfängen bis 1945* (Bund-Verlag) Köln, S. 15-165

– (2000) Germany; in: Joan Allen & Alan Campbell & John McIlroy, Hg. (2010) *Histories of Labour: National and International Perspectives* (Merlin Press) Pontypool/Wales, S. 262-289

Tennstedt, Florian (1981) *Sozialgeschichte der Sozialpolitik in Deutschland* (Vandenhoek & Ruprecht) Göttingen

Teschke, Benno (2003/2007) *Mythos 1648. Klassen, Geopolitik und die Entstehung des europäischen Statensystems* (Westfälisches Dampfboot) Münster

Thalhofer, Elisabeth (2009) Erweiterte Polizeigefängnisse im Reichsgebiet; in: Wolfgang Benz & Barbara Distel, Hg. (2009) *Der Ort des Terrors. Geschichte der nationalsozialistischen Konzentrationslager* (C.H.Beck) München, S. 53-74

Thalmann, Rita & Emmanuel Feinermann (1988) *Die Kristallnacht* (athenäum) Frankfurt am Main

Thien, Hans-Günter, Hg. (2011) Klassen im Postfordismus (Westfälisches Dampfboot) Münster

– (2014) Klassentheorien – die letzten 50 Jahre; in: *Prokla*, Nr. 175, 44. Jg., S. 163-190

Thompson, Edward Palmer (1968/1982) *The Making of the English Working Class* (Penguin) Harmondsworth

Thompson, Lanny (2010) *Imperial archipelago. Representation and Rule in the Insular Territories under U.S. Dominion after 1898* (Univ. of Hawai'i Press) Honolulu

Thomson, Janice E. (1994/1996) *Mercenaries, Pirates, and Sovereigns. State-building and extraterritorial violence in early modern Europe* (Princenton Univ. Press) Princeton N.J

Tiebel, André (2008) *Die Entstehung der Schutztruppengesetze für die deutschen Schutzgebiete Deutsch-Ostafrika, Deutsch-Südwestafrika und Kamerun (1884–1898)* (Peter Lang) Frankfurt am Main

Tilly, Charles (1995) Globalization Threatens Labor's Rights; in: *International labor and working class history*, Nr. 10, S. 111-122

Tilly, Chris & Tilly, Charles (1998) *Work Under Capitalism* (Westview Press) Boulder, Colorado

Tinker, Hugh (1974/1993) *A New System of Slavery. The Export of Indian Labour Overseas 1830–1920* (Hansib Publishing) London

Tipton, Frank B. & Aldrich, Robert (1987) *An Economic and Social History of Europe from 1939 to the Present* (Macmillan) Houndsmills, Basingstoke

Tomlins, Christopher (2010) *Freedom Bound. Law, Labour, and Civic Identity in Colonizing English America 1580–1865* (Cambridge Univ. Press) Cambridge

Trotha, Trutz von (1995) „One for Kaiser". Beobachtungen zur politischen Soziologie der Prügelstrafe am Beispiel des „Schutzgebietes Togo"; in: Peter Heine & Ulrich van der Heyden, Hg. (1995) *Studien zur Geschichte des deutschen Kolonialismus in Afrika*. Festschrift zum 60. Geburtstag von Peter Sebald (Centaurus) Pfaffenweiler, S. 521-551

– (1999) "The Fellows Can Just Starve": On Wars of "Pacification in the African Colonies of Imperial Germany and the Concept of "Total War"; in: Manfred F. Boemeke, Hg. (1999) *Anticipating Total War.* (Cambridge Univ. Press) Cambridge, S. 415-436

– (2003) Genozidaler Pazifizierungskrieg. Soziologische Anmerkungen zum Konzept des Genozids am Beispiel des Kolonialkrieges in Deutsch-Südwestafrika 1904–1907, in: *Zeitschrift für Genozidforschung*, Nr. 4, 2, S. 30-57

Tuck, Richard (1999) *The Rights Of War And Peace. Political Thought And The International Order From Grotius To Kant* (Oxford Univ. Press) Oxford

Tucker, Kenneth H., Jr. (1996/2005) *French revolutionary syndicalism and the public sphere* (Cambridge Univ. Press) Cambridge

Turrell, Robert Vicat (1987) *Capital and Labour on the Kimberley diamond fields 1871–1890* (Cambridge Univ. Press) Cambridge

Ulrich, Dirk-Claas (2016) *Die Chimäre einer Globalen Öffentlichkeit. Internationale Medienberichterstattung und die Legitimationskrise der Vereinten Nationen* (transcript) Bielefeld

Urrea, Luis Alberto (2004) *The Devil's Highway. A True Story* (Little, Brown and Company) New York

– (1999) Total War on the American Indian Frontier; in: Manfred F. Boemeke, Hg. (1999) *Anticipating Total War. The German and American Experiences 1871–1914* (Cambridge Univ. Press) Cambridge, S. 399-414

Utz, Britta & Hibbeler, Stefan (2010) *Die türkische Textil-und Bekleidungsbranche in Zeiten der Krise*, hrsg. von der Friedrich-Ebert-Stiftung (Im Internet abrufbar)

Uziel, Daniel (2010) Der Volksjäger. Rationalisierung und Rationalität von Deutschlands letztem Jagdflugzeug im Zweiten Weltkrieg; in: Andreas Heusler & Mark Spoerer & Helmuth Trischler, Hg. (2010) *Rüstung, Kriegswirtschaft und Zwangsarbeit im „Dritten Reich"* (Oldenbourg) München, S. 63-82

van der Linden, Marcel (2008) *Workers of the World. Essays toward a Global History of Labor* (Brill) Leiden

– & Roth, Karl Heinz, Hg. (2009) *Über Marx hinaus. Arbeitsgeschichte und Arbeitsbegriff in der Konfrontation mit den globalen Arbeitsverhältnissen des 21. Jahrhunderts* (Assoziation A) Berlin

– (2016) Dissecting Coerced Labor; in: Marcel van der Linden & Magaly Rodriquez Garcia, Hg. (2016) *On Coerced Labor, Work and Compulsion After Chattel Slavery* (Brill) Leiden, S. 293-322

van Laak, Dirk (1988) *'Arisierung' und Judenpolitik im 'Dritten Reich'. Zur wirtschaftlichen Ausschaltung der jüdischen Bevölkerung in der rheinisch-westfälischen Industrieregion*; Staatsexamensarbeit Essen: http//:www. geschichtskultur-ruhr.de/medien/library/dvLaak.pdf

Vargas Llosa, Mario (2010/2011) *Der Traum des Kelten* (Suhrkamp) Berlin

Vellut, Jean-Luc (1981) Les bassins miniers de l'ancien Congo belge; in: *Les cahiers du CEDAF* (Centre d'Etudes et de Documentation Africains Bruxelles) S. 1-70

Vergin, Ute (2008) *Die nationalsozialistische Arbeitseinsatzverwaltung und ihre Funktion beim Fremdarbeiter(innen)einsatz während des zweiten Weltkrieges*, Diss. Universität Osnabrück, abrufbar unter: d-nb.info/99190902X/34

Vetter, Heinz Oskar (1973) Humanisierung der Arbeitswelt als gewerkschaftliche Aufgabe; in: *Gewerkschaftliche Monatshefte*, Bd. 24, S. 1-11

Voeltz, Richard A. (1988) *German Colonialism and the South West Africa Company 1894–1914* (Ohio University) Athens, Ohio

Voigt, Rüdiger (2001) Kolonialisierung des Rechts. Zur kolonialen Rechts- und Verwaltungsordnung; in: Rüdiger Voigt & Peter Sack, Hrsg. (2001) *Kolonialisierung des Rechts.*(Nomos) Baden-Baden, S. 15-39

Vollmers, Gloria (2003) Industrial Slavery in the United States: the North Carolina turpentine; in: *Accounting, business & financial history*, Bd. 13, H. 3, S. 369-392

Wacquant, Loïc (2008) *Urban Outcasts. A Comparative Sociology of Advanced Marginality* (polity) Cambridge, UK

– (2012) Der neoliberale Leviathan. Eine historische Anthropologie des gegenwärtigen Gesellschaftsregimes; in: *Prokla*, Nr. 169, 42. Jg., S. 677-698

Wagner, Norbert Berthold (2002) *Die deutschen Schutzgebiete. Erwerb, Organisation und Verlust aus juristischer Sicht* (Nomos) Baden-Baden

Wahl, Peter (2016) Subsahara Afrika- Brennpunkt von Flucht und Migration; in: *Z. Zeitschrift Marxistische Erneuerung*, 27. Jg., Heft 105, März 2016; S. 54-66

Wallerstein, Immanuel (1974 und 1980) *The Modern World-System*, 2 Bde (Academic Press) London

Walter, Dierk (2006) Warum Kolonialkrieg? In: Thoralf Klein & Frank Schumacher, Hg. (2006) *Kolonialkriege* (Hamburger Edition) Hamburg, S.14-43
– (2011) "The Enemy must be brought to battle". Westliche Schlachtniederlagen in Imperialkriegen; in: *Mittelweg 36*, 2011, Nr. 1, S. 55-80
– (2005) Koloniakrieg, Globalstrategie und Kalter Krieg. Die *Emergencies* in Malaya und Kenia 1948–1960; in: *Zeithistorische Forschungen/Studies in Contemporary History*, Online-Ausgabe 2, H. 1
Walton, Gary M. & Rockoff, Hugh (2005/2010) *History of the American Economy* (South Western) Mason, OH
Wang, Sing-wu (1978) *The Organization of Chinese Emigration 1848–1888* (Chinese Materials Center) San Francisco
Warren, James F. (2003) *A Tale of Two Centuries: The Globalisation of Maritime Raiding and Piracy in South East Asia at the end of the Eighteenth and Twentieth Centuries*; *Asia Research Institute.* Working Paper series, No 2, Singapore
Watts, Michael (2013) Imperiales Öl und vergessene Verbrechen: Grenzgebiete der Enteignung im Niger-Delta; in: *Prokla*, Nr. 170, 43. Jg. Nr. 1, S. 71-88
Weber, Max (1922/1982) *Wirtschaft und Gesellschaft*, Studienausgabe (J.C.B. Mohr/Paul Siebeck) Tübingen
Weber, Otto v. (1973/1985) *Geschichte des Schutzgebietes Deutsch-Südwest-Afrika* (Wissenschaftliche Gesellschaft) Windhoek
Weber, Petra (2010) *Gescheiterte Sozialpartnerschaft – Gefährdete Republik? Industrielle Beziehungen, Arbeitskämpfe und der Sozialstaat. Deutschland und Frankreich im Vergleich (1918–1933/39)* (Oldenbourg) München
Wehinger, Frank (2011) *Illegale Märkte. Stand der sozialwissenschaftlichen Forschung* (MOIfG Working Paper) Köln
Wehler, Hans-Ulrich (1995) *Deutsche Gesellschaftsgeschichte*, Bd. III: *Von der „Deutschen Doppelrevolution" bis zum Beginn des Ersten Weltkrieges*, Bd. IV. *Vom Beginn des Ersten Weltkrieges bis zur Gründung der beiden deutschen Staaten 1914–1949* (C.H.Beck) München
– (2009) *Der Nationalsozialismus. Bewegung, Führerherrschaft, Verbrechen 1919–1945* (C.H.Beck) München
– (2005) Engstirniger Materialismus; in: *Der Spiegel* Nr. 14; http://www.spiegel.de/print/d-39916224html, abger. 5.2.2014
Welke, Ulrich (1991)Von der Kunst der Seefahrt zu Handel und Schiffahrt; in: Heide Gerstenberger, Hg., Von Land zu Land, *Beiträge zur Sozialgeschichte Bremens*, Heft 14 (Edition Temmen) Bremen, S. 11-75
– (1997) *Der Kapitän. Die Erfindung einer Herrschaftsform* (Westfälisches Dampfboot) Münster
Wendt, Reinhardt (2007) *Vom Kolonialismus zur Globalisierung. Europa und die Welt seit 1500* (Schöningh UTB) Paderborn usw.
Werner, Constanze (2006) *Kriegswirtschaft und Zwangswirtschaft bei BMW* (R.Oldenbourg) München
– (2010) Kriegswirtschaft und Zwangswirtschaft bei BMW; in: Andreas Heusler & Mark Spoerer & Helmuth Trischler, Hg. (2010) *Rüstung, Kriegswirtschaft und Zwangsarbeit im „Dritten Reich"* (Oldenbourg) München, S. 145-148
Wesseling, H.L (1989) Colonial Wars: An Introduction; in: J.A. de Moor & H.L. Wesseling, Hg. (1989) *Imperialism and War* (E.J.Brill) Leiden, S. 1-11
– (2004) *The European Colonial Empires, 1815–1919* (Pearson Longman) Harlow

Whitner, Robert L. (1972) Grant's Indian Peace Policy on the Yakima Reservation, 1870–82; in: Richard N. Ellis, Hg. (1972) *The Western American Indian* (Univ. of Nebraska Press) Lincoln, S. 50-62

Wickham, Chris (2005) *Framing the Early Middle Ages. Europe and the Mediterranean* (Oxford University Press) Oxford

Wichterich, Christa (1998) *Die globalisierte Frau. Berichte aus der Zukunft der Ungleichheit* (Rowohlt) Reinbek bei Hamburg

Wiener, Martin J. (2009) *An Empire on Trial. Race, Murder, and Justice under British Rule, 1870–1935* (Cambridge Univ. Press) Cambridge

Wienfort, Monika (2000) Private Law or Private Jurisdiction; in: Willibald Steinmetz, Hg. (2000) *Private Law and Social Inequality in the Industrial Age* (Oxford Univ. Press) Oxford, S.69-88

Wienold, Hanns (2006) Brasiliens Agrarfront, Landnahme, Inwertsetzung und Gewalt; in: *Peripherie*, Nr. 101/102, S. 21-42

Wildt, Michael (2000) Violence against Jews in Germany 1933–1939; in: David Bankier, Hg. (2000) *Probing the Depths of German Antisemitism* (Yad Vashem & Leo Institute) Jerusalem, S. 181-212

Wilk, Richard (1995) Learning to be local in Belize: global systems of common difference; in: Daniel Miller, Hg. (1995) *Worlds Apart* (Routledge) London, S. 110-132

Willame, Jean-Claude (1972) *Patrimonialism and Political Change in the Congo* (Stanford Univ. Press) Stanford

– (1992) *L'Automne d'un Despotisme. Pouvoir, argent et obeisance dans le Zaïre des années quatre-vingt* (Karthala) Paris

Willan, B.P. (1978) The South African Native Labour Contingent, 1916–1918; in: *Journal of African History*, Bd. XIX. I, S. 61-86

Willard, Claude (1978/1981) *Geschichte der französischen Arbeiterbewegung*, hrsg. von Heinz-Gerhard Haupt & Peter Schöttler (Campus) Frankfurt am Main

Williams, Eric (1944/1994) *Capitalism and Slavery* (The University of North Carolina Press) Chapel Hill

Wilson, Carter A. (1996) *Racism. From Slavery to Advanced Capitalism* (Sage) Thousand Oaks

Wilson, Theodore Brantner (1965) *The Black Codes of the South* (University of Alabama Press) o.O.

Wimmer, Hannes (2009) Gewalt und das Gewaltmonopol des Staates (LIT) Münster

Wimpffen, Alexandre-Stanislas de (1797/1993) *Haïti au XVIIIe siècle. Richesse et esclavage dans une colonie française* (Ursprünglicher Titel: Voyage à Saint Dominque 1788, 1789, 1790) hrsg. von Pierre Pluchon (Édition Karthala) Paris

Winslow, Don (2005/2006) *The Power of the Dog* (arrow books) London

Winter, Gustav (1920) *Der Taylorismus. Handbuch der wissenschaftlichen Betriebs- und Arbeitsweise für die Arbeitenden aller Klassen, Stände und Berufe* (S. Hirzel) Leipzig

Wippermann, Wolfgang (1999) Ein Denkmal im Tierpark – Zur Geschichte und Nachgeschichte des „Arbeitserziehungslagers" Berlin-Wuhlheide; in: Rimco Spanjer, Hg. (1999) *Zur Arbeit gezwungen. Zwangsarbeit in Deutschland 1940–1945* (Edition Temmen) Bremen, S. 57-62

Wisner, Ben (1993) Disaster Vulnerability. Geographical Scale and Existential Reality; in: H.-G. Bohle, Hg. (1993) *Worlds Of Pain And Hunger* (Breitenbach) Saarbrücken, S. 13-54

Wiss, E. (1876) Die *Arbeiter und die Strafbarkeit des Contractbruchs* (Heymann) Berlin

Witbooi, Hendrik (1982) *Afrika den Afrikanern. Aufzeichnungen eines Nama-Häuptlings aus der Zeit der deutschen Eroberung Südwestafrikas 1884 bis 1894*, hrsg. von Wolfgang Reinhard (J.H.W.Dietz Nachf.) Berlin

Wolf, Eric R. (1982) *Europe and the people without history* (Univ. of Cal. Press) Berkeley

Wood, Ellen Meiksins (2003) *Empire of Capital* (Verso) London

– (2006) Logics of power: a conversation with David Harvey; in: *Historical Materialism* 14 (4), S. 9-34

Worger, William H. (1987) *South Africa's City of Diamonds. Mine Workers and Monopoly Capitalism in Kimberley, 1867–1895* (Yale Univ. Press) New Haven

Wright, Gavin (2006) *Slavery and American Economic Development (*Louisiana State Univ. Press) Baton Rouge

Wrigley, Chris (1987) The First World War and State Intervention in Industrial Relations, 1914–18; in: Chris Wrigley, Hg. (1987) *A History of British Industrial Relations*, Vol. II, 1914–1939, S. 23-70)

– (2000) The War and the international economy; in: Chris Wrigley, Hg. (2000) *The First World War and the International Economy* (Edward Elgar) Cheltenham, S. 1-33

Wuttke, Gisela (1998) *Kinderprostitution Kinderpornographie Tourismus. Eine Bestandsaufnahme* (Lamuv) Göttingen

Yellen, Samuel (1936/1969) *American Labor Struggles* (Arno & The New York Times) New York

Yetman, Norman R. (1970) *Voices from Slavery* (Holt, Reinhart and Winston) New York

Yim, Il-Sop (2014) *Das Fremde als das Eigene: Entstehung der südkoreanischen Wirtschaftskultur durch fremdbestimmte Modernisierung*, Diss. Bremen

Zelik, Raul (2001) Der Plan Columbia. Anti-Drogendiskurse und US-Hegemonialpolitik in der Andenregion; in: *Prokla*, 30. Jg., Heft 124, S. 383-410

Zeller, Joachim (2003/2004) „Ombepera I koza" – Die Kälte tötet mich. Zur Geschichte des Konzentrationslagers in Swakopmund; in: Jürgen Zimmerer & Joachim Zeller, Hg. (2003/2004) *Völkermord in Deutsch-Südwestafrika* (Ch.Links) Berlin, S. 64-79

Zeuske, Michael (2015) *Sklavenhändler, Negreros und Atlantikkreolen. Eine Weltgeschichte des Sklavenhandels im atlantischen Raum* (De Gruyter Oldenbourg) Berlin

Ziebura, Gilbert (2003) *Frankreich 1789–1870. Entstehung einer bürgerlichen Gesellschaft* (Leske & Burdich) Opladen

Ziegler, Jean (2005/2008) *Das Imperium der Schande. Der Kampf gegen Armut und Unterdrückung* (Goldmann) München

Zieger, Robert H. (1986/1994) *American Workers, American Unions* (The John Hopkins Univ. Press) Baltimore

Zielinski, Bernd (1995) *Staatskollaboration. Vichy und der Arbeitskräfteeinsatz im Dritten Reich* (Westfälisches Dampfboot) Münster

Zimmerer, Jürgen (2002) *Deutsche Herrschaft über Afrikaner. Staatlicher Machtanspruch und Wirklichkeit im kolonialen Namibia* (LIT) Münster

– (2003) Der koloniale Musterstaat; in: Jürgen Zimmerer & Jochen Zeller, Hg. (2003/2004) *Völkermord in Deutsch-Südwestafrika.* (Ch.Links) Berlin, S. 26-44

– (2003/2004) Krieg, KZ und Völkermord in Südwestafrika; in: Jürgen Zimmerer & Joachim Zeller, Hg. (2003/2004) *Völkermord in Deutsch-Südwestafrika* (Ch. Links) Berlin, S. 45-63

– (2008) Colonialism and the Holocaust – Towards an Archeology of Genocide; in: *development dialogue*, Nr. 50, december 2008, S. 95-124

– (2009) Nationalsozialismus postkolonial. Plädoyer zur Globalisierung der deutschen Gewaltgeschichte. In: *Zeitschrift für Geschichtswissenschaft*, Bd. 57, S. 529-548

Zirkel, Kirsten (1999) Military power in German colonial policy: the *Schutztruppen* and their leaders in East and South-West Africa; in: David Killingray & David Omissi; Hg. (1999) *Guardians of Empire. The Armed Forces of the Colonial Powers c. 1700–1964* (Manchester Univ. Press) Manchester, S. 91-113

Žmolek, Michael Andrew (2013) *Rethinking the Industrial Revolution. Five Centuries of Transition from Agrarian to Industrial Capitalism* (Brill) Leiden

Zofka, Zdenek (1979) Die Ausbreitung des Nationalsozialismus auf dem Lande. Eine regionale Fallstudie zur politischen Einstellung der Landbevölkerung in der Zeit des Aufstiegs und der Machtergreifun der NSDAP 1928–1936 (Wölfle) München

Zollmann, Jakob (2008) *Koloniale Herrschaft und ihre Grenzen. Die Kolonialpolizei in Deutsch-Südwestafrika 1894–1915* (Vandenhoeck & Ruprecht) Göttingen

Personenregister

C

D

E

F

G

H

I

J

K

L

M

N

O

P

T

Y

Z

Sachwortregister

H

I

K

L

M

N

O

Information nach der Verordnung zur allgemeinen Produktsicherheit GPSR
Dieses Buch hat weder Beigaben noch ergänzende Funktionen und daher keine Bestandteile oder Eigenschaften, die ein mögliches Risiko für die Gesundheit von Verbraucher:innen (Artikel 9 Absatz 7 Satz 2 der Verordnung) darstellen können.